Hans H. Klein
Das Parlament im Verfassungsstaat

Hans H. Klein

Das Parlament im Verfassungsstaat

Ausgewählte Beiträge

Herausgegeben von

Marcel Kaufmann und
Kyrill-A. Schwarz

Mohr Siebeck

Hans H. Klein, geboren 1936; von 1968 bis 2001 Professor an der Georg-August-Universität Göttingen; 1972–1983 Mitglied des Deutschen Bundestages; 1982–1983 Parlamentarischer Staatssekretär im Bundesministerium der Justiz; 1983–1996 Richter des Bundesverfassungsgerichts.

ISBN   3-16-149096-7
ISBN-13   978-3-16-149096-5

Die Deutsche Nationalbibliothek verzeichnet diese Publikation in der Deutschen Nationalbibliographie; detaillierte bibliographische Daten sind im Internet über *http://dnb.d-nb.de* abrufbar.

© 2006 Mohr Siebeck Tübingen.

Das Buch wurde von pagina in Tübingen aus der Garamond gesetzt, von Gulde-Druck in Tübingen auf alterungsbeständiges Werkdruckpapier gedruckt und von der Buchbinderei Spinner in Ottersweier gebunden.

Vorwort

Am 5. August 2006 hat *Hans Hugo Klein* sein siebzigstes Lebensjahr vollendet. Mit einer Festschrift wünschte er nicht geehrt zu werden, sondern wollte durch sein wissenschaftliches Werk sprechen und dies einer breiteren Schicht zugänglich machen. Seine persönliche Grundentscheidung für den Vorrang von Werk und Dienst findet hierin trefflichen Ausdruck. Wir freuen uns, unseren akademischen Lehrer auf diese Weise ehren und unsere langjährige Verbundenheit zum Ausdruck bringen zu können.

Das öffentliche Leben des in Karlsruhe geborenen Jubilars ist durch die Trias von Universität, Parlament und Verfassungsgerichtsbarkeit gekennzeichnet. Seit 1969 Professor für Öffentliches Recht an der Juristischen Fakultät der Georg-August-Universität Göttingen, wurde er 1972 für die Christlich-Demokratische Union Mitglied des Deutschen Bundestages und blieb dies bis 1983. Das Amt des Hochschullehrers hat er neben dem Mandat wahrgenommen. Von den Studenten wurde er wegen seiner Fachkunde, seiner Sachlichkeit, seiner Hingabe an die Lehre und wegen seiner noblen Fairness geschätzt; seine Schüler fanden bei ihm stets ein offenes Ohr für eigene Ansätze, deren Innovationspotential aber stets dem kritischen Blick standhalten musste. Nach dem Regierungswechsel wurde er zunächst Parlamentarischer Staatssekretär im Bundesministerium der Justiz und wurde alsbald zum Richter des Bundesverfassungsgerichts in den Zweiten Senat gewählt. In seiner Amtszeit (1983–1996) war *Hans Hugo Klein* als Berichterstatter unter anderem an Entscheidungen zu den Anforderungen an Personalratswahlen, zur Neuregelung des Rechts der Kriegsdienstverweigerung, zum Vertrauensschutz und Übergangsregelungen im Beamtenversorgungsrecht, zur Verfassungswidrigkeit des völligen Ausschlusses kommunaler Wählervereinigungen von steuerlichen Entlastungen, zur Parteienfinanzierung, zum Begriff der Partei und zum Personalvertretungsrecht beteiligt.

Die vorliegende Sammlung ausgewählter Beiträge gewährt einen wiewohl begrenzten, so doch repräsentativen Einblick in ein mehr als 200 Titel umfassendes Opus. „Das Parlament im Verfassungsstaat" bezeichnet zentrale Bereiche im Wirken des Jubilars, zum einen in der Legislative seine langjährige Tätigkeit als Mitglied des Deutschen Bundestages, zum anderen sein Wirken in der Judikative als Richter des Bundesverfassungsgerichts. Einbezogen wurden Beiträge zu den Grundlagen des demokratischen Verfassungsstaates, zur

Grundrechtsdogmatik, zu den Verfassungsorganen Bundestag und Bundesrat, zur Verfassungsgerichtsbarkeit und schließlich – einschließlich von Studien zu *Gerhard Leibholz*, *Ernst Rudolf Huber* und *Ernst Forsthoff* – einige ausgewählte Studien zur Verfassungsgeschichte.

Richteramt und politisches Mandat stehen in einem Wechselverhältnis zum wissenschaftlichen Werk, wie sich beispielsweise an der maßstabbildenden Kommentierung von Art. 21 GG im *Maunz/Dürig* zeigt. Gleiches gilt etwa für die Beiträge *Hans Hugo Klein*s über die Stellung und Aufgaben des Bundestages und den Status des Abgeordneten im Handbuch des Staatsrechts, in denen die praktische Erfahrung als gelernter Politiker und die wissenschaftliche Durchdringung zur glücklichen Synthese geführt werden. Ausgezeichnet werden seine Arbeiten, gerade wenn sie das politische Recht zum Gegenstand haben, durch Augenmaß, juristisch-handwerkliche Genauigkeit und (verfassungs-)geschichtliches Bewusstsein. Zu bleibenden Deutungen des Bestehenden aber werden die Werke *Hans Hugo Klein*s, weil sie in der Rückbindung an die Erfahrungen eines Wissenschaftlers und Politikers geschrieben wurden, der sich in der Parlaments- und Parteienpraxis ebenso hervortat wie in der wissenschaftlichen Reflexion und Vermittlung des Erlebten und Gestalteten. Sie werden damit zu Zeugnissen einer Staatsklugheit, die den freiheitlichen, demokratischen Rechtsstaat nicht allein zu beschreiben weiß, sondern sich im Dienst an seinen Voraussetzungen und der Verarbeitung seiner Wirklichkeit bewährt.

Wenn *Hans Hugo Klein* anlässlich seines Abschieds vom Richteramt von Spuren im Sand sprach, die der Richter einzeichne und die alsbald verweht sein dürften, so soll die jetzt vorgelegte Auswahl von Schriften nicht nur dem entgegenwirken; sie will vielmehr versuchen, die Wirkungsbreite des publizistischen Schaffens aufzuzeigen und die Vielzahl grundsätzlicher und gleichwohl an Aktualität nicht einbüßender Beiträge zur Staatsrechtswissenschaft so zu konzentrieren, dass sie den homo politicus *Hans Hugo Klein* in seiner Verpflichtung für das lebendige Gemeinwesen ebenso erkennen lassen wie den Gelehrten, der die gesetzlich geprägte Form des Staates durchmisst.

Berlin/Dinkelsbühl, im Sommer 2006   *Marcel Kaufmann*
                                                            Kyrill-A. Schwarz

Inhaltsverzeichnis

IV. Bundesrat

V. Verfassungsgerichtsbarkeit

VI. Verfassungsgeschichte

I. Grundlagen des demokratischen Verfassungsstaats

1. Demokratie und Selbstverwaltung

> »Denn ihr (scil. der parlamentarischen Demokratie) entspricht es, daß das Parlament entweder selbst entscheidet oder die Entscheidungen kontrolliert. Der parlamentarischen Kontrolle können aber nur Entscheidungen der Staatsorgane zugänglich sein, die dem Parlament gegenüber verantwortlich sind.«
> *Ernst Forsthoff*, Zur heutigen Situation einer Verfassungslehre in: Epirrhosis, Festgabe für Carl Schmitt, 1. Teilband, 1968, S. 185 ff. (199).

> »Kann es als ausgemacht gelten, daß das Eigenleben in den modernen autonomen Räumen eine bessere Sache ist als das Eigenleben in Selbstverwaltungsbereichen unter einer vernünftig geregelten Staatsaufsicht? Ich bin dieser Meinung nicht.«
> *Ernst Forsthoff*, Strukturwandlungen der modernen Demokratie, 1964, S. 25.

I. Das demokratische Prinzip im Grundgesetz

Selbstverwaltung pflegt als die hohe Schule der Demokratie gepriesen und demgemäß die Autonomisierung möglichst vieler Sozialbereiche als Rezept wirksamer Demokratisierung wohlfeil gehandelt zu werden.[1] Der Begriff der Demokratie freilich ist gleichfalls billige Münze, die vorzugsweise zur Legitimierung politischer Wunschvorstellungen ausgegeben wird. Eine der Ortsbestimmung der Selbstverwaltung im demokratischen Staat gewidmete staatsrechtliche Untersuchung wird sich deshalb zunächst Klarheit darüber verschaffen müssen, was die Verfassung meint, wenn sie die Bundesrepublik Deutschland als einen demokratischen Staat bezeichnet (Art. 20, 28 GG).

Dabei wäre es methodisch verfehlt, dem Verfassungsrecht einen vorgefaßten Demokratiebegriff zu substituieren. So führt es auf einen falschen Weg, Demokratie in der Tradition Rousseaus schlechthin als die Identität von Regierenden und Regierten, von Subjekt und Objekt der Herrschaft (die als zumindest tendenziell aufgehoben gilt) zu begreifen. Denn von solcher Prä-

---

[1] Vielfach von denselben, die sich in Plädoyers für eine umfassende Verplanung namentlich des wirtschaftlichen Sektors ständig überbieten!

misse ausgehend muß an Verfassung und Staatlichkeit der Bundesrepublik von vornherein das Nichtdemokratische als überwiegend, die Selbstcharakteristik in Art. 20, 28 GG letztlich als falsa demonstratio erscheinen.[2] Damit wäre der verfassungspolitischen Fundamentalkritik – von rechts wie von links – der Grund gelegt und jedwedem Demokratisierungsaktionismus Legalität verschafft. Die repräsentative in der vom GG verwirklichten Gestalt der Parteiendemokratie ist jedoch kein »Notbehelf der reinen Idee der Demokratie«,[3] sondern ein selbständiger, aus der Erkenntnis der (jedenfalls unter den Bedingungen der modernen Industriegesellschaft) utopischen – und potentiell totalitären[4] – Natur der Vorstellung einer »Partizipation aller Bürger am diskutant aufzuhellenden politischen Entscheidungsprozeß«[5] entwickelter Typus demokratischer Staatlichkeit.

Der der Verfassung zugrundeliegende Demokratiebegriff ist in Art. 20 Abs. 2 GG präzisiert.[6] Daraus erhellt in erster Linie, daß der Verfassunggeber sich nicht der Illusion hingegeben hat, politische Herrschaft (in der Terminologie des Verfassungsrechts: die Staatsgewalt und deren Ausübung) sei verzichtbar; denn die Weise ihrer Legitimation bildet den Gegenstand dieser Norm. Des weiteren ergibt sich, daß das Volk in seiner Gesamtheit an der Ausübung der Staatsgewalt nur ausnahmsweise teilhat, d. h. teilhaben soll. Diese Feststellung behält ihre Richtigkeit auch dann, wenn man mit *W. Hempel*[7] den Wahlen neben ihrer Kreations- eine politische Leitungs-, also eine Sachentscheidungsfunktion zuerkennt.[8] Damit ist dem Bürger indes keines-

---

[2] Vgl. einerseits *C. Schmitt*, Verfassungslehre, 3. Aufl. 1957, S. 218, wo das Repräsentative als das Nichtdemokratische an der Demokratie, das Parlament als Repräsentation der politischen Einheit als im Gegensatz zu ihr stehend geschildert wird; andererseits *W. Abendroth*, Obrigkeitsstaat oder soziale Demokratie? Gewerkschaftliche Monatshefte 1959, 343 ff. (350), der das Repräsentativprinzip als ein Mittel zur Unterwanderung der Demokratie durch Reaktivierung obrigkeitsstaatlichen Denkens darstellt.

[3] So aber *Th. Eschenburg*, Demokratisierung und politische Praxis in: Aus Politik und Zeitgeschehen, Beilage zur Wochenzeitung »Das Parlament« Nr. 38/1970, S. 3 ff. (6).

[4] Schon bei *Rousseau* bedurfte es des Rückgriffs auf eine religion civile, die die Menschen zur Bildung der volonté générale befähigen sollte: Du Contrat Social, 4. Buch 8. Kap. S. auch *F. Scharpf*, Demokratietheorie zwischen Utopie und Anpassung, 1970, S. 26 f.

[5] *W. Euchner*, Demokratietheoretische Aspekte der politischen Ideengeschichte, in: *Kress/Senghaas* (Hrsg.), Politikwissenschaft, 2. Aufl. 1970, S. 38 ff. (45).

[6] Dahingestellt bleibe hier, ob 1. das »Volk« i. S. des Art. 20 Abs. 2 GG auch Träger der Staatsgewalt der Länder ist – dazu einerseits *W. Schmidt*, Das Verhältnis von Bund und Ländern im demokratischen Bundesstaat des Grundgesetzes, AöR 87 (1962), 253 ff. (258 f., 284); andererseits *W. Hempel*, Der demokratische Bundesstaat, 1969, S. 233 ff. jeweils m. Nachw. – 2. der Begriff des »Volkes« in Art. 20 Abs. 2 Satz 1 und 2 der gleiche ist – dazu einerseits *v. Mangoldt-Klein*, Das Bonner Grundgesetz, Art. 20 Erl. V 40 (S. 595); *Maunz* in: *Manuz-Dürig-Herzog*, Das Grundgesetz, Art. 20 RN 49; andererseits *H. Peters*, Geschichtliche Entwicklung und Grundfragen der Verfassung, 1969, S. 177.

[7] A. a. O., S. 165 ff. – Nachweise für die ganz herrschende Gegenmeinung das. S. 167 f. Anm. 54 f., 57 f.

[8] Für eine rechtliche (!) Bindung des Parlaments an einen inhaltlich wie immer zu bestim-

wegs jeder Einfluß auf die Regierung genommen: neben der Direktwahl der Abgeordneten konzipiert das GG weitere »primäre Partizipationsstränge«,[9] indem es den Bürgern Meinungsfreiheit und Petitionsrecht einräumt und ihnen kollektive politische Aktivität in Parteien, Vereinigungen (Verbänden) und Versammlungen ermöglicht. Von den damit eröffneten Chancen für die Artikulation und Durchsetzung von Interessen im politischen Entscheidungsprozeß wird auch so rege wie erfolgreich Gebrauch gemacht.[10]

Der Satz »Alle Staatsgewalt geht vom Volke aus« (Art. 20 Abs. 2 Satz 1 GG) bringt einmal zum Ausdruck, daß die Demokratie des Grundgesetzes an der vom Absolutismus erkämpften Errungenschaft des modernen Staates, der Monopolisierung der Herrschaft beim Staat und seinen Organen, festhält:[11] alle öffentliche Gewalt besteht nur als vom Staat selbst ausgeübte oder von ihm abgeleitete; ferner, daß alle Ausübung von Staatsgewalt, also das gesamte (unmittelbar und mittelbar staatliche) Ämterwesen direkter oder indirekter Autorisierung durch das Volk, d. i. die Gesamtheit aller (im Wahlakt durch die stimmfähigen vertretenen) Staatsbürger, bedarf und ihm gegenüber verantwortet werden muß.[12] Demokratie im Sinne des Grundgesetzes ist somit »egalitär kontrollierte und legitimierte Repräsentation«.[13] Legitimation und Kontrolle durch das Volk, gegenüber dem Parlament durch periodische Wahlen realisiert, muß von diesem an alle anderen Ämter vermittelt und ihnen gegenüber effektuiert werden, sei es, daß deren Inhaber vom Parlament bestellt werden und ihm verantwortlich sind, sei es, daß eine mittelbare – sanktionierte! – Verantwortlichkeit der Amtsträger besteht.[14] »Das Wesen des demokra-

---

menden Wählerauftrag enthält das GG nichts, Art. 38 Abs. 1 Satz 2 GG steht dagegen; vgl. *P. Badura,* Bonner Kommentar zum Grundgesetz (BK), Art. 38 (Zweitbearbeitung), RN 32 f.

[9] *W. Steffani,* Parlamentarische Demokratie – Zur Problematik von Effizienz, Transparenz und Partizipation, in: Kritik 3 – Parlamentarismus ohne Transparenz (Hrg. Steffani), 1971, S. 17 ff. (39).

[10] Das wird bemerkenswerterweise vielfach gerade von denen geleugnet, die zugleich den übermächtigen Einfluß partikularer Interessen auf den staatlichen Willensbildungsprozeß zu beklagen lieben.

[11] *Badura,* VVDStRL 22 (1963), 250 (Diskussionsbeitrag). Vgl. auch *W. Zeidler,* Die Verwaltungsrechtsprechung in den Spannungsfeldern unserer Gesellschaft, DVBl. 1971, 565 ff. (571). Aus der Rechtsprechung des BVerfG ist zu verweisen auf BVerfGE 18, 241 ff., und 26, 186 ff., wo das Gericht die Notwendigkeit der Staatlichkeit der Gerichte hervorhebt; dazu *Häberle,* Berufsgerichte als »staatliche« Gerichte, DöV 1965, 369 ff., und *Menger,* Berufsgerichte und Grundgesetz, JuS 1966, 66 ff., bes. S. 69.

[12] Ebenso etwa *U. Scheuner,* Das repräsentative Prinzip in der modernen Demokratie in: Rausch (Hrsg.), Zur Theorie und Geschichte der Repräsentation und Repräsentativverfassung, 1968, S. 386 ff. (392). S. auch *ders.,* Amt und Demokratie, in der von G. Lanzenstiel hrsg. Schrift gleichen Titels, 1971, S. 7 ff. (21), wo der Gedanke des Amtes im demokratischen Staat unter dem Aspekt von Auftrag und anvertrauter Aufgabe konstruiert wird. S. a. das, S. 23 ff. zum Folgenden.

[13] *Badura,* BK, Art. 38 RN 29 m. Nachw.

[14] Diese Voraussetzungen treffen grundsätzlich auch auf die Richter zu, solange diese nicht, was eben deshalb verfassungswidrig wäre, im Kooptationswege in ihre Ämter berufen werden.

tischen politischen Systems besteht demnach nicht in der Beteiligung der Massen an politischen Entscheidungen, sondern darin, politisch verantwortliche Entscheidungen zu treffen«.[15] Endlich schließt Art. 20 Abs. 2 Satz 1 GG die Verpflichtung der Staatsgewalt auf das Gemeinwohl, d. h. auf einen die partikularen Interessen transzendierenden Standpunkt, mithin das Gebot der Nichtidentifikation *(Herb. Krüger),* ein.

Der Entscheidung des Verfassunggebers für die mittelbare Demokratie liegt die Überzeugung zugrunde, daß in den großräumigen Verhältnissen der industriellen Massengesellschaft die Bedingungen nicht gegeben sind (noch gegeben sein können), unter denen eine direkte Beteiligung des Volkes am politischen Entscheidungsprozeß allein sinnvoll ist: die Überschaubarkeit des Ganzen für den einzelnen, die Entscheidbarkeit politischer Fragen mit den Mitteln des »gesunden Menschenverstandes«,[16] die relative Homogenität der Interessen aller Bevölkerungsschichten, ein hohes allgemeines Informationsniveau, schließlich »die Existenz eines vorrangigen und universellen menschlichen Interesses an politischer Beteiligung«.[17] Andererseits ist auch der heutigen Demokratietheorie die dem mit den Strukturprinzipien des modernen Staates vertrauten Verfassungsjuristen selbstverständliche Einsicht nicht verborgen geblieben, daß »über den pluralistischen Strukturen eine politische Ebene vorhanden sein muß, auf der Entscheidungen in relativer Unabhängigkeit von den Pressionen der organisierten Interessengruppen und ihrer Verbündeten ... durchgesetzt werden können«.[18] In der Tat: die Innovations- und Reformfähigkeit des sozialen Systems hängt davon ab, in welchem Grade das politische Entscheidungszentrum (der Staat) sich gegenüber den organisierten Interessen zu behaupten vermag, ohne sich allerdings zu isolieren, was zu einer schädlichen Schmälerung seiner »Umweltempfindlichkeit«[19] führen müßte. Mit dem Hinweis auf die – von niemandem geleugnete – wechselseitige Durchdringung von Staat und Gesellschaft kann die Richtigkeit dieser Erkenntnis weder widerlegt noch das Festhalten des Verfassungsrechts an der notwendigen Verbindung von Demokratie und politischer Einheit in Abrede gestellt werden.[20]

---

[15] *F. Neumann,* Zum Begriff der politischen Freiheit, in: *F. Neumann,* Demokratischer und autoritärer Staat, Nachdruck der Ausgabe 1967, o. J. (1971), S. 76 ff. (108).

[16] Darüber, daß auch der sog. »Bildungsoffensive« nichts wesentliches daran ändern kann, daß in der verwissenschaftlichten Welt die zu treffenden Entscheidungen jeweils nur von relativ wenigen intellektuell bewältigt werden können, s. *R. Herzog,* Allgemeine Staatslehre, 1971, S. 60.

[17] *Scharpf* (Fußnote 4), S. 57; zur Begründung des Fehlens eines solchen Interesses verweist Sch. zutreffend auf »die Diskrepanz zwischen der Zahl und Komplexität politischer Entscheidungen und der Informationsaufnahme- und -verarbeitungskapazität des einzelnen Bürgers und die Konkurrenz des politischen Interesses mit anderen relevanten Individualinteressen« (S. 58).

[18] *Scharpf* (Fußnote 4), S. 75.

[19] *N. Luhmann,* Komplexität und Demokratie, PVS 1969, 314 ff. (323).

[20] Vgl. dagegen *U. K. Preuß,* Zum staatsrechtlichen Begriff des Öffentlichen, 1969, S. 186 f. –

Das demokratische Prinzip in dem dem Grundgesetz zugrundeliegenden Sinne bezeichnet eine bestimmte Weise politischer Herrschaft,[21] ein Verfahren[22] zur Legitimation, Neutralisation und Kontrolle staatlicher Machtausübung. Mithin handelt es sich um einen Grundsatz der Organisation des staatlichen Willensbildungs- und Entscheidungsprozesses. An einer »radikalen Uminterpretation« dieses Konzepts der Demokratie als Herrschaftsform, wie sie *Luhmann*[23] gefordert hat, ist der Jurist, wenn er das von ihm auszulegende Verfassungsrecht als eine ihn bindende Größe und nicht als ein beliebig manipulierbares Instrument betrachtet, gehindert, zumal solange die Notwendigkeit politischer Entscheidung und damit politischer Herrschaft eine fortbestehende Gegebenheit ist.[24] Ist Demokratie wesentlich Verfahren, dann ist es zwar zulässig, über dessen Sinn und Zweck zu reflektieren, nicht jedoch, dem Ergebnis dieser Betrachtungen selbst ohne weiteres normativen Charakter zu verleihen. So mag es richtig sein, daß Demokratie i. S. des GG »eine evolutionäre Methode politischer Sozialgestaltung« sein will, »die auf soziale Gerechtigkeit und gesellschaftliche und politische Emanzipation gerichtet ist«.[25] Über die entscheidende Frage aber, wie und unter welchen Bedingungen diese Ziele zu verfolgen seien, ist dem demokratischen Prinzip nichts zu entnehmen. Ein materialer Demokratiebegriff, mag er für die soziologische Forschung brauchbar sein,[26] hat keinen rechtswissenschaftlichen Aussagewert.

An dieser Feststellung ändert auch der Umstand nichts, daß die Bundesrepublik nach Art. 20, 28 GG nicht nur ein demokratischer, sondern auch ein sozialer Staat sein soll.[27] Das Sozialstaatsprinzip ist mit unterschiedlichen Begründungen als Legitimationsgrundlage für eine Demokratisierung der Gesellschaft in Anspruch genommen worden.[28] So beruft sich etwa *W. Abendroth*

Preuß verfährt nach der heutzutage beliebten, mit der Ablehnung des Positivismus noch keineswegs zu rechtfertigenden Methode, die normativen Aussage der Verfassung den eigenen soziologischen Erkenntnissen anzupassen.

[21] Vgl. *W. Hennis*, Demokratisierung. Zur Problematik eines Begriffs, 1970, S. 23.

[22] *J. A. Schumpeter*, Kapitalismus, Sozialismus und Demokratie, 2. Aufl. 1950, S. 384.

[23] A. a. O., S. 314.

[24] Ebenso *P. Badura*, Die Verwaltung als soziales System, DÖV 1970, 18 ff. (22).

[25] *Badura*, a. a. O.; *ders.*, Diskussionsbeitrag, VVDStRL 29 (1970), S. 96; ähnlich *Neumann*, a. a. O. (Fußnote 15), S. 109.

[26] *W.-D. Narr*, Logik der Politikwissenschaft – eine propädeutische Skizze, in: *Kress/Senghaas*, a. a. O. (Fußnote 5), S. 9 ff. (20).

[27] Über die Bedeutung des Sozialstaatsprinzips hat *E. Forsthoff*, namentlich in seinem Referat über »Begriff und Wesen des sozialen Rechtsstaats«, VVDStRL 12 (1953), 8 ff., Endgültiges gesagt. Alle seither unternommenen Versuche, seine Thesen zu widerlegen und dem Adjektiv »sozial« in den genannten Verfassungsbestimmungen einen bestimmten und bindenden Inhalt abzugewinnen, haben nur bewiesen, was der Jubilar schon damals erkannt hatte: daß bei Anerkennung des Rechtssatz-Charakters des Begriffs »sozial« angesichts seiner beliebigen Deutbarkeit die Normativität des Verfassungsrechts und damit insbesondere seine rechtsstaatliche Komponente in Verlust geraten müssen. Vgl. auch *Forsthoff*, Der Staat der Industriegesellschaft, 1971, S. 68.

[28] So vor allem von *W. Abendroth*, Zum Begriff des demokratischen und sozialen Rechts-

auf die Aufhebung der Trennung von Staat und Gesellschaft und darauf, daß
der Staat nicht mehr neutraler Dritter im Verhältnis zu den Kräften der Ge-
sellschaft sei, was zur Demokratisierung von Wirtschaft, Gesellschaft und
Kultur zwinge, wenn anders die Umsetzung wirtschaftlicher in politische
Macht nicht hingenommen werden solle. *Ridder* hingegen, der an der »klaren
Unterscheidbarkeit« von Staat und Gesellschaft festhält,[29] schließt aus der
Grundentscheidung des Grundgesetzes gegen die Mängel der Weimarer
Reichsverfassung auf den Charakter der Sozialstaatsklausel als Homogenisie-
rungsgebot staatlicher und gesellschaftlicher Organisationsstrukturen. Auffassungen solcher Art setzen sich über die ausschließliche Staatsbezogenheit des
demokratischen Prinzips, die gewollte strukturelle Unterschiedenheit von
Staat und Gesellschaft, damit über die erkennbaren Absichten des Verfassunggebers[30] hinweg. In solcher Interpretation wird Demokratie zu einem Partei-
begriff verfremdet.[31] Die Theorie der Demokratie gilt, wie *F. Neumann*[32] zutreffend bemerkt hat, »nur für den Staat und seine territorialen Untergliede-
rungen …, niemals hingegen für eine spezifische Funktion«; Pläne für eine
Demokratisierung gesellschaftlicher Bereiche ließen sich demokratisch nicht
legitimieren.[33]

Demokratie beruht auf der Fiktion der Gleichheit aller im staatsbürgerlichen Bereich. Diese Fiktion hat sich aus bestimmten, hier nicht darzulegenden
Gründen als nützlich erwiesen. Demokratisierung der Gesellschaft bedeutet
ihre Übertragung auf den außerstaatlichen Bereich.[34] Sie tritt damit in einen
tendenziellen – und von Fall zu Fall aktuellen – Widerspruch zum Rechtsstaat, insbesondere zu der gerade auch um der Leistungsfähigkeit des sozialen
Systems willen notwendigen Funktion der Grundrechte, eine differenzierte
Kommunikationsordnung zu erhalten,[35] oder auch – mit *Hennis*[36] zu reden –
die Trennung des Politischen vom Nichtpolitischen zu gewährleisten. Denn:
»die nur partielle politische Integration« des Individuums ist nicht zuletzt um

---

staats im Grundsatz der BRD, in: *Forsthoff* (Hrsg.), Rechtsstaatlichkeit und Sozialstaatlichkeit, 1968, S. 114 ff. (127 f., 138); *ders.,* Demokratie als Institution und Aufgabe in: *Sul-
tan/Abendroth,* Bürokratischer Verwaltungsstaat und soziale Demokratie, 1955, S. 111 ff.
(113), und *H. Ridder,* Zur verfassungsrechtlichen Stellung der Gewerkschaften im Sozialstaat
nach dem GG für die Bundesrepublik Deutschland, 1960, S. 16 f., 18 f.

[29] A. a. O., S. 14.

[30] So ausdrücklich *Ridder,* a. a. O., S. 17.

[31] *M. Hättich,* Demokratie als Herrschaftsordnung, 1967, S. 51.

[32] A. a. O. (Fußnote 15), S. 107.

[33] Etwas anderes ist es, wenn *Scheuner,* Amt und Demokratie (Anm. 12), S. 27, darauf
hinweist, daß Demokratie zur Verwirklichung sozialer Gleichheit drängt. Das ist i. S. einer
politisch-soziologischen Analyse richtig.

[34] *Hennis,* Demokratisierung, S. 24.

[35] Vgl. dazu *N. Luhmann,* Grundrechte als Institution, 1965, S. 14 ff., 23 ff.

[36] A. a. O., S. 27.

seiner Freiheit willen »ein essentielles Formprinzip« des demokratischen Rechtsstaats.[37]

Unbeschadet der Unzulässigkeit einer Übertragung demokratischer Strukturen auf *alle* nichtstaatlichen Sozialbereiche bleibt im Einzelfall ihre Zweckmäßigkeit und Zulässigkeit der Prüfung vorbehalten. Für die politischen Parteien hat das Verfassungsrecht die Frage positiv entschieden (Art. 21 Abs. 1 Satz 3 GG). Die Analogiefähigkeit der Vorschrift ist allerdings begrenzt.[38] Die Einführung demokratischer Willensbildungsmethoden kommt von vornherein nur in solchen Sozialbereichen ernsthaft in Betracht, in denen eine der staatlichen vergleichbare Herrschaft ausgeübt wird.[39] Partizipationschancen des einzelnen, die zu erhöhen sowohl um der besseren Durchsetzbarkeit seiner Interessen willen erwünscht, wie als Zweck in sich selbst zur Steigerung der Sinnhaftigkeit des Lebens nützlich sein kann,[40] lassen sich im übrigen nur da realisieren, wo sein Interesse zwangsläufig engagiert ist und Probleme zur Entscheidung stehen, die ohne spezielle Fachkenntnisse entscheidbar sind. Fehlt es an einer dieser Voraussetzungen, wird an die Stelle gleicher Teilnahme aller unvermeidlich sehr schnell die Herrschaft der aus welchen Gründen auch immer engagierten, aber durch nichts legitimierten Minoritäten treten, die die Interessen der von ihnen Vertretenen bzw. Beherrschten nach aller Erfahrung mit wenig Schonsamkeit zu behandeln pflegen.

Die Übertragung demokratischer Strukturen auf den gesellschaftlichen Bereich zum Zwecke einer Verbreiterung der individuellen Partizipationschancen stößt also auf vielfältige sachliche und rechtliche Schwierigkeiten. Immerhin – die genannten Bedingungen liegen am ehesten bei den jeweils unmittelbar Betroffenen vor. So ist es naheliegend, ihnen – wenngleich ohne Anerkennung eines darauf gerichteten Anspruchs – die Verwaltung ihrer Angelegenheiten zu eigener Verantwortung zu überlassen. Damit tritt die Institution der Selbstverwaltung als ein Instrument der Demokratisierung ins Spiel. Seinem Einsatz steht freilich – neben anderen – vielfach das Bedenken entgegen, daß von den in einem Sozialbereich zu treffenden Entscheidungen

---

[37] *Hättich,* Art. »Demokratie« in: Staatslexikon Bd. 11 (3. Erg. bd.), 1970, Sp. 809 ff. (817); s. a. *ders.,* Demokratie als Herrschaftsordnung, S. 53 f., 60 f.

[38] Sie mag sich etwa auf Koalitionen und Vereinigungen dann erstrecken lassen, wenn diese wie die Parteien in die staatliche Willensbildung institutionell eingegliedert werden, wie dies zumindest annäherungsweise in der Konzertierten Aktion (§ 3 StabG) geschehen ist. – Vgl. auch *M. Kriele,* Das demokratische Prinzip im Grundgesetz, VVDStRL 29 (1970), S. 46 ff. (77 f.).

[39] Da demokratische Strukturen Herrschaftsstrukturen sind, bedeutet ihre Übernahme da, wo für Herrschaftsakte kein Raum ist, nicht einen Abbau, sondern eine Zunahme von Herrschaft: so zutr. *Hättich,* Demokratie und Demokratismus – Zum Demokratieverständnis der »Neuen Linken«, in: *Scheuch* (Hrsg.), Die Wiedertäufer der Wohlstandsgesellschaft, 1968, S. 124 ff. (134).

[40] *F. Naschold,* Organisation und Demokratie, 1969, S. 50 f.; zum letzteren skeptisch *Scharpf,* (Fußnote 4), S. 61 ff.

nicht nur die ihm unmittelbar Angehörenden, sondern ebenso die Gesamtheit betroffen werden; das gilt z. B. für die staatliche Verwaltung[41] einschließlich der Schule.[42] Ihre Überlassung an die daselbst Tätigen hieße ständestaatlichen Tendenzen Raum geben und wäre »damit genau das Gegenteil von gesteigerter Demokratie«.[43] Der Parzellierung in Selbstverwaltungseinheiten wird sich die allenthalben zur Konzentration und Kooperation drängende Industriegesellschaft überdies wegen des zu besorgenden Effektivitätsverlustes widersetzen.[44] Einer Umgestaltung des sozialen Systems in einen Stufenbau autonomer Einheiten steht zudem die in der Revolution von 1918/19 gefallene Entscheidung gegen das Rätesystem[45] entgegen, die nach 1945 nicht nur nicht zurückgenommen, sondern, wie der Verzicht auf eine dem Art. 165 WRV entsprechende Vorschrift im Grundgesetz zeigt, noch verstärkt worden ist. Zu bedenken ist weiter, daß die Ausantwortung von Sozialbereichen an die Selbstverwaltung der Betroffenen unweigerlich die jeweils angesprochenen Interessenverbände auf den Plan rufen, durch ihr Auftreten aber die Gleichheit der Partizipationschancen alsbald wieder aufgehoben sein wird.[46]

Schließlich ist der Staat der Garant gesellschaftlicher Freiheit.[47] Um dieser Aufgabe gerecht werden zu können, muß er sich Entscheidungs- und Handlungsfreiheit bewahren, kann er die Verantwortung für die sozialen Geschehensabläufe nur in marginalen Bereichen aus der Hand geben. Die Verleihung von Autonomie bedeutet jedoch die Schaffung einer neuen, der des Staates notwendig bis zu einem gewissen Grade entgegengesetzten, weil eben selbständigen Legitimität, gegenüber welcher der Staat selbst bei Vorbehalt fach- und rechtsaufsichtlicher Befugnisse sich in der Regel nur schwer durchsetzen

---

[41] W. Leisner, Mitbestimmung im öffentlichen Dienst, 1970; s.a. F. Neumann, a.a.O. (Fußnote 5), S.107.

[42] H.-U. Evers, Zur Mitbestimmung in der Schule II, 1970; A. Freiherr von Campenhausen, Erziehungsauftrag und staatliche Schulträgerschaft, 1967.

[43] W. Zeidler, DVBl. 1971, 571.

[44] Steffani (Fußnote 9), S.20: »Von einem verkürzten Demokratiebegriff kann gesprochen werden, wenn und insoweit die Effizienzproblematik und deren Bedeutsamkeit für die Existenz- und Funktionsfähigkeit hochkomplexer Industriegesellschaften außer Acht gelassen bleibt und als Definitionskriterien die Identität von Regierungen und Regierten sowie ein rigides Partizipations- und Transparenzmaximierungs-Konzept postuliert werden.«

[45] S. Tatarin-Tarnheyden, Art. 165, in: Nipperdey (Hrsg.), Grundrechte und Grundpflichten der Reichsverfassung, Bd. 3, 1930, S.519 ff.; G. A. Ritter, »Direkte Demokratie« und Rätewesen in Geschichte und Theorie, in: Scheuch (Hrsg.), Die Wiedertäufer der Wohlstandsgesellschaft, S.188 ff.; treffende Bemerkungen schließlich bei Scharpf, a.a.O., S.64.

[46] Beispiel: jede Art einer Mitbestimmung im Betrieb, die den Gewerkschaften eine führende Rolle ermöglicht. Nicht nur die nichtorganisierten Arbeitnehmer werden hier das Nachsehen haben, sondern kaum weniger auch die organisierten, deren Einfluß auf die Politik der Gewerkschaft schwerlich größer sein dürfte als der auf den Arbeitgeber. – Zur Sache auch W. Weber, Der nicht staatsunmittelbare öffentliche Organisationsbereich, JurJb. 8 (1967/68), S.137 ff. (154).

[47] Dies ist eine zumindest seit Lorenz von Stein von niemandem bestrittene Erkenntnis.

kann. Diese Gefahr ist umso ernster zu nehmen, als die vom Staat geräumten Felder unverzüglich von weit schwerer kontrollierbaren intermediären Gewalten in Besitz genommen zu werden pflegen.[48] Anders formuliert: Demokratisierung durch Autonomisierung beinhaltet eine Gefährdung des für die Demokratie wie für den Rechtsstaat[49] gleichermaßen konstitutiven Prinzips der Legalität, die Möglichkeit einer Paralyse des Willens des Ganzen durch den Willen des Teils, die nur in eng bemessenen Grenzen vertretbar und erträglich ist.[50]

II. Selbstverwaltung im demokratischen Staat

Der Staat schafft Einrichtungen der Selbstverwaltung, indem er bestimmte Aufgaben aus dem »staatsunmittelbaren öffentlichen Organisationsbereich«[51] ausgliedert, ohne sie in die Beliebigkeit des Privaten zu entlassen, oder indem er sich (jedenfalls bisher) nichtstaatlicher Aufgaben annimmt und zumindest die Art ihrer künftigen Erledigung regelt, ohne sie direkt in Verwaltung zu nehmen.[52] Die Motive, die ihn dazu veranlassen, sind vielfältiger Art; keineswegs geht es immer um die Erhöhung von Partizipationschancen Betroffener. Wenn etwa den wissenschaftlichen Hochschulen das Recht auf Selbstverwaltung zugestanden wird, dann (entgegen dem heutiger Universitätsreform zugrundeliegenden Mißverständnis) nicht um den an der Universität Tätigen – vom Professor über den Studenten bis zum Hausmeister – einen möglichst großen Einfluß auf allfällige Entscheidungsprozesse einzuräumen, sondern aus einem Grunde, der demjenigen ähnlich ist, der den Verfassung- und Gesetzgeber veranlaßt hat, den Richtern (Art. 97 GG), den Mitgliedern des Rechnungshofs (Art. 114 Abs. 2 GG), der Bundesbank (§ 12 Satz 2 BBankG) sowie den Rundfunkanstalten (Art. 5 Abs. 1 Satz 2 GG) Unabhängigkeit zu gewährleisten: mithin um die sachlich richtige Erfüllung einer konkreten Aufgabe – der wissenschaftlichen Forschung und Lehre, der Rechtsprechung und Rechnungsprüfung, der Währungspolitik und der korrekten Information der Öffentlichkeit – zu ermöglichen. In diesen Fällen ist die innere Organisation der Selbstverwaltungseinrichtung an ihrer jeweiligen Aufgabe zu orientieren; für eine Partizipation der ihr angehörenden Personen an Entscheidungsvorgängen kann nur in den dadurch gezogenen Grenzen Raum

---

[48] Beispiele bieten Rundfunk und Fernsehen, aber auch die Universitäten.

[49] *E. Forsthoff*, Die öffentliche Körperschaft im Bundesstaat, 1931, S. 20.

[50] Vgl. dazu *H. Kelsen*, Vom Wesen und Wert der Demokratie, 2. Aufl. 1929, S. 70 ff.

[51] *Weber*, a. a. O.

[52] Es braucht hier nicht entschieden zu werden, ob letzterenfalls neue Staatsfunktionen entstehen; die Streitfrage, ob stets Identität zwischen mittelbarer Staatsverwaltung und Selbstverwaltung besteht, bleibe dahingestellt.

sein, wenn anders nicht die Effizienz einem doktrinären Modell geopfert werden soll. Institutionen dieser Art sind deshalb für das Folgende von geringerem Interesse.

Im übrigen ist Selbstverwaltung ein Mittel dezentralisierender Verwaltungsgliederung oder der Disziplinierung von Sozialbereichen,[53] auch der sog.
vertikalen Gewaltenteilung,[54] und hier ist regelmäßig die Möglichkeit gegeben,
die Betroffenen an den Entscheidungsprozessen zu beteiligen; vielfach wird
dies ein zumindest mitbestimmendes Motiv ihrer Einrichtung sein. Die in
Betracht kommenden Rechtsformen sind mannigfaltig. Neben den traditionellen juristischen Personen des öffentlichen Rechts bedient sich der Staat
auch privatrechtlicher Organisationsformen.[55] Von Selbstverwaltung kann
dann nicht mehr gesprochen werden, wenn die nicht unmittelbar staatliche
Seite der Befugnis und Möglichkeit zu administrativem Handeln entbehrt.[56]
Sie liegt auch nicht vor, wenn sich, wie im privaten Gesellschafts- und Vereinsrecht, der Staat darauf beschränkt, lediglich Organisationsformen zur Verfügung zu stellen, sofern mit ihnen nicht hoheitliche Befugnisse verbunden
sind und die Mitgliedschaft eine freiwillige ist.

Das neuere Schrifttum verzeichnet eine Reihe von Versuchen, wesentliche
Teile des Selbstverwaltungsbereichs in deutlicher Distanz, ja in einer erkennbaren Antiposition zum Staat anzusiedeln. Der Rückgriff auf Denkansätze des
19. Jahrhunderts ist nicht zu übersehen.[57] So hat *J. Salzwedel*[58] den Gedanken
einer gesellschaftlichen Selbstverwaltung entwickelt, die nicht ein Vollzugsinstrument staatlicher Gesetzesherrschaft sei, sondern vom Staat derelinquierte
eigene Aufgaben nach eigenen Leitbildern erfülle; auch die Gemeinden möchte er als Träger solcher gesellschaftlicher Selbstverwaltung ansehen, der gegenüber eine Staatsaufsicht nicht notwendig bestehen müsse.[59] *U. K. Preuß*[60] konzipierte die »sozialstaatliche« Selbstverwaltung als »ein Instrument der Politisierung und Demokratisierung von Leistungsvollzügen«, als »ein Institut
kollektiver demokratischer Teilnahme an den Daseinsvorsorgeleistungen des
politischen Gemeinwesens« (insbesondere im Bildungsbereich), die von staatlicher Aufsicht ebenfalls freigestellt zu sein scheint.[61] Gedankengänge, die –

---

[53] *E. Forsthoff,* Verwaltungsrecht I, 9. Aufl. 1966, S. 442 f.
[54] *Salzwedel,* Staatsaufsicht in der Verwaltung, VVDStRL 22 (1963), 206 ff. (232).
[55] Ob insoweit von Selbstverwaltung die Rede sein kann, ist str. – vgl. *Salzwedel,* a.a.O.,
S. 209, 258 LS I 2, und *Bachof,* das. S. 335 (Diskussionsbeitrag); der Streit verschlägt für unsere
Fragestellung nichts.
[56] Näheres bei *W. Henke,* Die Rechtsformen der sozialen Sicherung und das allgemeine
Verwaltungsrecht, VVDStRL 28 (1969), S. 149 ff. (169 f.).
[57] Vgl. *Forsthoff,* a.a.O. (Fußnote 53), S. 438 f.; *ders.,* Die öffentl. Körperschaft, S. 8 ff.;
Badura, VVDStRL 22 (1963), S. 352.
[58] In seinem Referat auf der Staatsrechtslehrertagung 1963.
[59] Vgl. VVDStRL 22 (1963), S. 222 ff., 233, 255 ff.
[60] In seinem (Fußnote 20) genannten Werk – vgl. dazu *meine* Besprechung in: Die Verwaltung 3 (1970), S. 228 ff.
[61] A. a. O., S. 204, 210. – S. 211 wird ausdrücklich hervorgehoben, daß hier Funktionen der

obschon auf gänzlich anderem ideellem Hintergrund und mit abweichender Intention – namentlich aus der katholischen Soziallehre geläufig sind (Subsidiaritätsprinzip),[62] feiern hier in seltsam verzerrten Formen fröhliche Urständ.

Demgegenüber ist mit Nachdruck daran festzuhalten, daß Selbstverwaltung in allen ihren Erscheinungsformen,[63] also immer dann, wenn der Staat nicht unmittelbar staatlichen Einrichtungen administrative oder gar legislative Funktionen überläßt, sei es daß er sie aus dem eigenen Bereich ausgliedert, sei es daß er sie neu schafft, eine staatliche und demgemäß vom Staat zu verantwortende Schöpfung ist. Das demokratische Prinzip der Verfassung fordert die Verantwortung aller vom Staate abgeleiteter Macht gegenüber Volk und Parlament. Ohne Belang ist, daß tatsächlich viele Inhaber öffentlicher Ämter – genau besehen auch die Abgeordneten der Parlamente – nur von einem Teil des Volkes in Amt (und Mandat) eingesetzt werden.[64] Denn maßgebend ist nur, daß das Verfahren der Einsetzung in ein öffentliches Amt vom (Gesamt-)Volk – regelmäßig durch Gesetz – autorisiert ist und die Amtsführung in sanktionierter Verantwortung gegenüber diesem Volk erfolgt. Nur unter dieser Voraussetzung können »Teilvölker« (besser wäre: Volksteile) »Legitimationsquelle für die Ausübung öffentlich-rechtlicher Herrschaftsgewalt«[65] sein.

Um staatlich verliehene Gewalt handelt es sich allerdings nicht nur bei der Befugnis zur Ausübung obrigkeitlichen Zwangs, sondern ebenso auch – und dies ist im modernen Verteilungs- und Leistungsstaat von nicht geringerem Gewicht – bei der Verwaltung öffentlicher Mittel. Die Zurückversetzung der Selbstverwaltung in die Nähe des freien Vereinswesens, wo sie sich im 19. Jahrhundert in der Auseinandersetzung der bürgerlichen Gesellschaft mit der Monarchie bewährte, wäre im demokratischen Staat eine absolut unzeitgemäße und strukturwidrige Absurdität.

Daseinsvorsorge »abweichend von den Prinzipien der Art. 20 Abs. 2, Art. 38 Abs. 1 GG« erfüllt werden sollen.

[62] Vgl. etwa die Nachweise bei *H. Klein,* Die Teilnahme des Staates am wirtschaftlichen Wettbewerb, 1968, S. 163 f.

[63] Es kann sich dabei, wie gesagt, auch um privatautonom geschaffene Einrichtungen handeln, deren sich der Staat zu bestimmten Zwecken bedient.

[64] A. M. anscheinend *Herzog,* Allgemeine Staatslehre, S. 221. Ob im Bundesstaat insofern anderes zu gelten hat, als hier Bundes- und Landesstaatsvolk zu unterscheiden sind, bleibe dahingestellt; s. schon oben Fußnote 6. Ein »Volk« der Selbstverwaltungskörperschaften gibt es jedenfalls trotz des insoweit mißverständlichen Wortlauts von Art. 28 Abs. 2 Satz 2 GG nicht. Wollte man die Summe der Mitglieder einer Selbstverwaltungseinrichtung als eigenständige Legitimationsquelle öffentlicher Amtsgewalt anerkennen, wäre das Institut der Staatsaufsicht schwerlich zu rechtfertigen. Denn was spräche dafür, die »entferntere« Legitimation als die der »näheren« überlegen anzusehen oder die Kompetenz-Kompetenz des größeren Verbandes zu postulieren, wie es auch *Herzog* tut (a. a. O., S. 227)?

[65] *Herzog,* a. a. O., S. 225.

Auf dieser Basis erst lassen sich – näherungsweise – die Voraussetzungen bestimmen, unter denen Selbstverwaltungseinrichtungen vom Staat geschaffen werden dürfen. Soweit sie nicht eine spezielle verfassungsrechtliche Legitimation erfahren haben, ist zu fragen, in welchem Umfang die Ausgliederung von Aufgaben aus dem unmittelbar staatlichen Bereich einerseits und andererseits die Eingliederung bisher privatautonom erfüllter Aufgaben in die Selbstverwaltung zulässig ist. Weiter handelt es sich um die Bedingungen, unter denen Selbstverwaltung im demokratischen Rechtsstaat stattfinden darf, also um das notwendige Ausmaß staatlicher Ingerenzrechte. Diese Fragen können hier, zumal sie der wissenschaftlichen Klärung noch harren, nur in einigen grundsätzlichen Aspekten angesprochen werden.

Nach Ansicht des BVerfG[66] dürfen öffentlich-rechtliche Verbände nur gegründet werden, um legitime öffentliche Aufgaben wahrnehmen zu lassen, jedoch sei es Sache des gesetzgeberischen Ermessens zu entscheiden, welche dieser Aufgaben der Staat nicht durch seine Behörden, sondern durch eigens gegründete öffentlich-rechtliche Anstalten oder Körperschaften erfüllt. In einer späteren Entscheidung[67] ließ das Gericht erkennen, daß es »reine Interessenvertretung« nicht als einen hinreichenden Legitimationsgrund anerkennen würde.[68] Die Frage der Rechtmäßigkeit staatlicher Akquisition bisher im außerstaatlichen Bereich erledigter Aufgaben läßt sich nur im konkreten Fall am Maßstab des Verfassungsrechts beantworten; denn nur dieses begrenzt die Befugnis des Staates, das Ausmaß seiner Kompetenzen selbst zu bestimmen.[69]

Ungleich schwerer lösbar, aber im Augenblick für unsere Fragestellung wichtiger ist das Problem, in welchem Umfang es dem Staat freisteht, bisher vom eigenen Behördenapparat wahrgenommene Agenden Einrichtungen der Selbstverwaltung im weitesten, auch privatrechtlichen Gebilde umfassenden Sinne zu eigenverantwortlicher Erledigung zu überlassen. Man wird dies zumindest dann für möglich halten, wenn und soweit es dem Staat gestattet ist, Aufgaben ganz zu »derelinquieren«. Zwar steht fest, daß solche Entäußerung staatlicher Aufgaben der gesetzlichen Grundlage bedarf, im übrigen aber besteht auch hier, wie im umgekehrten Fall, ein weiter Ermessensspielraum;[70] aus dem Verfassungsrecht ergibt sich nur für eine sehr begrenzte Zahl von

---

[66] BVerfGE 10, 89 ff. (102).

[67] BVerfGE 15, 235 ff. (241).

[68] Zust. *Scheuner*, Voraussetzungen und Form der Errichtung öffentlicher Körperschaften (außerhalb des Kommunalrechts) in: Gedächtnisschrift für *H. Peters*, 1967, S. 797 ff. (813), und *W. Weber*, a. a. O. (Fußnote 46), S. 158 f.

[69] So im Ergebnis wohl auch *W. Martens*, Öffentlich als Rechtsbegriff, 1969, S. 119 f. – Der Streit um das Subsidiaritätsprinzip bleibe hier dahingestellt; vgl. dazu zuletzt *R. Herzog*, Allgemeine Staatslehre, S. 147 ff.; der *eigene* Standpunkt in: Die Teilnahme des Staates am wirtschaftlichen Wettbewerb, 1968, S. 161 ff.

[70] BVerfGE 22, 180 ff. (204).

Aufgaben, daß sie vom Staat selbst erfüllt werden müssen.[71] Hinsichtlich der Frage, ob staatliche Aufgaben durch staatliche Behörden zu erfüllen sind oder von Selbstverwaltungseinrichtungen wahrgenommen werden dürfen, gibt es weithin kaum exaktere Maßstäbe. Das BVerfG hält dies für eine Sache des gesetzgeberischen Ermessens, natürlich nur insoweit, als nicht das Grundgesetz selbst etwas anderes bestimmt, was in den Art. 83 ff. immerhin in beträchtlichem Umfang geschehen ist, und zwar sowohl den Bund als auch die Länder betreffend. Dies im einzelnen zu erheben, fehlt hier der Raum. Art. 87 Abs. 3 GG hingegen entscheidet die Frage, wann sich der Bund zur Erfüllung des mit dieser Vorschrift erfaßten Aufgabenkreises eigener Behörden bzw. wann er sich bundesunmittelbarer Körperschaften und Anstalten des öffentlichen Rechts bedienen darf, nicht. Nur mit Hilfe der aus Anlaß seiner Entscheidung über die Verfassungsmäßigkeit des Bremischen Personalvertretungsgesetzes vom BVerfG[72] entwickelten Grundsätze werden wohl auch für diesen Fall gewisse Regeln ermittelt werden können. Denn der »ministerialfreie Raum«, den es – von den verfassungsrechtlich besonders zugelassenen Ausnahmen abgesehen – in Angelegenheiten von politischer Tragweite nicht geben darf,[73] ist hinsichtlich seiner Auswirkung auf die Effektivität von Regierungs- und parlamentarischer Kontrolle der Selbstverwaltung, auch soweit sie staatlicher Rechtsaufsicht unterliegt, vergleichbar.[74] In solchen Angelegenheiten müssen also die Aufsichtsbefugnisse des Staates von der Art sein, daß ihm, d.h. der parlamentarisch verantwortlichen Regierung, die Sachentscheidung verbleibt oder er sie doch zumindest jederzeit an sich ziehen kann; der Vorbehalt der Rechtsaufsicht allein würde demnach nicht genügen.[75]

---

[71] *Scheuner*, a.a.O., S. 815, nennt Außenpolitik und Verteidigung, Steuern und Polizei; auf die Schulaufsicht (Art. 7 Abs. 1 GG) wäre ergänzend hinzuweisen. Ein zunehmend dringlicheres Problem stellt in diesem Zusammenhang die soziale Umverteilung: inwieweit darf der Staat sie, wie es in den 312- bzw. 624 DM-Gesetzen geschehen ist, aus der Hand geben – hier zugunsten der Tarifparteien? Ähnliches gilt für den Bereich der Wirtschaftspolitik: wo liegen die Grenzen einer Beteiligung der Verbände an der staatlichen Willensbildung auf diesem Gebiet? Zum letzteren vgl. *H. H. Rupp*, Konzertierte Aktion und freiheitlich-rechtsstaatliche Demokratie, in: Konzertierte Aktion. Kritische Beiträge zu einem Experiment, 1971, S. 1 ff.

[72] BVerfGE 9, 268 ff. (281 f.).

[73] Vgl. *Leisner*, a.a.O. (Fußnote 41), S. 46 f., m.w.N.

[74] Ebenso *Leisner*, a.a.O., S. 48.

[75] So zutreffend *Leisner*, a.a.O., S. 57, zur Frage der Mitbestimmung von Personalvertretern im öffentlichen Dienst. Vgl. in diesem Zusammenhang auch *Kelsen*, a.a.O. (Fußnote 50), S. 73; *Herb. Krüger*, Allgemeine Staatslehre, 1964, S. 123 f. – Verfassungswidrig ist danach ohne Zweifel *U. K. Preuß'* Konzeption einer von staatlicher Aufsicht freien »sozialstaatlichen« Selbstverwaltung; denn ihre Agenden sind nicht nur deshalb von außerordentlichem politischen Gewicht, weil es sich um die Verteilung von Steuermitteln handelt. Verfassungswidrig wäre ferner ein Ausbau der Mitwirkungsrechte von Eltern und (gar) Schülern im Schulbereich, der dem Staat das Letztentscheidungsrecht z.B. über den Lehrplan, über die Durchführung von Prüfungen, die Einstellung oder Verwendung von Lehrkräften etc. nähme; vgl. dazu *Evers*, a.a.O. (Fußnote 42), S. 42 ff.

Damit ist schon das weitere Problem angesprochen, welche Einwirkungs-
rechte sich der Staat erhalten muß, wo immer er Einrichtungen der Selbstverwaltung zur Entstehung bringt. Auch hier kann nur in wenigen Punkten eine
eindeutige Antwort gegeben werden. Einige Einflußrechte sind im Einzelfall
verzichtbar, andere u. U. gegeneinander austauschbar. Auch müssen sie nicht
in allen Fällen den gleichen Intensitätsgrad erreichen.[76]

Stets unentbehrlich ist, wie sich aus dem Bisherigen ergibt, die Staatsaufsicht, die mindestens Rechtsaufsicht sein muß.[77] Sie ist es nicht nur mit Rücksicht auf den durch das demokratische Prinzip verbindlich gemachten Dele-
gations- und Verantwortungszusammenhang aller mit der Befugnis zur Ausübung von Hoheitsgewalt ausgestatteten Stellen sowie auf den Grundsatz der
Gesetzmäßigkeit der Verwaltung, sondern auch – und das eine bedingt im
demokratischen Rechtsstaat das andere – um der Gewaltunterworfenen willen, die gerade in sachlich und räumlich begrenzten Bereichen des staatlichen
(und nicht nur gerichtlichen) Rechtsschutzes häufig bedürfen.[78]

Von der Wirksamkeit staatlicher Rechtsaufsicht darf man freilich nicht zu-
viel erwarten; sie stößt auf eine Vielzahl von Schwierigkeiten. So wird jedes
mit Selbstverwaltungsrechten ausgestattete Gebilde eifersüchtig über deren
Wahrung zu wachen geneigt sein, was sich auf Seiten der Aufsichtsinstanzen
in einem Mangel an Informationen niederschlägt. Ist ein Rechtsfehler aufgedeckt, wird der Versuch, ihn zu berichtigen, regelmäßig Widerstände auf den
Plan rufen. Da der Einsatz von Aufsichtsmitteln nach der m. E. allerdings
verfehlten h. M. eine Frage des Ermessens ist,[79] wird die Aufsichtsbehörde oft
versucht sein, die Sache auf sich beruhen zu lassen oder die Rechtsverfolgung

---

[76] *H. Faber*, Wirtschaftsplanung und Bundesbankautonomie, 1969, S. 68: »Die Länge der
Legitimationskette muß zu der Intensität des Herrschaftsverhältnisses in Beziehung gebracht
werden.«
[77] *Badura*, VVDStRL 22 (1963), 352 f. (Diskussionsbeitrag). Vgl. ferner *L. Fröhler*, Die
Staatsaufsicht über die Handwerkskammern, 1957, S. 12, 19, 21; *Ossenbühl*, Die Erfüllung von
Verwaltungsaufgaben durch Private, VVDStRL 29 (1970), S. 137 ff. (160). – A. M. wohl
W. Brohm, Strukturen der Wirtschaftsverwaltung, 1969, S. 218 ff., und *ders.*, Die Dogmatik
des Verwaltungsrechts vor den Gegenwartsaufgaben der Verwaltung, VVDStRL 30 (1971),
Leitsatz 16.
[78] Nicht unbedenklich ist deshalb die vom OVG Münster, DVBl. 1963, 862 f., vertretene
Ansicht, von der Kommunalaufsicht dürfe nicht ausschließlich im Interesse Privater Gebrauch gemacht werden. Die Möglichkeit, verwaltungsgerichtlichen Rechtsschutz zu erlangen, ist der durch eine wirksame Aufsicht erreichbaren Wahrung wichtiger rechtlicher Interessen nicht stets gleichwertig. Die im Schrifttum überwiegend vertretene Auffassung, die
Rechtsaufsicht bestehe nur im öffentlichen Interesse, erscheint im Lichte neuer Erfahrungen,
namentlich im Hochschulbereich, einer Überprüfung in ähnlicher Weise bedürftig, wie sie
etwa im Polizeirecht bezüglich der Maßstäbe polizeilichen Einschreitens längst stattgefunden
hat.
[79] Näher zu dieser Frage bei der Kommunalaufsicht *W. Weber*, Staats- und Selbstverwaltung in der Gegenwart, 2. Aufl., 1967, S. 216 f.; s. a. *L. Fröhler*, Die Staatsaufsicht über die
Handwerkskammern, 1957, S. 48 ff.

dem Betroffenen anheimzugeben. Es liegt auf der Hand, daß die Ineffizienz der Rechtsaufsicht dort ein besonders hohes Maß erreicht, wo sie auf ein ständisch gegliedertes Gemeinwesen trifft. Hätte diese Feststellung eines Beweises bedurft, die Geschichte der Universitäten in dem zurückliegenden halben Jahrzehnt hätte ihn geliefert!

Jedenfalls dort, wo es sich um Agenden von politischem Belang handelt, bedarf es deshalb weiterer Absicherungen sei es in Gestalt der Fachaufsicht (vgl. z. B. § 706 RVO) oder einer persönlichen Inpflichtnahme der in den Selbstverwaltungsorganen tätigen Funktionäre. Sie ist bei Beamten und sonstigen Angehörigen des öffentlichen Dienstes durch deren status gegeben. Im übrigen ist das Kommunalrecht auch hier exemplarisch: Alle Gemeindeordnungen enthalten Vorschriften mit einem besonderen Pflichtenkatalog für ehrenamtlich Tätige und erklären diese mit nahezu übereinstimmenden Rechtsfolgen auf die Mitglieder der kommunalen Kollegialorgane für entsprechend anwendbar. Bei Pflichtverletzungen drohen Schadensersatzpflichten sowie die Auferlegung von Zwangsgeldern oder Geldbußen. Für die Kreisordnungen und Zweckverbandsgesetze gilt Entsprechendes. Das Gesetz über die Selbstverwaltung auf dem Gebiet der Sozialversicherung begründet nicht nur eine Haftung der Organmitglieder gegenüber dem Versicherungsträger für getreue Geschäftsführung, sondern schafft auch die Möglichkeit der Amtsenthebung bei grober Pflichtverletzung (§§ 6 Abs. 4 Satz 3, 14 Abs. 1 SVwG iVm. § 30 Abs. 1 RVO). Die Sparkassengesetze haben die Verpflichtungen der Verwaltungsratsmitglieder und die Rechtsfolgen ihrer Verletzung sorgfältig normiert. – Für die Wasser- und Bodenverbände ist auf die §§ 49 Abs. 2, 128 und 132 der 1. Wasserverbandverordnung zu verweisen, wo sich gleichartige Regelungen finden. Für die Industrie- und Handelskammern fehlt es an entsprechenden Bestimmungen, bei den Handwerkskammern sind sie nur schwach ausgeprägt (vgl. §§ 34 Abs. 6, 43 Abs. 4, 104 Abs. 3, 116 HandwO), ebenso bei den Rechtsanwaltskammern (vgl. §§ 76, 184 BRAO). – Daraus läßt sich folgern: je gewichtiger und bedeutsamer für die Allgemeinheit, aber auch je einschneidender für die Betroffenen die Aufgaben einer Selbstverwaltungseinrichtung sind, desto stärker pflegt die persönliche Verantwortlichkeit der Mitglieder ihrer Organe vom Gesetzgeber hervorgehoben zu werden.[80]

Die Verwaltung staatlicher Mittel durch außerhalb der Bundes- oder der Landesverwaltung stehende Stellen unterliegt besonderer Überprüfung (§§ 26 HGrG; 44, 91 BHO). Die Bedenken, die *Bachof*[81] gegen die darauf gestützte Praxis einer weitgehenden Überwachung der Wirtschaftsführung insbeson-

---

[80] Daß im Zuge der jüngsten Universitäts-»reform« Personen, die jeder Verantwortlichkeit ledig sind, in die Kollegialorgane der Hochschulen Einlaß gewährt und maßgeblicher Einfluß auf deren Entscheidungen eingeräumt worden ist, ist neben vielen anderen auch ein Grund für die Verfassungswidrigkeit der einschlägigen Regelungen.

[81] VVDStRL 22 (1963), 335 f. (Diskussionsbeitrag).

dere privatrechtlicher Organisationen geäußert hat, vermag ich nicht zu teilen: Wo es sich nicht nur um die Vergabe von Subventionen an Private zu deren eigenen Zwecken handelt – hier muß sich der Staat mit dem Nachweis zweckentsprechender Verwendung begnügen –, sondern um die Weitergabe staatlicher Mittel, da kann der Gedanke der Privatautonomie um der Legalität wie um des Rechtsschutzes der Betroffenen willen gesteigerten Kontrollansprüchen des Staates schwerlich entgegengehalten werden.

Selbstverwaltung in allen ihren Formen ist Bestandteil der vollziehenden Gewalt i. S. der Art. 1 Abs. 3, 20 Abs. 2 und 3 GG. Daraus folgt: Innerhalb der Reichweite des Gesetzesvorbehalts bedürfen die Organe der Selbstverwaltungseinrichtungen für ihre Aktivität einer parlamentsgesetzlichen Ermächtigung;[82] das gilt insbesondere für Eingriffe in Freiheit und Eigentum, aber z. B. auch für die Vornahme von Verwaltungshandlungen mit sowohl belastender als auch begünstigender Wirkung. Bei der Verleihung von Normsetzungsbefugnissen an Selbstverwaltungsträger besteht die h. L. nicht auf einer entsprechenden Anwendung des Art. 80 Abs. 1 Satz 2 GG.[83] Die Begründung, bei Erlaß autonomer Satzungen werde die Gewaltenteilung nicht durchbrochen, sondern die Rechtsetzungsbefugnis nur innerhalb der Legislative auf andere demokratische Gremien verlagert,[84] verkennt freilich, daß alle Selbstverwaltungseinrichtungen dem Bereich der Exekutive angehören. Desungeachtet unterscheidet sich die kommunale von anderen Selbstverwaltungen dadurch, daß ihre gewählten Vertretungen die Gesamtbevölkerung eines Gebiets repräsentieren – ihre Zusammensetzung insofern also der des Parlaments entspricht –, während es sich im übrigen regelmäßig um schichtenspezifische Repräsentationen handelt,[85] um Vertretungen spezifischer Interessentengruppen. Deshalb und wegen der den Kommunen durch Art. 28 Satz 2 GG garantierten Universalität des Wirkungskreises ist die Auffassung der h. L. in diesem Falle unstreitig richtig. Wollte man sie auch im übrigen uneingeschränkt gutheißen, liefe man indessen Gefahr, Möglichkeiten einer Umgehung des Art. 80 Abs. 1 GG bzw. des ihm zugrundeliegenden rechtsstaatlichen Prinzips Tür und Tor zu öffnen: der Gesetzgeber bräuchte eine Materie nur den Betroffenen zuzuspielen, um mit Ausnahme des vom Gesetzesvorbehalt erfaßten Bereichs sich selbst aller legislativen Verantwortung zu entledigen. Das Problem ist allerdings dadurch entschärft, daß der notwendig gesetzlich[86] bestimmte Auf-

---

[82] So – für den kommunalen Bereich – *Forsthoff*, Verwaltungsrecht, S. 446, 514 f., 528; ebenso *H. J. Wolff*, Verwaltungsrecht III, 3. Aufl. 1970, § 86 VII C 2 (S. 196); a. M. *M. Imboden*, Gemeindeautonomie und Rechtsstaat, in: Festgabe für Giacometti, 1953, S. 89 ff.

[83] BVerfGE 12, 319 ff. (325 f.); 19, 253 ff. (266 f.). Aus dem Schrifttum: *Maunz* in Maunz-Dürig-Herzog, a. a. O., Art. 80 RN 31 ff. A. M. *A. Hamann*, Autonome Satzungen und Verfassungsrecht, 1958.

[84] So *Maunz*, a. a. O., RN 31 a. E.

[85] Darauf hat mit Recht *Lenz* in: *Hamann/Lenz*, Das Grundgesetz für die Bundesrepublik Deutschland, 3. Aufl. 1970, Art. 80 Erl. B 3 b (S. 546), aufmerksam gemacht.

[86] *Scheuner*, a. a. O. (Fußnote 68), S. 805 f., m. w. N., für rechtsfähige Körperschaften und Anstalten des öffentlichen Rechts.

gabenkreis eines Selbstverwaltungsträgers die Grenzen seiner Autonomie bezeichnet, und dies in rechtsstaatlichen Anforderungen regelmäßig genügender Bestimmtheit.[87]

Ein weiteres, kaum noch bestrittenes Postulat geht dahin, die Träger von Selbstverwaltung unabhängig von ihrer Organisations- und unbeschadet der Rechtsform ihres Handelns bei der Wahrnehmung ihrer Agenden an die Grundsätze des öffentlichen Rechts zu binden.[88]

Dies ist kein Plädoyer gegen die Selbstverwaltung. Auch abgesehen von ihrem nicht leicht meßbaren »therapeutisch-pädagogischen Nutzen«[89] vermag sie durch die Aktivierung des Interesses der Betroffenen der Erledigung staatlich-öffentlicher Aufgaben wertvolle Impulse zuzuführen, effizienzsteigernd zu wirken und damit auch das Maß des der öffentlichen Verwaltung entgegengebrachten Vertrauens zu erhöhen. Vor einer Fehleinschätzung dieses Instruments ist jedoch zu warnen. Es gibt prinzipiell keinen Grund für die Annahme, der von einer die Allgemeinheit berührenden Angelegenheit Betroffene sei in höherem Grade als jeder andere legitimiert, sie zu entscheiden. Der Interessent ist Privater. Die Definition des Gemeinwohls aber ist – in den Grenzen des geltenden Rechts! – Sache des Parlaments und der ihm verantwortlichen Regierung, mithin der Träger von Amt und Mandat. Selbstverwaltung ist daher im demokratischen Staat nur statthaft unter wirksamer Rückbindung an die staatliche Zentralgewalt, über die nach der dem geltenden Verfassungsrecht zugrundeliegenden Konstruktion allein demokratische Legitimität vermittelt wird. Einrichtungen der Selbstverwaltung sind, auch wenn sie über denen des Staates entsprechende Organisationsstrukturen verfügen, ihre Willensbildung also in einer auf die Mitglieder rückführbaren Weise erfolgt, nicht Demokratien im kleinen, jedenfalls nicht in einem verfassungsrechtlich relevanten Sinne. Nur das (ganze) Volk, nicht aus ihm wie immer herausgeschnittene Teile, ist Ausgangspunkt der Autorisierung des öffentlichen Ämterwesens, und nur in dem zwischen Volk (Parlament) und jedem einzelnen Inhaber (im weitesten Sinne) hoheitlicher Gewalt sich vollziehenden dialektischen Prozeß von Legitimation und Kontrolle vermag das Amt jenen von der Verfassung geforderten Standort über den partikularen Interessen zu gewinnen. Selbstverwaltung kann (u.a.) eine Schule für die Einübung demokratischer Tugenden sein. Der Versuch, durch sie die demokratische Ordnung des Staates ganz oder auch nur teilweise zu ersetzen, unterliefe die tragenden Prinzipien des geltenden Verfassungsrechts.

---

[87] So zutreffend *Maunz*, a.a.O., RN 34 a.E.
[88] Daß es nach *Preuß*, a.a.O. (Fußnote 20), S. 215 f., im Bereich seiner »sozialstaatlichen« Selbstverwaltung darauf nicht ankommen soll, zeigt mit aller wünschenswerten Deutlichkeit, wohin hier die Reise geht!
[89] *Naschold*, a.a.O. (Fußnote 40), S. 50 f.

2. Legitimität gegen Legalität?[1]

Während seiner Amtszeit als Bundespräsident der Bundesrepublik Deutschland hat Karl *Carstens* besondere Sorgfalt darauf verwendet, Verständnis zu wecken für die freiheitliche und demokratische Ordnung der zweiten deutschen Republik. Die moderne Demokratie sei, so sagt er, eine Ordnung, »die trotz aller Unvollkommenheit nicht nur die Würde des Menschen, seine Freiheit und seine Grundrechte am besten wahrt, sondern ihm auch das höchste Maß an Freiheit zur politischen Betätigung und zur Verwirklichung seiner politischen Vorstellungen einräumt«.[2] Zur Demokratie gehöre das offene Austragen von Differenzen, und dabei sei zweierlei wesentlich: »erstens, daß Minderheiten zu respektieren und zu schützen sind, und zweitens, daß Mehrheiten Entscheidungen treffen, die dann ebenfalls zu respektieren sind«. Zwar entscheide die Mehrheit nicht schon deshalb, weil sie Mehrheit sei, richtig. Mit dieser unter allen denkbaren Unvollkommenheiten erträglichsten müßten wir jedoch leben.[3] Diese und andere Darlegungen gleicher Zielrichtung hatten sich vor dem Hintergrund einer Kritik an der bestehenden Verfassungsordnung als notwendig erwiesen, von der *Carstens* nicht zu Unrecht vermutete, daß sie weniger Ausdruck des »Unterscheiden-Könnens« sei als »einer amorphen Mißstimmung gegenüber den bestehenden Verhältnissen«.[4]

---

[1] Die Überschrift greift den Titel der Untersuchung auf, die *H. Hofmann* im Jahre 1964 dem Weg der politischen Philosophie Carl Schmitts gewidmet hat. Die Frageform will darauf hinweisen, daß ungeachtet aller Versicherungen, Bonn sei nicht Weimar, die derzeit vielfach propagierte Strategie des Loyalitätsentzugs sich unter Berufung auf neue Legitimitätskriterien gegen die Legalität der bestehenden Verfassungs- und Rechtsordnung wendet, wie es vielfach auch in der Zeit der Weimarer Republik der Fall war.

[2] *K. Carstens*, Reden und Interviews (3), 1982, S. 444.

[3] *K. Carstens*, Reden und Interviews (2), 1981, S. 256.

[4] das., S. 60.

I. Das Problem

1. Die Herausforderung

Jene amorphe Mißstimmung allerdings hat an Rationalität gewonnen, seit in aller Präzision die Frage gestellt worden ist, wie weit die Befugnis zur Mehrheitsentscheidung reicht und ob die staatlichen Organe alles tun dürfen, was ihnen die Verfassung erlaubt.[5] Es ist davon die Rede – vor allem im Hinblick auf Fragen der Ökologie und der Sicherheitspolitik –, daß Ethik und geltendes Recht sich nicht mehr voll deckten bzw. noch tiefer auseinanderklafften, als das auch sonst der Fall sei.[6] Die Forderung nach einer Erweiterung des Bereichs des »Unabstimmbaren« wird erhoben, die Gültigkeit des Mehrheitsprinzips für schwerwiegende Entscheidungen irreversibler Natur in Zweifel gezogen.[7]

Man weist darauf hin, daß das Mehrheitsprinzip seine legitimierende Qualität dem Bestehen eines vorpolitischen Konsenses verdanke; daß Mehrheiten nicht von selbst im Recht seien, »sondern nur dank einer vorpolitisch verankerten, aber nicht unzerstörbaren kollektiven Identität«; daß die Mehrheitsregel »ihre legitimitätsschaffende Wirkung nur im Rahmen einer geeinten politischen ›Körperschaft‹ entfalten« könne.[8] Dieser vorpolitische Konsens, so scheint es, ist ins Wanken geraten oder soll ins Wanken gebracht werden. Was besagten, so heißt es[9], rein quantitative Mehrheiten angesichts von diesen, sei es auch unbewußt, verursachter drohender Selbstvernichtung? Es gelte, sich auf »die innere Funktionslogik der Mehrheitsdemokratie« zurückzubesinnen, die die Notwendigkeit einschließe, auch die (überstimmte) Minderheit dahin zu motivieren, daß sie der Mehrheitsentscheidung folgt, und sei es auch nur deshalb, weil sie die Verweigerung der Folgebereitschaft und deren Konsequenzen als das größere Übel betrachtet im Vergleich zu der Tatsache, in einer konkreten Frage ihre Überzeugung nicht durchsetzen zu können.[10]

Die Frage wird zugespitzt auf die Notwendigkeit einer Art von Verfassungsgarantie für »ökologische und lebensweltliche Unversehrtheitsansprüche«, deren Nichtbeachtung Legitimitätszweifel hervorriefen, die durch den

---

[5] Vgl. *H. Simon*, Fragen der Verfassungspolitik in: *P. Glotz*, (Hrg.), Ziviler Ungehorsam im Rechtsstaat, 1983, S. 99 ff.

[6] ebenda, S. 100, 102.

[7] ebenda, S. 104.

[8] *B. Guggenberger/C. Offe*, Politik aus der Basis – Herausforderung der parlamentarischen Mehrheitsdemokratie, Beilage B 47/83 zur Wochenzeitung »Das Parlament«, S. 3 ff., 4 f.; s. auch *B. Guggenberger*, An den Grenzen der Mehrheitsdemokratie? Zeitschrift für Evangelische Ethik 27 (1983), S. 257 ff., 272 ff., und *ders.*, An den Grenzen der Verfassung, FAZ Nr. 281 vom 3. 12. 1983 »Bilder und Zeiten«.

[9] *R. Vogt*, Das Konzept der Grünen Listen greift zu kurz, Frankfurter Rundschau vom 5. 5. 1978, zitiert nach *Guggenberger/Offe*, S. 6; s. a. *Guggenberger*, S. 271.

[10] *Guggenberger/Offe*, S. 6 f.; *Guggenberger*, S. 273, 278.

Verweis auf Mehrheitsentscheidungen nicht zu beschwichtigen seien.[11] Die Mehrheitsentscheidung als Methode der Konfliktschlichtung entspreche nur der durch den wachstums- und sicherheitsorientierten Basiskonsens gekennzeichneten Normallage.[12] In der Perzeption der Minderheit gehe es jedoch insoweit nunmehr um existentielle Fragen, in denen man sich nicht überstimmen lasse. In ihrer subjektiven Wahrnehmung zerstöre die Mehrheit die Normalität der Lebenswelt, die die Voraussetzung für die Akzeptanz der Mehrheitsregel bilde. Daraus folge: der Verfassungsstaat verpflichte zu einer Politik der Vermeidung des Ernstfalls, d. h. dazu, »daß auch in der Wahrnehmung von Minderheiten die Eckwerte von deren Normalität erhalten bleiben und jedenfalls erkennbar geschont werden«.[13]

2. Die Fragestellung

Mit diesen Überlegungen ist die Frage aufgeworfen, ob auf die politischen Herausforderungen, denen sich der demokratische Verfassungsstaat der Bundesrepublik Deutschland heute konfrontiert sieht, im Rahmen der geltenden Legalordnung eine Antwort gefunden werden kann. Denn der Appell an die Minderheit, die Eckwerte der Normalität der Minderheit zu schonen, die naturgemäß von dieser selbst zu definieren sind, läuft auf die Alternative hinaus, entweder auf eine Entscheidung im Sinne der Mehrheit bzw. deren Durchsetzung zu verzichten oder aber den Ungehorsam der Minderheit gegen die legale Entscheidung der Mehrheit im Namen einer neuen Legitimität in Kauf zu nehmen, d. h. Lähmung der verfassungsmäßigen Prozeduren der politischen Willensbildung oder Hinnahme der Revolution.

Es handelt sich nicht etwa nur darum, ob das Grundgesetz, wie die Sachverständigenkommission »Staatszielbestimmungen/Gesetzgebungsaufträge« empfohlen hat, durch eine auf den Schutz der Umwelt gerichtete Staatszielbestimmung ergänzt werden soll.[14] Eine Verfassungsänderung dieser Art würde das Problem nicht lösen, das entsteht, wenn Minderheiten (von Fall zu Fall durchaus variierender Zusammensetzung) den Eingriff der Mehrheit »in die Freiheit zu leben und weiterzuleben, wie man es gewohnt ist«[15], als unzumutbar zu empfinden beginnen, wenn Mehrheitsentscheidungen im Bereich der friedlichen Nutzung der Kernenergie, der modernen Waffentechnologie, der neuen Medien, im Bereich der Umweltchemie und der zentralen Datenerfassung, bei der Planung von Flughäfen und Stadtsanierungen[16] alle glei-

---

[11] *Guggenberger/Offe*, S. 7 f.; *Guggenberger*, S. 270.
[12] *Guggenberger/Offe*, S. 8 f.; *Guggenberger*, S. 279.
[13] *Guggenberger/Offe*, S. 9 f.
[14] Vgl. den Bericht der Kommission, 1983, Rdnr. 130 ff.
[15] *Guggenberger/Offe*, S. 9.
[16] So die Beispiele bei *Guggenberger/Offe*, S. 10; vgl. auch *Guggenberger*, S. 257 ff.

chermaßen den jeweils betroffenen oder sich betroffen fühlenden Minderheiten als inakzeptabel erscheinen. Wenn es zutrifft, daß der Dissens, der in dem komplexen Nein der Friedens- und Ökologiebewegung gegen Atomwaffen und Atomkraftwerke, gegen die Großtechnologie überhaupt, gegen chemische Umweltverschmutzung, Apparatemedizin, Stadtsanierung, Waldsterben, Frauendiskriminierung, Fremdenhaß, Asylantenpolitik usw. zum Ausdruck kommt, sich nicht gegen diese oder jene Maßnahme, diese oder jene Politik richtet, sondern in der Ablehnung einer Lebensform wurzelt[17], dann wird er sich nicht durch eine einzelne Verfassungsänderung ausräumen lassen.

Ebenso zielt dann die Überlegung zu kurz, es zwar letzten Endes bei der Mehrheitsregel zu belassen, aber das Verfahren der Entscheidungsfindung i.S. einer intensiveren Beteiligung der Minderheit zu verbessern, sei es durch eine Ausdehnung der plebiszitären Elemente der Verfassung, etwa die Einführung der Möglichkeit konsultativer Volksbefragung auf Antrag der parlamentarischen Minderheit, sei es die Erweiterung des (demokratischen) Gesetzesvorbehalts.[18] Über all dies läßt sich innerhalb der bestehenden Verfassungsordnung streiten, und das ist vielfach geschehen.[19] Wenn jedoch, wie behauptet wird, Recht und Ethik weit auseinanderklaffen, wenn der Dissens fundamentaler Natur ist, weil die Prämissen des Prozesses der politischen Willensbildung nicht mehr als allgemeinverbindlich empfunden werden, dürfte die Hoffnung trügen, durch veränderte Verfahren die bestehenden Gegensätze zu versöhnen. Die politische Fundamentalopposition wird dann allenfalls bereit sein, sich dieser Verfahren zur Durchsetzung ihrer Ziele zu bedienen, dabei aber unter dem Vorbehalt handeln, im Falle des Fehlschlags zu anderen Mitteln zu greifen, vom bürgerlichen Ungehorsam bis zum aktiven Widerstand.

Es gilt deshalb, kaum 35 Jahre nach Gründung der zweiten deutschen Republik, sich erneut der Bedingungen zu vergewissern, unter denen politische Entscheidungen in dem vom Grundgesetz verfaßten Staat der Bundesrepublik Deutschland nicht nur Legalität, sondern auch Legitimität beanspruchen (können). Ferner ist der Frage nachzugehen, ob, und wenn ja, welche Wege offenstehen, den Bereich des »Unabstimmbaren« im Rahmen der bestehenden

---

[17] So *J. Habermas*, Ziviler Ungehorsam – Testfall für den demokratischen Rechtsstaat. Wider den autoritären Legalismus in der Bundesrepublik in: *P. Glotz*, (Fn.5), S.29ff., 49. *Guggenberger*, S.259f., beschreibt den Vorgang als Ablösung der Werte der Industriegesellschaft durch eine neue Werteformation, als geistigen Strukturbruch, s.a. ebenda, S.268.

[18] *Simon*, (Fn.5), S.105.

[19] Vgl. den Bericht der Enquete-Kommission Verfassungsreform, BT-Drucks. 7/5924, Kap.1. S. ferner: *W. Weber*, Mittelbare und unmittelbare Demokratie in: Spannungen und Kräfte im westdeutschen Verfassungssystem, 3. Aufl. 1970, S. 175 ff.; *E.-W. Böckenförde*, Mittelbare/repräsentative Demokratie als eigentliche Form der Demokratie in: Staatsorganisation und Staatsfunktion im Wandel. Festschrift für K. Eichenberger zum 60. Geb., 1982, S. 301 ff.; *ders.*, Demokratie und Repräsentation, Schriftenreihe der nds. Landeszentrale für politische Bildung, 1983.

Verfassungsordnung zu verändern. Schließlich bedarf es einer Klarstellung der Verantwortlichkeit desjenigen, der um welcher Ziele willen auch immer die Legalordnung zu sprengen unternimmt, weil er die ihr zugrundeliegenden Legitimitätsvorstellungen nicht (mehr) teilt.

II. Legalität und Legitimität in der Verfassungsordnung des Grundgesetzes

1. Die Legitimität der Mehrheit

Legitimität ist ein wesentliches Element der Staatsgewalt.[20] Die Verfassung der Bundesrepublik Deutschland besitzt nicht nur eine zeitlich begrenzte Legalität, die durch eine andere beliebigen Inhalts jederzeit ersetzt werden dürfte, sondern jene Legitimität, also innere Verbindlichkeit, die ihr aus der allgemeinen Anerkennung in Jahrhunderten schmerzlicher Erfahrungen und Kämpfe errungener Werte und Rechtsgüter erwächst. Die Legitimität der Rechtsordnung der Bundesrepublik hat eine doppelte Wurzel.[21] Sie beruht einerseits darauf, daß die Entscheidungen der staatlichen Organe in den von der Verfassung bzw. in den verfassungsmäßigen Gesetzen vorgezeichneten Verfahren getroffen werden. Die Verfahrensregelungen bestimmen nicht nur den Entscheidungsträger, sondern auch den Gang der Entscheidungsfindung, in deren Verlauf den Rechten und berechtigten Interessen der Beteiligten und Betroffenen Rechnung zu tragen ist.[22]

Zweitens wurzelt die Legitimität unserer Rechtsordnung in den vorab, d. h. im Akt der (demokratischen) Verfassungsgebung konsentierten Unverfügbarkeiten, die »Ausdruck der sozialen und politischen Gedankenwelt (sind), die dem gegenwärtig erreichten kulturellen Zustand des deutschen Volkes entspricht«[23], und die alles staatliche Handeln unabänderlich determinieren. Dabei handelt es sich sowohl um unantastbare individuelle Rechtspositionen, also um die Festschreibung unabdingbarer materialer Inhalte der Rechtsordnung, als auch um gewisse Grundstrukturen staatlicher Organisation. Zu jenen rechnen die Verbürgung von Freiheit und Gleichheit.[24] Zu diesen gehört

---

[20] Anders die positivistische Staatsrechtslehre, vgl. etwa *G. Meyer/G. Anschütz*, Lehrbuch des deutschen Staatsrechts, 7. Aufl. 1914, S. 26, und dazu *E. R. Huber*, Deutsche Verfassungsgeschichte seit 1789, Bd. VI, 1981, S. 7 ff. S. auch *G. Anschütz*, Die Verfassung des Deutschen Reichs, 14. Aufl. 1933, S. 5; *C. Schmitt*, Verfassungslehre, Neudruck 1954, S. 89 f. Weitere Nachweise bei *H. Hofmann*, Legitimität gegen Legalität, 1964, S. 24 ff.

[21] Zum Folgenden vgl. statt vieler *R. Zippelius*, Legitimation im demokratischen Verfassungsstaat in: *Achterberg/Krawietz* (Hrg.), Legitimation des modernen Staates, 1981, S. 84 ff.

[22] BVerfGE 53, 30, 64 f. (Mühlheim-Kärlich).

[23] BVerfGE 5, 85, 379 (KPD-Urteil).

[24] Dazu jüngst *M. Kriele*, Freiheit und Gleichheit in: *Benda/Maihofer/Vogel*, Handbuch des Verfassungsrechts, 1983, S. 129 ff.; vgl. auch *W. Zeidler*, ebenda, S. 564: die Grundrechte

die durch das Mehrheitsprinzip und das Prinzip der Repräsentation modifizierte Souveränität des Volkes als des Subjekts der Staatsgewalt. Die Entscheidung für den Grundsatz der repräsentativen Mehrheitsentscheidung ist nicht nur eine Folge von Praktikabilitäts- und Zweckmäßigkeitserwägungen, die es ratsam erscheinen lassen, die in einer modernen, nach Millionen Einwohnern zählenden Industriegesellschaft fälligen Entscheidungen nicht vom Volke selbst einstimmig treffen zu lassen.[25] Dahinter steht vielmehr vor allem die Erwägung, daß nur auf diese Weise die vom Wesen des demokratischen Prinzips geforderte gleiche Chance der Teilhabe aller Staatsbürger an der staatlichen Willensbildung mindestens annäherungsweise zu realisieren[26], eine gewisse Distanz gegenüber privaten Interessen zu gewinnen[27] sowie eine höhere Rationalität und Kontrollierbarkeit der Entscheidung zu erreichen ist.[28] Dies freilich ist – mit dem möglichen Grad von Zuverlässigkeit – nur zu verwirklichen, wenn die politische Leitungsgewalt der Repräsentanten rechtlich begrenzt und demokratisch korrigierbar, d. h. bei regelmäßig stattfindenden Wahlen entziehbar ist.[29]

All dies impliziert die Notwendigkeit permanenter Begleitung des sich in den staatlichen Organen vollziehenden Willensbildungsprozesses in freiheitlicher[30] und öffentlicher Diskussion. Muß sich einerseits die politische Willensbildung vom Volk hin zu den Staatsorganen, »von unten nach oben«, vollziehen[31], so müssen andererseits diese die Öffentlichkeit mit den für die Debatte notwendigen Informationen versehen.[32] »Repräsentative Demokratie muß kommunikative Demokratie sein«.[33]

---

bezeichnen den Bereich des Unabstimmbaren; s. ferner *F. Ossenbühl*, Das elterliche Erziehungsrecht im Sinne des Grundgesetzes, 1981, S. 128: die Grundrechte als punktuelle Durchbrechung des Mehrheitsprinzips.

[25] Die Alternativen zum Mehrheitsprinzip sind: das Prinzip der Einstimmigkeit, das Entscheidungsunfähigkeit zur Folge hat, die Entscheidung durch einen einzelnen oder eine Minderheit, was beides dem Gebot der demokratischen Gleichheit widerspräche, sowie der Losentscheid, der das Wirksamwerden von Sachgründen ausschließt.

[26] *J. Rawls*, Eine Theorie der Gerechtigkeit, 1979 (Suhrkamp taschenbuch wissenschaft 271), S. 254. – Die unmittelbare Demokratie privilegiert die vorrangig politisch Interessierten und also eine Minderheit; vgl. *E.-W. Böckenförde*, Demokratie und Repräsentation (Fn. 19), S. 10 ff.

[27] Vgl. *W. Hennis*, Amtsgedanke und Demokratiebegriff in: *ders.*, Politik als praktische Wissenschaft, 1969, S. 48 ff.; zust. *Böckenförde*, a. a. O., S. 21, m. w. N.

[28] *R. Zippelius*, Allgemeine Staatslehre, 8. Aufl., 1982, § 23 I 3.

[29] *Böckenförde*, (Fn. 19), S. 314 f.

[30] Zu den Bedingungen der Freiheitlichkeit der öffentlichen Meinungsbildung s. *H. H. Klein*, Ziviler Ungehorsam im demokratischen Rechtsstaat? in: Festgabe zum 10jährigen Bestehen der Gesellschaft für Rechtspolitik, Trier (Veröffentlichung in Vorbereitung, in diesem Band S. 37 ff.).

[31] BVerfGE 20, 56, 97 ff. (Leitsatz 2) – (Parteifinanzierung).

[32] BVerfGE 44, 125, 147 f. (Öffentlichkeitsarbeit der Regierung).

[33] *H. Oberreuter*, Abgesang auf einen Verfassungstyp? Beilage B 2/83 zur Wochenzeitung »Das Parlament«, S. 19 ff., 29.

Anders formuliert: Die Legitimität der legalen Mehrheitsentscheidung des Parlaments und der von ihm kreierten Regierung folgt nicht allein aus der ordnungsgemäßen Durchführung einer Wahl, sondern auch aus der fortgesetzten Rückkopplung des staatlichen Willensbildungsprozesses an den Vorgang der öffentlichen Meinungsbildung.[34] Rückkopplung in dem hier gemeinten Sinn bedeutet nichts weniger als sklavische Anbindung etwa an Meinungsumfragen oder gar ein Verbot für die parlamentarische Mehrheit und die von ihr getragene Regierung, gegen eine vermutete Mehrheit in der Bevölkerung zu entscheiden. Dies schon deshalb nicht, weil es kein anderes Verfahren gibt, den mehrheitlichen Willen des Volkes festzustellen, als die von der Verfassung zugelassenen Wahlen und Abstimmungen. Rückkopplung bedeutet jedoch die – durch das Bestreben der Mehrheit, Mehrheit zu bleiben, hinreichend gewährleistete – Verpflichtung, sich ständig um die Zustimmung einer möglichst breiten Bevölkerungsmehrheit für die eigene Politik durch entsprechende Informations- und Überzeugungsarbeit zu bemühen. Forderungen nach möglichst großer Transparenz, Verständlichkeit, Dezentralisierung (Bürgernähe) und Subsidiarität staatlicher Entscheidungen sind daher berechtigt.

Die Legitimität des Mehrheitsprinzips in der repräsentativen Demokratie beruht somit auf der durch Erfahrung erhärteten Annahme, daß – bei Berücksichtigung unabweisbarer praktischer Notwendigkeiten – auf diese Weise das gleiche Recht eines jeden auf Teilhabe an der politischen Willensbildung am ehesten zu wahren sei. Die Rechte der Mehrheit werden anerkannt, weil alle hoffen und Grund haben zu hoffen, eines Tages zu ihrem eigenen Vorteil diese Rechte ausüben zu können. Dabei wird vorausgesetzt, daß die Mehrheit die Bedingungen ihrer Legitimität, wie sie oben beschrieben worden sind und wie sie das Grundgesetz in Art. 79 III bezeichnet, nicht aufhebt. Eine Folge – und ein Vorzug – dieses Sytem der politischen Entscheidungsfindung ist es, daß – freilich nicht selten um den Preis der Verwischung klarer Konturen – extreme Standpunkte kaum eine Chance haben, die Mehrheit für sich zu gewinnen: die repräsentative Demokratie ist (auch) die Staatsform des Kompromisses, in den Vorstellungen der Opposition bzw. von Minderheiten regelmäßig auch dann einfließen, wenn die Entscheidung am Ende gegen ihre Stimmen getroffen wird.[35] Schließlich schafft keine Staatsform eine höhere Gewähr für die Rückrufbarkeit bzw. Korrektur einer einmal zustandegekommenen Entschei-

---

[34] Vgl. den Schlußbericht der Enquete-Kommission Verfassungsreform, (Anm. 19), Kap. 1 Nr. 2; *K. Stern*, Das Staatsrecht der Bundesrepublik Deutschland, Bd. 1, 1977, S. 463 m. w. N.; *E.-W. Böckenförde*, Demokratie und Repräsentation (Fn. 19), S. 19, 24, 29 f.

[35] Vgl. *K. Schlaich*, Beobachtungen zur gegenwärtigen Lage unseres politischen Gemeinwesens aus verfassungspolitischer Sicht, Zeitschrift für evangelische Ethik 27 (1983), S. 248 ff., 250. Eben dies allerdings hält *Guggenberger*, (Fn. 8), S. 269, der »Volksparteiendemokratie« (S. 266) vor: daß sie in den Kategorien des Kompromisses denke und deshalb Wertkonflikte nicht zu lösen imstande sei.

dung.[36] Soweit die Rechtsordnung der Bundesrepublik Deutschland die Normen des Grundgesetzes und damit die in ihnen formulierten Legitimitätsvorstellungen beachtet, fallen Legalität und deren Legitimität in eins.[37]

2. Grenzen der Mehrheitsentscheidung?

Die Diskussion wird um eine Erweiterung der vom »vorpolitischen Konsens« umgriffenen Gegenstände geführt. Bevor die Möglichkeiten zu einer Verwirklichung dieser Absicht diskutiert werden (unter III), ist zu fragen, ob dadurch tatsächlich, wie behauptet, einem angeblichen Legitimitätsverlust des bestehenden Systems der politischen Entscheidungsfindung wirksam begegnet werden könnte.

Die Forderung läuft darauf hinaus, den Entscheidungsspielraum der Mehrheit nach Maßgabe der politischen Vorstellungen der Minderheit einzuengen, dieser in von ihr letztlich selbst zu bestimmenden Bereichen eine Vetoposition einzuräumen. Nicht ohne Grund beschränkt sich allerdings der von der Verfassung formulierte Basiskonsens auf die Festschreibung bestimmter Formen und Verfahren der politischen Willensbildung und von dieser zu beachtender materieller Individualrechte.[38] Denn jede Einschränkung der Befugnisse der Mehrheit macht die gleiche politische Freiheit für alle weniger umfangreich, weil hier jeweils eine Minderheit einer Mehrheit ihren Willen aufzuzwingen in der Lage ist.[39] Aus diesem Grunde können auch ethische Überzeugungen nur insoweit in den unabänderlichen Grundkonsens Eingang finden, als sie erwiesenermaßen die dauerhafte Zustimmung einer ganz überwiegenden Mehrheit der Bevölkerung finden. Es gehört also geradezu zur Legitimitätsgrundlage der verfassungsmäßigen Ordnung des Grundgesetzes, daß in ihr Recht und Ethik »auseinanderklaffen«: in dem Maße, in dem einzelne oder Gruppen den von allgemeiner Überzeugung getragenen und nur deshalb allgemein verbindlichen ethischen Minimalkonsens im Sinne ihrer Auffassung zu erweitern trachten, besteht die Gefahr, daß andere, unter Umständen sogar die Mehrheit, aus diesem Konsens verdrängt werden. Am Ende stünde ein Legitimitätsverlust. Zudem drohte ein wegen weitreichender Unverfügbarkeiten in sei-

---

[36] Ebenso *Schlaich*, a. a. O.

[37] Vgl. BVerfGE 62, 1, 43 (Bundestagsauflösung): »Es wäre im Hinblick auf die Bewahrung des demokratischen Rechtsstaates, den das Grundgesetz verfaßt hat, ein unverantwortliches Unterfangen, verfassungsmäßige Verfahren mit der Behauptung abzuwerten oder auszuhöhlen, sie erforderten daneben weitere Legitimationen. Nach dem Grundgesetz bedeutet verfassungsmäßige Legalität zugleich demokratische Legitimität.« S. auch *M. Kriele*, Die Rechtfertigungsmodelle des Widerstands, Beilage B 39/83 zur Wochenzeitung »Das Parlament«, S. 12 ff., 23.

[38] Alle anderen, auch die Normen des Verfassungsrechts sind mit, sei es auch qualifizierter, Mehrheit änderbar.

[39] *Rawls*, (Fn. 26), S. 254.

ner Handlungsfreiheit beschränktes politisches System dadurch Legitimität einzubüßen, also den »vorpolitischen Konsens« zu verspielen, daß es sich als außerstande erwiese, neuen Lagen zu entsprechen und den daraus folgenden Handlungsbedarf zu befriedigen. Das gilt in besonderem Maße in den vom raschen Wechsel der Situationen gekennzeichneten Bereichen der Wirtschafts-, der von ihr abhängigen Sozial- sowie der Außen- und Sicherheitspolitik. Denn Legitimität (wie Autorität) wächst den staatlichen Institutionen und damit dem Staate selbst nicht nur durch rechtmäßiges Handeln zu, sondern auch (wenn nicht vor allem) durch die kraftvolle Bewältigung sich immer wieder neu stellender sozialer, ökonomischer und sicherheitspolitischer Herausforderungen.

Was hinter jener Forderung steht, wird deutlich, wo die Unterlegenheit engagierter, sachkundiger und hochgradig betroffener Minderheiten gegenüber apathischen, schlecht informierten, desinteressierten Mehrheiten beklagt und deren Entscheidung als inkompetent und unverantwortlich beschrieben wird.[40] Diese »Ungleichheit« der Entscheidungsbeteiligten entziehe der Mehrheitsentscheidung Legitimität. Die Legitimität der Mehrheitsentscheidung folgt indessen nicht aus deren angenommener oder gar erwiesener »Richtigkeit«.[41] Die Frage, wer Recht hat, Mehrheit oder Minderheit, bleibt im demokratischen System vielmehr offen.[42] Diese Offenheit ist eine notwendige Folge der vorausgesetzten Gleichberechtigung aller Staatsbürger. Sie besteht zum Vorteil wie zum Nachteil sowohl der Mehrheit wie der Minderheit. Könnte die von der Mehrheit getroffene Entscheidung nicht nur Geltung, sondern auch Richtigkeit beanspruchen, bräuchte der Widerspruch der Minderheit gegen diese Entscheidung nicht geduldet zu werden, die Mehrheit dürfte die Minderheit zum Schweigen bringen, eine Revision der Entscheidung wäre ausgeschlossen. Würde andererseits die Auffassung der Minderheit als richtig anzuschen sein, bestünde für diese kein Anlaß, sich der Entscheidung der Mehrheit zu beugen, ihre Geltung anzuerkennen; die unrichtige Entscheidung kann keine Gehorsamspflicht auslösen. Wollte man dem höhe-

---

[40] *Guggenberger*, (Fn. 8), S. 276. Vgl. auch *Schily*, der (im SPIEGEL vom 13.6.1983) der »qualitativen Minderheit« stärkere Rechte einräumt als der »quantitativen Mehrheit«. Dazu auch *M. Kriele*, (Fn. 37), S. 22 f.

[41] Vgl. *K. Carstens* oben zu Fn. 3.

[42] Die moderne Demokratietheorie akzeptiert also nicht die von *C. Schmitt*, Die geistesgeschichtliche Lage des heutigen Parlamentarismus, 3. Aufl., 1961, S. 35, beschriebene »Reihe von Identitäten«, darunter die »Identität des Quantitativen (ziffernmäßige Mehrheit oder Einstimmigkeit) mit dem Qualitativen (Richtigkeit des Gesetzes)«, sei es auch nur im Sinne einer Identifikation. Zwar haben sich Mehrheit und Minderheit gleichermaßen um das gemeine Beste zu bemühen (vgl. *F. Haymann*, Die Mehrheitsentscheidung in: *E. Tatarin-tarnheyden* (Hrg.), Festgabe für R. Stammler, 1926, S. 395 ff., 462, 466 f.), aber in der Erkenntnis, daß dieses Bemühen in Gestalt der zu treffenden Entscheidung eine stets nur annäherungsweise, der Verbesserung fähige Erfüllung findet. Die Wahrheit ist immer bloß das ideale, niemals das reale Resultat des freien Kampfes der Meinungen (*C. Schmitt*, a. a. O., S. 45 f.).

ren Engagement, der (vielleicht nur scheinbar) besseren Information und qualifizierteren Sachkunde einer Minderheit den Vorrang einräumen gegenüber der Entscheidung der Mehrheit, entzöge man nicht nur dem demokratischen System Legitimität, man würde seine Legitimitätsgrundlage geradezu austauschen, weil an die Stelle demokratischer, personal begründeter Gleichheit und Freiheit die Herrschaft einer zu höherer Einsicht befähigten Elite träte. Die Mehrheit ist also nicht von selbst im Recht, aber sie hat das Recht (und die Pflicht!), zu entscheiden und ihrer Entscheidung Respekt zu verschaffen.

Der Schutz der Minderheit, sofern er darin besteht, nicht überstimmt zu werden, ist nur legitim, insoweit er dem Zweck dient, ihre Chance, Mehrheit zu werden, zu wahren[43] – was eben die Unantastbarkeitsgarantie des Art. 79 III GG bewirkt! Das darin liegende Risiko der Mehrheit, ihrerseits zur Minderheit zu werden, ist dieser ohne weiteres zumutbar. Darüber hinausgehende Risiken, die sich aus dem Veto einer Minderheit gegen eine von der Mehrheit gewünschte Entscheidung ergäben, sind hingegen nicht gerechtfertigt, weil es eine Gewähr für die höhere Richtigkeit der Auffassung der Minderheit weder gibt noch nach der Funktionslogik der Demokratie geben kann.

Nicht selten finden übrigens Entscheidungen parlamentarischer Mehrheiten oder der Regierung – allgemeiner: der politischen Führung – die Zustimmung der Mehrheit der Bevölkerung erst nachträglich, nachdem sich der Erfolg der getroffenen Maßnahmen eingestellt hat. Nicht nur die Mehrheit pflegt davon (bei nachfolgenden Wahlen) den Vorteil zu haben, auch das politische System als ganzes gewinnt an Zustimmung bei den Bürgern und damit an Legitimität, während sich der beflissene Nachvollzug demoskopisch ermittelter Wünsche amorpher Bevölkerungsmehrheiten auf die Dauer niemals – weder in dieser noch in jener Hinsicht – als lohnend erweist. Kraftvolle, ihre Ansichten überzeugend formulierende politische Führung vermag eine anfänglich zögernde Mehrheit häufig genug umzustimmen: ein Beweis mehr gegen den Anspruch, die durch Wahl auf Zeit in Amt und Mandat gerufene Mehrheit müsse sich ständig der aktuellen Zustimmung der volonté des tous vergewissern, statt sich »an das eigentliche Selbst der volonté générale« zu wenden.[44]

Eine nur scheinbare Plausibilität besitzt die Forderung, die Korrigierbarkeit bzw. Revidierbarkeit der Entscheidungen müsse gewährleistet sein.[45] Daran ist – unbeschadet der Selbstverständlichkeit, daß jedem Rechtsakt die Möglichkeit des actus contrarius immanent ist – richtig nur, daß neue Mehrheiten die Möglichkeit haben müssen, die Weichen der politischen Entwicklung neu zu stellen.[46] Anderenfalls verlöre die der Demokratie wesentliche Chance des

---

[43] Vgl. *K. Stern*, (Fn. 34), S. 460 m. w. N.
[44] Vgl. *Böckenforde*, (Fn. 19), S. 327.
[45] *Guggenberger*, (Fn. 8), S. 273.
[46] Nichts anderes besagt der in diesem Zusammenhang oft zitierte Art. 28 Satz 2 der der

Mehrheitswechsels ihren Sinn. Sieht man einmal davon ab, daß die in jüngster Zeit meistumstrittenen politischen Entscheidungen ohne weiteres revidierbar sind – Raketen können wieder abgezogen, Kernkraftwerke können stillgelegt werden –, ist jedoch offenkundig, daß keine Regierung jemals darauf verzichten wird oder verzichten kann, Entscheidungen zu treffen, deren Wirkungen niemand mehr rückgängig zu machen vermag. Mehrheiten müssen in gewissem Umfang auch ihre Nachfolger bindende Verpflichtungen, etwa vertraglicher Art, eingehen dürfen. Sie müssen zum Bau von Verkehrsanlagen befugt sein, auch wenn dadurch die natürliche Landschaft auf Dauer geschädigt wird. Sie treffen Entscheidungen über Bildungssysteme, von denen ganze Generationen unentrinnbar geprägt werden. Der Verbrauch nicht regenerierbarer Rohstoffe ist unumgänglich, obgleich sie danach unwiederbringlich verloren sind und unter Umständen künftige Mehrheiten zu energiepolitischen Entscheidungen gezwungen sind, die der heutigen selbst in ihren Konturen nicht erkennbar sind. Die Aufnahme von Krediten verpflichtet spätere Mehrheiten zur Begleichung der Schulden. Die Berufung in das Beamtenverhältnis blokkiert gegebenenfalls auf Jahrzehnte die personalpolitische Bewegungsfreiheit künftiger Mehrheiten. Die unwiderruflichste aller denkbaren Entscheidungen ist die über den Eintritt in einen militärischen Konflikt, da sie für viele den Verlust ihres Lebens bedeutet – und doch ist eine solche Entscheidung im Verteidigungsfall einer (allerdings qualifizierten) Mehrheit auch durch das Grundgesetz ausdrücklich erlaubt (Art. 115a).

Die Mehrheit ist also befugt, Entscheidungen zu anfallenden Fragen auch dann zu treffen, wenn deren Folgen rechtlich oder tatsächlich die Zeit ihres Mandats überdauern. Nur unter dieser Voraussetzung ist eine kontinuierliche, nach außen wie nach innen verläßliche Staatätigkeit, ist eine mittel- oder gar langfristige Planung überhaupt möglich. Die Kehrseite dieser Medaille ist, daß keine Regierung am Nullpunkt beginnt, jede trägt die Last der Vergangenheit. Übrig bleibt das verfassungspolitische, im Falle seiner Beachtung die Akzeptanz der getroffenen Entscheidung verbessernde Postulat, die Bindung späterer Mehrheiten maßvoll zu handhaben.

Damit ist auch erwiesen, daß die Entscheidung nach dem Mehrheitsprinzip nicht nur im Normalfall Legitimität besitzt. Der Staat ist eine existentielle politische Gemeinschaft. Er darf – im Extremfall – um der Wohlfahrt des Ganzen willen sogar von seinen Bürgern den Einsatz ihres Lebens verlangen. Um wieviel mehr ist er in sonstigen »Lebensfragen«, mit der gehörigen Mehrheit, zur Entscheidung berechtigt, zumal kein anderer als eben diese Mehrheit, für die Dauer ihres Mandats, zu entscheiden befugt ist, was eine »Lebensfra-

---

Verfassung der Französischen Republik vom 24.6.1793 vorangestellten Erklärung der Menschen- und Bürgerrechte: »Une génération ne peut assujettir à ses lois les générations futures«. Von der Korrigierbarkeit der Gesetze ist hier die Rede, nicht von derjenigen der durch sie (und durch die auf ihnen beruhenden Rechtsakte) geschaffenen Tatsachen!

ge« ist. Den demokratischen Verfassungsstaat auf »Ernstfallvermeidungspoli-
tik« zu begrenzen, dem Mehrheitsprinzip nur einen »kleinen« Politikbegriff
zuzuordnen[47], heißt, im (von beliebigen Gruppierungen beliebig zu definierenden) Ernstfall den Verfassungsvollzug außer Kraft zu setzen und die Sou-
veränitätsfrage aufzuwerfen. Daß diese dann auch gleich zugunsten der Minderheit beantwortet wird, versteht sich am Rande.

Der Staat, seine Organe, die Mehrheit – sie dürfen also, was ihnen die
Verfassung erlaubt.[48] Aber sie müssen es in der von der Verfassung vorge-
schriebenen Weise tun, wozu auch die ständige, zur Legitimierung der Entscheidung notwendige Kommunikation mit dem Bürger über die öffentliche
Meinung gehört. Ob sie es tun, wird nicht zuletzt davon abhängen, wie berechtigt ihnen die Erwartung erscheint, sei es auch erst nach der Überwindung
erheblicher Widerstände wenn schon nicht die Zustimmung, so doch die Dul-
dung einer breiten Mehrheit der Bevölkerung zu gewinnen.

III. Neue Legitimität und verfassunggebende Gewalt

In Wahrheit geht es in der Kontroverse nicht nur um die Leistungsfähigkeit
der Mehrheitsregel und deren Grenzen. Vielmehr droht die Aufkündigung
des verfassungspolitischen Grundkonsenses, wie er in Art. 79 Abs. 3 GG Gestalt gewonnen hat, im Namen einer neuen Legitimität. Sie wendet sich gegen
die legitime Legalität des geltenden Rechts. Ein tiefgreifender Werte- und
Orientierungswandel wird proklamiert, das Nebeneinanderbestehen zweier
Gesellschaften mit je eigenem Werthimmel behauptet und daraus die Notwendigkeit eines Bruchs »mit den in der ›Volksparteiendemokratie‹ üblichen
Mustern additiver, konfliktvermeidender Interessenberücksichtigung« abgeleitet.[49] Der neue Grundkonflikt »ökonomisch-technisches Wachstums versus
humane Lebensqualität« sei von den etablierten Parteien nicht zu lösen, die
Garantien des demokratischen Verfassungsstaates verbürgten, wie sich nun
zeige, noch keine humanverträglichen politischen Problemlösungen.[50] Damit
wird der Anspruch erhoben, Humanität, das »gemeinsame Überzeugungsminimum«[51], neu zu definieren, die Politik im demokratischen Verfassungsstaat an »neuen Legitimitätskriterien« zu messen[52] und das geltende Recht an
diese neue »Ethik« anzupassen.[53] Die engagierte, von der Richtigkeit ihrer

---

[47] *Guggenberger/Offe*, (Fn. 8), S. 9; *Guggenberger*, (Fn. 8), S. 279.
[48] Vgl. *Simon*, (Fn. 5), S. 103.
[49] *Guggenberger*, S. 259, 261, 266.
[50] das., S. 267.
[51] das., S. 277.
[52] das., S. 267.
[53] *Simon*, (Fn. 5), S. 103.

Vorstellungen von humaner Lebensqualität unbedingt überzeugte Minderheit stellt die »apathischen Akklamationsmehrheiten«[54] vor die Wahl, sich entweder ihrer höheren Einsicht zu fügen oder sich mit ihrer Ablehnung der bestehenden Ordnung abzufinden.

Die Ersetzung bestehender durch neue Legitimitätsvorstellungen, sei es auch, daß jene durch diese nur ergänzt, also in gewissem Umfang beibehalten werden sollen, ist – aus der Sicht des geltenden Verfassungsrechts – ein revolutionärer Akt. Denn, um es zu wiederholen[55], nicht eine bloße Verfassungsänderung mit dem Ziel der Einfügung eines neuen Programmsatzes oder einer neuen Staatszielbestimmung in das Grundgesetz steht in Frage. Auch sie ließe Raum für Kompromisse. Die sich unter einem neuen Werthimmel formierende Gesellschaft »der besser ausgebildeten und besser verdienenden Mittelschichten«, für die »Lebensstandard« (da erreicht!) »nicht mehr mit Lebensqualität identisch« ist[56], besteht jedoch auf der unbedingten Beachtung und Durchsetzung der von ihr entwickelten Positionen. Diese aber reichen über das vom Grundgesetz vorausgesetzte und in Art. 79 III festgeschriebene gemeinsame Überzeugungsminimum hinaus, ja sie widersprechen ihm insoweit, als im Falle ihrer Verwirklichung einer seiner wesentlichen Bestandteile, die Mehrheitsregel (und wohl auch das Repräsentationsprinzip), partiell außer Kraft und an deren Stelle die von der wissenden Minderheit (basisdemokratisch) entwickelte Erkenntnis träte.

Im Rahmen des geltenden Verfassungsrechts ist dafür kein Raum. Die in Art. 79 III GG vom Verfassunggeber getroffene Grundentscheidung, mit der die Identität der Bundesrepublik Deutschland als eines demokratischen Rechtsstaats begründet wird, ist dem Zugriff des verfassungsändernden Gesetzgebers entzogen: der pouvoir constitué ist durch den pouvoir constituant gebunden.[57] Die vom Grundgesetz ausdrücklich formulierte Legitimitätsgrundlage der Bundesrepublik ist weder einer Erweiterung[58] noch einer – hier in Rede stehenden – Einschränkung auf verfassungsmäßigem Wege fähig. Art. 79 III bezeichnet die materielle Legitimität des Staates[59], und nur innerhalb dieser Legitimität ist Legalität möglich. Eine Anpassung der Legitimati-

---

[54] *Guggenberger*, (Fn. 8), S. 279.

[55] Vgl. unter I 2.

[56] *Guggenberger*, (Fn. 8), S. 260.

[57] Vgl. *D. Murswiek*, Die verfassunggebende Gewalt nach dem Grundgesetz für die Bundesrepublik Deutschland, 1978, S. 162 ff.

[58] Vgl. die Kontroverse über die Frage, ob durch die Aufnahme des Widerstandsrechts in Art. 20 GG (als dessen Absatz 4) auch dieses der Unabänderlichkeitsgarantie des Art. 79 III unterworfen worden ist: *K. Hesse*, Grundzüge des Verfassungsrechts der Bundesrepublik Deutschland, 14. Aufl., 1984, Rdnr. 761; *J. Isensee*, Das legalisierte Widerstandsrecht, 1969, S. 96 f. – je m. w. N.; s. auch *K. Stern*, Das Staatsrecht der Bundesrepublik Deutschland, Bd. 2, 1980, S. 1507.

[59] *Murswietz*, a. a. O., S. 246.

onsbasis des geltenden Verfassungsrechts an eine (angeblich) neue Werteformation, die Forderung, die Mehrheit zumindest bei einer Reihe ihrer Entscheidungen an die Zustimmung der aufgeklärten Minderheit zu binden, könnte nur im Wege einer neuen Verfassunggebung verwirklicht werden.

Welches ist die Rolle der verfassunggebenden Gewalt im Verfassungsstaat? Carl Schmitts in Art. 79 III GG Gesetz gewordene These, jede legale Verfassungsänderung stehe »unter der Voraussetzung, daß Identität und Kontinuität der Verfassung als eines Ganzen gewahrt bleiben«[60], war von der Feststellung begleitet, das Volk als Inhaber der konstituierenden Gewalt könne sich nicht binden und sei jederzeit befugt (sic!), sich jede beliebige Verfassung zu geben.[61] Danach steht die verfassunggebende Gewalt von Rechts wegen ständig neben und damit im Ergebnis über der Verfassung.[62] Jeder, der sich ihrer zu bemächtigen vermag – es ist niemals »das Volk«, immer sind es einzelne oder Gruppen, die zu Recht oder zu Unrecht in seinem Namen zu handeln vorgeben: auch im Prozeß der Verfassunggebung ist das Phänomen der Repräsentation unentrinnbar[63] –, ist »befugt« zu tun, was dem verfassungsändernden Gesetzgeber ausdrücklich versagt ist: den Verfassungskern zu verändern oder gar auszutauschen.

Diese Auffassung erklärt die Revolution für Rechtens.[64] Es ergibt sich daraus »die absurde und gefährliche Lage, daß ein überpositiv berechtigter, von allem geltenden Verfassungsrecht unabhängiger Verfassunggeber ... dem verfaßten Verfassunggeber und allen pouvoir constitués gegenübersteht«.[65] Um dieser Konsequenz zu entgehen, haben Gerhard Anschütz[66] und Richard Thoma[67] die These Schmitts von der Unantastbarkeit des identitätsbestimmenden Kerns der Verfassung für den Gesetzgeber verworfen[68], womit sie einen Schritt zu weit gegangen sind. Das Grundgesetz hat den sich danach anbietenden Mittelweg beschritten: Es hat die verfassunggebende Gewalt dome-

---

[60] Verfassungslehre, Neudruck 1954, S. 103.
[61] Die Diktatur, 3. Aufl., 1964, S. 140; zur Theorie der verfassunggebenden Gewalt bei *C. Schmitt* vgl. *H. Hofmann*, (Fn. 20), S. 142 ff. Zum Ganzen *W. Henke*, Staatsrecht, Politik und verfassunggebende Gewalt, Der Staat 19 (1980), S. 181 ff., 182–186.
[62] *C. Schmitt*, Verfassungslehre, S. 91.
[63] *M. Hättich* in einem Vortrag zum Thema »Plebiszitäre Umdeutungen der parlamentarischen Demokratie – gegen die Ideologie des Volkswillens« vor der Deutschen Vereinigung für Parlamentsfragen in Bonn am 7. Dezember 1983.
[64] Die Formulierung *Sterns*, (Fn. 34), S. 126, diese Theorie führe zur »Legalisierung jeder Revolution«, ist insofern ungenau, als *C. Schmitt*, Verfassungslehre, S. 103, ausdrücklich feststellt, die alte Reichsverfassung von 1871 habe nicht »auf legalem Wege« in eine demokratische Verfassung verwandelt werden können. Das eigentliche Problem bildet die offenbare Unterscheidung von Legalität und Rechtmäßigkeit.
[65] *Henke*, a. a. O., S. 193.
[66] Die Verfassung des Deutschen Reiches, 14. Aufl., 1933, Art. 76 Anm. 3.
[67] Handbuch des Deutschen Staatsrechts, Bd. II, 1932, S. 154 f.
[68] Vgl. *Henke*, a. a. O., S. 185 f.

stiziert, will sagen, es hat ihr ausschließlich in Art. 146 eine rechtmäßige (legale) Möglichkeit der Betätigung eröffnet. Zwar ist wie neben Art. 146 die Präambel des Grundgesetzes zeigt, der pouvoir constituant des Volkes im Grundgesetz anerkannt, er ist aber in ihm »aufgehoben«[69], d. h. nur noch als pouvoir constitué existent.

Damit ist nicht etwa der törichte Versuch unternommen, die verfassunggebende Gewalt normativ zu eliminieren. Ihre Existenz ist unleugbar, sie ist latent immer vorhanden und kann sich stets gegen die geltende Verfassung durchsetzen. Aber das ist nur durch Revolution, durch Umsturz, nicht auf dem Wege Rechtens möglich.[70] Die Etablierung einer neuen Legitimitätsgrundlage und damit einer neuen Verfassung ist tatsächlich möglich, aber vom Standpunkt der geltenden Verfassung aus betrachtet unabdingbar rechtswidrig[71]; sie bedingt deren Zerstörung. Wer solches unternimmt, löst nicht nur die Verpflichtung der staatlichen Organe aus, ihm mit allen rechtlich verfügbaren Mitteln entgegenzutreten, er erfüllt auch den Tatbestand des Art. 20 IV GG und hat mit den dort vorgesehenen Rechtsfolgen zu rechnen.[72] Es gibt kein Recht, in dessen Namen die demokratische Verfassungsstaatlichkeit der Bundesrepublik Deutschland durch eine andere ersetzt werden dürfte. Wer das versucht, läuft das Risiko des Revolutionärs. Er handelt im Bereich des Politischen und nicht des Rechts. Revolution ist »reine Politik«, auch wenn sie in der Form einer Rechtsbehauptung auftritt.[73] Das Staatsrecht legalisiert nicht die Liquidation seiner selbst. Wo sie geschieht, hört es auf.[74]

---

[69] *M. Kriele*, Das demokratische Prinzip im Grundgesetz, VVDStRL 29 (1971), S. 46 ff., 58 f.

[70] *Stern*, a. a. O.

[71] Demgegenüber lautet die These *Murswieks*, (Fn. 57), S. 189, die Kategorie der Legalität sei auf den pouvoir constituant nicht anwendbar. Sein Handeln sei weder illegal, da er wegen seiner umfassenden Kompetenz-Kompetenz selbst das höchste menschliche Gesetz sei, noch legal. Allerdings könne die verfassunggebende Gewalt vermöge ihrer Omnikompetenz die verfaßten Gewalten anweisen, ihn so zu behandeln, als dürfe er nicht tätig werden (S. 212, 256). *Murswieks* Fehler liegt, wie *Henke*, a. a. O., nachgewiesen hat, unbeschadet seiner verdienstvollen Bemühung, Carl Schmitts Legalisierung der Revolution zu vermeiden, in dem Bestreben, die verfassunggebende Gewalt als eine rechtliche Befugnis nachzuweisen. Sie kann sich jedoch nur auf eine politische, nicht (auch) auf eine rechtliche Legitimation berufen (*Henke*, a. a. O., S. 210).

[72] So auch *Murswiek*, a. a. O., S. 244.

[73] *Henke*, a. a. O., S. 207.

[74] Ich vermag deshalb auch nicht der von *B.-O. Bryde* in: v. *Münch* (Hrg.), Grundgesetz-Kommentar, 2. Aufl., 1983, Art. 79 Rdnr. 3, 27, 44 (vgl. auch *ders.*, Verfassungsentwicklung, 1982, S. 246 ff.) vertretenen Meinung zu folgen, das Grundgesetz gestatte es dem verfassungsändernden Gesetzgeber, den pouvoir constituant durch eine Verfassungsänderung zu aktualisieren, beispielsweise dadurch, daß eine verfassunggebende Nationalversammlung zum Zwecke einer Totalrevision des Grundgesetzes ins Leben gerufen wird. Ganz abgesehen davon, daß auch dadurch die verfassunggebende Gewalt nicht gehindert werden kann, sich auf andere Weise Geltung zu verschaffen, wäre eine Verfassungsänderung mit diesem Ziel nichts anderes als ein Staatsstreich, der Versuch, »diese Ordnung«, nämlich die in Art. 20 GG beschriebene, »zu beseitigen« (Art. 20 IV GG).

Der Versuch, auf dem Wege Rechtens die Legitimitätsgrundlage der verfassungsstaatlichen Ordnung der Bundesrepublik Deutschland auszuwechseln, ist zum Scheitern verurteilt. Es gibt keine Normativität jenseits der Normativität der Verfassung. Natürlich ist es tatsächlich möglich, daß ein Wertwandel stattfindet, in dessen Verlauf neue Legitimitätsvorstellungen sich Bahn brechen, weil es eben unterschiedliche, unter Umständen miteinander in Konflikt tretende Legitimitätsvorstellungen gibt.[75] Aber der darüber entstehende Konflikt ist ein Konflikt *über* Recht und Verfassung, der nicht *im Rahmen* von Recht und Verfassung ausgetragen werden kann. Die »legale Revolution«, wie sie 1933 nach damals vorherrschender Meinung möglich war, auszuschließen, ist der erklärte Willen des Grundgesetzes.[76] Wenn damals unter Berufung auf eine neue Legitimität die bestehende Legitimität legal beseitigt werden konnte, so will das Grundgesetz, indem es die Legalordnung der Bundesrepublik Deutschland unauflöslich an deren in Art. 79 III verfassungsgesetzlich bestimmte Legitimationsgrundlage bindet, die legale Aushebelung der Legitimität verhindern. Es gibt keine Legalität außerhalb dieser Legitimität und keine normative Anerkennung von Legitimität außerhalb dieser Legalität.

Die sich damit verbindende Absicht liegt zutage: Wer es unternimmt, die Legitimationsgrundlage der rechtsstaatlichen Demokratie des Grundgesetzes nicht nur theoretisch anzuzweifeln, sondern praktisch zu demontieren, soll nicht nur das Risiko zu tragen haben, das mit jeder Herausforderung der Staatsgewalt einhergeht; er soll sich vielmehr selbst und damit auch gegenüber der Öffentlichkeit Rechenschaft darüber ablegen müssen, daß er einen revolutionären Prozeß in Gang setzt, bei dessen Beginn niemand wissen kann, wo er endet. Die Beteuerung, nicht das Mehrheitsprinzip als solches werde in Frage gestellt, da es zur Zeit »nichts Besseres«, d.h. »keine akzeptablere und effektivere Methode der Entscheidungsfindung« gebe[77], ist eine bloße Schutzbehauptung, wenn gleichzeitig die Entscheidungsbefugnis der Mehrheit dort enden soll, wo deren Ausübung die Minderheit nach ihrer Ansicht in den Hobbes'schen Naturzustand (zurück-)versetzt.[78] Das ist nichts anderes als die Selbstausschließung der Minderheit aus dem Legitimität schaffenden Verfahrenskonsens unter Berufung auf fundamentale Wahrheiten.[79] Es ist die Verweigerung verfassungskonformer Politik und damit der Aufruf zur Revolution, dessen legale Verbrämung das Grundgesetz nicht duldet.

---

[75] Vgl. *Th. Würtenberger*, Art. »Legitimität, Legalität« in: *O. Brunner, W. Conze, R. Koselleck*, Geschichtliche Grundbegriffe, Bd. 3, 1982, S. 677 ff., 735, mit Hinweis auf *M. Weber*, Die drei reinen Typen der legitimen Herrschaft in: *J. Winckelmann*, Ges. Aufsätze zur Wissenschaftslehre, 3. Aufl. 1968, S. 475 ff.

[76] *Murswiek*, a.a.O., S. 248.

[77] *Guggenberger*, (Fn. 8), S. 272.

[78] Ebenda.

[79] Ähnlich *Hättich* wie Fn. 63.

Davon unberührt bleibt wahr, daß jede politische Ordnung, auch und zumal die des demokratischen Verfassungsstaates, von Voraussetzungen lebt, die sie nicht selbst normativ zu garantieren vermag.[80] Zu diesen Voraussetzungen gehört die Bereitschaft des Volkes, sich – auf der Grundlage welcher existentiellen (z. B. nationalen oder historischen) Verbundenheit auch immer – in diese Ordnung zu fügen. Jenseits aller notwendigen Repression verfassungsfeindlicher Aktivitäten ist es die Aufgabe des Staates – die Rechtspflicht seiner Organe und die moralische Grundpflicht seiner Bürger –, das Seine zu tun, um die Überzeugung von der Richtigkeit jener Ordnung, d. h. ihrer spezifischen Legitimität, zu erhalten. Dazu gehört auch die Verwahrung gegen die Verunklarung der Begriffe. *Karl Carstens* hat sich dieser Aufgabe der Werbung von Verständnis und Zustimmung für die Fundamente der verfassungsmäßigen Ordnung im Rahmen seines politischen und wissenschaftlichen Wirkens mit steter Sorgfalt und sichtbarem Erfolg gewidmet.

---

[80] Vgl. *E.-W. Böckenförde*, Die Entstehung des Staates als Vorgang der Säkularisation in: ders., Staat, Gesellschaft, Freiheit, 1976, S. 42 ff., 60; *H. H. Klein*, Verfassungstreue und demokratischer Rechtsstaat, VVDStRL 37 (1979), S. 53 ff., 104 ff. m. w. N.

3. Ziviler Ungehorsam im demokratischen Rechtsstaat?

Nach dem Streit um die in den ausgehenden sechziger Jahren mit Vehemenz geforderte »Demokratisierung der Gesellschaft« und den nicht minder heftig geführten Auseinandersetzungen um das Recht des demokratischen Rechtsstaates, von seinen Bediensteten Treue zur Verfassung zu verlangen, sieht sich die politische Ordnung der Bundesrepublik Deutschland zum dritten Male in grundsätzlicher Weise herausgefordert, nunmehr durch den Versuch, die Legitimität des repräsentativen Systems der staatlichen Entscheidungsfindung in Frage zu stellen und – dieses ergänzend oder ersetzend – plebiszitäre Formen der politischen Willensbildung zu etablieren. Dabei stehen nicht so sehr die Fragen nach der Zulässigkeit und Wünschbarkeit der herkömmlichen und bekannten Verfahren zur unmittelbaren Beteiligung des Volkes an der Gesetzgebung im Vordergrund als vielmehr organisierte und spontane Aktionen des Widerstands bzw. des sog. zivilen Ungehorsams, die sich der Normierbarkeit bewußt entziehen und in rechtlich geordnete Verfahrensabläufe nicht einzubinden sind.

Die von Otto Theisen ins Leben gerufenen »Bitburger Gespräche« haben sich dieser prinzipiellen Thematik bewußt gestellt.[1] Sie dienen der Entwicklung einer »Art Vorwärtsverteidigung« »in der geistigen Auseinandersetzung zwischen unserem auf Freiheit und Gemeinwohl ausgerichteten System und den Systemen totalitärer Unfreiheit«.[2] Wie zu Beginn dieses verdienstvollen Unternehmens ist auch heute »nicht die Zeit ... für Selbstbestätigung und -beruhigung im Kreise derer, die im Urteil über die Zeitläufe grundsätzlich übereinstimmen. Was heute not tut, ist die Analyse des Standortes, das Nachdenken darüber, was es zu verteidigen gilt ...«.[3]

---

[1] Vgl. die Tagung im Mai 1972 zum Thema »Freiheit und Verantwortung« mit Referaten von W. R. Wand, H. H. Rupp und E. Gerstenmaier, Bitburger Gespräche, Jahrbuch 1972/9 173, S. 3 ff., und die Tagung im Januar 1976 zum Thema »Rechtsstaat in der Bewährung« mit Referaten von W. Maihofer, H. Buchheim, R. Scholz, M. Kriele, H.-J. Rudolphi und H. Kohl, Bitburger Gespräche, Jahrbuch 1974–1976, S. 147 ff.

[2] O. Theisen, Bitburger Gespräche, Jahrbuch 1972/1973, S. 3.

[3] W. R. Wand, a. a. O., S. 7.

I. Zum Begriff des zivilen Ungehorsams

Ziviler Ungehorsam gilt nicht wenigen als eine »fortgeschrittene Form der Demonstration«,[4] als »Element einer reifen politischen Kultur«.[5] Bei der Definition des Begriffs des zivilen Ungehorsams wird – in der Absicht, ihn von demjenigen des Widerstandes, wie er Art. 20 IV GG zugrundeliegt, zu unterscheiden – gelegentlich an John Rawls[6] angeknüpft. Nach ihm äußert sich ziviler Ungehorsam in »einer öffentlichen, gewaltlosen, gewissensbestimmten, aber politischen gesetzwidrigen Handlung, die gewöhnlich eine Änderung der Gesetze oder der Regierungspolitik herbeiführen soll«.[7] Von Interesse ist, daß die von Rawls zugrundegelegte weite Fassung des Gewaltbegriffs[8] – jede Beeinträchtigung der bürgerlichen Freiheiten anderer falle nicht mehr unter den Begriff des zivilen Ungehorsams – in der deutschen Diskussion auf Kritik stößt.[9]

Die gewollte (und nicht etwa nur als unvermeidbare Nebenfolge in Kauf genommene) Gesetzwidrigkeit der Aktion, der verharmlosend sog. Regelverstoß, ist mithin für den Begriff des zivilen Ungehorsams konstitutiv. Allerdings soll sie die grundsätzliche Gesetzestreue der Handelnden nicht affizieren, der Gesetzesverstoß bleibe punktuell, der Gehorsam gegenüber der Rechtsordnung im ganzen unberührt.[10] Die Grenzen des nach dieser Auffassung mindestens moralisch-ethisch zu rechtfertigenden zivilen Ungehorsams sind also überschritten, wo die einzelne gesetzwidrige Aktion Ausdruck prinzipieller Aufkündigung des Rechtsgehorsams bzw. der Loyalität gegenüber der demokratisch legitimierten Mehrheit und ihren Entscheidungen ist. Die Frage ist demnach berechtigt, ob die sog. Friedensbewegung, deren Anhänger »nicht nur ein plebiszitäres Nein zu Atomraketen« sagen, sondern auch »zu Atomkraftwerken, zur Großtechnologie überhaupt, zur chemischen Umweltverschmutzung, zu Apparatemedizin, Stadtsanierung, Waldsterben, Frauendiskriminierung, Fremdenhaß, Asylantenpolitik usw.«,[11] zur elektronischen Datenspeicherung und demnächst vielleicht zur Mitgliedschaft der Bundesrepublik Deutschland in der Nordatlantischen Allianz und in der Europäi-

---

[4] J. Leinen in P. Glotz (Hrsg.), Ziviler Ungehorsam im Rechtsstaat, 1983, S. 24.

[5] J. Habermas, ebenda, S. 32, 43.

[6] Eine Theorie der Gerechtigkeit, 1978.

[7] A. a. O., S. 401.

[8] A. a. O., S. 403.

[9] R. Dreier, Widerstandsrecht im Rechtsstaat? Bemerkungen zum zivilen Ungehorsam in: Festschrift für H. U. Scupin, 1983, S. 573 ff., 586 f. (im folgenden: FS Scupin); ders. in P. Glotz, a. a. O., S. 62. Dabei ist darauf hinzuweisen, daß mit der Einbeziehung etwa i. S. des § 240 StGB gewaltsamer Aktionen in den Begriff des zivilen Ungehorsams über deren Rechtmäßigkeit nicht entschieden wird.

[10] J. Rawls, a. a. O., S. 403; Dreier, FS Scupin, S. 585; Habermas in P. Glotz, a. a. O., S. 35.

[11] Habermas, a. a. O., S. 48 f.

schen Gemeinschaft, nicht längst den Rahmen dessen gesprengt hat, was selbst die Befürworter dieser neuen Form des demokratischen Meinungskampfes noch als zivilen Ungehorsam hinnehmen können – jedenfalls wenn sie sich beim Wort nehmen lassen!

Für Rawls gehört es zum Begriff des zivilen Ungehorsams, daß er sich gegen wohlumschriebene Fälle schwerwiegenden Unrechts richtet und das Funktionieren der Verfassungsordnung nicht gefährdet werden darf.[12] Wenn aber das »komplexe Nein« der neuen Bewegung »nicht gegen diese oder jene Maßnahme, diese oder jene Politik« zielt, sondern »in der Ablehnung einer Lebensform« wurzelt,[13] mithin Ausdruck einer Fundamentalopposition ist, kann der Protest nicht als gegen ein bestimmtes Unrecht gerichtet angesehen werden, sowenig etwa die Verhinderung der Durchführung legaler Entscheidungen staatlicher Einrichtungen mit den Mitteln des zivilen Ungehorsams das Funktionieren der Verfassungsordnung unberührt läßt. Ziviler Ungehorsam, gerade auch wenn er sich als eine Form der Demonstration versteht, kann nur appellativen Charakter haben, also nicht der eigenhändigen Durchsetzung bestimmter Ziele mit außergesetzlichen Mitteln dienstbar gemacht werden, wo mit gesetzlichen Mitteln der gewünschte Erfolg nicht erreichbar war.

Die Forderung, daß die Protesthandlung sich gegen eine schwerwiegende Ungerechtigkeit zu wenden habe, ist allerdings als eingrenzendes Merkmal nur dann tauglich, wenn das Unrecht und sein nicht unerhebliches Gewicht nicht nur in der Phantasie des Protestierenden existieren, sondern auch für Dritte erkennbar, in diesem Sinne also offenkundig sind. So hat das Bundesverfassungsgericht[14] im Rahmen seiner – allerdings nicht zu einem positiven oder negativen Ergebnis führenden – Erwägung, ob es neben dem »Widerstandsrecht gegen ein evidentes Unrechtsregime«[15] auch ein »Widerstandsrecht gegen einzelne Rechtswidrigkeiten« geben könne, auf die Offenkundigkeit des mit dem Widerstande bekämpften Unrechts bestanden. Wenn auf diese Voraussetzung selbst dann nicht verzichtet werden kann, wenn der Bestand der in Art. 20 I-III GG konstituierten Ordnung auf dem Spiele steht,[16] so erst recht nicht dort, wo es sich nur um den Kampf gegen eine Ungerechtigkeit handelt, die die Funktionsfähigkeit der verfassungsmäßigen Ordnung nicht in Frage stellt.[17]

---

[12] A. a. O., S. 409, 424.
[13] Habermas, a. a. O., S. 49.
[14] BVerfGE 5, 85, 377.
[15] das., S. 376.
[16] Dazu J. Isensee, Das legalisierte Widerstandsrecht, 1969, S. 23 m. w. N.
[17] Abw. Dreier, FS Scupin, S. 594 f.; ders. in P. Glotz, a. a. O., S. 67.

II. Ziviler Ungehorsam – Widerstandsrecht der Normallage

Es wäre nach alledem schon vieles gewonnen, wenn die Akteure des zivilen Ungehorsams sich an die im Begriff desselben liegenden Grenzen hielten. Davon unabhängig aber ist die Frage, ob ziviler Ungehorsam als im Rechtssinne gerechtfertigt, also als eine im Ergebnis legale Durchbrechung der Legalität angesehen werden kann. Dabei bleibt hier auf sich beruhen, ob dieses Ergebnis als erwünscht zu gelten hat oder nicht. Während nämlich einerseits gesagt wird, die Legalisierung des zivilen Ungehorsams mache diesen zum Normalfall, entkleide ihn also gewissermaßen seiner moralischen Würde, indem sie das persönliche Risiko entfallen lasse,[18] wird andererseits auf die Aufgabe des Juristen verwiesen, Handlungen des zivilen Ungehorsams daraufhin zu überprüfen, ob sie nicht nur moralisch, sondern auch rechtlich gerechtfertigt werden können,[19] zumal das Prozeßrisiko des einzelnen bestehen bleibe, einem Normalisierungseffekt von daher also vorgebeugt sei.[20]

Unter ernstzunehmenden Diskussionsteilnehmern besteht Einigkeit, daß die in Rede stehenden, gegen bestimmte politische Entscheidungen und Maßnahmen gerichteten Aktionen nicht den Tatbestand des in Art. 20 IV GG geregelten Widerstandsrechts erfüllen.[21] Widerstand i. S. des Art. 20 IV GG ist eine – die äußerste – Form des Verfassungsschutzes. Das Widerstandsrecht ist ein Recht des demokratisch und rechtsstaatlich verantwortlichen Bürgers zur Staats- und Verfassungsnothilfe.[22] Wo die Verfassung, weil die Legalordnung funktioniert (andere Abhilfe gegenüber etwaigem Unrecht also möglich ist), keines Schutzes bedarf, ist für die Ausübung des Widerstandsrechts kein Raum. In der Situation, die die verfassungsrechtliche Normierung des Widerstandsrechts in Art. 20 IV GG vor Augen hat, findet der demokratische Dialog nicht mehr statt. Daraus folgt: wer seinerseits diesen Dialog abbricht und etwa wegen vorgeblicher Unbelehrbarkeit des »Systems« oder der »Systemparteien« den Widerstand ausruft, stellt sich gegen die rechtsstaatliche Demokratie, mithin gegen das Schutzgut des Art. 20 IV GG, und kann demzu-

---

[18] Habermas, a. a. O., S. 42, 51. Vgl. auch M. Kriele, Widerstandsrecht in der Demokratie? – Über die Legitimität der Staatsgewalt in: H. B. Streithofen (Hrg.), Frieden im Lande, Bastei-Lübbe-Taschenbuch 60099, 1983, S. 139 ff., 146.

[19] Dreier, FS Scupin, S. 587.

[20] Dreier in P. Glotz, a. a. O., S. 70.

[21] Dreier, a. a. O., S. 59; Habermas, a. a. O., S. 33; M. Kriele, Die Rechtfertigungsmodelle des Widerstands, Beilage B 39/83 zur Wochenzeitung »Das Parlament«, S. 12 ff., 13.

[22] K. Stern, Das Staatsrecht der Bundesrepublik Deutschland, Bd. II, 1980, S. 1509, 1519; H. Schneider, Widerstand im Rechtsstaat, 1969, S. 13; Isensee a. a. O., S. 52 ff.; R. Scholz, Rechtsfrieden im Rechtsstaat, NJW 1983, 705 ff., 707; K. Hesse, Grundzüge des Verfassungsrechts der Bundesrepublik Deutschland, 13. Aufl. 1982, Rdnr. 757 ff.; K. Doehring, Staatsrecht der Bundesrepublik Deutschland, 2. Aufl. 1980, S. 278; Maunz/Zippelius, Deutsches Staatsrecht, 25. Aufl. 1983, S. 172; R. Herzog in: Maunz/Dürig/Herzog/Scholz u. a., Grundgesetz-Kommentar, Art. 20 IV Rdnr. 6.

folge das Widerstandsrecht, ein »Notrecht zur Bewahrung und Wiederherstellung der Rechtsordnung«[23], für sich nicht in Anspruch nehmen.

Neben dem auf die derzeit praktizierten Fälle des zivilen Ungehorsams aus den genannten Gründen nicht anwendbaren »großen« Widerstandsrecht des Art. 20 IV GG wird jedoch neuerdings das Bestehen eines »kleinen« Widerstandsrechts der Normallage, genauer (vor allem) die Möglichkeit grundrechtlicher Rechtfertigung von Ungehorsamshandlungen, postuliert.

Ralf Dreier hat in seinen beiden schon erwähnten Studien[24] zur rechtlichen Rechtfertigungsfähigkeit zivilen Ungehorsams die folgende Formel entwikkelt: »Wer allein oder gemeinsam mit anderen öffentlich, gewaltlos und aus politisch-moralischen Gründen den Tatbestand einer Verbotsnorm erfüllt, handelt grundrechtlich gerechtfertigt, wenn er dadurch gegen schwerwiegendes Unrecht protestiert und sein Protest verhältnismäßig ist«.[25] Handlungen des zivilen Ungehorsams, an deren Charakter als Unterform des Widerstandes kein Zweifel gelassen wird,[26] fallen nach Dreier sämtlich in den Schutzbereich der Grundrechte, insbesondere der Meinungs- und Versammlungsfreiheit, und seien demzufolge als rechtmäßig anzusehen, wenn sie sich innerhalb der diesen Grundrechten gezogenen Schranken hielten.[27] Diese Bedingung sei dann erfüllt, wenn sich im Rahmen der nach ständiger Rechtsprechung des Bundesverfassungsgerichts[28] erforderlichen Güterabwägung im Einzelfall ergibt, »daß die durch die verletzte Norm geschützten Rechte und Interessen, im Lichte des in Anspruch genommenen Grundrechts interpretiert, hinter dieses zurückzutreten haben«[29]. Dreier selbst hält seine Formel für eine bloße »Ausformulierung weithin anerkannter Prinzipien der Verfassungsrechtsprechung«.[30]

In der Tat vermag Dreier – zumindest vordergründig – an eine Entwicklung anzuknüpfen, auf die frühzeitig Scholler[31] und Scheidle[32] aufmerksam gemacht haben. Das sich aus der Meinungsfreiheit ergebende Recht zur Einwirkung auf die öffentliche Meinung stößt nach der Rechtsprechung des BVerfG und des BGH[33] nicht notwendig auf die Schranken der allgemeinen Gesetze, die

---

[23] BVerfGE 5, 85, 377.

[24] Vgl. Fn. 9.

[25] Dreier in P. Glotz, a. a. O., S. 60; FS Scupin, S. 592 f., wo sich auch die Umformulierung in ein »Recht auf zivilen Ungehorsam« findet: »Jeder hat das Recht, allein oder gemeinsam mit anderen öffentlich, gewaltlos und aus politisch-moralischen Gründen den Tatbestand einer Verbotsnorm zu erfüllen, wenn er dadurch gegen schwerwiegendes Unrecht protestiert und sein Protest verhältnismäßig ist«; ebenso in P. Glotz, a. a. O., S. 69.

[26] Dreier, FS Scupin, S. 590.

[27] A. a. O., S. 592 f.; in P. Glotz, a. a. O., S. 64.

[28] Seit BVerfGE 7, 198 (Lüth).

[29] FS Scupin, S. 593; in P. Glotz, a. a. O., S. 65.

[30] In P. Glotz, a. a. O., S. 69.

[31] H. Scholler, Widerstand und Verfassung, Der Staat 8 (1969), S. 19 ff., 28 ff.

[32] G. Scheidle, Das Widerstandsrecht, 1969, S. 92 ff.

[33] Nachweise bei Scholler, a. a. O.

vielmehr, wie die berühmte Formel des Lüth-Urteils lautet, »ihrerseits im Lichte der Bedeutung des Grundrechts gesehen und so interpretiert werden (müssen), daß der besondere Wertgehalt dieses Rechts … auf jeden Fall gewahrt bleibt«.[34] Nach dem Spiegel-Urteil gewinnt dieser Grundsatz für die Pressefreiheit »sogar besondere Bedeutung, da Äußerungen in der Presse in der Regel zur Bildung der öffentlichen Meinung beitragen wollen«,[35] eine Feststellung, die auch für Demonstrationen zutrifft. Danach steht fest: Ein Verstoß gegen eine Norm des positiven Rechts kann sich als grundrechtlich gerechtfertigt erweisen, wenn die in Frage stehende Handlung in den Schutzbereich eines Grundrechts fällt und die Auslegung des schrankenziehenden Gesetzes im Lichte dieses Grundrechts ergibt, daß die durch die verletzte Norm geschützten Rechtsgüter vor dem Grundrecht zurückzuweichen haben.[36] So hat z. B. der BGH[37] aus dem Grundrecht der Meinungsäußerungsfreiheit (Art. 5 Abs. 1 GG) das Recht eines jeden abgeleitet, einen Gesetzes- und insbesondere einen Verfassungsverstoß wie jeden Mißstand im öffentlichen Leben mit dem Ziel der Beseitigung zu rügen, und daraus gefolgert, daß u. U. – bei entsprechender Schwere des Verstoßes – auch die öffentliche Erörterung von Staats- und Amtsgeheimnissen, die unter strafgesetzlichem Schutz stehen, als gerechtfertigt, gegebenenfalls sogar als nicht tatbestandsmäßig i. S. der Staatsschutzvorschriften, anzusehen sei.

Eine Reihe von Autoren[38] hat, worauf Dreier zutreffend hinweist, im Zuge der Diskussion über die Aktionen der sog. außerparlamentarischen Opposition um die Wende der 60er und 70er Jahre diese Überlegungen mit dem Ziel ihrer mehr oder weniger großzügigen Rechtfertigung fruchtbar zu machen versucht. Zuvor schon war von W. Geiger[39] angenommen worden, das Grundgesetz enthalte ein Widerstandsrecht auch für die »Fälle des verfassungswidrigen oder grob die Gerechtigkeit verletzenden Handelns eines Staatsorgans oder einer Behörde, gegenüber denen dem Bürger ein förmlicher Rechtsbehelf mit Anspruch auf eine Entscheidung von unserer Rechtsordnung überhaupt nicht eingeräumt ist oder deshalb nicht gegeben ist, weil nicht gerade Rechtspositionen dieses Bürgers verletzt werden«. »Gegenüber solchen Über- und Mißgriffen der Behörden, gegenüber solchen einzelnen Verfassungsverletzungen der Verfassungsorgane« – Geiger nennt beispielhaft: das Nichtvorgehen gegen rechts- oder linksextremistische Verfassungsfeinde, die Diffamierung

---

[34] BVerfGE 7, 198, 208.

[35] BVerfGE 20, 162, 177.

[36] Auf die Kritik an der Wechselwirkungstheorie des BVerfG ist hier nicht einzugehen. Dazu: H. H. Klein, öffentliche und private Freiheit, Der Staat 10 (1971), S. 145 ff., 150 ff. m. w. N. Neuerdings K. A. Bettermann, Hypertrophie der Grundrechte, 1984, S. 12 f. Vgl. andererseits aber Dreier, FS Scupin, S. 597 f.

[37] BGHSt 20, 342 (Pätsch).

[38] Vgl. die Nachweise bei Dreier, FS Scupin, S. 591 f.

[39] W. Geiger, Gewissen-Ideologie-Widerstand-Nonkonformismus, 1963, S. 109 f.

einer politischen Gruppe durch die Regierung, die Unterstützung von Unruhen in benachbarten Ländern, die Benachteiligung von gesellschaftlichen
Gruppen bei der Verteilung öffentlicher Mittel, die Unterlassung der Erfüllung von Verfassungsaufträgen ... – komme »ein spontaner Widerstand« in
Betracht, der sich des organisierten Protests, des passiven Widerstands, der
Niederlegung der Arbeit in den Ämtern und – in extremen Fällen – auch des
politischen Streiks als Mittel bedienen dürfe. Nur das Mittel der Gewalt schei-
de in jedem Falle aus. Andererseits hebt Geiger klar hervor, daß Widerstand
gegen eine für gefährlich und schädlich gehaltene Politik, die jedoch nicht
verfassungswidrig ist, nicht geübt werden darf.[40] Schließlich hat Schüler-
Springorum[41] §34 StGB der liebevollen Zuwendung der Friedensbewegung
empfohlen, da der Rechtfertigungsgrund des (früher sog. übergesetzlichen,
jetzt positivierten) rechtfertigenden Notstands Akte des zivilen Ungehorsams,
die einen Straftatbestand erfüllen, zumal im Zusammenhang mit der Stationierung neuer nuklearer Waffen, durchaus als rechtmäßig erscheinen lassen
könne.

III. Ziviler Ungehorsam – Ausdruck politischer Opposition?

Ziviler Ungehorsam richtet sich definitionsgemäß gegen schwerwiegendes
Unrecht. Er bedient sich dazu bewußt eines Ungehorsamsaktes, verstößt also
gezielt gegen eine geltende Rechtsnorm, freilich nicht in der Absicht der Aufkündigung des Rechtsgehorsams, der Loyalität gegenüber der verfassungsmäßigen Ordnung, als solchen, sondern mit der (auch beim »großen« Widerstandsrecht vorausgesetzten) Intention der Verfassungsbewahrung. Gleich aus
mehreren Gründen ist zweifelhaft, ob die das meiste Aufsehen erregenden
Aktionen der letzten Jahre, ob sie nun gegen die friedliche Nutzung der Kernenergie oder die Aufstellung neuartiger Nuklearwaffen gerichtet waren, diesen
Kriterien des zivilen Ungehorsams entsprechen. Vor allem der Unrechtsgehalt
beider Maßnahmen ist nichts weniger als geklärt, im Falle der Kernkraftwerke
war er angesichts der ausdrücklichen verfassungsgesetzlichen Billigung der
Erzeugung und Nutzung der Kernenergie zu friedlichen Zwecken sowie der
Errichtung und des Betriebs von Anlagen, die diesen Zwecken dienen (Art.74
Nr.11a GG), von Anfang an äußerst unwahrscheinlich und ist nach inzwischen zahlreich ergangenen höchstgerichtlichen Entscheidungen auszuschließen. Demgegenüber etwa zu behaupten, unbeschadet der generellen Rechtmäßigkeit ließen sich Rechtsmängel einzelner Genehmigungsverfahren bis zu
deren rechtskräftigem Abschluß niemals ausschließen, weshalb Protestaktio-

---

[40] A.a.O., S.104.
[41] In P. Glotz, a.a.O., S.87ff.

nen in Gestalt von Akten des zivilen Ungehorsams möglich blieben, hieße auf das – ja wohl einschränkend gemeinte – Begriffsmerkmal des Protestes gegen schwerwiegendes Unrecht praktisch verzichten, aber auch das Protestziel verkennen, als welches ja nicht die Beseitigung von etwaigen Mängeln des Genehmigungsverfahrens, sondern die Verhinderung der Verwendung der Kernenergie zu friedlichen Zwecken anzusehen ist. Im Falle der Stationierung neuer nuklearer Waffensysteme dürfte es ähnlich sein: auch eine Klärung der Rechtslage i. S. der Bejahung ihrer Zulässigkeit würde den Widerstand, der sich ja nicht in erster Linie auf Rechtsgründe, sondern auf moralische Prinzipien zu stützen behauptet, schwerlich dahinschwinden lassen.

Damit ist die Aufmerksamkeit auf einen weiteren Punkt des Zweifels gelenkt: Geht es den Akteuren des zivilen Ungehorsams um die Bewahrung der verfassungsmäßigen Ordnung, bleibt ihre Loyalität gegenüber dieser Ordnung als ganzer unberührt, wenn der Widerstand sich nur vordergründig gegen behauptetes Unrecht richtet, aber auch aufrechterhalten wird, nachdem das Vorliegen schwerwiegenden Unrechts auszuschließen ist? Dem sucht Habermas[42] mit dem Hinweis zu begegnen, im Ausnahmefall des Versagens der Repräsentativverfassung stelle der demokratische Rechtsstaat seine Legalordnung denen zur Disposition, die dann noch für seine Legitimität sorgen können. Wenn Staatsanwälte und Richter dessenungeachtet den Regelverletzer als Kriminellen verfolgten, verfielen sie einem »autoritären Legalismus«.

Dächte Habermas dabei an den in Art. 20 IV GG geregelten Fall, wäre ihm beizupflichten. Er meint jedoch ausdrücklich die Situation des zivilen Ungehorsams, in der Repräsentativverfassung und Legalordnung definitionsgemäß als funktionstüchtig vorausgesetzt werden (»Widerstandsrecht der Normallage«!). Die These, wann der Fall des Versagens der Repräsentativverfassung gegeben sei, könne »logischerweise nicht wiederum von Feststellungen eines Verfassungsorgans abhängig gemacht werden«, ist überdies schon für den Anwendungsbereich des Art. 20 IV GG nachweislich falsch, insofern diese Vorschrift die zuständigen Organe des Staates gerade dazu anzuhalten bestimmt ist, eine (erfolgreiche) Widerstandsaktion an ihrem Maßstab zu messen, also auch das Vorliegen des in ihr vorausgesetzten Tatbestands zu prüfen, den man cum grano salis durchaus als Versagen der Repräsentativverfassung umschreiben kann. Angewendet auf die Normallage macht jene These deutlich, daß sich die Protagonisten des zivilen Ungehorsams in Wahrheit die Entscheidung, wann ein schwerwiegendes Unrecht vorliegt, endgültig selber vorbehalten, oder anders: diskretionär zu entscheiden beanspruchen, wann die Repräsentativverfassung »versagt«; dies ist der Fall, wenn der Prozeß der politischen Willensbildung in den staatlichen Organen zu Ergebnissen führt, die die Billigung der in diesem Prozeß Unterlegenen nicht finden. Wenn jedoch

---

[42] A. a. O., S. 43.

dem so ist, erweist sich die Prämisse, ziviler Ungehorsam müsse sich gegen schwerwiegendes Unrecht richten und dürfe den generellen Rechtsgehorsam nicht affizieren, als pure Augenwischerei. Was bleibt, ist die kaum noch verbrämte Bejahung des Faustrechts als Mittel der politischen Auseinandersetzung, deren Anerkennung weder unter moralischen noch unter rechtlichen Gesichtspunkten diskutabel ist.

Die Kategorien des zivilen Ungehorsams sind, dessen hier zugrundegelegte Definition vorausgesetzt, naturgemäß erst recht dann nicht gewahrt, wenn der Protest Ausdruck erklärter Ablehnung der repräsentativ-parlamentarischen Demokratie ist, wie sie sich innerhalb der in der sog. Friedens- und Ökologiebewegung führenden Organisation »Die Grünen« vielfach findet, ohne dort freilich unumstritten zu sein.[43] Nur soweit sich die Absicht zur Verwirklichung basisdemokratischer Vorstellungen im Rahmen des im demokratischen Verfassungsstaat Möglichen bewegt,[44] verdienen im Dienste dieser Absicht eingeleitete Protestaktionen die Weihe des Begriffs »ziviler Ungehorsam«. Wo aber beispielsweise der Verzicht auf Gewalt nicht Selbstzweck ist, sondern lediglich als Voraussetzung dafür angesehen wird, daß Aktionen des Protestes »einen vorwärtstreibenden und sympathiegewinnenden Stellenwert erhalten«,[45] ist der Mangel der Verfassungsintention offensichtlich.

Die Realität ist allerdings dadurch gekennzeichnet, daß nicht wenige der an Aktionen des Widerstands Beteiligten sich durchaus in der im Begriff des zivilen Ungehorsams vorausgesetzten subjektiven Bewußtseinslage befinden, während unter den Organisatoren des Protests diejenigen eine maßgebliche Rolle spielen, die nur aus taktischen Gründen auf die Anwendung von Gewalt verzichten oder gar die bestehende verfassungsmäßige Ordnung aus prinzipiellen Gründen ablehnen und durch eine andere zu ersetzen bestrebt sind. Es erscheint fraglich, ob der grundsätzlich verfassungstreue Protest nicht seines guten Glaubens und damit seines Charakters als ziviler Ungehorsam dadurch verlustig geht, daß er sich in ein Aktionsbündnis mit verfassungsfeindlichen Kräften begibt.

---

[43] Vgl. die Nachweise bei W. Steffani, Zur Vereinbarkeit von Basisdemokratie und parlamentarischer Demokratie, Beilage B 2/83 zur Wochenzeitung »Das Parlament«, S. 3 ff., 5, sowie bei H. Oberreuter, Abgesang auf einen Verfassungstyp?, ebenda, S. 19 ff., passim, und J. Huber, Basisdemokratie und Parlamentarismus, ebenda, S. 33 ff.

[44] Vgl. dazu Steffani in der Fn. 43 zitierten Abhandlung.

[45] J. Leinen, a. a. O. (Fn. 4), S. 26.

IV. Rechtfertigung zivilen Ungehorsams – ausformulierte Verfassungsrechtsprechung?

Unberührt von dem Zweifel, ob, was als ziviler Ungehorsam ausgegeben wird, im Sinne der »Erfinder« des Begriffs auch wirklich ziviler Ungehorsam ist, bleibt die vor allem von Dreier in aller wünschenswerten Präzision gestellte Frage, ob die gezielte Rechtsverletzung als Mittel des Protests durch die Grundrechte der Meinungs- und Versammlungsfreiheit (unter weiteren Voraussetzungen, wie z. B. der Beachtung des Grundsatzes der Verhältnismäßigkeit in seinen verschiedenen Ausprägungen der Geeignetheit, Erforderlichkeit und Verhältnismäßigkeit im engeren Sinne, auf die hier nicht weiter einzugehen ist) gerechtfertigt werden kann.

Dabei sei der Blick zunächst auf die Präjudizien gerichtet. Dreier beruft sich mit besonderem Nachdruck auf das Pätsch-Urteil des BGH:[46] es stehe für eine Fallgruppe, für welche die von ihm entwickelte Rechtfertigungsformel eine adäquate Lösung biete.[47] Indessen macht es einen wesentlichen Unterschied, ob, wie bei der (rechtmäßigen, weil grundrechtlich zu rechtfertigenden) Offenbarung eines illegalen Staatsgeheimnisses, die Erfüllung eines Straftatbestandes schlechterdings nicht vermieden, der legale Zweck der Aktion also anders nicht erreicht werden kann oder ob, wie bei Aktionen des zivilen Ungehorsams, die Verletzung einer Verbotsnorm wie z. B. die Begehung einer Nötigung ein durchaus vermeidbares, lediglich zur Erhöhung des Aufmerksamkeitswertes bewußt eingesetztes Mittel bildet.

Die Rechtsprechung des Bundesverfassungsgerichts zum Verhältnis von Meinungs- bzw. Pressefreiheit und Ehren- bzw. Persönlichkeitsschutz[48] stützt Dreiers These keineswegs mit der von ihm in Anspruch genommenen Unbedingtheit. Ihr geht es um die möglichst weitgehende Sicherung der geistigen Auseinandersetzung im öffentlichen Meinungskampf.[49] Um ihretwillen werden schrankenziehende Gesetze insbesondere dann restriktiv interpretiert, wenn es um »die Kundgabe einer Meinung geht, d. h. eines Gedankens, mit dem der Äußernde einen Beitrag zu der durch Art. 5 I GG geschützten geistigen Auseinandersetzung leisten will«.[50] Geht es hingegen um unwahre Tatsachenbehauptungen, etwa Falschzitate, wird die Schutzwirkung des Art. 5 I GG deutlich geringer eingestuft (weil unrichtige Information unter dem Blickwinkel der Meinungsfreiheit kein schützenswertes Gut ist).[51] Gleiches

---

[46] BGHSt 20, 342 ff.
[47] In P. Glotz, a. a. O., S. 71; FS Scupin, S. 591.
[48] Überblick bei Leibholz/Rinck, Grundgesetz, Art. 5 Anm. 12, 13 a; ferner: I. v. Münch in ders., GG-Kommentar, 2. Aufl. 1981, Art. 5 Rdnr. 51–58.
[49] So von BVerfGE 7, 198, 212 (Lüth) bis BVerfGE 54, 208, 219 (Böll/Walden).
[50] BVerfGE 42, 143, 149 (Deutschland-Magazin).
[51] BVerfGE 54, 208, 219; ebenso BVerfGE 54, 148, 155 (Eppler); 61, 1, 8.

gilt folgerichtig dann, wenn Einschränkungen der Meinungsfreiheit lediglich die Form der Äußerung berühren – hier erscheint die Pflicht zur Rücksichtnahme auf die Persönlichkeit anderer in dem Maße zumutbar, in dem der gleiche Gedanke in einer anderen, nicht kränkenden Form geäußert werden kann.[52] Schließlich spielt es für das BVerfG eine maßgebliche Rolle, ob die in Rede stehende Äußerung spontan in freier Rede gefallen oder wohlüberlegt gewesen ist.[53] Ergänzend treten jene Entscheidungen ins Bild, in denen das Gericht das sog. Recht zum Gegenschlag, also die Befugnis des im öffentlichen Meinungskampf Angegriffenen anerkennt, mit gleicher Schärfe zu erwidern.[54] Hier ist in der Tat, auf einem sehr beschränkten Felde, die Zulässigkeit der absichtlichen Beeinträchtigung der Rechte eines anderen als Mittel des Meinungskampfes angenommen worden. Jedoch erheischen gerade deshalb die genauen Umstände der in Betracht kommenden Fallkonstellationen Beachtung. Sie sind von zweierlei Art. Zum einen handelt es sich um die Verknüpfung von Anlaß und Reaktion in einem zweiseitigen Verhältnis. Es geht um die provozierte Replik, um das Heimzahlen mit gleicher Münze. Das Bundesverfassungsgericht respektiert damit – zweitens – das Recht des Herausgeforderten, in gleicher Weise und mit möglichst gleicher Wirkung wie der Herausforderer auf die öffentliche Meinung einzuwirken.[55]

Danach ist es zwar richtig, daß die sog. Wechselwirkungstheorie, wie sie vom Bundesverfassungsgericht im Lüth-Urteil entwickelt und seither in ständiger Rechtsprechung beibehalten worden ist, nicht nur für das Grundrecht der Meinungsfreiheit, sondern für alle Grundrechte, und auch nicht nur in Rechtsbeziehungen zwischen Privaten, sondern auch im Verhältnis Staat-Bürger Anwendung findet.[56] Davon, daß aus dieser Rechtsprechung generell die Möglichkeit zur Rechtfertigung vermeidbarer Rechtsverletzungen als Mittel des öffentlichen Meinungskampfes abzuleiten sei, kann indessen keine Rede sein. Die Rechtsprechung des Bundesverfassungsgerichts ist Ausdruck der Erkenntnis, daß Grundrechte miteinander kollidieren können, daß also in vielen Fällen die wirksame Ausübung eines Grundrechts ohne die gleichzeitige Beeinträchtigung eines anderen nicht möglich ist. So wird das Grundrecht, sich unter freiem Himmel zu versammeln, nicht selten mit dem Grund-

---

[52] BVerfGE 42, 143, 150; dag. freilich das Sondervotum der Richterin Rupp-von Brünneck, a.a.O., S.154, 158ff., dem der Richter Dr.Simon insoweit zustimmte, a.a.O., S.162.

[53] Z.B. BVerfGE 42, 143, 153; 54, 129, 138f.

[54] BVerfGE 12, 113, 130f. (Schmid/Spiegel); 24, 278, 286 (Tonjäger); 54, 129, 138 (Römerberg-Gespräche).

[55] Es ist i.ü. nicht zu übersehen, daß das BVerfG seit BVerfGE 42, 143, der Wahrung der Persönlichkeitsrechte im öffentlichen Meinungskampf einen etwas höheren Stellenwert einzuräumen bemüht ist. Das verdeutlicht die Bemerkung, das Beharren auf der Schärfe der verwendeten Ausdrücke, vollends deren Steigerung sei nicht Teil jener in Freiheit geführten geistigen Auseinandersetzung, die das Grundgesetz garantiert (a.a.O., S.153).

[56] S.Dreier, FS Scupin, S.591; abw. H.A.Stücker, DÖV 1983, 993ff., 999 Fn.60.

recht, sich auf öffentlichen Straßen im Rahmen des geltenden Verkehrsrechts frei bewegen zu können, zusammenstoßen. Aber das bedeutet nicht, daß der Verstoß gegen die Regeln der Straßenverkehrsordnung oder gegen einschlägige Bestimmungen des Strafrechts als solcher – sozusagen um seiner selbst willen – zum Mittel der Demonstration gemacht werden dürfte. Das widerspräche dem Prinzip der praktischen Konkordanz, des schonendsten Ausgleichs, nach dem solche Kollisionen zu lösen sind.[57] Denn die Versammlungsfreiheit bedarf, um »zu optimaler Wirksamkeit gelangen zu können«,[58] nicht der Legalisierung gezielter Ungehorsamsakte, es sei denn man verwechselte die Durchsetzbarkeit des mit einer Demonstration verfolgten Anliegens mit der Ausübung des Grundrechts der Versammlungsfreiheit selbst. Nur um sie geht es.

Normverletzungen im Rahmen von Aktionen des zivilen Ungehorsams passen auch deshalb nicht in das Schema der dargestellten höchstrichterlichen Rechtsprechung, weil sie sich nicht als provozierte Reaktion auf einen gegen die Akteure gerichteten Angriff darstellen. Der Ungehorsamsakt verletzt – als Blockade von Straßen, Kasernen und sonstigen Einrichtungen beispielsweise – regelmäßig Normen, die die Rechtsgüter unbeteiligter Dritter zu schützen bestimmt sind.[59] Aber selbst dann, wenn es sich nur um die Beeinträchtigung von Rechten derjenigen politisch Verantwortlichen handelte, gegen deren Entscheidung sich der Widerstand richtet, liegen (den Unrechtsgehalt dieser Entscheidung hier einmal unterstellt) die Voraussetzungen nicht vor, unter denen eine grundrechtliche Rechtfertigung möglich wäre. Denn weder ist die bekämpfte Entscheidung eine gegen die Aktivisten des Widerstandes im öffentlichen Meinungskampf gerichtete Handlung, noch beschränkt sich der Widerstand auf einen der geistigen Auseinandersetzung dienenden und nur das allgemeine Persönlichkeitsrecht tangierenden Gegenangriff. Die Anwendung des von der verfassungsgerichtlichen Rechtsprechung in engen Grenzen anerkannten Rechts auf Gegenschlag auf Sachverhalte dieser Art ließe diese Grenzen ins Uferlose verschwimmen, zumal die etwa von Dreier mit dem Ziel der rechtlichen Hegung derartiger Vorgänge entwickelten Kriterien wie z. B. das Erfordernis politisch-moralischer Motivation und das Übermaßverbot in der notwendigerweise zugrundezulegenden Parallelwertung des juristischen Laien nahezu beliebiger Deutung offenstehen und Irrtumslagen staatlichem Einschreiten regelmäßig entgegenstünden.[60] Es ist eben zu bedenken, daß das

---

[57] K. Hesse, a. a. O. (Fn. 22), Rdnr. 72; I. v. Münch, Grundbegriffe des Staatsrechts I, 2. Aufl. 1982, S. 105 f.; BVerfGE 35, 202, 225 (Lebach); 39, 1, 43 (Schwangerschaftsunterbrechung).

[58] Hesse, a. a. O.

[59] Vgl. Dreier, FS Scupin, S. 593: »Die Norm, die verletzt, und das Unrecht, gegen das protestiert wird, brauchen nicht identisch zu sein«.

[60] A. a. O., S. 594, 595 f.; in P. Glotz, a. a. O., S. 63, 67 ff. Vgl. dazu auch R. Wassermann, Gewaltfreier Widerstand und Rechtsordnung, DRiZ 1983, 362 ff., 364 f.

Risiko der damit erzeugten Rechtsunsicherheit nicht nur der einzelne, sondern auch der Staat, also die Rechtsgemeinschaft, zu tragen haben, die das fehlende Unrechtsbewußtsein desjenigen, der unter Berufung auf sein Grundrecht die allgemeinen Gesetze übertritt, im Zweifel gegen sich gelten lassen müssen.

Die Behauptung, Ungehorsamsakte im Rahmen des sog. zivilen Ungehorsams ließen sich grundrechtlich rechtfertigen, verkennt grundsätzlich die Bedeutung von Rechtsfrieden und Rechtsgehorsam für den demokratischen Rechtsstaat. Der Rechtsfriede ist, wie Habermas[61] zutreffend feststellt, eine der »höchsten und verletzbarsten kulturellen Errungenschaften«, den das Grundgesetz als ein wesentliches Element des Rechtsstaatsprinzips in einen hohen Rang erhebt. Über die Verhinderung privater Gewalt hinaus gewährleistet der Rechtsfriede unter den Bedingungen einer funktionierenden Rechtsstaatlichen und demokratischen Verfassungsordnung dem einzelnen Freiheit und Gleichheit, »Orientierungsgewißheit«, also Rechtssicherheit,[62] und nicht zuletzt auch die gleiche Chance zur Durchsetzung seiner Meinung. Der demokratische Rechtsstaat ist deshalb nicht nur zur Beachtung und Durchsetzung des geltenden Rechts verpflichtet (Art. 20 III GG). Dieser seiner Pflicht entsprechen vielmehr auch der Anspruch des Staates auf und die Pflicht des Bürgers zum Rechts- bzw. Gesetzesgehorsam. »Der Gesetzesgehorsam ist die naturrechtliche Voraussetzung der demokratischen Gesetzlichkeit.«[63] Denn wenn es richtig ist – so die Prämisse des demokratischen Prinzips –, daß nur das vom Volk beschlossene Gesetz Freiheit und Gleichheit zu garantieren vermag,[64] so ist auch richtig, daß das nur unter der Voraussetzung gilt, daß das Gesetz beachtet wird, d.h. Gehorsam findet.[65]

Die Aufkündigung des Gesetzesgehorsams – ob punktuell oder generell, macht keinen qualitativen Unterschied – trifft jeden Staat, vor allem aber die rechtsstaatliche Demokratie, in das Zentrum seines Nervensystems. Sie legt

---

[61] A.a.O., S.36.

[62] R. Zippelius, Allgemeine Staatslehre, 8. Aufl. 1982, § 9I (S.51).

[63] J. Isensee, Der verspätete Widerstandskampf, Die Neue Ordnung 1983, 84 ff., 87; teilidentisch ders., Ein Grundrecht auf Ungehorsam gegen das demokratische Gesetz? – Legitimation und Perversion des Widerstandsrecht, in: H. B. Streithofen (Hrg.), Frieden im Lande, Bastei-Lübbe-Taschen 60099, 1983, S. 155 ff.; vgl. auch ders., Demokratischer Rechtsstaat und staatsfreie Ethik. Essener Gespräche zum Thema Staat und Kirche 11 (1977), S. 92 ff., 103; ders., Die verdrängten Grundpflichten des Bürgers, DÖV 1982, 609 ff., 616 f. S. ferner K. Kröger, Bürgerprotest im demokratischen Staat, Beilage 39/83 zur Wochenzeitung »Das Parlament«, S. 3 ff., 5; H. A. Engelhard, Rechtsbewußtsein im Umbruch – Erosion des Rechts? Bulletin der Bundesregierung, Nr. 6/1983, S. 50 ff., 54.

[64] Auch für die gesetzgebende Gewalt des Volkes gilt freilich, daß sie nur eine notwendige, nicht eine hinreichende Bedingung für Freiheit und Gleichheit ist. Demokratie hat eine »rechtlich verbindliche Verfassung schon zur Voraussetzung« – so M. Kriele, Freiheit und Gleichheit in: Benda/Maihofer/Vogel, Handbuch des Verfassungsrechts, 1983, S. 129 ff., 144.

[65] Vgl. auch H. Krüger, Allgemeine Staatslehre, 1964, S. 940 ff., bes. S. 977 ff.

den demokratischen Rechtsstaat lahm, weil sie ihn der Möglichkeit beraubt, das eigentliche »Um-Willen« seiner Existenz zu verwirklichen, nämlich die gleiche Freiheit aller seiner Bürger zu gewährleisten. Die Verweigerung des Gehorsams gegenüber dem verfassungsmäßigen Gesetz bzw. gegenüber der mit Recht und Gesetz in Einklang stehenden Entscheidung der Exekutive oder gar die Nichtbefolgung einer Gerichtsentscheidung ist deshalb ein typisches, ja sogar ein besonders wirksames Mittel des Widerstandes, das der in Art. 20 IV GG vorausgesetzten Ausnahmelage vorbehalten bleiben muß und nicht schon in der Normallage als ein Zeichen des Mißfallens gegenüber dem Inhalt einer (in welcher Form auch immer getroffenen) staatlichen Entscheidung hervorgeholt werden darf.[66] Das gilt – bei funktionierender Legalordnung des demokratischen Rechtsstaats[67] – auch, wenn der begründete oder unbegründete Verdacht besteht, die Entscheidung verstoße gegen höherrangiges Recht. Denn diesen Zweifel zu beheben, sind – wiederum um der gleichen Freiheit aller willen – nur die Gerichte berufen. Sie kann nicht dem einzelnen anheimgegeben sein. Solange also die Behebung von Verletzungen der Legalität auf legalem Wege möglich ist, ist für die Durchbrechung der Legalität als Mittel der Retorsion kein Raum. Die gegenteilige Ansicht bezeichnet M. Kriele zutreffend als den Ausdruck des übersteigerten Ich-Gefühls einer Werte-Elite;[68] sie bedeutet die Inanspruchnahme eines Privilegs zugunsten derjenigen, die es besser zu wissen vorgeben als die Mehrheit.

Die Annahme, der Rechtsungehorsam könne in der Normallage des demokratischen Verfassungsstaats ein Mittel der politischen Auseinandersetzung sein, ist demnach ein Widerspruch in sich selbst: ziviler Ungehorsam hebt den demokratischen Rechtsstaat auf, er beraubt ihn seiner Existenzgrundlage.

V. Die Freiheit der politischen Willensbildung und der strafrechtliche Gewaltbegriff

Was grundsätzlich für jede beabsichtigte Rechtsverletzung gilt, die nicht durch einen der einen überkommenen Bestandteil der Rechtsordnung bildenden geschriebenen Rechtsfertigungsgründe gerechtfertigt werden kann (die ihrerseits eine grundrechtliche Wurzel haben), gilt für gewaltsame Aktionen erst recht. Diese Feststellung ist vor dem Hintergrund der vorausgesetzten Definition

---

[66] D. Merten, Rechtsstaat und Gewaltmonopol, 1975, S. 37.

[67] Nur um diesen geht es! Wie das Problem des zivilen Ungehorsams in anderen politischen Ordnungssystemen zu beurteilen ist (soweit es sich dort überhaupt stellt), unter Bedingungen also, in denen die freie und gleiche Teilnahme aller am Prozeß der politischen Willensbildung nicht den Gegenstand effektiver verfassungsrechtlicher Verbürgung bildet, ist nicht Thema dieser Abhandlung.

[68] A. a. O. (Fn. 21), S. 18 f.

des Begriffs des zivilen Ungehorsams[69] nur scheinbar überflüssig. Denn die Versicherung, Akte des zivilen Ungehorsams müßten gewaltlos sein,[70] ist selbst dort, wo sie ernstgemeint ist,[71] auf den verwendeten Gewaltbegriff hin zu überprüfen. So erklärt es Dreier[72] ausdrücklich für »verfehlt, den strafrechtlichen Gewaltbegriff in der herrschenden Interpretation, der auch psychischen Druck und die Behinderung der Bewegungsfreiheit Dritter umfaßt, zugrunde zu legen«, was bedeutet, daß solche Handlungen »unter dem Gesichtspunkt des zivilen Ungehorsams, wenn dessen weitere Voraussetzungen vorliegen, als gerechtfertigt angesehen werden können«. Mithin können nach dieser Auffassung Handlungen, die im strafrechtlichen Sinne Gewalt darstellen, nicht nur in den Schutzbereich der Grundrechte der Meinungs- und der Versammlungsfreiheit fallen, sondern auch im Zuge einer Auslegung der diesen Grundrechten schrankenziehenden Gesetze im Lichte derselben als legal erscheinen. In ähnlicher Weise unterscheidet z. B. Tiedemann[73] zwischen Gewalt als Entfaltung physischer Kraft auf Seiten des Täters einerseits und der Zwangswirkung auf Seiten des Opfers andererseits. Diese sei bedingt tolerabel, also zu rechtfertigen, wo sie als Folge eines insgesamt noch friedlichen Verhaltens auftrete und das Opfer »nicht gänzlich unbeteiligt, sondern jedenfalls interessenmäßig, arbeitsteilig oder korporativ mit dem eigentlichen Gegner verbunden ist«.[74] Denninger[75] betont, der demokratisch legale Kampf dürfe nur mit unblutigen Mitteln geführt werden, weshalb Nötigungshandlungen wie z. B. gezielte Verkehrsbehinderungen ohne Gewaltanwendung (d. h. ohne Anwendung physischer Gewalt) unter Umständen rechtmäßig sein könnten.

Demgegenüber hat die höchstrichterliche Rechtsprechung[76] den Begriff der Gewalt i. S. des hier besonders interessierenden Nötigungstatbestandes (§ 240

---

[69] S. o. zu Fn. 7.

[70] Dreier, FS Scupin, S. 594; in P. Glotz, a. a. O., S. 62.

[71] Nicht ernst gemeint scheint sie zumindest von Teilen der Partei Die Grünen, deren Fraktion im hessischen Landtag erklärt hat, es müsse auch zu Gewalt gegen Sachen gegriffen werden, um Positionen deutlich zu machen – vgl. die Nachweise bei H. Oberreuter, a. a. O. (Fn. 43), S. 26 f.

[72] A. a. O.

[73] Bemerkungen zur Rechtsprechung in den Demonstrationsprozessen, JZ 1969, 717 ff., 720, 722.

[74] Tiedemann denkt an Sitzstreiks im Straßenverkehr oder in der Universität und meint, das Werfen von faulen Früchten und Farbbeuteln, Eiern und Pudding begründe keine Unfriedlichkeit der Versammlung. Befristet angewandte passive Gewalt, also der Einsatz bloßer Zwangswirkungen, sei bei Spontandemonstrationen (!) häufig verfassungs- und damit rechtmäßig. Allerdings werde der Grundrechtsschutz umso schwächer, je stärker in die Rechte Unbeteiligter eingegriffen werde; er entfalle meist, wo es – i. S. symbolischen Widerstandes, gegen einen nicht erreichbaren Gegner – ausschließlich um Rechtsbeeinträchtigung Dritter geht (a. a. O., S. 722 f.).

[75] E. Denninger, Polizei in der freiheitlichen Demokratie, 1968, S. 35. Weitere Nachweise bei H. H. Klein, Zur Auslegung des Rechtsbegriffs der »öffentlichen Sicherheit und Ordnung«, DVBl. 1971, 233 ff., 235.

[76] BGHSt 23, 46, 53 ff. (Läpple); BGHZ 59, 30, 35 ff. (Zeitungsblockade); BGH NJW 1972, 1571, 1573 (Mahler); s. a. BGHZ 63, 124 (Hausbesetzung).

StGB) dahin definiert, daß mit Gewalt auch nötigt, wer psychischen Zwang ausübt, um gerade dadurch ein bestimmtes Ziel zu erreichen. Gewaltanwendung auch dieser Art sei praktisch indiziell für die Verwerflichkeit der Nötigung und weder grundrechtlich (Art. 8 GG) zu rechtfertigen noch überhaupt mit dem demokratischen Prinzip vereinbar.

Dementsprechend hat das BVerfG[77] auf der vollen inneren Freiheit derjenigen bestanden, die im Prozeß der öffentlichen Meinungsbildung Adressaten der Meinungsäußerung eines anderen sind, und damit auf der Freiheit der geistigen Auseinandersetzung selbst. Sie läßt nur »geistige Argumente« zu, muß sich also auf die Überzeugungskraft von Darlegungen, Erklärungen und Erwägungen beschränken. Darin sieht das Gericht »eine unabdingbare Voraussetzung für das Funktionieren der freiheitlichen Demokratie, weil nur sie die öffentliche Diskussion über Gegenstände von allgemeinem Interesse und staatspolitischer Bedeutung gewährleistet. Die Ausübung von – im entschiedenen Falle wirtschaftlichem – Druck verletze die Gleichheit der Chancen beim Prozeß der Meinungsbildung.

In der Tat geht es um die Legitimationsgrundlage der auf dem Mehrheitsprinzip beruhenden repräsentativen Demokratie.[78] Ihre Grundlage bildet der von Kant entwickelte Autonomiegedanke, demzufolge in Ermangelung anderer, heteronom vorgegebener und allgemein akzeptierter Ordnungen die »Gleichachtung aller als moralische Instanz«, die gleichberechtigte Gewissensüberzeugung eines jeden, die allein tragfähige Basis der politischen Gemeinschaft ist.[79] Einerseits muß indessen das dadurch nahegelegte Konsensprinzip aus Gründen der Praktikabilität, nämlich wegen seiner mangelnden Funktionsfähigkeit zumindest in den großflächigen, nach Millionen Bürgern zählenden modernen Industriestaaten, durch das Majoritätsprinzip ersetzt werden. Andererseits bedarf es einer Modifikation durch das Repräsentationsprinzip, um für den demokratischen Willensbildungsprozeß Distanz gegenüber einem nur vom privaten Interesse statt vom Gewissen des einzelnen bestimmten Standpunkt, eine gewisse Rationalität der Entscheidungen und deren Kontrollierbarkeit zu gewährleisten. Dabei darf die vorausgesetzte Gleichberechtigung der Staatsbürger nicht preisgegeben werden. Ohne sie würde die Mehrheitsentscheidung ihre Legitimität einbüßen.[80] Sie folgt erst aus der strikten Beobachtung bestimmter, in der Verfassung niedergelegter Verfahren der Ent-

---

[77] BVerfGE 25, 256, 265 (Blinkfüer) mit Rückverweisungen.

[78] Mit der fundamentalistischen Kritik am Mehrheitsprinzip (vgl. dazu Oberreuter, a. a. O. (Fn. 43), S. 22 ff.) brauche ich mich hier deshalb nicht zu befassen, weil die den Gegenstand der Untersuchung bildende These vom »Recht auf zivilen Ungehorsam« dieses Prinzip nicht grundsätzlich in Frage stellen möchte.

[79] Dazu und zum Folgenden vor allem R. Zippelius, Legitimation im demokratischen Verfassungsstaat in: Achterberg/Krawietz (Hrg.), Legitimation des modernen Staates, 1981, S. 84 ff.; ders., Allgemeine Staatslehre, §§ 7 III 2, 17 III, 28 II.

[80] Dazu Oberreuter, a. a. O. (Fn. 78).

scheidungsfindung (»Legitimation durch Verfahren«) und der Unverfügbar-
keit ebenfalls in der Verfassung festgeschriebener, d. h. vorweg konsentierter
individueller Rechtspositionen, ohne welche die gleichberechtigte Mitwirkung
aller an jenen Verfahren nicht gesichert wäre.[81]

Eine unverzichtbare Bedingung des so verstandenen demokratischen Prozesses ist die Freiheitlichkeit der öffentlichen Meinungsbildung. Sie ist von der
Mehrheit ebenso zu beachten wie von der Minderheit. Weder diese noch jene
kennt die richtige Lösung der zu bewältigenden Probleme. Nur wenn jeder
sich seine Meinung in voller innerer und äußerer Freiheit bilden kann, können
Argumente zur Geltung kommen, besteht die Chance, daß das bessere Argument und nicht der Stärkere sich durchsetzen.[82] Die Verpflichtung, die Freiheitlichkeit des Prozesses der öffentlichen Meinungs- und politischen Willensbildung, d. h. das Zur-Wirkung-Kommen auch der Meinung der Minderheit zu gewährleisten, und zwar auch nach getroffener Entscheidung, die ja
den Disput nicht beendet, trifft die Mehrheit ebenso wie die Pflicht, für die
Beachtung der Entscheidung, solange sie nicht etwa revidiert worden ist, Sorge zu tragen. Dem korrespondiert die Pflicht der Minderheit, den geltenden
Rechtsnormen Folge zu geben und, soweit sie ihre inhaltliche Billigung nicht
finden, sich »auf die Überzeugungskraft von Darlegungen, Erklärungen und
Erwägungen (zu) beschränken«.[83] »Repräsentative Demokratie muß kommunikative Demokratie sein«.[84] Sie ist die Staatsform des freien Dialogs. Meinungsverschiedenheiten sind, wenn diese Staatsform Bestand haben soll, ohne
Gewaltanwendung auszutragen.[85] Dies gehört, wie W. Zeidler schon vor Jah-

---

[81] Oberreuter, a. a. O., S. 23: Das Mehrheitsprinzip »gewinnt Gestalt erst durch seine Einfügung in den Rahmen der Verfassung, die ihm Funktion und Grenzen zuweist«. Vgl. auch
W. Henke, Demokratie als Rechtsbegriff, 1983, Manuskript S. 3: »Die Grundrechte sind …
die einschränkende Bedingung, unter der das Recht der Regierenden auf Gehorsam gegenüber
ihren Rechtsakten steht«. S. a. *E.-W. Böckenförde*, Das Grundrecht der Gewissensfreiheit in
ders., Staat, Gesellschaft, Freiheit 1976, S. 253 ff., 261 zu Fn. 73; ders., Demokratie und Repräsentation, Schriftenreihe der Niedersächsischen Landeszentrale für politische Bildung,
1983, S. 10 ff.; W. Zeidler, Ehe und Familie in: Benda/Maihofer/Vogel, Handbuch des Verfassungsrechts, 1983, S. 555 ff., 564 mit Fn. 33; ferner J. Rawls, a. a. O. (Fn. 6), S. 389 ff., 392.

[82] M. Kriele, Freiheit und Gleichheit (Fn. 64), S. 136 f.

[83] BVerfG a. a. O. (Fn. 77) – Eine andere, vor allem, aber nicht nur die Mehrheit treffende
Verpflichtung ist die, den ständigen Versuch einer Rückkopplung an den Volkswillen zu
unternehmen; s. Bericht der Enquete-Kommission Verfassungsreform, BT-Drucks. 7/5924,
Kap. 1 Nr. 2.1. Die Repräsentanten bleiben »an die Konsensbereitschaft der Rechtsgemeinschaft gebunden. Sie müssen Entscheidungen anstreben, die geeignet sind, die Mehrheit zu
überzeugen, die also konsensfähig und für die Allgemeinheit akzeptabel sind« – Zippelius,
Legitimation (Fn. 79), S. 93.

[84] Oberreuter, a. a. O. (Fn. 43), S. 29.

[85] Es entspricht deshalb der inneren Logik dieser Ordnung, wenn nach der zutreffenden
Beobachtung Tiedemanns, a. a. O. (Fn. 73), S. 721, die herkömmlichen Rechtfertigungsgründe
auf Bewahrung zielen: in der rechtsstaatlichen Demokratie ist der Weg offen, Veränderung
durch Überzeugung und Wahlen, also ohne Anwendung von Gewalt und Rechtsbruch zu
bewirken. Die Ausnahme des § 193 StGB, in dem BVerfGE 12, 113, 125, eine Ausprägung des

ren zutreffend gesagt hat, zum vorverfassungsmäßigen Leitbild,[86] findet sich aber, worauf zurückzukommen ist, auch im Text des Grundgesetzes hinreichend verdeutlicht.[87]

Folgerichtig, weil es nämlich auf die »Freiheit der Willensentschließung« ebenso ankommt wie auf die »Freiheit der Willensbetätigung«,[88] ist nach herrschender Lehre und Rechtsprechung Gewalt i. S. der Straftaten gegen die persönliche Freiheit (§§ 234 ff. StGB)[89] »jedes Mittel, mit dem auf den Willen oder das Verhalten eines anderen durch ein gegenwärtiges empfindliches Übel eine Zwangswirkung ausgeübt wird«.[90] Damit ist gegenüber dem früheren, auf die Entfaltung physischer Kraft abstellenden Gewaltbegriff eine »Vergeistigung« oder »Entmaterialisierung« erreicht, die nicht nur »den immer raffinierteren Formen moderner Zwangseinwirkung« entspricht,[91] sondern auch den verfassungsrechtlichen Anforderungen.

Danach steht fest, daß die vielfach praktizierten Formen des zivilen Ungehorsams wie Straßenblockaden, sit-ins und die-ins, Belagerungen etc. im strafrechtlichen Sinne als Gewalt zu qualifizieren sind, da durch sie auf die Freiheit der Willensentschließung Dritter durch ein gegenwärtiges empfindliches Übel eine Zwangswirkung ausgeübt werden soll. Ob damit auch der Tatbestand der Nötigung erfüllt wird, hängt vom Ausfall des in § 240 II StGB geforderten Verwerflichkeitsurteils ab. Für dieses kommt es nicht auf das Endziel der Nötigungshandlung (z. B. »Frieden«) an, sondern auf deren unmittelbaren, gleichsam ersten Zweck,[92] also beispielsweise die Beschränkung der Bewegungsfreiheit von Verkehrsteilnehmern, Ministerialbeamten und Soldaten. Ebenso kann sich das Nötigungsunrecht daraus ergeben, daß das Nötigungsmittel als solches gegen die Rechtsordnung verstößt.[93] Beeinträchtigungen der

---

Art. 5 GG erblickt, besteht zu Recht, wenn und insoweit der Anwendungsbereich dieser Vorschrift auf die in voller innerer Freiheit sich vollziehende geistige Auseinandersetzung beschränkt bleibt.

[86] DRiZ 1970, 298, 299.

[87] J. Isensee, Die Friedenspflicht der Bürger und das Gewaltmonopol des Staates in: Festschrift für K. Eichenberger, 1982, S. 23 ff., 31.

[88] Vgl. Eser in: Schönke/Schröder, Strafgesetzbuch, 21. Aufl. 1982, Vorbem. §§ 234 ff., Rdnr. 3, 4; § 240 Rdnr. 1.

[89] Zutreffend unterscheidet BGH U. v. 23. 11. 1983 (Schubert) zwischen dem Gewaltbegriff dieser Gruppe von Delikten einerseits und der Straftatbestände des Hochverrats und der Nötigung von Verfassungsorganen (§§ 81, 82, 105, 106 StGB) andererseits. In diesen Fällen bedarf es eines weiten Gewaltbegriffs nicht, weil die Schwelle, bei deren Überschreitung ein Verfassungsorgan erpreßbar, d. h. die Freiheit seiner Willensentscheidung beeinflußbar wird, höher angesetzt werden kann als beim einzelnen.

[90] Eser, a. a. O., Rdnr. 6.

[91] Eser, a. a. O., Rdnr. 7; vgl. allerdings auch die in Rdnr. 10 gegebene Darstellung der Gegenmeinung, die eine volle oder teilweise Rückkehr zum früheren Gewaltbegriff fordert. Sie steht unverkennbar unter dem Eindruck der Erfahrungen mit der sog. außerparlamentarischen Opposition der 60er Jahre.

[92] Tiedemann, a. a. O. (Fn. 73), S. 723; Eser, a. a. O., § 240 Rdnr. 24d.

[93] Eser, a. a. O., § 240 Rdnr. 19.

Freiheit der Willensentschließung anderer zum Zwecke der Durchsetzung bestimmter Meinungen im Prozeß der öffentlichen Meinungs- und politischen Willensbildung sind jedoch aus den genannten Gründen in der rechtsstaatlichen Demokratie niemals grundrechtlich zu rechtfertigen, sondern vielmehr unbedingt verwerflich.[94] Solange die Freiheitlichkeit dieses Prozesses gesichert ist, ist keinerlei Raum für den Versuch, dem Standpunkt von Minderheiten mit Gewalt Geltung zu verschaffen.

VI. Keine grundrechtliche Rechtfertigung des zivilen Ungehorsams

Der Ausschluß grundrechtlicher Rechtfertigungsmöglichkeiten läßt sich rechtsdogmatisch auf zweierlei Weise begründen: zum einen dadurch, daß Handlungen des zivilen Ungehorsams, insbesondere solche, die Gewalt im beschriebenen Sinne darstellen, von vornherein aus dem Schutzbereich der Grundrechte herausfallen, oder aber dadurch, daß die anderenfalls erforderlich werdende Güterabwägung zu einer entsprechenden Einschränkung der Grundrechtsausübung führt.[95]

Handlungsformen, die als Gewalt zu qualifizieren sind, fallen nicht in den Schutzbereich der in Art. 5 und 8 GG gewährleisteten Grundrechte. Das folgt schon aus dem Wortlaut beider Normen. Das Grundrecht der Meinungsfreiheit garantiert das Recht, seine Meinung in »Wort, Schrift und Bild« frei zu äußern: von Gewalt ist nicht die Rede. Vor allem aber folgt aus dem Sinn der Vorschrift, die die Meinungskundgabe nur »als Mittel des geistigen Meinungskampfes« schützt,[96] daß sie Gewaltanwendung nicht deckt.[97] Nichts anderes kann für das Grundrecht der Versammlungsfreiheit (Art. 8 GG) gelten. Versuchen, den Begriff der Friedlichkeit eng auszulegen (»gewalttätiger oder aufrührerischer Verlauf«),[98] ist deshalb zu widersprechen.[99] Dem steht, worauf der BGH[100] zutreffend aufmerksam gemacht hat, nicht entgegen, daß eine

---

[94] Abw. Eser, a.a.O., §240 Rdnr. 24aff. – Der Feststellung in BGHSt 23, 46, 55, daß bei Gewaltanwendung unter besonderen Umständen das Verwerflichkeitsurteil ausgeschlossen werden könne, wird hier nicht widersprochen, wenngleich solche Umstände im Zusammenhang mit der Einwirkung auf die öffentliche Meinung kaum vorstellbar sind.

[95] So zutr. Dreier in P. Glotz, a.a.O., S. 64ff.; ebenso schon FS Scupin, S. 592ff.

[96] BVerfGE 25, 256, 264.

[97] I. v. Münch in: ders. (Hrg.), Grundgesetz-Kommentar, 2. Aufl. 1981, Art. 5 Rdnr. 8.

[98] Z.B. Herzog in Maunz/Dürig/Herzog/Scholz u.a., Grundgesetz, Art. 8 Rdnr. 62, wo freilich auch auf die Feststellung Wert gelegt wird, daß Aktionen wie die Lahmlegung des öffentlichen Verkehrs durch Sitzstreiks u.ä. von der Rechtsprechung ohne Verstoß gegen Art. 8 für strafbares Unrecht erklärt worden sind, allerdings gestützt auf den Gesetzesvorbehalt des Art. 8 II und nicht auf die Friedlichkeitsgrenze in Art. 8 I.

[99] Wie hier v. Münch, a.a.O., Art. 8 Rdnr. 21ff., mit ausführlichen Nachweisen aus der Rechtsprechung.

[100] BGH NJW 1972, 1571, 1573 (Mahler). Vgl. auch Merten, Rechtsstaat und Gewaltmonopol, S. 44f.

Demonstration allein schon wegen der unter Umständen größen Zahl der Versammelten auf den Adressaten einen größeren Eindruck machen kann als die Meinungsäußerung eines einzelnen. Das ist im Begriff der Versammlung als Kollektivaussage mitgegeben. Umso stärker aber ist darauf zu achten, daß die Demonstration als Beitrag zur freien geistigen Auseinandersetzung nicht umschlägt in einen die Freiheit der Willensentscheidung beeinträchtigenden Meinungsdruck. Eine Versammlung, deren Zweck es ist, Gewalt zu üben, ist deshalb nicht »friedlich« i. S. des Art. 8 I GG.[101]

Ungehorsamsakte, die nicht zugleich Gewalt darstellen, fallen hingegen wohl in den Schutzbereich der genannten Grundrechte, wenn sie vorgenommen werden, um einer Meinung individuellen oder kollektiven Ausdruck zu verleihen. Das folgt schon daraus, daß bei Zugrundelegung der sog. Wechselwirkungstheorie die Normverletzung sich am Ende der notwendigen Güterabwägung als rechtmäßige Grundrechtsausübung erweisen kann, aber auch daraus, daß die schrankenziehende Norm, soweit sie nicht verfassungsimmanente Schranken nur deklaratorisch ausformuliert, sondern konstitutiven Charakter trägt, das Bestehen eines das fragliche Handeln (grundsätzlich) legitimierenden Normbereichs voraussetzt. Allerdings wird der Vorgang der Güterabwägung zwischen den Schutzgütern der Meinungs- und Demonstrationsfreiheit einerseits und der verletzten Norm andererseits im Falle des gezielten Rechtsbruchs nur ganz ausnahmsweise zu dessen Legalisierung führen, nämlich nur unter den von der Rechtsprechung des Bundesverfassungsgerichts herausgearbeiteten engen Bedingungen des Rechts auf Gegenschlag.[102] Diese Bedingungen liegen im Falle des zivilen Ungehorsams, wie gezeigt, nicht vor.

Auch die Heranziehung des Grundrechts der Gewissensfreiheit (Art. 4 I GG) vermag an diesem Ergebnis nichts zu ändern, und zwar auch dann nicht, wenn man der wohl zutreffenden Meinung[103] folgt, nach der auch die Freiheit der Gewissensverwirklichung Gegenstand der grundrechtlichen Gewährleistung ist. Zwar gelangt dieses Grundrecht auch neben denjenigen der Art. 5 und 8 GG – sozusagen idealkonkurrierend[104] – zur Anwendung, jedoch bedeutet schon dies, daß nicht gegen die unter dem Gebot des Gewissens ge-

---

[101] Daß die Demonstrationsfreiheit (im Unterschied zu der Freiheit, sich zu versammeln und versammelt zu bleiben) nicht von Art. 8 GG geschützt werde, versucht H. A. Stücker, DÖV 1983, 993 ff., darzutun.

[102] S. W. Zeidler (Fn. 81), S. 569: »Grundrechte sind Rechte gegenüber dem Staat und gewähren keinen unter Verletzung des Grundsatzes ›one man one vote‹ gesteigerten status activus« – diese zutreffende Feststellung ist bei Zeidler allerdings auf die grundrechtliche Ableitung kollektiver Mitbestimmungsrechte bezogen!

[103] E.-W. Böckenförde, a. a. O. (Fn. 81), S. 264 ff.; Herzog in: Maunz/Dürig/Herzog/Scholz u. a., Grundgesetz, Art. 4 Rdnr. 126 ff.; K. Hesse, Verfassungsrecht (Fn. 22), Rdnr. 383 m. w. N.; Doehring, Staatsrecht (Fn. 22), S. 301 ff.

[104] Herzog, a. a. O., Rdnr. 96.

äußerte Meinung gerichtete, sondern etwa versammlungsrechtlich motivierte Eingriffe an den Schrankenregelungen dieser Grundrechtsnorm und nicht derjenigen des Grundrechts der Gewissensfreiheit zu messen sind. Weiter ist fraglich, ob die Gewissensfreiheit auch die kollektive Gewissensbetätigung schützt, wie Glaubensfreiheit und Bekenntnisfreiheit neben der individuellen auch die kollektive Ausübung des religiösen oder weltanschaulichen Bekenntnisses zu schützen bestimmt sind.[105] So sieht etwa E.-W. Böckenförde[106] die Gewissensfreiheit nur als ein höchstpersönliches Individualrecht gewährleistet, also – im Unterschied zur Religionsfreiheit – nicht als ein Recht von Gruppen. Es ermächtige aus sich heraus auch nicht zur Propaganda für seine Ausübung, womit gesagt ist, daß solche Werbung an den Maßstäben der Grundrechte der individuellen und kollektiven Meinungsäußerungsfreiheit zu messen ist. Als politische Waffe lasse es sich nicht gebrauchen. Folgt man dieser Auffassung, liegt zutage, daß Art. 4 I GG als Rechtfertigungsgrund für Aktionen des zivilen Ungehorsams als Ausdrucksformen des kollektiven Protests untauglich ist. Zum gleichen Befund gelangt schließlich auch, wer mit A. Arndt[107] zwischen rechtlich gebotenem eigenhändigem Tun und Unterlassen unterscheidet und daraus die Konsequenz zieht, die Gewissensfreiheit erspare lediglich das Selber-Tun.

VII. Zusammenfassung

1. Ziviler Ungehorsam ist mit politischer (Fundamental-)Opposition nicht zu verwechseln. Er richtet sich – nach einer verbreiteten Definition des Begriffs – gegen einzelne Fälle schwerwiegenden Unrechts; der punktuelle Rechtsungehorsam soll die grundsätzliche Gesetzes- und Verfassungstreue unberührt lassen. Ziviler Ungehorsam soll das System der rechtsstaatlichen Demokratie nicht sprengen.
2. Ziviler Ungehorsam ist keine Ausübung des in Art. 20 IV GG normierten Widerstandsrechts. Er versteht sich als ein Instrument der politischen Auseinandersetzung in der Normallage.
3. Die aufsehenerregenden Widerstandsaktionen der jüngsten Zeit genügten den Kriterien des Begriffs des zivilen Ungehorsams in aller Regel nicht, sei es, daß sie sich nicht gegen schwerwiegendes Unrecht wandten, sei es, daß

---

[105] I. S. dieser Parallele, Herzog, a. a. O., Rdnr. 150.
[106] A. a. O., S. 273. S. auch H. A. Engelhard, Widerstehen zur rechten Zeit, Bulletin Nr. 126/1983, S. 1151, 1154.
[107] Das Grundrecht der Gewissensfreiheit in: A. Arndt, Gesammelte Schriften, 1976, S. 171 ff., 172; ders., Die Zeugen Jehovas als Prüfung unserer Gewissensfreiheit, das., S. 179 ff., 181; ihm folgend C. Arndt, Bürger oder Rebell? in: Beilage B 39/83 zur Wochenzeitung »Das Parlament«, S. 32 ff., 39 f.

sie Ausdruck einer die Objekte des Widerstandes rasch wechselnden, gegen
das politische System als solchen gerichteten Fundamentalopposition waren.

4. Die Meinung, Aktionen des zivilen Ungehorsams seien prinzipiell grundrechtlicher Rechtfertigung zugänglich, kann auf die höchstrichterliche
Rechtsprechung, vor allem auf die vom Bundesverfassungsgericht entwik-
kelte Theorie der wechselseitigen Einwirkung von Grundrecht und Grundrechtsschranke, nicht gestützt werden. Nur ganz ausnahmsweise, in den
Fällen des sog. Rechts auf Gegenschlag, ist die absichtliche, d. h. nicht nur
als unvermeidliche Begleiterscheinung in Kauf genommene, Verletzung der
Rechte eines Dritten rechtmäßige Grundrechtsausübung. Regelmäßig jedoch darf die Verletzung geltenden Rechts nicht als solche zum Instrument
des politischen Meinungskampfes gemacht werden.

5. Rechtsfrieden und Rechtsgehorsam gehören zu den »höchsten und verletzbarsten kulturellen Errungenschaften« (Habermas). Wenn nur das für alle
gleichermaßen geltende, von den frei gewählten und frei entscheidenden
Repräsentanten des Volkes unter Beachtung der verfassungsrechtlichen
Freiheitsgarantien beschlossene Gesetz Freiheit und Gleichheit zu sichern
vermag, so ist im Namen von Freiheit und/oder Gleichheit praktizierter
Gesetzesungehorsam ein Widerspruch in sich selbst.

6. Die – sei es auch nur punktuelle – Aufkündigung des Gesetzesgehorsams
trifft den demokratischen Rechtsstaat im Zentrum seines Nervensystems.
Sie ist deshalb ein typisches Instrument der in Art. 20 IV GG beschriebenen
Ausnahmesituation und in der Normallage nur in den eng umgrenzten Fällen der klassischen Notwehr- und Notstandslagen, des Rechts auf Gegenschlag und der Verweigerung eines bestimmten positiven Tuns aus Gewissensgründen zulässig. Ziviler Ungehorsam als »fortgeschrittene Form der
Demonstration« (Leinen) höbe Rechtsstaat und Demokratie aus den An-
geln.

7. Schutzgut der Grundrechte der Meinungs- und Versammlungsfreiheit ist
gerade nach der Rechtsprechung des Bundesverfassungsgerichts nicht zuletzt auch die Freiheit der geistigen Auseinandersetzung im Prozeß der
öffentlichen Meinungs- und politischen Willensbildung. Dem entspricht die
in den letzten Jahrzehnten erfolgte »Entmaterialisierung« (Eser) des strafrechtlichen Gewaltbegriffs i. S. der gegen die persönliche Freiheit gerichteten Delikte. Sie sind nicht nur die Freiheit der Willensbetätigung, sondern
auch die Freiheit der Willensentschließung zu schützen bestimmt.

8. Nur unter der Voraussetzung voller innerer Freiheit aller am politischen
Willensbildungsprozeß Beteiligten besitzt die Entscheidung der Mehrheit
Legitimität. Wer diese Freiheit durch Akte des zivilen Ungehorsams, die
sich als Gewalt i. S. des strafrechtlichen Nötigungstatbestandes darstellen,
zu beeinträchtigen unternimmt, kann sich für seinen Bruch der Legalität
nicht auf die Legitimität seines Handelns berufen.

9. Gewaltsames Handeln zum Zwecke der individuellen oder kollektiven Kundgabe oder Durchsetzung einer Meinung fällt nicht in den Schutzbereich der Grundrechte der Meinungs- und Versammlungsfreiheit. Nicht gewaltsame Akte des zivilen Ungehorsams, also der beabsichtigten Normverletzung, sind grundrechtlich nur in seltenen Ausnahmefällen zu rechtfertigen. Das Grundrecht der Gewissensfreiheit erweitert den Spielraum für Handlungen des zivilen Ungehorsams nicht; es ist als politische Waffe nicht tauglich.

4. Der demokratische Grundrechtsstaat

I.

1. Man könnte ins Spekulieren kommen! Da präsentiert uns die Regie eine Tagesordnung, auf der zwar – getreu der Selbstgenügsamkeit unseres Verfassungspatriotismus – »Deutschlands Verfassung« den Reigen der Referate eröffnet, dann jedoch für bundesdeutsche Verhältnisse überraschend schnell die Frage nach der Organisation der Bundesrepublik Deutschland gestellt, also der Staat zum Thema wird. Und erst dann, am 2. Tag dieser 30. Bitburger Gespräche, kommen die Grundrechte zum Zug! Sind wir etwa Zeugen, ja Instrumente eines revolutionären Geschehens? Soll nicht mehr gelten, daß – in den Worten des Bundesverfassungsgerichts[1] – die Grundrechte den eigentlichen Kern der freiheitlichen demokratischen Ordnung des staatlichen Lebens im Grundgesetz bilden (eine Formulierung, die man sich auf der Zunge zergehen lassen muß)? Sollen hier erste – und wie von den Bitburger Gesprächen gewohnt: entscheidende – Schritte von der Rechtsstaatswissenschaft zurück zur Staatsrechtswissenschaft getan, der introvertierte Rechtsstaat endlich wieder vom Kopf auf die Füße gestellt werden?[2]

Man wird solch besorgte Fragen getrost verneinen dürfen. *Klaus Sterns* Harmonisierungskonzept wird auch nach Bitburg '95 Bestand haben: Herrschafts- und Freiheitsordnung sind keine Gegensätze, sie sind vielmehr »zu einer Synthese gefügt«.[3] Richtig bleibt: Obgleich das Grundgesetz in mannigfacher Weise deutschen Verfassungstraditionen verhaftet ist, weicht es von ihnen – 1848 gescheiterte Ansätze aufnehmend – doch in einem entscheidenden Punkte ab. Denn es konzipiert den Verfassungsstaat nicht mehr vom Staate her, der als ein Vorgegebenes, in seiner Macht um der Rechte der einzelnen willen bloß zu Beschränkendes gedacht wird, sondern als ein Boll- und Bauwerk, das sein Fundament und seinen Zweck in den Rechten des Individuums

---

[1] BVerfGE 31, 58 (73).

[2] Vgl. *Ernst Forsthoffs* berühmt gewordene Titel: »Von der Staatsrechtswissenschaft zur Rechtsstaatswissenschaft« sowie »Der introvertierte Rechtsstaat und seine Verortung« in: ders., Rechtsstaat im Wandel. Verfassungsrechtliche Abhandlungen 1954–1973, 2. Aufl., 1976, S. 188 ff., 175 ff.

[3] *Klaus Stern*, Das Staatsrecht der Bundesrepublik Deutschland, Bd. III/1, 1988, § 61 I 3 (S. 181 ff.); ders., in: *J. Isensee/P. Kirchhof,* HStR V, 1992, § 108 Rdnr. 31.

hat. Dabei erfüllen diese Rechte eine doppelte Funktion: sie gewährleisten dem einzelnen einen Raum der Freiheit von staatlichem Zugriff und machen ihn zugleich zum Subjekt des politischen Prozesses. Das letzte gilt mitnichten nur für das klassische Recht des status activus, das Wahlrecht, sondern für alle Grundrechte, vermittels deren der einzelne auf das politische Geschehen Einfluß nehmen kann. »Dementsprechend«, schreibt *Burkhard Wehner*, »werden Meinungs-, Presse- und Versammlungsfreiheit« – ergänzend wäre auf die Vereinigungsfreiheit, auch auf die Freiheit der Kunst hinzuweisen – »für manche Aspekte der politischen Gestaltung wichtiger als das demokratische Wahlrecht. Sie gewährleisten einen politischen Einfluß, der sachlich und zeitlich viel gezielter eingesetzt werden kann als das Wahlvotum«.[4] Der demokratische Verfassungsstaat will Bürgerstaat sein: Staat seiner Bürger und für seine Bürger.

2. Regieren die Grundrechte den Staat? So hat es *Carlo Schmid,* der ein guter Kenner *Machiavellis* war, freilich nicht gesagt. Vielmehr lautet das berühmte Zitat aus seiner während der 2. Sitzung des Parlamentarischen Rats am 8. September 1948 gehaltenen Rede: »Die Grundrechte müssen das *Grundgesetz* regieren …«.[5] Damit war gemeint, was später Art. 1 Abs. 3 GG auf die bündige Formel brachte: »Die nachfolgenden Grundrechte binden Gesetzgebung, Verwaltung und Rechtsprechung als unmittelbar geltendes Recht«. Die Frage, der wir uns zuwenden wollen, lautet, welchen Inhalt diese Bindung hat und wer ihn definiert.

Die Herausforderungen, denen der demokratische Rechtsstaat zu begegnen hat, sind in aller Munde: die Bevölkerungsexplosion und die sich nicht zuletzt in ihrem Gefolge einstellenden Migrationsprobleme; der wachsende Energiebedarf einerseits, die begrenzten Ressourcen und die durch ihn ausgelöste Klimakatastrophe andererseits: schlösse die gesamte Weltbevölkerung zu den Lebensgewohnheiten der Industrienationen auf, wäre die globale ökologische Katastrophe unvermeidlich; aber auch die Teilung der Erde in Regionen des Reichtums und der Armut ist schwerlich eine Lösung auf Dauer; Staatsverschuldung und Geldentwertung taugen auf längere Sicht nicht zur Behebung der Verteilungsprobleme, im nationalen Rahmen sowenig wie im internationalen; die technische Entwicklung beschert Bedrohungen unterschiedlichster Art von der potentiellen Aufhebung der Privatsphäre bis zur weltweiten Freizügigkeit des organisierten Verbrechens. Die Staaten und die von ihnen gebildeten »zwischenstaatlichen Einrichtungen« bedürfen eines Höchstmaßes an Handlungs- und Entscheidungsfähigkeit, um diesen (und weiteren) Herausforderungen begegnen zu können.

---

[4] Die Katastrophen der Demokratie, 1992, S. 38.
[5] Prot., S. 14.

Daraus ein politisches Konzept abzuleiten, welches die Grundrechte aus der Mitte der Gemeinschaftsordnung wieder an deren Peripherie zu rücken und den Staat – oder eine die Staaten überwölbende Superstruktur – als bloße Herrschaftsorganisation zu restaurieren unternähme, wäre allerdings nicht nur ein fataler historischer Rückschritt sondern auch ein zum Scheitern verurteiltes Mißverständnis. Nicht nur die historische Erfahrung lehrt, daß Machtgebilde, die die Rechte der ihnen Unterworfenen nicht achten und auf ihre Stimme nicht hören, am wenigsten geeignet sind, die bezeichneten Probleme in den Griff zu bekommen. Sie können vielmehr, wenn überhaupt, nur dann mit einiger Aussicht auf Erfolg angegangen werden, wenn es gelingt, die Menschen für ihre Lösung zu gewinnen. Zumal im demokratischen Verfassungsstaat kommt es primär nicht auf einen funktionierenden Mechanismus von Befehl und Gehorsam an, sondern auf den Nachweis von Problemlösungskompetenz und auf die Überzeugungskraft der politischen Führung.

3. Trotz alledem ist offenkundig, daß die Notwendigkeit wirkungsvollen Staatshandelns – und Gleiches gilt für die Ebene der zwischenstaatlichen Einrichtungen, also etwa der Europäischen Union – in einer gewissen Spannung steht zum Gebot des effektiven Rechtsschutzes. Denn dieses bedeutet ja, daß sich der demokratisch gebildete Gemeinwille, wenn er denn in jenem mühseligen Prozeß politischer Entscheidungsfindung schließlich zustande gekommen ist, den die Gewinnung öffentlicher Zustimmung erfordert, von einem jeden, der sich in seinen Rechten betroffen glaubt, herausfordern und auf die Probe richterlicher Überprüfung stellen lassen muß. Selbst wenn er diese Probe besteht, ist oft ein Zeitverlust entstanden, der unter Umständen seine Wirkung beeinträchtigt. Von daher erklärt sich, daß der Gesetzgeber etwa im Bereich des Planungs- oder auch auf dem Gebiet des Asylrechts verfahrensverkürzende Regelungen trifft, bei denen es mitunter ohne Rechtsverkürzungen nicht abgeht.

Deshalb eben sind Grundrechtsfragen auch Machtfragen.[6] Aber Grundrechte verteilen nicht nur Macht in dem »ewig hin- und herflutenden Prozeß the man versus the state« sondern auch zwischen den Organen des Staates. »Der Umfang der Grundrechtsgeltung entscheidet über den Gestaltungsspielraum des demokratischen Gesetzgebers, aber auch über den Entscheidungsspielraum der Exekutive im Verhältnis zu den Gerichten und der Gerichte im Verhältnis zum Bundesverfassungsgericht«.[7]

Die Bindung aller Staatsgewalt einschließlich der gesetzgebenden an das Recht, und zwar gerade auch an das Verfassungsrecht, gehört zur Staatsraison des Verfassungsstaats. Aber man muß das Lähmungspotential vor Augen ha-

---

[6] *Martin Kriele*, in: Isensee/Kirchhof (Fn. 3), § 110 Rdnr. 1; s.a. *Klaus Stern*, Das Staatsrecht der Bundesrepublik Deutschland, Bd. III/2, 1994, § 95 I 1 (S. 1636).

[7] *Kriele*, a.a.O.

ben, das sie dem Inhaber verfassungskräftiger subjektiver Rechte mit deren
gerichtlicher Durchsetzbarkeit verleiht, und das Entscheidungspotential, das
sie den politisch nicht verantwortlichen Richtern überträgt. Zu Recht hat Ernst
Forsthoff bemerkt, nirgendwo präge sich die spezifische Struktur eines Staates
deutlicher aus als in der Stellung der Aufgabe, die er der Rechtsprechung
zuweise.[8] Stellung und Aufgabe der Rechtsprechung sind in der Verfassungsordnung des Grundgesetzes nun in der Tat in einer das Bild der Bundesrepublik Deutschland maßgeblich prägenden Weise ausgebaut: durch die Fülle
der von ihr gewährleisteten Individualrechte; durch deren unmittelbar alle
staatliche Gewalt bindende Kraft; durch eine umfassende Rechtsschutzgarantie und schließlich durch eine mit weitreichenden Kompetenzen ausgestattete
Verfassungsgerichtsbarkeit, deren Wirkungsmächtigkeit auf die Fachgerichtsbarkeit in ihrem Verhältnis vor allem zur Exekutive ausstrahlt, ungeachtet der
Tatsache, daß sie selbst vom Verfassungsgericht mitunter hart an die Kandare
genommen wird. Kraft ihrer Zuständigkeit zur verbindlichen Entscheidung
über die Verfassungsmäßigkeit die Grundrechte berührender staatlicher
Rechtsakte und der ihr vorausliegenden Kompetenz zur Grundrechtsauslegung ist es die Gerichtsbarkeit, die in Deutschland die Grenzen der Wirksamkeit des Staates bestimmt. Aber nicht nur sie: durch ihre Interpretation der
Grundrechte grenzen die Gerichte auch die Rechtssphären der Individuen
zueinander ab, je nachdem etwa, wie sie bestimmte Positionen dem Schutzbereich eines Grundrechts zuordnen oder wie sie die Schutzrichtung eines
Grundrechts – beispielsweise liberal oder demokratisch-funktional – definieren.

Eine emanzipierte sei notwendig eine expandierende Gerichtsbarkeit, stellte
Forsthoff fest.[9] Das bleibt richtig, auch wenn seine Sorge vor allem einer zu
Spekulationen einladenden Hypostasierung der Grundrechte zu einem geschlossenen System von Werten galt, die sich in dieser Form nicht bewahr-
heitet hat. Und so ist es denn auch kein Zufall, daß die Besorgnis, der parlamentarische Gesetzgebungsstaat könne sich unter den Händen des Bundesverfassungsgerichts durch dessen expandierende Grundrechtsinterpretation
zum verfassungsgerichtlichen Jurisdiktionsstaat wandeln, seit einiger Zeit wieder lauter wird. *Ernst-Wolfgang Böckenförde* hat sie eindrucksvoll artikuliert[10] und dreierlei Folgewirkungen der Auslegung der Grundrechte als
objektiver Grundsatznormen ausgemacht: eine Ausdehnung der Grundrechtsgeltung nach Umfang und Reichweite; die subjektiv-rechtliche Einforderbarkeit der in die Grundrechte hineingenommenen Staatszwecke und Staatsauf-

---

[8] Der Staat der Industriegesellschaft, 1971, S. 126.
[9] Ebenda, S. 144 f.
[10] Grundrechte als Grundsatznormen, Der Staat 29 (1990), S. 1 ff.; zuvor schon ders., Zur
Lage der Grundrechtsdogmatik nach 40 Jahren Grundgesetz, 1989; s.a. *Werner Heun*, Funktionell-rechtliche Schranken der Verfassungsgerichtsbarkeit, 1992.

gaben; schließlich eine nachhaltige Veränderung des Verhältnisses von Gesetzgebung und Verfassungsgerichtsbarkeit zu Lasten der Legislative. Seine
Schlußfolgerung: die Beibehaltung der vom Bundesverfassungsgericht eingeschlagenen Marschroute führe zur Entmächtigung des demokratischen politischen Prozesses, anders gewendet: die Grundrechtsdogmatik, über die letztlich das Bundesverfassungsgericht entscheidet, bestimme, ob die Verfassung
und besonders die durch sie verbürgten Grundrechte als bloße Rahmenord-
nung oder als »juristisches Weltenei« *(Ernst Forsthoff),* als »Superkodifikati-
on« *(Ulrich Scheuner)* zu begreifen seien.

Das hier aufgeworfene Problem ist unbestreitbar, die Schärfe der angebotenen Alternative erhellend. Indessen ist nach meiner Überzeugung die Rückkehr zu einem auf die interpretative Erhebung objektiver Grundrechtsgehalte
Verzicht leistenden Grundrechtsverständnis weder praktisch möglich noch
nötig, um die notwendige Bestimmungsmacht des demokratischen Gesetzgebers über die konkreten Inhalte der Rechtsordnung in dem gebotenen Umfang zu bewahren. In dem gebotenen Umfang! Denn die Bestimmung des
Verhältnisses von Gesetzgeber und (Verfassungs-)Gerichtsbarkeit läßt sich ja
keineswegs in der Weise gewinnen, daß jenem die Politik und dieser die Erkenntnis des Rechts zugewiesen sei. Ein solches Unterfangen scheiterte notwendig schon daran, daß das Verfassungsrecht, wie *Kurt Eichenberger* treffend sagt, das »Recht für die Politik« ist.[11]

Das Verfassungsrecht organisiert und bindet politische Macht. Es weist ihr
aber auch Ziele. Die Verfassung, so *Peter Badura,* wirkt als »Gewährleistung,
Auftrag und Plan«,[12] betraut die Verfassungsgerichtsbarkeit mit der Kontrolle
ihrer Bindungskraft und stattet den einzelnen Grundrechtsträger mit der Befugnis aus, solche Kontrolle auszulösen. Dadurch erhält gewiß die Struktur
der Verfassung eine neue Qualität. Der verfassungsgerichtlich sanktionierte
Vorrang der Verfassung macht den Verfassungsstaat. Im Verfassungsstaat gibt
es sowenig eine rechtsfreie Politik wie politikfreies (Verfassungs-)Recht.[13]
Aber dadurch wird weder der Gesetzgeber notwendigerweise zum bloßen
Vollzugsorgan der Verfassung oder gar der Verfassungsgerichtsbarkeit noch
diese zwingend zur Oberlegislative; eine »Juridifizierung der Politik« findet
zwar – gewolltermaßen! – statt, aber in Grenzen.

Freilich bleibt die Balance prekär. Die Verfassungs- und im besonderen die
Grundrechtsauslegung muß den Mittelweg suchen, der die Handlungs- und
Entscheidungsfreiheit zumal der Legislative wahrt und damit der Entfaltung
demokratischer Freiheit Raum läßt; sie muß »den von der Verfassung für die
anderen Verfassungsorgane garantierten Raum freier politischer Gestaltung«

---

[11] Sinn und Bedeutung einer Verfassung in: Referate zum 125. Schweizerischen Juristentag,
1991, S. 143 (229).
[12] In: *Isensee/Kirchhof,* HStR VII, 1992, § 163 Rdnr. 22.
[13] Vgl. *Josef Isensee,* ebenda, § 162 Rdnr. 19 f.

offenhalten,[14] den »Bewegungsbedarf des politischen Lebens« respektieren.[15] Aber sie muß auf der anderen Seite auch denjenigen materiellen Gehalten der Verfassung, insbesondere den durch sie gewährleisteten Freiheiten, Geltung verschaffen, die in den Verfassungskonsens eingegangen und so zur Voraussetzung dafür geworden sind, daß die im politischen Prozeß unterlegene Minderheit sich den Entscheidungen der Mehrheit zu unterwerfen bereit ist.

Wie es dem Bundesverfassungsgericht als dem für die Verfassungsauslegung Letztverantwortlichen gelingen kann, von diesem schmalen Pfad weder in der einen noch in der anderen Richtung abzukommen, wird uns im zweiten Abschnitt meiner Darlegungen beschäftigen. In einem abschließenden dritten Abschnitt will ich die Kontrollfrage stellen, ob speziell die Grundrechtsauslegung des Bundesverfassungsgerichts der Vorwurf solcher Verirrung trifft.

4. Zuvor gestatten sie mir, gewissermaßen im Vorbeigehen, einen kurzen Blick auf ein zwar in seinem Ausgangspunkt viel-, in seinen Konsequenzen aber nur selten behandeltes Folgeproblem der fortschreitenden Überlagerung der deutschen durch die Rechtsordnung der Europäischen Union zu werfen. Die Solange-Rechtsprechung des Bundesverfassungsgerichts[16] fordert von den Organen der Gemeinschaft »einen wirksamen Schutz der Grundrechte gegenüber der Hoheitsgewalt« derselben, »der dem vom Grundgesetz als unabdingbar gebotenen Grundrechtsschutz im wesentlichen gleichzuachten ist, zumal den Wesensgehalt der Grundrechte generell verbürgt«.[17] Das Bundesverfassungsgericht beschränkt sich »auf eine generelle Gewährleistung der unabdingbaren Grundrechtsstandards«.[18] Der für abgeleitetes Gemeinschaftsrecht gebotene Grundrechtsstandard muß also mit dem des Grundgesetzes nicht identisch, er muß ihm nur »im wesentlichen gleichzuachten« sein. Wo deutsche Staatsgewalt solches Recht ausführt, ist sie vorrangig daran gebunden.[19] Es ist eben nicht so (und kann so mit Rücksicht auf die Rechtseinheit der Europäischen Gemeinschaft auch nicht sein), daß »jeder europäische Bürger … gegenüber dem europäischen Recht einen Anspruch auf den Grundrechtsschutz seines Heimatstaats« hat.[20] In Deutschland – wie in den anderen Mitgliedstaaten der Europäischen Union – gelten also zweierlei Grundrechtsordnungen nebeneinander. Das Problem, welches sich daraus ergibt, ist nicht deren unterschiedliches Schutzniveau, da sie einander ja »im wesentlichen

---

[14] BVerfGE 36, 1 (14 f.).
[15] *Isensee* (Fn. 13), Rdnr. 78.
[16] BVerfGE 37, 271; 73, 339.
[17] BVerfGE 73, 339 (387).
[18] BVerfGE 89, 155 (175).
[19] Zum Problem: *Albrecht Randelzhofer* in: *Maunz/Dürig*, Das Grundgesetz, Art. 24 Abs. 1 Rdnr. 133 ff.
[20] So aber *Karl E. Heinz*, Europäische Zukunft – Bundesstaat oder Staatengemeinschaft, DÖV 1994, S. 994 (999).

gleichzuachten« sind, sondern die daraus erwachsende Unübersichtlichkeit und Rechtsunsicherheit.

II.

1. Der Rechtsstaat gewährleistet die Gesetzmäßigkeit der Verwaltung sowie die Unabhängigkeit der Strafrechts- und Zivilrechtspflege, der Verfassungsstaat darüber hinaus die Verfassungsmäßigkeit von gesetzgebender, vollziehender und rechtsprechender Gewalt. Wie im Rechtsstaat die Gerichte in fallbezogen schrittweiser Entwicklung den Inhalt der Gesetze im Wege der Auslegung näherhin bestimmen, so geschieht im Verfassungsstaat der Verfassung, insbesondere durch die Verfassungsgerichtsbarkeit, ein Gleiches. Der Verfassungsstaat macht ernst mit der Verfassung als einem Gesetz, das gegenüber allen anderen Rechtsnormen vorrangige Geltung beansprucht. Die Kehrseite dieser Medaille ist, daß der überlegene Durchsetzungswille des Verfassungsgesetzes dem, der es letztverbindlich interpretiert, eine spezifische Überlegenheit über all diejenigen Institutionen verleiht, die mit Rechtsetzungsbefugnissen ausgestattet sind.[21] »The supremacy of parliament«, schreibt ein Kommentator der neuen Verfassung Südafrikas, »a cornerstone of the old regime, has been replaced by an opposing notion: the supremacy of the Constitution«.[22] Und er fährt fort: »The supremacy of the Constitution rests on two legal pillars: a justiciable Bill of Rights and a Constitutional Court ... empowered to test laws against the Bill of Rights and to reject them if they are in contravention of it«.

Diese Überlegenheit der Verfassungsgerichtsbarkeit ist mit deren Einrichtung unausweichlich gegeben. Sie ist selbst ein Teil der verfassungsmäßigen Ordnung. Ihr kann nicht mit dem Hinweis auf ein abstraktes Gewaltenteilungsschema begegnet werden. Denn ein solches liegt der Verfassung nicht voraus. Das Prinzip der Gewaltenteilung gilt in der Form, die ihm die Verfassung verleiht. Aber die Interpreten der Verfassung und ihnen allen voran das Verfassungsgericht, das die Aufgabe hat, das Verfassungsrecht bezogen auf den von ihm zu entscheidenden Fall letztverbindlich auszulegen, müssen sich bei der Wahrnehmung dieser Aufgabe der Gefahren bewußt sein, die ihr immanent sind. In bezug auf eine expansive Grundrechtsinterpretation ist diese Gefahr, mit *Konrad Hesse*[23] zu reden, eine dreifache: die einer Überanstren-

---

[21] *Hans H. Klein*, Verfassungsgerichtsbarkeit und Verfassungsstruktur. Vom Rechtsstaat zum Verfassungsstaat in: *P. Kirchhof/K. Offerhaus/H. Schöberle (Hrg.)*, Steuerrecht – Verfassungsrecht – Finanzpolitik, Festschrift für Franz Klein, 1994, S. 511 ff. (514).

[22] *Patrick Laurence*, The Star vom 23. Mai 1994, S. 10.

[23] In: *E. Benda/W. Maihofer/H.-J. Vogel (Hrg.)*, Handbuch des Verfassungsrechts, 2. Aufl., 1994, § 5 Rdnr. 22 Fn. 27, 81.

gung der Verfassung, die eines Verlustes der Freiheit und Eigenverantwortlichkeit demokratischer Gesetzgebung und die einer Beeinträchtigung der Aufgaben der Fachgerichtsbarkeit.

Wie ist nun diesen Gefahren zu begegnen?

2. Dem Richter, der das Gesetz, und also auch dem Richter, der das Verfassungsgesetz auslegt, obliegt mit der Interpretation auch die Wahl ihrer Methode. Die Verfassung äußert sich nicht – zumindest nicht ausdrücklich – über die »richtige« Methode der Verfassungs- und insbesondere der Grundrechtsinterpretation.[24] Die sogenannten klassischen Auslegungscanones bieten – unverzichtbare und jeweils mit großer Sorgfalt abzuarbeitende – Anhaltspunkte, aber keinen festen Halt, und zwar schon deshalb, weil die »klassische« Methodenlehre sie selbst als bloße Auslegungsgesichtspunkte qualifiziert, sie nicht in eine bestimmte Rangordnung stellt und ihre jeweilige Gewichtung der »schöpferischen Geistestätigkeit« des Interpreten anheimgibt.[25] Um so wichtiger ist, daß das Bundesverfassungsgericht bei seiner Auslegung der Verfassungsnormen die ratio decidendi offenlegt und dabei auf deren Wiederverwendbarkeit, also auf ihre Verallgemeinerungsfähigkeit, achtet, nach »neutral principles« im Sinne *Herbert Wechslers*[26] judiziert, und von ihnen nur abweicht, wenn dies aus zwingenden Gründen geboten erscheint. Zu Recht betont deshalb *Martin Kriele,*[27] daß das Bundesverfassungsgericht zwar nicht einer Bindung an seine eigenen Präjudizien unterliegt, wohl aber die Vermutung zu respektieren hat, daß es sich an sie halten werde, solange nicht überwiegende Gründe für ihre Preisgabe, für ein »overruling«, sprechen. Die Kontinuität verfassungsgerichtlicher Rechtsprechung ist ein notwendiges Element der Verläßlichkeit des Verfassungsrechts im demokratischen Verfassungsstaat; mangelnde Verläßlichkeit des Verfassungsrechts, und d. h. im Verfassungsstaat: Sprunghaftigkeit der Rechtsprechung des Verfassungsgerichts, schwächt die Entscheidungsfähigkeit des demokratischen Gesetzgebers, führt zur Unberechenbarkeit fachgerichtlicher Rechtsprechung und damit zu allgemeiner Rechtsunsicherheit und beschädigt die Ordnungs-, Stabilisierungs- und Intergrationsfunktion der Verfassung; sie schmälert ihre normative Kraft.[28] Ja, die Vernachlässigung dieses Prinzips der Präjudizienvermutung könnte sogar die für die Besetzung der Richterämter zuständigen Wahlorgane zu Spekulationen darüber veranlassen, welche Kandidaten Enttäuschungen der Politiker durch

---

[24] Zum Problem: *Ernst-Wolfgang Böckenförde*, Die Methoden der Verfassungsinterpretation – Bestandsaufnahme und Kritik in: ders., Staat, Verfassung, Demokratie, 1991, S. 53 ff.; *Ralf Dreier*, Zur Problematik und Situation der Verfassungsinterpretation in: *ders./F. Schwegmann* (Hrg.), Probleme der Verfassungsinterpretation, 1976, S. 13 ff.

[25] Dazu *Kriele* (Fn. 6), Rdnr. 27.

[26] S. *Kriele* (Fn. 6), Rdnr. 13, 29.

[27] Ebenda, Rdnr. 33 ff.

[28] Vgl. *K. Stern* (Fn. 6), § 95 Abs. 2 e (S. 1701 f.); s.a. *H. Maurer* in: *Isensee/Kirchhof* (Hrg.), HStR III, 1988, § 60 Rdnr. 100 ff.

frühere Entscheidungen auszubügeln geeignet sein könnten. Richter, die solche in sie gesetzte Erwartungen nicht zu widerlegen fähig oder willens sind,
bringen die Verfassungsgerichtsbarkeit um ihren Sinn.

3. Seine Entscheidung über die Stationierung der Pershing-Raketen hat das
Bundesverfassungsgericht unter anderem darauf gestützt, daß eine Erweiterung des sachlichen Anwendungsbereichs des Art. 59 Abs. 2 Satz 1 GG auf
nichtvertragliche Akte der Bundesregierung gegenüber fremden Völkerrechtssubjekten in weitem Umfang politische Macht zu Lasten der Exekutive auf
den Bundestag verlagern würde, und zwar in einem Handlungsbereich, der
»funktionell betrachtet« (sic!) nicht Gesetzgebung im Sinne von Art. 20 Abs. 2
Satz 2 GG darstelle.[29] Aus der Bezugnahme auf diese Norm folgt zweierlei:
Erstens gilt der Auslegungsmaßstab der »funktionellen Richtigkeit«, von dem
Konrad Hesse spricht,[30] nicht nur für das Verhältnis von Exekutive und Legislative, von dem die erwähnte Entscheidung handelte; zweitens wird den in
dieser Verfassungsstrukturnorm verwendeten Begriffen – Gesetzgebung, vollziehende Gewalt und Rechtsprechung – erkennbar eine materielle Bedeutung
beigemessen, für das Bundesverfassungsgericht der deutliche Fingerzeig, bei
seinem Leisten, der Rechtsprechung, zu bleiben. Bei seiner Auslegung der
Verfassungsnormen, zumal jener, die der Politik materielle Ziele weisen, wird
es also die Entscheidungs- und Gestaltungsspielräume von Gesetzgebung und
vollziehender Gewalt sorgsam zu beachten haben, ohne daß ihm freilich die
Erklärung einer Rechtsfrage zur »political question« eine zulässige Ausflucht
böte. Bei jeder von ihm anzuwendenden Verfassungsnorm wird das Gericht
sich aber fragen müssen, ob sie gerade ihm und nicht vielleicht einem anderen
Staatsorgan die zu treffende Entscheidung zu weist. Die verfassungsrechtliche
Verteilung der Staatsfunktionen auf die verschiedenen Staatsorgane beruht
nicht zuletzt auf der Überlegung, welches von ihnen »institutionell und auf
Dauer typischerweise ... in hinreichendem Maße über die personellen, sachlichen und organisatorischen Möglichkeiten verfügt«, eine bestimmte Aufgabe
»bestmöglich zu erfüllen«.[31]

Der »funktionell-rechtliche Ansatz«[32] ist zwar nicht sehr konkret, weist
aber die Richtung. Aus ihm läßt sich etwa die Aussage ableiten, daß das Bundesverfassungsgericht bei der verfassungsexegetischen Gewinnung von Hand

---

[29] BVerfGE 68, 1 (87).

[30] Grundzüge des Verfassungsrechts der Bundesrepublik Deutschland, 18. Aufl., 1991,
Rdnr. 73.

[31] Vgl. BVerfGE 68, 1 (87).

[32] Grundlegend *Konrad Hesse,* Funktionelle Grenzen der Verfassungsgerichtsbarkeit in:
Festschrift für Hans Huber, 1981, S. 261 ff.; *Gunnar F. Schuppert,* Funktionell-rechtliche
Grenzen der Verfassungsinterpretation, 1980; *W. Heun* (Fn. 10); *J. Isensee* (Fn. 13), Rdnr. 89;
K. Stern (Fn. 6), § 95 IV (S. 1693 ff.); *Klaus Schlaich,* Das Bundesverfassungsgericht, 3. Aufl.,
1994, Rdnr. 470 ff. m. N. (Fn. 24), 489 ff.; *Christian Starck* in: *Isensee/Kirchhof* (Hrg.), HStR
VII, 1992, § 164 Rdnr. 13, 19, 30.

lungsge- oder -verboten an die Adresse des Gesetzgebers oder der Regierung mit desto größerer Vorsicht verfahren, d. h. seine eigene fehlende Befugnis zu bloß politisch motivierten Zweckmäßigkeits- oder Billigkeitsentscheidungen um so mehr in Rechnung zu stellen hat, je abstrakter die anzuwendende Verfassungsnorm sich darstellt. Denn eben darin, daß sie abstrakt formuliert ist, sich unter Umständen unbestimmter, mit juristischen Mitteln nur begrenzt konkretisierbarer Begriffe bedient, liegt eine Funktionszuweisung an andere als die zur Rechtsprechung berufenen Staatsorgane. Deshalb ist es nicht ungefährlich, z. B. »das« Gewaltenteilungs-, Rechtsstaats- oder Demokratieprinzip unmittelbar auf konkrete Fallgestaltungen anwenden zu wollen. Diese Prinzipien liegen zwar als leitende Ideen dem Verfassungsrecht zugrunde, sie haben dort aber bestimmte Ausprägungen erfahren, die vorrangige Beachtung erheischen, ehe der Interpret auf sie unmittelbar durchgreift. Wo das nicht möglich ist, hat die Verfassungsinterpretation, nicht selten unter führender Beteiligung des Bundesverfassungsgerichts, zum Zwecke ihrer Selbstdisziplinierung aus einem sehr allgemeinen Prinzip speziellere, aber noch immer allgemeine Rechtsgrundsätze deduziert, die künftighin eine Leitlinie für die Rechtsprechung bildeten. Der Gleichheitssatz ist dafür ein Beispiel. Ebenso das Prinzip der Rechtsstaatlichkeit,[33] aus dem etwa der Gedanke des Vertrauensschutzes, das Gebot der Normenklarheit, der Gesetzesvorbehalt oder das Übermaßverbot und manches andere mehr abgeleitet worden sind. Selten aber ist das Verfassungsgericht der Versuchung erlegen, Erwägungen der Gerechtigkeit, gewiß einer Leitidee des Rechtsstaatsgedankens, unvermittelt zur Grundlage einer Fallentscheidung zu machen, wohl wissend, daß Erwägungen dieser Art, soweit sie nicht die Gestalt verallgemeinerungsfähiger Rechtsgrundsätze angenommen haben, von solchen bloßer Zweckmäßigkeit kaum zu unterscheiden sind. In diesen Zusammenhang gehört auch, daß das Bundesverfassungsgericht sich einerseits zur Eingrenzung, andererseits aber auch zur Erhaltung der Einschätzungsprärogative des Gesetzgebers immer wieder auf die Eigenart des in Rede stehenden Sachbereichs, die Möglichkeiten zur hinreichend sicheren Urteilsbildung und die Bedeutung der auf dem Spiele stehenden Rechtsgüter bezogen hat.

Das Gemeinte läßt sich zusammenfassend dahin formulieren: Je allgemeiner die einschlägige Verfassungsrechtsnorm ist, desto höher sind die Anforderungen an die Überzeugungskraft und juristische Stringenz der Argumente, mit denen Entscheidungen zumal des Gesetzgebers konterkariert oder direktiv bestimmt werden sollen.

---

[33] Ausdrücklich ermahnt sich das Bundesverfassungsgericht sozusagen selbst zur Behutsamkeit im Umgang mit dem Rechtsstaatsprinzip: BVerfGE 57, 250 (275 f.); 70, 297 (308 f.); s. a. BVerfGE 86, 288 (347 f. – Sondervotum *Mahrenholz*).

Allerdings sollte der Verfassungsgesetzgeber bedenken, daß jede von ihm der Verfassung implantierte Norm eine Herausforderung an die »offene Gesellschaft der Verfassungsinterpreten«, vor allem aber auch an die »geschlossene Gesellschaft der Verfassungsrichter« darstellt, ihrer verpflichtenden Kraft Wirksamkeit zu verschaffen. Deshalb ist gegenüber der verbreiteten Mode, die Anreicherung der Verfassung mit materialen Politikzielen zu fordern, Zurückhaltung anzumahnen. Dieser Mode nachzugeben heißt, die Handlungsfreiheit von Legislative und Exekutive zu schmälern und die politische Entscheidungsmacht der Judikative zu stärken.

4. Während eine funktionsorientierte Verfassungsauslegung als ein taugliches Instrument erscheint, einer ausufernden Verrechtlichung der Politik entgegenzutreten, überzeugt mich die zu gleichem Zweck empfohlene Unterscheidung zwischen Handlungs- und Kontrollnorm nicht. Diese zunächst von *Ernst Forsthoff*[34] in die Diskussion gebrachte, dann von *Konrad Hesse* und anderen[35] aufgegriffene These postuliert für die jeweils gleiche Norm einen unterschiedlichen Inhalt je nachdem, ob man sie als Handlungsmaxime für die politisch verantwortlichen Staatsorgane einschließlich des Parlaments liest oder als Kontrollmaßstab für die Justiz. Für eine derart unterschiedliche Wirkkraft ihrer Normen bietet der Wortlaut der Verfassung keinen Anhalt. Sie unterscheidet nicht zwischen normativen und nicht normativen Inhalten ihrer Normen. Der Versuch einer solchen Abschichtung ist bisher über die These nicht wesentlich hinausgelangt, es sei die Sache von Legislative und Exekutive, nicht aber die der Justiz, »die rechtspolitischen und rechtsethischen Impulse«[36] aufzunehmen, die das Verfassungsrecht enthalte. Das ist richtig – Art. 20 GG etwa zielt auf einen Staat der materialen und sozialen Gerechtigkeit. In welcher Weise dieses Ziel zu erreichen ist, wird normativ jedoch nur in zweierlei Hinsicht vorgegeben: einerseits durch punktuell bindende Aufgabennormen und allgemeine, insbesondere grundrechtliche Handlungsschranken, andererseits durch Kompetenznormen, die darüber Auskunft geben, welches Staatsorgan bei welchen Entscheidungen Gerechtigkeitsvorstellungen letztverbindlich definiert. Damit wird aber erkennbar, daß die Unterscheidung von Handlungs- und Kontrollnorm über den funktionell-rechtlichen Ansatz in Wahrheit nicht hinausführt, wohl aber Irritationen über den Verfassungsinhalt herbeizuführen geeignet ist.[37]

---

[34] Über Maßnahmegesetze in: Rechtsstaat im Wandel (Fn. 2), S. 105 ff. (118) – *Forsthoff* spricht von »Funktions-« und »Kontrollnormen«.
[35] Nachweise bei *Heun* (Fn. 10), S. 46 ff.; ergänzend sei hingewiesen auf *Schlaich* (Fn. 32), Rdnrn. 474 ff.; *Isensee* (Fn. 13), Rdnr. 63. – Kritisch: *Böckenförde*, Zur Lage der Grundrechtsdogmatik (Fn. 10), S. 63 ff.; *Heun,* a. a. O.; *Starck* (Fn. 32), Rdnr. 14.
[36] *Isensee* (wie Fn. 35).
[37] Auch für das Verfassungsrecht gilt: »Prüfstein für jede gesetzliche Regelung ist ihre Durchsetzbarkeit« – *Eva A. Büttner*, Die rechtliche Stellung des nicht-ehelichen Kindes im preußischen ALR von 1794, FamRZ 1994, S. 1499 (1501).

5. Die Begrenztheit verfassungsgerichtlicher Politikbeeinflussung ergibt sich aus einem weiteren Umstand, dem letzten, den ich (ohne hier das Thema erschöpfen zu können) in diesem Zusammenhang erwähnen will. Verfassungsrichterliche Verfassungsauslegung ist nicht in dem Sinne als authentische Interpretation zu verstehen, daß verfassungsgerichtliche Präjudizien und die ihnen zugrundeliegenden Auslegungsergebnisse (»tragende Gründe«) selbst in den Rang von Verfassungsrecht erwachsen. Der konkrete Streit- und Entscheidungsgegenstand begrenzt die durch § 31 Abs. 1 BVerfGG statuierte Bindungswirkung. Hat das Bundesverfassungsgericht entschieden, ist die Antwort auf die entscheidungserhebliche Verfassungsfrage erneut offen.[38] Eine über den entschiedenen Fall hinausgehende strikte Präjudizienbindung erzeugen verfassungsgerichtliche Entscheidungen nicht.[39] Gleichwohl dürfen die in der genannten Vorschrift angesprochenen »Verfassungsorgane des Bundes und der Länder sowie alle Gerichte und Behörden« die vom Bundesverfassungsgericht ermittelten Ergebnisse der Verfassungsauslegung nicht einfach mit Nichtachtung strafen. Nicht bloßer Trotz, nicht schiere Rechthaberei berechtigen schon dazu, sie außer acht zu lassen. Dazu bedarf es der Gründe: neue Tatsachen, ein grundlegender Wandel der Lebensverhältnisse oder auch der allgemeinen Rechtsauffassung (nicht eine geänderte Besetzung des Gerichts!) müssen erwarten lassen, daß das Bundesverfassungsgericht von seiner bisherigen Auffassung abzuweichen bereit sein könnte. Dieses andererseits hat, wie dargelegt, auf die Kontinuität seiner Rechtsprechung als einen eigenständigen Rechtswert zu achten.

III.

Ich wende mich damit der abschließenden Frage zu, ob das Bundesverfassungsgericht mit seiner Grundrechtsauslegung, zumal mit der Herausarbeitung grundrechtlicher Schutzpflichten, den Pfad der Tugend verlassen, also verbindliche Regeln der Verfassungsinterpretation verletzt, insbesondere den als zutreffend erkannten »funktionellrechtlichen Ansatz« verfehlt hat, denn dies wird im jüngeren Schrifttum gelegentlich mit Nachdruck behauptet.[40] Meine Antwort auf diese Frage ist ein klares Nein. Ich habe das in einem im vergangenen Jahr erschienenen Aufsatz näherhin zu begründen versucht[41] und

---

[38] Vgl. BVerfGE 77, 84 (103 f.); *Heun* (Fn. 10), S. 58 ff., 81 f.; *H. H. Klein* (Fn. 21), S. 518 f.

[39] Zu weitgehend m. E. *Kriele* (Fn. 6), Rdnr. 33 f.

[40] Hervorzuheben sind vor allem *Heun* (Fn. 10) und *Starck*, Praxis der Verfassungsauslegung, 1994, S. 46 ff.

[41] Die grundrechtliche Schutzpflicht, DVBl. 1994, S. 489 ff. (in diesem Band S. 179 ff.) – Zur Schutzpflicht bei den staatsbürgerlichen Rechten des status activus s. *W. Höfling*, Demokratische Grundrechte – Zu Bedeutungsgehalt und Erklärungswert einer dogmatischen Kategorie, Der Staat 33 (1994), S. 493 (504 f.).

beschränke mich deshalb hier auf einige zusammenfassende und ergänzende Bemerkungen.

1. Von der schon in der Weimarer Zeit erfolgten Entdeckung der Einrichtungs-, insbesondere der sogenannten Institutsgarantien über die seit dem Lüth-Urteil[42] praktizierte Lehre von der »Ausstrahlungswirkung« der Grundrechte auf alle Teile der Rechtsordnung und die Erkenntnis, daß »die Grundrechte nicht nur die Ausgestaltung des materiellen Rechts beeinflussen, sondern zugleich Maßstäbe für eine den Grundrechtsschutz effektuierende Organisations- und Verfahrensgestaltung sowie für eine grundrechtsfreundliche Anwendung vorhandener Verfahrensvorschriften setzen«,[43] zur Anerkennung grundrechtlicher Schutzpflichten führt ein gerader Weg, der Weg der Entfaltung des den objektiv-rechtlichen Gehalten der Grundrechtsnormen zugrundeliegenden einheitlichen Prinzips. Dieses Prinzip besagt, daß der Staat den Inhabern der den Grundrechtsnormen entfließenden Rechte die Bereitstellung derjenigen *rechtlichen* Voraussetzungen schuldet, auf die sie angewiesen sind, wenn sie von den ihnen garantierten Rechten in rechtswirksamer Weise Gebrauch machen wollen. Grundrechte bedürfen in der Regel der normativen Umhegung durch im Range unter der Verfassung stehendes Recht, in den Worten *Konrad Hesses:* »der rechtlichen Ausgestaltung der Lebensverhältnisse und Lebensbereiche, die sie gewährleisten sollen«.[44] Grundgesetzlich gewährleistete Freiheit ist im durchnormierten Rechtsstaat – jedenfalls überwiegend – gesetzlich gestaltete Freiheit.[45] Bei der Ausgestaltung der Freiheit ist der Gesetzgeber allerdings keineswegs völlig frei sondern an das Verfassungsrecht, genauer: an die verfassungsrechtliche Prägung der auszugestaltenden Freiheit, gebunden.

In rechtssystematischer Hinsicht ist deshalb zu Recht gesagt worden, daß »die Schutzpflicht, ungeachtet ihrer relativ späten Hervorkehrung ... den zentralen Begriff der objektiv-rechtlichen Dimension der Grundrechte darstellt«,[46] und *Klaus Stern* stellt zutreffend fest, das Drittwirkungsproblem sei nurmehr ein »Unterfall der allgemeinen Grundrechtsfunktion staatlicher Schutzpflichten«.[47] Denn aus der Schutzpflicht folgt die Verpflichtung des Staates, einerseits durch seine rechtsetzenden Organe, andererseits durch die Gerichte die grundrechtlich geschützten Rechtsgüter der Teilnehmer am Privatrechtsverkehr einander in der Weise zuzuordnen, daß ihnen allen in der gebotenen, die Freiheit prinzipiell bewahrenden Weise Rechnung getragen wird.

---

[42] BVerfGE 7, 198 (205).
[43] BVerfGE 69, 315 (355).
[44] Grundzüge des Verfassungsrechts der Bundesrepublik Deutschland, 18. Aufl., 1991, Rdnr. 303.
[45] Vgl. *Hans-Uwe Erichsen* in: *Isensee/Kirchhof* (Hrg.), HStR VI, 1989, § 152 Rdnr. 6.
[46] *Böckenförde,* Zur Lage (Fn. 10), S. 38.
[47] (Fn. 3), § 76 III 4 b, IV 5 (S. 1560, 1572 ff.).

Der Entwicklung grundrechtlicher Schutzpflichten liegt kein interpretatorischer Exzeß zugrunde, kein Ausbrechen aus den überkommenen Methoden der Gesetzesauslegung und zulässiger richterlicher Rechtsfortbildung. Ein Indiz dafür ist, daß »die Ableitung von Schutzpflichten des Gesetzgebers aus Freiheitsrechten«[48] keine Besonderheit der deutschen Rechtsordnung ist, worauf *Claus Dieter Classen* und jüngst *Hubertus Gersdorf*[49] hingewiesen haben. Man mag der Meinung sein, daß die – vornehmlich prätorische – Entfaltung der objektiven Grundrechtsgehalte mit den Mitteln der »klassischen« Auslegungsmethoden allein nicht möglich gewesen wäre, daß es sich vielmehr um einen Vorgang der »Konkretisierung« handele.[50] Eine verläßliche Unterscheidung zwischen Auslegung und Konkretisierung ist indes schwierig, ja sie scheint kaum möglich – und im übrigen besteht der lapidar-lakonische Charakter der Grundrechtsnormen unabhängig von ihren Inhalten: Auch im Abwehrbereich bedarf der Grundrechtsinterpret nicht selten jener schöpferischen Phantasie, die jeder Rechtsanwender braucht, der es mit Generalklauseln und unbestimmten Gesetzesbegriffen zu tun hat. Auch ist der Einwand nicht tragfähig, die Anerkennung von Schutzpflichten – warum nicht auch der sonstigen objektiv-rechtlichen Gehalte der Grundrechte? – führe zu einer Erosion der Bindungsklausel des Art. 1 Abs. 3 GG.[51] Sie gilt mit gleicher Strenge für die Schutzpflicht wie für das Abwehrrecht, allerdings nur, soweit sie inhaltlich reicht.

2. Den objektiv-rechtlichen Gehalten der Grundrechte korrespondieren subjektive Rechte ihrer Träger. »Den – grundrechtlichen – Schutzpflichten entsprechen ... Grundrechte auf Schutz«, formuliert präzise *Eckart Klein*.[52] Es ist mit der Logik unvereinbar, diese Entsprechung nur einigen der objektiven Grundrechtsgehalte vorzubehalten, ihrer Ausstrahlungs- und verfahrensprägenden Wirkung etwa, und sie anderen, insonderheit der Schutzpflicht, zu versagen. Das ist vor allem von *Robert Alexy* sorgfältig herausgearbeitet worden.[53] Es überzeugt deshalb nicht, wenn gerade gegenüber den Schutzpflichten die Sorge um die Entscheidungsfreiheit des demokratischen Gesetzgebers mit so großem Nachdruck artikuliert wird. In jeder ihrer objektiv-rechtlichen Ausprägungen zielen die Grundrechte auf die Verwirklichung bestimmter normativer Gehalte, sind sie auf staatliches Handeln angelegt.[54] Die Versagung

---

[48] So der Titel von *Claus D. Classens* Abhandlung in JöR N. F. 36 (1987), S. 29 ff.

[49] Funktionen der Gemeinschaftsgrundrechte im Lichte des Solange II-Beschlusses des Bundesverfassungsgerichts, AöR 119 (1994) S. 400 ff. (403).

[50] So *Stern* in: *Isensee/Kirchhof* (Hrg.), HStR V, § 109 Rdnr. 55 m. N.; v. a. aber *Böckenförde,* Zur Lage (Fn. 10), S. 22.

[51] So *Starck* (Fn. 40), S. 74 f.

[52] Grundrechtliche Schutzpflichten des Staates, NJW 1989, S. 1633 ff. (1637).

[53] Theorie der Grundrechte, 1985, S. 410 ff.; *ders.,* Grundrechte als subjektive Rechte und objektive Normen, Der Staat 29 (1990), S. 49 ff.

[54] Vgl. *Gersdorf* (Fn. 49), S. 402. – Deshalb überzeugt auch *Heuns* (Fn. 10, S. 66 ff.) These nicht, mit der Ableitung von Schutzpflichten werde eine neue Dimension erreicht.

subjektiv-rechtlicher Einforderbarkeit grundrechtlicher Schutzpflichten macht auch für das Verhältnis des Bundesverfassungsgerichts zum Gesetzgeber keinen Unterschied, da die Beachtung der Schutzpflicht, wenn sie denn einen Bestandteil der objektiv-rechtlichen Dimension der Grundrechte bildet, sowohl im Normenkontrollverfahren als auch in jedem – aus anderen Gründen – zulässigen Verfassungsbeschwerde-Verfahren zu prüfen ist.

3. Grundrechtliche Schutzpflichten – verstanden als systematischer Oberbegriff der der objektiv-rechtlichen Dimension der Grundrechte zuzuordnenden Rechtsgehalte – und die ihnen entsprechenden Rechte auf Schutz bedürfen allerdings in zweierlei Hinsicht der Eingrenzung: einerseits im Blick auf die Grundrechtsträger, andererseits im Blick auf den Grundrechtsadressaten, den Staat und hier vor allem den Gesetzgeber.

Zum ersten: Es bedarf immer wieder der Hervorhebung – die objektive Bedeutungsschicht der Grundrechte hat die ausschließliche Funktion, ihre Geltungskraft als subjektive Rechte zu verstärken, wie es im Mitbestimmungsurteil in unübertroffener Präzision gesagt worden ist.[55] Sie steht den durch die Grundrechte verbürgten Individualrechten »schützend und fördernd« zur Seite. Falsch ist, daß »subjektiv- und objektivrechtliche Elemente (scil.: der Grundrechte) *einander* bedingen und stützen« wie es im Urteil des Bundesverfassungsgerichts zum Saarländischen Rundfunkgesetz heißt.[56] Das Stützungsverhältnis ist einseitig: Nur die funktionale Orientierung der objektiv-rechtlichen Elemente auf das subjektive Grundrecht läßt dieses als Gewährleistung individueller Freiheit bestehen.

Sodann: die Wahrnehmung einer grundrechtlichen Schutzpflicht entbindet nicht von der Beachtung sei es von Kompetenz- sei es von materiellen Verfassungsnormen. Soweit die Schutzpflicht auf ein Handeln des Gesetzgebers gerichtet ist, ist er und kein anderes Staatsorgan zum Handeln befugt. Erfordert grundrechtsgebotener Schutz ein Eingreifen in die Rechtssphäre Dritter, gelten Gesetzesvorbehalt und Übermaßverbot. Hier setzt die Kritik sowohl an der Entscheidung des Bundesverwaltungsgerichts[57] zur Zulässigkeit einer von der Bundesregierung ausgesprochenen Warnung vor Jugendsekten als auch am Urteil des Hessischen Verwaltungsgerichtshofs zur Unzulässigkeit gentechnischer Anlagen[58] ein, da es in beiden Fällen an einer gesetzlichen

---

[55] BVerfGE 50, 29 (337); zuletzt wieder *Hesse* (Fn. 23), Rdnr. 82.

[56] BVerfGE 57, 295 (320) – Hervorhebung nicht im Original.

[57] BVerwGE 82, 76. – Die 1. Kammer des Ersten Senats des Bundesverfassungsgerichts hat einer gegen das Urteil des Bundesverwaltungsgerichts gerichteten Verfassungsbeschwerde nicht stattgegeben (NJW 1989, S. 3269 ff.). Soweit die Kammer vom Vorliegen eines Grundrechtseingriffs ausgeht (bezüglich Art. 4 Abs. 1 GG), sah sie die rechtliche Grundlage für das Vorgehen der Bundesregierung in den dieser von der Verfassung selbst übertragenen Aufgaben »zur Beobachtung, Vorsorge und Lenkung in besonderen gesellschaftlichen Teilbereichen«, zu Stellungnahmen in der Öffentlichkeit sowie dazu, »Empfehlungen und Warnungen auszusprechen«. Dazu *Stern* (Fn. 6), § 96 II 6 a m. N. (S. 1773).

[58] JZ 1990, S. 87 ff.

Grundlage für den erfolgten Grundrechtseingriff fehlte. In Wahrnehmung der ihm obliegenden Schutzpflicht darf der Staat – dürfen alle seine Organe – nur das rechtlich Mögliche tun. Anders gewendet: Um das verfassungsrechtlich Gebotene tun zu können, muß der Staat die ihrerseits aus verfassungsrechtlichen Gründen erforderlichen gesetzlichen Grundlagen gegebenenfalls allererst bereitstellen.

Die aus der objektiven Bedeutungsschicht der Grundrechte abzuleitenden Handlungspflichten haben den Charakter von Prinzipien, von Optimierungs- (nicht: Maximierungs-)geboten.[59] Der Gesetzgeber, nicht alleiniger, aber häufiger Adressat der Schutzpflichten, muß tun, was zu einem wirksamen Schutz der Grundrechte notwendig ist. Zwischen dem, was notwendig, und dem, was tatsächlich und rechtlich möglich ist, spannt sich regelmäßig ein weiter Einschätzungs-, Wertungs- und Gestaltungsspielraum, der sich nur »unter ganz besonderen Umständen … in der Weise verengen (läßt), daß allein durch eine bestimmte Maßnahme der Schutzpflicht Genüge getan werden kann«.[60] Das Bundesverfassungsgericht wird sich bei der Bewertung der sich insoweit einstellenden Erkenntnis- und Prognoseprobleme, bei der Beurteilung der Abwägungen des Gesetzgebers erhebliche Zurückhaltung aufzuerlegen und mehr auf deren sorgfältige Vorbereitung als auf ihr Ergebnis zu schauen haben. Die (verfassungs-)gerichtliche »Kontrolldichte« gegenüber Grundrechtseingriffen einerseits und der unterlassenen Wahrnehmung von Schutzpflichten andererseits ist nur deshalb unterschiedlich, weil im ersten Fall – gewissermaßen retrospektiv – sich die Frage nach der Verhältnismäßigkeit der getroffenen Maßnahme zuverlässiger beurteilen läßt als im zweiten, wo es um die vorausschauende Einschätzung einer oder mehrerer möglicher Maßnahmen geht. Hier wie da handelt es sich, maßstäblich gesehen, um dasselbe, um die Frage nämlich, in welchem Grade sich grundrechtliche Berechtigungen, seien sie auf ein Tun oder ein Unterlassen gerichtet, gegenüber dem zuständigen Staatsorgan unter Berücksichtigung, d. h. Abwägung, konkurrierender und konfligierender öffentlicher und privater Interessen zu definitiven Grundrechtspositionen verdichten lassen.[61] Aber funktionellrechtliche Erwägungen gebieten es, im zweiten Fall einer prognostischen Beurteilung demjenigen Staatsorgan den Vortritt zu lassen, das nicht nur über die besseren Erkenntnismöglichkeiten verfügt, sondern auch vorrangig mit den in einen solchen Abwägungsvorgang notwendig einfließenden Folgenabschätzungen und Wertungen betraut ist.

Hier liegt m. E. auch ein durchaus greifbarer qualitativer Unterschied zwischen grundrechtlichen Schutzpflichten und verfassungsrechtlichen Staatsziel-

---

[59] *Alexy,* Theorie (Fn. 53), S. 75 f., 420 f.; s. a. *Rüdiger Breuer,* Staatsrecht und Gerechtigkeit in: *B. Bender* u. a. (Hrg.), Rechtsstaat zwischen Sozialgestaltung und Rechtsschutz, Festschrift für Konrad Redeker, 1993, S. 11 ff. (52 f.); *Starck* (Fn. 40), S. 80 f.

[60] BVerfGE 77, 170 (214 f.).

[61] Dazu *Alexy,* Theorie (Fn. 53), S. 425 ff.

bestimmungen, jedenfalls dann, wenn man jene strikt auf ihre das subjektive Abwehrrecht stützende Funktion beschränkt.[62] Staatszielbestimmungen begründen eine prinzipielle Dominanz der Zielvorgabe über das geschützte subjektive Recht. Mit Recht hat jüngst *Erhard Denninger* mit Blick auf manche Formulierung in den neuen Landesverfassungen, aber auch auf etliche Vorschläge in der Verfassungsdebatte auf Bundesebene diesen Paradigmenwechsel hervorgehoben: »Nicht mehr die Grenzziehung ist das Entscheidende, sondern das Erreichen des Ziels.« Die »Finalisierung der Verfassung« komme hier voll zur Geltung.[63] Etwas überspitzt ließe sich sagen: träte auf der Ebene des Verfassungsrechts neben den Grundrechtskatalog ein auf die Herstellung von Sicherheit, Gleichwertigkeit der Lebensbedingungen, mitmenschlicher Solidarität und Gemeinsinn zielender Katalog von Staatszielbestimmungen, sozialen Grundrechten und Grundpflichten, wäre jener entscheidende Schritt getan, der die jakobinische Menschenrechtserklärung von 1793 von derjenigen des Jahres 1789 trennt,[64] allerdings mit dem maßgeblichen Unterschied, daß »le but de la société«, nämlich »le bonheur commun«,[65] nun vom Verfassungsgericht zu definieren wäre.

4. Nur vollständigkeits- und klarstellungshalber sei daran erinnert, daß von den auf die normative Umhegung der Grundrechte zielenden objektiv-rechtlichen Gehalten der grundrechtsgewährleistenden Normen des Grundgesetzes auf materielle, insbesondere finanzielle Leistungen gerichtete Ansprüche auf »Realisierungshilfe«[66] wohl zu unterscheiden sind. Sie lassen sich nur ganz ausnahmsweise aus den Grundrechtsnormen gewinnen.[67]

5. Mit der Anerkennung der Multifunktionalität, Mehrdimensionalität oder Multivalenz der Grundrechte, wie die wechselnden Bezeichnungen lauten, ist die verfassungsrechtliche und (vor allem: verfassungs-)gerichtlich sanktionierte Bindung von gesetzgebender und vollziehender Gewalt ohne Zweifel signifikant erweitert worden. In Wahrnehmung seiner Garantenstellung gegenüber grundrechtlichen Schutzgütern[68] ist der Staat nicht mehr nur zu Unterlassungen, sondern auch zu positivem Tun verpflichtet. Der Schutz, den der Staat seinen Bürgern als Gegenleistung für den ihm geschuldeten Gehorsam zu gewähren hat,[69] ist mit der Herausarbeitung der grundrechtlichen Schutz-

---

[62] Nicht unproblematisch die Formulierung *Hesses* (Fn. 23), Rdnr. 50, die Grundrechte als objektive Prinzipien geböten es dem Staat, »*alles* zu tun, um Grundrechte zu verwirklichen« (Hervorhebung nicht im Original).

[63] Menschenrechte und Grundgesetz, 1994, S. 50.

[64] Dazu *H. H. Klein*, Französische Revolution in: *R. Herzog* u. a. (Hrg.), Evangelisches Staatslexikon, 3. Aufl., 1987, Sp. 924 ff. (930).

[65] Art. 1 der Erklärung von 1793 lautete: »Le but de la société est la bonheur commun«.

[66] Michael *Sachs* in: Stern (Fn. 3), § 67 V 3 (S. 745 ff.).

[67] Näher *H. H. Klein* (Fn. 41), S. 497; s. a. *Hesse* (Fn. 23), Rdnr. 30.

[68] *J. Dietlein*, Die Lehre von den grundrechtlichen Schutzpflichten, 1992, S. 161 ff.

[69] Zur dogmengeschichtlichen Grundlegung s. *Josef Isensee*, Das Grundrecht auf Sicherheit, 1983, S. 3 ff.

pflichten konstitutionell verortet. Indem der Staat seiner Schutzaufgabe genügt, ist er zugleich in der Gefahr, das, was er zu schützen sich anschickt, zu gefährden.[70] Die Grundrechtskollision werde dadurch, so die Analyse von *Rainer Wahl* und *Johannes Masing,* zur Dauerfigur des öffentlichen Rechts.[71] Richtig, aber kein durchgreifender Einwand, solange daraus nicht die radikale Konsequenz gezogen wird, daß zum bloß abwehrrechtlichen Verständnis der Grundrechte zurückzukehren sei! Damit würde aber nicht nur die Wirklichkeit verfehlt, wie sie nun einmal geworden ist, sondern auch die Normstruktur des Verfassungsstaats, der die – allerdings stets einzelfallbezogene! – Auslegung und Anwendung des mit bindender Wirkung ausgestatteten Verfassungsrechts in die Zuständigkeit der Judikative verweist und – in diesen Grenzen – der Souveränität der Legislative ein Ende setzt.

Wir halten fest: Der grundrechtliche Diskurs ist offener geworden, aber er ist nicht unsicherer, als es der juristische Diskurs im allgemeinen ist. Im Streitfall bedarf er der autoritativen, nach den Regeln juristischer Textanalyse rational strukturierten und begründeten Entscheidung,[72] die im Rechts- und Verfassungsstaat letztlich in die Zuständigkeit der Fach- und Verfassungsgerichtsbarkeit fällt. Dadurch wird indes der parlamentarische Gesetzgebungsstaat noch nicht zum verfassungsgerichtlichen Jurisdiktionsstaat, sofern man darunter einen Staat versteht, in dem Parlament und Regierung darauf verwiesen sind, die Entscheidungen einer Richteroligarchie zu vollziehen. Mag es kritikwürdige Ausrutscher geben: daß der Herr Bundeskanzler, wie es Frau *Limbach* bei ihrer Einführung in das Amt der Präsidentin des Bundesverfassungsgerichts formulierte, das Bundesverfassungsgericht bei der Bestimmung der Richtlinien seiner Politik als Konkurrenz empfindet, ist bisher nicht bekannt geworden – da sitzen ihm ganz andere im Nacken!

---

[70] Wie hier *Stern* (Fn. 6), § 96 II 6 a m. N. (S. 1773 f.).
[71] Schutz durch Eingriff, JZ 1990, S. 553 ff. (556).
[72] Vgl. *Alexy*, Theorie (Fn. 53), S. 520 f.; zust. *Stern* (Fn. 6), § 96 II 5 a y (S. 1768).

5. Die parlamentarisch-repräsentative Demokratie des Grundgesetzes

Wie übt das Volk seine Macht aus?

Die im Untertitel dieses Beitrags gestellte Frage verlangt nach einer zweifachen Antwort – entsprechend dem doppelten Ursprung, aus dem das politische Gemeinwesen Bundesrepublik Deutschland seine Legitimation bezieht. Nach der Legitimation eines Staates fragen heißt danach fragen, woraus ihm der Anspruch auf rechtliche Anerkennung erwächst, d. h., wodurch die von seinen Organen getroffenen Entscheidungen für seine Bürger rechtliche Verbindlichkeit erlangen. Die Antwort auf diese Frage ist in dem Begriff der »freiheitlichen demokratischen Grundordnung« enthalten, in dem das Grundgesetz (GG) an zwei Stellen (Art. 18, 21 Abs. 2) den doppelten Legitimationsgrund des von ihm verfaßten Staates präzise benennt: die Freiheit des einzelnen als Person, zu der es sich als der – vorstaatlich gedachten – »Grundlage jeder menschlichen Gemeinschaft, des Friedens und der Gerechtigkeit in der Welt« bekennt (Art. 1 Abs. 2), und die Souveränität des Volkes, von dem alle Staatsgewalt auszugehen hat (Art. 20 Abs. 2).

Demokratie stellt, wie wir seit Aristoteles wissen, eine von mehreren Möglichkeiten dar, einem Staat eine Form zu geben, staatliche Herrschaft zu organisieren. Demokratie hebt den Staat und die von ihm ausgeübte Herrschaft nicht auf. Es ist nicht so, daß im demokratisch verfaßten Staat ein jeder nur sich selbst gehorcht. Freiheitliche Demokratie bedeutet vielmehr zweierlei: die Zuordnung der Staatsgewalt und ihrer Ausübung zum Volk – das demokratische Prinzip – und die Verpflichtung der Staatsgewalt auf die Achtung der durch die Grundrechte gewährleisteten Freiheit der einzelnen – das rechtsstaatliche Prinzip. Der demokratisch und rechtsstaatlich verfaßte Staat ist unter den Bedingungen der modernen Industriegesellschaft zugleich notwendig Sozialstaat: Die durch die Entfaltung der individuellen Freiheit in Wirtschaft und Gesellschaft erzeugten Ungleichheiten bedürfen zur Bewahrung des sozialen Friedens mannigfacher Korrektur, die durch staatliche Eingriffe bewirkt wird.

Das Volk als Zurechnungssubjekt der Staatsgewalt bedarf der Organisation, das Verfahren, in dem es seinen Willen bildet und vermittels dessen die Entscheidungen des Staates auf diesen Willen zurückgeführt werden können, der rechtlichen Regelung. Wie die Herrschaft des *Volkes* im Staat durch das Grundgesetz organisiert und geregelt ist – anders formuliert: wie demokratische Legitimation nach dem Willen der Verfassung formal bewirkt wird – stellt nachfolgend der Abschnitt »Parlamentarische Demokratie« dar. »Repräsentative Demokratie als Kommunikationsprozeß« fragt danach, welche Möglichkeiten – über seine Teilnahme an Wahlen und Abstimmungen hinaus – der *einzelne* besitzt, auf den Prozeß der politischen Willensbildung im Staate Einfluß zu nehmen.

Parlamentarische Demokratie

Grundlegung

Art. 20 Abs. 2 GG lautet:

»Alle Staatsgewalt geht vom Volke aus. Sie wird vom Volke in Wahlen und Abstimmungen und durch besondere Organe der Gesetzgebung, der vollziehenden Gewalt und der Rechtsprechung ausgeübt.«

1. Volkssouveränität

Anders als noch zur Zeit der konstitutionellen Monarchie, also bis 1918, ist im demokratischen Staat das Volk die einzige Quelle der Staatsgewalt. Wir sprechen von Volkssouveränität. Souveränität im Sinne freier, rechtlich ungebundener Entscheidungsmacht besitzt das Volk allerdings nur als Inhaber der verfassunggebenden Gewalt.[1] Indem es dem Staat eine Verfassung gibt – was auf sehr verschiedene Weise und in höchst unterschiedlichen Verfahren geschehen kann –, ordnet sich das Volk selbst der Verfassung unter, solange diese Bestand hat (Vorrang der Verfassung). Der einmal in Geltung befindlichen Verfassung kann sich das Volk nur durch eine Revolution entledigen, ein aus der Sicht der bestehenden Verfassung rechtswidriger Vorgang, dem indessen gleichwohl, setzt sich der revolutionäre Impetus durch, rechtserzeugende Kraft zukommt. *Im* Verfassungsstaat indessen gibt es keinen Souverän.[2] Auch das Volk bleibt – wie die anderen Staatsorgane – auf die ihm von der Verfassung zugewiesenen Zuständigkeiten beschränkt; nur in diesem Rahmen ist es selbst zu handeln befugt.[3]

---

[1] Josef Isensee: Grundrechte und Demokratie. Die polare Legitimation im grundgesetzlichen Gemeinwesen, Bonn 1981, S. 11.
[2] Martin Kriele: Einführung in die Staatslehre. Die geschichtlichen Legitimitätsgrundlagen des demokratischen Verfassungsstaates, 4. Auflage, Opladen 1990, S. 111 ff.
[3] Bundesverfassungsgerichtsentscheidungen (BVerfGE) 8, S. 104 ff., hier: S. 114 ff.

2. Begriff des Volkes

Das Volk, von dem alle Staatsgewalt auszugehen hat, ist keine vorgegebene Größe. Es bedarf der Bestimmung und – zur Herstellung seiner Handlungsfähigkeit – der Organisation. Beides geschieht durch Recht, in erster Linie durch die Verfassung. Die im Volk zu einer Einheit verbundene Gruppe von Menschen zeichnet sich vor anderen durch komplexe Gemeinsamkeiten aus – mit diese in vielfältig unterschiedlicher Gewichtung bestimmenden, im Geschichtsverlauf unter Umständen auch wechselnden Elementen –, die ihr überpersonale Konsistenz und damit historische Dauerhaftigkeit verleihen.[4] Die Organisation des Volkes zum Staatsvolk mag an solche Kriterien in der einen oder anderen Weise anknüpfen, gebunden ist sie daran nicht. Sie bedient sich regelmäßig des Instituts der Staatsangehörigkeit, um die als Staatsvolk begriffene Personengesamtheit mit der gebotenen rechtlichen Eindeutigkeit zu definieren. »Das Staatsvolk ist die Summe aller Staatsangehörigen.«[5] Dieser Regel folgt auch das Grundgesetz:

> »Das Volk, von dem die Staatsgewalt in der Bundesrepublik Deutschland ausgeht, wird [...] von den deutschen Staatsangehörigen und den ihnen nach Art. 116 Abs. 1 gleichgestellten Personen gebildet.«[6]

Nur diesem Personenkreis steht deshalb das Wahlrecht zu den Parlamenten des Bundes und der Länder zu.[7]

Die Bestimmung der das Staatsvolk bildenden Personengesamtheit mit den Mitteln des Staatsangehörigkeitsrechts entspricht dem demokratischen Prinzip jedenfalls dann, wenn sie im wesentlichen diejenigen umfaßt, die der Herrschaft des betreffenden Staates auf Dauer unterworfen sind und vornehmlich ihm eine gleichfalls auf Dauer gestellte Loyalität entgegenbringen. Das demokratische Prinzip hat hingegen nicht zum Inhalt, daß sich die Entscheidungen der Staatsgewalt von den jeweils durch sie Betroffenen her – oder gar nur durch sie, wie es gewissen basisdemokratischen Vorstellungen entspricht – zu legitimieren haben.[8]

---

[4] Rolf Grawert. In: Josef Isensee/Paul Kirchhof (Hrsg.): Handbuch des Staatsrechts der Bundesrepublik Deutschland, Bd. 1, Heidelberg 1987, § 14 Rdnr. 2 m. N.

[5] Rudolf Laun. In: Gerhard Anschütz/Richard Thoma: Handbuch des Deutschen Staatsrechts, Bd. 1, Tübingen 1930, S. 244.

[6] BVerfGE 83, S. 37 ff., hier: S. 51.

[7] Ebd., S. 51 ff. – Für die Vertretungen des Volkes in den Kreisen und Gemeinden gewährt Art. 28 Abs. 1 Satz 3 GG nunmehr auch Personen, die die Staatsangehörigkeit eines Mitgliedstaates der Europäischen Gemeinschaft besitzen, das aktive und passive Wahlrecht. Diese durch das Gesetz zur Änderung des Grundgesetzes vom 21. Dezember 1992 (Bundesgesetzblatt – BGBl. – I, S. 2086) eingefügte Bestimmung nimmt die in Art. 8 b EG-Vertrag i. d. F. von Art. G des Vertrags über die Europäische Union (Maastricht-Vertrag) getroffene Regelung auf. Das Bundesverfassungsgericht hatte eine solche Verfassungsänderung vorsorglich schon in seinem Urteil vom 31. Oktober 1990 (BVerfGE 83, S. 37 ff., hier: S. 59) für unbedenklich befunden.

[8] BVerfGE 83, S. 37 ff., hier: S. 51, 52.

3. Staatsbürgerliche Gleichheit

Das Volk als ganzes ist Subjekt der Staatsgewalt, nicht der einzelne. Nur dem Volk kommt das Recht zu, über das politische Schicksal der Gesamtheit zu entscheiden oder diejenigen zu wählen, denen es diese Entscheidung anvertraut.[9] Der einzelne hat daran nur als einer unter vielen Gleichen teil.[10] Das Prinzip der staatsbürgerlichen Gleichheit ist für die Demokratie konstituierend und die notwendige Entsprechung zum Prinzip der politischen Freiheit. Wollte man sich auf bestimmte Entscheidungen einigen, etwa indem man den Betroffenen einen über den der anderen hinausgehenden Einfluß einräumt, hätte diese Privilegierung einiger weniger die Diskriminierung aller anderen zur Folge. Politische Freiheit kann in der Demokratie nur als gleiche Freiheit aller bestehen. Deshalb hebt das Bundesverfassungsgericht vor allem in seiner Rechtsprechung zu Fragen des Wahlrechts immer wieder hervor, daß der in Art. 38 Abs. 1 Satz 2 GG niedergelegte Grundsatz der Gleichheit der Wahl strikt und formal zu verstehen ist. Er duldet keine Abstufungen des Stimmgewichts nach Klasse oder Stand, nach Alter (sieht man davon ab, daß das Wahlrecht ein bestimmtes Mindestalter erfordert, soll es nicht kindlichem Spieltrieb ausgeliefert sein), Erfahrung, Leistung oder Bildung. Stimmen werden gezählt, nicht gewogen. Die Organisation der Demokratie ist egalitär.[11]

4. Demokratisches Prinzip

Der Satz, daß alle Staatsgewalt vom Volke ausgeht, enthält ein Legitimations- und Verantwortungsprinzip.[12] Er besagt, daß im demokratischen Verfassungsstaat *alle* Ausübung staatlicher Gewalt[13] dem Volk stets zurechenbar, auf das Volk – unmittelbar oder mittelbar – zurückzuführen sein muß: Der Bundestag wird vom Volk gewählt; er beschließt (unter Beteiligung des Bundesrates) die Gesetze, nimmt (durch öffentliche Debatten und Entschließungen) Einfluß auf die Politik der Regierung. Im parlamentarischen Regierungssystem des Grundgesetzes wählt der Bundestag den Bundeskanzler, auf dessen Vorschlag die Bundesminister vom Bundespräsidenten ernannt werden, der seinerseits kraft seiner Wahl durch die Bundesversammlung (Art. 54 GG) über eine (mit-

---

[9] Dementsprechend kennt auch das Völkerrecht nur das Volk als Träger des Selbstbestimmungsrechts, ohne daß in diesem Zusammenhang allerdings allein das Staatsvolk als Träger des Selbstbestimmungsrechts angesehen werden dürfte. Vgl. Art. 1 des Internationalen Paktes über bürgerliche und politische Rechte vom 19. Dezember 1966 (BGBl. 1973 II, S. 1534); aus dem Schrifttum Eckart Klein: Das Selbstbestimmungsrecht der Völker und die deutsche Frage, Berlin 1990, insbesondere: S. 37 ff.

[10] Dazu anschaulich Hans Buchheim in Günther Rüther (Hrsg.): Politik und Gesellschaft in Deutschland. Grundlagen, Zusammenhänge, Herausforderungen, Köln 1994, S. 26 ff.

[11] Vgl. Ernst-Wolfgang Böckenförde. In: Isensee/Kirchhof (Hrsg.): Handbuch des Staatsrechts der Bundesrepublik Deutschland, Bd. 1 (wie Anm. 4), § 22 Rdnr. 43 m. N.

[12] Grawert (wie Anm. 4), Rdnr. 22.

[13] Darunter ist jedenfalls alles amtliche Handeln mit Entscheidungscharakter zu verstehen (vgl. BVerfGE 47, S. 253 ff., hier: S. 273; 83, S. 60 ff., hier: S. 73; 93, S. 37 ff., hier: S. 68).

telbare) demokratische Legitimation verfügt. Die Bundesminister berufen die Beamten in ihre Ämter[14], die Richter der obersten Bundesgerichte werden von Kollegialorganen (Richterwahlausschüssen) gewählt, die aus Abgeordneten des Bundestages und Landesministern bestehen, also demokratisch legitimiert sind, und vom Bundespräsidenten ernannt.

Zur persönlichen tritt die sachliche Legitimation durch die Bindung an die Verfassung (Gesetzgeber) und an Gesetz und Recht (vollziehende Gewalt und Rechtsprechung).[15] Im Bereich der Exekutive kommt die Bindung an die Weisungen des Vorgesetzten hinzu, letztlich des Ministers, der dem Parlament für die Erledigung der in die Zuständigkeit seines Ressorts fallenden Aufgaben politisch verantwortlich ist. Die hierarchische Ordnung gewährleistet die legitimierende Rückbindung der vollziehenden Gewalt an das Parlament als die unmittelbar vom Volk gewählte Repräsentation desselben.[16] Die Richter freilich sind von Weisungen freigestellt, weil sie nur so ihrer Aufgabe unparteiischer Streitentscheidung nachkommen können. Gerade wegen dieser Unabhängigkeit aber betont die Verfassung um so nachdrücklicher, daß sie »nur dem Gesetz unterworfen« sind (Art. 97 Abs. 1 GG). Das Bundesverfassungsgericht[17] hat das so ausgedrückt:

>»Die verfassungsrechtlich notwendige demokratische Legitimation erfordert eine ununterbrochene Legitimationskette vom Volk zu den mit staatlichen Aufgaben betrauten Organen und Amtswaltern. Die Legitimation muß jedoch nicht in jedem Fall durch unmittelbare Volkswahl erfolgen. In aller Regel genügt es, daß sie sich mittelbar auf das Volk als Träger der Staatsgewalt zurückführen läßt.«

Dieser Legitimationszusammenhang ist nicht nur in einem formalen Sinne zu verstehen. Ihm korrespondiert – sieht man von der aufgabenbedingten Sonderstellung der Rechtsprechung ab – ein Verantwortungszusammenhang: Jede Ausübung von Staatsgewalt muß dem Volk gegenüber verantwortet werden – regelmäßig auf dem Weg über das Parlament (dem ersten, unumgänglichen und wichtigsten Glied der das Volk mit jedem Amtsträger verbindenden Legitimationskette), dessen Verantwortung gegenüber dem Volk sich darin verwirklicht, daß seine Mitglieder sich in regelmäßigen Abständen einer Neuwahl stellen müssen.

Die Bundesrepublik Deutschland ist ein demokratischer Bundesstaat (Art. 20 Abs. 1 GG). Das demokratische Prinzip gilt deshalb auf der Ebene des Bundes wie auf derjenigen der Länder. Wie die Ausübung der Staatsgewalt des Bundes sich auf das Bundesvolk zurückführen lassen muß, so die Ausübung der Staatsgewalt der Länder auf das Landesvolk (Art. 28 Abs. 1 Satz 1

---

[14] Oder schlagen sie dem Bundespräsidenten zur Ernennung vor (Art. 60 GG).
[15] Art. 20 Abs. 3 GG.
[16] BVerfGE 93, S. 37 ff., hier: S. 67.
[17] BVerfGE 77, S. 1 ff., hier: S. 40; siehe auch BVerfGE 47, S. 253 ff., hier: S. 272, 275; 83, S. 60 ff., hier: S. 72 f.

GG). Darüber hinaus schreibt das Grundgesetz vor, daß das Volk auch in den Kreisen und Gemeinden eine von ihm gewählte Vertretung haben muß (Art. 28 Abs. 1 Satz 2 GG).[18]

Repräsentation

Nach Art. 20 Abs. 2 GG wird die Staatsgewalt vom Volk in Wahlen und Abstimmungen sowie durch besondere Organe der Gesetzgebung, der vollziehenden Gewalt und der Rechtsprechung ausgeübt.

Abgesehen von Wahlen und Abstimmungen handelt das Volk also nicht selbst, sondern durch Organe und Amtswalter, denen es die Staatsgewalt zur Ausübung anvertraut hat: Die durch das Grundgesetz verfaßte Demokratie ist repräsentative Demokratie.

1. Begriff – Funktionsbedingungen – Amtsgedanke

Repräsentant ist, wer durch seine Entscheidung die Befugnis hat, die von ihm Repräsentierten rechtlich zu verpflichten, ohne dabei an Weisungen der Repräsentierten selbst oder Dritter gebunden zu sein. Damit dies gelingt, müssen eine Reihe von teils formalen, teils inhaltlichen Voraussetzungen erfüllt sein:

– Der Repräsentant bedarf einer Legitimation, in der Demokratie einer Legitimation durch die Repräsentierten, die durch Wahl erfolgt (dazu oben »Demokratisches Prinzip«, S. 81 f.).
– Repräsentatives Handeln geschieht in Verantwortung gegenüber den Repräsentierten und muß durch sie kontrollierbar sein.
– Repräsentation bedarf deshalb der Öffentlichkeit; denn nur was unter den Augen der Öffentlichkeit geschieht, ist der Kontrolle durch die Repräsentierten zugänglich und kann ihnen gegenüber verantwortet werden.
– Der Repräsentant muß in der Lage sein, seine Entscheidung frei von Weisungen irgendeines Auftraggebers zu treffen (freies Mandat), denn nur die in Freiheit getroffene Entscheidung kann verantwortet werden. Der Repräsentant bleibt dem Ganzen, dem Gemeinwohl, verpflichtet, nicht partikularen Interessen; der Lobbyist ist als Repräsentant nicht glaubwürdig, weil er sein Erstgeburtsrecht, den repräsentativen Status, für ein Linsengericht, den (sei es auch gut honorierten) Status eines bloßen Dienstnehmers[19], eintauscht.

---

[18] Auch die sog. höheren Kommunalverbände (z. B. die bayerischen Bezirke, Landschafts- und Regionalverbände) haben teils unmittelbar, teils mittelbar gewählte Volksvertretungen. Überblick bei Armin Dittmann. In: Norbert Achterberg/Günter Püttner (Hrsg.): Besonderes Verwaltungsrecht, Bd. 2, Heidelberg 1992, S. 99 ff.

[19] In Titel III, Kap. IV, Sect. 2, Art. 2 der französischen Verfassung von 1791 heißt es: »Les administrateurs n'ont aucun caractère de représentation. Ils sont agents [...] pour exercer sous la surveillance et l'autorité du roi les fonctions administratives.« (Die Beamten haben keinen repräsentativen Status. Sie sind Agenten [...], die unter der Aufsicht und Autorität des Königs [d. h. dessen Weisungen unterworfen; H. H. K.] die Angelegenheiten der Verwaltung besorgen.) Der Hinweis bei Carl Schmitt: Verfassungslehre, 3. Auflage, Berlin 1954, S. 213.

– Schließlich: Der Repräsentierte muß dem Repräsentanten ein Mindestmaß an Vertrauen entgegenbringen. Durch die Wahl schenkt der Wähler dem Gewählten sein Vertrauen, um es ihm bei der nächsten Wahl gegebenenfalls wieder zu entziehen; er überträgt ihm Macht auf Zeit. »Das Prinzip der Delegation von Macht«, schrieb Alexander Hamilton in den »Federalist Papers«[20], »bedingt, daß unter den Menschen ein gewisses Maß an Tugend und Ehre zu finden ist, das eine vernünftige Grundlage für Vertrauen bildet.«

»Der zentrale Begriff der repräsentativen Demokratie ist [...] das Amt.«[21] Der Repräsentant ist Inhaber eines Amtes. Mit dem Begriff des Amtes verbindet sich die Verpflichtung des Amtsinhabers zur Uneigennützigkeit, zum ausschließlichen Dienst am Gemeinwohl. Nur wenn er dieser Verpflichtung genügt, erhält er sich das in ihn gesetzte Vertrauen. Aufgabe der Amtsidee ist es, »die Amtswalter aus ihren gesellschaftlichen Verstrickungen zu lösen [...]. Der Amtsinhaber ist Treuhänder des Volkes [...]. Das Amt ist kein Medium egozentrischer Selbstverwirklichung [...].«[22]

Das Amt der Repräsentanten, namentlich der parlamentarischen Mandatsträger weist allerdings im Vergleich etwa zu demjenigen der Beamten eine Besonderheit auf. Sie besteht darin, daß die Repräsentanten bei der Erfüllung dieses Anspruchs keinerlei Weisung, im Falle seiner Verletzung keiner[23] Sanktion unterliegen – mit der einen Ausnahme, daß sie sich nach Ablauf der Wahlperiode erneut der Wahl stellen müssen. Der Amtsgedanke ist in Art. 38 Abs. 1 Satz 2 GG in herkömmlicher Form, wenngleich schief, so formuliert:

»Sie [die Abgeordneten des Deutschen Bundestages; H. H. K.] sind Vertreter des ganzen Volkes, an Aufträge und Weisungen nicht gebunden und nur ihrem Gewissen unterworfen.«

Schief ist in diesem Zusammenhang der Begriff des Gewissens. Denn gemeint ist nicht, was der Wortlaut nahelegt, daß die von den Abgeordneten zu treffenden Entscheidungen ihre Privatsache wären, eine Angelegenheit ihrer Ge-

---

[20] Alexander Hamilton/James Madison/John Jay: Die Federalist Papers, hrsg. und übersetzt von Barbara Zehnpfennig, Darmstadt 1993, Nr. 76, S. 449. Der Hinweis bei Wilhelm Hennis: Amtsgedanke und Demokratiebegriff. In: ders.: Politik als praktische Wissenschaft, München 1968, S. 48 ff., hier: S. 52.

[21] Hennis: Politik als praktische Wissenschaft (wie Anm. 20), S. 50 f.

[22] Josef Isensee. In: Ernst Benda/Werner Maihofer/Hans-Jochen Vogel (Hrsg.): Handbuch des Verfassungsrechts der Bundesrepublik Deutschland, 2. Auflage, Berlin – New York 1994, § 32 Rdnr. 17.

[23] Über parlamentarische Sanktionen eines etwaigen Fehlverhaltens von Bundestagsabgeordneten vgl. Hans Troßmann: Der Bundestag. Verfassungsrecht und Verfassungswirklichkeit. In: Jahrbuch des öffentlichen Rechts 28 (1979), S. 102 ff. Siehe auch: Die Verhaltensregeln für Mitglieder des Deutschen Bundestages, Anlage 1 zur Geschäftsordnung des Deutschen Bundestages, sowie § 46 Abs. 1 Nr. 3 i. V. m. §§ 13 Nr. 1, 15 Abs. 2 Nr. 1 des Bundeswahlgesetzes. Die Mitglieder der Regierung – auch sie gehören zum Kreis der Repräsentanten – unterliegen parlamentarischer Kontrolle; das Parlament spricht ihnen gegebenenfalls das »Mißtrauen« aus. In diesem Sprachgebrauch hat sich der angelsächsische Gedanke der *trusteeship* erhalten; siehe Hennis: Politik als praktische Wissenschaft (wie Anm. 20), S. 51.

wissensfreiheit, wie sie Art. 4 Abs. 1 GG als individuelles Grundrecht garantiert. Vielmehr wird auf die Verpflichtung der Abgeordneten hingewiesen, ihre Entscheidungen gewissenhaft, d. h. so zu treffen, wie sie nach ihrem besten Wissen und Gewissen dem Ganzen am besten dienen.

In der repräsentativen Demokratie verwirklicht sich die Macht des Volkes nach alledem dadurch, daß es im Abstand von wenigen Jahren die Gelegenheit hat, den Repräsentanten Vertrauen zu bekunden oder zu entziehen, sie (wieder) zu wählen oder abzuwählen.[24]

2. Unentrinnbarkeit

Repräsentation ist unentrinnbar. Das trifft auch deshalb zu, weil selbst in kleinräumigen Gemeinwesen, geschweige denn im modernen Flächenstaat, das Volk nicht ständig präsent sein kann, um den laufend anfallenden Entscheidungsbedarf zu befriedigen, also für die Zeit seiner Nicht-Anwesenheit Macht auf Amtsträger delegieren, d. h. Repräsentanten bestimmen muß. Vielmehr gilt: »es gibt [...] keinen Staat ohne Repräsentation«[25], schon gar nicht einen demokratischen. Auch dort, wo das Volk selbst handelt, bei Wahlen und Abstimmungen, treten nur die stimmberechtigten Bürger in Erscheinung, die mit dem Ganzen des Volkes nicht identisch sind.[26] Wiederum gilt das zuvor über den repräsentativen Status Gesagte: Der wählende und abstimmende Bürger handelt als »Vertreter des ganzen Volkes«; die Wahlkabine ist nicht der

---

[24] Es ist – ungeachtet seiner Vorzüge im übrigen – eine Schwäche des Verhältniswahlrechts, daß es diesen Tatbestand verdunkelt. Denn anders als im Falle der Mehrheitswahl, die in der Regel zu eindeutigen Mehrheiten führt, bleibt es unter den Bedingungen der Verhältniswahl den Gewählten überlassen, ihre Kräfte in einer vom Wähler nicht immer vorhersehbaren Weise zu bündeln, also Koalitionen zu schmieden. Der Wähler wird sich dadurch nicht selten genasführt vorkommen – wenngleich zu Unrecht: Die Freiheit des Mandats gilt auch für die Mehrheitsbildung wie für die Inhalte der Politik. Der »Bruch eines Wahlversprechens« mag das Vertrauen des Wählers enttäuschen (und bei der folgenden Wahl zum Entzug dieses Vertrauens führen), einen Rechtsbruch stellt er nicht dar. Das ist auch politisch konsequent. Denn in aller Regel wird der Auftrag der Wähler nicht bestimmten (meist eher verschwommenen und den meisten im einzelnen fast immer unbekannten) programmatischen Aussagen gelten, sondern einer Partei, der er ein gewisses Basisvertrauen entgegenbringt, welches sich auf ihre weltanschauliche und politische Grundkonzeption und – bis zu einem gewissen Grade – oft auch auf das von ihr präsentierte Führungspersonal stützt. Auf dieser Grundlage erhält die gewählte Partei das Mandat, in der folgenden Wahlperiode Politik (nicht eine bestimmte Politik!) zu machen – sei es in der Regierung oder in der Opposition. Das kann schon deshalb nicht anders sein, weil jede Parlamentspartei im Verlauf mehrerer Jahre ihre Politik der sich verändernden Lage anpassen muß, ja unter Umständen schon in den auf die Wahl folgenden Koalitionsverhandlungen erhebliche Abstriche von ihrem Programm zu machen gezwungen ist.

[25] Schmitt: Verfassungslehre (wie Anm. 19), S. 206.

[26] Zu Recht bezeichnet deshalb Böckenförde – in: Josef Isensee/Paul Kirchhof (Hrsg.): Handbuch des Staatsrechts der Bundesrepublik Deutschland, Bd. 2, Heidelberg 1987, § 30 Rdnr. 14 – die schweizerische Referendumsdemokratie als eine Abart der repräsentativen Demokratie.

Ort, an dem es erlaubt wäre, privatistische Vorlieben und Abneigungen aus-
zuleben. In Wahrnehmung seiner staatsbürgerlichen Rechte handelt der Bürger – auch hier wird der Amtsgedanke wirksam – als *citoyen*, nicht als *bour-
geois*.

Allerdings ereignet sich die Stimmabgabe – um ihrer Freiheit willen notwendigerweise[27] – außerhalb der Öffentlichkeit. Das ändert zwar nichts an
den Pflichtbindungen des Abstimmenden, hat aber zur Folge, daß er für deren
Verfehlung nicht zur Verantwortung gezogen werden kann. Im Unterschied
zu der des gewählten Mandatsträgers geht die Verantwortlichkeit des abstimmenden Bürgers ins Leere.[28] Das ist einer der (guten) Gründe dafür, daß in der
parlamentarischen Demokratie des Grundgesetzes die plebiszitären Ein-
sprengsel so karg bemessen sind – die Verfassung kennt sie lediglich im Zusammenhang mit der Neugliederung des Bundesgebietes (Art. 29, 118).[29] Nur
die repräsentative ist eine verantwortete Demokratie. Zwar haben auch Wahlen in bestimmter Weise den Charakter von Abstimmungen: Das Ergebnis
einer Bundestagswahl entscheidet z. B. meist darüber, wer Bundeskanzler
wird; auch werden regelmäßig gewisse Sachaussagen und politische Zielvorstellungen zum Gegenstand der Auseinandersetzung im Wahlkampf gemacht.
Aber dem Wahlergebnis wohnt insoweit keine Verbindlichkeit inne; die Gewählten bleiben in ihrer Entscheidung frei.[30]

Staatsleitung

Die politische Leitung des Staates[31] steht den obersten Bundesorganen – Bundestag, Bundesrat, Bundesregierung – »zur gesamten Hand« zu, jedem nach
Maßgabe der ihm von der Verfassung zugewiesenen Zuständigkeiten. Auch
das Bundesverfassungsgericht und der Bundespräsident haben daran in je spezifischer Weise teil.[32]

---

[27] Das Wahlgeheimnis ist die wesentliche Gewähr der Wahlfreiheit.

[28] Vgl. Hennis: Politik als praktische Wissenschaft (wie Anm. 20), S. 54.

[29] Weitergehende plebiszitäre Elemente finden sich in den Landesverfassungen.

[30] Vgl. Hans H. Klein. In: Isensee/Kirchhof (Hrsg.): Handbuch des Staatsrechts, Bd. 2 (wie Anm. 26), § 41 Rdnr. 3, und oben Anm. 24.

[31] Die Rede ist hier vom Bund, nicht von den Ländern. Zur Europäischen Union siehe S. 90.

[32] Darauf kann hier aus Raumgründen nicht näher eingegangen werden. Zu den Funktionen des Bundespräsidenten vgl. Klaus Schlaich in: Isensee/Kirchhof (Hrsg.): Handbuch des
Staatsrechts, Bd. 2 (wie Anm. 26), § 49, sowie Klaus Stern: Das Staatsrecht der Bundesrepublik
Deutschland, Bd. 2, München 1980, § 30. Zum Bundesverfassungsgericht vgl. Stern: Das
Staatsrecht der Bundesrepublik Deutschland, Bd. 2, § 32; Hans H. Klein: Verfassungsgerichtsbarkeit und Verfassungsstruktur. In: Paul Kirchhof/Klaus Offerhaus/Horst Schöberle: Steuerrecht – Verfassungsrecht – Finanzpolitik, Festschrift für Franz Klein, Köln 1994, S. 511 ff.,
hier: S. 515.

1. Bundestag

Unter den genannten Verfassungsorganen verfügt allein der Bundestag über eine unmittelbare demokratische Legitimation. Von wenigen Ausnahmen abgesehen, wird allen anderen Organen des Bundes – mit Ausnahme des Bundesrates – demokratische Legitimation nur über den Bundestag vermittelt. Das verschafft ihm einen besonderen Rang unter den obersten Staatsorganen, aber keinen Vorrang; es folgt daraus nicht einmal eine Kompetenzvermutung zu seinen Gunsten.[33] Dennoch hat der Bundestag weitreichende Aufgaben und Befugnisse. Sie lassen sich zusammenfassen in die Funktionen der Gesetzgebung (zusammen mit dem Bundesrat), der Kreation anderer Staatsorgane (vor allem: Wahl des Bundeskanzlers), der politischen Willensbildung und Regierungskontrolle (zu welcher das Budgetrecht zählt) sowie schließlich der Herstellung der Öffentlichkeit des politischen Entscheidungsprozesses.[34]

2. Mehrheit und Minderheit

Der Wähler bestimmt die Stärke der im Bundestag vertretenen Kräfte. Diese sind aufgerufen, eine möglichst stabile Mehrheit im Parlament zu schaffen. In ihm wird, wie in anderen Kollegialorganen auch, mit Mehrheit, meist mit einfacher, gelegentlich (so grundsätzlich bei der Wahl des Bundeskanzlers, vgl. Art. 63 GG) mit absoluter, bei Verfassungsänderungen mit Zwei-Drittel-Mehrheit (Art. 79 Abs. 2 GG), entschieden. Das Mehrheitsprinzip bleibt aus praktischen Gründen unverzichtbar, ist es doch nicht möglich, Entscheidungen aufzuschieben, bis allseits Konsens besteht. In der Konsequenz des Mehrheitsprinzips aber liegt es, daß die Entscheidungen der Mehrheit den politischen Vorstellungen der Minderheit, der Opposition, nicht entsprechen, für diese und ihre Wähler aber gleichwohl Verbindlichkeit haben. Das kann nur unter bestimmten Voraussetzungen funktionieren, die das Bundesverfassungsgericht wie folgt beschrieben hat:

»Nur wenn die Mehrheit aus einem freien, offenen, regelmäßig zu erneuernden Meinungs- und Willensbildungsprozeß, an dem grundsätzlich alle wahlmündigen Bürger zu gleichen Rechten teilhaben können, hervorgegangen ist, wenn sie bei ihren Entscheidungen das – je und je zu bestimmende – Gemeinwohl im Auge hat, insbesondere auch die Rechte der Minderheit beachtet und ihre Interessen mitberücksichtigt, ihr zumal nicht die rechtliche Chance nimmt oder verkürzt, zur Mehrheit von morgen zu werden, kann die Entscheidung der Mehrheit bei Ausübung von Staatsgewalt als Wille der Gesamtheit gelten und nach der Idee der freien Selbstbestimmung aller Bürger Verpflichtungskraft für alle entfalten.«[35]

Die parlamentarische Mehrheit muß entscheidungs- und durchsetzungsfähig sein.[36] Nicht weniger wichtig für den Bestand der Demokratie ist jedoch die

---

[33] BVerfGE 49, S. 89 ff., hier: S. 125.
[34] Näher dazu Hans H. Klein in: Isensee/Kirchhof (Hrsg.): Handbuch des Staatsrechts, Bd. 2 (wie Anm. 26), § 40 Rdnr. 13 ff.
[35] BVerfGE 44, S. 125 ff., hier: S. 142.
[36] An dieser Stelle sei der Bericht der Enquete-Kommission »Verfassungsreform« zitiert

Oppsition.[37] Sie verkörpert die Chance des Machtwechsels, die Regierung von morgen. Die Opposition artikuliert die Meinung der bei der letzten Wahl Unterlegenen. Die Mehrheit zeigt keine Schwäche, wenn sie auf die Stimme der Minderheit hört, die Minderheit nicht, wenn sie die Mehrheit dort unterstützt, wo deren Politik auch ihren Vorstellungen entspricht. Die politische Kultur der Demokratie verlangt nach einem von wechselseitigem Respekt getragenen pfleglichen Umgang miteinander, nach begrenzter Kooperation. Eine auf bloße Obstruktion bedachte Oppositionspolitik wäre damit ebensowenig vereinbar wie der Versuch der Mehrheit, der Minderheit Informationen vorzuenthalten, die für ihre politische Willensbildung wichtig sind.

3. Bundesregierung

Wie die parlamentarische Mehrheit vom Vertrauen der Mehrheit der Wähler getragen wird[38], so die Bundesregierung vom Vertrauen der Mehrheit der Abgeordneten. Der Wirkungsbereich der Bundesregierung findet sich im Grundgesetz nirgendwo bündig beschrieben. Ihr fallen politische Leitungsfunktionen ebenso zu wie Aufgaben ausführender Art. In enger Kooperation mit dem Parlament, in erster Linie mit der sie stützenden Mehrheit, bestimmt sie – d.h. vermöge der ihm von der Verfassung zugewiesenen starken Position vor allem der Bundeskanzler – die »Richtlinien der Politik« (Art. 65 GG). In aller Regel obliegt der Regierung die politische Initiative, und zwar sowohl im Bereich der Gesetzgebung[39] als auch dort, wo es zur Umsetzung politischer Ziele des Gesetzes nicht bedarf. Die Regierung ist weitgehend Inhaberin der

---

(zur Sache 3/76, S. 49): »Das Verfassungsproblem eines nach dem demokratischen Prinzip organisierten und sich herstellenden politischen Gemeinwesens ist daher nicht, diese für seine Existenz notwendige unabhängig-repräsentative politische Leitungsgewalt abzubauen oder zu minimalisieren, um ein angebliches Mehr an Demokratie zu erreichen, sondern sie in einer Weise zu organisieren, die eine möglichst unmittelbare Legitimation durch das Volk und die Rückbindung an den Volkswillen gewährleistet. Durch solche Legitimation und Rückbindung erhält die oberste politische Leitungsgewalt nicht nur in einem organisatorisch-formalen, sondern auch in einem politisch-inhaltlichen Sinn, bezogen auf das demokratische Prinzip, repräsentativen Charakter. Erst dadurch kommt in ihr der Gedanke der Selbstregierung des Volkes zum Ausdruck und wird es ermöglicht, daß diese oberste Leitungsgewalt nicht nur organisatorisch, sondern auch real und politisch dem Volk selbst zugerechnet werden kann und im Bewußtsein der Bürger auch zugerechnet wird.«

[37] Hans-Peter Schneider: Die parlamentarische Opposition im Verfassungsrecht der Bundesrepublik Deutschland, Frankfurt/M. 1974; ders. in: Benda/Maihofer/Vogel (Hrsg.): Handbuch des Verfassungsrechts der Bundesrepublik Deutschland (wie Anm. 22), § 13 Rdnr. 98 ff.

[38] Das gilt für den Zeitpunkt der Wahl, hat aber Geltung gewissermaßen als (grundsätzlich) unwiderlegliche Vermutung (Ausnahmen: vorzeitige Parlamentsauflösung, Koalitionswechsel) für die ganze Dauer der Wahlperiode.

[39] So wurden von den in der 9., 10. und 11. Wahlperiode des Bundestages von diesem verabschiedeten 828 Gesetzen 608 von der Bundesregierung eingebracht, an weiteren 39 Gesetzesinitiativen war die Bundesregierung beteiligt (Quelle: Datenhandbuch zur Geschichte des Deutschen Bundestages 1983 bis 1991, verfaßt und bearbeitet von Peter Schindler, Baden-Baden 1994, S. 821).

Organisations-, Planungs- und auswärtigen Gewalt; sie verfügt über die Bürokratie und damit über deren Arbeits- und Informationspotential.[40] Im Beziehungsgeflecht zwischen Bundestag und Bundesregierung gibt es trennscharf voneinander geschiedene Zuständigkeiten, aber auch Bereiche gemeinsamer Verantwortung; hierzu gehört vor allem die Festlegung der Grundrichtung der Politik und die Entscheidung in für sie wesentlichen Einzelfragen. Die politische Gewichtsverteilung zwischen ihnen ist, abhängig nicht zuletzt von den beteiligten Personen, nicht stabil, sondern dynamisch; das Grundgesetz läßt hier der Mannigfaltigkeit des politischen Kräftespiels breiten Raum.[41]

4. Bundesrat

Eine Besonderheit des Bundesstaates stellt das föderative Bundesorgan, der Bundesrat dar.[42] Durch ihn »wirken die Länder bei der Gesetzgebung und Verwaltung des Bundes und in Angelegenheiten der Europäischen Union mit« (Art. 50 GG). Anders als der Senat der Vereinigten Staaten von Amerika, von dessen Mitgliedern je zwei in jedem Gliedstaat unmittelbar gewählt werden, besteht der Bundesrat aus – entsprechend der Einwohnerzahl der Länder – zwischen drei und sechs Mitgliedern der Landesregierungen, die sie bestellen und abberufen. Die Stimmen eines Landes können nur einheitlich abgegeben werden; darüber, wie sie abzugeben sind, entscheidet die Regierung des jeweiligen Landes (Art. 51 GG). Auf das Gesetzgebungsverfahren nimmt der Bundesrat erheblichen Einfluß: Deutlich mehr als die Hälfte der Bundesgesetze kommt nur mit seiner Zustimmung zustande.[43] In den anderen Fällen kann er gegen ein vom Bundestag beschlossenes Gesetz Einspruch erheben,

[40] Zu den Aufgaben der Bundesregierung siehe im einzelnen Meinhard Schröder in: Isensee/Kirchhof (Hrsg.): Handbuch des Staatsrechts, Bd. 2 (wie Anm. 26), § 50; Stern: Das Staatsrecht der Bundesrepublik Deutschland, Bd. 2 (wie Anm. 32), § 31.

[41] Ins Gewicht fallende Faktoren sind etwa das Ansehen des Bundeskanzlers, seine Durchsetzungsfähigkeit in seiner Partei und der von dieser gestellten Parlamentsfraktion, deren Führungspersonal, die Stabilität der Regierung und der sie tragenden Koalition, Durchschlagskraft und Zerstrittenheit der Opposition u. v. a. m.

[42] Über den Bundesrat vgl. Roman Herzog in: Isensee/Kirchhof (Hrsg.): Handbuch des Staatsrechts, Bd. 2 (wie Anm. 26), §§ 44–46; Stern: Das Staatsrecht der Bundesrepublik Deutschland, Bd. 2 (wie Anm. 32), § 27; Hans H. Klein in: Archiv des öffentlichen Rechts 108 (1983), S. 329.

[43] Von den 822 Gesetzen, die während der 9., 10. und 11. Wahlperiode des Bundestages verkündet wurden, waren nach übereinstimmender Auffassung von Bundestag und Bundesrat 457 der Zustimmung des Bundesrates bedürftig, acht weitere wurden als zustimmungsbedürftig verkündet, obgleich der Bundestag sie nicht für zustimmungsbedürftig hielt. Die restlichen 357 Gesetze wurden als nicht zustimmungsbedürftig verkündet, obgleich 25 von ihnen nach Auffassung des Bundesrates seiner Zustimmung bedurft hätten – in diesen Fällen hatte der Bundesrat offensichtlich tatsächlich zugestimmt, da es sonst wohl zur verfassungsgerichtlichen Austragung des Streits gekommen wäre (Quelle: Datenhandbuch zur Geschichte des Deutschen Bundestages [wie Anm. 39], S. 825).

der vom Bundestag – je nachdem ob er vom Bundesrat mit der Mehrheit oder mit mindestens zwei Dritteln seiner Stimmen beschlossen worden ist – mit entsprechenden Mehrheiten zurückgewiesen werden kann.

Im Unterschied zum Bundestag verfügt der Bundesrat nicht über eine unmittelbare demokratische Legitimation, wohl aber über eine mittelbare: Als Mitglieder einer Landesregierung sind alle Mitglieder des Bundesrates vom Vertrauen der Landesparlamente getragen. Die durch den Bundesrat vermittelte Mitwirkung der Länder – vor allem der Landesregierungen – an der staatlichen Willensbildung im Bund ist ein die Macht der Mehrheit im Bundestag spürbar begrenzendes Element vertikaler Gewaltenteilung, das überdies dazu führt, daß die im Bundestag opponierenden Kräfte einen – freilich von ihrer Stärke in den Ländern abhängigen – Einfluß auf die Politik des Bundes haben. Daß die Landesregierungen gegenüber den Landtagen (und diese gegenüber dem Volk in den Ländern) politische Verantwortung tragen, verhindert allerdings in der Regel zuverlässig, daß eine Bundesratsmehrheit, die der Opposition im Bundestag nahesteht, sich von dieser bedingungslos instrumentalisieren läßt.

Zusammenfassend läßt sich sagen, daß die Macht des Volkes auf Bundesebene doppelt wirksam ist: Es bestimmt in der Bundestagswahl die Zusammensetzung des Bundestages, in 16 Landtagswahlen die der Landtage und dadurch mittelbar die des Bundesrats.

5. Europäische Union

Durch die vom Verfassunggeber gewollte[44] und von allen Regierungen der Bundesrepublik Deutschland seit 1949 verfolgte Politik der europäischen Integration wanderte eine Vielzahl von Zuständigkeiten, vor allem der Gesetzgebung, zu den Europäischen Gemeinschaften ab. Deren »demokratisches Defizit« wird vielfach beklagt – insofern zu Recht, als das wichtigste Rechtsetzungsorgan der Gemeinschaften, der Ministerrat, kein direkt vom Volk gewähltes Parlament ist und das direkt gewählte Europäische Parlament nicht den einem Parlament zukommenden Einfluß auf die Europäische Gesetzgebung hat. Daran läßt sich, solange die Europäische Union nicht als Staat, sondern als ein bloßer Staatenverbund firmiert, prinzipiell nichts ändern.[45] Aus der Sicht des demokratischen Prinzips kann dieser Sachverhalt hingenommen werden, solange das politische Handeln der Europäischen Organe an die Parlamente der Mitgliedstaaten rückgekoppelt bleibt, also etwa der Deutsche Bundestag einen wirksamen Einfluß auf das Verhalten der Mitglieder der Bundesregierung im Ministerrat hat und ausübt.[46]

---

[44] Vgl. die Präambel sowie Art. 23 und 24 Abs. 1 GG.

[45] Vgl. dazu das Maastricht-Urteil des Bundesverfassungsgerichts (BVerfGE 89, S. 155 ff., hier: S. 181 ff.).

[46] Dazu Art. 23 Abs. 2 und 3, Art. 45 GG; für den Bundesrat: Art. 23 Abs. 2, 4 bis 7 und

Repräsentative Demokratie als Kommunikationsprozeß

Repräsentation als Aufgabe

»Repräsentative Demokratie muß kommunikative Demokratie sein.«[47] »Für eine realisierte Demokratie ist neben der formalen auch inhaltliche Repräsentation notwendig.«[48] Beide Sätze meinen das gleiche: Der Akt der Wahl – der einzige, durch den das Volk als ganzes auf der Ebene des Bundes in der repräsentativen Demokratie des Grundgesetzes selbst und unmittelbar Staatsgewalt ausübt (abgesehen von den seltenen, weil auf Neugliederungen des Bundesgebietes beschränkten Abstimmungen) – bedeutet keine Selbstentäußerung, der die Gewählten für die Dauer der Wahl in eine souveräne Beliebigkeit entließe und die Wähler zu schierer Ohnmacht verurteilte. Das Handeln der Repräsentanten muß vielmehr so beschaffen sein, »daß die einzelnen und die Bürger insgesamt (das Volk) in diesem Handeln sich wiederfinden können, in ihren unterschiedlichen Auffassungen ebenso wie in dem, was sie gemeinsam für richtig halten und wollen«[49]. Notwendige Bedingung einer Repräsentation, die gelingen soll, ist das ständige Gespräch zwischen Repräsentanten und Repräsentierten, das durch Öffentlichkeit vermittelt wird. In diesem auf die vom Grundgesetz gewährleisteten Grund- und Menschenrechte gestützten dialektischen Prozeß heben Parteien, Bürgerinitiativen, sonstige politische Vereinigungen und Verbände sowie die Massenmedien, in denen sich die öffentliche Meinung spiegeln soll, ihren Ort. Hier gewinnt die parlamentarische Debatte ihre wichtigste Funktion, und dem einzelnen eröffnet sich die Chance aktiver Einflußnahme auf das politische Geschehen. In diesem Zusammenhang wird Repräsentation nicht durch formale Legitimation bewirkt, sondern durch das öffentliche Ringen um das gemeine Beste: »Repräsentation als Aufgabe«[50].

Demokratische Grundrechtsfunktionen

Die Grundrechte sind überwiegend und in erster Linie Rechte des einzelnen auf Abwehr staatlicher Eingriffe in die Freiheit der Person. Sie schützen einen – durch Gesetz begrenzbaren – Raum privater Freiheit vor staatlicher Ein-

---

Art. 50, 52 Abs. 3 a GG sowie die Gesetze über die Zusammenarbeit von Bundesregierung und Bundestag und von Bund und Ländern in Angelegenheiten der Europäischen Union vom 12. März 1993 (BGBl. I, S. 311, 313).

[47] Heinrich Oberreuter: Abgesang auf einen Verfassungstyp? In: Aus Politik und Zeitgeschichte 1983, B 2, S. 19 ff., hier: S. 29.

[48] Böckenförde. In: Isensee/Kirchhof (Hrsg.): Handbuch des Staatsrechts, Bd. 2 (wie Anm. 26), § 30 Rdnr. 18.

[49] Ebd.

[50] Ebd., Rdnr. 24.

mischung. Sie nehmen nicht in Pflicht: Sie eröffnen einerseits dem Grundrechtsträger den Zugang zu öffentlicher Kommunikation – indem sie ihm
etwa die Möglichkeit geben, einer Partei beizutreten und in ihr politisch zu
wirken, sich an einer Bürgerinitiative zu beteiligen, durch Meinungsäußerungen die öffentliche Meinung zu beeinflussen, an Versammlungen (Demonstrationen) teilzunehmen –, stellen es ihm aber andererseits frei, diesen Zugang
auch wirklich zu nutzen. Es gibt keine rechtsverbindliche (wohl aber eine
moralische) Bürgerpflicht zu politischem Engagement, weil in der freiheitlichen Demokratie der dialektische Prozeß der Repräsentation nur gelingen
kann, wenn er aus dem freien Willen der an ihm beteiligten Bürger erwächst,
wenn also die Impulse, die den Staat aus dem Raum der Gesellschaft erreichen
(und derer er bedarf), nicht das Produkt eines Zwanges sind, der von ihm
selber ausgeht. Weil politisches Engagement eine Sache der freien Entscheidung jedes einzelnen ist, liegt es auch bei ihm, den Umfang dieses Engagements zu bemessen. Davon und von seinen Fähigkeiten, seinem Durchsetzungsvermögen und der Unterstützung, die er bei anderen findet, hängt das
Maß des Einflusses ab, das er gewinnen kann. Hier geht es nicht um staatsbürgerliche Gleichheit, sondern um individuelle Leistungsbereitschaft und
-fähigkeit.

Wohl also haben die Grundrechte eine wichtige demokratische Funktion:
die Gewährleistung der Freiheit und Offenheit des demokratischen Prozesses.[51] In diesem Sinne gehören sie in der Tat »zu den unentbehrlichen Funk-
tionselementen eines demokratischen Gemeinwesens«[52]. Politischem Engagement in Wahrnehmung der Grundrechte kommt jedoch kein rechtlicher
Mehrwert zu, aufgrund dessen diese Art des Grundrechtsgebrauchs vor anderen (vermeintlich unpolitischen) eine Privilegierung erfahren dürfte. Die
Freiheitsgarantien des Rechtsstaats überlassen es dem einzelnen, welchen Gebrauch er – im Rahmen des Gesetzes – von seiner Freiheit machen will. Nicht
unproblematisch bleibt deshalb die Emphase, mit der das Bundesverfassungsgericht[53] die Inanspruchnahme der Versammlungsfreiheit für Demonstrationen in seinen Schutz genommen hat, da doch »der Demonstrant seine Meinung in physischer Präsenz«, nicht selten unter Einsatz von Gewalt[54], zur
Geltung bringt und »speziell bei Demonstrationen das argumentative Moment zurücktritt«[55]. Demgegenüber ist mit Nachdruck darauf hinzuweisen,

---

[51] Konrad Hesse: Grundzüge des Verfassungsrechts der Bundesrepublik Deutschland,
20. Auflage, Heidelberg 1995, Rdnr. 161.
[52] BVerfGE 69, S. 315 ff., hier: Leitsatz 1.
[53] BVerfGE 69, S. 315 ff.; siehe auch 92, S. 1 ff.
[54] Zum Begriff der Gewalt im Nötigungstatbestand des § 240 Strafgesetzbuch (StGB) siehe
BVerfGE 92, S. 1 ff., hier: S. 14 ff.; V. Krey: Kritische Anmerkungen anläßlich des Sitzblocka-
den-Beschlusses des 1. Senats vom 10. Januar 1995. In: Juristische Rundschau (JR) 1995,
S. 265 ff., insbesondere S. 270 f.
[55] Die Zitate in BVerfGE 69, S. 315 ff., hier: S. 345. Kritisch gegenüber dem hier zutagetre-

daß, wie das Gericht an anderer Stelle mit Recht betont hat, die Freiheit der geistigen Auseinandersetzung eine unabdingbare Voraussetzung für das Funktionieren der freiheitlichen Demokratie darstellt. Demzufolge soll das Grundrecht der freien Meinungsäußerung nur den geistigen, d. h. ohne Ausübung von Pressionen zu führenden Kampf der Meinungen gewährleisten.[56] Für die durch Demonstration auf die Straße verlagerte Auseinandersetzung darf nichts anderes gelten.[57]

Der Vollständigkeit halber sei erwähnt, daß der Bürger auch durch Inanspruchnahme der Gerichte Einfluß darauf nehmen kann, daß der oben beschriebene demokratische Legitimations- und Verantwortungszusammenhang wirksam bleibt. In seinem Urteil zum Vertrag von Maastricht[58] hat das Bundesverfassungsgericht entschieden, daß das in Art. 38 GG gewährleistete aktive Wahlrecht verletzt sein kann, wenn durch die Verlagerung von Aufgaben und Befugnissen des Bundestages (in diesem Falle auf die Europäische Union) dessen Einfluß soweit gemindert wird, daß nurmehr eine leere Hülse bleibt. Die Verbürgung des Art. 38 GG erstrecke sich auch »auf den grundlegenden demokratischen Gehalt« des Wahlrechts, also darauf, daß der Wahlberechtigte an der Legitimation der Staatsgewalt durch das Volk mitwirken und auf ihre Ausübung Einfluß nehmen kann. Das Urteil beschränkt sich zwar darauf, dies für den »Anwendungsbereich des Art. 23 GG« auszuführen. Indessen ist es nur folgerichtig anzunehmen, daß das in der genannten Entscheidung entwickelte »Grundrecht auf substantielle Kompetenzausstattung des Parlaments«[59] etwa auch dann verletzt sein könnte, wenn durch die Herstellung sogenannter ministerialfreier Räume oder die Bindung von Verwaltungsentscheidungen an die Zustimmung außenstehender Dritter die Kontrollfunktion des Parlaments erheblich verkürzt würde.[60]

Kollektive Wahrnehmung politischer Interessen

1. Vereinigungen und Verbände
»Einzelkämpfer« können naturgemäß nur wenig Einfluß auf die politische Willensbildung im Staate nehmen. Zwar ist es jedermann erlaubt, sich auf

---

tenden fundamentaldemokratischen Mißverständnis rechtsstaatlicher Freiheitsgewährleistung auch Peter Badura in: Isensee/Kirchhof (Hrsg.): Handbuch des Staatsrechts der Bundesrepublik Deutschland, Bd. 1 (wie Anm. 4), § 23 Rdnr. 42.

[56] BVerfGE 25, S. 256 ff., hier: S. 265.

[57] Weil der politische Prozeß frei bleiben muß von Nötigung und Zwang, verbietet etwa die Rechtsordnung auch den politischen Streik.

[58] BVerfGE 89, S. 155 ff., hier: Leitsatz 1, S. 171 f.

[59] E. Klein: Grundrechtsdogmatische und verfassungsprozessuale Überlegungen zur Maastricht-Entscheidung des Bundesverfassungsgerichts. In: Albrecht Randelzhofer/Rupert Scholz (Hrsg.): Gedächtnisschrift für Eberhard Grabitz, München 1995, S. 271 ff.

[60] Dazu BVerfGE 93, S. 37 ff., hier: S. 66 ff.

einen öffentlichen Platz zu stellen und seine Meinung kundzutun, solange er andere dadurch nicht über Gebühr belästigt. Die Wirkung solchen Tuns wird sich aber regelmäßig in engen Grenzen halten. Von ausschlaggebender Bedeutung ist es deshalb, daß der einzelne, der politisch tätig werden will, bei Gleichgesinnten Rückhalt finden kann. Dafür lassen sich vor allem diejenigen grundrechtlichen Gewährleistungen nutzbar machen, die den einzelnen Bürgern das Recht geben, sich mit anderen zur Verfolgung gemeinsamer Ziele zusammenzutun, um dadurch größere Wirkung zu erzielen. Neben dem schon erwähnten Grundrecht der Versammlungsfreiheit (Art. 8 GG) muß hier insbesondere das Grundrecht der Vereinigungsfreiheit (Art. 9 GG) genannt werden, das auch das Recht einschließt, »zur Wahrung und Förderung der Arbeits- und Wirtschaftsbedingungen Vereinigungen zu bilden«, also Gewerkschaften und Arbeitgeberverbände.

2. Presse, Rundfunk, öffentliche Meinung

Auch Presse- und Rundfunkfreiheit gehören in diesen Zusammenhang. Zwar ist der Zugang zu Presse und Rundfunk aus tatsächlichen Gründen nicht für jedermann leicht möglich; selbst wenn es an Druckkapazitäten, Papier und Frequenzen nicht fehlt, erfordert der Betrieb einer Zeitung oder eines Rundfunksenders wirtschaftliche Mittel, über die nicht jedermann verfügt. Indessen zeigt der auch nur flüchtige Blick auf autoritäre und totalitäre politische Systeme, daß die prinzipielle Freiheit des privaten Zugangs zu den öffentlichen Kommunikationsmitteln – und d. h. auch ihre privatwirtschaftliche Struktur! – eine notwendige Funktionsbedingung des demokratischen Verfassungsstaates darstell.[61] Im übrigen darf nicht unterschätzt werden, daß die Pressefreiheit etwa auch das Recht gewährleistet, Flugblätter zu drucken und zu verteilen, eine Möglichkeit der Kommunikation, die sich mit geringem Aufwand nutzen läßt.

Aus dem freien Gebrauch der Kommunikationsgrundrechte entsteht die öffentliche Meinung. Verstanden als freie – d. h. auch: nicht kartellierte[62] – geistige Auseinandersetzung ist sie eine unabdingbare Voraussetzung freiheitlicher Demokratie; man hat sogar Demokratie als Herrschaft der öffentlichen Meinung definiert.[63] Ihrer Idee und ursprünglichen Konzeption nach beför-

---

[61] Die öffentlich-rechtliche Monopolstruktur des Rundfunks – zumal wenn ihre Staatsfreiheit nicht wirksam gesichert ist – bildet deshalb grundsätzlich einen Fremdkörper innerhalb des Systems freier Kommunikation, welches zur Demokratie gehört wie das Gelbe zum Ei. Dies gilt, wenngleich abgeschwächt, auch für die weitgehende Reglementierung des sog. dualen Systems, wie sie – unter der Regie des Bundesverfassungsgerichts – auch in Deutschland noch immer besteht.

[62] Von daher rechtfertigen sich sowohl die Pressefusionskontrolle (vgl. § 23 Abs. 1 Satz 7 GWB) als auch gewisse rechtliche Vorkehrungen zur Aufrechterhaltung der publizistischen Vielfalt im Rundfunkwesen.

[63] Schmitt: Verfassungslehre (wie Anm. 19), S. 246.

dert die öffentliche Meinung – durch den Austausch von Kritik und Antikritik – die Erkenntnis des (im Sinne des gemeinen Besten) politisch Richtigen. Das ist auch heute nicht schlechthin falsch. Indessen hat schon Tocqueville gewarnt, die öffentliche Meinung könne sich eher als Zwang zur Konformität denn als kritische Kraft entpuppen.[64]

Die Beobachtung der von den Massenkommunikationsmitteln unserer Zeit produzierten »veröffentlichten Meinung« liefert dafür vielfältige Belege; als Ursache lassen sich etwa Gewinnsucht, Jagd nach Einschaltquoten, Sensationsgier, Cliquenbildung mit einseitiger politischer Ausrichtung und missionarischer (auch investigativer) Journalismus benennen. Sie beeinträchtigen die Repräsentativität der öffentlichen Meinung, die im Maße dieser Beeinträchtigung ihre Funktion der Auffindung des Richtigen – der »Wahrheit« – verfehlt.[65]

3. Parteien

Eine spezifische Möglichkeit politischer Betätigung bieten die Parteien. Neben Art. 20 Abs. 2 und Art. 38 (Wahlrechtsgrundsätze; freies Mandat) ist Art. 21 GG die wichtigste Grundnorm der parlamentarisch-repräsentativen Demokratie. Sie gewährleistet die Parteigründungsfreiheit und erteilt den Parteien den Auftrag, bei der politischen Willensbildung des Volkes mitzuwirken. Zu Recht bezeichnet deshalb § 1 des Parteiengesetzes die Parteien als einen verfassungsrechtlich notwendigen Bestandteil der freiheitlichen demokratischen Grundordnung; ihre Aufgabe wird dort wie folgt beschrieben:

»Die Parteien wirken an der Bildung des politischen Willens des Volkes auf allen Gebieten des öffentlichen Lebens mit, indem sie insbesondere auf die Gestaltung der öffentlichen Meinung Einfluß nehmen, die politische Bildung anregen und vertiefen, die aktive Teilnahme der Bürger am politischen Leben fördern, zur Übernahme öffentlicher Verantwortung befähigte Bürger heranbilden, sich durch Aufstellung von Bewerbern an den Wahlen in Bund, Ländern und Gemeinden beteiligen, auf die politische Entwicklung in Parlament und Regierung Einfluß nehmen, die von ihnen erarbeiteten politischen Ziele in den Prozeß der staatlichen Willensbildung einführen und für eine ständige lebendige Verbindung zwischen dem Volk und den Staatsorganen sorgen.«

In dem – zu Fragen der Parteifinanzierung ergangenen – Urteil des Bundesverfassungsgerichts vom 9. April 1992[66] heißt es:

»Die Parteien sind […] nicht bloße Wahlvorbereitungsorganisationen, und nicht nur in dieser Funktion sind sie für die demokratische Ordnung unerläßlich. Sie sind vornehmlich berufen, die Bürger freiwillig zu politischen Handlungseinheiten mit dem Ziel der Beteiligung an der

---

[64] Zit. nach Werner Mangold: Offentliche Meinung. In: Roman Herzog/Hermann Kunst/Klaus Schlaich/Wilhelm Schneemelcher (Hrsg.): Evangelisches Staatslexikon, Bd. 2, 3. Auflage, Stuttgart 1987, Sp. 2265 ff., hier: Sp. 2267.

[65] Zum Ganzen umfassend Herbert Krüger: Allgemeine Staatslehre, 2. Auflage, Stuttgart 1966, § 26 (S. 437 ff.).

[66] BVerfGE 85, S. 264 ff., hier: S. 284 f.

Willensbildung in den Staatsorganen organisatorisch zusammenzuschließen und ihnen so einen wirksamen Einfluß auf das staatliche Geschehen zu ermöglichen. Den Parteien obliegt es, politische Ziele zu formulieren und diese den Bürgern zu vermitteln sowie daran mitzuwirken, daß die Gesellschaft wie auch den einzelnen Bürger betreffende Probleme erkannt, benannt und angemessenen Lösungen zugeführt werden. Die für den Prozeß der politischen Willensbildung im demokratischen Staat entscheidende Rückkoppelung zwischen Staatsorganen und Volk ist auch Sache der Parteien. [...] Der dargelegten Rolle der politischen Parteien im Prozeß demokratischer Willensbildung und staatlicher Entscheidungsfindung hat das Grundgesetz in Art. 21 Ausdruck verliehen. Um ihr gerecht zu werden, müssen die Parteien zum einen eine ständige Wirksamkeit nach innen entfalten, indem sie ihre Mitglieder ansprechen und in die innere parteiliche Willensbildung einschalten. [...] Sie müssen aber nicht minder auch nach außen tätig werden, im Wettbewerb mit anderen Parteien und sonstigen auf die Bildung der öffentlichen Meinung Einfluß nehmenden Einrichtungen und Verbänden die Bürger von der Richtigkeit ihrer Politik zu überzeugen versuchen.«

Bereits früher hatte das Bundesverfassungsgericht[67] ausgeführt, Parteien seien

»Zwischenglieder zwischen dem Bürger und den Staatsorganen, Mittler, durch die der Wille der Bürger auch zwischen den Wahlgängen verwirklicht werden kann. Sie stellen, sofern sie die Parlamentsmehrheit bilden und die Regierung stützen, die wichtigste Verbindung zwischen dem Volk und den politischen Führungsorganen des Staates her und erhalten sie aufrecht. Als Parteien der Minderheit bilden sie die politische Opposition und machen sie wirksam.«

Parteien sind deshalb in einer Demokratie[68] nicht etwa ein notwendiges Übel, sondern »ein wichtigstes Aktivum der staatlichen Zivilisation«[69]. Nach Walter Bagehot gilt: »Party government is the vital principle of representative government.«[70]

Parteien haben nach alledem zwar ein »grundrechtliches Fundament«[71], da ihre Bildung und Wirksamkeit aus der freien Entscheidung der Bürger erwächst. Aber sie reichen in den staatsorganschaftlichen Bereich hinein, insofern im wesentlichen ihnen die Auswahl des politischen Führungspersonals

---

[67] BVerfGE 44, S. 125 ff., hier: S. 145.

[68] Im Unterschied zur absoluten Monarchie oder zur Diktatur, wo die Bildung von Parteien entweder verboten ist oder vom Staat streng kontrolliert wird! In den totalitären Links- und Rechtsdiktaturen der Moderne dirigiert die *eine* Staatspartei (die allenfalls eine beschränkte Zahl unselbständiger Trabantenorganisationen neben sich duldet) den Staatsapparat, den sie sich als Instrument zur Durchsetzung ihrer Zwecke gewissermaßen angeeignet hat. Die Partei – die sich freilich nicht mehr als Teil (lat.: *pars*), sondern als das Ganze (lat.: *totum*) versteht – beherrscht den Staat; sie, nicht das Volk, ist souverän.

[69] Richard Thoma. In: Melchior Palyi (Hrsg.): Hauptprobleme der Soziologie. Erinnerungsgabe für Max Weber, Bd. 2, München 1923, S. 37 ff., hier: S. 63.

[70] Zit. nach Peter Badura: Bonner Kommentar zum Grundgesetz, Art. 38 Rdnr. 14 (Zweitbearbeitung). Als weiterer Beleg sei auf Heinrich Treitschke hingewiesen (Preußische Jahrbücher 27 [1871], S. 188 f.): »Wir wissen es alle, das Parteileben ist eine Notwendigkeit für freie Völker, das unentbehrliche Mittel, um aus dem Gewirr der Interessen, Leidenschaften, Meinungen einen Durchschnittswillen herauszubilden, den Einzelwillen Ordnung und Gliederung und dadurch Macht zu bringen, durch Stoß und Gegenstoß der also gescharten Kräfte dem Staate eine feste Richtung zu geben.« Hier zit. nach Klaus Stern: Das Staatsrecht der Bundesrepublik Deutschland, Bd. 1, 2. Auflage, München 1984, S. 457 Fn. 129.

[71] Isensee: Grundrechte und Demokratie (wie Anm. 1), S. 16.

obliegt[72] – dies mit der Folge, daß die Mitglieder der Parlamente und Regierungen in aller Regel auch einer Partei angehören. In Parlament und Regierung sind daher die Parteien, nicht zuletzt in Gestalt der von ihnen gebildeten Fraktionen, die maßgebenden Faktoren der politischen Willensbildung.

Parteien streben nach Macht und bemühen sich darum, in der Wahl einen möglichst großen Stimmenanteil zu erringen. Dieser Umstand macht es notwendig – jedenfalls für größere, zumal für die sogenannten Volksparteien –, sich einer möglichst großen Zahl der in der Gesellschaft vorhandenen Interessen anzunehmen. Diese gilt es dann, »unter einen Hut zu bringen«, die vielen heterogenen, mitunter gegenläufigen Interessen in einem homogenen politischen Programm[73] zusammenzuführen – e pluribus unum, wie der Wappenspruch der Vereinigten Staaten von Amerika lautet. Diese originär staatliche Aufgabe, politische Entscheidungen gemeinwohldienlich zu treffen – also nicht, einer Lobby folgend, an einem partikularen Interesse zu orientieren –, wird in einem gewissen Umfang von den Parteien vorweg besorgt. Parteien, die vor dieser Aufgabe versagen, werden bei Wahlen zumindest auf Dauer keinen Erfolg haben.

In diesem Sachverhalt liegt eine spezifische Stärke der Parteien, aber zugleich auch eine Schwäche. Denn mit wachsender Zahl der von ihnen vertretenen Interessen verliert ihr Profil an Schärfe, an den Rändern verschwimmen die Unterschiede zwischen ihnen. Aus dieser Schwäche gewinnen die Interessenverbände ihre Stärke, die sich gerade zur Verfolgung eines Interesses oder allenfalls weniger Interessen gebildet haben.[74] Die Schärfe des Profils einer politischen Organisation ist die Resultante der Zahl der Interessen, die zu vertreten sie sich vorgenommen hat. Die Aufgabe der Parteien – wie der dem Wohle des ganzen Volkes und zur Neutralität gegenüber den partikularen Interessen verpflichteten Staatsorgane – liegt darin, zu den Interessenverbänden auf Distanz zu gehen, sie aber zugleich in möglichst umfassender Weise ins Gespräch zu ziehen, um sich die notwendige Sensibilität gegenüber den in der Gesellschaft virulenten Vorstellungen und Bedürfnissen zu bewahren. Hierbei – und nur hierbei! – kann die Demoskopie Orientierungshilfe leisten.[75] Aus der Sicht des einzelnen allerdings bietet das Engagement im Inter-

---

[72] Nach § 27 Abs. 1 Satz 1 des Bundeswahlgesetzes können nur von Parteien Landeslisten (im Unterschied zu Kreiswahlvorschlägen, §§ 18, 20 Bundeswahlgesetz [BWahlG]) eingereicht werden.

[73] Nach § 1 Abs. 3 des Parteiengesetzes müssen Parteien ihre Ziele in politischen Programmen niederlegen.

[74] Das Beispiel Greenpeace ist augenfällig. Wer nur den Schutz der Umwelt auf sein Panier schreibt, kann andere Gesichtspunkte, wie z.B. die wirtschaftlichen Folgen umweltpolitischer Entscheidungen, getrost vernachlässigen.

[75] Parteien, parlamentarische Mehrheiten, Regierungen, die – sei es auch demoskopisch untermauerten – Wählerstimmungen nachlaufen, verkennen nicht nur ihre Aufgabe, sie folgen auch einem trügerischen Erfolgsrezept. Denn weit mehr als solches Verhalten schätzt der

essenverband im Vergleich zu demjenigen in einer Partei einen augenschein-
lichen Vorzug: Sein spezifisches Interesse stößt dort auf schnelleren und voll-
ständigeren Widerhall, da es mit anderen nicht auf einen gemeinsamen Nenner
gebracht werden muß.

Bürgerinitiativen sind – oft, aber nicht immer als flüchtige Erscheinungen –
in Mode. Als Organisationen, die sich zur Vertretung eines gemeinsamen,
regelmäßig eher eng definierten Interesses bilden, können sie im politischen
Raum erhebliche Stoßkraft entwickeln. Ihr Wirken, sofern es sich im Rahmen
der Gesetze bewegt, ist durchaus legitim. So wichtig ihre Aufgabe erscheint,
zumal von den politischen Parteien vernachlässigte Interessen im Konzert der
Meinungen zu Gehör zu bringen, so sehr vermag allerdings auch die Eindi-
mensionalität ihres Programms die Konsistenz des politischen Systems zu
gefährden. Das von diesem zu realisierende Gemeinwohl ergibt sich stets als
Resultante unterschiedlicher, ja gegenläufiger Interessen und Kräfte. Mit Interessengruppen allein – und auch Bürgerinitiativen gehören dazu – ist kein
demokratischer Staat zu machen. Dazu bedarf es der Parteien, die im Vorfeld
der von den Staatsorganen zu treffenden Entscheidungen die auseinander-
strebende Vielheit der Interessen zu alternativen Politikangeboten zu bündeln
und so dem Wähler die Möglichkeit der Wahl zwischen ihnen zu bieten haben. Dieses Bemühen, das vielen als »Kuhhandel« erscheint und ihnen von mit
demokratischen Funktionsweisen oft wenig vertrauten (oder von intellektu-
eller Arroganz bestimmten) Medien auch oft so dargestellt wird, ist das Le-
benselixier des demokratischen Prozesses. Die im Zeichen sogenannter Par-
teiverdrossenheit zu beobachtende Minderung des Ansehens der Parteien, an
der sie freilich selbst nicht unschuldig sind[76], signalisiert deshalb eine der Bedrohungen, denen sich die Demokratie gegenwärtig ausgesetzt sieht.

Fazit

Die parlamentarisch-repräsentative Demokratie lebt aus zwei sie legitimierenden Quellen: der (in dem Abschnitt »Parlamentarische Demokratie« dargestellten) normativen Zuordnung und Zurechnung der staatlichen Institutionen, Organe, Verfahren und der durch sie hervorgebrachten Entscheidungen
zum Staatsvolk einerseits und der (in dem Abschnitt »Repräsentative Demokratie als Kommunikationsprozeß« behandelten) rechtsstaatlich, genauer:

Wähler die Kunst entschiedener politischer Führung. Er weiß durchaus zwischen privaten
Meinungen (die die Demoskopie abfragt) und verantwortlicher Entscheidung (wie sie in der
Wahlkabine zu treffen ist) zu unterscheiden. Vgl. Wilhelm Hennis: Meinungsforschung und
repräsentative Demokratie. In: ders.: Politik als praktische Wissenschaft (wie Anm. 20), S. 125.

[76] Auf die mit der besonderen Staatsnähe der Parteien verbundenen Gefahren – Stichwort:
Ämterpatronage – kann im Rahmen dieser Abhandlung nur hingewiesen werden.

grundrechtlich fundierten aktiven Teilnahme der Bürger am Prozeß der politischen Willensbildung und Entscheidungsfindung andererseits.[77] Diese Feststellung beschreibt freilich nur teilweise ein Sein, im übrigen ein – jedenfalls nicht mit den Mitteln des Rechts erzwingbares – Sollen. Verbindlich ordnen läßt sich nur die formale Seite demokratischer Legitimation und Repräsentation. Im übrigen (und zum größeren Teil) beruht die Funktionsfähigkeit der repräsentativen Demokratie auf Erwartungen – an Repräsentanten wie an Repräsentierte. Die Verfassung kann nur voraussetzen, daß diese Erwartungen in Erfüllung gehen: Daß die Repräsentanten nicht in eine vom Denken und den Bedürfnissen des Volkes abgehobene Souveränität und die Repräsentierten nicht in eine privatistische, sich ihrer sozialen Verantwortung entledigende Selbstgenügsamkeit abgleiten. Wird beiden Versuchungen widerstanden, hat die Herrschaft des Volkes die Chance des Gelingens. Seine Macht ist dann nicht nur ein wohlfeiles Alibi in den Sonntagsreden der Machthaber, sondern politische Wirklichkeit.

---

[77] Ähnlich Isensee: Grundrechte und Demokratie (wie Anm. 1), S. 23 f.

6. Staat der Bürger

Zum 50. Jahrestag des Grundgesetzes

I. Die Akzeptanz der Verfassung des Grundgesetzes als Grundlage und Voraussetzung

»Nicht das Ergebnis einer politischen Entscheidung, sondern das Produkt einer Lage, genauer eines Zustandes beispielloser Schwäche als Folge des verlorenen Krieges« – so sah im Jahre 1971 der Heidelberger Staatsrechtslehrer *Ernst Forsthoff* das Grundgesetz. Richtig daran ist, daß die damaligen westlichen Besatzungsmächte 1948 konkret verlangt haben, daß die künftige Verfassung der zu gründenden Bundesrepublik demokratisch sein, die Grundrechte garantieren und eine »Regierungsform des föderalistischen Typs« vorsehen müsse. Der Parlamentarische Rat ist diesen Forderungen nachgekommen. Richtig ist aber auch, daß eben dies den Wünschen der Deutschen entsprach. Weder gab es ein Besatzungsdiktat, noch bedurfte es seiner. Die gleichen Motive, aus denen die Deutschen damals zu überzeugten Befürwortern des europäischen Einigungsprozesses wurden, bestimmten sie, sich westlichen Verfassungsidealen zuzuwenden.

Die Akzeptanz des Grundgesetzes war von Beginn an hoch. Sie bestätigte sich von Wahl zu Wahl, verfassungsfeindliche Parteien blieben ohne Chance. Der antitotalitäre Konsens der Verfassungsparteien blieb tragfähig, bis er im Zuge der sogenannten Kulturrevolution Ende der sechziger Jahre erste Risse bekam und nun durch bedenkliche Techtelmechtel mit der ehemaligen Staatspartei der DDR zu zerbrechen droht. Die – unglücklich so benannte – Berliner Republik würde sich in der Tat tiefgreifend von der Bonner Republik unterscheiden, wenn der antitotalitäre Konsens, der diese geprägt hat, aus opportunistischem Machtkalkül aufgegeben würde. Man mag sich hier an das Diktum erinnert fühlen, nach welchem, wer sich nicht der Vergangenheit erinnert, dazu verurteilt ist, sie noch einmal durchzumachen (*George Santayana*).

Der sich alsbald einstellende Wohlstand hat das Vertrauen in die Verläßlichkeit der verfassungsrechtlichen Grundlagen gefestigt. Die politische Führungsschicht in Parteien, Verbänden, Unternehmen der Bundesrepublik bewies Verantwortungsbewußtsein, Führungswillen und Handlungsfähigkeit –

der Eindruck von Lähmung oder ziellosem Durchwursteln, der in den letzten
Jahren hierzulande aufgekommen ist und sich auch nach der Bundestagswahl
im September des vergangenen Jahres eher gefestigt als gelöst hat, konnte
damals nicht entstehen.

Schließlich konnte die neue Verfassung des westdeutschen Teilstaates an
Traditionen anknüpfen, die unbeschadet der Verderben bringenden Irrungen
und Wirrungen unseres Jahrhunderts in der (wie man damals noch zu sagen
pflegte) abendländischen Geschichte wurzeln, deren Teil ja auch die Geschichte der Deutschen war, bis sie es zuließen, daß der Ungeist krimineller Dem-
agogen und Ideologen sich ihres Staates bemächtigte. Das humanitäre Erbe
der civitas europaea, die Freiheitsethik der Griechen und das römische
Rechtsdenken, die sittigende Macht des Christentums, die Naturrechts- und
die Staats- und Gesellschaftsvertragslehren der Aufklärung, die Philosophie
Kants und der Rechtspositivismus des 19. Jahrhunderts, sehr konkret die Verfassung der Paulskirche – sie alle spiegeln sich und sind aufgenommen in den
nüchternen, allem Pathos abholden Normen des Grundgesetzes. Daß es über
alle Erwartungen hinaus bald sichtbar für jedermann gelungen ist, die in diesen Normen niedergelegten verfassungspolitischen Zielvorstellungen von einer menschlichen Gesellschaft in die Wirklichkeit umzusetzen, hat die Autorität des Grundgesetzes nachhaltig gefestigt. Ein »Verfassungspatriotismus«
entwickelte sich, der wesentlich dazu beitrug, den westdeutschen Teilstaat
innerlich zu stabilisieren, und zum richtigen Zeitpunkt ansteckend genug war,
um die Deutschen in der ehemaligen DDR, kaum daß sich die Möglichkeit
dazu eröffnete, zu veranlassen, sich mit fliegenden Fahnen in den Geltungsbereich dieser Verfassung zu begeben – und nicht etwa nur in das Währungs-
gebiet der Deutschen Mark!

II. Verfassungsrechtliche Grundlegung des Staates der Bürger

1. Die Verfassung des Grundgesetzes bildet die Grundlage für die Gewährleistung gesicherter bürgerlicher und politischer Freiheit. Die Bundesrepublik
Deutschland empfahl sich ihren Bürgerinnen und Bürgern – gestatten Sie mir
im folgenden die Verwendung des generischen Masculinum! – durch die Effektivität, mit der sie die andrängenden Probleme zu lösen verstand: den wirtschaftlichen Wiederaufbau, die Herstellung rechtsstaatlicher Strukturen, die
Grundlegung des Sozialstaats und die Sicherung der Verteidigungsfähigkeit im
westlichen Bündnis. Die Verfassung hat ihren Teil zu diesem Gelingen beigetragen, denn sie bot dafür den verläßlichen rechtlichen Rahmen.

Das Grundgesetz stellt den Staat unter das oberste, keiner Ausnahme zu-
gängliche Gebot, die menschliche Würde zu achten und zu schützen. Ein
umfassender Grundrechtskatalog setzt die Menschen in den Stand, ihre Fä-

higkeiten und Energien auf die ihnen selbst am geeignetsten erscheinende Weise zu entwickeln. Nicht zuletzt darauf beruht der große wirtschaftliche Erfolg der Bundesrepublik in den ersten Jahrzehnten ihres Bestehens. *Ludwig Erhards* Geheimnis bestand gerade darin, auf den Leistungswillen und die Leistungsfähigkeit der Bürger zu setzen und auf ihr Vermögen zu vertrauen, sich im Wettbewerb zu behaupten. Wohl sollte der Kapitalismus sozial unterfangen sein, der wirtschaftliche Wettbewerb aber nicht unter einer Überfülle staatlicher Dirigismen ersticken. Die soziale Marktwirtschaft war das der Freiheitskonzeption des Grundgesetzes kongeniale nationalökonomische Programm.

2. Zur Sicherung des so verstandenen Staates der Bürger hat die Rechtsprechung entscheidend beigetragen. Konnte man vor einigen Jahrzehnten noch die Erwartung hegen, die Justiz werde sich in Ansehung des Politischen als das erweisen, was schon Montesquieu in ihr erblicken wollte, en quelque façon nulle, also gewissermaßen ein Nichts, so wurde unter dem Grundgesetz sehr bald deutlich, daß die Gerichte, vorab das Bundesverfassungsgericht, kraft der ihnen zugewiesenen Zuständigkeiten zu einem wesentlichen Bestandteil des Regierungssystems der Bundesrepublik Deutschland geworden waren. Staatlicher Willkür, dem sorglosen Umgang mit den Rechten der Bürger, ist im demokratischen Verfassungsstaat kein Raum gelassen, wo immer sich ein Kläger findet, der ihnen entgegentritt.

3. Das Grundgesetz als eine demokratische Verfassung sucht das Prinzip der Verantwortungsklarheit zu verwirklichen. Es verfolgt aus diesem Grunde mit großer Entschiedenheit das Konzept der mittelbaren, der repräsentativen Demokratie; der unmittelbaren Partizipation der Bürger an politischen Sach- und Personalentscheidungen erteilt es für die Bundesebene eine nahezu ausnahmslose Absage. Zwar fehlt es dem Bürger keineswegs an Möglichkeiten politischer Teilhabe, wo er bereit ist, sich den damit verbundenen Anstrengungen und den mit dem Heraustreten aus der Anonymität einhergehenden Unannehmlichkeiten zu stellen, dennoch wird die plebiszitäre Enthaltsamkeit des Grundgesetzes vielfach kritisiert. Hartnäckig hält sich die Mär, die unmittelbare Demokratie sei die einzig wahre, die mittelbare, repräsentative Demokratie nur eine im bevölkerungsreichen Flächenstaat bedauerlicherweise unvermeidliche, darum aber auch im Maße des irgend Machbaren zurückzudrängende, mindere Form der Demokratie. Der empirische Befund belegt dieses basistheoretische Theorem allerdings nicht: daß die Menschen in den Ländern, deren Verfassungen auf staatlicher oder kommunaler Ebene Elemente plebiszitärer Demokratie großzügig gewähren, weniger politikverdrossen seien als anderwärts, hat noch niemand behauptet oder gar bewiesen. Vor allem aber, so hat es der zu früh verstorbene Sozialdemokrat *Franz Neumann* formuliert: »Das Wesen des demokratischen politischen Systems besteht ... nicht in der Beteiligung der Massen an den politischen Entscheidungen, sondern

darin, politisch verantwortliche Entscheidungen zu treffen.« Diese Erkenntnis beruht auf der Einsicht, daß politisches Handeln – weil es nicht oder doch nur in einem weiten Rahmen normativ oder durch unentrinnbare Sachgegebenheiten determiniert ist, öffentlich verantwortet werden muß. Mit anderen Worten: die von diesem Handeln betroffenen Bürger müssen in der Lage sein, die dafür Verantwortlichen zu identifizieren, um sie bei Nichtgefallen gegen andere austauschen zu können. Schon *Perikles* wußte: Das Volk als ganzes kann Politik nicht gestalten, wohl aber kann es sie beurteilen. Deshalb besteht Demokratie in erster Linie darin, daß ein Volk eine Regierung ohne Anwendung von Gewalt loswerden kann, wenn sie in seinen Augen nichts taugt. Entscheidet das Volk aber selbst, jeder einzelne um der Freiheit seiner Stimmabgabe willen im Schutz des Wahlgeheimnisses, bleibt die Verantwortlichkeit der Entscheidung, die unabdingbar Öffentlichkeit voraussetzt, auf der Strecke. Regiert das Volk, ist die Demokratie am Ende; es kann sich schließlich nicht selber abwählen.

Repräsentation ist das unentrinnbare Formprinzip der Demokratie. Direktdemokratische Elemente mögen in begrenztem Umfang nützlich sein, denkfaul, selbstzufrieden oder handlungsunfähig gewordenen Repräsentanten auf die Sprünge zu helfen. Denn Repräsentation ist nicht als ein mit der Wahl abgeschlossener formaler Vorgang zu verstehen, sondern als Aufgabe, die den Repräsentanten verpflichtet, sich ständig der Zustimmung, jedenfalls des Respekts der Repräsentierten zu vergewissern.

Die durch stark ausgeprägte plebiszitäre Elemente geschwächte repräsentative Demokratie ermöglicht den politischen Amtsträgern die Flucht aus der Verantwortung oder führt sie in die Versuchung, ihre Ziele statt mit der Überzeugungskraft des rationalen Arguments mit populistischen Parolen zu verfolgen; sie führt zur Lähmung des politischen Systems oder unterwirft es zumal dort, wo die Quoren für das Zustandekommen eines Volksentscheids sich auf niedrigem Niveau bewegen, der Willkürherrschaft abenteuernder und unverantwortlicher Minderheiten. Der demokratische Verfassungsstaat des Grundgesetzes ist ein Staat der Bürger, weil die Bürger gegenüber diesem Staat auf ihrem Recht bestehen, es gegebenenfalls durchsetzen und die Inhaber politischer Ämter für ihr Tun und Lassen in regelmäßigen und nicht zu langen Abständen zur Rechenschaft ziehen zu können.

4. Deutschland ist ein Staat der Bürger schließlich deshalb, weil das Grundgesetz diesem Staat, von allem Anfang an getragen vom Konsens aller demokratischen Parteien, mit aller wünschenswerten Eindeutigkeit seinen Standort im »Westen« zugewiesen hat. Nicht die Bündnisfrage ist gemeint. Sie war in den Anfängen bekanntlich umstritten. Gemeint ist vielmehr: der deutsche Sonderweg, die ziellos schweifende Suche nach einer Politik des dritten Weges zwischen Liberalismus und Despotismus, war 1945 definitiv am Ende. Nur der demokratische Verfassungsstaat bot Zukunft. Von »konservativer Revolution« war zum Glück nicht mehr die Rede.

Die Verfassung hat dafür den Grund gelegt: mit der Bekundung des Willens, »als gleichberechtigtes Glied in einem vereinten Europa dem Frieden der Welt zu dienen«; mit der Aufnahme des Prinzips der offenen Staatlichkeit; mit der Perspektive, daß die Bundesrepublik »sich zur Wahrung des Friedens einem System gegenseitiger kollektiver Sicherheit einordnen« wolle (gedacht war vornehmlich an die Vereinten Nationen); mit der Inkorporation der allgemeinen Regeln des Völkerrechts in das Bundesrecht und – zur unmißverständlichen Bekräftigung dessen – mit dem verfassungsrechtlichen Verbot des Angriffskrieges. Das Jubiläum des Grundgesetzes gibt Anlaß, an die eindeutige, aus schmerzvoller geschichtlicher Erfahrung erwachsene politische Ortsbestimmung Deutschlands zu erinnern, die aus diesen Fundamentalnormen der Verfassung spricht.

III. Gefährdungen

Wenn, wie *Hegel* gesagt hat, die Weltgeschichte der Fortschritt ist im Bewußtsein der Freiheit, und wenn, wie es an gleicher Stelle heißt, alle Menschen an sich, als Menschen, frei sind, dann ist das viel beredete Ende der Geschichte eine Unmöglichkeit. Der Mensch in seiner Freiheit treibt eine unendliche Reihe von Herausforderungen und, damit notwendig verbunden, auch Gefährdungen des Bestehenden hervor. Auf einige davon sei, in gedrängter Kürze und in eher zufälliger Auswahl, hingewiesen.

1. Die Wiedervereinigung stellte und stellt das Grundgesetz auf eine harte Bewährungsprobe. Wie alles Regelhafte zielt es auf den Normalfall. Mit der Bewältigung von Ausnahmelagen tut sich die Regel schwer.

2. Mit dem Ende des Ost-West-Konflikts unter Wiederherstellung von Deutschlands Einheit war die Nischenexistenz der alten Bundesrepublik an ihr Ziel gelangt. Die Weltpolitik hat Deutschland eingeholt. Die nunmehr auf unserem Land lastende größer gewordene internationale Verantwortung darf aber ebensowenig wie das damit einhergehende höhere Gewicht dazu verleiten, die Fundamente preiszugeben, auf dem beides ruht: das atlantische Bündnis und die europäische Integration.

3. Der deutsche Föderalismus ist in eine Schieflage geraten. Unter Mißachtung des zumal von ihnen auf der europäischen Ebene vehement eingeforderten Subsidiaritätsprinzips haben die Länder in den vergangenen fünf Jahrzehnten immer wieder bereitwillig vor allem Gesetzgebungszuständigkeiten an den Bund abgegeben und deren ausgreifender Inanspruchnahme kaum Widerstand entgegengesetzt. Die jüngst in Gang gekommene Gegenbewegung verläuft zögerlich genug. Das große Ausmaß bundeseinheitlicher Aufgabenwahrnehmung hat zur Folge, daß der Bund weitestgehend die Ausgaben, mehr noch die Einnahmen der Länder festlegt. Neben der Gesetzgebungs-

sind die Länder auch ihrer Finanzautonomie weitgehend verlustig gegangen.
Es ist hier nicht der Ort, über die vielfältigen Denkanstöße zur Abhilfe zu
berichten. Es wird kaum gelingen, den gewachsenen »kooperativen Konkor-
danzföderalismus« (W. *Renzsch*) mit einem großen Ruck durch einen »kompetitiven« Föderalismus zu ersetzen. Aber Reformbedarf besteht. Kompetenzen müssen auf die Länder zurückverlagert, ihre finanzielle Selbstständigkeit
muß gestärkt, Gemeinschaftsaufgaben müssen entflochten, das System des
vertikalen und horizontalen Finanzausgleichs muß überschaubarer, die darin
derzeit enthaltenen Anreize zu ökonomisch unerwünschtem Verhalten müssen beseitigt und ineffiziente Territorialstrukturen kritisch in den Blick genommen werden. Bündische Einheit und gliedstaatliche Autonomie sind unter Berücksichtigung gemeinschaftsrechtlicher Normierungen im Finanzbe-
reich neu auszubalancieren.

4. Die zahlreichen Kompetenzverschiebungen zugunsten des Bundes haben
die Rolle des Bundesrates, in dem die Ministerpräsidenten den Ton angeben,
im politischen Prozeß enorm gestärkt. Die Einbußen an Staatlichkeit, welche
die Länder durch die Verlagerung von Gesetzgebungskompetenzen auf den
Bund und durch den Verlust an finanzieller Autonomie erlitten haben, sind
durch den Machtzuwachs des Bundesrates nicht kompensierbar. Sie gehen auf
Kosten des demokratischen Prinzips, und zwar einerseits infolge einer Entmachtung der Landesparlamente und andererseits durch eine empfindliche
Einschränkung des politischen Handlungsspielraums des vom Volk gewählten
Bundesparlaments. Ein demokratisches Defizit, von dem in Bezug auf die
Europäische Union so oft die Rede ist, besteht auch im eigenen Staat. Das fällt
umso stärker ins Gewicht, als die Macht der Exekutiven noch aus anderen
Gründen ständig wächst. Die längst nicht mehr nur auf der nationalen Ebene
etablierten, die Verbandsbürokratien einbeziehenden Netzwerke des Expertentums befördern eine »schleichende Entparlamentarisierung der Politikerzeugung« (C. *Böhret*). Der staatenübergreifende, aus der Entgrenzung der
Problemlagen resultierende »Zwang zur Konvergenz« (F. W. *Scharpf*) höhlt
den Einfluß der nationalen Parlamente aus. Der konsensuale, informale, ver-
handelnde Staat, der, beispielsweise im Umweltrecht, mit Betroffenen Absprachen trifft, marginalisiert das Parlament und führt zu einem Verlust an
öffentlicher Politikkontrolle. Das alles ist nicht immer schlecht, es kann
durchaus zu einer verbesserten Effektivität und Akzeptanz von Politik führen, auf die gerade die Demokratie in hohem Maße angewiesen ist. Dennoch
ist die Fülle der in die gleiche Richtung, zum Exekutivstaat, führenden Entwicklungen nicht unbedenklich.

5. Die Problemlösungskompetenz des Staates schwindet. Die unaufhalt-
samen Prozesse der Internationalisierung und Globalisierung begründen die
Notwendigkeit einer immer engeren Kooperation der Staaten, die den politischen Willensbildungs- und Entscheidungsprozeß zunehmend undurchsich-

tig werden läßt. Der Staat der Bürger droht, jedenfalls aus deren Sicht, sich in einem komplexen Verbundsystem einer Vielzahl zusammenwirkender Ebenen aufzulösen. Die Zuordnung von Verantwortung wird erschwert, wenn nicht unmöglich – ein tragender Pfeiler demokratischer Verfassungsstaatlichkeit zeigt tiefe Risse. Aber die steuerungspolitische Autarkie des Staates ist unwiderruflich dahin. Begrenzte Abhilfe ist nur auf zweierlei Weise möglich: durch ein Höchstmaß an Transparenz, das sich am ehesten durch eine konsequente und nachhaltige Einschaltung der nationalen Parlamente in den supra- und internationalen politischen Prozeß erreichen läßt, sowie durch eine Stärkung des demokratischen Elements in den Verfassungsstrukturen zwischenstaatlicher Einrichtungen. Auf den Mustern der nationalstaatlichen Demokratie darf man dabei allerdings nicht phantasielos beharren.

6. Die Globalisierung, die, bezogen auf die Wirtschaft, auch als Irrelevanz des Standorts beschrieben worden ist (*U. Blum*), hebt die Einheit von Wirtschafts- und Sozialraum auf, die bisher vom Staat verantwortet worden ist. Wie in früheren Jahrhunderten diejenigen, die sich dem Religionszwang ihrer Landesherren nicht fügen mochten, ihr Heil in der Auswanderung suchten, so flüchten heute Kapital und Wissen vor dem Zugriff derjenigen Staaten, die diese Produktionsfaktoren in finanzieller und sonstiger Hinsicht zu stark belasten. Die Folgen für die an den Bestand von Arbeitsplätzen anknüpfenden sozialen Sicherungssysteme sind offenkundig. Der Umbau des Sozialstaats ist daher unausweichlich – die Forderung ist wohlfeil, ihre Umsetzung in die Wirklichkeit nicht minder schwierig als die Reform der Finanzverfassung.

7. Politische Parteien sind in der Demokratie »notwendige Einrichtungen des Verfassungslebens« (Bundesverfassungsgericht). Ihr mangelndes Anschen gefährdet den Verfassungsstaat. Wie keiner anderen Organisation fällt den Parteien die Aufgabe politischer Führung zu – nicht losgelöst vom Willen des Volkes, aber auch nicht in opportunistischer Anlehnung an demoskopisch erhobene Stimmungslagen. Besorgniserregend ist ihr Umgang mit wichtigen Institutionen des Staates, die – wie der öffentliche Dienst, die Richterschaft, die wissenschaftlichen Hochschulen, der Rundfunk oder die Notenbank – die ihnen zugedachte Funktion gerade dann am wirksamsten erfüllen, wenn sie dem Einfluß und der Kontrolle der Parteien nicht oder doch nur begrenzt unterworfen sind. *Josef Isensee* hat den Parteien im Blick auf die immer ungenierter betriebene Ämterpatronage geradezu einen »Affekt gegen Institutionen« bescheinigt, der gemeinschädlich ist.

8. Im Gewoge der sich auch institutionell verdichtenden internationalen Beziehungen werden die Staaten nicht untergehen. Der Staat als letztverantwortliche Ordnungsmacht ist zumindest auf absehbare Zeit nicht ersetzbar. Das Überstaatliche bleibt staatlich bedingt (*P. Häberle*). Zumal der auf freier Einung gründende demokratische Verfassungsstaat bedarf zu seinem Gedeihen einer »staatsgestimmten« Bürgerschaft (*Heinrich Schneider*). Das Staats-

volk, das diese Leistungen zu erbringen hat, ist, in den Worten *Richard von Weizsäckers*, »ein Inbegriff von gemeinsamer Vergangenheit und Zukunft, von Sprache und Kultur, von Bewußtsein und Wille, von Staat und Gebiet«, es ist »Kommunikations-, Erfahrungs- und Erinnerungsgemeinschaft« (*W. Schäuble*). Staaten, denen es an einem durch diese Eigenschaften ausgezeichneten Staatsvolk fehlt, führen eine gefährdete Existenz. Deshalb ist es weise, auf eine europaweite Staatsbildung zu verzichten. Jene Staatsgestimmtheit, für welche Verfassungsloyalität und Bereitschaft zum Rechtsgehorsam nur – allerdings unerläßliche – Voraussetzungen sind, ist unverzichtbar besonders in einem pluralistischen Gemeinwesen, das den auf seinem Gebiet lebenden Menschen die freie Wahl ihrer religiösen und kulturellen Identität überläßt und garantiert. Zwar steht das Staatsangehörigkeitsrecht in Einzelheiten zur Disposition des Gesetzgebers, die verfassungsrechtlichen Grenzen dieser Dispositionsfreiheit sind nicht leicht auszuloten. Jedenfalls aber ist es das Wesen des demokratischen Prinzips, daß die Staatsgewalt vom Volke ausgeht. Das aber heißt, daß zwar das Volk sich eine neue Regierung wählen kann, nicht aber die Regierung sich eine neues Volk. Anders formuliert: Träger der deutschen Staatsgewalt ist das deutsche Volk, das mehr verbindet als der Besitz einer gemeinsamen Staatsangehörigkeit. Mit Staatsbürgern unter Vorbehalt ist kein Staat zu machen.

IV. Schluß

Eine gute Verfassung ist eine notwendige, aber keine ausreichende Bedingung für die Wohlfahrt der res publica. Das Ansehen des Gemeinwesens, damit auch die Funktionsfähigkeit seiner Verfassung beruhen im übrigen auf der Verläßlichkeit seiner Institutionen, auf der erkennbaren Gemeinwohlorientierung aller in Staat und Gesellschaft zu verantwortlichem Handeln Berufenen, nicht zum wenigsten aber auch auf dem Gemeinsinn und der Einsatzbereitschaft der Bürgerinnen und Bürger.

Wenn man ihr Zeit lasse, komme die deutsche Nation immer aufs Rechte, schrieb *Goethe* 1817 an den Verleger *Fromann* in Jena. Nicht selten leider bedurfte es dazu in der Vergangenheit z.T. verhängnisvoller Umwege. Mit dem vom Grundgesetz geschaffenen europa- und weltoffenen demokratischen und sozialen Rechtsstaat hat die deutsche Nation – endlich! – das Rechte gefunden. Anläßlich seines 50. Geburtstags darf man wünschen: ad multos annos! Geht dieser Wunsch in Erfüllung, ist es »ein Fest, Deutscher mit Deutschen zu sein« (*Goethe*).

II. Grundrechte und Grundpflichten

1. Über Grundpflichten

Das widersprüchliche Beziehungsverhältnis, in welchem »der deutsche Bürger und sein Staat«[1] zueinander stehen, hat in den zurückliegenden Jahren häufig die Aufmerksamkeit kritischer Beobachter gefunden. Wird es auf der einen Seite durch ein ausgeprägtes Mißtrauen gekennzeichnet, das der Bürger dem Staat entgegenbringt und dem er durch den denkbar extensivsten Gebrauch des rechtsstaatlichen Instrumentariums Ausdruck verleiht, so steht dem ein um so unbefangenerer Glaube an die alles vermögende Leistungsfähigkeit des Staates als Dienstleistungsbetrieb gegenüber. Daß die Leistungsfähigkeit des Staates in unmittelbarer Korrelation zur Leistungsbereitschaft seiner Bürger steht, scheint nur wenigen gegenwärtig.

Die Ursachen für das ambivalente, grundsätzlich jedoch distanzierte Verhältnis des Bürgers zu dem Staat, der sein Staat ist, sind mannigfaltiger Art[2]. Sie sind in der Geschichte unseres Volkes während der letzten anderthalb Jahrhunderte begründet. Das Scheitern der Revolution von 1848, die Entfremdung großer Teile des Volkes (Sozialdemokraten und Katholiken) gegenüber dem Reich Bismarcks, das politische Scheitern dieses Reiches sowie der ersten deutschen Republik, die auf freilich sehr unterschiedliche Weise vollbrachte Diskreditierung der Staatlichkeit durch Nationalsozialismus und Marxismus, der Mißbrauch von Patriotismus und Nationalbewußtsein, die beiden zugleich wirtschaftlichen und militärischen Katastrophen, deren zweite mit der Teilung Deutschlands endete – alle diese Momente erklären zu ihrem Teil, warum sich der deutsche Staat nicht der vorbehaltlosen Zustimmung oder gar der Hingabebereitschaft seiner Bürger erfreut. Es kommt hinzu, daß Demokratie und Liberalismus, die beiden die Verfassungsgeschichte des 19. Jahrhunderts bestimmenden und für die Staatlichkeit der Bundesrepublik Deutschland erneut bestimmend gewordenen politischen Ideen im Prozeß der geschichtlichen Entwicklung der Monarchie abgerungen werden mußten, infolge von deren Identifizierung mit dem Staate jedoch eine gegen diesen selbst gerichtete Wendung nahmen, was jedenfalls dem demokratischen Gedanken stracks zuwiderläuft.

---

[1] So der Titel der eindrucksvollen Abhandlung *W. Webers* in: ders., Spannungen und Kräfte im westdeutschen Verfassungssystem, ³1970, S. 329 ff.
[2] Dazu *Weber*, a. a. O.

Auf solchem Hintergrund darf es nicht Verwunderung erregen, daß die Deutschen das außerordentliche Maß an persönlicher Freiheit, in dessen Genuß sie sich im wesentlichen Teil ihres Vaterlandes versetzt sahen, vorab zur Mehrung ihres Wohlstandes nutzten und nutzen – ein Bemühen, das um so weniger die ihm heute vielfach entgegengebrachte Verachtung verdient, als es keineswegs regelmäßig ein bloß egozentrisches, vielmehr meist ein der durch vergangene Entbehrungen und Opfer oft hart geprüften Familie zugewendetes gewesen ist, das durch seinen Erfolg schließlich auch für die Gesamtheit einen in aller Welt bewunderten Nutzen abgeworfen hat. Ohne den, sei es auch primär auf den eigenen Vorteil bedachten, Fleiß der Bürger wäre die Herstellung einer weithin befriedeten, wenngleich auch des weiteren Ausgleichs sicher bedürftigen Sozialordnung in der Bundesrepublik nicht möglich gewesen.

Trotz funktionierender Rechts- und Sozialstaatlichkeit, trotz eindrucksvoller Leistungen der demokratischen Institutionen unseres Staates – gewiß mit jeweiligen Schwächen, die niemand übersehen wird – ist das Bekenntnis zu diesem Staat, soweit er nicht gar auf Ablehnung oder (häufiger noch) auf Gleichgültigkeit stößt, nicht vom Gefühl, sondern allenfalls von der verstandesmäßigen Einsicht in seine Unentbehrlichkeit getragen, die allerdings auch nicht weit verbreitet sein dürfte. Woran es fehlt, ist »etwas sehr einfaches, nämlich die Liebe zur Republik«, »die auf das Gemeinwohl gerichtete sittliche Einstellung«, wie *Montesquieu*[3] die politische Tugend definiert hat, oder auch die für ein gedeihliches Gemeinschaftsleben notwendige Hinwendung zum Nächsten wie zum Ganzen. Es wäre unklug, diese Feststellung als Rückfall in eine unzeitgemäße Romantik abzutun. Denn: »Jeder Staat, sofern man ihn in seiner realen Existenz und nicht nur als ideelles Gebilde ins Auge faßt, beruht auf den Eigenschaften der Menschen, die ihn tragen und seine Funktionen ausüben. Er ist ohne ein gewisses Maß von Tugend undenkbar[4].«

Mithin ist es ein legitimes Anliegen auch der Verfassungsrechtslehre, darüber nachzudenken, welche normativen Mittel zur Verfügung stehen, um das notwendige Maß staatsbürgerlicher Tugend erzeugen zu helfen. In diesem Zusammenhang ist die verfassungsgesetzliche Statuierung sog. Grundpflichten einzuordnen. Ob und inwieweit es sich dabei um ein im Sinne des vorgesetzten Zweckes geeignetes Instrumentarium handelt, wird die weitere Prüfung zu erweisen haben.

Bekanntlich enthielt die Weimarer Reichsverfassung in ihrem zweiten Hauptteil eine Vielzahl von Grundpflichten, die im Grundgesetz und in den Verfassungen der Länder nur teilweise wiederkehren. Vorab sei die Wehr-

---

[3] Vom Geist der Gesetze, 5. Buch 2. Kapitel und 3. Buch 5. Kapitel.
[4] *E. Forsthoff*, Der moderne Staat und die Tugend, in: Rechtsstaat im Wandel, 1964, S. 13 ff., 15.

pflicht nebst der Pflicht zur Leistung vergleichbarer Dienste genannt[5], die durch »herkömmliche allgemeine, für alle gleiche öffentliche Dienstleistungspflichten«[6] ergänzt werden. Die Festsetzung der Schulpflicht nimmt einen weiteren wichtigen Platz ein[7], und häufig kehrt auch die Verpflichtung zur Übernahme von Ehrenämtern wieder[8].

Besondere Erwähnung verdienen Art. 155 Abs. 3 WRV – »Die Bearbeitung und Ausnutzung des Bodens ist eine Pflicht des Grundbesitzers gegenüber der Gemeinschaft« – und Art. 163 Abs. 1 WRV – »Jeder Deutsche hat unbeschadet seiner persönlichen Freiheit die sittliche Pflicht, seine geistigen und körperlichen Kräfte so zu betätigen, wie es das Wohl der Gesamtheit erfordert« – in ähnlicher Weise heben die Verfassungen von Bremen (Art. 8) und Hessen (Art. 28) die »sittliche Pflicht« zur Arbeit hervor; auch die Verfassung des Freistaates Bayern betont »das Recht und die Pflicht, eine seinen Anlagen und seiner Ausbildung entsprechende Arbeit im Dienste der Allgemeinheit nach näherer Bestimmung der Gesetze zu wählen« (Art. 166 Abs. 2)[9]. Ferner ist hinzuweisen auf die in einigen Landesverfassungen niedergelegte Pflicht zur Treue gegenüber Volk/Staat und Verfassung, zum Gehorsam gegenüber den Gesetzen und zur Teilnahme an den öffentlichen Angelegenheiten[10]. Schließlich sei auch noch die allgemeine Nothilfepflicht erwähnt, die in einige Landesverfassungen Aufnahme gefunden hat[11].

Regelmäßig ergibt sich bereits aus dem Wortlaut der angeführten Vorschriften, daß sie der näheren Ausführung durch Gesetze bedürfen, daß die in ihnen statuierten Pflichten nur nach Maßgabe der Gesetze gelten oder daß sie gar des Charakters einer Rechtspflicht ermangeln, ihnen also nur die Eigenschaft einer sittlichen Verpflichtung zukommt. Auch dort, wo die einschlägige Verfassungsnorm einen entsprechenden Vorbehalt nicht aufweist, hat die Rechtswissenschaft den Standpunkt eingenommen, daß es zur Aktualisierung der Pflicht des sie konkretisierenden Gesetzes bedürfe[12]. Diese Notwendigkeit liegt für Pflichten wie die zum Gesetzesgehorsam auf der Hand: abstrakt sind sie nichtssagend, erst aus dem Gesetz, das freilich im Einzelfall auch das Verfassungsgesetz sein kann – so wenn es etwa Beginn und Ende der Schulpflicht exakt normiert –, ergibt sich, was der einzelne zu tun und zu lassen hat[13].

---

[5] Art. 12a GG, 133 Abs. 2 WRV.

[6] Art. 12 Abs. 2 GG, 133 Abs. 1 WRV.

[7] Art. 145 WRV, 14 BW, 129 Bay, 30 Br., 56 Hs., 8 NRW, 6 SH.

[8] Art. 132 WRV, 121 Bay, 9 Br., 25 Hs., 21 RP, 19 Saarl.

[9] Vgl. auch Art. 117 Bay, 9 Br., 20 RP.

[10] Wie Anm. 9.

[11] Art. 122 Bay, 10 Br., 22 RP, 19 Saarl.

[12] Vgl. z.B. *G. Anschütz,* Die Verfassung des Deutschen Reiches vom 11. August 1919, 14. Aufl. 1933, Art. 155 Anm. 1.

[13] So auch *C. Schmitt,* Grundrechte und Grundpflichten in: Verfassungsrechtliche Aufsätze, 1958, S. 181 ff., 217.

Darauf, daß dieser Befund nicht nur durch den unvermeidlich lapidaren Charakter von Verfassungsnormen bedingt ist, wird sogleich zurückzukommen sein.

Die dargestellte Eigenart vom Verfassungsrecht aufgestellter Grundpflichten des Bürgers wird auf dem Hintergrund eines anderen Beispielsfalles noch deutlicher sichtbar. Gemeint ist Art. 6 Abs. 2 Satz 1 GG[14], der Pflege und Erziehung der Kinder als »das natürliche Recht der Eltern und die zuvörderst ihnen obliegende Pflicht« bezeichnet. Während die zuvor genannten Pflichten offensichtlich zu den dem einzelnen von der Verfassung verbürgten Rechten in einem kontradiktorischen Verhältnis stehen, gilt dies für die Erziehungsverantwortung der Eltern nicht. Das Bundesverfassungsgericht[15] beschreibt diesen Sachverhalt folgendermaßen: Der Schutz des in Art. 6 Abs. 2 GG gewährleisteten Grundrechts dürfe nur für ein Handeln in Anspruch genommen werden, das bei weitester Anerkennung der Selbstverantwortlichkeit der Eltern noch als Pflege und Erziehung gewertet werden kann, nicht aber für das Gegenteil: die Vernachlässigung des Kindes. Die Verfassung mache dies durch die Verknüpfung des *Rechts* zur Pflege und Erziehung mit der *Pflicht* zu dieser Tätigkeit deutlich. Diese Pflichtbindung unterscheide das Elternrecht von allen anderen Grundrechten. Recht und Pflicht seien in Art. 6 Abs. 2 Satz 1 GG von vornherein unlöslich miteinander verbunden; die Pflicht sei nicht eine das Recht begrenzende Schranke, sondern ein wesensbestimmender Bestandteil des Elternrechts, das insoweit treffender als Elternverantwortung bezeichnet werden könne. Geschützt werde die freie Entscheidung der Eltern darüber, wie sie dieser natürlichen Verantwortung gerecht werden wollen, geschützt würden aber nicht diejenigen Eltern, die sich dieser Verantwortung entziehen. Hier setze das Wächteramt des Staates ein (Art. 6 Abs. 2 Satz 2 GG).

Der vom Bundesverfassungsgericht so nachdrücklich hervorgehobene Unterschied zwischen der Gewährleistung der »Elternverantwortung« in Art. 6 Abs. 2 Satz 1 GG einerseits und allen übrigen Grundrechten andererseits besteht also darin, daß die Schranken dieser Grundrechte unabhängig davon, ob es sich um verfassungsunmittelbare oder -mittelbare Schranken handelt, an diese Rechte gewissermaßen »von außen« herangetragen werden, während sie in jenem Falle als dem Elternrecht selbst innewohnende, ihm immanente Schranken anzusehen sind, wobei es sich, genau besehen, eigentlich gar nicht um Schranken eines Rechtes handelt, sondern um die Übertragung einer Aufgabe, die zu erfüllen den Eltern obliegt, und bei deren Erfüllung sie ein gewisses Maß an Entscheidungsfreiheit genießen, während der Staat darüber wacht, erstens, daß sie der ihnen übertragenen Aufgabe überhaupt nachkom-

---

[14] So auch Art. 120 WRV, 126 Bay, 55 Hs., 25 RP, 24 Saarl.
[15] BVerfGE 24, 119 ff., 143.

men und zweitens – in Grenzen allerdings –, wie sie das tun. Diese Rechts-
qualität des Art. 6 Abs. 2 Satz 1 GG ist, wie das Bundesverfassungsgericht
ausdrücklich betont, singulär. Sie hat unter den übrigen Grundrechten keine
Parallele, auch nicht, wie besonders festgestellt wird, bei dem Grundrecht des
Eigentums. Bei der in Art. 14 Abs. 2 GG statuierten Sozialbindung des Eigentums handelt es sich um eine Maxime, die der Gesetzgeber im Rahmen der
Bestimmung von Inhalt und Schranken des Eigentums zu vollziehen hat[16],
also nicht um eine der gesetzlichen Konkretisierung nicht bedürftige, vom
Eigentümer zu erfüllende Verpflichtung, deren Nichtbeachtung ohne weiteres
den Verlust des Eigentums und seine Übernahme durch den Staat zur Folge
hätte. Gleiches gilt für die Gemeinwohlbindung der wirtschaftlichen Tätigkeit, die in einige Landesverfassungen aufgenommen worden ist[17].

Die dargelegte, der unmittelbaren Vollziehbarkeit grundsätzlich ermangeln-
de, regelmäßig also der gesetzlichen Aktualisierung bedürftige, Struktur verfassungsgesetzlich statuierter Grundpflichten unterscheidet diese von den
Grundrechten. Sie bedürfen nicht des sie vollziehenden Gesetzes, die Freiheit,
die sie garantieren, ruht in sich selbst – nur ihre realen Voraussetzungen sind,
zumal im Sozialstaat, Gegenstand staatlicher Obsorge. Die Grundrechte sind
der Ausdruck des rechtsstaatlichen Verteilungsprinzips: »die Freiheitssphäre
des einzelnen wird als etwas vor dem Staat Gegebenes vorausgesetzt, und
zwar ist die Freiheit des einzelnen prinzipiell unbegrenzt, während die Befugnis des Staates zu Eingriffen in diese Sphäre prinzipiell begrenzt ist«[18]. Die
von Schrifttum und Rechtsprechung einhellig anerkannten Rechtssätze der
Verhältnismäßigkeit und des Übermaßverbots besagen in Übereinstimmung
mit diesem Prinzip, daß die Freiheit des einzelnen jeweils nur soweit beschränkt werden darf, als es zum Schutz öffentlicher Interessen unerläßlich
ist. Anders ausgedrückt: Die »Beweislast« für die Rechtmäßigkeit von Eingriffen des Staates in die individuelle Freiheit trifft den Staat; vermag er ihre
Geeignetheit und Notwendigkeit im allgemeinen Interesse nicht darzutun,
verfallen sie dem Verdikt der Verfassungswidrigkeit. Neben den solchermaßen
strukturierten Grundrechten ist für Grundpflichten gleicher Struktur kein
Raum. Wären auch sie unmittelbar vollziehbar und prinzipiell unbegrenzt,
wäre damit auch das rechtsstaatliche Verteilungsprinzip, die grundsätzliche
Entscheidung für die Freiheit, eliminiert. Die Verfassung würde sich mit sich
selbst in Widerspruch setzen, wollte sie zugleich die prinzipiell unbegrenzte
Freiheit und die prinzipiell unbegrenzte Inpflichtnahme des einzelnen zur
Norm erheben. Enthält also eine rechtsstaatliche Verfassung wie die des
Grundgesetzes sog. Grundpflichten, so kann es sich dabei nur um durch die

---

[16] *W. Weber,* Das Eigentum und seine Garantie in der Krise, in: Festschrift für Michaelis,
1972, S. 316 ff., 324.
[17] Art. 151 Bay, 38 Br., 38 Hs., 51 RP, 43 Saarl.
[18] *C. Schmitt,* Verfassungslehre, ³1957, S. 126; *ders.,* a. a. O. (Anm. 13), S. 208 f.

Verfassung selbst legitimierte, aber gesetzlicher Maßbestimmung und Vermittlung bedürftige Schranken grundrechtlich gewährleisteter Freiheit handeln. »Die Anerkennung von Grundpflichten nimmt dem Staatswesen den Charakter eines rein liberalen Rechtsstaates und die Erklärung der Grundpflichten im zweiten Hauptteil der Weimarer Verfassung sollte gerade diesem Zweck dienen und gegenüber den Prinzipien individualistischer Freiheit den sozialen Charakter des Deutschen Reiches hervorheben[19].«

Wenn also das Grundgesetz gegenüber der Aufnahme von Grundpflichten spröde Zurückhaltung zeigt, so wohl aus einem dreifachen Grunde: Der Rückgriff auf die Freiheitsvermutung und das Prinzip der undefinierten Freiheit, wie sie dem liberalen Rechtsstaat eigen sind, sollte im Blick auf die totale Umkehrung dieser Grundsätze im NS-Staat so deutlich wie möglich ausfallen[20] – der neue Staat der Bundesrepublik Deutschland sollte seine Legitimation nicht nur aus dem demokratischen Prinzip der Mitwirkung, sondern gleichrangig, wenn nicht primär, aus dem liberalen Prinzip der Sicherung individueller Freiheit beziehen[21]. Sodann kam es dem Verfassunggeber bekanntlich darauf an, den Grundrechtskatalog aus dem den zweiten Hauptteil der Weimarer Verfassung verdunkelnden Zwielicht des Mischmaschs von unmittelbar verbindlichen Rechtsnormen und bloßen Programmsätzen zu befreien, ein Bestreben, dem dann auch eine Reihe sog. Grundpflichten zum Opfer fiel. Schließlich aber findet sich die unter den Bedingungen des Staates der modernen Industriegesellschaft notwendige Korrektur des liberalen Freiheitsprinzips der Grundrechte in der sozialen Staatszielbestimmung der Art. 20 und 28 GG, die eine Aufzählung sozialer Grundpflichten entbehrlich macht.

In einer rechtsstaatlichen Verfassung können nach alledem Grundpflichten neben dem Zweck, als Grundlage einfachgesetzlicher Einschränkungen grundrechtlicher Freiheitsgarantien zu dienen, nur die Funktion eines an den einzelnen gerichteten moralischen Appells erfüllen, sich dem Dienst am Gemeinwohl nicht zu versagen. Ihre Wirksamkeit im Sinne der Erzeugung staatsbürgerlicher Tugend ist folgeweise gering zu veranschlagen. Aber das aufgezeigte Dilemma ist unausweichlich: wer es unternimmt, mit den Mitteln des Rechts die Bürger für den Staat in Pflicht zu nehmen, wird notwendig im gleichen Maße ihre Freiheit verringern. Dies tut namentlich derjenige, der die grundrechtlich gewährleistete Freiheit zur Aufgabe des einzelnen erklärt, über deren Erfüllung die Gemeinschaft wacht.

---

[19] *C. Schmitt,* Verfassungslehre, S. 175.
[20] Dazu *H. von Mangoldt,* Das Bonner Grundgesetz, Kommentar, 1953, Einleitung zu Art. 1 ff., S. 34 ff.; ders., Bericht an das Plenum des Parlamentarischen Rates zum Grundrechtsabschnitt, in: Parlamentarischer Rat, Schriftlicher Bericht zum Entwurf des Grundgesetzes für die Bundesrepublik Deutschland, S. 5 ff.
[21] *E.-W. Böckenförde,* Das Grundrecht der Gewissensfreiheit, VVDStRL 28 (1969), S. 33 ff., 56 f.

Versuche dieser Art sind nicht ausgeblieben. Die Geltung des rechtsstaatlichen Verteilungsprinzips unter dem Grundgesetz ist wie seine Implikationen, namentlich der liberale Begriff der Freiheit als einer nur vom einzelnen als ihrem Subjekt zu definierenden, ihm also zu prinzipiell beliebigem Gebrauch oder Nichtgebrauch vorbehaltenen, nicht vom Staat gewährten, sondern von ihm vorgefundenen Freiheit, und die Unterscheidung von Staat und Gesellschaft (als der grundsätzlich staatsfreien Sphäre der einzelnen in ihrem sozialen Zusammenhang[22]) nicht unbestritten. Seine Infragestellung geschieht auf unterschiedliche Weise, letztlich aber immer mit dem Erfolg, daß sich die Freiheit des einzelnen mehr oder weniger deutlich zur staatlichen Disposition gestellt sieht. Ich habe das in meiner Schrift »Die Grundrechte im demokratischen Staat«[23] am Beispiel der demokratisch funktionalen Grundrechtstheorie[24] erläutert, die, wie das Bundesverwaltungsgericht[25] es einmal ausgedrückt hat, davon ausgeht, daß die Grundrechte »dem Staatsbürger nicht zur freien Verfügung eingeräumt (sind), sondern in seiner Eigenschaft als Glied der Gemeinschaft und damit auch im öffentlichen Interesse«. Freiheit ist nach dieser Meinung nicht mehr die Freiheit des einzelnen, der sich ihrer nach seinem Belieben bedient, sondern ein zur Erfüllung einer bestimmten Aufgabe, der Teilnahme am demokratischen politischen Prozeß, gewährtes Recht, das deutlich den Charakter eines Amtes trägt, dessen Wahrnehmung die Pflicht seines Inhabers ist. Andere Grundrechtstheorien, wie namentlich die institutionelle und die Werttheorie[26], welch letztere Grundrechtsausübung als Wertverwirklichung begreift, verstehen die in den Grundrechten gewährleistete Freiheit gleichfalls als auf ein bestimmtes, von Fall zu Fall und von Autor zu Autor oft unterschiedlich beschriebenes Ziel hin orientiert. Zum Verteidiger dieses nichtliberalen Freiheitsverständnisses hat sich jüngst erneut *Herbert Krüger*[27] gemacht, dessen Meinung deshalb als ein Beispiel für viele eine eingehendere Darstellung und Kritik erfahren soll.

---

[22] *E.-W. Böckenförde,* Grundrechtstheorie und Grundrechtsinterpretation, NJW 1974, 1529 ff., 1530; zum Problem der Unterscheidung von Staat und Gesellschaft s. ferner *ders.,* Die Bedeutung der Unterscheidung von Staat und Gesellschaft im demokratischen Sozialstaat der Gegenwart in: Festgabe für W. Hefermehl, 1972, S. 11 ff.; *ders.,* Die verfassungstheoretische Unterscheidung von Staat und Gesellschaft als Bedingung der individuellen Freiheit, 1973; *R. Herzog,* Allgemeine Staatslehre, 1971, S. 38 ff., 145 ff., 237 f.; *H. H. Klein,* Die Grundrechte im demokratischen Staat, 1972, S. 34 f., 47 ff.

[23] Vgl. Anm. 22.

[24] Zu ihr jetzt im gleichen Sinne auch *Böckenförde,* NJW 1974, 1534 f.

[25] BVerwGE 14, 21 ff., 25.

[26] Zu beiden zusammenfassend mit w. Nachw. *Böckenförde,* NJW 1974, 1532 ff., und – zur institutionellen Grundrechtsauffassung *P. Häberles* – *H. H. Klein,* a. a. O., S. 61 ff.

[27] Vor allem sein Beitrag »Die Verfassung als Programm der nationalen Integration« in der Festschrift für F. Berber, 1973, S. 247 ff.; ferner die parallelen Arbeiten »Verfassungsvoraussetzungen und Verfassungserwartungen« in: Festschrift für U. Scheuner, 1973, S. 285 ff., und »Die Verfassung als Programm der nationalen Repräsentation« in: Festschrift für E. R. Huber, 1973, S. 95 ff. s. aber auch Allgemeine Staatslehre, 1964, S. 526 ff.

Der liberalen Grundrechtstheorie wirft Krüger vor, ihr Verständnis der Grundrechte als Abwehrrechte lasse den Staat als die erste Voraussetzung aller wirklichen Freiheit in Vergessenheit geraten: der durch den status negativus abgeschirmte Raum liefere für den Staat keinen Ertrag[28]. Mit Schärfe bekämpft Krüger insonderheit die aus dem liberalen Begriff der Freiheit zu ziehende Folgerung, sie schließe auch die Entscheidung zum Nichtgebrauch der Freiheit ein. Er bezeichnet sie als den äußersten Ausdruck staatlicher und gesellschaftlicher Funktionslosigkeit der Grundrechte[29] und sieht in den als Abwehrrechten verstandenen Grundrechten die »Gewährleistung einer mindestens gesellschaftlich sinnlosen Freiheit«[30], »Vehikel der Entpflichtung und nicht der Verpflichtung der Persönlichkeit gegenüber der Allgemeinheit«[31], die Rechtfertigung einer schrecklichen Gleichgültigkeit des Menschen gegen seine Mitmenschen und der Verweigerung jeglicher Mitwirkung in wesentlichen Fragen des Gemeinwohls[32]. Die liberal verstandene Freiheit erscheint Krüger »sinnleer« und es kommt ihm absurd vor, daß sie es dem einzelnen überlassen will, »ob und wie er seine Menschlichkeit versteht und was er aus seiner Menschenwürde macht«[33].

Im Grunde hält Krüger ein Verständnis der Grundrechte als Abwehrrechte für einem demokratischen Staat unangemessen. Denn hier beschließt der Bürger durch seine Repräsentanten über sich selbst: »Der Bürger spricht sein Wort zu den Entscheidungen der Staatsgewalt in der Wahl und durch das Parlament – der Rest ist schweigender Gehorsam[34].« Die Abwehrfunktion der Grundrechte könne allenfalls gegen die Exekutive gemünzt sein, denn für die repräsentative Demokratie gehöre sich Vertrauen in den Gesetzgeber, das sich mit dem Mißtrauen gegen die Verwaltung zu jener Auffassung verbinde, die in den Grundrechten nicht mehr als eine Umschreibung des Grundsatzes der Gesetzmäßigkeit der Verwaltung sieht[35]. Allenfalls im Bereich der Privatsphäre, die er – ohne klare Grenzziehung – von dem Bereich des Öffentlichen, der Gesellschaft, unterscheidet, will Krüger die Grundrechte als Abwehrrechte gelten lassen[36].

Für Krüger sind die Grundrechte konstitutionelle Positionen, von denen aus der Bürger seinen Beitrag zur Verwirklichung des Verfassungsprogramms zu leisten vermag, sie vermitteln dem Bürger die Möglichkeit zur Teilnahme am Prozeß der Staatshervorbringung, welcher der Gesellschaft aufgegeben ist

---

[28] Staatslehre, S. 537 f.
[29] Staatslehre, S. 538.
[30] Festschrift für Berber, S. 250.
[31] Ebd., S. 255.
[32] Ebd., S. 251.
[33] Ebd., S. 253, 255.
[34] Staatslehre, S. 893.
[35] Ebd., S. 537.
[36] Ebd., S. 539.

und in den auch die Bürger mit aktiven Rollen eingeplant sind. Die Grundrechte seien als eine solche Einplanung zu verstehen, und darin liege der staatliche Sinn ihrer Aufnahme in die Verfassung[37]. Wenn dem aber so sei, dann könne es der Staat nicht dem Belieben seiner Bürger überlassen, ob sie die ihnen zugedachte Rolle annähmen oder sich ihr verweigerten. Der richtige Gebrauch der Grundrechte wird folgerichtig zum Gegenstand der Staatspflege; denn der Staat kann seine Aufmerksamkeit nicht auf die Sozialität des Freiheitsgebrauches seiner Bürger beschränken und dessen Substantialität außer acht lassen, wenngleich sich hier kein Betätigungsfeld für den befehlenden, zwingenden oder strafenden Staat eröffnet – weshalb sich Krüger gegen die Umdeutung von Grundrechten in Grundpflichten wendet –, wohl aber für die gewaltlosen Mittel der Führung und die »eigenartigen Ordnungs- und Zuchtmittel« der Gesellschaft[38]. Nicht zufällig stellt Krüger daher auch den Bürger in eine Reihe mit dem Amtsträger: nur wenn sie ihre Rollen im Sinne der Gesamtkonzeption spielen, kann die Verfassung als das Programm des Zusammenlebens und Zusammenwirkens einer Nation erfolgreich arbeiten[39].

Entscheidend ist also die Funktion der Grundrechte für die Hervorbringung des Staates aus der Gesellschaft, ein Vorgang, den Krüger auch mit dem Begriff der Repräsentation bezeichnet. Mittels Repräsentation ist der Staat das »sich selbst darstellende und verwirklichende Richtige der politischen Gruppe«, dessen Erzeugung von deren eigener Anstrengung und der ihrer Mitglieder erwartet wird, indem sie »sich über ihre Natürlichkeit sowie deren Gesetze und Motivationen erheben«. Das Wesen der Repräsentation ist mithin »Selbst-Vergütung« dadurch, »daß eine hiernach strebende Person oder Gruppe ihr Sein und ihr Sollen … als reine Gedanken aus sich heraussetzt und sich gegenüberstellt, damit das natürliche Ich im Zwiegespräch mit seinem besseren Ich über sich selbst hinauskomme«[40]. Für die »Vergütung« des Bürgers (Wählers) von einer natürlichen zu einer repräsentativen Figur kommt den Grundrechten eine wesentliche Bedeutung zu. Informations-, Meinungs- und Pressefreiheit, aber auch Versammlungs-, Vereinigungs- und Parteienfreiheit sind vornehmlich zu dem Zweck gewährleistet, daß ihr Inhaber sich durch ihren rechten Gebrauch selbst zu einem guten Wähler erzieht[41]. Deutlicher als hier kann kaum gesagt werden, daß der Mensch so, wie er ist, für Krügers Staat nicht taugt[42], zumal er selbst Zweifel an dem allgemeinen Erfolg solcher Erziehungsbemühungen nicht unterdrücken kann. Denn wie anders könnte

---

[37] Festschrift für Berber, S. 247, 248, 267.
[38] Staatslehre, S. 543, 550, 552, 555, 569 f.
[39] Festschrift für Scheuner, S. 287.
[40] Staatslehre, S. 238, 240.
[41] Festschrift für Huber, S. 110.
[42] *P. Badura*, Die Tugend des Bürgers und der Gehorsam des Untertanen, JZ 1966, S. 123 ff., 125.

verstanden werden, daß die Grundrechte von ihm auch als eine verfassungspolitische Veranstaltung begriffen werden, kraft deren sich eine »führende
Schicht« aus der Freiheit der Bürger bilden soll? Diese, »ein freier Zusammenhang von sich anerkennenden und anerkannten Persönlichkeiten«, hat die
Aufgabe, »alle Elemente und Kräfte der Gesellschaft, die von staatlicher Bedeutung sind, auf das Gemeinwesen und das Gemeinwohl hin zu vereinigen«;
ihr vor allem obliegt es, als »Sauerteig des Staatsbewußtseins« »das Staatsbe-
wußtsein der Bevölkerung mit richtigen Vorstellungen und zutreffenden Gesichtspunkten zu erfüllen«[43]. Die Sorge indes, daß auch dem vorgelebten
Staatsethos der führenden Schicht der erwünschte Vergütungserfolg, nämlich
die Erkenntnis von Unterworfenheit und Gehorsam als Erscheinungsformen
der Freiheit, versagt bleibt, läßt Krüger zu dem resignierenden Eindruck gelangen, »daß der Gehorsam aus Einsicht darauf hinauslaufen wird, daß die
Einsichtigen den Uneinsichtigen deren Gehorsam aus Einsicht auferlegen
werden«[44].

Um Krüger gerecht zu werden, wird man freilich einige weitere Elemente
seiner Staatslehre nicht übersehen dürfen. An ihrem Beginn steht die durchaus
zutreffende Einsicht in die Notwendigkeit des Staates nicht nur als Bedingung
der kreatürlichen Existenz, sondern auch eines Lebens in Freiheit. Krüger läßt
es auch nicht an der klaren Aussage fehlen, daß der Prozeß der Staatshervorbringung nur gelingen kann, wenn er aus der ungeschmälerten Spontaneität
der Beteiligten erwächst. Die Grundrechte sind deshalb auch nur ein Aufruf
zu freier Mitwirkung an den Angelegenheiten des Gemeinwesens, ein frei-
bleibendes Angebot, bestimmte Rollen gemeinförderlich zu spielen; die von
den Grundrechten intendierte Verantwortlichkeit ihres Inhabers für den Mitmenschen und die Gesamtheit ist eine selbst zu wählende und selbst zu bestimmende, ja die Grundrechte verlangen, nach Krüger, gerade wenn man sie
als Möglichkeit und Aufforderung zur freien Verwirklichung von Gesellschaft
und Staat versteht, ein Höchstmaß an Zurückhaltung des Staates[45]. Dazu
kommt die starke Betonung des Prinzips der Nicht-Identifikation, welches es
dem Staat verbietet, sich auf einen materiellen Gehalt – eine Weltanschauung,
eine Nation, eine Klasse – festzulegen. »Nicht-Identifikation auf seiten des
Staates erweist sich damit als gleichbedeutend mit Freiheit auf seiten des Bürgers[46].« Schließlich haben Krüger zufolge die Grundrechte eine integrierende
Wirkung gerade dadurch, »daß sie eine Entscheidung der Allgemeinheit über
Themata ausschließen, über die von vornherein eine Verständigung nicht erwartet werden kann, und daher insbesondere eine Mehrheitsentscheidung als

---

[43] Festschrift für Berber, S. 270; Staatslehre, S. 360, 362, 363.
[44] Staatslehre, S. 980, 985; Festschrift für Berber, S. 258.
[45] Festschrift für Scheuner, S. 301; Festschrift für Huber, S. 100, 110; Festschrift für Berber,
S. 263; Staatslehre, S. 543, 548, 569 f.
[46] Staatslehre, S. 178 ff., 181.

eine Vergewaltigung der sittlichen Persönlichkeit empfunden werden müßte
…, daß sie dem Bürger die Gewißheit verschaffen, eine solche Vergewaltigung
nicht befürchten zu müssen, ja ganz im Gegenteil in seinen eigenen Auffassungen und Empfindungen geachtet und geschützt zu werden«[47].

Nach alledem läßt sich schwer bestimmen, wie groß der Rest rechtsstaat-
lich-liberaler Freiheit im Staate *Krügers* zu bemessen ist, bzw. wieweit die
Inpflichtnahme des einzelnen für den Prozeß der Staatshervorbringung reicht.
Zweifellos zwar wird in dieser Staatslehre Freiheit als Aufgabe begriffen, die
nicht zu erfüllen der Bürger nicht das Recht hat. Aber es wird auch gesagt,
daß diese Aufgabe in eigener Verantwortung wahrgenommen werden muß.
Eine uneingeschränkte Instrumentalisierung der Freiheit im Dienste des Staates findet also nicht statt. Immerhin lassen sich an einigen Aussagen zu einer
Reihe von Detailproblemen Konsequenzen ablesen. So stößt die Rechtsprechung des Bundesverfassungsgerichts auf Kritik, nach der der Begriff des Berufes in Art. 12 Abs. 1 GG weit auszulegen, also nicht auf bestimmte Berufs-
bilder fixiert ist, sondern jede frei gewählte Tätigkeit umfaßt, sofern sie nur
nicht verboten ist, und Krüger mißfällt es auch, wenn die Pressefreiheit nicht
für die Unterrichtung und Orientierung einer öffentlichen Meinung, sondern
für Gewinnerzielung mittels Darbietung von Unterhaltung oder gar von Ent-
hüllung in Anspruch genommen wird[48]. Krüger kann sich nicht vorstellen,
daß es von der Verfassung gebilligt wird, wenn man in politischen Fragen
keine Meinung hat, einer politischen Partei oder einem Verband nicht angehören will oder ein Massenkommunikationsmittel zur Bildung einer Öffentlichen Meinung nichts beiträgt[49]. Ähnlich skeptisch wird die Demonstration
bewertet, in welcher die Versammlung eine Gestalt annehme, die nichts mehr
mit wechselseitiger Meinungsbildung, um so mehr aber mit der gewaltsamen
Aufzwingung einer Meinung zu tun habe[50], eine in den Grenzfällen, in denen
die Versammlung/Demonstration ihren friedlichen Charakter verliert, sicherlich zutreffende, aber darüber hinaus schwerlich akzeptable Beobachtung.
Harte Kritik äußert Krüger gegenüber der Auslegung des Grundrechts auf
freie Entfaltung der Persönlichkeit (Art. 2 Abs. 1 GG), nach der das Ob, Wie
und Wozu der Entfaltung nicht verfassungsrechtlich vorgegeben ist; er beklagt
diesen Mangel an innerer Bestimmung, das Fehlen jeglicher Zielvorgabe –
Persönlichkeit und Entfaltung sind ihm, so verstanden, bloße Leerfor-
meln[51]. Mit seiner Verwunderung darüber, daß man unter dem Grundgesetz
noch nicht auf den Gedanken gekommen ist, einen Eingriff in ein Grundrecht
mit der Begründung zu rechtfertigen, der Träger gebrauche es in menschen-

---

[47] Ebd., S. 541.
[48] Ebd., S. 535; auch S. 477 f.
[49] Ebd., S. 542.
[50] Festschrift für Huber, S. 101.
[51] Festschrift für Berber, S. 260.

unwürdiger Weise[52], gerät Krüger schließlich in die gefährliche Nähe jener Auffassung, nach der »erst der im Gehorsam geleistete Dienst für den Staat oder das gemeine Beste die Menschenwürde zur vollen Entfaltung« bringt – eine Anschauung, die, wie Ernst *Forsthoff*[53] bemerkt hat, über eine lange Tradition verfügt.

In allen angeführten Fällen taucht natürlich die Frage auf, wer in concreto über den richtigen oder Fehlgebrauch der Freiheit entscheidet, wer also z. B. darüber befindet, welcher inneren Bestimmung sich der Mensch bei der Entfaltung seiner Persönlichkeit zu widmen hat – wenn er es nicht selber ist. Krüger weicht einer klaren Antwort auf diese Frage aus. Er muß es wohl auch tun; denn verwiese er den Fragenden auf einen anderen als den Inhaber der Freiheit selbst, könnte von dessen Selbstverantwortlichkeit, von der Nicht-Identifikation des Staates und der Spontaneität der Staatshervorbringung aus der Gesellschaft keine Rede mehr sein. Krügers Rechtsstaatslehre bleibt im Zwielicht stehen. Wer die Selbstbestimmung des Inhalts der Freiheit durch denjenigen, der frei sein soll, für eine Sinnentleerung der Freiheit hält, ist aber eine Antwort darauf schuldig, wer anstelle des Inhabers der Freiheit deren Begriff und Inhalt definieren soll. Wie ich es an anderer Stelle ausgedrückt habe: »Die Anknüpfung wie immer gearteter Verhaltenserwartungen an den Gebrauch grundrechtlich gewährleisteter Freiheit mit der Folge des Rechtsverlustes bei Enttäuschung der Erwartung hebt die rechtsstaatliche Freiheit auf[54].« Die Gegenmeinung, die eine rechtliche Steuerung der Motivation individuellen Verhaltens für geboten hält, damit der »Vergütungs«-Erfolg des Repräsentationsvorgangs erreicht werde, zeugt von einer misanthropischen Grundhaltung, die sich, selbst wenn sie anthropologisch berechtigt wäre, die freiheitliche Demokratie jedenfalls nicht zu eigen machen kann.

Sie setzt in den Bürger das Vertrauen, daß er mit seiner Freiheit auch ohne staatliche oder gesellschaftliche Nachhilfe prinzipiell vernünftig verfährt[55]. Wenn die Spontaneität des täglichen Plebiszits, von dem die Demokratie lebt, eine echte Spontaneität sein soll, »dann kann ihre Rechtsordnung nicht mehr tun, als die Chance für das Zustandekommen dieses Plebiszits offenzuhalten. Die Verfassung der Bunderepublik schafft mit den Grundrechten die normativen Voraussetzungen für das politische Engagement ihrer Bürger. Mehr konnte sie um des rechtsstaatlichen Prinzips und mehr wollte sie um des

---

[52] Staatslehre, S. 555.

[53] Zur heutigen Situation einer Verfassungslehre in: Epirrhosis, Festgabe für C. Schmitt, 1968, S. 185 ff., 190.

[54] *H. H. Klein*, Öffentliche und private Freiheit. Der Staat 10 (1971), S. 145 ff., 166; s. auch *ders.*, Die Grundrechte im demokratischen Staat, S. 47.

[55] Es ist erhellend, daß *Krüger*, Festschrift für Berber, S. 266 Anm. 57, sich kritisch gerade gegen diese meine Formulierung wendet – vgl. Die Grundrechte im demokratischen Staat, S. 38.

Gedeihens der demokratischen Ordnung willen nicht tun. Denn nur wer sich freiwillig um den demokratischen Staat bemüht, ist ihm von Nutzen«[56]. Damit ist auch die – von Krügers Ausgangspunkt, daß der Mensch, um ein Bürger zu werden, sein natürliches Wesen hinter sich zu lassen, nämlich zu »vergüten« habe, freilich folgerichtige – These widerlegt, daß die liberal verstandene Freiheit für den Staat keinen Ertrag zu liefern habe. Das gilt in gleicher Weise für die mitmenschliche Solidarität; denn auch die Nächstenliebe ist keine, wenn sie rechtlich erzwungen wird[57].

Das Grundgesetz steht auf dem Boden des rechtsstaatlich-liberalen Freiheitsbegriffs – mit sozialstaatlichen Korrekturen gewiß, die jedoch an dem Begriff der Freiheit als einer von ihrem Träger zu definierenden nichts ändern[58]. Das ergibt sich nicht nur aus den bekannten, auf die Wiederherstellung des (sozial verpflichteten) liberalen Rechtsstaats gerichteten Intentionen des Verfassunggebers, sondern auch aus dem positiven Verfassungsrecht. So läßt Art. 1 Abs. 1 und 2 GG keinen Zweifel am vorstaatlichen Charakter der Grundrechte, der ihre Indienstnahme für die Staatshervorbringung ausschließt. Auch Krüger verkennt das nicht. Nicht umsonst erregt die unbedingte Garantie des Wesensgehalts der Grundrechte in Art. 19 Abs. 2 GG wiederholt seinen Zorn; er wirft ihr vor, »die Staatlichkeit um ihren letzten und wesentlichen Sinn zu bringen«, denn sie bedeute nichts anderes, »als daß Gehorsam auch dann nicht verlangt werden darf, wenn Forderung und Leistung imstande wären, die Existenz des Gemeinwesens zu bewahren«[59]. Und nicht zufällig beklagt er auch, daß Art. 2 Abs. 1 GG dem einzelnen die Entfaltung »seiner« Persönlichkeit und nicht »zur« Persönlichkeit gewährleistet[60].

Freiheit ist im Grundgesetz um ihrer selbst willen, nicht zu wie auch immer zu bestimmenden höheren Zwecken, gewährleistet[61]. Ihr nicht austauschbares einziges Subjekt ist das Individuum, also weder der Staat noch die Gesellschaft. Mit *Otto von Gierke* zu reden: »Der einzelne Staatsbürger empfängt in den Grundrechten einen verfassungsmäßigen Anspruch darauf, daß ihn sein Staat in bestimmten Beziehungen als freies Individuum und nicht als Glied behandele«[62].

---

[56] *H. H. Klein,* a. a. O. (Anm. 54), S. 167 f. Zustimmend *Böckenförde,* NJW 1974, 1531.

[57] Damit ist natürlich nichts gegen die Zulässigkeit gesetzlicher Herstellung von Solidargemeinschaften wie etwa der Sozialversicherung gesagt.

[58] *Böckenförde,* NJW 1974, 1537 f.; *H. H. Klein,* Die Grundrechte im demokratischen Staat, passim (zur sozialstaatlichen Komponente dort S. 55 f., 59 f., 65 f., 73 und ergänzend *mein* Beitrag zur Festschrift für W. Weber, 1974, S. 643 ff.: Ein Grundrecht auf saubere Umwelt?).

[59] Staatslehre, S. 537, 945.

[60] Festschrift für Berber, S. 260.

[61] *Böckenförde,* NJW 1974, 1538.

[62] Labands Staatsrecht und die deutsche Rechtswissenschaft, 2. Aufl. 1961, S. 37. Der Hinweis soll auch belegen, daß sich *Krüger,* Festschrift für Berber, S. 266, zu Unrecht für seine Auffassung auf Gierke beruft. Wie in diesem Fall bedürfte seine historische Beweisführung (ebd., S. 262 ff.) überhaupt der kritischen Überprüfung. Für die Pressefreiheit etwa ergibt sich

Auf die eingangs gestellte Frage nach den Möglichkeiten des Verfassungsrechts zur Förderung staatsbürgerlicher Tugend zurückkommend ist festzustellen, daß sie nur in engen Grenzen gegeben sind. Um der Freiheit des einzelnen willen lassen sich verfassungsgesetzliche Pflichten nur als begrenzte, in der Regel einfachgesetzlicher Konkretisierung bedürftige Pflichten statuieren. Grundpflichten mit derjenigen den Grundrechten entsprechenden rechtlichen Struktur kann es nicht geben. Die – von manchen heute versuchte – Umdeutung der Grundrechte in Instrumente der Hinwendung des Bürgers zu Staat und Gesellschaft, seiner Aktivierung zu gemeinnütziger Tätigkeit, höbe die Freiheit auf. Zwar wird unter einem allgemeinen Verfall der Sitten auch der Staat zu leiden haben. Aber der Versuch – und sei er noch so gut gemeint –, durch staatlichen Rechtszwang die Sittlichkeit der Bürger zu bewahren, zu fördern oder wiederherzustellen, hat noch immer in der Diktatur geendet. Die Institutionen des Rechtsstaates verhalten sich solchen Versuchen gegenüber ablehnend.

Aber wenn dies auch die endgültige Antwort des Verfassungsrechts auf die mit dem Thema aufgeworfene Frage sein und bleiben muß, entbindet diese Erkenntnis doch niemanden, dem über den Staat nachzudenken oder für ihn Verantwortung zu tragen aufgegeben ist, auch niemanden, den der Staat angeht – und wen ginge er nicht an? –, von der Einsicht, daß das Problem, dem diese Überlegungen gelten, auch weiterhin der Lösung harrt. Zwar handelt es sich dabei um etwas Aufgegebenes, einer abschließenden »Lösung« gar nicht Zuführbares, um die Notwendigkeit einer ständigen Bemühung also: »Leider wissen wir«, schreibt *Heinrich Mann*[63], »... daß der moralische Besitz zerrinnt, sobald seiner nicht geachtet wird. Ohne eine fortgesetzte Spannung des Willens und Gewissens hat nichts Bestand ...« Wer diese Überzeugung teilt, wird darüber nachdenken müssen, was er selbst und die Gemeinschaft dazu beizutragen vermögen, daß die für den demokratischen Staat in der Tat konstituierende Erwartung spontaner Staatshervorbringung aus der Gesellschaft nicht enttäuscht werde. Entscheidend allerdings ist, daß es dabei um ein moralisches Problem der Staatsethik, und nicht um ein solches des Rechts, zumal des Verfassungsrechtes, geht.

Ist also der freiheitliche Staat nicht eine Anstalt zum Zwecke der Verwirklichung bürgerlicher Tugend, so ist er doch auf sie angewiesen. Das gilt, wie schon *Montesquieu* wußte, in besonderem Maße für die Demokratie[64]. Neben der Bereitschaft, den Gesetzen zu gehorchen und nicht gleich dem Sklaven

---

ein sehr differenziertes, von *D. Czajka,* Pressefreiheit und »öffentliche Aufgabe« der Presse, 1968, S. 37 ff., nachgezeichnetes Bild, in das sich *Krügers* Vorstellungen keineswegs nahtlos einpassen.

[63] Zit. nach *G. Mann,* Der Bruder zur Linken, Frankfurter Allgemeine Zeitung v. 21.9.74 (Beilage »Bilder und Zeiten«, S. 1).

[64] Vom Geist der Gesetze, 3. Buch 3. Kapitel.

gegen sie frei sein zu wollen, nennt er Vaterlandsliebe, Streben nach wahrem Ruhm – worunter zu verstehen ist, daß ein Mann von politischer Tugend den Staat um seiner selbst willen und ohne Eigennutz liebt –, Selbstverleugnung und Aufopferung teuerster Neigungen sowie die Liebe zu Einfachheit und Gleichheit, vor deren Übertreibung er allerdings warnt: denn der wahre Gleichheitsgedanke bestehe nicht darin, daß jeder befehlen darf oder daß keinem befohlen wird, sondern darin, seinesgleichen zu gehorchen oder zu befehlen[65]. Entsprechend droht der Demokratie Verfall, wenn ihre Führer der Habgier des Volkes schmeicheln, damit man ihre eigene nicht erkenne; man braucht sich dann nicht zu wundern, wenn Stimmen für Geld verkauft werden. Man kann dem Volke nicht viel geben, ohne noch mehr aus ihm herauszuziehen[66].

Worin die Schwierigkeiten begründet liegen, auf die der deutsche Bürger stößt, wenn er aufgerufen wird, Liebe zu seinem Staat, zu seinem Vaterland zu entwickeln, ein Gefühl, das unsere Nachbarn in Ost und West meist ganz unreflektiert empfinden, ist einleitend gesagt worden. Die Rechtfertigung, vor diesen Schwierigkeiten zu resignieren, liefert diese Erklärung jedoch nicht. Wie in der Geschichte aller Völker, so gibt es auch in der deutschen Licht und Schatten. Es geht darum, beides im Bewußtsein unseres Volkes wach zu halten. Vergangenheitsbewältigung durch Leugnung der eigenen Geschichte macht ein Volk ortlos im Strom der Zeit und zum Spielball nicht nur auswärtiger Mächte, sondern auch persönlicher Interessen. Es gilt aber auch, sich auf die Leistungen des Staates der Bundesrepublik Deutschland zu besinnen, der den in seinen Grenzen lebenden Deutschen ein zuvor nicht erreichtes Maß an Freiheit sowohl wie an sozialer Gerechtigkeit beschert und seine Fähigkeit zu gemeinnützigen Leistungen vielfach unter Beweis gestellt hat. Freilich genügt das noch nicht: der Staat – unser Staat – verdient nicht nur Wertschätzung als funktionierende Einrichtung der Daseinsvorsorge und Garant unserer Sicherheit vor innerer wie äußerer Gefährdung. Ihm kommt, weil er die Würde seiner Bürger achtet und schützt, auch eine eigene Würde zu. Nur aus der Einsicht in die Würde des Staates, die mit Staatsvergötzung nichts zu tun hat, kann ihm jene Autorität zuwachsen, deren er bedarf, wenn sein Schiff sicher durch die Fährlichkeiten von Gegenwart und Zukunft soll gesteuert werden können. Denn nur dem Staat, der über Autorität verfügt, wird der Bürger willig gehorchen – und nicht, wie es etwa eine schlechte Steuermoral erweist, seine Freiheit in der Umgebung des Gesetzes oder im Ungehorsam gegen sie suchen –, ihm gegenüber wird er auch zum Dienst bereit sein, ohne für jede Überstunde eine besondere Gegenleistung oder die permanente Ver-

---

[65] Dass., ferner 3. Buch 5. und 6. Kapitel, 4. Buch 5. Kapitel, 5. Buch 3. Kapitel, 8. Buch 2. Kapitel.

[66] Ebd., 8. Buch 2. Kapitel.

minderung der Dienstleistungsverpflichtung zu fordern. Dabei versteht es sich von selbst, daß der Gehorsam des freien Bürgers gegenüber seinem Staat kein unkritischer, bedingungsloser Gehorsam sein kann und darf. Die Demokratie ruht sicher nur auf der Wachsamkeit ihrer Bürger, die Machtmißbrauch ausschließt. Aber davon unberührt gilt, daß nicht nur Ordnung und Freiheit Geschwister sind, was ein großer Liberaler, *Friedrich Naumann,* in der Weimarer Verfassung ausdrücklich gesagt wissen wollte, sondern auch Freiheit und Gehorsam (in dem dargelegten Sinn).

Der freiheitliche demokratische Staat der Bundesrepublik Deutschland verdient nicht das ihm heute vielfach entgegengebrachte Mißtrauen; weder seine verfassungsrechtliche Struktur noch seine politischen Leistungen können es rechtfertigen. Er verdient vielmehr den Respekt, das Vertrauen, die Solidarität und als das Vermächtnis unserer Geschichte wie als die Keimzelle eines in Freiheit und Frieden wiedervereinigten deutschen Vaterlandes schließlich auch die Liebe seiner Bürger. Es bedarf keiner Begründung, daß es vorab die Sache der Erziehung ist, die Einsicht, daß der Staat in erster Linie die Bedingung und erst in zweiter Linie eine Gefährdung unserer Freiheit ist, und, gegründet auf diese Einsicht, staatsbürgerliche Tugend in den Herzen der Bürger einzupflanzen. »Ein sicheres Mittel aber, sie den Kindern einzuprägen«, sagt *Montesquieu*[67], »ist es, daß die Väter sie selbst besitzen«. Wie es in dieser Hinsicht um uns steht, mag ein jeder sich selber beantworten. Und ein letztes, wiederum in Anlehnung an Montesquieu[68]: »Der natürliche Platz der Tugend ist bei der Freiheit: aber bei einer übertriebenen Freiheit findet sie sich sowenig wie bei der Knechtschaft.«

---

[67] Ebd., 6. Buch 5. Kapitel.
[68] Ebd., 8. Buch 3. Kapitel.

2. Das Jedermannsrecht auf Zugang
zu den Kommunikationsmitteln[1]

1. Die Rundfunkfreiheit ist eine grund-, d. h. individualrechtliche Gewährleistung der Verfassung. Sie steht im Kontext der übrigen Grundrechte der Meinungsfreiheit: dem Recht auf freie Meinungsäußerung und -verbreitung, der Informations-, der Presse- und der Filmfreiheit. Indem das Grundgesetz, um die Freiheit des Kommunikationsprozesses zu garantieren, die Form der grundrechtlichen Verbürgung wählt, weist es die Verantwortung für seine Durchführung grundsätzlich der privaten Hand, dem Bereich der Gesellschaft, zu und nicht dem Staat. Grundlage auch des öffentlichen Kommunikationswesens ist nach dem Grundgesetz die individuelle Kommunikationsfreiheit. Auffassungen wie die, die Information sei eine zu wertvolle Ware, als daß sie dem Markt überlassen werden dürfe, sind unvereinbar mit der Verfassung und im Ansatz totalitär.

2. Auch das Bundesverfassungsgericht leugnet den Charakter der Rundfunkfreiheit als subjektives Grundrecht nicht. In seiner Rechtsprechung räumt es allerdings den institutionellen Elementen der Rundfunkfreiheit Vorrang ein, um den Bedingungen der von ihm – im Vergleich zur Presse – festgestellten »Sondersituation« Rechnung zu tragen, als deren (tatsächliche und also der Veränderung unterliegende) Elemente der Mangel an Frequenzen und der für die Programmdarbietung erforderliche hohe Kostenaufwand genannt werden.

Die daraus gezogenen Folgerungen bedeuten eine weitgehende Verschüttung des Grundrechts der Rundfunkfreiheit. Die vom Bundesverfassungsgericht für die Struktur des Rundfunks unter den Bedingungen der Sondersituation entwickelten Maximen für Organisation (Binnenpluralismus) und Programm (Mindestmaß an inhaltlicher Ausgewogenheit, gegenseitiger Achtung und Objektivität) und die sich daraus für die Mitarbeiter der Rundfunkanstalten ergebenden Pflichtbindungen haben vielmehr dazu geführt, daß im Hinblick auf den rundfunkrechtlichen status quo von individueller Rundfunkfreiheit kaum gesprochen werden kann. Die »Garantie der freien Meinungsäußerung und -verbreitung mittels der Presse« (BVerfGE 10, 118 ff., 121) hat im gegenwärtigen Rundfunkrecht keine Entsprechung. Die bestehen-

---

[1] Die nachfolgenden Thesen hat der Verfasser auf dem Medientag der CDU/CSU am 8.11.78 vorgetragen.

de Rundfunkstruktur wird deshalb zutreffend nicht mit dem Begriff »Rundfunkfreiheit« beschrieben, mit dem sich mindestens primär der Sinn individualrechtlicher Berechtigung verbindet, sondern mit den Begriffen »Autonomie« und »Privileg«. Denn sie ist gekennzeichnet durch die Existenz einer Mehrzahl mit dem Recht auf Selbstverwaltung ausgestatteter – autonomer – öffentlichrechtlicher Anstalten mit dem ausschließlich ihnen vorbehaltenen Recht – Privileg – der Veranstaltung von Rundfunksendungen. Dieser Zustand kann – vor dem Hintergrund einer freiheitlichen und demokratischen, das ist privilegienfeindlichen, Verfassung – nicht von Dauer sein.

3. Mit dem Wegfall der Elemente jener Sondersituation, also mit der Beseitigung des Frequenzmangels und dem Nachweis, daß auch unter Kostengesichtspunkten in Hörfunk und Fernsehen eine der unserem Zeitungswesen vergleichbare Vielfalt möglich ist, entfällt jede Rechtfertigung für die Aufrechterhaltung des bestehenden Rechtszustandes. Seine Elemente, wie insbesondere die binnenpluralistische Organisationsstruktur und die Leitgrundsätze für die Programmgestaltung, erweisen ihre Situationsbedingtheit. Das Veranstaltungsmonopol der öffentlich-rechtlichen Anstalten wird unhaltbar. Das Grundrecht der Rundfunkfreiheit wird aktualisiert.

4. Das Grundrecht der Rundfunkfreiheit hat vor allen Dingen die folgenden Inhalte:

a) Es umfaßt die (wahrheitsgemäße) freie Berichterstattung durch den Rundfunk, aber beschränkt sich nicht auf sie. Art. 5 Abs. 1 GG ist im Zusammenhang zu lesen. Das Recht auf die freie Verbreitung von Meinungen durch den Rundfunk folgt schon aus dem ersten Satz dieser Bestimmung. Durch die besondere Hervorhebung der freien Berichterstattung wollte der Verfassungsgeber die Rundfunkfreiheit nicht gegenständlich beschränken, sondern einen durch staatliche Manipulationsversuche erfahrungsgemäß besonders gefährdeten Bereich der Thematik – die Information über Tatsachen – deutlich akzentuieren und damit solchen Versuchen unmißverständlich entziehen.

b) Art. 5 GG gewährt weiterhin das Recht, sich zur Äußerung und Verbreitung seiner Meinung jedes verfügbaren Mittels einschließlich etwa neu entstehender Techniken zu bedienen. Der Versuch, das Recht, die eigene Meinung in Wort, Schrift und Bild frei äußern und verbreiten zu dürfen, auf die z. Zt. der Entstehung des Grundgesetzes bestehende technische Gesamtlage zu beschränken, kann nicht überzeugen. Die Presse etwa bedient sich zur Herstellung ihrer Produkte zunehmend ganz neuer, im Jahre 1949 noch unbekannter Techniken. Träfe die hier abgelehnte Auffassung zu, läge in einem staatlichen Verbot der Anwendung dieser Techniken nicht einmal eine Einschränkung der Pressefreiheit, weil dieses Grundrecht schon von seinem Tatbestand her einen Anspruch, sich des neuen Instrumentariums zu bedienen, nicht enthielte. Der Staat könnte sich der (ohne Zuhilfenahme der neuen Technik nicht überlebensfähigen) freien Presse entledigen, ohne mit der Pressefreiheit in Konflikt zu kommen. Das ist nicht vorstellbar.

c) Das Grundrecht der Rundfunkfreiheit beinhaltet ferner auch das Recht auf die berufs- und gewerbsmäßige Veranstaltung von Rundfunk. Die Freiheit berufs- und gewerbsmäßiger Betätigung ist ein selbstverständlicher, vom Grundgesetz überdies in Art. 12 eigens garantierter Bestandteil jedes Grundrechts. Es liegt auf der Hand, daß Presse- und Filmfreiheit in ihrem Wesensgehalt verletzt wären, wollte man den Trägern dieser Grundrechte das Recht bestreiten, gewerbsmäßig Presseerzeugnisse bzw. Filme herzustellen und zu verbreiten. Für die Rundfunkfreiheit kann – nach Wegfall der Sondersituation – nichts anderes gelten. Im Blick auf die Geschichte des Rundfunks ist daran zu erinnern, daß der große Förderer und Schöpfer des deutschen Rundfunkwesens, Bredow, den von ihm zunächst geplanten Unterhaltungsrundfunk »von der politischen Beeinflussung freihalten … und eine Rundfunkfreiheit zu Gunsten derer (wollte), die ihren Geist, ihre Arbeitskraft und ihr Geld einsetzen wollten«. So wurde denn der Rundfunk in seinen Anfangszeiten auch privatwirtschaftlich, und zwar auch mit privatem Kapital, betrieben, bevor im Jahre 1926 nach Bildung der Reichs-Rundfunk-Gesellschaft der Reichspost die Stimmenmehrheit überlassen werden mußte und danach die staatliche Bevormundung des Rundfunks stark zunahm bis hin zu seiner völligen Indienstnahme durch den totalitären Staat des Nationalsozialismus. Die bestehende Rundfunkstruktur, auch das ist zu unterstreichen, ist besatzungsrechtlichen Ursprungs. Ihre Nähe zum Grundgesetz ist auch aus diesem Grunde problematisch.

d) Folgt man der von der KtK vorgenommenen Einteilung eines zukünftigen Breitbandverteilsystems in verschiedene Funktionsbereiche – Produktion, Veranstaltung, Zulassung von Veranstaltern zum Netz, Errichten und Betreiben des Netzes –, so ist festzustellen, daß die Rundfunkfreiheit mindestens die drei Erstgenannten umfaßt, aber auch der vierte ohne Berücksichtigung der Rundfunkfreiheit nicht zureichend beurteilt werden kann. Damit fallen insbesondere die Wahl der Organisationsform des Unternehmens, die Auswahl der Mitarbeiter des Betriebs und die Finanzierungsart in den Schutzbereich dieses Grundrechts.

5. Die Aktualisierung der Rundfunkfreiheit als individuelles Grundrecht setzt Markt und Wettbewerb in ihre für eine freie Gesellschaft konstituierenden Kontrollfunktionen wieder ein. Nicht mehr die selbst der Kontrolle bedürftigen »relevanten gesellschaftlichen Gruppen« und die zwar nach dem Gesetz von ihnen zu kontrollierende, de facto aber nicht kontrollierbare geschlossene Gesellschaft der autonomen Programmacher, geschweige denn der Staat, sondern der Rezipient selbst kontrolliert seinen Informationsverbrauch. Die Informationsfreiheit steht nicht, wie ein jüngst bekannt gewordenes SPD-Papier behauptet, dem Zugang Privater zum Rundfunk entgegen, sie fordert vielmehr die größtmögliche Vielfalt »allgemein zugänglicher Quellen«. Dabei geht es nicht um eine Beseitigung der bestehenden Rundfunkanstalten,

sondern um deren Ergänzung durch private Konkurrenz. Sie sollte auch und gerade den in den Medien beruflich Tätigen willkommen sein, da sie ihnen neue Beschäftigungsmöglichkeiten eröffnet, ihnen die Emanzipation von den dem öffentlich-rechtlichen System immanenten Beschränkungen gestattet und ihren Freiheitsraum damit wirksam erweitert.

6. Freiheit kann nicht absolut sein. Auch die Freiheit des Rundfunks stößt auf Schranken. Sie ergeben sich aus der grundgesetzlichen Kommunikationsverfassung, die – auf der Grundlage der individuellen Kommunikationsfreiheit – von den Prinzipien der Staatsfreiheit, des Pluralismus und der Chancengerechtigkeit geprägt ist. Auf sie erstreckt sich die staatliche Funktionsverantwortung auch im Bereich des Rundfunks. Der Staat ist danach zwar befugt und in gewissen Grenzen verpflichtet, die vom Grundgesetz in ihren Grundzügen vorgegebene, d. h. vor allem auf dem Grundrecht der Rundfunkfreiheit basierende, Rundfunkverfassung durch Gesetz zu konkretisieren – um zu gewährleisten, daß jenen Prinzipien Rechnung getragen wird –, er ist aber nicht ermächtigt, die Rundfunkkommunikation in seinem Sinne optimal zu ordnen. Der Wesensgehalt des Grundrechts der Rundfunkfreiheit setzt allen ordnenden und organisatorischen Eingriffen des Gesetzgebers eine absolute Grenze. Das gilt auch insoweit, als spezifischen Gefahren eines privaten Rundfunks durch gesetzgeberische Vorkehrungen begegnet werden soll: Der Gefahr des Mißbrauchs eines Grundrechts, hier der Rundfunkfreiheit, darf – außerhalb des Art. 18 GG – nicht durch dessen Entzug entgegengetreten werden. Die vielfach geäußerte Befürchtung, der Zugang Privater zum Rundfunk führe zu einem Verlust des bisherigen Programmniveaus, ist nicht nur unbewiesen, sondern als Argument für die Aufrechterhaltung der bestehenden Grundrechtssperre auch unstatthaft, weil sie jenen durch die Einführung der Meinungsfreiheit im 19. Jahrhundert überwundenen Herrschaftsanspruch erneut geltend macht, besser als die Bürger selbst zu wissen, welches moralische Bewußtsein sie haben sollten (Ernst Joachim Mestmäcker).

7. Die Kompetenzverteilungsregeln des Grundgesetztes weisen die Zuständigkeit für die Sendetechnik dem Bunde zu. Vermittels des Fernmeldeanlagenmonopols entscheidet die Bundespost über die Realisation jener technischen Möglichkeiten, die den Frequenzmangel zu beheben geeignet sind. Die Post entscheidet damit über Aufrechterhaltung oder Beseitigung der »Sondersituation« des Rundfunks, die der Verwirklichung des Grundrechts der Rundfunkfreiheit noch immer im Wege steht. Es ist klar, wie diese Entscheidung ausfallen muß – nämlich für die Freiheit und gegen das Monopol –, und es gibt keinen Grund, der ihre Verzögerung rechtfertigen könnte. Die bislang fehlende Bereitschaft der Post, die Verkabelung zügig voranzutreiben, bei Ermangelung eigener Mittel durch private Konzessionsträger, das den technischen und industriellen wie den kommunikationspolitischen Fortschritt behindernde Beharren auf ausschließlich eigener Netzträgerschaft (entgegen den

Empfehlungen der KtK!), der erklärte Wille, allenfalls auf 12 Kanäle dimensionierte Kabel zu verlegen (trotz der vorhandenen sehr viel größeren Kapazitäten!), ist ganz eindeutig nicht fernmeldetechnisch, sondern medienpolitisch motiviert und damit zweifelsfrei rechtsmißbräuchlich. Das Funkregal der Post ist bestimmt, ein Doppeltes zu verhindern: den Empfang von Funksignalen durch Unbefugte und Störungen des Funkbetriebs. Es ist kein Recht zur Verhinderung technischer Innovationen im Kommunikationsbereich, kein Mittel unternehmerischer Expansion der Post auf Kosten der privaten Wirtschaft, und es taugt nicht als Instrument einer Gesellschaftspolitik, die in vorgeblich wohlfahrtsstaatlicher, in Wahrheit allerdings machtpolitischer Absicht dem Bürger den Zugang zur Veranstaltung von Rundfunk versperren und damit ein ihm von der Verfassung gewährleistetes Grundrecht vorenthalten will. Eine auf Motive dieser Art gestützte Handhabung des Fernmeldeanlagenmonopols muß dazu führen, daß es zunehmend in Frage gestellt wird.

8. Der Fortschritt der Technik macht die Realisierung der Rundfunkfreiheit im Sinne des Rechtes eines jeden, sich der vorhandenen Kommunikationsmittel zu bedienen, möglich. Sie darf nicht mehr länger auf sich warten lassen.

3. Rundfunkrecht und Rundfunkfreiheit

I.

Das Thema steht im Mittelpunkt vielfältiger und zum Teil heftiger politischer Kontroversen. Gegenstand der nachfolgenden Überlegungen sind jedoch die rechtlichen, näherhin die verfassungsrechtlichen Grundlagen des politischen Streits. Denn es ist eines der tragenden Prinzipien unserer Verfassungsordnung, daß sich politische Entscheidungen am Verfassungsrecht messen und deshalb auch politische Argumente sich auf ihre verfassungsrechtliche Zulässigkeit bzw. Tragfähigkeit hin befragen lassen müssen. Da »jedermann seine verfassungsmäßigen Rechte auch gegen den Gesetzgeber vor dem Bundesverfassungsgericht einfordern kann«[1], steht die Frage, welches diese Rechte im Bereich des Rundfunkwesens sind, im Mittelpunkt dieser Untersuchung.

Ein Zweites ist zur Verdeutlichung der Problematik vorauszuschicken. Die Informations- und Kommunikationstechnik hat sich im Verlauf der letzten Jahre und Jahrzehnte sprunghaft, um nicht zu sagen: revolutionär, entwickelt. Diese Technologie gehört zu jenen, deren Beherrschung und Nutzung für eine hochindustrialisierte Volkswirtschaft wie die der Bundesrepublik Deutschland lebensnotwendig ist. Das gilt um so mehr vor dem Hintergrund eines sich verschärfenden internationalen Wettbewerbs. Unsere Volkswirtschaft muß auf Produkte setzen, bei denen die Fähigkeit zur Entwicklung neuer und anspruchsvoller Techniken voll zur Wirkung kommen kann. Die industrielle Produktion auf dem Gebiet der Informations- und Kommunikationstechnik hat schon 1978 einen Wert von 27 Milliarden DM erreicht. Davon entfielen 40 v. H. auf den Export. In diesem Sektor unserer Wirtschaft sind 320 000 Arbeitnehmer beschäftigt. Die Produktionsbedingungen sind besonders günstig: die Rohstoff- und Energieabhängigkeit ist gering; die Herstellungsverfahren sind umweltfreundlich, sie erfordern hoch qualifizierte Arbeitskräfte[2].

---

[1] *Chr. Starck,* Zur notwendigen Neuordnung des Rundfunks: NJW 1980, 1359 ff., 1359.
[2] Dazu Bundeswirtschaftsminister Graf *Lambsdorff* in der 227. Sitzung des 8. Deutschen Bundestages am 27. 6. 1980, Prot. S. 18464 ff.

II.

Das *geltende Rundfunkrecht*[3] beruht auf der Prämisse, daß Rundfunk (Hörfunk und Fernsehen) nur von Einrichtungen – des öffentlichen oder des privaten Rechts – veranstaltet werden darf, die in sich, d. h. durch entsprechende, vom Gesetzgeber zu treffende, organisatorische Vorkehrungen die Gewähr bieten,»daß alle in Betracht kommenden Kräfte in ihren Organen Einfluß haben und im Gesamtprogramm zu Wort kommen können, und daß für den Inhalt des Gesamtprogramms Leitgrundsätze verbindlich sind, die ein Mindestmaß von inhaltlicher Ausgewogenheit, Sachlichkeit und gegenseitiger Achtung gewährleisten«[4]. Der Rundfunk sei, so hat das Bundesverfassungsgericht später diese Ansicht präzisiert, »Sache der Allgemeinheit«, »in voller Unabhängigkeit überparteilich« zu betreiben und »von jeder Beeinflussung« freizuhalten[5].

Die Organisation der bestehenden öffentlich-rechtlichen Rundfunkanstalten entspricht im wesentlichen[6] diesen verfassungsrechtlichen Vorgaben. Auch ihr ausschließliches Veranstaltungsrecht[7] hielt das Bundesverfassungsgericht in seinen beiden grundlegenden Entscheidungen von 1961 und 1971 für mit dem Grundgesetz vereinbar, wenngleich nicht für verfassungsgeboten. Die Rundfunkanstalten und die in ihnen tätigen berufsmäßigen Akteure sind bei dieser Struktur das »Instrument ..., mittels dessen die gesellschaftlich relevanten Kräfte und Gruppen die öffentliche Aufgabe (scil. des Rundfunks) erfüllen«[8], wie sie soeben beschrieben worden ist. Anders gewendet: Die dem Rundfunk aufgegebene Meinungspluralität ist nicht identisch mit dem etwa vorhandenen Pluralismus der Meinungen der Programmacher, sondern von ihnen darzustellen. Ihr Grundrecht auf freie Äußerung und Verbreitung eigener Meinungen über den Rundfunk ist durch dessen Aufgabenstellung beschränkt[9]. Das hier angesiedelte Konfliktpotential ist leicht erkennbar.

Eine verfassungs*rechtliche* Wertung dieser Rechtslage ergibt: Die individualrechtliche Komponente der Rundfunkfreiheit (deren Existenz freilich noch

---

[3] Ausführlich dazu *G. Herrmann*, Fernsehen und Hörfunk in der Verfassung der Bundesrepublik Deutschland, 1975.

[4] BVerfGE 12, 205, 262 f.

[5] BVerfGE 31, 314, 327.

[6] Vorbehalte etwa bei *Chr. Starck,* Rundfunkfreiheit als Organisationsproblem, 1973; *ders.,* Teilhabeansprüche auf Rundfunkkontrolle und ihre gerichtliche Durchsetzung, in: Presserecht und Pressefreiheit, Festschrift für M. Löffler, 1980, S. 375 ff.; OVG Lüneburg, JZ 1979, 24 ff. m. Anm. H. H. Rupp.

[7] Dazu *H. H. Klein,* Die Rundfunkfreiheit, 1978, S. 13 f. m. w. N.

[8] Sondervotum der Richter Dr. *Geiger, Rinck* und *Wand,* BVerfGE 31, 314, 340.

[9] Dazu *H. H. Klein,* Die Rundfunkfreiheit, S. 17 ff. m. w. N.; ferner *P. Lerche,* Landesbericht Bundesrepublik Deutschland, in: Bullinger/Kübler (Hrsg.), Rundfunkorganisation und Rundfunkfreiheit, 1980, S. 22 ff., 53 ff.

zu beweisen ist), also das Recht eines jeden, seine Meinung auch über den
Rundfunk frei zu äußern und zu verbreiten, ist gegenwärtig nahezu ver-
schüttet[10].

Die »Garantie der freien Meinungsäußerung und -verbreitung mittels der
Presse«[11], von der das Bundesverfassungsgericht[12] sagt, sie sei konstituierend
für eine freiheitliche Demokratie, findet im geltenden Rundfunkrecht keine
Entsprechung. Man kann auch sagen: Der bestehende Rechtszustand ist gekennzeichnet durch die Existenz einer Mehrzahl mit dem Recht auf Selbstverwaltung ausgestatteter, d. h. autonomer, öffentlich-rechtlicher Anstalten
mit dem ausschließlich ihnen vorbehaltenen Recht (Privileg) zur Veranstaltung von Rundfunksendungen. Rundfunkfreiheit besteht nur als institutionelle Freiheit, als Freiheit der Institution Rundfunk.

Die rechts- und verfassungs*politische* Wertung zeigt: Der Optimismus des
Bundesverfassungsgerichts, durch eine Einbeziehung der gesellschaftlich relevanten Kräfte in die Organisation der Rundfunkveranstalter eine gesellschaftliche Legitimation und Kontrolle bzw. eine Neutralisierung des Rundfunks bewirken zu können, hat sich als unbegründet erwiesen. Schon vermöge
dieser Konstruktion, aber auch bedingt durch die Art der Finanzierung des
Rundfunks, ist der Rezipient ohne Einfluß auf das Programm. Die Kollegialorgane der Rundfunkanstalten sind zu präventiver Kontrolle der Programme
nicht und zu repressiver Kontrolle nur in engsten Grenzen fähig, zumal das
ihnen verantwortliche Gegenüber, der Intendant, seinerseits bei der Größe der
Anstalten längst außerstande ist, seinen Verantwortungsbereich zu überblik-
ken. Hinzu kommt die prinzipielle Problematik des Versuchs, durch das
Nebeneinander der Vertreter divergierender Gruppeninteressen die rein
sachorientierte Erfüllung einer bestimmten Aufgabe gewährleisten zu wollen,
vor allem wenn es sich dabei um die Ausübung von Macht handelt. Daß sich
in dieser Konstruktion auf die Dauer weder die unmittelbar beteiligten Interessen noch die angestrebte neutrale Sachlichkeit durchzusetzen vermochten,
daß vielmehr die in der Gesellschaft stattfindende politische Auseinandersetzung sich in den Rundfunkanstalten fortsetzen, ja diese erfolgreich für ihre
Zwecke zu instrumentalisieren trachten würde, kann nicht überraschen. So
scheitert eine effektive Bestimmung von Form, Inhalt und Gestaltung der
Rundfunkdarbietungen durch die Summe der gesellschaftlich relevanten Kräf-

---

[10] Ganz anders freilich die Konzeption von *Hans D. Jarass*, Die Freiheit der Massenmedien, 1978, der die privatwirtschaftlich organisierte Presse und den anstaltlich-pluralistisch
organisierten Rundfunk als funktional äquivalente Freiheitssysteme vorstellt (S. 239 ff.) und in
dieser funktionalen Äquivalenz bei struktureller Varianz eine gleichwertige Grundrechtsrea-
lisierung erblickt. Jarass' Auffassung gehört zu den weiter unten (IV. 2.1) behandelten insti-
tutionell-funktionalen Grundrechts-Interpretationen, für die das Grundrecht als subjektives
Individualrecht nur dienenden Charakter hat.

[11] BVerfGE 10, 118, 121.

[12] a. a. O.

te nicht nur am Immobilismus und an mangelnder Arbeitsfähigkeit der Gremien, sondern auch an der vorhersehbaren – und keineswegs nur an Zusammensetzung und Verhalten der Kollegialorgane ablesbaren – Indienststellung der Anstalten für die Zwecke des (legitimen!) politischen Meinungskampfes. Was bleibt, ist die Selbstkontrolle der Machthaber, d. h. der Programmverantwortlichen, bzw. deren Abschirmung durch die mit ihrer Einstellung sympathisierende Gremienmehrheit. Die Verleihung von unkontrollierter bzw. unkontrollierbarer Autonomie und des Privilegs der Rundfunkveranstaltung an die wenigen Trägerorganisationen hat ein typisches Ergebnis gezeigt: die Existenz von Macht ohne Kontrolle. Daß ein solcher Zustand mit den Prinzipien eines demokratischen und sozialen Rechtsstaats nicht in Einklang gebracht werden kann, ist offenkundig.

Das zur materiellen Rechtslage Gesagte ist durch den Hinweis auf die Kompetenzverteilung zu ergänzen. Das Fernmeldeanlagengesetz behält – im Einklang mit Art. 73 Nr. 7 GG – dem Bund das ausschließliche Recht vor, Fernmelde- bzw. Funkanlagen für Zwecke des Rundfunks zu errichten und zu betreiben[13]. Der der Deutschen Bundespost überlassenen Zuständigkeit des Bundes für die Sendetechnik steht die Regelungskompetenz der Länder für das materielle Recht des Rundfunks gegenüber. Auch hier liegt politischer Konfliktstoff, insofern der Bund in die Versuchung geraten kann, seine Kompetenz für die Sendetechnik zur Verfolgung rundfunkpolitischer Ziele einzusetzen, und insofern, als die Definition des Rundfunkbegriffs[14] über die Gesetzgebungszuständigkeit entscheidet.

---

[13] Zur Pflicht der DBP zur Ausnutzung vorhandener Kapazitäten und gegebenenfalls deren Erweiterung – sei es durch eigenen Ausbau, sei es durch Genehmigung privater Anlagen – s. *M. Bullinger,* Kommunikationsfreiheit im Strukturwandel der Telekommunikation, 1980, S. 82 ff.; *H. H. Klein,* Die Rundfunkfreiheit, S. 95 ff.; *P. Lerche,* Landesbericht, S. 102 f. Vgl. auch Zwischenbericht über die im Bereich der neuen Medien auftretenden Probleme, Anlage 1 zur Kabinettsvorlage BMI VIII 3 – 344613 – 6/o vom 13. 6. 1979, S. 21: »Dem Fernmeldewesen … kommt gegenüber dem Rundfunk … lediglich dienende Funktion zu. Hiermit wäre es nicht vereinbar, politischen Einfluß auf die organisatorische Ausgestaltung des Rundfunkwesens – auch ggf. des privaten – der Länder nehmen zu wollen. Vielmehr müssen Entscheidungen der Länder, auch wenn sie politisch unerwünscht wären, voll respektiert werden.«

[14] Dazu etwa *H. H. Klein,* Die Rundfunkfreiheit, S. 22 ff. und die dort angegebene Literatur; ferner: *P. Lerche,* Landesbericht, S. 44 ff.; *W. Schmitt Glaeser,* Kabelkommunikation und Verfassung, 1979, S. 46 ff.; *R. Scholz,* Audiovisuelle Medien und bundesstaatliche Gesetzgebungskompetenz, 1976.

III.

An dieser Stelle können die Qualität des technischen Fortschritts im Bereich der Telekommunikation und die damit sich eröffnenden *Möglichkeiten einer Veränderung des Kommunikationswesens* nur andeutungsweise beschrieben werden. *M. Bullinger*[15] faßt sie wie folgt zusammen: »Breitband- und Glasfaserkabel, Satelliten für Direktempfang und umstürzende Neuerungen der Mikroelektronik stehen im Begriff, den Frequenzmangel der Telekommunikation in einen Frequenzüberfluß zu verwandeln. Technisch wie finanziell werden in wenigen Jahren allgemein die Voraussetzungen für eine offene Kommunikationsgesellschaft gegeben sein, in der jedermann für jedermann Meinungen oder andere Sinngehalte elektromagnetisch übermitteln und jedermann von jedermann solche Mitteilungen elektromagnetisch empfangen kann.« Und *E.-J. Mestmäcker*[16] meint: »Die erweiterten Sendemöglichkeiten erschließen eine große Vielfalt möglicher Sendeinhalte, die nach Veranstalter, Gegenstand und Zeit nahezu unübersehbare Kombinationsmöglichkeiten eröffnen. ... Das Problem verschiebt sich von der Möglichkeit des Zugangs zur Sendung zur Gewährleistung eines vorhersehbaren Empfangs ...«

Die beiden wesentlichen Folgen der Einführung der modernen Telekommunikationstechnik sind mithin Individualisierung und Banalisierung der elektronischen Kommunikation[17]. Der versuchsweise von der Deutschen Bundespost an zwei Orten in der Bundesrepublik Deutschland eingeführte Bildschirmtext zeigt beispielhaft die ständige Verfügbarkeit und individuelle Abrufbarkeit des in die Sendezentrale eingespeisten Informationsangebots. Ein anderes Beispiel ist das sog. PAY-TV, also »der entgeltliche Einzelbezug einer bestimmten unterhaltenden oder bildenden audiovisuellen Sendung, z.B. einer Opernerstaufführung, eines Konzertes, eines neuen Kriminalfilms und Wildwestfilms über Kabel- oder gegebenenfalls Satellitenfunk, zu beliebiger Zeit auf individuellen Abruf«[18]. Es geht nicht primär um das Angebot zusätzlicher Vollprogramme – der diesbezügliche Bedarf dürfte in absehbarer Zukunft durch den Satellitenfunk befriedigt werden können –, sondern vielmehr um andere, vor allem zielgruppenorientierte Nutzungsmöglichkeiten[19].

Seinen gewiß nicht exakt *ein-*, aber schwerlich zu *über*schätzenden Einfluß nicht nur als Medium, sondern auch als eigenständiger Faktor der öffentlichen Meinungsbildung[20] verdankt der Rundfunk, insbesondere das Fernsehen, bis-

---

[15] Kommunikationsfreiheit, S. 9.
[16] Medienkonzentration und Meinungsvielfalt, 1978, S. 208.
[17] Beides ausführlich dargestellt bei *M. Bullinger*, Kommunikationsfreiheit, S. 30 ff., 53 ff.
[18] *Bullinger*, Kommunikationsfreiheit, S. 42.
[19] Auf diesen in der öffentlichen Diskussion immer wieder vernachlässigten Aspekt macht auch *Mestmäcker*, Medienkonzentration, aufmerksam.
[20] So BVerfGE 12, 205, 260.

her seiner fast wettbewerbsfreien Einzigartigkeit. Dieser Umstand wiederum
rechtfertigt die Frage nach seiner – gesellschaftlichen, nicht staatlichen! – Legitimation und Kontrolle. Im gleichen Maße jedoch, in dem sich jedermann
der modernen Kommunikationstechniken zur Äußerung wie zum Empfang
beliebiger Kommunikationsinhalte zu beliebiger Zeit ebenso bedienen kann
wie heute des Flugblatts oder des Telefons, im Maße also der Vermehrung des
Informationsangebots auf elektronischen Transportwegen, wird der Rundfunk diese Position und damit die Chance massensuggestiver Beeinflussung
verlieren. Die tatsächlichen Grundlagen seiner Vergesellschaftung entfallen.

Die Kostenfrage wird, jedenfalls soweit es sich dabei um die Bereitstellung
der technischen Infrastruktur handelt – Verkabelung und Satelliten –, der sich
abzeichnenden Entwicklung nicht so hinderlich sein, wie dies manchmal behauptet wird. Abgesehen von bereits vorhandenen Kabelanlagen[21] wird die
Deutsche Bundespost[22] in den nächsten Jahren ein integriertes Fernmeldenetz
in Glasfasertechnik errichten, um die Kapazitätsengpässe im Bereich des Fernmeldewesens zu beseitigen. Dieses Netz aber bietet Übertragungsmöglichkei-
ten für alle denkbaren Kommunikationsformen vom Telefon über Daten-
übertragung und Bildfernsprecher bis hin zur Verteilung einer nahezu unbegrenzten Zahl von Hörfunk- und Fernsehprogrammen[23]. Eine andere Frage
wird die Finanzierung der angebotenen Dienste sein. Hierzu sind unterschiedliche Modelle im Gespräch. Aussagen dazu tragen jedoch hochgradig
spekulativen Charakter. Letztlich wird nur der Markt diese Frage beantworten können.

IV.

1. Die *entscheidende Rechtsfrage,* die vor dem Hintergrund der bisher vorgenommenen rechtlichen und tatsächlichen Bestandsaufnahme der Beantwortung bedarf, lautet: Bewirkt der Wegfall des Frequenzmangels, d. h. eine Veränderung der tatsächlichen Voraussetzungen, unter denen Rundfunk stattfindet, notwendig auch eine Veränderung der Rechtslage, die das Recht der
Veranstaltung von Rundfunk einigen wenigen binnenpluralistisch organisierten Trägern vorbehält? Ist das Rundfunkmonopol noch verfassungsgemäß?

---

[21] Zum Stand der Verkabelung in der Bundesrepublik Deutschland vgl. Zwischenbericht
(Fn. 13), S. 5, sowie die weitere Anlage zu Abschnitt B I 1 des Zwischenberichts; ferner
W. Kaiser, Kabelfernsehen in der Bundesrepublik Deutschland, in: Fernsehtechnik von mor-
gen, ZDF-Schriftenreihe Heft 19, 1977, S. 47 ff.

[22] Trotz des ihr von der Bundesregierung durch Beschluß vom 26. 9. 1979 (Bulletin der
Bundesregierung vom 10. 10. 1979) auferlegten Verbots der Verkabelung von 11 Großstädten.

[23] So Bundesforschungsminister *V. Hauff* in einem Vortrag vor der Friedrich-Ebert-Stif-
tung laut einer Meldung von »Die Zeitung« Nr. 6/1980, S. 8. Ebenso *F. Müller-Römer,* in:
Fernsehinformationen, August 1980.

Hat die vielberufene »publizistische Gewaltenteilung« – hier die privatrecht-
lich und -wirtschaftlich organisierte Presse, dort der öffentlich-rechtliche,
nichtkommerzielle (d. h. überwiegend gebührenfinanzierte) Rundfunk – Verfassungsrang?

Die im Schrifttum überwiegend gegebene Antwort ist: Die vom Bundesverfassungsgericht in seinen beiden Urteilen von 1961 und 1971 sanktionierte
gegenwärtige Rundfunkstruktur ist situationsgebunden, d. h. nur unter den
vom Gericht genannten Voraussetzungen – Frequenzmangel und hohe Ko-
stenaufwendigkeit – mit dem Grundgesetz vereinbar. Der vom Bundesverfassungsgericht bei der Feststellung dieser von ihm selbst so bezeichneten Sondersituation herangezogene Vergleichsmaßstab ist die Lage bei der Zeitungspresse[24]. Wenn es also möglich ist, daß im Bundesgebiet ähnlich viele
selbständige Veranstalter von Rundfunk (die nicht alle überregionale Vollprogramme anzubieten brauchen) nebeneinander existieren wie Zeitungsver-
lage, dann ist jene Sondersituation entfallen. Nimmt man nicht an den Millio-
nenbeträge verschlingenden Programmen unseres ersten und zweiten Fernsehens, sondern an ausländischen Vorbildern einschließlich deren denkbarer
und notwendiger Anpassung an unsere Bedürfnisse Maß, sind auch die ökonomischen Bedingungen, von denen das Bundesverfassungsgericht seinerzeit
ausgegangen ist, grundlegend verändert[25].

Da der Wegfall sowohl des technischen wie des ökonomischen Elements
der vom Bundesverfassungsgericht diagnostizierten Sondersituation schlechthin nicht bestritten, die Knappheit der Grundrechtsvoraussetzungen also
nicht länger behauptet werden kann, haben Bemühungen eingesetzt, die bestehende Rechtslage mit anderen Erwägungen, etwa unter Hinweis auf die
zwischen Presse und Rundfunk auch weiterhin bestehenden Unterschiede
(Verbreitungstechnik, Art der Informationsaufnahme), zu rechtfertigen[26]. Vor

---

[24] Dazu *H. H. Klein*, Die Rundfunkfreiheit, S. 69.
[25] Näher dazu *H. H. Klein*, a. a. O.
[26] Vgl. etwa *W. Schmidt*, Rundfunkfreiheit und Rundfunkgewährleistung: ZRP 1980, 132 ff.
Gegen solche Bemühungen z. B. *U. Scheuner*, Das Rundfunkmonopol und die neuere Entwicklung des Rundfunks: AfP 1977, 367 ff., 368: »Andere Gründe der Rechtfertigung der
Zuweisung an öffentlich-rechtliche Träger, wie man sie findet, so etwa die Gewähr besserer
Programme, die gleichmäßige Versorgung oder gar die damit ermöglichte Einwirkung auf die
öffentliche Meinung, sind Gesichtspunkte der Zweckmäßigkeit, die gegenüber der Verbür-
gung der Rundfunkfreiheit im Grundgesetz keine ausreichende Begründung darstellen.« Die
von *Schmidt* angeführten Unterschiede sind jedoch zum großen Teil nicht richtig gesehen.
Das gilt z. B. für die von ihm behauptete Fast-Gleichzeitigkeit von Verbreitung und Empfang
von Rundfunk: Die Recordertechnik hebt sie partiell und in zunehmendem Umfang auf. Die
Möglichkeiten der elektronischen Textkommunikation andererseits eröffnen der Presse die
Chance, den Zeitvorsprung des Rundfunks auszugleichen. Die Bindung des Zuhörers/Zu-
schauers an die Zeitstruktur des empfangenen Programms schwindet im Maße der Vervielfältigung des Informations-(Programm-)angebots und der Erweiterung individueller Abruf-
möglichkeiten.

allem wird gesagt[27], die Aussage des Bundesverfassungsgerichts[28], der Rundfunk dürfe nicht dem freien Spiel der Kräfte überlassen bleiben, sei nicht situationsabhängig, gelte vielmehr generell.

Die in Bezug genommene Passage aus dem Urteil des Bundesverfassungsgerichts vom 27. 7. 1971 lautet im Zusammenhang: »Der Rundfunk ist, nicht zuletzt infolge der Entwicklung der Fernsehtechnik, zu einem der mächtigsten Kommunikationsmittel und Massenmedien geworden, das wegen seiner weitreichenden Wirkungen und Möglichkeiten sowie der Gefahr des Mißbrauchs zum Zweck einseitiger Einflußnahme auf die öffentliche Meinung nicht dem freien Spiel der Kräfte überlassen werden kann. Das Bundesverfassungsgericht hat in seinem Urteil vom 28. 2. 1961 … die sich aus der Besonderheit des Rundfunkwesens ergebende Bedeutung des Art. 5 GG dargelegt. Danach verlangt Art. 5 GG, daß dieses ›moderne Instrument der Meinungsbildung‹ weder dem Staat noch *einer* gesellschaftlichen Gruppe überlassen wird.« Die Festellung, der Rundfunk dürfe weder dem Staat noch *einer* gesellschaftlichen Gruppe überlassen werden, ist in der Tat verfassungsgeboten und von bestimmten tatsächlichen Gegebenheiten nicht abhängig[29] – auch wenn Individualisierung und Banalisierung (als Folge pluralistischer Angebotsvielfalt) die Macht des Massenmediums Rundfunk einschränken und damit die »Gefahr des Mißbrauchs zum Zweck einseitiger Einflußnahme auf die öffentliche Meinung« mindern. Eine andere Sache jedoch ist es, wie dieses Ziel erreicht werden kann und unter grundrechtlichen Aspekten erreicht werden muß. Geht man, was im folgenden noch dargelegt werden wird, von einem prädominierenden Individualrechtsgehalt des Grundrechts der Rundfunkfreiheit aus, dann hält die gegenwärtige Form der Realisierung des angegebenen Ziels wegen der mit ihr notwendig verbundenen Auslöschung des Rechts Privater auf Zugang zum Rundfunk verfassungsrechtlicher Prüfung nur stand, wenn es kein milderes, das Individualrecht weniger beeinträchtigendes Mittel zu seiner Verwirklichung gibt[30]. Dieses aber steht in Gestalt des externen Wettbewerbs einer Vielzahl von Anbietern elektronischer Dienste heute zur Verfügung, wozu kommt, daß die Eignung unseres heutigen Rundfunksystems, wirklich allen relevanten gesellschaftlichen Gruppen die ihnen zukommende Repräsentation im Rundfunk zu gewährleisten oder umgekehrt: zu verhindern, daß sich einige wenige seiner bemächtigen, füglich bezweifelt werden kann.

---

[27] So wiederholt *W. Hoffmann-Riem*, z.B. in: Die Zukunft des Rundfunks – ein Verfassungsproblem, RuF 1979, S. 143 ff., 154; ebenso *P. Badura*, Verfassungsrechtliche Bindungen der Rundfunkgesetzgebung, 1980, S. 51.

[28] BVerfGE 31, 314 ff., 325.

[29] Dazu *H. H. Klein*, Die Rundfunkfreiheit, S. 53 ff.

[30] I. d. S. auch *P. Badura* (Fn. 27), S. 43, der allerdings dem individualgrundrechtlichen Gehalt des Art. 5 Abs. 1 Satz 2 GG, soweit er die Rundfunkfreiheit betrifft, nur eine untergeordnete Bedeutung zuerkennt. Dazu im Text unter IV. 2.1.

Weder die öffentlich-rechtliche Organisationsform[31] – diese schon nicht nach der bisherigen Rechtsprechung des Bundesverfassungsgerichts – noch die binnenpluralistische Struktur der Veranstalter noch das für den Inhalt der Programme geltende Ausgewogenheitsgebot sind also von der ehemals bestehenden Sondersituation ablösbare, also unveränderliche Elemente des Rundfunkverfassungsrechts.

2. Die Kernfrage, deren Beantwortung die künftige Gestaltung unseres Kommunikationswesens bestimmen wird, ist die nach der vorrangig *individualrechtlichen oder institutionellen Bedeutung der Rundfunkfreiheit*. Einfacher ausgedrückt: Heißt Rundfunkfreiheit, daß grundsätzlich jedermann Rundfunk machen darf? Die Antwort entscheidet zugleich über die Reichweite der rundfunkrechtlichen Organisationskompetenz des Gesetzgebers, darüber also, welchen Spielraum der Gesetzgeber für die Regelung der Nutzung der neuen elektronischen Wege des Informationstransports für sich in Anspruch nehmen darf. Diese Antwort ist aufs äußerste umstritten. Die darüber im Schrifttum ausgetragene Kontroverse wird wohl das Bundesverfassungsgericht entscheiden müssen.

P. Badura[32] hat den Streitstand kürzlich treffend beschrieben. Er sagt, zugleich Stellung nehmend: »Die abstrakte Berufung darauf, daß die Massenkommunikation ›durch die grundrechtsförmige Garantie ihrer Freiheit‹ der privaten Hand, also wohl der privaten Freiheit, überlassen worden sei, dispensiert sich von der Frage nach dem spezifischen Schutz- und Ordnungsziel der Rundfunkfreiheit und identifiziert ohne weiteres – weil die Garantie den Charakter eines Grundrechts hat – die Gewährleistung der Freiheit des Rundfunks mit einem Recht Privater, Einzelner oder Gruppen, auf Veranstaltung von Rundfunksendungen. Durch diese Konstruktion wird das eigentliche Schutzziel des Grundrechts, nämlich die Freiheit des Rundfunks als staatlich zu wahrender und zu sichernder Ordnungszustand, in eine gegenüber privater Betätigung jeweils erst durch rechtfertigungsbedürftige Maßnahmen durchzusetzende Grundrechtsbeschränkung gedrängt. Richtigerweise besteht umgekehrt die Berechtigung, Rundfunksendungen zu veranstalten, nur insoweit, als dadurch nicht die Freiheit des Rundfunks ... beeinträchtigt zu werden droht.«

In der Tat geht es darum, welches das »eigentliche Schutzziel des Grundrechts« der Rundfunkfreiheit ist: Die Freiheit der – nicht mit den vorhandenen Rundfunkanstalten zu verwechselnden – Institution Rundfunk »als staatlich zu wahrender und zu sichernder Ordnungszustand« oder *die Freiheit jedes einzelnen*, sich der Funktechnik wie anderer Techniken, etwa der Druck-

---

[31] Zum Problem der sog. »publizistischen Gewaltenteilung« in verfassungsrechtlicher Sicht, vgl. *H. H. Klein*, Die Rundfunkfreiheit, S. 56 ff.
[32] a. a. O., S. 30.

technik oder des Films, zur Verbreitung seiner Meinung zu bedienen. Die in
Art. 5 Abs. 1 Satz 2 GG neben Presse- und Filmfreiheit garantierte Rundfunkfreiheit ist damit zu einem der wichtigsten Schauplätze für den Austrag einer
seit Jahren anhaltenden Grundsatzkontroverse[33] über die Auslegung der
Grundrechte geworden. Die Streitfrage lautet (in notwendig vergröbernder
Formulierung): Sind die Grundrechte unserer Verfassung vorrangig subjektive
Individualrechte, Gewährleistungen privater Entfaltungsfreiheit, oder garantieren sie in erster Linie einen objektiven Ordnungszusammenhang, ein Wertsystem, in dem für subjektive Berechtigungen nur insoweit Raum ist, als sie
den diesem Ordnungszusammenhang eingestifteten Zweck nicht stören. Je
nachdem welcher Auffassung man folgt, haben die individualrechtlichen oder
die objektivrechtlichen Elemente der Grundrechtsnormen prävalierenden
oder dienenden Charakter; d. h. entweder verstärken die objektiven Komponenten der Grundrechte deren individualrechtlichen Kern oder umgekehrt:
die Grundrechte als subjektive Rechte kommen nur im Rahmen ihnen objek-
tivrechtlich vorgegebener Funktionszusammenhänge zum Tragen. Es ist offenkundig, daß die Regelungskompetenz des Staates gegenüber dem Träger
des Grundrechts sich nach der einen oder anderen Auffassung unterschiedlich
bemißt. Für die Vertreter einer institutionellen oder funktionalen Grundrechtsinterpretation sind staatliche Regelungen im Grundrechsbereich nicht
zuerst Eingriffe in subjektive Rechte, deren Zulässigkeit am Maßstab des
Übermaßverbots einer strengen Prüfung unterzogen werden muß, sondern –
etwas überspitzt – Ausformungen und Konkretisierungen eines Ordnungs-
rahmens, in dem dem Einzelnen die ihm zugedachte Rolle zugewiesen und in
bestimmten Grenzen auch vorgeschrieben wird. Der Begriff der Institution
beschreibt in diesem Zusammenhang einen Komplex faktischer Verhaltenserwartungen, der – und das ist das Entscheidende – zum inhaltlichen Maßstab
der grundrechtlichen Gewährleistung wird[34]. Die Freiheit schrumpft zu der
Befugnis, sich im Sinne vorgegebener sozialer Verhaltensmuster betätigen zu
dürfen.

Die praktische Bedeutung dieser Kontroverse sei, bevor wir zur Rundfunkfreiheit zurückkehren, am Beispiel der Pressefreiheit, einer immerhin der unseren eng verwandten Materie, kurz veranschaulicht[35]: Versteht man das
Grundrecht der Pressefreiheit, Art. 5 Abs. 1 Satz 2 GG, als subjektives Abwehrrecht, so ist sein Gegenstand das Jedermanns-Recht auf Herstellung und

---

[33] Zu dieser Kontroverse v. a. *E.-W. Böckenförde*, Grundrechtstheorie und Grundrechtsinterpretation, in: ders., Staat, Gesellschaft, Freiheit, 1976, S. 221 ff.; *H. H. Klein*, Die Grundrechte im demokratischen Staat, 1972; *E. Grabitz*, Freiheit und Verfassungsrecht, 1976, besonders S. 218 ff.

[34] *Grabitz* (Fn. 33), S. 226, unter Hinweis u. a. auf Luhmann.

[35] Vgl. dazu auch die in Fn. 33 zitierte Abhandlung von *Böckenförde* sowie *Grabitz*
(Fn. 33), S. 225 ff.

Verbreitung von Druckerzeugnissen, einschließlich des Sammelns von Nachrichten. Staatliche Regelungen des Pressewesens, etwa Maßnahmen gegen die Pressekonzentration und zur Herstellung von Vielfalt in der Zeitung, der sog. inneren Pressefreiheit, sind als Eingriffe in dieses Recht zu betrachten und somit nur im Rahmen des Gesetzesvorbehalts in Art. 5 Abs. 2 GG sowie des Prinzips der Verhältnismäßigkeit des Eingriffs zulässig[36]. Die institutionelle Auslegung der Pressefreiheit qualifiziert Regelungen dieser Art als nähere Inhaltsbestimmung des Grundrechts und läßt sie somit dem Schrankenvorbehalt des Art. 5 Abs. 2 GG gar nicht unterfallen. Für ein funktional-demokratisches Verständnis der Pressefreiheit schließlich gilt das gleiche: Regelungen, die bestimmt sind, das Funktionieren des demokratischen Meinungsbildungsprozesses zu sichern, greifen nicht in das Grundrecht ein, auch wenn sie die Rechte einzelner im Pressewesen tätiger Funktionsträger einschränken, etwa die des Herausgebers und Verlegers gegenüber der Redaktion oder die der Redaktion zugunsten eines erweiterten Mitbestimmungsrechts des Betriebsrats. Für diese Auffassung fallen überdies Presseerzeugnisse, die zur politischen Meinungsbildung nicht beitragen, letztlich aus dem Schutz der Pressefreiheit heraus.

Wenden wir uns nun der gegenwärtigen Diskussion um die Rundfunkfreiheit wieder zu, so sind die soeben am Beispiel der Pressefreiheit aufgezeigten Positionsunterschiede leicht wieder zu entdecken.

a) So finden wir etwa bei *W. Hoffmann-Riem*[37] die Ansicht vertreten, der spezifische Akzent der grundrechtlichen Verbürgung der Rundfunkfreiheit liege »nicht in der Orientierung an der freien Selbstentfaltung eines Grundrechtsträgers, d. h. in der grundrechtlichen Absicherung individueller oder gesellschaftlicher Freiräume gegen fremdgesetzte Begrenzungen«. Die Komplexität des Grundrechts erschließe sich vielmehr nur bei Besinnung »auf seine Bedeutung als Voraussetzung und Garant der Verfassungsordnung«. Die Rundfunkfreiheit sei eine »Ergänzung der Informationsfreiheit der Bürger«, ein »Instrumentalrecht zur Verwirklichung von Informationsfreiheit«[38], wofür »rechtstechnisch« die Ausgestaltung als Grundrecht gewählt worden sei. Beurteilungsmaßstab für das Maß der Grundrechtsgewährung sei »die Funktionsfähigkeit des freiheitlichen Kommunikationsprozesses, d. h. die Sicherung einer wahrheitsgemäßen und umfassenden Information«. Der Staat hat dem-

---

[36] Von diskutablen Modifizierungen dieser Auffassung, wie sie etwa *P. Lerche* immer wieder vertreten hat (vgl. etwa die beiden Abhandlungen »Verfassungsrechtliche Fragen zur Pressekonzentration«, 1971, besonders S. 21 – 49, sowie »Verfassungsrechtliche Aspekte der ›inneren Pressefreiheit‹«, 1974, besonders S. 31 – 44), wie sie aber erkennbar auch der Rechtsprechung des BVerfG – etwa im Spiegel-Urteil, BVerfGE 20, 162, 175 f. – zugrundeliegen, muß hier abgesehen werden.

[37] Rundfunkfreiheit durch Rundfunkorganisation, 1979, S. 15 ff.

[38] Ausdruck von *Chr. Starck*, Rundfunkfreiheit als Organisationsproblem, S. 14, der in seinen Schriften allerdings zu ganz anderen Folgerungen kommt als *Hoffmann-Riem*.

entsprechend die Aufgabe, ein Kommunikationssystem zu sichern, das demokratische Handlungskompetenz und Artikulationschancengleichheit jedes
einzelnen herstellt bzw. erhält, also umfassende Information real ermöglicht[39]. Hinter dieser Aufgabe haben individuelle Berechtigungen zurückzutreten, wobei es im politischen Ermessen des Staates liegen soll, wie er diese
Aufgabe löst, also etwa durch Verwirklichung des von Hoffmann-Riem mit
unverhohlener Skepsis betrachteten, wenngleich nicht eindeutig als verfassungswidrig betrachteten Marktmodells oder durch die Beibehaltung der gegenwärtigen Rundfunkstruktur.

Ähnlich meint *W. Schmidt*[40], Art. 5 Abs. 1 Satz 2 GG sei vom Recht der
Meinungsverbreitung her formuliert, aber um des Schutzes der Informationsfreiheit willen konzipiert. Die gewerbliche (d. h. de facto: die private) Nutzung des Rundfunks sei in die Gewährleistung seiner Freiheit nicht einge-
schlossen. Die rundfunkbezogenen Grundrechte der Meinungsfreiheit seien
zum Schutz eines freien Prozesses der Meinungsbildung eingebunden. Für
Schmidt enthält folgeweise Art. 5 Abs. 1 Satz 2 GG primär einen Gesetzesvorbehalt für das Organisations- und Verfahrensrecht des Rundfunks, also
nicht ein Grundrecht, sondern die Zuweisung einer staatlichen Regelungs-
pflicht, und zwar i. S. des Verbots eines kommerziellen Rundfunks, der die
Informationsfreiheit nicht gewährleisten könne.

Auch nach *P. Badura*[41] garantiert Art. 5 Abs. 1 Satz 2 GG die Freiheit des
Rundfunks als Institution. Individualrechte ließen sich ihm »nicht schon deshalb entnehmen, weil es sich um ein Grundrecht handelt« – eine erstaunliche
Formulierung! Vielmehr handele es sich um die objektive Gewährleistung
eines Sozialbereichs[42]. Schutz- und Ordnungsziel der Freiheit des Rundfunks
sei die Gewährleistung der Freiheit der öffentlichen Meinungs- und Willensbildung, d. h. der Programmfreiheit. Allerdings, so meint Badura unter Zurückweisung weitergehender institutioneller Standpunkte, könne im Falle der

---

[39] *Hoffmann-Riem,* RuF 1979, 153 f.; *ders.,* Chancengleichheit in zukünftigen Kommuni-
kationssystemen, ZRP 1976, 291 ff.

[40] ZRP 1980, 135 f.

[41] Verfassungsrechtliche Bindungen der Rundfunkgesetzgebung, S. 22 ff.

[42] Vgl. S. 37: Das Rundfunkwesen gehöre zu den von *H. H. Rupp,* Vom Wandel der Grundrechte, AöR 101 (1976), S. 161 ff. (196), so bezeichneten »grundrechtsgeschützten Sachberei-
chen ohne personal ausmachbare Grundrechtsinhaberschaft«. An gleicher Stelle heißt es:
»Dabei gehört es zu den durch die Rundfunkfreiheit gesetzten Prämissen, daß der potentielle
Rundfunkunternehmer einen aus Art. 5 Abs. 1 Satz 2 GG ableitbaren Anspruch i. S. freier
rundfunkunternehmerischer Betätigung nur nach Maßgabe der objektiven Gewährleistung
der ›institutionellen Freiheit‹ des Rundfunks haben kann. Das Grundrecht erweist sich primär
als ›Organisationsmaxime‹, aber eben nicht nur als Annexgarantie zu einer ursprünglichen
Individualfreiheit, und die staatlich bewirkte Organisation ist eine ›Hilfe zur Grundrechtsverwirklichung‹, aber eben nicht zur individualrechtlichen Verwirklichung grundrechtlicher
Freiheit.« Das Zitat läßt den prinzipiellen Gegensatz zu einer liberal-rechtsstaatlichen Grundrechtsinterpretation besonders deutlich werden.

Garantie von Verhaltensweisen durch ein Grundrecht die verfassungsrechtliche Begründung individueller Freiheitsrechte nicht dem Prinzip nach ausgeschlossen sein. Sie könnten sich allerdings nur im Rahmen des Schutzziels entfalten. Badura kommt zu dem Ergebnis, daß die bestehende Organisationsform des Rundfunks (auch weiterhin) zulässig, aber nicht geboten sei. Unabdingbar sei neben der Staatsfreiheit des Rundfunks seine Neutralität gegenüber rundfunkexterner Einseitigkeit des Einflusses und die Ausgewogenheit des Programms. Diese Gebote müßten und könnten freilich auch im Falle einer materiellen Privatisierung und Kommerzialisierung des Rundfunks durch geeignete gesetzliche Vorkehrungen durchgesetzt werden. Die binnenpluralistische Organisation von Rundfunkveranstaltern ist für Badura nicht schlechthin, sondern nur solange unverzichtbar, als sich der Rundfunk durch die eingeschränkte technologische Basis der sicherzustellenden Meinungsvielfalt von der Presse unterscheidet, solange also der Frequenzmangel besteht.

Bei durchaus erkennbaren Unterschieden im Detail läßt, so kann mit einem berühmt gewordenen Wort *K. A. Bettermanns*[43] gesagt werden, das institutionelle Verständnis der Rundfunkfreiheit deren subjektive Komponente im »Nebel des Institutionellen« verschwinden.

b) Der institutionellen steht die *individualrechtliche Auslegung der Rundfunkfreiheit* gegenüber, die in den letzten Jahren vor allem von *W. Weber*[44], *U. Scheuner*[45], *W. Rudolf*[46], *G. Herrmann*[47], *W. Geiger*[48], *R. Scholz*[49], *W. Schmitt Glaeser*[50], *Chr. Starck*[51], *M. Bullinger*[52], *K. Kröger*[53], *Chr. Graf von Pestalozza*[54] und von mir selbst[55] vertreten worden ist[56]. Sie verdient den Vorzug,

---

[43] Rundfunkfreiheit und Organisation, DVBl. 1963, 41 ff., 42; s. a. *Schmitt Glaeser* (Fn. 13), S. 94. – Eine institutionelle Auslegung von Art. 5 Abs. 1 Satz 2 GG vertritt auch *K. Lange*, Über besondere verfassungsrechtliche Anforderungen an das Rundfunkprogramm, in: Festschrift für Löffler (Fn. 6), S. 195 ff., 195, mit der Folge eines weitgespannten gesetzgeberischen Entscheidungsspielraums.

[44] Zur Diskussion über die Zulässigkeit eines privaten Fernsehens, Der Staat 11 (1972), S. 82 ff.; Rundfunkfreiheit – Rundfunkmonopol, in: Festschrift für Ernst Forsthoff zum 70. Geburtstag, hrsg. von R. Schnur, 2. Aufl. 1974, S. 467 ff.

[45] Vgl. Fn. 25.

[46] Über die Zulässigkeit privaten Rundfunks, 1971.

[47] Vgl. Fn. 3.

[48] Die Sicherung der Informationsfreiheit als Verfassungsproblem, AfP 1977, 256 ff.

[49] Audiovisuelle Medien (Fn. 13), bes. S. 117, 142 ff.; private Rundfunkfreiheit und öffentlicher Rundfunkvorbehalt – BVerwGE 39, 159, JuS 1974, 299 ff.; Medienfreiheit und Publikumsfreiheit, in: Festschrift für Löffler (Fn. 6), S. 355 f.

[50] Vgl. Fn. 13.

[51] Vgl. Fn. 1.

[52] Vgl. Fn. 12.

[53] Vor dem Ende des Rundfunkmonopols, NJW 1979, 2537 ff.

[54] Rundfunkfreiheit in Deutschland. Notizen aus der Provinz, ZRP 1979, 25 ff.

[55] Die Rundfunkfreiheit (Fn. 7).

[56] Vgl. auch den oben Fn. 12 zitierten Zwischenbericht der Bundesregierung, S. 24, 25, in dem es heißt: »Die Freiheitsverbürgung in Art. 5 Abs. 1 GG kommt nach herrschender Auf-

wobei zur Vermeidung von Mißverständnissen sogleich hinzugefügt sei, daß unbeschadet der prinzipiellen Unterschiede der Ausgangspunkte auch die den Individualrechtsgehalt der Rundfunkfreiheit in den Vordergrund rückenden Auffassungen im allgemeinen objektiv-rechtliche Elemente der Grundrechtsgewährleistung anzuerkennen bereit sind, die der Gesetzgeber zur Geltung bringen muß.

Art. 5 Abs. 1 Satz 2 GG enthält, wie sich aus der Stellung der Norm im Text der Verfassung einwandfrei ergibt, eine – oder genauer: drei – grundrechtliche Gewährleistungen, die Garantie der Presse-, der Rundfunk- und der Filmfreiheit. Das aber heißt, daß es sich vor allem anderen um die – durch andere Grundrechte wie Art. 12 und 14 GG überdies verstärkte und ergänzte[57] – Garantie subjektiver Freiheitsrechte handelt, die Garantie individualer Kommunikationsfreiheit, die auch und gerade die sog. Massenmedien einbezieht und grundsätzlich nicht kollektivierbar und nicht mediatisierbar ist[58]. Die leitende Idee der Ausgestaltung der Grundrechte im Grundgesetz, die sich aus den Beratungen des Parlamentarischen Rates vielfach belegen läßt, ist: »die Aufnahme und Durchführung rechtsstaatlicher, auf dem Verteilungsprinzip beruhender Freiheitsgewährleistung, die die Freiheit als staatlichem Zugriff prinzipiell vorausliegend begreift und sie auf der Ebene des Rechts nicht als bestimmten und umgrenzten Wert, als objektiviertes Institut oder als Mittel zu (demokratischen oder öffentlichen) Zwecken, sondern um ihrer selbst willen, eben als Freiheit gewährleistet«[59].

Die Quintessenz dieser Erkenntnis läßt sich in dem von *J. H. Kaiser*[60] formulierten Satz zusammenfassen: »Private Struktur macht frei.« Die grundrechtsförmige Garantie einer Freiheit bedeutet nichts anderes, als daß die Verfassung den entsprechenden Sachbereich grundsätzlich, d. h. vorbehaltlich notwendiger, von der Verfassung selbst oder durch Gesetz aufgrund verfas-

---

fassung auch dadurch zum Ausdruck, daß die private Trägerschaft eines Mediums grundsätzlich den Vorrang vor der öffentlich-rechtlichen Trägerschaft genießt; der öffentlich-rechtlichen Struktur kommt lediglich die Funktion als Regulativ eines Engpasses zu. ... Aus der gegebenen Verfassungslage ist zu folgern: a) außerhalb einer etwa gegebenen Sondersituation wäre es dem Staat verwehrt, den Zugang des einzelnen als Anbieter zu den Massenmedien wesentlich zu erschweren, auszuschließen oder nur mittelbar über eine gesellschaftlich-relevante Gruppe zu ermöglichen. ... c) Die Zahl von Personen oder Programmveranstaltern darf weder künstlich verknappt noch die Schaffung einer finanziell und wirtschaftlich zumutbaren technischen Infrastruktur unter dem Gesichtspunkt der beabsichtigten Beschränkung von Informationsquellen, Informationen oder Informationsanbietern unterbunden werden. ...«

[57] Zum Verhältnis zwischen Art. 5 Abs. 1 Satz 2 und 12 Abs. 1 GG s. *H. H. Klein,* Die Rundfunkfreiheit, S. 42 ff., m. w. N.; ferner etwa *R. Scholz,* Pressefreiheit und Arbeitsverfassung, 1978, S. 121, 167 ff.; *P. Badura* (Fn. 27), S. 47 ff.; *H.-J. Papier,* Pressefreiheit zwischen Konzentration und technischer Entwicklung, Der Staat 18 (1979), S. 422 ff., 429 ff.

[58] *Papier,* a. a. O., S. 435.

[59] *E.-W. Böckenförde* (Fn. 33), S. 243.

[60] Presseplanung, 1972, S. 31.

sungsrechtlicher Ermächtigung gesetzter Schranken der privaten Hand, d. h. jedermann, überläßt. Dies ist *das*, zumindest aber das primäre, Schutz- und Ordnungsziel der Grundrechte, auch der Rundfunkfreiheit. Deshalb ist die Errichtung bzw. Aufrechterhaltung eines Staatsmonopols – wie beispielsweise im Bereich der Arbeitsvermittlung – oder eines durch Gesetz zugunsten Dritter – wie etwa der Rundfunkanstalten – geschaffenen Monopols in den durch die Grundrechtsnormen abgedeckten Bereichen der härteste denkbare Eingriff in die individuelle Rechtssphäre, derjenige Eingriff nämlich, der, soweit er reicht, die Freiheit des einzelnen auslöscht.

Wenn Art. 12 GG die Berufs- und Gewerbefreiheit und Art. 14 GG das private Eigentum und das Recht eines jeden an seinem Eigentum garantieren – natürlich vorbehaltlich der verfassungsrechtlich möglichen Inhaltsbestimmungen und Schranken! –, dann ist damit notwendigerweise auch der Wettbewerb der privaten Rechtsträger untereinander in die Garantie mit einbezogen. Auf dem gleichen Gedanken beruht die freiheitliche Kommunikationsverfassung, wie sie Art. 5 Abs. 1 GG entwirft. Die Meinungsäußerung und -verbreitung im privaten wie im öffentlichen Raum ist frei, d. h. privater Initiative und damit dem Wettbewerb überlassen, in den ordnend einzugreifen dem Gesetzgeber unter noch darzulegenden Voraussetzungen vorbehalten bleibt. Das ist für den Bereich der Presse und des Films eine nahezu unbestrittene Selbstverständlichkeit[61]. Im Bereich des Rundfunks konnte es dies bisher nur darum nicht sein, weil aus technischen Gründen Wettbewerb auf diesem Gebiet objektiv unmöglich war[62]. Damit gibt die Verfassung der medienexternen unzweideutig den Vorrang vor einer medieninternen Pluralitätsstruktur[63], d. h. sie versagt es dem Gesetzgeber, zwischen beiden nach seinem Gutdünken zu

---

[61] Abweichend etwa *W. Hoffmann-Riem/H. Plander*, Rechtsfragen der Pressereform. Verfassungsrechtliche und betriebsverfassungsrechtliche Anmerkungen zum Entwurf eines Presserechtsrahmengesetzes, 1977; dazu *Papier* (Fn. 57), S. 426 f.; vgl. auch *F. Kübler*, Pressefreiheit als Entscheidungsfreiheit des Lesers, in: Festschrift für Löffler (Fn. 6), S. 169 ff., 179 f.

[62] Es ist deshalb richtig, wenn *Scheuner*, AfP 1977, 370, ausführt, die bisherige Organisation des Rundfunks sei »nicht eine gesetzliche Beschränkung des Grundrechts (der Rundfunkfreiheit), sondern ... eine zu seiner Verwirklichung notwendige, durch besondere Umstände (gemeint sind einzig die vom BVerfG genannten, s. S. 368, 370) allein gerechtfertigte Vorkehr des Staates«. Sie ist »von deren Bestand abhängig«. Ähnlich *R. Scholz*, Pressefreiheit und Arbeitsverfassung, S. 117: Als wichtigstes Beispiel für das von ihm sog. »kommunikationsfördernde Sondergesetz«, das mit dem Vorbehalt des »allgemeinen Gesetzes« (Art. 5 Abs. 2 GG) vereinbar sei, weil es nämlich die Kommunikationsfreiheit nur begünstige, nennt er das öffentlich-rechtliche Rundfunkmonopol und seine binnenpluralistische Ordnung. »Solange Frequenzmängel etc. eine private und nicht entsprechend organisierte Wahrnehmung der Rundfunkfreiheit ausschließen, solange sind die entsprechenden Organisationsgesetzgebungen verfassungsgemäß; sobald diese (tatsächlichen) Voraussetzungen dagegen – beispielsweise durch neue kommunikationstechnische Entwicklungen – entfallen, kann eine Organisationsgesetzgebung der gegebenen Art zum freiheitsbeschränkenden Sondergesetz ›umschlagen‹ – mit der Konsequenz seiner (künftigen) Unvereinbarkeit mit Art. 5 Abs. 2 GG.«

[63] s. *Papier* (Fn. 57), S. 427.

wählen. Gerade weil Presse, Rundfunk und Film nicht nur Medium, sondern auch Faktor der öffentlichen Meinungsbildung sind, nicht nur eine mediale Funktion haben, sondern auch die Aufgabe originärer Sinnschöpfung, garantiert Art. 5 Abs. 1 Satz 2 GG ihr freies Entstehen, Existieren und Wirken[64].

Badura[65] hält dem unter Berufung auf *J. Habermas* entgegen, »das Vertrauen in die herrschaftsrationalisierende und interessenbegutachtende Funktion einer unorganisierten, nur individuell radizierten Öffentlichkeit im demokratischen Massenstaat (sei) eine fragwürdige Prämisse für das Verständnis des durch die Medien vermittelten und bestimmten Prozesses der öffentlichen Meinung«. Es ist dies jedoch die Prämisse der Verfassung selbst, zu deren Verteidigung sich zumindest anführen läßt, daß das gruppenpluralistische Modell, welches der gegenwärtigen Organisation des Rundfunks zugrundeliegt, sich kaum als geeignet erwiesen hat, die wirkliche Vielfalt der in der Gesellschaft vertretenen Meinungen wirksam zur Geltung zu bringen. Das hat angebbare Gründe. Wenn nach der diesem Modell zugrundeliegenden Idee die relevanten gesellschaftlichen Kräfte die Träger des Privilegs sind, Rundfunk zu veranstalten, dann wirkt es i. S. einer Stabilisierung bestehender gesellschaftlicher Machtstrukturen, da es auf die Repräsentation der Meinungen etablierter Gruppen statt der tatsächlich vorhandenen Meinungen zielt. Während die Freiheit gerade auch der öffentlichen Meinung den Zweck hat, die Macht der in Staat und Gesellschaft Mächtigen zu kontrollieren, gibt die bestehende Organisation des Rundfunks dieses wichtige Instrument der öffentlichen Meinungsbildung gerade denen in die Hand, die seiner Kontrolle bedürftig wären. Schließlich lädt sie in ihrem faktischen (freilich wiederum konstruktionsbedingten) Zustand, der sich externer Kontrolle, aber auch einer Kontrolle durch die dazu berufenen relevanten Gruppen, fast vollständig entzieht, auf bestimmte Ziele ausgehende Bewegungen zur Stützpunktbildung förmlich ein. »So wurde«, wie *E. Forsthoff*[66] schon vor Jahren feststellte, »aus den Rundfunkanstalten, was jeder Kundige voraussehen konnte: Nisthöhlen für Cliquen«.

Der gravierendste Mangel des geltenden Rundfunkrechtes allerdings ist, daß es dem Rezipienten, dem Publikum, keinerlei Einfluß auf den Rundfunk und seine Darbietungen einräumt. Der Rezipient aber ist, neben demjenigen, der seine Meinung äußert und Informationen verbreitet, ein notwendiges Subjekt einer freiheitlichen Kommunikationsverfassung[67]. Die Freiheit des Publikums ist – wie sich aus der wechselbezüglichen Garantie von Meinungsäu-

---

[64] *Scholz,* Medienfreiheit (Fn. 49), S. 361.
[65] (Fn. 27), S. 26.
[66] Der Staat der Industriegesellschaft, 1971, S. 156.
[67] Dazu v. a. *Scholz,* Medienfreiheit (Fn. 49), S. 355 ff.; für den Bereich der Presse vgl. auch *H. H. Klein,* Die privatwirtschaftliche Struktur der deutschen Tagespresse ist gefährdet, ZV + ZV 1977, 520 ff.

ßerungs- und Informationsfreiheit in Art. 5 Abs. 1 Satz 1 GG ohne weiteres ergibt – das notwendige Korrelat der Freiheit der Medien[68]. Die Freiheit des Rezipienten besteht in der Freiheit der Auswahl, die ihm die Vielfalt des Angebots erlaubt. Deshalb ist die Pressekonzentration bedenklich. Für die Konzentration im Rundfunkwesen gilt nichts anderes. Der publizistische Wettbewerb, der mit dem ökonomischen Wettbewerb zwar nicht identisch, aber von ihm auch nicht zu trennen ist[69], »eröffnet dem Publikum die reale Chance zur kommunikativen Rückantwort«[70]; sie ist ein notwendiger Bestandteil des »grundgesetzlichen Systementwurfs freier Kommunikationsverfassung«[71]. Wenn die politische Willensbildung, wie es im Parteienfinanzierungsurteil des Bundesverfassungsgerichts[72] heißt, im demokratischen Staat sich »vom Volk zu den Staatsorganen« vollzieht, der »Prozeß der Meinungs- und Willensbildung des Volkes ... also grundsätzlich ›staatsfrei‹ bleiben muß«, dann muß auch dem Publikum ein maßgeblicher Einfluß auf den Inhalt der Massenmedien gewährleistet sein. Diesen Einfluß garantiert nur der Wettbewerb. Der Markt ist deshalb der Mittler der für die Demokratie konstitutiven Funktion der Massenmedien[73]. Dabei ist mit zu bedenken, daß die Grundrechte der Meinungsfreiheit nicht nur politischen, sondern auch sozialen und privaten Zwecken dienen. Für den Willensbildungsprozeß auf diesen Gebieten gilt nichts anderes. »Dies bedeutet, daß die grundrechtliche Kommunikationsverfassung nicht nur im Zusammenhang mit der gesellschaftlich-politischen Staatshervorbringung gesehen werden darf ... (sie) konstituiert nicht nur die demokratische Staatlichkeit, sondern auch die freie Gesellschaftlichkeit[74].«

Die Gegenmeinung hält dem die Gefahr des Niveauverlustes, mögliche Einbußen der Integrationsfähigkeit des Staatsvolkes sowie die potentielle Dominanz bestimmter Interessen entgegen für den Fall, daß auch der Rundfunk dem freien Spiel der Kräfte des Marktes überlassen würde. Indessen sind solche Befürchtungen nur insoweit verfassungsrechtlich relevant, als sie a) beweisbar, b) nicht auch in einem Wettbewerbssystem durch geeignete Maßnahmen abwendbar sind und c) ihrerseits verfassungsrechtliches Gewicht haben, d. h. sich in dem notwendigen Abwägungsprozeß mit den Grundrechten der Meinungsfreiheit durchsetzen können. Dabei gilt: die Freiheit der Meinungsrezeption schließt auch die Freiheit ein, sich von politischen Sendungen

---

[68] *Scholz,* Medienfreiheit (Fn. 49), S. 365.
[69] *Kaiser* (Fn. 60), S. 62.
[70] *Scholz,* Medienfreiheit (Fn. 49), S. 369 f.
[71] *Papier* (Fn. 57), S. 425.
[72] BVerfGE 20, 56 ff., 99; 44, 125 ff.
[73] So *Kaiser* (Fn. 60), S. 63 f., für die Presse; ebenso *Kübler* (Fn. 61), allerdings mit einer gegen die Finanzierung über Werbung gerichteten Tendenz.
[74] *R. Scholz,* Koalitionsfreiheit als Verfassungsproblem, 1971, S. 294.

ab- und unterhaltenden zuzuwenden; der Gesetzgeber hat nicht das Recht, durch eine Beschränkung des Informationsangebots die Rezeptionschance bestimmter, von ihm bevorzugter Programme zu erhöhen[75]. Ebensowenig kann er von sich aus das Niveau der Bürger festlegen; der freie Bürger bestimmt sein Niveau selbst[76]. Daß gesellschaftspolitische Nützlichkeitserwägungen Einschränkungen der Informationsfreiheit nicht zu rechtfertigen vermögen, sollte sich im demokratischen Rechtsstaat der Bundesrepublik Deutschland von selbst verstehen[77]. Daß die tatsächliche Vielfalt der in der Gesellschaft vorhandenen Meinungen in einem nach den Grundsätzen freier Konkurrenz organisierten Rundfunksystem weniger zur Geltung kommen werde als in dem vom Kartell der etablierten Gruppen beherrschten System der Gegenwart, ist weder zu beweisen noch angesichts des durch die moderne Technik möglich gewordenen, auf die herkömmlichen Vollprogramme nicht beschränkten, vielfältigen und differenzierten Informationsangebots wahrscheinlich. Gegen Konzentrationserscheinungen können und müssen gegebenenfalls geeignete Vorkehrungen getroffen werden. Andere Gefahrenmomente wiederum, wie etwa die für die Kinder, sind von der Organisationsform des Rundfunks unabhängig[78].

c) Seit der Entscheidung des Bundesverfassungsgerichts zum Mitbestimmungsgesetz 1976 bewegt sich die liberal-rechtsstaatliche Grundrechtsauslegung auf gesichertem Boden. In dem Urteil heißt es: »Nach ihrer Geschichte und ihrem heutigen Inhalt sind sie (scil. die Grundrechte) in erster Linie individuelle Rechte, Menschen- und Bürgerrechte, die den Schutz konkreter, besonders gefährdeter Bereiche menschlicher Freiheit zum Gegenstand haben. Die Funktion der Grundrechte als objektiver Prinzipien besteht in der prinzipiellen Verstärkung ihrer Geltungskraft ..., hat jedoch ihre Wurzel in dieser primären Bedeutung ...«[79]. Der Satz verweist die »Funktion der Grundrechte als objektiver Prinzipien« in die ihr zukommende dienende Rolle. Damit ist auch dem Gedanken Rechnung getragen, daß der Staat »für die Schaffung und Sicherung der notwendigen sozialen Voraussetzungen grundrechtlicher Freiheit« eine Verantwortung trägt, die ihm »entsprechende Regelungs- und Eingriffsbefugnisse zuwachsen« läßt[80].

Bezogen auf die Rundfunkfreiheit bedeutet dies: unter Beachtung der vorrangigen Verpflichtung, den individuellen Grundrechten der Meinungsäuße-

---

[75] *Bullinger* (Fn. 13), S. 66 f.
[76] Zum Niveau-Argument s. *H. H. Klein*, Die Rundfunkfreiheit, S. 71 f.; vgl. auch *Papier* (Fn. 57), S. 439.
[77] *Bullinger* (Fn. 13), S. 74 f.
[78] Auch hierzu *Bullinger* (Fn. 13), S. 75 ff., 78 ff.
[79] BVerfGE 50, 290, 337; vgl. auch BVerfGE 21, 362, 369.
[80] *Böckenförde* (Fn. 33), S. 244; vgl. auch *H. H. Klein*, Die Grundrechte im demokratischen Staat, S. 71 f.

rung und -verbreitung, aber auch der Freiheit des Informationsempfangs, zu maximaler Wirksamkeit zu verhelfen, auch i. S. ihrer Nutzbarkeit durch möglichst viele, trägt der Staat Verantwortung für die Staatsfreiheit, die Pluralität und die Chancengleichheit des Kommunikationssystems[81]. Diese Prinzipien bilden die Konstanten der freiheitlichen Kommunikationsverfassung des Grundgesetzes. Der Staat trägt die Verantwortung dafür, daß sich der Prozeß der Meinungsäußerung und -verbreitung über Rundfunk staatsfrei vollzieht und der pluralistischen Struktur der Gesellschaft Rechnung trägt. Er hat ferner dafür Sorge zu tragen, daß jedermann eine Grundversorgung mit Rundfunk erhält, genauer: daß jedermann sich ohne weiteres aus dem Rundfunk informieren kann. Was der Staat in Wahrnehmung dieser seiner »Funktionsverantwortung« für den Rundfunk tut, hat – gemäß dem Grundsatz der Verhältnismäßigkeit – unter möglichster Schonung des Grundrechts der Rundfunkfreiheit zu geschehen, Eingriffe in dieses Recht sind also ganz oder jedenfalls soweit zu vermeiden, als sie nicht im Hinblick auf den Verantwortungszweck unumgänglich sind. Der Staat ist also gegenüber dem Rundfunk ebensowenig wie gegenüber der Presse im Besitz einer Gestaltungsmacht, die es ihm ermöglichen würde, die Rundfunkkommunikation in seinem Sinne optimal zu ordnen. Der Grund ist, daß die Freiheitlichkeit der Kommunikationsordnung beseitigt wäre, würde dem Staat die Befugnis zugestanden zu definieren, »wie« sie zu funktionieren hat. Die Regelungsmacht des Staates erschöpft sich daher – aus der Sicht des Grundrechtsträgers – wie allenthalben im Grundrechtsbereich in der Befugnis zur Rahmensetzung.

---

[81] Vgl. im einzelnen *H. H. Klein*, Die Rundfunkfreiheit, S. 47 ff. Ähnlich im Ergebnis *P. Badura* (Fn. 27), S. 29, wenn er als das Schutzziel der Freiheit des Rundfunks dessen »Staatsfreiheit, Unabhängigkeit und Nichtinstrumentalisierung« bezeichnet. Der Unterschied zwischen der Meinung Baduras und der von mir vertretenen Auffassung besteht freilich darin, daß bei ihm neben diesem Schutzziel der Rundfunkfreiheit das andere des subjektiven Freiheitsrechts auf Veranstaltung von Rundfunk und freie Informationsauswahl des Empfängers von Rundfunk völlig in den Hintergrund tritt. Das führt im praktischen Ergebnis Badura zur Bejahung der Verfassungsmäßigkeit des öffentlich-rechtlichen Rundfunkmonopols auch unter veränderten technischen Bedingungen, mich zur Verneinung. Hingegen steht meine Auffassung entgegen dem Eindruck Baduras (S. 28 f.) nicht im Widerspruch zu der richtigen Ansicht, daß niemand ein Recht auf ein Auditorium hat (gerade dies ist vielmehr den Anhängern einer künstlichen Verknappung des Informationsangebots entgegenzuhalten), und daß die Informationsfreiheit nicht ein Recht auf Schaffung von Informationsquellen ist (es geht vielmehr um die klassische Funktion der Abwehr einer Verstopfung von Informationsquellen, sei es durch Gesetz, sei es durch eine restriktive Handhabung des Funkanlagenmonopols der Deutschen Bundespost).

V.

Die aus diesem verfassungsrechtlichen Befund zu ziehenden *Folgerungen* sind abschließend anzudeuten:

1. Welche besonderen gesetzlichen Vorkehrungen gegen den Mißbrauch des Massenkommunikationsmittels Rundfunk bzw. gegen seine Konzentration in der Hand einer oder weniger Gruppen geboten oder zulässig sein mögen – der Bereich der Individualkommunikation ist solchen die Kommunikationsfreiheit einschränkenden Regelungen nicht zugänglich. Das Individual- und Massenkommunikation unterscheidende Kriterium ist die einseitige Selektionsbefugnis des Informationsanbieters bzw. umgekehrt die individuelle, zeitlich beliebige Abrufbarkeit der Information durch den Rezipienten[82]. Rundfunk ist demnach zu definieren als eine fortlaufende Folge von Einzelsendungen, die nach einem allein vom Anbieter festgelegten Programmschema einem unbestimmten Empfängerkreis zu gleichzeitigem Empfang zugeleitet wird, ohne daß der Empfänger eine über die bloße Programmwahl hinausgehende Auswahlentscheidung treffen kann. Andere Dienste können nicht Gegenstand der Rundfunkgesetzgebung sein. Für sie gelten die allgemeinen Gesetze sowie die Gesetze zum Schutze der Jugend und des Rechts der persönlichen Ehre (Art. 5 Abs. 2 GG)[83].

2. Im Maße der Beseitigung des Frequenzmangels, der nicht etwa aus politischen Gründen verhindert oder auch nur verzögert werden darf, verliert das Veranstaltungsmonopol der öffentlich-rechtlichen Rundfunkanstalten seine verfassungsrechtliche Legitimation[84]. Die mit ihm verbundene Blockade des Zugangsrechts Privater zum Rundfunk schlägt vom begünstigenden, d. h. die Rundfunkfreiheit sichernden, Organisationsgesetz zum freiheitsbeschränkenden Sondergesetz um, das die Verfassung verbietet[85]. Das Weiterbestehen der vorhandenen öffentlichrechtlichen Anstalten ist hingegen zur Gewährleistung einer flächendeckenden Grundversorgung der Bevölkerung mit Rundfunk nicht nur erwünscht, sondern zumindest für eine voraussichtlich nicht zu kurze Übergangszeit auch um des Prinzips der Chancengerechtigkeit willen geboten[86]. Bleibt die Grundversorgung durch die bestehenden Anstalten garantiert, besteht um so weniger Anlaß, die Programmgestaltungsfreiheit privater Veranstalter durch Auflagen zu beschränken.

---

[82] Dazu *Schmitt Glaeser* (Fn. 14), S. 185 ff.; *Bullinger* (Fn. 13), S. 30 ff.

[83] Solche Dienste sind beispielsweise Teletext und Pay-TV in der Erscheinungsform als entgeltlicher Einzelbezug einer bestimmten audiovisuellen Sendung, der die Einbindung in ein Gesamtprogramm fehlt, zu beliebiger Zeit auf individuellen Abruf. Zum Ganzen *Bullinger* (Fn. 13), S. 33 ff., 42 ff.

[84] Näheres bei *H. H. Klein*, Die Rundfunkfreiheit, S. 75 ff.

[85] *Scholz*, Pressefreiheit und Arbeitsverfassung, S. 117.

[86] Dazu *Klein*, Die Rundfunkfreiheit, S. 79 f.

3. Dem Gesetzgeber obliegt es, die Rundfunkgesetze der wachsenden Möglichkeit einer Vervielfältigung des Programmangebots schrittweise anzupassen[87]. Keineswegs darf er sich einer zunehmenden Differenzierung des Angebots[88] und Individualisierung der Empfangsmöglichkeiten hindernd in den Weg stellen. Im Maße dieser Entwicklung entfällt auch die Rechtfertigung für inhaltliche Vorgaben in Richtung auf eine Ausgewogenheit des Programms. Eine der Zeitungspresse entsprechende Pluralität des Angebots und entsprechende Auswahlmöglichkeiten des Empfängers ersetzen die Ausgewogenheit. Das gilt allerdings nicht für die öffentlich-rechtlichen Anstalten, solange deren Fortbestand um einer flächendeckenden Grundversorgung willen garantiert und über Gebühren finanziert wird; ihr Programm bleibt eine »Sache der Allgemeinheit«[89].

4. Die beschriebene Entwicklung wird sich stufenweise vollziehen. Das bedeutet auch, daß mit der Aufhebung des Rundfunkmonopols nicht etwa zugewartet werden darf, bis das ganze Gebiet der Bundesrepublik Deutschland via Kabel oder Satellit mit einer unbegrenzten Vielzahl von Programmen versorgt werden kann. Es kommt auch nicht darauf an, daß jedermann tatsächlich, d. h. vor allem finanziell in der Lage ist, sein eigenes Programm herzustellen und zu verbreiten. So sicher es ist, daß der Staat als Sozialstaat verpflichtet ist, das ihm Mögliche zu tun, um die grundrechtlich gewährleistete Freiheit aller zur realen Freiheit möglichst vieler zu machen, so richtig ist es auch, daß eingeschränkte Realisierungschancen nicht zur Verneinung des Rechtes selber führen können[90]. Wesentlich ist nach dem Pluralismusgebot der Verfassung nur, daß im Rundfunk alle relevanten Kräfte und Meinungen zu Worte kommen können. Das muß nicht nur technisch, sondern auch wirtschaftlich machbar sein. Konzentrations- wie anderen möglichen Gefahren darf angesichts der »verfassungsrechtlichen Entscheidungen zugunsten privatwirtschaftlicher, privatrechtlicher und privatnütziger Tätigkeiten und Rechtspositionen (Art. 2, 5, 12 14 GG)« nicht durch Monopolisierung begegnet werden[91]. Mildere Mittel – wie die Kontrolle wirtschaftlicher Machtstellungen, Maßnahmen zum Schutze der Jugend (etwa die Beschränkung der Sendezeit für speziell auf Kinder zielende Darbietungen) – verdienen von Verfassungs wegen den Vorzug. Die Freiheit darf nicht deshalb abgeschafft werden, weil ihr Gebrauch, wie die Erfahrung lehrt, gefährlich sein kann.

5. Solange das Knappheitsproblem nicht vollständig gelöst ist, solange also nicht jede Nachfrage nach Sendezeiten befriedigt werden kann, wird es neben

---

[87] *Bullinger* (Fn. 13), S. 73 f.
[88] Etwa Sparten- und Zielgruppen- statt Vollprogramme.
[89] BVerfGE 31, 314, 327.
[90] Vgl. dazu etwa *G. Herrmann* (Fn. 3), S. 128 f.; *Scholz*, JuS 1974, 299 ff., 303 f.; *Schmitt Glaeser* (Fn. 3), S. 147 f.; *Bullinger* (Fn. 13), S. 72 f.; *H. H. Klein*, Die Rundfunkfreiheit, S. 72 f.
[91] *Mestmäcker* (Fn. 16), S. 212; *Starck*, NJW 1980, 1361.

der fernmelderechtlichen auch einer Erlaubnis zur Programmveranstaltung bedürfen[92]. Ja, es mag sogar sein, daß gerade der Überfluß an Frequenzen und Kanälen eine Zulassungsregelung erfordert. Denn zur Vermeidung einer »Kakophonie der Stimmen« und positiv zur Sicherung der »Vorhersehbarkeit und Wählbarkeit der Programme« wird geregelt werden müssen, »wer zu welcher Zeit die Sendemöglichkeiten nutzen darf«[93].

6. Wenn der Akzeptanzentscheidung des Rezipienten der notwendige Einfluß auf den Rundfunk eingeräumt werden soll, muß sich das System der Finanzierung der Programme an diesem Ziel orientieren. Eine Gebührenfinanzierung scheidet deshalb a priori aus. Da Art. 5 GG auch die wirtschaftliche Unabhängigkeit des Rundfunkveranstalters (wie der Presseverlage) schützt, kann er grundsätzlich auch »frei bestimmen ..., wie er seinen Betrieb finanzieren will«[94]. Wie der Anzeigenteil der Zeitung den Schutz der Pressefreiheit genießt[95], so die Werbung den Schutz der Rundfunkfreiheit. Das schließt Einschränkungen nicht aus, die Bestimmung etwa, daß Werbung im Rundfunk in Blöcken zu erfolgen habe oder auch mit Rücksicht auf die verfassungsgebotene Existenzsicherung der Presse zeitlich zu begrenzen ist[96]. Wünschenswert im Interesse einer unmittelbaren Koppelung von Programmproduzent und -konsument wäre es freilich, wenn dieser für die ihm erbrachte Leistung, die tatsächlich empfangene Einzelsendung oder das abonnierte Programm, eine Gegenleistung zu erbringen hätte. Daß der Veranstalter regelmäßig hohe Einschaltquoten anstreben wird, braucht weder zu einer Verödung der Programme zu führen noch ist es gar verfassungswidrig. Umgekehrt erst wird ein Schuh daraus: Ein freiheitliches Informationssystem hat den Bedürfnissen der Bürger Rechnung zu tragen, ihre Interessen zu berücksichtigen, und zwar Bedürfnisse und Interessen, die sie selber definieren. Für die Hebung des kulturellen und politischen Niveaus der Bevölkerung und damit für die Bereitstellung einer anspruchsvollen Konkurrenz werden die fortbestehenden öffentlich-rechtlichen Anstalten zu sorgen haben[97], wie sich zwin-

---

[92] *Starck,* NJW 1980, 1362 m.w.N.
[93] So zu Recht *Mestmäcker* (Fn. 16), S. 207.
[94] So zutreffend *Herrmann* (Fn. 3), S. 121 m.w.N. Allerdings hält *F. Kübler* (Fn. 61) die fortgesetzte Gratisverteilung anzeigenfinanzierter Druckwerke für verfassungs- und wettbewerbswidrig und möchte dies auch für andere Medien gelten lassen. Vgl. auch BVerwGE 39, 159, 167, wo bezweifelt wird, daß eine ausschließliche Finanzierung durch Werbesendungen mit dem Begriff der Informationsfreiheit in der Demokratie vereinbar wäre. Diese Annahme ist jedoch allenfalls unter der Voraussetzung berechtigt, daß Hörfunk und Fernsehen ausnahmslos über Werbung finanziert werden. Sie kann keine Geltung haben für ein Modell, in dem privater Rundfunk neben einen aus Gebühren finanzierten öffentlich-rechtlichen Rundfunk tritt, in dem darüber hinaus aber auch private Programme zumindest teilweise über Einnahmen aus Benutzerentgelten verfügen werden.
[95] BVerfGE 21, 217 ff.
[96] Vgl. *Starck,* NJW 1980, 1362; ebenso schon *H. H. Klein,* Die Rundfunkfreiheit, S. 93 f. Zur Stellung der Presse im Rundfunk vgl. *Mestmäcker* (Fn. 16), S. 212 ff.
[97] Zust. *Starck,* NJW 1980, 1362; *Bullinger* (Fn. 13), S. 94 f.

gend schon daraus ergibt, daß sie auch weiterhin aus Gebühren finanziert und dadurch mit einem für ihre privaten Wettbewerber uneinholbaren Vorsprung ausgestattet werden.

VI.

Das Kommunikationswesen steht vor tiefgreifenden Veränderungen – technisch und rechtlich. Eine größere Vielfalt des Angebots ermöglicht eine Erweiterung der Auswahlfreiheit. Der Staat darf diese Entwicklung nicht blokkieren. Die Entscheidung über die Nutzung der Medien, einschließlich des Rundfunks, obliegt nach unserer Verfassung dem Subjekt der von ihr garantierten Freiheit der Kommunikation. Das ist der mündige Bürger und er allein.

4. Gewissensfreiheit und Rechtsgehorsam

I. Problemaufriß

Noch die innerhalb des ersten Jahrzehnts nach dem Inkrafttreten des Grundgesetzes vorgelegten Versuche einer Interpretation des Grundrechts der Gewissensfreiheit zeigten sich – auf freilich unterschiedliche Weise – eher um seine Eingrenzung als um seine Ausweitung bemüht[1]. Spätestens seit der diesem Thema gewidmeten Tagung der Vereinigung der deutschen Staatsrechtslehrer in Bern 1969 mit den Referaten von *Richard Bäumlin* und *Ernst-Wolfgang Böckenförde*[2] und den sie begleitenden Aufsätzen[3] dominiert die gegenteilige Tendenz. Wenn auch die Ergebnisse dieser Untersuchungen oft nicht unerheblich voneinander abweichen, stimmen sie doch in einem wesentlichen Ausgangspunkt ihrer Überlegungen miteinander überein: Die Freiheit der

---

[1] Vgl. die Darstellung bei *H. Scholler,* Die Freiheit des Gewissens (1958), S. 125 ff. Auch *Schollers* eigene Deutung in dieser Schrift zielte in diese Richtung, wenn er der Gewissensfreiheit »nur den Schutz der Anschauung innerhalb der Geheimsphäre« zuweist (S. 202). Anders später *derselbe,* Die Öffentliche Verwaltung (DÖV) 1969, S. 526 ff.

[2] Veröffentlichungen der Vereinigung der Deutschen Staatsrechtslehrer (VVDStRL) 28 (1970), S. 3 ff., 33 ff.

[3] Außer *Scholler* (Anm. 1) *R. Herzog,* Die Freiheit des Gewissens und der Gewissensverwirklichung, Deutsches Verwaltungsblatt (DVBl.) 1969, S. 718 ff. Siehe auch die im gleichen Jahr erschienene Arbeit von *A. Podlech,* Das Grundrecht der Gewissensfreiheit und die besonderen Gewaltverhältnisse (1969), sowie die sie vorbereitende Auseinandersetzung mit den Deutungsversuchen von *W. Hamel* und *F. W. Witte,* Archiv des öffentlichen Rechts (AöR) 88 (1963), S. 185 ff. Als bahnbrechend hatte sich *N. Luhmanns* Aufsatz »Die Gewissensfreiheit und das Gewissen« AöR 90 (1965), S. 257 ff., erwiesen. Siehe auch *G. U. Freihalter,* Gewissensfreiheit (1973), S. 138 ff.; aus neuester Zeit *P. Tiedemann,* Gewissensfreiheit und Demokratie, Der Staat 26 (1987), S. 371 ff., der den Folgen seiner das Risiko der Anarchie bewußt nicht ausschaltenden Konzeption dadurch zu entgehen trachtet, daß er die Ausübung des Grundrechts der Gewissensfreiheit als Wahrnehmung eines öffentlichen Amtes versteht (S. 391), aus welchem dem Grundrechtsträger die Pflicht erwächst (*sic!*), seine Gewissensposition öffentlich zu vertreten; er müsse politisch für sie streiten (S. 393). Es handelt sich um ein Musterbeispiel jener demokratischen Funktionalisierung der rechtsstaatlichen Freiheit, vor der ich an anderer Stelle gewarnt habe (Die Grundrechte im demokratischen Staat, 1972); siehe auch *Chr. Starck,* in: von Mangoldt/Klein/Starck, Grundgesetz, Bd. 1 (3. Aufl. 1985), Art. 1 Randnummer (RN) 112; *derselbe,* in: Isensee/Kirchhof (Hrsg.), Handbuch des Staatsrechts, Bd. 2 (1987), § 29 RN 38; *E.-W. Böckenförde,* Grundrechtstheorie und Grundrechtsinterpretation, in: Staat-Gesellschaft-Freiheit (1976), S. 221 ff., 235 ff. Sie funktioniert Freiheit um in Pflicht und Privileg – hier das Privileg des wortgewandten und extrovertierten Intellektuellen.

Gewissensverwirklichung, des Handelns nach Maßgabe der vom Gewissen getroffenen Entscheidung, wird über die Denk- und Bekenntnisfreiheit[4] hinaus in den Schutzbereich des durch Art. 4 Abs. 1 GG gewährleisteten Grundrechts einbezogen[5].

Die Entwicklung der Gewissensfreiheit war damit an ein Ziel gelangt, dem sie schon im 18. Jahrhundert erkennbar zustrebte[6]. Bereits *Kant* sah – in Überwindung der vom Naturrecht gelehrten objektiven, vorausgesetzten materialen Ordnung, nach deren Maßgabe sich die Moralität der subjektiven Entscheidung bemaß – im Menschen das Subjekt des moralischen Gesetzes vermöge der Autonomie der Freiheit[7]. Diese allerdings war für ihn rückgebunden an eine den empirischen Willen umgreifende »Ordnung der Dinge«[8], unter welcher er »eine systematische Verbindung vernünftiger Wesen durch gemeinschaftliche Gesetze«[9] – »objektive Gesetze der Sittlichkeit«[10], die »intelligibele Welt« – verstand. Die individuelle Entscheidung erwies sich als sittlich frei, indem sie sich jenen allgemeinen Gesetzen aus Einsicht unterwarf[11]. Der kategorische Imperativ, vermittels dessen sich der Einzelne des allgemeinen Gesetzes nach *Kant* zu vergewissern in der Lage war, war allerdings jedem Inhalt offen, sofern der Handelnde die Konsequenzen seiner Verallgemeinerung zu tragen bereit war. So bereitete im praktischen Ergebnis die kantische Ethik in der Tat den Weg zur Anerkennung des individuellen Willens als des autonomen Gesetzgebers seiner selbst.

Dieses Ergebnis stieß auf die Kritik *Hegels*. Er gelangte zur – vielfältige Mißverständnisse auslösenden – Aufhebung des potentiellen Gegensatzes von individueller Gewissensentscheidung und staatlichem Gesetz, indem er die Sittlichkeit als die Idee der Freiheit und den Staat als die Wirklichkeit der sittlichen Idee definierte[12]. Vor der Annahme, *Hegel* habe damit das Prinzip der subjektiven Freiheit auf dem Altar staatlicher Allgewalt geopfert, sollte

---

[4] Vgl. die Unterscheidung der verschiedenen Verhaltensmodalitäten des Denkens, Redens und Handelns nach Maßgabe des Glaubens, des Gewissens und der Weltanschauung bei *R. Herzog*, in: Maunz/Dürig/Herzog/Scholz, Das Grundgesetz, Art. 4 RN 6 ff.

[5] Es wird darzulegen sein (unter II), daß diese Äußerungen im Schrifttum sich durchaus auf der Linie der Rechtsprechung, vor allem des Bundesverfassungsgerichts, bewegten.

[6] Vgl. die gedrängte Darstellung bei *H. Ryffel,* Gewissen und rechtsstaatliche Demokratie, in: Verwaltung im Rechtsstaat, Festschrift für C. H. Ule (1987), S. 321 ff., 322 ff.

[7] Werke Bd. 5, Kritik der praktischen Vernunft (hrsg. von B. Kellermann) (1914), S. 96. Dazu *H. Welzel,* Vom irrenden Gewissen (1949), S. 14 ff.

[8] Kritik der praktischen Vernunft, S. 95.

[9] Werke Bd. 4, Grundlegung zur Metaphysik der Sitten (hrsg. von A. Buchenau und E. Cassirer) (1913), S. 292.

[10] Kritik der praktischen Vernunft (Anm. 7), S. 170.

[11] Grundlegung zur Metaphysik der Sitten (Anm. 9), S. 299, 306; Kritik der praktischen Vernunft (Anm. 7), S. 88 f. Dazu *H. Welzel,* Gesetz und Gewissen, in: Hundert Jahre deutsches Rechtsleben, Festschrift zum 100-jährigen Bestehen des Deutschen Juristentages, Bd. 1 (1960), S. 383 ff., 390 ff.

[12] Grundlinien der Philosophie des Rechts (hrsg. von G. Lasson) (1911), §§ 142, 257.

allerdings schon die Definition seines Gewissensbegriffs bewahren: »Das Gewissen drückt die absolute Berechtigung des subjektiven Selbstbewußtseins aus, nämlich in sich und aus sich selbst zu wissen, was Recht und Pflicht ist, und nichts anzuerkennen, als was es so als das Gute weiß, zugleich in der Behauptung, daß, was es so weiß und will, in Wahrheit Recht und Pflicht ist«. Dieses Gewissen ist für ihn »ein Heiligtum, welches anzutasten, Frevel wäre«[13]. Seine Betonung der Subjektivität ist also nicht weniger eindringlich als diejenige *Kants,* vermeidet allerdings deren möglichen Umschlag in die Anarchie dadurch, daß er das Gewissen dem Urteil unterwirft, »ob es wahrhaft ist oder nicht«[14], und dieses Urteil dem sittlichen Gemeinwesen vorbehält. Dies kann er, unbeschadet der Autonomie des Gewissens, deshalb tun, weil der Staat, von dem *Hegel* handelt, nicht irgendein, sondern der konkrete geschichtliche Staat seiner Zeit ist, den er zum allgemeinen Begriff erhebt[15]. Dieser Staat aber hat in seinen Augen die eigentliche Substanz der christlichen Religion, das Prinzip der subjektiven Freiheit, zu seinem allgemeinen Gesetz erhoben. Darum braucht er auch den Einspruch des (christlichen) Gewissens nicht zu gewärtigen, ihm also auch kein Recht gegenüber dem Staate einzuräumen[16]. Im Staate begegnet die sittliche Persönlichkeit gewissermaßen nur sich selbst. Die Religion ist das diesen Staat »für das Tiefste der Gesinnung integrierende Moment«[17], und eben deshalb kann er sich in Sachen des Glaubens (und des damals nur als im Glauben begründet gedachten Gewissens) bis zu dem Grade liberal verhalten, daß er »Einzelheiten, die ihn berühren, ganz übersehen, und selbst Gemeinden (wobei es freilich auf die Anzahl ankommt) in sich aushalten (kann), welche selbst die direkten Pflichten gegen ihn religiös nicht anerkennen …«[18]. Gegenüber solchen Außenseitern übt der Staat – ohne Anerkennung einer Rechtspflicht – Toleranz, indem er sich etwa, statt auf der an sich geschuldeten Erfüllung der allgemeinen Bürgerpflichten zu bestehen, mit Ersatzleistungen begnügt.

In dem Maße, in dem sich der Staat nicht nur seiner institutionellen Bindung an die Kirche begab, sondern auch aus seinen religiösen, jedenfalls christlichen Grundlagen löste[19] und zum religiös-weltanschaulich neutralen

---

[13] A. a. O., § 137.

[14] *Ibid.*

[15] Vgl. *E.-W. Böckenförde,* Bemerkungen zum Verhältnis von Staat und Religion bei Hegel, Der Staat 21 (1982), S. 481 ff., 483 f.

[16] *Hegel* (Anm. 12), § 137; *Welzel* (Anm. 11) verweist zutreffend auf den § 48 des Militärstrafgesetzbuchs von 1872, der lautete: »Die Strafbarkeit einer Handlung oder Unterlassung ist nicht dadurch ausgeschlossen, daß der Täter nach seinem Gewissen oder den Vorschriften seiner Religion sein Verhalten für geboten erachtet hat«.

[17] *Hegel,* a. a. O., § 270.

[18] *Ibid. Hegel* denkt dabei an Eideszwang und Wehrpflicht.

[19] An denen etwa Art. 14 der preußischen Verfassung von 1850 noch ausdrücklich festgehalten hatte.

Staat entwickelte, mußte auch das autonome Gewissen diesem gegenüber zunehmend seinen Selbstand – und das konnte letztlich nur bedeuten: seine vorrangige Behauptung – beanspruchen, wobei es seine Legitimation immer weniger aus außerhalb seiner selbst gelegenen allgemeinen und als verbindlich empfundenen Kategorien bezog. Der nicht mehr die Wirklichkeit der (christlich-)sittlichen Idee verkörpernde Staat verwies seine Bürger bei der Suche nach dem für sie verbindlichen moralischen Gesetz endgültig und – jedenfalls nahezu – vollständig auf sich selbst. Allerdings verzichtete er auf seine Letztentscheidungskompetenz zunächst nur in Ansehung ihres Denkens und Redens. Auch wenn die Gewissensfreiheit schon in der Grundrechtsdiskussion der Paulskirche als die Freiheit zur *Betätigung* des Gewissens ins Blickfeld trat[20], sich allmählich von ihrem Bezug auf die religiöse Freiheit löste[21] und damit zur Grundlage der Freiheit wurde, »seinem sittlichen Gewissen gemäß zu handeln«[22], blieb sie insoweit doch eindeutig unter dem Vorbehalt des Gesetzes[23]. Dieser beruhte auf der im Zeitpunkt der Verfassunggebung von Weimar noch nicht in Frage gestellten Annahme, daß mit einer staatlichen Gesetzgebung, die an das Gewissen unzumutbare Anforderungen stellt, jedenfalls im Europa des 20. Jahrhunderts nicht zu rechnen sei. Aus der Enttäuschung dieser Erwartung durch die staatlich sanktionierten Verbrechen der totalitären Ein-Partei-Diktaturen ergab sich für den Parlamentarischen Rat die Notwendigkeit, die Glaubens-, Gewissens- und Bekenntnisfreiheit nunmehr ohne einen solchen Vorbehalt verfassungsrechtlich zu gewährleisten.

Die staatspolitische Brisanz der damit getroffenen Entscheidung ist unübersehbar. Gewissensfreiheit, verstanden als ethische Handlungsfreiheit, die nicht der Schranke des allgemeinen Gesetzes unterliegt, eröffnet jedenfalls grundsätzlich dem Einzelnen die Möglichkeit, dem staatlichen Gesetz den geschuldeten Gehorsam – fallweise oder auch prinzipiell – zu versagen und

---

[20] Dazu *H. Scholler*, Die Grundrechtsdiskussion in der Paulskirche (1982), S. 32, 154 ff.

[21] Zumindest verbal blieb der Zusammenhang noch aufrechterhalten bei *G. Anschütz*, Die Verfassung des Deutschen Reiches (14. Aufl. 1933, Nachdruck 1960), Art. 135 Anm. 1 und 3; siehe auch *derselbe*, Religionsfreiheit, in: Anschütz/Thoma (Hrsg.), Handbuch des Deutschen Staatsrechts, Bd. 2 (1932), S. 675 ff., 681. Freilich kommt *Anschütz* in der Sache einer von ihren Grundlagen gelösten, säkularisierten Gewissensfreiheit sehr nahe, wenn er die Religionsfreiheit als die rechtliche Möglichkeit umschreibt, »seinen religiösen, irreligiösen, antireligiösen Überzeugungen gemäß leben zu dürfen, alles tun zu dürfen, was diese Überzeugungen fordern, alles unterlassen zu dürfen, was sie verbieten …« – wenngleich unter nachdrücklicher Betonung des Vorbehaltes des Gehorsams gegen die allgemeinen Staatsgesetze (a.a.O.).

[22] *F. Stier-Somlo*, Deutsches Reichs- und Landesstaatsrecht Bd. 1 (1924), S. 452; *derselbe*, Artikel Glaubens-, Gewissens- und Bekenntnisfreiheit, in: Handwörterbuch der Rechtswissenschaften, Bd. 3 (1982), S. 2 linke Spalte. Weitere Nachweise bei *Scholler* (Anm. 1), S. 95 f.; *Böckenförde* (Anm. 2), S. 44 Anm. 32 ff.

[23] Vgl. §§ 144 Abs. 1, 146 Reichsverfassung (RV) 1848; Art. 135 Weimarer Reichsverfassung (WRV).

sich darüber hinaus, dem Gebot des eigenen Gewissens folgend, mit Aktionen dagegen zu wenden. Der subjektive, an verbindliche soziale Erfahrungen – seien sie im Gewande einer Religion oder einer allgemeinen Sittenlehre überliefert – nicht länger gebundene Wille eines jeden wird zum Inhaber der Kompetenz-Kompetenz – jeder sein eigener Souverän! Das Gewissen kann daher auch nicht irren –, wie *Hans Welzel* im Blick auf die Existenzphilosophie vermerkt: »Wofür sich die Entschlossenheit inhaltlich entscheidet, bleibt für die Echtheit des existentiellen Einsatzes gleichgültig«[24]; allein darauf kommt es an. Das gilt um so mehr, als das Gewissen sich eines jeden Gegenstandes bemächtigen, nicht an bestimmte Motivationslagen gebunden und nicht auf bestimmte Situationen beschränkt werden kann[25].

Die praktischen Konsequenzen lassen sich leicht ausmalen[26], wenn in der Folge dieser Deutung der Gewissensfreiheit die Verweigerung der Erfüllung allgemeiner Bürgerpflichten (wie Steuerpflicht; Zeugnispflicht; der Pflicht, sich im Falle der Eheschließung standesamtlich trauen zu lassen; der Pflicht, sich einer Blutprobe oder ärztlichen Untersuchung zu unterziehen; die Kopfbedeckung zum Zwecke der Anfertigung von Paßfotos abzunehmen[27]; der Pflicht, im Stande der Arbeitslosigkeit eine angebotene Arbeit anzunehmen[28]; der Pflicht, anderen Hilfe zu leisten [§ 330c Strafgesetzbuch (StGB)] oder bestimmte Straftaten anzuzeigen [§ 138 StGB]; der Pflicht zur Übernahme des Schöffenamtes) aus Gewissensgründen als gerechtfertigt anzusehen wäre oder aber – nach den allgemeinen Gesetzen rechtswidrige – Aktionen zur Durchsetzung der eigenen Gewissensposition (wie insbesondere Verstöße gegen strafgesetzliche Verbote – »Gewalt gegen Personen oder Sachen« – man denke an sog. Sitzstreiks, das Niederreißen von Bauzäunen an mißliebigen industriellen oder militärischen Anlagen, die »Besetzung« privater Grundstücke zum Zwecke der Verhinderung des Abrisses darauf befindlicher Gebäude oder ihrer Überbauung wegen dadurch gefährdeter archäologischer Entdeckungen, aber auch an aktive Sterbehilfe[29]) als erlaubt zu gelten hätten. Das liegt so fern nicht: Die Verfassungsauslegung ist – in einer vom Verfassungsgeber schwer vorhersehbaren Weise – genötigt, sich mit der seit gerau-

---

[24] A. a. O. (Anm. 7), S. 25.

[25] So etwa *Böckenförde* (Anm. 2), S. 68 f.

[26] Siehe auch die Beispiele bei *Podlech,* Das Grundrecht der Gewissensfreiheit (Anm. 3), S. 38 f.

[27] Das Beispiel bei *W. Loschelder,* Der Islam und die religionsrechtliche Ordnung des Grundgesetzes, in: Essener Gespräche zum Thema Staat und Kirche 20 (1986), S. 149 ff., 155, unter Hinweis auf Verwaltungsgericht (VG) Wiesbaden, Neue Zeitschrift für Verwaltungsrecht (NVwZ) 1985, S. 137 f. – die Weigerung war hier allerdings religiös motiviert.

[28] Dazu *R. Pitschas,* Mittelbare Wehrdienstverweigerung und Arbeitsförderungsrecht, Neue Juristische Wochenschrift (NJW) 1984, S. 839 ff. mit Nachweisen aus der Rechtsprechung, und Bundesverfassungsgericht (BVerfG) (Vorprüfungsausschuß), NJW 1984, S. 912.

[29] Vgl. den BVerfG, NJW 1987, S. 2288, zugrundeliegenden Fall.

mer Zeit zu beobachtenden »trügerischen Konjunktur der Ethik« auseinanderzusetzen, die dazu geführt hat, daß »die nüchterne politische Realität der
Interessen und legalen Egoismen ... über weite Strecken durch moralische
Verdammung einerseits und moralische Aufrichtung andererseits fast un-
kenntlich geworden« ist[30].

Die damit drohende Auflösung des Staates, dessen Befehlen der Bürger
(und jeder auf dem Territorium des Staates Lebende) als Äquivalent seiner
Mitwirkung bei der Hervorbringung des Staates und seiner Entscheidungen
sowie des ihm gewährten Schutzes seiner Rechte grundsätzlich Gehorsam
schuldet, auf dessen Unabdingbarkeit »und damit auf der unbedingten Erhaltung der Allgemeinheit der Pflichterfüllung das Vertrauen der Bürger aufein-
ander und auf den Staat beruht«[31], beschreibt indessen nur die eine Seite des
Problems. Die andere, nicht geringer zu gewichtende, ergibt sich daraus, daß
der demokratische Rechtsstaat des Grundgesetzes vor dem Hintergrund unmittelbar vergangener und gegenwärtiger historischer Erfahrungen Würde
und Unantastbarkeit der Person unübersehbar zu seiner *ratio essendi* erhoben
hat[32], und auch daraus – nicht weniger als aus dem Grundsatz der Volkssouveränität – seine Legitimität bezieht[33]. Der deutsche Verfassungsstaat kann
weder auf den Rechtsgehorsam seiner Bürger noch auf die Anerkennung ihrer
Freiheit, nach ihrem Gewissen zu handeln, verzichten, ohne sich selbst preiszugeben.

Angesichts dieses Dilemmas sind die skeptischen Stimmen gegenüber einer
Einbeziehung der Gewissensverwirklichungsfreiheit in die Gewährleistung
des Grundrechts der Gewissensfreiheit nicht verstummt[34]. Zu den Skeptikern
gehört auch *Karl Doebring:* Schon in seinem Diskussionsbeitrag auf der Ber-
ner Staatsrechtslehrertagung merkte er zweifelnd an, ob es sich nicht um eine

---

[30] Vgl. W. *Becker,* Moral als Notration, Frankfurter Allgemeine Zeitung vom 20.11.1986.
[31] Vgl. H. *Krüger,* Allgemeine Staatslehre (2. Aufl. 1966), S. 940 ff. (Zitat: S. 965).
[32] Vgl. W. *Loschelder,* Artikel Gewissen, Gewissensfreiheit III, in: Staatslexikon, Bd. 2
(7. Aufl. 1986), Sp. 1055.
[33] *Böckenförde* (Anm. 2), S. 56 f.; siehe auch *Herzog,* DVBl. 1969, S. 718 (719), der das
Verständnis der Gewissensfreiheit als Freiheit der Gewissensverwirklichung »*den* Prüfstein
unserer gesamten Staatsauffassung« nennt.
[34] In der Diskussion über die Referate von *Bäumlin* und *Böckenförde* (Anm. 2) siehe etwa
F. Kopp (S. 92), *G. Dürig* (S. 98), *M. Heckel* (S. 128), *K. A. Bettermann* (S. 128 f.), *K. H. Friauf*
(S. 129 f.); ferner bleiben zurückhaltend: *P. Badura,* Staatsrecht (1986), C RN 58; *U. Scheuner,*
Die verfassungsmäßige Verbürgung der Gewissensfreiheit, Zeitschrift für evangelisches Kir-
chenrecht 15 (1970), S. 242 ff., 250 f., kennzeichnend S. 253: »Die pluralistische Gestaltung
unserer ethischen Überzeugungen läßt wohl ... eine andere Lösung nicht zu« (als die Anerkennung situationsethischer Entscheidungen als Gewissensentscheidungen ohne Abstützung
auf allgemeine sittliche Überzeugungen); dezidiert gegen die herrschende Meinung vor allem
R. Zippelius, Bonner Kommentar (BK), Art. 4 (Zweitbearbeitung), RN 41 ff.; *derselbe,*
VVDStRL 28 (1970), S. 90 f.; zustimmend *H.-W. Bayer,* Steuerungehorsam und Widerstandsrecht, DÖV 1970, S. 114 ff., 117; siehe ferner *C. Eiselstein,* Das «forum externum» der Gewissensfreiheit – ein Weg in die Sackgasse, DÖV 1984, S. 794 ff.

Scheinfrage handele. Die Freiheit der Betätigung – ob »auf Grund des Gewissens« oder »sozusagen gewissenlos« – sei ohnehin (durch Art. 2 GG) geschützt, allerdings in den Grenzen der Sozialverträglichkeit, was aber auch für eine aus Art. 4 Abs. 1 GG abgeleitete Gewissensbetätigungsfreiheit zu gelten habe[35]. In seinem »Staatsrecht der Bundesrepublik Deutschland« wendet er sich gegen die Ansicht, ohne die Hinzufügung einer entsprechenden Betätigungsfreiheit sei das Grundrecht des Art. 4 Abs. 1 GG leerlaufend[36].

Ob und gegebenenfalls wie dem beschriebenen Dilemma zu entkommen ist, soll in der Folge geprüft werden. Dabei sei gleich klargestellt, daß die soeben dargestellten Auswirkungen einer (auch) als Gewissensverwirklichungsfreiheit verstandenen Gewissensfreiheit – jedenfalls grundsätzlich – auf allgemeine Ablehnung stoßen. Die Frage kann also nur sein, wie solche Ablehnung am überzeugendsten begründet werden kann. Ihr soll zunächst anhand der Rechtsprechung des Bundesverfassungsgerichts nachgegangen werden. Dabei empfiehlt es sich wegen der parallelen Gewährleistungsform, auch die Entscheidungen zur Glaubensfreiheit in die Betrachtung einzubeziehen.

II. Die Rechtsprechung des Bundesverfassungsgerichts

1. Der Schutzbereich des Grundrechts der Gewissensfreiheit

Schon früh hat das Bundesverfassungsgericht keinen Zweifel daran gelassen, daß das Grundrecht der Glaubensfreiheit auch die Freiheit garantiert, sich seinem Glauben gemäß zu verhalten: Es gewährleiste »dem Einzelnen einen Rechtsraum, in dem er sich die Lebensform zu geben vermag, die seiner Überzeugung entspricht«[37] – im Ausgangsfall wurde danach die Frage bejaht, ob sich die Glaubensfreiheit auch auf die Glaubenswerbung einschließlich der Abwerbung von einem fremden Glauben beziehe. Für eine – im übrigen auch ausdrücklich geforderte[38] – extensive Auslegung der Glaubensfreiheit im Sinne einer Freiheit des Handelns nach Maßgabe des Glaubens spricht, daß nach Ansicht des Gerichts das Grundrecht auf freie Religionsausübung (Art. 4 Abs. 2 GG) »an sich im Begriff der Glaubens- und Bekenntnisfreiheit« enthalten ist; dieser umfasse nicht nur Glauben und Bekennen (= Denken und Reden), sondern auch die »Freiheit des kultischen Handelns, des Werbens, der Propaganda«[39].

---

[35] VVDStRL 28 (1970), S. 95 f.
[36] Staatsrecht der Bundesrepublik Deutschland (3. Aufl. 1984), S. 301 ff.
[37] BVerfGE 12, 1 (3 f.). Die Formulierung kehrt verschiedentlich wieder: BVerfGE 30, 415 (423); 32, 98 (106: »Recht des Einzelnen, sein gesamtes Verhalten an den Lehren seines Glaubens auszurichten und seiner inneren Glaubensüberzeugung gemäß zu handeln«); 33, 23 (28); 41, 29 (49); 44, 37 (49, 53); 44, 59 (66 f.); 52, 223 (240 f.).
[38] BVerfGE 35, 366 (376).
[39] BVerfGE 24, 236 (245); 32, 98 (106); 42, 312 (322); 69, 1 (33).

Dem entspricht es, daß die Garantie der »Unverletzlichkeit des Gewissens« die Freiheit einschließt, »nach dessen als bindend und unbedingt verpflichtend innerlich erfahrenen Geboten handeln zu dürfen«[40]. Demgegenüber deutlich enger ist später nurmehr davon die Rede, Art. 4 Abs. 1 GG garantiere »die Unverletzlichkeit des Gewissens und damit die Freiheit, nicht zu einem Verhalten gegen dessen als bindend und unbedingt verpflichtend innerlich erfahrene Gebote gezwungen zu werden«[41]. Ob das Gericht damit auf Dauer zu einer restriktiveren Auslegung des Art. 4 Abs. 1 GG gefunden hat, soweit dieser das Grundrecht der Gewissensfreiheit betrifft, wird sich erweisen. Anders als im Bereich der Glaubensfreiheit, wo das Bundesverfassungsgericht keinen Anlaß hatte, sich um den Begriff des Glaubens besonders zu bemühen[42] – was darunter zu verstehen ist, ließ sich bisher hinreichend durch Bezugnahme auf bestimmte Glaubensbekenntnisse ermitteln –, bedurfte der verfassungsrechtliche Begriff des Gewissens bzw. der Gewissensentscheidung einer Klarstellung[43]. Er sei derjenige des allgemeinen Sprachgebrauchs, das Gewissen also »ein (wie immer begründbares, jedenfalls aber) real erfahrbares seelisches Phänomen …, dessen Forderungen, Mahnungen und Warnungen für den Menschen unmittelbar evidente Gebote unbedingten Sollens sind«. Der Ruf des Gewissens werde dem Einzelnen vernehmbar »als eine sittliche und unbedingt verbindliche Entscheidung über das ihm gebotene Verhalten«. Gewissensentscheidungen seien »wesenhaft und immer ›situationsbezogen‹«, möglicherweise zugleich auch »normbezogen«. Als eine Gewissensentscheidung sei somit »jede ernste sittliche, d. h. an den Kategorien von ›Gut‹ und ›Böse‹ orientierte Entscheidung anzusehen, die der Einzelne in einer bestimmten Lage als für sich bindend und unbedingt verpflichtend innerlich erfährt, so daß er gegen sie nicht ohne ernste Gewissensnot handeln könnte«. Darunter falle nicht schon »die ernsthafte und nachdrückliche Auffassung von guter politischer Ordnung und Vernunft, sozialer Gerechtigkeit und wirtschaftlicher Nützlichkeit …, letztlich also eine ›relative‹ Entscheidung über die Zweckmäßigkeit menschlichen Verhaltens«[44].

Diese Definition des Gewissens und der Gewissensentscheidung ist kaum auf Widerspruch gestoßen[45]. Dabei ist nicht zu verkennen, daß das Bundes-

---

[40] BVerfGE 48, 127 (163).

[41] BVerfGE 69, 1 (22).

[42] Vgl. immerhin BVerfGE 32, 98 (107), wo als Gegenstand der Glaubensfreiheit »eine mit der Person des Menschen verknüpfte Gewißheit über den Bestand und den Inhalt bestimmter Wahrheiten« bezeichnet wird.

[43] BVerfGE 12, 45 (54 f.); siehe auch BVerfGE 23, 191 (205); 48, 127 (173).

[44] BVerfGE 48, 127 (174).

[45] Zustimmend insoweit auch die *dissenting vote* der Richter Mahrenholz und Böckenförde, BVerfGE 69, 1 (83), deren Kritik an der Rechtsprechung des BVerfG zur Frage der sog. situationsbedingten Kriegsdienstverweigerung vielmehr dahin geht, das Gericht lege seinen Entscheidungen insoweit einen verengten – inhaltlich qualifizierten – Gewissensbegriff zu-

verfassungsgericht sich mit der Forderung, in Anwendung der Norm des Art. 4 Abs. 1 GG sei festzustellen, ob eine Gewissensentscheidung in diesem Sinne getroffen worden ist, eine Handhabe geschaffen hat, vermittels deren nicht wenige Berufungen auf dieses Grundrecht gewissermaßen *a limine* zurückgewiesen werden können – wie es denn wohl auch kein Zufall ist, daß das Bundesverfassungsgericht anders als im Falle der Glaubensfreiheit von der Notwendigkeit seiner extensiven Auslegung bisher nicht gesprochen hat: Das Bewertungsverbot[46] gilt nur bezüglich des Inhalts der Gewissensentscheidung, nicht auch dieser selbst. Insoweit kann auch nicht etwa das – vom Bundesverfassungsgericht bei der Deutung des Begriffs des »für alle geltenden Gesetzes« im Sinne des Art. 140 GG in Verbindung mit Art. 137 Abs. 3 WRV verschiedentlich herangezogene[47] – »Selbstverständnis« des Grundrechtsträgers »das Maß der Gewissensfreiheit« bestimmen[48].

Von dieser wesentlichen Eingrenzung des Schutzbereichs des Grundrechts der Gewissensfreiheit hat das Bundesverfassungsgericht nicht selten Gebrauch gemacht, oft ohne näherhin zu begründen, warum es ihn nicht als berührt ansah: So hat es die Behauptung eines Verfassungsbeschwerdeführers, die Bestrafung wegen einer Zuwiderhandlung gegen das KPD-Verbot verletze ihn in seiner weltanschaulichen Bekenntnisfreiheit, mit der Begründung als fehlsam bezeichnet, er habe nicht für eine Weltanschauung geworben, sondern konkrete tagespolitische Ziele verfolgt[49]. Die Pflicht der Rechtsanwälte, vor Ge-

---

grunde, mit dem es – im Rahmen des Art. 4 Abs. 3 GG – von seiner eigenen Grundkonzeption abweiche. Es wäre zu fragen, ob hier nicht ein Mißverständnis obwaltet: In BVerfGE 12, 45 (56 ff.), wird zur Begründung der These, die Gewissensentscheidung im Sinne des Art. 4 Abs. 3 GG müsse sich gegen den Waffendienst schlechthin richten, nicht mit dem Tatbestandsmerkmal »Gewissen«, sondern mit dem Tatbestandsmerkmal »Kriegsdienst mit der Waffe« argumentiert; beides wird genau auseinandergehalten (a.a.O., S. 53, siehe auch – weniger klar – BVerfGE 69, 1 [123]). Es läßt sich danach nur noch zweifeln, ob Art. 4 Abs. 3 GG den Problembereich der Kriegsdienstverweigerung aus Gewissensgründen abschließend regelt (so BVerfGE 19, 135 [138]; 23, 127 [132]; siehe allerdings auch BVerfG (Vorprüfungsausschuß), NJW 1984, S. 912) oder bei Nichtvorliegen dieses Grundrechtstatbestandes auf Art. 4 Abs. 1 GG zurückgegriffen werden kann. – Kritisch hingegen, vor allem gegenüber der Rechtsprechung des Bundesverwaltungsgerichts (BVerwG), *P. Tiedemann,* Der Gewissensbegriff in der höchstrichterlichen Rechtsprechung, DÖV 1984, S. 61 ff., der – überziehend – der Ansicht ist, eine Gewissensentscheidung könne nach dieser Rechtsprechung nur angenommen werden, wenn ein neurotischer Zwang vorliege.

[46] BVerfGE 12, 45 (56); vgl. auch BVerfGE 12, 1 (4), zur Glaubensfreiheit.

[47] Dieser – gewiß nicht unproblematische – Rückgriff findet sich erstmals in BVerfGE 24, 236 (247 f.); vgl. auch BVerfGE 46, 73 (85 f.); 53, 366 (400); 57, 220 (242); 66, 1 (21 f.); 70, 138 (167); 72, 278 (289). Kritisch zu dieser Rechtsprechung (vor allem zu ihren möglichen Weiterungen) *J. Isensee,* Wer definiert die Freiheitsrechte? (1980), *passim* – verständnisvolle und wohl zutreffende Deutung des Argumentationstopos »Selbstverständnis« in der Rechtsprechung des BVerfG als Orientierungshilfe und Hinweis auf »das traditionsfundierte, vorkonstitutionelle Konzept« dort S. 59 f. Siehe auch *Starck,* in: von Mangoldt/Klein/Starck (Anm. 3), Art. 4 RN 34.

[48] So der Richter Hirsch in seinem Sondervotum BVerfGE 48, 127 (188 f.).

[49] BVerfGE 25, 44 (63). Die Entscheidung betrifft zwar die Bekenntnisfreiheit, ihr Grundgedanke ist indessen auf die Gewissensfreiheit ohne weiteres übertragbar.

richt in Amtstracht zu erscheinen, verletze Art. 4 Abs. 1 GG offensichtlich nicht[50]. Der Streit um das Verkehrsrecht des nicht sorgeberechtigten Vaters mit seinem Kind aus geschiedener Ehe betreffe keine Gewissensentscheidung der Mutter[51]. Die Entscheidung, ob die Eltern ihre Kinder in die hessische Förderstufe schicken müssen, habe nicht den Rang einer Gewissensentscheidung[52]. Die in § 6 des Hessischen Universitätsgesetzes enthaltene Informationsverpflichtung beeinträchtige die Gewissensfreiheit nicht; für einen Eingriff bestünden keine Anhaltspunkte[53]. Durch den Friedhofszwang für Urnen werde die Glaubens-, Gewissens- und Religionsfreiheit nicht berührt[54]. – Diese Beispiele belegen, daß das Bundesverfassungsgericht im konkreten Fall sehr kritisch die Frage stellt, ob der Berufung auf das Grundrecht der Gewissensfreiheit wirklich eine Entscheidung zugrunde liegt, in der »sich die autonome sittliche Persönlichkeit unmittelbar ausspricht«[55]. Wo es um politische Auseinandersetzungen ging, wurde dies bisher stets verneint, ohne daß freilich die Möglichkeit ganz ausgeschlossen wäre, auch auf diesem Felde nach Art. 4 Abs. 1 GG anzuerkennende Gewissensentscheidungen zu treffen.

Als eine Eingrenzung des Tatbestandes (= Schutzbereichs) des Grundrechts der Glaubensfreiheit dürfte es auch zu verstehen sein, wenn das Bundesverfassungsgericht ausführt, das Grundgesetz schütze nicht irgendeine, wie auch immer geartete freie Betätigung des Glaubens, sondern nur diejenige, die sich bei den heutigen Kulturvölkern auf dem Boden gewisser übereinstimmender sittlicher Grundanschauungen im Laufe der geschichtlichen Entwicklung herausgebildet hat[56]. Der »Kulturvölker-Formel« hat das Bundesverfassungsgericht allerdings an anderer Stelle – und wohl auch in einem anderen Zusammenhang – eine deutliche Absage erteilt[57]; sie ist seitdem in seiner Recht-

---

[50] BVerfGE 28, 21 (36). Nicht immer wird in den Entscheidungen des BVerfG ganz deutlich, ob es eine Verletzung des Grundrechts mangels Beeinträchtigung des Schutzbereichs oder wegen der Aktualisierung einer Schranke verneint.

[51] BVerfGE 31, 194 (212).

[52] BVerfGE 34, 165 (195). – Hingegen heißt es in BVerfGE 41, 29 (47), der Schutzbereich des Art. 4 Abs. 1 GG – hier: Glaubensfreiheit – werde durch den Zwang zum Besuch einer Schule ohne oder anderer Konfession berührt. Ein unzumutbarer Gewissenskonflikt, mithin eine Verletzung des Grundrechts, sei indessen dann für Eltern anderer Glaubensrichtung nicht gegeben, wenn in einer christlichen Gemeinschaftsschule dem Nichtchristen mit der gebotenen Toleranz begegnet werde (a. a. O., S. 52; siehe auch BVerfGE 41, 65 und 88). – Vgl. auch BVerfGE 47, 46 (76 f., 85) zur Sexualerziehung im Unterricht.

[53] BVerfGE 47, 327 (366, 385).

[54] BVerfGE 50, 256 (262).

[55] BVerfGE 12, 45 (54).

[56] BVerfGE 12, 1 (4); 24, 236 (246).

[57] BVerfGE 41, 29 (50). Als oft wenig hilfreich wird die Formel angesehen von *J. Müller-Volbehr*, Die sog. Jugendreligionen und die Grenzen der Religionsfreiheit, in: Essener Gespräche zum Thema Staat und Kirche 19 (1985), S. 111 ff., 125; kritisch auch *M. Stolleis*, Eideszwang und Glaubensfreiheit – BVerfGE 33, 23, Juristische Schulung (JuS) 1974, S. 770 ff., 771; zustimmend *J. Listl*, Glaubens-, Gewissens-, Bekenntnis- und Kirchenfreiheit, in: Handbuch des Staatskirchenrechts der Bundesrepublik Deutschland, Bd. 1 (1974), S. 363 ff., 386.

sprechung nicht wieder aufgetaucht. Ob sie im übrigen im Bereich der Gewissensfreiheit weiterhülfe, steht dahin.

2. Die Schranken des Grundrechts der Gewissensfreiheit

In Ansehung der Schranken der in Art. 4 Abs. 1 GG ohne Vorbehalt gewährleisteten Grundrechte bewegt sich das Bundesverfassungsgericht konsequent auf dem vor allem durch die *Mephisto*-Entscheidung[58] vorgezeichneten, schon vorher für Art. 4 Abs. 3 GG beschrittenen Wege[59]. Danach sind diese Grundrechte nicht schrankenlos gewährleistet, allerdings unterliegen sie auch nicht den Schranken der Art. 2 Abs. 1 oder Art. 5 Abs. 2 GG; weder dürfen sie durch die allgemeine Rechtsordnung noch durch eine unbestimmte Klausel relativiert werden, welche ohne verfassungsrechtlichen Ansatzpunkt und ohne ausreichende rechtsstaatliche Sicherung eine Gefährdung der für den Bestand der staatlichen Gemeinschaft notwendigen Güter genügen läßt; vielmehr ergeben sich die Grenzen dieser Grundrechte nur aus der Verfassung selbst, insbesondere aus kollidierenden Grundrechten – gesetzliche Bestimmungen begrenzen sie nur, soweit sie sich als Ausgestaltung der Verfassung selbst erweisen[60]. Ob und gegebenenfalls in welchem Grade im Falle einer Kollision der durch Art. 4 Abs. 1 GG geschützten Freiheitsrechte mit anderen von der Verfassung geschützten Rechtsgütern diese oder jene zurückzutreten haben, ist nach dem Grundsatz der Verhältnismäßigkeit zu bestimmen[61].

In diesem Zusammenhang hat das Bundesverfassungsgericht verschiedentlich auf das Prinzip der Toleranz – ein tragendes Prinzip der freiheitlichen Demokratie[62] – zurückgegriffen, das – als ein Rechtsprinzip – im Einzelfall sowohl den Staat zu schonendem Umgang mit den in Art. 4 Abs. 1 GG garantierten Rechten[63] als aber auch den Inhaber dieser Rechte zur Hinnahme gewisser Einschränkungen derselben, zumal zur Schonung kollidierender grundrechtlich geschützter Interessen verpflichten kann[64].

Einen Sonderfall bilden die durch Art. 140 GG inkorporierten Art. 136 ff. WRV, soweit sie für Art. 4 Abs. 1 GG möglicherweise relevante Schranken-

---

[58] BVerfGE 30, 173 (191 ff.).

[59] Vgl. BVerfGE 28, 243 (260 f.).

[60] Vgl. BVerfGE 32, 98 (107 f.); 33, 23 (29); 44, 37 (50); 52, 223 (246 f.).

[61] Dazu *Starck*, in: von Mangoldt/Klein/Starck (Anm. 3), Art. 1 RN 178 ff. mit zahlreichen Nachweisen.

[62] So BVerfGE 33, 23 (32).

[63] So in BVerfGE 33, 23 (32) zur Eidespflicht; 47, 46 (76 f.) zur Sexualerziehung in der Schule.

[64] Vgl. etwa BVerfGE 41, 29 (51), 65 (78); 88 (108) zur Ausgestaltung des staatlichen Schulwesens; ähnlich BVerfGE 52, 223 (246 f., 251) zum Schulgebet; 28, 243 (262); 32, 40 (47) zur Bewertung der Gehorsamsverweigerung des als Kriegsdienstverweigerer noch nicht anerkannten Soldaten.

bestimmungen enthalten. Dabei ist nicht zu übersehen, daß Art. 135 WRV, mithin der dort vorgesehene Gesetzesvorbehalt, nicht in das Grundgesetz übernommen worden ist, was der vorbehaltlosen Garantie der in Art. 4 Abs. 1 GG enthaltenen Freiheitsrechte entspricht[65]. Andererseits ist Art. 136 Abs. 1 WRV Bestandteil des Grundgesetzes; die darin enthaltene (in ähnlicher Formulierung schon in § 146 RV 1849 zu findende) Aussage, die staatsbürgerlichen Rechte und Pflichten würden durch die Ausübung der »Religionsfreiheit« weder bedingt noch beschränkt, bezog sich in der Reichsverfassung von 1919 unstreitig auch auf die Gewissensfreiheit, die damals ihre Selbständigkeit gegenüber der Freiheit des Glaubens erst zu erringen im Begriffe war[66]. Das Bundesverfassungsgericht hat nun mehrfach unterstrichen, daß die Art. 136–139 und 141 WRV mit dem Grundgesetz »ein organisches Ganzes« bilden[67]. Desungeachtet wird indessen zu Art. 136 Abs. 1 WRV im besonderen der Auffasung Ausdruck gegeben, im Lichte der gegenüber früher erheblich verstärkten Tragweite des Grundrechts[68] der Glaubens- und Gewissensfreiheit sei die Vorschrift dahin auszulegen, daß sie durch Art. 4 Abs. 1 GG überlagert werde. Hiernach lasse sich unter der Herrschaft des Grundgesetzes nur nach Maßgabe der in Art. 4 Abs. 1 GG getroffenen Wertentscheidung feststellen, welche staatsbürgerlichen Pflichten gegenüber dem Freiheitsrecht[69] des Art. 4 Abs. 1 GG mit staatlichem Zwang durchgesetzt werden dürfen[70].

Schließlich ist mit *Udo Steiner*[71] darauf aufmerksam zu machen, daß die nach Ansicht des Bundesverfassungsgerichts bei Beeinträchtigung des Grundrechts aus Art. 4 Abs. 1 GG gebotene Freistellung von der Pflicht, den Zeugeneid zu leisten, auch im Blick darauf als ein dem Staat zumutbarer und deshalb gebotener Akt der Toleranz angesehen wird, weil er »insbesondere gegenüber Minderheiten und Sekten (gilt), die nach den vorliegenden tatsächlichen Erfahrungswerten schon zahlenmäßig nicht ins Gewicht fallen«[72]! Sollte sich das Bundesverfassungsgericht hier vorbehalten haben, bei massenhafter Inanspruchnahme eines als Ausnahme[73] gedachten Grundrechtstatbestandes dessen Schranken enger zu ziehen – durch Lockerung des an den Staat gerichteten Toleranzgebots[74]?

---

[65] Darauf weisen auch BVerfGE 19, 206 (219), 226 (236), betont hin.

[66] Vgl. die Hinweise oben in Anm. 21 und 22; ferner *E. R. Huber*, Deutsche Verfassungsgeschichte seit 1789, Bd. 6 (1981), S. 865 f. Siehe auch *Scheuner* (Anm. 34), S. 247.

[67] BVerfGE 53, 366 (400); 66, 1 (22); 70, 138 (167); vgl. auch die Nachweise in Anm. 65.

[68] Man beachte den Singular!

[69] Man beachte den Singular!

[70] BVerfGE 33, 23 (30 f.) zum Eideszwang. Diese Entscheidung hat häufig Kritik erfahren, siehe z. B. *Stolleis* (Anm. 57); *A. v. Campenhausen*, Staatskirchenrecht (2. Aufl. 1983), S. 57; *Listl* (Anm. 57), S. 396 f.

[71] Der Grundrechtsschutz der Glaubens- und Gewissensfreiheit (Art. 4 I, II GG), JuS 1982, S. 157 ff., 161 f. Anm. 72.

[72] BVerfGE 33, 23 (32).

[73] *Ibid.*

[74] In diesem Sinne eindeutig *Herzog* (Anm. 4), RN 149 am Beispiel des Impfzwangs.

3. Zusammenfassende Bewertung

Betrachtet man die Rechtsprechung des Bundesverfassungsgerichts zur Bestimmung des Schutzbereichs des Grundrechts der Gewissensfreiheit einerseits und seiner Schranken andererseits, so läßt sich feststellen: Unbeschadet des großen Gewichts, welches diese Rechtsprechung dem Grundrecht einräumt, und der Einbeziehung der Gewissensverwirklichungsfreiheit in dessen Schutzbereich hat sich das Gericht hinreichende Möglichkeiten einer flexiblen Reaktion auf sozialunverträgliche Inanspruchnahmen der Gewissensfreiheit vorbehalten; das Risiko dieser Rechtsprechung ist kalkuliert[75]. Nachfolgend wird zu prüfen sein, ob und inwieweit die Kalkulierbarkeit dieses Risikos durch eine noch trennschärfere Beschreibung des Grundrechtstatbestandes und der Grundrechtsschranken auch für den Grundrechtsadressaten noch erhöht werden kann.

III. Erwägungen zur Lösung

1. Grundrechtstatbestand

a) Schutzgut des Grundrechts der Gewissensfreiheit ist die Unverletzlichkeit der Freiheit des Gewissens[76]. Dabei handelt es sich um die (subjektive) Freiheit des Trägers des Grundrechts. Daran ändert die substantivische Fassung der Norm, die der Tradition entspricht, bei anderen Grundrechten ihre Parallele hat und den legitimen Bedürfnissen der Verfassungsrhetorik Rechnung trägt, nichts. Es ist eine *Folge* dieser subjektiven Grundrechtsgewährleistung, daß »die geistigen Wirkungen von Glaube und Weltanschauung ... ungehindert, d. h. ohne Behinderung durch und ohne Inanspruchnahme von Zwangsmitteln den gesellschaftlichen Lebensprozeß und seine sozialen Formationen durchdringen und beeinflussen können«[77], nicht der eigentliche Gegenstand der verfassungsrechtlichen Garantie. Auch dies hat anderwärts seine Entsprechung, etwa bei der Meinungsfreiheit[78]. Die Grundrechte sind – und das gilt angesichts ihres unmittelbaren Bezuges auf die Personalität jedes einzelnen Menschen zumal für diejenigen des Art. 4 Abs. 1 GG – Konkretisierungen seiner Würde[79] und nicht, zumindest nicht vorrangig, Gewährleistungen sozialer Funktionen.

---

[75] So zutreffend *Steiner* (Anm. 71), S. 161.
[76] So insbesondere *Böckenförde* (Anm. 2), S. 64.
[77] *U. K. Preuß*, in: Grundgesetz, Alternativkommentar, Bd. 1 (1985), Art. 4 RN 10. *Preuß* sieht das Schutzgut in Glaube, Weltanschauung und Gewissen als »regulatives Sozialprinzip«.
[78] Vgl. BVerfGE 25, 256 (264): Boykottaufruf durch Art. 5 Abs. 1 Satz 1 GG geschützt als »Mittel des geistigen Meinungskampfes«.
[79] So vor allem *Herzog* (Anm. 4), RN 11.

b) Geschützt ist die Freiheit des Gewissens. Der Begriff des Gewissens ist Tatbestandsmerkmal der Norm und mithin der staatlichen – letzthin verfassungsgerichtlicher – Definitionsmacht unterworfen[80]. Davon scharf zu trennen ist das Verbot der inhaltlichen Bewertung einer Gewissensentscheidung: Es steht dem Staat jedenfalls grundsätzlich nicht zu, eine Gewissensentscheidung wegen ihres Inhalts nicht als solche anzuerkennen[81]. Daraus folgt auch, daß das Gewissen sich jedes Gegenstandes bemächtigen, alles Verhalten gewissensrelevant werden kann[82]. Gegen die der Rechtsprechung des Bundesverfassungsgerichts zugrundeliegende Definition des Gewissensbegriffs[83] bestehen keine durchschlagenden Bedenken. Aus ihm ergibt sich, daß als Gewissensentscheidungen im Sinne des Verfassungsrechts nur diejenigen anzusehen sind, die der Mensch als »evidente Gebote unmittelbaren sollens« erfährt. Nur wer ihnen zu folgen gehindert wird, kann in »ernste Gewissensnot« geraten[84].

c) Das Gewissen läßt sich an eine überindividuelle Instanz nicht binden. Seine einschränkungslose Subjektivierung ist die unausweichliche Folge seiner Säkularisierung. Das Gewissen hat kein Wissen mehr[85], es ist nurmehr als »eine Art Eruption der Eigentlichkeit des Selbst«[86] zu begreifen. *Ulrich Scheuners*[87] nachhaltig artikuliertem Unbehagen gegenüber dieser Position wird man Verständnis entgegenbringen, ihm aber auch darin zustimmen müssen, daß »die pluralistische Gestaltung unserer ethischen Überzeugungen ... eine andere Lösung nicht« zuläßt. Nur so kann dem Anliegen entsprochen werden, das zu den wesentlichen Kriterien gehört, an denen sich der Rechtsstaat als solcher erweist: gerade auch Außenseitern und Sektierern Freiheit zu ermöglichen, ihrem Widerstand gegen konformistische Verhaltenszwänge den Rückhalt der Verfassung zu verleihen[88].

---

[80] Dazu namentlich *Isensee* (Anm. 47); vgl. auch *derselbe,* Diskussionsbeiträge, in: Essener Gespräche zum Thema Staat und Kirche, Bd. 19 (1985), S. 143 f. und 20 (1986), S. 186, sowie die Äußerungen von *Chr. Starck* und *H. Weber* einerseits und *K. Schlaich* andererseits (*ibid.,* S. 189, 191, 183 f., 188). Anders der Richter Hirsch in BVerfGE 48, 127 (188 f.).

[81] Vgl. BVerfGE 12, 45 (56). – Ausnahmen müssen ihre Grundlage in der Verfassung selbst finden; vgl. dazu Anm. 45. – Deshalb kann etwa dem Vorschlag *E. Steins,* Gewissensfreiheit in der Demokratie (1971), S. 45 ff., nicht gefolgt werden, der ein Verhalten nur dann als vom Gewissen bestimmt qualifiziert sehen möchte, wenn es nicht durch ein Streben nach persönlichem Vorteil, sondern durch das Bewußtsein der Verantwortung für die von dem Verhalten betroffenen Personen motiviert wird. Allein, warum sollte eine ausschließlich um der Ruhe des eigenen Gewissens willen getroffene Entscheidung nicht ebenfalls in den Schutzbereich des Art. 4 Abs. 1 GG fallen und dessen Schutz auch zumindest so lange genießen, als dadurch andere Interessensphären nicht nachteilig berührt sind?

[82] Zutreffend *Böckenförde* (Anm. 2), S. 68. Anderer Meinung *U. F. Rübl,* Das Grundrecht als Gewissensfreiheit im politischen Konflikt (1987), S. 253, gegen *Freihalter* (Anm. 3), S. 112.

[83] Vgl. oben nach Anm. 43 im Text.

[84] Ähnlich BVerwGE 7, 242 (246 f.).

[85] Vgl. *R. Eckertz,* Die säkularisierte Gewissensfreiheit, Der Staat 25 (1986), S. 251 ff., 252.

[86] So die plastische Formulierung *Luhmanns* (Anm. 3), S. 260 f.

[87] Oben Anm. 34, S. 253 f. Vgl. auch *Ryffel* (Anm. 6), S. 325.

[88] So der zutreffende Ausgangspunkt in BVerfGE 33, 23 (29). – Demgegenüber bedeutet es

d) Knüpft Art. 4 Abs. 1 GG Rechtsfolgen an die Entscheidung des Gewissens, ist es Sache der Rechtsanwendung, darüber zu befinden, ob eine solche Entscheidung getroffen worden ist, so schwierig das im Einzelfall sein mag[89]. Prüfungsverfahren oder die gesetzliche Bereitstellung ersatzweiser Belastungen[90] sind je für sich oder auch in Kombination mögliche Formen der Beweiserhebung. Aus dem objektiven Normgehalt des Art. 4 Abs. 1 GG folgt, daß der Staat gehalten ist, anstelle einer gesetzlichen Verpflichtung, deren Erfüllung vorhersehbar Gewissenskonflikte auszulösen droht, Alternativen anzubieten, soweit dies – auch unter dem Gesichtspunkt der staatsbürgerlichen Pflichtengleichheit[91] – möglich ist. Dabei ist davon auszugehen, daß Gewissensentscheidungen, in denen sich das Eigentliche der Person ausspricht, nicht das alltägliche Verhalten bestimmen, sondern die Ausnahmelage. Nur ausnahmsweise sieht sich der Mensch vor der Frage, ob ein von ihm gefordertes Verhalten die »Identität seiner Persönlichkeit«[92] bedroht. Daraus ergibt sich, daß der Staat im Rahmen der Prüfung, ob eine Gewissensentscheidung vorliegt, auf einer Begründung und deren logischer Konsistenz – unbeschadet einer zu berücksichtigenden unterschiedlichen Artikulationsfähigkeit der Grundrechtsträger – zu bestehen hat[93]. Dem entspricht: Wer sich gegenüber staatlichem Recht auf sein Gewissen beruft, trägt die Last der Begründung im rationalen Diskurs[94]. Wie allgemein anerkannt, kann der Staat als Probe auf das Gewissen »Bereitschaft zur Konsequenz«[95] verlangen[96]. Als Maßstab taugt

---

wohl einen Rückschritt, wenn *Rühl* (Anm. 82) versucht, den Nachweis zu führen, daß nur die Berufung auf eine universalistische Moral die Legitimität des Rechts in Frage stellen könne. Dies gilt unerachtet der dieser zugrundeliegenden Absicht, im Interesse einer »praxisorientierten Normauslegung« (S. 254) die Zahl der möglichen Konfliktfälle zu verringern – was freilich auch den verbleibenden eine höhere Dignität verleiht.

[89] Vgl. im einzelnen *Herzog* (Anm. 4), RN 151 ff.

[90] Beispiele liefert insbesondere das Recht der Kriegsdienstverweigerer. Von »Ersatzbelastungen« spricht *E. Stein* (Anm. 80), S. 66.

[91] Dazu unter 2b).

[92] *Starck*, in: von Mangoldt/Klein/Starck (Anm. 3), Art. 4 RN 36.

[93] Vgl. etwa *Podlech,* Das Grundrecht der Gewissensfreiheit (Anm. 3), S. 97.

[94] Vgl. *Ryffel* (Anm. 6), S. 331: »Das ›Hier stehe ich, ich kann nicht anders‹, das sich der kritischen Auseinandersetzung entzieht, ist unzulässiger Dogmatismus«. – Demgegenüber zu weitgehend die Anm. 3 angedeutete Position *Tiedemanns,* der von demjenigen, der sich auf seine Gewissensfreiheit beruft, das öffentliche Engagement für seinen Standpunkt verlangt.

[95] *Böckenförde* (Anm. 2), S. 71, in Anlehnung an *Luhmann* (Anm. 3), S. 284.

[96] Das bedeutet zunächst, daß der Staat sich im Rahmen seiner Vergewisserung über das Vorliegen einer Gewissensentscheidung darüber kundig machen darf, ob derjenige, der das Grundrecht in Anspruch nimmt, sich auch bisher nach der Maxime gerichtet hat, die er nun als ein Gebot seines Gewissens ausgibt, und ob er sich in vergleichbaren Situationen auch danach richten würde (so *Luhmann,* a. a. O.). Etwas anderes ist es, wenn gefordert wird, der Grundrechtsträger müsse auch bereit sein, für seine Entscheidung Nachteile in Kauf zu nehmen (so *Böckenförde,* a. a. O.). Dabei kann es sich nur um – im Vergleich zu dem aus Gewissensgründen abgelehnten Nachteil – belastendere Alternativen handeln, nicht hingegen um die Bereitschaft zur Hinnahme von Strafen für einen Verstoß gegen das den Gewissenskon-

– mit Einschränkungen – auch die Frage, ob der Grundrechtsträger seine
Maxime für der Verallgemeinerung fähig und als eine allgemeine für akzeptabel hielte[97].

e) Keinem staatlichen Zugriff ausgesetzt ist die Freiheit der Bildung des
Gewissens. Darin liegt, wie gerade auch *Doehring* unterstreicht[98], im Zeitalter
des Totalitarismus und der in seinem Gefolge auftretenden »Gehirnwäschen«
und psychiatrischen Zwangsbehandlungen – leider – nichts weniger als eine
Selbstverständlichkeit. Des Marquis Posa Aufforderung an Philipp II. »Sire,
geben Sie Gedankenfreiheit« ging schon in den Zeiten der Inquisition nicht an
der Wirklichkeit vorbei, viel weniger in der Gegenwart. Auch das Reden über
das Verhalten, das einem das eigene Gewissen abfordert, unterfällt dem
Schutzbereich des Grundrechts. Wie die Glaubensfreiheit die *propaganda fidei,* so gewährleistet auch die Gewissensfreiheit die *propaganda conscientiae*[99]. Der enge Zusammenhang, in den Art. 4 Abs. 1 GG Glaubens-, Gewissens- und Bekenntnisfreiheit rückt, gestattet eine unterschiedliche Interpretation dieser Grundrechte nur ausnahmsweise[100]. Eine solche ist hier um so
weniger veranlaßt, als religiöse und gewissensbedingte Motivationen nur
schwer voneinander abzugrenzen und auch vielfach gegeneinander austauschbar sind[101]. Die Folge ist freilich die Möglichkeit einer gruppenweisen Inanspruchnahme der Gewissensfreiheit, die allerdings auch ohnedies wohl kaum
zu verhindern wäre. Zu fragen ist insoweit vielmehr, ob eine Gruppe gleichgesinnter Gewissensträger als solche grundrechtsfähig ist, ob das Grundrecht
der Gewissensfreiheit »seinem Wesen nach« (vgl. Art. 19 Abs. 3 GG) für sie
gelten kann. Das ist im Blick auf den höchstpersönlichen Charakter dieses
Grundrechts in der Tat zu verneinen – im Unterschied zur Glaubensfreiheit,
weil Glaube, unbeschadet dessen, daß er ebenfalls im Höchstpersönlichen
wurzelt, auf Kommunikation und Gemeinsamkeit des Bekenntnisses und der
Ausübung hin angelegt ist. Auch mag die kollektive Ausübung der Gewis-

---

flikt auslösende Verhaltensgebot; denn eben davon stellt das Grundrecht gegebenenfalls frei:
rechtmäßiges Verhalten kann jedoch nicht mit Strafe bedroht sein.

[97] Vgl. *Tiedemann* (Anm. 45), S. 63; schärfer *derselbe* (Anm. 3), S. 395.

[98] Staatsrecht (Anm. 36), S. 301 f.; siehe auch *Zippelius*, BK (Anm. 34), RN 39 f.

[99] Anderer Meinung *Böckenförde* (Anm. 2), S. 65, 119 f.; gegen ihn *v. Münch, ibid.,* S. 118.
Herzog (Anm. 4), RN 128, sieht die Redefreiheit im Gewissensbereich als einen Teil der Bekenntnisfreiheit an.

[100] Aus diesem Grunde bleibt die in der Rechtsprechung des BVerfG vertretene und im
Schrifttum vielfach unterstützte unterschiedliche Auslegung der Freiheit der Presse, des
Rundfunks und des Films in dogmatischer Hinsicht so überaus unbefriedigend.

[101] Nicht überzeugend *Preuß* (Anm. 77), RN 34, der, soweit es sich um die Verwirklichungsfreiheit handelt, das vom Glauben motivierte Gewissen der Gewissensfreiheit unterstellt und diese insoweit als Spezialfall der Glaubensfreiheit ansieht. Warum nicht umgekehrt:
die Glaubensfreiheit als Spezialfall der Gewissensfreiheit (so dürfte *Podlech,* Das Grundrecht
der Gewissensfreiheit [Anm. 3], S. 41, zu verstehen sein)? Man muß die Antwort wohl in
Preuß Auffassung von den Schranken beider Grundrechte suchen.

sensfreiheit in tatsächlicher Hinsicht im Einzelfall Zweifel an der personalen Bezogenheit der Gewissensentscheidung, an ihrer Ernsthaftigkeit wecken. Schließlich wird zu prüfen sein, ob sie etwa aus anderen Gründen aus dem Schutzbereich des Grundrechts herausfällt[102].

f) Die Erstreckung der Gewissensfreiheit auf die Gewissensverwirklichungsfreiheit ist – jedenfalls methodisch – keine Scheinfrage[103], und zwar vor allem deshalb nicht, weil ein Handeln nach Maßgabe des Gewissens, wenn es vom Schutzbereich des Art. 4 Abs. 1 GG erfaßt wird, nicht den Schranken des Art. 2 Abs. 1 GG, sondern nur denjenigen des Grundrechts der Gewissensfreiheit unterfällt[104]. Auch wenn, wie gezeigt[105], der Einwand nicht verfängt, ohne Gewissensverwirklichungsfreiheit liefe die Gewissensfreiheit leer, spricht die Parallelität der normativen Gewährleistung mit der Glaubensfreiheit, also ein systematisches Argument, ebenso für die extensive Auslegung der Gewissensfreiheit wie der historische Kontext der Entstehungsgeschichte, in deren Licht es wenig wahrscheinlich ist, daß der Grundgesetzgeber ein Leben nach Maßgabe des Gewissens nicht – wie ein Leben nach dem Glauben – habe garantieren wollen[106]. Andererseits kann das an sich berechtigte Argument, notwendige Gemeinwohlbezüge der Freiheit seien als Schranken der Grundrechte und nicht schon bei der Bestimmung ihres Tatbestandes zur Geltung zu bringen, weil sie dann am Maßstab des Übermaßverbots wirksamer zu kontrollieren seien[107], nicht von der Mühe entbinden, ihren Schutzbereich näherhin zu bestimmen. Gäbe man diesem Postulat zu sehr nach, geriete man unvermeidlich in die hinreichend bekannte Zwangslage, einen umfassenden Grundrechtstatbestand durch einen nicht weniger umfassenden Schrankenvorbehalt einfangen zu müssen. Das wäre im Falle der Grundrechte des Art. 4 Abs. 1 GG schon deshalb besonders unerfreulich, weil sie ihr besonderes Gewicht nicht zuletzt aus dem Fehlen eines besonderen Schrankenvorbehaltes beziehen.

Nach alledem ist *Böckenförde* zu folgen, der den Tatbestand des Grundrechts dahin definiert, »daß die Bildung von Gewissensüberzeugungen sich frei, d. h. ohne Beeinträchtigung durch Maßnahmen der öffentlichen Gewalt, vollziehen kann und daß niemand ... von der öffentlichen hoheitlich handelnden Gewalt zu einem Verhalten (Tun oder Unterlassen) gezwungen werden darf, das dem Gebot des eigenen Gewissens widerspricht«[108]. Bliebe man da-

---

[102] Siehe dazu unten g).
[103] Anders – fragend – *Doehring*, VVDStRL 28 (1970), S. 95 f.
[104] Dazu – auch zur praktischen Bedeutung – unten 2.
[105] Oben e).
[106] Siehe *Herzog* (Anm. 4), RN 132; *Böckenförde* (Anm. 2), S. 48 f.
[107] So *Starck*, in: von Mangoldt/Klein/Starck (Anm. 3), Art. 1 RN 170, Art. 4 RN 45, unter Berufung auf *M. Kloepfer*, Grundrechtstatbestand und Grundrechtsschranken, in: BVerfG und Grundgesetz, Bd. 2 (1976), S. 405 ff., besonders S. 407.
[108] Oben Anm. 2, S. 64. Der von *Böckenförde* hervorgehobene Unterschied zu einer

hinter zurück, so wäre dies mit einem wesentlichen Substanzverlust für das Grundrecht verbunden. Die Rechtsprechung des Bundesverfassungsgerichts ist deshalb zu Recht ebenfalls diesen Weg gegangen. Geschützt ist mithin die Freiheit, sich einem vom Staate auferlegten Verhaltenszwang, dem Gebot, etwas zu tun, und dem Verbot, etwas zu unterlassen, aus Gewissensgründen zu versagen. Dabei mag es als Erfahrungsregel gelten, daß das Gewissen sich vorzugsweise dann zu Wort melden wird, wenn die Rechtsordnung ein höchstpersönliches (eigenhändiges) Tun oder Unterlassen fordert; eine Eingrenzung der Gewissensverwirklichungsfreiheit nur auf diese Fallgestaltung läßt sich überzeugend jedoch nicht begründen[109].

g) Ist nach alledem einzuräumen, daß der Schutzbereich des Grundrechts der Gewissensfreiheit weit gezogen und weder durch eine restriktive Definition des Gewissensbegriffs noch durch die Ausscheidung bestimmter Betätigungsformen einzugrenzen ist, so ist damit doch die nähere Bezeichnung des Grundrechtstatbestandes noch nicht abgeschlossen. Hierfür gilt es auch, diejenigen immanenten Gewährleistungsschranken aufzuzeigen, die – im Unterschied zu den Vorbehaltsschranken – nicht »von außen« an das Grundrecht herantreten, sondern ihm – tatbestandsmäßig – »von vornherein« innewohnen. Immanente Gewährleistungsschranken ergeben sich nicht nur aus den geschriebenen Merkmalen des Grundrechtstatbestandes – etwa den Begriffen »friedlich und ohne Waffen« in Art. 8 Abs. 1 GG –, sondern auch und besonders daraus, daß die Grundrechte ihrem Adressaten einen Rechtsstand, einen rechtlichen Status, zuweisen, der sich als solcher in den Rahmen der jeweiligen verfassungsrechtlichen Grundordnung einfügt und *per definitionem* nicht zur Disposition über diesen Rahmen befugt. Auch der Träger des Grundrechts der Gewissensfreiheit steht nicht über dem Staat und seiner verfassungsmäßigen Ordnung, die ihm seinen Rechtsstand verbürgen, sondern in ihnen. Wenn schon das Widerstandsrecht nur »im konservierenden Sinne ..., d. h. als Notrecht zur Bewahrung oder Wiederherstellung der Rechtsordnung«, benutzt werden darf[110], so gilt erst recht, daß ein – im Unterschied zu jenem – für die Normallage gewährleistetes Grundrecht nicht die rechtliche Möglichkeit gibt, diese Ordnung zu sprengen.

Das bedeutet für die Gewissensfreiheit konkret eine Eingrenzung ihres Schutzbereichs jedenfalls in zweifacher Hinsicht: Das Grundrecht stellt seinen Adressaten nicht außerhalb des demokratischen Rechtsstaates. Es überträgt ihm kein Privileg. Mag er sich den Geboten und den Verboten dieses Staates im Einzelfall entziehen dürfen, so bleibt er doch in Bezug auf seine Teilnahme

---

»Handlungsfreiheit gemäß dem Gewissen« ist allerdings kaum wahrnehmbar, wenn man im Auge behält, daß es sich um ein *Gebot* des Gewissens handeln muß.

[109] Wie hier *Herzog* (Anm. 4), RN 137; wohl auch *Böckenförde* (Anm. 2), S. 61; anderer Meinung *A. Arndt*, Ersatzdienstverweigerung aus Gewissensgründen, NJW 1968, S. 2370.

[110] Vgl. BVerfGE 5, 85 (86, 377).

am Prozeß der politischen Willensbildung Gleicher unter Gleichen. Das Wesen der Demokratie ist die rechtlich gleiche Chance der Teilhabe an diesem Prozeß[111]. Das Grundrecht der Gewissensfreiheit verleiht mithin kein Recht auf gesteigerte Einwirkung auf die politische Willensbildung des Volkes. Handlungen, die dieses Ziel verfolgen, sind durch Art. 4 Abs. 1 GG nicht geschützt[112]. Damit ist natürlich nicht gesagt, daß nicht auch der politisch Handelnde sich von Geboten seines Gewissens leiten lassen dürfte; nur erwächst ihm daraus keine rechtliche Vorzugsstellung gegenüber denjenigen, deren Motivation eine andere ist.

Dieser tatbestandlichen Eingrenzung gesellt sich eine weitere hinzu, die freilich bei genauerem Hinsehen nur eine Konkretisierung der soeben behandelten darstellt: Gegen die freiheitliche demokratische Grundordnung gerichtete Aktionen unterfallen, soweit sie über bloße Meinungsäußerungen hinausgehen, dem Schutz des Grundrechts nicht, sowenig Einzelne oder Gruppen in solchem Falle den Schutz der Religionsfreiheit genießen[113]. Der Gebrauch der vom Verfassungsstaat gewährleisteten Grundrechte zum Zwecke der Bekämpfung des Verfassungsstaats ist ein Widerspruch in sich, den die Verfassung weder wollen kann noch will[114].

---

[111] Dazu *E.-W. Böckenförde,* in: Isensee/Kirchhof (Hrsg.), Handbuch des Staatsrechts, Bd. 1 (1987), § 22 RN 41 ff.

[112] Deshalb zutreffend BVerfGE 25, 44 (63) – siehe oben zu und in Anm. 4. Ebenso ist wohl auch *Böckenförde* (Anm. 2), S. 65, zu verstehen, wenn er unterstreicht, daß sich das Grundrecht nicht als politische Waffe gebrauchen läßt. – Aus dem hier genannten Grunde berechtigt Art. 4 Abs. 1 GG auch nicht zur Verweigerung öffentlicher Abgaben: Die prinzipielle Steuerverweigerung wendet sich gegen den Staat als solchen (dazu sogleich im Text), die auf die Verwendung der Steuererträge zu bestimmten Zwecken gemünzte ist Ausdruck der Mißbilligung bestimmter politischer Entscheidungen, deren Bekämpfung die Gewissensfreiheit nicht schützt. Vgl. zuletzt *P. Tiedemann,* Steuerverweigerung aus Gewissensgründen, Steuer und Wirtschaft 1988, S. 69 ff. mit weiteren Nachweisen.

[113] In diesem Sinne zu Recht *Müller-Volbehr* (Anm. 57), S. 167. Vgl. auch *ibid.,* S. 122, wo die Meinung vertreten wird, der Schutz aus Art. 4 Abs. 1 und 2 GG gehe verloren, wenn Gemeinschaften sich im Schwerpunkt politisch betätigen, wenn sie ihren Hauptzweck darin sehen, Staat und Gesellschaft von Grund auf umzustülpen. Dieser Überlegung liegt der hier entwickelte Gedanke zugrunde. Vgl. auch *Loschelder* (Anm. 32), Sp. 1056 links.

[114] Vgl. *H. H. Klein,* Verfassungstreue und Schutz der Verfassung, VVDStRL 37 (1979), S. 53 ff., 81. Zum Problem siehe auch *A. Sattler,* Die rechtliche Bedeutung der Entscheidung für die freiheitliche Demokratie (1982). – Zur gleichen Schlußfolgerung gelangt *Ryffel* (Anm. 6), S. 334. Zustimmend wohl auch *Tiedemann* (Anm. 3), S. 383. Siehe ferner *E. Betbge,* Die Demonstrationsfreiheit – ein mißverstandenes Grundrecht?, Zeitschrift für Beamtenrecht 1988, S. 205 ff. (210).

2. *Grundrechtsschranken*

a) Die Schranken des ohne ausdrücklichen Gesetzesvorbehalt garantierten Grundrechts der Gewissensfreiheit können beim heutigen Stand der Entwicklung nicht aus anderen Grundrechtsverbürgungen entliehen werden[115]. Die dafür in Betracht kommenden Vorbehalte – der »verfassungsmäßigen Ordnung« (Art. 2 Abs. 1 GG), des »allgemeinen Gesetzes« (Art. 5 Abs. 2 GG) und des »für alle geltenden Gesetzes« (Art. 140 GG in Verbindung mit Art. 137 Abs. 3 WRV) – haben je besondere, dem Schutzbereich derjenigen Gewährleistungen, denen sie beigegeben sind, angepaßte Interpretationen erfahren. Damit sind sie für eine Übertragung auf andere Grundrechte ungeeignet. Der Auffassung des Bundesverfassungsgerichts, welches, wie dargelegt, die Schranken der Rechte aus Art. 4 Abs. 1 GG ausschließlich der Verfassung selbst, insbesondere den kollidierenden Grundrechten Dritter, entnimmt, wird daher grundsätzlich zu folgen sein. Dabei läßt sich allerdings die Frage nicht unterdrücken, ob – bei Berücksichtigung der im sog. *Lüth*-Urteil[116] entwickelten Wechselwirkung von Grundrechtstatbestand und Grundrechtsschranken – das praktische Ergebnis ein anderes, auch ein weniger kalkulierbares, wäre, wenn das Grundrecht der Gewissensfreiheit dem Vorbehalt des allgemeinen Gesetzes (nicht dem allgemeinen Gesetzesvorbehalt!) in dem von *Karl August Bettermann*[117] entwickelten Sinne unterworfen würde. Das mag indessen dahinstehen, da Rechtsprechung und Schrifttum in dieser Frage einen anderen, kaum revidierbaren, freilich wohl auch kaum einleuchtenderen Weg gegangen sind. Auch soll hier nicht im einzelnen untersucht werden, unter welchen Voraussetzungen welchen Normen des Grundgesetzes verfassungsunmittelbare Grundrechtsschranken entnommen werden können[118].

b) Dennoch läßt sich auf der Grundlage des Bisherigen zum Verhältnis von Gewissensfreiheit einerseits und allgemeiner Rechtsordnung andererseits eine Aussage treffen. Das Gebot der Rechtsanwendungsgleichheit – im Zusammenhang mit dem Grundrecht auf Befreiung vom Kriegsdienst mit der Waffe aus Gewissensgründen vom Bundesverfassungsgericht als »Verfassungsgebot der staatsbürgerlichen Pflichtengleichheit« aktualisiert und mehrfach nachhaltig betont[119] – ist von eigenständigem Gewicht und tritt demzufolge als ein selbständiges Schutzgut der Verfassung, dessen Verankerung auch in deren Grundrechtsteil nicht zweifelhaft sein kann, dem seinerseits grundrechtlichen

---

[115] Zutreffend deshalb *Starck*, in: von Mangoldt/Klein/Starck (Anm. 3), Art. 4 RN 45. – Daß auch die Grundrechte des Art. 4 Abs. 1 GG nicht schrankenlos garantiert sind, entspricht allgemeiner Meinung und wird deshalb hier vorausgesetzt.

[116] BVerfGE 7, 198.

[117] Grenzen der Grundrechte (1968), S. 21 ff.

[118] Vgl. dazu die Kritik der Richter Mahrenholz und Böckenförde an der Rechtsprechung des BVerfG in BVerfGE 69, 1 (58 ff.).

[119] Vgl. BVerfGE 48, 127 (166); 69, 1 (24, 35).

Anspruch gegenüber, von der Befolgung einer Rechtspflicht freigestellt zu werden. Dem entspricht umgekehrt der an früherer Stelle hervorgehobene Ausnahmecharakter derjenigen zwingenden Gewissenssituation, die – wo sie vorliegt – zu solcher Freistellung dann allerdings auch berechtigt[120], wofern dem nicht höherrangige Verfassungsrechtsgüter im Wege stehen. Aus jenem Gebot folgt auch, daß der Staat sich des Vorliegens einer Gewissensentscheidung vergewissern muß, ehe er ihr die aus Art. 4 Abs. 1 GG abzuleitende Folge gibt[121].

Diese Überlegung zeigt, daß es des Rückgriffs auf Art. 140 GG in Verbindung mit Art. 136 Abs. 1 WRV im Grunde nicht bedarf, womit auch der Schwierigkeit abgeholfen ist, die darin liegt, daß diese Vorschrift von der Religionsfreiheit handelt, dergegenüber die Gewissensfreiheit sich als selbständiges Grundrecht herausgebildet hat. Andererseits hat es seine Logik, daß das hier aus einer verfassungssystematischen Erwägung gewonnene Ergebnis das gleiche ist, welches sich im Falle einer Anwendbarkeit jener Norm auf die Gewissensfreiheit ergäbe. Denn die bereits erwähnte Parallelität der normativen Gewährleistung von Glaubens- und Gewissensfreiheit sowie die Austauschbarkeit der Motivation durch Religion oder Gewissen ließe eine im praktischen Ergebnis divergierende Schrankenziehung unbefriedigend erscheinen[122].

c) Nun bedarf es allerdings, wann immer die Ausübung des Grundrechts der Gewissensfreiheit auf die Schranke kollidierender von der Verfassung geschützter Rechtsgüter stößt, sei es auch daß dieser Schutz – was übrigens die Regel sein wird – vom Gesetz vermittelt wird, der Abwägung, ob der mit dem Wirksamwerden der Schranke erfolgende Grundrechtseingriff geeignet, erforderlich und zumutbar ist. Dabei gilt es sowohl aus der Sicht des Grundrechtsträgers wie des die Beachtung der Rechtsordnung einfordernden Staates im Auge zu behalten, daß das Grundrecht die Unversehrtheit des Gewissens zu sichern bestimmt ist, der Gewissenskonflikt also vermieden werden soll. Dadurch sind beide Seiten gehalten, ihm, wo immer möglich, auszuweichen[123]. Wer ihn etwa suchen sollte, begibt sich damit in eine von der Verfas-

---

[120] Insofern – allerdings auch nur insofern – ist es zutreffend, wenn gesagt wird, Befreiungen aus Gewissensgründen verletzten den Gleichheitssatz nicht. Siehe etwa *Preuß* (Anm. 76), RN 50; vgl. auch *Podlech,* Das Grundrecht der Gewissensfreiheit (Anm. 3), S. 40.

[121] Vgl. oben unter III 1 d).

[122] Dabei wird im Anschluß an *Starck,* in: von Mangoldt/Klein/Starck (Anm. 3), Art. 4 RN 46, 48, davon ausgegangen, daß Art. 140 GG in Verbindung mit Art. 136 Abs. 1 WRV im Bereich der Religionsfreiheit anzuwenden ist. Es ist – wiederum auch im Blick auf das praktische Ergebnis – nicht einzusehen, warum das BVerfG diesen positivrechtlich sicheren Weg anscheinend nicht gehen möchte (siehe oben zu Anm. 67 f.).

[123] Die Diskussion dieses Problems wird vielfach auch unter dem Gesichtspunkt geführt, ob sich die Gewissensfreiheit unterschiedlich auswirke je nachdem, ob das Gewissen ein Tun oder Unterlassen gebiete. Diese Unterscheidung führt nicht sehr weit; vgl. etwa *Freihalter* (Anm. 3), S. 158 f.

sung nicht gebilligte und mithin auch ihren Schutz nicht genießende Position. Staat und Grundrechtsträger stehen in einem Verhältnis wechselseitiger Loyalitätspflichten. Sie verlangen vom Staat die Bereitstellung eines »Systems von Toleranzen und partiellen Entpflichtungen« (*Adolf Arndt*[124]), damit – im Rahmen des irgend Möglichen und Vorhersehbaren – ein Gewissenskonflikt vermieden werden kann. Sie verlangen vom Einzelnen, daß er von Möglichkeiten, die ihm die Rechtsordnung bietet, einen Gewissenskonflikt zu vermeiden, Gebrauch macht. Er muß sich entgegenhalten lassen, daß das Gemeinwesen die Entbindung vom Rechtsgehorsam, auf die ihm Art. 4 Abs. 1 GG unter Umständen einen Anspruch verleiht, stets mindestens mit einer Durchbrechung des Grundsatzes der staatsbürgerlichen Pflichtengleichheit, dessen Legitimationsfunktion für den demokratischen Rechtsstaat im Vergleich zu derjenigen der Gewissensfreiheit nicht geringer zu gewichten ist, bezahlt und daß in der Folge möglicherweise weitere Beeinträchtigungen öffentlicher Interessen und privater Rechte hinzunehmen sind. Deshalb ist besondere Rücksichtnahme seitens desjenigen, der sich auf das Grundrecht der Gewissensfreiheit beruft, insbesondere dort geboten, wo strafrechtlich geschützte Rechtsgüter dadurch in Mitleidenschaft gezogen werden; denn der strafrechtliche Schutz indiziert regelmäßig den hohen Rang des Rechtsgutes, dem er dient[125]. Regelmäßig steht so jedenfalls das Strafrecht nicht unter Gewissensvorbehalt[126].

Für die Abwägung zwischen der Gewissensfreiheit einerseits und etwa kollidierenden anderen verfassungsrechtlich geschützten Rechtsgütern andererseits ist es ferner nicht ohne Bedeutung, ob sich der Träger des Grundrechts freiwillig und gewissermaßen sehenden Auges in die Lage begeben hat, die ihm Gewissensnot bereitet[127].

Zu Recht ist schließlich darauf aufmerksam gemacht worden, daß es auf die notwendige Rechtsgüterabwägung nicht ohne Einfluß bleiben kann, in welchem Umfang Gebote des Gewissens gegen bestehende Rechtspflichten aktiviert werden[128]. Zwar ist das Grundrecht der Gewissensfreiheit nach seiner Struktur ein Ausnahmerecht[129]. Das ändert indessen nichts an der Tatsache,

---

[124] Das Gewissen in der oberlandesgerichtlichen Rechtsprechung, NJW 1966, S. 2204 ff., 2205; ebenso *Böckenförde* (Anm. 2), S. 60 f. mit Anm. 84.

[125] Nicht zufällig ist deshalb die Entscheidung des BVerfG zu § 330 c StGB (BVerfGE 32, 98) auf besonders kritische Resonanz gestoßen; vgl. etwa *Starck*, in: von Mangoldt/Klein/Starck (Anm. 3), Art. 4 RN 25, 52.

[126] *Starck, ibid.* (RN 52). – Das gilt um so mehr, als das Strafrecht neben der Möglichkeit der Freistellung von dem sanktionierten Ge- oder Verbot auch die einer Berücksichtigung ernsthafter Gewissensbedenken im Rahmen der Strafzumessung eröffnet.

[127] Vgl. den Nichtzulassungsbeschluß des BVerwG vom 29. 9. 1978, *Buchholz* Nr. 26 zu Art. 4 GG, bei dem es um eine Kriminalbeamtin ging, deren Gewissen sich gegen die beamtenrechtliche Pflicht sträubte, eine Dienstwaffe zu tragen.

[128] *Herzog* (Anm. 4), RN 149 am Beispiel des Impfzwangs. Siehe auch BSG, NJW 1983, S. 701 ff.

[129] Dazu oben III 1 d).

daß die Berufung auf das Gewissen zu einem Massenphänomen werden kann, nicht zuletzt aufgrund der Werbung, die für bestimmte Gewissenspositionen betrieben wird[130]. Bei der Behandlung des daraus erwachsenden Problems ist in der Weise zu verfahren, daß zunächst zu fragen ist, ob es sich um eine politische Aktion handelt. Dieser Verdacht wird naheliegen, wenn Darstellung und Geltendmachung der Gewissensposition kollektiv organisiert werden. Bestätigt er sich, fällt die Berufung auf das Gewissen aus den zuvor[131] genannten Gründen schon nicht in den Schutzbereich des Grundrechts. Anderenfalls sind in jedem Einzelfall mit im Maße der Inanspruchnahmen wachsender Schärfe die Authentizität und der gebietende Charakter der geltendgemachten Gewissensentscheidung zu prüfen. Zu dieser Prüfung ist der Staat verpflichtet, weil er die unter Berufung auf Gewissensgründe beanspruchte Befreiung vom Rechtsgehorsam nur gewähren darf, wenn er von ihrem Vorliegen überzeugt ist[132]. Sie ist im Blick auf das Übermaßverbot auch vorrangig gegenüber der dritten verbleibenden Möglichkeit, der Gewissensentscheidung keine Folge zu geben, weil anderenfalls ein konkurrierendes verfassungsrechtliches Schutzgut einen nicht hinnehmbaren Schaden erlitte.

3. Zusammenfassung

Bei diesen Hinweisen soll es bewenden. Die Auslegung der Grundrechte des Art. 4 Abs. 1 GG, insonderheit des Grundrechts der Gewissensfreiheit, ist allemal eine nicht ungefährliche Gratwanderung. Sie muß versuchen, die Mitte zu halten zwischen einer zu großzügigen Ausweitung des Tatbestandes mit der Folge eines ausgedehnten Vorbehaltes einerseits und einer zu engen Definition des Schutzbereiches mit der Folge zu geringer praktischer Bedeutung des Grundrechts andererseits. Im einen wie im anderen Falle drohte eine Gefährdung des Grundrechts und damit letztlich auch des Verfassungsstaates, dessen Legitimation vor allem aus der Freiheit, einschließlich und namentlich der Gewissensfreiheit erwächst, die er den seiner Hoheitsgewalt unterworfenen Menschen garantiert. Legitimationsverluste aber drohen im ersten Fall dadurch, daß sich ein zu weit gefaßter Tatbestand zum einen alsbald als ein leeres Versprechen erweisen und zum anderen zu einer inflationären Inanspruchnahme verleiten müßte, die das Grundrecht selbst zu gefährden vermöchte[133]; im zweiten Fall stünde der Schein einer in Parallele zur Glaubens- und Bekenntnisfreiheit gewährleisteten Gewissensfreiheit in ungutem Widerspruch zu einer bei näherem Hinsehen nur auf das *forum internum* be-

---

[130] Deshalb hat sich die Verfassungsinterpretation – entgegen *Preuß* (Anm. 77), RN 45 – sehr wohl auf diese Möglichkeit einzustellen.
[131] Vgl. oben III 1 g).
[132] Vgl. BVerfGE 69, 1 (24, 35).
[133] Siehe *ibid.*, S. 24.

schränkten Grundrechtsgarantie. Beides wäre der Glaubwürdigkeit des demokratischen Rechtsstaates abträglich.

Das Bundesverfassungsgericht versucht mit seiner Interpretation der (Glaubens- und) Gewissensfreiheit, einen solchen mittleren Weg zu gehen. Hier galt es den Versuch, diesen Weg nachzuzeichnen, seine Richtung zu markieren sowie seinen Unterbau und seine Randbefestigungen zu verdeutlichen.

5. Die grundrechtliche Schutzpflicht[1]

Die Grundrechtsdogmatik hat in den Jahrzehnten ihrer Entfaltung durch die verfassungsgerichtliche Judikatur und die sie kritisch begleitende Wissenschaft einen weiten Weg zurückgelegt, der auch Folgen hat für die Struktur des demokratischen Verfassungsstaats, zu dem sich der Rechtsstaat gewandelt hat. Hier sollen die Ergebnisse jener grundrechtsdogmatischen Entwicklungen in der gebotenen Kürze dargelegt und der Versuch unternommen werden, sie in ihrem Zusammenhang zu erläutern[2,3].

I.

1. Die Anreicherung des normativen Gehalts der Grundrechtsgewährleistungen des Grundgesetzes über ihren im Vordergrund stehenden Charakter als subjektiver Rechte, die auf die Abwehr staatlicher Eingriffe in den von ihnen geschützten Raum individueller Freiheit gerichtet sind, hinaus hat mit der Entdeckung der – zum Teil auch grundrechtlich verwurzelten – Einrichtungsgarantien, insbesondere der bestimmten Rechtsinstituten des Privatrechts wie Ehe und Familie, Eigentum und Erbrecht geltenden sog. Institutsgarantien, schon zur Weimarer Zeit begonnen[4]. Ihr Sinn war es, die grundrechtlichen Freiheitsgewährleistungen in der Weise abzusichern, daß bestimmten Regelungskomplexen des einfachgesetzlichen Rechts verfassungsrechtlicher Bestandsschutz zuerkannt wurde – nicht im Sinne einer unabänderlichen Garantie des status quo, wohl indes in dem Sinne, daß ihre Beseitigung im Kern, die

---

[1] Prof. Dr. *Willi Blümel* zum 65. Geburtstag in Freundschaft zugeeignet.

[2] Es sei der Hinweis nicht versäumt, daß ich unter dem Eindruck der zwischenzeitlich erfolgten Entwicklung meine eigene frühere Position (vgl. vor allem Die Grundrechte im demokratischen Staat, 1972) in mancherlei Hinsicht nicht mehr aufrechterhalte. Das gilt insbesondere für den Satz, »daß die Grundrechte nicht beides zugleich sein können: Ansprüche auf staatliche Aktion und auf deren Negation« (ebenda, S. 72). – Die Nachweise beschränken sich im folgenden auf das Notwendigste; Gewichtungen verbinde ich damit nicht.

[3] Das Thema behandeln in ähnlicher Weise *E.-W. Böckenförde*, Zur Lage der Grundrechtsdogmatik nach 40 Jahren Grundgesetz, 1989, und *M. Kriele*, Grundrechte und demokratischer Gestaltungsspielraum, in: HStR V, 1992, § 110.

[4] Dazu umfassend *K. Stern*, Das Staatsrecht der Bundesrepublik Deutschland III/1, 1988, § 68.

Veränderung ihres Wesensgehalts, dem Gesetzgeber verwehrt sein sollte. Dem lag die Einsicht zugrunde, daß die Verwirklichung grundrechtlicher Freiheit – jedenfalls in vielerlei Hinsicht – eines normativen Instrumentariums bedarf, durch welches sie sich zur Geltung bringt und das deshalb von der Rechtsordnung bereitzustellen ist.

2. Die Anerkennung grundrechtlich radizierter Einrichtungsgarantien wurde nach dem Inkrafttreten des Grundgesetzes zu keinem Zeitpunkt grundsätzlich in Frage gestellt[5]. Den nächsten Schritt vollzog – in enger Anlehnung an Günter *Dürig*[6] – das Bundesverfassungsgericht. In seinem Urteil vom 15.1.1958 (Lüth) begründete es, ausgehend von der Feststellung, daß das Grundgesetz »in seinem Grundrechtsabschnitt auch eine objektive Wertordnung aufgerichtet hat und daß gerade hierin eine prinzipielle Verstärkung der Geltungskraft der Grundrechte zum Ausdruck kommt«, die Lehre von der »Ausstrahlungswirkung« der Grundrechte auf alle Teile der Rechtsordnung: Jenes »Wertsystem« müsse als verfassungsrechtliche Grundentscheidung für alle Bereiche des Rechts gelten; Gesetzgebung, Verwaltung und Rechtsprechung empfingen von ihm Richtlinien und Impulse[7]. Entwickelt in einem Verfassungsbeschwerdeverfahren, das sich gegen ein in einem Zivilrechtsstreit ergangenes Urteil richtete, dessen Gegenstand also die Problematik der sog. Drittwirkung der Grundrechte war, hat das Bundesverfassungsgericht doch schon in seinem Begründungsansatz keinen Zweifel daran gelassen, daß die von ihm erkannte Ausstrahlungswirkung der Grundrechte die Rechtsordnung insgesamt und nicht etwa nur das Privatrecht erreicht[8]. Die Grundrechte als Interpretamente des der Verfassung im Range nachgehenden Rechts erhielten damit eine zusätzliche, in ihren Auswirkungen kaum zu überschätzende Dimension.

3. Einen weiteren Schritt bedeutete die Erkenntnis, daß »die Grundrechte nicht nur die Ausgestaltung des materiellen Rechts beeinflussen, sondern zugleich Maßstäbe für eine den Grundrechtsschutz effektuierende Organisations- und Verfahrensgestaltung sowie für eine grundrechtsfreundliche Anwendung vorhandener Verfahrensvorschriften setzen«[9]. Den Werdegang der verfassungsgerichtlichen Rechtsprechung zu dieser Frage hat das Sondervotum der Richter *Simon* und *Heußner* zu dem Mülheim-Kärlich-Beschluß des Bundesverfassungsgerichts vom 20.12.1979 ausführlich dargestellt[10]. Der offenkun-

---

[5] Vgl. etwa *Th. Maunz*, Deutsches Staatsrecht, 5. Aufl. 1956, § 13 II 7; *K. Hesse*, Grundzüge des Verfassungsrechts der Bundesrepublik Deutschland, 1967, S. 111.

[6] Grundrechte und Zivilrechtsprechung, in: Festschrift für H. Nawiasky, 1956, S. 157 ff.

[7] BVerfGE 7, 198 (205).

[8] Näheres bei *Stern* (Fußn. 4), § 69 III.

[9] BVerfGE 69, 315 (355) m. Nachw. aus der früheren Rspr. – Brokdorf. – Zum Ganzen *H. Bethge*, Grundrechtsverwirklichung und Grundrechtssicherung durch Organisation und Verfahren, NJW 1982, 1 ff.; *E. Denninger*, Staatliche Hilfe zur Grundrechtsausübung durch Verfahren, Organisation und Finanzierung, in: HStR V, § 113.

[10] BVerfGE 53, 30 (71 ff.) unter Hinweis auf die wegweisende Untersuchung von *K. Hesse*,

dige Verfahrensbezug der Prozeßgrundrechte (Art. 19 Abs. 4, 101, 103, 104 GG) macht weit über ihren unmittelbaren Geltungsbereich hinaus sichtbar, welche Bedeutung das Verfassungsrecht dem Verfahren und der Organisation staatlicher Einrichtungen als Mittel eines – seinerseits verfassungsgebotenen – wirkungsvollen Schutzes der Grundrechte als Verbürgungen individueller Freiheit zumißt. Das gilt gleichermaßen für die gesetzliche Ausgestaltung des Verfahrensrechts – besonders dort, wo es der verfahrensmäßigen Feststellung der Grundrechtsberechtigung als Voraussetzung ihrer Ausübung bedarf (etwa Art. 4 Abs. 3 GG[11] und Art. 16 Abs. 2 Satz 2 GG a. F.[12]) – wie für seine faire Handhabung[13].

Für die grundrechtsgemäße organisatorische Gestaltung staatlicher Einrichtungen, die grundrechtlich geschützte Rechtsgüter ganz oder teilweise gewissermaßen in Verwaltung nehmen – die Wahrnehmung von Grundrechten im »arbeitsteiligen Verbund«[14] –, ist beispielhaft auf das vielgenannte Hochschul-Urteil vom 29. 5. 1973[15] hinzuweisen, aber auch auf den die verfassungsrechtlich zulässige Dauer der Untersuchungshaft betreffenden Beschluß vom 12. 12. 1973, der die Notwendigkeit der Bedeutung des auf dem Spiele stehenden Grundrechts (Art. 2 Abs. 2 Satz 2 GG) entsprechender organisatorischer Maßnahmen unterstreicht[16]. Das Urteil vom 29. 5. 1993 zum Schwangeren- und Familienhilfegesetz[17] anerkennt mit dem Schutzkonzept der Beratungs-regelung das Verfahren als ein mögliches Mittel des Ausgleichs kollidierender Grundrechtspositionen[18]: Die Beratung der schwangeren Frau soll sie – unter Berücksichtigung der auf ihrer Seite ins Gewicht fallenden Rechtspositionen – für das Austragen des Kindes gewinnen, um dessen Leben zu retten. In anderen Fällen wird die Beteiligung der durch staatliche Entscheidungen in ihren Grundrechten Betroffenen an den diese Entscheidungen vorbereitenden Verfahren zu einem notwendigen Element wirksamen Grundrechtsschutzes[19]. Ein noch so sehr auf Grundrechtssicherung ausgerichtetes Verfahren

---

Bestand und Bedeutung der Grundrechte in der Bundesrepublik Deutschland, EuGRZ 1978, 427 ff.

[11] BVerfGE 69, 1 (24 f.).

[12] BVerfGE 65, 76 (94 f.); 67, 43 (58 f.); 71, 276 (292 f.).

[13] Etwa BVerfGE 78, 123 (126) m. Nachw. – Zum Verhältnis des verfahrensrechtlichen Gehalts der materiellen Grundrechte zum »prozessualen Hauptgrundrecht« des Art. 19 Abs. 4 GG vgl. *Bethge* (Fußn. 9), S. 5 ff.

[14] *Bethge* (Fußn. 9), S. 3.

[15] BVerfGE 36, 79.

[16] BVerfGE 36, 264 (271 ff.).

[17] EuGRZ 1993, 229 ff. = JZ-Sonderausgabe vom 7. 6. 1993 = BVerfGE 88, 203. – Schon der Brokdorf-Beschluß (Fußn. 9) hatte der Sache nach u. a. auch die Koordination gegenläufiger Grundrechtspositionen zum Gegenstand.

[18] Vgl. *Stern* (Fußn. 4), § 69 V 7 d δ vgl. auch *P. Lerche/W. Schmitt Glaeser/E. Schmidt-Aßmann*, Verfahren als staats- und verwaltungsrechtliche Kategorie, 1984.

[19] Etwa im Planfeststellungsverfahren, vgl. § 73 VwVfG; früh: *W. Blümel*, »Demokratisie-

kann freilich immer nur die Wahrscheinlichkeit eines grundrechtsgemäßen Ergebnisses erhöhen, es indessen niemals sicherstellen[20]; die Durchführung eines grundrechtsgemäßen Verfahrens kann deshalb eine gleichwohl bewirkte Grundrechtsverletzung auch nicht rechtfertigen[21].

4. Zu den genannten »objektiv-rechtlichen Gehalten« der Grundrechte ist schließlich die Pflicht des Staates getreten, die grundrechtlich geschützten Rechtsgüter in seinen Schutz zu nehmen[22]. Dabei geht es vor allem um den Schutz vor Verletzungen oder Gefährdungen dieser Rechtsgüter durch Dritte[23] – andere Grundrechtsträger sowohl als auch nichtdeutsche Träger hoheitlicher Gewalt, insbesondere auswärtige Staaten[24], aber auch gegen Gefahren, die durch Naturereignisse drohen[25,26]. Das Bundesverfassungsgericht hat den Schutzpflichtgedanken früh schon angesprochen[27] und ihn sodann im Hoch-

---

rung der Planung« oder rechtsstaatliche Planung?, in: Festschrift für E. Forsthoff zum 70. Geburtstag, 2. Aufl. 1974, S. 9 ff. (25); ferner etwa: E. *Schmidt-Aßmann*, Verwaltungsverfahren, in: HStR III, 1988, § 70 Rdnrn. 14 ff.

[20] R. *Alexy*, Theorie der Grundrechte, 1985, S. 445 f.

[21] Aus diesem Grunde ist es nicht angängig, das Beratungsverfahren, das bei einer sog. Beratungsregelung der Entscheidung der schwangeren Frau für einen Abbruch der Schwangerschaft vorauszugehen hat, zum Anlaß zu nehmen, um die Abtreibung von Rechts wegen für erlaubt zu erklären. Dies war die Konzeption des § 218 a Abs. 1 StGB i. d. F. des Schwangeren- und Familienhilfegesetzes; dazu BVerfG, EuGRZ 1993, 229 ff. (248 ff.) = JZ-Sonderausgabe, S. 23 ff.

[22] Zu Parallelen im europäischen und französischen Recht vgl. C. D. *Classen*, Die Ableitung von Schutzpflichten des Gesetzgebers aus Freiheitsrechten, JöR N. F. 36 (1987), 29 ff.

[23] Dazu jüngst etwa *Stern* (Fußn. 4), § 69 IV, sowie M. *Sachs*, ebenda § 67 V 2; E. *Klein*, Grundrechtliche Schutzpflicht des Staates, NJW 1989, 1633 ff.; J. *Isensee*, Das Grundrecht als Abwehrrecht und als staatliche Schutzpflicht, in: HStR V, § 111 Rdnrn. 77 ff. – vgl. auch die Bibliographie, S. 241. – BVerfG, EuGRZ 1993, 229 ff. (242 ff.) = JZ-Sonderausgabe, S. 17 ff.

[24] BVerfGE 6, 290 (299); 41, 126 (182) – Ostverträge; 55, 349 (364) – Heß; 66, 39 (61) – Ablehnung des Erlasses einer einstweiligen Anordnung gegen die Aufstellung von Raketen auf dem Gebiet der Bundesrepublik. Aus dem Schrifttum: E. *Klein*, Diplomatischer Schutz im Hinblick auf Konfiskationen deutschen Vermögens durch Polen, 1992, S. 36 ff. m. Nachw.

[25] Str.; wie hier G. *Robbers*, Sicherheit als Menschenrecht, 1987, S. 124, 127; zustimmend *Sachs* (Fußn. 23), § 67 V 2 a β, der auch die ablehnenden Stimmen registriert; ferner J. *Dietlein*, Die Lehre von den grundrechtlichen Schutzpflichten, 1992, S. 102 ff.

[26] Wenn das Bundesverfassungsgericht (vgl. etwa BVerfGE 76, 1 [49 f.] m. Nachw. – Familiennachzug; 80, 81 [92] – Adoption eines Ausländers) Art. 6 GG eine »wertentscheidende Grundsatznorm« entnimmt und von ihr sagt, sie begründe für den Staat die Pflicht, Ehe und Familie zu schützen und zu fördern, so ist diese Schutzpflicht zumindest teilweise deckungsgleich einerseits mit der aus dem Abwehrrecht folgenden Pflicht, Beschädigungen dieser Rechtsgüter durch staatlichen Eingriff zu unterlassen, andererseits mit der verfassungsrechtlichen Anerkennung von Ehe und Familie als Rechtsinstituten. Ein darüber hinausgehender objektiv-rechtlicher Gehalt dürfte dieser Schutzpflicht insoweit innewohnen, als es um die leistungsrechtliche (finanzwirksame) Förderung vor allem der Familie geht (vgl. BVerfGE 80, 81 [93]). Die für den Schutzpflichtgedanken im übrigen kennzeichnende Dreiecksbeziehung (Grundrechtsberechtigter, Grundrechtsverpflichteter und [potentieller] Verletzer von Grundrechtsgütern) fehlt hier.

[27] BVerfGE 1, 97 (104); In dem dieser Entscheidung zugrundeliegenden Verfassungsbeschwerdeverfahren hatte sich die Beschwerdeführerin gegen das Bundesversorgungsgesetz

schul-Urteil mit der Formulierung aufgegriffen, der Staat habe »schützend und fördernd« einer Aushöhlung der Garantie der Wissenschaftsfreiheit vorzubeugen[28]; spätestens seit dem Fristenlösungsurteil[29] gehört er zum ständigen Repertoire seiner Rechtsprechung[30]. Wenngleich die genannten Leitentscheidungen des Bundesverfassungsgerichts sich meist – Ausnahmen bilden das Hochschul-Urteil sowie die Beschlüsse zum Handelsvertreter- und Arbeitskampfrecht – auf Grundrechte beziehen, die durch Art. 2 Abs. 2 GG gewährleistet sind[31], ist kein Grund ersichtlich, die Schutzpflicht nicht auf alle Grundrechtsgüter zu erstrecken[32]; sie besteht gegenüber allen Freiheiten, die die Verfassung garantiert, weil sie erst in ihrer Summe jenen status libertatis ausmachen, den die durch das Grundgesetz errichtete freiheitliche demokratische Grundordnung den unter dieser Ordnung lebenden Individuen zuweist und verbürgt.

5. In Wahrnehmung seiner Schutzpflicht aktualisiert der Staat die allgemeine Grundrechtsschranke des neminem leadere[33]. Das Verbot, die verfassungsrechtlich gewährleisteten Rechte anderer zu beeinträchtigen, sie gar auszulöschen, folgt aus der Verfassung selbst, insofern es ihr als eine notwendige Bedingung rechtlich verfaßter Freiheit vorausliegt. Im Rechtsstaat kommt grundsätzlich, d. h. vorbehaltlich vom Staat selbst zugelassener Ausnahmen, niemandem das Recht zu, zumal die elementaren, das sind vor allem die grundrechtlich geschützten, Rechtsgüter anderer zu verletzen. Die Verletzung fremder Rechtsgüter liegt prinzipiell nicht im Schutzbereich grundrechtlich gewährleisteter Freiheit. Jedermann hat vielmehr die Pflicht, solche Rechtsverletzungen zu unterlassen. Die normative Anerkennung subjektiver Rechte der einen schließt die Pflicht der anderen ein, diese Rechte zu achten.

---

gewandt, das ihr eine zu geringe Versorgung gewähre. Auf S. 100 findet sich der Satz, es liege in der Natur der Sache, daß der einzelne Staatsbürger grundsätzlich (sic!) keinen gerichtlich verfolgbaren Anspruch auf ein Handeln des Gesetzgebers haben könne, wenn anders nicht eine vom Grundgesetz schwerlich gewollte Schwächung der gesetzgebenden Gewalt erfolgen solle. Allerdings dürfte das Gericht dabei vorzüglich an die Gewährung finanzwirksamer gesetzlicher Leistungsansprüche – »Schutz vor materieller Not« (S. 104) – gedacht haben.

[28] BVerfGE 35, 79 (114).

[29] BVerfGE 39, 1 (41, 42 ff.).

[30] Wichtig: BVerfGE 46, 160 (164 f.) – Schleyer; 49, 89 (126 ff.) – Kalkar I; 55, 349 (364) – Heß; 56, 54 (78) – Fluglärm; 77, 170 (214 f., 229 f.) – C-Waffen; 77, 381 (402 f.) – Gorleben; 81, 242 (256) – Handelsvertreter; 84, 212 (226 f.) – Abwehraussperrung; schließlich: BVerfGE, EuGRZ 1993, 229 f. (242) = JZ-Sonderausgabe, S. 17 – SFHG. Übersicht bei G. Hermes, Das Grundrecht auf Schutz von Leben und Gesundheit, 1987, S. 43 ff.

[31] Auch in BVerfGE 79, 174 (201 f.) – Verkehrslärm – und in BVerfGE 85, 191 (212) – Nachtbackverbot – ging es um das Rechtsgut der Gesundheit.

[32] So etwa auch Isensee (Fußn. 23), Rdnr. 86; Stern (Fußn. 4), § 69 IV 5. – Im Brokdorf-Beschluß hat es das Bundesverfassungsgericht offengelassen, ob der Schutzpflichtgedanke auch für die Versammlungsfreiheit greift (vgl. BVerfGE 69, 315 [355]). Vgl. auch Fußn. 37. Jetzt auch BVerfG, Beschluß vom 16. 11. 1993 – 1 BvR 258/86 – zu Art. 3 Abs. 2 GG, Umdruck S. 14 f.

[33] Grundlegend Isensee (Fußn. 23), Rdnrn. 5, 103 ff.

Allerdings folgt aus diesem verfassungsrechtlichen Befund kein gleicherweise verfassungsunmittelbarer Anspruch des Opfers gegen den Täter auf Unterlassung des Angriffs; die Grundrechte sind staats-, nicht drittgerichtet. Vielmehr ist es die Aufgabe des Staates, in Wahrnehmung seiner Schutzpflicht gegenüber den Inhabern der Grundrechtsgüter die Rechtsordnung als Voraussetzung grundrechtlich gewährleisteter Freiheit so auszugestalten, daß sie dem grundsätzlichen Verbot der Verletzung fremder Rechtsgüter Rechnung trägt, und dieses Verbot durchzusetzen. Unvermeidlich werden dadurch die Rechte derjenigen betroffen, die dem Verletzungsverbot zuwiderhandeln: Die Schutzpflicht erfordert es, die Rechtssphären der Beteiligten gegeneinander abzugrenzen. Dies geschieht durch Gesetz; denn nur durch Gesetz oder aufgrund eines Gesetzes darf der Staat rechtsgutgefährdendem Verhalten Privater handelnd entgegentreten (Gesetzesvorbehalt)[34]

II.

Die mannigfaltigen »objektiv-rechtlichen Gehalte« der grundrechtsgewährleistenden Normen des Grundgesetzes folgen aus einem einheitlichen Prinzip: Der Staat schuldet den Inhabern der den Grundrechtsnormen entfließenden Rechte die Bereitstellung derjenigen *rechtlichen* Voraussetzungen, auf die sie für ihre Entfaltung notwendig angewiesen sind. Grundrechte erfordern – in allerdings von Grundrecht zu Grundrecht und von Regelungsbereich zu Regelungsbereich höchst unterschiedlicher Dichte und Weise – ihre Umhegung durch im Range unter der Verfassung stehendes Recht. Sie bedürfen in aller Regel »der rechtlichen Ausgestaltung der Lebensverhältnisse und Lebensbereiche, die sie gewährleisten sollen«[35]. Die Verfassungsgarantie bestimmter Institute des Privatrechts; das Gebot, eine Anzahl rechtlicher Assoziationsformen – von der Gesellschaft des bürgerlichen Rechts und dem nicht rechtsfähigen Verein bis zu verschiedenen Arten der Kapitalgesellschaft – vorzuhalten, um der Vereinigungsfreiheit Möglichkeiten der Betätigung zu eröffnen[36]; die

---

[34] Vgl. dazu *R. Wahl / J. Masing*, Schutz durch Eingriff, JZ 1990, 553 ff. – Unter diesem Gesichtspunkt üben *G. Hermes / S. Walther*, Schwangerschaftsabbruch zwischen Recht und Unrecht, NJW 1993, 2337 ff. (2339), Kritik am SFHG-Urteil des BVerfG (Fußn. 17).

[35] So die präzise Formulierung von *K. Hesse*, Grundzüge des Verfassungsrechts der Bundesrepublik Deutschland, 18. Aufl. 1991, Rdnr. 303.

[36] Treffend spricht *Sachs* (Fußn. 23), § 65 IV 4 g, von »Bewirkungsrechten« = Rechten, durch eigene Willenserklärung eine Rechtsänderung zu bewirken (*Alexy* [Fußn. 20], S. 220 ff. nennt sie »Kompetenzen des Bürgers«), wobei er zwischen den – weniger häufigen – unmittelbar durch die Verfassung eröffneten und den – hier interessierenden – durch das Gesetz gewährten, aber grundrechtsgarantierten Bewirkungsrechte unterscheidet, etwa dem Recht, eine Ehe oder einen Vertra zu schließen, über Eigentum zu verfügen, letztwillige Verfügungen zu treffen, durch Beitrittserklärung die Mitgliedschaft in einem Verein zu erwerben oder zusammen mit anderen eine Gesellschaft zu gründen.

Notwendigkeit, grundrechtssichernde und -schützende Verfahrensregelungen bereitzustellen[37]; schließlich das Erfordernis, Grundrechtsgüter mit einem Netzwerk von Normen zu umgeben, die sie vor Angriffen Dritter bewahren – bei alledem handelt es sich um Veriationen des gleichen Themas: der Verpflichtung des Staates, seine Rechtsordnung so zu gestalten, daß in ihr und durch sie die Grundrechte gesichert sind und die von ihnen gewährleisteten Freiheiten sich wirksam entfalten können[38].

Gegenstand normativer Ausgestaltung sind die durch die Grundrechte geschützten Rechtsgüter und die Art und Weise, in der der Grundrechtsträger sich der Grundrechte bedient und sie gegen allfällige Widerstände durchsetzt. Allerdings steht es dem Gesetzgeber nicht frei, den Grundrechtsgütern jede ihm beliebige Gestalt zu geben. Selbst dort, wo der Verfassungstext die Bestimmung von »Inhalt und Schranken« eines Grundrechtsgutes dem Gesetzgeber ausdrücklich zuweist (Art. 14 Abs. 1 Satz 2 GG), besteht dieses nicht nur nach Maßgabe des Gesetzes; der verfassungsrechtliche Begriff dieses Rechtsgutes – etwa Eigentum oder Erbrecht, Kunst oder Wissenschaft – steht jeweils für sich selbst[39] und setzt der Definitionsmacht des Gesetzgebers Grenzen. Dem einfachen Gesetzgeber ist die authentische Interpretation der Verfassung verwehrt[40]; er ist vielmehr an sie – und zwar vor allem an die Grundrechte (Art. 1 Abs. 3 GG) – gebunden, auch und gerade dann, wenn er die »Lebensverhältnisse und Lebensbereiche« ausgestaltet, »die sie gewährleisten sollen«[41].

Wie das Strafrecht, so grenzt auch das bürgerliche Recht Rechtssphären gegeneinander ab und dient dadurch dem Schutz grundrechtlicher Schutzgüter. Nicht zuletzt das Privatrecht bestimmt die Art und Weise ihrer Entfaltung, die zu ermöglichen dem Gesetzgeber obliegt. Deshalb vermitteln die Grundrechte auch dem Privatrecht »Richtlinien und Impulse«[42]: die sog. Aus-

---

[37] In BVerfGE 69, 1 (24 f.), wird das verfassungsrechtliche Gebot, das Verfahren zur Feststellung der Berechtigung zur Kriegsdienstverweigerung so zu regeln, daß die Behörden diese Berechtigung hinreichend sicher zu erkennen imstande sind, ausdrücklich auch aus der Schutzpflicht des Gesetzgebers gegenüber dem Träger des Grundrechts aus Art. 4 Abs GG abgeleitet.

[38] In diesem Sinne fragt *Böckenförde* (Fußn. 3), S. 38 m. Nachw., zu Recht, »ob nicht die Schutzpflicht, ungeachtet ihrer relativ späten Hervorkehrung, systematisch gesehen, den zentralen Begriff der objektiv-rechtlichen Dimension der Grundrechte darstellt«. So ist es!

[39] Vgl. *Stern* (Fußn. 4), S. 73 IV 3 c; zum Verfassungsbegriff des Eigentums etwa *W. Leisner,* Eigentum, in: HStR VI, 1989, § 149 Rdnrn. 72 ff. m. Nachw.

[40] BVerfGE 12, 45 (53) u. ö., zuletzt BVerfGE 69, 1 (23) zu Art. 4 Abs. 3 GG.

[41] *Hesse* (Fußn. 35), Rdnrn. 303, 306 – nicht eindeutig Rdnr. 305, wo zwischen Ausgestaltung und Konkretisierung unterschieden wird und diese, soweit sie nicht auch Ausgestaltung ist, von der Bindung an die Verfassung (?) freigestellt zu werden scheint. – Auch der konfliktschlichtende Gesetzgeber »greift ein« (anders *Bethge* [Fußn. 9], S. 4)!

[42] BVerfGE 7, 198 (205 f.) – *Lüth;* 81, 242 (254) – Handelsvertreter. – Dazu *V. Götz,* Die Verwirklichung der Grundrechte durch die Gerichte im Zivilrecht, in: W. Heyde / Chr. Starck (Hrsg.), Vierzig Jahre Grundrechte in ihrer Verwirklichung durch die Gerichte, 1990, S. 35 ff.

strahlungswirkung. »Das Drittwirkungsproblem wird so zum Unterfall der allgemeinen Grundrechtsfunktion staatlicher Schutzpflichten.«[43] Der Schutz grundrechtlich unterfangener Rechtspositionen im Privatrechtsverkehr, der den zuständigen Staatsorganen – vor allem dem Gesetzgeber und den Zivilgerichten – vermöge der objektiv-rechtlichen Dimension der Grundrechte obliegt, unterscheidet sich allerdings fundamental von demjenigen, den die Grundrechte ihrem Träger gegenüber dem Staat selbst gewähren; denn im Privatrechtsverkehr begegnen einander Rechtssubjekte, die – sieht man von der hier zu vernachlässigenden Beteiligung von Trägern öffentlicher Gewalt an diesem Verkehr einmal ab – sämtlich gleichberechtigte Inhaber der gleichen Grundrechte sind[44]. Das zwingt den Privatrechtsgesetzgeber und den das Privatrecht anwendenden Richter einerseits zu großer Zurückhaltung bei allfälligen Einschränkungen der Privatautonomie[45]. Anderseits haben sie dann einzuschreiten, wenn die das Privatrecht konstituierende und ihm von Verfassungsrechts wegen – als eine für alle gleiche – vorgegebene Freiheit der Entschließung durch Zwang, Drohung oder Täuschung in Gefahr gerät[46]. Aus der Schutzpflicht folgt mithin die Verpflichtung des Staates, einerseits durch seine rechtsetzenden Organe, anderseits durch die Gerichte die grundrechtlich geschützten Rechtsgüter der Teilnehmer am Privatrechtsverkehr einander in der Weise zuzuordnen, daß ihnen allen in der gebotenen, die Freiheit prinzipiell bewahrenden Weise Rechnung getragen wird[47]

III.

Die »objektiv-rechtliche Dimension« der Grundrechte hat ihren normativen Grund in den Grundrechtsgewährleistungen selbst. Das war für die grundrechtlichen Institutsgarantien, die sog. Ausstrahlungswirkung der Grundrechte und für deren organisations- und verfahrensrechtliche Funktionen nie zweifelhaft. Hinsichtlich der Schutzpflicht gilt gleiches nicht. Während sich das Bundesverfassungsgericht in der C-Waffen-Entscheidung auf den Stand-

---

[43] *Stern* (Fußn. 4), § 76 III 4 b, IV 5 m. Nachw.

[44] *Alexy* (Fußn. 20), S. 480 f.

[45] Vgl. BVerfGE 81, 242 (254) – Handelsvertreter –, wo die Privatautonomie als »Strukturelement einer freiheitlichen Gesellschaftsordnung« bezeichnet wird. Siehe auch *Isensee* (Fußn. 23), Rdnr. 103.

[46] Das war etwa das Problem der Blinkfüer-Entscheidung, BVerfGE 25, 266.

[47] Ausführlich *W. Rüfner*, Grundrechtsadressaten, in: HStR V, § 117 Rdnrn. 54–79; s. auch *Isensee* (Fußn. 23), Rdnrn. 134 f.; ebenda Rdnrn. 130 f. wird zur Handelsvertreter-Entscheidung (BVerfGE 81, 242 [252 ff.] kritisch angemerkt, in dem entschiedenen Fall sei es nicht um die Aktualisierung grundrechtlicher Schutzpflichten, sondern um aus dem Sozialstaatsprinzip folgende Schutzvorkehrungen gegangen. – Zusammenfassend zum Problem *E. Klein* (Fußn. 23), S. 1636, 1639 f.

punkt stellte, daß »Art. 2 Abs. 2 Satz 1 GG nicht lediglich ein subjektives Abwehrrecht verbürgt, sondern zugleich eine objektiv-rechtliche Wertentscheidung der Verfassung darstellt, die für alle Bereiche der Rechtsordnung gilt und verfassungsrechtliche Schutzpflichten begründet«[48], wird in einer Reihe anderer Entscheidungen jedenfalls ergänzend auf Art. 1 Abs. 1 Satz 2 GG Bezug genommen[49]. Das Urteil zum Schwangeren- und Familienhilfegesetz formuliert nicht eben eindeutig, die Schutzpflicht für das ungeborene menschliche Leben habe ihren Grund in Art. 1 Abs. 1 GG, ihr »Gegenstand und – von ihm her – ihr Maß« würden durch Art. 2 Abs. 2 GG näher bestimmt[50]. Die Gründe für diese zumindest scheinbare Unsicherheit mögen einerseits in dem Bestreben zu suchen sein, gewisse Schutzpflichten auch etwaigen Verkürzungen durch den verfassungsändernden Gesetzgeber zu entziehen, andererseits aber auch in der Sorge liegen, die Vermehrung der Grundrechtsgehalte und die damit einhergehende wachsende verfassungsrechtliche Einschnürung des Gesetzgebers einzugrenzen. Beide Anliegen sind im Grundsatz berechtigt. Die aus Art. 79 Abs. 3 GG folgende Unantastbarkeit des Menschenwürdegehalts der Grundrechte erstreckt sich jedoch – soweit er greift[51] – auf alle ihre Inhalte, auch- und unabhängig von Art. 1 Abs. 1 GG – auf die durch sie begründeten Schutzpflichten. Der Entmächtigung des Gesetzgebers wiederum ist auf anderen Wegen zu begegnen. Die Logik erlaubt es nicht, der Schutzpflicht im Unterschied zu den anderen objektiv-rechtlichen Grundrechtsgehalten, von denen sie sich qualitativ nicht unterscheidet, die Ansiedelung in den Grundrechtsnormen zu verwehren.

Tragender Grund für die Erstreckung des Normgehalts der Grundrechte über das subjektiv-rechtlich bewehrte grundsätzliche Verbot staatlicher Eingriffe hinaus auf die Pflicht des Staates zur Bewirkung von Schutz durch rechtliche Umhegung ist die »prinzipielle Verstärkung der Geltungskraft der Grundrechte«[52], die auf Richard *Thoma*[53] zurückgehende Maxime also, von mehreren mit Wortlaut, Dogmen- und Entstehungsgeschichte vereinbaren Interpretationen sei derjenigen der Vorzug zu geben, der die juristische Wirkkraft der Norm am stärksten entfalte. Das ist, soweit es sich um den Schutz

---

[48] BVerfGE 77, 170 (214); vgl. auch BVerfGE 79, 174 (201 f.) – Verkehrslärm; 85, 191 (212) – Nachtbackverbot.

[49] BVerfGE 39, 1 (41) – Fristenlösung; 46, 160 (164) – Schleyer; 49, 89 (142) – Kalkar I.

[50] EuGZ 1993, 229 ff. (242) = JZ-Sonderausgabe, S. 16; Deutung dieser Formulierung bei *Hermes/Walther* (Fußn. 34), S. 2339.

[51] Die Frage, ob allen Grundrechten ein solcher Gehalt innewohnt, mag hier dahinstehen; zum Problem vgl. *H. Quaritsch,* Der grundrechtliche Status der Ausländer, in: HStR V, § 120 Rdnrn. 132 ff.

[52] BVerfGE 7, 198 (205). – Wie hier *Stern* (Fußn. 4), § 69 II 3.

[53] Die juristische Bedeutung der grundrechtlichen Sätze der Deutschen Reichsverfassung im allgemeinen, in: *N.C. Nipperdey* (Hrsg.), Die Grundrechte und Grundpflichten der Reichsverfassung I, 1929, S. 1 (9).

der Grundrechte vor staatlichen Einwirkungen handelt, unmittelbar einsichtig. Der Staat hat indessen die Grundrechtsgüter nicht nur selbst zu »achten«, sondern auch zu »schützen«. Diese für die Menschenwürde geltende präzise Beschreibung der staatlichen Verhaltenspflichten (Art. 1 Abs. 1 Satz 2 GG) ist deshalb auf alle – oder doch die meisten – Grundrechte zu übertragen, weil sie diejenigen Rechtsgüter benennen, deren Unversehrtheit der Staat um der Aufrechterhaltung seiner auf dem Gewaltverbot beruhenden Friedensordnung willen ihren Inhabern gewährleisten muß[54]. Dem Rechtsstaat ist – nicht nur als gewissermaßen unselbständige Kehrseite der von ihm den seiner Gewalt Unterworfenen auferlegten Friedenspflicht, sondern als deren gedankliche Voraussetzung und deshalb grundrechtsradizierte Verfassungspflicht – das Kunststück aufgegeben, Freiheit zugleich zu sichern und zu achten. »Die Sicherheit des Staates als verfaßter Friedens- und Ordnungsmacht und die von ihm zu gewährleistende Sicherheit seiner Bevölkerung«[55] sind auf eine Weise zu bewahren, die den dieser Ziele wegen einzuschränkenden Rechten den größtmöglichen Respekt erweist. Der Rechtsordnung obliegt mithin von Grundrechts wegen die Abwehr des Störers bei möglichster Schonung seiner Rechte.

IV.

1. Den aus den objektiv-rechtlichen Gehalten der Grundrechte folgenden Pflichten des Staates sind die entsprechenden Rechte der Träger der Grundrechte zugeordnet. »Den – grundrechtlichen – Schutzpflichten entsprechen daher Grundrechte auf Schutz.«[56] Auch das Bundesverfassungsgericht hat unterdessen – jeweils bezogen auf Art. 2 Abs. 2 Satz 1 GG – anerkannt, daß die Verletzung grundrechtlicher Schutzpflichten zugleich eine Verletzung des Grundrechts darstellt, gegen die sich der Betroffene mit der Verfassungsbeschwerde zur Wehr setzen kann[57]. In Ansehung der »Ausstrahlungswirkung«[58] und der organisations- und verfahrensrechtlichen Vorgaben[59] der Grundrechte war dies von Anfang an der Fall.

---

[54] Grundlegend *J. Isensee,* Das Grundrecht auf Sicherheit, 1983; *ders.* (Fußn. 23), Rdnrn. 83 ff.

[55] BVerfGE 49, 24 (56 f.).

[56] *E. Klein* (Fußn. 23), S. 1637; s. auch *Stern* (Fußn. 4), § 69 VI; *Isensee* (Fußn. 23), Rdnrn. 183 ff.

[57] BVerfGE 77, 170 (214) – C-Waffen; 79, 174 (201 f.) – Verkehrslärm; 81, 242 (253, 256) – Handelsvertreter; 84, 212 (223) – Abwehraussperrung –, wo die Zulässigkeit der Verfassungsbeschwerde bejaht wird; 85, 191 (212) – Nachtbackverbot.

[58] BVerfGE 7, 198 – Lüth.

[59] Z. B. BVerfGE 35, 79 (114 ff.) – Hochschulurteil; 65, 1 (44 ff.) – Volkszählung; 69, 1 (50) – Kriegsdienstverweigerung; zum Asylrecht etwa: BVerfGE 52, 391 (408); 56, 216 (236); 65, 76 (94 f.); 71, 276 (292 f.); schließlich: BVerfGE 53, 30 (31 – Leitsatz 6, 65 f.; 69 ff. – Sondervotum) – Mülheim-Kärlich.

Die grundrechtsverbürgten Abwehrrechte beruhen nicht nur auf Normen objektiven Rechts – eine rechtslogische Selbstverständlichkeit –, ihnen entspricht auch, was nicht minder selbstverständlich ist, die den Staat treffende Pflicht, mit der Verfassung und – soweit es sich um die vollziehende Gewalt und die Rechtsprechung handelt – der im Range unter ihr stehenden Rechtsordnung unvereinbare Eingriffe in ihren Schutzbereich zu unterlassen[60]. Dafür, daß auch den übrigen objektiv-rechtlichen Grundrechtsgehalten einschließlich der Pflicht zum Schutz vor rechtswidrigen Übergriffen Dritter auf grundrechtliche Schutzgüter ein subjektives Recht auf Einhaltung der sich aus ihnen ergebenden Pflichten ergibt, spricht eine Vermutung[61]: Dienen, wie unstreitig, die Grundrechtsgewährleistungen des Grundgesetzes den Interessen der Grundrechtsträger, so spricht alles dafür, daß die dem Staat als dem Grundrechtsadressaten darin auferlegten Verpflichtungen auch Gegenstand der von den Grundrechten verbürgten subjektiven Rechte sind. Die Gewährung von Ansprüchen erhöht signifikant die Durchsetzungschancen einer Norm[62], daß diese gerade bei den Grundrechten nicht Not leiden soll, darf auf der Grundlage des Grundgesetzes als gesicherte Erkenntnis angesehen werden. Eine stichhaltige Widerlegung dieser Vermutung ist nicht erkennbar[63]. Insbesondere macht es für das Verhältnis zwischen Gesetzgeber und Bundesverfassungsgericht kaum einen Unterschied, ob die Nichtbeachtung der objektiv-rechtlichen Dimension der Grundrechte nicht nur im Normenkontroll-, sondern auch im Verfassungsbeschwerdeverfahren gerügt werden kann[64].

2. »Die Funktion der Grundrechte als objektiver Prinzipien besteht in der prinzipiellen Verstärkung ihrer Geltungskraft«[65] als subjektiver Freiheiten. Dem widerspricht nicht, daß der verfassungsrechtlich gebotene Schutz grundrechtlich geschützter Rechtsgüter unter Umständen nur »auf Kosten anderer Güter, deren Bestand ebenfalls verfassungsrechtlich verbürgt ist«[66], bewahrt

---

[60] In diesem Sinne sind die Grundrechte »negative Kompetenznormen«; vgl. *Hesse* (Fußn. 35), Rdnr. 291; *B. Pieroth/ B. Schlink*, Grundrechte – Staatsrecht II, 9. Aufl. 1993, Rdnrn. 90 ff.; s. auch *Dietlein* (Fußn. 25), S. 55 f., 139 ff.

[61] *R. Alexy*, Grundrechte als subjektive Rechte und objektive Normen, Der Staat 29 (1990), 49 ff. (60 f.).

[62] *Alexy* (Fußn. 20), S. 414 f.; *Robbers* (Fußn. 25), S. 135 ff. – Die von *Dietlein* (Fußn. 25), S. 156 ff., gegen *Alexy* geäußerten Bedenken halte ich nicht für überzeugend – seine Schutznormtheorie führt diesen Autor allerdings zu ähnlichen Ergebnissen.

[63] *Alexy* (Fußn. 61), S. 63 ff., stellt diese Frage für die der verfassungsrechtlichen Gewährleistung der Freiheit des Rundfunks (Art. 5 Abs. 1 Satz 2 GG) von der Rechtsprechung des Ersten Senats des Bundesverfassungsgerichts imputierten organisationsrechtlichen Gehalte. Hier handelt es sich allerdings um einen – in vielerlei Hinsicht äußerst problematischen und deshalb nicht verallgemeinerungsfähigen – Sonderfall.

[64] Ebenso *Böckenförde* (Fußn. 3), S. 42 ff.; *Alexy* (Fußn. 61), S. 62; *D. Murswiek*, Grundrechte als Teilhaberechte, soziale Grundrechte, in: HStR V, § 112 Rdnr. 97.

[65] BVerfGE 50, 290 (337) – Mitbestimmung.

[66] BVerfGE 49, 24 (55) – Kontaktsperregesetz.

werden kann[67]. Es geht nicht um die Wirkungskraft abstrakter, sondern um die der konkreten individuellen Freiheiten, die jedem einzelnen, dem die Verfassung ihren Genuß verbürgt, rechtlich in gleicher Weise zu gewährleisten sind, zu deren Schutz deshalb auch einem jeden in gleicher Weise diejenigen rechtlichen Beschränkungen aufzuerlegen sind, die eine notwendige Voraussetzung dafür bilden, daß jeder Inhaber der Grundrechte von Rechts wegen in der Lage ist, sie für seine Person zu entfalten[68].

Gefahr droht von anderer Seite. Sinn und Bedeutung der objektiv-rechtlichen Grundrechtsgehalte werden dann in ihr Gegenteil verkehrt, wenn sie sich, wie in der Rechtsprechung des Bundesverfassungsgerichts zur Rundfunkfreiheit[69] geschehen, verselbständigen und zur staatlichen Aufgabe mutieren, der die grundrechtlich gewährleistete individuelle Freiheit nurmehr zu dienen hat. Die Freiheit wird so zum bloßen Mittel verfremdet. Eine bloß noch funktionale, »dienende Freiheit«[70] ist ein Widerspruch in sich selbst; sie hört, wie sich bei der Rundfunkfreiheit deutlich zeigt, mindestens teilweise auf, als subjektive Freiheit zu bestehen[71,72]. Die »Entkernung«[73] der subjekti-

---

[67] Einen solchen Widerspruch glaubt das Sondervotum der Richterin *Rupp-v. Brünneck* und des Richters *Simon* zum Fristenlösungsurteil (BVerfGE 39, 1 [73 ff.]) in der Auffassung der Mehrheit zu erkennen, der Grundrechtsschutz gebiete unter Umständen auch den Erlaß von Strafnormen. – Zutreffend *Dietlein* (Fußn. 25), S. 67 ff.; s. auch BVerfG, EuGRZ 1993, 219 ff. (244) = JZ-Sonderausgabe, S. 18.

[68] Da die Schutzpflicht den Staat gegenüber jedem Träger jedes Grundrechts in gleicher Weise verpflichtet, folgt, daß sie ihn nicht etwa auch berechtigt, in den Wettbewerb der Grundrechtsträger einzugreifen, soweit er sich in dem für alle verbindlichen Rahmen hält; insoweit steht der Staat, wie *Isensee* (Fußn. 23), Rdnr. 98, mit Recht bemerkt, unter dem Gebot der Neutralität, nicht dem der Schutzpflicht. – Die von *Böckenförde* (Fußn. 3), S. 51, befürchtete »einlinige Ausdehnung einer konkreten individuellen Freiheitsposition« ist meines Erachtens deshalb nicht zu besorgen.

[69] BVerfGE 12, 205; 57, 295; 59, 231; 73, 118; 74, 297; 83, 238; 87, 181.

[70] Vgl. BVerfGE 57, 295 (321); 59, 231 (257); 73, 118 (152); 74, 297 (323); 83, 238 (295); 87, 181 (197) – hier heißt es unverblümt: »Im Unterschied zu anderen Freiheitsrechten des Grundgesetzes handelt es sich bei der Rundfunkfreiheit allerdings nicht um ein Grundrecht, das seinem Träger zum Zweck der Persönlichkeitsentfaltung oder Interessenverfolgung eingeräumt ist. Die Rundfunkfreiheit ist vielmehr eine dienende Freiheit.« Treffend dazu *E. Kull*, AfP 1992, 354 (355) – bestenfalls verfrüht, vermutlich jedoch irrig, schöpft *Kull* indes aus dieser Formulierung Hoffnung für die Pressefreiheit. Zum »Aufatmen« besteht wenig Anlaß: Nicht »im Unterschied zu *den* anderen«, sondern »im Unterschied zu anderen Freiheitsrechten des Grundgesetzes handelt es sich bei der Rundfunkfreiheit um … eine dienende Freiheit«! Vgl. auch *ders.*, »Dienende Freiheit« – dienstbare Medien, in: Wege und Verfahren des Verfassungslebens, Festschrift für P. Lerche, 1993, S. 663 ff.

[71] Die verfassungsgerichtliche Rechtsprechung stößt auf verbreitete Kritik: vgl. etwa *M. Bullinger*, Freiheit von Presse, Rundfunk, Film, in: HStR VI, § 142 Rdnrn. 118 ff., 145 ff.; *Chr. Degenhart*, in: Bonner Kommentar, Art. 5 Abs. 1 und 2 Rdnrn. 542 ff.; *Chr. Starck*, in: v. Mangoldt/Klein/Starck, Das Bonner Grundgesetz, Bd. 1, 3. Aufl. 1985, Art. 5 Abs. 1, 2 Rdnrn. 6 f., 68; *ders.*, NJW 1992, 3257 ff.; *Stern* (Fußn. 4), § 68 V 3 c; *R. Wendt*, in: v. Münch/Kunig (Hrsg.), Grundgesetz-Kommentar, 1. Bd., 4. Aufl. 1992, Art. 5 Rdnrn. 50 ff.; *U. Fink*, Wem dient die Rundfunkfreiheit?, DÖV 1992, 805 ff.; *K.-E. Hain*, Rundfunkfreiheit und Rundfunkordnung, 1993. Allgemein kritisch zu institutionellen und funktional-demo-

ven grundrechtlichen Freiheit, als die sich ihre Herabstufung zu einem Instrument im Dienste (vermeintlich höherer) objektiver Zwecke darstellt, ist Ausdruck fehlenden Vertrauens in die immanente Vernunft der Freiheit; sie ist ein Relikt obrigkeitsstaatlichen Denkens[74]. Dem Grundgesetz ist sie fremd.

Das Beispiel zeigt, daß den objektiv-rechtlichen Elementen der Grundrechtsnormen nur insoweit Berechtigung zukommen kann, als sie sich den durch sie verbürgten Individualrechten diese schützend und fördernd zur Seite stellen. Sie stehen im Dienste der Freiheit, nicht umgekehrt. Es ist irreführend – und hat in der Folge so auch gewirkt –, wenn es im Urteil des Ersten Senats des Bundesverfassungsgerichts vom 16.6.1981 zum Saarländischen Rundfunkgesetz in bezug auf die in Art. 5 Abs. 1 GG »als objektives Prinzip der Gesamtrechtsordnung« normierte Meinungsfreiheit heißt, daß dabei »subjektiv- und objektiv-rechtliche Elemente *einander* bedingen und stützen«[75]. Diese Verweisung auf das Lüth-Urteil[76] trägt diese These, die eine Gleichgewichtigkeit beider Elemente anzeigt, nicht. Nur die funktionale Orientierung der objektivrechtlichen Elemente auf das subjektive Grundrecht läßt dieses als Gewährleistung individueller Freiheit bestehen. Sinn der objektiv-rechtlichen Grundrechtselemente kann einzig sein, »gefährdete Freiheit aktiv zu stützen, zu sichern und zu festigen«[77].

---

kratischen Grundrechtstheorien *E-W. Böckenförde,* Grundrechtstheorie und Grundrechtsinterpretation, in: *ders.*, Staat, Verfassung, Demokratie, 1991, S. 115 (124 ff., 133 ff.). – Die institutionelle Deutung der Presse- und Rundfunkfreiheit verteidigt immer wieder eindrucksvoll *F. Kübler,* zuletzt: Massenkommunikation und Medienverfassung, in: Festschrift Lerche (Fußn. 70), S. 649 ff.

[72] *J. Burmeister,* Medienmarkt und Menschenwürde, Sonderdruck aus Band 2 der Schriftenreihe des Instituts für Europäisches Medienrecht, Saarbrücken, 1993, hat jüngst die verfassungsrechtliche Auslegung der Rundfunkfreiheit als »Interpretationsakrobatik« beschrieben, deren Ergebnis allerdings nicht nur begrüßt, sondern das Beispiel zum Anlaß genommen, »die *eigenständige Kategorie* des dienenden Freiheitsrechts anzuerkennen und als *besonderen Grundrechtstypus* von den klassischen liberalen, durch ihren eigennützigen Wesenszug gekennzeichneten Freiheitsrechten abzuheben« (S. 11, 25; Hervorhebungen im Original). Die Verlockung kollektiver Inhaltsbestimmung der Freiheit erweist sich anscheinend immer wieder als unwiderstehlich!

[73] *Kull,* in: Festschrift Lerche (Fußn. 70), S. 669.

[74] Niemand bestreitet die Notwendigkeit von Schranken der Kommunikationsfreiheiten, auch nicht solcher, die dem Schutz ihrer Entfaltung zu dienen bestimmt sind (Beispiel: Pressefusionskontrolle; Gegendarstellungsrecht; Verbot des Einsatzes wirtschaftlicher Macht zur Unterdrückung von Meinungen [BVerfGE 25, 256 – Blinkfüer]). Es gilt aber, sie als solche zu erkennen, auch wenn sie als »sichernde Strukturvorkehrungen« (*Kübler* [Fußn. 71], S. 652) daherkommen. Eben dazu verbaut die Institutionalisierung der Freiheit den Weg.

[75] BVerfGE 57, 295 (320) – Hervorhebung nicht im Original.

[76] BVerfGE 7, 198 (204 f.).

[77] *H.H. Rupp,* Vom Wandel der Grundrechte, AöR 101 (1976), 161 (173).

V.

1. Adressat der Grundrechtsnorm ist der Staat (Art. 1 Abs. 3 GG), genauer: das jeweils zuständige Staatsorgan[78]. Das gilt für die aus den grundrechtlichen Gewährleistungen folgenden Handlungs- und Unterlassungspflichten gleichermaßen. Die Pflicht zur normativen Umhegung der Grundrechte trifft – unbeschadet der Frage nach Umfang und Grenzen seiner Delegationsbefugnis (Parlamentsvorbehalt; Art. 80 Abs. 1 Satz 2 GG) – den Gesetzgeber. Bei der Wahrnehmung grundrechtlicher Schutzpflichten bleiben die handelnden Staatsorgane materiell (Gesetzesvorbehalt; Grundrechte) und formell (Kompetenzen) an die Verfassung gebunden (Vorbehalt des rechtlich Möglichen)[79].

2. Die aus den Grundrechten folgenden Handlungspflichten – vorzüglich des Gesetzgebers – haben, wie Robert *Alexy*[80] herausgearbeitet hat, den Charakter von Prinzipien, Optimierungs-(nicht: Maximierungs-)geboten, deren Merkmal es ist, daß sie dem Adressaten ein Ziel, regelmäßig aber nicht die Wege vorgeben, auf denen es anzusteuern ist. Der Gesetzgeber hat also, wie es in der C-Waffen-Entscheidung[81] heißt, einen weiten »Einschätzungs-, Wertungs- und Gestaltungsspielraum ..., der auch Raum läßt« – und, wie zu ergänzen ist, gegebenenfalls dazu verpflichtet – »etwa konkurrierende öffentliche und private Interessen zu berücksichtigen«. Das Auswahlermessen des Gesetzgebers – sowie, wo sie in Wahrnehmung ihrer Zuständigkeiten zu selbständiger Erfüllung der Schutzpflichten gehalten ist, der Exekutive – ist indessen nicht unbeschränkt. Die Grundrechte verpflichten zu *wirksamer* Sicherung der durch sie geschützten Rechtsgüter[82]; die zu treffenden Regelungen müssen sachgerecht, geeignet und zumutbar sein[83], sie dürfen ein »Untermaß«[84] nicht unterschreiten. Das Auswahlermessen der Grundrechts-

---

[78] Die Realisierung der grundrechtlichen »Ausstrahlungswirkung« ist vor allem Aufgabe der Rechtsprechung; vgl. jüngst: BVerfGE 81, 242 (256) – Handelsvertreter; 84, 212 (226 f.) – Abwehraussperrung; BVerfG, EuGRZ 1993, 229 ff. (242) = JZ-Sonderausgabe, S. 17 – SFHG.

[79] Zutreffende Kritik an BVerwGE 82, 76 (Warnung vor Jugendreligionen) und BVerfG (Kammer), NJW 1989, 3269, bei *Böckenförde* (Fußn. 3), S. 21 Fußn. 35. – Zum Vorbehalt des Möglichen als einem allgemeinen Verfassungsprinzip vgl. *R. Eckertz*, Die Aufhebung der Teilung im gesamtdeutschen Finanzausgleich, ZRP 1993, 297 ff. (300).

[80] (Fußn. 20), S. 75 f., 420 f.

[81] BVerfGE 77, 170 (214 f.); ebenso BVerfGE 79, 174 (202) – Verkehrslärm; BVerfG, EuGRZ 1993, 229 ff. (245 f.) = JZ-Sonderausgabe, S. 22 – SFHG.

[82] BVerfGE 76, 160 (164) – Schleyer; BVerfG, EuGRZ 1993, 229 ff. (243) = JZ-Sonderausgabe, S. 17 – SFHG.

[83] Vgl. BVerfGE 69, 1 (50) – Kriegsdienstverweigerung.

[84] *Isensee* (Fußn. 23), Rdnr. 90; der Begriff ist übernommen in BVerfG, EuGZ 1993, 229 ff. (243) = JZ-Sonderausgabe, S. 17 – SFHG; kritisch (die selbständige Bedeutung des »Untermaßverbots« gegenüber dem »Übermaßverbot« bestreitend): *Chr. Starck*, Der verfassungsrechtliche Schutz des ungeborenen menschlichen Lebens, JZ 1993, 816 ff. (817); *K.-E. Hain*, Der Gesetzgeber in der Klemme zwischen Übermaß- und Untermaßverbot, DVBl. 1993, 982 ff.

verpflichteten kann sich »unter ganz besonderen Umständen … in der Weise verengen, daß allein durch eine bestimmte Maßnahme der Schutzpflicht Genüge getan werden kann«[85].

Der Anspruch des Grundrechtsträgers auf Schutz entspricht nach Inhalt und Gegenstand dem Inhalt der Schutzpflicht; er bleibt nicht hinter ihm zurück[86]. Eher mißverständlich erscheint es deshalb, wenn das Bundesverfassungsgericht formuliert, der mit einer Schutzpflicht verbundene grundrechtliche Anspruch sei im Blick auf die Gestaltungsfreiheit des zur Schutzgewährung verpflichteten Staatsorgans »nur darauf gerichtet, daß die öffentliche Gewalt Vorkehrungen zum Schutze des Grundrechts trifft, die nicht gänzlich ungeeignet oder völlig unzulänglich sind«[87]. Die Formulierung erweckt den Eindruck, es bestehe keine inhaltliche Übereinstimmung zwischen dem objektiven Inhalt der Schutzpflicht einerseits und dem Gegenstand des grundrechtlichen Schutzanspruchs andererseits. Träfe dies zu, wäre die Folge die, daß das Bundesverfassungsgericht einesteils im Rahmen eines zulässigen Verfahrens über eine verfassungsrechtliche Handhabe verfügte, den Adressaten der Schutzpflicht zu weitergehenden Leistungen zu verpflichten, als sie der durch die Schutzpflicht Begünstigte einzufordern in der Lage wäre. Das Gericht müßte anderenteils eine die Nichterfüllung der Schutzpflicht reklamierende Verfassungsbeschwerde als unbegründet zurückweisen oder gar als unzulässig verwerfen, weil die öffentliche Gewalt immerhin Schutzvorkehrungen getroffen hat, »die nicht gänzlich ungeeignet oder völlig unzulänglich sind«, obwohl sie das verfassungsrechtlich gebotene Maß angemessenen Schutzes, der als solcher wirksam ist, unterschreiten[88].

Die Lösung des Problems kann nicht in einem Auseinanderfall von Handlungs- und Kontrollnormen liegen[89]. Richtig ist vielmehr, daß der Berechtigte einfordern kann, was der Verpflichtete schuldet. Der Beurteilungsspielraum des zuständigen Staatsorgans, insbesondere des Gesetzgebers, wird nicht dadurch eingeengt, daß den objektivrechtlichen Elementen der Grundrechte und den ihnen zu entnehmenden Handlungspflichten ein auf deren Erfüllung gerichteter Anspruch korrespondiert. Die Weite dieses Beurteilungsspielraums hängt vielmehr von mannigfaltigen Umständen ab, unter anderem von Erkenntnis- und Prognoseproblemen[90], deren Beurteilung grundsätzlich nicht Sache der Rechtsprechung ist. Der Einschätzungsspielraum (unter anderem) des Gesetzgebers bemißt sich vielmehr, wie die seit dem Mitbestimmungs-

---

[85] BVerfGE 77, 170 (215).
[86] *Isensee* (Fußn. 23), Rdnr. 92.
[87] BVerfGE 77, 170 (215); 79, 174 (201 f.) – Verkehrslärm; 85, 101 (212) – Nachtbackverbot; relativierend BVerfG, EuGRZ 1993, 229 ff. (245) = JZ-Sonderausgabe, S. 20 – SFHG.
[88] Vgl. BVerfG, EuGRZ 1993, 229 ff. (243) = JZ-Sonderausgabe, S. 17 – SFHG.
[89] So wohl *Isensee* (Fußn. 23), Rdnr. 162.
[90] Vgl. *Alexy* (Fußn. 20), S. 423; *Hain* (Fußn. 84), S. 984.

Urteil in der Rechtsprechung des Bundesverfassungsgerichts häufig anzutreffende Formel lautet, nach der Eigenart des in Rede stehenden Sachbereichs, den Möglichkeiten, sich ein hinreichend sicheres Urteil zu bilden, und der Bedeutung der auf dem Spiele stehenden Rechtsgüter[91].

Der objektive Verpflichtungsgehalt der grundrechtsgewährleistenden Verfassungsnormen – und folgeweise des auf seine Beachtung gerichteten grundrechtlichen Leistungsanspruchs – orientiert sich danach, wohl kaum zufällig, an Kriterien, die denen nahe-, wenn nicht gar gleichkommen, die in der verfassungsgerichtlichen Rechtsprechung für die Anwendung des Gleichheitssatzes (Art. 3 Abs. 1 GG) entwickelt worden sind: Die Grenzen, die dem Gesetzgeber aus dem Willkürverbot erwachsen, lassen »sich nicht abstrakt und allgemein feststellen, sondern nur stets in bezug auf die Eigenart des konkreten Sachverhalts, der geregelt werden soll … Der normative Gehalt der Gleichheitsbindung erfährt daher seine Präzisierung jeweils im Hinblick auf die Eigenart des zu regelnden Sachbereichs. Der Gleichheitssatz verlangt, daß eine vom Gesetz vorgenommene unterschiedliche Behandlung sich – sachbereichsbezogen – auf einen vernünftigen oder sonstwie einleuchtenden Grund zurückführen läßt …«[92]. Hier wie da entspricht die »Dichte« der verfassungsgerichtlichen Kontrolle derjenigen der verfassungsrechtlichen Maßstabsnorm[93].

3. Die Versagung des *gebotenen* staatlichen Schutzes verletzt den Inhaber des zu schützenden Grundrechtsgutes ebenso in seinem Recht wie der *verbotene* staatliche Eingriff. Darüber darf nicht hinwegtäuschen, daß die Verletzung eines Grundrechts durch einen staatlichen Eingriff sich vielfach leichter feststellen lassen wird als die durch die Unterlassung von Schutz. Der Eingriff ist stets ein bestimmter; was die Schutzpflicht gebietet, ist oft – jedenfalls soweit sie den Gesetzgeber bindet – unbestimmt[94]. Was, um der Schutzpflicht zu genügen, zu tun ist, läßt sich allerdings desto genauer beschreiben, je dichter das Netz bereits vorhandener Normierungen gewoben ist. Deshalb ist die Feststellung einer Verletzung von Schutzpflichten durch die vollziehende Gewalt oder die Rechtsprechung oft nicht schwieriger als die

---

[91] BVerfGE 50, 290 (323 f.); 77, 170 (215) – C-Waffen; BVerfG, EuGRZ 1993, 229 ff. (245 f.) = JZ-Sonderausgabe, S. 20 – SFHG.

[92] BVerfGE 75, 108 (157) – Künstlersozialversicherung; im gleichen Sinne BVerfGE 78, 249 (287) – Fehlbelegungsabgabe.

[93] Das Urteil vom 28. 5. 1993, EuGRZ 1993, 229 ff. (245) = JZ-Sonderausgabe, S. 20 – SFHG, deutet Zweifel an, ob es sich bei den seit dem Mitbestimmungs-Urteil (BVerfGE 50, 290 [333]) tradierten Stufen der Kontrolldichte – Evidenz-, Vertretbarkeits-, intensivierte inhaltliche Kontrolle – um scharfvoneinander unterscheidbare Kontrollmaßstäbe handelt. Auch das Mitbestimmungs-Urteil dürfte dies allerdings kaum gemeint haben, da es selbst die Kriterien nennt, nach denen sich die »Kontrolldichte« bestimmt. Richtigerweise handelt es sich um eine an jenen Kriterien orientierte gleitende Skala der mit den Mitteln der juristischen Hermeneutik erzielbaren Inhaltsbestimmung der jeweils einschlägigen Maßstabsnormen.

[94] Zutreffend *Kull* (Fußn. 70), S. 669; *Stern* (Fußn. 4), § 69 VI 4 c α.

der Verletzung einer grundrechtlichen Unterlassungspflicht: Exekutive und
Justiz obliegt es, Eingriffsverbote und Schutzpflichten regelmäßig in konkreten Regelungszusammenhängen zu operationalisieren, aus denen sich verhältnismäßig leicht erschließen läßt, was ver- oder geboten ist[95].

Die Erfahrung lehrt, daß die Grenze zwischen grundrechtsverletzendem
Unterlassen und grundrechtsverletzendem Tun des Staates eine fließende
Grenze ist. Das Bundesverfassungsgericht[96] hat die atomgesetzliche Regelung,
nach der die wirtschaftliche Nutzung von Atomenergie von einer staatlichen,
nur unter bestimmten Voraussetzungen zu erteilenden Genehmigung abhängt,
als ein geeignetes Mittel zum Schutz gefährdeter Rechte anerkannt. Weil aber
der Staat, wenn er auf der Grundlage dieser Vorschriften ein Kernkraftwerk
genehmige, Mitverantwortung für die damit einhergehende Gefährdung Dritter übernehme, seien »bei der verfassungsrechtlichen Beurteilung der materiell-
und verfahrensrechtlichen Vorschriften für die Genehmigung von Kernkraft-
werken nicht weniger strenge Maßstäbe anzulegen als bei der Prüfung staatlicher Eingriffsgesetze«[97]. Das darf nicht so verstanden werden, als sei dem
Staat ein von ihm genehmigtes Handeln Privater als eigenes zuzurechnen –
mit der Folge, daß die Erteilung der Genehmigung als Eingriff in die grundrechtlich geschützte Rechtssphäre derjenigen anzusehen wäre, die durch das
genehmigte Verhalten in ihren Rechten verletzt werden (könnten). Eine solche
Annahme wäre verfehlt, weil der Staat mit der Genehmigung eines bestimmten privaten Verhaltens – etwa der Errichtung und Betreibung einer gefährli-
chen Anlage – nicht etwa die *Verletzung* der Rechte Dritter billigt. Diese
werden vielmehr durch das der Genehmigung zugrundeliegende Gesetz – in
dessen Rahmen allein sich der Empfänger der Genehmigung auf deren
Grundlage bewegen darf! – begrenzt. Daraus aber folgt, daß der Staat, indem
er privates Verhalten unter ein (präventives oder repressives) Verbot stellt und
es sodann nach Maßgabe des Gesetzes erlaubt, seiner Schutzpflicht gegenüber
den grundrechtlich geschützten Rechtsgütern derjenigen zu genügen versucht,
deren Rechte durch das genehmigungspflichtige Verhalten in Mitleidenschaft
gezogen werden. Dann aber sind die gesetzliche Regelung, die der Erteilung

---

[95] So ist es oft nicht allzu schwierig zu bestimmen, was die Polizei im Rahmen ihrer
Aufgabe, Störungen der öffentlichen Sicherheit zu begegnen, zum Schutz betroffener grundrechtlich geschützter Rechtsgüter zu unternehmen hat. – Die Diskussion um den Anspruch
auf polizeiliches Einschreiten wird ebenso wie die über den Nachbarschutz im Baurecht
durchaus zu Recht vorzugsweise auf der Ebene des sog. einfachen Rechts geführt, nämlich im
Blick darauf, ob die Normen, deren mögliche Verletzung in Rede steht, zumindest auch
private Interessen zu schützen bestimmt sind. Soweit es sich dabei um Normen handelt, die
zugleich grundrechtlich gewährleistete Rechtsgüter zu schützen bestimmt sind, hat der Anspruch auf staatlichen Schutz – sei es durch polizeiliches Handeln, sei es durch eine entsprechende Ausgestaltung baurechtlicher Maßnahmen – jedoch ein grundrechtliches Fundament.
[96] BVerfGE 53, 30 (57 f.) – Mülheim-Kärlich.
[97] Kritisch dazu *Dietlein* (Fußn. 25), S. 89.

der Genehmigung zugrunde liegt, und die Genehmigung selbst daraufhin zu überprüfen, ob der Staat mit ihnen seine Schutzpflicht hinlänglich erfüllt hat. Staatliches Handeln ist also dann am verfassungsrechtlichen Maßstab der Schutzpflicht zu messen, wenn das ein grundrechtlich geschütztes Rechtsgut gefährdende Geschehen von einem Privaten unmittelbar verursacht wird, am Grundrecht als Abwehrrecht demgegenüber dann, wenn der Staat selbst die Rechtsgutgefährdung unmittelbar bewirkt[98].

Die Dichte (»Strenge«) dieses Maßstabs – und dies wird in jener Entscheidung des Bundesverfassungsgerichts zutreffend hervorgehoben – braucht allerdings nicht hinter derjenigen zurückzubleiben, die der für die Beurteilung eines Eingriffs[99] in grundrechtlich geschützte Bereiche einschlägige Maßstab aufweist. Der Dichte des Maßstabs wiederum entspricht die verfassungsgerichtliche »Kontrolldichte«. Denn diese ist nicht eine Frage der Definition von Grundrechtseingriff oder Schutzpflichtverletzung, sondern eine solche der verfassungsrechtlichen Maßstabsnorm. Das zeigt sich daran, daß das Bundesverfassungsgericht auch dort, wo es sich unzweifelhaft um Eingriffe handelt, dem Gesetzgeber unterschiedlich weit bemessene Beurteilungs- und Prognosespielräume einräumt: Die Unterscheidung von Evidenz-, Vertretbarkeits- und intensivierter inhaltlicher Kontrolle und die Entwicklung der für diese Unterscheidung maßgeblichen Kriterien (oben 2.) ist in einem Zusammenhang erfolgt, in dem die verfassungsrechtliche Zulässigkeit gesetzlicher Eingriffe in grundrechtlich geschützte Positionen zu beurteilen war[100]. In welchem Umfang staatliches Tun oder Unterlassen verfassungsgerichtlicher Kognition unterliegt, hängt nicht von begrifflichen Unterscheidungen ab, sondern davon, in welchem Grade grundrechtliche Berechtigungen gegenüber dem zuständigen Staatsorgan sich unter Berücksichtigung, d. h. Abwägung, konkurrierender und konfligierender öffentlicher und privater Interessen zu definitiven Grundrechtspositionen verdichten lassen[101]. Allerdings läßt sich sagen, daß wegen ihres in die Zukunft weisenden Charakters Fragen nach der Geeignetheit und Wirksamkeit in Betracht kommender staatlicher Schutzmaßnahmen sich oft weniger bestimmt werden beantworten lassen als Fragen nach der Geeignetheit, Erforderlichkeit und Verhältnismäßigkeit (im engeren Sinne) eines staatlichen Eingriffs, der Einschätzungsspielraum des zuständigen Staatsorgans dort also vielfach größer bemessen sein wird als hier[102].

---

[98] So ausführlich und zutreffend *Dietlein* (Fußn. 25), S. 90 ff.; zustimmend *Isensee* (Fußn. 23), Rdnr. 116 (ebenda Rdnrn. 118 f. zutreffende Kritik an den gegenläufigen Thesen von *Murswiek* und *Schwabe*).

[99] Die der h. M. entsprechende Definition des Grundrechtseingriffs bei *Pieroth/Schlink* (Fußn. 60), Rdnr. 274, lautet: »Eingriff ist jedes staatliche Handeln, das dem einzelnen ein Verhalten, das in den Schutzbereich eines Grundrechts fällt, unmöglich macht.«

[100] BVerfGE 50, 290 (333) – Mitbestimmung.

[101] Dazu *Alexy* (Fußn. 20), S. 425 ff.

[102] Ebenso *Alexy* (Fußn. 20), S. 425, 427 f.; *ders.* (Fußn. 61), 62 f.

VI.

Von anderer Struktur als die in der Grundrechtsnorm enthaltenen, auf Grundrechtssicherung durch – vorzugsweise normative – Umhegung gerichteten objektiv-rechtlichen Elemente sind die von Michael *Sachs*[103] treffend so bezeichneten Ansprüche auf »Realisierungshilfe«. Sie zielen nicht auf normative, sondern auf materielle Leistungen des Staates, nicht auf den Schutz der Grundrechtsgüter vor Beeinträchtigung, sondern auf die Befähigung der Grundrechtsträger zu tatsächlicher Grundrechtsausübung, nicht auf Bewahrung von Freiheit, sondern auf deren Erweiterung; sie sind nicht statisch, sondern dynamisch. Soweit solche Ansprüche aus den Grundrechtsgewährleistungen überhaupt abgeleitet werden können, lassen sie sich nur in seltenen Ausnahmefällen zu definitiven Rechten verdichten. Für sie gilt in besonderem Maße der »Vorbehalt des faktisch Möglichen«[104]. Zwar ist das finanzielle Vermögen des Staates nicht eine vorgegebene – immanente – Schranke verfassungsrechtlich begründeter staatlicher Leistungspflichten[105]. Soweit es sich jedoch weder um Leistungspflichten handelt, die konkret nach Gegenstand und Umfang in der Verfassung beschrieben sind, noch um solche, deren Erfüllung zur Erhaltung verfassungsrechtlich, insbesondere grundrechtlich, geschützter Rechtsgüter unerläßlich ist – wie das Recht auf das Existenzminimum –, werden sich Rechte auf »Realisierungshilfe« (das sind auch die sog. sozialen Grundrechte) im Wege der Verfassungsauslegung kaum je zu definitiven Leistungsansprüchen verdichten lassen. Dem stehen in erster Linie das demokratische sowie das Prinzip der Gewaltenteilung entgegen, die die Verteilung des Vorhandenen und die Bestimmung von Vorrang und Nachrang miteinander konkurrierender staatlicher Aufgaben (etwa: Pflegeversicherung oder Sanierung von Bundes- und Reichsbahn) grundsätzlich in die Zuständigkeit von Parlament und Regierung verweisen[106]. Sache des Gesetzgebers ist es auch – jenseits der aufgewiesenen Minimalpositionen – zu entscheiden, in welchem Umfang der Staat sich auf Kosten der Abgabepflichtigen Mittel zum Zwecke der Umverteilung beschaffen, in welchem Maße also die tatsächliche Freiheit der einen zum Zwecke der Erweiterung der tatsächlichen Freiheit der anderen eingeschränkt werden soll[107].

---

[103] (Fußn. 23), § 67 V 3.
[104] Dieser ist vom »Vorbehalt des rechtlich Möglichen« (s. unter V 1) zu unterscheiden! – Vgl. BVerfG, EuGRZ 1993, 229 ff. (244 f.) = JZ-Sonderausgabe, S. 19 – SFHG.
[105] Insoweit zutreffend *Sachs* (Fußn. 23), § 67 III 2.
[106] Vgl. etwa *Murswiek* (Fußn. 64), Rdnr. 58.
[107] Ebenso *Alexy* (Fußn. 20), S. 454 ff., insbesondere S. 465 ff.

III. Bundestag

1. Stellung und Aufgaben des Bundestages

A. Das Parlament der Bundesrepublik Deutschland

I. Rechtsstellung

Der Deutsche Bundestag[1], in enger Anknüpfung an die deutsche Parlamentstradition[2] gebildet, ist das Parlament der Bundesrepublik Deutschland[3]. Er ist unter ihren obersten Staatsorganen[4] das einzige, dessen Mitglieder unmittelbar vom Volk gewählt werden[5]. Als Repräsentationsorgan handelt der Bundestag bei Wahrnehmung seiner Aufgaben aus eigenem Recht, nicht kraft Delegation, Auftrags oder ihm von dritter Seite erteilter Vertretungsmacht. Die Entscheidungen, die er trifft, werden dem Volk – wie die Entscheidungen der übrigen Staatsorgane – zugerechnet; »der Wille des Parlaments gilt als (hypothetischer) Volkswille«[6]. Das Volk selbst kann über die dem Bundestag durch das Grundgesetz eingeräumten Kompetenzen nicht disponieren[7]. Im demokratischen Verfassungsstaat verfügt auch das Staatsvolk, wenn es Staatsgewalt ausübt, nur über die ihm von der Verfassung zugewiesenen Zuständigkeiten und ist nur in diesem Rahmen als Staatsorgan zu handeln befugt[8].

---

[1] Dies ist die aus Art. 38 Abs. 1 S. 1 GG sich ergebende offizielle Bezeichnung. Andere Vorschläge (»Volkshaus«, »Reichstag«) haben sich im Parlamentarischen Rat nicht durchzusetzen vermocht.

[2] Zum Reichstag des Bismarck-Reiches vgl. *Ernst-Rudolf Huber*, Deutsche Verfassungsgeschichte seit 1789, Bd. III. 1978. insbes. S. 860 ff.; zum Reichstag der Weimarer Republik *dens.*, ebd., Bd. VI, 1982, insbes. S. 349 ff.; *Fritz Stier-Somlo*, in: Anschütz/Thoma, Bd. I. S. 381 ff., S. 407 ff.

[3] Ebenso etwa *Wilhelm Henke*, Parlament, Parlamentarismus, in: EvStL³. Sp. 2419 ff. (2423). Zur Stellung des Bundesrats vgl. *Hans Hugo Klein*, Der Bundesrat der Bundesrepublik Deutschland, in: AöR 108 (1983). S. 329 ff.; *dens.*, Der Bundesrat im Regierungssystem der Bundesrepublik Deutschland, in: ZG 17 (2002), S. 297 ff.

[4] Mit einer »klangvollen, aber mysteriösen Wortverbindung« (so *Hans Schneider*, Gesetzgebung ³2002, Rn. 281) auch »Verfassungsorgane« genannt (vgl. § 1 BVerfGG).

[5] *Hans Troßmann*, Der Bundestag: Verfassungsrecht und Verfassungswirklichkeit, in: JöR 28 (1979), S. 12 f.

[6] *Klaus Stern*, Das Staatsrecht der Bundesrepublik Deutschland, Bd. II, 1980, § 26 I 1 b; *Leo Kißler*, Der Deutsche Bundestag, in: JöR 26 (1977), S. 52.

[7] Zur Stellung der verfassunggebenden Gewalt im Verfassungsstaat vgl. *Hans Hugo Klein*, Legitimität gegen Legalität?, in: FS für Karl Carstens, Bd. II, 1984, S. 645 ff. (in diesem Band auf S. 20 ff.)

[8] Vgl. BVerfGE 8, 104 (114 ff.). Vgl. etwa auch *Horst Dreier*, in: Dreier, GG II. Art. 20 (Demokratie), Rn. 77.

Die Struktur der vom Grundgesetz verfaßten Demokratie beruht darauf, daß die Staatsgewalt in allen ihren Funktionen, wenn auch in unterschiedlicher Weise, demokratisch konstituiert und legitimiert und auf dieser Grundlage gewaltenteilig organisiert ist[9]. Aus dem Umstand, daß allein die Mitglieder des Bundestages unmittelbar vom Volk gewählt werden, folgt also nicht, daß andere Institutionen und Funktionen der Staatsgewalt der demokratischen Legitimation entbehren[10]. Mithin kann von einer Rangordnung der obersten Bundesorgane, an deren Spitze das Parlament stünde, in einem mehr als protokollarischen Sinne (auch insoweit gebührt dem Bundespräsidenten als dem Staatsoberhaupt der Vorrang) ebensowenig die Rede sein, wie die unmittelbare personelle demokratische Legitimation des Bundestages eine Kompetenzvermutung zu seinen Gunsten begründet[11]. Einen allumfassenden Parlamentsvorbehalt kennt das Grundgesetz nicht. Dem Bundestag kommt, anders als dies im englischen Staatsrecht überkommenen Vorstellungen entspricht, keine »Organsouveränität« zu[12]. Dessen unbeschadet sind seine Zuständigkeiten weitgreifend.

Für die repräsentative Demokratie sind – neben den klassischen Grundsätzen der allgemeinen, unmittelbaren, freien, gleichen und geheimen Wahl des Parlaments (Art. 38 Abs. 1 S. 1 GG)[13] – das freie Mandat (Art. 38 Abs. 1 S. 2 GG)[14], das Mehrheitsprinzip und das Prinzip der öffentlichen Verhandlung (Art. 42 GG)[15] konstituierend. Kraft dieser seine Bildung und seinen Entscheidungsgang prägenden Rechtsgrundsätze sind die Beschlüsse des Parlaments dem repräsentierten Volk politisch wie rechtlich zurechenbar. Wenn es von ihnen den rechten Gebrauch macht und die ihm von der Verfassung zugewiesenen Kompetenzen kraftvoll ausübt, vermag es den ihm zukommenden Anteil an der Staatsleitung wahrzunehmen.

Dem Begriff der Repräsentation ist in diesem konkreten staatsrechtlichen Zusammenhang kein wie immer überhöhter »idealistischer« Sinn beizumes-

---

[9] BVerfGE 68, 1 (86 f., 109). Umfassend *Karl-Peter Sommermann*, in: v. Mangoldt/Klein/Starck, GG II, Art. 20 Rn. 150 ff.

[10] BVerfGE 49, 89 (124).

[11] BVerfGE 49, 89 (125); ebenso etwa *Siegfried Magiera*, Parlament und Staatsleitung in der Verfassungsordnung des Grundgesetzes, 1979, S. 169 f.; *Stern* (N 6), § 26 I 2 c. Vgl. auch BVerfGE 68, 1 (109): »kein totaler Parlamentsvorbehalt«. Anders noch für den Reichstag der Weimarer Reichsverfassung *Gerhard Anschütz*, Die Verfassung des Deutschen Reiches, [14]1933, S. 179, und *Stier-Somlo* (N 2), S. 407.

[12] A. M. etwa *Dietrich Jesch*, Gesetz und Verwaltung, 1961, S. 99. Vgl. die Nachweise bei *Magiera* (N 11), S. 160 Fn. 3. Vgl. auch *Norbert Achterberg*, Parlamentsrecht, 1984, S. 48 mit Fn. 42.

[13] Oben *Meyer*, § 46.

[14] Unten *H. H. Klein*, § 51 Rn. 1 ff.

[15] Das Prinzip der öffentlichen Verhandlung schließt nicht aus, daß parlamentarische Entscheidungen in geheimer Abstimmung getroffen werden; dazu *Hans Hugo Klein*, in: Maunz/Dürig, Komm. z. GG, Art. 42 Rn. 37, m. Nachw.

sen: »Repräsentation als Realisierung einer höheren Art von Sein, Wertverwirklichung oder Selbstvergütung«[16]. Er beschreibt vielmehr den nüchternen Sachverhalt, daß das Volk, in der Demokratie Träger aller Staatsgewalt (Art. 20 Abs. 1 S. 1 GG), in der von ihm nach bestimmten Grundsätzen (Art. 38 Abs. 1 S. 1 GG) gewählten »Vertretung« über ein Organ verfügt, welches innerhalb eines limitierten Zeitraums, der Wahlperiode, für das Volk und in – durch die nachfolgende Wahl sanktionierter – Verantwortlichkeit ihm gegenüber handelt. Repräsentation bedeutet also, daß der Bundestag, das »unmittelbare Repräsentationsorgan des Volkes«[17], »gewährleistet, daß die Staatsgewalt konkret auf der Anerkennung und Billigung des Volkes beruht«[18], woraus wiederum folgt, daß die Legitimität der Ausübung von Staatsgewalt durch welche staatlichen Organe auch immer notwendig durch ihn vermittelt werden muß[19]. Repräsentation bedeutet hingegen nicht, daß sich der durch den Bundestag formulierte Staatswille mit dem (außerhalb von Wahlen und Abstimmungen rechtlich nicht faßbaren) tatsächlichen Willen des Volkes in ständiger Übereinstimmung befinden müßte[20].

II. Der Bundestag im Gefüge der Faktoren der politischen Willensbildung

Für das Verständnis des politischen Willensbildungsprozesses in der repräsentativen Demokratie ist es wesentlich, einerseits die im Parlament wirksamen politischen Kräfte genauer in den Blick zu nehmen, andererseits nicht aus dem Auge zu verlieren, daß das Parlament in das Beziehungsgefüge der Gesamtheit aller staatlichen Institutionen eingeordnet ist und diesen ihrerseits in einer freiheitlichen Ordnung keineswegs ein Monopol auf die politische Willensbildung zukommt[21]. Die Verfassung schreibt die Rolle des Bundestages in diesem Kräfteparallelogramm nicht ein für allemal verbindlich fest. Die politische Gewichtsverteilung ist, unabhängig von verfassungsrechtlichen Kompetenzzuweisungen und -vorbehalten, nicht stabil, sondern dynamisch[22].

---

[16] *Hasso Hofmann/Horst Dreier*, in: Hans-Peter Schneider/Wolfgang Zeh, Parlamentsrecht und Parlamentspraxis, 1989, § 5 Rn. 9 ff., m. Nachw.

[17] BVerfGE 80, 188 (217).

[18] *Peter Badura*, Staatsrecht, ³2003, D 10.

[19] »Unterbrochene Legitimationskette«; z. B. BVerfGE 83, 60 (72 f.); 93, 37 (67).

[20] *Badura* (N 18), E 11.

[21] Zum letzten, hier nicht zu vertiefenden Aspekt vgl. etwa *Ernst-Wolfgang Böckenförde*, Die politische Funktion wirtschaftlich-sozialer Verbände und Interessenträger in der sozialstaatlichen Demokratie, in: Der Staat 15 (1976), S. 457 ff.; *Hans-Jürgen Papier*, Parlamentarische Demokratie und die innere Souveränität des Staates, in: Das parlamentarische Regierungssystem der Bundesrepublik Deutschland auf dem Prüfstand, 1984, S. 33 ff.

[22] Ähnl. *Rupert Scholz*, Staatsleitung im parlamentarischen Regierungssystem, in: Peter Badura/Horst Dreier (Hg.), FS 50 Jahre Bundesverfassungsgericht, 2001, Bd. II, S. 665, 689.

1. Der Bundestag und die politischen Parteien

Das Erscheinungsbild des Bundestages wird von den in ihm in der Gestalt von Fraktionen[23] vertretenen politischen Parteien bestimmt. Sie sind die maßgebenden Faktoren der staatlichen Willensbildung, »notwendige Einrichtungen des Verfassungslebens und als Gliederung des Bundestages der organisierten Staatsgewalt eingefügt«. Ihre nunmehr im Abgeordnetengesetz (§§ 45 ff. AbgG) näherhin geregelte Rechtsstellung[24] ist wie der Status des Abgeordneten aus Art. 38 Abs. 1 S. 2 GG abzuleiten[25]. Erfüllen die Fraktionen, indem sie Identifikation mit partikularen Interessen zu vermeiden trachten, die ihnen im System der repräsentativen Demokratie zugedachte repräsentierende Funktion, verfechten sie also nicht verschiedene (Teil-)Interessen, sondern dasselbe (Gesamt-)Interesse auf verschiedene Weise[26], wie dies jedenfalls für die in der Bundesrepublik Deutschland bedeutsamen Gruppierungen gilt; so ergibt sich aus dieser durchaus positiv zu bewertenden Tatsache für das Parlament die Gefahr einer gewissen Verarmung: Der tatsächliche Schwerpunkt der politischen Willensbildung und Entscheidungsfindung verlagert sich aus dem Parlament in den minder transparenten Bereich von Parteigremien. Sie ist um so größer, als im parlamentarischen Regierungssystem auch die Regierung von den (Mehrheits-)Parteien beherrscht wird, diesen also die Chance des direkten Zugriffs auf die Exekutive unter Umgehung des Parlaments eröffnet ist.

Unter diesen Umständen ist es fraglich, ob das Parlament die ihm in der repräsentativ-demokratischen Verfassungskonzeption zugedachte Funktion des Interessenausgleichs und der Interessenintegration[27] noch zu erfüllen vermag. Jedenfalls ist das (notwendiger- und legitimerweise) von den politischen Parteien beherrschte Parlament nicht der Ort einer Diskussion, »die von dem Zweck beherrscht ist, den Gegner mit rationalen Argumenten von einer Wahrheit und Richtigkeit zu überzeugen oder sich von der Wahrheit und Richtigkeit überzeugen zu lassen«[28]. Teils wegen der geschilderten realen Machtverhältnisse und der ihnen entsprechenden Organisationsstruktur des

---

[23] → Unten *Zeh*, § 52 Rn. 14 ff. *Gerald Kretschmer*, Fraktionen – Parteien im Parlament, ²1992; *Troßmann* (N 5), S. 138 ff., 273 ff.; *Jürgen Wolters*, Der Fraktionsstatus, 1996.

[24] Die Vorschriften wurden durch das 16. Gesetz zur Änderung des Abgeordnetengesetzes (Fraktionsgesetz) vom 11.3.1994 (BGBl I, S. 526) dem Abgeordnetengesetz eingefügt. Vgl. dazu *Edzard Schmidt-Jortzig/Frank Hansen*, Neue Rechtsgrundlage für die Bundestagsfraktionen, in: NVwZ 1994, S. 1145 ff.; ferner m. Nachw. *Norbert Achterberg/Martin Schulte*, in: v. Mangoldt/Klein/Starck, GG II, Art. 38 Rn. 97 ff. Vgl. auch *Reinhold Kassing*, Das Recht der Abgeordnetengruppe, 1988.

[25] BVerfGE 70, 324 (362); 80, 188 (219 f.); 84, 304 (322).

[26] Vgl. *Herbert Krüger*, Allgemeine Staatslehre, ²1966, S. 373 ff.

[27] *Roman Herzog*, Allgemeine Staatslehre, 1971, S. 245.

[28] *Carl Schmitt*, Die geistesgeschichtliche Lage des heutigen Parlamentarismus, ³1961, S. 9; gegen seine »geistesgeschichtliche Todeserklärung des Parlamentsstaats« schon *Richard Thoma*, Zur Ideologie des Parlamentarismus und der Diktatur, in: ASSP 53 (1925), S. 212 ff.

Parlaments, teils wegen der Kompliziertheit der den Gegenstand der Gesetzesberatung bildenden Materie fallen die politischen (Sach-)Entscheidungen
regelmäßig in den dafür kompetenten Gremien von Parteien und Fraktionen.
Deshalb allerdings sind Aussprache und Beratung in den Ausschüssen und im
Plenum des Parlaments mitnichten funktionslos. Sie dienen der Erkundung
abweichender wie der versuchsweisen Artikulation eigener, vielfach noch
nicht abschließend gebildeter Meinungen, vor allem aber der Darstellung und
Erläuterung einmal getroffener politischer Willensentscheidungen gegenüber
der Öffentlichkeit[29]. Sie erhalten überdies, soweit die Zuständigkeiten des
Bundestages reichen, durch dessen Beschlußfassung ihre rechtsverbindliche
Gestalt. Das Parlament mag damit unter dem Einfluß der politischen Parteien,
wie sie im 19. Jahrhundert entstanden sind[30], einen Funktionswandel erfahren
haben; diesen als Verfallserscheinung zu deuten, führt jedoch auf Abwege.

2. Bundestag und Bundesregierung
Die Aufgaben des Bundestages sind mit denen der übrigen obersten Bundes-
Organe, vor allem der Bundesregierung und des Bundesrates, auf das engste
verknüpft[31]. Das Bundesverfassungsgericht hat sich eindeutig zu dem modernen Verständnis des Prinzips der Gewaltenteilung bekannt, nach dem zahlreiche Gewaltenverschränkungen und -balancierungen, also nicht absolute
Trennung, sondern gegenseitige Kontrolle, Hemmung und Mäßigung der Gewalten den Verfassungsaufbau des Grundgesetzes kennzeichnen[32]. Das gilt in
besonderem Maße für das Verhältnis von Exekutive und Legislative, deren
Funktionen einander ergänzen und nicht selten überschneiden, wobei das
funktionsbedingte Neben- und Gegeneinander der Organe wiederum in mannigfacher Weise durch die konkurrierenden Positionen von Regierung(smehrheit) und Opposition[33] überlagert wird, eine Trennlinie, die sich auch im Bun-

---

[29] Dazu *Claus Arndt*, Sondervotum zum Schlußbericht der Enquete-Kommission »Verfassungsreform des Deutschen Bundestages«, in: BT-Drs 7/5924, S. 85 ff.; Arndt beklagt zu
Recht das Mißverständnis, welches dem Vorwurf zugrunde liegt, im Parlament würden »Reden aus dem Fenster hinaus« gehalten. Eben dann besteht wesentlich die Funktion der Parlamentsrede. Vgl. auch *Klein* (N 15), Art. 42 Rn. 26 ff.
[30] Dazu *Huber* (N 2), Bd. II, 1960, S. 309 ff., 324 ff. Ferner *Klein* (N 15), Art. 21 Rn. 1–107;
dort Rn. 197 ff. auch zum Verhältnis der Parteien zum Parlament; *Matthias Schmidt-Preuß*,
Gestaltungskräfte im parlamentarischen Regierungssystem der Bundesrepublik Deutschland,
in: Josef Isensee/Helmut Lecheler (Hg.), Freiheit und Eigentum. FS für Walter Leisner zum
70. Geburtstag, 1999, S. 471 f.
[31] Vgl. *Meinhard Schröder*, Die Bereiche der Regierung und der Verwaltung, in: HStR III,
²1996 (¹1988), § 67 Rn. 10 ff. → Unten *Herzog*, § 58 Rn. 6 ff., 36 ff.; *Schröder*, § 65 Rn. 14 ff.,
35 ff.
[32] BVerfGE 34, 52 (59); 68, 1 (86 f.); 95, 1 (15); 96, 375 (394). Vgl. nur *Badura* (N 18), D 48;
Klaus Stern, Das Staatsrecht der Bundesrepublik Deutschland, Bd. I, ²1984, § 20 IV 3; *Horst
Dreier*, in: Dreier, GG II, Art. 20 (Rechtsstaat), Rn. 62 ff.
[33] → Unten *Zeh*, § 52 Rn. 18 ff.

desrat fortsetzt[34]. Während Art. 92 GG die rechtsprechende Gewalt den Richtern anvertraut und damit vorbehält, besteht eine gleichermaßen eindeutige Zuweisung der rechtsetzenden wie der vollziehenden Gewalt an Legislative und Exekutive nicht. Die Regierung nimmt, formal auf der Grundlage ihres Rechts zur Gesetzesinitiative (Art. 76 Abs. 1 GG) und ihres auf gesetzlicher Ermächtigung beruhenden und ihrer bedürftigen Verordnungsrechts (Art. 80 Abs. 1 GG), auf die Rechtsetzung ebenso maßgeblichen Einfluß wie umgekehrt auch das Parlament[35] – jedenfalls potentiell – kraft seiner Kontrollbefugnisse auf die Ausübung der vollziehenden Gewalt durch die Regierung[36].

Die Vielfalt der sich wechselseitig durchdringenden Aufgabenbereiche von Parlament und Regierung sowie der zwischen ihnen bestehenden, von der Verfassung vorausgesetzten und gewollten politischen Interdependenzen hat die Staatsrechtslehre zu der weithin übereinstimmend vertretenen Meinung geführt, daß die Staatsleitung, die politische Leitungsgewalt, eine kombinierte Gewalt sei, die Parlament und Regierung »zur gesamten Hand« zustehe[37]. Dieser Erkenntnis ist mit der Maßgabe zuzustimmen, daß die obersten Bundesorgane – in unserem Zusammenhang vor allem Bundestag, Bundesrat und Bundesregierung – in diesem kooperativen Prozeß der staatlichen Willensbildung und Entscheidungsfindung aufgrund der ihnen vom Grundgesetz jeweils zugewiesenen oder gar vorbehaltenen Zuständigkeiten durchaus unterscheidbare und auch von Verfassungsrechts wegen zu unterscheidende Beiträge leisten[38]. Damit soll zum einen eine eindeutige Verortung der Verantwortlichkeit ermöglicht[39], zum anderen im Interesse einer möglichst

---

[34] Dazu *Klein* (N 3).

[35] Insoweit ist außer an den Bundestag auch an den Bundesrat zu denken, dem die Verfassung die Aufgabe, an der Verwaltung des Bundes mitzuwirken, ausdrücklich überträgt (Art. 50 GG). Dazu *Klein*, Der Bundesrat der Bundesrepublik Deutschland (N 3), S. 354 f.; *Diether Posser*, Der Bundesrat und seine Bedeutung, in: HdbVerfR, § 24.

[36] Der formale Aspekt wird scharf betont in BVerfGE 1, 372 (394), ohne daß allerdings schon damals die politischen Einflußmöglichkeiten des Parlaments übersehen worden wären.

[37] Die Formulierung findet sich zuerst bei *Ernst Friesenhahn*, Parlament und Regierung im modernen Staat, in: VVDStRL 16 (1957), S. 9 (37 f.); vgl. aber auch *Ulrich Scheuner*, Der Bereich der Regierung, in: FS für Rudolf Smend, 1952, S. 253 ff., und *Eberhard Menzel*, Die auswärtige Gewalt der Bundesrepublik, in: VVDStRL 12 (1953), S. 179 ff., der in bezug auf seinen Gegenstand von einer »kombinierten Gewalt« sprach (S. 197). Weitere Nachweise bei *Magiera* (N 11), S. 246 ff., und *Walter Krebs*, Kontrolle in staatlichen Entscheidungsprozessen, 1984, S. 121. Ferner *Wilhelm Mößle*, Regierungsfunktionen des Parlaments, 1986. Gewisse Akzentverschiebungen verzeichnet in dieser Frage die Rechtsprechung des BVerfG: BVerfGE 34, 52 (59) einerseits und BVerfGE 49, 89 (124 f.) andererseits. Der Faden der letztgenannten Entscheidung ist mit Nachdruck aufgenommen in BVerfGE 68, 1 (89), hier im Blick auf die auswärtige Gewalt.

[38] Unbeschadet der »kondominialen Gesamtstruktur« des parlamentarischen Regierungssystems (*Scholz* [N 22], S. 668) gibt es keine gemeinsamen Zuständigkeiten von Bundestag und Bundesregierung (ebd., S. 674).

[39] Wie hier v.a. die grundlegende Darlegung *Magieras* (N 11), S. 252 ff., 257 ff. – Einen wichtigen Beitrag zur Abgrenzung der Funktionen im Bereich der auswärtigen Gewalt leistet BVerfGE 68, 1; vgl. auch BVerfGE 67, 100 (139).

hohen Richtigkeitsgewähr dasjenige Organ mit der Entscheidung betraut werden, das vermöge seiner strukturellen Beschaffenheit am besten geeignet erscheint, sie sachgerecht zu treffen. So verstanden, erscheint die Besorgnis unbegründet, über dem Gedanken eines »kooperativen Parlamentarismus«[40]
könne der für die parlamentarische Demokratie konstituierende Antagonismus von Regierungsmehrheit und Opposition vernachlässigt, diese etwa gar
in »Mitregierungspflicht« genommen werden[41]. Eine solche Gefahr besteht
nicht. Hingegen eröffnet das dichte Geflecht der Mechanismen des perma-
nenten Meinungs- und Informationsaustauschs zwischen Parlament und Regierung, innerhalb des Parlaments und zwischen Bund und Ländern (im in-
stitutionalisierten Rahmen des Bundesrats wie außerhalb desselben) der parlamentarischen Opposition die Einbringung ihrer politischen Vorstellungen in
den Gang der Entscheidungsfindung. Diese wiederum gewinnt dadurch an
Legitimität und Akzeptanz.

Das osmotische Verhältnis[42] zwischen der Bundesregierung einerseits und
der sie im Bundestag tragenden Mehrheit andererseits hat zu bestimmten Formen und Einrichtungen der Zusammenarbeit zwischen Mitgliedern (Beauftragten) der Regierung, der die Mehrheit bildenden Parlamentsfraktionen und
der hinter ihnen stehenden Parteien geführt (Koalitionsrunden und -aus-
schüssen). Das ist nicht ohne Kritik geblieben[43], die in eine verfassungs*rechtliche* Dimension allerdings nur dann erwachsen könnte, wenn in der Folge
dieser Praxis die Koalitionsfraktionen und mit ihnen das Parlament als Ganzes
zu bloßen Befehlsempfängern würden. Mit dem vom Grundgesetz etablierten
parlamentarischen Regierungssystem ist der enge Verbund zwischen Mehr-
heitsparteien und -fraktionen einerseits und Regierung andererseits vorgegeben[44].

Zu größerer Besorgnis gibt eine andere Entwicklung Anlaß: Das mit dem
Stichwort »Staatsleitung zur gesamten Hand« angedeutete funktional differenzierte Gleichgewicht zwischen Bundestag und Bundesregierung hat sich
durch eine Reihe teils unvermeidlicher, im übrigen aber keineswegs notwendiger Entwicklungen in den letzten Jahrzehnten zugunsten der Exekutive und
damit zu Lasten der politischen Steuerungsfunktionen des Parlaments ver-
schoben. Zu den jedenfalls in dem festzustellenden Umfang vermeidbaren
Entwicklungen gehört die sachverständige Beratung des Staates[45], die oft nicht

---

[40] *Badura* (N 18), E 2; *Scholz* (N 22), S. 674, 676 f.
[41] So *Hans-Peter Schneider*, Das parlamentarische System, in: HdbVerfR, § 13, Rn. 97.
[42] *Scholz* (N 22), S. 676.
[43] Vgl. etwa *Waldemar Schreckenberger*, Veränderungen im parlamentarischen Regierungssystem, in: Karl Dietrich Bracher (Hg.), Staat und Parteien. FS für Rudolf Morsey zum 65.
Geburtstag, 1992, S. 133 ff., *dens.*, Informelle Verfahren der Entscheidungsvorbereitung zwischen der Bundesregierung und den Mehrheitsfraktionen: Koalitionsgespräche und Koalitionsrunden, in: ZParl 25 (1994), S. 329 ff.
[44] Ebenso i. E. *Scholz* (N 22), S. 682 ff.
[45] → Oben *Voßkuhle*, § 43.

(nur) dem durchaus legitimen Zweck dient, der Politik in Parlament und Regierung nicht (zureichend) vorhandenen Sachverstand zuzuführen. Das Instrument der Politikberatung wird vielmehr vermehrt auch mit dem Ziel eingesetzt, fehlende eigene Autorität durch (oft nur vorgeblich) unabhängigen Sachverstand zu ersetzen, eine wissenschaftsgläubige öffentliche Meinung zu beeindrucken und so parlamentarischen Widerstand zu überwinden. In Verhandlungen mit von geplanten Maßnahmen der Politik betroffenen Interessenten werden Kompromisse ausgehandelt (»Bündnis für Arbeit«, »Atomkonsens«[46]), die sodann dem Parlament als nicht mehr verhandelbar präsentiert werden; dieses sieht sich auf eine nurmehr notarielle Funktion verwiesen: Es kann de facto nichts mehr entscheiden. Man spricht euphemistisch vom kooperativen oder konsensualen Staat. Auf der nationalen Ebene befördert die sachbedingte, aber auch (durch die weitreichenden Mitbestimmungsrechte des Bundesrates) institutionell begründete wechselseitige Abhängigkeit von Bund und Ländern die Erscheinung des »Exekutivföderalismus«. Der internationale und supranationale »Zwang zur Konvergenz«[47] hat weite Bereiche der Politik erfaßt; es sind die nationalen Administrationen, die auf diesen Ebenen handelnd in Erscheinung treten. Der Erfolg des Versuchs des verfassungsändernden Gesetzgebers (Art. 23 Abs. 2 und 3, 45 GG[48]), den Bundestag in die Willensbildung der Regierung innerhalb des europäischen Staatenverbundes stärker einzubeziehen, erscheint begrenzt. Die – wie nicht zuletzt die Vorschrift des Art. 80 Abs. 1 S. 2 GG zeigt, verfassungsrechtlich gewollte und vorausgesetzte – Fähigkeit des Parlaments zur dirigierenden Steuerung der Politik ist einem fortschreitenden Erosionsprozeß ausgesetzt. Die legislatorische Programmsteuerung wandert auf die Ebenen des europäischen Gemeinschaftsrechts und des Völkerrechts ab. Abhilfen, die dieser Entparlamentarisierung entgegenzuwirken vermöchten, sind nur schwer zu realisieren[49].

3. Parlamentarische Funktionsweisen
Die dem Bundestag übertragenen Aufgaben lassen ihn zum einen als »Redeparlament« erscheinen. Die öffentliche Rede im Plenum dient dabei vorzüglich der Darstellung des Standpunktes der Partei des Redners und der Werbung für diesen Standpunkt. Voraus geht die intensive Beratung des jeweiligen Gegenstandes, dessen häufig hochgradige Kompliziertheit oft die Teilnahme

---

[46] Abgedruckt in: Beilage Nr. IV/2000 NVwZ 10/2000; dazu *Frank Schorkopf*, Die »vereinbarte« Novellierung des Atomgesetzes, in: NVwZ 2000, S. 1111 ff. Vgl. in diesem Zusammenhang auch BVerfGE 104, 249, mit abw. Meinung der Richter *Di Fabio* und *Mellinghoff.*

[47] *Fritz Scharpf*, Demokratische Politik in Europa, in: StWissStPr 6 (1995), S. 565 ff. (582).

[48] Vgl. auch das Gesetz über die Zusammenarbeit von Bundesregierung und Bundestag in Angelegenheiten der Europäischen Union v. 12. 3. 1993, BGBl I, S. 311.

[49] Zum Ganzen *Hans Hugo Klein*, Die Funktion des Parlaments im politischen Prozeß, in: ZG 12 (1997), pass. → Oben *Puhl*, § 48; *Schoch*, § 37.

nur weniger Sachverständiger im Beratungsgang erlaubt, in zahlreichen Gremien von Partei und Fraktion sowie in den Ausschüssen und Unterausschüssen des Bundestages. Von dieser seiner unter den gegebenen Bedingungen unausweichlichen Existenz als »Arbeitsparlament« nimmt die Öffentlichkeit zu wenig Kenntnis, die Medien rühren sich in der Regel auch nur bei allfälligen Fehlleistungen. Was in der Fülle der Geschäfte zu kurz zu kommen und, wo es gleichwohl stattfindet, nicht selten durch kurzatmige parteipolitische Polemik überschattet zu werden pflegt, ist die Erörterung der die Zeit bestimmenden Grundsatzfragen in gemeinverständlicher Form auf gleichwohl anspruchsvollem Niveau: das Parlament als Forum der Nation, als Marktplatz der Ideen, in dem das durch die Abgeordneten repräsentierte Volk sich wiedererkennt und ausgedrückt findet, was es beschäftigt. Hier macht sich der von den Parteien geprägte, kurzfristige wahltaktisch bestimmte Politikbetrieb der modernen Massendemokratie, der unabhängige und schöpferische Persönlichkeiten nicht zum Mittun reizt, nachteilig bemerkbar. Bemühungen, die Attraktivität des Parlamentarismus zu erhöhen, werden nur Erfolg haben, wenn es ihnen gelingt, diesen Mängeln wenigstens teilweise abzuhelfen.

4. Unitarisches Organ im förderativ gegliederten Rechtsstaat

Der Bundestag repräsentiert das Volk, von dem alle Staatsgewalt ausgeht (Art. 20 Abs. 2 S. 1 GG). Das demokratische Prinzip der Verfassung des Grundgesetzes findet hier seinen wichtigsten institutionellen Ausdruck. Aus ihm folgt, daß der Bundestag über seine ihm vom Grundgesetz im einzelnen zugewiesenen Zuständigkeiten hinaus maßgeblichen Anteil an der »Gesamtaufgabe demokratischer Gesamtleitung, Willensbildung und Kontrolle«[50], an der »Richtungsbestimmung des Staates«[51] beanspruchen kann. Im förderativen Verfassungsstaat der Bundesrepublik Deutschland ist das demokratische Prinzip allerdings durch die gleichrangigen Staatsstrukturprinzipien der Rechts- und der Bundesstaatlichkeit eingeschränkt[52]. Aus dem Rechtsstaatsprinzip folgt der Grundsatz der Gewaltentrennung und die Bindung des Bundestages als Gesetzgebungsorgan an die verfassungsmäßige Ordnung (Art. 20 Abs. 3 GG), die des verfassungsändernden Gesetzgebers an die Unantastbarkeitsgarantie des Art. 79 Abs. 3 GG, aus dem Grundsatz der Bundesstaatlichkeit einerseits die Verteilung der Kompetenzen zwischen Bund und Ländern, die die Befugnisse des Bundestages im Bereich der Legislative wie als Kontrollorgan

---

[50] *Konrad Hesse*, Grundzüge des Verfassungsrechts der Bundesrepublik Deutschland, ²⁰1995, Rn. 572. Vgl. auch *Karl Loewenstein*, Verfassungslehre, ³1969, S. 195.
[51] *Ulrich Scheuner*, Das parlamentarische Regierungssystem in der Bundesrepublik, in: DÖV 1957, S. 633 (634).
[52] Vgl. *Otto Kimminich*, Der Bundesstaat, in: HStR I, ²1995 (¹1987), § 26; *Josef Isensee*, Idee und Gestalt des Föderalismus im Grundgesetz, in: HStR IV, ²1999 (¹1990), § 98 Rn. 245 ff. → Bd. I, *Schmidt-Aßmann*, § 26 Rn. 94 ff.

begrenzt, andererseits die Mitwirkung des Bundesrates an der Gesetzgebung (und Verwaltung) des Bundes. Zwar verfügt auch der Bundesrat[53] über eine (mittelbar) demokratische Legitimation, jedoch ist in ihm, um dem Prinzip der Gleichheit der Gliedstaaten im Bundesstaat annäherungsweise Rechnung zu tragen, der Grundsatz der demokratischen Egalität nicht unwesentlich eingeschränkt (vgl. Art. 51 GG). Es handelt sich um einen der für eine gemischte Verfassung typischen, einander ergänzende und zum Teil widerstreitende Konstitutionsprinzipien gleichermaßen berücksichtigenden Kompromisse im Dienste der Bildung politischer Einheit und Freiheit.

III. Formen der Willensbildung

Der Bundestag trifft seine Entscheidungen durch Beschluß oder, wenn er als Wahlorgan tätig wird, durch einen Kreationsakt (z. B. Art. 40 Abs. 1 S. 1, 63 Abs. 1 GG). Die Beschlüsse des Bundestages sind rechtsverbindlich nur insoweit, als das Grundgesetz ihnen diese Eigenschaft ausdrücklich zuerkennt. Das gilt zumal für die im Gesetzgebungsverfahren gefaßten Beschlüsse, für deren Zustandekommen Verfassung (Art. 76 ff. GG) und Geschäftsordnung (§§ 75 ff. GOBT) ein besonderes Verfahren vorsehen, aber auch für organisationsinterne Entscheidungen wie die über die Geschäftsordnung (Art. 40 Abs. 1 S. 2 GG) oder die Einsetzung von Ausschüssen (§ 54 GOBT), für die Aufhebung der Immunität von Mitgliedern des Bundestages oder des Bundespräsidenten (Art. 46 Abs. 2, 60 Abs. 4 GG) sowie für Entscheidungen von so außerordentlicher Bedeutung wie die Feststellung des Spannungs- oder des Verteidigungsfalls (Art. 80a Abs. 1, 115 a Abs. 1 GG; vgl. auch Art. 1151 Abs. 2 GG), die der Bundestag teilweise im Zusammenwirken mit anderen obersten Bundesorganen und mit qualifizierter Mehrheit zu treffen hat. Das Bundesverfassungsgericht[54] hat zudem festgestellt, daß der Einsatz der Streitkräfte nur auf der Grundlage eines konstitutiven, grundsätzlich dem Einsatz vorausgehenden Beschlusses des Bundestages zulässig ist[55]. Damit gibt es einen im Grundgesetz nicht ausdrücklich geregelten Fall eines rechtsverbindlichen Parlamentsbeschlusses. Zutreffend hat man festgestellt, daß die grundgesetzlichen Bestimmungen, die einen Beschluß des Bundestages vorsehen und dabei auf die Form des Gesetzes verzichten, eine ihnen zugrundeliegende systematische Ordnung nur schwer erkennen lassen[56].

---

[53] → Unten *Herzog*, §§ 58–60.
[54] BVerfGE 90, 286 (381 ff.); 100, 266 (269); 104, 151 (208).
[55] Dazu etwa *Manfred Baldus*, in: v. Mangoldt/Klein/Starck, GG III, Art. 87 a Rn. 42 ff., m. Nachw. aus der meist kritischen Literatur. Vgl. auch *Martin Limpert*, Auslandseinsätze der Bundeswehr, 2002, sowie *Hans H. Klein*, Rechtsfragen des Parlamentsvorbehalts für Einsätze der Bundeswehr, in: Hans-Detlef Horn (Hg.), Recht im Pluralismus. FS für Walter Schmitt Glaeser zum 70. Geburtstag, 2003, S. 245 ff.
[56] *Magiera* (N 11), S. 212; vgl. auch S. 211 für eine Zusammenstellung der Vorschriften des Grundgesetzes, die eine rechtsverbindliche Beschlußfassung des Bundestages vorsehen.

Daneben ist der Bundestag befugt, im Rahmen seiner Organkompetenz den Ergebnissen seiner politischen Meinungsbildung in sogenannten schlichten Parlamentsbeschlüssen Ausdruck zu geben[57]; ihnen kommt eine andere Staatsorgane oder den Bürger rechtlich bindende Wirkung nicht zu. Diese Befugnis einerseits ergibt sich aus der verfassungsrechtlich vorausgesetzten Teilhabe des Bundestages an der Staatsleitung, der Mangel der Rechtsverbindlichkeit andererseits aus dem Fehlen einer den oben angeführten Beispielen entsprechenden ausdrücklichen Kompetenzzuweisung. Diese Rechtslage entspricht dem Konzept einer Verfassung, die den obersten Bundesorganen je eigene Zuständigkeiten zu verbindlicher Entscheidung zuordnet, sie dabei aber auf den Weg enger Kooperation verweist und dieser Intention durch die Statuierung wechselseitiger Abhängigkeiten Nachdruck verleiht. Schlichte Parlamentsbeschlüsse können von großer politischer Bedeutung sein, wie die Beispiele der sogenannten Gemeinsamen Entschließung vom 17. Mai 1972 zu den Ostverträgen[58] oder der Beschlußfassung über die sogenannte Nachrüstung am 22. November 1983[59] zeigen. Sie signalisieren den obersten Bundesorganen, vorab der Bundesregierung, den Mehrheitswillen des Parlaments. Ihre – auch rechtliche[60] – Erheblichkeit ergibt sich namentlich daraus, daß das Parlament ihrem Inhalt in der Regel auch die Form des Gesetzes zu verleihen oder ihn durch die Anwendung der Instrumente der parlamentarischen Kontrolle, im äußersten Falle durch die Ersetzung des amtierenden durch einen neugewählten Bundeskanzler (Art. 67 GG), durchzusetzen vermag.

Eben weil auch schlichten Parlamentsbeschlüssen – unbeschadet der ihnen fehlenden Rechtsverbindlichkeit – wie jedem staatsorganschaftlichen Handeln staatsrechtliche Bedeutung zukommt, sind sie zulässig nur im Rahmen der Verbandskompetenz des Bundes und der Organkompetenz des Bundestages. Auch in materiell-rechtlicher Hinsicht ergeben sich Schranken, beispielsweise im Blick auf die richterliche Unabhängigkeit[61].

---

[57] Vgl. etwa *Friedrich Klein*, Zur rechtlichen Verbindlichkeit von Bundestagsbeschlüssen – BVerwGE 12, 16, in: JuS 1964, S. 181 ff.; *Klaus-Albrecht Sellmann*, Der schlichte Parlamentsbeschluß, 1966; *Magiera* (N 11), S. 171 ff., 210 ff.; *Achterberg* (N 12), S. 738 ff.; *Hermann Butzer*, Der Bereich des schlichten Parlamentsbeschlusses, in: AöR 119 (1994), S. 61 ff.

[58] Deutscher Bundestag, 6. Wahlperiode, Sten-Prot, S. 10960, Anl. C (Umdruck 287).

[59] BT-Drs 10/620; Deutscher Bundestag, 10. Wahlperiode, Sten-Prot, S. 2590 ff.

[60] So mit Recht *Magiera* (N 11), S. 213, 215 ff.

[61] Dazu etwa *Egon Holtkotten*, in: BK, Art. 97 Erl. II 1. a; *Gunter Kisker*, Zur Reaktion von Parlament und Exekutive auf »unerwünschte« Urteile, in: NJW 1981, S. 889 ff.

B. Die Funktionen des Bundestages

I. Grundlegung

Die Einteilung der Funktionen des Bundestages folgt bis heute im wesentlichen der klassischen Aufgabenbeschreibung des Parlaments durch Walter Bagehot[62]. Er unterschied die »elective function«, die er für die wichtigste hielt und in der er »das eigentliche Merkmal der Suprematie des Unterhauses und die spezifische Norm und conditio sine qua non des Begriffs und Typus der parlamentarischen Regierung«[63] erblickte; die »expressive function« –, »to express the mind of the English people«; die »teaching function«, um die Gesellschaft mit dem Ziel zu verändern, sie zu bessern[64]; die »informing function« zum Zwecke der Ausbreitung allfälliger Probleme vor der Öffentlichkeit; schließlich »the function of legislation«[65], die interessanterweise an letzter Stelle genannt wird. Sie alle, wenngleich sich ihr Gewicht verändert, insbesondere das der Gesetzgebung sich deutlich in den Vordergrund geschoben hat, gehören auch heute zu den Aufgaben, deren Wahrnehmung dem Parlament im parlamentarischen Regierungssystem, also auch dem Bundestag, obliegt. Die nachfolgende Darstellung faßt die im Text des Grundgesetzes nur eklektisch aufgezählte[66] Aufgabenfülle des Bundestages in

– die Gesetzgebungsfunktion,
– die Kreationsfunktion,
– die Funktion der politischen Willensbildung und Regierungskontrolle und
– die Öffentlichkeitsfunktion

zusammen. Hinzu kommt die hier nicht näher zu behandelnde Befugnis zur Regelung der eigenen Angelegenheiten, soweit sie nicht schon durch die Verfassung erfolgt ist (Autonomie)[67].

Der Überblick verdeutlicht die zentrale Position, die dem Bundestag im System der staatlichen Willensbildung nach dem Willen der Verfassung zukommt. Sie ist freilich nur zum Teil formal gewährleistet und auch nur zum Teil solcher Gewährleistung zugänglich. Das Verfassungsrecht vermag nur Grenzen zu markieren, innerhalb deren sich das Spiel der politischen Kräfte in unvermeidlicher, regelmäßig allerdings auch fruchtbarer Freiheit entfaltet. Die Stärke oder Schwäche der Regierung gegenüber dem Parlament, die Durch-

---

[62] *Walter Bagehot*, The English Constitution, London 1964 ([1]1867), S.151 ff.

[63] *Franz Nuscheler*, Walter Bagehot und die englische Verfassungstheorie, 1969, S.51.

[64] Vgl. *Krüger* (N 26), S.234 ff., über die Idee der »Repräsentation als Weg zur Richtigkeit von Sein und Handeln des Staates«.

[65] Zutreffend bemerkt *Stern* (N 6), §26 II 2 a Fn.39, das Fehlen jedes Hinweises auf eine »financial function« des Parlaments.

[66] *Friedrich Schäfer*, Der Bundestag, [4]1982, S.15.

[67] Vgl. näherhin *Klein* (N 15), Art.40 pass., insbes. Rn.10 ff.

setzungsfähigkeit der Mehrheit gegenüber der Opposition (oder umgekehrt), die Rolle des Bundesrats, der Einfluß außerparlamentarischer Organisationen wie der Kirchen und Verbände sowie der »öffentlichen Meinung« einschließlich geflissentlich in Umlauf gesetzter Ergebnisse demoskopischer Umfragen sowie der Einfluß derer, die sich ihrer zu bedienen wissen – sie sind konstitutionell nur sehr beschränkt zu steuern, eine Folge des prozeßhaften und deshalb von einer Vielzahl unvorhersehbarer Fakten abhängigen, auch sehr unterschiedlichen Sachzwängen ausgelieferten Charakters aller Politik. Auch die obersten Bundesorgane und mit ihnen der Bundestag stehen in einem nur begrenzt normierbaren Wettbewerb um Ansehen und Einfluß. Darauf ist auch deshalb aufmerksam zu machen, weil allzu häufig einer oberflächlichen Kritik als institutioneller oder gar systembedingter Mangel erscheint, was in Wahrheit lediglich als ein von der Verfassung durchaus bewußt einkalkuliertes Zurückbleiben in jenem Wettbewerb einzuschätzen ist[68].

II. Die Gesetzgebungsfunktion

1. Die Funktion des Gesetzes

Im demokratischen Verfassungsstaat besitzt das Parlament zwar kein »Rechtsetzungsmonopol«, aber die »Rechtsetzungsprärogative«[69]. Der Bundestag beschließt, im Rahmen seiner Zuständigkeit und unter Beachtung der Mitwirkungsbefugnisse der übrigen am Verfahren der Gesetzgebung beteiligten Organe (Bundesregierung, Bundesrat und Bundespräsident), die Gesetze (Art. 77 Abs. 1 S. 1 GG). Das Gesetz ist diejenige Form der Willensäußerung des Parlaments, durch die es, von Ausnahmen abgesehen, seiner Entscheidung allgemeine Rechtsverbindlichkeit verleiht und damit auch vollziehende Gewalt und Rechtsprechung, vorbehaltlich der formellen und materiellen Vereinbarkeit des Gesetzes mit der Verfassung, an sie bindet (Art. 20 Abs. 3 GG).

---

[68] So wurde etwa in der Amtszeit des ersten Bundeskanzlers *Konrad Adenauer* abschätzig von einer »Kanzlerdemokratie« gesprochen und die damit negativ bewertete Stärke der Regierung als ein Defizit an Demokratie ausgegeben. Als dann in der Zeit der Großen Koalition (1966–1969) unter Bundeskanzler Kurt Georg Kiesinger der Einfluß des Parlaments, genauer der beiden Mehrheitsfraktionen CDU/CSU und SPD, wuchs (dazu etwa *Helmut Schmidt*, Bundeskanzler Kurt Georg Kiesinger und die Große Koalition, in: FG für Kurt Georg Kiesinger, 1984, S. 320 [322]), was in dem häufigen Zusammentreten eines nach dem gelegentlichen Tagungsort »Kressbronner Kreis« genannten Zirkels führender Koalitionspolitiker zum Ausdruck kam, wurde freilich auch dies in der Publizistik negativ aufgenommen und als Verlagerung staatsrechtlich bei der Regierung verorteter Verantwortung in einen gewissermaßen extrakonstitutionellen Bereich dargestellt. Schließlich sei auf die Schwierigkeit verwiesen, die die staatsrechtliche Qualifikation von Koalitionsverträgen der Lehre bereitete (vgl. dazu *Stern* [N 32], § 13 IV 3, m. Nachw.; *Meinhard Schröder*, in: v. Mangoldt/Klein/Starck, GG II, Art. 63 Rn. 16 ff., m. Nachw.). In alledem manifestiert sich eine bedenkliche und potentiell verhängnisvolle Verkennung der Gesetzlichkeiten der modernen repräsentativen Demokratie und der durchaus gewollten Vielfalt ihrer Erscheinungsformen.
[69] So zutr. *Achterberg* (N 12), S. 75, in Anlehnung an *Martin Kriele*, Theorie der Rechtsgewinnung, ²1976, S. 60 ff.

Die Gesetzgebungszuständigkeiten des Bundes sind außerordentlich umfangreich[70]. Die in Art. 70 Abs. 1 GG begründete Rechtsvermutung für die
Zuständigkeit der Länder auch auf dem Gebiet der Gesetzgebung darf nicht
darüber hinwegtäuschen, daß den Ländern im Bereich der Legislative nurmehr geringer Spielraum verblieben ist. Ursächlich dafür ist – neben der durch
eine Reihe von Änderungen des Grundgesetzes bewirkten Erweiterung der
Gegenstände der Bundesgesetzgebungskompetenz – der im Laufe der Jahre
immer extensiver gewordene Gebrauch des Bundes von seiner Befugnis zur
konkurrierenden Gesetzgebung mit der dadurch eingetretenen Sperrwirkung
für die Länder (Art. 72 Abs. 1 GG). Die Klausel des Art. 72 Abs. 2 GG a. F. hat
dagegen kaum eine Bremswirkung entfaltet, zumal nachdem das Bundesverfassungsgericht die Bedürfnisfrage für »ihrer Natur nach nicht justitiabel« und
daher für seiner Nachprüfung grundsätzlich entzogen erklärt hatte[71].

Durch das verfassungsändernde Gesetz vom 27. Oktober 1994 (BGBl I,
S. 3146) hat Art. 72 Abs. 2 GG (vgl. auch Art. 125a GG) auf der Grundlage der
Vorschläge der Gemeinsamen Verfassungskommission des Bundes und der
Länder[72] eine neue Fassung erhalten: Die frühere Bedürfnisklausel wurde
durch eine Erforderlichkeitsklausel ersetzt, mit dem Ziel, die Voraussetzungen für die Inanspruchnahme seiner konkurrierenden Gesetzgebungskompetenz durch den Bund schärfer zu fassen und damit auch justitiabel zu machen.
Das Bundesverfassungsgericht hat die Verfassungsänderung folgerichtig als
»eine klare Anweisung des verfassungsändernden Gesetzgebers an das Bundesverfassungsgericht« verstanden, »seine bisherige, als korrekturbedürftig
bewertete Rechtsprechung zu ändern«[73]. Einen von verfassungsgerichtlicher
Kontrolle freien gesetzgeberischen Beurteilungsspielraum hinsichtlich der
Voraussetzungen des Art. 72 Abs. 2 GG anerkennt das Bundesverfassungsgericht nicht mehr, das sich überdies bemüht hat, den Tatbestandsmerkmalen
der Vorschrift ein deutlicheres Profil zu verleihen[74]. Schließlich hat der Gesetzgeber mit der Einfügung des Art. 93 Abs. 1 Nr. 2a GG eine besondere
Form des abstrakten Normenkontrollverfahrens eingeführt (vgl. auch §§ 13

---

[70] Überblick bei *Peter Schindler*, Datenhandbuch zur Geschichte des Deutschen Bundestages 1949 bis 1999, Gesamtausgabe in drei Bänden, 1999, Bd. II, S. 2319 ff.

[71] BVerfGE 2, 213 (224 f.); lediglich Mißbrauch oder Überschreitung des dem Gesetzgeber
eingeräumten »Ermessens« sollen überprüfbar sein: BVerfGE 4, 115 (127 f.); 34, 9 (39). Der
Anregung der Enquete-Kommission »Verfassungsreform des Deutschen Bundestages«,
Schlußbericht (N 29), S. 122 ff., die Justitiabilität der »Bedürfnisklausel« zu erhöhen und eine
Reihe von Gesetzgebungszuständigkeiten auf die Länder (zurück) zu verlagern, ist der ver-
fassungsändernde Gesetzgeber damals nicht gefolgt.

[72] Vgl. deren Bericht BT-Drs 12/6000; zur Entstehungsgeschichte des Art. 72 Abs. 2 GG
n. F. vgl. auch BVerfGE 106, 62 (136 ff.); ferner *Stefan Oeter*, in: v. Mangoldt/Klein/Starck,
GG II, Art. 72 Rn. 37 ff., 44 ff.

[73] BVerfGE 106, 62 (136 f.); 110, 141 (174 ff.).

[74] Vgl. BVerfGE 106, 62 (LS 2, 142 ff.); Urt. des 2. Senats v. 27. 7. 2004 (2 BvF 2/02) – Ju-
niorprofessur, EuGRZ 2004, S. 503 ff.

Nr. 6a, 76 Abs. 2 BVerfGG), in dem neben dem Bundesrat und den Landesregierungen auch die von Kompetenzübergriffen des Bundes in erster Linie
betroffenen Volksvertretungen der Länder antragsbefugt sind, wenn geltend
gemacht wird, daß ein Bundesgesetz den Anforderungen des Art. 72 Abs. 2
GG nicht genügt[75]. Eine grundlegende Veränderung der Kompetenzverteilung
zwischen Bund und Ländern zugunsten der letztgenannten ist dadurch (und
durch einige weitere Zuständigkeitsverlagerungen[76]) bisher nicht eingetreten.
Bundestag und Bundesrat haben durch Beschlüsse vom 16. und 17. Oktober
2003[77] eine »Kommission zur Modernisierung der bundesstaatlichen Ordnung« eingesetzt, die u. a. auch prüfen soll, wie sich die Gesetzgebungszuständigkeit der Länder verstärken läßt[78].

Hinzu kommt: Der nicht zuletzt im Blick auf die »Herstellung gleichwer-
tiger Lebensverhältnisse« und die »Wahrung der Rechts- und Wirtschaftsein-
heit« im Bundesgebiet (Art. 72 Abs. 2 GG n. F.) bestehende Normenbedarf
einer modernen Industriegesellschaft ist – unbeschadet im Einzelfall durchaus
berechtigter Kritik an der »Normenflut« – gewaltig. Der rasche Wechsel der
Lebensverhältnisse erzwingt die ständige Reaktion der Rechtsordnung. Im
demokratischen und sozialen Rechtsstaat ist das Gesetz nicht mehr nur –
nicht einmal mehr vorzugsweise – Mittel zur Gestaltung einer dauerhaften
Ordnung, sondern in erster Linie Instrument zur Durchsetzung politischer
Zielvorstellungen. Schließlich bleibt einer Politik, die sich – aus welchen
Gründen auch immer – verpflichtet fühlt, die gesellschaftliche Entwicklung,
vor allem die wirtschaftlichen und sozialen Abläufe, nicht nur nicht sich selbst
zu überlassen, sondern in einem oft perfektionistisch verstandenen Sinne »gerecht« zu gestalten und also zu steuern, keine andere Wahl, als das Tempo der
Normenproduktion dem der Sozialabläufe anzupassen[79]. Schon die Zahl der
vom Bundesgesetzgeber verabschiedeten Gesetze[80] läßt erkennen, daß die Gesetzgebung – zumindest hinsichtlich der zeitlichen Belastung – im Vordergrund der parlamentarischen Arbeit steht.

---

[75] Dazu *Ernst Benda/Eckart Klein*, Verfassungsprozeßrecht, ²2001, Rn. 740 ff.; *Gerhard
Robbers*, Verfassungsprozessuale Probleme in der öffentlich-rechtlichen Arbeit, 1996, S. 54 ff.:
»Kompetenzkontrolle«.
[76] Dazu *Hans Hugo Klein*, Kontinuität des Grundgesetzes und seine Änderung im Zuge
der Wiedervereinigung, in: HStR VIII, 1995, § 198 Rn. 75.
[77] BT-Drs 15/1685; BR-Drs 750/03.
[78] Näheres bei *Uwe Thaysen*, Die Konventsbewegung zur Förderalismusreform in
Deutschland: ein letztes Hurra der Landesparlamente zu Beginn des 21. Jahrhunderts?, in:
ZParl 35 (2004), S. 513 f.
[79] Dazu *Schneider* (N 4), Rn. 426 ff., 457 f.
[80] *Schindler* (N 70), Bd. II, S. 2388 f.; Bd. III, S. 4377. Danach sind in den 13 Wahlperioden
des Deutschen Bundestages von 1949–1998 5461 Gesetze verabschiedet worden, von denen
4135 auf Initiativen der Bundesregierung zurückgingen.

2. Gesetzgebungsarbeit

Die Masse der Gesetzesinitiativen (regelmäßig mehr als 60 v. H.) geht von der Bundesregierung aus (vgl. Art. 76 Abs. 1 GG), weil die ihr zuarbeitende Ministerialbürokratie zum einen den vorhandenen Normenbedarf am besten überblickt und zum anderen den für die Umsetzung politischer Forderungen in die Sprache des Gesetzes nötigen Sachverstand besitzt[81]. Die daran vielfach anknüpfende Vorstellung, der Bundestag beschränke sich in der Regel darauf, den ihm vorgelegten Entwürfen zu akklamieren, ist dennoch falsch. Obwohl die den Bundestag erreichenden Initiativen in der Regel im Schoße der Ministerialbürokratie des Bundes langfristig geplant, mit (den nicht nur materiell interessierten, sondern ebenfalls sachverständigen) Verbänden vielfach erörtert und mit der Beamtenschaft der Länder abgestimmt sind, wird ihnen in den Ausschüssen des Bundestages eine – in den Gremien der Fraktionen vorbereitete – intensive und oft nicht weniger sachverständige Beratung zuteil, die sich, soweit nicht unverrückbare politische Vorfestlegungen durchschlagen oder gemeinschaftsrechtliche Vorgaben dem nationalen Gesetzgeber nurmehr geringen Spielraum lassen (was freilich nicht selten der Fall ist), häufig in weitreichenden Änderungen niederschlägt[82]. Dabei konzentriert sich das Interesse der Abgeordneten funktionsgemäß auf die politischen und weniger auf die rechtstechnischen Aspekte des Entwurfs. Das Problem besteht nicht im fehlenden Engagement, sondern in der Komplexität der Materie, in der sich meist nur wenige Abgeordnete, die Berichterstatter, auskennen, auf deren Urteil sich der Rest verlassen muß. Die Bewertung der Gesetzgebungsarbeit des Parlaments darf auch nicht übersehen, daß dieses in vielen Fällen – allerdings wieder vor allem in Gestalt der Berichterstatter – in die Vorarbeiten für einen Gesetzentwurf einbezogen ist, dieser also, wenn er den Bundestag erreicht, auch hier längst nicht mehr unbekannt ist. Die Statistik[83] zeigt schließlich, daß die von der Bundesregierung ausgehenden Gesetzesinitiativen häufiger als die anderer Initiatoren Erfolg haben. Auch dieser Umstand beweist nichts für ein Versagen des Parlaments. Er erklärt sich vielmehr daraus, daß Vorlagen aus der Mitte des Bundestages meist aus den Reihen der jeweiligen Opposition kommen, also von vornherein nur eine geringe Durchsetzungschance haben, während der politische Wille der Mehrheit in den Vorlagen der Regierung zum Ausdruck kommt.

---

[81] *Fritz Ossenbühl*, Gesetz und Recht – Die Rechtsquellen im demokratischen Rechtsstaat, in: HStR III, ²1996 (¹1988), § 61.

[82] Dazu *Troßmann* (N 5), S. 283 ff. Konkrete Darstellung eines Beispiels bei *Herbert Helmrich*, Bilanzrichtlinien-Gesetz, 1986.

[83] *Schindler* (N 70), Bd. II, S. 2388 f.

3. Parlaments- und Gesetzesvorbehalt

Was der Regelung durch (Parlaments-)Gesetz[84] bedarf, kann nicht einem abstrakten Begriff des Gesetzes, sondern nur dem Verfassungsrecht entnommen werden. Dieses behält dem Gesetzgeber aus unterschiedlichen Gründen eine Fülle von Entscheidungen vor. Das gilt etwa für staatsleitende Akte von besonderer Bedeutung wie die Beschlußfassung über den Haushaltsplan, die in Gesetzesform zu erfolgen hat (Art. 110 Abs. 2 S. 1 GG). Wie das Beispiel des Gesetzes, das den Haushaltsplan feststellt, zeigt, hat nicht jede im Gesetzgebungsverfahren getroffene Entscheidung normativen (Rechtssatz-)Charakter. Zwar kann das Haushaltsgesetz auch allgemeine Regeln enthalten, wenngleich nur solche, die sich auf die Einnahmen und die Ausgaben des Bundes und auf den Zeitraum beziehen, für den das Haushaltsgesetz beschlossen wird (Art. 110 Abs. 4 S. 1 GG; sogenanntes Bepackungsverbot). Im wesentlichen ist es jedoch ein sogenanntes Organgesetz[85], dessen Rechtswirkung sich im wesentlichen darauf beschränkt, die Regierung zu ermächtigen, die im Haushaltsplan vorgesehenen Ausgaben zu leisten und Verpflichtungen einzugehen (§ 3 Abs. 1 HGrG u. BHO). Der Haushaltsplan muß auch die zahlenmäßige Stärke der Streitkräfte und die Grundzüge ihrer Organisation ausweisen (Art. 87a Abs. 1 S. 2 GG). Andere Beispiele hochpolitischer Akte in der Form des Gesetzes bilden die Kreditermächtigung (Art. 115 Abs. 1 S. 1 GG), die Entscheidung über den Friedensschluß (Art. 1151 Abs. 3 GG) und die Zustimmung zu bestimmten völkerrechtlichen Verträgen (Art. 59 Abs. 2 S. 1 GG). Im letztgenannten Fall wird das Gesetz oft eine doppelte Funktion haben, nämlich die, die Beteiligung des Parlaments an einer politisch bedeutsamen Entscheidung der Bundesregierung zu gewährleisten[86], und die, den vertraglich vereinbarten Rechtsnormen innerstaatliche Verbindlichkeit zu verleihen[87]. In anderen Fällen wurzelt der Vorbehalt des Gesetzes im förderalistischen Charakter des vom Grundgesetz verfaßten Staates (z. B. Art. 84 Abs. 1 und Abs. 5 S. 1, 85 Abs. 1, Art. 87 Abs. 1 S. 2 und Abs. 3 S. 1 GG).

---

[84] Der neuerlich gebräuchlich gewordene Begriff des »Parlamentsgesetzes« (*Magiera* [N 11], S. 174 f.; *Stern* [N 6], § 37 I 4b) will über den herkömmlichen Begriff des Gesetzesvorbehalts (*Ossenbühl* [N 81]) hinaus ausdrücken, daß eine bestimmte Entscheidung durch das Parlament selbst getroffen werden muß, also auch nicht im Wege einer verfassungsrechtlichen Bestimmtheitsanforderungen genügenden Ermächtigung der Exekutive überlassen werden darf. Dazu BVerfGE 57, 295 (321); *Friedrich Schnapp*, in: v. Münch/Kunig, GGK II, Art. 20 Rn. 56.

[85] Zu diesem Begriff *Stern* (N 6), § 49 III 4 b. – Zum Haushaltsgesetz vgl. etwa *Reinhard Mußgnug*, Der Haushaltsplan als Gesetz, 1976, S. 350 f., 353 ff.; *Schneider* (N 4), Rn. 208 ff.; *Albert von Mutius*, Die Steuerung des Verwaltungshandelns durch Haushaltsrecht und Haushaltskontrolle, in: VVDStRL 42 (1983), S. 147 (160 ff.).

[86] Einschließlich der Ermächtigung des Bundespräsidenten, den Vertrag endgültig abzuschließen (BVerfGE 1, 396 [410 f.]).

[87] I. e. vgl. *Ondulf Rojahn*, in: v. Münch/Kunig, GGK II, Art. 59 Rn. 33 ff.; *Bernhard Kempen*, in: v. Mangoldt/Klein/Starck, GG II, Art. 59 Rn. 81 ff. Überblick über die Gesetzesvorbehalte im Grundgesetz bei *Schindler* (N 70), Bd. II, S. 2354 ff.

Unklarheit besteht darüber, in welchem Umfang das rechtsstaatliche und das demokratische Prinzip der Verfassung zu (parlaments-)gesetzlicher Regelung zwingen[88]. In Literatur und Rechtsprechung besteht eine unverkennbare Tendenz, den Vorbehalt des Gesetzes über den »klassischen« Bereich der Eingriffe in »Freiheit und Eigentum« hinaus zu erweitern. So meint das Bundesverfassungsgericht, in einer demokratisch-parlamentarischen Staatsverfassung, wie sie das Grundgesetz sei, liege es näher anzunehmen, daß die Entscheidung aller grundsätzlichen Fragen, die den Bürger unmittelbar beträfen, durch Gesetz erfolgen müsse[89]; der Gesetzgeber habe »in grundlegenden normativen Bereichen, zumal im Bereich der Grundrechtsausübung, ... alle wesentlichen Entscheidungen selbst zu treffen«[90]. An der Klarheit der Kriterien der Betroffenheit und der Wesentlichkeit kann man füglich zweifeln[91]. Den Eindruck, alle Handlungen und Entscheidungen, die an sich oder in ihren Folgen von politisch weittragender oder existentieller Bedeutung sind, seien dem Parlament zuzuweisen oder dieses sei daran in Gesetzesform zu beteiligen, hat das Bundesverfassungsgericht unterdessen mit einem gewissen Nachdruck korrigiert[92].

Aus alledem ist ersichtlich, daß die Belastung des Gesetzgebers außer den obengenannten auch verfassungsrechtliche Ursachen hat. Die Möglichkeiten, sie durch Ermächtigung der Exekutive zum Erlaß von Rechtsverordnungen zu mindern, sind von Verfassungsrechts wegen begrenzt (Parlamentsvorbehalt und Art. 80 Abs. 1 GG), sowie dadurch, daß vermöge des Vorrangs des Gesetzes eine durch Parlamentsgesetz getroffene Regelung auch nurmehr durch Parlamentsgesetz geändert werden kann[93]. Schließlich dürfen die Regelungszwänge nicht übersehen werden, die sich aus dem Recht der Europäischen Gemeinschaften ergeben[94]. Eine wesentliche Entlastungswirkung entfaltet der Grundsatz der (sachlichen) Diskontinuität (§ 125 GOBT)[95].

---

[88] Uberblick m. zahlr. Nachw. bei *Stern* (N 6), § 37 I 4 b. Vgl. auch *Fritz Ossenbühl*, Vorrang und Vorbehalt des Gesetzes, in: HStR III, ²1996 (¹1988), § 62.

[89] BVerfGE 40, 237 (249); vgl. auch BVerfGE 41, 251 (259 f.); 47, 46 (78 ff.).

[90] BVerfGE 49, 89 (126); vgl. u. a. auch BVerfGE 57, 295 (320 f.); 61, 260 (275); 83, 130 (142, 151 f.); 98, 218 (251).

[91] Statt vieler *Schneider* (N 4), Rn. 27 f.

[92] BVerfGE 68, 1 (89). Vgl. auch BVerfGE 95, 1 (15); 98, 218 (252).

[93] Zulässig ist es aber nach überwiegender Meinung, den Verordnungsgeber durch eine den Maßgaben des Art. 80 Abs. 1 S. 2 GG entsprechende Norm zum Erlaß sog. gesetzesändernder Verordnungen zu ermächtigen; vgl. nur *Hartmut Bauer*, in: Dreier, GG II, Art. 80 Rn. 18, m. Nachw.

[94] Gemeint sind diejenigen Rechtsakte der Europäischen Union, die ein Tätigwerden des Gesetzgebers erforderlich machen. Daneben ist – unter dem Gesichtspunkt der Belastung des Bundestages – an die sog. Unionsvorlagen zu denken, die nach § 93 GOBT zu behandeln sind; in der 12. Wahlperiode gab es 2070 Vorlagen dieser Art, vgl. *Schindler* (N 70), Bd. II, S. 2590.

[95] Dazu *Stern* (N 6), § 26 III 4, m. Nachw.; *Klein* (N 15), Art. 39 Rn. 53 ff.

4. Schranken der Regelungsbefugnis des Gesetzgebers

Ist es schon nicht einfach zu bestimmen, was der Gesetzgeber zu regeln hat, so bereitet es noch größere Schwierigkeiten abzuklären, was er nicht regeln darf. Kompetenzielle Grenzen seiner Regelungsmacht folgen einerseits aus der verfassungsgesetzlichen Zuweisung bestimmter Entscheidungskompetenzen an andere Organe, z. B. den Bundespräsidenten (etwa Art. 59 Abs. 1, 60 GG), den Bundeskanzler (Art. 65 S. 1 und 4 GG) oder die Bundesregierung im Bereich der auswärtigen Politik[96]. Im Grundrechtsbereich stößt das Einzelfallgesetz auf Bedenken (Art. 19 Abs. 1 S. 1 GG)[97]; anders hingegen das Maßnahmegesetz, das als »Ausdruck einer gewandelten stärker politisch eingreifenden Gesetzgebung«[98] die Billigung auch des Bundesverfassungsgerichts gefunden hat[99].

5. Der Gemeinsame Ausschuß als Ersatzgesetzgeber

Im Verteidigungsfall wird unter bestimmten Voraussetzungen der Gemeinsame Ausschuß als Gesetzgeber tätig (Art. 53 a, 115 a GG).

III. Die Kreationsfunktion

Der Bundestag wählt zunächst seine eigenen Organe und Hilfsorgane[100], insbesondere den Präsidenten, dessen Stellvertreter und die Schriftführer (Art. 40 Abs. 1 S. 1 GG; §§ 2 f. GOBT) und den Wehrbeauftragten (Art. 45 b GG). Er setzt, soweit es sich nicht um Pflichtausschüsse handelt (Ausschuß für auswärtige Angelegenheiten, Verteidigungsausschuß, Petitionsausschuß, Art. 45 a, 45 c GG), Ausschüsse ein, deren Mitglieder von den Fraktionen benannt werden (§ 57 Abs. 2 GOBT). Gleiches gilt – mit gewissen Abweichungen bei der Bestellung der Mitglieder – für Enquete-Kommissionen (§ 56 GOBT)[101]. Der Bundestag entsendet elf Mitglieder in den Vermittlungsausschuß (Art. 77 Abs. 2 GG)[102]. Von besonderer Bedeutung sind ferner die nach § 15 des Geset-

[96] BVerfGE 68, I (84 ff.).

[97] Dazu etwa *Roman Herzog*, in: Maunz/Dürig, Komm. z. GG, Art. 19 I Rn. 2 ff. Skeptisch hinsichtlich der Wirksamkeit des durch Art. 19 Abs. 1 S. 1 GG bewirkten Grundrechtsschutzes wohl zu Recht *Hesse* (N 50), Rn. 330. Ferner etwa *Peter M. Huber*, in: v. Mangoldt/Klein/Starck, GG I, Art. 19 Rn. 5 ff.; *Hartmut Krüger/Michael Sachs*, in: Sachs, GG Komm., Art. 19 Rn. 20 ff. Lehrreich *Schneider* (N 4), Rn. 49 ff.

[98] *Ulrich Scheuner*, Verantwortung und Kontrolle in der demokratischen Verfassungsordnung, in: FS für Gebhard Müller, 1970, S. 379 (398).

[99] BVerfGE 4, 7 (18); 10, 89 (108); 15, 126 (146 f.); 24, 33 (52); 25, 371 (398); 42, 263 (305); std. Rspr. Vgl. auch *Schneider* (N 4), Rn. 195 ff.

[100] Dazu etwa *Troßmann* (N 5), S. 105 ff.; *Heinhard Steiger*, in: Schneider/Zeh (N 16), §§ 25 f.

[101] Vgl. *Klein* (N 15), Art. 40 Rn. 126 ff.

[102] Vgl. auch §§ 1 und 4 der Gemeinsamen Geschäftsordnung des Bundestages und des Bundesrates für den Ausschuß nach Art. 77 des Grundgesetzes vom 19.4.1951. Eingehend dazu etwa *Achterberg* (N 12), S. 366 ff.

zes zur Beschränkung des Brief-, Post- und Fernmeldegeheimnisses vom 26. Juni 2001 (G 10) und nach dem Gesetz über die parlamentarische Kontrolle nachrichtendienstlicher Tätigkeit des Bundes vom 11. April 1978 zu bildenden Gremien, deren Mitglieder der Bundestag aus seiner Mitte »bestimmt« bzw. »wählt«[103]. In den Richterwahlausschuß entsendet der Bundestag (derzeit) 16 Mitglieder, die ihm freilich nicht als Abgeordnete angehören müssen (Art. 95 Abs. 2 GG in Verbindung mit dem Richterwahlgesetz vom 25. August 1950). Eine größere Anzahl von Gremien wird überdies auf der Grundlage von Gesetzen und Verwaltungsvorschriften ganz oder teilweise vom bzw. aus dem Bundestag besetzt[104].

Der Bundestag ist vor allem an der Kreation anderer oberster Bundesorgane beteiligt. So hat er den Bundeskanzler zu wählen (Art. 63 GG). Dem ersten Wahlgang liegt dabei notwendig ein Vorschlag des Bundespräsidenten zugrunde[105]. Dieser allerdings wird sich regelmäßig mit solcher Evidenz aus der jeweiligen parlamentarischen Konstellation ergeben, daß dem Bundespräsidenten ein eigener Entscheidungsspielraum nicht verbleibt. Bei der Auswahl der Bundesminister ist der Bundestag formal nicht beteiligt: Sie werden auf Vorschlag des Bundeskanzlers vom Bundespräsidenten ernannt und entlassen (Art. 64 Abs. 1 GG). Wieweit der Bundeskanzler bei der Zusammenstellung seines Kabinetts tatsächlich souverän entscheiden oder Rücksichten auf innerhalb seiner Partei/Fraktion bestehende Wünsche und die etwaiger Koalitionspartner zu nehmen gezwungen ist, ist keine Frage des Verfassungsrechts. Die Erfahrung lehrt, daß solche Rücksichten – auch im Blick auf außerhalb des Parlaments stehende Organisationen – eine nicht geringe Rolle spielen. Der Bundeskanzler bedarf des Vertrauens (der Mehrheit) des Bundestages. Verliert er es, kann der Bundestag mit der Mehrheit seiner Mitglieder einen anderen Bundeskanzler wählen; nur durch ein solches (konstruktives) Mißtrauensvotum kann der Bundeskanzler gestürzt werden (Art. 67 GG)[106]. Ist sich der Bundeskanzler seiner Mehrheit nicht sicher oder will er sie gegenüber Zweiflern unter Beweis stellen, kann er die Vertrauensfrage stellen (Art. 68 GG). Deren positive Bescheidung kann allerdings ebensowohl Ausdruck eines tatsächlich vorhandenen Vertrauens sein wie des bloßen Mangels einer Alternative[107]. Obgleich das Grundgesetz dazu schweigt, haben sich in

---

[103] Zur Frage der Besetzung solcher Gremien vgl. BVerfGE 70, 324 (betr. das Gremium zur Genehmigung der Wirtschafts- bzw. Bewirtschaftungspläne geheimer Dienste gem. § 4 Abs. 9 des Haushaltsbegleitgesetzes 1984; vgl. jetzt § 10a Abs. 2 BHO).

[104] Vgl. die Zusammenstellung bei *Schindler* (N 70), Bd. II, S. 2809 ff.

[105] Der Bundeskanzler wurde bisher immer im ersten Wahlgang gewählt; vgl. *Schindler* (N 70), Bd. I, S. 1018 ff.; Bd. III, S. 4359. – Eingehend *Heinhard Steiger*, Organisatorische Grundlagen des parlamentarischen Regierungssystems, 1973, S. 232 ff. → Unten *Schröder*, § 65 Rn. 3 ff.

[106] Es hat bisher zweimal stattgefunden, am 27. 4. 1972 ohne und am 1. 10. 1982 mit Erfolg. Dokumentation beider Ereignisse bei *Schindler* (N 70), Bd. I, S. 1228 ff.

[107] Letzteres war der Fall bei der Abstimmung über die Vertrauensfrage des Bundeskanz-

der parlamentarischen Praxis noch andere Instrumente entwickelt, vermittels deren der Bundestag sein Mißfallen an dem Verhalten der Bundesregierung oder einzelner ihrer Mitglieder äußern kann: Mißbilligungs-, Tadels-, Entlassungsanträge, auch der Antrag, die Bezüge eines Ministers zu streichen, oder das an den Bundeskanzler gerichtete Ersuchen, die Vertrauensfrage zu stellen; dieses bietet sich in einer Lage an, in der die Opposition zwar nicht über die für ein konstruktives Mißtrauensvotum erforderliche Mehrheit verfügt, andererseits aber die bisherige Mehrheit von Zerfall und Auflösung bedroht ist[108]. Über die Zulässigkeit solcher Anträge besteht Streit[109]; jedenfalls kann von der Entstehung eines entsprechenden Gewohnheitsrechts, einer dahingehenden »Konkretisierung« des Verfassungsrechts durch dessen Handhabung seitens des Bundestages[110] ausgegangen werden. Unstreitig ist, daß sie im Falle ihres Erfolgs keine rechtliche Bindungswirkung haben.

Die Mitglieder des Bundestages bilden die eine Hälfte der Mitglieder der Bundesversammlung, die den Bundespräsidenten wählt (Art. 54 GG)[111]. Auf Antrag eines Viertels seiner Mitglieder kann der Bundestag mit einer Mehrheit von zwei Dritteln seiner Mitglieder beschließen, gegen den Bundespräsidenten vor dem Bundesverfassungsgericht Anklage wegen vorsätzlicher Verletzung des Grundgesetzes oder eines anderen Bundesgesetzes zu erheben (Art. 61 Abs. 1 GG; §§ 13 Nr. 4, 49 ff. BVerfGG)[112]. – Der Bundestag wählt auch die Hälfte der Mitglieder des Bundesverfassungsgerichts (Art. 94 Abs. 1 GG), und zwar durch den nach § 6 BVerfGG gebildeten Wahlausschuß[113].

Seiner Beteiligung an der Wahl dieser Richter (Art. 95 Abs. 2 GG) entspricht es, daß der Bundestag bei schwerwiegenden Verfehlungen von Bundesrichtern die Einleitung eines Verfahrens gegen sie vor dem Bundesverfassungsgericht beantragen kann (Art. 98 Abs. 2 GG; §§ 13 Nr. 9, 58 ff. BVerfGG)[114].

---

lers Helmut Schmidt am 5.2.1982. Am 22.9.1972 und am 17.12.1982 war der Entzug des Vertrauens Anlaß für die darauf folgende Auflösung des Bundestages. Dazu BVerfGE 62, I. Dokumentation: *Schindler* (N 70), Bd. I, S. 1237 ff. Am 16.11.2001 stellte Bundeskanzler Gerhard Schröder die Vertrauensfrage, s. BT-Prot 14/202, S. 19855 ff.

[108] Vgl. *Schindler* (N 70), Bd. I, S. 1246 ff. Als einziger Antrag dieser Art war bisher der Antrag der SPD-Fraktion erfolgreich, mit dem Bundeskanzler Ludwig Erhard aufgefordert wurde, die Vertrauensfrage zu stellen.

[109] Vgl. etwa *Stern* (N 32), Bd. I, § 22 III 3 a, m. Nachw.; *Roman Herzog*, in: Maunz/Dürig, Komm, z. GG, Art. 67 Rn. 37 f.; *Volker Epping*, in: v. Mangoldt/Klein/Starck, GG II, Art. 67 Rn. 27 ff.

[110] Vgl. BVerfGE 62, 1 (38 f.).

[111] *Klaus Schlaich*, Die Funktion des Bundespräsidenten im Verfassungsgefüge, in: HStR III, ²1996 (¹1988), § 49. → Unten *Nettesheim*, § 63 Rn. 5.

[112] Zum Verfahren *Benda/Klein* (N 75), Rn. 1156 ff.; *Klaus Schlaich/Stefan Korioth*, Das Bundesverfassungsgericht, ⁵2001, Rn. 323 ff.

[113] *Wilhelm Karl Geck*, Wahl und Amtsrecht der Bundesverfassungsrichter, 1986; vgl. auch *Schlaich/Korioth* (N 112), Rn. 44 f.; *Benda/Klein* (N 75), Rn. 129 ff.

[114] Vgl. *Günther Barbey*, Der Status des Richters, in: HStR III, ²1996 (¹1988), § 74.

Schließlich entsendet der Bundestag aus seiner Mitte Abgeordnete in supra-
und internationale Organe: die Parlamentarische Versammlung des Europarats
(Art. 22 ff. der Satzung des Europarats vom 5. Mai 1949) und die Versammlung der Westeuropäischen Union (Art. IX des Brüsseler Vertrags vom
17. März 1948). Zusammen mit dem Bundesrat stellt der Bundestag Mitglieder
der deutschen Delegation zur Nordatlantischen Versammlung[115]. Der Bundestag ist Mitglied der Interparlamentarischen Union[116] und entsendet Delegatio-
nen in deren Organe, die Interparlamentarische Konferenz und den Interparlamentarischen Rat[117].

Der Beteiligung des Bundestages an der Bestellung von Organen und Org-
anwaltern liegen augenscheinlich sehr heterogene Motive zugrunde. Geht es
bei der Kreation anderer oberster Bundesorgane vor allem um die Vermittlung personeller demokratischer Legitimation und bei der Bestellung der eigenen Organe und Hilfsorgane um die Betätigung parlamentarischer Autonomie und Kontrolle, so ist die Entsendung von Mitgliedern in eine nicht
geringe Zahl außerparlamentarischer Gremien (Beispiele: Verwaltungsrat der
Deutschen Ausgleichsbank, der Verwaltungs- und Rundfunkräte der Deutschen Welle und des Deutschlandfunks, des Kuratoriums der Stiftung Haus
der Geschichte der Bundesrepublik Deutschland)[118] Ausdruck und Folge bestimmter politischer Erwägungen des Gesetzgebers, aber auch der engen Anbindung dieser Einrichtungen an den Bund.

IV. Die Funktion der politischen Willensbildung und der Regierungskontrolle

1. Die Funktionsweise parlamentarischer Kontrolle

Mit einigem Recht wird die Auffassung vertreten, Kontrolle lasse sich nicht
als eigenständige Parlamentsfunktion verstehen, werde vielmehr uno actu mit
anderen Parlamentsfunktionen wahrgenommen. »Parlamentarische Kontrolle
begleitet damit den parlamentarischen Entscheidungsprozeß kontinuierlich
und findet in jedem parlamentarischen Entscheidungsprozeß statt.«[119] Dessen
ungeachtet bildet sie jedenfalls einen wesentlichen Aspekt dieses parlamentarischen Entscheidungsprozesses, der ihre gesonderte systematische Betrachtung rechtfertigt.

---

[115] *Günter Jaenicke*, Nordatlantik-Pakt-Organisation, in: Karl Strupp/Hans-Jürgen
Schlochauer (Hg.), Wörterbuch des Völkerrechts, Bd. II, 1961, S. 620, 624.

[116] *Hans Hugo Klein*, Interparliamentary Union, in: EPIL 5 (1983), S. 185 ff.

[117] Nachweise bei *Schindler* (N 70), Bd. II, S. 2316 f.; Bd. III, S. 3542 ff.

[118] *Schindler* (N 70), Bd. II, S. 2309 ff.

[119] *Krebs* (N 37), S. 122 ff. (Zitat S. 128). In gleichem Sinne schon *Uwe Thaysen*, Parlamentarisches Regierungssystem der Bundesrepublik Deutschland, 1976, S. 97. Vgl. auch *Winfried
Steffani*, in: Schneider/Zeh (N 16), § 49.

Dabei gilt es freilich, sich von der mit dem Begriff »Kontrolle« an sich verbundenen – und etwa für die richterliche Administrativkontrolle grundsätzlich zutreffenden[120] – Vorstellung einer nachgängigen Beaufsichtigung der Erledigung von Angelegenheiten eines anderen Aufgabenträgers zu lösen. Parlamentarische Kontrolle ist weit mehr und anderes als bloße Reaktion auf das Verhalten der Regierung. Diese soll nicht nur nachträglich zur Verantwortung gezogen, sondern durch parlamentarische Willensäußerungen in ihren Entscheidungen beeinflußt werden (»dirigierende Kontrolle«)[121]. Solche Einflußnahme geschieht mit rechtlicher Verbindlichkeit vor allem im Wege der Gesetzgebung, die sich deshalb durchaus als vorauswirkende parlamentarische Kontrolle von Exekutive und Rechtsprechung verstehen läßt[122]. Vermittels seiner Kontrollbefugnisse hat der Bundestag umfassenden Anteil an der staatlichen Willensbildung. Die »Ausübung der parlamentarischen Kontrolle« (Art. 45 b GG) ist die Kehrseite der parlamentarischen Verantwortlichkeit der Regierung[123]. Maßstab der Kontrolle ist der – im Rahmen des Verfassungsrechts – souverän gebildete politische Wille des Parlaments.

Im parlamentarischen Regierungssystem ist die enge Verbindung von Regierung und sie tragender parlamentarischer Mehrheit vorgegeben[124]. Beide stimmen in ihren politischen Grundvorstellungen und in ihrem Interesse am Fortbestand der amtierenden Regierung regelmäßig überein. Man hat daraus gefolgert, an die Stelle des für die konstitutionelle Monarchie des 19. Jahrhunderts kennzeichnenden Organdualismus sei nunmehr der Dualismus (genauer: Antagonismus) von parlamentarischer Mehrheit (einschließlich Regierung) und Minderheit getreten. Daran ist richtig, daß die großen politischen Trennlinien in der Tat auf dieser Grenze verlaufen und die öffentlichen Auseinandersetzungen vornehmlich zwischen diesen Gruppierungen stattfinden. Aufgabe der Opposition ist die öffentliche Kritik der Regierung und der Po-

---

[120] Auch die Kontrolle der Verwaltung durch die Gerichte hat allerdings im Sinne einer Nebenwirkung eine Präventivfunktion, insofern die Exekutive ihre Entscheidungen an der Rechtsprechung orientiert.

[121] *Kurt Eichenberger*, Die Problematik der parlamentarischen Kontrolle im Verwaltungsstaat, in: SJZ 1965, S. 270. Vgl. auch *Martin Morlok*, in: Dreier, GG II, Art. 38 Rn. 44.

[122] *Achterberg* (N 12), S. 411 ff.

[123] Vgl. BVerfGE 67, 100 (130); *Troßmann* (N 5), S. 14, 46. – Aus dem Umstand, daß nur der Bundeskanzler vom Bundestag gewählt wird und eine Art. 54 WRV entsprechende Vorschrift im Grundgesetz fehlt, folgern zu wollen, nicht die Regierung als ganze, sondern nur der Bundeskanzler sei parlamentarisch verantwortlich, wäre allzu formalistisch. Schon in der konstitutionellen Monarchie, in der die Minister ausschließlich vom Monarchen ernannt und entlassen wurden, bestand (auch) eine parlamentarische Ministerverantwortlichkeit: Vgl. *Huber* (N 2), Bd. III, S. 20 ff., 65 ff., 898 ff. Über die Ministerverantwortlichkeit in der parlamentarischen Praxis der Bundesrepublik Deutschland vgl. *Udo Wengst*, Ministerverantwortlichkeit in der parlamentarischen Praxis der Bundesrepublik Deutschland. Eine historische Bestandsaufnahme, in: ZParl 15 (1984), S. 539.

[124] → Unten *Schröder*, § 65.

litik der sie tragenden Mehrheit sowie die Präsentation einer personellen und sachlichen Alternative mit dem Ziel des Regierungswechsels[125]. Das Verfassungsrecht trägt dem Rechnung, indem es sowohl dem einzelnen Abgeordneten als auch parlamentarischen Minderheiten bestimmte Rechte verleiht, deren sich die Opposition in ihrem Wettbewerb mit Regierung und Parlamentsmehrheit zu bedienen vermag[126].

Begreift man jedoch parlamentarische Kontrolle nicht nur als Kritik vermeintlichen oder wirklichen Fehlverhaltens der Regierung, als Ausdruck des organisierten Mißtrauens der gewaltenteilenden Demokratie[127], sondern, wie es hier geschieht, als Mitwirkung des Parlaments an der staatlichen Willensbildung und damit auch an der Willensbildung der Regierung[128], verändert sich das Bild: Die Warnung vor theoretisierender Übersteigerung jener Sichtweise ist berechtigt[129]. Zwischen der Regierung und den sie tragenden Fraktionen/Parteien, aber auch zwischen Regierung(smehrheit) und oppositioneller Minderheit findet auf vielen Ebenen ein ständiger Meinungs- und Informationsaustausch statt, der es ausschließt, daß die Regierung eine Politik über das Parlament hinweg betreibt, diesem vielmehr einen wesentlichen, allerdings oft in der Stille geübten Einfluß auf die Entscheidungen der Regierung sichert[130]. Dabei handelt es sich keineswegs nur um den Einfluß einiger weniger, in der Partei- oder Fraktionshierarchie hoch angesiedelter Funktionäre. Sie

---

[125] Vgl. Art. 16 a BayVerf; Art. 38 Abs. 3 BerlinVerf; Art. 55 Abs. 2 BrandenbVerf; Art. 78 BremVerf; Art. 23 a HambVerf; Art. 26 MecklenbVorpVerf; Art. 19 Abs. 2 NiedersachsVerf; Art. 85 b RheinlPfalzVerf; Art. 40 SachsVerf; Art. 48 SachsAnhVerf; Art. 12 SchlHolVerf; Art. 59 ThürVerf. – Vgl. etwa auch *Gerhard Leibholz*, Die Kontrollfunktion des Parlaments, in: ders., Strukturprobleme der modernen Demokratie, ³1967, S. 295 ff., 299 f.

[126] Zur Praxis *Kißler* (N 6), S. 90 ff. Zur Rechtsstellung der Opposition grdl. *Hans-Peter Schneider*, Die parlamentarische Opposition im Verfassungsrecht der Bundesrepublik Deutschland, 1974; *ders.*, in: Schneider/Zeh (N 16), § 38; *Stephan Haberland*, Die verfassungsrechtliche Bedeutung der Opposition nach dem Grundgesetz, 1995. Zu den Rechten der Abgeordneten und Minderheit(en) im Bundestag *Hermann-Josef Schreiner*, in: Schneider/Zeh (N 16), § 18; Überblick: *Schindler* (N 70), Bd. II, S. 2275 ff. Aus der verfassungsgerichtlichen Judikatur vgl. BVerfGE 80, 188; 105, 197.

[127] *Eichenberger* (N 121), S. 272.

[128] Zu den Konsequenzen dieser Sicht für das Untersuchungsrecht des Bundestages vgl. BVerfGE 67, 100 (139), und dazu *Klein* (N 15), Art. 44 Rn. 153.

[129] *Thomas Oppermann*, Das parlamentarische Regierungssystem des Grundgesetzes, in: VVDStRL 33 (1974), S. 8, 64. Wie hier etwa auch *Steiger* (N 105), S. 87 ff.; *Magiera* (N 11), S. 228 ff.; *Schneider* (N 41), § 13 Rn. 18; *Stern* (N 6), §§ 22 III 3, 23; *Krebs* (N 37), S. 128 ff.; *Troßmann* (N 5), S. 286 ff., jew. m. weit. Nachw.

[130] Die Feststellung von *Karl-Ulrich Meyn*, Kontrolle als Verfassungsprinzip, 1982, S. 171 f., die Mehrheit des am unmittelbarsten demokratisch legitimierten Verfassungsorgans sehe sich der Aufgabe der Kontrolle der Regierung im Funktionszusammenhang des parteienstaatlichen parlamentarischen Regierungssystems seit langem weitgehend enthoben, findet in der Wirklichkeit keine Stütze; mindestens beruht sie auf einem irreführend engen Kontrollbegriff. Vgl. auch *Troßmann* (N 5), S. 281 ff., und besonders den dort, S. 283, berichteten Vorgang. Auf die oben zu Rn. 10 verzeichneten Machtverschiebungen im Verhältnis des Parlaments zur Regierung ist freilich hinzuweisen. Vgl. auch *Klein* (N 49), S. 226.

müssen sich ihrerseits des Vertrauens der Abgeordneten versichern – und sie bedürfen vielfach ihres Sachverstandes und ihrer Unterstützung –, woraus diesen Möglichkeiten der Einwirkung erwachsen. Dem aufmerksamen Beobachter liefert die Presse täglich Zeugnisse dafür, daß die Politik der Regierung sich weithin als das Produkt der Zusammenarbeit von Regierung und Parlament(smehrheit) darstellt; denn sie ist vielfach auch von öffentlichen Diskussionen begleitet, die eine desorientierte Publizistik allerdings meist als Zeichen innerer Zerrüttung der Mehrheit wertet, statt sie als das zu nehmen, was sie ist: das für die Demokratie lebensnotwendige, um der Wirksamkeit der Kontrolle willen weithin unerläßliche öffentliche Ringen um die richtige Entscheidung[131]. Freilich erweist sich nicht zuletzt darin, daß diese in bemessener Zeit getroffen und dann auch durchgesetzt wird, – neben der Stabilität der Regierung und der Parlamentsmehrheit – die Lebenskraft des demokratischen Staates.

2. Kontrollinstrumente

Die Mittel, deren sich der Bundestag in Ausübung seiner Kontrolltätigkeit bedient, sind, soweit sie Gegenstand verfassungsgesetzlicher Normierung[132] geworden sind, sanktionierender und informativer Art[133]. Zu den erstgenannten ist in anderem Zusammenhang das Notwendige gesagt. Während ihre Wirkung in der Regel präventiver Art ist – im Blick darauf, daß er des Vertrauens des Bundestages bedarf, wird der Bundeskanzler Sorge tragen, daß er sich dessen Mehrheit nicht entfremdet –, bedient sich das Parlament seiner Informationsrechte[134] in Permanenz. Zwar wird der Bundestag schwerlich jemals in der Lage sein, den Informationsvorsprung der Regierung auszugleichen. Aber das braucht kein Anlaß zur Resignation zu sein. Das Parlament bedarf, um seine Kontrollaufgabe, die eine politische Funktion ist, wirksam erfüllen zu können, nicht der ganzen Fülle der Detailinformationen, über die die Exekutive verfügt. Es benötigt nur diejenigen Kenntnisse, die die Wahrnehmung seiner staatsleitenden Kompetenzen erfordert. Das schließt durchaus punktuelle Vollständigkeit ein.

Adressat der Informationsrechte des Bundestages ist die Bundesregierung als diejenige, die über die von ihm benötigten Informationen verfügt. Der Bundestag ist jedoch nicht gehindert, sich andere Erkenntnisquellen zugänglich zu machen, was insbesondere durch die der Verwaltung des Deutschen Bundestages als Hauptabteilung angegliederten Wissenschaftlichen Dienste[135], die Ein-

---

[131] Kontrolle als »Instrument zur Durchsetzung richtiger Staatsbetätigung«: *Eichenberger* (N 121), S. 272. Zust. *Krebs* (N 37), S. 137.

[132] Deren Ausformung blieb allerdings vielfach der Geschäftsordnung überlassen.

[133] Terminologie bei *Eichenberger* (N 121), S. 272.

[134] → Unten *Zeh*, § 53 Rn. 48 ff.

[135] Vgl. *Schindler* (N 70), Bd. III, S. 3428 ff. (dort auch Literaturnachweise). – Zur Arbeits-

setzung von Enquete-Kommissionen (§ 56 GOBT)[136] und durch öffentliche Anhörungen durch die Ausschüsse (§ 70 GOBT) geschieht; die beiden letztgenannten Maßnahmen sind auch auf Antrag einer Minderheit ins Werk zu setzen.

Gegenüber der Bundesregierung verfügt der Bundestag über das Interpellationsrecht[137]. Diesem Recht des Parlaments, Fragen zu stellen – in den unterschiedlichen Formen der Großen und Kleinen Anfrage, der Fragen zur mündlichen oder schriftlichen Beantwortung (§§ 100 – 105 GOBT und Richtlinien für die Fragestunde, Anlage 4 zur GOBT) –, entspricht die grundsätzliche Verpflichtung der Bundesregierung zu antworten[138]. Nur unter dieser Voraussetzung vermögen das Parlament und – insbesondere – die parlamentarische Opposition ihre Aufgaben wirksam wahrzunehmen[139]. Dem Informationsanspruch können der Bundestag und seine Ausschüsse dadurch Nachdruck verleihen, daß sie die Anwesenheit der Mitglieder der Bundesregierung verlangen, wozu es allerdings eines Mehrheitsbeschlusses bedarf (Art. 43 Abs. 1 GG), sowie durch die Einsetzung eines Untersuchungsausschusses, die auf Antrag eines Viertels der Mitglieder des Bundestages erfolgen muß (Art. 44 GG)[140]. Mit besonderen Befugnissen ist der Petitionsausschuß ausgestattet (Art. 45c GG i. V. m. dem Gesetz über die Befugnisse des Petitionsausschusses des Deutschen Bundestages vom 19. Juli 1975). In großem Umfang unterrichtet die Bundesregierung den Bundestag durch die (oft regelmäßige) Erstattung von Berichten, zu welcher sie durch Gesetz verpflichtet, durch ein Ersuchen des Bundestages veranlaßt oder aus eigener Initiative bereit ist[141]. Im Bereich des Verteidigungswesens unterstützt der Wehrbeauftragte als Hilfsorgan des Bundestages dessen Kontrolltätigkeit (Art. 45b GG)[142].

---

weise der Wissenschaftlichen Dienste vgl. *Peter Scholz*, Die Gutachtergruppen der Wissenschaftlichen Fachdienste – Eine Einrichtung der Parlamentsreform 1969/70, in: Eckart Busch (Hg.), Parlamentarische Demokratie – Bewährung und Verteidigung. FS für Helmut Schellknecht, 1984, S. 115 ff.

[136] *Schindler* (N 70), Bd. II, S. 2250 ff.: *Wolfgang Hoffmann-Riem/Udo Ramcke*, in: Schneider/Zeh (N 16), § 47.

[137] Zum Folgenden *Klein* (N 15), Art. 43 Rn. 35 – 118.

[138] Str.; wie hier etwa *Stern* (N 6), § 26 II 3 b; *Meinhard Schröder*, in: BK, Art. 43 Rn. 43 f.; *Magiera* (N 11), S. 309, jew. m. weit. Nachw.; a. M. *Achterberg* (N 12), S. 462 f.; *Kißler* (N 6), S. 68 f. → Unten *H. H. Klein*, § 51 Rn. 33.

[139] Vgl. BVerfGE 67, 100 (130): »Der Grundsatz der Gewaltenteilung [...] gebietet [...] eine Auslegung des Grundgesetzes dahin, daß parlamentarische Kontrolle *wirksam* sein kann« (Hervorhebung im Original). Vgl. auch BVerfGE 76, 363 (382); 77, 1 (48). Vgl. schon § 122 FRV 1849: »Die Reichsminister haben die Verpflichtung, auf Verlangen jedes der Häuser des Reichstags in demselben zu erscheinen und Auskunft zu ertheilen, oder den Grund anzugeben, weshalb dieselbe nicht ertheilt werden könne.«

[140] Zum Recht der Untersuchungsausschüsse vgl. *Stern* (N 6), § 26 II 3 c; *Achterberg* (N 12), S. 150 ff., jew. m. Nachw. Umfassend *Klein* (N 15) zu Art. 44. Vgl. auch BVerfGE 49, 70; 67, 100; 76, 363; 77, 1; 105, 197.

[141] Übersicht und Literaturangaben bei *Schindler* (N 70), Bd. I, S. 1266 ff., 1433 ff.

[142] Gesetz über den Wehrbeauftragten des Deutschen Bundestages in der Fassung der Be-

Das Informationsrecht des Bundestages macht grundsätzlich auch vor dem aus staatspolitischen oder aus Gründen des individuellen (Grund-)Rechtsschutzes geheimzuhaltenden Wissen der Regierung nicht halt. Einem berechtigten Geheimschutzinteresse kann und muß durch entsprechende Vorkehrungen Rechnung getragen werden, insbesondere durch die Vermeidung öffentlicher Berichterstattung sowie die Statuierung und Sanktionierung von Geheimhaltungspflichten auch der Abgeordneten[143]. Eine umfassende parlamentarische Kontrolle der Regierung ist nur um den Preis einer Einbuße an Transparenz möglich[144]. Kann oder will das Parlament den von der Bundesregierung für erforderlich gehaltenen Geheimschutz nicht gewährleisten, braucht sie das Geheimnis nicht zu offenbaren, ja sie darf es nicht[145].

Ein besonderes parlamentarisches Kontrollinstrument hat sich im Haushaltsrecht herausgebildet. Der Haushaltsvollzug ist grundsätzlich Sache der Bundesregierung. Indessen pflegt sich der Bundestag durch sogenannte qualifizierte Sperrvermerke und Zustimmungsvorbehalte in den Vollzug des Haushaltsplans einzuschalten, wobei die Aufhebung des Sperrvermerks oder die Erteilung der Zustimmung üblicherweise auf den Haushaltsausschuß oder den zuständigen Fachausschuß delegiert wird. Diese Praxis, die durch §§ 22 S. 3, 36 BHO nur eine unvollkommene gesetzliche Absicherung erfahren hat, wird mitunter als verfassungsrechtlich bedenklich angesehen[146]. Sie fügt sich jedoch in das heutige Bild einer parlamentarischen Kontrolle als Mitwirkung[147]. – Auf die Rechnungsprüfung ist hinzuweisen[148].

---

kanntmachung vom 16.6.1982. Dazu *Eckart Busch*, in: Schneider/Zeh (N 16), § 51; *ders.*, Der Wehrbeauftragte, ⁴1991. Weitere Nachw. bei *Klein* (N 15), Art. 45 b.

[143] Vgl. etwa § 353 b Abs. 2 StGB i. V. m. der nach § 17 GOBT zu beschließenden Geheimschutzordnung des Deutschen Bundestages (Anl. 3 zur GOBT) sowie die durch Gesetz geschaffenen Einrichtungen zur Kontrolle geheimdienstlicher Tätigkeiten (s. o. Rn. 27); vgl. noch § 10 a Abs. 2 BHO. Rspr. des BVerfG: BVerfGE 67, 100 (137); 77, 1 (54 ff.). Gesetzliche Regelung: §§ 14 ff., 18, 29 f. des Gesetzes zur Regelung des Rechts der Untersuchungsausschüsse des Deutschen Bundestages vom 19.6.2001 (BGBl I, S. 1142); dazu *Dieter Wiefelspütz*, Das Untersuchungsausschussgesetz, 2003.

[144] Angesichts des genuinen Zusammenhangs von Repräsentation und Publizität – vgl. etwa *Carl Schmitt*, Verfassungslehre, ³1957, S. 208 ff.; *Gerhard Leibholz*, Das Wesen der Repräsentation und der Gestaltwandel der Demokratie im 20. Jahrhundert, ³1966, S. 176 ff. – eine nicht leichthin zu treffende Feststellung.

[145] BVerfGE 67, 100 (137). Zum Problem *Klein* (N 15), Art. 44 Rn. 175 ff.

[146] Vgl. statt vieler *Theodor Maunz*, in: Maunz/Dürig, Komm. z. GG, Art. 110 Rn. 69 ff.; anders aber – mit Unterschieden im einzelnen – die h. M. *Helmut Siekmann*, in: Sachs, GG Komm., Art. 110 Rn. 89 ff.; *Markus Heintzen*, in: v. Münch/Kunig, GGK III, vor Art. 110 Rn. 6 ff.; *Werner Heun*, in: Dreier, GG III, Art. 110 Rn. 40. Ferner *Wilhelm Kewenig*, Staatsrechtliche Probleme parlamentarischer Mitregierung am Beispiel der Bundestagsausschüsse, 1970; *Steiger* (N 105), S. 135 ff.; *Mußgnug* (N 85), S. 374 ff. Krit. *Christian Hillgruber*, in: v. Mangoldt/Klein/Starck, Art. 110 Rn. 96 ff.

[147] *Richard Bäumlin*, Die Kontrolle des Parlaments über Regierung und Verwaltung. Referate und Mitteilungen des Schweizerischen Juristenvereins 1966, S. 165.

[148] *Gunter Kisker*, Staatshaushalt, in: HStR IV, ²1999 (¹1990), § 89 Rn. 98 f., 103 ff. → Unten *Hufeld*, § 56.

Zu wichtigen Instrumenten der Kontrolle der Regierung (und ihrer parlamentarischen Mehrheit), insbesondere durch die oppositionelle Minderheit,
haben sich das Organstreitverfahren und das Verfahren der abstrakten Normenkontrolle vor dem Bundesverfassungsgericht entwickelt (Art. 93 Abs. 1
Nr. 1 und 2 GG, §§ 13 Nr. 5 und 6, 63 ff., 76 ff. BVerfGG). Durch sie kann
freilich nur die Verfassungskonformität, nicht die politische Opportunität der
Entscheidungen von Regierung oder Bundestagsmehrheit einer unabhängigen
Prüfung zugeführt werden.

V. Die Öffentlichkeitsfunktion

»Repräsentative Demokratie muß kommunikative Demokratie sein.«[149] Hierzu hat die parlamentarische Debatte einen wesentlichen Beitrag zu leisten[150]. Ihre vorrangige Aufgabe ist es, nicht so sehr den Verlauf, als vielmehr
das Ergebnis des Willensbildungsprozesses im Parlament, d. h. in den Fraktionen und Ausschüssen des Bundestages, vor der Öffentlichkeit zu begründen[151].

Dementsprechend verhandelt der Bundestag grundsätzlich öffentlich
(Art. 42 Abs. 1 GG)[152], was regelmäßig auch Öffentlichkeit der Abstimmung
bedeutet[153]. Muß sich einerseits die politische Willensbildung vom Volk zu den
Staatsorganen »von unten nach oben« vollziehen[154], so müssen andererseits
diese die Bürger mit den für deren Meinungsbildung und schließlich Wahlentscheidung notwendigen Informationen versehen[155]. Die Legitimität der repräsentativ-demokratischen Verfassungsordnung beruht nicht allein auf ord-
nungsmäßigen und periodisch wiederkehrenden Wahlen, sondern auch auf der
fortgesetzten Rückkopplung des staatlichen Willensbildungsprozesses an die
»politische Willensbildung des Volkes« (Art. 21 Abs. 1 S. 1 GG)[156]. Sie ist Sache

---

[149] *Heinrich Oberreuter*, Abgesang auf einen Verfassungstyp?, in: Aus Politik und Zeitgeschehen, B 2/1983, S. 19 ff. (29).

[150] S. o. Rn. 7. *Morlok* (N 121), Art. 38 Rn. 32, wendet sich dagegen, die Öffentlichkeitsfunktion des Bundestages zu verselbständigen. Öffentlichkeit sei vielmehr eine in der Demokratie notwendige Wirkdimension des Parlaments, welche die Einzelfunktionen erst er-
füllbar mache (s. o. N 144). Das ist richtig. Indessen ist, wie gezeigt (s. o. Rn. 36), auch die
Kontrollfunktion des Bundestages nicht scharf von seinen sonstigen Funktionen zu trennen,
sondern ihnen allen immanent. Die systematisch sinnvoll unterscheidbaren Parlamentsfunktionen stehen sämtlich in einem wechselseitigen Bedingungszusammenhang. Zum Folgenden
vgl. auch *Klein* (N 15), Art. 42 Rn. 26 ff.

[151] Ähnl. *Magiera* (N 11), S. 155.

[152] Näheres bei *Kißler* (N 6), S. 121 ff.

[153] Dazu *Klein* (N 15). Die Sitzungen der Ausschüsse sind hingegen in der Regel nichtöf-
fentlich (vgl. §§ 69 f. GOBT, aber auch Art. 44 Abs. 1 GG).

[154] BVerfGE 20, 56 (97 ff.); 44, 125 (140 f.). Vgl. allerdings auch ebd., S. 139 f., sowie BVerf-
GE 85, 204 (284 f.).

[155] BVerfGE 44, 125 (147 f.).

[156] Dazu die Enquete-Kommission »Verfassungsreform« (N 29), S. 11 ff.; *Stern* (N 32), § 18

des Parlaments, soweit die staatliche Willensbildung dort stattfindet; es hat hier seine spezifische »Funktion im Integrationsprozeß«[157]. Durch sie werden die Bürger und ihre Organisationen über die Wahlen hinaus zu Subjekten des politischen Prozesses[158].

Auf diesem Sektor der Aufgaben des Bundestages besteht ein offenkundiges Leistungsdefizit. Seine »Öffentlichkeitsarbeit« hat Schwächen. Er hat Schwierigkeiten mit seiner Selbstdarstellung. Leere Bänke, Zeitungslektüre im Plenum, eine oft abstoßende Polemik der Redner bestimmen das vom Fernsehen geflissentlich in die Wohnstuben übertragene Bild. Ursächlich dafür sind nur teilweise objektive Mißstände – wie etwa unter den Augen der Fernsehkameras zur Schau getragene Langeweile, ermüdende Rhetorik, Beschimpfung des politischen Gegners, Mangel an Niveau, zur Routine erstarrte Debattenabwicklung u.a. mehr. Gefährlicher sind zählebige Mißverständnisse über die Rolle des Parlaments in der repräsentativen Parteiendemokratie des Grundgesetzes, von denen oben gehandelt wurde. Sie werden nicht nur in der Öffentlichkeit, sondern auch im Bundestag selbst tradiert. Eine Erklärung für seine Schwächen in der Beurteilung durch die öffentliche Meinung ist auch die, daß er auch nach eigenem Selbstverständnis noch immer ständig zu sein versucht, was ein Parlament allenfalls in seinen Sternstunden zu sein vermag: die nationale Stätte eines individuell ungebundenen Argumentationsaustauschs über Gegenstände von über den Tag hinausweisender Bedeutung. Gewiß wäre ein höheres Maß an schöpferischem Individualismus ebenso erwünscht wie mehr Freiraum für die Debatte über Grundsatzfragen und ein gelegentlich unbefangenerer Umgang mit der Fraktionsdisziplin[159]. Aber all dies vermöchte nichts an dem Grundsachverhalt zu ändern, daß das Parlament, will es seine Funktionen wirkungsvoll wahrnehmen, ein enormes Maß an Arbeit zu bewältigen hat, für die es jener Eigenschaften bedarf, die ihm nicht wenige als Mangel zur Last legen: Professionalismus, Spezialistentum, auch – bis zu einem gewissen Grade – Bürokratie und Hierarchie[160]. Diese fundamentale Befindlichkeit des modernen Parlamentarismus gilt es nachdrücklicher als bisher ins Bewußtsein zu heben, will man »Abgeordnetenapathie und Beteiligungsunlust«[161], die freilich auch noch andere Ursachen haben, zu begegnen versuchen.

II 6 e; *Ernst-Wolfgang Böckenförde*, Demokratie und Repräsentation, 1983, S. 19, 24, 29f.; BVerfGE 85, 204 (285), mit Rückverweisungen. → Oben *Böckenförde*, § 34, insbes. Rn. 20 ff.

[157] *Eichenberger* (N 121), S. 272.

[158] *Heinz J. Varain*, Parteien und Verbände, 1964, S. 289 f.

[159] In dieser Richtung *Hans Hugo Klein*, Mehr geheime Abstimmungen in den Parlamenten, in: ZRP 1976, S. 81 ff.

[160] Vgl. die kritische Erwähnung dieser und ähnlicher Begriffe bei *Schneider* (N 41), § 13 Rn. 123.

[161] So der Titel einer Abhandlung von *Uwe Thaysen*, in: ZParl 9 (1978), S. 447.

Daneben läßt sich allerdings eine ganze Reihe praktischer Maßnahmen denken, die die Fähigkeit des Bundestages, seiner Öffentlichkeitsfunktion zu genügen, kurzfristig verbessern könnten. Außer an die zuvor bereits angedeuteten Mißstände sei an die politische Unsitte erinnert, Entscheidungen der Bundesregierung auf Pressekonferenzen statt im Parlament bekanntzugeben. Eine Erklärung im Bundestag stößt jedenfalls dann, wenn dieser tagt, auf keinerlei Schwierigkeiten. Der Bundestag hat sich bisher als zu schwach erwiesen, dies durchzusetzen. Entsprechende Versuche hatten nur einen kurzfristigen und wenig befriedigenden Erfolg[162]. Die bevorzugte Behandlung der Presse bekundet dem Bundestag, dem die Regierung verantwortlich ist, ein Maß an Mißachtung, das die Öffentlichkeit registrieren muß.

Ein nicht minder bedeutsames Thema sind die Rechte der Opposition. Diese hat im parlamentarischen Regierungssystem essentielle Bedeutung[163], denn sie verkörpert die für die freiheitliche demokratische Grundordnung wesentliche Chance des Machtwechsels[164]. Die als Minderheitsrechte ausgestalteten Befugnisse des Bundestages sind heute vor allem Instrumente oppositioneller Politik[165]. Gewisse Verbesserungen sind diskutabel[166]. In erster Linie notwendig erscheint jedoch eine institutionelle Aufwertung der Opposition, wie sie die politischen Parteien durch Art. 21 GG erfahren haben[167], denn auch hier geht es vorrangig um die Verbesserung des Verständnisses der Institutionen der modernen Demokratie und ihrer Funktionsweise. Allerdings wird bei in diese Richtung zielenden Maßnahmen im Auge zu behalten sein, daß die Geltung des Mehrheitsprinzips unberührt bleiben muß. Entscheidungs- und Durchsetzungsfähigkeit der Mehrheit sind für den Bestand der Demokratie nicht weniger wesentlich als Existenz und Aktivitäten der Opposition[168].

C. Bewertung

Kein anderes oberstes Bundesorgan sieht sich so häufig einer strukturbezogenen kritischen Betrachtung ausgesetzt wie der Deutsche Bundestag. Das liegt zum Teil daran, daß sich sein Wirken mehr als das der anderen Organe im Lichte der Öffentlichkeit vollzieht und daß die parteipolitische Auseinan-

---

[162] Vgl. *Schindler* (N 70), Bd. II, S. 2742 ff.

[163] *Stern* (N 32), § 23 I 3 a. Siehe schon oben Rn. 34 mit N 125. → Unten *Zeh*, § 52 Rn. 18 ff.

[164] BVerfGE 44, 125 (145).

[165] Überblick bei *Stern* (N 32), § 23 III 3.

[166] Vgl. die Überlegungen bei *Schneider* (N 41), § 13 Rn. 131 ff.

[167] Selbst in der Geschäftsordnung des Bundestages erscheint die Opposition nur als »die Fraktion, die eine abweichende Meinung vortragen lassen will« (§ 35 Abs. 2). Vgl. auch § 50 Abs. 2 AbgG, wo in Ansehung der den Fraktionen des Bundestages zustehenden Geldleistungen vom »Oppositionszuschlag« die Rede ist.

[168] Zu dieser Thematik vgl. *Klein* (N 7).

dersetzung sich im Parlament konzentriert und dort auch kulminiert. Die Struktur des Parlaments ist die vergleichsweise am wenigsten homogene. Harmonie ist ihm nach seiner Aufgabenstellung fremd. Hinzu kommen Überlastung und Informationsdefizite und ein zwar mitunter überschätzter, aber gleichwohl oft schmerzlicher Mangel an Sachverstand. Vor allem aber liegen die Schwierigkeiten des Parlaments in der im inter- und supranational eingebundenen sozialen Lenkungs- und Leistungsstaat gewachsenen Macht und Komplexität der Exekutive begründet[169]. Die daraus entstandene, grundsätzlich irreversible Lage zwingt das Parlament in das Dilemma, sich in einem Prozeß ständiger, an notwendig ungewissen Kriterien orientierter Abwägung zwischen der Beschäftigung mit unter Umständen durchaus wichtigen Detailfragen und der Geltendmachung des Politischen, d. h. übergeordneter konzeptioneller Sichtweisen, zu entscheiden. Institutionelle Vorkehrungen vermögen diesem Dilemma nicht abzuhelfen, sie können es allenfalls erträglicher machen[170]. Bei der Wahrnehmung seiner Aufgaben wird der Bundestag auch weiterhin auf dem schmalen Grat zwischen Effizienz und Verzettelung zu agieren haben.

D. Bibliographie

Norbert Achterberg, Parlamentsrecht, 1984.
Deutscher Bundestag (Hg.), Schlußbericht der Enquete-Kommission »Verfassungsreform des Deutschen Bundestages«, in: BT-Drs 7/5924.
Eckart Busch, Parlamentarische Kontrolle – Ausgestaltung und Wirkung, 1983.
Kurt Eichenberger, Die Problematik der parlamentarischen Kontrolle im Verwaltungsstaat, in: SJZ 1965, S. 269 ff., 285 ff.
Leo Kißler, Der Deutsche Bundestag, in: JöR 26 (1977), S. 39 ff.
Hans Hugo Klein, Die Funktion des Parlaments im politischen Prozeß, in: ZG 12 (1997), S. 209 ff.
Walter Krebs, Kontrolle in staatlichen Entscheidungsprozessen, 1984.
Siegfried Magiera, Parlament und Staatsleitung in der Verfassungsordnung des Grundgesetzes, 1979.
Karl-Ulrich Meyn, Kontrolle als Verfassungsprinzip, 1982.
Friedrich Schäfer, Der Bundestag, ⁴1982.
Peter Schindler, Datenhandbuch zur Geschichte des Deutschen Bundestages 1949 bis 1999, Gesamtausgabe in drei Bänden, 1999.
Matthias Schmidt-Preuß, Gestaltungskräfte im parlamentarischen Regierungssystem der Bundesrepublik Deutschland, in: Josef Isensee/Helmut Lecheler (Hg.), Freiheit und Eigentum. FS für Walter Leisner zum 70. Geburtstag, 1999, S. 467 ff.
Hans Schneider, Gesetzgebung, ³2002.
Hans-Peter Schneider, Das parlamentarische System, in: HdbVerfR, § 13.
Hans-Peter Schneider/Wolfgang Zeh, Parlamentsrecht und Parlamentspraxis, 1989.

---

[169] Dazu *Eichenberger* (N 121), S. 286 ff.; *Ulrich Scheuner*, Die Kontrolle der Staatsmacht im demokratischen Staat, 1977, S. 36.
[170] Skeptisch auch *Krebs* (N 37), S. 166 ff.

Rupert Scholz, Staatsleitung im parlamentarischen Regierungssystem, in: Peter Badura/Horst Dreier (Hg.), FS 50 Jahre Bundesverfassungsgericht, 2001, Bd. II, S. 663 ff.

Heinhard Steiger, Organisatorische Grundlagen des parlamentarischen Regierungssystems, 1973.

Hans Troßmann, Der Bundestag: Verfassungsrecht und Verfassungswirklichkeit, in: JöR 28 (1979), S. 1 ff.

2. Status des Abgeordneten

A. Das Amt

I. Freiheit des Mandats

Der Abgeordnete ist »Inhaber eines öffentlichen Amtes, Träger des ›freien Mandats‹ und Vertreter des ganzen Volkes«[1].

1. Der Charakter des Amtes

Als Inhaber eines öffentlichen Amtes (Art. 48 Abs. 2 GG) ist der Abgeordnete Träger eigener Wahrnehmungszuständigkeiten[2]. Als Teil des Organs Deutscher Bundestag hat er aus eigenem Recht Anteil an dessen Aufgaben; sein Amt ist die Mitgliedschaft im Parlament[3]. Der Begriff des Amtes bringt – mit normativer, wenngleich weitgehend[4] sanktionsfreier Bindung auch des Abgeordneten – zum Ausdruck, daß das Amt unabhängig von der Person seines Inhabers besteht und dieser die ihm übertragenen Zuständigkeiten nicht in seinem persönlichen Interesse oder dem seiner Auftraggeber, sondern als Dienst am Gemeinwohl wahrzunehmen hat[5]. Dieses allerdings ist keine vor-

---

[1] BVerfGE 40, 296 (314); vgl. auch Sondervotum *Seuffert,* ebd., S. 335 f. Ferner BVerfGE 76, 256 (341). Ausführlich *Hans H. Klein,* in: Maunz/Dürig, Komm. z. GG, Art. 48 Rn. 22 ff.; *Peter Badura,* in: Hans-Peter Schneider/Wolfgang Zeh. Parlamentsrecht und Parlamentspraxis, 1989, § 15.

[2] Zum Begriff des Amtes vgl. *Josef Isensee,* Öffentlicher Dienst. in: HdbVerfR, § 32 Rn. 16 ff. → Bd. II, *Isensee,* § 15 Rn. 131; *Gröschner,* § 23. → Oben *Depenheuer,* § 36. Zum Amt des Abgeordneten *Wilhelm Henke.* Das Recht der politischen Parteien, ²1972, S. 120 ff.; ferner *Andreas Greifeld,* Das Wahlrecht des Bürgers vor der Unabhängigkeit des Abgeordneten, in: Der Staat 23 (1984), S. 501 ff. (503 mit Fn. 17).

[3] So zutr. *Klaus Stern,* Das Staatsrecht der Bundesrepublik Deutschland, Bd. I, ²1984, § 24 I 4.

[4] Über parlamentarische Sanktionen eines etwaigen Fehlverhaltens vgl. *Hans Troßmann,* Der Bundestag: Verfassungsrecht und Verfassungswirklichkeit, in: JöR 28 (1979), S. 1 ff. (102 ff.). Vgl. auch die »Verhaltensregeln für Mitglieder des Deutschen Bundestages«. Anl. 1 zur GOBT (dazu auch unten Rn. 22) sowie § 14 AbgG.

[5] Der früher vielfach geforderte Abgeordneteneid gab dieser Pflichtenstellung Ausdruck – vgl. *Winfried Steffani,* Ein Verfassungseid für Abgeordnete in Bund und Ländern?, in: ZParl 7 (1976), S. 86 ff.; grdl. *Ernst Friesenhahn,* Der politische Eid, 1928, S. 64 ff. – Vgl. auch *Isensee,* HdbVerfR (N 2); *Siegfried Magiera,* Parlament und Staatsleitung in der Verfassungsordnung des Grundgesetzes, 1979, S. 109 ff.; *Hans-Peter Schneider,* in: GG-AK, Art. 38 Rn. 18, 20; *Klaus Abmeier,* Die parlamentarischen Befugnisse der Abgeordneten des Deutschen Bundes-

gegebene Größe, sondern das Ergebnis des offenen politischen Prozesses, in den nicht zuletzt der Abgeordnete seine Vorstellungen einzubringen hat.

Der gewählte Bewerber erwirbt die Mitgliedschaft im Deutschen Bundestag durch Annahmeerklärung (die im Falle des Schweigens innerhalb der dafür vorgesehenen Frist als abgegeben fingiert wird), allerdings nicht vor Ablauf der vorangehenden Wahlperiode (vgl. § 45 BWahlG).

2. Das freie Mandat

Die Abgeordneten sind »Vertreter des ganzen Volkes, an Aufträge und Weisungen nicht gebunden und nur ihrem Gewissen unterworfen« (Art. 38 Abs. 1 S. 2 GG). Diese – dem »traditionellen Erbgut des demokratisch-parlamentarischen Systems«[6] entstammende – Formulierung gewährleistet dem Abgeordneten seinen repräsentativen Status, mithin die Freiheit seines Mandats[7]. Der repräsentative Status des Abgeordneten weist über sich selbst hinaus. Er ist die »Grundlage für die repräsentative Stellung des Bundestages«, der seine »Aufgaben und Befugnisse [...] nicht losgelöst von seinen Mitgliedern, sondern in der Gesamtheit seiner Mitglieder« wahrnimmt[8]. Repräsentation, d. i. die frei von Weisungen eines Dritten in eigener Verantwortung, aber in Verantwortlichkeit gegenüber dem Repräsentierten für diesen und mit Wirkung für ihn getroffene Entscheidung: Der repräsentative Status des Abgeordneten ist auf die repräsentative Stellung des Bundestages bezogen, um ihretwillen dem Abgeordneten auferlegt und gewährleistet.

Die Freiheit des Mandats enthält die unbedingte Absage nicht nur an die historischen Formen des gebundenen Mandats der altständischen Verfassungen[9], sondern ebenso unzweideutig auch an alle modernen Versuche, den Abgeordneten als bloßen Funktionär irgendwelcher Kollektive wie Parteien oder sogenannter basisdemokratischer Organisationen zu vereinnahmen (Verbot des imperativen Mandats)[10]. Die dem Inhaber des Mandats aufgegebene Ver-

---

tages nach dem Grundgesetz, 1984, S. 58 ff.; vgl. ferner den umfassenden Literaturbericht bei *Meinhard Schröder*, Grundlagen und Anwendungsbereich des Parlamentsrechts, 1979, S. 142 ff., der sich selbst allerdings gegen das Amtsprinzip wendet (S. 280 ff.) – m. E. aufgrund eines zu engen, zu sehr an der Exekutive orientierten Begriffs des Amtes.

[6] *Edgar Tatarin-Tarnheyden*, Die Rechtsstellung der Abgeordneten, ihre Pflichten und Rechte, in: Anschütz/Thoma, Bd. I, S. 413 (417).

[7] Die strikte Entgegensetzung von Amt und freiem Mandat, von der *Henke* (N 2), S. 125 ff., ausgeht, halte ich nicht für zwingend.

[8] BVerfGE 80, 188 (217 f.); 99, 19 (32); 104, 310 (330). Die zitierten Formulierungen sind nicht dahin mißzuverstehen, daß der Bundestag lediglich die Summe seiner Mitglieder wäre. Er ist selbst das in Art. 20 Abs. 2 S. 2 GG gemeinte »besondere Organ« und als solches Inhaber originärer Kompetenzen: BVerfGE 90, 286 (342 f.).

[9] Der Unterschied ist scharf herausgearbeitet bei *Friedrich Gentz*, Über den Unterschied zwischen den landständischen und Repräsentativ-Verfassungen, 1819 (Text bei *Johann L. Klüber/Carl Welcker*, Wichtige Urkunden für den Rechtszustand der deutschen Nation, 1844, S. 220 ff.).

[10] Nachweise aus der Diskussion bei *Stern* (N 3), § 24 IV 1; vgl. auch *Martin Morlok*, in:

tretung des Volkes hat mit der Stellvertretung des bürgerlichen Rechts auch deshalb nichts zu tun, weil die Erklärungen des Abgeordneten nicht für oder gegen den Vertretenen, das Volk, wirken. Lediglich die – unter Einhaltung bestimmter, in Verfassung und Geschäftsordnung geregelter Verfahren – zustande gekommenen Beschlüsse des Organs, dem er angehört, gelten als Handlungen des Volkes, sind diesem zuzurechnen[11]. Indem die Verfassung den Abgeordneten von jeder Bindung an Aufträge und Weisungen freistellt, setzt sie ihn in den Stand, kraft eigener, durch die Wahl erworbener Legitimation am Prozeß der parlamentarischen Willensbildung teilzunehmen und dadurch zugleich an der Integration der einzelnen Bürger zum Staatsvolk mitzuwirken, ihre Vorstellungen zum überindividuellen Gesamtwillen hinzuführen und zu verbinden[12].

Der Abgeordnete ist nur seinem Gewissen unterworfen. Das bedeutet – entgegen einem gelegentlich auch durch die parlamentarische Praxis erweckten Anschein – nicht, daß er etwa nur in sogenannten Gewissensfragen frei wäre, seiner Überzeugung zu folgen. Diese hat vielmehr bei allen seinen Entscheidungen die alleinige Richtschnur seines Handelns zu bilden[13]. Nicht minder verfehlt ist der in der politischen Auseinandersetzung häufig unternommene Versuch, die Parteien, deren parlamentarische Vertretung und damit die Abgeordneten auf Aussagen (z.B. sogenannte Wahlversprechen) festzulegen, die sie vor der Wahl abgegeben haben, sofern damit eine verfassungsrechtliche Aussage verbunden wird. Das Wahlprogramm einer Partei wird durch den Wahlakt nicht zur rechtsverbindlichen Leitlinie ihres politischen Handelns während der folgenden Legislaturperiode. Eine derartige Vorstellung müßte unter gewissen Voraussetzungen geradezu zu einer Blockade praktischer Politik führen: Schon die im unmittelbaren Anschluß an die Wahl gegebenenfalls zu führenden Koalitionsverhandlungen können eine Partei zu ihrer Wahlaussage zuwiderlaufenden Absprachen zwingen; wie sollte sie auf unvorhersehbare Entwicklungen vernünftig reagieren, die bei der Beschlußfassung über das Wahlprogramm noch nicht berücksichtigt werden konnten? Eben diese notwendige Flexibilität staatlicher Willensbildung dem Parlament und seinen Mitgliedern zu erhalten, ist das freie Mandat jedenfalls auch bestimmt. Mit ihm ist die jener Auffassung zugrundeliegende Theorie des realplebiszitären Mandats (»theory of the mandate«) nicht vereinbar[14]. Eine andere Frage ist es,

---

Dreier, GG II, Art. 38 Rn. 137, 140; *Schneider* (N 5), Art. 38 Rn. 31; *Henke* (N 2), S. 134 ff. Zur historischen Entwicklung und ihren ideengeschichtlichen Zusammenhängen umfassend *Peter Badura,* in: BK, Art. 38 Rn. 2 ff.

[11] Vgl. BVerfGE 44, 308 (316).

[12] *Tatarin-Tarnheyden* (N 6), S. 416.

[13] *Badura* (N 10), Rn. 50; *Hans H. Klein,* Die Auflösung des Deutschen Bundestages nach Art. 68 GG. Zum Urteil des Bundesverfassungsgerichts vom 16. Februar 1983 (BVerfGE 62, 1), in: ZParl 14 (1983), S. 402 ff. (405); *Siegfried Magiera,* in: Sachs, GG Komm., Art. 38 Rn. 47; *Hans-Heinrich Trute,* in: v. Münch/Kunig, GGK II, Art. 38 Rn. 88.

[14] *Badura* (N 10), Rn. 44 ff.

wieweit Überlegungen politischer Zweckmäßigkeit, die Glaubwürdigkeit einer Partei, ihre Erfolgsaussichten bei künftigen Wahlen, in Einzelfällen sogar die politische Moral ein Festhalten an früheren Aussagen erfordern[15]. Es geht also nicht um die Rechtfertigung eines Zynismus, der durch bewußte Wählertäuschung zur Macht gelangt, um danach seine eigentlichen Absichten zu verfolgen, sondern um die Gewähr politischer Handlungsfähigkeit in wechselnden Lagen[16].

3. Der Abgeordnete in Partei und Fraktion

Es fehlt (auch)[17] heute nicht an Stimmen, nach denen die Freiheit des Mandats in die Wirklichkeit der modernen Parteiendemokratie nicht mehr paßt und im Blick auf sie Einschränkungen hinzunehmen hat. Als besonders wirkmächtig hat sich die Parteienstaatslehre von Gerhard Leibholz erwiesen, den die zutreffende Beobachtung, daß die Mitglieder des Parlaments heute nicht mehr als Einzelpersönlichkeiten, sondern als Exponenten ihrer Partei gewählt werden, zu der normativ gemeinten Aussage veranlaßt hat, Art. 38 Abs. 1 GG könne allein die Bedeutung haben, gewisse äußerste Konsequenzen des Parteienstaates abzuwehren[18]. Auf dieser Linie ist ihm das Bundesverfassungsgericht mit der Annahme, zwischen Art. 38 GG, einem »Satz aus dem gesicherten ideologischen Bestand des Verfassungsrechts der liberalen Demokratie«, und Art. 21 GG bestehe eine »prinzipielle Unvereinbarkeit«, gefolgt – jedenfalls zeitweise und im methodischen Ansatz[19]. Vereinzelt wird daran die Folgerung geknüpft, der Abgeordnete übe heute von Verfassungsrechts wegen nicht mehr ein »freies«, sondern nur noch ein »rahmengebundenes«[20] Mandat aus.

Auffassungen dieser Art[21] verfehlen den normativen Sinn der Verfassung.

---

[15] Zur Legalität und Legitimität des Koalitionswechsels einer Partei während der Wahlperiode vgl. BVerfGE 62, 1 (43).

[16] Ähnl. *Morlok* (N 10), Rn. 138.

[17] Vgl. etwa *Fritz Morstein Marx*, Rechtswirklichkeit und freies Mandat, in: AöR 50 (1926), S. 439 ff.; *Leo Wittmayer*, Die Weimarer Reichsverfassung, 1922, S. 68; zur Rechtslage unter der Weimarer Reichsverfassung vgl. *Ernst Rudolf Huber*, Deutsche Verfassungsgeschichte seit 1789, Bd. VI, 1981, S. 365 ff.

[18] Strukturprobleme der modernen Demokratie, ³1967, S. 117. Vgl. auch *Gerhard Leibholz*, Der Gestaltwandel der Demokratie im 20. Jahrhundert, in: Das Wesen der Repräsentation und der Gestaltwandel der Demokratie im 20. Jahrhundert, ³1966, S. 211 ff. (288 ff.), sowie *dens.*, Verfassungsrecht und politische Wirklichkeit, ebd., S. 249 ff. (261 ff.). Ausführlich dazu *Klein* (N 1), Art. 21 Rn. 179 ff.

[19] Vgl. BVerfGE 2, 1 (72).

[20] *Norbert Achterberg*, Das rahmengebundene Mandat, 1975; *ders.*, Parlamentsrecht, 1984, S. 222 ff. – Diese Auffassung kommt in den einzelnen konkreten Fragen (s. u. Rn 13) nicht notwendig zu von den hier vertretenen abweichenden Ergebnissen.

[21] Nichts einzuwenden ist gegen die Bezeichnung »parteibezogenes« Mandat bei *Hans-Peter Schneider*, in: HdbVerfR, § 13 Rn. 51, die ich nicht als normative, sondern als deskriptive Aussage verstehe.

Ein Spannungsverhältnis«[22] besteht nicht auf der Ebene der Normen des Grundgesetzes, sondern allenfalls – eine häufige Erscheinung – zwischen Verfassungsrecht und politischer Praxis[23]. Gerade um sie vom Pfade repräsentativdemokratischer Tugend nicht abirren zu lassen, garantiert das Grundgesetz die Freiheit des Mandats. Sie erfährt durch die Tatsache, daß die Abgeordneten in aller Regel als Kandidaten einer Partei in das Parlament gelangen und einer seiner Fraktionen als Mitglieder angehören, keinerlei rechtliche Einschränkungen. Vielmehr begrenzt umgekehrt Art. 38 Abs. 1 S. 2 GG den Einfluß der Parteien auf den Abgeordneten und damit auf das Parlament[24]. Die Enquete-Kommission »Verfassungsreform des Deutschen Bundestages« hält daher mit Recht daran fest, »daß das freie Mandat sowohl als Kernstück der parlamentarisch-repräsentativen Demokratie unverzichtbar wie auch für die Funktionsfähigkeit der innerparteilichen Demokratie von wesentlicher Bedeutung ist«[25]. Bewußt bringt die Verfassung den einzelnen Abgeordneten als eine strukturbestimmende Größe in den Prozeß der parlamentarischen Willensbildung ein, um dadurch die politischen Parteien gegen oligarchisierende Tendenzen abzuschirmen und die Offenheit der Willensbildung in Partei und Fraktion zu begünstigen[26]. Die Freiheit seines Mandats befähigt ihn zu offener Kommunikation, also zu unvoreingenommener Entgegennahme von Informationen und deren selbstverantwortlicher Verarbeitung[27]. Dem Träger des Mandats erwächst eben daraus die – allerdings um seiner Entschließungsfreiheit willen nicht sanktionsbewehrte – Pflicht, sich in seinem Abstimmungsverhalten nicht vom Motiv eines nicht geschuldeten Gehorsams gegenüber Partei und Fraktion, sondern von seiner Überzeugung leiten zu lassen. Diesem Grundsatz widerspricht es aber nicht, wenn der Abgeordnete sich in vielen Fragen, denen er sich selbst nicht mit der von der Sache gebotenen Gründlichkeit widmen konnte, auf den Rat anderer verläßt oder der Mehrheitsmeinung seiner Fraktion unter Zurückstellung seiner eigenen Ansicht folgt. Zu den Funktionsbedingungen jedenfalls des modernen Parlamentarismus gehört es, daß der Abgeordnete nicht als Einzelkämpfer, sondern nur in Gemeinschaft mit anderen, also unter Einbringung eigener, unter Umständen weitgehender Kompromißbereitschaft seine politischen Ziele zu verfolgen vermag[28]. Es bleibt seiner Verantwortung überlassen, wo er die Grenzen dieser

---

[22] BVerfGE 2, 1 (72). Dagegen zutr. *Morlok* (N 10), Rn. 138.

[23] Ebenso *Stern* (N 3), § 24 IV 2; *Willi Geiger,* Der Abgeordnete und sein Beruf, in: ZParl 9 (1978), S. 522 ff. (525). Anders akzentuierend *Hartmut Maurer,* Staatsrecht, Bd. I, ³2003, § 13 Rn. 63.

[24] *Wilhelm Henke,* Parteien und der Ämterstaat, in: NVwZ 1985, S. 616 (620).

[25] *Deutscher Bundestag* (Hg.), Schlußbericht der Enquete-Kommission »Verfassungsreform des Deutschen Bundestages«, in: BT-Drs 7/5924, S. 25 unter 3.3.

[26] *Enquete-Kommission* (N 25). Grdl. *Badura* (N 10), Rn. 52, 65 ff.

[27] *Heinhard Steiger,* Organisatorische Grundlagen des parlamentarischen Regierungssystem, 1973, S. 192 ff.

[28] Dazu *Magiera* (N 5), S. 137 ff., der sich zu Recht gegen eine idealistische Übersteigerung

Kompromißbereitschaft zieht. Sein freies Mandat befähigt und verpflichtet ihn, dieser Verantwortung zu genügen. Bedingungslose Unterordnung erlaubt es ihm nicht. »Der Politiker, der sich weder durchzusetzen vermag, noch bereit ist, die Konsequenzen seiner divergierenden Auffassung zu tragen, entspricht nicht dem Typ des Abgeordneten, den das Grundgesetz voraussetzt.«[29]

Der »Beruf« des Abgeordneten ist geprägt von seiner amtlichen Funktion, die Freiheit seines Mandats keine grundrechtliche, um ihrer selbst willen gewährleistete Freiheit, sondern eine funktionale, der Repräsentationsfunktion des Bundestages dienstbare, »organschaftliche« Freiheit[30].

II. Der Beruf des Parlamentariers

Die Tätigkeit des Abgeordneten spielt sich schwerpunktmäßig einerseits am Sitz des Deutschen Bundestages, andererseits in seinem Wahlkreis ab[31]; im Maße seines Bekanntheitsgrades weitet sich auch der Radius seines Wirkungskreises in Land und Bund. Auf Auslandsreisen, die auch für Mitglieder des Parlaments in einer immer näher zusammenrückenden Welt unentbehrlich geworden sind, hat er an der Pflege internationaler Beziehungen teil und bereichert den Schatz seiner Erfahrungen. Das Bundesverfassungsgericht hat in seinem sogenannten Diäten-Urteil vom 5. November 1975 die Inanspruchnahme des Parlamentariers in der Gegenwart zutreffend geschildert:

»Der Umfang der Inanspruchnahme durch das Mandat ist so stark gewachsen, daß der Abgeordnete in keinem Fall mit der im Arbeitsleben sonst üblichen und allgemein als Fortschritt empfundenen wöchentlichen Regelarbeitszeit von 40 Stunden seine Verpflichtungen bewältigen kann. Er wird im Parlament durch Plenar- und Ausschußsitzungen, in Fraktion und Partei durch Sitzungen und Arbeiten sowie im Wahlkreis durch Veranstaltungen der verschiedensten Art, nicht zuletzt durch Wahlvorbereitungen und Wahlversammlungen in Anspruch genommen. So sehr er theoretisch die Freiheit hat, seine Aktivitäten in diesen drei Bereichen nach eigenem Ermessen bis über die Grenze der Vernachlässigung seiner Aufgabe hinaus einzuschränken, in der Praxis kann er sich dies aus den verschiedensten Gründen nicht leisten.«[32]

---

der Mandatsfreiheit und die daraus folgende realitätsfremde und letztlich antidemokratische Überforderung des einzelnen Abgeordneten wendet.

[29] *Konrad Hesse,* Grundzüge des Verfassungsrechts der Bundesrepublik Deutschland, [20]1995, Rn. 600. Vgl. auch *Horst Sendler,* Abhängigkeiten der unabhängigen Abgeordneten, in: NJW 1985, S. 1425 ff. → Unten *Zeh,* § 52 Rn. 15 ff.

[30] Vgl. BVerfGE 6, 445 (447 f.), sowie unten Rn. 41.

[31] Das gilt auch für den über die Liste gewählten – er betreut üblicherweise den Wahlkreis, in dem er erfolglos kandidiert hat, mit nicht geringerer Intensität als sein erfolgreicher politischer Gegner.

[32] BVerfGE 40, 296 (312).

Das Gericht bemißt die Wochenarbeitszeit eines Abgeordneten des Bundestages zu Recht mit 80 bis 120 Stunden.

Zu Unrecht hingegen ist dem Bundesverfassungsgericht unterstellt worden, es habe mit dieser Entscheidung den »Berufsparlamentarier« von Verfassungsrechts wegen postuliert. Vielmehr hat es nur davon Kenntnis genommen, daß die Ausübung des Mandats für den Abgeordneten während der Zeit seiner Zugehörigkeit zum Parlament nahezu unvermeidlich zum »Beruf« wird – regelmäßig nicht auf Dauer[33], aber für eine bemessene Zeitspanne[34]. Aus dem Ausmaß seiner Inanspruchnahme folgt, daß das Parlament heute nicht mehr aus »Honoratioren« bestehen kann, die das Mandat als »eine Art gesellschaftliches Ehrenamt«[35] versehen; vielmehr ist ein gewisses Maß an »Professionalisierung« unvermeidlich.

Die bestimmenden Faktoren des parlamentarischen Geschäftsgangs sind die Fraktionen[36]. Sie sind »notwendige Einrichtungen des Verfassungslebens«[37], »politisches Gliederungsprinzip für die Arbeit des Bundestages«[38]. In ihnen »vollzieht sich ein erheblicher Teil der Meinungs- und Willensbildung der Abgeordneten und dadurch des Parlaments im ganzen«; zwar wird der einzelne Abgeordnete durch sie in gewissem Umfang »mediatisiert«, andererseits erlangt er erst durch sie nachhaltigen Einfluß auf das parlamentarische Geschehen[39]. Aus der gleichen Freiheit aller, also auch der in einer gemeinsamen Fraktion sich zusammenfindenden Abgeordneten, folgt das – Art. 21 Abs. 1 S. 3 GG entsprechende – Gebot innerfraktioneller Demokratie[40]. In der Fraktion, ihren Arbeitskreisen, gegebenenfalls im Fraktionsvorstand, liegt deshalb ein Schwerpunkt der Tätigkeit des Mandatsträgers[41].

Ein anderer Schwerpunkt ist seine Mitarbeit in den – naturgemäß meist nur in einem oder höchstens zwei – Ausschüssen des Bundestages[42]. In ihnen werden die Beschlüsse des Bundestages vorbereitet, bis in die Einzelheiten unter

---

[33] Am Ende der 12. Wahlperiode des Deutschen Bundestages lag die durchschnittliche Dauer der Zugehörigkeit aller Abgeordneten zum Parlament bei 9,69 Jahren; vgl. *Peter Schindler*, Datenhandbuch zur Geschichte des Deutschen Bundestages, 1949–1999, Gesamtausgabe in drei Bänden, 1999, Bd. I, S. 571 f.; Bd. III, S. 3686 f.

[34] Dazu *Geiger* (N 23), S. 523; vgl. auch *Hans Herbert von Arnim*, in: BK (Zweitb.), Art. 48 Rn. 51; *Schneider* (N 5), Art. 38 Rn. 28; *Dietrich Rauschning*, Das parlamentarische Regierungssystem des Grundgesetzes in der Rechtsprechung des Bundesverfassungsgerichts, in: FG-BVerfG, Bd. II, S. 214.

[35] *Tatarin-Tarnheyden* (N 6), S. 415. Vgl. auch *Klein* (N 1), Rn. 38 ff.

[36] → Unten *Zeh*, § 52 Rn. 5 ff., insbes. Rn. 14 ff.

[37] BVerfGE 10, 4 (14); 20, 56 (104); 43, 142 (147); 70, 324 (350 f.).

[38] BVerfGE 80, 188 (219 f.); 84, 304 (322).

[39] Vgl. BVerfGE 43, 142 (149); vgl. auch *Magiera* (N 5), S. 128 ff.

[40] *Magiera* (N 5), S. 146 f. m. Fn. 310. Vgl. § 48 Abs. 1 AbgG.

[41] Zum Verhältnis Partei/Fraktion vgl. *Troßmann* (N 4), S. 273 ff.

[42] Zu ihren Aufgaben und Befugnissen vgl. etwa *Magiera* (N 5), S. 132 ff.; *Klein* (N 1), Art. 40 Rn. 126 ff.

Assistenz der Ministerialbürokratie beraten und häufig in einer im Plenum
längst nicht mehr anzutreffenden Offenheit auch zwischen den Fraktionen
und innerhalb derselben verhandelt. Nicht selten fallen in ihnen die Entscheidungen[43].

Schließlich agiert der Abgeordnete, sei es als einzelner, etwa als Fragesteller
in der Fragestunde (§ 105 GOBT) oder als Debattenredner im Plenum, sei es
zusammen mit anderen, etwa wenn er Gesetzentwürfe (Art. 76 Abs. 1 GG)
oder sonstige Anträge (§§ 76, 97 GOBT) einbringt, oder Große oder Kleine
Anfragen einreicht (§§ 75, 100, 104 GOBT).

Im Wahlkreis beschäftigen den Abgeordneten neben der regelmäßigen Information der Parteibasis in ihren vielfältigen Gliederungen, durch die er sich
nicht zuletzt seines politischen Rückhaltes versichert, die Durchführung öffentlicher Versammlungen, zunehmend auch außerhalb von Zeiten des Wahl-
kampfes, und die Teilnahme an zahlreichen Veranstaltungen auf lokaler und
regionaler Ebene, bei denen oft ein Redebeitrag von ihm erwartet wird. Er
muß in ständigem Kontakt zu den örtlichen Behörden stehen, um deren Anliegen gegebenenfalls bei der Bundesregierung oder im Bundestag vertreten zu
können. In vielen Fällen nimmt er Parteifunktionen wahr, etwa als Mitglied
oder Vorsitzender des Gemeinde-, Kreis-, Landes- oder gar Bundes-Vorstan-
des seiner Partei. Schließlich ist er Ansprechstelle für zahllose Bürger, die sich
mit ihren Wünschen und Vorstellungen an ihn wenden.

III. Einzelfragen

Aus der durch Art. 38 Abs. 1 S. 2 GG gewährleisteten Freiheit des Mandats
ergibt sich zunächst das Recht, sich mit anderen Abgeordneten zu einer Fraktion[44] oder Gruppe (§ 10 Abs. 1 und 4 GOBT) zusammenzuschließen[45]. Der
Sinn solcher Zusammenschlüsse ist die Organisation parlamentarischer Arbeit
im Vorfeld von Entscheidungen, die in einer Versammlung von rund 600 Ein-
zelkämpfern (vgl. §§ 1 Abs. 1 S. 1, 6 Abs. 5 BWahlG) einen chaotischen Verlauf
nähme und daher schon aus arbeitstechnischen Gründen der Vorbereitung in
(relativ) homogenen Gruppierungen bedarf. Die Fraktionen setzen im Parlament fort, was den Parteien im Raum der Gesellschaft zu leisten aufgegeben
ist: die Integration und Bündelung auseinanderstrebender Kräfte zu politisch
handlungsfähigen Einheiten. Zutreffend ist deshalb von der Scharnierfunktion
der Fraktion gesprochen worden[46]; sie verbindet die politische Willensbildung

---

[43] Vgl. BVerfGE 44, 308 (317); 70, 324 (363); 84, 304 (323); vgl. auch *Friedrich Schäfer,* Der
Bundestag, ⁴1982, S. 108 ff.; *Magiera* (N 5), S. 135.

[44] Vgl. §§ 45 ff. AbgG.

[45] Vgl. BVerfGE 43, 142 (149); 70, 324 (354); 80, 188 (219 f.); 96, 264 (278). Zu den Gruppen
BVerfGE 84, 304 (322 f.). Vgl. auch die abw. Meinung des Richters *Kruis* in: BVerfGE 80, 188
(241 f.). *Morlok* (N 10), Rn. 138, spricht vom »Assoziationsrecht« der Abgeordneten.

[46] Abw. Meinung des Richters *Mahrenholz,* in: BVerfGE 70, 324 (374); zust. *Kruis* (N 45).

in der Gesellschaft mit dem Prozeß der staatlichen Entscheidungsfindung im Parlament. Zum anderen erweitern sich die politischen Handlungs- und Durchsetzungsmöglichkeiten des einzelnen Abgeordneten durch seine Zugehörigkeit zu einer Fraktion beträchtlich, wenngleich er dieses Vorzugs nur um den Preis einer gewissen Rücksichtnahme auf die Fraktion teilhaftig werden kann[47]. Daraus folgt die rechtliche Unzulässigkeit jeder die Entschließungsfreiheit des Abgeordneten einschränkenden Einflußnahme auf sein parlamentarisches Handeln und die rechtliche Unverbindlichkeit der ihm in bezug darauf erteilten Aufträge und Weisungen[48].

1. Fraktionszwang und Fraktionsdisziplin

Daraus ergibt sich das Verbot des Fraktionszwangs, mithin das Verbot eines jeden Versuchs, den divergierenden Abgeordneten durch Maßnahmen welcher Art auch immer zu einem Abstimmungsverhalten im Sinne der Mehrheit seiner Fraktion zu nötigen; das ist unstreitig[49]. Allerdings gibt es – sieht man von der gewaltsamen Verhinderung der Teilnahme an der Abstimmung einmal ab – auch keine praktische Möglichkeit, solchen Zwang im Sinne einer vis absoluta auszuüben.

Verfassungsrechtlich unbedenklich erscheint demgegenüber die sogenannte Fraktionsdisziplin, die – unter Umständen mit Nachdruck vorgebrachte – Erwartung also der Fraktion, der einzelne Abgeordnete werde sich in der Regel im Interesse der Durchsetzbarkeit der gemeinsamen politischen Zielvorstellungen der Meinung der Mehrheit anschließen, sei es auch unter Zurückstellung eigener Bedenken[50]. In dieser Lage allerdings wird sich die dem Abgeordneten durch seinen Status vermittelte Unabhängigkeit zu bewähren haben: Nur seinem Gewissen unterworfen muß er nicht nur zwischen Gründen und Gegengründen in bezug auf die anstehende Entscheidung abwägen, sondern auch im Blick auf deren Bedeutung im Rahmen der Politik, die er sich gemeinsam mit den übrigen Mitgliedern seiner Fraktion zu verwirklichen vorgenommen hat. Diese Überlegung ist seiner Entschließungsfreiheit anheimgegeben. Führt sie ihn indessen zu dem Ergebnis, daß mit seiner Überzeugung nur ein abweichendes Votum in Einklang zu bringen ist, muß er auch

---

[47] Vgl. etwa *Trute* (N 13), Rn. 89.

[48] Präzise *Badura* (N 10), Art. 38 Rn. 58.

[49] Statt vieler *Stern* (N 3), § 24 IV 3 d; *Theodor Maunz,* in: Maunz/Dürig, Komm. z. GG, Art. 38 Rn. 12; *Trute* (N 13), Rn. 89; *Badura* (N 10), Art. 38 Rn. 77; *Schneider* (N 5), Art. 38 Rn. 36; *Morlok* (N 10), Rn. 177; *Gerald Roth,* in: Dieter C. Umbach (Hg.), Grundgesetz. Mitarbeiterkommentar, 2002, Art. 38 Rn. 109; *Achterberg,* Parlamentsrecht (N 20), S. 218 f., jew. m. weit. Nachw.; *Hans-Hermann Kasten,* in: ZParl 16 (1985), S. 475 ff.

[50] Wie hier etwa *Stern* (N 3); *Maunz* (N 49); *Badura* (N 10), Rn. 78; *Trute* (N 13), Rn. 89; *Henke* (N 2), S. 105 ff.; *Magiera* (N 5), S. 13; abweichend *Achterberg,* Parlamentsrecht (N 20), S. 119, m. weit. Nachw.; vgl. auch *Norbert Achterberg/Martin Schulte,* in: v. Mangoldt/Klein/Starck, GG II, Art. 38 Rn. 41.

dieser Überzeugung entsprechend handeln. Freilich entzieht sich dieser Denk-vorgang der Natur der Sache nach jeglicher Nachprüfung und damit auch jeder rechtlichen Sanktion[51].

Das freie Mandat im Blick auf die vielfältigen Abhängigkeiten des einzelnen Abgeordneten nunmehr bloß als »Fiktion« zu begreifen, beruht sowohl auf einer unzulässigen Idealisierung der angeblich von der Verfassung vorausge-setzten Wirklichkeit, in der niemand jemals von anderen vollständig unab-hängig sein kann[52], als auch auf einer Verkennung des primären normativen Zwecks der verfassungsrechtlichen Gewährleistung der Freiheit des Mandats, den Abgeordneten unter den dauernden Druck eines moralisch-rechtlichen Appells an die Gewissenhaftigkeit seiner politischen Überzeugungsbildung zu setzen.

2. Mittel der Fraktionsdisziplin

Die Unentbehrlichkeit einer so verstandenen Fraktionsdisziplin ist eine not-wendige Folge der gruppenpluralistischen Struktur der modernen Massenge-sellschaft, in der die Durchsetzung individueller und partikularer Interessen nur durch deren Bündelung in gemeinsamer Aktion möglich ist. Das ist auf der parlamentarischen Ebene nicht anders. Die Austragung daraus erwachsen-der Konflikte erheischt die Berücksichtigung sowohl des Interesses der Grup-pe an der Geschlossenheit ihres Auftretens als auch des Umstandes, daß der einzelne in aller Regel nur durch die Gruppe eine relevante Wirksamkeit zu erlangen vermag. Aus diesem Grunde ist gegen die von der herrschenden Meinung[53] vertretene Annahme der Zulässigkeit eines Ausschlusses des dis-sentierenden Abgeordneten aus seiner Fraktion, der freilich den Verlust des Mandats nicht nach sich zieht, im Grundsatz nichts zu erinnern. Verfassungs-rechtlich unbedenklich erscheint der Ausschluß jedoch nur dann, wenn sich der Dissens nicht auf eine gelegentliche Querköpfigkeit in Sachfragen von untergeordneter Bedeutung beschränkt, sondern ins Grundsätzliche reicht, also etwa schon zum Ausschluß oder Austritt aus der Partei geführt hat[54]. Es fällt auf, daß im Unterschied zum Parteiausschluß der Ausschluß aus einer Fraktion des Bundestages keine gesetzliche Regelung erfahren hat. Einschlä-gige Vorschriften finden sich allerdings vielfach in den Geschäftsordnungen

---

[51] Bedenken gegen die Abgrenzbarkeit von Fraktionszwang und -disziplin bei *Achter-berg/Schulte* (N 50), dagegen *Trute* (N 50). *Morlok* (N 10), Rn. 177, unterscheidet zwischen der Androhung oder Anwendung tatsächlicher Maßnahmen und rechtlicher Einwirkung.

[52] Dazu *Sendler* (N 29). Zu Recht betont *Trute* (N 50), daß die mit der Zugehörigkeit des Abgeordneten zu einer Fraktion einhergehenden Bindungen die unvermeidliche Kehrseite der dadurch erreichten Erweiterung seiner Handlungsmöglichkeiten sei.

[53] Vgl. *Badura* (N 10); *Maunz* (N 49); *Trute* (N 13), Rn. 90; *Morlok* (N 10), Rn. 173; *Henke* (N 2); abweichend *Achterberg*, Parlamentsrecht (N 20).

[54] Vgl. § 10 Abs. 4 PartG zu den Voraussetzungen des Parteiausschlusses. – Differenzierend auch *Henke* (N 2), S. 154 f.

der Fraktionen (vgl. §48 Abs. 2 AbgG). Eine analoge Anwendung des Parteiengesetzes (vgl. §10 Abs. 4 und 5) kommt nicht in Betracht[55]. Gewisse verfahrensrechtliche Gewährleistungen, insbesondere das Recht auf Gehör, sind aber verfassungsrechtlich geboten[56]. Insgesamt ist die Schwelle für den Fraktionsausschluß jedoch niedriger anzusetzen als für den Parteiausschluß. Denn die Fraktion als am staatlichen Entscheidungsprozeß unmittelbar beteiligte Gliederung des Bundestages ist in höherem Maße als die Partei auf »Tendenzreinheit«[57] und Geschlossenheit angewiesen. Da der Ausschluß aus der Fraktion, mit ihm die Einschränkung seiner Handlungs- und Mitwirkungsmöglichkeiten, den verfassungsrechtlichen Status des Abgeordneten berührt, kann er im Wege des verfassungsgerichtlichen Organstreits Rechtsschutz in Anspruch nehmen[58].

Ein im Vergleich zum Ausschluß milderes Mittel der Disziplinierung durch die Fraktion ist der Ausschußrückruf. Nach der Geschäftsordnung werden die Ausschußmitglieder von den Fraktionen benannt (§57 Abs. 2 GOBT)[59]. Nach dem in der Praxis üblichen Verfahren können sie von ihnen jederzeit aus dem Ausschuß abgezogen werden, was zumal dann geschieht, wenn sie auf einem Gebiet, das in die Zuständigkeit ihres Ausschusses fällt, eine Mindermeinung in ihrer Fraktion vertreten. Diese Praxis stößt auf durchgreifende Bedenken[60]. Anders ist nur der Fall zu beurteilen, daß der Abgeordnete – freiwillig oder gezwungen – aus seiner Fraktion ausscheidet. Da es mit der Verfassung vereinbar, ja geboten[61] ist, die Ausschüsse so zu bilden, daß sich in ihnen das Stärkeverhältnis der Fraktionen im Bundestag spiegelt (§12 GOBT), kann eine Fraktion nicht rechtlich gehalten sein, sich durch einen ihr nicht mehr angehörenden Abgeordneten im Ausschuß vertreten zu lassen. Hierüber besteht kein Streit.

---

[55] *Thorsten I. Schmidt,* Der Fraktionsausschluß als Eingriff in das freie Mandat des Abgeordneten, in: DÖV 2003, S. 846 ff. (847).

[56] Ebenso *Trute* (N 13), Rn. 90.

[57] Vgl. *Morlok* (N 10), Rn. 173; vgl. auch *Dieter Grimm,* in: Schneider/Zeh (N 1), §6 Rn. 28.

[58] Vgl. BrandenbVerfG, Urt. v. 20. 6. 1996, in: DÖV 1997, S. 292; vgl. auch *Martin Morlok/Hans H. Klein,* in: ZParl 35 (2004), H. 4.

[59] Verfassungsrechtliche Bedenken gegen die Ausschußbesetzung bestehen nicht, auch nicht bei Untersuchungsausschüssen, die Dritten gegenüber öffentliche Gewalt auszuüben befugt sind: BVerfGE 77, 1 (39 ff.). Vgl. auch *Heinrich G. Ritzel/Joseph Bücker/Hermann J. Schreiner,* Handbuch für die parlamentarische Praxis (Stand: September 2000), §57 GOBT Bem. II. 1. Krit. dazu *Abmeier* (N 5), S. 83 ff.

[60] *Hans H. Klein,* Zur Rechtsstellung des Bundestagsabgeordneten als Ausschußmitglied, in: DÖV 1972, S. 329 ff.; *Achterberg/Schulte* (N 50), Rn. 42 ff. Anders aber die wohl h. M., etwa *Morlok* (N 10), Rn. 175; *Trute* (N 13), Rn. 91, m. Nachw.

[61] Grundsatz der Spiegelbildlichkeit der Zusammensetzung von Bundestag und Ausschüssen BVerfGE 84, 304 (323 f.).

3. Mandatsverzicht, Mandatsverlust und Ruhen des Mandats

Ausschluß oder Austritt aus Partei oder Fraktion lassen den Bestand des Mandats unberührt[62]. Das Gegenteil könnte auch nicht durch Gesetz angeordnet werden[63], unabhängig davon, ob der Abgeordnete sein Mandat als Wahlkreis- oder als Listenkandidat gewonnen hat[64]. Der nicht freiwillig vollzogene Mandatsverzicht ist unwirksam. Mit der dem Abgeordneten durch Art. 38 Abs. 1 S. 2 GG gewährleisteten Unabhängigkeit unvereinbar und daher nichtig (§ 134 BGB) sind rechtsgeschäftliche Vereinbarungen und Erklärungen, durch die sich der Abgeordnete verpflichtet, unter gewissen Voraussetzungen auf sein Mandat zu verzichten, oder für den Fall, daß er dies nicht tut, andere Handlungen, etwa Zahlungen, verspricht[65]. Hierunter fällt auch die Abrede, zu einem bestimmten Zeitpunkt aus dem Bundestag auszuscheiden und dem nächstfolgenden Listenkandidaten (»Nachrücker«) Platz zu machen; sie entbehrt jeder Rechtsverbindlichkeit. Dieses sogenannte Rotationsprinzip steht überdies im Widerspruch zu der von der Verfassung festgelegten Dauer der Wahlperiode; denn das Recht zum Mandatsverzicht wird mißbraucht, wenn es dazu benutzt wird, diese Regelung zu unterlaufen[66]. Eine Abberufung des Abgeordneten (»recall«) durch seine Partei kommt nach alledem gleichfalls nicht in Betracht[67].

Das Bundesverfassungsgericht[68] hat entschieden, daß ein Parteiverbot (Art. 21 Abs. 2 GG) für die der Partei angehörenden Abgeordneten den Mandatsverlust bewirkt; diese Schlußfolgerung hat das Gericht aus seiner Auffassung zu dem Verhältnis von Art. 21 und Art. 38 GG gezogen. Ihr kann insoweit nicht gefolgt werden, als sich aus dem Grundgesetz dieses Ergebnis nicht gewinnen läßt. Eine andere Frage ist es, ob der Gesetzgeber, wie in § 46 Abs. 1

---

[62] *Stern* (N 3), § 24 IV 3 a; *Badura* (N 10), Rn. 80; *Trute* (N 13), Rn. 85; *Roth* (N 49), Rn. 109; *Achterberg/Schulte* (N 50), Rn. 51 ff.; *Henke* (N 2), S. 154; *Achterberg*, Parlamentsrecht (N 20), S. 154 ff., jew. m. weit. Nachw.; *Enquete-Kommission* (N 25), S. 26 f.

[63] So aber *Steiger* (N 27), S. 202.

[64] Für die Zulässigkeit der gesetzlichen Einführung des Mandatsverlustes im Falle des freiwilligen Parteiwechsels *Friedrich Schäfer*, Sondervotum zum Vorschlag der *Enquete-Kommission* (N 25), S. 28 ff.; ebenso *Martin Kriele*, Das demokratische Prinzip im Grundgesetz, in: VVDStRL 29 (1970). Dagegen zutr. *Stern* (N 3), § 24 IV 2 c γ.

[65] BVerfGE 2, 1 (47).

[66] NiedersStGH, in: DÖV 1985, S. 676 ff. (678); dazu krit. *Erk Volkmar Heyen*, Zur immanenten Grenze der Gewissensfreiheit beim Mandatsverzicht, in: DÖV 1985, S. 172 ff., insoweit, als das Gericht aus dem Mißbrauch des genannten Rechts nicht den Schluß auf die Unwirksamkeit des Mandatsverzichts zieht. Krit. zur Rotation u.a. *Peter Badura*, Staatsrecht, ³2003, E 28; *Theodor Maunz/Reinhold Zippelius*, Deutsches Staatsrecht, ³⁰1998, § 30 IV 1; *Klein* (N 1), Art. 39 Rn. 26 f.; *Magiera* (N 13), Art. 39 Rn. 3; *Rolf Stober*, Grüne und Grundgesetz, in: ZRP 1983, S. 209 ff. (211); *Doris Jung*, Das Rotationsprinzip der Grünen, in: DÖV 1984, S. 197 ff. (200); *Hans-Hermann Kasten*, Rotation kontra Grundgesetz, in: NJW 1984, S. 2793 ff. (2794) – A. M. etwa *Roth* (N 49), Rn. 109; wohl auch *Trute* (N 13), Rn. 85.

[67] *Badura* (N 10), Art. 38 Rn. 62; *Stern* (N 3), § 24 IV 3 a, jew. m. weit. Nachw.

[68] BVerfGE 2, 1 (72 ff.). → Oben *Kunig*, § 40 Rn. 71.

Nr. 5 BWahlG geschehen, die Folge des Mandatsverlustes an das Parteiverbot knüpfen kann. Sie ist zu bejahen[69]. Denn die Unabhängigkeit des Abgeordneten, die durch eine Verknüpfung des Mandats mit der Zugehörigkeit zu Partei oder Fraktion im Kern getroffen würde, wird durch eine solche Regelung nicht berührt, da es zu den selbstverständlichen Pflichten des Abgeordneten gehört, sein Amt im Einklang mit der Verfassung zu führen[70]. Die Sanktionierung dieser Verpflichtung mit dem Verlust des Mandats, der im Fall des Parteiverbots eintritt, ist mit dem Grundgesetz vereinbar[71]. Verfassungswidrig ist auch das sogenannte Ruhen des Mandats während des Zeitraums, in dem ein Abgeordneter ein Ministeramt bekleidet; verzichtet er auf sein Amt, nimmt er seinen Sitz im Parlament wieder ein, der zwischenzeitlich nachgerückte Mandatsverwalter[72] scheidet aus ihm aus. Er wird durch eine solche Regelung in seiner Unabhängigkeit schwer beeinträchtigt, denn er kann jederzeit durch den Wiedereintritt des Vorgängers um sein Mandat gebracht und dadurch diszipliniert werden[73].

4. *Fraktionslose Abgeordnete und Gruppen*

Allen Mitgliedern des Bundestages stehen – mit gewissen Einschränkungen allerdings – die gleichen mitgliedschaftlichen Rechte zu (Status der Gleichheit[74])[75]. Daraus folgt insbesondere die weitgehende rechtliche Gleichstellung der fraktionslosen und derjenigen Abgeordneten, die einer Gruppe im Sinne von § 10 Abs. 4 GOBT angehören[76], mit solchen Abgeordneten, die Mitglieder einer Fraktion des Bundestages sind. Allerdings darf nicht übersehen werden,

---

[69] Ausführlich *Klein* (N 1), Art. 21 Rn. 566 ff.; anders *Hesse* (N 29), Rn. 601; *Dieter Grimm*, in: HdbVerfR, § 14 Rn. 56; *Morlok* (N 10), Art. 21 Rn. 147, m. Nachw.

[70] NiedersStGH (N 66); *Stern* (N 3), § 24 III 2; einschränkend *Schröder* (N 5), S. 303 f.

[71] Ebenso mit ausführlicher Begründung *Achterberg*, Parlamentsrecht (N 20), S. 257 f.; *Badura* (N 10), Art. 38 Rn. 82. – Zum Problem ferner *Henke* (N 2), S. 139 ff.; *Jürgen Becker,* Die wehrhafte Demokratie des Grundgesetzes, in: HStR VII, 1992, § 167 Rn. 20 ff.

[72] So der treffende Ausdruck von *Stern* (N 3), § 24 I 5 c ß.

[73] Wie hier *Stern* (N 3), m. weit. Nachw.; ebenso HessStGH, in: ESVGH 27, 193; *Trute* (N 13), Rn. 2; *Morlok* (N 10), Rn. 79; *Magiera* (N 13), Art. 38 Rn. 48; *Thomas Dress,* Das ruhende Mandat. Entstehung, Erscheinungsform und verfassungsrechtliche Problematik eines Instituts des Parlamentsrechts, Diss. Hamburg, 1985. *Volker Epping,* in: v. Mangoldt/Klein/Starck, GG II, Art. 66 Rn. 24 f., sucht nach Wegen, das Ruhen des Mandats mit dem Grundgesetz in Einklang zu bringen.

[74] *Morlok* (N 10), Rn. 128, 152 ff.; *Trute* (N 13), Rn. 78, 93.

[75] BVerfGE 40, 296 (318); 80, 188 (217 ff.); 84, 304 (321 f.); 96, 264 (278); 104, 310 (329). – Das BVerfG stutzt den Gleichheitsstatus der Abgeordneten in seinen jüngeren Entscheidungen nicht mehr wie früher auf den Grundsatz der Wahlrechtsgleichheit (Art. 38 Abs. 1 S. 1 GG), sondern auf den allen Abgeordneten durch Art. 38 Abs. 1 S. 2 GG in gleicher Weise gewährleisteten repräsentativen Status; zusammenfassend BVerfGE 102, 224 (238). – Zur Gewährung von finanziellen Zulagen an Abgeordnete mit herausgehobenen parlamentarischen Funktionen vgl. BVerfGE 102, 224, und dazu krit. *Klein* (N 1), Art. 48 Rn. 168 ff.

[76] Vgl. *Reinhold Kassing,* Das Recht der Abgeordnetengruppe, 1988; *Achterberg/Schulte* (N 50), Rn. 63 ff.

daß der fraktionslose Abgeordnete in seinen praktischen Mitwirkungsmöglichkeiten erheblich eingeengt ist. Rechtliche Ungleichbehandlungen bedürfen
einer besonderen Rechtfertigung, wie sie sich vor allem aus der Notwendigkeit ergeben kann, die Arbeitsfähigkeit des Parlaments zu erhalten. So haben
fraktionslose Abgeordnete zwar Anspruch auf einen Ausschußsitz, für den sie
vom Präsidenten des Bundestages (unter Berücksichtigung ihrer Wünsche)
benannt werden (vgl. § 57 Abs. 2 S. 2 GOBT), sie haben dort aber nur beratende Stimme[77]. Gruppen müssen den Fraktionen nicht unterschiedslos gleich-
gestellt werden[78]. So hat es das Bundesverfassungsgericht beispielsweise abgelehnt, Gruppen den Anspruch auf ein Grundmandat in Enquete-Kommissionen und Untersuchungsausschüssen sowie im Vermittlungsausschuß
einzuräumen[79]. Bei Stimmengleichheit hat der Senat entschieden, daß angesichts des eindeutigen Wortlauts des Art. 53a Abs. 1 S. 2 GG Gruppen bei der
Zusammensetzung des Gemeinsamen Ausschusses nicht berücksichtigt werden müssen[80].

B. Pflichten und Rechte

I. Pflichten und Inkompatibilitäten

1. Pflichten

Zwar schuldet der Abgeordnete rechtlich keine Dienste[81]. Aber daraus folgt
nicht, daß ihm keine Pflichten obliegen[82]. Das Gegenteil ist der Fall. Jedoch
sind seine Pflichten nicht mit rechtlichen Sanktionen bewehrt[83] – die Art und
Weise seiner Amtsführung bleibt seiner nicht justitiablen Gewissensentscheidung überlassen[84]. Zu den ihm von der Verfassung auferlegten Pflichten gehört, daß der Abgeordnete seine (wie des Bundestages) Bindung an Gesetze
und Verfassung beachtet[85] und daß er an den Arbeiten des Bundestages teil-

---

[77] BVerfGE 80, 188 (224 ff.), mit abw. Meinung der Richter *Mahrenholz* und *Kruis;* krit.
Morlok (N 10), Rn. 153, m. Nachw.

[78] Vgl. BVerfGE 84, 304 (322 f., 327 ff., 330 ff.).

[79] BVerfGE 84, 304 (332 f.).

[80] BVerfGE 84, 304 (334 ff., 337 ff.). Wie im BVerfG sind auch im Schrifttum die Meinungen
zu dieser Frage geteilt; vgl. etwa *Udo Fink,* in: v. Mangoldt/Klein/Starck, GG II, Art. 53a
Rn. 11; *Walter Krebs,* in: v. Münch/Kunig, Art. 53a Rn. 9 f.; *Morlok* (N 10), Rn. 154; *Werner
Heun,* in: Dreier, GG II, Art. 53a Rn. 7, jew. m. weit. Nachw. – Der Bundestag legt (seit der
11. Wahlperiode) regelmäßig die Rechte von Gruppen am Anfang der Wahlperiode in einem
Beschluß fest; vgl. *Schindler* (N 33), Bd. I, S. 897 ff.

[81] BVerfGE 40, 296 (316); 76, 256 (341). – Anders entschieden etwa *Paul Laband,* Das
Staatsrecht des Deutschen Reiches, Bd I, ⁵1911, S. 241.

[82] S. o. Rn. 1; ferner BVerfGE 6, 445 (448); *Achterberg/Schulte* (N 50), Rn. 94 ff.

[83] Statt aller *Stern* (N 3), § 24 III 1.

[84] So zutr. *Steiger* (N 27), S. 80.

[85] S. o. N 70; ferner *Achterberg,* Parlamentsrecht (N 20), S. 284.

nimmt (vgl. § 13 Abs. 1 GOBT). Genügt er dieser letztgenannten Pflicht nicht, indem er an Sitzungstagen dem Sitz des Bundestages oder einer namentlichen Abstimmung (vgl. §§ 52 f. GOBT), ohne Urlaub (Vgl. § 14 GOBT) erhalten zu haben, fernbleibt, erfolgt eine Kürzung der Kostenpauschale[86]. Im übrigen enthält § 44a AbgG die verfassungsrechtlich unbedenkliche, möglicherweise auch erforderliche[87], gesetzliche Grundlage für die als Bestandteil der Geschäftsordnung[88] vom Bundestag beschlossenen und in jüngerer Zeit mehrfach verschärften Verhaltensregeln für Abgeordnete. Danach müssen die Mitglieder des Bundestages unter anderem genaue, im Amtlichen Handbuch zu veröffentlichende Angaben über ihren Beruf und ihre Tätigkeit in Vorständen, Aufsichtsräten etc. von Unternehmen, Verbänden, öffentlichen Einrichtungen nebst der Höhe der daraus erzielten Einkünfte machen. Mitglieder des Bundestages haben ferner über die ihnen für ihre politische Tätigkeit zugewendeten Geldspenden und geldwerten Zuwendungen aller Art gesondert Rechnung zu führen und Spenden im Wert von mindestens 5000 Euro im Kalenderjahr dem Präsidenten des Bundestages anzuzeigen. Untersagt sind sogenannte Beraterverträge, also die Eingehung von Rechtsverhältnissen, aus denen der Abgeordnete Bezüge erhält, ohne dafür andere Dienste zu leisten als die Vertretung der Interessen des Auftraggebers im Rahmen seiner parlamentarischen Tätigkeit. Die Folge eines Verstoßes gegen die Verhaltensregeln ist, daß der Präsident, wenn er – nach Anhörung des Betroffenen – gegebenenfalls die Feststellung einer Pflichtverletzung trifft, das Präsidium und die Fraktionsvorsitzenden unterrichtet. Bleibt es dabei, wird die Feststellung als Bundestagsdrucksache veröffentlicht. Ob für den Fall schwerwiegender Verstöße gegen die Verhaltensregeln weitergehende Sanktionen vorgesehen werden sollten und aus verfassungsrechtlicher Sicht vorgesehen werden dürften[89] – es ließe sich etwa an eine Abgeordnetenanklage denken –, muß hier offenbleiben.

Pflicht des Abgeordneten ist weiterhin die Beachtung der Geheimschutzordnung des Bundestages[90]; deren Verletzung kann zu seiner Bestrafung führen (vgl. § 353b StGB).

Vor allem ist der Abgeordnete als Teil des Parlaments gehalten, dessen selbstgesetzte Ordnung zu beachten. So hat er sich an die festgesetzten Redezeiten zu halten, darf nur nach Worterteilung sprechen, muß einen Sachoder Ordnungsruf des Präsidenten und gegebenenfalls eine Wortentziehung

---

[86] Vgl. i.e. § 14 AbgG.
[87] Vgl. *Troßmann* (N 4), S. 104. Zweifel an der Regelungskompetenz des Gesetzgebers könnten sich aus Art. 40 Abs. 1 S. 2 GG ergeben; dazu *Klein* (N 1), Art. 40 Rn. 74 ff.
[88] Vgl. deren Anlage 1; dazu (teilweise überholt) *Hans-Achim Roll,* in: Schneider/Zeh (N 1), § 19.
[89] In diesem Sinne wohl *Troßmann* (N 4).
[90] Vgl. § 17 GOBT i. V. m. Anlage 3.

hinnehmen (vgl. §§ 27, 35 bis 37 GOBT). Bei gröblicher Verletzung der Ordnung kann der Abgeordnete bis zu 30 Sitzungstage von den Sitzungen des Bundestages und seiner Ausschüsse ausgeschlossen werden (§ 38 GOBT). Die Ordnungs- und Disziplinargewalt ist Bestandteil der dem Parlament durch Art. 40 Abs. 1 S. 2 GG gewährleisteten Geschäftsordnungsautonomie; ihr Träger ist daher der Deutsche Bundestag, sein Präsident übt sie aus (§ 7 Abs. 1 S. 2 GOBT)[91], der Abgeordnete ist ihr – in den Grenzen der Verfassung – unterworfen[92].

2. Inkompatibilitäten

Angesichts der verfassungsrechtlichen Gewährleistung des gleichen passiven Wahlrechts (Art. 38 Abs. 2 GG; vgl. auch Art. 48 Abs. 2 GG) ist dessen Entzug, der Ausschluß der Wählbarkeit (Ineligibilität), nur in Ausnahmefällen zu rechtfertigen[93]. In erheblichem Umfang ermöglicht hingegen Art. 137 Abs. 1 GG für Angehörige des öffentlichen Dienstes die gesetzliche Einführung von Inkompatibilitäten, also Modifizierungen der Grundsätze der Allgemeinheit und Gleichheit der Wahl (Art. 38 Abs. 1 S. 1 GG)[94]; insoweit ist allerdings außerhalb dieser Vorschrift für ungeschriebene Inkompatibilitäten kein Raum[95]. Zweck der Norm und der auf ihr beruhenden Regelungen ist die Sicherung der organisatorischen Gewaltenteilung gegen Gefahren, die durch das Zusammentreffen eines Amtes in der Exekutive mit dem Abgeordnetenmandat entstehen können[96]. Unvereinbarkeit von Amt und Mandat in dem hier gemeinten Sinn bedeutet, daß der Amtsträger kandidieren und sich wählen lassen kann, die Annahme der Wahl jedoch den Verzicht auf das Amt voraussetzt.

Die für Mitglieder des Bundestages geltenden Inkompatibilitäten ergeben sich teils unmittelbar aus der Verfassung, teils aus einfachen Gesetzen:[97]

Der Bundespräsident darf u. a. auch dem Bundestag nicht angehören (Art. 55 Abs. 1 GG; § 10 des Gesetzes über die Wahl des Bundespräsidenten durch die Bundesversammlung). Mit dem Antritt des Amtes erlischt das Man-

---

[91] Vgl. BVerfGE 60, 374 (379).

[92] Dazu i. e. *Abmeier* (N 5), S. 237 ff.; *Klein* (N 1), Art. 40 Rn. 99 ff.

[93] Vgl. BVerfGE 48, 64 (88 ff.). Zur Unterscheidung von Ineligibilität und Inkompatibilität vgl. *Axel von Campenhausen,* in: v. Mangoldt/Klein/Starck, GG III, Art. 137 Rn. 6 f. Zum Problem vgl. *Klaus Schlaich,* Wählbarkeitsbeschränkungen für Beamte nach Art. 137 Abs. 1 GG und die Verantwortung des Gesetzgebers für die Zusammensetzung der Parlamente, in: AöR 105 (1980), S. 188 ff. (211 ff.). Vgl. auch § 15 BWahlG und dazu die Kommentierung von *Wolfgang Schreiber,* Handbuch des Wahlrechts zum Deutschen Bundestag, ⁷2002, S. 315 ff.

[94] Vgl. BVerfGE 38, 326 (336). *Dimitris Th. Tsatsos,* in: Schneider/Zeh (N 1), § 23; ferner etwa *Achterberg/Schulte* (N 50), Rn. 75 ff.

[95] BVerfGE 48, 64 (87).

[96] Vgl. BVerfGE 18, 172 (183); 38, 326 (339); 42, 312 (339); näher dazu *Achterberg,* Parlamentsrecht (N 20), S. 126 ff., sowie die Kommentierungen des Art. 137 GG.

[97] Zusammenstellung in *Schindler* (N 33), Bd. I, S. 434 ff.

dat[98]. Ob ein zum Bundespräsidenten gewählter Abgeordneter sein Mandat schon vor Amtsantritt niederlegen sollte, ist eine Frage des politischen Stils. Gleiches gilt für die Mitglieder des Bundesverfassungsgerichts (Art. 94 Abs. 1 S. 3 GG; § 3 Abs. 3 BVerfGG).

Die Vorschrift des § 2 GOBR, nach der die Mitglieder des Bundesrates nicht gleichzeitig dem Bundestag angehören dürfen, hat ihre Grundlage in dem aus der Verfassung sich ergebenden Verhältnis beider Organe zueinander: Sie sind im Rahmen ihrer jeweiligen Zuständigkeiten zu wechselseitiger Kontrolle und voneinander unabhängiger Willensbildung bestimmt. Das schließt Doppelmitgliedschaften aus[99]. – Ob allein die Mitgliedschaft in einer Landesregierung im Blick darauf, daß alle Mitglieder von Landesregierungen jedenfalls zu stellvertretenden Mitgliedern des Bundesrates berufen werden können[100], zur Unvereinbarkeit mit dem Mandat des Bundestagsabgeordneten führt, ist Gegenstand des Streits[101].

Abgeordnete, die Mitglieder des Gemeinsamen Ausschusses sind, dürfen nicht der Bundesregierung angehören (Art. 53a Abs. 1 S. 2 GG).

Der Wehrbeauftragte des Bundestages kann als dessen Hilfsorgan (vgl. Art. 45b GG) nicht zugleich sein Mitglied sein (§ 14 Abs. 3 des Gesetzes über den Wehrbeauftragten).

Gleiches gilt für den Bundesbeauftragten für den Datenschutz (§ 18 Abs. 2 BDSG), die Beamten des Bundesrechnungshofs (§ 12 des Gesetzes über Errichtung und Aufgaben des Bundesrechnungshofs) und die Mitglieder des Sachverständigenrats zur Begutachtung der gesamtwirtschaftlichen Entwicklung (§ 1 Abs. 3 des Gesetzes über die Bildung dieses Rates); die genannten Einrichtungen haben Aufgaben, deren ordnungsgemäße Erfüllung die Unvereinbarkeit mit dem Mandat zumindest zweckmäßig und jedenfalls verfassungsrechtlich gerechtfertigt erscheinen läßt.

Auf der Grundlage des Art. 137 Abs. 1 GG regeln die §§ 5 ff. AbgG die Unvereinbarkeit des Mandats mit Funktionen innerhalb des öffentlichen Dienstes. Beamte, Richter, Soldaten und Angestellte des öffentlichen Dienstes sind von diesen Regelungen in großem Umfang betroffen[102]. Der Bundesge-

---

[98] Dazu *Fink* (N 80), Art. 55 Rn. 7 ff.; *Klein* (N 1), Art. 41 Rn. 132 ff. Vgl. auch BVerfGE 89, 359; *Klaus Schlaich*, Der Status des Bundespräsidenten, in: HStR II, ²1998 (¹1987), § 48 Rn. 5 ff. → Unten *Nettesheim*, § 61 Rn. 62 ff.

[99] Vgl. statt vieler *Stern* (N 3), § 24 I d, m. weit. Nachw.; *Maunz/Zippelius* (N 66), § 32 II 2; *Stefan Korioth*, in: v. Mangoldt/Klein/Starck, GG II, Art. 51 Rn. 12; *Krebs* (N 80), Art. 51 Rn. 10; vgl. auch *Hartmut Bauer*, in: Dreier, GG II, Art. 51 Rn. 17. → Unten *Herzog*, § 59 Rn. 9.

[100] Oder von Amts wegen berufen sind: So *Maunz* (N 49), Art. 51 Rn. 12; a. M. – m. E. zu Recht und in Übereinstimmung mit der Praxis – *Stern* (N 3), Bd. II, § 27 III 1 b.

[101] *Stern* (N 3), § 24 I 6 e, m. weit. Nachw.; zu beachten: Art. 41 Abs. 3 MecklenbVorpVerf; Art. 28 Abs. 3 NiedersachsVerf; Art. 64 Abs. 4 NordrhWestfVerf; Art. 64 Abs. 2 SachsAnhVerf. Vgl. auch *Achterberg*, Parlamentsrecht (N 20), S. 237. Einen Überblick über Doppelmitgliedschaften in Landesregierung und Bundestag gibt *Schindler* (N 33), Bd. I, S. 441 ff.

[102] Vgl. auch §§ 7 a, 33 Abs. 2 und 3 BRRG; §§ 8 a, 28 Nr. 2 BBG; §§ 25 Abs. 2, 46 Abs. 2 Nr. 5 SG; §§ 4 Abs. 1, 17a, 21 Abs. 1 Nr. 2, 36 Abs. 2 DRiG.

setzgeber hat damit von der ihm in Art. 137 Abs. 1 GG erteilten Ermächtigung einen relativ ausschweifenden Gebrauch gemacht. Das Bundesverfassungsgericht hat jedoch mögliche, an den Wortlaut des Art. 137 Abs. 1 GG (»Die Wählbarkeit *von* Beamten [...].«) anknüpfende Bedenken hiergegen nicht als durchgreifend angesehen[103].

Die gleichzeitige Mitgliedschaft im Bundestag und in einem Landesparlament ist verfassungsrechtlich nicht unzulässig[104], stellt jedoch wegen der damit verbundenen untragbaren Doppelbelastung kein praktisches Problem dar[105]. Eine Doppelmitgliedschaft im Europäischen Parlament und im Bundestag ist hingegen ausgeschlossen[106].

Man mag streiten, ob der Unabhängigkeit des Abgeordneten heute die größere Gefahr von seiten der Exekutive droht, die ihren Einfluß auf die Legislative über Angehörige des öffentlichen Dienstes zu verstärken versucht sein könnte, oder von seiten der Verbände, deren Vertrauensleute ohne jegliche Behinderung durch Inkompatibilitätsnormen in großer Zahl dem Bundestag angehören. Indessen sind keine Wege erkennbar, auf denen der Einfluß der Verbände angesichts wohl unüberwindlicher Abgrenzungsschwierigkeiten und schwerlich lösbarer Kontrollprobleme eingedämmt werden könnte, ganz abgesehen von der Frage, ob Einschränkungen des passiven Wahlrechts mit dem Grundgesetz vereinbar wären, weil eine dem Art. 137 Abs. 1 GG entsprechende Ermächtigungsnorm in der Verfassung selbst nicht vorhanden ist. Man wird sich mit den oben behandelten Vorkehrungen[107] im wesentlichen zu begnügen haben[108].

Bei den zahllosen, sich großer Beliebtheit erfreuenden Klagen über die sogenannte »Verbeamtung der Parlamente« und ihre Überschwemmung mit Verbandsfunktionären, die beide durchaus ernst genommen zu werden verdienen, sollte berücksichtigt werden, daß das Parlament ohne das Fachwissen der Angehörigen des öffentlichen Dienstes und der Verbandsvertreter heute schlicht nicht mehr auszukommen vermöchte. Der Kritik ist eine differenzierende Betrachtung zu empfehlen, etwa der Massierung bestimmter Besamtenkategorien in den Landesparlamenten oder der Beamten in dem für das Be-

---

[103] BVerfGE 40, 296 (320 f.). – Zur Zulässigkeit einer Inkompatibilität von kirchlichem Amt und Mandat vgl. BVerfGE 42, 312. Zur Frage, ob sich die Unvereinbarkeit von Abgeordnetenmandat und Richteramt auch auf die Laienrichter erstreckt vgl. (verneinend) BGH, in: DÖV 1968, S. 492; dagegen *Achterberg*, Parlamentsrecht (N 20), S. 238, m. weit. Nachw.

[104] A. M. *Tsatsos* (N 94), Rn. 64; *Morlok* (N 10), Rn. 134. Zur Praxis *Schindler* (N 33), Bd. I, S. 459 ff.

[105] Dazu BVerfGE 42, 312 (327), wo »im Lichte« der Entscheidung BVerfGE 40, 296, die Zulässigkeit einer entsprechenden Inkompatibilitätsvorschrift für auf der Hand liegend erachtet wird; Art. 48 Abs. 2 GG habe den Doppelmandatar nicht im Auge.

[106] Vgl. § 7 EuAbgG; § 22 Abs. 2 Nr. 11 a EuWG.

[107] S. o. Rn. 26 ff.

[108] Vgl. *Gerd Sturm*, Die Inkompatibilität im geltenden deutschen Staatsrecht, 1966, S. 111 ff.; *Tsatsos* (N 94), Rn. 66.

amtenrecht zuständigen Parlamentsausschuß oder der Häufung von Funktionären bestimmter Verbände im Bundestag.

II. Rechte

1. Amtsträgerrechte (Kompetenzen)

Kraft seines ihm verfassungsrechtlich gewährleisteten Status (Art. 38 Abs. 1 GG), der kein Individualrecht darstellt[109], verfügt der Abgeordnete über eine Reihe eigener Zuständigkeiten[110], die allerdings stets unter dem Vorbehalt zu sehen sind, daß nicht der einzelne Abgeordnete, sondern das Parlament als Ganzes die vom Volk ausgehende Staatsgewalt ausübt[111]. Daraus folgt, daß der Abgeordnete, indem er von seinen Zuständigkeiten Gebrauch macht, seinen Beitrag zu der Entscheidungsfindung des Parlaments leistet. Darauf aber hat er ein Recht. Die Kompetenzen des Abgeordneten sind die folgenden:

a) Mitwirkungsrechte

Der Abgeordnete hat das Recht, an den Verhandlungen und Beschlußfassungen des Bundestages mitzuwirken (Art. 42 Abs. 1 S. 1, Abs. 2, 77 Abs. 1 S. 1 GG). Er nimmt dieses Recht vor allem dadurch wahr, daß er im Plenum und in den Ausschüssen des Parlaments das Wort ergreift und abstimmt[112]; anders als im Kommunalrecht schließt die Selbstbetroffenheit des Abgeordneten seine Beteiligung an der Abstimmung nicht aus[113]. Das Rederecht des Abgeordneten ist ein notwendiger Bestandteil seines verfassungsrechtlichen Status[114]; es unterfällt mithin nicht dem Schutzbereich des Art. 5 GG[115]. Das Re-

---

[109] BVerfGE 6, 445 (448 f.).

[110] *Stern* (N 3), § 24 II 2, spricht treffend von Organwalter- oder Amtsträgerrechten; vgl. auch *Abmeier* (N 5), S. 40 f.; *Achterberg/Schulte* (N 50), Rn. 73.

[111] So BVerfGE 44, 308 (316); 80, 188 (217); 102, 224 (237). Vgl. auch *Steiger* (N 27), S. 69 ff., 81.

[112] Das Stimmrecht der Berliner Abgeordneten unterlag bis zum 8.6.1990 aufgrund der Nr. 4 des Genehmigungsschreibens der Militärgouverneure zum Grundgesetz vom 12.5.1949 gewissen Einschränkungen; zusammenfassend *Abmeier* (N 5), S. 77 f., m. weit. Nachw. An dem genannten Tag gaben die westlichen Alliierten in einer an den Bundeskanzler gerichteten Note ihre Vorbehalte gegen das volle Stimmrecht der Vertreter Berlins im Deutschen Bundestag auf. In der 217. Sitzung des 11. Deutschen Bundestages am 21.6.1990 hatten die Berliner Abgeordneten erstmals volles Stimmrecht: Vgl. *Schindler* (N 33), Bd. II, S. 1540, 1543. Vgl. auch Art. 7 des Vertrages über die abschließende Regelung in bezug auf Deutschland (Zwei-Plus-Vier-Vertrag) vom 12.9.1990 (BGBl II, S. 1318) i. V. m. der Erklärung zur Aussetzung der Vier-Mächte-Rechte und -Verantwortlichkeiten (BGBl 1990 II. S. 1331).

[113] Allgemeine Meinung, statt vieler *Norbert Achterberg*, Die Abstimmungsbefugnis des Abgeordneten in eigener Sache, in: AöR 109 (1984), S. 505 ff. Vgl. ferner zum Fall des »Gesetzes in eigener Sache« *Walter Schmitt Glaeser*, Das Bundesverfassungsgericht als »Gegengewalt« zum verfassungsändernden Gesetzgeber? – Lehren aus dem Diäten-Streit 1995, in: Joachim Burmeister u.a. (Hg.), Verfassungsstaatlichkeit. FS für Klaus Stern zum 65. Geburtstag, S. 1183 ff. (1190 ff.); *Klein* (N 1), Art. 48 Rn. 149 f., m. Nachw.; *Morlok* (N 10), Rn. 143.

[114] Vgl. BVerfGE 10, 4 (11 f.); 60, 374 (379); 80, 188 (228 f.). → Unten *Zeh*, § 53 Rn. 30 ff.

[115] BVerfGE 60, 374 (380).

derecht besteht nicht schrankenlos. Vielmehr hat sich der Abgeordnete im
Interesse eines geordneten Ablaufs der Parlamentsarbeit den Entscheidungen,
die der Bundestag über den Ablauf seiner Beratungen trifft, grundsätzlich zu
fügen[116]. Das gilt etwa für die Vereinbarung von Redezeiten und deren Aufteilung auf die Fraktionen[117]. Innerhalb der regelmäßig im Ältestenrat[118] zu vereinbarenden und vom Plenum (meist stillschweigend) zu beschließenden (vgl.
§ 20 GOBT) Tagesordnung erteilt in der Sitzung des Bundestages der amtierende Präsident das Wort und bestimmt die Reihenfolge der Redner (vgl.
§§ 27 ff. GOBT)[119]. Wünscht ein fraktionsloser Abgeordneter das Wort zu
nehmen, wird der Präsident es ihm außerhalb der den Fraktionen zustehenden
Redezeiten gewähren und jedenfalls schon darum nicht verweigern dürfen,
weil die Rede im Plenum – neben der Abstimmung – das wesentliche Instrument ist, vermittels dessen er seine Vorstellungen unmittelbar in den parlamentarischen Willensbildungsprozeß einzubringen vermag[120]. Der zwar
nicht de iure, aber de facto deutlich geringere Einfluß des fraktionslosen Abgeordneten auf die Entscheidungen des Bundestages spiegelt die zentrale Stellung der Fraktionen bei der Meinungs- und Willensbildung des Parlaments.
Mit Rücksicht darauf ist es ebenso folgerichtig wie zwingend, das Recht eines
jeden Abgeordneten, sich mit anderen zu einer Fraktion zusammenzuschließen, als einen Teil seines verfassungsrechtlichen Status anzuerkennen[121].

b) Informationsrechte

Soll der Abgeordnete seinen Aufgaben sachgerechter Beratung und Abstimmung nachkommen können, bedarf er grundsätzlich umfassender Information über deren Gegenstände. Das Grundgesetz sagt über dem einzelnen Abgeordneten zustehende Auskunftsrechte nichts; das in Art. 43 Abs. 1 GG geregelte Recht, die Anwesenheit jedes Mitglieds der Bundesregierung zu
verlangen, ist ein Recht der Mehrheit. Überdies ist umstritten, in welchem
Umfang die Pflicht des herbeigerufenen Kabinettsmitgliedes, Rede und Antwort zu stehen, zu Sachauskünften zwingt[122]. Die Geschäftsordnung des Bundestages räumt dem Abgeordneten zwar gewisse, zum Teil gemeinsam mit
anderen auszuübende Fragerechte ein (vgl. §§ 100–105: Große, Kleine und

---

[116] S. o. Rn. 25.
[117] Dazu BVerfGE 10, 4. Vgl. auch *Achterberg/Schulte* (N 50), Rn. 91.
[118] Vgl. *Achim Maibaum,* Der Ältestenrat das Deutschen Bundestages, 1986.
[119] → Unten *Zeh*, § 53 Rn. 31.
[120] Dazu BVerfGE 80, 188 (228 f.).
[121] So BVerfGE 43, 142 (149), und oben Rn. 13. – Davon unberührt bleibt, daß an die
Mindestgröße der Fraktionen gewisse Anforderungen gestellt werden dürfen; für den Bundestag vgl. § 10 GOBT. Dazu auch BVerfGE 84, 304 (322).
[122] Nachweise zum Streitstand bei *Joachim von Einem.* Die Auskunftspflicht der Regierung
gegenüber dem Parlament, Diss. Göttingen, 1977, S. 80 ff. Ausführlich *Klein* (N 1), Art. 43
Rn. 69 ff.

Mündliche Anfragen[123]), vermag jedoch als bloßes Intraorganrecht keine Verpflichtungen der Regierung zu begründen. Bei diesem Ergebnis kann es jedoch schwerlich bewenden[124], und zwar um so weniger, als Art. 53 S. 3 GG es der Bundesregierung zur Pflicht macht, den Bundesrat über die Führung der Geschäfte auf dem laufenden zu halten. Zwar lassen sich daraus keine direkten Folgerungen für Auskunftsrechte des Bundestages oder gar des einzelnen Abgeordneten gegenüber der Bundesregierung ziehen[125]. Die Rechtsstellung des Bundestages als des der Bundesregierung zugeordneten Kontrollorgans kann jedoch hinter der des Bundesrats in dieser Frage kaum zurückstehen. Auch wäre es ungereimt, die Bundesregierung gegenüber einem Untersuchungsausschuß des Bundestages (vgl. Art. 44 GG) und gegenüber dem Petitionsausschuß (vgl. Art. 45c GG; §§ 1, 3 Gesetz über die Befugnisse des Petitionsausschusses des Deutschen Bundestages) zu grundsätzlich rückhaltloser Offenheit – einschließlich der Aktenvorlage[126] – zu verpflichten, die Beantwortung parlamentarischer Anfragen im übrigen jedoch in ihr Belieben zu stellen. Andererseits kann die Bundesregierung naturgemäß nicht verpflichtet sein, alle – oft auch nicht (nur) zur Befriedigung eines echten Informationsbedürfnisses, sondern etwa mit dem Ziel der Bloßstellung der Regierung gestellten – Anfragen gleichermaßen erschöpfend zu beantworten. Zu Recht hat sich nach alledem das Bundesverfassungsgericht mehrfach zu dem Frage- und Interpellationsrecht des Parlaments bekannt, »das der Bundesregierung die verfassungsrechtliche Verpflichtung auferlegt, auf Fragen Rede und Antwort zu stehen und den Abgeordneten die zur Ausübung ihres Mandats erforderliche Information zu verschaffen«[127]. Daß es sich dabei nicht nur um ein Recht der Mehrheit handeln kann, folgt aus der der Opposition im parlamentarischen Regierungssystem zugewiesenen Kontrollfunktion[128]. Vieles spricht dafür, daß es sich grundsätzlich um ein Statusrecht des einzelnen Abgeordneten handelt, wenngleich es mit Gewißheit auch verfassungsrechtlich unbedenklich, ja im Interesse der Verhinderung von Mißbräuchen und zum Schutze der Funktionsfähigkeit der Regierung vielleicht sogar geboten ist, dieses Recht in der Weise einzuschränken, wie es in der Geschäftsordnung geschehen ist[129]. Gren-

---

[123] Vgl. *Hans-Joseph Vonderbeck,* Die Rechte eines Mitglieds des Deutschen Bundestages, in: ZParl 14 (1983), S. 311 (354 ff.); *Hans-Ulrich Geck,* Die Fragestunde im Deutschen Bundestag, 1986.

[124] Zum Folgenden *Klein* (N 1), Art. 43 Rn. 75 ff.; vgl. etwa noch *Achterberg/Schulte* (N 50), Rn. 91; *Morlok* (N 10), Rn. 144 f.

[125] Anders etwa *Burkhard Dobiey,* Die politische Planung als verfassungsrechtliches Problem zwischen Bundesregierung und Bundesrat, 1975, S. 108 f.

[126] Dazu BVerfGE 67, 100

[127] BVerfGE 57, 1 (5); ebenso BVerfGE 67, 100 (129).

[128] *Abmeier* (N 5), S. 187, m. weit. Nachw., bezeichnet das Interpellationsrecht als Annex der parlamentarischen Kontrollkompetenz.→ Bd. II, *Di Fabio,* § 27 Rn. 20;→ oben *H. H. Klein,* § 50 Rn. ff.;→ unten *Zeh,* § 52 Rn. 19; *Zeh,* § 53 Rn. 49 ff.

[129] Ähnl. i. E. *Abmeier* (N 5), S. 189 ff.; *Morlok* (N 10), Rn. 145 ff.

zen der Auskunftspflicht der Bundesregierung ergeben sich mindestens aus sachlich berechtigten Geheimhaltungsinteressen und im Zusammenhang mit dem »Kernbereich exekutiver Eigenverantwortung«[130] aus dem Prinzip der Gewaltenteilung[131].

c) Antragsrechte

Zu den Kompetenzen des Abgeordneten gehört es weiterhin, durch die Stellung von Anträgen auf die Beratung des Parlaments Einfluß zu nehmen[132]. Er kann dies in bestimmten Fällen als einzelner tun (z. B. bei Änderungsanträgen zu Gesetzentwürfen in 2. Lesung – § 82 Abs. 1 GOBT; bei Anträgen zur Geschäftsordnung, die nur dann der Unterstützung durch eine Mehrzahl von Abgeordneten bedürfen, wenn die Geschäftsordnung es ausdrücklich vorschreibt; bei Vorschlägen zur Wahl des Präsidenten und der Vizepräsidenten des Bundestages); in anderen Fällen bedarf er der Unterstützung durch eine unterschiedlich große Zahl von Abgeordneten (z. B. bei der Einbringung von Gesetzen – Art. 76 Abs. 1 GG, §§ 75 Abs. 1 Buchst. a, 76 Abs. 1 GOBT: Fraktionsstärke; bei dem Antrag auf Einsetzung eines Untersuchungsausschusses – Art. 44 GG: ein Viertel der Mitglieder des Bundestages; bei dem Verlangen, eine Große Anfrage auf die Tagesordnung zu setzen und zu beraten – § 101 GOBT: Fraktionsstärke; bei dem Antrag gemäß Art. 67 Abs. 1 GG, dem Bundeskanzler das Mißtrauen auszusprechen – § 97 Abs. 1 GOBT: ein Viertel der Mitglieder des Bundestages).

2. Persönliche Rechte

Die dem Abgeordneten durch das Grundgesetz – und auf seiner Grundlage insbesondere durch das Abgeordnetengesetz – gewährleisteten Rechte sind sämtlich seine Unabhängigkeit, die Freiheit seines Mandats, zu sichern bestimmt. Auf dieses Ziel hin sind die einzelnen Vorschriften zu interpretieren. Insofern ist zu Recht etwa Art. 48 GG als Ausführungsvorschrift zu Art. 38 Abs. 1 GG verstanden worden[133].

a) Gleicher Zugang zum Parlament

Der in Art. 48 Abs. 1 GG garantierte Anspruch auf Gewährung von (nicht notwendigerweise bezahltem[134] – vgl. § 3 AbgG) Urlaub zur Vorbereitung der Wahl sowie das (nicht extensiv zu interpretierende[135]) Behinderungsverbot des

---

[130] *Rupert Scholz*, Parlamentarischer Untersuchungsausschuß und Steuergeheimnis, in: AöR 105 (1980), S. 561 (598).
[131] Vgl. BVerfGE 67, 100 (139).
[132] Ausführlich *Vonderbeck* (N 123), S. 333 ff.; *Troßmann* (N 4), S. 211 ff.; *Abmeier* (N 5), S. 132 ff.
[133] *Stern* (N 3), § 24 II 2 a; *v. Arnim* (N 34), Art. 48 Rn. 4; *Klein* (N 1), Art. 48 Rn. 22 ff.
[134] *v. Arnim* (N 34), Rn. 26; *Klein* (N 1), Rn. 67 ff.
[135] *v. Arnim* (N 34), Rn. 34 ff.; BVerfGE 42, 312 (329) – krit. zu der dort verwendeten

Art. 48 Abs. 2 GG stehen in einem engen Zusammenhang mit dem Grundsatz der Wahlgleichheit.

Nichts anderes gilt für den dem Abgeordneten in Art. 48 Abs. 3 GG eingeräumten Anspruch auf eine angemessene Entschädigung.

Alle diese Rechte sollen jedem passiv wahlberechtigten Bürger die gleiche Chance auf Zugang zum Parlament eröffnen. Es liegt auf der Hand, daß diese Chancengleichheit nicht vollständig herstellbar ist: Ein Angehöriger des öffentlichen Dienstes, dem das Gesetz (vgl. §§ 6, 8 AbgG) nach der Beendigung seiner Mitgliedschaft im Deutschen Bundestag einen Anspruch auf Wiederverwendung in seinem früheren Dienstverhältnis einräumt, kann sich mit geringerem Risiko für die Übernahme eines Mandats entscheiden als der Angehörige eines freien Berufs, der sich unter Umständen gezwungen sieht, eine neue Existenz aufzubauen. Diese Unterschiede ließen sich möglicherweise durch eine verschiedene Bemessung von Übergangszahlungen (vgl. § 18 AbgG) ausgleichen. Jedenfalls würde die Unabhängigkeit des Abgeordneten während der Wahlperiode wesentlich gestärkt, wenn die Rückkehr in den Beruf nach deren Ablauf nicht mit unzumutbaren Belastungen verbunden wäre. Indessen scheint die die formale Gleichstellung der Abgeordneten (gelegentlich über-)betonende Haltung des Bundesverfassungsgerichts[136] einer solchen Lösung entgegenzustehen. Das Beispiel zeigt im übrigen, daß es nicht nur inopportun, sondern verfassungswidrig wäre, dem Abgeordneten über die von der Verfassung ausdrücklich vorgesehenen und die aus dem Grundsatz der Gewaltenteilung oder dem organschaftlichen Verhältnis der Verfassungsorgane zueinander zwingend abzuleitenden Inkompatibilitäten hinaus ein generelles Berufsverbot aufzuerlegen[137]. Allen freiberuflich Tätigen würde durch eine solche Regelung der Weg ins Parlament fast definitiv versperrt, jedenfalls zusätzlich erschwert. Nichts anderes gilt für Personen, deren Einkommen das des Abgeordneten übersteigt, die für ein Mandat also nur zu gewinnen sind, wenn sie daneben jedenfalls teilweise auch weiterhin in ihrem Beruf tätig sein können, was bei überdurchschnittlichem Einsatz von Zeit und Arbeitskraft ja durchaus möglich ist. Im übrigen ist die Freiheit des Abgeordneten, den Umfang seiner Aktivitäten im Rahmen des Mandats zu bestimmen, nicht so theoretischer Natur, wie das Bundesverfassungsgericht[138] anzunehmen scheint; das Maß dieser Freiheit hängt von vielerlei Umständen ab: seiner Stellung in Partei

---

»Absichtsformel« v. Arnim (N 34), Rn. 38; Schneider (N 5), Art. 48 Rn. 6; Klein (N 1), Art. 48 Rn. 82 ff.

[136] BVerfGE 40, 296 (318); vgl. auch BVerfGE 102, 224. Das letztgenannte Urteil hat in Ansehung der sog. Funktionszulagen den »egalitären Rigorismus« (Stern [N 3], § 24 II 1) nur sehr begrenzt gelockert; dazu Klein (N 1), Art. 48 Rn. 168 ff.; Magiera (N 13), Art. 48 Rn. 21, jew. m. weit. Nachw.

[137] A. M. v. Arnim (N 34), Rn. 48.

[138] BVerfGE 40, 296 (312).

und Fraktion, der Struktur seines Wahlkreises und vielem anderem mehr. Ein allgemeines Berufsverbot liefe danach dem Sinn und Zweck sowohl des Art. 48 Abs. 2 GG wie dem Grundsatz der Gleichheit der Wahl und damit dem demokratischen Prinzip strikt zuwider.

Durch das Diätenurteil des Bundesverfassungsgerichts[139] ist anerkannt, daß die Entwicklung des Mandats zum »full-time-job« die »Vollalimentation« des Abgeordneten, also eine Bezahlung gebiete[140], die »für den, der, aus welchen Gründen auch immer, kein Einkommen aus einem Beruf hat, aber auch für den, der infolge des Mandats Berufseinkommen ganz oder teilweise verliert, eine Lebensführung gestattet, die der Bedeutung des Amtes angemessen ist«[141]. Die Entschädigung kann – im Unterschied zu früher[142] – jedenfalls für das Mitglied des Bundestages nicht mehr nur Ersatz des mandatsbedingten Mehraufwandes oder Ausfalls von Berufseinkommen sein. Die Einzelheiten – die den Abgeordneten zustehenden Leistungen umfassen neben der zu versteuernden Entschädigung die Amtsausstattung einschließlich einer steuerfreien Kostenpauschale, die Freifahrt mit den staatlichen Verkehrsmitteln, Übergangsgeld und Altersversorgung[143] – sind im Abgeordnetengesetz geregelt[144].

b) Schutz der Funktionsfähigkeit des Parlaments
Zum Traditionsgut der Verfassung gehört das dem Abgeordneten in Art. 46 Abs. 1 GG eingeräumte Recht, »zu keiner Zeit wegen seiner Abstimmung oder wegen einer Äußerung, die er im Bundestag oder in einem seiner Ausschüsse getan hat, gerichtlich oder dienstlich verfolgt oder sonst außerhalb des Bundestages zur Verantwortung gezogen (zu) werden« (Indemnität)[145]. Der

---

[139] BVerfGE 40, 296.

[140] Zurückhaltender BVerfGE 76, 256 (238 f.). Dazu *Klein* (N 1), Art. 48 Rn. 172 ff.

[141] BVerfGE 40, 296 (316). Die Ableitung weiterer vom Gericht aus der Verfassung gezogener Folgerungen, etwa daß unterschiedliche parlamentarische Funktionen der Abgeordneten – mit Ausnahme der Mitglieder des Präsidiums – eine unterschiedliche Bezahlung nicht zu rechtfertigen vermögen oder daß die Höhe der Entschädigung nicht durch die Anknüpfung an die Entwicklung anderer Einkommen bestimmt werden darf, sondern jeweils neu beschlossen werden muß, ist hingegen weit weniger überzeugend. Dazu jetzt BVerfGE 102, 224.

[142] Vgl. *Tatarin-Tarnheyden* (N 6), S. 433 f.; vgl. auch *Stern* (N 3), § 24 II 2 a η.

[143] Dazu i. e. v. *Arnim* (N 34), Art. 48 Rn. 53 ff.; *Klein* (N 1), Art. 48 Rn. 178, 187 ff.

[144] Zur Frage, ob von *Bundes*verfassungsrechts wegen auch die Länder gehalten sind, die Mitglieder der Landesparlamente voll zu alimentieren, oder ob sie im Gegenteil frei sind, auf das Konzept des »Teilzeitparlamentariers mit Teilzeitalimentation« zu setzen, vgl. *Klein* (N 1), Art. 48 Rn. 182 ff., m. Nachw.

[145] Für das Strafverfahren siehe § 36 StGB; es handelt sich um einen persönlichen Strafausschließungsgrund. – Eingehend zu Geschichte und Bedeutung der Indemnität *Wolfgang Härth*, Die Rede- und Abstimmungsfreiheit der Parlamentsabgeordneten der Bundesrepublik Deutschland, 1983. § 7 des Gesetzes über die Wahl des Bundespräsidenten durch die Bundesversammlung und § 5 EuAbgG erstrecken den verfassungsrechtlichen Schutz des Art. 46 GG auf die Mitglieder der Bundesversammlung und des Europäischen Parlaments.

den Abgeordneten hierdurch gewährte Schutz erstreckt sich auch auf Äußerungen in der Fraktion, nicht hingegen auf solche außerhalb des parlamentarischen Bereichs, z. B. in Wahlversammlungen[146]. Straf- und Disziplinarverfahren, Ehrengerichtsverfahren und Zivilprozesse haben wie alle anderen behördlichen Maßnahmen gegen den Abgeordneten im Schutzbereich der genannten Vorschrift zu unterbleiben[147]. Verleumderische Beleidigungen sind von diesem Schutz ausgenommen (Art. 46 Abs. 1 S. 2 GG)[148].

Die Indemnität des Abgeordneten wird ergänzt durch seine Immunität: Art. 46 Abs. 2 bis 4 GG gewähren ihm – über den Geltungsbereich des Art. 46 Abs. 1 GG hinaus – Schutz vor strafrechtlicher Verfolgung und Verhaftung, es sei denn, daß er bei Begehung der Tat oder im Laufe des folgenden Tages festgenommen wird[149]. Alle auf Aufklärung eines Tatverdachts oder auf Bestrafung des Abgeordneten zielenden Maßnahmen sind erfaßt[150]. Das durch Art. 46 Abs. 2 GG errichtete Verfahrenshindernis[151] erstreckt sich auch auf die sogenannten mitgebrachten, also zur Zeit der Mandatsübernahme bereits anhängigen Verfahren[152]. Das Verfahren kann jedoch mit Genehmigung (Zustimmung) des Bundestages durchgeführt werden. Dabei wird in der Weise verfahren, daß der Präsident des Bundestages an ihn gerichtete Ersuchen unmittelbar an den Ausschuß für Wahlprüfung, Immunität und Geschäftsordnung weiterleitet und dieser auf der Grundlage von ihm zu erstellender Grundsätze über die Behandlung von Ersuchen auf Aufhebung der Immunität von Mitgliedern des Bundestages dem Plenum einen Vorschlag zur Beschlußfassung unterbreitet (vgl. § 107 GOBT in Verbindung mit Anlage 6)[153]. Dabei kommt

---

[146] *Magiera,* in: BK, Art. 46 Rn. 41; *Stern* (N 3), § 24 II 2 a; *Hans H. Klein,* in: Schneider/Zeh (N 1), § 17 Rn. 23 ff. Für eine gewisse Erweiterung *Härth* (N 145), S. 146 ff. – Streitig ist, ob die Indemnität den Abgeordneten auch gegen Parteiausschluß schützt, bejahend *Achterberg,* Parlamentsrecht (N 20), S. 241; wohl auch *Magiera,* a. a. O., Rn. 46, jew. m. Nachw.

[147] *Magiera* (N 146), Rn. 43 f.; *Achterberg,* Parlamentsrecht (N 20), S. 222 ff. Insoweit wird zu Recht von einem »persönlichen Verfolgungsausschlußgrund« gesprochen, vgl. *Magiera* (N 13), Art. 46 Rn. 10, oder von einem »persönlichen Verfolgungshindernis«: *Schneider* (N 5), Art. 46 Rn. 3.

[148] Vgl. auch den Beschluß des OLG Hamburg, in: ZParl 29 (1998), S. 317 f., mit Anm. von *Michael Wild,* und dazu die Ergänzungen von *Markus Heintzen,* ebd., S. 728 ff. Es geht dabei um die Frage, wie sich die Regelung des Art. 46 Abs. 1 S. 2 GG im Zivilprozeß (Unterlassungsklage des Betroffenen gegen eine angeblich verleumderische Beleidigung durch ein Mitglied des Bundestages im Rahmen einer Parlamentsrede) im Blick auf den dort geltenden Verhandlungsgrundsatz auswirkt.

[149] Umfassend *Hermann Butzer,* Die Immunität im demokratischen Rechtsstaat, 1991.

[150] RGSt 23, 184 (193); 24, 205 (209); *Magiera* (N 146), Art. 46 Rn. 65 ff.; *Schneider* (N 5), Art. 46 Rn. 12; *Klein* (N 146), Rn. 41 ff.

[151] BVerfGE 104, 310 (326 f.); *Magiera* (N 146), Art. 46 Rn. 106; *Klein* (N 146), Rn. 38.

[152] *Magiera* (N 146), Art. 46 Rn. 86; *Klein* (N 146), Rn. 48.

[153] Bemerkenswert ist der Beschluß des Bundestages betr. die Aufhebung der Immunität von Mitgliedern des Bundestages (BGBl 1980 I, S. 1264), durch den – jeweils zu Beginn der Wahlperiode – (1) eine generelle Vorabgenehmigung zur Durchführung von Ermittlungsverfahren und (2) dem Immunitätsausschuß für Verkehrsdelikte die Ermächtigung zu einer Vor-

dem Bundestag ein weiter Einschätzungsspielraum zu. Indessen ist er gehalten, bei seiner Entscheidung auf die aus dem Mandat folgenden Mitwirkungsrechte des betroffenen Abgeordneten Bedacht zu nehmen. Obgleich die Immunität vornehmlich dem Schutz des Parlaments als Ganzen dient, hat der Abgeordnete doch einen Anspruch darauf, daß der Bundestag seine Rechtsstellung berücksichtigt und sich nicht von sachfremden Motiven leiten läßt[154]. Unabhängig vom Immunitätsrecht des Abgeordneten ist das aus seinem Hausrecht fließende Recht des Präsidenten, Durchsuchungen und Beschlagnahmen in den Räumen des Bundestages zu genehmigen (Art. 40 Abs. 2 GG, § 7 Abs. 2 GOBT).

Die in den Instituten der Indemnität und der Immunität zum Ausdruck kommende Unverletzlichkeit des Abgeordneten, der absolutistischen Staatsgewalt in heftigen Auseinandersetzungen abgerungen und in Deutschland in den konstitutionellen Verfassungen schrittweise verwirklicht[155], ist auch unter den Bedingungen des Rechtsstaats und des parlamentarischen Regierungssystems – entgegen manch kritischem Einwand[156] – nicht funktionslos geworden. Sie findet, wie das Bundesverfassungsgericht[157] für die Immunität hervorhebt, ihre Rechtfertigung vor allem im Repräsentationsprinzip. Zwar ist einzuräumen, daß durch die Unabhängigkeit der Gerichte einerseits und die Abhängigkeit der Regierung vom Parlament andererseits die Gefahr einer Beeinträchtigung des freien Mandats im Vergleich zu den Anfängen des Verfassungsstaates geringer geworden ist, was die viel erörterte Maxime einer restriktiven Interpretation der einschlägigen Vorschriften bis zu einem gewissen Grade rechtfertigen mag[158]. Im übrigen aber gilt es zu beachten, daß die Norm des Art. 46 GG – wie das in Art. 47 GG gewährleistete Zeugnisverweigerungsrecht[159] – nicht den einzelnen Abgeordneten zu privilegieren, sondern die Entschließungsfreiheit und Funktionsfähigkeit des Parlaments zu schützen bestimmt ist[160]. Diese aber bleiben zumindest potentiell gefährdet durch Übergriffe von Organen der Exekutive und einer mitunter selbstherrlich

---

entscheidung über die Genehmigung auch für die öffentliche Klage erteilt werden. Dazu krit. *Magiera* (N 146), Art. 46 Rn. 91 f.; *ders.* (N 13), Art. 46 Rn. 20; *Klein* (N 146), Rn. 53; *Trute* (N 13), Art. 46 Rn. 29. – Zur praktischen Bedeutung der Immunitätsfälle vgl. die tabellarische Übersicht bei *Schindler* (N 33), III, S. 3688 f.

[154] Vgl. BVerfGE 104, 310 (325, 328, 330). Ausführlich zum Verfahren des Bundestages m. zahlr. Nachw. *Helmuth Schulze-Fielitz*, in: Dreier, GG II, Art. 46 Rn. 36 ff.

[155] Vgl. den Überblick bei *Magiera* (N 146), Art. 46 Rn. 6 ff., m. weit. Nachw.; *Klein* (N 146), Rn. 9 ff.

[156] Vgl. etwa *Wilhelm R. Beyer*, Immunität als Privileg, 1966; *Paul Bockelmann*, Die Unverfolgbarkeit der Abgeordneten nach deutschem Immunitätsrecht, 1951, insbes. S. 9 ff.

[157] BVerfGE 104, 310 (328 ff.).

[158] Dazu *Maunz* (N 49), Art. 46 Rn. 25; anders aber etwa *Trute* (N 13), Art. 46 Rn. 40.

[159] Vgl. auch §§ 48 ff. StPO; §§ 373 ff. ZPO.

[160] BVerfGE 104, 310 (325); *Magiera* (N 146), Art. 46 Rn. 15 f.; vgl. auch *Achterberg*, Parlamentsrecht (N 20), S. 246 ff.; *Butzer* (N 149), S. 66 ff., 164 ff.

auftretenden Justiz. Überdies hat das Bundesverfassungsgericht[161] zu Recht
darauf hingewiesen, daß es wegen der Frontstellung, die im parlamentarischen
Regierungssystem zwischen der Regierung und der sie stützenden Parlamentsmehrheit auf der einen und der Opposition auf der anderen Seite verläuft, nicht von vornherein ausgeschlossen sei, daß die Parlamentsmehrheit
sich bei der Entscheidung über die Genehmigung eines gegen ein Mitglied der
Opposition gerichteten Ermittlungsverfahrens sachfremde Erwägungen der
Strafverfolgungsorgane (sic!) zu eigen macht. Die Beibehaltung beider historisch gewachsener Institute, vor allem der Indemnität, aber auch der Immunität – vor deren Inanspruchnahme das Parlament zumal bei im engen Zusammenhang mit der politischen Tätigkeit der Abgeordneten entstehendem Tat-
verdacht nicht zurückzuschrecken braucht –, durch das Grundgesetz ist daher
sachgerecht[162].

3. Verfassungsprozessualer Status

Die Verletzung der ihm aus seinem Status zufließenden Rechte und dieses
Status selbst kann der Abgeordnete nur ausnahmsweise im Verfassungsbeschwerdeverfahren, grundsätzlich also nur im Organstreit (Art. 93 Abs. 1 Nr. 1
GG; §§ 63 ff. BVerfGG) vor dem Bundesverfassungsgericht geltend machen[163]. Als mit eigenen Rechten ausgestatteter Teil des Organs Bundestag ist
er dort parteifähig (§ 63 BVerfGG), antragsbefugt (§ 64 BVerfGG) allerdings
nur, soweit er eigene Rechte geltend macht[164]. Der Abgeordnete kann also
nicht etwaige Rechte seiner Fraktion oder des Bundestages einklagen[165]. Wohl

---

[161] BVerfGE 104, 310 (330).

[162] Vgl. auch *Klein* (N 146), Rn. 67 ff.

[163] BVerfGE 2, 143 (164); 4, 144 (148); 6, 445 (448 f.); 10, 4 (10); 60, 374 (378); 62, 1 (31 f.);
70, 324 (350); 80, 188 (208 ff.); 94, 351 (365); 99, 19 (29); zuletzt BVerfGE 108, 251 (270 f.). –
Hingegen war die Verfassungsbeschwerde als zulässig anzusehen in den Fällen BVerfGE 32,
157 (162); 40, 296 (309); 108, 251 (265 ff.). Zusammenfassend *Ernst Benda/Eckart Klein*, Verfassungsprozeßrecht, ²2001, Rn. 1005.

[164] Das BVerfG hat den Wortlaut des § 64 Abs. 1 BVerfGG einschränkend dahin ausgelegt,
daß lediglich die durch die Geschäftsordnung, nicht aber die durch das Grundgesetz selbst
mit eigenen Rechten ausgestatteten Teile des Organs Bundestag die Rechte des Organs, dem
sie angehören (also fremde Rechte), im Organstreit – prozeßstandschaftlich – geltend machen
können, so vor allem die Fraktionen; vgl. etwa BVerfGE 90, 286 (336); 100, 266 (268); *Ben-
da/Klein* (N 163), Rn. 1021 f.; *Herbert Bethge*, in: BVerfGG-Komm., § 64 Rn. 74 ff.; *Manfred
Goessl*, Organstreitigkeiten innerhalb des Bundes, 1961, S. 156 ff.; *Dieter Lorenz*, Der Organstreit vor dem Bundesverfassungsgericht, in: FG-BVerfG, Bd. I, S. 225 (253). – Nach einigem Zögern (vgl. noch BVerfGE 70, 324 [350 ff., 362 ff.]) hat das BVerfG mittlerweile anerkannt, daß auch Fraktionen mit eigenen Rechten ausgestattet sind, die sie im Organstreit
geltend machen können, vgl. BVerfGE 90, 246 (250 f.); 100, 266 (270).

[165] BVerfGE 62, 194 (202 f.): Die Auswirkung der Leistung von Zuschüssen an die Fraktion
auf den einzelnen Abgeordneten ist »nur eine mittelbar tatsächliche, nicht dagegen eine unmittelbar *rechtliche*« (Hervorhebung im Original). Eine prozeßstandschaftliche Wahrnehmung von Rechten des Bundestages oder seiner Fraktion durch den einzelnen Abgeordneten
ist ausgeschlossen: BVerfGE 70, 324 (354); 90, 286 (343); 105, 197 (221).

aber kann er zusammen mit anderen Mitgliedern des Bundestages bestimmte, ihnen als Gruppe zustehende Rechte im Organstreit verfolgen[166].

C. Bibliographie

Klaus Abmeier, Die parlamentarischen Befugnisse der Abgeordneten des Deutschen Bundestages nach dem Grundgesetz, 1984.

Norbert Achterberg, Parlamentsrecht, 1984.

Paul Bockelmann, Die Unverfolgbarkeit der Abgeordneten nach deutschem Immunitätsrecht, 1951.

Hermann Butzer, Die Immunität im demokratischen Rechtsstaat, 1991.

Deutscher Bundestag (Hg.), Schlußbericht der Enquete-Kommission »Verfassungsreform des Deutschen Bundestages«, in: BT-Drs 7/5924.

Wolfgang Härth, Die Rede- und Abstimmungsfreiheit der Parlamentsabgeordneten der Bundesrepublik Deutschland, 1983.

Wilhelm Henke, Das Recht der politischen Parteien, ²1972.

Peter Schindler, Datenhandbuch zur Geschichte des Deutschen Bundestages, 1949–1999, Gesamtausgabe in drei Bänden, 1999.

Hans-Peter Schneider/Wolfgang Zeh, Parlamentsrecht und Parlamentspraxis, 1989.

Meinhard Schröder, Grundlagen und Anwendungsbereich des Parlamentsrechts, 1979.

---

[166] Vgl. BVerfGE 67, 100 (124: zur Parteifähigkeit, 126: zur Antragsbefugnis (a) des nach Art. 44 Abs. 1 GG antragsberechtigten Viertels der Mitglieder des Bundestags; (b) der »Fraktion im Ausschuß«).

3. Indemnität und Immunität

Die Indemnität stellt den Abgeordneten frei von rechtlicher Verantwortung für Äußerungen im Parlament[1], die Immunität gewährt ihm Schutz vor – insbesondere strafrechtlicher – Verfolgung und vor jedweder Beschränkung seiner persönlichen Freiheit[2].

I. Die Rechtsquellen

1. Geltendes Recht

a) Grundgesetz
Auf der Ebene des Bundesverfassungsrechts gewährleistet Art. 46 GG[3] den Mitgliedern des Deutschen Bundestages Indemnität und Immunität.

b) Landesverfassungen
In ähnlicher, in Einzelheiten jedoch zum Teil nicht unerheblich abweichender Form werden Indemnität und Immunität der Mitglieder der Volksvertretungen der Länder in deren Verfassungen garantiert[4].

---

[1] In einem anderen Sinne bedeutet Indemnität (von lat.: damnum, also etwa Schadlosstellung) die nachträgliche Zustimmung des Parlaments zu einem Regierungsakt, der dieser Zustimmung vor seiner Ausführung bedurft hätte. In diesem Sinne erteilte das preuß. Indemnitätsgesetz vom 14. Sept. 1866 (GS S. 563) der Regierung Indemnität für das während des Verfassungskonflikts geführte budgetlose Regiment; vgl. dazu *E. R. Huber* Deutsche Verfassungsgeschichte seit 1789, 3. Bd., 1963, S. 348 ff.

[2] Immunität bezeichnete in spätrömischer Zeit und bezeichnet im kanonischen Recht die Freiheit von öffentlichen Lasten, später in Mittelalter und Neuzeit die Inhaberschaft bestimmter Hoheitsrechte, z.B. der Gerichtsbarkeit; vgl. *D. Willoweit* Artikel »Immunität« in: Handwörterbuch zur Deutschen Rechtsgeschichte, 2. Bd., 1978.

[3] Zur Entstehungsgeschichte des Art. 46 GG vgl. *Wolfg. Härth* Die Rede- und Abstimmungsfreiheit der Parlamentsabgeordneten in der Bundesrepublik Deutschland, 1983, S. 77 ff; *S. Magiera* in: Bonner Kommentar (BK), Art. 46 unter I.

[4] Vgl. die Nachweise bei *Magiera* BK, Art. 46 unter III, sowie die ausführlichere Darstellung bei *Härth* Redefreiheit, S. 80 ff (beschränkt auf die Indemnität). – Es handelt sich um die folgenden Normen der jeweiligen Landesverfassungen: BW Art. 37 und 38; Bay. Art. 27 und 28; Berl. Art. 35; Br. Art. 94 und 95; HH Art. 14 und 15; Hs. Art. 95 und 96; Nds. Art. 14 und 15; NRW Art. 47 und 48; RP Art. 93 und 94; Saarl. Art. 81 und 82; SH Art. 17.

Unterschiede sind, soweit es sich um die Indemnität handelt, insbesondere zu verzeichnen in der Frage, welche Äußerungen ihres Schutzes teilhaftig werden: So stellt Art. 37 LV BW die gesamte Tätigkeit des Abgeordneten unter den Schutz der Indemnität – seine Äußerungen im Landtag, in einem seiner Ausschüsse, in einer Fraktion »oder sonst in Ausübung seines Mandats«. Ähnlich weit reichen Art. 35 Abs. 1 LV Bln., Art. 94 LV Br., Art. 95 LV Hs., Art. 47 LV NRW, Art. 93 LV RP und Art. 81 LV Saarl. Deutlich dahinter zurück bleibt vor allem die Verfassung des Freistaats Bayern, die den Abgeordneten in Art. 27 nur von der Verantwortung für sein Abstimmungsverhalten befreit[5]. Hamburg (Art. 14), Niedersachsen (Art. 14) und Schleswig-Holstein (Art. 17 Abs. 1) bewegen sich im wesentlichen auf der durch Art. 46 Abs. 1 GG vorgezeichneten Linie, mit der Maßgabe freilich, daß in Niedersachsen auch Äußerungen in der Fraktion ausdrücklich in den Indemnitätsschutz einbezogen sind. Ein weiterer wesentlicher Unterschied besteht darin, daß die Verfassungen der Länder Baden-Württemberg, Berlin, Bremen und Rheinland-Pfalz in diesen Schutz auch verleumderische Beleidigungen einbeziehen, wie es zunächst auch im Saarland der Fall war, bis der – heutige – Art. 81 (damals Art. 82) im Zusammenhang mit der Eingliederung des Saarlandes in die Bundesrepublik Deutschland um seinen jetzigen Satz 2 ergänzt wurde[6].

Im Bereich der Immunität sind ebenfalls einige Besonderheiten zu verzeichnen. So besteht nach Art. 28 Abs. 3 Satz 2 LV Bay. das Recht des Landtags, die Aufhebung jedes Strafverfahrens gegen ein Mitglied des Landtags und jeder Haft oder sonstigen Beschränkung seiner persönlichen Freiheit für die Dauer der Tagung zu verlangen – das sog. Anforderungsrecht[7] – nicht, »wenn der Abgeordnete eines unpolitischen Verbrechens bezichtigt wird«. Art. 95 Abs. 4 LV Br. und Art. 96 Abs. 4 LV Hs. nehmen die Verfolgung eines Abgeordneten wegen einer ihm als verantwortlichem Schriftleiter einer Zeitung oder Zeitschrift vorgeworfenen strafbaren Handlung vom Immunitätsschutz aus[8]; Art. 82 Abs. 4 LV Saarl. bestimmt, daß dieser Schutz versagt, wenn für die Ausübung einer beruflichen Tätigkeit durch Gesetz die unbeschränkte gerichtliche Verfolgbarkeit für Handlungen vorgeschrieben ist, die in Ausübung dieses Berufes begangen werden. Nach Art. 48 Abs. 1 LV NRW genießt keine Immunität, wer sich in Ausübung seines Mandats einer verleumderi-

---

[5] Diese Zurückhaltung beruht auf schlechten Erfahrungen, die nach Ansicht des Abgeordneten *Dr. Ehard* während der Weimarer Zeit mit der Indemnität angefallen sein sollen; s. dazu *Härth* Redefreiheit (Fn. 3) S. 81f; vgl. auch *Nawiasky/Leusser* Die Verfassung des Freistaates Bayern vom 2. Dezember 1946, 1948, S. 104f.

[6] Dazu *Härth* Redefreiheit (Fn. 3) S. 86f.

[7] Vgl. *N. Achterberg* Parlamentsrecht, 1984, S. 246.

[8] Vgl. *Th. Spitta* Kommentar zur Bremischen Verfassung von 1947, 1960, S. 185; *Zinn/Stein* Verfassung des Landes Hessen, Kommentar, Art. 96 Erl. 17.

schen Beleidigung (Ehrverletzung) schuldig macht. Unterschiedlich geregelt ist weiter die zeitliche Erstreckung des Immunitätsschutzes: Art. 28 LV Bay., Art. 95 LV Br., Art. 96 LV Hs. und Art. 94 LV RP sehen einen Schutz nur während der Sitzungsperiode vor, während er im übrigen für die Dauer der Wahlperiode besteht[9]. Schließlich bedarf – entsprechend der in Art. 46 Abs. 3 GG enthaltenen Vorschrift – in zwei Ländern auch die Einleitung eines Verfahrens nach Art. 18 GG der Genehmigung der Landesvertretung (vgl. Art. 15 Abs. 2 LV HH, Art. 15 Abs. 2 LV Nds.).

Eine Besonderheit bilden Art. 51 Abs. 2 BayGO und Art. 45 Abs. 2 BayLkrO, die nach ihrem Wortlaut den ehrenamtlichen Mitgliedern der Gemeinderäte und Kreistage im gleichen Maße Indemnität gewähren, wie sie den Abgeordneten des Bayerischen Landtags zusteht. Diese Regelung vermag sich freilich gegenüber dem Vorrang des Bundesrechts nicht durchzusetzen: Wo immer Bundesrecht eine straf- und zivilrechtliche Verantwortlichkeit statuiert, bieten die landesrechtlichen Vorschriften des bayerischen Kommunalrechts keinen Schutz[10].

c) Das Verhältnis von Bundes- und Landesrecht

Den Versuch einer Harmonisierung der divergierenden bundes- und landesverfassungsrechtlichen Bestimmungen über die *Indemnität* unternahm der Bundesgesetzgeber im Zuge der Neufassung des Allgemeinen Teils des Strafgesetzbuchs durch das Zweite Gesetz zur Reform des Strafrechts vom 4. Juli 1969 (BGBl. I S. 717). Der durch dieses Gesetz eingefügte § 36 StGB[11], der in seinen Geltungsbereich auch die Mitglieder der Bundesversammlung einbezieht[12], lautet:

»Mitglieder des Bundestages, der Bundesversammlung oder eines Gesetzgebungsorgans eines Landes dürfen zu keiner Zeit wegen ihrer Abstimmung oder wegen einer Äußerung, die sie in der Körperschaft oder in einem ihrer Ausschüsse getan haben, außerhalb der Körperschaft zur Verantwortung gezogen werden. Dies gilt nicht für verleumderische Beleidigungen.«

---

[9] In der Praxis dürfte der Unterschied allerdings nicht ins Gewicht fallen, da sämtliche Parlamente in der Bundesrepublik Deutschland in Permanenz tagen – so *Achterberg* Parlamentsrecht (Fn. 7) S. 246 m. N. Vgl. auch StGH Hs., ESVGH 11 II S. 9, wo entschieden ist, daß die Sitzungsperiode des Hessischen Landtages i. S. des Art. 96 LV von der Eröffnung des Landtages bis zu seiner Schließung einschließlich aller Vertagungen dauert. Vgl. auch *Zinn/Stein* (Fn. 8) Art. 96 Erl. 6a) sowie für die bayerische Verfassung die abweichende Ansicht von *Schweiger* in: *Nawiasky/Leusser/Schweiger/Zacher* Die Verfassung des Freistaates Bayern, Kommentar, Art. 28 Rdn. 3.

[10] Vgl. *M. Schröder* Grundlagen und Anwendungsbereich des Parlamentsrechts, 1979, S. 33, 380 f. m. w. N.

[11] Zur Vor- und Entstehungsgeschichte s. *Härth* Redefreiheit (Fn. 3) S. 87 ff.

[12] So freilich schon § 7 des Gesetzes über die Wahl des Bundespräsidenten durch die Bundesversammlung vom 25. April 1959 (BGBl. III 1100–1).

Das Verhältnis dieser Vorschrift zu den Indemnitätsbestimmungen des Landesverfassungsrechts ist Gegenstand vielfältiger Meinungsverschiedenheiten[13]. Es werden die folgenden Auffassungen vertreten:

- Neben der bundesrechtlichen Norm des § 36 StGB (früher: § 11 RStGB) hätten die landesverfassungsrechtlichen Vorschriften über die Indemnität der Abgeordneten insoweit keinen rechtlichen Bestand, als es sich um den Bereich des Strafrechts handele. Hier bewirke § 36 StGB einen einheitlichen Schutz aller Parlamentsabgeordneten des Bundes und der Länder[14].
- Darüber noch hinaus reicht die Meinung, § 36 StGB gehe, da Bundesrecht Landesrecht breche (Art. 31 GG), in jeder Hinsicht den Indemnitätsvorschriften der Landesverfassungen vor, schließe also auch andere etwa zivilrechtliche Formen des »Zur-Verantwortung-Ziehens« aus[15].
- Auf der anderen Seite des Meinungsspektrums findet sich die Behauptung, § 36 StGB sei nichtig, weil der Bundesgesetzgeber der Zuständigkeit ermangele, die der Materie des Landesverfassungsrechts zugehörige Indemnität von Mitgliedern der Landtage zu regeln, die Bundeskompetenz sich vielmehr darauf beschränke, die Auswirkungen der Indemnität auf die nicht zum Parlamentsrecht gehörenden Rechtsmaterien zu regeln; diese Kompetenzgrenze überschreite § 36 StGB eindeutig, eine verfassungskonforme Auslegung komme nicht in Betracht[16].
- Eine weitere Ansicht will § 36 StGB in bezug auf die Abgeordneten der Landtage (ausschließlich strafrechtliche) Bedeutung nur zumessen, soweit sie ein Äußerungsdelikt außerhalb des Landes begehen, dessen Parlament sie angehören: hier greife § 36 StGB ein, während sich die Reichweite des Indemnitätsschutzes bei im Lande begangenen Delikten – allerdings bundesweit – nach dessen Verfassungsrecht bestimme[17].

---

[13] Ausführliche Darstellung bei *Härth* Redefreiheit (Fn. 3) S. 98 ff.

[14] So die wohl überwiegende Meinung, die zunächst und mit besonderer Ausführlichkeit vom Brem. StGH in: DVBl. 1967, 622, begründet worden ist. Ebenso: BayVerfGH in: BayVBl. 1975, 54ff (55); BGHZ 75, 384 (386) – diese Entscheidung läßt die Frage allerdings letztlich offen; *K. Lackner* Strafgesetzbuch mit Erläuterungen, 16. Aufl., 1985, § 36 Rdn. 1. Zu diesem Ergebnis gelangt auch *E. Friesenhahn* Zur Indemnität der Abgeordneten in Bund und Ländern in: DÖV 1981, 512ff, der im übrigen erwägt, die verfassungsmäßige Ordnung der Parlamentsprivilegien zu den Grundsätzen des demokratischen Rechtsstaats i.S. des Art. 28 Abs. 1 GG zu zählen und so zu einer einheitlichen Regelung für die Abgeordneten in Bund und Ländern zu gelangen.

[15] So zuerst *H.-J. Rinck* Die Indemnität des Abgeordneten im Bundesstaat des Bonner Grundgesetzes in: JZ 1961, 248ff (249f) – noch zu § 11 StGB; sodann *W. Kewenig/S. Magiera* Umfang und Regelung der Indemnität von Abgeordneten insbesondere bei schriftlichen Fragen an die Regierung in: ZParl. 1981, 223ff (230, 231f); in gleicher/Richtung, aber weniger deutlich *Magiera* BK (Fn. 3) Art. 46 Rdn. 30; ferner *F. Ruland* Indemnität und Amtshaftung für Abgeordnete in: Der Staat 14 (1975) S. 457ff (460ff).

[16] So *M. Schröder* Rechtsfragen des Indemnitätsschutzes in: Der Staat 21 (1982) S. 25ff (42ff); ebenso *R. Wolfrum* Indemnität im Kompetenzkonflikt zwischen Bund und Ländern in: DÖV 1982, 674ff (680); ihnen folgt *Härth* Redefreiheit (Fn. 3) S. 107.

[17] *H. Tröndle* in: Leipziger Kommentar zum Strafgesetzbuch, 10. Aufl. 1985, Vorbemerkung zu den §§ 36, 37; ebenso *Dreher/Tröndle* Strafgesetzbuch, 42. Aufl. 1985, Rdn. 2 zu § 36.

Zu folgen ist zunächst der Ansicht, daß der Bundesgesetzgeber nicht über die Kompetenz verfügt, das Recht der Indemnität als solches zu regeln. Ob und in welchem Umfang die Abgeordneten der Landesparlamente den Schutz der Indemnität genießen, ist Gegenstand des Parlamentsrechts – »Sonderrecht des Parlaments«[18] – und fällt damit in die ausschließliche Gesetzgebungszuständigkeit der Länder; es handelt sich um Landesverfassungsrecht im materiellen und gegenwärtig ausnahmslos auch im formellen Sinne. Art. 28 Abs. 1 GG enthält nicht nur die meist im Vordergrund der Betrachtung stehende Garantie einer gewissen Homogenität von Bundes- und Landesverfassungen; er gewährleistet den Ländern vielmehr auch im Rahmen dieser Homogenität ihre Verfassungsautonomie, d. h. die Befugnis, über ihr Verfassungsrecht ohne Ingerenz des Bundes zu bestimmen[19]. Die Gesetzgebungskompetenz des Bundes ist demgegenüber auf die Regelung der Auswirkungen der Indemnität auf die Materien des Bundesrechts beschränkt[20]. Die Vorschrift des § 36 StGB regelt danach einerseits – insoweit allerdings Art. 46 Abs. 1 GG und § 7 des Gesetzes über die Wahl des Bundespräsidenten durch die Bundesversammlung nur wiederholend – die Indemnität, soweit Mitglieder des Bundestages und der Bundesversammlung betroffen sind. Hinsichtlich der Abgeordneten der Landtage registriert sie die Verbindlichkeit ihrer landesverfassungsrechtlich begründeten Indemnität in dem dort näherhin bezeichneten Umfang für das materielle Strafrecht – nicht etwa auch anderer Rechtsmaterien – des Bundes[21]. Die Indemnität ist also im ganzen Bundesgebiet jeweils in dem inhaltlich variierenden Umfang zu beachten, den das Recht desjenigen Landes bestimmt, dessen Volksvertretung der Abgeordnete angehört. In diesem Umfang ist sie gültig, unerachtet der Tatsache, daß der Bundesgesetzgeber mit ihr ein darüber hinausgehendes Ziel verfolgte – die Vereinheitlichung des Indemnitätsrechts in Bund und Ländern –, welches für ihn aus den dargelegten kompetenzrechtlichen Gründen unerreichbar war; einer hinter diesem Ziel zurückbleibenden, gleichwohl sinnvollen, Normsinn und Normzweck nicht zuwiderlaufenden verfassungskonformen Auslegung steht also nichts entgegen.

---

[18] *Schröder* Rechtsfragen (Fn. 16) S. 44.
[19] *Wolfrum* Indemnität (Fn. 16) S. 679 m. N.
[20] Richtig insoweit *Schröder* Rechtsfragen (Fn. 16) S. 46, 48.
[21] Ähnlich *K. J. Partsch* Besprechung des Buches von *Härth* Redefreiheit (Fn. 3) in: Der Staat 25 (1986) S. 446 f. – Es mag dahinstehen, ob es einer solchen bundesrechtlichen Regelung bedarf; dafür, daß die von ihr erzeugten Wirkungen schon kraft des insoweit auch für Organe des Bundes unmittelbar verbindlichen Landesverfassungsrechts eintreten, spricht etwa, daß entsprechende Normen für andere Bereiche des Bundesrechts fehlen. Man denke an den Fall, daß ein Beamter des Bundes als Mitglied eines Landtages ein Äußerungsdelikt begeht; disziplinarrechtliche Verfolgung ist ungeachtet des Fehlens einer dem § 36 StGB entsprechenden Norm in der Bundesdisziplinierung ausgeschlossen!

In diesem Sinne – und im Rahmen der Bundesgesetzgebungskompetenz bleibend – bestimmt § 152a StPO für den Bereich der Immunität, daß diesbezügliche landesrechtliche Vorschriften auch für die anderen Länder der Bundesrepublik Deutschland und den Bund wirksam sind. Hinsichtlich des Erlasses solcher Vorschriften anerkennt § 6 Abs. 2 Nr. 1 EGStPO deklaratorisch die Zuständigkeit des Landesgesetz- bzw. Landesverfassunggebers.

2. Früheres Reichsrecht

In der Weimarer Reichsverfassung waren Indemnität und Immunität der Mitglieder des Reichstages und der Landtage einheitlich geregelt – der damalige § 11 RStGB fußte also auf gesichertem verfassungsrechtlichen Grund. Die Art. 36 und 37 WRV[22] lauteten:

> Art. 36. Kein Mitglied des Reichstags oder eines Landtags darf zu irgendeiner Zeit wegen seiner Abstimmung oder wegen der in Ausübung seines Berufes getanen Äußerungen gerichtlich oder dienstlich verfolgt oder sonst außerhalb der Versammlung zur Verantwortung gezogen werden.
> Art. 37. Kein Mitglied des Reichstags oder eines Landtags kann ohne Genehmigung des Hauses, dem der Abgeordnete angehört, während der Sitzungsperiode wegen einer mit Strafe bedrohten Handlung zur Untersuchung gezogen oder verhaftet werden, es sei denn, daß das Mitglied bei Ausübung der Tat oder spätestens im Laufe des folgenden Tages festgenommen ist.
> Die gleiche Genehmigung ist bei jeder anderen Beschränkung der persönlichen Freiheit erforderlich, die die Ausübung des Abgeordnetenberufes beeinträchtigt.
> Jedes Strafverfahren gegen ein Mitglied des Reichstags oder eines Landtags und jede Haft oder sonstige Beschränkung seiner persönlichen Freiheit wird auf Verlangen des Hauses, dem der Abgeordnete angehört, für die Dauer der Sitzungsperiode aufgehoben.

Davor war in Art. 30 und 31 RV 1871[23] bestimmt:

> Art. 30. Kein Mitglied des Reichstages darf zu irgend einer Zeit wegen seiner Abstimmung oder wegen der in Ausübung seines Berufes gethanen Aeußerungen gerichtlich oder disziplinarisch verfolgt oder sonst außerhalb der Versammlung zur Verantwortung gezogen werden.
> Art. 31. Ohne Genehmigung des Reichstages kann kein Mitglied desselben während der Sitzungsperiode wegen einer mit Strafe bedrohten Handlung zur Untersuchung gezogen oder verhaftet werden, außer wenn es bei Ausübung der That oder im Laufe des nächstfolgenden Tages ergriffen wird.
> Gleiche Genehmigung ist bei einer Verhaftung wegen Schulden erforderlich.
> Auf Verlangen des Reichstages wird jedes Strafverfahren gegen ein Mitglied desselben und jede Untersuchungs- oder Civilhaft für die Dauer der Sitzungsperiode aufgehoben.

---

[22] Vgl. dazu A. Graf zu Dohna in: Anschütz/Thoma (Hrsg.) Handbuch des Deutschen Staatsrechts, 1. Bd., 1930, S. 439 ff. m. N.
[23] Vgl. dazu P. Laband Das Staatsrecht des Deutschen Reiches, 1. Bd., 5. Aufl. 1911, S. 355 ff. G. Meyer/G. Anschütz Lehrbuch des Deutschen Staatsrechts, 7. Aufl. 1919, S. 516 ff. S. a. L. Fuld Die Immunität der Mitglieder gesetzgebender Versammlungen in: AöR 4 (1889) S. 341 ff.

Da der Geltungsbereich dieser Vorschriften die Abgeordneten der Landtage nicht erfaßte, stellte § 11 RStGB für den Bereich der Indemnität die – damals nicht auf kompetenzrechtliche Hindernisse stoßende[24] – Rechtseinheit her, während es im Bereich der Immunität kraft des § 6 Abs. 2 Nr. 1 EGStPO bei den unterschiedlichen landesrechtlichen Regelungen bewendete[25].

II. Geschichtliche Grundlagen

1. Herkunft und Ausbildung

a) Vereinigtes Königreich von Großbritannien und Irland

Indemnität und Immunität wurzeln in der Tradition des englischen Parlamentarismus. In einem sich über Jahrhunderte erstreckenden Prozeß[26] setzte sich das Parlament mit seiner Auffassung durch, daß seinen Mitgliedern Rede- und Abstimmungsfreiheit sowie ein weitgehender Schutz vor sonstigen Behinderungen ihrer parlamentarischen Tätigkeiten zukomme. Nach letzten Übergriffen des Monarchen in der Zeit der Stuarts[27] faßte das Unterhaus am 11. Dezember 1667 eine Resolution, nach der Äußerungen seiner Mitglieder im Gesetzgebungsverfahren nicht gegen die Rechtsordnung verstoßen konnten:

"No man can doubt but whatever is once enacted is lawful, but nothing can come into an Act of Parliament, but it must first be affirmed or propounded by somebody: so that if the Act can wrong nobody, no more can the first propounding. The members must be as free as the Houses; an Act of Parliament cannot disturb the state; therefore the debate that tends to it cannot; for it must be propounded and debated before it can be enacted[28]."

In der Bill of Rights vom 23. Oktober 1689 wurde das Privileg der Indemnität schließlich bindend formuliert. Abschnitt I 9 lautet:

"That the freedom of speech, and debates or proceedings in parliament, ought not be impeached or questioned in any court or place out of parliament."

---

[24] Eine dem Art. 28 Abs. 1 GG entsprechende Vorschrift – Normativbestimmung und Gewährleistungsnorm für die Verfassungsautonomie der Gliedstaaten in einem – enthielt die Bismarck-Verfassung nicht.

[25] *Meyer/Anschütz* Lehrbuch des Deutschen Staatsrechts (Fn. 23) S. 379.

[26] Dazu etwa *R. v. Gneist* Das englische Parlament, 1886, S. 219f; *Härth* Redefreiheit (Fn. 3) S. 26ff; *J. Hatschek* Englisches Staatsrecht I, 1905, S. 424; *E. Hubrich* Die parlamentarische Redefreiheit und Disziplin, 1899, S. 15ff; *K. Loewenstein* Staatsrecht und Staatspraxis von Großbritannien, 1. Bd., 1967, S. 277f; *J. v. Muralt* Die parlamentarische Immunität in Deutschland und der Schweiz, 1902, S. 11ff; *Erskine May's* Treatise on the Law, Privileges, Proceedings and Usage of Parliament, 19th edition, 1976, chap. V bis X.

[27] Vgl. *May* Treatise (Fn. 26) S. 75f; *Hubrich* Redefreiheit (Fn. 26) S. 23; v. *Muralt* Immunität (Fn. 26) S. 14 f.

[28] Zitiert nach *May* Treatise (Fn. 26) S. 73.

Dieses Privileg ist ein Privileg des Parlaments, das nicht nur die Abgeordneten, sondern auch alle diejenigen genießen, die sich in anderer Eigenschaft, etwa als Zeugen oder Sachverständige, im parlamentarischen Geschäftsgang äußern[29].

Immunität war den Mitgliedern des Unterhauses – hinsichtlich derjenigen des House of Lords bewendete es bei den Privilegien ihres adeligen Standes – hingegen nur insoweit gewährt, als sie während der Sitzungsperiode Schutz vor Schuldhaft genossen. Einer Strafverfolgung zumal bei schwereren kriminellen Vergehen standen indessen keine anderen rechtlichen Hindernisse entgegen als diejenigen, die jedem Bürger durch die Habeas-Corpus-Akte zugute kamen[30].

Der weitreichenden Gewähr der Unverantwortlichkeit der Abgeordneten für ihr Verhalten im Parlament entsprach dessen nachhaltig gehandhabte Disziplinargewalt, die sich auf das althergebrachte Verständnis des Parlaments als eines Gerichtshofs (High Court of Parliament) stützte[31] und die sich auch auf das außerparlamentarische, jedoch das Ansehen des Parlaments schädigende Verhaltens seiner Mitglieder erstreckte[32]. Die Strafen, die das Parlament gegen seine Mitglieder auf dieser Grundlage verhängen konnte, reichten vom Ordnungsruf des Speakers über Verweis, zeitweise Suspendierung von den Geschäften des Hauses und Haft bis zum Mandatsverlust, der etwa wegen Bestechlichkeit ausgesprochen werden konnte[33]. – Diese Rechtslage besteht im wesentlichen noch heute.

b) Die Vereinigten Staaten von Amerika

In enger Anlehnung an das britische Vorbild bestimmt Art. I sect. 6 der Verfassung der USA vom 17. September 1787:

"The Senators and Representatives ... shall in all Cases, except Treason, Felony and Breach of the Peace, be privileged from the Arrest during their Attendance at the Session of their respective Houses, and in going to and returning from the same; and for any Speech or Debate in either House, they shall not be questioned in any other Place."

Die Ausnahmen – Treason (Hochverrat), Felony (Kapitalverbrechen) und Breach of the Peace (Friedensbruch) – werden dahin interpretiert, daß sie alle kriminellen Handlungen umfassen[34]. Um so größere Bedeutung hat die In-

---

[29] *Hubrich* Redefreiheit (Fn. 26) S. 25f; *May* Treatise (Fn. 26) S. 83.

[30] *V. Muralt* Immunität (Fn. 26) S. 16ff; *May* Treatise (Fn. 26) S. 103 ff.

[31] *May* Treatise (Fn. 26) S. 118.

[32] *Hubrich* Redefreiheit (Fn. 26) S. 28, vergleicht sie mit dem »modernen preußisch-deutschen Beamtendisziplinarstrafrecht, welches von dem Beamten fordert, daß er sich sowohl in- als außerhalb seiner amtlichen Thätigkeit der Achtung würdig zeige, welche seine Stellung erfordert.«

[33] Vgl. *Hubrich* Redefreiheit (Fn. 26) S. 31ff; *May* Treatise (Fn. 26) S. 116ff.

[34] *L. S. Jayson/J. H. Killian/S. Beckey/Th. Durbin* The Constitution of the United States of America, Analysis and Interpretation, 1973, S. 117.

demnität (freedom of speech)[35]. Ihren Schutz genießen die Mitglieder des Kongresses, soweit es sich um ein Verhalten im unmittelbaren Zusammenhang mit der Durchführung der Gesetzgebung handelt, auch wenn es sich außerhalb des Parlaments ereignet[36]. Der Schutz der Indemnität erstreckt sich aber auch auf die bei beiden Häusern des Kongresses Beschäftigten, sofern sie Handlungen vornehmen, die, wären sie von Abgeordneten vorgenommen worden, in den Schutzbereich der Norm fielen[37]. Senat und Repräsentantenhaus können ihre Mitglieder wegen ordnungswidrigen Verhaltens bestrafen und mit 2/3-Mehrheit ausschließen[38].

c) Frankreich

Die britische Verfassungstradition wirkte sich, vermittelt vor allem von *Montesquieu*, auf dem europäischen Kontinent zunächst in Frankreich aus, wobei besonders die Volkssouveränitätslehre *Rousseaus* zusätzliche Impulse gab. Veranlassung zu der wegweisenden Resolution der Nationalversammlung vom 23. Juni 1789 gaben sowohl der Fall des Abgeordneten *Lautrec*[39], der des Hochverrats beschuldigt und deshalb in Haft genommen worden war, als auch die am gleichen Tage an das Parlament gerichtete Aufforderung des Königs, die zuvor vollzogene Vereinigung der drei Ständeversammlungen rückgängig zu machen. Hiergegen richtete sich die erwähnte Resolution, die – vor dem Hintergrund massiver militärischer Bedrohung mit großer Mehrheit beschlossen – die Unverletzlichkeit der Abgeordneten postulierte[40]. Ihre Beeinträchtigung erklärte sie zum Angriff auf die Nation (traîtres envers la nation). Darin kam die auf Gedanken *Rousseaus* fußende und von den Anhängern der repräsentativen Demokratie auf die Mitglieder des Parlaments übertragene Auffassung zum Ausdruck, daß die in der Monarchie dem Landesherrn zukommende Unantastbarkeit nunmehr dem neuen Träger der Souveränität, dem Volk – en corps souverain! – zustehe. Allerdings meinte Unverletzlichkeit nicht Freistellung von Strafe; sie sollte vielmehr nur Übergriffen der zweiten und dritten Gewalt wehren und die Gerichtsbarkeit über allfällige Vergehen ihrer Mitglieder der Nationalversammlung selber vorbehalten[41]. So

---

[35] Dazu *B. Schwartz* A Commentary on the Constitution of the United States, Part 1, 1963, S. 105.

[36] *L. H. Tribe* American Constitutional Law, 1978, S. 293; *Jayson* u. a. Constitution (Fn. 34) S. 118 f.

[37] *Tribe* Constitutional Law (Fn. 36) S. 292.

[38] Vgl. *Härth* Redefreiheit (Fn. 3) S. 28 ff; *Hubrich* Redefreiheit (Fn. 26) S. 37 ff.

[39] Dazu *P. Bockelmann* Die Unverfolgbarkeit der Abgeordneten nach deutschem Immunitätsrecht, 1951, S. 13 f. Vgl. auch die Hinweise auf weitere Fälle bei *A. Stern* Das Leben Mirabeau's, 2. Bd. 1889, S. 27.

[40] «L'assemblée nationale déclare que la personne de chaque député est inviolable …» (vollständiger Wortlaut bei *Hubrich* [Fn. 26] S. 45).

[41] *Robespierre* erklärte in der Sitzung der Nationalversammlung am 25. Juni 1789 (zitiert nach *Hubrich* Redefreiheit [Fn. 26] S. 70 f [Fn. 6]): «Qu'est-ce que l'inviolabilité? Ce n'est

wurde der Abgeordnete *Guilhermy* im Oktober 1790 wegen beleidigender
Äußerungen gegenüber Mirabeau zu 3 Tagen Haft verurteilt[42].
Die Verfassung vom 3. September 1791 bestimmte in Titel III, Kapitel 1,
Sektion V:

> Art. 7. Les représentants de la nation sont inviolables: ils ne pourront être recherchés,
> accusés ni jugés en aucun temps pour ce, qu'ils auront dit, écrit ou fait dans l'exercise de leurs
> fonctions de représentants.
> Art. 8. Ils pourront pour faits criminels être saisis en flagrant délit ou en vertu d'un mandat
> d'arrêt; mais ils en sera donné avis sans délai au corps législatif; et la poursuite ne pourra être
> continuée qu'aprés que le corps lègislatif aura décidé, qu'il y a lieu à accusation.

Indemnität und Immunität waren umfassend gewährleistet. Der Verfassung
von 1791 war allerdings keine lange Lebensdauer beschieden. In der Zeit der
Konventsherrschaft, die sie schon ein Jahr später suspendierte, kam es zu
mannigfachen Beeinträchtigungen der Redefreiheit der Abgeordneten bei
gleichzeitiger Verschärfung des vom Parlament ihnen gegenüber ausgeübten
Disziplinarrechts[43]. Die Verfassung vom 24. Juni 1793 (vgl. Art. 43, 51) hielt
gleichwohl an den Errungenschaften ihrer Vorgängerin fest. Gleiches gilt für
die – ohnehin wieder in stärkerem Maße an die Konstitution von 1791 anknüpfende – Verfassung vom 22. August 1795[44], wenngleich dort auf die ausdrückliche Erklärung der Abgeordneten als unverletzlich (inviolable) verzichtet wurde[45].

Die Charte constitutionelle vom 4. Juni 1814 beruhte nicht mehr auf dem
Gedanken der Volkssouveränität. Frankreich war unter Ludwig XVIII. eine
konstitutionelle Monarchie. Beibehalten war somit das zweite Standbein des
den Abgeordneten gewährleisteten Schutzes, der Grundsatz der Gewaltentrennung. Die Verfassung gewährleistete die Indemnität der Mitglieder der
Kammern allerdings nur indirekt, indem Art. 18 bestimmte:

> «Toute loi doit être disentée et votée librement par la majorité de chacune des deux Cham-
> bres.»

---

point un privilège et cependant c'est quelque chose de plus que le droit commun des autres
citoyens. Il est de principe qu'aucune puissance ne doit s'élever au dessus du corps représen-
tatif de la nation: qu'aucun corps ne peut décider des destinées des représentants ... Mais,
dira-t-on, s'ils sont coupables, ils doivent être punis ... Si elle (la nation) pouvoit se rassemb-
ler en corps, elle sevait leur (des représentants) véritables juge.»
   [42] *Stern* Mirabeau (Fn. 39) S. 209.
   [43] Vgl. *Hubrich* Redefreiheit (Fn. 26) S. 88 ff.
   [44] Vgl. Art. 110 zur Redefreiheit, Art. 111–123 zur Immunität; hier war erstmals auf der
Ebene des Verfassungsrechts das Institut der Abgeordnetenanklage entwickelt, die vor einem
eigens dafür gebildeten Gerichtshof zu erheben war.
   [45] Bemerkenswert Art. 63, demzufolge die Kammern «ont respectivement le droit de police
sur les membres; mais ils ne peuvent prononcer de peine plus forte que la censure, les arrêts
pour huit jours et la prison pour trois»!

Ein Gesetz vom 17. Mai 1819 traf indessen alsbald weiter ins einzelne gehende Schutzvorkehrungen[46]. Parallel entwickelte sich die Disziplinargewalt der Kammern, auf die gestützt der Präsident den Abgeordneten in seiner Rede unterbrechen und ihm einen Ordnungsruf erteilen, in der Deputiertenkammer den Ordnungsruf ins Protokoll eintragen sowie dem Abgeordneten einen Verweis erteilen konnte; auch der zeitweise Ausschluß von den Sitzungen der Kammer war zulässig[47]. Hinsichtlich der Immunität bestimmte Art. 52 der Verfassung:

«Aucun membre de la chambre ne peut pendant la durée de la session être poursuivi, ni arrêté, en matière criminelle, qu'après que la chambre a permit la poursuite.»

d) Belgien

In enger Anlehnung an das Vorbild Frankreichs formulierte die auf dem Prinzip der Volkssouveränität beruhende Verfassung des in der Folge der französischen Juli-Revolution gebildeten Königreichs Belgien:

«Art. 44. Aucun membre de l'une ou de l'autre chambre ne peut être poursuivi ou recherché à l'occasion des opinions et votes émis par lui dans l'exercise de ses fonctions.
Art. 45 Abs. 1. Aucun membre de l'une ou de l'autre chambre ne peut pendant la durée de la session être poursuivi ni arrêté en matière de répression, qu'avec l'autorisation de la chambre, dont il fait partie, sauf le cas de flagrant délit.»

2. Die Entwicklung in Deutschland

a) Altständische Versammlungen

Die Mitglieder der ständischen Versammlungen der frühen Neuzeit wie der Ratsversammlungen der Städte, deren Entwicklung freilich vielfachen Schwankungen unterlag[48], waren, soweit die Landstandschaft nicht einzelnen Familien zustand, Abgesandte korporativer Verbände, gehalten, deren Interessen zu vertreten[49]. Von einem freien Mandat konnte keine Rede sein; ein Bedürfnis, die Freiheit von Rede und Abstimmung gegenüber den sie entsendenden Körperschaften zu schützen, konnte daher nicht aufkommen. Indessen bedurften die Stände des Schutzes ihrer Freiheiten gegenüber dem Landesherrn, der nur allzusehr geneigt war, Druck auf sie auszuüben, um seine eigenen politischen Zwecke zu erreichen; er erwies sich in der Auseinandersetzung mit den Ständen, zumal im Zeitalter des Absolutismus, regelmäßig als der Stärkere[50]. Das Kapitel, in dem *Moser* »Von der Land-Stände in Teutsch-

---

[46] Dazu *Hubrich* Redefreiheit (Fn. 26) S. 105 f.
[47] Fall des Deputierten *Manuel* im Jahr 1823; dazu *Hubrich* Redefreiheit (Fn. 26) S. 106 f.
[48] Vgl. etwa *J. J. Moser* Von der Teutschen Reichs-Stände Landen, deren Landständen, Unterthanen, Landes-Freyheiten, Beschwerden, Schulden und Zusammenkünften (Neues Teutsches Staats-Recht, 13. Bd.), 1769, 2. Buch 4. Kapitel.
[49] Ebd., 2. Buch 5. Kapitel, 20. Kapitel (S. 843).
[50] Kennzeichnend *Moser* (Fn. 48), S. 839: »Die Land-Stände seynd und bleiben a) in Corpore und b) einzeln Unterthanen«.

land Gerechtsamen« handelt, erweist sich denn auch nicht zufällig als eines
der kürzesten seines umfänglichen Werkes[51]. Seine Darstellung »Von der landschaftlichen Personen Sicherheit und denen ihnen Schuld gegebenen Amts-
verbrechen«[52] vermag den Eindruck weitgehender Rechtlosigkeit nicht zu ver-
wischen[53], sei es auch, daß einzelne Ständeversammlungen ihre Stimmfreiheit
immer wieder zur Geltung zu bringen versuchten[54] und die zumal in der
2. Hälfte des 18. Jahrhunderts aufblühende Staatsrechtslehre sie nachhaltig be-
schwor[55,56].

b) Konstitutionelle Monarchie bis 1848

Der deutsche Konstitutionalismus knüpfte danach folgerichtig an die ausländischen Vorbilder an, freilich in einer im einzelnen durchaus unterschiedlichen
Weise[57].

aa) In Ansehung der Unverantwortlichkeit der Abgeordneten gewährleisteten die Verfassungen regelmäßig die Rede- und Abstimmungsfreiheit[58], allerdings zum Teil mit gewichtigen Einschränkungen. So blieben nach § 185
Abs. 1 der Verfassungsurkunde für das Königreich Württemberg vom 25. September 1819 »Beleidigungen oder Verläumdungen der Regierung, der Stände-
Versammlung oder einzelner Personen der Bestrafung nach den bestehenden
Gesetzen in dem ordentlichen Wege des Rechts unterworfen«[59]; einige Verfassungen bestimmten, daß in Fällen dieser Art eine gerichtliche Verfolgung
nur mit Zustimmung des Landtags stattfinden könne[60]. Im übrigen war die

---

[51] Ebd., 2. Buch 20. Kapitel.

[52] Abhandlung verschiedener Rechtsmaterien, 5. Stück, 1775, S. 5 ff.

[53] Eines ihrer Opfer war *J. J. Moser* selbst, der in seiner Eigenschaft als württembergischer
Landschaftskonsulent im Konflikt zwischen Herzog Karl Eugen und den württembergischen
Landständen am 12. Juli 1759 verhaftet und fünf Jahre lang ohne Verfahren und Urteil auf
dem Hohentwiel gefänglich festgehalten wurde; vgl. *W. Grube* Der Stuttgarter Landtag
1457–1957, 1957, S. 430.

[54] Dies galt besonders für diejenigen des Herzogtums Württemberg, dessen Landesherr im
Jahre 1739 die libertas votandi et agendi des Landtags anerkannte; vgl. *Grube* Landtag (Fn. 53)
S. 422.

[55] So etwa *Moser* Von der Teutschen Reichs-Stände Landen (Fn. 48) 7. Buch 3. Kapitel § 15
unter 4 (S. 1510): »Die Freyheit, reden und schreiben zu dörffen, wie es die Umstände erfor-
deren, muß denen Land-Ständen ungekränkt verbleiben…«.

[56] Ausführlich zum Vorstehenden *Hubrich* Redefreiheit (Fn. 26) S. 142ff; Überblick bei
Härth Redefreiheit (Fn. 3) S. 21 ff.

[57] Ausführliche Darstellung bei *Fuld* Immunität (Fn. 23) S. 341ff, sowie bei *Hubrich* Redefreiheit (Fn. 26) S. 163ff; ein Überblick bei *Härth* Redefreiheit (Fn. 3) S. 34 ff.

[58] Auch, wo wie beispielsweise in Titel VII, § 27 der bayerischen Verfassungsurkunde vom
26. Mai 1818 oder in § 23 der Verfassungsurkunde des Großherzogtums Hessen vom 17. Dezember 1820 dem Wortlaut nach nur die Freiheit der Stimmabgabe garantiert wurde, war
damit nach wohl überwiegender Auffassung auch die Redefreiheit gemeint; vgl. etwa *H. Zoepfl* Grundsätze des allgemeinen und deutschen Staatsrechts, mit besonderer Rücksicht auf die
neuesten Zeitverhältnisse, 2. Teil, 4. Aufl., 1856, S. 482 Fn. 6.

[59] Weitere Nachweise bei *Zoepfl* a. a. O. (Fn. 58) S. 483 Fn. 7.

[60] Vgl. ebd. mit Fn. 8; ferner S. 485 f mit Fn. 12 bis 14.

Einhaltung der gebotenen Disziplin den Parlamenten selbst überlassen und Gegenstand geschäftsordnungsmäßiger Regelung. Übliche Mittel zur Aufrechterhaltung der Ordnung waren der Ordnungsruf, ein förmlicher Mißbilligungsbeschluß der Kammer, die Aufforderung zum Widerruf oder zur Abgabe einer Ehrenerklärung, ausnahmsweise auch der zeitweilige Ausschluß von den Beratungen oder die Aberkennung der Mitgliedschaft – diese freilich nur aufgrund eines mit qualifizierter Mehrheit zu fassenden Beschlusses oder mit nachgeschalteter gerichtlicher Kontrolle[61]. Gelegentlich war die Möglichkeit eröffnet, seitens der Regierung vor einem dafür eigens bestimmten (Staats-) Gerichtshof gegen ein Mitglied der Stände Anklage wegen Hochverrats zu erheben; der Gerichtshof konnte auf Mandatsverlust erkennen[62]. Die Indemnität der Abgeordneten war in der Zeit der Reaktion und des Vormärz vielfältigen Angriffen ausgesetzt. Schon Art. 59 der Wiener Schlußakte vom 15. Mai 1820 enthielt eine nachdrückliche Ermahnung der Gliedstaaten:

»Wo die Oeffentlichkeit landständischer Verhandlungen durch die Verfassung gestattet ist, muß durch die Geschäftsordnung dafür gesorgt werden, daß die gesetzlichen Gränzen der freien Aeusserung, weder bei den Verhandlungen selbst, noch bei deren Bekanntmachung durch den Druck, auf eine die Ruhe des einzelnen Bundesstaates oder des gesammten Deutschlands gefährdende Weise überschritten werden.«

Sie folgten, wennschon mit unterschiedlichem Eifer, dieser Ermahnung, wie etwa das Beispiel Bayerns zeigt, durch gesetzliche Normierung der den Kammern überlassenen Disziplinargewalt[63] oder durch eine entsprechende Verfassunggebung[64]. Ein Bundesbeschluß vom 16. August 1824 bekräftigte die Aufforderung an die Mitglieder des Deutschen Bundes, streng darauf zu achten, daß die Landstände sich an die ihnen gezogenen Schranken hielten; es wurde empfohlen, diese in einer zwischenstaatlich zu vereinbarenden Geschäftsordnung verdeutlichend niederzulegen[65]. Das wiederholte sich im Jahre 1832[66] und fand auch Eingang in Art. 26 des (bis 1843 geheimgehaltenen) Schlußprotokolls der Wiener Ministerkonferenzen von 1834[67], in dem sich die Regierungen verpflichteten, auf die Stände dahin einzuwirken, daß sie ihre Ordnungsmittel bei »Mißbrauch des Wortes« nachhaltig einsetzen, und gegebe-

---

[61] Ebd., S. 484 f mit Fn. 9 bis 11; s.a. *Hubrich* Redefreiheit (Fn. 26) S. 154 ff.

[62] So etwa §§ 195, 199, 203 der Verfassung des Königreichs Württemberg.

[63] So *Härth* Redefreiheit (Fn. 3) S. 42 f; *Hubrich* Redefreiheit (Fn. 26) S. 178, 183 f.

[64] Vgl. etwa § 83 der Verfassungsurkunde für das Königreich Sachsen vom 4. September 1831. Großzügig zeigte sich andererseits die Verfassung des Königreichs Hannover vom 26. September 1833, die den Mitgliedern der Ständeversammlung weitgehende Äußerungsfreiheit gewährleistete (ausgenommen waren nur hochverräterische Äußerungen und Privatbeleidigungen) und dabei als Regel festlegte (§ 109): »Jede Äußerung eines Mitglieds in der Versammlung über ständische Angelegenheiten soll immer die günstigste Auslegung erhalten«.

[65] *E. R. Huber* Dokumente zur deutschen Verfassungsgeschichte, Bd. 1, 1961, S. 117.

[66] Bundesbeschluß vom 28. Juni 1832, Art. 5, bei *Huber* Dokumente (Fn. 65) S. 119 f.

[67] Dazu *E. R. Huber* Verfassungsgeschichte (Fn. 1) 2. Bd., 1960, S. 177 ff.

nenfalls »unter ausdrücklicher Anführung des Grundes« von ihrem Auflösungsrecht Gebrauch zu machen[68].

Die Unverantwortlichkeit der Abgeordneten war Gegenstand parlamentarischer und wissenschaftlicher Auseinandersetzungen. So war zunächst 1833,
dann 1843 in der badischen Zweiten Kammer Gelegenheit zu solcher Erörterung gegeben, in der sich vor allem die Liberalen v.*Rotteck* und *Welcker*
hervortaten; eine gegen *Welcker* gerichtete Beleidigungsklage und ein sich daraus ergebender Prozeß bildete im zweiten Falle den Anlaß der Debatte[69]. Im
wissenschaftlichen Disput hat insbesondere *Karl Salomo Zachariä*[70] den Versuch einer theoretischen Untermauerung der Unverantwortlichkeit der Mitglieder der Ständeversammlungen unternommen und daraus, ohne sich vom
positiven Recht zu lösen, bestimmte Folgerungen gezogen. Abstimmungsund Redefreiheit der Abgeordneten waren für ihn eine zwingende Konsequenz des repräsentativen Freistaats, d. h. des Prinzips der Volkssouveränität,
das in der konstitutionellen Monarchie mit dem monarchischen in der Weise
zusammengeführt worden sei, daß zwar die Souveränität des Monarchen gewahrt, das repräsentative System aber im Maße seiner Vereinbarkeit mit derselben zum Zwecke ihrer Beschränkung zur Geltung gebracht sei; dies sei
hinsichtlich der Redefreiheit der Abgeordneten »vollkommen« der Fall[71]. Da
mithin im Wesen der konstitutionellen Monarchie gelegen, unterliege sie nur
den in den einzelnen Landesverfassungen ausdrücklich enthaltenen Einschränkungen[72]. *Zachariäs* Meinung stieß in der Wissenschaft auf positive Resonanz[73], die Praxis hingegen reagierte zurückhaltend[74], und auch die Lehre
schloß sich in der Folge der zunächst von dem hessischen Hofgerichtsrat
Gerau[75] in Auseinandersetzungen mit *Zachariä* vertretenen Auffassung an,

---

[68] Bei *Huber* Dokumente (Fn. 65) S. 123 ff, 128.

[69] Vgl. die Niederschrift über die Verhandlung in der 35. Sitzung des Landtags von 1833
(mit Beiträgen von *Rotteck, Welcker, Beck* – über ihn s. *Huber* Verfassungsgeschichte (Fn. 1)
2. Bd., S. 443 Fn. 13) sowie in der 12. Sitzung des Landtags von 1843; ausführlich über seinen
Fall berichtet *Welcker* in seiner Schrift »Ein staatsrechtlicher/Injurienprozeß in actenmäßiger
Mittheilung« sowie in seinem Artikel »Verantwortlichkeit der Landstände« in dem von ihm
und *Rotteck* herausgegebenen Staatslexikon, 15. Bd., 1843, S. 648 ff. – Die badische Verfassung
vom 22. August 1818 gehörte zu den wenigen, die keine ausdrückliche Verbürgung der Indemnität enthielten. Sie bestimmte in § 48 lediglich, daß die Ständeglieder berufen seien, über
die Gegenstände ihrer Beratungen nach eigener Überzeugung abzustimmen, was sich gegen
das imperative Mandat richtete. Erst 1867 wurde die badische Verfassung um einen § 48 a
ergänzt, der sie auf das allgemeine konstitutionelle Verfassungsniveau erhob.

[70] Sind in den deutschen constitutionellen Monarchieen die Gerichte befugt, über Klagen
zu entscheiden, welche vor ihnen wegen gesetzwidriger Äußerungen eines Mitgliedes der I.
oder der II. Kammer erhoben werden?, AcP 17 (1834) S. 173 ff.

[71] Ebd., S. 202 ff.

[72] Ebd., S. 207 ff.

[73] Nachweise bei *Hubrich* Redefreiheit (Fn. 26) S. 258 f.

[74] Ebd., S. 259 f.

[75] Können in den deutschen constitutionellen Monarchien die Mitglieder ständischer Kam-

3. Indemnität und Immunität

daß die Redefreiheit lediglich in dem von den Verfassungen expressis verbis anerkannten Umfang bestehe[76].

bb) Hinsichtlich der Immunität gewährleisteten die Verfassungen den Mitgliedern der Ständeversammlungen überwiegend einen Schutz dergestalt, daß sie während deren Sitzungen weder in Schuldhaft genommen noch ohne Zustimmung der Kammer, der sie angehörten, wegen einer Straftat in Haft genommen werden durften, ausgenommen den Fall der Ergreifung auf frischer Tat; einige Verfassungen blieben allerdings auch dahinter zurück[77], andere wiederum gingen darüber hinaus, indem sie etwa auch die Einleitung eines Strafverfahrens gegen einen Abgeordneten während der Sitzungsperiode untersagten oder dem Parlament das Recht zuerkannten, die Aufhebung einer schon verhängten Haft zu verlangen[78].

Auch insoweit bestand ein Bedürfnis, wie sich besonders im Falle des 1820 in die Zweite Kammer des württembergischen Landtags gewählten berühmten Nationalökonomen *Friedrich List* zeigte, der einer kritischen Publikation wegen der Beleidigung des Beamtenstandes angeklagt und unter Berufung auf die §§ 135 und 158 der Verfassung durch einen Beschluß der Kammer zunächst seines Mandats für verlustig erklärt und dann zu Festungshaft verurteilt wurde[79].

c) Spätkonstitutionalismus

Im Zuge der Revolution von 1848 traf zunächst das Reichsgesetz vom 30. September 1848 eine umfassende Regelung zum Schutze von Indemnität und Immunität der Mitglieder der Nationalversammlung[80]. Sie fand Eingang in die §§ 117 bis 120 der Reichsverfassung vom 28. März 1849. Schon zuvor hatte die oktroyierte preußische Verfassung vom 5. Dezember 1848 in Art. 83 eine entsprechende, deutlich am Vorbild der belgischen Verfassung von 1831 orientierte Regelung getroffen[81], die in nur geringfügig abweichender Formulierung in Art. 84 der Verfassung vom 31. Januar 1850 übernommen wurde:

---

mern wegen gesetzwidriger Äußerungen vor den Gerichten des Landes zur Verantwortung gezogen werden?, Zeitschrift für Civilrecht und Prozeß, N. F. Bd. 1 (1845) S. 1 ff.

[76] Vgl. *Hubrich* Redefreiheit (Fn. 26) S. 263 ff.

[77] Vgl. *Zoepfl* Grundsätze (Fn. 58) S. 486 f mit Fn. 3 und 4.

[78] Ebd., S. 488 mit Fn. 7 und 8.

[79] § 135 versagte das passive Wahlrecht demjenigen, der »in eine Criminal-Untersuchung verflochten« oder »durch gerichtliches Erkenntniß … zur Vestungs-Strafe mit Zwang zu öffentlichen Arbeiten oder angemessener Beschäftigung, oder zum Zuchthaus verurteilt worden« war, und § 158 ordnete den Mandatsverlust für den Fall an, daß (u. a.) diese Voraussetzung während der Wahlperiode eintrat. Das Beispiel zeigt, daß selbst bei auf den ersten Blick ausreichender Gewähr der Immunität (vgl. § 184 der württembergischen Verfassung) der Exekutive Möglichkeiten verbleiben, auf mißliebige, vor allem oppositionelle Abgeordnete Einfluß zu nehmen. Ähnlich etwa Titel VI, §§ 12, 14 der bayerischen Verfassung. – Zum Fall List s. *Huber* Verfassungsgeschichte (Fn. 1) 1. Bd., 1957, S. 384ff; *Grube* Landtag (Fn. 53) S. 513 f.

[80] Abgedruckt bei *Huber* Dokumente (Fn. 65) S. 282.

[81] So auch schon das von der preußischen Nationalversammlung beschlossene Gesetz vom

Sie (die Mitglieder beider Kammern) können für ihre Abstimmungen in der Kammer niemals, für ihre darin ausgesprochenen Meinungen nur innerhalb der Kammer auf den Grund der Geschäftsordnung (Art. 78) zur Rechenschaft gezogen werden.

Kein Mitglied einer Kammer kann ohne deren Genehmigung während der Sitzungsperiode wegen einer mit Strafe bedrohten Handlung zur Untersuchung gezogen oder verhaftet werden, außer wenn es bei Ausübung der That oder im Laufe des nächstfolgenden Tages nach derselben ergrifen wird.

Gleiche Genehmigung ist bei einer Verhaftung wegen Schulden nothwendig.

Jedes Strafverfahren gegen ein Mitglied der Kammer und eine jede Untersuchungs- oder Civilhaft wird für die Dauer der Sitzungsperiode aufgehoben, wenn die betreffende Kammer es verlangt.

Diese Vorschrift wurde, ungeachtet gewisser Rückschläge in einer Reihe von Gliedstaaten, die in der Folgezeit noch zu verzeichnen waren[82], für die weitere Rechtsentwicklung wegweisend.

Die Wendung des Art. 84 Abs. 1, die Abgeordneten könnten für ihre in der Kammer ausgesprochenen »Meinungen« nicht zur Verantwortung gezogen werden, führte zunächst zu Meinungsverschiedenheiten darüber, ob auch die Äußerung von Tatsachen – der Abgeordnete *von Aldenhoven* hatte einem Minister eine »absichtliche Entstellung der Wahrheit« in dessen Bericht an den König vorgeworfen – unter den Schutz der Vorschrift falle. Die nach Schluß der Sitzungsperiode eingeleitete Strafverfolgung führte zu einer Entscheidung des preußischen Obertribunals vom 12. Dezember 1853, wonach unter Meinungen i. S. des Art. 84 alle Äußerungen zu verstehen seien, die ein Abgeordneter in dieser seiner Eigenschaft bei Ausübung seiner Funktionen in der Kammer mache[83]. Diese Rechtsprechung hatte indes nur vorübergehend Bestand. In der Konfliktzeit gaben Äußerungen der Abgeordneten *Twesten* und *Frenzel* – *Twesten* hatte davon gesprochen, durch tendenziöse Besetzung der Richterstellen sei die Justizverwaltung total korrumpiert – zu weiteren Verfahren Anlaß, in deren Verlauf das preußische Obertribunal gegen den heftigen Protest des Abgeordnetenhauses mehrfach dahin erkannte, Art. 84 schließe es nicht aus, daß Mitglieder des Landtags wegen Äußerungen in den Kammern verfolgt würden, die sich als Verleumdungen darstellten[84]. Die nach der

---

23. Juni 1848 (GS S. 157). Dazu *J. Hatschek/P. Kurtzig* Deutsches und preußisches Staatsrecht, 2. Aufl., 1. Bd., 1930, S. 518 f.

[82] Vgl. *Hubrich* Redefreiheit (Fn. 26) S. 191 ff.

[83] Vgl. *Hubrich* Redefreiheit (Fn. 26) S. 213 ff; *L. v. Rönne* Das Staats-Recht der Preußischen Monarchie, 1. Bd., 4. Aufl., 1881, S. 300 f.

[84] Vgl. *Hubrich* Redefreiheit (Fn. 26) S. 216 ff, 276 ff; *v. Rönne* Staats-Recht (Fn. 83) S. 301 ff mit scharf ablehnender Stellungnahme; s. a. *O. Bähr* Die Redefreiheit der Volksvertretung und der Prozeß Twesten, Preuß. Jahrbücher 21 (1868) S. 313 ff; weitere Nachweise bei *Meyer/Anschütz* Lehrbuch des Deutschen Staatsrechts (Fn. 23) S. 372 Fn. 12. – Der Fall Twesten war ein Jahrzehnt später Anlaß dafür, daß der Sitz des Reichsgerichts nicht in Berlin, sondern in Leipzig begründet wurde, wo man die Richter dem Einfluß der Regierung weniger ausgesetzt wähnte (vgl. *Hubrich* Redefreiheit [Fn. 26] S. 277 f) – eine Entscheidung mit Nachwirkungen bis auf den heutigen Tag!

Entscheidung vom 12. Dezember 1853 bestehende Rechtslage wurde durch
§ 11 des Strafgesetzbuchs – zunächst des Norddeutschen Bundes, dann des
Reiches – wiederhergestellt[85].

Das Disziplinarrecht fand seine Regelung in der Geschäftsordnung der
Kammern. Es hielt sich im üblichen Rahmen[86].

III. Die Indemnität

1. Begriff, Rechtsnatur und Wirkung

Art. 46 Abs. 1 GG stellt die Mitglieder des Bundestages frei von jeder rechtlichen Verantwortlichkeit für ihr Abstimmungsverhalten und für Äußerungen –
mit Ausnahme verleumderischer Beleidigungen –, die sie im Bundestag oder
in einem seiner Ausschüsse abgeben. Sie können in diesem – alsbald näher zu
bestimmenden – Rahmen mithin von keinem Gericht und keiner Behörde,
aber auch nicht von Privaten zur Verantwortung gezogen werden. Ihre Verantwortlichkeit ist also insoweit – sieht man vom parlamentarischen Ordnungsrecht hier ab – eine ausschließlich politische: Sie haben sich bei Ablauf
oder vorzeitiger Beendigung der Wahlperiode dem Votum des Wählers zu
stellen, sofern sie sich erneut um ein Mandat bewerben wollen. – Die Verwendung des Begriffs Indemnität zur Bezeichnung des in Art. 46 Abs. 1 GG
geregelten Tatbestandes ist erst in der Zeit nach dem 2. Weltkrieg üblich geworden; bis dahin sprach man von Rede- und Abstimmungsfreiheit, Unverantwortlichkeit oder faßte diese und die Bestimmungen über die Unverletzlichkeit – Immunität – der Abgeordneten unter dem Oberbegriff der Immunität im weiteren Sinne zusammen[87]. Der Begriff der Indemnität ist
zwischenzeitlich eingebürgert; dabei sollte es bewenden[88].

Die Vorschrift des Art. 46 Abs. 1 GG schafft ein Verfolgungshindernis, das
im Bereich des Strafrechts überwiegend[89] als persönlicher Strafausschließungs-

---

[85] Vgl. v. *Rönne* Staats-Recht (Fn. 83) S. 306; *Meyer/Anschütz* (Fn. 23), S. 272 f.

[86] *Hubrich* Redefreiheit (Fn. 26) S. 210 ff.

[87] Vgl. etwa *Magiera* BK Art. 46 Rdn. 3; *Maunz* in *Maunz/Dürig/Herzog/Scholz* Grundgesetz, Kommentar, Art. 46 Rdn. 2 und 3.

[88] Bedenken finden sich bei *v. Mangoldt/Klein* Das Bonner Grundgesetz, 2. Aufl., Bd. II,
1984, Art. 46 Anm. II 3 b (S. 966 f).

[89] *Maunz* (Fn. 87) Art. 46 Rdn. 22; *Magiera* BK Art. 46 Rdn. 53, jeweils m. w. N. – vereinzelt
wird auch angenommen, daß es sich um ein Prozeßhindernis (so etwa *O. Model/K. Müller*
Grundgesetz für die Bundesrepublik Deutschland, 10. Aufl. 1987, Art. 46 Rdn. 3), um einen
Schuldausschließungsgrund (so *W. Sauer* Allgemeine Strafrechtslehre 1955, S. 196) oder einen
Rechtfertigungsgrund (so *E. Helle* Die Rechtswidrigkeit der ehrenrührigen Behauptung in:
NJW 1961, 1896 [1900]) handele. Schon gar nicht läßt sich vertreten, daß Äußerungen von
Abgeordneten im parlamentarischen Raum nicht den Tatbestand einer rechtswidrigen Handlung zu erfüllen vermöchten; die BVerfGE 13, 123 (125 f) zugrundeliegende Ansicht, die Ant-

grund qualifiziert wird. Ob dem gefolgt werden kann, ist nicht ganz zweifelsfrei. Der historisch belegte Zweck der Vorschrift ist es, worauf *Härth* zutreffend aufmerksam macht[90], dem Abgeordneten die Sicherheit zu geben, wegen
von ihm in Wahrnehmung seiner amtlichen Funktionen getaner Äußerungen
nicht mit Prozessen überzogen zu werden – wie immer sie ausgehen mögen –,
da eine die Äußerungsfreiheit beeinträchtigende Wirkung solcher Verfahren
unbestreitbar ist. Die Arbeit des Abgeordneten und damit des Parlaments
selbst soll durch Prozesse, die an Form und Inhalt der Äußerung von Mitgliedern des Bundestages Anstand nehmen, nicht gestört werden[91]. In den
Fällen des Art. 46 Abs. 1 GG liegt es daher näher, die Einleitung eines Verfahrens als unzulässig anzusehen[92].

Danach besteht jedenfalls Einigkeit darüber, daß Äußerungen von Abgeordneten, wenn sie gegen geltendes Recht verstoßen und ein Rechtfertigungsgrund, wobei besonders an § 193 StGB zu denken ist, nicht vorliegt, rechtswidrig sind[93]. Daraus folgt, daß die Strafbarkeit der Teilnahme an Äußerungs-
delikten von Abgeordneten unberührt bleibt, der Betroffene Notwehr üben
kann und die Vorschriften über die strafrechtliche Kompensation (§§ 199, 233
StGB) zur Anwendung gelangen können[94].

Dahinstehen kann die Frage, ob es sich bei der Indemnität um ein Recht
des Parlaments oder seiner Mitglieder handelt. Denn sicher ist – worauf es
allein ankommt –, daß sie nicht zur Disposition des einen oder anderen steht,
auf sie also nicht verzichtet werden kann[95], weil die Verfassung sie als eine
notwendige Voraussetzung der ordnungsgemäßen Erfüllung der dem Parlament zukommenden Funktionen ansieht, und daß der Abgeordnete sich, wo
immer er entgegen Art. 46 Abs. 1 GG zur Verantwortung gezogen werden
soll, auf sie berufen kann.

---

wort der Bundesregierung auf die Anfrage eines Abgeordneten sei ein parlamentsinterner
Vorgang, dem eine rechtliche Auswirkung nicht zukomme, kann jedenfalls auf Äußerungen
von Abgeordneten nicht übertragen werden. Es wäre dann nicht einzusehen, warum für
Verleumdungen anderes gelten sollte, wie sich von diesem Standpunkt aus auch Art. 46 Abs. 1
Satz 1 GG als überflüssig erweisen müßte – so zutreffend *K. A. Bettermann* in: DVBl. 1965,
886.

[90] Redefreiheit (Fn. 3) S. 132.

[91] *Härth* ebd., macht denn auch zutreffend darauf aufmerksam, auf der Grundlage dieser
Auffassung werfe die in Art. 14 Abs. 2 LV HH enthaltene Regelung, daß verleumderische
Beleidigungen mit Genehmigung der Bürgerschaft verfolgt werden können, keine Probleme
auf.

[92] So OVG Hamburg in: HambJustVerwBl. 1978, 6ff – offengelassen in BGHZ 75, 384
(390).

[93] Vgl. *Ruland* Indemnität (Fn. 15) S. 473ff m. N.

[94] *Magiera* BK Art. 46 Rdn. 53 m. N.; *Meyer/Anschütz* Lehrbuch des Staatsrechts (Fn. 23)
S. 374; *Graf zu Dohna* (Fn. 22) S. 442. – In bezug auf § 199 StGB abweichend RGSt. 4, 14 (18).

[95] *Magiera* BK Art. 46 Rdn. 54 m. N.

2. Der Schutzbereich

a) Persönlicher Schutzbereich

Den Schutz des Art. 46 Abs. 1 GG genießen die Mitglieder des Bundestages und sie allein. Entsprechendes gilt für die Indemnitätsbestimmungen der Landesverfassungen: Sie entziehen die Mitglieder der jeweiligen Landtage der Verantwortlichkeit für ihre Äußerungen. Aus dem Rahmen fallen Art. 95 LV Hs. und Art. 58 i. V. m. Art. 14 LV Nds., die Indemnität auch den Abgeordneten der anderen deutschen Landtage zuerkennen – die nach dem Grundgesetz in Kraft getretene Vorläufige Niedersächsische Verfassung spricht vorsichtiger von den Volksvertretungen der Länder i. S. des Art. 23 GG. Diese Vorschriften bestätigen die oben[96] aus dem bundesstaatlichen Prinzip gewonnene Ansicht, daß die Länder – wie der Bund – wechselseitig für ihren jeweiligen Zuständigkeitsbereich die Indemnität der Abgeordneten zu respektieren gehalten sind, in den beiden genannten Ländern mit der Maßgabe, daß dabei mindestens der den Mitgliedern des eigenen Landtags gewährte Umfang des Indemnitätsschutzes – gegebenenfalls jedoch der weiterreichende des Herkunftslandes – zugrundezulegen ist[97].

Der Schutz der Indemnität erstreckt sich mithin nicht auf andere Personen, die im Bundestag oder in den Landtagen das Wort ergreifen. Die weiterreichende Rechtspraxis in Großbritannien[98] hat insoweit auf dem Kontinent keine Nachahmung gefunden, eine Folge des Umstandes, daß es hier auch heute keine wie immer geartete Gerichtsgewalt der Parlamente über außenstehende Dritte gibt[99]. Daß sie der Disziplinargewalt des Parlaments und seines Präsidenten nicht unterworfen sind, ist auch der wesentliche Grund dafür, daß die Mitglieder des Bundesrats und der Bundesregierung des Schutzes der Indemnität nicht teilhaftig werden[100]; ihre Äußerungen können indessen nach § 193 StGB gerechtfertigt sein. Soweit Minister zugleich Abgeordnete sind, fallen sie hingegen in den Schutzbereich der Indemnitätsbestimmungen, wenn sie sich in dieser Eigenschaft im Parlament äußern.

---

[96] S. unter I 1 c.

[97] Zu den genannten Vorschriften vgl. *Zinn/Stein* (Fn. 8) und *Korte/Rebe* Verfassung und Verwaltung des Landes Niedersachsen, 2. Aufl. 1986, S. 194 f.

[98] S. oben zu Fn. 29.

[99] Auf Art. 40 Abs. 2 Satz 1 GG sei jedoch hingewiesen.

[100] So v. a. *K. A. Bettermann* in seiner Anmerkung zu VG Köln in: DVBl. 1965, 882 (886), und mit ihm die h. M.: *Magiera* BK, Art. 46 Rdn. 31 und 33; *Maunz* (Fn. 87) Art. 46 Rdn. 8 und 15; *Rauball* in: *I. v. Münch* (Hrsg.) Grundgesetz-Kommentar, 2. Bd., 2. Aufl. 1983, Art. 46 Rdn. 4; *K. Stern* Das Staatsrecht der Bundesrepublik Deutschland, 1. Bd., 2. Aufl. 1984, § 24 II 2aa (S. 1060); OVG Münster in: DVBl. 1967, 51 (53); a. M. hinsichtlich der Minister *Helle* (Fn. 89) S. 1900; *Arndt* in: DVBl. 1965, 954f; *G. Witte-Wegmann* in: DVBl. 1974, 866.

b) Sachlicher Schutzbereich

Geschützt sind Abstimmungen, wobei es sich um Sach- und Personalent-scheidungen (Wahlen) handeln kann[101]; auf den Gegenstand der Abstimmung kommt es nicht an[102].

Ferner gilt der Schutz des Art. 46 Abs. 1 GG und der entsprechenden lan-desverfassungsrechtlichen Vorschriften »Äußerungen« des Abgeordneten im – noch näher zu umschreibenden – parlamentarischen Raum[103]. Anders als zu Art. 84 der preußischen Verfassung von 1850[104] besteht heute keine Meinungs-verschiedenheit mehr darüber, daß nicht nur die Äußerung von Meinungen, sondern auch die Behauptung von Tatsachen geschützt ist[105].

Auch sonst ist der Inhalt der Äußerungen ohne rechtliche Relevanz. Ent-gegen vielfachen Bestrebungen im 19. Jahrhundert[106] schützt die Indemnität den Abgeordneten damit vor der Verfolgung wegen jedweder Straftat – mit Ausnahme der Verleumdung –, die er durch eine in den Schutzbereich des Art. 46 Abs. 1 Satz 1 GG fallende Äußerung begeht, wie z. B. Geheimnisver-rat, Anstiftung zum Aufruhr oder dergleichen mehr. Versuchen, den Begriff der Äußerung dahin einzuengen, daß er Willensbestimmungen Dritter nicht einschließe, ist die herrschende Lehre nicht gefolgt[107]. Der Grund dafür ist wohl darin zu sehen, daß auf dem Boden dieser Auffassung je nach Sachlage die Abgrenzung verfolgbarer und nicht verfolgbarer Äußerungen schwierig wäre und so ein hohes Maß an Rechtsunsicherheit erzeugt würde[108]. Die Pro-blematik der Indemnität wird hier unübersehbar deutlich!

Eine Ausnahme von der soeben entwickelten Regel gilt nach Art. 46 Abs. 1 Satz 2 GG und einigen Landesverfassungen[109] nur für »verleumderische Be-leidigungen«; gemeint sind damit die Tatbestände der §§ 103, 187 und 187a Abs. 2 StGB[110]. Die Vorschrift wurde der ursprünglichen, im Entwurf von Herrenchiemsee enthaltenen Indemnitätsnorm erst im Verlaufe der Beratun-gen des Parlamentarischen Rats hinzugefügt. Nachdem zunächst der Abge-ordnete *Dr. menzel* (SPD) im Interesse einer Mäßigung des politischen Streits

---

[101] *Magiera* BK, Art. 46 Rdn. 34; *Maunz* (Fn. 87) Art. 46 Rdn. 12.

[102] *Härth* Redefreiheit (Fn. 3) S. 121.

[103] Lediglich Art. 27 bay. Verf. beschränkt die Indemnität auf Abstimmungen. Diese Ein-schränkung ist bewußt erfolgt; vgl. *Härth* Redefreiheit (Fn. 3), S. 81 f. m. N. Für eine erwei-ternde Auslegung *K. Mang* Indemnität der Abgeordneten des Bayerischen Landtags: BayVBl. 1980, 550 (551).

[104] Vgl. oben zu 12c.

[105] *Magiera* BK, Art. 46 Rdn. 35; *Maunz* (Fn. 87) Art. 46 Rdn. 13.

[106] Vgl. *Hubrich* Redefreiheit (Fn. 26) S. 365 ff m. N.

[107] Deutlich *Graf zu Dohna* (Fn. 22) S. 440 f; *Magiera* BK, Art. 46 Rdn. 35 – jew. m. N.; *Härth* Redefreiheit (Fn. 3) S. 125.

[108] Anschaulich *F. Breuling* Immunität und Republik, 1927, S. 21 ff.

[109] Vgl. oben unter I 1 b.

[110] *Achterberg* Parlamentsrecht (Fn. 7) S. 241; *Magiera* BK, Art. 46 Rdn. 50 f; *Maunz* (Fn. 87) Art. 46 Rdn. 23.

angeregt hatte, die Verletzung der Ehre eines anderen Abgeordneten wider besseres Wissen von der Indemnität auszunehmen, wurde diese Ausnahme auf Antrag des Abgeordneten *Dr. Lehr* (CDU) auf solche Ehrverletzungen schlechthin erstreckt. Die endgültige Fassung geht auf einen Beschluß des Allgemeinen Redaktionsausschusses zurück, der eine Klarstellung bezüglich des gemeinten Straftatbestandes herbeiführen sollte[111]. Macht sich ein Abgeordneter i. S. des § 187 StGB schuldig, kann er dafür – nach Maßgabe der Immunitätsgrundsätze (Art. 46 Abs. 2 und 3 GG) – zur Verantwortung gezogen werden[112].

Auf die Form der Äußerung – mündlich oder schriftlich – kommt es nicht an[113]; vom Indemnitätsschutz umfaßt sind mithin vor allem mündliche und schriftliche Anfragen des Abgeordneten an die Regierung, Beiträge zur Debatte, Zwischenrufe und schriftliche Anträge[114]. »Aufgabe dieses Schutzes ist es, vor dem Forum des Parlaments eine Diskussion frei von Rücksichten auf Dritte zu ermöglichen, die durch Äußerungen eines Abgeordneten betroffen sein könnten[115].« Daraus folgt, daß die Weitergabe einer – im parlamentarischen Raum den Schutz der Indemnität genießenden – Äußerung an die Öffentlichkeit (Presse) oder ihre Wiederholung an anderer Stelle an diesem Schutz nicht teilhat[116]. Sie bildet einen neuen Sachverhalt, dessen rechtliche Beurteilung nicht (mehr) dem Maßstab des Art. 46 Abs. 1 GG unterliegt. Zutreffend ist jedoch darauf hingewiesen worden, daß eine wahrheitsgetreue Information über die Äußerung eines Abgeordneten in öffentlicher Sitzung des Bundestages durch Art. 42 Abs. 3 GG von jeder Verantwortlichkeit freigestellt ist; auch der Abgeordnete selbst hat als »Berichterstatter« teil an dem durch diese Norm bewirkten Schutz[117]. Schließlich sind auch Gebärden – nicht Tät-

---

[111] Im einzelnen *Härth* Redefreiheit (Fn. 3) S. 79 f m. N.
[112] Zur Frage der Anwendbarkeit des § 193 StGB im Falle der Verleumdung s. *Dreher/Tröndle* (Fn. 17) § 193 Rdn. 3; *Lenckner* in: *Schönke/Schröder* Strafgesetzbuch, Kommentar, 22. Aufl. 1985, § 193 Rdn. 2; *Rudolphi* in: Systematischer Kommentar zum Strafgesetzbuch, § 187 Rdn. 6.
[113] Unstr.; vgl. *Magiera* BK, Art. 46 Rdn. 35; *Maunz* (Fn. 87) Art. 46 Rdn. 13.
[114] Vgl. *J. Bücker* Aktuelle Fragen der Immunität und Indemnität in: Festgabe für W. Blischke, 1982, S. 45 (56): »alle schriftlich fixierten Äußerungen von Abgeordneten, die dem Bundestag zugeleitet werden, um gedruckt zur Verteilung zu kommen«. Zutreffend läßt der Autor den Schutz nicht erst mit der Drucklegung, sondern mit dem Zeitpunkt der »Entäußerung« gegenüber der dafür (zunächst) zuständigen Stelle – Fraktion oder Parlamentssekretariat – beginnen (a. a. O., S. 57 ff).
[115] BGHZ 75, 384 (387).
[116] So BGH, a. a. O.; kritisch dazu *E. Röper* in: DVBl. 1980, 563 f; *K. Warnecke* in: ZParl. 1980, 540 ff; eingehend *Kewenig/Magiera* Indemnität (Fn. 15). Gegen die h. M. *U. Barschel/V. Gebel* Landessatzung für Schleswig-Holstein, 1976, Art. 17 Erl. C II 5 b.
[117] BGHZ 75, 384 (388); dazu verdeutlichend und klärend *Kewenig/Magiera* Indemnität (Fn. 15) S. 226 ff. – S. a. *L.-A. Versteyl* in: ZParl. 1975, 290 f; BayObLG, JW 1926, 2300 f m. Anm. *R. Thoma*; OLG Saarbrücken in: NJW 1953, 1150 f; LG Koblenz in: NJW 1961, 125 ff m. Anm. *K. Münzel*; LG Krefeld in: MDR 1968, 323 f; StGH Bremen in: DVBl. 1967, 622 (624 ff).

lichkeiten[118] – vom Schutz der Indemnität umfaßt, soweit sie konkludent eine Äußerung enthalten. Zur Klärung dieser Frage gab der Fall des Reichstagsabgeordneten *Liebknecht* Anlaß, der sich im Jahre 1893 bei der Ausbringung eines Hochs auf den Kaiser demonstrativ nicht von seinem Sitz erhob[119]. Für alle diese Fälle gilt, daß es sich um Äußerungen handeln muß, die der Abgeordnete in Wahrnehmung seiner amtlichen Funktionen im parlamentarischen Raum und mit dem Ziel abgibt, zur Willensbildung des Parlaments beizutragen. Gesprächsweise Bemerkungen etwa im Restaurant des Bundestages oder in privaten Unterhaltungen mit Kollegen, Journalisten oder sonstigen Dritten gehören dazu nicht[120].

c) Räumlicher Schutzbereich

Art. 36 WRV gewährte in Anknüpfung an § 120 RV 1848, Art. 84 preuß. Verf. 1850 und Art. 30 RV 1871 dem Abgeordneten Indemnität für die »in Ausübung seines Berufes getanen Äußerungen«; diesem Beispiel sind auch einige der geltenden Landesverfassungen gefolgt[121]. Indessen zeigte sich schon die ältere Literatur bemüht, den Indemnitätsschutz im Wege der Auslegung einzuengen auf Äußerungen innerhalb des parlamentarischen Raums[122]. Art. 46 Abs. 1 GG hält sich innerhalb dieser Tradition, wenn er den Schutz auf Äußerungen beschränkt, die der Abgeordnete »im Bundestage oder in einem seiner Ausschüsse getan hat«. Diese Beschränkung ist sinnvoll. Wie dargetan, soll die Indemnität der Abgeordneten die Freiheit der Diskussion und politischen Willensbildung im Parlament gewährleisten. Die »organschaftliche Betätigung«[123] des Abgeordneten soll geschützt sein. Folgerichtig ist es deshalb, nur solche Äußerungen als geschützt anzusehen, die »innerhalb des Kreises der Betätigungen, zu denen Gesetz und Geschäftsordnung den betreffenden Vertretungskörper berufen haben«[124], gemacht werden. Zu beach-

---

[118] *Magiera* BK, Art. 46 Rdn. 35; *Maunz* (Fn. 87) Art. 46 Rdn. 13; *Hubrich* Redefreiheit (Fn. 26) S. 360; *Graf zu Dohna* (Fn. 22) S. 441; RGSt. 47, 270 (276): In dem dieser Entscheidung zugrundeliegenden Fall hatte ein vom Präsidenten des preußischen Abgeordnetenhauses von der Sitzung ausgeschlossener Abgeordneter sich geweigert, den Sitzungssaal zu verlassen, und den Polizeibeamten, die ihn auf Ersuchen des Präsidenten zu entfernen suchten, Widerstand entgegengesetzt. Das Reichsgericht beanstandete seine Verurteilung wegen Hausfriedensbruchs und Widerstands gegen die Staatsgewalt nicht.

[119] Dazu *Hubrich* Redefreiheit (Fn. 26) S. 244ff, 358ff; s. a. *Hatschek/Kurtzig* Staatsrecht (Fn. 81) S. 525.

[120] *Maunz* (Fn. 87) Art. 46 Rdn. 13; *Härth* Redefreiheit (Fn. 3) S. 124.

[121] Vgl. oben I 1 b.

[122] Vgl. etwa *Meyer/Anschütz* Lehrbuch des Staatsrechts (Fn. 23) S. 373; *Hatschek/Kurtzig* Staatsrecht (Fn. 81) S. 524; mißverständlich, aber wohl i. S. der hier wiedergegebenen Meinung zu verstehen *Graf zu Dohna* (Fn. 22) S. 441 f.

[123] Vgl. *A. Dickersbach* in: *Geller/Kleinrahm* Die Verfassung des Landes Nordrhein-Westfalen, 3. Aufl. 1977, Art. 47 Erl. 5 b.

[124] *A. Finger* Lehrbuch des Deutschen Strafrechts, 1904, S. 436; zust. *Graf zu Dohna* (Fn. 22) S. 441.

ten gilt es auch, daß der Abgeordnete nur in diesem Rahmen der Disziplinargewalt des Parlaments unterliegt.

Wie sich aus dem Wortlaut ergibt, ist unter »Bundestag« das Plenum zu
verstehen, gleichgültig zu welchem Zweck oder an welchem Ort es zusammentritt[125].

Ausschüsse sind zunächst die nach Maßgabe von Verfassung (Art. 44, 45a
und 45c GG) und Geschäftsordnung (§§ 54, 55 GOBT) gebildeten Ausschüsse
und Unterausschüsse, einschließlich des nach Art. 41 GG, § 3 Wahlprüfungs-
gesetz zur Vorbereitung der Entscheidung des Bundestages zu bildenden
Wahlprüfungsausschusses, sodann aber auch das Präsidium und der Ältestenrat (§§ 5, 6 GOBT). In allen diesen Fällen handelt es sich um Unter-(Teil-)or-
gane des Parlaments, die der Erledigung seiner Aufgaben unmittelbar zu dienen bestimmt sind[126]. Auch das Gremium gem. § 4 Abs. 9 des Haushaltsgesetzes[127] und die Parlamentarische Kontrollkommission[128] gehören hierher.

Nichts anderes gilt für Enquete-Kommissionen (§ 56 GOBT), unbeschadet
des vom Verfahren der Ausschußbesetzung abweichenden Besetzungsmodus
und der Beteiligung von Nichtmitgliedern des Parlaments: Enquete-Kommissionen sind der Sache nach Untersuchungsausschüsse – woraus in § 56 Abs. 1
Satz 2 GOBT richtigerweise die Konsequenz gezogen wird, daß sie auf Antrag eines Viertels der Mitglieder des Bundestages eingesetzt werden müssen –,
in denen sich das Parlament zum Zwecke der Aufklärung bestimmter Gegenstände auch des Sachverstandes außenstehender Dritter bedient. Soweit Abgeordnete in solchen Kommissionen mitarbeiten, ist ihre Funktion keine andere als in sonstigen Ausschüssen auch: Sie üben die ihnen kraft ihres Amtes
obliegende organschaftliche Tätigkeit aus[129]. Dies ist auch im Vermittlungsausschuß der Fall; auch insoweit verschlägt die Tatsache der Mitwirkung Dritter,
hier von Mitgliedern des Bundesrates, die den Schutz der Indemnität nicht
genießen, nichts[130].

---

[125] *Magiera* BK, Art. 46 Rdn. 37 m. N.; zu Recht stellt *Härth* Redefreiheit (Fn. 3) S. 110,
darauf ab, ob der Parlamentspräsident die Sitzung leitet; entscheidend bleibt indessen, ob die
Sitzung der Meinungsbildung des Parlaments dient, was z. B. auch der Fall ist, wenn ein
ausländischer Politiker, wie in der Vergangenheit die Präsidenten Mitterand und Reagan, vor
dem Bundestag sprechen.
[126] Wie hier *Magiera* BK, Art. 46 Rdn. 38 m. N.; *Härth* Redefreiheit (Fn. 3) S. 110f;
H. P. Schneider Kommentar zum Grundgesetz der Bundesrepublik Deutschland, 2. Bd. 1984,
Art. 46 Rdn. 7; *Achterberg* Parlamentsrecht (Fn. 7) S. 241.
[127] Dazu BVerfGE 70, 324.
[128] Vgl. § 4 des Gesetzes über die parlamentarische Kontrolle nachrichtendienstlicher Tätigkeit des Bundes vom 11. April 1978 (BGBl. III 12–3).
[129] Wie hier *Magiera* BK, Art. 46 Rdn. 40; *Härth* Redefreiheit (Fn. 3) S. 111f; *Maunz*
(Fn. 87) Art. 46 Rdn. 15, will darauf abstellen, ob es sich um Gremien handelt, in denen ausschließlich Parlamentsmitglieder mitwirken; diese Auffassung klammert sich zu eng an den
Begriff des Ausschusses als eines Teils des Ganzen: Die Verfassung selbst geht, wie Art. 53a
und 77 Abs. 2 und 3 GG zeigen, von einem weiteren Ausschußbegriff aus.
[130] Zust. *Magiera* ebd. m. N.; *Härth* ebd.; abweichend etwa *Achterberg* (Fn. 7); *Maunz* ebd.

Der Gemeinsame Ausschuß (Art. 53a, 115e GG) tritt im Verteidigungsfall unter gewissen Voraussetzungen mit weitgehenden Befugnissen an die Stelle von Bundestag und Bundesrat und nimmt deren Zuständigkeiten einheitlich wahr. Vieles spricht daher für die Auffassung *Herzogs*[131], jedenfalls vom Zeitpunkt des Eintritts jener Voraussetzungen an allen Mitgliedern des Gemeinsamen Ausschusses die Rechtsstellung zuzuerkennen, die den darin vertretenen Mitgliedern des Bundestages vorzuenthalten ohnehin kein Grund ersichtlich ist[132].

Das Gremium nach § 6 Abs. 2 BVerfGG, dem die nach Art. 94 Abs. 1 Satz 2 GG dem Bundestage obliegende Wahl der einen Hälfte der Mitglieder des Bundesverfassungsgerichts übertragen ist, nimmt ebenfalls Aufgaben des Parlamentes wahr. Mitglieder können nur Abgeordnete sein. Ihre Äußerungen unterliegen der Indemnität. Hingegen ist es nicht angängig, auch den Richterwahlausschuß des Art. 95 Abs. 2 GG als Ausschuß i.S. des Art. 46 Abs. 1 GG anzusehen: Hier handelt es sich nicht um ein Organ des Parlaments, das diesem zuzuarbeiten, seine Entscheidungen vorzubereiten oder sie an seiner Stelle zu treffen hätte. Der Richterwahlausschuß steht außerhalb des Parlaments, Mitglieder des Bundestages brauchen ihm nicht anzugehören (§ 4 Richterwahl G)[133].

Streitig ist vor allem, ob auch Äußerungen von Abgeordneten in den Fraktionen des Parlaments Verfolgungsschutz genießen, soweit ihn nicht einzelne landesverfassungsrechtliche Normen[134] ausdrücklich darauf erstrecken. Auf dem Boden der vom Bundesverfassungsgericht in ständiger Rechtsprechung[135] vertretenen Auffassung, die die Fraktionen als »Teile und ständige Gliederungen des Bundestags«, als »notwendige Einrichtungen des ›Verfassungslebens‹, nämlich der durch Verfassung und Geschäftsordnung geregelten Tätigkeit des Bundestages« (sic!), anerkennt, ist der inzwischen weit überwiegend vertretenen Meinung beizupflichten, nach der diese Frage zu bejahen ist[136]. Auch – um nicht zu sagen: vor allem – hier obliegt der Abgeordnete seinen Amtspflichten, werden die politischen Entscheidungen der Parlamente vorbereitet.

Stets fallen unter Art. 46 Abs. 1 GG nur solche Äußerungen, die der Abgeordnete in dieser Eigenschaft – in Ausübung seines Amtes – tut, nicht dagegen

[131] In: *Maunz/Dürig/Herzog/Scholz* (Fn. 87) Art. 53a Rdn. 24; ebenso *Härth* Redefreiheit (Fn. 3) S. 111 Fn. 153.

[132] Insoweit wohl unstreitig: vgl. *Magiera* a.a.O.; *J. Delbrück* in: BK, Art. 53a Rdn. 13.

[133] Wie hier v.a. *Härth* Redefreiheit (Fn. 3) S. 112; abw. *Magiera* ebd.

[134] Art. 37 LV BW, 14 Vorl. Nds. Verf., 81 Abs. 2 LV Saarl.

[135] BVerfGE 20, 56 (104). – Dazu *W. Zeh* in: *Isensee/Kirchhof* (Hrsg.) Handbuch des Staatsrechts, 2. Bd., 1987, § 42 Rdn. 5 ff.

[136] *Magiera* BK, Art. 46 Rdn. 41 m.N.; *Härth* Redefreiheit (Fn. 3) S. 114f; *Schneider* (Fn. 126) 46 Rdn. 7, der zu Recht auch die Fraktionsarbeitskreise einbezieht. Früher schon sehr klarsichtig *Hatschek/Kurtzig* Staatsrecht (Fn. 81) S. 524.

solche, die er in anderer Eigenschaft, etwa als Zeuge vor einem Untersuchungsausschuß, macht[137].

Äußerungen an anderen als den vorbezeichneten Stellen, etwa in Parteigremien, auf Wahlversammlungen oder bei Gelegenheit von Interviews, gehören zwar ebenfalls zu den Aufgaben eines Abgeordneten. Er übt dabei jedoch keine Befugnisse aus, die ihm aus seinem »Amt« (Art. 48 Abs. 2 GG), dem Mandat, erwachsen. Aus dem gleichen Grunde werden auch diejenigen Äußerungen nicht geschützt, die in Kollegialorganen abgegeben werden, in die der Bundestag seine Mitglieder entsendet, sofern es nicht die Aufgabe dieser Organe ist, an der politischen Willensbildung im Parlament unmittelbar mitzuwirken[138].

d) Funktionaler Schutzbereich
Der Schutz, den Art. 46 Abs. 1 GG bietet, richtet sich gegen den Staat – der Abgeordnete darf durch die staatliche Gewalt in keiner Weise wegen einer in den Schutzbereich der Norm fallenden Äußerung zur Verantwortung gezogen, insonderheit nicht gerichtlich oder dienstlich verfolgt werden[139]; ausgenommen sind lediglich Ordnungsmaßnahmen innerhalb des Parlamentes selbst, die als das notwendige Korrelat des von der Verfassung gewährten Verfolgungsschutzes anzusehen sind.

Unter das Sanktionsverbot fällt also jede strafrechtliche, disziplinarrechtliche und ehrengerichtliche Maßnahme. Auch von privater Seite kann die Hilfe staatlicher Gerichte nicht mit dem Ziel in Anspruch genommen werden, Äußerungen von Abgeordneten zu unterbinden; insbesondere Unterlassungs- und Schadensersatzklagen kommen danach nicht in Betracht[140]. Ebenso können andere öffentlichrechtliche Maßnahmen nicht statthaben, etwa solche der Polizei oder der Verfassungsschutzbehörden[141] – allerdings nur insoweit, als es

---

[137] *Magiera* BK, Art. 46 Rdn. 39 m. N.

[138] Vgl. für den Bundestag *P. Schindler* Datenhandbuch zur Geschichte des Deutschen Bundestages 1949 bis 1982, 1983, S. 928 ff. – Wie hier i. ü. die allg. Meinung: statt (fast) aller: *Magiera* BK, Art. 46 Rdn. 42 m. N.; *Härth* Redefreiheit (Fn. 3) S. 115 ff. Aus der Rechtsprechung: OLG München in: BayVBl. 1975, 54 (54 f).

[139] *Maunz* (Fn. 87) Art. 46 Rdn. 18; *Schneider* (Fn. 126) Art. 46 Rdn. 8: »Abwehrrecht« gegen alle außerparlamentarischen Maßnahmen.

[140] *Magiera* BK, Art. 46 Rdn. 43; *Maunz* (Fn. 87) Art. 46 Rdn. 19 – jeweils m. N.; *H. A. Roll* Indemnität gegenüber zivilrechtlichen Ansprüchen in: NJW 1980, 1439 f. Hingegen hat das LG Koblenz in: NJW 1961, 125, mit zust. Anm. von *K. Münzel* in Art. 93 LV RP kein Hindernis gesehen, eine vorbeugende Unterlassungsklage und eine einstweilige Anordnung mit dem Verbot einer Wiederholung im Landtag gemachter Äußerungen außerhalb des Landtags zuzulassen; dag. zutr. *Rinck* (Fn. 15). Eingehend hat *Ruland* Indemnität (Fn. 15) S. 497 ff, die Gegenmeinung begründet; dag. im Ergebnis zutreffend *Schröder* Rechtsfragen (Fn. 16) S. 34 ff, der im übrigen der Ansicht ist, für ein Vorgehen gegen Äußerungen von Abgeordneten stehe heute nur der Rechtsweg zu den Verwaltungsgerichten offen (was wohl zuträfe, wenn es einen solchen Rechtsweg überhaupt gäbe).

[141] *Magiera* BK, Art. 46 Rdn. 45.

sich um Reaktionen auf im Parlament gefallene Äußerungen handelt. Eine
darüber hinausgehende Exemtion von Maßnahmen der Strafverfolgungs- oder
anderer zuständiger Behörden, etwa solchen, die der Observierung wegen des
Verdachts landesverräterischer oder verfassungsfeindlicher Aktivitäten dienen,
genießt der Abgeordnete – vorbehaltlich nur seiner Immunität nach Maßgabe
der Art. 46 Abs. 2 und 3 GG – nicht.

Einen Schutz vor etwa durch seine Äußerungen ausgelösten Reaktionen
Privater, soweit sie sich dabei nicht staatlicher Hilfe, insbesondere derjenigen
der Gerichte, bedienen, gewährt Art. 46 Abs. 1 GG dem Abgeordneten nicht.
Die Indemnität hindert weder den Ausschluß aus einer Partei noch eine Kündigung; die einschlägige Schutznorm ist hier Art. 48 Abs. 2 GG. Sanktionen,
die der Bundestag selbst oder eine Fraktion gegen den Abgeordneten wegen
seiner parlamentarischen Äußerungen ergreifen, stoßen gegebenenfalls an die
Schranken des Art. 38 Abs. 1 Satz 2 GG, der Abgeordnete kann sich gegen sie
im Wege des Organstreits vor dem Bundesverfassungsgericht zur Wehr setzen[142]; der Schutzbereich des Art. 46 Abs. 1 GG bleibt unberührt[143].

e) Zeitlicher Schutzbereich

In zeitlicher Hinsicht erstreckt sich der Schutz der Indemnität auf die Dauer
der Innehabung des Mandats; er bleibt dem Abgeordneten für alle in dieser
Zeit gemachten Äußerungen auch nach dessen Ablauf erhalten, unabhängig
davon, aus welchem Grunde das Mandat endet[144]. Der Schutz setzt frühestens
mit dem Beginn der Wahlperiode ein, der nach Art. 39 Abs. 1 Satz 2 GG mit
dem Ende der vorhergehenden zusammenfällt; auch kann erst zu diesem Zeitpunkt die Mitgliedschaft im Deutschen Bundestag erworben werden[145]. Für
den Fall des Ausscheidens eines Abgeordneten während der Wahlperiode ist
für den Nachfolger der Zeitpunkt des Mandatserwerbs maßgeblich. – Es hat
sich eingebürgert, daß die gewählten Abgeordneten schon vor dem Beginn der
Wahlperiode in ihren jeweiligen Fraktionen zu Sitzungen zusammentreten.
Dies führt indessen nicht zu einer Erweiterung des Indemnitätsschutzes: Wie
das Mandat erst mit Beginn der Wahlperiode erworben werden kann, so können auch Fraktionen erst danach gebildet werden, weil sie nämlich nur aus
Mitgliedern des Parlaments bestehen können[146].

---

[142] Vgl. BVerfGE 10, 4 (10f); 60, 374 (378ff).
[143] *Magiera* BK, Art. 46 Rdn. 46, 47; *Maunz* (Fn. 87) Art. 46 Rdn. 20, 21; *Schneider* (Fn. 126)
Art. 46 Rdn. 8; *Härth* Redefreibeit (Fn. 3) S. 126 ff.
[144] *Magiera* BK, Art. 46 Rdn. 49 a. E.
[145] Vgl. § 45 Satz 1 BWahlG. – Unverständlich hier *Magiera* ebd., Rdn. 49; s.a. *Härth* Redefreiheit (Fn. 3) S. 120.
[146] Für den Bundestag vgl. § 10 Abs. 1 GOBT.

IV. Die Immunität

1. Begriff und Rechtsnatur

Behandelt Art. 46 Abs. 1 GG die Unverantwortlichkeit, so ist Gegenstand des Art. 46 Abs. 2 bis 4 GG – und der entsprechenden Normen des Landesverfassungsrechts[147] – die Unverletzlichkeit des Abgeordneten: Er kann grundsätzlich wegen einer mit Strafe bedrohten Handlung nur mit Genehmigung des Parlaments zur Verantwortung gezogen oder verhaftet werden. Die Immunität (ebenso die Geltendmachung des in Art. 46 Abs. 4 GG vorgesehenen Anforderungsrechts) statuiert mithin ein Verfahrenshindernis, das sich regelmäßig als Prozeß-, sonst als Prozeßhandlungshindernis darstellt, ihre Aufhebung durch den Bundestag bildet eine Prozeßvoraussetzung[148].

Es ist lange üblich, in bezug auf Indemnität und Immunität von Privilegien zu sprechen. Das hat auch seine Berechtigung, insofern es sich in der Tat um Sonderrechtssätze handelt, die an die Stelle der außer Anwendung zu lassenden Rechtsregel treten[149]. Indessen ist mit dem Begriff des Privilegs im demokratischen Staat ein negativer Sinn verbunden: Privilegien sind mit dem Wesen von Demokratie und Staat unvereinbar, beide haben sich im Kampf gegen die Privilegien und ihre Träger verwirklicht, weil das Privileg im Widerspruch steht zu den Prinzipien der Allgemeinheit und Gleichheit des Rechts sowie der staatsbürgerlichen Rechte und Pflichten[150]. Hier ist freilich eine andere Art von Privileg gemeint, nämlich das Privileg als »Ausdruck eines dem Staate noch nicht unterworfenen, selbständigen, mit ihm unter Vertrag lebenden Daseins«[151], eines ihm gewissermaßen vorausliegenden, der Beseitigung um der gleichen Unterworfenheit aller unter die Staatsgewalt willen noch harrenden Petrefakts. Wo deshalb mit dem Begriff des Privilegs, wie umgangssprachlich meist, bewußt oder unbewußt dieser historische Sinn der Staats- und Demokratiewidrigkeit verbunden wird, bleibt er im hier gegebenen Zusammenhang besser vermieden. Denn Indemnität und Immunität sind ersichtlich nicht Privilegien in diesem Sinne, vielmehr statuieren sie – geschichtlich gerade im Kampf um die Demokratie entstanden – wie andere Durchbrechungen der Rechtsregel[152] funktional bedingte Ausnahmen von der

---

[147] S. oben I 1 b.
[148] Grundlegend *Bockelmann* Unverfolgbarkeit (Fn. 39) S. 28; ebenso *Magiera* BK, Art. 46 Rdn. 106; *Maunz* (Fn. 87) Art. 46 Rdn. 28 – jew. m. N.; *Schneider* (Fn. 126) Art. 46 Rdn. 118; *Rauball* (Fn. 100) Art. 46 Rdn. 16. – Solange das Prozeßhindernis besteht, ruht die Verjährung (§ 78 b StGB).
[149] Vgl. *H. Schneider* Gesetzgebung, 1982, Rdn. 42.
[150] Dazu *H. Krüger* Allgemeine Staatslehre, 1964, S. 77 mit Fn. 85, 942.
[151] *L. v. Ranke* nach *F. Schnabel* Deutsche Geschichte im 19. Jahrhundert, Herder-Bücherei Bd. 205, 1964, S. 49.
[152] Zu denken ist etwa an die Ausnahmen von der allgemeinen Zeugnispflicht in §§ 52 bis 53 a StPO, 383 ZPO.

allgemeinen Rechtsnorm, hier dazu bestimmt, dem Parlament eine ungestörte Arbeit zu ermöglichen[153]. Daraus erhellt, daß die Verfassung das Sonderrecht der Immunität – wie das der Indemnität – dem Abgeordneten nicht um seiner Person, sondern um der ihm übertragenen Aufgabe, letzthin um des Parlamentes willen verleiht, dem er angehört. Es steht daher auch nicht zu seiner Disposition, sondern – im Falle der Immunität – nur zu derjenigen der Vertretungskörperschaft selbst[154]. Allerdings ist die Immunität ein subjektives Recht des Abgeordneten, auf das er sich, solange sie besteht, berufen kann[155]; die Rechtsordnung bedient sich dieses Instruments der Begründung eines subjektiven Rechts, um die Effektivität der Regelung zu gewährleisten. Das durch die Immunität errichtete Verfahrenshindernis ist stets von Amts wegen zu beachten.

2. Der Schutzbereich

a) Persönlicher Schutzbereich

Den Schutz der Immunität genießen die Mitglieder der Parlamente des Bundes und der Länder[156], darüber hinaus der Bundespräsident nach Art. 60 Abs. 4 GG und die Mitglieder der Bundesversammlung nach § 7 des Gesetzes über die Wahl des Bundespräsidenten durch die Bundesversammlung sowie schließlich die in der Bundesrepublik Deutschland gewählten Mitglieder des Europäischen Parlaments[157]. Tatbeteiligte partizipieren an der Immunität des Abgeordneten nicht[158].

---

[153] Eben weil sie funktional bedingt und im demokratischen Staat nur so zu rechtfertigen sind, bedürfen Sonderrechtssätze dieser Art immer wieder der erneuten Begründung. Dazu unter VI. – Vgl. die Begründung der Indemnität durch den Reichstagsabgeordneten *Lasker* in der Sitzung vom 4. März 1879, von der *D. Merten* Die Immunität der Abgeordneten in: Civis 55 (1959), 10ff (13) berichtet, sowie in der Debatte über *Laskers* Antrag, der zu § 11 RStGB (heute § 36 StGB) führte, die Rede des Abgeordneten *von Bernuth* (Auszug bei *Hatschek/Kurtzig* Staatsrecht [Fn. 81] S. 522). S. auch *May* Treatise (Fn. 26) S. 67, der die »ancillery nature« der Parlamentsprivilegien betont und sie als »a necessary means to fulfilment of functions« bezeichnet.

[154] Allg. Meinung: *Magiera* BK, Art. 46 Rdn. 107; *Schneider* (Fn. 126) Art. 46 Rdn. 10, der allerdings zu Unrecht aus der fehlenden Verfügbarkeit des Indemnitätsschutzes zu folgern scheint, daß dieser dem Abgeordneten um seiner selbst willen gewährt sei. Vielmehr handelt es sich in beiden Fällen um Parlaments-»privilegien«. Zur älteren Lehre vgl. die Nachweise bei *Bockelmann* Unverfolgbarkeit (Fn. 39) S. 23 f.

[155] Vgl. BayVerfGE n. F. 5, 216 (219).

[156] Zu § 152 a StPO vgl. oben I 1 b a. E.

[157] Vgl. § 5 des Gesetzes über die Rechtsverhältnisse der Mitglieder des Europäischen Parlaments aus der Bundesrepublik Deutschland vom 6. April 1979 (BGBl. I S. 413) i. V. m. Art. 10 des Protokolls über die Vorrechte und Befreiungen der Europäischen Gemeinschaften vom 8. April 1965 (BGBl. II S. 1482); vgl. im übrigen unten V 8.

[158] *Rauball* (Fn. 100) Art. 46 Rdn. 20 m. N.

b) Sachlicher Schutzbereich

Der Verfolgungsschutz erstreckt sich auf mit Strafe bedrohte Handlungen; ihretwegen darf ein Abgeordneter nicht zur Verantwortung gezogen oder verhaftet werden.

aa) Unstreitig ist als Strafe jedenfalls die Kriminalstrafe einschließlich der Maßnahmen der Besserung und Sicherung[159] anzusehen. Überwiegend wird darüber hinausgehend die Auffassung vertreten, Strafe i.S. des Art. 46 Abs. 2 GG seien auch die Disziplinarstrafe und die in einem ehrengerichtlichen Verfahren drohende Strafe sowie die Geldbuße des Ordnungswidrigkeitenrechts[160].

Hinsichtlich des Disziplinarverfahrens anderer Meinung ist seit kurzem das Bundesverwaltungsgericht[161]. Wegen des unterschiedlichen Charakters von Kriminalstrafe und Disziplinarmaßnahme[162] würden Disziplinarverfahren zur Ahndung von Pflichtwidrigkeiten der Beamten, Richter und Soldaten »nicht (mehr)« vom Wortlaut und Sinn des Art. 46 Abs. 2 und 4 GG erfaßt. Das überzeugt nicht. Am Wortlaut des Art. 46 Abs. 2 und 4 GG hat sich nichts geändert; die Wesensverschiedenheit von Kriminal- und Disziplinarstrafe ist keine neue Erkenntnis[163]; der Zweck der Immunität, den Abgeordneten vor einer Behinderung seiner parlamentarischen Arbeit zu schützen, wird durch disziplinarische Maßnahmen – und ebenso durch die parallel zu behandelnden ehrengerichtlichen Verfahren – unter Umständen eher noch wirksamer vereitelt als durch ein Strafverfahren[164].

Umstritten ist auch, ob das Bußgeldverfahren nach dem Ordnungswidrigkeitengesetz als Strafverfahren, die Geldbuße als Strafe im Sinne der Immunitätsbestimmungen anzusehen sind. Der Deutsche Bundestag geht seit seinem erstmals in der 5. Wahlperiode und seither stets zu Beginn einer Wahlperiode gefaßten Beschluß betreffend Aufhebung der Immunität von Mitgliedern des Bundestages davon aus, daß Ordnungswidrigkeiten nicht unter den Schutz der Immunität fallen[165]. Diese Praxis verdient keinen Beifall.

---

[159] Insoweit a. *M. Ph. Nau* Beschlagnahme des Führerscheins und Blutentnahme bei Abgeordneten in: NJW 1958, 1668 (1669 m.N.).

[160] *Magiera* BK, Art. 46 Rdn. 62, 63; *Maunz* (Fn. 87) Art. 46 Rdn. 40 – jew. m.N.; *Schneider* (Fn. 126) Art. 46 Rdn. 12.

[161] DÖV 1985, 878 m. Anm. *K. Kemper.*

[162] Im Gegensatz zum Strafrecht sei das Disziplinarrecht vergeltungsfreies Maßnahmerecht.

[163] Zutr. verweist *Kemper* (Fn. 161), S. 881, insoweit auf PrOVGE 61, 439 (442).

[164] Die vom Ausschuß für Wahlprüfung, Immunität und Geschäftsordnung jeweils zu Beginn einer Wahlperiode des Bundestages nach Maßgabe des § 107 Abs. 2 GOBT beschlossenen Grundsätze in Immunitätsangelegenheiten (Anlage 6 zur GOBT) gehen in Ziff. 9 von dem Erfordernis einer Aufhebung der Immunität zur Durchführung eines Disziplinarverfahrens aus. – Die Präsidenten der deutschen Landtage haben ebenfalls »Grundsätze in Immunitätsangelegenheiten« beschlossen, die denen des Bundestages im wesentlichen entsprechen und von den Landesparlamenten übernommen worden sind; sie sind abgedruckt bei *H.-H. Giesing* in: DVBl. 1964, 161 ff (163 f).

[165] Vgl. Ziff. 2 b dieses als Anlage zu GOBT veröffentlichten Beschlusses; dazu *Bücker*

Der bezeichnete Sinn der Immunität – Schutz vor tendenziöser Verfolgung und Gewährleistung der Funktionsfähigkeit des Parlaments – fordert auch den Schutz vor der Verstrickung in ein Bußgeldverfahren. Die fehlende kriminelle Qualität des Verwaltungsunrechts und die daraus folgende Unterschiedlichkeit von Geldbuße und Kriminalstrafe rechtfertigen aus der Sicht des Verfassungsrechts keine differenzierte Beurteilung: Es geht bei der Immunität nicht darum, den Abgeordneten vor dem Makel einer Strafe zu bewahren, der nach verbreiteter Ansicht der Geldbuße nicht innewohnt[166]; ihr Zweck ist vielmehr ausschließlich der soeben genannte[167].

Anderes mag gelten für die sog. gebührenpflichtige Verwarnung (vgl. §§ 56 ff OWiG, 27 StVG)[168], wohingegen die Vollstreckung der Erzwingungshaft (§§ 96, 97 OWiG) unzweifelhaft der Genehmigung des Bundestages bedarf[169]. Beugemaßnahmen, etwa solchen des Zeugnis- oder Verwaltungszwangs, es handelte sich denn um die Inhaftnahme, steht die Immunität ebensowenig entgegen wie der Verhängung einer Vertragsstrafe oder der Verfolgung privatrechtlicher Ansprüche im Klagewege[170].

bb) Der Abgeordnete darf jener Handlungen wegen nicht »zur Verantwortung gezogen oder verhaftet werden«. Darin liegt keine Abweichung von der herkömmlichen Formel »zur Untersuchung ziehen«[171], welche nach der Definition des Reichsgerichts[172] umschließt »die Summe aller derjenigen von der Behörde, mag dieselbe eine gerichtliche, disziplinare oder Verwaltungsbehörde sein, vorgenommen oder angeordneten Untersuchungsakte und Maßnahmen …, welche dazu dienen sollen, die Richtigkeit oder Unrichtigkeit des Verdachtes der Verübung einer … strafbaren Handlung zu ermitteln« oder – kürzer – »die Summe aller derjenigen Amtshandlungen der zuständigen Behörde …, welche darauf abzielen, nach Feststellung einer strafbaren Handlung den Täter zu ermitteln und zu bestrafen«[173]. Unter das Ermittlungsverbot

---

Aktuelle Fragen (Fn. 114) S. 49. Ebenso etwa *Rauball* (Fn. 100) Art. 46 Rdn. 22; LG Arnsberg in: BB 1974, 1134.

[166] So etwa BVerfGE 9, 167 (171); 22, 49 (79).

[167] Wie hier v. a. *D. Merten/G. Pfennig* Immunität und Bußgeldverfahren in: MDR 1970, 806ff; *Magiera* BK, Art. 46 Rdn. 63 m. N.; *Achterberg* Parlamentsrecht (Fn. 7) S. 243; *Schneider* (Fn. 126) Art. 46 Rdn. 12; für die ältere Lit. *Bockelmann* Unverfolgbarkeit (Fn. 39) S. 43 f.

[168] Vgl. *Magiera* ebd.; *Schneider* ebd.

[169] Davon geht auch der Bundestag aus, wie sich aus Ziff. 4 des in Fn. 165 genannten Beschlusses ergibt. S. auch Ziff. 14 der Grundsätze (Fn. 164).

[170] *Magiera* BK, Art. 46 Rdn. 64, 70 m. N.; OLG Karlsruhe in: NJW 1956, 1840. Zust. *G. Pagel* in: DÖV 1957, 287.

[171] Vgl. Art. 37 Abs. 1 WRV, Art. 31 Abs. 1 RV 1871, Art. 84 Abs. 2 preuß. Verf. 1850, § 117 RV 1849. *Pagel* ebd., macht darauf aufmerksam, daß der Parlamentarische Rat mit seiner Formulierung auf § 2 des Gesetzes betr. den Schutz der zur Vereinbarung der preuß. Verf. berufenen Versammlung vom 23. Juni 1848 (GS S. 157) zurückgegriffen hat.

[172] RGSt. 23, 184 (193) vom 24. Juni 1892; 24, 205 (209) vom 9. Juni 1893.

[173] Zust. *Magiera* BK, Art. 46 Rdn. 65; *Maunz* (Fn. 87) Art. 46 Rdn. 41 – jew. m. N.; *Schneider* (Fn. 126) Art. 46 Rdn. 12; *Achterberg* Parlamentsrecht (Fn. 7) S. 243.

fallen sämtliche Untersuchungshandlungen mit Ausnahme derjenigen, deren es bedarf, um festzustellen, ob die Verfolgungsgenehmigung des Bundestages eingeholt werden soll[174].

Geschützt ist der Abgeordnete durch Art. 46 Abs. 2 GG insbesondere vor Verhaftung, mithin vor Freiheitsentziehungen im Zuge einer gegen ihn geführten Untersuchung, vor allem der Untersuchungshaft – Freiheitsbeschränkungen auf der Grundlage abgeschlossener Verfahren unterfallen demgegenüber dem Schutzbereich des Art. 46 Abs. 3 GG[175].

cc) Keinen Schutz seiner Immunität nach Maßgabe des Art. 46 Abs. 2 GG genießt der Abgeordnete, der bei Begehung der Tat oder am darauf folgenden Tag festgenommen wird. In der Tradition seiner Vorgänger geht das Grundgesetz damit über § 117 RV 1849 hinaus, der in Anlehnung an das Vorbild des belgischen und französischen Verfassungsrechts den Immunitätsschutz lediglich für den Fall des Betreffens auf frischer Tat durchbrach[176]. Im einzelnen ist nicht unstreitig, welche Anforderungen die Wendung »bei Begehung der Tat« stellt – ob der Abgeordnete also bei der Tat beobachtet worden sein muß oder ob es genügt, daß er aufgrund von Spuren verfolgt und innerhalb der gesetzten Frist gestellt wird[177]. Liegt der Fall des Betreffens in flagranti vor, kann der Abgeordnete, unbeschadet des Anforderungsrechts (Art. 46 Abs. 4 GG), ohne Genehmigung des Bundestages zur Verantwortung gezogen und auch verhaftet werden. Zulässig ist also jede im Rahmen eines Untersuchungsverfahrens mögliche freiheitsbeschränkende Maßnahme: die Festnahme nach § 127 StPO, die Untersuchungshaft, die Sistierung zum Zwecke der Durchführung erkennungsdienstlicher Maßnahmen (§ 81b StPO) oder der Blutentnahme nach § 81a StPO, wie denn überhaupt in diesem Falle die Untersuchung keiner Genehmigung bedarf – wird der Abgeordnete allerdings zwischenzeitlich aus

---

[174] So etwa *Magiera* BK, Art. 46 Rdn. 67; *Maunz* (Fn. 87) Art. 46 Rdn. 42 jew. m. N. – Zweifelhaft ist, ob Durchsuchungen und Beschlagnahmen unter den Immunitätsschutz fallen. In diesem Sinne zu verstehen ist Ziff. 2 c des in Fn. 165 genannten Beschlusses, der von freiheitsentziehenden und freiheitsbeschränkenden Maßnahmen im Ermittlungsverfahren spricht; ebenso schon die Praxis des Reichstags, vgl. *Graf zu Dohna* (Fn. 22) S. 444 f, der ihr zustimmt. A. M. die heute wohl überwiegende Auffassung: vgl. *Magiera* BK, Art. 46 Rdn. 82; *Maunz* (Fn. 87) Art. 46 Rdn. 58, die lediglich Einschränkungen der räumlich-körperlichen Bewegungsfreiheit für genehmigungsbedürftig halten; *Schneider* (Fn. 126) Art. 46 Rdn. 14; vgl. zum Problemkreis umfassend *O. Ranft* Staatsanwaltschaftliche Ermittlungstätigkeit und Immunität der parlamentarischen Abgeordneten in: ZRP 1981, 271 ff; ferner *K.-H. Rosen* Immunität und Durchsuchung in: ZRP 1974, 80 f mit Erwiderung von *J. Bücker* in: ZRP 1975, 23 f. Hinzuweisen ist auf Art. 47 Satz 2 und Art. 40 Abs. 2 Satz 2 GG!

[175] *Magiera* BK, Art. 46 Rdn. 68, 71; *Maunz* (Fn. 87) Art. 46 Rdn. 49, 50 – jew. m. N.

[176] Kritische Beurteilung der Ausnahme bei *Graf zu Dohna* (Fn. 22) S. 445; ebenso *Maunz* (Fn. 87) Art. 46 Rdn. 52: »Anachronismus« – Art. 35 Abs. 3 LV Bln. kennt nur die Ausnahme der Festnahme bei Ausübung der Tat.

[177] Im einzelnen vgl. *Bockelmann* Unverfolgbarkeit (Fn. 39) S. 46 f; ihm folgend *Maunz* (Fn. 86) Rdn. 53; *Rauball* (Fn. 100) Art. 46 Rdn. 24; weiter *Magiera* BK, Art. 46 Rdn. 72 m. N.

der Haft entlassen, ist seine neuerliche Festnahme, so sie nicht innerhalb der Frist des Art. 46 Abs. 2 GG erfolgt, genehmigungsbedürftig[178].

dd) »Mitgebrachte Verfahren«, das sind solche, die vor dem Beginn des Immunitätsschutzes gegen den Abgeordneten eingeleitet worden sind, bedürfen nach der heute überwiegenden Meinung zu ihrer Fortsetzung der Zustimmung des Parlaments; es entsteht also mit dem Mandatserwerb ein Verfahrenshindernis. Diese Auffassung verdient den Vorzug, weil sie dem Zweck des Art. 46 Abs. 2 GG, die Funktionsfähigkeit des Parlaments zu sichern, stärker entgegenkommt als die ältere Lehre, die das Parlament auf das Anforderungsrecht des Art. 46 Abs. 4 GG verwies. Dieses bleibt allerdings in jedem Fall bestehen[179].

c) Freiheitsbeschränkungen

Nach Art. 46 Abs. 3 GG bedarf jede andere, d. h. jede nicht schon von Art. 46 Abs. 2 GG erfaßte Beschränkung der persönlichen Freiheit des Abgeordneten sowie die Einleitung eines Verfahrens nach Art. 18 GG der Genehmigung des Bundestages. Beschränkungen der Freiheit in diesem Sinne sind alle – nicht schon in Art. 46 Abs. 2 GG geregelten – Formen der Haft – nicht schon deren Anordnung[180] – wie Strafhaft, zwangsweise Vorführung, einstweilige Unterbringung, Erzwingungs- und Beugehaft, polizeilicher Gewahrsam, Ersatzfreiheitsstrafe[181], Ersatzzwangshaft und persönlicher Arrest (Freiheitsentziehungen) sowie Freiheitsbeschränkungen im engeren Sinne wie die Aufenthaltsbeschränkung, etwa im Rahmen der Führungsaufsicht nach §§ 68 ff StGB[182]. Ist mithin der Abgeordnete etwa gegen die Vollstreckung der Strafhaft durch die

---

[178] *Magiera* BK, Art. 46 Rdn. 74, 75; *Maunz* (Fn. 87) Art. 46 Rdn. 54; *Schneider* (Fn. 126) Art. 46 Rdn. 13; OLG Bremen in: NJW 1966, 743; OLG Oldenburg in: NJW 1966, 1764; RGSt. 59, 113 vom 26. Februar 1925. Vgl. auch Nr. 7 der »Grundsätze« (Fn. 164).

[179] *Magiera* BK, Art. 46 Rdn. 86; *Maunz* (Fn. 87) Art. 46 Rdn. 51; *Achterberg* Parlamentsrecht (Fn. 7) S. 244; *Rauball* (Fn. 100) Art. 46 Rdn. 25 – jew. m. N.; *Schneider* (Fn. 126) Art. 46 Rdn. 17; Nr. 16 der »Grundsätze« (Fn. 164). Für die ältere Auffassung *Bockelmann* Unverfolgbarkeit (Fn. 39) S. 44 f. Fn. 69; s. a. noch OLG Celle in: JZ 1953, 564 mit zust. Anm. von *Bockelmann*.

[180] Vgl. *Bücker* Aktuelle Fragen (Fn. 114) S. 50. In diesen Fällen bedient sich der Bundestag neuerdings eines einfachen Verfahrens, vgl. Nr. 3 Abs. 4 des Beschlusses (Fn. 165) i. d. F. des Beschlusses vom 9. 12. 1987 (BGBl. I S. 2677).

[181] A. M. insoweit ohne erkennbaren Grund *Schneider* (Fn. 126) Art. 46 Rdn. 14.

[182] *Magiera* BK, Art. 46 Rdn. 79ff; *Maunz* (Fn. 87) Art. 46 Rdn. 55 bis 57; *Rauball* (Fn. 100) Art. 46 Rdn. 26. S. a. Ziff. 7, 8 und 14 der »Grundsätze« (Fn. 164). Nicht unbedenklich ist es, wenn nach Ziff. 15 dieser »Grundsätze« Maßnahmen nach §§ 34ff BSeuchG ihres »notstandsähnlichen Charakters« wegen von der Genehmigungspflicht ausgenommen werden – wobei anzumerken ist, daß die »Grundsätze« lediglich parlamentsinterne Bindungswirkungen entfalten. Die Praxis des Bundestages knüpft damit an eine im Schrifttum verschiedentlich, so etwa von *Bockelmann* Unverfolgbarkeit (Fn. 39) S. 60 Fn. 92, vertretene Ansicht an, für die gute Gründe sprechen; dagegen allerdings *Magiera* BK, Art. 46 Rdn. 80 m. N; *Maunz* (Fn. 87) Art. 46 Rdn. 56. – Zum Problem der Durchsuchung und Beschlagnahme s. o. Fn. 174.

Immunität geschützt, so gilt Gleiches für die Vollstreckung einer Geldstrafe ebensowenig wie für die Ladung als Zeuge (vgl. §§ 50 StPO, 382 ZPO) oder die Anordnung des persönlichen Erscheinens im Zivilprozeß (§ 141 ZPO).

d) Anforderungsrecht

Soweit der Immunitätsschutz nach Art. 46 Abs. 2 und 3 GG reicht, kann der Bundestag nach Art. 46 Abs. 4 GG die Aussetzung der gegen einen Abgeordneten ergriffenen Maßnahmen verlangen, gleich ob diese unter rechtswidriger Nichtbeachtung seiner Immunität oder zulässigerweise, beispielsweise mit Genehmigung des Bundestages, ergriffen worden sind. Die Immunität wird dadurch erstmals oder wieder hergestellt[183].

e) Zeitlicher Schutzbereich

In zeitlicher Hinsicht erstreckt sich die Immunität auf die Dauer des Mandats[184]; anders als die Indemnität schafft sie also keinen dauernden Schutz. Fällt das Prozeßhindernis infolge des Erlöschens des Mandats weg, kann das Verfahren seinen Fortgang nehmen. Die Genehmigung von Strafverfolgungsmaßnahmen gilt nur für die Dauer der Wahlperiode, in der sie ausgesprochen wurde, eine Folge des Diskontinuitätsprinzips; wird der Abgeordnete wiedergewählt, muß sie neu erteilt werden[185].

f) Die Erteilung der Genehmigung

aa) Die nach Art. 46 Abs. 2 und 3 GG erforderliche Genehmigung ist vorab[186] zu erteilen. Sie ist die Entscheidung eines Einzelfalls, bei welcher der Bundestag den Zweck der Immunität, die Gewährleistung der Funktionsfähigkeit des Parlaments, abzuwägen hat gegen die Belange der Rechtspflege, allerdings ohne in eine Beweiswürdigung einzutreten[187]. Auch hat der betroffene Abgeordnete – zwar nicht einen Anspruch auf Aufrechterhaltung der Immunität, wie der durch sein Verhalten Geschädigte keinen Anspruch hat auf deren Aufhebung, so doch – einen Anspruch auf eine willkürfreie Entscheidung[188], weshalb eine im Vordringen begriffene Auffassung es dem Abgeordneten auch ermöglichen will, im Wege des Organstreits eine verfassungsgerichtliche Prüfung der Entscheidung, die Immunität aufzuheben, herbeizuführen[189].

[183] *Magiera* BK, Art. 46 Rdn. 84, 104; *Maunz* (Fn. 87) Art. 46 Rdn. 72 bis 76; *Rauball* (Fn. 100) Art. 46 Rdn. 28. – Vgl. auch Nr. 6 des Beschlusses (Fn. 165) in der Fn. 180 erwähnten Fassung.

[184] Dazu oben III 2 e.

[185] Dazu *Bücker* Aktuelle Fragen (Fn. 114) S. 53 f.

[186] *Magiera* BK, Art. 46 Rdn. 89; *Maunz* (Fn. 87) Art. 46 Rdn. 60 – jew. m. N.; *Schneider* (Fn. 126) Art. 46 Rdn. 16.

[187] Vgl. Ziff. 4 der »Grundsätze« (Fn. 164), wo mißverständlich von einer »politischen Entscheidung« die Rede ist; s. a. *Bücker* Aktuelle Fragen (Fn. 114) S. 52.

[188] So zutr. BayVerfGE n. F. 19, 1 (3).

[189] *Maunz* (Fn. 87) Art. 46 Rdn. 71; *Magiera* BK, Art. 46 Rdn. 103 m. N.

Daher ist es nicht unbedenklich, daß der Bundestag seit geraumer Zeit dazu übergegangen ist, jeweils zu Beginn der Wahlperiode die Immunität seiner Mitglieder generell aufzuheben, soweit es sich um Ermittlungsverfahren wegen Straftaten mit Ausnahme von Beleidigungen politischen Charakters handelt[190]. Allerdings umfaßt die Genehmigung weder die Erhebung der öffentlichen Klage noch den Erlaß eines Strafbefehls oder einer Strafverfügung noch freiheitsentziehende oder freiheitsbeschränkende Maßnahmen im Ermittlungsverfahren[191]. Indessen sprechen für diese Praxis einsehbare Gründe: Das »privilegium« der Immunität erweist sich für die Abgeordneten regelmäßig als eine besondere Belastung. Der Antrag auf Aufhebung der Immunität und eine sich daran anschließende Beratung und Entscheidung des Bundestages erregt auch bei Vorwürfen von geringem Gewicht unvermeidlich das Aufsehen einer sensationsgierigen veröffentlichten Meinung, die ohne Rücksicht auf Schuld oder Unschuld das »mutmaßliche« Vergehen des Abgeordneten breitzutreten pflegt, von dem geraume Zeit später folgenden Abschluß des Verfahrens jedoch nur dann Kenntnis nimmt und gibt, wenn es zum Schuldspruch führt. Damit ist das Gegenteil dessen erreicht, was die Immunität bezweckt: das Ansehen und damit die Funktionsfähigkeit des Parlaments zu wahren. Im Sinne einer teleologischen Auslegung der Norm mag das gehandhabte Verfahren daher als noch verfassungsrechtlich zulässig anzusehen sein[192]. Um dem Bundestag die Ausübung seines Rechts nach Art. 46 Abs. 4 GG zu ermöglichen, ist Sorge getragen, daß von der Absicht, ein Verfahren einzuleiten, stets der Präsident des Bundestages, grundsätzlich auch der betroffene Abgeordnete, unterrichtet werden[193].

bb) Die gleichen Erwägungen, die den Bundestag zur Voraberteilung einer generellen Genehmigung veranlassen, sind auch der Grund dafür, daß er einen Teil der zu treffenden Immunitätsentscheidungen dem Ausschuß für Wahlprüfung, Immunität und Geschäftsordnung übertragen hat. Dies gilt vor allem für die von der generellen Genehmigung ausgenommenen Maßnahmen im Ermittlungsverfahren bei Verkehrs- und Bagatelldelikten sowie für die Vollstreckung von Freiheitsstrafen von kurzer Dauer. Zwar trifft der Ausschuß nur eine »Vorentscheidung«, die dem Präsidenten schriftlich mitgeteilt, aber nicht auf die Tagesordnung gesetzt wird. Sie »gilt« indessen als Entscheidung des Bun-

---

[190] Ziff. 1 des Beschlusses (Fn. 165).

[191] Ebd. Nr. 2 – Zutr. legt W. Härth Berührt ein ausländisches Strafverfahren die Immunität eines deutschen Parlamentsabgeordneten? in: NStZ 1987, 109f, dar, daß die Ausführung eines ausländischen Rechtshilfeersuchens durch ein deutsches Gericht von der generellen Aufhebungsentscheidung nicht umfaßt ist.

[192] Im Erg. ebenso Magiera BK, Art. 46 Rdn. 92; vgl. auch Bücker Aktuelle Fragen (Fn. 114) S. 47 f.

[193] Vgl. Nr. 192 Abs. 3 RiStrafVerf., der auch bestimmt, daß das Ermittlungsverfahren regelmäßig erst 48 Stunden nach Absendung der Mitteilung eingeleitet wird, sowie Ziff. 2 der »Grundsätze« (Fn. 164).

destages, wenn nicht binnen sieben Tagen Widerspruch erhoben wird[194]. Auch diese Praxis wird überwiegend als verfassungsrechtlich vertretbar angesehen[195], obgleich die von der Verfassung eindeutig geforderte Entscheidung des Bundestages als ganzen audrücklich nur fingiert wird[196] und das Grundgesetz eine dem Art. 94 Abs. 4 LV RP[197] entsprechende Vorschrift nicht enthält.

cc) Die Befugnis, den Antrag auf Aufhebung der Immunität zu stellen, haben die enumerativ in Nr. 1 der »Grundsätze« Genannten, mithin die Staatsanwaltschaften und Gerichte, Ehren- und Berufsgerichte öffentlich-rechtlichen Charakters und berufsständige Einrichtungen, die kraft Gesetzes Standesaufsicht ausüben, im Privatklageverfahren das Gericht, bevor es nach § 383 StPO das Hauptverfahren eröffnet (also nicht der Privatkläger[198]), der Gläubiger im Vollstreckungsverfahren, soweit das Gericht nicht auch ohne seinen Antrag tätig werden kann, und schließlich der Ausschuß für Wahlprüfung, Immunität und Geschäftsordnung – hingegen nicht der betroffene Abgeordnete selbst[199].

dd) Wird dem Antrag stattgegeben, so gilt die Entscheidung stets nur für ein bestimmtes Verfahren oder für eine bestimmte Maßnahme innerhalb dieses Verfahrens. Die Immunität des betroffenen Abgeordneten wird also niemals als solche aufgehoben. Zulässig ist es, die Aufhebungsentscheidung gegenständlich – auf eine bestimmte Straftat – zu beschränken, zu befristen oder mit Bedingungen zu versehen. Jeweils gesonderter – wenngleich gegebenenfalls in einem Akt zu erteilender – Genehmigung bedürfen die Verfahren, in denen der Abgeordnete zur Verantwortung gezogen werden soll, und die im Zuge dieser Verfahren gegebenenfalls zu ergreifenden freiheitsbeschränkenden Maßnahmen[200].

---

[194] Vgl. dazu Ziff. 8, 11 bis 13 der »Grundsätze« (Fn. 164) und Ziff. 3 bis 5 des Beschlusses (Fn. 165).

[195] *Magiera* BK, Art. 46 Rdn. 91 m. N.; *Maunz* (Fn. 87) Art. 46 Rdn. 61.

[196] So zu Recht *A. Kreuzer* Zuständigkeitsübertragungen bei Verfassungsrichterwahlen und Immunitätsentscheidungen des Deutschen Bundestages in: Der Staat 7 (1968) S. 183ff, 204.

[197] »Der Landtag kann die Entscheidung einem Ausschuß übertragen, der mit Zweidrittelmehrheit beschließt. Er kann die Entscheidung des Ausschusses aufheben.«

[198] Dazu *Bücker* Aktuelle Fragen (Fn. 114) S. 52.

[199] Seine Anträge »bleiben unberücksichtigt« (Ziff. 3 der »Grundsätze«). – Eine andere Frage ist, ob ihm, es drohte denn die Vereitelung des Zwecks der nachgesuchten Maßnahme, ein Anhörungsrecht zusteht. Ihm dieses zu verweigern, weil es nicht um seine Rechte gehe, ist jedenfalls dann nicht konsequent, wenn man ihm ein Recht auf gerichtliche Überprüfung der Aufhebungsentscheidung einräumt; in diesem Sinne widersprüchlich *Magiera* BK, Art. 46 Rdn. 94 und 103. Das Stimmrecht ist ihm hingegen in analoger Anwendung von § 17 WahlprüfG zu versagen; so *Maunz* (Fn. 87) Art. 46 Rdn. 64; weitergehend *Magiera* BK, Art. 46 Rdn. 93, der dies als Ausdruck eines allgemeinen Rechtsgedankens ansieht, nach dem der Abgeordnete sein Amt nicht in eigener Sache ausüben dürfe.

[200] Vgl. *Maunz* (Fn. 87) Art. 46 Rdn. 68; ihm folgend *Magiera* BK, Art. 46 Rdn. 100 m. N.

V. Rechtsvergleichender Ausblick[201]

1. Großbritannien und USA

Von der im Vereinigten Königreich und in den Vereinigten Staaten von Amerika bestehenden Rechtslage wurde schon gehandelt[202]. Sie zeichnet sich aus durch eine großzügige, auch Nichtmitglieder des Parlaments einschließende Erstreckung der Indemnität (freedom of speech) bei ausgeprägter Disziplinargewalt des Parlaments und durch das nahezu vollständige Fehlen der Immunität.

2. Frankreich

Das geltende französische Recht fußt auf den Errungenschaften der Revolution[203]. Art. 26 der Verfassung vom 4. Oktober 1958 regelt Indemnität und Immunität umfassend. Die Indemnität schützt Abgeordnete vor zivil- und strafrechtlichen Verfolgungen, soweit es um Handlungen geht, die einen unmittelbaren Bezug zur Abgeordnetentätigkeit aufweisen, wie Abstimmungen, Debatten, Berichte usw. Sobald ein derartiger Bezug nicht gegeben ist, etwa bei einem Streikaufruf, der Veröffentlichung eines beleidigenden Artikels in einer Zeitschrift oder bei einer Äußerung im Fernsehen, können auch Abgeordnete zur Verantwortung gezogen werden[204]. Unter den Schutz der Immunität fällt strafrechtlich relevantes Verhalten, das nicht im Zusammenhang mit der Tätigkeit als Abgeordneter steht, soweit es sich nicht um kleinere Vergehen (contravention)[205] handelt. Strafrechtliche Verfolgungen oder Verhaftungen sind danach während der Sitzungsperiode des Parlaments ohne dessen Genehmigung unzulässig mit der Ausnahme des Betreffens auf frischer Tat. Außerhalb einer Sitzungsperiode können strafrechtliche Verfolgungen hingegen durchgeführt werden. Verhaftungen sind indes nur mit Genehmigung des Parlaments zulässig, es sei denn der Abgeordnete wurde auf frischer Tat betroffen oder es handelt sich um eine genehmigte Strafverfolgung oder eine endgültige Verurteilung. Schließlich wird nach Art. 26 Abs. 4 der Verfassung die Inhaftierung oder Verfolgung eines Mitglieds des Parlaments ausgesetzt, sofern das Parlament dies verlangt. Ein solcher Fall ist denkbar, wenn sich ein

---

[201] Vgl. die Übersicht bei *V. Herman/F. Mendel* Parliaments of the World, 1976, S. 207 ff.

[202] S. unter II 1a) und b).

[203] S. unter II 1c). Vgl. zum Folgenden vor allem *G. Soulier* L'inviolabilite parlamentaire au droit français, 1966.

[204] *A. Hauriou, G. Gicquel, P. Gélard* Droit Constitutionel et Institutions Politiques, 7. Aufl., 1980, S. 1060 f; *G. Bourdeau* Manuel de Droit Constitutionel et Institutions Politiques, 20. Aufl., 1984, S. 565.

[205] Dabei handelt es sich um Taten, die nach ihrem Unrechtsgehalt etwa den Ordnungswidrigkeiten des deutschen Rechts entsprechen.

Abgeordneter im Zeitpunkt der Eröffnung einer neuen Sitzungsperiode in Haft befindet oder verfolgt wird[206].

3. Italien

Art. 68 der Verfassung der Italienischen Republik gewährleistet den Mitgliedern des Senats wie der Abgeordnetenkammer Indemnität für in Ausübung ihrer Funktionen erfolgte Meinungsäußerungen und Abstimmungen und Immunität für die Dauer ihrer Zugehörigkeit zum Parlament, wobei Leibesvisitation und Haussuchung ausdrücklich in den Schutz einbezogen werden. Die Kammer, der das betroffene Mitglied angehört, kann die Immunität aufheben.

4. Dänemark und Norwegen

Art. 57 der Verfassung Dänemarks liegt auf der gleichen Linie, § 66 der norwegischen Verfassung hingegen beschränkt die Immunität – angelsächsischer Tradition folgend – auf die Reise zum und vom Storting.

5. Benelux-Staaten

In Belgien gelten unverändert die Art. 44 und 45 der Verfassung von 1831[207].

Die Verfassung der Niederlande (Art. 107) gewährleistet Indemnität den Mitgliedern der Generalstaaten, den Ministern und bestimmten anderen Regierungsfunktionären für das in der Sitzung des Parlaments Gesagte oder schriftlich Vorgelegte; Immunität ist dem Recht der Niederlande fremd.

Im Großherzogtum Luxemburg genießen die Mitglieder der Abgeordnetenkammer Indemnität und Immunität in dem der französischen Rechtstradition entsprechenden Umfang (Art. 68, 69 der Verfassung).

6. Österreich

Das Bundesverfassungsgesetz Österreichs regelt übereinstimmend die Immunität der Mitglieder des Nationalrats, des Bundesrats[208] und der Landtage. Der sachliche Geltungsbereich der »beruflichen Immunität« (= Indemnitat) entspricht demjenigen des Art. 46 Abs. 1 GG. Die Vorschriften über die Immunität unterscheiden sich vom deutschen Bundesverfassungsrecht vor allem

---

[206] *Bourdeau* a. a. O., S. 567.
[207] S. unter II 1 d).
[208] Die Mitglieder des Bundesrats werden von den Landtagen entsandt; die jeweils entsendende Kammer trifft die in Immunitätsangelegenheiten anfallenden Entscheidungen.

dadurch, daß eine strafrechtliche Verfolgung von Abgeordneten dann nicht der Zustimmung des Parlaments bedarf, wenn die ihnen vorgeworfene strafbare Handlung offenkundig in keinem Zusammenhang mit ihrer politischen Tätigkeit – auch außerhalb des Parlaments – steht[209].

7. Schweiz

In der Schweiz werden Immunität im materiellrechtlichen Sinne (= Indemnität) und im formellrechtlichen Sinne im Bunde und in den Kantonen in unterschiedlichem Umfang, häufig, so auch im Bunde, auf der Ebene des Gesetzes (also nicht der Verfassung[210]) gewährt[211]. Die bundesrechtlichen Immunitätsvorschriften sind in zwei Gesetzen aus den Jahren 1934 und 1956 enthalten[212]. Danach sind die Mitglieder des National- und des Ständerates wie auch die des Bundesrates, also der Regierung, nicht verantwortlich für die im Parlament oder in seinen Ausschüssen abgegebenen Voten, womit Abstimmungen und Äußerungen gemeint sind[213]. Wegen strafbarer Handlungen, die sich auf ihre amtliche Tätigkeit oder Stellung beziehen, können Abgeordnete und die von ihnen gewählten Mitglieder von Behörden und Magistratspersonen nur mit Ermächtigung beider Kammern verfolgt werden. Im übrigen hängt die Verfolgbarkeit von dem Stadium ab, in dem sich ein Strafverfahren im Zeitpunkt des »Beginns der Versammlung«[214] befindet: Grundsätzlich bedarf hier die Strafverfolgung der Zustimmung des Abgeordneten oder Mitglieds des Bundesrates selbst oder des Rates, dem der Betroffene angehört; das gilt indessen vor allem dann nicht, wenn Strafhaft aufgrund eines rechtskräftigen Urteils schon vor dem genannten Zeitpunkt angeordnet wurde. Die Belange der Rechtspflege erlangen mithin ein desto höheres Gewicht, je weiter das Strafverfahren vorangeschritten ist.

[209] S. *L. K. Adamovich/B.-Chr. Funk* Österreichisches Verfassungsrecht, 3. Aufl. 1985, S. 225 ff.

[210] Der Verfassungsentwurf der Expertenkommission für die Vorbereitung einer Totalrevision der Bundesverfassung von 1977 sieht vor, den Mitgliedern der Bundesversammlung und des Bundesrats Indemnität – nicht auch Immunität – zu gewähren (Art. 93).

[211] Die Rechtsquellen sind abgedruckt bei *R. Lanz-Baur* Die parlamentarische Immunität in Bund und Kantonen der schweizerischen Eidgenossenschaft, 1963, S. XII bis XX. Für das ältere Recht vgl. v. *Muralt* Immunität (Fn. 26) passim.

[212] Dazu auch *U. Häfelin/W. Haller* Schweizerisches Bundesstaatsrecht, 1984, S. 232 f, 241.

[213] *Lanz-Baur* Immunität (Fn. 211) S. 46.

[214] Ebd., S. 82 ff.

8. Die Europäischen Gemeinschaften

Die für den Status der Mitglieder des Europäischen Parlaments (EP) maßgebenden Vorschriften[215] sind deshalb von besonderem Interesse, weil ihnen der Versuch zugrundeliegt, einen gemeinsamen Nenner zwischen den in Einzelheiten voneinander abweichenden Indemnitäts- und Immunitätsbestimmungen der Mitgliedstaaten der EG zu finden. Art. 9 des Protokolls gewährleistet den Abgeordneten Indemnität für jede in Ausübung ihres Amtes erfolgte Äußerung oder Abstimmung; die Formulierung greift damit die in einem Teil der Mitgliedstaaten geltende – auch im deutschen Landesverfassungsrecht anzutreffende – Regelung auf, die jedenfalls ihrem Wortlaut nach auch Äußerungen außerhalb des Parlaments in ihren Schutzbereich einschließt. Art. 10 des Protokolls garantiert die Immunität in zwei Stufen, indem er zunächst festlegt, daß die Mitglieder des EP Unverletzlichkeit in dem Maße genießen, welches den Abgeordneten der Parlamente ihrer Herkunftsländer zuteil wird, und sodann bestimmt, daß sie im Hoheitsgebiet eines anderen Mitgliedstaates weder festgehalten noch gerichtlich verfolgt werden dürfen. Die Unverletzlichkeit besteht auch während der Reise zum oder vom Tagungsort der Versammlung. Eine Ausnahme gilt für die Ergreifung auf frischer Tat. Das EP kann die Unverletzlichkeit eines seiner Mitglieder aufheben, was nach seiner Praxis dann nicht zu geschehen pflegt, wenn die dem Abgeordneten vorgeworfene Tat als integrierender Bestandteil seiner politischen Tätigkeit anzusehen ist oder die Annahme begründet erscheint, der Strafmaßnahme liege die Absicht zugrunde, der politischen Tätigkeit des Abgeordneten zu schaden[216].

---

[215] Art. 9 und 10 des Protokolls über die Vorrechte und Befreiungen der Europäischen Gemeinschaften vom 8. April 1965 (BGBl. II, S. 1482), das als Anhang zu dem Vertrag zur Einsetzung eines gemeinsamen Rates und einer gemeinsamen Kommission der Europäischen Gemeinschaften vom gleichen Tage (BGBl. II S. 1454) – vgl. dessen Art. 28 Abs. 1 Satz 1 und das deutsche Ratifikationsgesetz vom 20. Oktober 1965 (BGBl. II S. 1453) – seit dem 1. Juli 1967 in Kraft ist (BeK vom 27. Juli 1967, BGBl. II S. 2156) und nach Art. 4 Abs. 2 des Aktes des Rates der Europäischen Gemeinschaften zur Einführung allgemeiner unmittelbarer Wahlen der Abgeordneten der Versammlung vom 20. September 1976 (BGBl. 1977 II S. 734) auch für die Mitglieder des direkt gewählten EP gilt; Art. 2 Abs. 3 und Art. 5 der Geschäftsordnung des EP vom 26. März 1981. Vgl. ergänzend § 5 des Gesetzes über die Rechtsverhältnisse der Mitglieder des Europäischen Parlaments aus der Bundesrepublik Deutschland vom 6. April 1979 (BGBl. I S. 413). – Ausführlich *H. Sieglerschmidt* Immunitätsrecht der Europäischen Gemeinschaft in: EuGRZ 1986, 445f, der S. 445 f auch die wichtigsten der genannten Vorschriften im Wortlaut mitteilt; ferner *R. Bieber* Der Abgeordnetenstatus im Europäischen Parlament in: EuR 1981, 124 ff.

[216] *Sieglerschmidt* ebd., S. 449 f. Die Immunitätspraxis ist hier wesentlich weitergehend als die des Deutschen Bundestages (vgl. dazu auch den Bericht des Abg. *Buschbom* BT-Drucks. 11/1207 unter Nr. 1).

VI. Verfassungspolitische Beurteilung

Nicht nur der Schutz der Immunität, sondern auch der der Indemnität ist – mit den Worten *Carlo Schmids*[217] – eine unter Blut und Tränen erkämpfte Prärogative des Parlaments. Beide Institute gehören zum Traditionsgut des demokratischen Verfassungsrechts. Schon deshalb können verfassungsrechtliche Bedenken gegen sie nicht durchschlagen[218]. Aber auch für die verfassungspolitische Betrachtung ergibt sich daraus, daß aus schnell geübter, sich mitunter an anstößiger Handhabung des geltenden Rechts entzündender Kritik keine übereilten Schlußfolgerungen gezogen werden sollten. Verfassungsrechtliches Herkommen trägt vielfach seinen Wert als Faktor der Stabilität in sich selbst, auch wenn die Gründe seines Entstehens nicht mehr oder nicht mehr in vollem Umfang fortbestehen. Diese Gründe hat das Reichsgericht – mit unmittelbarem Bezug auf die dem Reichstag in Art. 31 RV 1871 gewährleistete Immunität, aber wiederum grundsätzlich ebenso gültig für die Indemnität – in einer gegen Ende des 19. Jahrhunderts ergangenen Entscheidung[219] in klassischer Kürze (wie sie den jeder Geschwätzigkeit abholden Judikaten jener Zeit eigentümlich war) so formuliert: Maßgebend seien gewesen »einesteils die Furcht vor tendenziöser Verfolgung einzelner Abgeordneter seitens der Regierung und ihrer Organe, anderenteils die Erwägung, daß der Versammlung bei ihren Beratungen die Beihilfe keines ihrer Mitglieder entzogen werden dürfe, und endlich die Betrachtung, daß das Interesse des Reichstages höher stehe, als die Einbuße, welche die Rechtspflege durch eine zeitweise Sistierung der Untersuchung erleide«.

Man hat – mit besonderem Nachdruck für die Immunität – darzutun versucht, daß diese Gründe sämtlich nicht mehr als gegeben anzusehen sind[220]. *Karl Binding* hat schon 1885 angemerkt, Reflex der den Abgeordneten eingeräumten Verantwortungsfreiheit sei »das privilegium odiosum der Rechtlosigkeit aller derjenigen, die durch solche Wortdelikte angegriffen werden«[221]. Die Stimmen aus der Zeit der Weimarer Republik sind – vor dem Hintergrund einer vielfach die parlamentarische Minderheit benachteiligenden Praxis – überwiegend kritisch[222].

---

[217] BT-Prot. 1. Wahlp., 14. Sitzung am 3. November 1949, S. 335 A.

[218] Ob die Immunitätsvorschrift der Bayerischen Verfassung (Art. 28) gegen den Gleichheitssatz oder eine andere höherrangige Norm der Verfassung verstößt, also verfassungswidriges Verfassungsrecht darstellt, untersucht – und verneint – BayVerfGHE 11 n. F., 146 ff. S. a. *J. Linden* Historische, rechtstheoretische und pragmatisch-politische Rechtfertigung der Indemnität in der parlamentarischen Demokratie der Bundesrepublik Deutschland und im Rechtsvergleich mit anderen Verfassungen, 1978, S. 54 ff.

[219] RGSt. 23, 184 (193) vom 24. Juni 1892.

[220] Vgl. etwa *H. Kelsen* Vom Wesen und Wert der Demokratie, 2. Aufl., 1929, S. 41f; *Bockelmann* Unverfolgbarkeit (Fn. 39) S. 11 ff; *W. R. Beyer* Immunität als Privileg 1966; s. a. *Merten* Immunität (Fn. 153) S. 13 f.

[221] Handbuch des Strafrechts, 1. Bd. S. 680.

[222] S. die Zusammenstellung bei *Bockelmann* Unverfolgbarkeit (Fn. 39) S. 19 f.

Indessen: Erwägungen dieser Art sind nur zum Teil berechtigt. So ist in der Tat die Gefahr willkürlicher Verfolgung von Mitgliedern des Parlaments sei es durch die Exekutive, sei es gar durch die Gerichte derzeit nicht gegeben. Jedoch hat schon der Bayerische Verfassungsgerichtshof[223] sehr zu Recht darauf hingewiesen, daß, was in normalen Zeiten gilt, in Zeiten der Spannung nicht gleichermaßen als gesichert gelten kann und daß – vor allem – behördliche Verfolgungsmaßnahmen gegen Abgeordnete auch dann, wenn sie korrekt, also nicht Folge böswilliger Machenschaften, sondern Reaktionen auf einen etwa von privater Seite geäußerten Verdacht sind, geeignet sein können, die Arbeit des Parlaments zu beeinträchtigen. Die Möglichkeiten – und die Bereitschaft – von (jedenfalls gewissen) Organen der Publizistik, einem Abgeordneten »etwas anzuhängen«, sind, wie nicht wenige Vorkommnisse zeigen, ersichtlich groß. Nicht geringer einzuschätzen ist die Streitlust Privater[224]. So wenig die Unverletzlichkeit der Abgeordneten nun ein Hindernis bilden darf, einem begründeten Verdacht nachzugehen, und dementsprechend zu handhaben ist, so wenig kann es wünschenswert erscheinen, die Entscheidung, ob die Funktionsfähigkeit des Parlaments durch Maßnahmen gegen einzelne Abgeordnete beeinträchtigt werden darf, dem Parlament selbst aus der Hand zu nehmen. Es entspräche nicht der Würde des Parlaments, müßte es Eingriffe der in Rede stehenden Art widerstandslos und ohne Rücksicht auf die Folgen hinnehmen. Dabei geht es weder um die Tradierung überholter Vorstellungen von der Souveränität des Parlaments[225] noch um die Person des einzelnen Abgeordneten, wohl aber darum, daß nur die Abgeordneten in ihrer Gesamtheit das Parlament bilden – sie *alle* sind die »Vertreter des ganzen Volkes«[226]! Insoweit behält der Gedanke der Repräsentation seine Bedeutung: nicht weil es gälte, den Abgeordneten als dem »besseren Selbst« der Nation[227] einen Sonderstatus zu verleihen, sondern weil sie nur in der Summe das Volk, von dem alle Staatsgewalt ausgeht, zu repräsentieren vermögen. Dem-

---

[223] A. a. O. (Fn. 218) S. 157. – Zu oberflächlich ist im übrigen das vielgebrauchte Argument, nach Einführung des parlamentarischen Regierungssystems werde die Exekutive es schon deshalb nicht mehr wagen, gegen Abgeordnete vorzugehen, weil sie dann ihren Sturz befürchten müsse. Diese Argumentation verliert nicht nur die parlamentarische Minderheit aus dem Blick, sie verkennt auch die politische Realität: Das Mißtrauensvotum wird in aller Regel ein völlig unverhältnismäßiges Mittel sein. Und weiter: Nicht immer wird die einschreitende Exekutive – soweit sie eine Zuständigkeit besitzt! – des Vertrauens derjenigen Legislative bedürfen, gegen deren Mitglied sie vorgeht; die Bundesregierung hat auf diesem Gebiet keine Kompetenz, diejenige der Landesregierungen beschränkt sich auf das Gebiet des jeweiligen Landes.

[224] Deshalb räumen die »Grundsätze« (Fn. 164) dem Privatkläger kein Antragsrecht ein. s. *Bücker* Aktuelle Fragen (Fn. 114) S. 52.

[225] Insoweit richtig *Magiera* BK, Art. 46 Rdn. 19.

[226] Wiederum zutr. *Magiera* BK, Art. 46 Rdn. 15.

[227] Obgleich sie keine Anstrengung scheuen sollten, es zu sein, können sie es doch nicht zu sein beanspruchen!

gegenüber verschlägt es nichts, daß – wie jedermann weiß – das Parlament, genauer: sein Plenum, nicht die Stätte unvoreingenommener Diskussion mit dem Ziel der wechselseitigen Überzeugung und schließlicher Annäherung an eine als vorgegeben gedachte Richtigkeit ist – und wohl niemals war – und daß die Rolle der politischen Parteien heute eine andere ist als in der konstitutionellen Monarchie. Eine derartige Betrachtungsweise bleibt vordergründig[228]. Auf dem Hintergrund dieser Überlegungen und bei Zugrundelegung der gegenwärtig geübten Praxis ist das »Parlamentsprivileg« der Immunität auch derzeit noch nützlich und gerechtfertigt.

Geringeren Zweifeln sieht sich das Institut der Indemnität ausgesetzt. Es leuchtet noch immer ein, daß, ungeachtet der weniger auf Diskussion – zumal im Plenum – als auf Arbeit und Entscheidung gerichteten Lage des modernen Parlamentarismus, die Freiheit der Rede ein unabdingbares Element der Freiheit des Mandates ist, welche sich ihrerseits durchaus notwendig und sinnvoll in die Parteiendemokratie fügt[229]. Allerdings ist das freie Wort heute jedermann verbürgt. Der Abgeordnete indessen ist in der besonderen Lage, daß er – etwa um der Kontrollaufgabe des Parlaments gerecht zu werden – noch nicht gesicherte Informationen aufgreifen, sie wiedergeben und ihnen nachgehen muß und daß er dabei, da er im Geltungsbereich der Indemnität im wesentlichen öffentlich agiert, ständiger und intensiver Beobachtung ausgesetzt ist. Er soll aber ungeniert »vom Leder ziehen« können und deshalb nicht der Besorgnis ausgesetzt sein, wegen seiner Äußerungen mit Prozessen überzogen zu werden[230]. Sein Freimut soll nicht gedämpft werden – er wird durch andere Mechanismen der Parteien- und Medienstruktur schon ausreichend auf die Probe gestellt. Im übrigen ist die Redefreiheit des Abgeordneten im Parlament ein Ausfluß seiner amtlichen Funktion und nicht seines Grundrechts auf Meinungsäußerungsfreiheit[231].

Der Hinweis auf Würde und Ansehen des Parlaments belegt in erster Linie, daß es diesem selbst obliegt, beides zu wahren. Das bedeutet im Blick auf die – im internationalen Vergleich wie hinsichtlich der eigenen Verfassungstradition – außerordentlich weitreichende Gewähr der Verantwortungsfreiheit, daß das

---

[228] Bedenkenswert sind auch noch immer die Worte *R. v. Mohls* Staatsrecht, Völkerrecht und Politik, 1. Bd., 1860, S. 321, der gegenüber dem Hinweis auf die Gleichheit aller vor dem Gesetz u. a. bemerkt, so richtig er sei, setze er im gegebenen Zusammenhang doch voraus, daß »in einem Lande der Geist für Gesetzlichkeit und bürgerliche Freiheit so entwickelt ist, daß auch der entfernteste Angriff auf Verfassungseinrichtungen einen allgemeinen Sturm im ganzen Volke erregen würde ...«. Er hat das Vorliegen dieser Voraussetzung für seine Zeit verneint.

[229] Vgl. näher *H. H. Klein* in: *Isensee/Kirchhof* (Fn. 135) § 41 Rdn. 3 ff.

[230] Gegen die Annahme, mit dieser Begründung ließe sich auch eine entsprechende Unverantwortlichkeit der Redakteure von Presse und Rundfunk fordern, ist – abgesehen von dem Hinweis auf den Rechtfertigungsgrund des § 193 StGB – einzuwenden, daß sie, anders als Abgeordnete, nicht über eine demokratische Legitimation verfügen.

[231] Vgl. BVerfGE 60, 374 (380).

Parlament seine eigene Disziplinargewalt ernstzunehmen und mit Nachdruck einzusetzen hat. Dieser Zusammenhang ist stets gesehen worden und die Diskussion darüber niemals abgerissen, über welche disziplinaren Befugnisse die Parlamente verfügen sollten[232]. Im angelsächsischen Rechtskreis[233], vereinzelt aber auch in den Gliedstaaten des Deutschen Bundes und des Deutschen Reiches von 1871[234], reichten und reichen sie über die dem Bundestag und den Landtagen zur Verfügung stehenden Möglichkeiten hinaus bis zu Ausschluß und Abgeordnetenanklage. Von den nach geltendem Recht gegebenen Möglichkeiten[235] macht der Bundestag einen äußerst sparsamen Gebrauch[236]. Diese Praxis – wie eine etwaige Erweiterung der bestehenden Disziplinarbefugnisse – gilt es kritisch zu überdenken. Die Gründe liegen auf der Hand. »In Frankreich«, so wird im Jahre 1848 berichtet, »haben die Volksleidenschaften den Geist der Repräsentation getötet und kaum die Form derselben bestehen lassen. Sie haben die Versammlung in Verruf gebracht. Wie sollte die öffentliche Achtung eine stets ungeduldige, immer leidenschaftlich aufgeregte oder stets unaufmerksame Versammlung nicht unter den geringsten Agenten der Gewalt stellen, wenn dieser seine Ruhe und Würde bewahrt? Kann die Nation sich vorstellen, daß diese Versammlung ihre Einsichten widerstrahlt und ihren Geist in sich zusammenfaßt[237]?« Die deutschen Parlamente haben Anlaß, über die Art, wie ihre Mitglieder miteinander umgehen, und darüber, wie sie zu verbessern sei, im Interesse ihres Ansehens selbstkritisch nachzudenken. Es muß dem Parlament und seinen Mitgliedern deutlicher bewußt werden, daß ihr repräsentativer Status von ihnen auch verlangt und seine Akzeptanz durch die Repräsentierten mit davon abhängt, daß ihr öffentliches – und kaum minder ihr privates – Auftreten von diesen als beispielhaft angesehen werden kann[238]. Nur so vermögen staatliche Institutionen und Amtswalter das Vertrauen zu begründen, ohne welches ein Staat auf die Dauer nicht regierbar ist. Die parlamentarische Redefreiheit rechtfertigt sich aus ihrer Eignung, diesem Ziel zu dienen. Sie – und mit ihr die parlamentarische Demokratie – geht ihrer Legitimation in dem Maße verlustig, in dem sie es verfehlt.

---

[232] Vgl. *H. Erbler* Der innere Ehrenschutz der altständischen und neueren Vertretungskörperschaften, 1935. Eine knappe Übersicht über das ältere Schrifttum bietet v. *Rönne* Staats-Recht (Fn. 83) 1. Bd., 2. Aufl., 1864, S. 331.

[233] *S. Härth* Redefreiheit (Fn. 3) S. 29 f.

[234] *Erbler* Der innere Ehrenschutz (Fn. 232) S. 87ff, 90ff, 108ff, 113 f.

[235] Sie erschöpfen sich im Sach- und Ordnungsruf, in der Wortentziehung und dem Ausschluß aus der Sitzung bis zu dreißig Sitzungstagen (§§ 36ff GOBT); dazu *W. Zeh* (Fn. 135) § 43 Rdn. 36ff.

[236] S. die Übersicht bei *P. Schindler* Deutscher Bundestag 1949–1987: Parlaments- und Wahlstatistik in: ZParl. 1987, 185ff (Nachtrag S. 468).

[237] *Simonde von Sismondi* Forschungen über die Verfassungen der freien Völker, 1848, zit. nach v. *Rönne* Staats-Recht (Fn. 83) 1. Bd., 2. Aufl., 1864, S. 331 Fn. 2. S.a. *Zoepfl* Grundsätze (Fn. 58) S. 480 f.

[238] Vgl. *H. Krüger* Staatslehre (Fn. 150) S. 234ff über »Die Idee der Repräsentation«.

4. Die Funktion des Parlaments im politischen Prozeß[1]

Das parlamentarische Regierungssystem ist durch einen engen Verbund zwischen der Mehrheit im Parlament und der von ihrem Vertrauen getragenen Regierung gekennzeichnet. In diesem Verbund kommt dem Parlament ein »bestimmender Anteil ... an der politischen Gesamtleitung« (Konrad Hesse) zu. Der Einfluß des Parlaments – und damit unvermeidlich einhergehend: die Transparenz des politischen Entscheidungsprozesses – ist indessen infolge bestimmter Entwicklungen auf der internationalen, der supranationalen und der nationalen Ebene einem für die Demokratie bedrohlichen Erosionsprozess ausgesetzt. Die nachfolgende Darlegung versucht, mögliche Ansätze einer Gegensteuerung aufzuzeigen.

I. Parlament und Regierung im parlamentarischen Regierungssystem

Im parlamentarischen Regierungssystem ist die Regierung – im Unterschied zu den sogenannten präsidentiellen Systemen – in Amtsdauer und Amtsführung grundsätzlich vom Vertrauen der Parlamentsmehrheit abhängig. Sie kann die Regierung abberufen; ihre eigentliche Aufgabe aber besteht nach der Logik des Systems darin, durch Fraktions- und (das ist in Deutschland der Regelfall) Koalitionsdisziplin für eine stabile Regierung zu sorgen[2]. Diese durchaus zutreffende Definition bildet indes die verfassungsrechtlich gewollte Wirklichkeit nur unzureichend ab. Sie beschreibt geradezu klassisch *Peter Badura*[3]:

Das parlamentarische Regierungssystem sichert zwar die vorrangige Entscheidungsgewalt des Parlaments, behält aber die Ausübung der Regierungsfunktion für den Regelfall dem staatsleitenden Organ der Exekutive vor ... Das Parlament regiert nicht selbst mit Hilfe der Regierung, wie wenn diese sein Ausschuß wäre, sondern es kontrolliert die ihm verantwortliche Regierung.

---

[1] Der Verfasser, Richter des Bundesverfassungsgerichts a. D. Dr. *Hans H. Klein*, ist o. Professor an der Universität Göttingen. Der Beitrag ist Georg-Bernd Oschatz zum 60. Geburtstag gewidmet.

[2] Vgl. (statt vieler) *Steffani*, Parlamentarisches und präsidentielles Regierungssystem, in: *M. G. Schmidt* (Hrsg.), Pipers Wörterbuch zur Politik, 2. Bd., 1983, S. 274 f.

[3] Staatsrecht, 1986, S. 299 (E 15).

Klasse und Klassizität verdankt diese Formulierung indes gerade ihrer Unbestimmtheit. Denn sie läßt Raum für Systemvarianten. Der näheren Bestimmung bedürftig wären die Begriffe des Vorrangs, der Regierungsfunktion, des Regelfalls, des staatsleitenden Organs (im Blick auf die der Regierung zuarbeitende Ministerialbürokratie), der Kontrolle und der Verantwortlichkeit. Die, wie *Badura* an anderer Stelle[4] hervorhebt, »parteienstaatlichen Züge des demokratischen Parlamentarismus« scheinen in diesen Sätzen nicht auf. Damit aber bleiben einerseits das »arbeitsteilige Zusammenwirken« von Regierung und parlamentarischer Mehrheit »bei der Staatsleitung«, andererseits der Unterschied zwischen dem »institutionellen Gegenüber von Parlament und Regierung« und dem Gegeneinander von regierungstragender Mehrheit und parlamentarischer Opposition[5] in jener die normative Grundlage des parlamentarischen Regierungssystems aufnehmenden Beschreibung noch außerhalb des Blickfeldes.

Im Kräfteparallelogramm der obersten Staatsorgane und der auf ihre Willensbildung Einfluß nehmenden nichtstaatlichen Organisationen ist das Gewicht des Parlaments im parlamentarischen Regierungssystem nicht ein für allemal bestimmt. Die Verteilung der Gewichte ist vielmehr, unabhängig von verfassungsrechtlichen Kompetenzzuweisungen und -vorbehalten, nicht stabil sondern dynamisch. Unverkennbar allerdings ist der enge Verbund, den die Wahl der Regierung oder des Regierungschefs durch das Parlament und deren Abhängigkeit von seinem Vertrauen zwischen diesen beiden Staatsorganen schafft – weitab von herkömmlichen Vorstellungen einer Gewaltenteilung zwischen Legislative und Exekutive. Dieser Verbund ist um so fester geschmiedet, als Parlamentsmehrheit und Regierung von den nämlichen Parteien getragen werden, die regelmäßig das Interesse vereint, die nächste Wahl mit Erfolg zu bestehen und ihre Macht zu behaupten. Äußerlich ist dieser Verbund dadurch gekennzeichnet, daß regelmäßig die führenden Persönlichkeiten der die parlamentarische Mehrheit bildenden Parteien zugleich die wichtigsten Ämter in der Regierung und in den Mehrheitsfraktionen einnehmen. – Die nicht zu vernachlässigende Bedeutung der »Provinzfürsten« für das Regierungssystem des Bundes lasse ich hier beiseite.

Die Kräfteverteilung innerhalb dieses kooperativen Verbundes von Parlamentsmehrheit, Regierung und Regierungsparteien variiert. Es ist nicht etwa systemfremd, wenn die Regierung oder einige ihrer Mitglieder, insbesondere der Regierungschef, den politischen Prozeß maßgeblich beeinflussen. »The principle of parliament is obedience to leaders«, bemerkte schon 1867 der britische Klassiker *Walter Bagehot*[6]. Ebensogut aber kann es sein (wenngleich

---

[4] Die parlamentarische Demokratie, in: *Isensee/Kirchhof*, Handbuch des Staatsrechts, 1. Bd., 1987, § 23 Rn. 18.
[5] Ebenda.
[6] Hier zitiert nach *Steffani*, Parlamentarische Demokratie – Zur Problematik von Effizienz,

dies dem Ansehen der Parlamentsmehrheit in der Bevölkerung nicht dienlich
zu sein pflegt), daß die stärkeren Persönlichkeiten in den Regierungsfraktionen oder (was nicht unbedenklich wäre), ohne staatliche Ämter innezuhaben,
in den Parteien sitzen. In jedem Falle aber kommt, schon wegen der Sankti-
onsmöglichkeiten, über die es gegenüber der Regierung verfügt – Gesetzgebungskompetenz, Budgetrecht (power of the purse), äußerstenfalls Vertrau-
ensentzug –, dem Parlament im parlamentarischen Regierungssystem ein »bestimmender Anteil ... an der politischen Gesamtleitung« zu[7]. Ihm obliegt die
Kontrolle der Regierung in einem doppelten Sinne: Als öffentliche Kritik ist
sie primär Sache der Opposition, als Prozeß des Überprüfens und Bestimmens
des Verhaltens der Regierung vornehmlich Aufgabe der diese tragenden Mehrheit[8]. Nur wenig überspitzend bemerkt *Heinrich Oberreuter*[9]:

> Die in der Öffentlichkeit sichtbare Kontrolle der Opposition ist in der Regel nicht effizient,
> und die effiziente Kontrolle im Schoß der Mehrheit ist in der Regel in der Öffentlichkeit nicht
> sichtbar.

Der Mehrheit wird zu Recht – aus Sicht der Regierung – die Funktion eines
»Resonanzbodens des politisch Zumutbaren« zugeschrieben[10].

Das Parlament ist sowohl nach seinen von Verfassungsrechts wegen bestehenden als auch – in Gestalt seiner Mehrheit – nach seinen tatsächlichen
Möglichkeiten mit erheblichem politischen Einfluß auf die Führung der Regierungsgeschäfte ausgestattet. Daß es seine Rolle als »Mitregent«[11] gleichwohl
oft nicht sichtbar zu machen vermag, liegt zum einen ganz allgemein in der
systembedingten Undurchsichtigkeit des politischen Prozesses in einer pluralistischen Ordnung und in der Komplexität der Sachfragen, zum anderen
besonders in dem spezifischen Verbundcharakter des parlamentarischen Regierungssystems begründet. Es kommt aber noch ein Drittes hinzu: Das Parlament befriedigt, wie es *Burkhard Wehner*[12] ausgedrückt hat, kein elementa-
res ordnungspolitisches Grundbedürfnis; denn in seiner Vielgestalt erscheint
es meist weder als ein unbezweifelbar sachlich kompetentes, kurzfristig hand-
lungs- und entscheidungsfähiges Machtorgan, dem sich der anlehnungsbe-

---

Transparenz und Partizipation, in: *ders.*, Parlamentarische und präsidentielle Demokratie,
1979, S. 141 ff. (148 Fn. 25).

[7] *Hesse*, Grundzüge des Verfassungsrechts der Bundesrepublik Deutschland, 20. Aufl.
1995, Rn. 590.

[8] *Steffani*, in: *Schneider/Zeh*, Parlamentsrecht und Parlamentspraxis, 1989, § 49 Rn. 8, 11.

[9] Aktuelle Herausforderungen des Parlamentarismus, in: *ders.* (Hrsg.), Parlamentsreform,
Probleme und Perspektiven in westlichen Demokratien, 1981, S. 23.

[10] *Steffani* (Fn. 8), Rn. 143.

[11] Vgl. *Kewenig*, Staatsrechtliche Probleme parlamentarischer Mitregierung am Beispiel der
Arbeit der Bundestagsausschüsse, 1970; *Magiera*, Parlament und Staatsleitung in der Verfassungsordnung des Grundgesetzes, 1979, S. 307 ff.; skeptisch *H.-P. Schneider*, in: *Benda/Mai-
hofer/Vogel*, Handbuch des Verfassungsrechts, 2. Aufl. 1995, § 13 Rn. 97.

[12] Die Logik der Politik und das Elend der Ökonomie, 1995, S. 104 f.

dürftige Bürger unbesorgt anvertrauen mag, noch vermag es, weil dies seinem repräsentativen Auftrag zuwiderliefe, dem (durchaus gegenläufigen) Bedürfnis nach möglichst unmittelbarer Vermittlung des Volkswillens. an die Regierung genügen – weshalb Vorschläge, dem Parlamentarismus durch die Hinzufügung plebiszitärer Elemente auf die Sprünge zu helfen, stets auf, freilich billigen, öffentlichen Beifall rechnen dürfen. Selbst dann also, wenn das Parlament die ihm im parlamentarischen Regierungssystem zukommende Rolle optimal erfüllte, hätte es weit größere Schwierigkeiten als alle anderen obersten Staatsorgane, sich in dieser Rolle wirksam darzustellen.

II. Funktionsverluste des Parlaments

Indessen ist das Parlament – nicht nur, aber doch besonders im parlamentarischen Regierungssystem – unter den Bedingungen der Gegenwart weit davon entfernt, den ihm an sich zufallenden Aufgaben in einer Weise genügen zu können, die seiner Funktion in dem vorgestellten System entspräche. Die Liste seiner Funktionsverluste ist lang. Die Ursachen dafür sind von sehr verschiedener Art. Zum größeren Teil beruhen sie auf Zwangsläufigkeiten, die im Prinzip irreversibel sind.

1. Die Netzwerke des Expertentums

Ein auf allen politischen Ebenen auffälliges Phänomen sei vorweggenommen. Nicht nur das Wachstum der Staatsaufgaben ist – vielfältigen Privatisierungsbemühungen zum Trotz – allem Anschein nach unaufhaltsam, vor allem wächst ihre Komplexität. Zielkonflikte mehren sich ebenso wie die internationalen Bedingtheiten möglicher Problemlösungen. All dies führt unvermeidlich zu einer Stärkung des Expertentums, das einerseits in der Bürokratie, andererseits in Verbänden und sonstigen Interessengruppen einschließlich der auf einigen politischen Feldern überaus einflußreichen sogenannten Nicht-Regierungs-Organisationen (nongovernmental organisations: NGO), auch in der Wissenschaft, angesiedelt ist – aber nur ausnahmsweise im Parlament! Das »dichte Geflecht formeller und informeller Kommunikation« zwischen dem Bundestag und der Ministerialbürokratie hat deren unmittelbaren Einfluß auf den parlamentarischen Entscheidungsprozeß gestärkt – über den mittelbaren Einfluß hinaus, den sie über die Regierung ausübt –, aber – wegen der zunehmenden Bedeutung gesellschaftlicher Kräfte – keineswegs zu einer eindeutigen Übermacht der Exekutive geführt[13]. »Fachbruderschaften«[14] bestehen

---

[13] Zum Ganzen: *F. Bischoff/M. Bischoff*, in: *Schneider/Zeh* (Fn.7), §54.
[14] *Wagener*, Der öffentliche Dienst im Staat der Gegenwart, Veröffentlichungen der Vereinigung der Deutschen Staatsrechtslehrer (VVDStRL) 37 (1978), S.215ff. (238ff.).

mittlerweile nicht mehr nur im vertikalen Verbund der Bürokratien von
supranationalen und staatlichen Ebenen, zwischen Bund und Ländern, sondern ebenso im horizontalen Verbund von Staats- und Verbands-, mitunter
wohl auch von Unternehmensbürokratien[15]. Die hierarchische Steuerungsfä-
higkeit des Staates, seine Durchsetzungsfähigkeit mit imperativen Mitteln, seine Dezisionskraft schwinden. Angewiesen auf staatliche Institutionen und
Parteien übergreifende Konsensbeschaffungsstrategien, verlagert sich der Prozeß der politischen Entscheidungsfindung zunehmend auf ein dicht geknüpf-
tes Geflecht schwer durchschaubarer »Netzwerke«[16]. Im Blick auf diese Entwicklungen hat *Carl Böhret*[17] schon vor Jahren von »schleichender Entparlamentarisierung der Politikerzeugung« gesprochen. Deren Kehrseite ist die seit
langem bekannte, stetig wachsende Privilegierung der organisierten Interessen
im politischen Prozeß.

2. Der staatenübergreifende »Zwang zur Konvergenz« (F. W. Scharpf)

In unaufhaltsamem Wachstum begriffen ist auch die – fast schon zum Ge-
meinplatz gewordene – Globalisierung der Problemlagen und damit die Notwendigkeit der Problemlösung in transnationalen Verhandlungen. Ob es sich
um Fragen der Ökonomie oder der Ökologie, des Terrorismus oder der organisierten Kriminalität, der Bekämpfung der Armut oder der Gewährleistung
eines Mindestmaßes an sozialer Sicherheit, die Explosion der Weltbevölkerung oder die Migrationsbewegungen, die Bewahrung des Weltkulturerbes
oder die Infrastruktur (Stichwort: »transeuropäische Netze« – aber es geht
längst nicht mehr nur um Europa!), schließlich die klassischen Materien der
Außen- und Verteidigungspolitik handelt: der »Zwang zur Konvergenz« ist
unwiderstehlich, und er »delegitimiert die nationale Politik«[18].

---

[15] Beispiel: Die Frankfurter Allgemeine Zeitung meldete am 16. Oktober 1996, die Vorschläge der Europäischen Kommission zur schrittweisen Verringerung der schädlichen Ab-
gase von Personenkraftwagen und zur Verbesserung der Treibstoffqualität beruhten auf »enger Abstimmung mit der Automobil- und Mineralölindustrie«. – Eine Institutionalisierung
des Verbandseinflusses auf europäischer Ebene erfolgte in Gestalt des Wirtschafts- und So-
zialausschusses der Europäischen Gemeinschaft und der Europäischen Atomgemeinschaft
(Art. 193 ff. EGV; Art. 165 ff. EAGV; Art. 5 des Abkommens über gemeinsame Organe für die
Europäischen Gemeinschaften vom 25.3.1957) sowie des Beratenden Ausschusses für die
Europäische Gemeinschaft für Kohle und Stahl (Art. 18 f. EGKSV); dazu *Oppermann*, Europarecht, 1991, Rn. 344 ff.
[16] *Jachtenfuchs/Kohler-Koch*, in: *dies.* (Hrsg.), Europäische Integration, S. 9 ff. (23 f.); s.a.
Grimm, in: Handbuch des Verfassungsrechts (Fn. 10), § 15 Rn. 7 ff. mit zahlr. Nachw.
[17] Politik und Verwaltung, in: Verwaltung und Politik, 1986, S. 36 ff. (41).
[18] *Scharpf*, Demokratische Politik in Europa, Staatswissenschaften und Staatspraxis 6
(1995), S. 565 ff. (582). – Ausführlich schon *Scheuner*, Die internationalen Probleme der Gegenwart und die nationale Entscheidungsstruktur, in: *Hennis/Graf Kielmannsegg/Matz*
(Hrsg.), Regierbarkeit, 1977, S. 255 ff.

a) Europäische Integration

Europa hat auf diese Herausforderung, wobei gewiß auch andere Motive im Spiele waren, mit einem institutionellen Reformwerk reagiert: der Gründung der Europäischen Gemeinschaften, einer politischen Tat, die wie wenige andere das in der medialen Alltagssprache wohlfeil gewordene Attribut »historisch« verdient. Unbeschadet der Behauptung ihrer Souveränität im Sinne des Völkerrechts bekennen sich die Mitgliedstaaten der seit dem Vertrag von Maastricht sogenannten Europäischen Union zum – wie *Klaus Vogel*[19] es so anschaulich formuliert hat – Grundsatz der offenen Staatlichkeit. Die hierin angelegte »integrierte Staatlichkeit«[20] wird zu einem Teil ihrer Staatsraison. Die seit den 50er Jahren manifest gewordene Bereitschaft der Mitgliedstaaten, zwischenstaatlichen Gemeinschaften die Ausübung von Hoheitsrechten, vornehmlich auf den Gebieten der Gesetzgebung und der Rechtsprechung, gelegentlich aber auch im Bereich der Verwaltung, zu übertragen, hat sie, unbeschadet mancher Rückschläge und Phasen der Stagnation, in eine dicht geflochtene Rechtsgemeinschaft eingebunden. *Christian Tomuschat*[21] hat schon 1977 festgestellt, die Rechtsetzungstätigkeit der Europäischen Gemeinschaften habe »schwindelerregende Rekordhöhen« erreicht, und das Bundesverfassungsgericht hat in seinem Maastricht-Urteil vom 12. Oktober 1993 mitgeteilt, nach Einschätzungen des damaligen Präsidenten der Kommission der Europäischen Gemeinschaften *Delors* und des Kommissionsmitglieds *Bangemann* seien nahezu 80% aller Regelungen im Bereich des deutschen Wirtschaftsrechts und nahezu 50% aller deutschen Gesetze durch das Gemeinschaftsrecht festgelegt oder veranlaßt[22].

Die zu ständiger Expansion des Gemeinschaftsrechts drängende Dynamik des europäischen Integrationsprozesses ist eine doppelte: Einerseits werden den Gemeinschaften durch die Mitgliedstaaten immer wieder neue Zuständigkeiten verliehen. Zuletzt hat der Vertrag über die Europäische Union zu einer nicht geringen Erweiterung ihres Kompetenzkatalogs geführt, wobei die – juristisch noch nicht abschließend zu bewertende – Einbeziehung der Außen- und Sicherheitspolitik und die Zusammenarbeit in den Bereichen Justiz und Inneres zwar noch nicht viele Früchte getragen hat, hinsichtlich ihres potentiellen Integrationseffektes aber nicht zu unterschätzen ist. Beide Bereiche sind eingebunden in den »einheitlichen institutionellen Rahmen«, über den »die Union verfügt« (Art. C. Abs. 1 EUV), und deshalb als bloß »intergouver-

---

[19] Die Verfassungsentscheidung des Grundgesetzes für eine internationale Zusammenarbeit, 1964.

[20] Begriff – soweit ersichtlich – zuerst verwendet von *H. P. Ipsen*, Diskussionsbeitrag, VVDStRL 50 (1990), S. 141 (142).

[21] Der Verfassungsstaat im Geflecht der internationalen Beziehungen, VVDStRL 36 (1977), S. 7 ff. (27).

[22] Entscheidungen des Bundesverfassungsgerichts (BVerfGE) 89, 155 (172 f.).

nementale« Kooperation wohl nicht zureichend beschrieben[23]. Zum anderen entwickeln internationale Einrichtungen, die über eigene Organe verfügen, eine innere Dynamik, eine gewisse Selbstläufigkeit, indem sie von den ihnen eingeräumten Befugnissen einen möglichst ausgedehnten und intensiven Gebrauch zu machen pflegen. Das gilt zumal für die Institutionen der Europäischen Union, denen das Primärrecht (Art. C. Abs. 1 EUV) die »Weiterentwicklung des gemeinschaftlichen Besitzstands« ausdrücklich aufträgt. Zwar verfügt die Europäische Union nicht über eine eigene Kompetenz-Kompetenz, aber doch vermöge der (allerdings restriktiv auszulegenden[24]) in den Verträgen enthaltenen »Kompetenzergänzungsvorschriften«[25] und der (vom Europäischen Gerichtshof wahrzunehmenden) »abschließenden Entscheidungsbefugnis über die Auslegung« der Verträge einschließlich der »Befugnis zur Rechtsfortbildung«[26] über eine relativ weitgehende Autonomie bei der Bestimmung der Reichweite ihrer Zuständigkeiten.

Die Übertragung von Hoheitsrechten auf das »funktionale Sekundärsystem«[27] der Europäischen Union führt notwendig zu einer Verschiebung im Funktions- und Machtverteilungsgefüge der Mitgliedstaaten[28]. Diese Verschiebung ist in erster Linie eine solche zulasten des Parlaments und zum Vorteil der Regierung. Denn jedenfalls grundsätzlich ist sie es, die in den Organen der Europäischen Union agiert, insbesondere im Rat als ihrem wichtigsten Rechtsetzungsorgan, die die »unionswärtige Gewalt«[29] ausübt. Der Funktionsgewinn der Exekutiven – die erwähnten vertikalen und horizontalen Fachbruderschaften sind dabei stets mitzudenken – ist freilich nur ein

---

[23] Dazu *Beyer*, Der Staat, 1996, 189 ff.; *Kokott*, DVBl 1996, 937 ff. (944). Z. B. sehen die Artikel J. 7 und K. 6 EUV die Beteiligung des Europäischen Parlaments an den Arbeiten in beiden Bereichen vor.

[24] *E. Klein*, in: *Hailbronner* u. a., Handkommentar zum EU-Vertrag, Art. 235 EGV Rn. 5; zur Bedeutung dieser Vorschrift s. a. das Gutachten 2/94 des Gerichtshofs der Europäischen Gemeinschaften vom 28. März 1996 (Beitritt der Gemeinschaft zur Konvention zum Schutz der Menschenrechte und Grundfreiheiten) unter Nr. 29 ff., Europäische Grundrechte-Zeitschrift 1996, S. 197 ff. (206).

[25] Diesen Begriff verwendet der Europäische Gerichtshof, Sammlung der Rechtsprechung des Gerichtshofs (Slg.) 1964, 3/29; BVerfGE 89, 155 (196), spricht in Bezug auf Art. 235 EGV von einer »Kompetenzerweiterungsvorschrift«; außer Art. 235 EGV sind Art. 95 Abs. 1 EGKSV und Art. 203 EAGV gemeint.

[26] BVerfGE 75, 223 (234, 242); ausdrücklich bestätigt in BVerfGE 89, 155 (156 Leitsatz 5; 188).

[27] *Bülck*, Diskussionsbeitrag, in: VVDStRL 23 (1964), S. 120 ff. (124).

[28] BVerfGE 58, 1 (36); *Bülck* (Fn. 26) drückt es drastisch aus: Art. 24 GG habe »die nationale Volksvertretung in demselben Maße entmachtet, in dem die übernationale Regierungsvertretung ermächtigt worden ist«. S. a. *Sattler*, Das Prinzip der »funktionellen Integration« und die Einigung Europas, 1967, S. 217 f.; *Thürer*, Der Verfassungsstaat als Glied einer Europäischen Gemeinschaft, VVDStRL 50 (1990), S. 97 (111 ff.).

[29] *Rath*, Die »unionswärtige Gewalt« des Deutschen Bundestages, in: *Steffani/Thaysen* (Hrsg.), Demokratie in Europa: Zur Rolle der Parlamente, Zeitschrift für Parlamentsfragen, Sonderband zum 25jährigen Bestehen, 1995, S. 114 ff.

relativer, je nach dem Maße, in dem nationale Hoheitsrechte von zwischenstaatlichen Organen wahrgenommen werden, in denen naturgemäß alle Mitgliedstaaten Sitz und Stimme haben und zudem in gewissem Umfang Mehrheitsentscheidungen möglich sind. Insofern entspricht der Funktionsverlust der staatlichen Organe dem des nationalen Staats als solchen. Dies wird besonders deutlich, wenn, wie im Fall der Europäischen Zentralbank (Art. 107 EGV), die Organe zwischenstaatlicher Einrichtungen gegenüber Gemeinschafts- wie nationalen Organen unabhängig gestellt werden und den Regierungen der Mitgliedstaaten nurmehr die Befugnis verbleibt, die leitenden Ämter zu besetzen (Art. 109 a EGV).

b) Internationale Kooperation
Was sich auf der Ebene der zwischenstaatlichen Einrichtungen ereignet, hat seine Entsprechung auf der des Völkerrechts. Auch die Vereinten Nationen und ihre zahlreichen Sonderorganisationen[30] sind Reaktionen der Völkergemeinschaft auf die Entgrenzung der Problemlagen und die Notwendigkeit, internationale Problemlösungsstrategien zu entwickeln. Regionale Organisationen, unter denen der Europarat, die Organisation Amerikanischer Staaten, die Organisation für Afrikanische Einheit, die Arabische Liga, die Verteidigungsbündnisse, die Organisation für Sicherheit und Zusammenarbeit in Europa (an deren Entstehung zu keinem Zeitpunkt ein nationaler Gesetzgeber beteiligt war) hier beispielhaft genannt seien, kommen hinzu. Sie alle entfalten eine rastlose Tätigkeit und produzieren emsig Deklarationen und Resolutionen von zum Teil weittragender Bedeutung. Diese Rechtsakte – denn daß dieses völkerrechtliche soft law der Sphäre des Rechts angehört, läßt sich nicht in Abrede stellen, wie eindeutig es auch sein mag, daß ihm keine unmittelbare Verbindlichkeit zukommt[31] –, an deren Entstehung das Parlament keinerlei entscheidenden Anteil hat, haben dennoch, jedenfalls potentiell, einen freilich schwer greifbaren, apokryphen Einfluß auf die innerstaatliche Rechtsordnung: Sie können im Einzelfall zu allgemeinem Völkerrecht erstarken und damit nach Art. 25 GG normative Geltung erlangen; sie können insbesondere bei der Auslegung und Anwendung von Generalklauseln und unbestimmten Begriffen des nationalen und supranationalen Rechts – notabene im Rahmen des Verfassungsrechts – Bedeutung gewinnen. Das staatliche positive Recht kann den internationalen ordre public nicht ignorieren[32].

---

[30] Einen Überblick gibt *Epping*, in: *K. Ipsen*, Völkerrecht, 3. Aufl. 1990, § 28 III.
[31] Vgl. *Tomuschat* (Fn. 21), S. 33 f.
[32] Die in BVerfGE 68, 1 (79 ff.) – kritisch die abweichende Meinung des Richters *Mahrenholz*, S. 127 ff. – angenommene Befugnis der Bundesregierung, dem sogenannten NATO-Doppelbeschluß v. 12. Dez. 1979 zuzustimmen, ohne dafür einer gesetzlichen Grundlage zu bedürfen, bezieht sich auf einen »Handlungsbereich, der funktionell betrachtet nicht Gesetzgebung im Sinne des Art. 20 Abs. 2 Satz 2 GG darstellt« (S. 87). Sie bedeutet mithin nicht, daß die Bundesregierung durch ihre Zustimmung zu etwelchen Resolutionen interna-

Auch hier zeigt sich mithin eine »weitgehende Umklammerung des Staates durch übergeordnete Entscheidungsebenen«[33], auf denen, wie gezeigt, auch der Einfluß der einzelstaatlichen Exekutiven aufs äußerste reduziert ist. Dabei sind, um dies zu wiederholen, die Regelungsgegenstände des internationalen soft law in vielfältiger Weise auf Bereiche bezogen, in denen sich herkömmlich die nationale Gesetzgebung entfaltete: Mit der Multilateralisierung der Außenpolitik geht die Internationalisierung der Innenpolitik einher[34].

Ein anschauliches Beispiel, das glücklicherweise seine Aktualität verloren hat, bildet die sogenannte Mediendeklaration der UNESCO, die deren Generalversammlung 1978 in Paris beschlossen hat[35]. Dieser auf die Errichtung einer neuen Weltinformationsordnung zielenden Entschließung liegt ein – nicht zuletzt auf die Bemühungen der damaligen Bundesregierung zurückgehender, gleichwohl weit hinter den Anforderungen des deutschen Verfassungsrechts zurückbleibender – Kompromiß zwischen den freiheitlichen Demokratien, den Staaten des damaligen sowjetischen Einflußbereichs und denen der Dritten Welt zugrunde, der, wäre er verwirklicht worden, dem vielberedeten free flow of information ein Ende gemacht hätte. Anschaulich ist das Beispiel zum einen, weil es einen, wiewohl infolge der Entwicklung der Kommunikationstechnik grenzüberschreitenden, traditionell der Innenpolitik zuzurechnenden Sachverhalt betrifft, und zum anderen, weil es zeigt, daß die in multilateralen Verhandlungen unvermeidliche Kompromißsuche die beteiligten Regierungen zu Zugeständnissen zwingen kann, die dem nationalen ordre public widersprechen, in diesem Falle sogar trotz einer kritischen Begleitung durch die Medien und ungeachtet eines ausnahmsweise durchaus aufmerksamen Bundestages.

---

tionaler Organisationen diesen innerstaatliche Verbindlichkeit im Range eines Gesetzes verleihen könnte.

[33] *Tomuschat* (Fn. 21), S. 57. – Einen frühen Beitrag zu diesem Thema lieferte *Kaiser*, Das internationale System der Gegenwart als Faktor der Beeinträchtigung demokratischer Außenpolitik, PVS Sonderheft 2/1970, S. 340 f.

[34] Nicht ohne Grund erregt es die Gemüter (wenn zum Teil auch reichlich spät), daß mehrere deutschsprachige Staaten (Deutschland, Österreich, Schweiz) und einige Länder mit deutschsprachigen Minderheiten (Italien, Liechtenstein, Belgien, Rumänien, Ungarn) eine »Absichtserklärung« zur Neuregelung der deutschen Rechtschreibung beschließen, die zwar keine völkerrechtliche Verbindlichkeit besitzt, aber – nach Auskunft des Auswärtigen Amtes eine »praktische politische Bindungswirkung« entfaltet, in deren Befolgung die jeweils zuständigen Staatsorgane (in Deutschland das Bundesministerium des Innern sowie die Innen- und Kultusminister der Länder) im Erlaßwege jene Reform durchsetzen, ohne daß die Zustimmung einer Vertretung des Volkes eingeholt würde, um dessen Sprache es schließlich geht (vgl. die Angaben in der Frankfurter Allgemeinen Zeitung vom 15. Oktober 1996).

[35] Dazu umfassend *Kremser*, »Soft Law« der UNESCO und Grundgesetz, 1995.

c) Legitimationseinbußen

Nach alledem schwindet die Fähigkeit des Parlaments – im Bundesstaat die des nationalen wie der gliedstaatlichen Parlamente – zur dirigierenden Steuerung der Politik in dem Maße, in dem, der Globalisierung der nach einer Lösung verlangenden Probleme und der schwindenden Problemlösungskompetenz der Staaten folgend, die in einem weiten, auch das internationale soft law umfassenden Sinne legislatorische Programmsteuerung auf die Ebenen des Gemeinschafts- oder des Völkerrechts abwandert. Zwischen diesen Ebenen scheinen überdies, ohne daß die nationalen Parlamente, und sei es auch nur über mahnende Worte an die Adresse der eigenen Regierung, darauf Einfluß nehmen könnten, gleitende Übergänge zu bestehen. So meint etwa *Christian Tomuschat*[36], mit der auf Kap. VII der Satzung gestützten Resolution Nr. 827 des Sicherheitsrats der Vereinten Nationen vom 25. Mai 1993 betreffend die Errichtung eines Strafgerichtshofs für das ehemalige Jugoslawien[37], die diesen Gerichtshof etwa befugt, den nationalen Gerichten Weisungen zu erteilen, seien die Vereinten Nationen in die Rolle einer supranationalen Organisation »hineingewachsen« (sic!), also nunmehr mit der Zuständigkeit ausgestattet, in der Bundesrepublik Deutschland unmittelbar anwendbare, mit Geltungsvorrang gegenüber nationalem Recht ausgestattete Normen zu erlassen[38]. Diese Entwicklung sieht *Tomuschat* zwar in Kap. VII SVN »angelegt«, daß auch er sie als überraschend empfindet, zeigt sich aber darin, daß er von einem »geradezu revolutionären Qualitätssprung« spricht[39]. Andere Autoren sprechen von einer von den Staaten widerspruchslos hingenommenen Inanspruchnahme von Kompetenz-Kompetenz[40].

Das Beispiel steht für viele. Denn es ist eine mittlerweile geläufige Erscheinung, daß jedenfalls die Regierungen der beteiligten Staaten internationale Verträge so behandeln, als seien sie mit ihrem Inkrafttreten gewissermaßen »auf Räder gesetzt«, als sei ihnen ein »evolutiver Charakter« gleichsam apriori eingeboren worden[41]. Das Bundesverfassungsgericht hatte sich, wie erinnerlich, im Falle des Einsatzes der Bundeswehr im Bereich des ehemaligen Jugoslawien mit der Mutation der Verteidigungsbündnisse NATO und WEU

---

[36] Sanktionen durch internationale Strafgerichtshöfe, Referat auf dem 60. Deutschen Juristentag, 1994, Bd. II/1, S. Q 53 ff. (67).

[37] BT-Drs. 13/57. – Einen weiteren Strafgerichtshof hat der Sicherheitsrat für Ruanda errichtet; s. m. Nachw. *Kokott* (Fn. 22), S. 938.

[38] Das zur Änderung des Strafverfahrensrechts ergangene Gesetz vom 10. 4. 1995 (BGBl. I, S. 485) soll deshalb nach der Begründung des Gesetzentwurfs (BT-Drs. 13/57, S. 5 f.) nur deklaratorische Bedeutung gehabt haben; eine Zustimmung des Gesetzgebers zu der Resolution des Sicherheitsrats nach Art. 59 Abs. 2 GG erfolgte nicht.

[39] Wie Fn. 35, S. Q 66.

[40] *Biehler*, Der Staat, 1996, 99 ff. (105) mit Nachw.

[41] *Ress*, Verfassungsrechtliche Auswirkungen der Fortentwicklung völkerrechtlicher Verträge, in: *Fürst* u. a. (Hrsg.), Festschrift für W. Zeidler, 1987, 2. Band, S. 1775 ff. (1778 ff.).

zu Pfeilern einer neu konzipierten »Sicherheitsarchitektur« in Europa, ihrer
Entwicklung zu einem Instrument des Krisenmanagements der Vereinten Nationen auseinanderzusetzen[42]. Dabei ging es um die – den Senat hälftig spal-
tende – Beantwortung der Frage, ob und unter welchen Voraussetzungen eine
durch »Parteikonsens und nachfolgende Praxis« bewirkte, im nebelverhan-
genen Grenzbereich zwischen Auslegung und Änderung angesiedelte Ver-
tragsentwicklung der Zustimmung des parlamentarischen Gesetzgebers bedarf, die Art. 59 Abs. 2 GG für den Abschluß politisch bedeutsamer völkerrechtlicher Verträge und folgeweise auch für deren Änderung vorschreibt.
Angesichts dieser weitverbreiteten, in anderen nationalen Rechtsordnungen
anscheinend bisher unbeanstandet gebliebenen, völkerrechtlichen Praxis liefe
eine Verfassungsinterpretation, die die deutsche Bundesregierung bei jedem
Schritt an die Zustimmung des Gesetzgebers bände, Gefahr, die internationale
Handlungsfähigkeit Deutschlands erheblich zu beeinträchtigen: Das Parlament muß sich mit den ihm sonst verbleibenden Einwirkungsmöglichkeiten
begnügen – zu deren Erweiterung das Bundesverfassungsgericht mit dem in
der gleichen Entscheidung anerkannten Zustimmungsvorbehalt des Bundestages für den Einsatz der Streitkräfte immerhin auch einen beachtlichen Beitrag geleistet hat[43].

Staatliche Souveränitätsverluste bedeuten stets auch Funktionsverluste des
Parlaments. Entparlamentarisierung aber ist gleichbedeutend mit dem Verlust
der Fähigkeit des durch das Parlament repräsentierten Volkes, sein Schicksal
selbst zu bestimmen (sofern nicht, was hier außer Betracht bleiben kann, an
die Stelle parlamentarischer Entscheidung das Plebiszit tritt). Ohne parlamentarische Zustimmung zustande gekommene Normen, die gleichwohl den
Rechtsgehorsam des Bürgers erheischen, entbehren in dem Grade, in dem sie
sich im »dynamischen Mehrebenensystem«[44] vom Parlament entfernen, demokratischer Legitimität. Dabei ist allerdings zu bedenken, daß Legitimität
einem verbindlichen Normensystem nicht nur aus der Partizipation der ihm
auf Dauer Unterworfenen an seiner Entstehung zuwächst, sondern auch aus
der Effizienz, mit der sich auf seiner Grundlage Probleme durchgreifend bewältigen lassen[45]. Anders gewendet: in dem Maße, in dem sich die Bürger
davon überzeugen lassen, daß die Problemlösungskompetenz der supra- oder
gar der internationalen Ebene diejenige des eigenen Staates übersteigt, dürfte
eine gewisse Aussicht bestehen, daß sie sich mit der Ausdünnung ihrer Be-
teiligungschancen abfinden[46]. Hier vor allem hat das Subsidiaritätsprinzip sei-

---

[42] BVerfGE 90, 286 (357 ff.).
[43] Ebenda, S. 381 ff.
[44] *Jachtenfuchs/Kohler-Koch* (Fn. 15), S. 16.
[45] Vgl. *Steffani*, (Fn. 6), S. 144.
[46] *Scharpf* (Fn. 18), S. 565 ff. – Absolut kontraproduktiv ist unter diesem Aspekt eine Selbst-
entmachtung des Staates, die von einem entsprechenden Kompetenzzuwachs auf Gemein-

ne innere Berechtigung, das der Vertrag von Maastricht eingeführt hat (Art. 3b EGV); seine Bewährungsprobe steht indes noch aus.

3. Innerstaatliche Entwicklungen

Auch gewisse Entwicklungen im Inneren der Bundesrepublik werden vielfach als Funktionsverluste des Parlaments gedeutet. Das geschieht allerdings nicht selten vor dem Hintergrund einer Vorstellung vom Funktionieren des parlamentarischen Regierungssystems, die in der verfassungsrechtlich mindestens tolerablen, wenn nicht gar intendierten Wirklichkeit keine Entsprechung findet und deshalb auf Mißverständnissen beruht.

a) Der kooperative oder konsensuale Staat

Zunächst gilt es die Aufmerksamkeit noch einmal auf das schon geschilderte Phänomen des verhandelnden oder kooperativen Staates[47] zu lenken – also auf das, um eine von *Goethe* in den Chinesisch-Deutschen Jahres- und Tageszeiten gebrauchte Wendung aufzunehmen: »bängliche, das graugestrickte Netz«, in dem geplante Regelungswerke mit den Betroffenen abgesprochen oder auch ausgehandelt oder »gesetzesabwendende Vereinbarungen«[48] getroffen werden, wie sie vor allem im Umweltrecht zu beobachten sind[49]. »Runde Tische«, an denen – in der unübertrefflichen Formulierung von *Josef Isensee* – »alle sitzen und alle reden, auch wenn keiner weiter weiß«[50], horizontale Interaktionen also, sind in Mode gekommen[51], äußeres Zeichen einer fortschreitenden »Enthierarchisierung der Beziehung zwischen Staat und Gesellschaft«[52].

Die Vor- und Nachteile solcher Verfahrensweisen sind leicht auszumachen: Die Betroffenen – meist gut organisierte Interessengruppen – gewinnen Einfluß auf die Regelungsinhalte, der Staat erspart sich Mühe und Kosten der

---

schaftsebene nicht begleitet wird: die Aufhebung der Binnengrenzen in der EU ohne deren gleichzeitige Ausstattung mit den zur Bekämpfung der frei vagabundierenden organisierten Kriminalität notwendigen Instrumenten; die Unzulänglichkeit der in Art. K EUV getroffenen Regelungen liegt in diesem Zusammenhang auf der Hand.

[47] Vom »kooperativen Staat« hat als erster wohl *Ritter*, AöR 1979, 389 ff., gesprochen. Neuerdings: *Voigt* (Hrsg.), Der kooperative Staat, 1995.

[48] Aus der inzwischen reichhaltigen Literatur sei verwiesen auf: *P. Kirchhof*, in: Handbuch des Staatsrechts (Fn. 4), 4. Band, 1988, § 59 Rn. 157 ff.; *Becker*, DÖV 1985, 1003 ff.; *Oebbecke*, DVBl. 1986, 793 ff. – jeweils mit Nachw.

[49] Als Beispiel sei der »Umweltpakt Bayern« vom 23.10.1995 genannt, dessen bezeichnender Untertitel lautet: »Freiwillige Vereinbarung zwischen der Bayerischen Wirtschaft und der Bayerischen Staatsregierung mit dem Ziel eines verstärkten Umweltschutzes«. Der Bayerische Staatsminister für Landesentwicklung und Umweltfragen, *Goppel*, sieht Bayern im Blick auf diesen »Pakt« als »Schrittmacher … auf dem Weg vom hoheitlichen zum konsensbildenden Staat« (Epoche 130/Q. II-III/1996/20. Jahrgang, S. 13 f. [14]).

[50] Am Ende der Demokratie – oder am Anfang?, 1995, S. 37.

[51] *Kirsch*, Runde Tische sind gefährliche Möbel, Frankfurter Allgemeine Zeitung v. 10.02.1996.

[52] *Scharpf*, Politische Vierteljahresschrift 32 (1991), S. 621 ff. (622).

Durchsetzung oder sogar des Erlasses von Normen zur Verfolgung seiner
Ziele, wenn er ihnen schon im Vorfeld Akzeptanz verschafft. Eine geglückte
Konsensbeschaffungsstrategie ist potentiell auch durchaus geeignet, die Integration des Gemeinwesens zu befördern; ihr eignet ein »eigenständiges Wohl-
fahrtspotential«[53]. Auf der Verlustseite sind, gemessen am demokratischen
Ideal, zu verbuchen: die Marginalisierung des Parlaments, das an den Verhandlungen nicht beteiligt ist, nach erzieltem Verhandlungsergebnis in eine
bloße Akklamationsfunktion abgedrängt zu werden droht oder der Exekutive
als Knüppel herhalten muß, mit dem sie die Betroffenen für die von ihr ge-
wünschten Verhaltenszusagen weichklopft; die damit einhergehende weitgehende Eliminierung der Opposition aus dem staatsorganschaftlichen Willensbildungsverfahren; mithin die Tatsache, daß die Verhandlungsergebnisse »unter partikularer, nicht unter universaler Partizipation zustande kommen«[54],
also unter Verletzung des demokratischen Gleichheitsprinzips; schließlich ein
gravierender Verlust an Öffentlichkeit, den der »informale Verfassungsstaat«[55] allgemein mit sich bringt, aber naturgemäß dann besonders schwer
erträgt, wenn informale Prozeduren zu Absprachen führen, die zwar (wie das
internationale soft law) einer rechtlichen Verpflichtungskraft oft entbehren,
deren Verbindlichkeit aber aus politischen Gründen hinter der rechtlicher
Normen nicht zurückbleibt.

Das Prinzip Deliberation vor Dezision ist auch dann nicht angreifbar, wenn
es Betroffene in die Beratung einbezieht. Informales Handeln auf der staatsrechtlichen Ebene[56] überschreitet aber dann eine kritische Grenze, wenn es
dazu dient, politische Verantwortung auf Runden Tischen abzuladen, an ihnen
Entscheidungen zulasten nicht beteiligter Dritter zu treffen, durch das Schnü-
ren von Paketen Nicht-Zusammengehöriges miteinander zu verknüpfen oder
Kompetenzzuweisungen zu unterlaufen, vor allem wenn dies alles unter Ausschluß der Öffentlichkeit geschieht. Gefahren dieser Art ist nach Kräften zu
begegnen; die Erwartung, die Entwicklung zum verhandelnden Staat ließe sich
rückgängig machen, wäre aber verfehlt[57], wie andererseits Kanzler- und ähnliche Runden auch nicht überschätzt werden sollten: daß die vor Jahren per-
horreszierte Konzertierte Aktion (§3 StabG) nur noch ein Dasein auf dem
Papier führt, ist ebensowenig ein Zufall wie das Scheitern des in seinen Anfängen hoch gelobten »Bündnisses für Arbeit« vor nicht langer Zeit.

---

[53] Ebenda, S. 621.
[54] *Grimm* (Fn. 16), Rn. 11.
[55] *Schulze-Fielitz*, Der informale Verfassungsstaat, 1984, hier: S. 136.
[56] Zur verwaltungsrechtlichen Ebene s. etwa außer den in Fn. 48 Genannten noch: *Erichsen*, in: *ders./Martens* (Hrsg.), Allgemeines Verwaltungsrecht, 10. Aufl. 1995, §35; *Maurer*,
Allgemeines Verwaltungsrecht, 10. Aufl. 1995, §15 Rn. 14 ff. – Informales Verwaltungshan-
deln im Vorfeld einer Großdemonstration hält das Bundesverfassungsgericht (BVerfGE 69,
315 [355 ff.] – Brokdorf) für ein aus dem objektiven Gehalt des Grundrechts der Versammlungsfreiheit (Art. 8 GG) abzuleitendes verfassungsrechtliches Gebot.
[57] Ebenso *Grimm* (Fn. 16), Rn. 10.

b) Koalitionsvereinbarungen

Von ganz anderer Qualität sind die seit langer Zeit üblichen Koalitionsvereinbarungen. Ihr Umfang allerdings hat in jüngerer Zeit erstaunliche Ausmaße angenommen – die Koalitionsabsprache zwischen SPD und GRÜNEN nach der letzten Landtagswahl in Nordrhein-Westfalen füllt 178 eng bedruckte Seiten, die zwischen den gleichen Parteien für Hessen von 1995 bis 1999 geschlossene ist von vergleichbarem Umfang. Sie gehen weit in die Einzelheiten aller Politikbereiche. So definiert die Koalitionsvereinbarung für Nordrhein-Westfalen ihren eigenen Rundfunkbegriff, regelt die Stillegung von Industriebetrieben, trifft die vielumstrittenen detaillierten Absprachen zum Braunkohlenvorhaben Garzweiler II, wendet sich gegen eine Anhebung der Gruppenstärke in den Tageseinrichtungen für Kinder und verspricht, um ein letztes Beispiel zu nennen, die Methadonsubstitution weiter auszubauen. Solcher schon kaum noch ernstzunehmender Perfektionismus mündet ins Groteske, wenn, wie bekannt, die Koalitionsparteien in Rheinland-Pfalz sich für die Wahlperiode von 1996 bis 2001 darauf einigen, über ihr Stimmverhalten im Bundesrat, soweit sie sich darüber nicht zu einigen vermögen, das Los zu werfen.

Angesichts derartigen Unfugs mag man sich mit der Lebensweisheit trösten, daß nichts so heiß gegessen wie gekocht wird. Je weiter allerdings die ideologischen Grundsatzpositionen der Koalitionäre auseinanderliegen, je hartnäckiger die Verhandlungen waren, je intensiver um einzelne Positionen gerungen wurde, desto schwieriger ist es, sich über Fragen, hinsichtlich deren mühsam ein Einverständnis erzielt wurde, neuerlich auseinanderzusetzen, desto unwiderstehlicher wird der von den – rechtlicher Verbindlichkeit natürlich ermangelnden – Koalitionsabsprachen ausgehende faktische Zwang, sich an sie zu halten: der Abgeordnete wird zum »Abstimmungssoldaten«[58], »der Koalitionsvertrag (ersetzt) die bessere Einsicht des Abgeordneten, der doch angeblich frei bestimmt«[59].

Koalitionsabreden – auch sie eine Erscheinungsform des informalen Verfassungsstaats – unterliegen nicht nur grundsätzlich keinen verfassungsrechtlichen Bedenken, sie sind vielmehr wenn schon nicht notwendige, so doch sinnvolle Begleiterscheinungen eines parlamentarischen Regierungssystems, in dem die absolute Mehrheit nur einer Partei die Ausnahme ist. Denn sie sind ein die parlamentarische Mehrheit und damit die Regierung stabilisierendes Element[60]. Unbedenklich sind sie auch deshalb, weil die an ihrem Zustandekommen – wie an späteren Verhandlungen über ihre Umsetzung oder auch neu auftretende Fragen – beteiligten führenden Politiker der koalitionswilli-

---

[58] *Scheuch*, Die Entmachtung der Abgeordneten, FAZ v. 17.01.1996.
[59] *Fromme* (fr.), Einsicht zählt nicht, FAZ v. 15.08.1996 zur Einführung des »Kinderwahlrechts« in Schleswig-Holstein.
[60] *Manow*, ZParl 1996, 96 ff. (99).

gen Parteien regelmäßig und überwiegend identisch sind mit denjenigen, die die maßgebenden Ämter in der Regierung und in den Koalitionsfraktionen einnehmen[61]. In der Koalitionsabsprache verwirklicht sich also – wie nach ihrem Abschluß in allfälligen Koalitionsausschüssen und -runden – der das parlamentarische Regierungssystem kennzeichnende, durch die Regierungsparteien zusammengehaltene Verbund von Parlamentsmehrheit und Regierung. Die prinzipielle Kritik, die *Richard v. Weizsäcker* während seiner Amtszeit als Bundespräsident an der beherrschenden Rolle der Parteien in Koalitionsregierungen geübt hat[62], vermag ich also nicht zu teilen; solche Kritik mißversteht, am Buchstaben der Verfassung haftend, das System. Nachdenklicher stimmt die Kritik *Waldemar Schreckenbergers*[63], des früheren Staatssekretärs im Bundeskanzleramt, der die Hypertrophie des Koalitionsrundenwesens und die Neigung tadelt, die Entscheidung jeder noch so geringfügigen Meinungsverschiedenheit zur Koalitionsfrage hochzustilisieren und damit in Elefantenrunden zu verlagern. Die Verfestigung dieser Praxis im Verein mit detailreichen Koalitionsabsprachen führt in der Tat zu einer Art von Diktatur der Elefanten, die das freie Mandat der Abgeordneten zur Farce macht, indem sie ihren Willen beugt. Parteigebundenheit und Interessenzugeordnetheit der Abgeordneten sind zwar mit *Peter Lerche*[64] durchaus als prinzipiell gewollt anzusehen, ihre Ausschaltung als selbständige Faktoren im parlamentarischen Willensbildungsprozeß durch eine unerbittliche Koalitionsraison ist jedoch verfassungswidrig. Ein solcher Gang der Dinge ist allerdings nicht vorgezeichnet. So ist nichts dagegen zu erinnern, wenn, wie im Schoß der Parteien so auch in dem der Koalitionen, zur Beratung und Beschlußfassung anstehender Fragen und damit zur Vorbereitung parlamentarischer Entscheidungen ad hoc oder auch längerfristig Arbeitsgruppen gebildet werden, die aus den sachverständigen Mitgliedern der Koalitionsfraktionen, Vertretern der Regierung, der Ministerialbürokratie, unter Umständen auch betroffener Interessengruppen bestehen. Hier bleibt die Autonomie des parlamentarischen Entscheidungsgangs in dem Maße gewahrt, wie es füglich unter den Bedingungen der Gegenwart erwartet werden darf. Das parlamentarische Regierungssystem ist ein lernfähiges, d.h. an veränderte Realisierungsbedingungen anpassungsfähiges System[65]. Es ist nicht im Sinne der Verfassung, diese Offenheit zu unterschätzen[66].

---

[61] Hier liegen verfassungsrechtliche Bedenken gegen eine zum Prinzip erhobene Trennung von »Amt und Mandat«, gemeint auch: von führender Parteifunktion einerseits und parlamentarischem Mandat sowie Regierungsamt andererseits, begründet.

[62] Die liberale Demokratie braucht die Parteien, DIE ZEIT vom 19.6.1992.

[63] Sind wir auf dem Weg zu einem Parteienstaat?, FAZ v. 5.5.1992.

[64] Das freie Mandat, in: *Oberreuter* (Hrsg.), Die Abgeordneten: Stellung, Aufgaben und Selbstverständnis in der parlamentarischen Demokratie, Beiträge zum Parlamentarismus Bd. 9/1, 1995, S. 40 ff. (43).

[65] *Steffani* (Fn. 6), S. 143.

[66] Zum Ganzen auch *Rudzio*, Das politische System der Bundesrepublik Deutschland, 4. Aufl. 1996, S. 279 ff.

c) Exekutivföderalismus

Die »gewaltige Vielfalt von« – im Grundgesetz nicht vorgesehenen – »Formen des Zusammenwirkens« der Länder untereinander und mit dem Bund, von der *Peter Lerche*[67] spricht – Minister- und Ministerpräsidentenkonferenzen mit oder ohne Beteiligung von Mitgliedern des Bundeskabinetts seien beispielhaft erwähnt –, weist auf das Phänomen engster föderaler Politikverflechtung, des »Exekutivföderalismus«[68], der zu einer weiteren Entmächtigung der Parlamente im Bund und in den Ländern geführt hat. Den zumal auf der genannten hohen politischen Ebene gefundenen Übereinkünften kommt eine politische Verbindlichkeit zu, die hinter der rechtlichen Verbindlichkeit eines Staatsvertrages kaum zurücksteht und das Parlament in die Rolle eines Notars drängt, der von anderen getroffene Entscheidungen nurmehr zu besiegeln hat.

d) Erosion der politischen Parteien

Ist es in Grenzen durchaus berechtigt, das expansive Machtstreben der politischen Parteien mit kritischen Augen zu betrachten, so zeigt doch andererseits der Erosionsprozeß, dem die Parteien derzeit ausgesetzt sind, wie sehr die Funktionsfähigkeit des parlamentarischen Regierungssystems auf sie angewiesen ist. Die Auflösung der klassischen sozialen Milieus beraubt die Parteien ihrer Stammwählerschaft; die in der Gesellschaft wachsende Egozentrik, die zunehmende Neigung zu individueller Nutzenmaximierung beeinträchtigt ihre Fähigkeit, Interessen in sich auszugleichen, also die ihnen obliegende Integrationsleistung zu erbringen[69]. Aufgabe der Parteien (und der von ihnen gestellten Parlamentsfraktionen) im parlamentarischen Regierungssystem ist es, im politischen Prozeß als »strategisch handelnde Akteure bei der Lösung komplizierter politischer Konflikte«[70] mitzuwirken. In dieser Funktion werden sie durch die neuerdings in Mode gekommenen Mitgliederbefragungen jedenfalls potentiell beeinträchtigt – ausnahmsweise allerdings kann ein Mitgliederentscheid einer Partei ihre Handlungsfähigkeit auch zurückgeben, wie es bei dem in der F.D.P. zum sogenannten großen Lauschangriff durchgeführten Fall war. Grundsätzlich aber gilt, daß »Demokratisierung«, wie es euphemistisch heißt, wie auf der staatlichen Ebene so auch auf der der Parteien das demokratische System tendenziell lähmt. Die den Parteien vom Grundgesetz vorgeschriebene demokratische Struktur ihrer inneren Verfassung verlangt, daß ihre Führungsorgane nach demokratischen Grundsätzen

---

[67] *Maunz/Dürig*, Grundgesetz, Art. 83 Rn. 4.
[68] *Scharpf*, Politische Vierteljahresschrift 26 (1985), S. 323 ff.
[69] Vgl. *Oberreuter*, Zwischen Erlebnisgesellschaft und Medieneinfluß: Die offene Zukunft des Parteiensystems, in: *ders.* (Hrsg.), Parteiensystem am Wendepunkt, 1996, S. 9 ff. (11); *Gellner*, Die Blockade der politischen Gewalten in den USA, in: Aus Politik und Zeitgeschichte B 8–9/96, S. 3 ff. (6 f.)
[70] *Raschke*, Demokratie als Ausrede, DER SPIEGEL v. 22. 1. 1996, S. 52.

für eine begrenzte Zeit gewählt werden und dem »Parteivolk« rechenschafts-
pflichtig sind; sie verlangt nicht, daß die Parteispitze ihre Führungsverant-
wortung auf die Mitglieder ablädt[71].

III. Ende oder Neuformierung der Demokratie?

1. »Das Ende der Demokratie« (J.-M. Guéhenno)

Die Globalisierung der Problemlagen führt zur Entgrenzung der Politik. Politik ist – jedenfalls teilweise – nicht länger mehr nur auf einen überschaubaren
geographischen Raum bezogen. Das dem Begriff des Staates zugrunde liegende Konzept einer Solidargemeinschaft von Menschen ist nicht mehr umfassend, sondern nur noch in einzelnen Bereichen tragfähig. Schon 1963 hat *Carl
Schmitt* darauf hingewiesen, daß der Staat das Monopol der politischen Entscheidung verloren habe[72]. Die staaten-, ja kontinentübergreifend vernetzten
Gesellschaften der Zukunft entziehen sich immer mehr der Steuerbarkeit
durch zentrale Einrichtungen. Vor diesem Hintergrund sieht *Jean-Marie Guéhenno*, französischer Diplomat und Politologe, ältere funktionalistisch-tech-
nokratische Überlegungen fortführend, nicht nur das Ende des nationalen
Staates, sondern auch das der nach seiner Ansicht daran gebundenen Demokratie gekommen[73]. Politik als Ort der Entfaltung allgemeiner Ideen und großer Entscheidungen, als Produkt hierarchischer, auf die Beherrschung eines
Raumes zielender Einrichtungen, werde es nicht mehr geben. Wie sich im
»Zeitalter der Vernetzung« Grenzen auflösten und Räume verflüchtigten, ver-
lören Institutionen die Fähigkeit, Regelwerke bereitzustellen, die das weltum-
spannende Geschehen zu steuern vermöchten. An ihre Stelle werde ein System vielfach verteilter und verknüpfter Macht treten, das nach selbstgesetz-
ten, hochflexiblen Regeln lebe, die sich ausschließlich durch den täglich zu
erbringenden Nachweis ihrer Funktionsfähigkeit legitimierten. Zur Veran-
schaulichung verweist *Guéhenno* auf die multinationalen Unternehmen und
das Beispiel Japans. In Systemen dieser Art diffundiere Macht, ohne freilich
zu verschwinden. Die Freiheit des einzelnen, meint der Autor, werde unter
diesen Umständen nicht mehr zu den obersten Prioritäten zählen, allerdings
auch kaum vermißt werden.

---

[71] Vgl. *Graf Kielmannsegg*, Mehr Demokratie?, FAZ vom 5.10.1996.
[72] Der Begriff des Politischen. Text von 1932 mit einem Vorwort und drei Corollarien,
1963, S.10.
[73] Das Ende der Demokratie, 1993. Für jene älteren Theorien seien beispielhaft genannt:
Schelsky, Der Mensch in der wissenschaftlichen Zivilisation, 1961; *Lübbe*, Der Staat, 1962,
19ff.

Solche Prognosen sind nicht aus der Luft gegriffen. Dennoch möchte ich mich auf sie nicht weiter einlassen, und das nicht nur ihres spekulativen Charakters wegen. Ich meine vielmehr, es sei die Aufgabe des Verfassungsjuristen, in diese »schöne neue Welt« so viel wie möglich von dem Gedanken der persönlichen und politischen Freiheit und den sie sichernden Einrichtungen hinüberzuretten. Pragmatische Anpassung bewährter Institutionen an sich verändernde Umstände ist gefordert; darauf hat sich die juristische Phantasie, aller Ausschweifung abhold und der Nüchternheit verpflichtet, – jedenfalls gegenwärtig noch! – zu richten.

2. »Die mehrspurige Demokratie« (B. Wehner)

Diesem Postulat kommt die von *Burkhard Wehner*[74] entwickelte Konzeption einer mehrspurigen Demokratie entgegen. *Wehner* geht von der schon behandelten gewachsenen Bedeutung des Sachverstandes für die Lösung politischer Probleme aus, der die längst übliche, indessen zunehmend hilfloser wirkende Kombination der Entscheidungskompetenz allzuständiger Verfassungsorgane mit sachverständiger Politikberatung nicht länger entspreche. Vielmehr gelte es, die Durchsetzungsfähigkeit des Sachverstandes institutionell zu gewährleisten und zugleich demokratisch zu legitimieren. Für abgegrenzte Problembereiche seien vom Volk direkt oder indirekt Beauftragte mit eigenen Entscheidungszuständigkeiten zu bestellen. Den Bürgern erwachse daraus der Vorteil, ihren politischen Willen differenziert zum Ausdruck bringen, sich jeweils mit denjenigen Staatsorganen kurzschließen zu können, die einen konkreten Problemlösungsauftrag haben. So werde sich ihr Verdruß darüber verringern lassen, daß problemorientiertes politisches Handeln entweder nicht stattfinde oder zu erkennbar unzureichenden Ergebnissen führe und sich überdies in kaum durchschaubaren Entscheidungsprozessen ereigne.

Unklar bleibt, so einleuchtend der Ansatz ist, was ein solches System demokratisierter Expertokratien »im Innersten zusammenhalten« würde. Das bedürfte weitausgreifender Überlegungen. Und so will ich auch diese Spur nicht weiter verfolgen, sondern mich abschließend der Frage zuwenden, wie – die beschriebenen Entwicklungen, soweit sie nicht umkehrbar sind, vorausgesetzt – die Funktionsverluste des Parlaments zumindest teilweise ausgeglichen oder doch in Grenzen gehalten werden können.

---

[74] Vgl. Fn. 12. Dazu schon *H. H. Klein*, Die mehrspurige Demokratie – Prolegomena zu einer neuen Verfassungspolitik, in: *Letzgus* u. a. (Hrsg.), Für Recht und Staat, Festschrift für Herbert Helmrich zum 60. Geburtstag, 1994, S. 255 ff.

IV. Lösungsansätze

1. Maßstäbe

Bei der Suche nach Lösungen gilt es zunächst, sich der Maßstäbe zu vergewissern, denen sie standhalten müssen. Der demokratische Verfassungsstaat besitzt Legitimität in dem Maße, in dem es ihm unter Wahrung eines nicht notwendig auf allen politischen Entscheidungsebenen gleichen Grades bürgerschaftlicher Partizipation gelingt, durch auf Zeit bestellte und verantwortliche Amtsträger Probleme effektiv und überdies auf Wegen zu lösen, die für die an die einmal getroffenen Entscheidungen Gebundenen nachvollziehbar und durchschaubar sind. »Das Wesen des demokratischen politischen Systems besteht nicht in der Beteiligung der Massen an politischen Entscheidungen, sondern darin, verantwortliche Entscheidungen zu treffen«, heißt es bei *Franz Neumann*[75], und *Fritz Scharpf*[76] hat mit Recht darauf aufmerksam gemacht, daß die Demokratie am Ende ist, wo die Effektivität des Systems gegen Null tendiert. Partizipation, Effizienz und Transparenz[77] sind also – abgesehen von der hier nicht zu thematisierenden Bindung an Gesetz und Recht – die Kriterien, nach denen sich die Legitimität eines demokratischen politischen Systems bemißt.

Im parlamentarischen System fällt in jedem Betracht, wie eingangs beschrieben, dem Parlament und der mit seiner Mehrheit im Verbund stehenden Regierung die zentrale Rolle zu. Vermöge seiner Repräsentativität vermittelt es die gleiche Teilhabe der Bürger am staatlichen Entscheidungsprozeß. Vermöge seiner Entscheidungszuständigkeiten und seiner Kontrollkompetenz gegenüber der Regierung führt es wirksame Lösungen anstehender Probleme herbei. Vermöge der Öffentlichkeit seiner Verhandlungen sorgt es für die Transparenz des Verfahrens der Entscheidungsfindung. Unter den Bedingungen des verhandelnden Staates und des »Regierens im dynamischen Mehrebenensystem«[78] erleidet das Parlament jedoch unvermeidlich Einbußen in jeder dieser Funktionen.

2. Stärkung parlamentarischer Kontroll- und Artikulationsfunktionen

In diesem durch die Umstände gezogenen Rahmen liegt es in erster Linie an den Parlamenten selbst, ihre Kontroll- und Artikulationsfunktion so zu stärken, daß jenes demokratische »Legitimationsniveau« gewahrt bleibt, welches

---

[75] Zum Begriff der politischen Freiheit, in: *ders.*, Demokratischer und autoritärer Staat, 1967, S. 76 ff. (108).
[76] (Fn. 18), S. 567.
[77] *Steffani* (Fn. 6), S. 144.
[78] *Jachtenfuchs/Kohler-Koch* (Fn. 16), S. 16.

das Bundesverfassungsgericht im Blick auf den änderungsfesten Kern des Grundgesetzes (Art. 79 Abs. 3) für unabdingbar hält[79]. Das Parlament wird zu diesem Zweck seine Fähigkeit zu umfassender Informationsgewinnung, Informationsverarbeitung und Informationsbewertung weiter zu kräftigen und seinen Anspruch, zu bestimmten Aktionen der Regierung, wo sie von erheblicher politischer Bedeutung sind, vor der Entscheidung der Exekutive Stellung nehmen zu können, mit Nachdruck durchzusetzen haben[80]. Hinzuweisen ist auf die Praxis des Unterhauses des britischen Parlaments, sogenannte select committees einzurichten, die Minister und Beamte befragen, (in der Regel öffentliche) Anhörungen durchführen, darüber an das Plenum berichten und dieses so zu einer wirksameren Erfüllung seiner kommunikativen Funktionen in die Lage setzen[81]. Um zumindest die Erörterung wichtiger Vorhaben der Regierung auf den Feldern der Innen- wie der Außen-, der Bundes- wie der Landespolitik vor das – regelmäßig öffentliche – Forum des Parlaments zu ziehen, erscheint es notwendig, im Parlament (wenn die Formulierung gestattet ist) weniger zu arbeiten und mehr zu reden. Ausschüsse sollten vermehrt öffentlich tagen, ja sie müssen es meines Erachtens, wenn sie – wozu allerdings gegenwärtig nur der Ausschuß für Angelegenheiten der Europäischen Union (Art. 45 GG) bei Vorliegen einer entsprechenden Ermächtigung des Bundestages berechtigt ist – anstelle des Plenums Stellungnahmen gegenüber der Bundesregierung abgeben. Wo die Regierung – wie die Bayerische Staatsregierung im Falle des »Umweltpaktes Bayern« – mit Privaten normvertretende Absprachen trifft, ist deren Bindung an die Zustimmung des Parlaments zu erwägen. Aufgabe des Parlaments ist es, bedeutsame Entscheidungsprozesse öffentlich zu machen, also öffentlich zur Sprache zu bringen, was den Bürger bewegt oder auch bewegen sollte: Nur die parlamentarische Beratung gewährleistet die Beteiligung der Minderheit am politischen Diskurs, ohne welche die Gemeinwohlorientierung der politischen Willensbildung nicht gelingen kann. Nur die parlamentarische Beratung eröffnet der öffentlichen Meinung die Chance kritischer Begleitung.

3. Demokratie im europäischen Staatenverbund

Was die europäische Bühne betrifft, so hat das Bundesverfassungsgericht in seinem Maastricht-Urteil[82] mit Nachdruck betont, es obliege »zuvörderst« den Staatsvölkern der Mitgliedstaaten, die Wahrnehmung hoheitlicher Aufgaben durch den europäischen Staatenverbund demokratisch zu legitimieren.

---

[79] BVerfGE 83, 60 (72); 89, 155 (182).
[80] Vgl. *Steffani* (Fn. 8), Rn. 12 ff.
[81] Vgl. *Saalfeld*, Die zentrale Rolle des Parlaments in London. Entwicklungstendenzen von Thatcher bis Major (1979–1994), in: Demokratie in Europa (Fn. 29), S. 95 ff. (104 ff.).
[82] BVerfGE 89, 155 (184).

Soweit die Mitgliedstaaten wie die Bundesrepublik Deutschland auf der Bundesebene nur über ein aus unmittelbarer Volkswahl hervorgegangenes Verfassungsorgan verfügen, das Parlament, ist dieses damit zu einem unentbehrlichen Glied in jener Legitimationskette erhoben, die das deutsche Staatsvolk mit Rechtsakten der Europäischen Union verbindet. Das ist nicht nur formal gemeint. Aus Art. 23 Abs. 2 und 3 und Art. 45 GG folgt vielmehr eine inhaltliche Inpflichtnahme des Bundestages in der Weise, daß der Bundestag die »unionswärtige Gewalt«[83] der Bundesrepublik nachhaltiger, als dies für die auswärtige Gewalt im allgemeinen der Fall ist, mit der Bundesregierung gemeinsam wahrzunehmen hat[84]. Wenn der Wortlaut der Verfassung auch keinen Zweifel daran läßt, daß die Stellungnahmen des Bundestages die Bundesregierung zumindest in der Regel nicht zu binden vermögen[85], so sind sie doch von Gewicht, auch in dem Sinne, daß das Parlament nicht etwa beliebig davon absehen darf, sich mit in Vorbereitung befindlichen Rechtsakten der Europäischen Union zu beschäftigen. Das demokratische Prinzip legt es auch den Parlamenten der Länder zumindest nahe, die ihnen verantwortlichen Landesregierungen, soweit sie im Rahmen des Bundesrats an der Ausübung der unionswärtigen Gewalt beteiligt sind (Art. 23 Abs. 2, 4 bis 6 GG), nicht sich selbst zu überlassen. Österreich hat hier übrigens einen anderen Weg eingeschlagen, indem es die Länder nicht mittelbar über das Bundesorgan Bundesrat sondern unmittelbar zur Mitwirkung an der Europapolitik heranzieht, soweit das Vorhaben der Europäischen Union Angelegenheiten betrifft, die in die Gesetzgebungskompetenz der Länder fallen[86].

Allerdings hat *Peter Graf Kielmannsegg* sehr zu Recht bemerkt, daß der Transfer demokratischer Legitimität von den Mitgliedstaaten auf die Institu-

---

[83] Vgl. Fn. 29. – Was unter »Rechtsetzungsakten der Europäischen Union« im Sinne des Art. 23 Abs. 3 GG zu verstehen ist, läßt sich nicht eindeutig sagen. Im Blick auf das Gesetz über die Zusammenarbeit von Bundesregierung und Deutschem Bundestag in Angelegenheiten der Europäischen Union vom 12. 3. 1993 (BGBl. I S. 311) ist eine Auslegung naheliegend, die unter »Rechtsetzungsakten« nicht nur solche im Sinne von Art. 189 EGV versteht, sondern etwa auch Maßnahmen nach den Artikeln J ff. und K ff. EUV. Dazu: *Kokott* (Fn. 23), S. 942.

[84] Art. 5 EGV – das Gebot der Gemeinschaftstreue – steht dem grundsätzlich nicht entgegen (a. M. wohl *Everling*, DVBl. 1993, 936 [946]). Die Vorschrift beeinflußt jedoch – im Interesse von Kohärenz und Effizienz der Union (vgl. Art. C EUV) – den modus der Kontrolle, welche die nationalen Parlamente über die Politik der ihnen verantwortlichen Regierungen in der Union ausüben. Die Gefahren einer Rückkoppelung der Regierungen an die Parlamente dürfte *Sasse*, Eine Gemeinschaft – neun Legitimitäten. Eine Skizze zur Machtverteilung in der Europäischen Gemeinschaft, ZParl 1978, 254 (259 f.), eher überschätzt haben.

[85] *A. M. Rath* (Fn. 29), S. 129. – Im Unterschied zur Rechtslage in Deutschland sind in Österreich für gewisse Fälle bindende Stellungnahmen des Nationalrats vorgesehen, von denen die Regierung allerdings aus »zwingenden außen- und integrationspolitischen Gründen« abweichen darf; vgl. *Öhlinger*, ZG 1996, 57 ff. (62 f., 66 ff.).

[86] Im einzelnen *Öhlinger* (Fn. 84), passim; ferner: *Schäffer*, DÖV 1996, 396 ff.

tionen und Rechtsakte der Europäischen Union unter anderem deshalb von
nur begrenzter Legitimationswirkung ist, weil nationale Wahlen nicht unter
europäischen Vorzeichen entschieden werden: Bei ihnen geht es nicht um Alternativen für die Politik der Organe der Europäischen Union, sondern um
konkurrierende Programme für die Politik der Mitgliedstaaten[87]. Deshalb
wächst – mit dem Bundesverfassungsgericht[88] zu reden – »mit dem Ausbau
der Aufgaben und Befugnisse der Gemeinschaft die Notwendigkeit, zu der
über die nationalen Parlamente vermittelten demokratischen Legitimation und
Einflußnahme eine Repräsentation der Staatsvölker durch ein europäisches
Parlament hinzutreten zu lassen, von der ergänzend eine demokratische Abstützung der Politik der Europäischen Union ausgeht«.

Die Bedenken, die gegen eine nahtlose Übertragbarkeit des nationalstaatlichen Demokratiemodells auf die Europäische Union sprechen, bedürfen hier
nicht der Rekapitulation; *Dieter Grimm* hat sie vor nicht langer Zeit eindrucksvoll vorgetragen[89]. Es trifft wohl zu, daß ein »vorgegebenes, sich selbst
als solches begreifendes kollektives Subjekt«[90], ein als politische Identität be-
lastbares »Volk« also, jenseits der Mitgliedstaaten der Europäischen Union
bisher nicht existiert, Europa sich also zumindest einstweilen nur als ein »Europa der Vaterländer«, genauer: der Staaten, eben als »Staatenverbund«, demokratisch organisieren läßt. Aber das hindert nicht- und darf gerade aus der
Sicht des deutschen Verfassungsrechts (Art. 23 Abs. 1 Satz 1 GG) nicht hindern[91] – »die demokratischen Grundlagen der Union schritthaltend mit der
Integration« auszubauen[92]. Nicht die Preisgabe nationaler Staatlichkeit, die
Gründung eines demokratisch verfaßten europäischen Bundesstaats, steht an
(dem steht schon Art. F Abs. 1 EUV entgegen[93]). Die Rede von der »Staats-
werdung Europas« führt schon deshalb in die Irre, weil der Nationalstaat
(ungeachtet seiner Funktionsverluste) weder in Europa noch gar weltweit als
politischer Akteur entbehrlich geworden ist und weil – paradoxerweise – gerade die Integration den Nationalstaat in die Lage setzt, seine Probleme besser

---

[87] Integration und Demokratie, in: *Jachtenfuchs/Kohler-Koch*, Europäische Integration
(Fn. 15), S. 47 ff. (52).

[88] BVerfGE 89, 155 (184).

[89] Braucht Europa eine Verfassung?, 1994 (s.a. Juristenzeitung 1995, S. 581 ff.). S. schon
Kaiser, Bewahrung und Veränderung demokratischer und rechtsstaatlicher Verfahrensstruk-
tur in den internationalen Gemeinschaften, VVDStRL 23 (1966), S. 1, 2.

[90] *Kielmannsegg* (Fn. 86) S. 54.

[91] Jedenfalls in Bezug auf die Europäische Union läßt sich also nicht mehr sagen, das
Demokratiepostulat habe – auf der Ebene des deutschen Verfassungsrechts! – keine normative
Geltung; so noch 1964 zu Recht *Kaiser* (Fn. 88), S. 2.

[92] BVerfGE 89, 155 (186, 213).

[93] *Lerche*, Achtung der nationalen Identität (Art. F Abs. 1 EUV), in: Festschrift für
H. Schippel, 1996. S. 919 ff. gibt dieser Vorschrift eine interessante, die Kompetenz der Gliedstaaten in den bundesstaatlich organisierten Mitgliedstaaten der Europäischen Union stärken-
de Wendung.

zu meistern, als er es ohne sie vermöchte, also zu seiner Stabilisierung beiträgt: »Integration ist schöpferische Evolution des Staates«[94]. Die Europäische Union ist darum auch nicht »auf einem Kontinuum zwischen Staatenbund und Bundesstaat« zu verorten, sondern als ein Ordnungsmodell neuer Art zu begreifen[95]. Auch bleibt richtig, daß – wie *Joseph Kaiser* schon 1964 (unter Zustimmung seines Korreferenten *Peter Badura*) feststellte[96] – »die national-staatlich ausgeprägten Begriffe, Institutionen und Maßstäbe der Demokratie … nicht unmittelbar auf die Rechtsordnung internationaler Gemeinschaften übertragen werden« können.

Indes: aus alledem läßt sich nicht folgern, in den Europäischen Gemein-schaften als »Zweckverbänden funktioneller Integration«[97] komme es auf die Kompetenz des Sachverstandes und nicht auf die Mehrheit an[98]. Das Problem des »demokratischen Defizits« läßt sich, zumal angesichts der gewachsenen Kompetenzfülle des Staatenverbundes der Europäischen Union, nicht mit dem Hinweis auf die in der Ratifikation der Gründungsverträge durch die Mitgliedstaaten erfolgte demokratische Initialzündung erledigen. Die politi-sche Dimension der Union würde verfehlt[99]. Der Hinweis auf die – unbe-zweifelbare – demokratische Legitimation der im Rat bestimmenden Regie-rungen ist deshalb auch nicht mehr ausreichend[100].

---

[94] *Isensee*, in: Handbuch des Staatsrechts (Fn. 4), 1. Bd., 1987, § 13, Rn. 99.

[95] Vgl. *Jachtenfuchs/Kohler-Koch* (Fn. 16) S. 35.

[96] (Fn. 89), S. 2 – *Badura*, ebenda, S. 38; s.a. *ders.*, Das Staatsziel »europäische Integration« im Grundgesetz, in: *Hengstschläger* u.a. (Hrsg.), Für Staat und Recht, Festschrift für H. Schambeck, 1994, S. 887 (889 f.); BVerfGE 89, 155 (182).

[97] *H. P. Ipsen*, Europäisches Gemeinschaftsrecht, 1972 S. 196.

[98] *H. P. Ipsen*, Fusionsverfassung Europäische Gemeinschaften, 1969, S. 66; s.a. *ders.*, Die europäische Integration in der deutschen Rechtswissenschaft, in: Vorträge, Reden und Berich-te aus dem Europa-Institut der Universität des Saarlandes Nr. 250, 1991, S. 48 ff. (56 ff.), wo für die Europäischen Gemeinschaften eine »eigene und adäquate Theorie demokratischer Hoheits-Legitimierung« gefordert, allerdings auch die »Impotenz des Europa-Parlaments zur Legitimation durch Repräsentation« mit markigen Worten unterstrichen wird.

[99] Statt vieler: *Oppermann* (Fn. 15), Rn. 789; *Everling* (Fn. 84), S. 937; die Charakterisierung der Europäischen Gemeinschaft als Zweckverband verteidigend: E. *Klein*, Der Verfassungs-staat als Glied einer Europäischen Gemeinschaft, VVDStRL 50 (1990), S. 56 (60 f.), mit dem für sich genommen durchaus zutreffenden Argument, durch ihn werde – dank seiner Nüch-ternheit – der Integrationsprozeß nicht präjudiziert, bevor er zum Abschluß gekommen sei; s. aber auch *ders.*, Entwicklungsperspektiven für das Europäische Parlament, Europarecht 1987, S. 97 (101); *Isensee*, Integrationsziel Europastaat?, in: Festschrift für U. Everling, 1995, 1. Bd., S. 567 (583 f.). – Bundespräsident *Roman Herzog* nannte Europa »eine Friedensgemein-schaft, eine Freiheitsgemeinschaft, eine Gemeinschaft der Demokratien, eine Wirtschaftsge-meinschaft, eine Stabilitätsgemeinschaft, eine Sicherheitsgemeinschaft« (Frankfurter Allge-meine Zeitung vom 8.11.1996).

[100] Anderes gilt insoweit für zwischenstaatliche Einrichtungen mit eng begrenzter Zweck-setzung wie die Zentralkommission nach der revidierten Mannheimer Schifffahrtsakte oder die Moselkommission – Fälle, die *Randelzhofer*, Zum behaupteten Demokratiedefizit der Europäischen Gemeinschaft, in: *Hommelhoff/P. Kirchhof* (Hrsg.), Der Staatenverbund der Europäischen Union, 1994, S. 39 ff. (48), mit der Europäischen Union vergleichen zu können meint.

Das Argument, die Europäische Union sei kein Staat, ihre Herrschafts-macht bedürfe keiner demokratischen Legitimation, weil dieser Modus der Rechtfertigung hoheitlicher Gewalt an die Form des Staates und damit an das Vorhandensein eines Staatsvolkes gebunden sei, ist ebenso kurz- wie zirkel-schlüssig: kurzschlüssig, weil sie das Partizipationsbedürfnis der Rechtsunter-worfenen unterschätzt, und zirkelschlüssig, weil sie aus der osmotischen Ent-wicklung von Nationalstaat und Demokratie die Erkenntnis ableitet, als De-mos für einen zu legitimierenden Kratos komme nur ein Staatsvolk in Betracht.

Umgekehrt wird ein Schuh daraus: Der demokratische Gedanke verlangt die Legitimation jeder hoheitlichen Gewalt durch die ihr Unterworfenen, so-fern sie dem diese Gewalt ausübenden Verband durch einen auf Dauer ange-legten rechtlichen Status der Zugehörigkeit verbunden sind[101]. Diesem Gedan-ken verleiht Art. 23 Abs. 1 GG mit für den deutschen Gesetzgeber bindender Wirkung einen normativen Grund. Das im demokratischen Prinzip angelegte »Legitimationsgefälle«[102] erfordert dabei grundsätzlich und vor allem die – in der Regel allerdings unvermeidlich (aber auch nur) durch eine Repräsentativ-körperschaft vermittelte – Teilhabe der zum Gesetzesgehorsam Verpflichteten am Gesetzgebungsverfahren[103]. Auch im Staatenverbund der Europäischen Union, an dessen Willensbildung die Staatsvölker der Mitgliedstaaten, ver-mittelt durch die nationalen Parlamente und die ihnen verantwortlichen Re-gierungen notwendig – und zwar »zuvörderst«[104] mitzuwirken haben, spricht deshalb nichts gegen sondern vielmehr alles für eine verstärkte Einschaltung des Europäischen Parlaments in den politischen Entscheidungsprozeß, für eine Erweiterung seiner (schon gegenwärtig durchaus beachtlichen) Zustän-digkeiten, die Vereinfachung der unterschiedlichen Verfahren seiner Beteili-gung oder seine Ausstattung mit einem eigenen Initiativrecht, ohne daß die dominierende Rolle des Ministerrats dadurch in Frage gestellt würde[105]. Nur

---

[101] So schon *Kaiser* (Fn. 89), S. 2 und *Badura*, ebenda, S. 37. – S. a. *Zuleeg*, JZ, 1993, 1065 (1071, 1073).

[102] *Jestaedt*, Demokratieprinzip und Kondominialverwaltung, 1933, S. 290.

[103] Vgl. die Urteile des Europäischen Gerichtshofs vom 29. 10. 1980 (Slg. 1980, S. 3333 [3360 Rn. 33] und 3393 – Isoglucose), in denen vom Beteiligungsrecht des Europäischen Parlaments am Erlaß von Verordnungen (Art. 189 EGV) gesagt ist, sie spiegele »auf Gemeinschaftsebene, wenn auch in beschränktem Umfang, ein grundlegendes Prinzip wider, nach dem die Völker durch eine Versammlung ihrer Vertreter an der Ausübung der hoheitlichen Gewalt beteiligt sind«. Richtig deutet *Randelzhofer* (Fn. 99), S. 44 f., diese Darlegung dahin, sie gehe nicht vom Bestehen eines demokratischen Prinzips auf Gemeinschaftsebene aus, aus dem sich konkrete Vorgaben ableiten ließen; vielmehr wende sie das Gemeinschaftsrecht in der Form an, die es jenem Prinzip gegeben habe. – Daß freilich exekutive Rechtsetzungsbefugnisse, zum Teil weit über das nach deutschem Verfassungsrecht zulässige Maß hinaus, mit dem demokratischen Prinzip vereinbar sind, lehrt ein Blick in die Verfassungen anderer Mitgliedstaaten der Union: z. B. Art. 34, 37 der Verfassung Frankreichs; Art. 164 d, 201 der Verfassung Portugals.

[104] BVerfGE 89, 155 (184).

[105] Vgl. die z. T. durch den Vertrag über die Europäische Union schon realisierten Vor-

auf diesem Wege kann eine Partizipation der Unionsbürger hergestellt, das
wünschenswerte Ausmaß an Transparenz erreicht, das Interesse der öffentlichen Meinung an den Agenden des Europäischen Parlaments gesteigert und
so eine im Sinne des demokratischen Prinzips ausreichende Responsivität zwischen den Unionsbürgern und ihren auf der europäischen Ebene agierenden
Repräsentanten bewirkt werden[106].

Eine kritische Grenze wäre erreicht, wenn dem Europäischen Parlament ein
Mitentscheidungsrecht über Vertragsänderungen eingeräumt würde. Ihm
wüchse damit ein Anteil an der verfassunggebenden Gewalt zu, die im Staatenverbund notwendig ausschließlich den Mitgliedstaaten, den »Herren der
Verträge«, zusteht. Das Recht des Europäischen Parlaments, dem Beitritt eines
neuen Mitglieds zuzustimmen (Art. O. Abs. 1 EUV; früher: Art. 237 Abs. 1
EWGV in der Fassung der Einheitlichen Europäischen Akte vom 28. 2. 1986;
nahezu gleichlautend Art. 205 EAGV; weiter ging Art. 98 EGKSV, nach welchem es eines Abkommens mit den Mitgliedstaaten nicht bedurfte), dürfte
diese Grenze überschreiten. Die Veränderung der Zusammensetzung der
Union ist von fundamentaler Bedeutung für deren Gesamtstruktur[107], ein Akt
verfassungsändernden Charakters, denn er bestimmt über »Form und Art der
politischen Einheit«[108] der Europäischen Union. Indem sie Gemeinschaftsor-
ganen – neben dem Parlament auch dem Rat – konstitutive Mitwirkungsrechte
bei der Entscheidung über den Beitritt neuer Mitglieder einräumten, haben
sich die Mitgliedstaaten eines Teils ihrer verfassunggebenden Gewalt entäu-
ßert.

Die demokratische Legitimität der Europäischen Union ruht mithin im
Ursprung auf den von den Mitgliedstaaten nach Maßgabe ihrer Verfassungen
beschlossenen Gründungsverträgen, im aktuellen Vollzug auf dessen Rückkoppelung an den politischen Prozeß in den Staaten sowie – ergänzend und
stützend – auf einer angemessenen, gegenüber dem status quo durchaus stei-

---

schläge *Steinbergers*, Der Verfassungsstaat als Glied einer Europäischen Gemeinschaft,
VVDStRL 50 (1991), S. 9 (43 ff.). S.a. *H.H.Klein*, Die Europäische Union und ihr demokratisches Defizit, in: *Goydke* u.a. (Hrsg.), Vertrauen in den Rechtsstaat, Festschrift für W. Rem-
mers, 1995, S. 195 ff., sowie *Thürer* (Fn. 28), S. 130 f.

[106] Zur Responsivität als einer notwendigen Bedingung für das Gelingen demokratischer
Repräsentation s. *Böckenförde*, in: Handbuch des Staatsrechts (Fn. 4), 2. Bd., 1987, § 30 Rn. 21.
– Dabei ist nicht gefordert, daß die demokratische Struktur der Europäischen Union derje-
nigen der Bundesrepublik Deutschland entspricht. Auch die »Strukturischerungsklausel« des
Art. 23 Abs. 1 Satz 1 GG verlangt das nicht; dazu *Randelzhofer* (Fn. 100), S. 51 m.Nachw. S.a.
BVerfGE 89, 155 (182).

[107] *Oppermann* (Fn. 15), Rn. 1853; *E. R. Huber*, Deutsche Verfassungsgeschichte seit 1789,
Bd. III, 1963, S. 745, bescheinigt den Novemberverträgen, kraft welcher die süddeutschen
Staaten dem Norddeutschen Bund beitraten, die Eigenschaft einer »fundamentalen Verfassungsänderung« sowohl für die beitretenden Staaten als auch für den sie aufnehmenden Bundesstaat.

[108] *C. Schmitt*, Verfassungslehre, 3. Aufl. 1957, S. 21.

gerungsfähigen Beteiligung des Europäischen Parlaments. Eine hinreichende Dialogfähigkeit zwischen Repräsentanten und Repräsentierten und eine genügende Vermittlungskompetenz medialer Strukturen sind die notwendigen Voraussetzungen ihres Gelingens.

V. Schluß

Im Zeitalter der Informalisierung und Konsensualisierung des Verfassungsstaats, der Inter- und Supranationalisierung der Innenpolitik, der Kontinente und Weltmeere überspannenden Vernetzung der Außen- und Sicherheitspolitik, einer sich freilich erst in vagen Konturen abzeichnenden, nicht nur die Staaten beteiligenden »global governance« sind »die Prämissen der modernen Staatlichkeit ... – Souveränität nach außen und Überordnung im Innern«[109] – fragwürdig geworden. Die Macht der Exekutiven nimmt – mit Einschränkungen – zu, die der Parlamente schwindet. Das partizipative und das kommunikative Element des demokratischen Prozesses haben es unter diesen Bedingungen schwer, sich gegen Entscheidungsverfahren zu behaupten, die – nicht ohne gute Gründe und nicht ohne Erfolg – in erster Linie auf die Effizienz der Problembewältigung Bedacht nehmen. Die Befriedigung von Partizipationsbedürfnissen der Rechtsunterworfenen ist aber nicht bloß eine zur Not entbehrliche sozialtherapeutische Veranstaltung[110]. Sie ist eine unverzichtbare Voraussetzung für die Akzeptanz des Rechts. Darum stehen die auf den Ebenen der Länder, des Bundes und der Europäischen Union von den Bürgern gewählten Repräsentativkörperschaften in der nicht abdingbaren Pflicht, sich mit den Mitteln auszustatten (oder ausstatten zu lassen), deren sie bedürfen, um das Verhalten der Exekutiven in dem gebotenen Umfang prüfend und steuernd zu begleiten. Die unumkehrbare Transformation überkommener Formen von Staatlichkeit, deren Zeugen wir sind, führt unvermeidlich auch zu einem Strukturwandel der Demokratie und damit auch des Parlamentarismus.

Vor einigen Jahren schon hat *Werner v. Simson* die ernüchternde Feststellung getroffen: »Wir brauchen heute politische Einheiten, die auf keine ersichtliche Weise von den Betroffenen kontrolliert werden können«[111]. Wenn daran manches richtig ist, so drängt sich freilich um so mehr die Notwendigkeit auf, den Staat als die den Menschen vertraute politische Schutzorganisation im Maße des Möglichen zu erhalten, aber auch die Chancen aktiver Beteiligung der Völker an den Entscheidungen der die Staaten übergreifenden

---

[109] *Scharpf* (Fn. 52), S. 622.
[110] Die Wendung begegnet in etwas anderer Zielrichtung bei *Scharpf* (Fn. 18), S. 567.
[111] Was heißt in einer Europäischen Verfassung »Das Volk«?, Europarecht 1991, 1 (15 f.).

»politischen Großformen« (*v. Simson*), wo immer es geht, zu nutzen. Eine noch so effektive Expertokratie wird allein politische Stabilität nicht auf Dauer bewirken können.

IV. Bundesrat

1. Parteipolitik im Bundesrat?

I. Einleitung

Seit aufgrund des Ergebnisses der Bundestagswahlen am 28. September 1969 die Große Koalition von CDU/CSU und SPD zerfallen und an ihre Stelle die Koalition von SPD und FDP getreten ist, zeichnen sich zwischen Regierung und Opposition verschärfte Meinungsverschiedenheiten in zahlreichen politischen Fragen ab. In die deutlicher gewordene Konfrontation sieht sich mitunter auch der Bundesrat einbezogen. Seine Mitglieder, die ausnahmslos einer der Bundestagsparteien angehören, scheinen häufiger, als dies in den vorangegangenen Jahren der Fall war, bei ihrem Abstimmungsverhalten parteipolitische Rücksichten zu nehmen. Unverkennbar ist auch die Koalitionsbildung auf Landesebene verstärkt unter den Gesichtspunkt der Frage geraten, ob sie der Regierung oder der Opposition im Bund zur Mehrheit im Bundesrat verhelfen könne. Die entsprechende bundespolitische Anreicherung der Landtagswahlkämpfe bleibt nicht aus.

Die sich entwickelnde parteipolitische Frontenbildung im Bundesrat, die freilich solange nicht so geradlinig wie diejenige im Bundestag verlaufen wird, als die die Landesregierungen tragenden Koalitionen manchmal auch von Parteien gebildet werden, deren eine im Bund regiert, während die andere opponiert, mag zu einer Verlebendigung der Debatten beitragen und dazu führen, daß – zumindest öfter als bisher – die politische Akzentsetzung den (von der Länderbürokratie gespeisten) Sachverstand verdrängt. Das scheint Vorstellungen entgegenzukommen, wie sie von den Mitgliedern des Bundesrates, insbesondere dessen Präsidenten und unter diesen wiederum vor allem von den Ministerpräsidenten *Kiesinger* und *Zinn* bei mannigfachen Gelegenheiten zum Ausdruck gebracht worden sind[1].

---

[1] Vgl. *K. G. Kiesinger*, Gedanken zur Arbeit des Bundesrates in: Gedächtnisschrift Hans Peters, 1967, S. 547 ff.

II. Gegenstimmen im Schrifttum

Allerdings gibt es eine Reihe gewichtiger Stimmen, die einer derartigen Entwicklung aus verfassungsrechtlichen Gründen ablehnend gegenüberstehen. So erklärt *Maunz*[2], es gehöre nicht zu den Aufgaben des Bundesrates, ein parteipolitisches Kräfteverhältnis zum Ausdruck zu bringen. Es liege nicht im Sinne des Grundgesetzes, die Mitglieder des Bundesrates nach Parteien zu gliedern. Damit werde die Gefahr heraufbeschworen, daß aus dem Bundesstaat ein »Parteienbundesstaat« werde. Nach dem Willen des Grundgesetzes solle nur im Bundestag das Volk nach Parteien gegliedert repräsentiert werden, während es im Bundesrat nach Ländern gegliedert in Erscheinung treten solle. »Das Grundgesetz hat ersichtlich nur daran gedacht, die Länder als solche, nicht bestimmte Parteikoalitionen, zur Mitwirkung im Bundesrat aufzurufen«[3]. Die Aufgaben und Tätigkeiten des Bundesrates sollten nicht parteipolitisch sein, seine Funktion sei vielmehr in hervorragendem Maße staatspolitisch.

Mit unverhohlener Skepsis schildert auch *Werner Weber*[4] die Entwicklung, die der Föderalismus in der Bundesrepublik und mit ihm der Bundesrat genommen hat. Eben daß die Mitglieder des Bundesrates in allen politisch entscheidenden Fragen nach ihrer parteipolitischen Herkunft stimmten, habe zu einer parteienstaatlichen Aufgliederung des Gemeinwesens geführt und den Bundesrat statt zu einem Repräsentanten der Länder bei der Bildung des Bundeswillens zu einem weiteren Ort der Begegnung der politischen Parteien werden lassen. Hauptfunktion der Länder sei es infolgedessen geworden, Hausmacht der in ihnen dominierenden Parteien zu sein[5]. Die Bundesrepublik sei, was man zur Zeit der Weimarer Zeit (durchaus mißbilligend!) als Parteienbundesstaat bezeichnet habe. Daraus erwachse dem Föderalismus »eine zwar illegitime, aber sehr nachhaltige Stärkung«[6].

Auf dem 6. Bundesparteitag der CDU in Stuttgart 1956 erklärte der damalige Bundeskanzler *Adenauer*: »Als wir im Parlamentarischen Rat das Grundgesetz schufen …, haben wir nicht geglaubt, daß die Länder im Bundesrat Parteipolitik treiben. Damals waren wir noch in der Illusion gefangen, die Länderregierungen würden sich loslösen von dem Kampf der Parteien, und wir nahmen an, daß nicht dieselben Parteivorstände oder Fraktionsvor-

---

[2] Deutsches Staatsrecht, 17. Aufl. 1969, § 38 III 1 (S. 357); ebenso *Ders.* in *Maunz-Dürig-Herzog*, Das Grundgesetz, Art. 50 Rdnr. 25, 26.

[3] *Maunz-Dürig-Herzog*, a. a. O. Rdnr. 26.

[4] Spannungen und Kräfte im westdeutschen Verfassungssystem, 3. Aufl. 1970, S. 43 f., 63 ff., 79; Die Verfassung der Bundesrepublik in der Bewährung, 1957, S. 18; etwas positiver wohl die Beurteilung in: Die Gegenwartslage des deutschen Föderalismus, 1966, S. 15.

[5] So schon früher *H. Schneider*, NJW 1954, 937 ff. (940).

[6] Spannungen und Kräfte, S. 64.

stände, die im Bundestag ihren Einfluß ausüben, dies nun auch im Bundesrat tun würden.«[7]

In engem Zusammenhang mit der Frage verfassungsrechtlicher Zulässigkeit parteipolitischer Frontenbildung im Bundesrat steht das zur Weimarer Zeit – und damals vor allem in dem Verfassungsrechtsstreit Preußens gegen das Reich um *von Papens* sog. Preußenschlag – vielumstrittene Recht der Länder auf eine eigene Politik[8]. Bejaht man es[9], so wird man kaum erwarten dürfen, daß die Mitglieder der Länderregierungen im Bundesrat ihre politischen Intentionen mit einemmal vergessen, um nur noch als Sachverständige zu handeln. Unberührt von dieser Feststellung freilich bleibt die Frage, ob für die Orientierung der Landespolitik, zumal der Politik des Landes im Bundesrat, ausschließlich regionale Gesichtspunkte oder eben auch »parteipolitische« Maßgeblichkeit erlangen dürfen.

III. Parteipolitik im Bundesrat und Reichsrat

Die Staatsrechtswissenschaft vermag ihre Probleme, zumal solche der hier zu behandelnden Art, nicht ohne Berücksichtigung der Wirklichkeit des politischen Lebens zu lösen. Nimmt man dieses in den Blick, so bestätigt sich die schon den oben wiedergegebenen Äußerungen zugrundeliegende Erfahrung, daß sich die Parteipolitik aus dem Bundesrat nicht verdrängen läßt. Obgleich aufs Ganze gesehen das Schwergewicht der im Bundesrat geleisteten Arbeit – zum Kummer mancher seiner Mitglieder – im Bereich sachverständiger Beurteilung der anstehenden Entscheidungen liegt, ergibt sich doch immer wieder der Fall, daß die Länderminister im Bundesrat diejenige Meinung vertreten, welche die bundespolitische Auffassung der die jeweilige Landesregierung tragenden oder in der sie stützenden Koalition führenden Partei bildet. Dies naturgemäß besonders häufig – und keineswegs nur in vitalen Fragen[10] – dann,

---

[7] Zit. nach *Süsterhenn*, Senats- oder Bundesratssystem? in: Staats- und verwaltungswissenschaftliche Beiträge, 1957, S. 73 ff., 81.

[8] S. den Prozeßbericht in: Preußen contra Reich, 1932, S. 40 f., 117, 126, 149, 468. Es handelte sich in diesem Rechtsstreit darum, ob Preußen, durch sein nach Ansicht der Reichsregierung zu nachsichtiges Vorgehen gegen linksradikale Umtriebe seine Pflichten gegenüber dem Reich verletzt habe (vgl. Art. 48 I WRV), ob – wie es *Carl Schmitt* formulierte – Preußen eine eigene, also von der des Reiches abweichende Auffassung darüber haben dürfe, »wer Staatsfeind, wer illegal ist, wer in dieser Weise als Verfassungsfeind behandelt werden soll« (a. a. O., S. 40).

[9] Wie übrigens auch *Carl Schmitt*, a. a. O.: »Selbstverständlich gibt es ein Recht des Landes auf eine divergierende Politik, aber die Frage ist hier, gibt es in einer solche Lage, in einer solchen Bürgerkriegslage und wie weit ein Recht des Landes auf divergierende Politik?«

[10] Dazu ist darauf aufmerksam zu machen, daß ja auch im Bundestag stets eine Vielzahl von Gesetzen mit Zustimmung der Opposition verabschiedet worden ist. Auch hier treten Gegensätze regelmäßig nur in politisch wesentlicheren Fragen auf.

wenn die Gegensätze zwischen Regierungs- und Oppositionsparteien im Bund scharf und unversöhnlich sind. Dem entspricht es, daß eine parteipolitische Aktivierung des Bundesrates vor allem im ersten Jahrzehnt des Bestehens der Bundesrepublik, vor dem Godesberger Parteitag der SPD, begegnet und nunmehr bei sich immer deutlicher abzeichnenden Meinungsverschiedenheiten zwischen Regierungskoalition und Opposition neuerlich an Aktualität zu gewinnen scheint.

Was die fünfziger Jahre anlangt, so genügt es hier, an die Auseinandersetzungen um den EVG-Vertrag zu erinnern[11]; im übrigen sei auf die eingehenden Untersuchungen Karlheinz *Neunreithers*[12] verwiesen. Aus jüngster Zeit ist auf die Erhöhung der Kriegsopferrenten durch Gesetz vom 26.1.1970 (BGBl I S.121) Bezug zu nehmen; hier bezog die unter dem Einfluß der CDU/CSU stehende Mehrheit des Bundesrates einen von dem der Bundestagsmehrheit abweichenden Standpunkt, was in der Sitzung des Bundesrates am 19.12.1969 zur Anrufung des Vermittlungsausschusses führte[13]. Im Vermittlungsausschuß fanden die Vorstellungen der Mehrheit des Bundesrates jedoch keinen Beifall. Der Gesetzentwurf gelangte deshalb in unveränderter Fassung an den Bundesrat zurück, der ihm in seiner Sitzung vom 23.1.1970 die erforderliche Zustimmung erteilte[14]. Am 17.April 1970 rief der Bundesrat erneut den Vermittlungsausschuß an, um eine Reihe von Korrekturen an der im Bundestag gegen die Stimmen der Opposition beschlossenen Novelle zum Strafgesetzbuch, das sog. Demonstrationsstrafrecht betrefeiner gewissen Pikanterie, weil die Anrufung des Vermittlungsausschusses mit den Stimmen der von der CDU/CSU gegen die Stimmen der von der SPD allein oder maßgeblich regierten Länder beschlossen wurde, obgleich, wie die Verhandlungen des Rechtsausschusses des Bundesrates gezeigt hatten, auch viele der der SPD und FDP angehörenden Mitglieder des Bundesrates die sachlichen Bedenken der Mehrheit teilten[15]. Auch hier unterlag der Bundesrat im Vermittlungsausschuß; in seiner Sitzung vom 15.5.1970 verzichtete er darauf, Einspruch einzulegen[16].

Auch der Reichsrat der Weimarer Republik stand gelegentlich unter parteipolitischem Einfluß, wenngleich seine Geltendmachung im Vergleich zur

---

[11] Dazu K. *Neunreither*, Der Bundesrat zwischen Politik und Verwaltung, 1959, S.154 ff.

[12] A. a. O., S.107 ff., s. bes. die das Abstimmungsverhalten der Länder in den Jahren 1949, 1953 und 1956 aufzeigende Tabelle auf S.108.

[13] Bundesrat-Sitzungsberichte, 346. Sitzung v. 19.12.1969, S.268 C.

[14] Das., 347. Sitzung v. 23.1.1970, S.4 A.

[15] FAZ. Nr.90 v. 18.4.1970, D-Ausgabe, S.1; vgl. auch Bericht über die 351. Sitzung des Bundesrats, S.77 C.

[16] Bundesrat-Sitzungsberichte, 352. Sitzung v. 15.5.1970, S.102 C; beide Fälle werfen übrigens auch die Frage auf, ob der Vermittlungsausschuß die ihm vom GG zugedachte Funktion der Vermittlung noch erfüllen kann, wenn die Gegensätze zwischen Bundestag und Bundesrat nicht so sehr sachlicher als vielmehr parteipolitischer Art sind.

Gegenwart dadurch erschwert war, daß die Länder im Reichsrat regelmäßig nicht durch Mitglieder ihrer Regierungen, sondern durch – deren Weisungen natürlich unterworfene – Beamte vertreten waren[17]. Der Erwähnung wert ist besonders die Angelegenheit des Panzerschiffes A[18]. Am 17.12.1927 beschloß der Reichsrat auf Antrag Preußens bei Gelegenheit des 1. Durchgangs des Haushaltsgesetzes für das Rechnungsjahr 1928 die Streichung der für den Bau des Panzerschiffs vorgesehenen Mittel. Die den Beschluß tragenden Stimmen kamen im wesentlichen aus den von der SPD regierten Ländern, aber auch aus solchen, in denen das Zentrum führend war. Das zu diesem Zeitpunkt amtierende 4. Kabinett Marx wurde vom Zentrum, der Deutschnationalen Volkspartei, der Deutschen Volkspartei, der Deutschen Demokratischen Partei und der Bayerischen Volkspartei getragen. Im 2. Durchgang, am 31.3.1928, nachdem der Reichstag den Haushaltsplan mit der umstrittenen Position gebilligt hatte, verzichtete der Reichsrat auf Einspruch, beschloß jedoch eine zwischen dem Vertreter der preußischen Regierung und dem (seit dem 19.1.1928 amtierenden) Reichswehrminister *Groener* ausgehandelte Erklärung, nach welcher die Reichsregierung vor dem 1.9.1928 die finanziellen Möglichkeiten des Panzerschiffbaues nochmals prüfen sollte[19]. Die parteipolitische Spaltung des Reichsrats wurde von *Carl Bilfinger,* der sich am eingehendsten mit der Materie befaßt hat, mit unverhohlener Kritik registriert, die sich freilich gegen das Verfassungsrecht richtete, welches diese rechtliche Möglichkeit, wie er meinte, eröffnete[20]. Bei Würdigung dieser Kritik ist zu bedenken, daß eine u.a. auch im Reichsrat zur Wirksamkeit gelangende Heterogenität der Regierungskoalitionen in Reich und Ländern in der Weimarer Republik im Hinblick auf den Dualismus Reich – Preußen besondere Gefahren in sich barg. Dieser Dualismus war (wie die Ereignisse des Jahres 1932 zeigten) trotz des im Verhältnis zu seiner Größe stark verminderten Stimmgewichts Preußens im Reichsrat politisch nur solange erträglich, als die beiden Berliner Kabinette in den Grundzügen ihrer Politik übereinstimmten.

---

[17] Die h.M. in der Staatsrechtslehre unterstützte diese Praxis: a.M. – unter Berufung auf den Wortlaut des Art. 63 I 1 WRV – vor allem *C. Heyland,* Rechtsstellung der Reichsratsmitglieder in: HDStR I, 1930, S. 567f. (m. Nachw. S. 568 Anm. 1).

[18] Dazu ausführlich *C. Bilfinger,* Der Streit um das Panzerschiff A und die Reichsverfassung, AöR 55 (1929), S. 416 ff.

[19] Hinweise auf weitere Fälle bei *Bilfinger,* Bedeutung und Zusammensetzung des Reichsrates, HDStR I, S. 558.

[20] HDStR I, S. 559; AöR 55 (1929), S. 424 f.

IV. Der Bundesrat – ein Hüter der Länderinteressen?

1. Ist nach bisheriger Erfahrung das Eindringen der Parteipolitik in die Willensbildung des Bundesrates unvermeidlich, wird man der Behauptung, die Mitglieder des Bundesrates seien von Verfassungs wegen auf die Geltendmachung besonderer gliedstaatlicher, allenfalls noch bürokratisch-sachverständiger Aspekte beschränkt, von vornherein mit Skepsis begegnen müssen. Immerhin ist die Vorstellung vom »Bundesrat als dem Organ, das die politischen Interessen der Länder im Bund zur Geltung bringen soll«[21], daß er in diesem Sinne – unbeschadet seiner allgemein eingeräumten Eigenschaft als Bundesorgan – »Ländervertretung« sei[22], durch den Wortlaut des Art. 50 GG nahegelegt. So überrascht es nicht, daß der Bundesrat nicht nur in den oben wiedergegebenen Äußerungen wie schon der Reichsrat der Weimarer Republik[23] als der »Hüter der partikularistischen Länderinteressen«[24] geschildert und andere Motivationen des Abstimmungsverhaltens seiner Mitglieder als illegitim[25] empfunden wurden.

2. Eine entsprechende Qualifikation des Bundesrates der Reichsverfassung von 1871 wäre, um den Blick zunächst in die Vergangenheit zu richten, sicherlich unzutreffend gewesen. Der damalige Bundesrat sollte nach dem Willen der Verfassung der Träger der Reichssouveränität sein[26]. Mag er diese Stellung in der politischen Wirklichkeit nicht eingenommen haben, so verboten doch Fülle und Gewicht seiner Aufgaben[27], in ihm nur eine Vertretung der Interessen der Gliedstaaten gegenüber dem Reich zu erblicken. »Den Ländern diente er (scil, der Bundesrat) nicht zur Wahrnehmung ihrer jura singulorum, sondern zur Ausübung ihrer Mitgliedschaftsrechte im Reich«[28]. Daß diesem Postulat des Verfassungsrechts die politische Praxis entsprach, wurde durch die hegemoniale Stellung Preußens, insbesondere seine enge institutionelle Bindung an das Reich, aber auch durch die gouvernementale Homogenität von Reich und Gliedstaaten gewährleistet.

---

[21] BVerfGE 13, 54 ff. (77).

[22] Zu diesem Begriff s. *H.-J. Vonderbeck*, Der Bundesrat – ein Teil des Parlaments der Bundesrepublik Deutschland, 1964, S. 77 m. zahlr. w. Nachw. in Anm. 10. Vgl. bes. BVerfGE 8, 104 ff. (120).

[23] *Bilfinger*, HDStR I, S. 551, wo zugleich allerdings angenommen wird, es sei die bundesstaatliche Rechtpflicht der Länder, die von ihnen als überwiegend anerkannten (von wem verbindlich definierten? d. V.) Interessen der Gesamtheit des Reichs zu respektieren. Vgl. auch *Lassar*, das., S. 304; *Bilfinger*, Der Einfluß der Einzelstaaten auf die Bildung des Reichswillens, 1923, S. 46 f., 48 f.; *Smend*, Verfassung und Verfassungsrecht in: Staatsrechtliche Abhandlungen, 2. Aufl., 1968, S. 119 ff. (272).

[24] *Schnorr*, AöR 76 (1950/51), S. 259 ff. (283); ebenso *H. Schneider*, DV 1949, 324 ff. (325).

[25] *H. Schneider*, NJW 1954, S. 937 ff. (940), unter Bezugnahme auf den Einfluß der Ministerialbürokratie der Länder, den er allerdings gleichzeitig sinnvoll und vernünftig findet.

[26] *E. R. Huber*, Deutsche Verfassungsgeschichte seit 1789, 3. Bd., 1963, S. 849.

[27] Vgl. die Übersicht bei *Huber*, a. a. O., S. 860.

[28] *Huber*, a. a. O., S. 853.

3. Die Stellung des »zur Vertretung der deutschen Länder bei der Gesetzgebung und Verwaltung des Reichs« (Art. 60 WRV) gebildeten Reichsrates der
Verfassung von 1919 war demgegenüber eine grundlegend andere. Die institutionelle Bindung Preußens an das Reich, damit seine hegemoniale Stellung
und der von ihr ausgehende Druck auf ein reichstreues Verhalten der Gliedstaaten waren entfallen. Diese Regelung und das der Verfassungsgebung vorausgehende und ihr zugrundeliegende politische Geschehen brachte nicht nur
Preußen selbst, sondern auch die anderen Länder, die zeitweise um ihre Eigenständigkeit hatten bangen müssen, in einen strukturellen, je nach Lage der
Dinge stärker oder schwächer zum Ausdruck kommenden Gegensatz zum
Reich. Infolge der reichsverfassungsrechtlichen Garantie des parlamentarischen Systems in den Länderverfassungen (Art. 17 Abs. 1 Satz 3 WRV) wurden die Regierungen in den Ländern wie im Reich von den Parteien gebildet;
die Verfassung ermöglichte so die Heterogenität der Regierungen in Reich
und Ländern. Damit war ebenso die Möglichkeit einer Solidarität von Reichsregierung und Länderregierungen unter Hintanstellung etwa vorhandener Ge-
gensätzlichkeiten von Reichs- und Landesinteressen bei homogenen Koaliti-
onsverhältnissen wie im umgekehrten Falle die einer Verschärfung und (par-
tei-)politischen Auswertung des vorgegebenen Antagonismus von Reich und
Ländern verfassungsrechtlich vorgezeichnet. Daß unter Umständen auch der
Reichsrat in diese politischen Fronten würde einbezogen werden, konnte sich
der Verfassungsgeber von Weimar umso weniger verhehlen, als er dem Reichsrat, obzwar dessen Stellung sicher schwächer war als die des Bundesrates nach
der Verfassung von 1871, Aufgaben von großer Wichtigkeit übertrug. So
konnte etwa der Reichsrat gegen alle vom Reichstag beschlossenen Gesetze
einschließlich des Haushaltsgesetzes Einspruch einlegen, der nur durch einen
Volksentscheid oder eine 2/3-Mehrheit im Reichstag zu überwinden war
(Art. 74 Abs. 3 WRV); dazu kam es jedoch nie[29] [30]. Es sind deshalb, wie schon
vermerkt, zutreffend rechtliche(!) Bedenken dagegen nicht erhoben worden,
daß der Reichsrat mitunter zum Forum parteipolitischer Auseinandersetzungen wurde.

Läßt sich also selbst von der Weimarer Reichsverfassung schwerlich behaupten, sie habe das föderative Reichsorgan seiner ererbten Position als Ort
der Ausübung der mitgliedschaftlichen Rechte der Länder im Reich völlig
berauben wollen, so ist es wenig wahrscheinlich, daß es das Grundgesetz,
dessen anerkannte Absicht die Stärkung des Bundesrates ist, unternommen
habe, dieses Organ auf die Wahrung der Länderinteressen zu beschränken,
seinen Mitgliedern also ein anders motiviertes Abstimmungsverhalten zu ver-

---

[29] Zu den Volksentscheiden s. *E. R. Huber*, Dokumente zur deutschen Verfassungsgeschichte, 3. Bd., 1966, S. 189.
[30] Übersicht über die Kompetenzen des Reichsrats bei *Bilfinger*, HDStR I, S. 559 ff.

wehren. Wäre dem so, bedeutete dies eine Verleugnung der verfassungsrechtlichen Traditionen deutscher Bundesstaatlichkeit.

4. Die Entstehungsgeschichte des Grundgesetzes erweist sich bei der Suche
nach einer Lösung des Problems als wenig hilfreich. Bekanntlich ging der
Streit im Parlamentarischen Rat sowohl als auch schon im Konvent von Herrenchiemsee um die Frage: Bundesrats- oder Senatssystem? Für das Bundesratssystem wurde u. a. angeführt, es sichere »eine höhere Objektivität der
zweiten Kammer gegenüber der laufenden Parteipolitik, als sie durch Senatoren gewährleistet werden könnte«[31]; die zweite Kammer solle keine bloße
parteigespaltene Parallele zum Bundestag werden[32]. Das Bundesratsprinzip
vermeide die Gefahr einer politischen Gleichschaltung der zweiten Kammer,
die bei Übernahme des Senatsprinzips drohe[33]. Allerdings meinten im Gegensatz hierzu die Befürworter des Senatssystems, ein Bundesrat sei – wegen der
notwendigen Rücksichtnahme seiner Mitglieder auf die heimische Koalition –
parteipolitischen Überlegungen leichter zugänglich als ein Senat, dessen Mitglieder auch gegenüber der eigenen Partei Unabhängigkeit genug besäßen, um
allein der Sachlichkeit zu folgen[34]. – Den Argumenten, die den Parlamentarischen Rat veranlaßten, sich schließlich für das Bundesratssystem zu entscheiden,[35] kann weder die Absicht entnommen werden, die Parteipolitik dem
Bundesrat fernzuhalten, noch der Wille, die Mitglieder des Bundesrates auf
die Vertretung regionaler Interessen zu beschränken – obgleich die Struktur
des Bundesrates deren Geltendmachung gewiß a u c h legitimiert und sogar
fordert. Daran ändert auch die von *Hans Schneider*[36] zur Begründung seiner
abweichenden Meinung aufgegriffene Formel[37] nichts, derzufolge der Bundesrat eine Repräsentation der Teile gegen das Ganze, nicht (wie ein Senat)
eine Repräsentation vom Teile her ist. Auch für den Bundesrat der Reichsverfassung von 1871 hätte diese Charakteristik gepaßt, ohne daß seine Bedeutung dadurch die geringste Einbuße hätte erleiden können.

5. Entscheidend kommt es zunächst auf die Zuständigkeiten des Bundesrates an. Auch *Schneider*[38], richtet vor allem auf sie sein Augenmerk, wobei er
– freilich aus der Sicht des Jahres 1949 – feststellt, daß ein Zustimmungsrecht
des Bundesrates im Gesetzgebungsverfahren nur vorgesehen sei, wo anerkannte Länderinteressen berührt werden. Insoweit ist bekanntlich bald ein
vom Verfassungsgeber zugegebenermaßen wohl nicht beabsichtigter, aber

---

[31] Bericht über den Verfassungskonvent auf Herrenchiemsee, Darst. Teil, S. 37.
[32] Vgl. auch den Bericht von *V. Doemming/Füsslein/Matz* in JöR N. F. 1 (1951), S. 360.
[33] A. a. O. (Anm. 31), S. 38.
[34] A. a. O. (Anm. 31), S. 39.
[35] Gegenüber den schon in Herrenchiemsee vorgebrachten Gründen scheinen neue in
Bonn nicht aufgetaucht zu sein.
[36] DV 1949, S. 342 ff. (325).
[37] HChE (Anm. 31), S. 39.
[38] A. a. O.

doch ermöglichter Wandel eingetreten[39]. Über Art. 84 Abs. 1 GG, insbesondere mit Hilfe der vom BVerfG[40] übernommenen Auffassung, nach der ein Gesetz, das zustimmungsbedürftige Normen enthält, als Ganzes der Zustimmung bedarf, ist es dem Bundesrat gelungen, die Zahl der Zustimmungsgesetze erheblich zu steigern. Aber auch wenn man dies beiseite läßt, kann *Schneiders* Schlußfolgerung nicht überzeugen[41]. Die Zuständigkeiten des Bundesrates[42] können sinnvoll nicht nur aus dem vom Parlamentarischen Rat als berechtigt anerkannten Bedürfnis der Länder nach einer Geltendmachung ihrer jeweiligen Sonderinteressen begriffen werden. Das umfassende, alle Gesetze, die nicht Zustimmungsgesetze sind, betreffende Einspruchsrecht des Bundesrats, die Zustimmungsbedürftigkeit aller, nicht nur der föderalismusbezogenen, verfassungsändernden Gesetze, das Mitwirkungsrecht des Bundesrates bei der Bestellung der Richter am Bundesverfassungsgericht und bei der Feststellung des Verteidigungsfalles, die Eigenschaft des Bundesrates als »Legalitätsreserve« im Gesetzgebungsnotstand – sie alle sind Ausdruck der gliedschaftlichen Rechte der Länder im Bund. Schon deshalb, weil, wie den Mitgliedern des Parlamentarischen Rats nicht verborgen bleiben konnte, in den genannten wie in anderen Angelegenheiten regionale Besonderheiten regelmäßig nicht vorhanden sind, kann der Bundesrat nicht nur als die Ausgleichsstelle der Interessen von Bund und Ländern angesehen werden.

6. Diesem von den Aufgaben her begründeten Anspruch des Bundesrates entsprechen, wie *Herzog*[43] gezeigt hat, seine Kontrollrechte gegenüber der Bundesregierung, die, sieht man von dem in der Praxis des Zweibis Dreiparteiensystems ohnehin wenig bedeutsamen Recht des Parlaments zum Mißtrauensvotum ab, hinter denjenigen des Bundestages nicht zurückstehen[44]. Über Art. 43 GG hinausgehend begründet Art. 53 S. 3 GG sogar eine Pflicht der Bundesregierung, den Bundesrat über die Führung der Geschäfte auf dem Laufenden zu halten. Sie indiziert deutlich die Mitverantwortung des Bundesrates für die Gesamtpolitik des Bundes.

7. Ob das Grundgesetz wie die Weimarer Reichsverfassung den Ländern die Einführung des parlamentarischen Regierungssystems zur Pflicht macht, ist bekanntlich Gegenstand von Meinungsverschiedenheiten im Schrifttum[45]. Damit geht das geltende wie das frühere Verfassungsrecht davon aus,

---

[39] Über die Grenzen der Zulässigkeit eines sog. Verfassungswandels s. allgemein *H. H. Klein*, Bundesverfassungsgericht und Staatsraison, 1968, S. 16 ff.

[40] BVerfGE 8, 274 ff. (294 f.).

[41] Zum gleichen sachlichen Ergebnis gelangten früher schon *Strickrodt*, DÖV 1950, 525 ff., und *Kutscher*, DÖV 1952, 710 ff. (711), der damit *Lechner*, DÖV 1952, 417 ff. (418), widersprach.

[42] Zusammenstellung siehe *Maunz, Dürig, Herzog*, a. a. O., Art. 50, Rdnr. 12–23.

[43] BayVBl. 1966, 181 ff.

[44] Vgl. Art. 43 und 53 GG.

[45] Vgl. *Maunz, Dürig, Herzog*, a. a. O., Art. 28, Rdnr. 5 und 7 (dazu Fußnote 3).

daß die im Regelfalle auf Bundesebene bestehenden und hier die Mehrheit erstrebenden Parteien auch in den Ländern die maßgebenden politischen Kräfte darstellen. Es hieße doch wohl die Einsicht des Verfassungsgebers in die Realitäten unterschätzen, wollte man ihm die Erwartung unterstellen, die Parteien würden, wo sie Machtpositionen in den Ländern erringen, ihre bundespolitischen Ambitionen vergessen oder doch zumindest jene nicht zur Förderung dieser zu nutzen versuchen. Daß das Verfassungsrecht der danach eingetretenen, 1949 leicht abzusehenden Entwicklung, soweit sie parteipolitische Einflüsse im Bundesrat verzeichnet, einen normativen Riegel habe vorschieben wollen, kann umso weniger angenommen werden, als darin ein Widerspruch zu dem Bekenntnis des Grundgesetzes zu den Parteien als den (Mit-) Trägern des politischen Willensbildungsprozesses in Bund und Ländern (Art. 21 GG) gelegen hätte; denn dieses Bekenntnis beinhaltete die Absage an die auch im Begriff des »Parteienbundesstaates«[46] mitschwingende, vor 1933 weitverbreitete, in einem demokratischen Staatswesen jedoch verfehlte Einschätzung der Parteien als die erwünschte staatliche Einheit gefährdender, partikulare Interessen verfolgender Gruppen. Für die von daher gespeiste Neigung, den Reichsrat (neben dem Reichspräsidenten) als einen Hort der »Staatspolitik« im Gegensatz zur »Parteipolitik« anzusehen, kann unter dem Grundgesetz kein Raum mehr sein[47].

V. Einwände

1. Ringen im Bund wie in den Ländern die gleichen Parteien um politische Macht, dann kann es nicht ausbleiben, daß in den den Landtagswahlen vorausgehenden Auseinandersetzungen zwischen den Parteien die Bundespolitik in dem Umfang vorherrscht, in dem die für den Wähler wichtigen politischen Entscheidungen im Bund und nicht in den Ländern fallen, freilich eben unter maßgeblicher Anteilnahme der Landesregierungen im Bundesrat. Diese von vielen bedauerte Erscheinung ist völlig legitim; sie ist von der Verfassung in dem Maße gewollt, in dem sie die Zuständigkeiten der Länder zugunsten des Bundes beschneidet. Danach wäre aber unverständlich, wenn die die Landesregierungen tragenden Parteien die von ihnen im Wahlkampf propagierten und oft jedes speziellen Bezugs zu den Landesinteressen ermangelnden politischen Vorstellungen im Bundesrat nicht zur Geltung bringen dürften.

2. Die Stimmen eines Landes können im Bundesrat nur einheitlich abgegeben werden (Art. 51 Abs. 3 Satz 2 GG). Diese Regel soll sicherstellen, daß

---

[46] Er tritt wohl erstmals bei *Bilfinger*, DJZ 1932, Sp. 1018. auf; vgl. dann vor allem *E. R. Huber*, Reichsgewalt und Staatsgerichtshof, S. 18 ff.

[47] Ebenso *Süsterhenn*, a. a. O. (Anm. 7), S. 81.

das Ergebnis der politischen Willensbildung im Lande durch dessen Vertreter im Bundesrat geschlossen zum Ausdruck gebracht wird. Sie läßt keinerlei Schlüsse darauf zu, welcher Art die Gesichtspunkte zu sein haben, die durch die Länder im Bundesrat zu bundespolitischer Relevanz gelangen.

3. Das hier vertretene Ergebnis läßt sich auch nicht mit dem Hinweis darauf in Frage stellen, im Bundesrat kämen Mitglieder der Landesregierungen, also der Exekutive, zu Wort, deren Beteiligung an der Gesetzgebung im gewaltenteilenden Rechtsstaat allenfalls insoweit erträglich sei, als es sich um die Geltendmachung regionaler Besonderheiten (und u. U. noch: des bürokratischen Sachverstandes) handele. Zwar sind es Mitglieder der Landesregierungen, die die Länder im Bundesrat vertreten, aber es sind die Länder, die durch sie an Gesetzgebung und Verwaltung des Bundes mitwirken. Damit ist die »Diagonale aller der Kräfte, die im Leben des Staates tätig sind« (*Bismarck*[48] gemeint oder anders ausgedrückt: die Mitglieder des Bundesrates haben ohne gegenständliche oder inhaltliche Einschränkungen das Ergebnis des politischen Meinungs- und Willensbildungsprozesses in den Ländern in die Bundespolitik einzubringen[49]. Sofern darin eine Durchbrechung des rechtsstaatlichen und demokratischen Prinzips des Grundgesetzes liegen sollte, ist sie von der Verfassung selbst in Kauf genommen. Die schließlich noch denkbare Frage, ob denn der Bundesrat neben dem Bundestag eine sinnvolle Funktion erfüllen könne, wenn die Willensbildung auch hier nach parteipolitischen Richtlinien erfolge, stößt deshalb ins Leere, weil sie die Problemstellung in unzulässiger (weil zumindest derzeit irrealer) Weise zuspitzt. Es geht nicht darum, ob im Bundesrat der Wille der Parteizentralen ausschließlich maßgeblich ist, sondern ob er neben anderem zur Geltung gebracht werden darf. Dafür, daß er nicht allein beherrschend werden wird, ist hinreichend Vorsorge getroffen, solange das zwar in seiner Bedeutung zurückgetretene, aber nicht völlig verschwundene Moment regionaler Individualität, ohne das auch der unitarische Bundesstaat nicht auskommt[50], erhalten bleibt und auch der bürokratische Sachverstand als eine von den Parteien unabhängige Größe sich seinen (legitimen) Einfluß zu erhalten weiß.

---

[48] Zit. nach *Bilfinger*, Der Einfluß der Einzelstaaten, S. 93.
[49] Vgl. auch *W. Hempel*, Der demokratische Bundesstaat, 1969, S. 204 f.
[50] *U. Scheuner*, DÖV 1961, 641 ff. (642).

VI. Die Stellung der Länder im Bund

1. Da die verfassungsrechtspolitische Legitimation heutiger Bundesstaatlichkeit nicht mehr allein in den regionalen Besonderheiten und dem historischen Eigenwuchs der Gliedstaaten erblickt werden kann, entfällt auch von daher die Berechtigung, den Bundesrat als bloßen Hüter der Länderinteressen anzusehen. Die föderalistische Ordnung des Grundgesetzes beruht, wie *Wieland Hempel*[51] ebenso eingehend wie überzeugend dargetan hat, auf der Gewährleistung regionaler und funktionaler Gliederung der politischen Leitungsgewalt. Angesichts des fortschreitenden Unitarisierungsprozesses[52] verlagert sich, worauf schon längst *Rudolf Smend*[53] und *Konrad Hesse*[54] aufmerksam gemacht haben, das Schwergewicht auf die Mitwirkung der Länder an der politischen Willensbildung des Bundes, deren Instrument der Bundesrat ist. Wollte man nun die Mitglieder des Bundesrates darauf festlegen, nur partikulare Länderinteressen geltend zu machen, nähme man der funktionalen Gliederung der politischen Leitungsgewalt das substantielle Gewicht, dessen die regionale unter dem Zwang der Verhältnisse schon weitgehend entkleidet ist. Einen angemessenen Ausgleich für die hier eingetretenen Verluste finden die Länder in der Mitwirkung an Gesetzgebung und Verwaltung des Bundes nur dann, wenn sie im Bundesrat ihr politisches Gewicht in die Waagschale werfen können[55] und nicht – wie es in der Konsequenz der Gegenmeinung läge – Stimmenthaltung üben oder gar den Vorstellungen der unitarischen Bundesorgane kritiklos folgen müssen, wo spezifisch gliedstaatliche Interessen nicht berührt werden.

2. Die regionale Gliederung der politischen Leitungsgewalt in der Bundesrepublik rechtfertigt sich u. a. auch durch das Bemühen um eine wirksame Integration der im Bund in Opposition stehenden Partei(en) in die politische Gesamtordnung[56]; denn sie erhalten die Möglichkeit, ihre politischen Vorstel-

---

[51] A. a. O. (Anm. 49), S. 177 ff.

[52] Verfassungsrechtlicher Ausdruck desselben jüngst Art. 75 Abs. 2 und 3, 91 a und 91 b GG.

[53] Verfassung und Verfassungsrecht, a. a. O. (Anm. 23), S. 270.

[54] Der unitarische Bundesstaat, 1962, S. 23, 26 ff.; Das Verfassungsrecht der Bundesrepublik Deutschland, 4. Aufl. 1970, S. 92. Vgl. auch *W. Schmidt*, AöR 87 (1962), S. 253 ff. (295).

[55] Nur eine Aktivierung des bundespolitischen Engagements der Landesregierungen im Bundesrat durch die Parteien eröffnet auch Aussichten, der von *Leisner*, DÖV 1968, 389 ff., richtig beobachteten Tendenz fortschreitender Entmachtung der Länderparlamente durch den Unitarisierungsprozeß entgegenzuwirken. Das – bisher nicht eben häufig genutzte – Recht der Landtage, die Regierungen für ihre Haltung im Bundesrat zu parlamentarischer Verantwortung zu ziehen, wird an Aktualität nur gewinnen, wenn die Bundespolitik der Landesregierungen stärker als bisher politisch (statt bürokratisch) motiviert ist und auf diese Weise das politische Interesse der im Landtag vertretenen Parteien angesprochen wird. – Vgl. zu den hier angesprochenen Fragen auch *P. Lerche*, Aktuelle föderalistische Verfassungsfragen, 1968, S. 40 ff.

[56] *Hempel*, a. a. O. (Anm. 49), S. 219 f., m. w. Nachw. (Fn. 72, 73); vgl. noch *K. Hesse*, Der unitarische Bundesstaat, S. 27, 30.

lungen, wenn schon nicht im Bund, so doch in den Ländern durchzusetzen, von diesen Positionen aus aber auch über den Bundesrat wiederum bundespolitischen Einfluß zu nehmen. Das kann dazu führen, daß eine Partei, die im Bundestag opponiert, im Bundesrat über die Mehrheit der Stimmen verfügt. Das Grundgesetz hat diese Möglichkeit in Kauf genommen – nicht in der Gewißheit, eine oppositionelle Mehrheit im Bundesrat könne der Bundesregierung nicht schaden, weil dem Bundesrat nur die Aufgabe zufalle, regionale Sonderwünsche der Länder zur Geltung zu bringen, sondern im Vertrauen darauf, daß eine solchermaßen sozusagen in die Regierungsverantwortung mit hineingenommene Opposition sich dessen bewußt sein und also ihre Stellung nicht mißbrauchen werde. Diese Erwartung zu hegen, war der Verfassunggeber im Hinblick auf Art. 21 Abs. 2 GG berechtigt; er durfte davon ausgehen, daß die auf der politischen Ebene der Bundesrepublik operierenden Parteien im Gegensatz zur Weimarer Zeit in der Bejahung der Verfassungsgrundlagen einig und der geforderten Verantwortlichkeit mithin fähig sein würden. Diese Erwartung ist bisher nicht enttäuscht worden. Wenn also regionale und funktionale Gliederung der politischen Leitungsgewalt sich in dieser Weise wechselseitig durchdringen und befruchten, wenn sie (u. a.) geradezu aus der (regelmäßigen) bundeseinheitlichen Organisation der Parteien ihren Sinn beziehen, dann wäre es inkonsequent, diesem System dadurch einen wesentlichen Teil seiner Bedeutung zu nehmen, daß man den Parteien eine bundespolitische Aktivität vom Lande her versagt. *Konrad Hesse*[57] hat darauf hingewiesen, daß es auch in Bund-Länder-Streitigkeiten vor dem Bundesverfassungsgericht vielfach nicht mehr um die gliedstaatliche Selbstbehauptung gegenüber dem Bund, sondern um die Austragung rechtlicher und politischer Differenzen zwischen verschiedenen politischen Richtungen oder Parteien geht. Niemand hat darin bisher einen verfassungsrechtswidrigen Formenmißbrauch erblickt. Ebenso wenig mißbräuchlich ist es aber dann, wenn sich die Parteien anderer bundesstaatsrechtlicher Institutionen, vor allem des Bundesrates, zur Durchsetzung ihres politischen Willens bedienen.

3. Eine letzte gegen die verfassungsrechtliche Unbedenklichkeit parteipolitischer Einflüsse im Bundesrat gerichtete Überlegung könnte sich auf das – vom BVerfG[58] als solches anerkannte[59] – Rechtsprinzip der Bundestreue stützen. So wird im Schrifttum[60] die Meinung vertreten, die Bundesratsmitglieder seien kraft Bundestreue dem Gemeinwohl des Bundes verpflichtet. Die These zielt freilich regelmäßig gegen eine egoistische und rücksichtslose Ausnützung

---

[57] Der unitarische Bundesstaat, S. 9.
[58] S. die Übersicht bei *Leibholz-Rinck*, Grundgesetz, 3. Aufl. 1968, Art. 20 Rdnr. 4 ff.
[59] Kritisch hierzu K. *Hesse*, a. a. O., S. 6 ff.; *Fuss*, DÖV 1964, S. 37 ff.
[60] *Vonderbeck*, a. a. O. (Anm. 22), S. 76 m. w. Nachw. (Fn. 5). Ebenso früher *Bilfinger*, HDStR I, S. 551, und *Lassar*, ebda., S. 304; ferner *Bilfinger*, Der Einfluß der Einzelstaaten, S. 48 f. Vgl. auch *H.-W. Bayer*, Die Bundestreue, 1961, S. 81.

der Position der Länder im Bundesrat, ließe sich jedoch auch gegen die parlamentarische Opposition wenden, die die ihr zuzurechnenden Stimmen der
Länder im Bundesrat gebraucht, um der Bundesregierung Schwierigkeiten zu
machen.

Aus der allgemeinen Pflicht zu bundesfreundlichem Verhalten folgt u. a. die
Einordnungspflicht der Länder[61]; hiernach ist es den Ländern untersagt, die
Politik des Bundes zu durchkreuzen, sei es auch in Ausübung ihrer Zuständigkeiten. Daraus lassen sich jedoch keine Regeln für das Abstimmungsverhalten der Mitglieder des Bundesrates ableiten; denn im Bundesrat wird, soweit seine Kompetenzen eben reichen, die Politik des Bundes erst gemacht,
und zwar nach dem Willen der Verfassung unter Beteiligung der Länder. Für
die Bundesratsmitglieder ist die Bundespolitik also nicht etwas Fertiges, dem
sie sich ein- oder unterzuordnen hätten. Hierbei sind sie lediglich an die Instruktionen ihrer Landesregierungen gebunden, sonstige Rücksichten sind ihnen nicht auferlegt[62]. Wo die Stimmrechtsausübung im Bundesrat dem Einfluß
der Parteien unterliegt, also bedingt ist durch das Verhältnis von Regierungsmehrheit und Opposition im Parlament, wird der Maßstab der Bundestreue
vollends unbrauchbar. Hierauf hat unter Bezug auf die Bund-Länder-Streitigkeiten, soweit sich hinter ihnen Auseinandersetzungen zwischen den Parteien
verbergen, schon *Konrad Hesse*[63] mit der Begründung hingewiesen, das
Grundgesetz setze den Kampf verschiedener politischer Richtungen gerade
voraus, könne ihn also nicht gleichzeitig durch Treueappelle unterbinden wollen. Das gilt auch für den Bundesrat[64].

VII. Zulässigkeit einer Stimmenthaltungsabrede?

Ist nach alledem ein parteipolitisch orientiertes Abstimmungsverhalten der
Mitglieder des Bundesrates verfassungsrechtlich unbedenklich, so kann doch
die Frage aufgeworfen werden, ob auch die Stimmenthaltung der Vertreter
eines Landes im Bundesrat, soweit sie unter gleichen Vorzeichen erfolgt, als
zulässig angesehen werden kann. So ist es denkbar, daß in Koalitionsabreden
zwischen Parteien, die im Bund in verschiedenen Lagern stehen, im Lande
aber zusammengehen, vereinbart wird, daß das Land sich im Bundesrat der
Stimme enthält, wo immer zwischen Bundestagsmehrheit und -minderheit

---

[61] *E. R. Huber*, a. a. O. (Anm. 26), S. 1037 f.

[62] Die Behauptung *Bayers*, a. a. O., S. 81 f., es fehle in der Staatspraxis nicht an Beweisen
dafür, daß die Bindung der Stimmrechtsausübung im Bundesrat an das Rechtsgebot der Bundestreue tatsächlich anerkannt war und ist, ist durch die von ihm angeführten Beispiele nicht
zu belegen.

[63] Der unitarische Bundesstaat, S. 9 f.; Verfassungsrecht, S. 102.

[64] So ausdrücklich auch *Maunz* in Maunz, Dürig, Herzog, a. a. O., Art. 50 Rdnr. 16.

bestehende Meinungsverschiedenheiten auf den Bundesrat übergreifen[65]. Selbstverständlich steht die Zulässigkeit der Stimmenthaltung im Einzelfall außer allem Zweifel. Andererseits ist ebensowenig zweifelhaft, daß die Länder Mitglieder in der durch Art. 51 Abs. 2 GG bestimmten Zahl in den Bundesrat entsenden müssen[66]. Dieser Rechtspflicht wäre auch nicht schon durch deren Benennung genügt, falls sie gleichzeitig die Weisung erhielten, an den Sitzungen des Bundesrates nicht teilzunehmen[67]. Nichtteilnahme und Stimmenthaltung sind jedoch verschiedene Dinge. Diese ist, jedenfalls im hier behandelten Zusammenhang, nicht Ausdruck der Obstruktion, sondern einer politischen Kräfteverteilung im Lande, deren bundespolitische Auswirkung nicht minder legitim ist als die einer anderen, die Regierung oder Opposition im Bunde begünstigt. Daran ändert es auch nichts, daß die Stimmenthaltung im Bundesrat wegen des Art. 52 Abs. 3 Satz 1 GG praktisch die Bedeutung einer Nein-Stimme hat. Gegen Koalitionsabreden der bezeichneten Art in einem Lande erheben sich also keine bundesverfassungsrechtlichen Einwände.

---

[65] Bekanntlich war die Forderung der CDU an die SPD, eine solche Vereinbarung zu treffen, die wesentliche Ursache des Zerfalls der Koalition beider Parteien in Niedersachsen im Frühjahr 1970.

[66] *Maunz*, a. a. O., Art. 51 Rdnr. 14.

[67] S. für den Bundesrat der BRV *E. R. Huber*, a. a. O. (Anm. 26), S. 857, gegen *Laband*, Das Staatsrecht des Deutschen Reiches, Bd. 1, 5. Aufl. 1909, S. 241.

2. Der Bundesrat der Bundesrepublik Deutschland – die »Zweite Kammer«?[1]

I. Der Bundesrat – eine »Zweite Kammer«?

Der Begriff des Zwei-Kammer-Systems bezeichnet Verfassungssysteme, in denen die dem Parlament zukommenden Befugnisse von zwei Körperschaften ausgeübt werden[2]. Die neben der aus allgemeinen und direkten Wahlen hervorgegangenen (nicht notwendig immer so genannten) Ersten Kammer stehende Zweite Kammer kann nach sehr unterschiedlichen Kriterien zusammengesetzt und mit nicht weniger unterschiedlichen Zuständigkeiten ausgestattet sein. Die Zweite Kammer im Verfassungssystem der Bundesrepublik Deutschland, der Bundesrat[3], ist – dem bundesstaatlichen Strukturprinzip des Grundgesetzes entsprechend – unter Rückgriff auf die territoriale Gliederung gebildet worden. Der Verfassungsgeber hat damit auch einem Stück spezifisch deutscher Verfassungstradition Rechnung getragen.

Der Bundesrat ist unstreitig ein *Verfassungsorgan des Bundes*, nicht der Bundesländer[4] – er ist im Grundgesetz und nicht in den Landesverfassungen geregelt[5], ihm sind Bundesaufgaben übertragen[6], soweit ihm im Grundgesetz Kompetenzen zugewiesen sind, können an seiner Stelle nicht die Länder han-

---

[1] Es handelt sich um den vervollständigten und mit Anmerkungen versehenen Text eines Referats, das der Verfasser anläßlich des 4. Deutsch-Italienischen Verfassungsrechtskolloquiums am 26. Mai 1983 in Palermo gehalten hat. – Unter Mitarbeit von *Werner Lauff*.

[2] *Herzog,* Allg. Staatlehre, 1971, S. 250; s.a. *ders.,* Evang. Staatslexikon, 2. Aufl. 1975, Sp. 2989 ff.; *Zippelius,* Allg. Staatslehre, 8. Aufl. 1982, § 14 III – jeweils m. w. N.

[3] Ob der Bundesrat die Bezeichnung als »Zweite Kammer« zu Recht trägt, ist Gegenstand des Streits (dazu sogleich). Als in einer Informationsschrift des Bundesrates aus dem Jahre 1975 dieser an zwei Stellen als »Zweite Kammer« bezeichnet wurde, war dies für den damaligen Bundeskanzler Veranlassung, den Präsidenten des Bundesrates aufzufordern, eine Wiederholung solcher Formulierungen unter allen Umständen zu verhindern.

[4] S. u.a.: BVerfGE 1, 299, 311; 8, 104, 120; *Maunz* in: Maunz/Dürig/Herzog/Scholz, Art. 50 Rdnr. 5; *von Mangoldt-Klein,* Bd. II, Vorbem. III 2 d vor Art. 50; *Scupin* in Bonner Kommentar, Erl. I 1 zu Art. 50; *Hendrichs,* in: von Münch, Art. 50, Rdnr. 7; *Hamann-Lenz,* Anm. vor Art. 50; *Schmid,* DöV 1949, 204; *Reuter,* S. 14 und 26; *Ellwein,* S. 307; *Fromme,* S. 21; *Posser,* S. 904; *Stern,* Staatsrecht, 2. Bd., § 27 II 2 b; *Hesse,* Grundzüge, Rdnr. 616.

[5] *von Mangoldt-Klein,* Bd. II, Vorbem. III 2 d vor Art. 50; *Hendrichs,* in: von Münch, Art. 50, Rdnr. 7.

[6] *von Mangoldt-Klein,* ebd.

deln[7]. Eine Auseinandersetzung zwischen Bundestag und Bundesrat ist folglich ein Streit zwischen zwei Bundesorganen[8]. Der Bundesrat ist (u. a.) das *zweite Gesetzgebungsorgan* auf Bundesebene[9] – er kann Gesetzesvorlagen einbringen, hat bei Gesetzesinitiativen der Bundesregierung das Recht der ersten Stellungnahme, ohne seine Mitwirkung erlangt kein Entwurf Gesetzeskraft[10]. Er ist – um eine auf die innerstaatliche Zustimmung zu völkerrechtlichen Verträgen bezogene Formulierung des Grundgesetzes[11] aufzugreifen – eine der »für die Bundesgesetzgebung zuständigen Körperschaften«[12]. Ob der Bundesrat aber eine Zweite Kammer darstellt, ist umstritten – vor allem wohl deshalb, weil der Begriff der Zweiten Kammer seinerseits nicht eindeutig ist. Für die juristische Betrachtung ist übrigens die Zuordnung des Bundesrates zu einer Kategorie der Staatslehre auch ohne Aussagewert[13]. So ergibt sich die Reichweite der Zuständigkeiten des Bundesrates nicht aus einer solchen Qualifikation; eher kann man umgekehrt aus den Befugnissen des Bundesrates[14] Erkenntnisse für seine staatsrechtliche Typisierung herleiten[15].

Der Bundesrat ist jedenfalls nicht Bestandteil eines begrifflich wie institutionell übergeordneten einheitlichen Gesetzgebungsorgans[16], wie etwa das House of Lords, das mit dem House of Commons das British Parliament bildet. Sein Status ist ebensowenig vergleichbar mit dem des Schweizer Ständerates, des amerikanischen Senats oder der niederländischen Zweiten Kammer, denn diese bilden zusammen mit dem Nationalrat, dem Kongreß bzw. der Ersten Kammer ein einheitliches Gesetzgebungsorgan, nämlich die Schweizer Bundesversammlung, den amerikanischen Kongreß bzw. die niederländischen Generalstaaten. Aber der Bundesrat steht auch nicht in einem Unterordnungs- oder Nachrangigkeitsverhältnis zum Deutschen Bundestag. Zwar hat der Zweite Senat des Bundesverfassungsgerichts 1974 im »Bundesrats-Urteil« mehrheitlich die Auffassung vertreten, der Bundesrat könne nicht als »Zweite Kammer« bezeichnet werden, weil er nicht gleichwertig am Gesetzgebungsverfahren beteiligt sei und er nach dem Wortlaut des Grundgesetzes bei der Gesetzgebung nur mitwirke[17]. Nur wenige Sätze weiter unter-

---

[7] So BVerfGE 1, 299, 311. S. a. *Lange*, S. 185.
[8] Art. 93, Abs. 1, Nr. 1 GG, §§ 63 ff. BVerfGG.
[9] *von Mangold-Klein*, Bd. II, Art. 77, Erl. II 2; *Hendrichs*, in: von Münch, Art. 50, Rdnrn. 1 und 11.
[10] Vgl. dazu unten III. 2 a).
[11] Art. 59, Abs. 1, Satz 2 GG.
[12] Vgl. *Hendrichs*, in: von Münch, Art. 50, Rdnr. 11.
[13] So auch *Ernst Friesenhahn*, in: Festschrift Bundesrat, S. 251.
[14] Dazu unten III.
[15] Vgl. *Hans H. Klein*, ZParl 1974, 488.
[16] *A. A. Kaiser*, S. 17: »Hauptorgane der Bundesgesetzgebung sind Bundestag und Bundesrat, also das Parlament.« Ebenso *Geck*, S. 95 (Fn. 184) und *Cieslar*, S. 22. Dagegen *Lechner*, DÖV 1952, 418; *Menzel*, JZ 1971, 758.
[17] BVerfGE 37, 363, 380.

strich das Gericht aber, daß ein Zustimmungsgesetz[18] ohne die Zustimmung des Bundesrates nicht zustandekommt, was unanfechtbar belegt, daß Bundestag und Bundesrat insoweit am Gesetzgebungsverfahren doch gleichgewichtig und damit ja wohl auch gleichwertig beteiligt sind[19]. Der Begriff »Mitwirkung« in Art. 50 des Grundgesetzes sagt darüber nichts Gegenteiliges aus; er ist lediglich Oberbegriff für eine ganze Skala von Einwirkungsmöglichkeiten, die von bloßen Informationsrechten bis zu dem erwähnten gleichberechtigten Zustimmungsrecht reicht. Auch ist der Bundesrat nicht etwa deswegen von geringerer Wertigkeit, weil er lediglich die »Interessenvertretung der Länder« sei. Denn die Länder haben im Bundesrat nicht nur ihre spezifischen Interessen zur Geltung zu bringen, sondern auch und primär die Belange des Bundes wahrzunehmen und zu pflegen[20]. Das Mitbestimmungsrecht in Bundessachen steht neben dem eigenstaatlichen Bereich der Länder, es betrifft sie als (Mit-)Glieder des Bundes[21]. In den Beschlüssen des Bundesrates kommt nicht Länderwille, sondern Bundeswille zum Ausdruck[22].

Wie ist es zu dieser – wie *Werner Weber* einmal formuliert hat[23] – schillerndsten aller Schöpfungen des Grundgesetzes gekommen? An welchen Vorbildern hat sich der Verfassungsgeber orientiert? (II.) Welche Kompetenzen hat er dem Bundesrat eingeräumt? (III.) Und schließlich: Wie hat sich der Bundesrat in seiner 34jährigen Praxis entwickelt? (IV.) Es ist sicher auch unter dem Aspekte rechtsvergleichender Betrachtung nicht uninteressant, diesen eher retrospektiven Ansatz zu verfolgen. Denn den Streit um Begriffe, den Vergleich auf der Grundlage von Schlagworten, das Mißverständnis durch voreilige Definition, vermeidet man nur durch die Analyse der Details.

II. Vorläufer und Entstehungsgeschichte des Bundesrats

1. Der Bundesrat der Reichsverfassung von 1871

In der Bismarckschen Konzeption der Verfassung des Deutschen Reiches vom 16. April 1871 war der *Bundesrat* das wichtigste politische Organ in der monarchischen Föderation, dem »Bund der deutschen Fürsten«[24]. Er sollte Kor-

---

[18] Dazu unten III.

[19] Vgl. *Hans H. Klein,* ZParl 1974, 488.

[20] *von Mangoldt-Klein,* Bd. II; Vorbem. III 2 d vor Art. 50; *Hendrichs,* in: von Münch, Art. 50, Rdnr. 7; *Lange,* S. 188 ff.

[21] *Scupin,* in: Bonner Kommentar, Erl. II 1 zu Art. 50.

[22] *Schmid,* DÖV 1949, 204.

[23] Spannungen und Kräfte im westdeutschen Verfassungssystem, S. 78.

[24] *Huber,* Bd. 3, S. 788 f., nennt die Formel vom Fürstenbund »eine bloß verbale Beteuerung, die die nationalunitarische Verfassungswirklichkeit durch eine bündische Legende ideologisch zu verdecken suchte«.

rektiv und Gegengewicht[25] zu dem aus direkten und gleichen Wahlen hervorgegangenen unitarischen Reichstag sein[26]. Im Bundesrat sollte die Souveränität
der Einzelstaaten fortwirken[27], ja die »Gesamtheit der verbündeten Regierungen« Souverän auf Reichsebene sein[28]. In ihn entsandten daher die deutschen
Fürsten ihre Bevollmächtigten; diese führten den Titel »außerordentliche Ge-
sandte und bevollmächtigte Minister« und hatten Anrecht auf die Anrede
»Exzellenz«[29]. Durch diese Zusammensetzung wollte man einerseits den Fortbestand der Herrschaft der Fürsten auch im Bundesstaat sichern – eine Vorbedingung für die Einigung der deutschen Staaten – und andererseits die im
monarchischen System scheinbar so gegensätzlichen Begriffe des Föderalismus und des (unitarischen) Parlamentarismus in Einklang bringen[30]. Modell
für den Bundesrat als Organ der Staatsregierungen war deshalb nicht das
Staatenhaus der – nie in Kraft getretenen – Frankfurter Paulskirchenverfassung von 1849, denn dessen Mitglieder sollten zur Hälfte durch die Volksvertretungen der Gliedstaaten gewählt werden[31]. Vorbild war vielmehr der
Frankfurter Bundestag als Gesandtenkongreß der deutschen Fürsten und der
Senate der Freien Städte des vom Wiener Kongreß 1815 errichteten Deutschen
Bundes. Mit dem Bundesrat der Reichsverfassung von 1871 war somit – vom
Gesichtspunkt der Kreation her – der Nachfolger des alten Bundestages ent-
standen; das Deutsche Reich wurde zum Nachfahren des Deutschen Bundes,
der allerdings als »völkerrechtlicher Verein« kein Bundesstaat, sondern ein
Staatenbund gewesen war[32].

---

[25] *Becker,* S. 248, spricht von der »Gegenwehr gegen das Streben nach dem parlamentarischen Regierungssystem«.
[26] *Eschenburg,* in: Festschrift Bundesrat, S. 37 ff. (39).
[27] *Kaufmann,* Bd. 1, S. 172.
[28] *Bismarck* am 19. April 1871 vor dem Deutschen Reichstag, zit. nach *Ziller,* Der Bundesrat, S. 11 f.; vgl. auch *Laufer,* S. 28. Diese auch von *Laband* vertretene Formulierung (Staatsrecht, Bd. 1, S. 79) ist nach *Huber* (Bd. 3, S. 787) unzutreffend: »Träger der Reichsgewalt war
nicht die Gesamtheit der Gliedstaaten, sondern das Reich selbst als eigenständige Staatsper-
sönlichkeit«. Vgl. auch das., S. 489. Der Bundesrat sollte nach dem Willen der Verfassung
Träger der Reichssouveränität sein. Mag er diese Stellung in der politischen Wirklichkeit nicht
eingenommen haben (vgl. *Laband,* S. 97), so verboten doch Fülle und Gewicht seiner Aufgaben, in ihm nur eine Vertretung der Interessen der Gliedstaaten gegenüber dem Reich zu
erblicken. Vgl. dazu auch *Hans H. Klein,* DÖV 1971, 327.
[29] Vgl. *Eschenburg,* a. a. O., S. 39.
[30] Noch 1917 war die Auffassung der Unvereinbarkeit von Föderalismus und Parlamentarismus verbreitet; vgl. *Kaufmann,* Bd. 1, S. 143 ff.
[31] § 88 Abs. 1 Paulskirchenverfassung. Nach § 85 sollte der Reichstag aus zwei Häusern
bestehen, dem Staatenhause und dem Volkshause. Die Mitglieder des Staatenhauses sollten zur
Hälfte durch die Regierungen und zur Hälfte durch die Volksvertretungen der betreffenden
Staaten ernannt werden. Das Volkshaus sollte aus den Abgeordneten des deutschen Volkes
bestehen (§ 93). Ein Reichstagsbeschluß sollte nur durch die Übereinstimmung beider Häuser
gültig zustandekommen (§ 100). Damit wäre ein echtes Zweikammersystem in bundesstaatli-
cher Form geschaffen worden; vgl. *Huber,* Bd. 2, S. 289 ff.; *Laufer,* S. 24.
[32] Der Bundestag des Deutschen Bundes hatte kein Gesetzgebungsrecht; seine Beschlüsse

Die Zahl der Bevollmächtigten, die jedes Mitglied des Bundes in den Bundesrat der Bismarckschen Reichsverfassung entsenden konnte, hing davon ab, wieviel Stimmen es hatte[33]. Das Königreich Preußen – das zwei Drittel des Reichsgebietes und der Reichsbevölkerung umfaßte – verfügte über 17 von 58 Stimmen, Bayern hatte sechs, Sachsen und Württemberg verfügten über je vier, Baden und Hessen je drei, Braunschweig sowie Mecklenburg-Schwerin je zwei, die übrigen 17 Mitglieder je eine Stimme. Die Stimmen konnten nur einheitlich abgegeben werden. Das wichtigste Mitwirkungsrecht des Bundesrates lag auf dem Gebiet der Reichsgesetzgebung. Sie wurde durch Bundesrat und Reichstag ausgeübt[34]; zum Zustandekommen eines Reichsgesetzes (auch des Haushaltsgesetzes) waren Mehrheitsbeschlüsse beider Versammlungen notwendig[35]. Der Bundesrat beschloß »über die Vorlagen an den Reichstag und über dessen Beschlüsse«[36]. Die herrschende Meinung[37] schloß daraus – auf der Grundlage der von *Paul Laband* entwickelten Unterscheidung zwischen der Feststellung des Gesetzesinhalts und der Erteilung des Gesetzesbefehls[38] –, daß der Bundesrat neben der gleichberechtigten Mitwirkung an der Feststellung des Gesetzesinhalts auch allein den Gesetzesbefehl zu erlassen habe – eine Auffassung, die allerdings nicht nur im Widerspruch zu der Tatsache stand, daß die Gesetze vom Kaiser mit der Eingangsformel verkündet wurden: »Wir …, von Gottes Gnaden Deutscher Kaiser … verordnen … was folgt«, sondern auch zu *Labands* eigener These, der Gesetzesbefehl werde vom Kaiser erlassen[39]. Neben den legislativen hatte der Bundesrat auch exekutive und jurisdiktionelle Kompetenzen. So fiel der Erlaß der zur Ausführung der Gesetze erforderlichen allgemeinen Verwaltungsvorschriften in seine alleinige Zuständigkeit[40]. Außerdem übte er die Bundesaufsicht aus und entschied Streitigkeiten zwischen den Bundesstaaten[41] sowie unter bestimmten Voraussetzungen auch Verfassungsstreitigkeiten innerhalb eines Bundesstaates[42]. Zum Zwecke der vorzeitigen Beendigung der Legislaturperiode konnte der Reichstag durch einen Beschluß des Bundesrates, der der Zustimmung des Kaisers bedurfte, aufgelöst werden[43].

---

traten in den einzelnen Staaten erst in Kraft, wenn sie dort als Gesetz verkündet waren. Vgl. *Ziller,* Der Bundesrat, S. 10 f.

[33] Art. 6 RV.

[34] Art. 5, Abs. 1, Satz 1 RV

[35] Art. 5, Abs. 1, Satz 2 RV.

[36] Art. 7, Satz 1, Nr. 1 RV.

[37] Vgl. *Blumenwitz,* in: Bonner Kommentar, Vorbem. 4 vor Art. 50–53, sowie *Laband,* Das Staatsrecht des Deutschen Reiches, Bd. 1, 2. Aufl. 1887, S. 532 f.; ferner *Huber,* Bd. 3, S. 920 ff.

[38] A. a. O., Bd. 2, S. 4 ff., 24 ff.

[39] Das., S. 33, 34. Dazu *Huber,* a. a. O., S. 925 f.

[40] Art. 7, Nr. 2 RV. Nach *Kaufmann* (Bd. 1, S. 188) stellte der Bundesrat daher die »Regierungsgewalt des Reiches« dar.

[41] Art. 76, Abs. 1 RV.

[42] Art. 76, Abs. 2 RV.

[43] Art. 24, Satz 2 RV.

In der Realität aber war die starke Stellung des Bundesrates und damit die behauptete »Souveränität der Staatengesamtheit« durch eine starke preußische Hegemonie überlagert. Bei Gesetzesvorschlägen über das Militärwesen, die Kriegsmarine, Zölle und bestimmte Steuern stand dem Präsidium des Bundes, das der König von Preußen – verbunden mit dem Titel ›Deutscher Kaiser‹ – innehatte, ohnehin ein Veto zu[44], seine »dominierende Stellung«[45] blieb also erhalten. Vorsitzender des Bundesrates war zudem der vom Kaiser ernannte Reichskanzler, und dieser war in der Regel zugleich preußischer Minister-präsident. Der Reichskanzler war zugleich Chef der Reichsverwaltung und auf diese war der Bundesrat angewiesen, denn er hatte keinen eigenen Ver-waltungsunterbau. Die Hegemonie Preußens[46] war zudem inhaltlich dadurch abgesichert, daß der Bundesrat Verfassungsänderungen mit 14 Stimmen blok-kieren konnte[47] – Preußen hatte 17 Stimmen. In der Praxis setzte sich die preußische Hegemonie auch im Bereich der einfachen Gesetze und Beschlüsse durch: Im Kaiserreich ist Preußen nur ein einziges Mal überstimmt wor-den[48]. War somit in aller Regel die Willenskongruenz von Kaiser, Reichskanz-ler und Bundesrat gewährleistet, der Bundesrat mithin zur 43köpfigen Regie-rungsbank umfunktioniert[49], so konnte es nicht überraschen, daß der tatsäch-liche Einfluß des Bundesrates auf die Reichspolitik inhaltlich letztlich gering blieb. Eine »Regierung neben dem Kaiser« – die ohnehin für viele schlechthin unvorstellbar war – fand nicht statt. Man hat im Blick auf diese Entwicklung sogar vom Pseudo-Föderalismus des Bismarck-Reiches[50] gesprochen.

---

[44] Art. 5, Abs. 2 RV.

[45] *Becker,* S. 246.

[46] Vgl. *Huber,* Bd. 3, S. 798 ff.

[47] Art. 78, Abs. 1, Satz 2 RV.

[48] Vgl. *Eschenburg,* a. a. O., S. 40; *Binder,* Bd. 1, S. 59. Zum Verhältnis Preußens zu den kleineren Mitgliedern des Bundes auch *Becker,* S. 247. Anschaulich schildert *Kaufmann,* Bd. 1, S. 168 f., daß *Bismarck* die Konstruktion des Bundesrates als Rat der Regierungsvertreter auch deshalb gewählt hatte, weil so Verhandlungen zwischen den Regierungen über die im Bun-desrat anstehenden Themen möglich blieben: »Zwischen freien souveränen, verbündeten Re-gierungen liegt die Sache anders als zwischen einzelnen Mitgliedern eines Abgeordnetenhau-ses«. Die übrigen Staaten hätten dabei »stets anerkannt, daß hinter den 17 preußischen Stim-men 40 Millionen Einwohner des preußischen Staates stehen und hinter den 41 anderen ca. 20 Millionen, daß Preußen für sich allein eine Großmacht ist und niemals die politische Führung im Reiche ... aus der Hand geben kann.« (Zu den Konsultationsmechanismen im Kaiserreich auch *Lehmbruch,* S. 46 f.) Dieser »diplomatische bundesrätliche Verkehr« trug freilich auch zum Ausgleich der partikularen Interessen zwischen den Staaten und zu deren Einigung bei, so daß trotz der preußischen Hegemonie ein »bündischer Unitarismus« entstand (S. 171 f.).

[49] Vgl. *Lehmbruch,* S. 57.

[50] So *Laufer,* S. 31. *Bismarcks* »Föderalismus« war durch vier Elemente denaturiert: Die formelle Gleichordnung der Bundesglieder, die eine (außerparlamentarische) Majorisierung auf diplomatischem Wege erlaubte (vgl. oben Fn. 45), das materielle Übergewicht Preußens, gestützt auf seine Mitgliederzahl im Bundesrat und auf die Stellung des Kaisers und Kanzlers, die Solidarität der monarchischen Interessen, »hinter deren Kollegialität der Kanzler gegen-über parlamentarischen Machtansprüchen Deckung finden konnte« (*Kaufmann,* Bd. 1, S. 176),

2. Der Reichsrat der Weimarer Reichsverfassung von 1919

Tendierte *Bismarck* 1871 mit seiner Konstruktion des föderalen Staates noch
mehr zum Staatenbund als zum Bundesstaat, so hatten die Väter der Weimarer
Reichsverfassung 1919 – ein halbes Jahrhundert später – mehr den Einheits-
staat mit föderalen Elementen im Auge. Denn nach Jahrzehnten wirtschaftlicher Blüte und imperialer Machtentfaltung war das politische Deutschland
ziemlich unvorbereitet am Punkte Null angelangt[51]. Seine Majestät der Kaiser
und König von Preußen »hatten sich entschlossen, dem Throne zu entsa-
gen«[52], auch die Fürsten waren gegangen. Nunmehr machten sich zentripetale
Tendenzen im föderalen Gefüge des Reiches breit: »Je mehr in den Gliedstaaten mit der Fürstenherrlichkeit auch das Hauptmoment ihrer historischen
Staatlichkeit verblaßte und das Volk in spätem Erwachen seines demokratischen Selbstbewußtseins in den Staat hineinwuchs, um so stärker suchte es
kraft seines gesamtdeutschen Einheitswillens im Reiche selbst, nicht in den
Gliedern, den eigentlichen Bezugspunkt seiner demokratischen Staatsträger-
schaft«[53].

Die Reaktion darauf war der Ruf nach einer Zuständigkeitserweiterung des
Bundes bei Gesetzgebung und Verwaltung. Der Verfassungsentwurf des Berliner Staatsrechtlers *Hugo Preuß* trug diesen zentralistischen Tendenzen Rechnung; er ging sogar soweit, den Länderregierungen Mitwirkungsrechte ganz
zu entziehen und diese stattdessen auf eine zweite Kammer, deren Mitglieder
von den landtagen gewählt werden sollten, – das »Staatenhaus« – zu übertragen. Dieser Vorschlag scheiterte zwar am heftigen Widerspruch der Regierungen der Länder[54] – sie hatten im Zuge des mit der Revolution einhergehenden Zerfalls der Reichseinheit vorübergehend wieder an Gewicht gewonnen und genossen zudem die Unterstützung jener Kräfte in der
Nationalversammlung, die sich auf das »Experiment« einer zweiten Kammer
nicht einlassen wollten[55] –, gleichwohl konnten sie nicht verhindern, daß ihr
Einfluß auf den Gesamtstaat in der neuen Verfassung erheblich reduziert wurde. So weitete die Weimarer Reichsverfassung die Gesetzgebungskompetenz
des Reiches aus und schränkte die Verwaltungskompetenzen der Länder ein:
Zwar wurden die Reichsgesetze auch weiterhin durch Landesbehörden ausgeführt[56], durch einfaches Reichsgesetz konnten aber Abweichungen festgelegt

---

und die Sicherstellung der Normen der Verfassung auch gegenüber bundesrätlichen Majori-
täten. Ausführlich zum Bundesrat in der Reichsverfassung von 1871: *Scholl*, S. 34 ff.
   [51] Vgl. *Schuster*, S. 11 f.
   [52] So der Wortlaut des Erlasses von Reichskanzler *Max von Baden* am 9. November 1918,
vgl. *Binder*, Bd. 1, S. 225.
   [53] *W. Weber*, a. a. O., S. 57.
   [54] Vgl. *Eschenburg*, a. a. O., S. 43.
   [55] Vgl. *Eschenburg*, a. a. O., S. 44.
   [56] Art. 14 WRV.

und damit der Reichsverwaltung zusätzliche Kompetenzen zugeordnet werden, wovon das Reich dann auch bald nach Inkrafttreten der Verfassung Gebrauch machte, indem es eine reichseigene Steuer- und Finanzverwaltung schuf[57].

Die Stellung des *Reichsrates*, der aus dem von den Länderregierungen zwischenzeitlich gebildeten provisorischen »Staatenausschuß« hervorging, war entsprechend unzureichend; in einer Verfassung, die das Schwergewicht auf die Ausbalancierung der Macht zwischen dem vom Volk gewählten Parlament – dem Reichstag[58] – und dem ebenfalls vom Volk gewählten Staatsoberhaupt – dem Reichspräsidenten[59] – legte und im übrigen laut Präambel die Erneuerung und Festigung des Reiches (nicht der Länder) zum Ziel hatte[60], war für eine wirksame Einflußnahme der Länder über den Reichsrat kaum noch Raum. Zwar war dieser zur »Vertretung der deutschen Länder bei der Gesetzgebung und Verwaltung des Reichs« gebildet[61]; im Gesetzgebungsprozeß hatte er aber viel geringere Mitwirkungsmöglichkeiten als der alte Bundesrat. Art. 68 der Weimarer Reichsverfassung war entsprechend deutlich formuliert: »Die Reichsgesetze werden vom Reichstag beschlossen«.

Ein Recht des ersten Durchgangs besaß der Reichsrat zwar dadurch, daß die Einbringung von Gesetzesvorlagen der Reichsregierung seiner Zustimmung bedurfte; ergab sich keine Übereinstimmung zwischen Reichsregierung und Reichsrat, konnte die Regierung den Gesetzentwurf aber gleichwohl – unter Darlegung der abweichenden Auffassungen des Reichsrates – beim Reichstag einbringen[62]. Im zweiten Durchgang besaß der Reichsrat nur ein Einspruchsrecht gegen die Gesetzesbeschlüsse des Reichstages. Dieser Einspruch konnte vom Reichstag überstimmt werden. Geschah dies mit Zwei-Drittel-Mehrheit, so konnte der Reichspräsident das Gesetz entweder verkünden oder einen Volksentscheid anordnen[63], was er in der Praxis nie getan hat[64] und im übrigen ohnehin bei jedem Gesetz tun konnte[65]. Erfolgte die Zurückweisung allerdings nur mit einfacher Mehrheit, so kam das Gesetz nicht zustande, es sei denn, daß der Reichspräsident von seiner Möglichkeit Gebrauch machte, auch in diesem Fall einen Volksentscheid herbeizuführen[66]. Da der Reichspräsident den Volksentscheid nie angewendet hat, bedeutete diese Konstruktion trotz aller institutionellen Mängel der Mitwirkung des

---

[57] *Erzberger*'sche Finanzreform; vgl. *Laufer*, S. 34 und 26; *Huber*, Bd. 6, S. 486 ff.
[58] Art. 20 ff. WRV.
[59] Art. 41 WRV.
[60] So auch *Weber*, S. 58.
[61] Art. 60 WRV. Vgl. zum Ganzen *Huber*, Bd. 6, S. 373 ff.
[62] Art. 60 WRV.
[63] Art. 73, Abs. 1 WRV.
[64] Vgl. *Lehmbruch*, S. 54 f.
[65] Art. 73, Abs. 1 WRV.
[66] Art. 74, Abs. 3 WRV.

Reichsrates – schließlich stand immer noch die Möglichkeit der Überstimmung durch den Reichstag mit Zwei-Drittel-Mehrheit im Raum – eine Stärkung der Mitwirkungsrechte der Länder – freilich auf anderer Ebene: Es kam zu Konsultationsmechanismen, sei es im Rahmen der bis 1930 stattfindenden Länderkonferenzen, durch eine »Koordinierung« der Politik der Regierungen Preußens und des Reichs oder durch Absprachen auf der »Parteienschiene«. Denn die Regierungen in den Ländern wurden wie im Reich infolge der reichsverfassungsrechtlichen Garantie des parlamentarischen Systems in den Länderverfassungen (Art. 17 Abs. 1 Satz 3 WRV) von den Parteien gebildet. Damit war die starre Frontstellung insofern durchbrochen, als die Länder auf diesem Wege ihren Einfluß gegenüber dem Reich geltend machen konnten, was freilich ebenso auch umgekehrt galt.

Bewirkte das fragliche Gesetz eine Verfassungsänderung, so konnte der Reichsrat den Volksentscheid selbst verlangen, und zwar auch dann, wenn sich im Reichstag die für eine Verfassungsänderung erforderliche Zwei-Drittel-Mehrheit gefunden hatte[67].

Der Reichsrat bestand aus Mitgliedern der Regierungen der Länder[68], in der Praxis ließen sich diese jedoch regelmäßig durch Beamte vertreten[69]. Jedes Land hatte mindestens eine Stimme, bei den größeren Ländern entfielen auf 700 000 Einwohner eine Stimme[70]. Kein Land durfte mehr als zwei Fünftel aller Stimmen auf sich vereinigen[71]. 1930 hatten so Preußen 26 Stimmen, Bayern 11, Sachsen 7, Württemberg 4, Baden 3, Hamburg, Hessen und Thüringen je zwei sowie die übrigen neun Länder je eine Stimme im Reichsrat[72]. Mit dieser Konstruktion war die Vormachtstellung Preußens beendet.

Zum einen bewirkten nun die parteipolitisch unterschiedlich besetzten und von Zeit zu Zeit auch wechselnden Koalitionsregierungen der Länder eine heterogene Zusammensetzung des Reichsrates. Zum anderen verfügte das preußische Staatsministerium nur über die Hälfte der 26 preußischen Stimmen; die restlichen Vertreter Preußens wurden von den Provinzialausschüssen bestellt, die aus den Vertretungskörperschaften der preußischen Provinzen hervorgegangen waren[73]. So ist die preußische Regierung im Reichsrat nicht selten mit Hilfe der preußischen Provinzvertreter überstimmt worden – die Weimarer Reichsverfassung entwickelte sich somit auch zur lex antiborussica[74]. Diese Aufwertung der übrigen Länder und ihre faktischen Einflußmög-

---

[67] Art. 76, Abs. 2 WRV.
[68] Art. 63, Abs. 1, Satz 1 WRV.
[69] Vgl. *Huber*, Bd. 6, S. 378; *Hans H. Klein*, DÖV 1971, 326.
[70] Art. 61, Abs. 1, Satz 2 WRV i. d. F. von 1921.
[71] Art. 61, Abs. 1, Satz 4 WRV.
[72] Vgl. *Laufer*, S. 35; s. a. *Huber*, Bd. 6, S. 378.
[73] Im einzelnen vgl. *Huber*, Bd. 6, S. 378 f.
[74] Vgl. *Eschenburg*, a. a. O., S. 45 f.

lichkeiten außerhalb des Reichsrates können jedoch nicht darüber hinwegtäuschen, daß insgesamt gesehen die Stellung des Reichsrates vergleichweise schwach blieb.

3. Der Bundesrat im Parlamentarischen Rat

1948 und 1949, als es galt, aus »Weimar« Lehren zu ziehen, wurde die Beteiligung der Länder an der Gesetzgebung und Verwaltung des Bundes im Parlamentarischen Rat zu einem der zentralen Probleme der Verhandlungen über das neu zu schaffende Grundgesetz. Der vierte Abschnitt (Art. 50 bis 53) des Grundgesetzes gehörte zu den umstrittensten Teilen der Verfassung[75].

Zwar bestand Einigkeit darüber, daß neben dem Bundestag eine weitere Kammer bestehen sollte, durch die »im bundesstaatlichen Gefüge das Element Land zur Geltung kommt«[76]. Keine Einigkeit bestand aber darüber, ob diese Kammer ein Bundesrat sein sollte, das heißt eine Kammer aus Mitgliedern der Länderregierungen wie schon 1871 und 1919, oder ein Senat, das heißt eine Kammer aus von den Länderparlamenten zu wählenden Einzelpersonen, den Senatoren, wie – bezogen auf die Hälfte der Mitglieder des Staatenhauses – schon 1849 in der Paulskirchenverfassung vorgesehen.

Bereits bei den Vorberatungen des Verfassungskonvents auf Herrenchiemsee[77] waren beide Konzepte aufeinandergestoßen. Die Befürworter des Senatsprinzip argumentierten, das Bundesratssystem sei »durchaus nicht demokratisch«, sondern eher bürokratisch[78]. Würde die Kammer aus unabhängigen Senatoren bestehen, so könnten die Probleme »auf einer höheren Ebene« und frei von Legitimationspflichten gelöst werden. Denn die vom Vertrauen der Landtage abhängigen Landesregierungen könnten zumindest über die Drohung mit Mißtrauensvoten zur Diskussion der bundespolitischen Entscheidungen in den Landtagen gezwungen werden; es erscheine aber kaum erträglich, wenn die Maßnahmen der Bundesgesetzgebung in den einzelnen Parlamenten der Länder erneut durchberaten werden müßten[79]. Außerdem bestehe beim Bundesratsprinzip die Gefahr, daß die Landesregierungen aus parteipolitischen Gründen – sei es aus Rücksicht auf Koalitionen in den Ländern, sei es im Hinblick auf die von der gleichen Partei gestellte Mehrheit im Bundestag – nur eine eingeschränkte Kontrolle ausübten. Schließlich sollte das

---

[75] *von Mangoldt*, selbst Mitglied des Parlamentarischen Rates, in der 1. Aufl. seines Grundgesetz-Kommentars, 1953, S. 262. Neuestens *Lange*, S. 181 ff.

[76] Die Militärgouverneure und die Ministerpräsidenten hatten am 26. Juli 1948 vereinbart, mit den Vorarbeiten zum Grundgesetz noch vor der Konstituierung des Parlamentarischen Rates zu beginnen und zu diesem Zweck einen Sonderausschuß einzurichten. Dieser Ausschuß tagte erstmals am 12. August 1948 im oberbayerischen Inselschloß Herrenchiemsee.

[77] HChE, Darstellender Teil, S. 37.

[78] HChE, Darstellender Teil, S. 38.

[79] HChE, Darstellender Teil, S. 39.

Senatssystem »ein Mittel zur Personalisierung des Politischen sein und im Ergebnis einen traditionsgebundenen Personentyp schaffen, der durch die Wahl auf einen längeren Zeitraum nicht nur gegenüber der Staatsbürokratie, sondern auch gegenüber den Landtagen und den Parteien eine wirkliche innere Unabhängigkeit erhält und damit in einem echten dialcktischen oder polaren Gegensatz zur Parteibürokratie steht und letzten Endes zu einer Reform des deutschen Parteiwesens und des politischen Lebensstils überhaupt führen kann«[80].

Die Befürworter des Bundesratsprinzips vertraten dagegen die Auffassung, eine Verfassung dürfe nicht an den vorhandenen Machtfaktoren vorbeigebaut werden. Die Länder, repräsentiert durch ihre Regierungen, seien Machtfaktoren. In einem Bundesstaat, in dem die Ausführung der Bundesgesetze Sache der Länder sei, gewährleiste allein die Bundesratslösung einen arbeitsfähigen Gesamtstaat. Allein dieses Modell sichere eine höhere Objektivität gegenüber der laufenden Parteipolitik, als sie durch – letztlich wiederum nach politischen Kriterien gewählte – Senatoren gewährleistet sein könnte. Das Bundesratssystem sichere der Gesetzgebung den Sachverstand der Landesregierungen und über die Ausschüsse, die nicht mit Regierungsmitgliedern beschickt zu sein brauchten, auch denjenigen ihrer Beamtenschaft. Der Bundesrat sei somit das »unentbehrliche Vermittlungsorgan zwischen Bund und Ländern«[81]. Die Vertretung der Länder durch Mitglieder der Landesregierungen sei durchaus demokratisch, da die Regierung aus der vom Volk gewählten Volksvertretung hervorgegangen sei und der ständigen Kontrolle der Volksvertretung unterliege. Der Bundesrat sei auch kein bürokratisches Organ; zwar sollten die Stimmen einheitlich abgegeben werden, aber nicht befehlsmäßig, sondern aus der einheitlichen politischen Gesamtlinie heraus, die die Mitglieder der Landesregierungen nach ihrer freien Gewissensüberzeugung im Kabinett immer wieder selbst mit erarbeiten, so daß die Freiheit ihrer Entscheidung lediglich durch die kollegiale Zusammenarbeit im Kabinett, durch die innere Verpflichtung, den Landeswillen als solchen zu repräsentieren und das Bewußtsein der Verantwortlichkeit gegenüber der Volksvertretung ihres Landes begrenzt würde[82].

Drei weitere Vorschläge der Befürworter des Bundesratsprinzips verdienen Erwähnung: Der Herrenchiemsee Entwurf wollte die unterschiedliche Stärke der einzelnen Bundesmitglieder dadurch berücksichtigen, daß die Länder je nachdem ein, zwei oder drei Mitglieder entsenden und die entsprechende Stimmenzahl haben. Die Verschiedenheit sollte also geringer als in der Weimarer Reichsverfassung sein. Mitglieder und stellvertretende Mitglieder des

---

[80] HChE, Darstellender Teil, S. 39.
[81] HChE, Darstellender Teil, S. 37.
[82] HChE, Darstellender Teil, S. 38.

Bundesrates sollten nur die Ministerpräsidenten und Minister der Länder sein; eine Vertretung durch Beamte – wie in Weimar häufig praktiziert – sollte ausscheiden. Schließlich sollten Bundesrat und Bundestag bei der Gesetzgebung volle Gleichberechtigung haben[83].

Als der Parlamentarische Rat am 1. September 1948 seine Arbeit aufnahm, war man von einer Lösung der Kontroverse um das Bundesrats- und das Senatsprinzip weit entfernt[84]. Nun zeigte sich, wie eng die Frage der Struktur dieses Organs mit dem Umfang seiner Befugnisse zusammenhing – ein Umstand, der unweigerlich zu einer mehrschichtigen Debatte und einer Fülle von Lösungsvorschlägen führen mußte[85]. In einer Generaldebatte in der 2. und 3. Sitzung des Parlamentarischen Rates sprachen sich Abgeordnete der CDU, der CSU, der Deutschen Partei und des Zentrums für, Abgeordnete der SPD[86] und der KPD gegen das Bundesratsprinzip aus. Für die FDP empfahl *Theodor Heuß*, ein gemischtes System wie in der Paulskirchenverfassung zu erwägen. Im anschließend tagenden Organisationsausschuß kam es zu einer Vielzahl von Vorschlägen, nicht aber zu einer Beschlußfassung. Der Meinungsstreit zog sich nun quer durch die Fraktionen. Noch bevor sich der Hauptausschuß am 30. November mit der Frage befassen konnte, brachte ein Abendessen zwischen dem bayerischen Ministerpräsidenten *Hans Ehard* (CSU) und dem nordrhein-westfälischen Innenminister Dr. *Menzel* (SPD) am 26. Oktober 1948 in Bonn eine überraschende Wende. Im Verlauf dieses Gesprächs konnte *Ehard* – selbst nur Gast im Parlamentarischen Rat – die SPD von den Vorzügen des Bundesratsprinzips überzeugen, worauf die Sozialdemokraten ihr ursprüngliches Votum für das Senatsprinzip aufgaben. Dieses senationelle »gentlemen's agreement« stieß bei fast allen Mitgliedern des Parlamentarischen Rates auf Überraschung, bei *Konrad Adenauer* und den Befürwortern des Senatsprinzips in CDU und CSU auch auf Widerstand. Nur wenig später aber wurde die Empörung über das von *Adenauer* so bezeichnete »legendäre Frühstück« durch ein Memorandum der Besatzungsmächte überschattet. Am 22. November 1948 hatten sie dem Parlamentarischen Rat schriftlich mitgeteilt:

---

[83] Eine Forderung des Ellwanger Kreises aus süddeutschen CDU-Politikern; vgl. *Binder*, Bd. 2, S. 1097.

[84] Der Parlamentarische Rat selbst war – wenn man so will – nach dem »Senatsprinzip« gebildet: Die Landtage wählten – gestaffelt nach der Einwohnerzahl des jeweiligen Landes – insgesamt 65 Abgeordnete, nicht notwendig aus ihrer Mitte. Die Ministerpräsidenten wurden zwar zu den Sitzungen geladen, besaßen aber kein Frage- und Rederecht; die letztere Regelung ging auf einen Antrag *Konrad Adenauers* zurück, der durch diesen Schachzug die westdeutschen Ministerpäsidenten »mattsetzte«, vgl. *Binder*, Bd. 2, S. 1100.

[85] Vgl. *von Doemming/Füsslein/Matz*, JöR n. F. 1 (1951), 380, 373, 384.

[86] Nordrhein-Westfalens Innenminister Dr. *Menzel*, der sich später von *Ehard* bei dem »legendären Frühstück« umstimmen ließ (vgl. *Ellwein*, S. 300).

Wie Ihnen bekannt ist, wurde der Parlamentarische Rat einberufen, um eine demokratische Verfassung auszuarbeiten, die für die beteiligten Länder einen Regierungsaufbau föderalistischen Typs schafft (und) die Rechte der beteiligten Länder schützt (...) Das Grundgesetz sollte in möglichst hohem Grade vorsehen: Ein Zweikammersystem, bei dem die eine Kammer die einzelnen Länder vertreten und genügende Befugnisse haben muß, um die Interessen der Länder wahren zu können[87].

Am 30. November 1948 lagen dem Hauptausschuß des Parlamentarischen Rates nur noch Fassungen vor, die das Bundesratsprinzip oder eine vermittelnde Lösung vorsahen. Die Vorschläge für das reine Bundesratssystem unterschieden sich im wesentlichen in Bezug auf die (von der CDU/CSU geforderte) Gleichberechtigung des Bundesrates bei der Gesetzgebung (die SPD wollte ihm nur ein abgestuftes Veto einräumen) und bezüglich der Stimmenverteilung innerhalb des Bundesrates. Der Hauptausschuß entschied sich zunächst gegen die von der FDP vorgeschlagene vermittelnde Lösung (Staatenhaus-Prinzip). In zweiter Lesung stimmte der Ausschuß dafür, daß Beamte die Mitglieder der Landesregierungen im Bundesrats-Plenum nicht vertreten konnten. Die Kontroverse um die Stimmenverteilung wurde erst später im Organisationsausschuß beendet: Man einigte sich auf ein gestaffeltes Stimmrecht je nach der Bevölkerungszahl der Länder, wobei jedes Land mindestens drei Mitglieder, Länder mit mehr als zwei Millionen Einwohnern vier und Länder mit mehr als sechs Millionen Einwohnern fünf Mitglieder entsenden sollten. Der Antrag der SPD, der die einheitliche Stimmabgabe zur Pflicht erhob, wurde angenommen. Die Mehrheit mußte der SPD in einem weiteren Punkt folgen: Dem Bundesrat wurde nicht in allen Fällen eine volle Gleichberechtigung, sondern im Regelfall nur ein suspensives Veto eingeräumt; die volle Gleichberechtigung sollte auf bestimmte einzeln festgelegte Fälle beschränkt bleiben. Gleichwohl war der Bundesrat damit gegenüber seinem Vorgänger, dem Reichsrat, erheblich gestärkt worden[88].

Ein kurzer Vergleich verdeutlicht, daß das föderative Organ auf Bundesebene in hohem Maße besondere deutsche Tradition verkörpert, ja zum »Verfassungserbgut«[89] gehört. Alle drei Organe – der Bundesrat des Kaiserreiches, der Reichsrat der Weimarer Republik und der Bundesrat des Bonner Grundgesetzes – sind legislative und exekutive Organe eines Bundesstaates. In ihnen haben nicht gewählte Abgeordnete Sitz und Stimme, sondern bevollmächtigte Vertreter der Landesregierungen. Diese geben die Stimmen ihres Landes einheitlich und nach Instruktionen ab. Die Stimmenzahl ist abgestuft. Das föderalistische Organ stellt sich nicht unmittelbar zur Wahl und kennt daher auch keine Legislaturperiode, man spricht vom »Ewigen Organ«. Die für das

---

[87] Zit. nach *Binder*, S. 1102.
[88] Vgl. die ausführliche Darstellung von *Rudolf Morsey,* in: Festschrift Bundesrat, S. 65 ff.; zusammenfassend auch *Blumenwitz*, in: Bonner Kommentar, Vorbem. zu Art. 50 bis 53, Rdnr. 20 ff.; *Stern*, Bd. 2, § 27 I 2 a.
[89] *Becker*, S. 249; vgl. auch *Stern*, a. a. O., § 27 I 1 b m. w. N.

Zentralparlament bestimmten Vorlagen der Zentralregierung werden von ihm zunächst in einem »ersten Durchgang« beraten; nach Annahme des Gesetzes durch das Zentralparlament findet ein zweiter Durchgang statt[90]. Variationen werden in erster Linie in der unterschiedlichen Möglichkeit erkennbar, auf Gesetze wirksam Einfluß zu nehmen, sie also notfalls auch zu verhindern. Während der Bundesrat des Kaiserreichs diese Kompetenz in einem hohen Maße – zu Lasten des demokratisch gewählten Parlaments – besaß, war die Stellung des Reichsrates der Weimarer Republik verhältnismäßig schwach. Der Bundesrat des Bonner Grundgesetzes nimmt – wie noch aufzuzeigen sein wird – insofern eine Mittelstellung ein.

III. Der Bundesrat des Bonner Grundgesetzes

Der Bundesrat des Bonner Grundgesetzes hat im wesentlichen drei zentrale Funktionen: Er bringt die Interessen der Länder gegenüber dem Bund zur Geltung. Er führt die politischen und verwaltungsmäßigen Erfahrungen der Länder in die Gesetzgebung und Verwaltung des Bundes ein. Er trägt – wie die anderen Verfassungsorgane des Bundes – gesamtstaatliche Verantwortung für die Bundesrepublik Deutschland. In der Ausübung dieser Funktionen ist der Bundesrat als ein die Bundespolitik mitgestaltendes Verfassungsorgan Gegengewicht zu Bundestag und Bundesregierung, aber auch Bindeglied zwischen Bund und Ländern[91]. Politische und bürokratische Funktionen des Bundesrates sind vermöge seiner Konstruktion eine Verbindung eingegangen, die heute als bewährt angesehen werden kann[92].

1. Die Mitgliedschaft im Bundesrat

Mitglied des Bundesrates kann nur werden, wer Mitglied einer Landesregierung ist[93]. Dem Bundesrat können somit die Ministerpräsidenten bzw. Bürgermeister und Landesminister bzw. Senatoren[94] angehören; Staatssekretäre dürfen in den Bundesrat nur entsandt werden, wenn sie auch im Landeskabinett Sitz und Stimme haben[95], was sich aus dem Verfassungsrecht der Länder ergibt. Die Mitglieder des Bundesrates werden von den Landesregierungen (nicht dem Landesparlament oder dem Landesvolk) durch Beschluß[96] bestellt

---

[90] Vgl. *Eschenburg*, a. a. O., S. 47 ff.

[91] Vgl. *Reuter*, S. 54.

[92] *Stern*, Bd. 2, § 27 II 3 a.

[93] Art. 51, Abs. 1 GG.

[94] Der Stadtstaaten Bremen und Hamburg; zum Regierenden Bürgermeister bzw. den Senatoren des Landes Berlin vgl. unten Fn. 108.

[95] Vgl. *Reuter*, S. 27.

[96] Vgl. *Reuter*, S. 27; *Stern*, Bd. 2, § 27 III 1 b.

und abberufen[97]. Jedes Land kann seine Stimmen nur einheitlich abgeben[98]. Die Mitglieder des Bundesrates sind an die Beschlüsse ihrer Landesregierungen gebunden, denn im Bundesrat soll der Wille des Landes und nicht der des einzelnen Bundesrats-Mitgliedes zum Ausdruck kommen[99]. Weisungen können aber nur die Landesregierung oder – je nach Landesverfassungsrecht – der Regierungschef erlassen; die Landtage sind dazu nicht befugt. Jedoch kann das Abstimmungsverhalten der Vertreter eines Landes im Bundesrat zum Gegenstand parlamentarischer Beratung gemacht werden[100]. Es ist im übrigen nicht notwendig, daß alle (drei, vier oder fünf) Mitglieder des jeweiligen Landes anwesend sind; es reicht, wenn ein Stimmführer die Stimmen geschlossen für sein Land abgibt[101]. Werden die Stimmen eines Landes nicht einheitlich abgegeben, so ist die Rechtsfolge nach herrschender Meinung die Ungültigkeit der Stimmabgabe[102].

Es soll hier nicht auf den Ablauf der Arbeit des Bundesrates im einzelnen eingegangen werden – andere Autoren haben dies ausführlich getan[103]. Zwei Aspekte sollen gleichwohl hervorgehoben werden. Der erste betrifft das Amt des Bundesratspräsidenten. Hier wurde durch eine Vereinbarung der Ministerpräsidenten aus dem Jahre 1950 (Königsteiner Abkommen)[104] über die Bestimmung des Grundgesetzes hinaus (»Der Bundesrat wählt seinen Präsidenten auf ein Jahr«)[105] ein Modus gefunden, der sich in hohem Maße bewährt hat. Seit dieser Vereinbarung wird der Bundesratspräsident im Turnus gewählt, wobei die Reihenfolge durch die Einwohnerzahl der Bundesländer bestimmt wird[106]. Damit ist das Amt des Bundesratspräsidenten nicht wechselnden Mehrheitsverhältnissen und parteipolitischen Erwägungen unterworfen. Allerdings führt die kurze Amtszeit von nur einem Jahr und die Mehrfachbelastung – der Bundesratspräsident ist ja zugleich Ministerpräsident seines Landes und übt daneben oft noch hohe Ämter in seiner Partei aus – dazu, daß ein tieferes Eindringen in das Amt oft unmöglich ist. Vorschläge, die Amtszeit auf zwei Jahre zu verlängern, fanden bisher bei den Ländern aber keine Zustimmung.

---

[97] Art. 51, Abs. 1 GG.

[98] Art. 51, Abs. 3, Satz 2 GG.

[99] Vgl. *Reuter*, S. 19.

[100] *Stern*, a. a. O., §27 III 2 b m. w. N.; *Posser*, S. 294.

[101] *Stern*, das. §27 III 2 a.

[102] So *Hendrichs* in: von Münch (Hrsg.), Grundgesetzkommentar, Bd. 2, Art. 51, Rdnr. 18 m. N., *Maunz* in: Maunz/Dürig/Herzog/Scholz, Grundgesetz, Art. 51, Rdnr. 27, tritt dafür ein, die uneinheitlich abgegebenen Stimmen als Stimmenthaltung zu werten. *Stern*, a. a. O., §27 III 2 b, tritt dafür ein, die Stimme des Regierungschefs den Ausschlag geben zu lassen.

[103] Vgl. z. B. *Laufer*, S. 76 ff.; *Ziller*, S. 45 ff.; *Posser*, S. 928 ff.

[104] Vgl. *Pilz*, S. 76.

[105] Art. 52, Abs. 1 GG.

[106] Damit ergibt sich folgende Reihenfolge: Nordrhein-Westfalen, Bayern, Baden-Württemberg, Niedersachsen, Hessen, Rheinland-Pfalz, Schleswig-Holstein, Berlin, Hamburg, Saarland, Bremen.

Der zweite hervorhebenswerte Aspekt betrifft die Rolle der Landesbeamten im Bundesrat. Sie sind zwar nicht im Plenum, aber in den Ausschüssen voll stimmberechtigt vertreten. Es handelt sich dabei entweder um Beamte aus den Landesministerien und Staatskanzleien oder um Beamte der in Bonn ansässigen Landesvertretungen. Letztere bilden auch den »Ständigen Beirat« des Bundesrates, der eine ähnliche Funktion wie der Ältestenrat des Bundestages ausübt. Landesbeamte bereiten für die Ministerpräsidenten und die übrigen Mitglieder des Bundesrates auch die Plenarsitzungen vor – meist bereits in einem Stadium, in dem dem Bundesrat Entwürfe noch nicht einmal zugeleitet sind. Auf diese Weise ist einerseits die Einbringung bürokratischen Sachverstandes gewährleistet, was um so mehr Bedeutung hat, je kürzer die Fristen sind, die dem Bundesrat zu Stellungnahmen zur Verfügung stehen. Andererseits ist die Gefahr nicht von der Hand zu weisen, daß Kabinettsentscheidungen zu Bundesratsthemen administrativ präjudiziert werden[107] – wohlgemerkt in einem viel stärkeren Maße, als etwa die Bonner Ministerialbürokratie Entscheidungen des Bundestages präjudiziert, weil die viel höhere Zahl an Abgeordneten und die ihnen zur Verfügung stehenden Aktionsmöglichkeiten ein ungleich stärkeres Gewicht bilden. Es bleibt daher die Notwendigkeit, darauf zu achten, daß politische nicht auf bürokratische Probleme reduziert werden.

2. Der Bundesrat im Gefüge der Staatsstrukturbestimmungen des Grundgesetzes

Im Unterschied zum Bundestag verfügt der Bundesrat über eine nur mittelbare demokratische Legitimation. Sowohl dadurch als auch durch den Umstand, daß vermöge der Stimmenverteilung im Bundesrat[108] den der Einwohnerzahl nach kleineren Ländern ein relativ stärkerer Einfluß auf die staatliche Willensbildung im Bunde eingeräumt ist als den größeren, erfährt das demokratische Prinzip eine nicht unerhebliche Einschränkung. Das Prinzip der demokratischen Repräsentation ist durch das Prinzip der föderativen Repräsentation ergänzt[109]. Neben der Bindung an bestehende Verfassungstradition war

---

[107] Vgl. *Pilz*, S. 81.
[108] Die Stimmenverteilung im einzelnen: Bremen (0,7 Mio. Einwohner), das Saarland (1,0 Mio.) und Hamburg (1,7 Mio.) haben je drei, Schleswig-Holstein (2,6 Mio.), Rheinland-Pfalz (3,6 Mio.) und Hessen (5,6 Mio.) je vier sowie Niedersachsen (7,2 Mio.), Baden-Württemberg (9,2 Mio.), Bayern (10,9 Mio) und Nordrhein-Westfalen (17,0 Mio.) je fünf Stimmen im Bundesrat; vgl. *Reuter*, S. 4, 18. *Berlin* hat mit 2,1 Mio. Einwohnern vier Stimmen; die Stimmberechtigung ist aber aufgrund des Vorbehalts der Alliierten im Plenum des Bundesrates (die Stimmen Berlins zählen dort nur im »Innenverhältnis« (*Fromme*, S. 13) d.h. bei lediglich intern wirkenden Geschäftsordnungsangelegenheiten) nicht aber in den Ausschüssen, dort besteht volles Stimmrecht – eingeschränkt. Zum Rechtsstatus Berlins vgl. die Übersicht von *Pestalozza*, JuS 1983, 241 ff.
[109] Vgl. *Reuter*, S. 17.

hierfür der Gedanke bestimmend, »daß die Bundesländer reale Machtfaktoren seien, deren Bereitschaft zur Kooperation mit dem Bunde durch ihre Beteiligung an dessen Entscheidungsprozessen sichergestellt werden müsse«[110]. Auch das Bestreben, durch Gewaltenteilung innerhalb der Legislative Machtbegrenzung zu bewirken, kommt in den Beratungen des Verfassungsgebers unzweideutig zum Ausdruck[111].

Die Verschränkung unterschiedlicher Verfassungsstrukturprinzipien zu sinnvoller Einheit ist ein der Staatslehre seit *Aristoteles* geläufiges Phänomen. So sind im Grundgesetz der Bundesrepublik Deutschland die Prinzipien der Rechtsstaatlichkeit, der Demokratie, der Bundesstaatlichkeit und des Sozialstaats eine enge Verbindung eingegangen. Dies erklärt, warum der Bundesrat zwar »in die Logik des demokratischen Prinzips und der horizontalen Gewaltenteilung (nur) schwer einzuordnen«[112], gleichwohl jedoch eine typische Erscheinungsform der »gemischten Verfassung« ist[113]. Zweck des Zusammenwirkens von Bundestag und Bundesrat bei der Gesetzgebung ist, mit *K. Stern* zu reden, die »funktionelle Verdoppelung«[114], die eine Verstärkung der Legitimation, Balance, Mäßigung und höhere Richtigkeitsgewähr bewirken soll. Dem steht freilich die Sorge gegenüber, die durch die Mitwirkung des Bundesrats bedingte Behinderung des direkt gewählten Parlaments (bzw. seiner Mehrheit) bei der Durchsetzung seiner politischen Ziele werde durch »eine Prämiierung des status quo und eine Behinderung von Innovationen« erkauft[115]. Auch wenn dem so sein sollte – die Beurteilung dieser Frage wird schwerlich ganz unabhängig sein können von dem jeweiligen politischen Standort des Betrachters –, dürfte der Vorteil der befriedenden Wirkung überwiegen, den ein föderatives Verfassungsorgan für ein politisches Gemeinwesen mit sich bringt, das sei es durch ethnische, kulturelle, historisch bedingte oder sonstige Unterschiede ausgezeichnete Gruppen zu einer Einheit zusammenfügt. Je ausgeprägter diese Unterschiede sind, desto stärkere Berücksichtigung im System der Verfassung werden sie – um der Stabilität der politischen Ordnung willen – erfordern, und zwar auf Kosten des demokratischen Prinzips der Egalität, bis hin zu den modernen Formen der sogenannten Konkordanzdemokratie (consociational democracy)[116].

---

[110] *Lange*, S. 184 m. N.

[111] *Lange*, S. 181 f.

[112] *Stern*, Bd. 2, § 27 II 1.

[113] Vgl. *Stern*, Bd. 1, § 19 III 8: »Das bundesstaatliche Prinzip rechtfertigt die Existenz von Vielheit in der Einheit, das demokratische die Herstellung von Einheit aus der Vielheit« (S. 581).

[114] Ebenda. *Stern* verweist auf die Parallele zu den Europäischen Gemeinschaften, an deren Rechtserzeugung neben den unitarischen Organen Kommission und (bisher unzureichend) Parlament das föderative Organ Ministerrat beteiligt ist.

[115] *Lange*, S. 183.

[116] Dazu *Th. Hanf* u. a., Südafrika: Friedlicher Wandel, 1978, S. 401 ff., ferner *A. Lijphart*,

3. Mitwirkungs- und Kontrollrechte des Bundesrates

Der Bundesrat verfügt über eine Fülle von Mitwirkungs- und Kontrollrechten. Ihre Darstellung und Beurteilung ist im Rahmen dieser Untersuchung unerläßlich.

a) Betrachten wir zunächst die Mitwirkung des Bundesrates an der Gesetzgebung, wobei der Gesetzgebungsnotstand (2) und der Verteidigungsfall (3) vorerst ausgespart bleiben.

(1) Nach Art. 76 Abs. 1 GG hat der Bundesrat das Recht, Gesetzesvorlagen beim Bundestag einzubringen[117]. Die Vorlagen werden zunächst der Bundesregierung zugeleitet, um ihr die Möglichkeit zur Stellungnahme zu geben. Anschließend ist der Entwurf an den Bundestag weiterzuleiten[118]. Gesetzentwürfe können außerdem von der Bundesregierung und aus der Mitte des Bundestages eingebracht werden[119]. Wird der Gesetzentwurf von der Bundesregierung eingebracht, so ist er zuvor dem Bundesrat zur Stellungnahme zuzuleiten[120]. Der Bundesrat hat in der Regel sechs Wochen Zeit, um die Stellungnahme an die Bundesregierung abzugeben[121]. Er hat also in diesem Falle, der der Regelfall ist, das »erste Wort« in der parlamentarischen Beratung[122]. Die Bundesregierung legt ihre Ansicht zu Einwänden des Bundesrates schriftlich in einer »Gegenäußerung« dar. Gesetzentwurf, Stellungnahme und Gegenäußerung werden dann beim Bundestag eingebracht.

Dieser »erste Durchgang« im Bundesrat ist vom »zweiten Durchgang«, in dem der vom Bundestag beschlossene Gesetzestext zur Debatte steht, zu unterscheiden. Nach Artikel 77 GG hat der Bundesrat die Möglichkeit des Einspruchs gegen Gesetzesbeschlüsse des Bundestages. Nachdem ein Bundesgesetz vom Bundestag beschlossen worden ist, wird es unverzüglich dem Bundesrat zugeleitet[123]. Ist die Mehrheit des Bundesrates mit dem Gesetz nicht einverstanden, so kann der Bundesrat per Mehrheitsbeschluß binnen drei Wochen den »Vermittlungsausschuß« anrufen, der sich zu gleichen Teilen aus Mitgliedern des Bundestages und des Bundesrates zusammensetzt[124]. Unter-

---

Typologies of Democratic Systems, Comparative Political Studies 1968, S. 3 ff., 17 ff.; *G. Lehmbruch,* Consociational Democracy in the International System, European Journal of Political Research 1975, S. 377 ff.

[117] Von 1949 bis 1975 brachte der Bundesrat 152 Gesetzesvorlagen beim Bundestag ein. Vgl. *Hendrichs,* in: von Münch, Art. 50, Anhang.

[118] Die Frist dazu beträgt drei Monate, Art. 76, Abs. 3, Satz 1 GG.

[119] Art. 76, Abs. 1 GG.

[120] Art. 76, Abs. 2, Satz 1 GG.

[121] Art. 76, Abs. 2, Satz 2 GG.

[122] Vgl. *Reuter,* S. 37.

[123] Art. 77, Abs. 1, Satz 1 GG.

[124] Art. 77, Abs. 2, Satz 1 GG, § 1 GO Vermittlungsausschuß. Jedes Land hat einen Sitz (§ 1 GO), der Ausschuß hat somit 22 Mitglieder. Der Vorsitz wechselt vierteljährlich zwischen einem Mitglied des Bundestages und des Bundesrates (§ 4 GO).

breitet dieser Ausschuß mit der Mehrheit der Stimmen seiner anwesenden Mitglieder[125] einen Änderungsvorschlag zu dem strittigen Gesetzesbeschluß, so hat der Bundestag über diesen Vorschlag zu beschließen[126]. Lehnt der Bundestag den Vorschlag ab, so kann der Bundesrat binnen zwei Wochen gegen das Gesetz[127] Einspruch einlegen[128]. Das gleiche gilt, wenn es zu einem Vorschlag des Vermittlungsausschusses nicht kommt, weil sich eine Mehrheit nicht erzielen läßt[129], oder der mehrheitlich im Vermittlungsausschuß beschlossene Einigungsvorschlag nicht dem Wunsch des Bundesrats entsprach[130]. Den Einspruch des Bundesrates kann der Bundestag aber zurückweisen; insofern handelt es sich nur um ein relatives Vetorecht des Bundesrates[131]. Wurde der Einspruch im Bundesrat mit der Mehrheit seiner Mitglieder beschlossen, so ist zu seiner Zurückweisung die Mehrheit[132] der Mitglieder des Bundestages erforderlich[133]. Hat der Bundesrat den Einspruch dagegen mit einer Mehrheit von mindestens zwei Dritteln seiner Stimmen beschlossen, so bedarf die Zurückweisung durch den Bundestag ebenfalls einer Mehrheit von zwei Dritteln der abgegebenen Stimmen, wobei mindestens die Mehrheit der Mitglieder des Bundestages für die Zurückweisung stimmen muß[134]. Geht man davon aus, daß die die Bundesregierung tragenden Parteien nur selten über eine solche Zwei-Drittel-Mehrheit im Bundestag verfügen, kommt dieses Recht einem absoluten Veto gleich. Voraussetzung ist freilich, daß die Mehrheitsverhältnisse im Bundesrat ein Votum mit Zwei-Drittel-Mehrheit ermöglichen.

In bestimmten, im Grundgesetz enumerativ erfaßten Fällen[135], besitzt der Bundesrat darüber hinaus ein gegenüber dem Bundestag gleichwertiges Mitwirkungsrecht; in diesen Fällen ist seine Zustimmung erforderlich. Ohne seine beschlußmäßige bejahende Stellungnahme kann dann ein Gesetz nicht zustandekommen[136] (absolutes Vetorecht). Ist also nach der Systematik des Verfas-

---

[125] § 8 GO Vermittlungsausschuß.

[126] Art. 77, Abs. 2, Satz 5 GG. Der Bundestag stimmt nur über den Vorschlag ab (§ 10, Abs. 2, Satz 1 GO Vermittlungsausschuß); er tritt nicht erneut in eine Gesetzesberatung im herkömmlichen Sinne ein.

[127] Nicht den Ablehnungsbeschluß.

[128] Art. 77, Abs. 3, Satz 1 GG.

[129] Vgl. § 12 GO Vermittlungsausschuß.

[130] So kann der Vermittlungsausschuß z.B. auch die Bestätigung des strittigen Gesetzes vorschlagen. Dann bedarf es keiner Beschlußfassung durch den Bundestag (§ 11 GO Vermittlungsausschuß).

[131] *von Mangold/Klein*, Bd. II, Art. 77, Anm. IV 2 c und V 2 c.

[132] Das ist die Mehrheit seiner gesetzlichen Mitgliederzahl (Art. 121 GG).

[133] Art. 77, Abs. 4, Satz 1 GG.

[134] Art. 77, Abs. 4, Satz 2 GG.

[135] Vgl. BVerfGE 1, 76 (79).

[136] BVerfGE 37, 363 (380). Anders bei (bloßen) Einspruchsgesetzen: Ein solches vom Bundestag beschlossenes Gesetz kommt zustande, wenn der Bundesrat zustimmt *oder* den Vermittlungsausschuß nicht anruft *oder* gegen das Gesetz nach Abschluß des Vermittlungsver-

sungsrechts die Zustimmungsbedürftigkeit eines Gesetzes die Ausnahme, spricht mithin die Vermutung dafür, daß der Bundesrat nur über die Möglichkeit des Einspruchs verfügt, so verhält es sich in der Praxis umgekehrt: mehr als die Hälfte aller Gesetze sind Zustimmungsgesetze[137]. Die Zustimmungsbedürftigkeit eines Gesetzes als ganzes ist nämlich schon dann gegeben, wenn nur eine einzige Bestimmung dieses Gesetzes zustimmungsbedürftig ist[138].

Ob ein Gesetz der Zustimmung des Bundesrates bedarf, ergibt sich unmittelbar, allerdings nicht immer auf leicht erkennbare Weise, aus dem Grundgesetz. Den Hauptanwendungsfall bilden Gesetze, die in das *Finanzwesen* der Länder eingreifen.

So bedürfen Bundesgesetze, bei deren Ausführung die Länder ein Viertel der Ausgaben oder mehr tragen (Art. 104 a Abs. 3 GG) der Zustimmung des Bundesrates. Das gleiche gilt für Gesetze über Steuern, deren Aufkommen ganz oder teilweise den Ländern oder den Gemeinden zufließen (Art. 105 Abs. 3 GG), für Gesetze, die Finanzhilfen des Bundes an die Länder und Gemeinden regeln (Art. 104 a Abs. 4 GG), für Gesetze, die den Finanzausgleich aus dem Steueraufkommen zum Gegenstand haben (Art. 107 GG) sowie für Gesetze, die den Aufbau von und die Zusammenarbeit mit Finanzbehörden der Länder regeln (Art. 108 GG).

Daneben ist die Zustimmung des Bundesrates erforderlich, wenn mit einem Bundesgesetz in die *Landesverwaltung* eingegriffen wird.

So bedürfen Bundesgesetze, die die Einrichtung von Länderbehörden (Art. 84 Abs. 1, 85 Abs. 1 GG) oder das Verwaltungsverfahren der Länder betreffen (Art. 84 Abs. 1 GG), der Zustimmung des Bundesrates. Das gleiche gilt für Bundesgesetze, die der Bundesregierung die Möglichkeit der Erteilung von Einzelweisungen an Länderbehörden eröffnen (Art. 84 Abs. 5 GG).

Schließlich ist neben diesen Hauptkategorien in verschiedenen *Einzelfällen* die Zustimmung des Bundesrates zu einem Bundesgesetz erforderlich. Die wichtigste Bestimmung dieser Art ist Art. 79 Abs. 2 GG, der eine Änderung des Grundgesetzes von der Zustimmung von zwei Dritteln der Mitglieder des Bundestages und zwei Dritteln der Stimmen des Bundesrates abhängig macht. Dieser Umstand hat im Laufe der seit der Entstehung des Grundgesetzes eingetretenen Entwicklung zu einer Ausweitung der Befugnisse des Bundesrates im Gesetzgebungsverfahren geführt. Während nämlich der fortschreitende Unitarisierungsprozeß eine Ausdehnung der Gesetzgebungskompetenzen des Bundes zum Nachteil der Länder erforderte, hat der Bundesrat seine Zustimmung zu den dafür notwendigen Verfassungsänderungen vielfach davon abhängig gemacht, daß die auf den neu eingeführten Kompetenzgrundlagen ruhenden Gesetze seiner Zustimmung bedurften[139]. Die dadurch eingetretene

---

fahrens keinen Einspruch einlegt *oder* den Einspruch zurücknimmt *oder* wenn der Einspruch vom Bundestag überstimmt wird (Art. 78 GG).

[137] Vgl. *Rostock,* S. 7; *Reuter,* S. 40.

[138] Ständige Rechtsprechung des BVerfG seit BVerfGE 1, 76 (79).

[139] Dazu *Stern,* Bd. 2, § 27 II 3 b m. w. N.

Gleichgewichtsstörung des bundesstaatlichen Gefüges freilich wird durch den Machtzuwachs des Bundesrates nicht kompensiert[140].

Weitere Fälle, in denen Bundesgesetze der Zustimmung des Bundesrates bedürfen, finden sich in Art. 29 Abs. 7 GG (Änderung des Gebietsbestandes der Länder), 74 a Abs. 2 und 3 GG (Beamtenbesoldung und -versorgung), 91 a Abs. 2 Satz 1 GG (Bestimmung der Gemeinschaftsaufgaben von Bund und Ländern) und 91 Abs. 5 GG (Ausübung der Gerichtsbarkeit des Bundes durch Gerichte der Länder). Nicht berücksichtigt sind hier Zustimmungserfordernisse beim Gesetzgebungsnotstand und im Verteidigungsfall.

Um sein (absolutes) Veto wirksam werden zu lassen, braucht der Bundesrat bei Zustimmungsgesetzen nichts zu tun[141]; er ist insbesondere nicht zur Anrufung des Vermittlungsausschusses verpflichtet. In diesen Fällen können aber Bundestag und Bundesregierung die Einberufung verlangen[142].

Kommt es zu einem Änderungsvorschlag des Vermittlungsausschusses, so bedarf dieser der Zustimmung von Bundestag und Bundesrat. Verweigert der Bundesrat die Zustimmung, so kann er nicht vom Bundestag »überstimmt« werden; das Gesetz ist dann gescheitert.

(2) Im Falle des *Gesetzgebungsnotstandes* erlangt die Mitwirkung des Bundesrates eine noch größere Bedeutung. Nach Art. 68 GG kann der Bundeskanzler die Vertrauensfrage stellen. Findet dieser Antrag nicht die Zustimmung der Mehrheit der Mitglieder des Bundestages, so kann der Bundespräsident auf Vorschlag des Bundeskanzlers binnen 21 Tagen den Bundestag auflösen[143]. Wird der Bundestag nicht aufgelöst, so kann der Bundespräsident auf Antrag der Bundesregierung mit Zustimmung des Bundesrates für eine Gesetzesvorlage den Gesetzgebungsnotstand erklären, wenn der Bundestag sie ablehnt, obwohl die Bundesregierung sie als dringlich bezeichnet hat. Das gleiche gilt, wenn eine Gesetzesvorlage abgelehnt worden ist, obwohl der Bundeskanzler mit ihr den Antrag des Art. 68 GG verbunden hatte. Lehnt der Bundestag die Gesetzesvorlage nach Erklärung des Gesetzgebungsnotstandes erneut ab oder nimmt er sie in einer für die Bundesregierung als unannehmbar bezeichneten Fassung an, so gilt das Gesetz als zustande gekommen, *soweit der Bundesrat ihm zustimmt*. Das gleiche gilt, wenn die Vorlage vom Bundestag nicht innerhalb von 4 Wochen nach der erneuten Einbringung verabschiedet wird (Art. 81 Abs. 1 und 2 GG). Hinzuzufügen bleibt, daß der Gesetzgebungsnotstand in der bisherigen Praxis des Bonner Grundgesetzes noch nicht angewendet werden mußte.

(3) Der *Verteidigungsfall* ist gegeben, wenn das Bundesgebiet mit Waffengewalt angegriffen wird oder wenn ein solcher Angriff unmittelbar bevorsteht[144]. Als vorbeugende Maßnahme wird schon in Friedenszeiten ein Gre-

---

[140] Mit Recht kritisch *E. Klein*, DVBl. 1981, 661 (663 f. m. w. N.); zust. *Lange*, S. 192.
[141] Vgl. *von Mangoldt/Klein*, Bd. II, Art. 77, Anm. IV 6 a.
[142] Art. 77, Abs. 2, Satz 4 GG.
[143] Dazu BVerfG v. 16. 2. 1983, DÖV 1983, 236 ff. = DVBl. 1983, 321 ff.
[144] Art. 115 a, Abs. 1, Satz 1 GG.

mium gebildet, das in kritischen Situationen an Stelle des Bundestages und des Bundesrates handeln soll: der Gemeinsame Ausschuß. Ihm gehören 22 Mitglieder des Bundestages und 11 Mitglieder des Bundesrates an[145], wobei jedes Land ein eigenes Mitglied bestellt[146]. Die Bundesregierung hat den Gemeinsamen Ausschuß über ihre Planungen für den Verteidigungsfall zu unterrichten.

Die Feststellung des Verteidigungsfalles trifft der Bundestag mit Zustimmung des Bundesrates[147]. Erfordert die Lage unabweisbar ein sofortiges Handeln und stehen einem rechtzeitigen Zusammentritt des Bundestages unüberwindliche Hindernisse entgegen oder ist er nicht beschlußfähig, so trifft der Gemeinsame Ausschuß diese Feststellung[148]. Im Verteidigungsfall hat der Bund erweiterte Zuständigkeiten; sein Gesetzgebungsrecht erstreckt sich dann auch auf Ländermaterien. Diese Gesetze bedürfen aber der *Zustimmung des Bundesrates*[149]. Auch sonstige Gesetze, mit denen die Verwaltung und das Finanzwesen des Bundes[150] geändert werden, bedürfen der Zustimmung des Bundesrates. Schließlich kann der Bundesrat verlangen, daß der Bundestag über die Aufhebung der Gesetze des Gemeinsamen Ausschusses[151] beschließt[152]. Gleiches gilt für die Aufhebung des Verteidigungsfalles[153].

b) Nach Art. 59 Abs. 2 Satz 1 GG bedürfen Verträge, welche die politischen Beziehungen des Bundes regeln oder sich auf Gegenstände der Bundesgesetzgebung beziehen, der Zustimmung oder der Mitwirkung der jeweils für die Bundesgesetzgebung zuständigen Körperschaften in der Form eines Bundesgesetzes. Der Bundesrat ist also auch beteiligt, wenn der Bund völkerrechtliche Verträge abschließt. In welcher Weise er beteiligt ist, gehört nach wie vor zu den strittigsten Punkten der Verfassungsexegese. Fest steht wohl, daß Verträge, die sich auf Gegenstände der Bundesgesetzgebung beziehen, *je nach ihrem Regelungsinhalt* entweder als Einspruchs- oder als Zustimmungsgesetze im oben definierten Sinne den Bundesrat passieren müssen. Denn Verträge in diesem Sinne liegen vor, wenn sie Rechte und Pflichten inländischer Rechtssubjekte von der Art begründen, wie sie nach dem Grundgesetz nur in der Form eines Bundesgesetzes geregelt werden dürften[154]. Allerdings ist es im Regelfall nicht mehr möglich, den Inhalt des zur Debatte stehenden Vertrages noch zu ändern; das Einspruchsrecht läuft dann auf ein Zustimmungsrecht

---

[145] Art. 53 a, Abs. 1, Satz 1 GG.
[146] Art. 53 a, Abs. 1, Satz 2 GG.
[147] Art. 115 a, Abs. 1, Satz 1 GG.
[148] Art. 115 a, Abs. 2 GG.
[149] Art. 115 c, Abs. 1 GG.
[150] Art. 115 c, Abs. 3 GG.
[151] Art. 115 e, Abs. 1 GG.
[152] Art. 115 l, Abs. 1 GG.
[153] Art. 115 l, Abs. 2 GG.
[154] *Maunz*, in: Maunz/Dürig/Herzog/Schulz, Art. 59, Rdnr. 17; vgl. BVerfGE 1, 372, 382 f.

hinaus. Unklar ist aber, ob auch die Verträge, welche (lediglich) die politischen Beziehungen des Bundes regeln, im Bundesrat behandelt werden müssen. Der Wortlaut des Grundgesetzes ist insofern unklar; vielfältige Interpretationsmöglichkeiten sind erwogen worden[155]. Der Bundesrat hat es insofern auf einen Konflikt bisher nicht ankommen lassen[156]. Der Bereich ist deshalb ein politisch so empfindsamer, weil Regierungen vor allem die Außenpolitik als ihre ausschließliche Domäne anzusehen geneigt sind.

c) Der Bundesrat (und nur der Bundesrat, nur sehr selten und nur auf der Grundlage besonderer gesetzlicher Regelung auch der Bundestag) wirkt ferner am Erlaß von Rechtsverordnungen der Bundesregierung oder eines Bundesministers mit. Der Zustimmung des Bundesrates bedürfen nach Art. 80 Abs. 2 des Grundgesetzes Rechtsverordnungen

(1) über Grundsätze und Gebühren für die Benutzung der Einrichtungen der Bundeseisenbahnen und des Post- und Fernmeldewesens
(2) über den Bau und Betrieb der Eisenbahnen
(3) sowie solche Rechtsverordnungen auf Grund von Bundesgesetzen, die der Zustimmung des Bundesrates bedürfen oder die von den Ländern im Auftrag des Bundes oder als eigene Angelegenheit ausgeführt werden.

Diese Zustimmungserfordernisse, die eine gewisse Schwächung der Exekutive darstellen *(Werner Weber)*, gelten aber nur »vorbehaltlich anderweitiger bundesgesetzlicher Regelung«. Der Bundestag kann daher gesetzlich bestimmen, daß die Zustimmung des Bundesrates zu der Rechtsverordnung nicht erforderlich ist; dieses Gesetz bedarf seinerseits der Zustimmung des Bundesrates[157,158,159].

d) Der Bundesrat besitzt ebenfalls Verwaltungszuständigkeiten und ist somit auch Verwaltungs- und Regierungsorgan[160].

---

[155] Vgl. *Kewenig,* ZRP 1971, 238, 243; *Reichel,* S. 132; *Menzel,* JZ 1971, 756 und DÖV 1981, 539; *Friedrich Klein,* JZ 1971, 752; *Beer,* S. 142 f.; *Maunz,* in: Maunz/Dürig/Herzog/Scholz, Art. 59, Rdnr. 20; *Kaiser,* S. 44; *Cieslar,* S. 10 ff.; *Rojahn,* in: v. Münch (Hrsg.), Grundgesetz-Kommentar, Bd. 2, Art. 59, Rdnr. 30.

[156] *Stern,* Bd. 2, § 27 II 3 b ε, der darauf hinweist, daß der Bundesrat in diesem Bereich seine Kompetenz nicht extensiv ausgelegt hat. Vgl. ferner *Posser,* S. 914 f.

[157] BVerfGE 28, 66.

[158] Nach Art. 119 GG bedürfen Rechtsverordnungen der Bundesregierung in Angelegenheiten der Flüchtlinge und Vertriebenen der Zustimmung des Bundesrates. Gemeint sind Rechtsverordnungen, die unmittelbar aufgrund der Ermächtigung in Art. 119 GG ergehen, nicht solche, die aufgrund eines Bundesgesetzes erlassen werden. Mit Inkrafttreten des Bundesvertriebenengesetzes von 1953 erlosch diese Zuständigkeit des Bundesrates jedoch (vgl. *Maunz,* in: Maunz/Dürig/Herzog/Scholz, Art. 119 GG, Rdnr. 1). Weitere inzwischen nicht mehr aktuelle Mitwirkungsrechte des Bundesrates beim Erlaß von Rechtsverordnungen finden sich in Art. 129, Abs. 1, Satz 2 und Art. 132, Abs. 4 GG.

[159] Zur Mitwirkungsbefugnis des Bundesrats bei der Vorbereitung des Erlasses von Normen der Europäischen Gemeinschaften im Rahmen des durch Art. 2 des Zustimmungsgesetzes zu den Römischen Verträgen (BGBl. II 1957, S. 753) geregelten Konsultationsverfahrens s. *Posser,* S. 917 f.

[160] Vgl. *Hendrichs,* in: von Münch (Hrsg.), Grundgesetz-Kommentar, Bd. 2, Art. 50, Rdnr. 13.

(1) Erläßt die Bundesregierung allgemeine Verwaltungsvorschriften (Verwaltungsverordnungen) zur Ausführung der Bundesgesetze durch die Länder oder Gemeinden, so bedürfen diese Vorschriften der Zustimmung des Bundesrates (Art. 84 Abs. 2, 85 Abs. 2, 108 Abs. 7 GG).

(2) Errichtet der Bund für Angelegenheiten, für die ihm die Gesetzgebung zusteht, bundeseigene Mittel- und Unterbehörden, so ist dazu die Zustimmung des Bundesrates erforderlich (Art. 87 Abs. 3 Satz 2 GG).

(3) Will die Bundesregierung gegenüber einem Land Bundeszwang anwenden, so erfordert dies die Zustimmung des Bundesrates (Art. 37 Abs. 1 GG).

(4) Will die Bundesregierung in Ausübung ihrer Aufsichtsbefugnisse Beauftragte zu den obersten Landesbehörden nachgeordneten Behörden schikken, so erfordert auch dies u. U. die Zustimmung des Bundesrates (Art. 84 Abs. 3 Satz 2 GG).

(5) Hat die Bundesregierung im Falle eines inneren Notstandes Landespolizeikräfte ihrer Weisung unterstellt und Einheiten des Bundesgrenzschutzes eingesetzt, kann der Bundesrat die Aufhebung dieser Maßnahme verlangen (Art. 91 Abs. 2 Satz 2 GG).

(6) Der Bundesrat hat darüber hinaus das Recht, von der Bundesregierung über die Führung der Geschäfte auf dem Laufenden gehalten zu werden (Art. 53 Satz 3 GG)[161]. Der Bundesminister der Finanzen hat dem Bundesrat zusätzlich über Einnahmen, Ausgaben, Vermögen und Schulden des Bundes Rechnung zu legen (Art. 114 Abs. 1 GG). Der Bundesrechnungshof hat dem Bundesrat jährlich über seine Rechnungs- und Wirtschaftlichkeitsprüfung zu berichten (Art. 114 Abs. 2 Satz 2 GG).

(7) Der Bundesratspräsident nimmt die Befugnisse des Bundespräsidenten wahr, wenn dieser verhindert ist oder vorzeitig aus seinem Amt ausscheidet (Art. 57 GG). Der Bundespräsident leistet seinen Amtseid vor den versammelten Mitgliedern des Bundestages und des Bundesrates (Art. 56 GG)[162].

e) Darüber hinaus hat der Bundesrat eine Reihe von Kompetenzen im Bereich der Rechtsprechung.

---

[161] Diese Informationspflicht bezieht sich auf alle Regierungsgeschäfte und betrifft damit nicht nur die Vorhaben auf dem Gebiet der Gesetzgebung und Verwaltung, sondern auch z. B. die Unterrichtung über die allgemeine politische Lage, die Außenpolitik und die Verteidigungspolitik (vgl. *Reuter*, S. 45). Sie indiziert deutlich die Mitverantwortung des Bundesrates für die Gesamtpolitik der Bundesregierung. Vgl. *Hans H. Klein*, DÖV 1971, 328 und unten IV 1. – Im Gegenzug haben die Mitglieder der Bundesregierung das Recht und auf Verlangen die Pflicht, an den Verhandlungen des Bundesrates und seiner Ausschüsse teilzunehmen (Art. 53, Satz 1 GG).

[162] Nicht vor der Bundesversammlung. Die gemeinsame Sitzung von Bundestag und Bundesrat (die im Grundgesetz nur zum Zweck der Vereidigung des Bundespräsidenten und im Verteidigungsfall vorgesehen ist) fand bisher auch nur einmal (am 12. September 1949) am Tag der Bundesversammlung statt, ansonsten bis zu vier Monate später (5. Bundesversammlung am 5. März 1969). Vgl. Deutscher Bundestag (Hrsg.), Die Bundesversammlung, 1979, S. 39 ff., 91 ff., 159 ff., 196 ff.

(1) So kann er den Bundespräsidenten wegen vorsätzlicher Verletzung des Grundgesetzes oder eines anderen Bundesgesetzes vor dem Bundesverfassungsgericht anklagen (Art. 61 Abs. 1 Satz 1 GG).

(2) Der Bundesrat entscheidet auf Antrag der Bundesregierung darüber, ob ein Land das Recht dadurch verletzt hat, daß es die Bundesgesetze nicht ordnungsgemäß ausführt (Art. 84 Abs. 4 Satz 1 GG); dem Land bleibt die Anrufung des Bundesverfassungsgerichts freilich vorbehalten (Art. 84 Abs. 4 Satz 2 GG).

(3) Der Bundesrat ist antragsbefugt im Verfahren über die Feststellung der Verfassungswidrigkeit von Parteien (Art. 21 Abs. 2 GG, §§ 13 Nr. 2, 43 BVerfGG).

(4) Der Bundesrat ist im Organstreitverfahren aktiv- und passivlegitimiert (Art. 93 Abs. 1 Nr. 1, §§ 13 Nr. 5, 63 BVerfGG).

(5) Der Bundesrat kann beim Bundesverfassungsgericht die Feststellung beantragen, ob Recht, das vor dem ersten Zusammentritt des Bundestages entstanden ist, fortgilt (Art. 126 GG, §§ 13 Nr. 14, 86 Abs. 1 BVerfGG).

(6) Der Bundesrat wirkt an der Wahl der Mitglieder des Bundesverfassungsgerichts mit (Art. 94 Abs. 1 GG).

f) Schließlich verfügt der Bundesrat über weitere Mitwirkungsmöglichkeiten. Die Mitglieder des Bundesrates sowie ihre Beauftragten haben zu allen Sitzungen des Bundestages und seiner Ausschüsse Zutritt. Sie müssen jederzeit gehört werden (Art. 43 Abs. 2 GG)[163]. Schließlich entsendet der Bundesrat Vertreter in die Verwaltungsräte der Bundesbahn, der Bundespost und der Bundesanstalt für Arbeit. Für die Besetzung zahlreicher Ämter hat er ein Vorschlags- oder ein Zustimmungsrecht. So dürfen der Generalbundesanwalt, die Bundesanwälte und die Präsidenten der Landeszentralbanken dem Bundespräsidenten nur mit Zustimmung des Bundesrates zur Ernennung vorgeschlagen werden[164].

3. Der verfassungsrechtliche Schutz der Rechte des Bundesrates

Diese Mitwirkungsrechte sind im Grundgesetz ausdrücklich geschützt. Nach Art. 79 Abs. 3 GG ist eine Änderung des Grundgesetzes, durch welche die Gliederung des Bundes in Länder, die grundsätzliche Mitwirkung der Länder bei der Gesetzgebung oder die in den Art. 1 und 20 niedergelegten Grundsätze berührt werden, unzulässig. Werden diese Grundsätze nicht berührt, so ist eine Änderung der Befugnisse des Bundesrates gleichwohl nur im Wege einer Grundgesetz-Änderung möglich, da entweder die bisherigen Mitwirkungs-

---

[163] Eine Doppelmitgliedschaft in Bundestag und Bundesrat ist aber durch die Geschäftsordnung des Bundesrats (§ 2) und wohl auch durch das Grundgesetz selbst ausgeschlossen.

[164] Eine Übersicht über die Nominationsrechte des Bundesrates gibt *Wolfgang Ingold*, S. 44 ff.

möglichkeiten des Bundesrates beschnitten oder aber die Kompetenzen des Bundestages eingeengt werden. Diese Änderung des Grundgesetzes bedarf der Zustimmung von zwei Dritteln der Mitglieder des Bundestages und zwei Dritteln der Stimmen des Bundesrates (Art. 79 Abs. 2 GG). Etwas anderes gilt nur, wenn der Bundesrat zusätzliche Kompetenzen im Bereich der Verwaltung erhalten soll; eine solche Kompetenzerweiterung ist durch einfaches Gesetz möglich.

IV. Kontroversen um den Bundesrat

In einem letzten Schritt der Untersuchung gilt es, die Kontroversen näher zu beleuchten, die in den letzten Jahren um den Bundesrat entstanden sind. Sie erwachsen aus der Tatsache, daß es – unter parteipolitischen Aspekten – in Bundestag und Bundesrat auseinanderlaufende Mehrheiten geben kann. Das war von 1969 bis 1982, also in der Regierungszeit der SPD/FDP-Koalition im Bunde, ununterbrochen der Fall. War die Mehrheit der von der CDU bzw. der CSU geführten Länder zunächst nur knapp (21 zu 20 – ohne die Stimmen Berlins), so betrug sie später – nach der Wahl von *Ernst Albrecht* zum niedersächsischen Regierungschef im Februar 1976 – 26 zu 15 Stimmen. Eine Zwei-Drittel-Mehrheit erreichten die »unionsgeführten Länder« zwar nicht; gleichwohl machten sich die unterschiedlichen Mehrheitsverhältnisse schon bald bemerkbar. So brachte die Unionsmehrheit im Bundesrat während der 6. Wahlperiode – also in den ersten drei Jahren der Regierung Brandt/Scheel – unter anderem die von der Koalition als bedeutend und wegweisend empfundenen Gesetze zur Reform des Demonstrationsstrafrechts[165], zur Städtebauförderung[166], zur »Verbesserung des Mietrechts«[167] und zur Betriebsverfassung[168] vor den Vermittlungsausschuß. Die Motive waren nicht landesspezifisch – Ziel des Vermittlungsbegehrens der CDU/CSU-geführten Länder beim Demonstrationsstrafrecht war beispielsweise die Verschärfung des Straftatbestandes des Landfriedensbruchs. Ohne auf dieses Ziel einzugehen – es blieb unerreicht[169] –, kann es als Illustration eines in jenen Jahren häufig formulierten Vorwurfes dienen. Der Vorwurf lautete, die Union mißbrauche den Bundesrat für ihre parteipolitischen Zwecke. Sie mache dort Bundespolitik und vertrete nicht Länderinteressen. Es sei aber der Wille des Grundgesetzes, daß nur im Bundestag das Volk nach Parteien gegliedert repräsentiert werde; im

---

[165] Drittes Strafrechtsreformgesetz, BR-Drs. 167/70; ausführliche Darstellung bei *Hasselsweiler*, S. 218 ff.
[166] BR-Drs. 332/71; vgl. *Hasselsweiler*, S. 245 ff.
[167] BR-Drs. 391/71; vgl. *Hasselsweiler*, S. 249 ff.
[168] BR-Drs. 633/71; vgl. *Hasselsweiler*, S. 265 ff.
[169] Vgl. *Fromme*, S. 73 f.

Bundesrat solle es nach Ländern gegliedert in Erscheinung treten[170]. Der Bundesrat habe nur einen begrenzten Austrag: In ihm solle nicht der politische Wille des Volkes vertreten sein, sondern die Verantwortung der Länder für den Bund zum Ausdruck kommen[171]. Es sei daher verfassungswidrig, wenn die Union den Bundesrat als »Blockadeinstrument« mißbrauche.

1. Parteipolitik im Bundesrat?

Richtig ist, daß die Einschaltung des Bundesrates in das Gesetzgebungsverfahren relativ sinnlos wäre, wenn der Bundesrat von vornherein ein ebenso auf Parteienkonfrontation angelegter Gesetzgebungskörper wäre wie der Bundestag. Verfassungsrechtlich ist die Einschaltung des Bundesrates nur sinnvoll, wenn durch die Stimmen der Länder neue Bewertungen in die Diskussion kommen[172]. Unzutreffend ist aber die Ansicht, dabei müsse es sich um reine, d. h. von den »bloß« parteipolitischen zu unterscheidende, Länderinteressen handeln. Denn die Länder haben im Bundesrat auch Bundesinteressen zu vertreten[173]; sie sind nicht auf die Geltendmachung föderativer Erwägungen beschränkt[174]. Dies wird durch Art. 53 Satz 3 des Grundgesetzes deutlich indiziert[175]. In der Weimarer Zeit war es nicht anders: Da die Regierungen in den Ländern wie im Reich von den Parteien gebildet wurden, war die Verflechtung von Reich und Ländern (sei es im solidarischen, sei es im antagonistischen Sinne) verfassungsrechtlich vorgezeichnet. Bekanntlich machten die Länder dem Reich gegenüber dann auch zum guten Teil nicht ihre eigene, sondern Reichspolitik bestimmter Richtungen[176]. Läßt sich also selbst von der

---

[170] *Gerhard Jahn* am 19. Mai 1976 vor der Vereinigung für Parlamentsfragen (ZParl 1976, 291, 293) unter Hinweis auf *Maunz*, Deutsches Staatsrecht. In der letzten von *Maunz* allein besorgten Ausgabe seines Lehrbuchs (der 23. Auflage von 1980) heißt es dazu (§ 39 III 1, S. 383 f.): »Das hindert indessen nicht, daß sich im Bundesrat die von der einen politischen Partei oder Parteigruppe geführten Länder gegen die von einer anderen politischen Richtung geprägten Länder wenden und daß dadurch Mehrheitsentscheidungen, möglicherweise mit nur knapper Mehrheit, zustandekommen, deren Ergebnisse von denen im Bundestag abweichen. Aus freien Wahlen im Bund und in den Ländern können unterschiedliche Zusammensetzungen der Volksvertretung und der Landesregierungen hervorgehen. Man kann weder verlangen noch erwarten, daß Bundestag und Bundesrat in gleicher Weise zu Gesetzesentwürfen und anderen Vorlagen Stellung nehmen. Das Grundgesetz hat keine Gleichschaltung zwischen Bundestag und Bundesrat vorgesehen oder zugelassen. Verfassungsmäßig ist sie nur so erreichbar, daß die politischen Parteien, die die Bundesregierung bilden, auch in den Ländern eine solche Stellung erlangen, die zu einer Mehrheit im Bundesrat führt.« Ebenso *Maunz/Zippelius*, Deutsches Stattsrecht, 24. Aufl., 1982, § 40 III 1 (S. 364 f.).
[171] *Jahn*, ZParl 1976, 291.
[172] Vgl. *Frowein*, in: Festschrift Bundesrat, S. 116 ff. (119).
[173] Vgl. oben I.
[174] *Laufer*, S. 27; *Frowein*, VVDStRL 31 (1973), S. 13, 22 ff.; *Hendrichs*, in: von Münch, Art. 51, Rdnr. 22; vgl. auch nochmals *Lange*, S. 188 ff.
[175] Vgl. *Hans H. Klein*, DÖV 1971, 328.
[176] *Rudol Smend*, S. 269 f.

Weimarer Reichsverfassung schwerlich behaupten, sie habe das föderative Reichsorgan seiner ererbten Position als Ort der Ausübung mitgliedschaftlicher Rechte im Bund völlig beraubt, so ist es wenig wahrscheinlich, daß es das Grundgesetz, dessen anerkannte Absicht die Stärkung des Bundesrates ist, unternommen habe, dieses Organ auf die Wahrung der Länderinteressen zu beschränken[177]. Zudem entbehrt es im demokratischen Parteienstaat – der Bund wie die Länder entsprechen notwendig diesem Typus der modernen Demokratie – schlicht der Logik, Staats- (also auch Länder-)Interessen von parteipolitischen zu unterscheiden[178]. Denn die Interessen des Staates werden von den parlamentarischen Mehrheiten und den aus ihnen hervorgegangenen Regierungen, also von den sie bildenden politischen Parteien, verbindlich definiert.

Eine funktionelle Betrachtung der Institutionen des Bonner Grundgesetzes unterstreicht dies. Da die verfassungsrechtliche Legitimation heutiger Bundesstaatlichkeit nicht mehr allein in den regionalen Besonderheiten und dem historischen Eigenwuchs der Gliedstaaten erblickt werden kann, entfällt auch von daher die Berechtigung, den Bundesrat als bloßen Hüter der Länderinteressen anzusehen. Die föderalistische Ordnung des Grundgesetzes beruht auf der Gewährleistung regionaler und funktionaler Gliederung der politischen Leitungsgewalt. Angesichts des fortschreitenden Unitarisierungsprozesses hat sich, wie gezeigt, das Schwergewicht auf die Mitwirkung der Länder an der politischen Willensbildung des Bundes verlagert, deren Instrument der Bundesrat ist. Wollte man nun die Mitglieder des Bundesrates darauf festlegen, nur partikulare Länderinteressen geltend zu machen, nähme man der funktionalen Gliederung der politischen Leitungsgewalt das substantielle Gewicht. Einen angemessenen Ausgleich für die hier eingetretenen Verluste finden die Länder in der Mitwirkung an der Gesetzgebung und Verwaltung des Bundes nur dann, wenn sie im Bundesrat ihr politisches Gewicht in die Waagschale werfen können und nicht den Vorstellungen der unitarischen Bundesorgane kritiklos folgen müssen, wo spezifisch gliedstaatliche Interessen nicht berührt werden[179]. Das geschwundene Eigengewicht der Länder, besser: der von ihnen erlittene staatliche Funktionsverlust, rechtfertigt also keineswegs eine Reduzierung der Mitwirkungsbefugnisse des Bundesrats[180]. Wenn das

---

[177] Vgl. *Hans H. Klein,* DÖV 1971, 327.

[178] Wie dies neuerdings wieder *Lange,* S. 195, versucht hat.

[179] Vgl. *Hans H. Klein,* DÖV 1971, 325 ff. (329); zur gewaltenteiligen Funktion des Bundesrates auch *Scholl,* S. 133, sowie *Heidborn,* in: KAS S. 176 f. *Pilz* (S. 84) sieht auch einen zunehmenden Oppositionsauftrag (!) für den Bundesrat, da der klassische Dualismus von Regierung und Parlament von dem neuen Dualismus zwischen Regierung und Mehrheitsfraktion einerseits und der Oppositionsfraktion andererseits nur unter Einbuße der Intensität der Oppositionsfunktion abgelöst worden sei. Diese Auffassung deckt sich mit der von *Biedenkopf* (DLF-Interview, 26. 04. 1976): Der Bundesrat übt die parlamentarische Kontrollfunktion aus, die die Bundestagsmehrheit nicht mehr wahrnimmt.

[180] So aber *Lange,* S. 195 ff., der dieses Ziel vor allem durch eine restriktive Interpretation der diese Befugnisse statuierenden Verfassungsnormen erreichen möchte.

bundesstaatliche Prinzip auch weiterhin ein die Verfassung der Bundesrepublik Deutschland bestimmender Grundsatz bleiben soll, wäre eine solche Reduzierung allenfalls unter der Voraussetzung diskutabel, daß eine Reihe gewichtiger, im Laufe der Jahre zum Bund abgewanderter Zuständigkeiten auf die Länder zurückverlagert werden. Obgleich die in der 6. und 7. Wahlperiode des Bundestages tagende Enquete-Kommission Verfassungsreform entsprechende Vorschläge unterbreitet hat[181], erscheint dies aus heutiger Sicht wenig wahrscheinlich.

Im übrigen: Wenn der Bundesrat einem Gesetz zustimmt, so stimmt er stets dem gesamten Inhalt des Gesetzes zu[182], nicht lediglich den die Zustimmungspflicht begründenden Vorschriften. Man kann schwerlich von den Mitgliedern des Bundesrates erwarten, einer Regelung zuzustimmen, die ihren Vorstellungen diametral widerspricht. Schon von daher kann es nicht illegitim sein, aus politischen Gründen den Vermittlungsausschuß anzurufen. Wenn aber politische Erwägungen im Bundesrat legitimerweise eine Rolle spielen, so können parteipolitische Überlegungen davon nicht getrennt werden. Zum einen ist eine Motivforschung undurchführbar, zum anderen hieße es doch wohl die Einsicht des Verfassungsgebers in die Realitäten unterschätzen, wollte man ihm die Erwartung unterstellen, die Parteien – die ja auch in den Ländern die maßgeblichen Kräfte darstellen – würden ihre politischen Ambitionen vergessen, sobald ein strittiges Gesetzesvorhaben den Bundesrat erreicht[183]. Man wird sich beim Durchdenken einer lebendigen Verfassung, die auf parteienstaatlichen Grundlagen beruht, nicht darüber täuschen können, daß in hochpolitischen Entscheidungen eben das politische Element durchschlägt[184]. Warum sollen CDU- oder SPD-Ministerpräsidenten über Ostverträge, Grundlagenvertrag, Steuerreform, Mitbestimmung anders denken als ihre Parteifreunde im Bundestag?[185] Eine Verfassung, die ein Verfassungsorgan wie den

---

[181] Vgl. v.a. Kapitel 9 des Berichts der Kommission, BT-Drucks. 7/5924, S. 122 ff.

[182] BVerfGE 8, 274, 295; 24, 18 4, 195; 37, 363, 381; 48, 127, 177, sowie zuletzt BVerfGE 55, 274, 319.

[183] Vgl. Hans H. Klein, DÖV 1971, 328.

[184] Ulrich Scheuner (Diskussionsbeitrag), ZParl 1976, 308.

[185] Rapp, S. 84; einen bemerkenswerten Beitrag lieferte der ehemalige Bürgermeister der Freien und Hansestadt Hamburg, Hans-Ulrich Klose (SPD), für die von Seeliger herausgegebene Schrift »Der Bundesrat als Blockadeinstrument der Union«. Wohl nicht ganz im Sinne des Herausgebers und der übrigen Autoren schrieb er (S. 60 f.): »Länderinteressen werden nicht objektiv ermittelt – wie sollte das auch gehen –, sondern politisch festgelegt von den jeweiligen Landesregierungen, die ihrerseits keine Neutren, sondern parteipolitisch eingebunden sind. (...) Solange die parteipolitischen Mehrheiten im Bundestag und im Bundesrat übereinstimmen, erregt das niemanden, weil es so selbstverständlich ist. (...) Ändern sich dagegen die Mehrheiten, hat ... die im Bundestag opponierende Partei die Mehrheit im Bundesrat, wird diese Selbstverständlichkeit zum Problem. Zum Problem für die Bundesregierung, nicht für die Verfassung. Die Verfassung kennt diesen Konflikt; sie hat ihn geregelt, aber nicht so, daß er auch immer aufgelöst würde. Die Auflösung findet statt über Mehrheiten, wenn diese Mehrheiten es zulassen. Ist das nicht der Fall, muß die Bundesregierung mit der

Bundesrat aus hohen Landespolitikern zusammensetzt, nimmt natürlich zumindest in Kauf, daß dieses Organ dann in bestimmten Bereichen politisch entscheidet[186]. Die Verfassung hat es durch die Schaffung des Bundesrates und die ihm gegebene Kompetenz auch in Kauf genommen, daß die im Bundestag gebildete Mehrheit sich nicht durchsetzen kann[187]. Aus welchen Gründen der Bundesrat ein Gesetz nicht befürwortet, ist verfassungsrechtlich irrelevant[188]. Unter diesem Aspekt gesehen, kann der Bundesrat zumindest wie eine zweite Kammer *wirken*. Er erzwingt eine zweite Beratung. Er trägt zu sorgfältiger Gesetzgebung, zur Vorsicht bei Verfassungsänderungen und zu genauer Prüfung der Rechtsverordnungs-Praxis bei[189]. Wo seine Zustimmung erforderlich ist, kann er auch Gesetze »blockieren«.

2. Blockadeinstrument Bundesrat?

Ob der Bundesrat aber zeitweise wirklich ein »Blockadeinstrument« war, wie ihm oft vorgeworfen wurde, kann ein Blick auf die Statistik zeigen. In den ersten acht Legislaturperioden wurden beim Bundestag 5289 Gesetzesvorlagen eingebracht. Davon kamen 3251 (= 61,5 %) von der Bundesregierung, 1811 (= 34,2 %) aus der Mitte des Bundestages und 227 Gesetzentwürfe (= 4,3 %) sind vom Bundesrat selbst eingebracht worden. Nur 3599 dieser Gesetze erreichten im 2. Durchgang den Bundesrat, 1690 Gesetzentwürfe fanden also nicht die Zustimmung des *Bundestages.* »Auf der Strecke« blieben 426 Vorlagen der Bundesregierung (= 13,1 % aller von *ihr* eingebrachten Gesetzentwürfe), 1117 Vorlagen aus der Mitte des Bundestages (= 61,7 % aller *seiner* Vorlagen) und 152 Vorlagen des Bundesrates (= 66,9 % aller vom *Bundesrat* eingebrachten Vorlagen)[190]. Von diesen 3599 im 2. Durchgang behandelten Gesetzesbeschlüssen sind 3534 (= 98,2 %) wirksam geworden, 65 Gesetze sind also gescheitert. Davon haben aber 18 Gesetzentwürfe aus anderen Gründen keine Gesetzeskraft erlangt, beispielsweise weil der Bundespräsident sie wegen verfassungsrechtlicher Bedenken nicht ausgefertigt und verkündet

---

Tatsache, daß sie sich gesetzgeberisch nicht mehr durchsetzen kann, leben. Oder abtreten. (…) Und, nebenbei und ganz ehrlich: Würde es anders gespielt bei umgekehrter Konstellation? Hätten Sozialdemokraten Skrupel, eine christdemokratische Bundesregierung an einer sozialdemokratischen Zwei-Drittel-Mehrheit im Bundesrat scheitern zu lassen?« Vgl. auch *Posser,* S. 946 f. Kritischer demgegenüber *Vogel,* S. 820.

[186] *Roman Herzog,* ZParl 1976, 302.

[187] Vgl. *Ulrich Scheuner* (Diskussionsbeitrag), ZParl 1976, 308.

[188] *Pilz,* S. 83 f.; so auch *Feuchte,* AöR 98 (1973), 473 ff. (516); vgl. auch *Hendrichs,* in: von Münch (Hrsg.), Grundgesetz-Kommentar, Bd. 2, Art. 50, Rdnr. 10: »Es ist rechtlich unbedenklich, wenn der Bundesrat aus parteipolitischen Gründen Beschlüsse in der Absicht faßt, Mehrheitsentscheidungen des Bundestages scheitern zu lassen.«

[189] Vgl. *Ellwein,* S. 307.

[190] Wenn man überhaupt von Blockade sprechen will, so besteht sie also eher in der konsequenten Ablehnung der Gesetzentwürfe des Bundesrates durch den Bundestag.

hat. Von den verbleibenden 47 Gesetzesbeschlüssen des Bundestages sind sechs auf Vorschlag des Vermittlungsausschusses vom Bundestag wieder aufgehoben worden. Weitere sechs Gesetze sind am *Einspruch* des Bundesrates gescheitert, d. h. also eigentlich daran, daß der Bundestag diesen nicht überstimmt hat. Nur 35 von 3599 Gesetzen (das sind 0,97%) hat der Bundesrat seine Zustimmung versagt. Die Zahl der auf diese Weise durch den Bundesrat zum Scheitern gebrachten Gesetze hat sich mit dem Regierungswechsel im Jahr 1969 leicht erhöht. Von der ersten bis zur fünften Wahlperiode scheiterten 19 Gesetze am Bundesrat, von der sechsten bis achten Wahlperiode 16 Gesetze. Durchschnittlich sind von 1949 bis 1980 pro Legislaturperiode 4,3 Gesetze gescheitert, von 1969 bis 1980 aber 5,3. Der Vorwurf der Obstruktion oder gar die These vom »Blockadeinstrument Bundesrat« findet also in den Fakten und nachprüfbaren Zahlen nicht nur keine Bestätigung, sondern eine eindeutige Widerlegung[191].

Noch eindeutiger sieht die Bilanz im Bereich der *Rechtsverordnungen* aus. In den ersten sieben Legislaturperioden (also unter Einrechnung der Jahre 1969 bis 1976) hat der Bundesrat nur 34 von 4034 Rechtsverordnungen und 3 von 507 Verwaltungsverordnungen die Zustimmung versagt. Die Ablehnungsquote liegt somit bezüglich der Rechtsverordnungen bei 0,8%, bezüglich der Verwaltungsvorschriften bei 0,6% und – zur Erinnerung – bezüglich der Gesetze bei 0,97%[192]. Diesem statistischen Argument wird freilich mit dem Hinweis begegnet, der Einfluß des Bundesrates komme weniger in ablehnenden Beschlüssen als vielmehr darin zur Geltung, daß schon der Bundestag bzw. die Bundesregierung vorsorglich den Vorstellungen Rechnung tragen, die der Bundesrat nachweislich oder vermutlich vertritt[193]. Aber eben dies entspricht dem machtbegrenzenden, gewaltenteilenden Sinn der Verfassung. Spannt sie verschiedene, auf (teilweise) unterschiedlichen Legitimationsprinzipien beruhende Verfassungsorgane zusammen, so nimmt sie auch die aus der heterogenen Willensbildung sich ergebenden Konsequenzen in Kauf, ja sie setzt sie geradezu für ihre Zwecke ein. Entbehrt also die Behauptung vom »Blockadeinstrument Bundesrat« jeder Grundlage, so hat die Diskussion um diese Frage doch bewirkt, daß nunmehr 91% der Bürger der Bundesrepublik Deutschland von der Existenz des Bundesrates wissen, 73% seine Zuständigkeiten kennen und 58% über seine Zusammensetzung richtige Angaben machen[194].

---

[191] Vgl. *Heidborn*, in: KAS, S. 172.

[192] *Heidborn*, a. a. O., S. 186; vgl. zu den statistischen Angaben auch *Ziller*, Die Arbeit von Bundestag und Bundesrat, passim. Zum Bild hinter den Zahlen, aus dem die einzelnen Einwände des Bundesrates zu entnehmen sind, vgl. *Fromme*, S. 35 ff.

[193] *Lange*, S. 193.

[194] Vgl. *Heidborn*, a. a. O., S. 160 f.; diese Ziffern beziehen sich auf eine Umfrage des Instituts für Demoskopie Allensbach aus dem Jahre 1977. S. auch die Angaben bei *Posser*, S. 947 f.

3. Überparlament Vermittlungsausschuß?

Die Statistiken zur Anrufung des *Vermittlungsausschusses* verdienen besondere Aufmerksamkeit. In den bisherigen neun Legislaturperioden des Bundestages ist er bei 438 Gesetzen angerufen worden. Die Zahl der vom Bundestag verabschiedeten Gesetze betrug im gleichen Zeitraum 3738. Die Anrufungsquote liegt also durchschnittlich bei 11,7%. In der 7., 8. und 9. Wahlperiode lag die Quote wesentlich höher, nämlich zwischen 14,4 und 18,9%. Damit kam in der achten Wahlperiode – es regierte das Kabinett Schmidt/Genscher – jedes fünfte Gesetz vor den Vermittlungsausschuß[195].

Besondere Beachtung ist diesen Zahlen deshalb zu schenken, weil der Vermittlungsausschuß bereits des öfteren – zuletzt Ende 1981 – im Mittelpunkt deutlicher Kritik stand. Auslöser war zuletzt die Tatsache, daß der Vermittlungsausschuß in seine Beratungen über das »Sparpaket« der Bundesregierung auch ein Gesetz einbezogen hatte, dessen Beratung in den Ausschüssen des Bundestages noch nicht einmal beendet war, das eigentlich also (noch) nicht Gegenstand eines Vermittlungsverfahrens sein konnte[196]. Der damalige Präsident des Bundesrates, *Hans Koschnick* (SPD), äußerte im Nachhinein die Befürchtung, daß sich der Ausschuß »zur dritten Kammer, zu einer Art Überparlament« entwickeln könnte. Auch von Abgeordneten des Deutschen Bundestages wurde kritisiert, das Parlament könne nur noch über das in einem »Konklave« ausgehandelte Ergebnis abstimmen. Der SPD-Abgeordnete *Conradi* hob hervor, daß Recht des Volkes auf öffentliche Beratung der Gesetze in der Volksvertretung könne nicht durch einen Vermittlungsausschuß aufgehoben werden[197].

In der Tat besteht durch die Nichtöffentlichkeit der Sitzungen (anderen Personen als den 22 Mitgliedern kann die Teilnahme nur durch Beschluß des Ausschusses gestattet werden – § 6 GO Vermittlungsausschuß –), die Vertraulichkeit der Beratungen und die paketweise Zusammenfassung von Gesetzgebungsvorhaben die Gefahr, daß die Meinungsbildung im Plenum des Bundestages durch ausformulierte Vorlagen aus dem Vermittlungsausschuß verkürzt[198], weil auf die Alternative der kompletten Zustimmung oder Ablehnung reduziert wird. Die These, daß über eine Kompetenzausweitung des Vermittlungsausschusses das Kräftegleichgewicht im gewaltenteiligen System aus dem Lot geraten sei, läßt sich gleichwohl nicht halten. Denn der

---

[195] Eigene Berechnungen auf der Grundlage von *Rostock*, S. 5 und Deutscher Bundestag (Hrsg.), Die Woche im Bundeshaus, Ausgabe 1/83, S. 3.

[196] Dazu *M. J. Dietlein*, AöR 106 (1981), 525 ff.; *ders.*, NJW 1983, 80 ff.; *H. Bismark*, DÖV 1983, 269 ff.; *R. W. Strohmeier*, ZParl 1982, 473 f.

[197] Zit. nach *Herles*, in: Frankfurter Allgemeine Zeitung vom 21. 12. 1981; vgl. die Debatte im Deutschen Bundestag am 10. 12. 1981, BT-Prot. S. 4269 f. Zu diesem Vorgang vgl. auch *Posser*, S. 940 ff.

[198] *Heidborn*, a. a. O., spricht von »Aushöhlung« und »Entwertung« (S. 171).

Vermittlungsausschuß ist nicht lediglich ein Ausschuß im herkömmlichen parlamentsrechtlichen Sinne. Er ist vielmehr ein sektoral verselbständigtes Unterorgan von Bundestag und Bundesrat[199]. Er hat die Funktion, eine kompromißhafte Übereinstimmung widerstrebender Standpunkte von Bundestag und Bundesrat zu erreichen, die das Scheitern von Gesetzgebungsplänen verhindert[200]. Er ist zwingender Selbstausgleichungsmechanismus der Legislative[201]. Die Funktionsfähigkeit dieser Einigungsstelle wäre nicht gewährleistet ohne die Garantie eines zumindest rudimentären Kompetenzrahmens[202].

Im übrigen erfolgt die Anrufung des Vermittlungsausschusses bei Zustimmungsgesetzen in vielen Fällen durch den Bundestag selbst. Er gibt damit in freier Entscheidung Kompetenzen an den Vermittlungsausschuß ab. Dabei handelt es sich aber letztlich nur um Beratungskompetenzen, nicht um solche, die die *Entscheidung* über den materiellen Gesetzesinhalt betreffen. Denn in jedem Fall hat der Bundestag über das Vermittlungsergebnis zu beschließen; die Kompetenzverlagerung ist also revisibel. Daß trotz dieser Möglichkeit die Erfolgsquote des Vermittlungsausschusses hoch ist (sie liegt – bezogen auf die ersten acht Legislaturperioden – bei 85 %[203]), zeigt das große Maß an für Bundestag und Bundesrat akzeptablen und daher für den Gesetzgebungsprozeß förderlichen Vermittlungsvorschlägen, die vom Ausschuß erarbeitet worden sind. Zurückzuführen ist diese Erfolgsquote sicher auch darauf, daß im Ausschuß die Politiker »unter sich« sind und die durch ihr früheres Auftreten festgelegten Abgeordneten ebenso fehlen wie die Beamten, von denen die Gesetzesinitiative ausging. Dabei ist nicht zu übersehen, daß sich das Verfahren bewährt hat, *weil* der Vermittlungsausschuß mit einem guten Schuß Geheimniskrämerei arbeitet[204]. Wenn auf diesem Wege eine Bundestag und Bundesrat zufriedenstellende Gesetzgebungsarbeit erreicht werden kann, übertreffen die Vorteile des Vermittlungsausschusses die Nachteile seiner Arbeit bei weitem; dies gilt um so mehr, als die Mitglieder des Bundestages in ihrer *verfassungsrechtlichen* Stellung nicht dadurch eingeschränkt werden, daß die Diskussion über die Einzelbestimmungen des Gesetzes (durch die Unveränderbarkeit des Vermittlungsvorschlags) beschränkt wird: Verfassungsrechtlich garantiert ist nur das freie und ungebundene Entscheidungsrecht des Abgeordneten, nicht auch sein (verständlicher) Wunsch nach mehreren Detailberatungen im Plenum und in Ausschüssen.

Freilich sollte sich der Vermittlungsausschuß grundsätzlich bescheiden, will er nicht durch eine Kompetenzausweitung gleichsam in eine überparlamen-

---

[199] *Hasselsweiler,* S. 71.
[200] *Hasselsweiler,* S. 1.
[201] *Hasselsweiler,* S. 35.
[202] Diesen beschreibt im einzelnen mit gleichem Ergebnis *Dietlein,* a. a. O.
[203] Vgl. *Ziller,* Die Arbeit von Bundestag und Bundesrat, Tabelle 4.
[204] Vgl. *Ellwein,* S. 302 f.

tarische Stellung hineingeraten, die zwangsläufig die Frage nach der Legitimität seiner dezisionistischen Tätigkeit zuspitzen müßte. Er sollte daher den Versuch eines »political-self-restraint« unternehmen[205]. Den an der Gesetzgebung mitwirkenden Beamten und Parlamentariern ist zu empfehlen, die Zusammenschnürung verschiedener Gesetzesvorhaben zu – zwangsläufig auch als solche dann den Vermittlungsausschuß erreichenden – »Paketen« mit Vorsicht zu handhaben – zumindest muß sich der Bundestag vergegenwärtigen, daß jede solche Verbindung von Gesetzgebungsvorschlägen die Gesetzesberatungen erschweren und Einwirkungsmöglichkeiten der einzelnen Abgeordneten verringern kann.

Alles in allem jedoch ist der Vorwurf des »Überparlaments Vermittlungsausschuß« zu Recht als eine reine Modekategorie gewertet und der Vermittlungsausschuß selbst »als eine besonders glückliche und gelungene Einrichtung des Grundgesetzes« gewürdigt worden[206].

4. Gegensteuerung durch den Bundestag

Aus der Sicht des Bundestages lohnt eine weitere Überlegung, die zur grundsätzlichen Aufteilung der Bundesgesetze in Einspruchs- und Zustimmungsgesetze zurückführt. Die Zustimmungsbedürftigkeit zu einem Gesetz kommt um so häufiger zustande, je perfektionistischer der Bund Gesetze macht[207]. Je öfter der Bundestag z. B. Bestimmungen über das Verwaltungsverfahren in ein Bundesgesetz einbaut, desto häufiger stellt er die Verwirklichung des Gesetzes selbst in Frage. Denn dem Bundesrat ist es nicht verwehrt – und es kann ihm, wie oben dargestellt, auch nicht verwehrt werden – dann das Gesetz als Ganzes einer Prüfung zu unterziehen. Doch dieser Gedanke läßt sich auch im Sinne einer Strategie mißbrauchen. Mehrfach hat sich in den vergangenen Jahren die Bundesregierung eines Verfahrens bedient, das unter verfassungsrechtlichen Gesichtspunkten wohl nicht zu beanstanden, politisch jedoch fragwürdig ist. Die Regierung trennte an sich einheitliche Gesetzgebungsvorhaben in ein Sach- und ein Verfahrensgesetz. Das Sachgesetz war damit zum Einspruchsgesetz geworden; der Einspruch konnte vom Bundestag überstimmt werden. Lediglich die Verfahrensregeln bedurften noch der Zustimmung des Bundesrates. Dieses Vorgehen sollte – einem Kabinettbeschluß zufolge – zur ständigen Übung werden. So sollten z. B. Teile des Berufsbildungsgesetzes dadurch realisiert werden, daß nach Ablehnung der Reform der beruflichen Bildung durch den Bundesrat im Mai 1976 das neu formulierte Ausbildungsplatzförderungsgesetz zustimmungsfrei gemacht wurde. Dieses zu einem Ein-

---

[205] Vgl. *Hasselsweiler*, S. 286.
[206] *Hasselsweiler,* S. 292, 296.
[207] Vgl. *Roman Herzog*, ZParl 1976, 299.

spruchsgesetz umfunktionierte und vom Bundestag im Sommer 1976 verab-
schiedete Kerngesetz enthielt nach Meinung der Bundesregierung nur noch
nicht zustimmungspflichtige Vorschriften. Letztlich ist das Verfahren – in diesem Fall – jedoch mißlungen, weil das Gesetz trotz aller Bemühungen Vorschriften enthielt, die das Verwaltungsverfahren regelten und daher die Zustimmungspflicht des Bundesrates nach Art. 84 Abs. 1 GG auslösten – das
Gesetz wurde vom Bundesverfassungsgericht daraufhin für nichtig erklärt[208]. Ähnlich (aber erfolgreicher) verfuhr der Bundestag schon 1971 bei
dem Gesetz über den Kündigungsschutz für Mietverhältnisse über Wohn-
raum[209] und 1975 beim Haushaltsstrukturgesetz[210]. In diesen Fällen konnte die
Mehrheit des Bundestages aufgrund der grundsätzlichen Verwaltungszustän-
digkeit der Länder (Art. 83 GG) darauf spekulieren, daß die Länder das Sachgesetz ausführen mußten, wenn auch notfalls – d. h. bei Verweigerung der
Zustimmung zum Verfahrensgesetz – nach eigenen Verwaltungsregeln.

Verfassungsrechtlich ist der Bundestag nicht gehindert, in Ausübung seiner
gesetzgeberischen Freiheit ein Gesetzesvorhaben in mehreren Gesetzen zu
regeln[211]; dies hat das Bundesverfassungsgericht im »Bundesrats-Urteil« noch
einmal bestätigt. Wo diese Freiheit endet, hat das Gericht bisher noch nicht zu
entscheiden gehabt. Der Bundesrat geht davon aus, daß die Grenzen jedenfalls
dann überschritten sind, wenn die Gesetze aufgrund ihres Regelungsinhaltes
notwendigerweise auch zu einer gesetzgebungstechnischen Einheit miteinander verbunden werden müssen[212].

Bei den augenblicklichen Mehrheitsverhältnissen sind ähnliche Konflikte
wie in der Zeit der sozialliberalen Koalition kaum zu befürchten. Vom Tisch
sind wohl auch Vorschläge, den Berliner Abgeordneten im Bundesrat volles
Stimmrecht einzuräumen[213]; weder die Bonner noch die Berliner Mehrheitsverhältnisse lassen derzeit eine Wiederholung dieser Forderung erwarten, deren Verwirklichung im übrigen weder politisch erwünscht sein kann noch aus
(fortbestehenden) besatzungsrechtlichen Gründen möglich erscheint. Sind die
Kontroversen um den Bundesrat mittlerweile – zumindest auf der politischen
Ebene – auch beigelegt, so zeigt ihre Darstellung und Diskussion gleichwohl,
daß ein zwingender Reformbedarf – auch im Hinblick auf künftige veränderte
Mehrheitssituationen – derzeit nicht besteht. Die schon erwähnte Enquête-
Kommission Verfassungsreform des Bundestages schlug – von der Verlänge-

---

[208] BVerfGE 55, 274.
[209] Vom 25. 11. 1971, BGBl. I, S. 1839.
[210] Einerseits – zustimmungspflichtig – Gesetz zur Verbesserung der Haushaltsstruktur
vom 10. 12. 1975, BGBl. I, S. 3091; andererseits – zustimmungsfrei – Gesetz zur Verbesserung
der Haushaltsstruktur im Geltungsbereich des Arbeitsförderungs- und des Bundesversor-
gungsgesetze vom 18. 12. 1975, BGBl. I, S. 3113.
[211] BVerfGE 37, 363, 382.
[212] Vgl. *Reuter*, S. 40; *Fromme*, S. 161; *Posser*, S. 913 f.
[213] Vgl. unter Fn. 108.

rung einer Frist abgesehen – keine Änderung der verfassungsrechtlichen Normen über den Bundesrat vor.

V. Schlußbetrachtung

Das Verfassungsorgan Bundesrat erfreut sich eines hohen Ansehens. Der Bundesrat hat sich bewährt. Der ihm entgegengebrachte Respekt beruht auf der Anerkennung sowohl des fachkundigen Rates, mit dem er im Rahmen seiner Zuständigkeiten die Arbeit des Bundes befruchtet, als auch der politischen Kompetenz, mit dem er diese Arbeit begleitet. Sein Beitrag zur politischen Integration der Länder in den Bund ist hoch zu veranschlagen. Allfällige Auseinandersetzungen um diese oder jene Entscheidung des Bundesrates zwischen den politischen Parteien geben ebensowenig Veranlassung, von einer »Legitimationskrise des Bundesrates«[214] zu sprechen wie der im Laufe der Zeit eingetretene Kompetenzverlust der Länder zugunsten des Bundes. Abgesehen davon, daß diese Entwicklung nicht in jedem Einzelfall als irreversibel angesehen werden muß, läßt sich aus ihr nicht ohne weiteres auf einen Verlust an politischer Potenz schließen.

Im Jahre 1949 schrieb der spätere langjährige Vizepräsident des Deutschen Bundestages, *Carlo Schmid* (SPD), in einer der ersten Betrachtungen über das neue Grundgesetz: »Der Bundesrat ist innerhalb der Gesamtkonstruktion des Grundgesetzes ein elastischer Faktor. Er kann durchaus zu einem zentripetal wirkenden Organ werden, wenn er sich als polare Ergänzung des Bundestages und nicht als Instrument der Opposition der Teile gegenüber dem Ganzen betrachtet. Allerdings ist Voraussetzung einer solchen Entwicklung, daß das föderative Prinzip assoziativ und nicht dessoziativ verstanden und das Interesse des Teiles nicht anders denn als Reflex des Gesamtinteresses begriffen wird«[215]. Mit anderen Worten: Einheit in Vielfalt war das Ziel. Dieses Ziel hat die Bundesrepublik Deutschland erreicht. Mehr als das: Der Föderalismus und seine Institutionen sind unverzichtbare Eckpfeiler im demokratischen und sozialen Rechtsstaat geworden.

---

[214] So jedoch der Titel der Abhandlung von *K. Lange.*
[215] DÖV 1949, 204.

Literaturverzeichnis

Beer, Manfred: Staatsverträge und Verwaltungsabkommen im heutigen deutschen Staatsrecht, 1960

Bilfinger, Carl: Der Reichsrat, Bedeutung und Zusammensetzung, Handbuch des Deutschen Staatsrechts I, 1930, S. 545 ff.

Binder, Gerhart: Geschichte im Zeitalter der Weltkriege, 2 Bde., 1977

Bundesrat (Hrsg.): 10 Jahre Bundesrat, 1959

–: Der Bundesrat 1949 bis 1969. Beiträge zum 20jährigen Bestehen der 2. gesetzgebenden Körperschaft der Bundesrepublik, 1969

Bundesrat (Hrsg.): Der Bundesrat als Verfassungsorgan und politische Kraft, Festschrift zum 25jährigen Bestehen des Bundesrates der Bundesrepublik Deutschland, 1974 (zit.: Festschrift Bundesrat)

–: 30 Jahre Bundesrat 1949 bis 1979, 1979

Der Bundesrat 1949 bis 1975. Ein Porträt, 1975

Cieslar, Michael: Bedürfen »politische Verträge« der Zustimmung des Bundesrates? Diss. München 1972

Deutscher Bundestag (Hrsg.): Die Bundesversammlung 1979

Dietlein, Max: Der Dispositionsrahmen des Vermittlungsausschusses, NJW 1983, 80 ff.

von Doemming, Klaus-Berto / Füsslein, Rudolf Werner / Matz, Werner: Entstehungsgeschichte der Artikel des Grundgesetzes, JöR n. F. 1 (1951), 1 ff.

Ellwein, Thomas: Das Regierungssystem der Bundesrepublik Deutschland, 3. Aufl. 1973

Feuchte, Paul: Die bundesstaatliche Zusammenarbeit in der Verfassungswirklichkeit der Bundesrepublik Deutschland, AöR 98 (1973), 473 ff.

Fromme, Friedrich Karl: Gesetzgebung im Widerstreit. Wer beherrscht den Bundesrat? 2. Aufl. 1979

Geck, Wilhelm Karl: Die völkerrechtlichen Wirkungen verfassungswidriger Verträge, 1963

Hamann, Andreas / Lenz, Helmut: Das Grundgesetz für die Bundesrepublik Deutschland vom 23. Mai 1949, 3. Aufl. 1970

Hasselsweiler, Ekkehart: Der Vermittlungsausschuß, 1981

Hesse, Konrad: Grundzüge des Verfassungsrechts der Bundesrepublik Deutschland, 13. Aufl. 1982

Huber, Ernst Rudolf: Deutsche Verfassungsgeschichte seit 1789, 2. Bd. 1960, 3. Bd. 1963, 6. Bd. 1981

Ingold, Wolfgang: Nominationsrechte des Bundesrates, Diss. Freiburg i. Br., 1980

Kaiser, Hermann Dietrich: Die innerstaatliche Bedeutung der Beteiligung der jeweils für die Bundesgesetzgebung zuständigen Körperschaften am Abschluß völkerrechtlicher Verträge der Bundesrepublik Deutschland gemäß Art. 59, Abs. 2, Satz 1 GG, 1964

Kaufmann, Erich: Gesammelte Schriften, 3 Bde., 1960

Kewenig, Wilhelm: Bundesrat und auswärtige Gewalt, ZRP 1971, 238 ff.

Klein, Friedrich: Bedürfen politische Verträge der Zustimmung des Bundesrates? JZ 1971, 752

Klein, Hans Hugo: Das Bundesrats-Urteil des Bundesverfassungsgerichts, ZParl 1974, 485

Ders., Parteipolitik im Bundesrat? DÖV 1971, 325 ff.

Knies, Wolfgang: Der Bundesrat: Zusammensetzung und Aufgaben, DÖV 1977, 575 ff.

Kommentar zum Bonner Grundgesetz, Hamburg, Erstkommentierung 1950, Zweitkommentierung 1964 ff. – Loseblattausgabe – (zit.: Verf., in: Bonner Kommentar)

Konrad-Adenauer-Stiftung (Hrsg.): Die »vergessenen« Institutionen 1979 (zit.: Verf., in KAS)

Lange, Klaus, Die Legitimationskrise des Bundesrates, in: H. Avenarius u. a. (Hrsg.), Festschrift für E. Stein, 1983, S. 181 ff.

Laufer, Heinz: Der Bundesrat, 1972

Ders., Das föderative System der Bundesrepublik Deutschland, 4. Aufl. 1981

Lechner, Hans: Zur Entwicklung der Rechtsstellung des Bundesrates, DÖV 1952, 417

Lehmann, Hans Georg: Chronik der Bundesrepublik Deutschland, 1981

Lehmbruch, Gerhard: Parteienwettbewerb im Bundesstaat, 1976.

von Mangoldt, Hermann / Klein, Friedrich: Das Bonner Grundgesetz, 2. Aufl. 1964 (3 Bde.)

Maunz, Theodor: Deutsches Staatsrecht, 23. Aufl. 1980;

Maunz/Zippelius, Deutsches Staatsrecht, 24. Aufl. 1982

Maunz, Theodor / Dürig, Günter / Herzog, Roman / Scholz, Rupert: Grundgesetz Kommentar (Loseblattausgabe)

Menzel, Eberhard: Bedürfen »politische Verträge« der Zustimmung des Bundesrates? JZ 1971, 745

Ders., Zur Revision des Grundgesetzes: Die Regelung über die Auswärtige Gewalt, DÖV 1971, 528

von Münch, Ingo (Hrsg.): Grundgesetz-Kommentar, 3 Bde., 2. Bd. 1976 (zit.: Verf., in: …)

Neunreither, Karl: Der Bundesrat zwischen Politik und Verwaltung, 1959

Pestalozza, Christian: Berlin – ein deutsches Land. JuS 1983, 241

Pfitzer, A.: Der Bundesrat, 28. Auflage 1978

Pilz, Frank: Einführung in das politische System der Bundesrepublik Deutschland, 1977

Posser, Diether: Der Bundesrat und seine Bedeutung, in: Handbuch des Verfassungsrechts der Bundesrepublik Deutschland, hrsg. von E. Benda u. a., 1983, S. 899 ff.

Rapp, Alfred: Der Bundesrat, 1974

Reichel, Gerhard Hans: Die auswärtige Gewalt nach dem Grundgesetz für die Bundesrepublik Deutschland vom 23. Mai 1949, 1967

Reuter, Konrad: Bundesrat und Bundesstaat, 2. Aufl. 1981

Rostock, Michael: Der Vermittlungsausschuß (1) – Die rechtlichen Grundlagen und die politischen Probleme seiner Arbeit, Neue Stenographische Praxis 1982, S. 1

Seelinger, Rolf (Hrsg.): Der Bundesrat als Bsockadeinstrument der Union, 1982

Schmid, Karl: Die politische und staatsrechtliche Ordnung der Bundesrepublik Deutschland, DÖV 1949, 204

Scholl, Udo: Der Bundesrat in der deutschen Verfassungsentwicklung, 1982

Smend, Rudolf: Verfassung und Verfassungsrecht, 2. Aufl. 1969

Stern, Klaus: Das Staatsrecht der Bundesrepublik Deutschland, 1. Bd. 1977, 2. Bd. 1980

Vogel, Hans-Jochen: Die bundesstaatliche Ordnung des Grundgesetzes, in: Handbuch des Verfassungsrechts der Bundesrepublik Deutschland, hrsg. von E. Benda u. a., 1983, S. 809 ff.

Weber, Werner: Spannungen und Kräfte im westdeutschen Verfassungssystem, 3. Aufl. 1970

Ziller, Gebhard: Der Bundesrat, 6. Aufl. 1982

Ders., Die Arbeit von Bundestag und Bundesrat in acht Legislaturperioden, Das Parlament 46/1980, S. 4 f.

3. Der Bundesrat im Regierungssystem
der Bundesrepublik Deutschland

Die in der politischen Kontroverse seit den siebziger Jahren des 20. Jahrhunderts immer wieder hochgespielte und in den Medien gerne aufgegriffene »Blockadepolitik« des Bundesrates hat es nur selten gegeben. Der Begriff verstellt den Blick auf die Rechtlage. Die »gemischte Verfassung« des Grundgesetzes kombiniert das parlamentarische Regierungssystem mit dem bundesstaatlichen Prinzip. Es hat geraume Zeit gedauert, bis die sich daraus ergebenden Folgerungen erkannt wurden, bis in manche politischen und journalistischen Zirkel haben sie sich bis heute nicht herumgesprochen. Das Grundgesetz weist dem Bundesrat die Funktion eines einflussreichen Organs der Gesetzgebung (und der Verwaltung) zu, das seinen Willen selbständig unter Berücksichtigung sowohl länderspezifischer wie bundespolitischer Gemeinwohlrücksichten zu bilden hat. Deren Definition obliegt den Mitgliedern des Bundesrates, die zugleich Mitglieder der Landesregierungen sind. Der Einfluss der diese tragenden Parteien ist damit notwendig vorgegeben und so wenig illegitim wie ihr Einfluss auf die Willensbildung von Bundestag und Bundesregierung. Überlegungen zur Reform des deutschen Föderalismus führen in die Irre und sind zur Erfolglosigkeit verurteilt, wenn sie primär auf eine Verminderung der Zuständigkeiten des Bundesrates zielen.

I. Bestandsaufnahme[1]

Der Bundesrat hat in der 14. Wahlperiode des Deutschen Bundestages vor allem durch zwei Vorkommnisse von sich reden gemacht. Das war zum einen der Fall bei der Abstimmung über die Steuerreform[2] am 14. Juli 2000, die Presseberichten zufolge durch erhebliche finanzielle Zusagen der Bundesre-

---

Der Verfasser, Richter des Bundesverfassungsgerichts a.D. Dr. *Hans H. Klein*, ist em. Univ.-Professor an der Universität Göttingen.

[1] Die Abhandlung beschäftigt sich mit einem Thema, zu dem es aus der Sicht des Juristen nichts Neues zu sagen gibt. Politik und (nicht wenige) Medien tun sich jedoch schwer, die in der Staatsrechtswissenschaft weithin unbestrittenen Erkenntnisse nachzuvollziehen. Sie wollen es wohl auch nicht, weil sich auch fehlerhafte Behauptungen mitunter eignen, Druck auf den politischen Gegner auszuüben und Stimmungen zu erzeugen. Äußerungen in der Wahl-

gierung an die Länder Berlin und Rheinland-Pfalz, die zu jener Zeit im ersten Fall von einer Koalition aus CDU und SPD, im zweiten von einer Koalition aus SPD und FDP regiert wurden, beeinflusst worden ist[3]. Zum anderen handelt es sich um die Abstimmung über das Zuwanderungsgesetz[4] am 22. März 2002[5]. Im einen wie im anderen Fall blieb der Versuch der bei der Abstimmung im Bundestag unterlegenen parlamentarischen Minderheit ohne Erfolg, vermittels des Bundesrats das Zustandekommen eines vom Bundestag mehrheitlich beschlossenen Gesetzes zu verhindern. Hier wie da fand die im Bundestag ausgetragene heftige politische Kontroverse ihre Fortsetzung im Bundesrat unter den gleichen Vorzeichen und mit den gleichen Argumenten. In beiden Fällen wurde der Vorwurf erhoben, die verfassungsrechtlich gebotene Zustimmung des Bundesrats sei mit verfassungsrechtlich angreifbaren Methoden herbeigeführt worden[6]. In der politischen Auseinandersetzung wurde seitens der parlamentarischen Mehrheit, der Bundesregierung und der sie stützenden Parteien der Vorwurf erhoben, die Opposition (es handelte sich in beiden Fällen vornehmlich um die Unionsparteien) bediene sich unzulässiger-, mindestens illegitimerweise des Bundesrats als Blockadeinstrument.

Wie sehr auch dieser Vorwurf an der dem Bundesrat im Regierungssystem des Bundes zugewiesenen Funktion (dazu unter II.) vorbeigeht, so zeigt er doch Wirkung. Von einer – aus unterschiedlichen Gründen – zu differenzierter Betrachtung wenig Bereitschaft zeigenden veröffentlichten Meinung meist unkritisch in Wohnzimmer und zu Stammtischen transportiert, befördert er Verunsicherung in einer Gesellschaft, die zumindest scheinbar dem Aktionismus höheren Respekt zu zollen pflegt als zögerlichem Bedenkenträgertum. Zwar wird man nur wenige finden, die die Vorzüge des funktionenteilenden Systems von checks and balances in unserer Verfassungsordnung generell leugnen. Kommt es jedoch im konkreten Fall dazu, dass sie sich hemmend zumal einem Vorhaben der Regierung in den Weg stellen, sehen sich die dafür

---

nacht vom 22. auf den 23. September 2002 zeigen, dass das Thema in der soeben begonnenen 15. Wahlperiode des Deutschen Bundestages aktuell bleiben wird. – Die ganze Bibliotheken füllende einschlägige Literatur ist den Lesern dieser Zeitschrift geläufig. Auf sie wird verwiesen. Bezugnahmen erfolgen nur selektiv.

[2] Gesetz zur Senkung der Steuersätze und zur Reform der Unternehmensbesteuerung (Steuersenkungsgesetz) vom 23. Oktober 2000, BGBl I S. 1433.

[3] Vgl. dazu *Starck*, Ein schwarzer Tag für das bundesstaatliche System geregelter Zuständigkeiten, Frankfurter Allgemeine Zeitung vom 19. Juli 2000, S. 8.

[4] Gesetz zur Steuerung und Begrenzung der Zuwanderung und zur Regelung des Aufenthalts und der Integration von Unionsbürgern und Ausländern vom 20. Juni 2002, BGBl I S. 1946.

[5] Vgl. den Sten. Bericht über die 774. Sitzung des Bundesrats, S. 131 ff.

[6] Zum 1. Fall s. *Starck* (Fn. 3). Bei der Abstimmung über das Zuwanderungsgesetz stieß die Wertung der Stimmabgabe des Landes Brandenburg durch den den Vorsitz führenden Präsidenten des Bundesrats als einheitlich auf Widerspruch. Darüber wird das Bundesverfassungsgericht zu entscheiden haben (BrF 1/02).

Verantwortlichen schnell in die Rolle des Nörglers verwiesen, die niemand als angenehm empfindet.

Manches spricht allerdings dafür, dass dieser erste Eindruck täuscht. Denn wie anders wäre es zu erklären, dass der Wähler mit einer gewissen, jedenfalls seit den beginnenden siebziger Jahren des 20. Jahrhunderts zu beobachtenden Regelmäßigkeit bei den für die Zusammensetzung des Bundesrats maßgeblichen Wahlen zu den Landesparlamenten diejenigen Parteien begünstigt, die er bei den zurückliegenden Bundestagswahlen in die Opposition verwiesen hat? So wurden die im Bundestag opponierenden Unionsparteien nach der 1969 erfolgten Regierungsübernahme durch die SPD/FDP-Koalition im Bund kontinuierlich gestärkt, auch wenn es gelegentliche Ausrutscher gab[7]. Nach dem Bonner Regierungswechsel im Oktober 1982 konnten die im Bundestag die Mehrheit bildenden Parteien ihre Überlegenheit im Bundesrat zunächst behaupten – trotz der Wahlniederlage der CDU im Saarland 1985, die aber durch den Regierungswechsel in Hessen (April 1987) mehr als ausgeglichen wurde. Im Mai 1988 verlor die CDU die Landtagswahl in Schleswig-Holstein im Gefolge des Barschel-Pfeifer-Skandals. Einen Wechsel der Mehrheitsverhältnisse im Bundesrat bewirkten dann die Landtagswahlen im Juni 1990 in Niedersachsen, wo die SPD die CDU als führende Regierungspartei ablöste. Die im Gefolge der Wiedervereinigung stattfindenden Landtagswahlen in den »neuen« Ländern vermochten diese Entwicklung vorübergehend noch einmal umzukehren, aber schon seit April 1991, als sich in Hessen erneut ein Wechsel der Mehrheit (zugunsten der SPD) vollzog, verfügte die Koalition aus CDU/CSU und FDP, die im Bund noch bis 1998 regierte, im Bundesrat nicht mehr über eine zuverlässige Mehrheit der Stimmen, weil die Zahl derjenigen Landesregierungen wuchs, in denen zwar die CDU noch vertreten, aber eine Koalition mit der SPD einzugehen gezwungen war, oder aus denen sie sogar wie 1994 in Sachsen-Anhalt aus der Regierungsverantwortung verdrängt wurde. Nach den Pendelausschlägen der Zeit nach der Wiedervereinigung Deutschlands begann sich also in der Mitte der neunziger Jahre jene Normalität wieder herzustellen, die dadurch gekennzeichnet ist, dass der Wähler das ausgleichende Gewicht eines Bundesrats, in dem sich die Mehrheiten im Bundestag allenfalls gebrochen oder auch gar nicht spiegeln, durchaus zu schätzen weiß[8].

---

[7] Bei den Landtagswahlen in Niedersachsen im Juli 1970 schied die CDU aus der bis dahin regierenden großen Koalition aus; im Saarland verlor die CDU bei den Wahlen im Mai 1975 die absolute Mehrheit der Mandate, in Schleswig-Holstein hingegen konnte sie trotz geringfügiger Stimmenverluste die absolute Mehrheit im Landtag behaupten. Zum Ganzen: *Fromme*, Gesetzgebung im Widerstreit, 2. Aufl. 1979, S. XIII ff.; ferner: *Schindler*, Datenhandbuch zur Geschichte des Deutschen Bundestages 1949–1999, 3 Bände, 1999, hier: Band II, S. 2440 ff. – dort auch zum Folgenden.

[8] Dabei ist nicht zu übersehen, dass signifikante Entwicklungen im Verantwortungsbereich der Länder durchaus Einfluss auf den Ausgang von Landtagswahlen haben können. Auf das

Diese Erfahrung wird auch durch die Entwicklung nach der Bundestagswahl 1998 bestätigt. Im Jahre 1999 verbuchten CDU und FDP kräftige Stim-
mengewinne bei den Landtagswahlen, die zu einem Regierungswechsel in
Hessen und kurz darauf im Saarland führten. Gewissermaßen regelwidrige
Rückschläge gab es im folgenden Jahr, als der Spendenskandal der CDU Anlass war für deren Wahlniederlagen in Schleswig-Holstein und Nordrhein-
Westfalen, wo der Regierungswechsel zuvor zum Greifen nahe erschienen
war. Im Jahre 2001 vermochte die CDU (zusammen mit FDP und »Schill-
Partei«) jedoch die Bürgerschaftswahlen in Hamburg zu gewinnen und eben-
so 2002 in Sachsen-Anhalt. In Brandenburg ist die CDU seit 1999 an einer
Koalition mit der SPD beteiligt, schied freilich 2001 in Berlin aus der Regie-
rung aus. Vor der Bundestagswahl am 22. September 2002 verteilen sich die 69
Stirnmen, über die die Länder im Bundesrat verfügen (Art. 51 Abs. 2 GG),
demnach wie folgt:
- Länder, in denen eine mit der im Bund regierenden Koalition
  (SPD/BÜNDNIS 90-DIE GRÜNEN) identische Koalition regiert (Nord-
  rhein-Westfalen, Schleswig-Holstein): 10 Stimmen.
- In Niedersachsen besteht eine SPD-Alleinregierung: 6 Stimmen.
- Länder, in denen keine der im Bund die Mehrheit bildenden Parteien an der
  Regierung beteiligt ist (Baden-Württemberg, Bayern, Hamburg, Hessen,
  Saarland, Sachsen, Sachsen-Anhalt, Thüringen): 35 Stimmen. Die von CDU
  oder CSU allein regierten Länder (Bayern, Saarland, Sachsen, Thüringen)
  haben zusammen 17 Stimmen.
- Länder, in denen eine der im Bund regierenden Parteien mit einer der dort
  in Opposition befindlichen koaliert (Berlin: SPD/PDS, Brandenburg:
  SPD/CDU, Bremen: SPD/CDU, Mecklenburg-Vorpommern: SPD/PDS,
  Rheinland-Pfalz: SPD/FDP): 18 Stimmen.
Im Bundesrat besteht mithin ein knappe Mehrheit von 35 zu 34 Stimmen
zugunsten der im Bundestag in der Opposition befindlichen Parteien
CDU/CSU und FDP.
Diese Zahlen spiegeln die Wirklichkeit allerdings nur sehr unvollkommen
ab. Denn weder bilden CDU/CSU und FDP im Bundestag einen einheitlichen
Oppositionsblock, noch ist das Verhalten der von einer »großen« Koalition
getragenen Landesregierungen allen Koalitionsabsprachen zum Trotz im Einzelfall für die eine oder andere Seite verlässlich kalkulierbar. Im Zeichen des
»asymmetrischen, instabilen Fünf-Parteien-Systems«[9], das sich seit 1990 auf

---

Beispiel der Barschel-Pfeifer-Affaire in Schleswig-Holstein 1988 wurde bereits verwiesen.
Aber auch der Regierungswechsel im Saarland 2000 dürfte nicht unwesentlich auf das Verhalten seines ehemaligen Ministerpräsidenten *Lafontaine* zurückzuführen sein, der im März
1999 auf spektakuläre Weise sein Amt als Bundesminister der Finanzen aufgegeben hatte.
[9] Vgl. *Graf Kielmannsegg*, Mehrheiten sind nicht mehr garantiert, Frankfurter Allgemeine
Zeitung vom 23. August 2002, S. 9; s. a. *Lehmbruch*, Parteienwettbewerb im Bundesstaat,
3. Aufl. 2000, S. 48 ff.

der Bundesebene etabliert hat, ist die Frontenbildung im Bundesrat im Vergleich zu der vor allem zwischen 1969 und 1982 bestehenden Lage deutlich erschwert. Dabei dürfte es sich im Blick auf koalitionspolitische Präferenzen der Parteien und die beschriebene Geneigtheit des Wählers, bei Landtagswahlen die im Bund Regierungsverantwortung tragenden Parteien zu schwächen, prinzipiell als leichter erweisen, im Bundesrat eine oppositionelle Mehrheit gegen eine von den Unionsparteien geführte Bundesregierung zustande zu bringen als umgekehrt.

Die Lage wird weiterhin dadurch kompliziert, dass die Länder ganz allgemein und einige von ihnen im Besonderen vom Bund, konkret also: von der Bundesregierung und der sie tragenden Mehrheit im Bundestag, in einem hohen Maße finanziell abhängig sind. Die finanzverfassungsrechtlichen Verflechtungen zwischen Bund und Ländern sind bis zu einem Grade verdichtet, dass zumal finanzschwache Länder (das sind die meisten) sich eine oppositionelle Haltung gegenüber einem vom Bundestag beschlossenen Gesetz nur ausnahmsweise werden leisten können. Träfe zu, dass, wie *Ernst Gottfried Mahrenholz* kürzlich ausgeführt hat[10], die Kompetenzverteilungsregeln des Grundgesetzes vornehmlich dort gelten, wo es um die Einschränkung bürgerlicher Freiheiten geht – und also »nicht in gleicher Weise (?) Wirkung beanspruchen, wenn staatliche Aktivitäten (wie bei der Kunst- und Kulturförderung) die kulturellen Handlungsspielräume des Bürgers erweitern«[11], und gewönne der Bund dadurch eine finanzielle Förderkompetenz für kulturelle Vorhaben von nationaler Bedeutung, wie *Mahrenholz* meint: kraft Natur der Sache, so besäße, wie besonders am Beispiel Berlins bereits augenfällig wurde[12], die Bundesregierung ein weiteres Mittel, sich die Länder durch Zuwendung oder Vorenthaltung finanzieller Leistungen gefügig zu machen – mit auf der Hand liegenden Folgen für die Unabhängigkeit ihrer Willensbildung im Bundesrat[13].

An diesen teils politischen, teils verfassungsrechtlichen Verflechtungen und den durch sie bedingten wechselseitigen Rücksichtnahmen ist es gelegen, dass der Bundesrat auch bei konträren parteipolitischen Mehrheiten in den beiden

---

[10] Die Kultur und der Bund, DVBl 2002, 857 ff. (861, 864).
[11] Hervorhebung im Original; Klammerzusätze hinzugefügt.
[12] Vgl. oben zu Fn. 3.
[13] Das Thema gehört in den größeren Zusammenhang der Diskussion um eine Reform des deutschen Föderalismus, der sich vom ursprünglich angestrebten separativen zum unitarischen Verbundföderalismus entwickelt hat, von einem Föderalismus strikter und länderfreundlicher Kompetenzscheidung und eines finanzverfassungsrechtlichen Trennsystems, das die Länder finanziell auf eigene Füße zu stellen bemüht war, zu einem Föderalismus, der gekennzeichnet ist durch intensive Kooperation und kompetenzielle wie finanzwirtschaftliche Verflechtungen (zusammenfassend: *Bauer*, Zustand und Perspektiven des deutschen Föderalismus aus Sicht der Wissenschaft, in: *Kloepfer* [Hrsg.], Umweltföderalismus, 2002, S. 31 ff. [37 ff.]).

gesetzgebenden Körperschaften zu einer definitiven »Blockade« vom Bundestag beschlossener Gesetze nur selten in der Lage ist. Die Zahlen sprechen eine deutliche Sprache: Von der 1. bis zur 13. Wahlperiode des Bundestages (1949 bis 1998) hat der Bundesrat die von der Verfassung geforderte Zustimmung zu einem vom Bundestag beschlossenen Gesetz in nur 64 Fällen endgültig versagt[14]. Im gleichen Zeitraum wurden insgesamt 5461 Gesetze verabschiedet[15]. Am Bundesrat ist also nur eine verschwindend kleine Zahl von Gesetzen endgültig gescheitert. Auch wenn das »Blockadeverhalten« des Bundesrats an der Zahl der Anrufungen des Vermittlungsausschusses (Art. 77 Abs. 2 GG) gemessen wird, verändert sich das Bild nicht signifikant: Zwischen 1949 und 1998 ist der Vermittlungsausschuss in 697 Fällen (meistens vom Bundesrat) angerufen worden; davon betroffen waren (da in einigen Fällen der Vermittlungsausschuss bei einem Gesetz mehrfach angerufen wurde) 660 Gesetze, von denen 584 schließlich verkündet worden sind[16].

Auch diese Zahlen bedürfen freilich einer Erläuterung. Zunächst fällt auf, dass in Zeiten unterschiedlicher Mehrheiten in Bundestag und Bundesrat die Anzahl derjenigen Gesetzesbeschlüsse des Bundestages, denen der Bundesrat seine Zustimmung versagt hat, und dementsprechend die Häufigkeit der Anrufung des Vermittlungsausschusses erkennbar ansteigen. Hat der Bundestag in den ersten 13 Wahlperioden des Bundestages (1949 bis 1998) in jeder Wahlperiode durchschnittlich rund zehn Gesetzesbeschlüssen des Bundestages seine Zustimmung[17] verweigert, so liegen die Zahlen für die 7. und 8. Wahlperiode (1972 bis 1980) einerseits und die 12. und 13. Wahlperiode (1990 bis 1998) mit 19, 15, 21 und 22 deutlich darüber. In diesen Wahlperioden sind jeweils 6, 9, 9 und 10 Gesetze am Veto des Bundesrates endgültig gescheitert, der Durchschnitt aller Wahlperioden liegt bei 4,9[18]. Es findet sich also, wenngleich keineswegs in dramatischer Weise, die Vermutung bestätigt, dass die im

---

[14] Datenhandbuch (Fn. 7), Band II, S. 2430 f.; Band III, S. 4377; die betreffenden Gesetze sind in Band II, S. 2433 ff., im einzelnen aufgeführt. Das Handbuch des Bundesrates für das Geschäftsjahr 2001/2002, S. 296, nennt für die Zeit bis zum 12. September 2001, also unter Einschluss von drei Jahren der 14. Wahlperiode, 62 Gesetze, die infolge der Versagung der Zustimmung des Bundesrates nicht verkündet wurden.
[15] Datenhandbuch (Fn. 7), Band II, S. 2388 f.; Band III, S. 4377.
[16] Datenhandbuch (Fn. 7), Band II, S. 2450 f.; Band III, S. 4378. Das Handbuch des Bundesrats (Fn. 14), S. 294 f., nennt für die Zeit bis zum 12. September 2001 690 Gesetzesbeschlüsse des Bundestages, zu denen der Vermittlungsausschuss angerufen wurde (zu beachten ist, dass dies auch bei Einspruchsgesetzen möglich ist); in 66 dieser Fälle wurde das Gesetz nicht verkündet. Das lag nicht immer daran, dass der Bundesrat ihm am Ende nicht zustimmte; in einigen Fällen verhinderte der Ablauf der Legislaturperiode den Abschluss der Beratungen.
[17] In Einzelfällen mehrfach! Das ist dann möglich, wenn der Bundesrat ein erstes Mal seine Zustimmung versagt, der Vermittlungsausschuss sodann von Bundesregierung oder Bundestag angerufen und der Vermittlungsvorschlag am Ende vom Bundesrat ebenfalls verworfen wird.
[18] Die Angaben im Datenhandbuch (Fn. 7) und im Handbuch des Bundesrates (Fn. 14) differieren geringfügig.

Bundestag opponierenden Parteien durchaus gewillt sind, den Bundesrat für
ihre oppositionellen Zwecke zu nutzen, wenn die Mehrheitsverhältnisse in
den Ländern ihnen dafür die Möglichkeit geben. Umgekehrt folgt aber auch,
dass in Phasen konvergenter Mehrheiten sich die Mehrheit im Bundesrat regelmäßig ebenso entscheidet wie die Mehrheit im Bundestag. Der Behauptung, der Bundesrat laufe in Zeiten konträrer Mehrheiten Gefahr, zum Instrument der Opposition zu werden, lässt sich also die These entgegensetzen,
in Zeiten konvergierender Mehrheiten degeneriere er zum Mitläufer der Bundesregierung.

Weiterhin verdient Aufmerksamkeit, welcher Art die Gesetzesvorhaben
sind, die dem Vetorecht des Bundestages definitiv zum Opfer fielen[19]. Dabei
zeigt sich (auf Einzelheiten kann hier nicht eingegangen werden), dass es sich,
was natürlich nicht überrascht, um Gegenstände handelte, die zwischen den
Parteien und zwischen Mehrheit und Minderheit im Bundestag besonders
umstritten waren wie beispielsweise das Berufsbildungsgesetz in der 7. und
das Gesetz zur Änderung des Schwangeren- und Familienhilfegesetzes in der
12. Wahlperiode des Bundestages. Je höher die Flut der politischen Emotionen
steigt, desto stärker wird auch der Bundesrat in den Streit der Parteien einbezogen[20].

Vor allem ist anzumerken, dass die genannten Zahlen keine Vorstellung
davon geben, in welchem Maße der Bundesrat auf die politische Entscheidungsfindung im Bund tatsächlich Einfluss nimmt. Sein Einfluss ist an diesen
Zahlen nicht messbar. Er ergibt sich vielmehr (und zwar unabhängig von den
jeweiligen Mehrheitsverhältnissen) als (potenzielle) Vorwirkung der rechtlichen Handhaben, über die der Bundesrat verfügt, um einem Gesetzes- oder
sonstigen Vorhaben von Bundesregierung und parlamentarischer Mehrheit in
den Arm zu fallen. Denn im Maße, in dem der Bundesrat eine Vetoposition
besitzt, werden die Bundesregierung und die Mehrheit im Bundestag in der
Regel bemüht sein, im Vorfeld der endgültigen Entscheidung einen Kom-
promiss herbeizuführen, wenn Widerstand seitens des Bundesrates zu erwarten ist[21]. Zumal bei konträren Mehrheiten können die Bundesregierung und
die sie tragende Mehrheit im Bundestag indessen auch daran interessiert sein,
auf einen Konflikt mit dem Bundesrat zuzusteuern. Das liegt dann nahe, wenn
sie sich davon einen Vorteil im Ringen um die Gunst der öffentlichen Mei-

---

[19] Vgl. die Übersicht im Datenhandbuch (Fn. 7), Band II, S. 2433 ff. – Einer Zustimmung
des Bundesrats bedürftig sind in vielen Fällen auch von der Bundesregierung zu erlassende
Rechtsverordnungen und Verwaltungsvorschriften (Art. 80 Abs. 2, 84 Abs. 2, 85 Abs. 2 S. 1
GG). Die Zahl der Fälle, in denen der Bundesrat einer Rechtsverordnung oder Verwaltungs-
vorschrift die Zustimmung versagt hat, ist mit 49 (von 7152) und 6 (von 919) in der Zeit von
1949 bis 1998 vernachlässigenswert gering (Quelle: Handbuch des Bundesrats [Fn. 14],
S. 297 f.).
[20] Vgl. das Zitat bei *Fromme* (Fn. 7), S. 213 Fn. 573.
[21] Dazu: *Herzog*, ZParl 7 (1976), 298 ff.

nung versprechen zu können glauben. Denn der Blockadevorwurf, so wenig er verfassungsrechtlich begründet ist, kann doch unter gewissen Umständen eine mit der Opposition im Bundestag kooperierende Bundesratsmehrheit politisch in Verlegenheit bringen. Schließlich lehrt die Erfahrung, dass eine der parlamentarischen Opposition verbundene Mehrheit des Bundesrates aus Sicht der (oder von Teilen) der Bundesregierung die willkommene Funktion haben kann, politischen Vorstellungen entgegen zu treten, die die parlamentarische Mehrheit (oder Teile derselben) durchzusetzen beabsichtigen, die die Regierung aber für schädlich hält. Der Konflikt, der etwa aus Gründen der Koalitionsräson innerhalb der Bundesregierung oder der parlamentarischen Mehrheit nicht ausgetragen werden soll, wird dann auf das Feld der Auseinandersetzung zwischen Bundestag und Bundesregierung hier und Bundesrat da hinüber gespielt. Die Bundesratsmehrheit kommt dadurch in die Lage, der Bundesregierung, wennschon in Verfolgung eigener Ziele, aus einer Verlegenheit zu helfen, dafür sich aber u. U. dennoch den Vorwurf einzuhandeln, ein Vorhaben der Regierung mindestens teilweise vereitelt zu haben. Auch das zeigt, dass es für die in Opposition zur Bundesregierung stehende(n) Partei(en) keine reine Freude ist, im Bundesrat die Mehrheit zu haben. Die politischen Risiken einer solchen Konstellation sind nicht gering[22].

Die Bestandsaufnahme abschließend ist auf die gewichtigen Kompetenzen hinzuweisen, die das Grundgesetz dem Bundesrat einräumt und die die Basis bilden für seine Einwirkungsmöglichkeiten auf die staatliche Willensbildung im Bund. Ihr Schwerpunkt liegt im Bereich der Gesetzgebung[23]. Diejenigen Regelungen des Grundgesetzes, die die Zustimmung des Bundesrats zu einem Bundesgesetz erfordern, sind durch zahlreiche Verfassungsänderungen im Vergleich zu der vom Parlamentarischen Rat geschaffenen Ausgangslage erheblich vermehrt, die Vetoposition des Bundesrats ist also stetig ausgebaut worden[24]. Die Gründe dafür sind verschiedener Art. Ins Gewicht fällt besonders das Bestreben der Länder, in Fällen, in denen Zuständigkeiten auf den Bund oder auch auf die Europäische Union übergingen, diesen Verlust durch einen Zustimmungsvorbehalt zugunsten des Bundesrates zu kompensieren.

---

[22] Die gemessen an der Normallage exzessive Oppositionspolitik der den Bundesrat in der 12. und 13. Wahlperiode beherrschenden, von der SPD geführten Mehrheit des Bundesrates war wohl nur möglich, weil die Unzufriedenheit der Wähler mit der seit 1982 amtierenden Regierung des Bundeskanzlers Dr. *Kohl* aus den unterschiedlichsten Gründen anwuchs, seit der Wiedervereinigungsbonus verbraucht war.

[23] Vgl. die Übersicht über die Zustimmungsklauseln im Datenhandbuch (Fn. 7), Band II, S. 2432, und bei *Korioth*, in: *v. Mangoldt/Klein/Starck*, Das Bonner Grundgesetz, Band II, 4. Aufl. 2000, Art. 50 Rn. 22. Die praktische Bedeutung der Mitwirkungsbefugnis des Bundesrats im Bereich der Verwaltung betonen *Ziller/Oschatz*, Der Bundesrat, 9. Aufl. 1993, s. 41 ff.

[24] Zu diesen »Gewaltenverschiebungen im Bundesstaat« s. etwa die so überschriebene Abhandlung von *Gamm*, AöR 124 (1999), 212 ff. Nach den Angaben *Gamms* hat sich die Zahl der Zustimmungstatbestände von anfänglich weniger als 30 auf rund 60 mehr als verdoppelt.

Auch die Verfassungsinterpretation hat zur Stärkung des Bundesrates beige-tragen: Art. 84 Abs. 1 GG begründet nach der Rechtsprechung des Bundesver-fassungsgerichts die Befugnis des Bundesrates, »einem Gesetz, das sowohl materielle Normen als auch Vorschriften über das Verfahren enthält, deshalb die Zustimmung zu versagen, weil er nur mit der materiellen Regelung nicht einverstanden ist«[25]. Während das Bundesverfassungsgericht einerseits damit die »Einheitsthese« bestätigte[26], hat es andererseits in der gleichen Entschei-dung der »Mitverantwortungsthese« des Bundesrates die Gefolgschaft ver-weigert, derzufolge jedes ein Zustimmungsgesetz änderndes Gesetz zustim-mungsbedürftig sein sollte, auch wenn es selbst die Zustimmungspflichtigkeit auslösende Vorschriften nicht enthält. Bedenkt man, dass schon in der 2. Wahlperiode des Bundestages (1953 bis 1957), also im Wesentlichen auf der Grundlage des ursprünglichen Verfassungstextes, der Anteil der Zustim-mungsgesetze an den verkündeten Bundesgesetzen bei nahezu 50 v. H. gele-gen hat, während er in der 10. Wahlperiode knapp über 60 v. H. und seither meist nur wenig darunter lag[27], so ist der durch Verfassungsänderungen be-wirkte Kompetenzzuwachs des Bundesrates allerdings erheblich geringer aus-gefallen, als manche dramatisierende Darstellung glauben machen möchte. Wenn der Parlamentarische Rat demgegenüber von einem deutlich geringeren Anteil der Zustimmungsgesetze ausgegangen ist[28], so besagt dies nur, dass er sich über die praktischen Auswirkungen der von ihm beschlossenen Regelun-gen getäuscht hat, wie das etwa auch in Ansehung des Regel-Ausnahme-Verhältnisses von Bundes- und Landesgesetzgebung oder der Rolle des Bun-desverfassungsgerichts im politischen Prozess der Fall war. Verfassungsrecht-liche Konsequenzen ergeben sich daraus nicht.

Zusammenfassend ergibt sich: Mit einiger Zuverlässigkeit wird das jewei-lige Ergebnis einer Bundestagswahl in den darauf folgenden Landtagswahlen zugunsten des unterlegenen »Lagers« korrigiert. Da der Bundesrat von Ver-fassungsrechts wegen über erheblichen Einfluss auf die staatliche Willensbil-dung im Bund verfügt, wird dadurch eine dauerhafte Machtkonzentration in der Hand der Mehrheit im Bundestag und der von ihrem Vertrauen getrage-nen Bundesregierung wirksam verhindert. Aus einer Reihe von Gründen

---

[25] BVerfGE 37, 363 (381). Zu diesem Urteil: *Hans H. Klein*, ZParl 5 (1974), 485 ff.

[26] Zur Einheitsthese etwa: *Hans Schneider*, Gesetzgebung, 3. Aufl. 2002, Rn. 145 f.; *Lerche*, Zustimmungsgesetze, in: Vierzig Jahre Bundesrat, hrsg. vom Bundesrat, 1989, S. 183 ff. (188 ff.); kritisch etwa: *Gamm* (Fn. 24), S. 224 ff.; *Ossenbühl*, Zustimmung und Verantwortung des Bundesrates beim Erlass von Bundesgesetzen, in: Der Bundesrat, hrsg. von *D. Wilke* und *B. Schulte*, 1990, S. 300 ff. (304 ff.).

[27] Vgl. Datenhandbuch (Fn. 7), Band II, S. 2430 f.; Band III, S. 4377; Handbuch des Bundes-rats (Fn. 14), S. 294.

[28] Nach *Korioth* (Fn. 23), Rn. 30, erwartete der Parlamentarische Rat, dass etwa 10 v. H. der Bundesgesetze Zustimmungsgesetze sein würden. Schon in der ersten Wahlperiode lag die Quote bei 41,8 v. H.

macht der Bundesrat von seiner Vetoposition allerdings einen zurückhalten-
den Gebrauch. Von einem langfristigen »Blockadeverhalten« des Bundesrats,
von Obstruktion gar, wie sie die politische Propaganda und ihre Nachbeter in
der veröffentlichten Meinung an die Wand zu malen pflegen, kann bisher
keine Rede sein.

II. Der verfassungsrechtliche Ort des Bundesrates

Um den Ort des Bundesrates im Regierungssystem der Bundesrepublik
Deutschland präzise bestimmen zu können, bedarf es der Erinnerung daran,
dass das Grundgesetz dem Typus der »gemischten Verfassung«[29] angehört.
Staaten mit gemischten Verfassungen stützen sich auf eine Mehrzahl sie legi-
timierender Prinzipien, die einander ergänzen, sich wechselseitig begrenzen
und von denen keines das andere dominiert oder gar verdrängt. Es handelt
sich um »Optimierungsgebote«, Normen also, »die gebieten, dass etwas in
einem relativ auf die rechtlichen und tatsächlichen Möglichkeiten möglichst
hohen Maße realisiert wird«[30]. Auch für die verschiedenen Legitimationsgrundlagen des so verfassten Staates gilt, dass sie, wo immer sie in Spannung
zueinander geraten, in der konkreten Anwendung zu praktischer Konkordanz
(*Konrad Hesse*) und schonendem Ausgleich (*Peter Lerche*) zu bringen sind.
Das Grundgesetz hat die für die Verfassungsstruktur der Bundesrepublik
Deutschland maßgeblichen Legitimationsprinzipien in den Bestimmungen des
Art. 20 GG ausdrücklich festgehalten[31]: es handelt sich um die Staatsstruktur-
bestimmungen der Republik, der repräsentativen parlamentarischen Demo-
kratie, des Rechtsstaats[32], des Sozialstaats und des Bundesstaats. Art. 28 Abs. 1
S. 1 GG greift sie wiederholend mit Blick auf die Länderverfassungen auf und
Art. 79 Abs. 3 GG unterstreicht ihre im buchstäblichen Sinne »grund«-legende
Bedeutung, indem er sie der Disposition des verfassungsändernden Gesetzgebers entzieht. Die Eigenart des demokratischen Verfassungsstaates grund-
gesetzlicher Prägung besteht in der Kombination gleichrangiger, wenn auch
nicht stets gleichgerichteter Strukturprinzipien, die einander wechselseitig

---

[29] Zum Begriff: *Stern*, Das Staatsrecht der Bundesrepublik Deutschland, Band I, 2. Aufl.
1984, § 17 I 2 (S. 577), § 19 III 8 f (S. 735 ff.). – S. a. *Hans H. Klein*, in: *Isensee/Kirchhof*, Handbuch des Staatsrechts, Band II, 2. Aufl. 1998, § 40 Rn. 10.

[30] *Alexy*, Theorie der Grundrechte, 1985, S. 75.

[31] Vgl. *Contiades*, Verfassungsgesetzliche Staatsstrukturbestimmungen, 1967, bes. S. 95 ff.
Ob dies mit dem Anspruch auf Vollständigkeit geschieht oder ob, wie *Contiades* meint, etwa
auch das Prinzip der offenen Staatlichkeit (Präambel, Art. 23–26 GG) zu den Staatsstrukturprinzipien des Grundgesetzes gehört, kann hier dahinstehen.

[32] Art. 20 Abs. 2 S. 2 GG: Gewaltenteilung; Art. 20 Abs. 3 GG: Vorrang der Verfassung,
einschließlich der schon in Art. 1 Abs. 3 GG normierten Grundrechtsbindung aller staatlichen
Gewalt.

durchdringen und begrenzen[33]. Demokratie und Freiheit werden durch ein zweifaches System von checks and balances – Gewaltenteilung und Föderalismus – in Übereinstimmung gebracht. Damit folgt das Grundgesetz deutscher, aber auch US-amerikanischer Verfassungstradition in der Absicht, die Souveränität des Volkes in Gestalt der jeweiligen Mehrheit zu zähmen. Die Demokratie des Grundgesetzes ist eine durch Machtverteilung, Föderalismus und Kompetenzverflechtung begrenzte (»konstitutionelle«) Demokratie. Der Bundesrat ist ein wichtiges Element dieser Begrenzung. – Für die folgenden Überlegungen können das republikanische und das Prinzip der Sozialstaatlichkeit außer Betracht bleiben. Die verfassungsrechtliche Ortsbestimmung des Bundesrats wird zumindest vorrangig von den Prinzipien der Demokratie, der Bundesstaatlichkeit und des Rechtsstaats dirigiert.

Davon ausgehend erhellt unmittelbar, dass dem Bundesrat im Staatsleitungssystem der Bundesrepublik Deutschland nicht etwa deshalb eine im Vergleich zum Bundestag mindere Funktion zugewiesen werden kann, weil seine Mitglieder nicht unmittelbar vom Volk gewählt sondern von den Landesregierungen bestellt (und ggf. abberufen) werden. Zwar muss alle Ausübung von Staatsgewalt sich auf den Willen des Volkes zurückführen lassen und ihm gegenüber verantwortet werden[34]. Aber das Grundgesetz kennt keinen aus dem Demokratieprinzip abzuleitenden Gewaltenmonismus mit der Konsequenz, dass alle politischen Grundentscheidungen dem Parlament, auf der Bundesebene mithin dem Bundestag, vorbehalten werden müssen[35]. Nach der Konzeption des Grundgesetzes ist es vielmehr so, dass an der Staatsleitung sämtliche obersten Staatsorgane, obgleich auf unterschiedliche Weise legitimiert, nach Maßgabe der ihnen von der Verfassung zugewiesenen Zuständigkeiten Anteil haben. Keines dieser Organe leidet im Vergleich zu einem anderen an einem legitimatorischen Defizit. Deswegen ist es für die Beurteilung der Legitimität staatlicher Entscheidungen nur bedingt erheblich, dass von den obersten Staatsorganen des Bundes allein der Bundestag (und teilweise die Bundesversammlung) und auf der Ebene der Länder nur deren Parlamente das Volk ohne Zwischenschaltung eines weiteren Gliedes der »ununterbrochenen Legitimationskette«[36] repräsentieren. Zwar ist die Legitimation des Bundestages unter dem spezifischen Blickwinkel des demokratischen Prinzips eine höhere als die der anderen Verfassungsorgane, weil seine Mitglieder unmittelbar vom Volk gewählt werden. Aber daraus lassen sich Rückschlüsse auf de-

---

[33] Dazu und zum Folgenden: *Hans H. Klein*, Die Legitimation des Bundesrates und sein Verhältnis zu den Landesparlamenten und Landesregierungen, in: Vierzig Jahre Bundesrat (Fn. 26), S. 95 ff. (102 ff.).

[34] BVerfGE 83, 60 (71 f.).

[35] BVerfGE 49, 89 (124 ff.); 68, 1 (86 f.). S. a. *Reuter*, Praxishandbuch Bundesrat, 1991, S. 107.

[36] Vgl. BVerfGE 47, 253 (275); st. Rspr.

ren mindere Qualifikation nicht ziehen. Denn legitimierend wirkt für die Kräfteverteilung etwa zwischen Bundestag und Bundesregierung auch das »vom Grundgesetz normierte Gefüge der Verteilung von Macht, Verantwortung und Kontrolle«, das rechtsstaatliche Prinzip der Gewaltenteilung also, das nicht zuletzt auch darauf zielt, Zuständigkeiten demjenigen Organ zuzuweisen, welches zu ihrer Wahrnehmung am besten geeignet ist[37]. Dem entspricht es, dass die Kompetenz zur Rechtsetzung im »Wesentlichen«[38] den gesetzgebenden Körperschaften vorbehalten ist.

Zu diesen gehört neben dem Bundestag der Bundesrat[39]. Auch er ist demokratisch legitimiert, einerseits (wie alle anderen Verfassungsorgane) dadurch, dass er unmittelbar auf dem Grundgesetz beruht, seine Existenz also der verfassungsgebenden Gewalt des Volkes verdankt, andererseits dadurch, dass seine Mitglieder von den Landesregierungen bestellt werden, die (auf unterschiedliche Weise) aus den Landesparlamenten hervorgehen und von deren Vertrauen getragen werden. Hinzu kommt jedoch seine Legitimation aus den Verfassungsprinzipien der Bundesstaatlichkeit und der Rechtsstaatlichkeit, die gleichrangig neben dem demokratischen Prinzip stehen. Das ist für das föderale Prinzip offenkundig, das, wie in Art. 79 Abs. 3 GG ausdrücklich gesagt ist, sowohl auf die Erhaltung der Staatlichkeit der Länder zielt wie, insbesondere im Bereich der Gesetzgebung, auf ihre Beteiligung an der staatlichen Willensbildung im Bund. Deren institutioneller Ort ist vor allem der Bundesrat.

Die bundesstaatliche Ordnung erweist sich, wie namentlich *Konrad Hesse*[40] gezeigt hat, als ein Komplement der demokratischen. Demokratie wird durch sie nicht nur an der Spitze des Staates, sondern auch an dessen Basis möglich; sie rückt dem Volke näher und stärkt regionale Minderheiten; sie fördert den Einbau der Opposition in die demokratische Ordnung und den demokratischen Aufbau der Parteien. Nichts anderes gilt für das Verhältnis von Bundes- und Rechtsstaatlichkeit, wird doch eine der wesentlichen Rechtfertigungen des Bundesstaates moderner Prägung in der durch ihn bewirkten vertikalen Gewaltenteilung gesehen. Die Mitwirkung des Bundesrates an Gesetzgebung und Verwaltung des Bundes bietet die Chance der Versachlichung und einer höheren Richtigkeitsgewähr durch die Einschaltung der über Vollzugserfahrung verfügenden Länderbürokratien neben der an der Konzeption bundesrechtlicher Normen hauptbeteiligten Ministerialbürokratie des Bundes.

---

[37] Vgl. BVerfGE 68, 1 (86 f.).

[38] Zur »Wesentlichkeitstheorie« vgl. etwa BVerfGE 40, 237 (249 f.); 61, 260 (275); 83, 130 (142, 151 f.).

[39] Die Frage, ob es sich beim Bundesrat um die/eine zweite Kammer handelt, ist rein terminologischer Natur; aus ihrer Beantwortung lassen sich keinerlei rechtsdogmatische Konsequenzen ziehen – vgl. *Reuter* (Fn. 35), S. 109 ff. m. N.

[40] Der unitarische Bundesstaat, 1962; auch in: *ders.*, Ausgewählte Schriften, 1984, S. 116.

Der Bundesrat liegt also im Schnittpunkt dreier tragender Strukturprinzipien der Verfassung des Grundgesetzes: des demokratischen, des rechtsstaatlichen und des bundesstaatlichen Prinzips. Von ihnen allen empfängt er seine
Legitimation. Sie trägt die »drei immer schon vorhandenen Ebenen der Realisation« des Bundesrates[41]: die Mitwirkung an der Verwaltung und der Gesetzgebung des Bundes, damit aber auch an der Gestaltung seiner Politik.
Politik in staatlichen Institutionen besteht im demokratischen Verfassungsstaat maßgeblich in der Einbringung von Parteien formulierter und koordi-
nierter gesellschaftlicher Interessen in den staatlichen Entscheidungsprozess
auf allen dafür in Betracht kommenden Ebenen. Sie am Ende zu verbindlichen
Entscheidungen zusammenzuführen, ist, soweit es sich um den Bundesrat
handelt, die Aufgabe seiner von den Landesregierungen in dieses Verfassungsorgan entsandten Mitglieder. Die dem Bundesrat vom Grundgesetz zugeschriebenen vielfältigen Zuständigkeiten auf den Gebieten der innerstaatlichen
Verwaltung und Gesetzgebung, aber auch in Angelegenheiten der Europäischen Union (Art. 23 Abs. 2, 4 bis 6, Art. 50, Art. 52 Abs. 3a GG) und der
Außenpolitik (Art. 59 Abs. 2 GG), können sachgerecht nur wahrgenommen
werden, wenn sie dabei nicht nur regionale Aspekte und Interessen sondern
auch die des Gesamtstaates in den Blick nehmen. Beide sind überdies bis zur
Ununterscheidbarkeit miteinander verflochten und verknüpft – bis hin zum
vielzitierten Bier, dessen Zubereitung und Genuss keineswegs nur eine Spe-
zialität des Freistaats Bayern ist. In völliger Übereinstimmung damit heißt es
in Art. 50 GG, »durch den Bundesrat« wirkten die Länder bei der Gesetzgebung und Verwaltung des Bundes und in Angelegenheiten der Europäischen
Union mit. Nicht 16 Ländern obliegt diese Mitwirkung sondern dem Bundesorgan[42] Bundesrat, in dem sie vertreten sind[43].

Es mindert die Mitverantwortung des Bundesrates für die Gesamtpolitik
des Bundes[44], seinen Anspruch auf Teilhabe an der politischen Gesamtleitung,
auch nicht, dass der Parlamentarische Rat nach ebenso streitiger wie intensiver
Debatte sich für die Bundesrats- und gegen die Senatslösung u. a. deshalb
entschied, weil er durch einen gouvernemental bestimmten Bundesrat das
»Element Land« auf der Bundesebene wirksamer vertreten und den Einfluss
der Parteien zurückdrängen zu können glaubte, während ein Senat, wie man
besorgte, nurmehr ein verkleinertes politisches Abbild des Bundestages sein
werde. Denn in diesem Punkt haben sich die Erwartungen des Parlamentari-

---

[41] *Fromme*, Die beiden »Kammern« im Widerstreit, in: Der Bundesrat (Fn. 26), S. 381 ff.
(397).
[42] Unstreitig: vgl. nur *Reuter* (Fn. 35), S. 99 f. m. N.
[43] Zur Frage, ob die Länder oder die in den Bundesrat entsandten Mitglieder der Landesregierungen »Mitglieder des Bundesrates« sind, vgl. *Reuter* (Fn. 35), S. 103 ff.
[44] *Reuter* (Fn. 35), S. 122; *Bauer*, in: *Dreier* (Hrsg.), Grundgesetz. Kommentar, Band II,
1998, Art. 50 Rn. 17.

schen Rates durchaus bestätigt: der Bundesrat bringt die spezifischen Interessen der Länder ebenso wie die administrativen Erfahrungen ihrer Verwaltung in den Prozess der Entscheidungsfindung ein; das exekutiv-gouvernementale Element dominiert seine Willensbildung; die parteipolitische Komponente ist zwar (wenn man darunter die Steuerung der Landesregierungen durch die Parteizentralen[45] versteht) spürbar, aber nicht dominant[46]. So hat sich beispielsweise gezeigt, dass eine Blockadestrategie der Bundesratsmehrheit gegenüber der Bundesregierung nur durchzuhalten ist, wenn sie den Interessen der von dieser Mehrheit beherrschten Länder nicht zuwiderläuft[47]. Der Illusion, der Bundesrat werde ein parteipolitisches Neutrum sein, gar ein »Widerlager der Parteipolitik«, konnte sich der Parlamentarische Rat nicht hingeben, und zwar schon darum nicht, weil man es sonst bei der der Tradition entsprechenden Besetzung des föderalen Verfassungsorgans mit leitenden Beamten – Bundesrat als »Parlament der Oberregierungsräte«[48] – hätte belassen können[49].

Das Resümée der bisherigen Betrachtungen lautet: Die zumal in der ersten Phase der Konfrontation zwischen Bundestag und Bundesrat an dessen Entscheidungen geübte Kritik ist verfassungsrechtlich nicht haltbar. Im Gegenteil: der Bundesrat erfüllt seine ihm von der Verfassung zugewiesene Aufgabe, wenn er die von der Bundesregierung und der sie stützenden Mehrheit im Bundestag verfolgte Politik kritisch begleitet und, seinen eigenen Vorstellungen folgend, Kompromisse erzwingt oder zur Aufgabe eines bestimmten Vorhabens nötigt. Das auf Ausgleich und Machtbegrenzung zielende Regierungssystem des Grundgesetzes garantiert der parlamentarischen Mehrheit gerade nicht die unbehinderte Durchsetzung ihres politischen Programms. Der gegen den Bundesrat zuweilen erhobene Blockadevorwurf ist verfassungsrechtlich

---

[45] In Ansehung der Parteizentralen darf nicht übersehen werden, dass dort auch die Ministerpräsidenten maßgeblichen Einfluss haben, ihr politisches Programm also unter Einbeziehung der Länderinteressen formuliert wird. Geschieht dies nicht, kann die Partei kaum damit rechnen, bei den ihr nahestehenden Landesregierungen und deren Abstimmungsverhalten im Bundesrat Gefolgschaft zu finden.

[46] Vgl. in der Diskussion der Referate von *Rudolf Dolzer* und *Michael Sachs* zum Thema »Das parlamentarische Regierungssystem und der Bundesrat – Entwicklungsstand und Reformbedarf« auf der Tagung der Vereinigung der Deutschen Staatsrechtslehrer am 8. Oktober 1998 die Beiträge von *Hans-Peter Bull, Michael Sachs* und *Hartmut Maurer* (S. 99 f., 111, 123).

[47] Eingehend: *Lehmbruch* (Fn. 9), S. 162 ff.

[48] Zum Ursprung dieser Formulierung *Reuter* (Fn. 35), S. 284 Fn. 107.

[49] Schon *Anschütz* betonte, wenn auch mit Bedauern, in seinem Beitrag zur Verfassungsdiskussion 1919, dass es den Ländern darauf ankomme, »durch instruierte Vertreter im Reiche mit*regieren* (zu) wollen, und deshalb zu empfehlen sei, es bei der seit 1867/71 bestehenden Bundesratslösung zu belassen: Bundesrat oder Staatenhaus, in: Der Bundesrat (Fn. 26), S. 53 ff. (57) – Hervorhebung im Original. – Lange Zeit blieb allerdings (nicht zum Vorteil der Demokratie) die Vorstellung wirksam, es gebe einen Unterschied zwischen (sachbezogener) Staats- und Parteipolitik; dazu etwa: *Lehmbruch* (Fn. 9), S. 79 f.; *Hans H. Klein*, Parteipolitik im Bundesrat?, in: Der Bundesrat (Fn. 26), S. 351 ff.

irrelevant, politisch aber potenziell wirksam und geeignet, eine der des Bundestages entgegengesetzte Mehrheit im Bundesrat daran zu hindern, die rechtlichen Möglichkeiten zu überdehnen, die ihr die Zuständigkeiten des Bundesrates an die Hand geben.

III. Verfassungspolitische Überlegungen

Das Beziehungsgefüge der an der Staatsleitung beteiligten Verfassungsorgane des Bundes ist, unbeschadet der Kompetenzverteilung zwischen ihnen, nicht stabil sondern dynamisch. Das Verfassungsrecht hält einen Rahmen vor, innerhalb dessen sich die obersten Staatsorgane nicht auf unveränderlichen sondern auf variablen Bahnen, deren Verlauf von mannigfaltigen, verfassungsrechtlich nicht vorgegebenen Umständen abhängt, umeinander bewegen. Die »Kanzlerdemokratie« *Konrad Adenauers* oder (wenngleich anders begründet und gehandhabt) *Helmut Kohls* hielt sich ebenso innerhalb dieses Rahmens wie die Dominanz der Koalitionsfraktionen von CDU/CSU und SPD unter ihren mächtigen Vorsitzenden *Rainer Barzel* und *Helmut Schmidt* in der Zeit der Kanzlerschaft *Kurt-Georg Kiesingers*, dem in der Großen Koalition 1966 bis 1969 die (durchaus nicht gering zu schätzende) Funktion des Moderators verblieb, die von der dem Kanzler in Art. 65 GG eingeräumten Richtlinienkompetenz wenig übrigließ. So schwankt auch die Verteilung der Kräfte zwischen Bundestag und Bundesrat (u. a.) nach dem Maß der (partei)politischen Kräfteverteilung in beiden Organen.

Dem Bundesrat kam allerdings, wie gezeigt, die länderfreundliche Interpretation der Zustimmungsvorbehalte in Art. 84 Abs. 1 und 85 Abs. 1 GG[50] ebenso zustatten wie die im Zuge der Unitarisierung der Finanzverfassung und der Verlagerung von Gesetzgebungskompetenzen der Länder auf den Bund und die europäischen Gemeinschaften erfolgte nachhaltige Erweiterung seiner Mitwirkungsbefugnis bei der Bundesgesetzgebung und in Angelegenheiten der Europäischen Union. Diese Gewichtsverschiebung im Verhältnis der beiden Verfassungsorgane Bundestag und Bundesrat – die sich auf dem Boden des Verfassungsrechts und in den durch Art. 79 Abs. 3 GG gezogenen Grenzen der Verfassungsänderung vollzog – ist allerdings nur Ausdruck und Folge der Veränderungen, die sich seit dem Inkrafttreten des Grundgesetzes im Gefüge des deutschen Bundesstaates einerseits unter dem (partiell vielleicht

---

[50] Dem Bundestag ist es allerdings in vielen Fällen möglich, materielle Regelungen und Verfahrensvorschriften gesetzestechnisch zu trennen und dem Bundesrat so die Möglichkeit zu nehmen, die erstgenannten aufzuhalten oder auch nur zu verwässern – dazu bes. *Lerche* (Fn. 26), S. 191 ff. Die Aufteilung hat auch die Billigung des Bundesverfassungsgerichts gefunden: BVerfGE 37, 363 (379 f.); 55, 274 (319); 75, 108 (150); jüngst: BVerfG, EuGRZ 2002, 348 (355 f.).

nur vermeintlichen) faktischen Zwang zur Vereinheitlichung der Lebensverhältnisse im Bundesgebiet, andererseits, soweit die europäische Integration die
Ursache war, ganz im Sinne der Entscheidung des Verfassungsgebers für die
offene Staatlichkeit ereignet haben. Die Verdichtung der internationalen Beziehungen zunächst im Zeichen des Ost-West-Konfliktes, dann unter dem
Druck der Globalisierung tat ein Übriges. Wenn überhaupt unter diesen Bedingungen den Ländern eine politische Rolle im föderalen System verbleiben
und das Prinzip der Bundesstaatlichkeit Relevanz behalten sollte, dann konnte
das nur durch eine Erweiterung der Mitentscheidungsrechte des Bundesrates
bewirkt werden.

Die Struktur des Bundesstaates wurde dadurch tiefgreifend verwandelt[51].
Sie war in der (von Zweifeln freilich nicht ungetrübten) Vorstellung des Parlamentarischen Rates geprägt durch eine nicht unerhebliche Selbständigkeit
der Länder auf den Gebieten der Gesetzgebung und der Verwaltung, auf der
Grundlage einer für die Erfüllung ihrer Aufgaben hinreichenden, durch eine
wenn auch begrenzte eigene Steuergesetzgebungshoheit gestützten Finanzaus-
stattung. Im Ablauf der Zeit schrumpfte die Gesetzgebungskompetenz der
Länder auf freilich nicht unbedeutende Reste, die Verwaltungen des Bundes
(im Geltungsbereich des Art. 87 Abs. 3 S. 1 GG ungebremst durch einen Zustimmungsvorbehalt des Bundesrates[52]) wuchsen in unvorhergesehenem Umfang, die Einwirkung des Bundes auf die Behördeneinrichtung und das Verwaltungsverfahren in den Ländern wurde (mit Zustimmung des Bundesrates)
kontinuierlich verstärkt. Die sachgerechte Beteiligung der Länder am Ge-
samtsteueraufkommen blieb zwar verfassungsrechtlich gewährleistet[53], angesichts des die meisten (und v. a. die ergiebigen) Steuern einbeziehenden Ver-
bundsystems können aber die Länder darüber nur gemeinsam mit dem Bund
verfügenwie umgekehrt auch der Bund über seinen Anteil nur im Einverständnis mit den Ländern disponieren kann (Art. 105 Abs. 2 und 3 GG). Auch
der horizontale Finanzausgleich und die Ergänzungszuweisungen des Bundes
an leistungsschwache Länder sind der gemeinsamen Disposition überantwor-
tet (Art. 107 GG).

Hinzu kommt: Die jedem bundesstaatlichen System innewohnende Dynamik[54] zeigte sich auch in dem stetigen Bedürfnis der Länder nach Selbst-
koordinierung in den ihnen verbliebenen Handlungsspielräumen[55]. Der Fö-

---

[51] Dazu: *Oeter*, Integration und Subsidiarität im deutschen Bundesstaatsrecht, 1998.
[52] Neuere Bestandsaufnahmen: *Burgi*, in: *v. Mangoldt/Klein/Starck*, Das Bonner Grundgesetz, Band III, 4. Aufl. 2001, Art. 87 Rn. 117 f.; *Hermes*, in: *Dreier* (Hrsg.), Grundgesetz.
Kommentar, Band III, 2000, Art. 87 Rn. 90 ff.
[53] Vgl. nur BVerfGE 72, 330 (383, 388).
[54] Dazu: *Benz*, Föderalismus als dynamisches Konzept: Zentralisierung und Dezentralisierung im föderativen Staat, 1985.
[55] *Lehmbruch* (Fn. 9), S. 98 ff.

deralismus drängt zu intensiver und weit gefächerter Kooperation sowohl der
Länder untereinander als auch der Länder mit dem Bund, an der der Bundesrat nicht beteiligt ist[56]. Der Chance, miteinander in Wettbewerb zu treten,
haben sich die Länder also auch da (wie z. B. in der Bildungspolitik) begeben,
wo ihnen die Kompetenzverteilung die Möglichkeit dazu an sich belässt.
Die auf diese Weise bewirkten Strukturveränderungen haben nicht so sehr
die Länder als vielmehr deren Parlamente geschwächt. An Macht und Einfluss
gewonnen haben die Landesregierungen, in erster Linie die Ministerpräsidenten, einerseits vermöge ihrer Instruktionsbefugnis gegenüber den Mitgliedern
des Bundesrates, andererseits weil sie es sind, die in Verhandlungen mit dem
Bund und anderen Ländern allfällige Entscheidungen treffen. Der staaten-
gegliederte hat sich zu einem von den Exekutiven der Länder bestimmten
Beteiligungsföderalismus entwickelt[57]. Die mit dem Machtzuwachs der Landesregierungen einher gehenden Funktionseinbußen der Landesparlamente
korrespondieren allerdings einer auf allen staatlichen (einschließlich der
supranationalen) Ebenen zu beobachtenden Tendenz. Die »schleichende Entparlamentarisierung der Politikerzeugung«[58] wird genährt durch die Staat und
Gesellschaft verbindenden Netzwerke des Expertentums; durch den staa-
tenübergreifenden »Zwang zur Konvergenz« (*Fritz Scharpf*), der zu Souve-
ränitätsverlusten der Staaten und damit zu Funktionsverlusten ihrer Parlamente führt; durch die infolge der »Enthierarchisierung der Beziehungen zwischen Staat und Gesellschaft« (*Fritz Scharpf*) möglich und üblich gewordene Regierungsweise der »informalen« Konsenssuche mit den Betroffenen, die das
Parlament in die Rolle des Staatsnotars drängt[59].
   Es könnte so scheinen, als seien alle diese Umstände auch geeignet, die
Einflussmöglichkeiten des Bundesrates zu beschneiden[60]. Das ist aber nur teil-

---

[56] *Korioth* (Fn. 23), Rn. 27 ff.; *Herzog*, in: *Isensee/Kirchhof*, Handbuch des Staatsrechts,
Band II, 2. Aufl. 1998, § 44 Rn. 12.
[57] *Dolzer* (Fn. 45), S. 19.
[58] *Böhret*, Politik und Verwaltung, in: ders., Verwaltung und Politik, 1986, S. 36 ff. (41).
[59] Dazu *Hans H. Klein*, Die Funktion des Parlaments im politischen Prozess, ZG 13 (1997),
S. 209 ff. (211 ff.), s. a. S. 225 ff. zu möglichen Lösungsansätzen. Speziell zum europäischen
Kontext: *ders.*, Zur Integrationsoffenheit des Modells eines Staatenverbundes, in: Bayerische
Landeszentrale für politische Bildungsarbeit/Akademie für politische Bildung, Tutzing, Legitimation, Transparenz, Demokratie: Fragen an die Europäische Union, 1999, S. 107 ff.
(117 ff.). – Bemerkenswerte Beispiele »informalen« Regierungshandelns aus jüngster Zeit sind
der zwischen Bundesregierung und Energiewirtschaft ausgehandelte Konsens über den sog.
Ausstieg aus der Atomenergie und die zwischen der Bundesregierung und dem Verband
Forschender Arzneimittelhersteller geschlossene Vereinbarung, in der sich dieser Verband
bereit erklärt, der Krankenversicherung 400 Mio. DM zur Verfügung zu stellen, was die
Bundesregierung mit der Zusage honorierte, für die Dauer von zwei Jahren auf die Erhöhung
der Preise für bestimmte verschreibungspflichtige Arzneimittel zu verzichten. Im letztgenannten Fall konnte erstmals ein zahlungskräftiger potenzieller Gesetzesadressat durch finanzielle Leistungen eine ihm unbequeme Änderung der Rechtslage abwenden.
[60] So wohl *Korioth* (Fn. 23), Rn. 31.

weise richtig. Der seit langem übliche Ablauf der Plenarverhandlungen des Bundesrats[61] belegt, dass dort in aller Regel zwar die verfassungsrechtlich vorgezeichneten formalen Entscheidungsprozesse stattfinden, die ihnen zugrunde liegende politische Willensbildung aber in anderen Zirkeln erfolgt: im Schoße der Landesregierungen (ggf. unter Beteiligung von Vertretern der Landesparlamente, vorzugsweise aus den Regierungsfraktionen), in Besprechungen der Ministerpräsidenten und Fachminister mit oder ohne Hinzuziehung von Vertretern der Bundesregierung, in Abstimmung mit den Sprechern der Bundestagsfraktionen und last but not least in Parteigremien[62]. Es ist wie bei anderen Staatsorganen auch: die ihnen zugewiesenen Kompetenzen vermitteln den Personen, die in diesen Organen Ämter bekleiden, Macht. Da die beschriebene Entwicklung die Macht der Exekutiven stärkt, stärkt sie auch die Macht der Mitglieder des Bundesrates, die ja der Exekutive der Länder angehören. Diese Macht ist aber durch vielfältige Umstände bedingt: durch den Rückhalt etwa, den die Akteure in den Ländern finden, in denen sie Regierungsfunktionen wahrnehmen, aber auch durch die Position, die sie in den Parteien einnehmen, denen sie angehören. Sie schlägt sich nieder in den zahlreichen Verhandlungssystemen, in denen politische Entscheidungen vorbereitet werden und an denen die Regierungen der Länder wie die Bundesregierung beteiligt sind. Dass sie dabei, weil von verschiedenen politischen Vorstellungen ausgehend, oft unterschiedliche oder gar gegensätzliche Positionen einnehmen, ist nicht Zeichen einer Krise oder »institutionellen Verwerfung«[63], sondern Folge der für eine pluralistische Ordnung kennzeichnenden Vielfalt und Ausdruck eines lebendigen demokratischen Diskurses.

Allerdings trifft die Beobachtung zu, dass die balance of powers durch die zunehmende Machtkonzentration bei der Administration, genauer: den Administrationen, aus dem Gleichgewicht gebracht zu werden droht. Parteipolitisch unterschiedliche Mehrheiten in Bundestag und Bundesrat aber haben einen gegenläufigen Effekt, sind also gerade unter dem Blickwinkel der Gewaltenteilung positiv zu bewerten[64]. Richtig ist auch, dass durch den im Kompetenzzuwachs des Bundesrates eher zu Tage tretenden als durch ihn hervorgerufenen Verbundföderalismus, weit mehr allerdings durch die hochkomplexen Entscheidungsabläufe im Zuständigkeitsbereich supra- und internationaler Organisationen und im informalen Verhandlungsmarathon zwischen staatlichen und gesellschaftlichen Kräften die Zurechnung von Ver-

---

[61] *Herzog* (Fn. 55), § 46 Rn. 27 ff.; *Bull* (Fn. 45), S. 99 f.

[62] Das ist im Bundestag nicht grundsätzlich anders. Die dort zur Entscheidung anstehenden Fragen werden im Plenum zwar öffentlich debattiert, aber nicht ergebnisoffen verhandelt. Zur Funktion der öffentlichen Parlamentsdebatte s. *Hans H. Klein*, in: *Maunz/Dürig*, Grundgesetz, Art. 42 Rn. 26 ff.

[63] Der Begriff bei *Lehmbruch* (Fn. 9), S. 9 ff.

[64] Vgl. *Maurer*, Staatsrecht I, 2. Aufl. 2001, § 16 Rn. 41.

antwortlichkeit erschwert und die Transparenz der staatlichen Willensbildung beeinträchtigt wird[65]. Am Ende jedes dieser Entscheidungsprozesse, soweit sie in rechtsverbindliche Entscheidungen münden, stehen allerdings stets öffentliche Abstimmungen oder doch jedenfalls öffentlich zu verkündende Entscheidungen. Dabei tritt die Verantwortlichkeit klar zutage. Wer ihnen zugestimmt hat, kann vom Wähler bei zahlreichen Gelegenheiten – von den Kommunal- bis zu den Europawahlen – zur Rechenschaft gezogen werden. Es ist angesichts der bestehenden Kompetenzverflechtung auch nur folgerichtig, dass der Wähler seine Wahlentscheidung auf den unteren Ebenen auch im Blick auf die jeweils höheren trifft. Deshalb kann es dazu kommen, dass sich im Bundesrat eine Mehrheit bildet, die mit derjenigen im Bundestag in Ansehung ihrer Parteienpräferenz nicht identisch ist. So ärgerlich dies für die parlamentarische Mehrheit ist, so sehr ist es eben auch Ausdruck und Folge ihrer Verantwortlichkeit und damit Ausweis der Funktionsfähigkeit des demokratischen Prinzips. Die Ursachen für die Regierungswechsel, die durch die Bundestagswahlen von 1983 bestätigt und durch die von 1998 herbeigeführt worden sind, wird man zu allerletzt in den Widerständen finden, auf welche die sozialliberale Koalition von 1969 bis 1982 und die schwarzgelbe Koalition in den 90er Jahren im Bundesrat gestoßen sind.

Der Verbundföderalismus, der die Rolle des Bundesrats im System der Staatsleitung stärkt, hat unleugbare Schwächen[66]. Das Gegenmodell des Wettbewerbsföderalismus hat sie auch[67]. So verwundert es nicht, dass dieses Modell gerade auch unter den Ländern keine Mehrheit findet, zumal solange die auf dem Gebiet der ehemaligen DDR belegenen und jetzt durch die Flutkatastrophe betroffenen Länder keine Chance haben, in ihm zu bestehen. Auch die Ungewissheit darüber, welche Bedeutung den »Regionen« in der Europäischen Union künftig zukommen wird, kann eine Reform des deutschen Föderalismus zum gegenwärtigen Zeitpunkt nicht beflügeln[68]. Gleichwohl lohnt es sich, das Modell eines kompetitiven Föderalismus im Auge zu behalten[69], insofern es klassische Elemente der Bundesstaatlichkeit wie die In-

---

[65] Prägnant: *Grimm*, Diskussionsbeitrag (Fn. 45), S. 89 f.

[66] In *Dolzers* Referat auf der Staatsrechtslehrertagung 1998 (Fn. 45) werden sie benannt, wenn auch teilweise überzeichnet. S. a. *Lehmbruch* (Fn. 9), S. 158 ff., 162 ff., zur »Informalisierung des Bundesstaates« und ihren Folgen. – Kaum berechtigt erscheint mir allerdings der Vorwurf, die gegenwärtige Form des Föderalismus sei die Ursache des vielbeklagten Reformstaus – dahin gehende Stimmen wurden etwa 1997 und 1998 laut: Nachweise bei *Gamm* (Fn. 24), S. 213. Der Reformstau, etwa in der Arbeitsmarkt-, Steuer- und Sozialpolitik ist vielmehr auf das Besitzstandsdenken der durch den status quo Begünstigten zurück zu führen, deren Lobby in den Parteien stark genug ist, Veränderungen zu verhindern.

[67] Vgl. nur die zusammenfassende Darstellung bei *Schuppert*, Verwaltungswissenschaft, 2000, S. 944 ff.

[68] Zu den Problemen und Chancen eines dreigliedrigen Aufbaus der Europäischen Union s. etwa *Pernice*, in: *Dreier* (Hrsg.), Grundgesetz, Band II, 1998, Art. 23 Rn. 23 ff. m.w.N.

[69] *Sommermann*, in: *v. Mangoldt/Klein/Starck*, Das Bonner Grundgesetz, 4. Aufl., Band II, 2000, Art. 20 Rn. 55, attestiert ihm »heuristischen Wert«.

novationsfähigkeit durch Wettbewerb auf der Grundlage eigener Entscheidungs und Finanzierungsspielräume der Länder und bürgernahe Aufgabenerfüllung zu befördern geeignet ist. Wer auf diesem Wege vorankommen möchte, kann allerdings nicht zuerst bei einer Reduzierung der Befugnisse des Bundesrates ansetzen. Ihre Ausweitung ist, wie gezeigt, Folge und Symptom der strukturellen Veränderungen im System des deutschen Föderalismus. Folgeweise wäre den Ländern eine Begrenzung ihres Einflusses auf die Bundespolitik, den sie nach geltendem Verfassungsrecht nehmen können, nur dann zuzumuten, wenn ihnen im gleichen Zuge wieder ein höheres Maß an Eigenständigkeit, insbesondere auf dem Gebiet der Gesetzgebung einschließlich der Steuergesetzgebung, zuwüchse[70]. Konkurrenz verlangt im Übrigen die Inkaufnahme von Unterschieden, die teilweise Preisgabe des seit den Anfängen der Bundesrepublik verfolgten Ziels einer Angleichung der Lebensverhältnisse in allen Teile des Bundesgebiets. Sie setzt Länder voraus, die nach ihrer Größe und Wirtschaftskraft wettbewerbsfähig sind – mit Neugliederungsprojekten aber ist kein Staat zu machen, und die Leistungsfähigkeit der mittel- und ostdeutschen Länder wird noch auf lange Sicht hinter der der »alten« Länder zurückbleiben. Vor diesem Hintergrund sind die Aussichten für den »großen Wurf«[71], den eine Revitalisierung der politischen Substanz der Länder (nicht bloß ihrer Regierungen) erforderte, nicht groß[72]. Allenfalls Randkorrekturen sind möglich. Das aber heißt, dass der Bundesrat und die Ministerpräsidenten der Länder auf alle absehbare Zeit ihre mitentscheidenden Funktionen im Regierungssystem der Bundesrepublik Deutschland ausüben werden.

Als Ergebnis kann festgehalten werden: Parlamentarisches Regierungssystem und bundesstaatliche Struktur sind verfassungstheoretisch und verfassungspraktisch miteinander vereinbar. Die dynamische Beweglichkeit zumal der föderalen Elemente dieser Ordnung hat sie bisher befähigt, sich wandelnden Herausforderungen erfolgreich zu begegnen. Die Funktionsfähigkeit des föderal-demokratischen Systems beruht wesentlich auf dem beide Elemente verbindenden, sie jedoch nicht gleichschaltenden Einfluss der politischen Parteien. Reibungsverluste treten in jeder politischen Ordnung auf. Im Regierungssystem der Bundesrepublik Deutschland sind sie – um des Ausgleichs unterschiedlicher Interessen und einer wirksamen Machtbalance willen – jedenfalls zum Teil gewollt. In den vermeintlichen institutionellen Schwächen des deutschen Regierungssystems treten vielfach gerade seine Vorzüge zutage: die Vermeidung von Schnellschüssen, eine entideoligisierende Wirkung und

---

[70] Ebenso *Dolzer* (Fn. 45), S. 32.
[71] Ebenda, S. 33.
[72] Man muss *Mußgnugs* (Diskussionsbeitrag [Fn. 45], S. 98 f.) optimistische Einschätzung der auf ihre Verwaltungskompetenz gestützten Staatlichkeit der Länder nicht teilen, um ihm darin zuzustimmen, dass für die Rückübertragung von Gesetzgebungszuständigkeiten vom Bund auf die Länder wenig Raum ist.

die Durchführung wichtiger Reformvorhaben im parteiübergreifenden Konsens. Es ist für eine die Proportionen wahrende Betrachtung bisher nicht erwiesen, dass die föderalen Komponenten dieses Systems – und schon gar nicht die Mitwirkungsbefugnisse des Bundesrates – für den gesellschaftlichen Immobilismus verantwortlich sind, der die deutschen Verhältnisse in einigen Bereichen kennzeichnet. Effektivitätslücken des politischen Systems der Bundesrepublik Deutschland haben vorrangig gesellschaftliche Ursachen. Um sie auszuräumen, ist es in gewissen Grenzen erwünscht, die kompetitiven Elemente des deutschen Föderalismus zu kräftigen. Das aber ist ein schwieriges, voraussetzungsvolles und ganz gewiss nicht auf eine Einschränkung der Zustimmungsvorbehalte des Bundesrats bei der Bundesgesetzgebung reduzierbares Unterfangen.

V. Verfassungsgerichtsbarkeit

1. Verfassungsgerichtsbarkeit und Verfassungsstruktur

Vom Rechtsstaat zum Verfassungsstaat

Im Vorwort zur 3. Auflage ihres Kommentars zum Gesetz über das Bundesverfassungsgericht bemerken die Verfasser – neben dem Jubilar: Theodor *Maunz*, Bruno *Schmidt-Bleibtreu* und Gerhard *Ulsamer* –, der Aktionismus der drei Staatsgewalten im Kampf um das richtige Recht ende in vielen Fällen in einem Rechtsstreit vor dem Bundesverfassungsgericht[1]. Fast will es nach diesem Diktum so erscheinen, als bilde in der Erscheinungen Flucht das Bundesverfassungsgericht den einzig ruhenden Pol, von dem aus der Staat im Gleichgewicht gehalten werde und letztlich allein gehalten werden könne. Diesem Trost indessen sollte sich niemand hingeben, den eine anscheinend wachsende Komplexität und Orientierungslosigkeit des politischen Lebens – bei Wählern und Gewählten – beunruhigt. Die Verfassungsgerichtsbarkeit ist ein Faktor der politischen Stabilität; der Anker, der ein in stürmische See geratenes Staatsschiff allein zu halten vermöchte, kann sie nicht sein. – In der Erwartung, das Interesse des am »Aktionismus der drei Staatsgewalten« über viele Jahrzehnte in stets einflußreichen Funktionen beteiligten Jubilars dafür zu finden, widmet sich die folgende Untersuchung der Frage nach den strukturellen Veränderungen, die der demokratische Rechtsstaat durch die Verfassungsgerichtsbarkeit erfährt.

I. Der Vorrang der Verfassung

Die in den Staatsstrukturbestimmungen der Art. 20 Abs. 1 und 28 Abs. 1 GG enthaltene Bezeichnung der Bundesrepublik Deutschland als demokratischer und sozialer Rechtsstaat hat nicht bloß appellativen Charakter: Die normativen Bindungen, denen die Verfassung die Staatsgewalt in allen ihren Erscheinungsformen unterwirft (Art. 1 Abs. 3, 20 Abs. 3 GG) – ihr Geltungsvorrang –, werden von einer gewissermaßen allgegenwärtigen Gerichtsbarkeit ständig eingefordert – weder kann ihnen die Exekutive entkommen (Art. 19 Abs. 4 GG), noch entgehen ihnen die Legislative und selbst die (fachgerichtliche)

---

[1] *Maunz/Schmidt-Bleibtreu/Klein/Ulsamer,* BVerfGG, 3. Aufl. 1992.

Rechtsprechung, denn über beiden wacht die durch die Verfassung selbst mit umfassenden Zuständigkeiten ausgestattete Verfassungsgerichtsbarkeit. »Im Verfassungsstaat gibt es keinen Souverän.«[2] Souveränität – im Sinne der Fähigkeit, »jede, die Einheit des gebietsgesellschaftlichen Zusammenwirkens betreffende Frage, gegebenenfalls sogar gegen das positive Recht endgültig und wirksam entscheiden zu können«[3] – besitzen im Verfassungsstaat weder das Volk noch das Parlament noch gar die Verfassungsgerichtsbarkeit. Sie alle sind von Rechts wegen nur im Rahmen der ihnen zugewiesenen Zuständigkeiten und innerhalb der ihnen von der Verfassung und der Rechtsordnung im übrigen gezogenen Grenzen zu handeln befugt. Prinzipiell alle von ihnen getroffenen Entscheidungen – mit Ausnahme derjenigen des Bundesverfassungsgerichts[4] – unterliegen richterlicher Kontrolle. Daraus erwachsen immer wieder Irritationen. Insbesondere der Gesetzgeber – unterstützt von den hinter seiner Mehrheit stehenden Teilen der öffentlichen Meinung – trägt mitunter schwer an seinem Unvermögen, selbst jene Grenzen auszumessen, innerhalb deren sein Tun und Lassen vor der Verfassung Bestand hat. Aber dies ist die – im Grundsatz wohl auch der Verfassungsänderung entzogene (Art. 79 Abs. 3 GG) und in diesem Sinne unverrückbare – Entscheidung des Grundgesetzes: der demokratische Rechtsstaat ist richterlich, d. i. mit den Mitteln des Rechts im geregelten Verfahren durch unabhängige Gerichte, gebändigter Verfassungsstaat. Die auf demokratischem Wege zustandegekommene Norm wendet sich mit der Stimme des Richters auch gegen ihren Erzeuger, soweit dieser sie nicht – in zulässiger Weise! – aufhebt oder ändert sondern – aus der Sicht des Richters! – bricht.

II. Gesetzgebung und Richter

Im richterlich kontrollierten Verfassungsstaat des Grundgesetzes hat der Gesetzgeber nur soviel Entscheidungsspielraum, als ihm die Verfassung läßt. Den Inhalt der Verfassung aber bestimmt, nicht generell und abstrakt, aber konkret im zu entscheidenden Fall, der Richter: er korrigiert oder legt doch im näheren den Gesetzesinhalt durch verfassungskonforme Auslegung (die Aufgabe jedes Richters ist) fest oder befindet (was das Grundgesetz dem Bundesverfassungsgericht vorbehält) das Gesetz gar für verfassungswidrig mit der Folge seiner Nichtigkeit oder der Notwendigkeit seiner Änderung in der vom Verfassungsgericht für richtig erkannten Weise. Hier wie da bildet die Auslegung der Verfassung den Ausgangspunkt der Entscheidung. Wenngleich richterliche

---

[2] *M. Kriele*, Einführung in die Staatslehre, 4. Aufl. 1990, S. 111 ff.
[3] *H. Heller*, Die Souveränität, 1927, S. 102.
[4] Allerdings ist auch die Rechtsprechung des Bundesverfassungsgerichts in gewissem Umfang der Kontrolle durch die internationale Gerichtsbarkeit unterworfen.

Fallentscheidung – auch im Verfahren der Normenkontrolle – den Inhalt der Maßstabsnorm niemals zu ändern vermag, so liegt doch auf der Hand, daß eine auf Kontinuität bedachte Rechtsprechung, zumal wenn sie sich, wie es deutscher Tradition entspricht, einer ausführlichen und stringenten Begründung ihrer Entscheidung befleißigt, die den Anspruch auf Wissenschaftlichkeit erhebt, im Wechselgespräch mit der Wissenschaft den Inhalt der Norm fortschreitend entfaltet und erschließt und damit eine das Verhalten der Normunterworfenen steuernde, die Steuerung durch den Normgeber ergänzende Funktion ausübt. Zwar ist der Normgeber zur Gegensteuerung befugt; oft sieht er dazu aber keinen Anlaß – weil der normanwendende Richter die von ihm mit dem Normerlaß getroffene Entscheidung (das Normprogramm) zu seiner Zufriedenheit fortdenkt und -entwickelt –, oder er findet dazu – etwa aus politischen Gründen – nicht die Kraft[5].

Nicht erst mit der Befugnis zur Normenkontrolle sondern schon mit der Einsetzung einer unabhängigen, die Methoden der Gesetzesinterpretation weithin – kontrolliert nur von der Wissenschaft – selbst bestimmenden Richterschaft gewinnt die Rechtsprechung einen hinsichtlich seiner Reichweite und seines Umfangs freilich nur schwer greifbaren, im Ablauf der Zeit jedoch wachsenden Einfluß auf den Inhalt des jeweils geltenden Rechts[6]. Wie immer der Grenzverlauf zwischen Gesetzesauslegung und richterlicher Rechtsfortbildung – deren Berechtigung das Bundesverfassungsgericht anerkennt[7] – zu bestimmen sein mag: zumal dann, wenn die Gerichte an einem einmal gefundenen Auslegungsergebnis in ständiger Rechtsprechung festhalten, haben sie teil am legislativen Prozeß (sofern man darunter nicht nur das Verfahren der Gesetzgebung sondern die Herausbildung des tatsächlich geltenden Rechts versteht). Unabhängig vom Bestehen einer Verfassungsgerichtsbarkeit gilt dies grundsätzlich auch für das Verfassungsrecht, wenn und soweit sich dieses als unmittelbar geltendes, nicht erst der Aktualisierung durch den Gesetzgeber bedürftiges Recht versteht, wie es nach Art. 1 Abs. 3, 20 Abs. 3 GG der Fall ist.

---

[5] Ein Beispiel ist das schwärende Leiden des Gesetzgebers an seiner Unfähigkeit zur Regelung des kollektiven Arbeitsrechts, ein anderes die seit *J. W. Hedemanns* 1933 erschienener Schrift sprichwörtliche »Flucht in die Generalklausel« (s. a. *U. Diederichsen,* Die Flucht des Gesetzgebers aus der politischen Verantwortung im Zivilrecht, 1974): hier wie da geht es übrigens um die Abbürdung politischer Verantwortung vorrangig auf die Fach-, nicht die Verfassungsgerichtsbarkeit.

[6] »Was die Gerichte im Wege der Auslegung als Recht anerkannt haben, haben sie per definitionem als Inhalt des richtig verstandenen Gesetzes anerkannt« (*W. Burckhardt,* Methode und System des Rechts, 1936, S. 275). Zur normativen Funktion der Justiz vgl. neuestens *P. Pescatore,* Rechtsetzung in der Europäischen Gemeinschaft, DJT 59 (1992), S. T 37 ff.

[7] Vgl. BVerfGE 71, 354 (362) m. N.

III. Rechtsstaat und Verfassungsstaat

Die Einrichtung einer Verfassungsgerichtsbarkeit allerdings bedeutet – zumal in Verbindung mit den soeben genannten Vorschriften und mit der umfassenden Rechtsweggarantie des Art. 19 Abs. 4 GG, die jeden Staatsakt mit Ausnahme des Gesetzes und richterlicher Entscheidungen gerichtlicher Überprüfung zugänglich macht, sofern es möglich erscheint, daß er jemand in seinen Rechten verletzt – eine nicht nur quantitative Veränderung dieses verfassungsstrukturellen Befundes. Zwar wird der qualitative Umschlag wohl nicht schon durch eine Verfassungsgerichtsbarkeit erreicht, deren Zuständigkeiten sich auf die der klassischen Staatsgerichtsbarkeit (insbesondere Organ- und bundesstaatliche Streitigkeiten) beschränken. Verfassungsgerichtliche Normenkontrolle – die allerdings auch im Gewand des Organstreits auftreten kann – und Verfassungsbeschwerde – die auch dann, wenn sie nicht unmittelbar gegen ein Gesetz erhoben werden kann, potentiell immer auch Normenkontrolle ist – garantieren jedoch die Allgegenwärtigkeit des in seiner richterlichen Interpretation Maßgeblichkeit beanspruchenden Verfassungsrechts in den Entscheidungen von Parlament, Regierung, Verwaltung und fachgerichtlicher Rechtsprechung.

Dadurch unterscheiden sich Verfassungsstaat und Rechtsstaat: Der Rechtsstaat gewährleistet die Gesetzmäßigkeit der Verwaltung sowie die Unabhängigkeit der Strafrechts- und Zivilrechtspflege, der Verfassungsstaat darüber hinaus die Verfassungsmäßigkeit von gesetzgebender, vollziehender und rechtsprechender Gewalt. Wie im Rechtsstaat die Gerichte in fallbezogen schrittweiser Entwicklung den Inhalt der Gesetze im Wege der Auslegung näherhin bestimmen, so geschieht im Verfassungsstaat der Verfassung, insbesondere durch die Verfassungsgerichtsbarkeit, ein Gleiches. Der Verfassungsstaat macht Ernst mit der Verfassung als einem Gesetz, das gegenüber allen anderen Rechtsnormen vorrangige Geltung beansprucht. Die Kehrseite dieser Medaille ist, daß der überlegene Durchsetzungswille des Verfassungsgesetzes dem, der es letztverbindlich interpretiert, eine spezifische Überlegenheit über all diejenigen Institutionen verleiht, die mit Rechtsetzungsbefugnissen ausgestattet sind.

Wie alle anderen Gesetze ist auch das Verfassungsgesetz Gegenstand der Auslegung. Der fortschreitende Prozeß der Interpretation ist ein Prozeß der Ausdifferenzierung und Verdichtung. Die – bedingt durch die nicht seltene Verwendung entwicklungsoffener, unbestimmter, durch die Rechtstradition inhaltlich nicht festgelegter Begriffe – zunächst vielfach gegebene Weitmaschigkeit der Norm wird im Verlauf ihrer Handhabung durch die Rechtspraxis zunehmend von einem immer enger gestrickten Netz überdeckt. Dieser Prozeß der Verdichtung ist umso augenfälliger, je mehr die zu interpretierende Norm generalklauselartigen oder gar lapidaren Charakter trägt. Von solcher

Art sind keineswegs nur, aber doch typischerweise die Normen des Verfassungsrechts[8], zumal soweit sie nicht die Staatsorganisation sondern das Verhältnis des Staates zu den seiner Gewalt Unterworfenen betreffen. Das hat seinen guten Sinn: Die dieses Verhältnis bestimmenden Vorschriften der Verfassung dienen nicht nur einem regulativen Zweck, sie sollen vor allem für jedermann verständlich sein. Politisches Pathos bestimmt oft ihre Formulierung; sie sollen dazu beitragen, die Gesellschaft zum Staat zu integrieren. Ihre dadurch bedingte allgemeine Fassung eröffnet allerdings der Auslegung ein weites Feld; die Entwicklung der Grundrechtsdogmatik seit dem Inkrafttreten des Grundgesetzes bildet dafür das eindrucksvollste Beispiel. An ihr hat – gewollt, absehbar und notwendigerweise – die Verfassungsgerichtsbarkeit den ausschlaggebenden Anteil. Unvermeidliche Folge praetorischer Verfassungsinterpretation und -fortbildung ist eine fortschreitende Einengung der Entscheidungsfreiheit und des Handlungsspielraums des Gesetzgebers.

IV. Die Verfassungsgerichtsbarkeit als politischer Steuerungsfaktor

Die These, die Staatsleitung, also die politische Leitungsgewalt, sei nicht nur Regierung und Parlament »zur gesamten Hand«[9] übertragen, vielmehr habe auch die Verfassungsgerichtsbarkeit daran in gleicher Weise teil, sei gleichsam im Bunde der Dritte, würde deren Rolle im politischen Prozeß gewiß überzeichnen. Indessen steht sie auch nicht außerhalb dieses Prozesses, da sie ihm den Rahmen setzt, ihm seine Grenzen und mitunter auch seine Ziele weist[82]. Das geschieht umso nachhaltiger, je weniger sich die Verfassung auf die Regelung des Verfahrens der politischen Willensbildung beschränkt, je mehr sie also der Politik auch bestimmte Aufgaben stellt. Im Maße, in dem dies geschieht, wird die Verfassungsgerichtsbarkeit, sobald sie in einem zulässigen Verfahren mit den entsprechenden Verfassungsnormen befaßt wird, zu einem wichtigen Steuerungsfaktor im politischen Geschehen.

Ein wesentliches Strukturmerkmal des demokratischen Verfassungsstaates ist es, daß ihm Legitimität nicht nur aus der – regelmäßiger Erneuerung bedürftigen – Abgeleitetheit aller seiner Gewalt zum Volke erwächst, sondern nicht weniger auch aus Sachverstand, Effizienz und rechtlicher Durchdringung aller seiner Entscheidungen. Das vielschichtige Geflecht der an diesen Entscheidungen beteiligten Institutionen und ihrer zwar unterscheidbaren,

---

[8] *Maunz/Klein* (Fn. 1), Vorbemerkung RN 16.
[9] Vgl. *E. Friesenhahn*, Parlament und Regierung im modernen Staat, VVDStRL 16 (1957), S. 9 (37 f.).
[10] Es geschah nicht ohne Grund, daß der im Genehmigungsschreiben der Militärgouverneure zum Grundgesetz vom 12. Mai 1949 enthaltene Vorbehalt, demzufolge Berlin »may not be governed (sic!) by the Federation«, auf das Bundesverfassungsgericht erstreckt wurde.

aber sich überlagernden Zuständigkeiten bietet die Chance individueller Freiheit in staatlich verbürgter Sicherheit. Es erwächst daraus allerdings auch die Gefahr einer Verwischung von Verantwortlichkeiten und schwindender Reaktionsfähigkeit der Politik auf veränderte Lagen.

Die Verfassungsgerichtsbarkeit hat auf diese Gefahr bei jedem ihrer Interpretationsschritte Bedacht zu nehmen. Die verfassungsgerichtliche Auslegung des Verfassungsrechts darf Gesetzgebung und Regierung ihrer Fähigkeit zu politischer Entscheidung nicht berauben. Darunter litte nicht nur die – Legitimität mitbegründende! – Effizienz des politischen Systems. Vielmehr nähme auch das Prinzip der demokratischen Legitimation des Staates Schaden, das im parlamentarischen Regierungssystem darauf gerichtet ist, die politische Richtungsbestimmung vorrangig Parlament und Regierung zuzuweisen. Zwar ist auch die Verfassungsgerichtsbarkeit demokratisch legitimiert: in funktioneller und institutioneller Hinsicht kraft ihrer Einsetzung und der Bestimmung ihrer Kompetenzen in der Verfassung selbst; in organisatorisch-personeller Hinsicht durch die Art der Wahl ihrer Richter; in sachlich-inhaltlicher Hinsicht durch ihre Bindung an die Verfassung[11]. Indessen reicht ihre Legitimation grundsätzlich nicht aus – schon der Umstand, daß richterliches Handeln stets ein in zulässiger Weise anhängig gemachtes Verfahren voraussetzt, steht dem entgegen –, den politischen Prozeß aktiv zu gestalten. Diese Befugnis kommt Parlament und Regierung zu, was bereits daraus erhellt, daß ihre Amtsperioden wesentlich kürzer bemessen sind, die Sanktionierung ihrer Verantwortlichkeit durch das Votum der Wähler also um vieles wirksamer, von ungleich dichterem Einfluß auf ihr Handeln und Entscheiden ist.

Verfassungsgerichtsbarkeit ist nach alledem eine Wanderung auf schmalem Grat. Ihr ist einerseits aufgegeben, die Politik, insonderheit auch die Gesetzgebung, nicht aus der Bindung an die Verfassung zu entlassen, sie muß diese Bindung vielmehr, wo sie angerufen wird, akutalisieren und durchsetzen. Da sie ihr aber auch selber unterliegt, kann sie ihr nicht, wo im Wege der Auslegung aus der Verfassungsnorm politische Zielvorgaben und Handlungsanleitungen zu gewinnen sind, ausweichen, sei es daß sie zu diesem Zweck »richterliche Selbstbeschränkung« übt, ihrer Tätigkeit eine anhand eines abstrakten Modells der Zuordnung der Staatsfunktionen gewonnene Definition ihrer Rolle zugrundelegt oder einen unterschiedlichen Gehalt der Verfassungsnormen postuliert je nachdem, ob sie als an den Gesetzgeber gerichtete Handlungsnormen oder als Maßstabsnormen verfassungsgerichtlicher Kontrolle zur Anwendung gelangen[12]. Andererseits aber verlangt die Verfassung

---

[11] Zu diesen modi demokratischer Legitimation s. *E.-W. Böckenförde,* Demokratie als Verfassungsprinzip, HStR I § 22 RN 14 ff.

[12] Zur Untauglichkeit dieser Versuche einer Eingrenzung verfassungsgerichtlicher Kontrolle vgl. *E.-W. Böckenförde,* Zur Lage der Grundrechtsdogmatik nach 40 Jahren Grundgesetz, 1989, S. 63 ff.

auch, daß die Verfassungsgerichtsbarkeit die politische Verantwortung von Parlament und Regierung achtet und deren Entscheidungsfähigkeit wahrt. Würde Politik durch eine zu engmaschige Bindung an verfassungsrechtliche Maßgaben zum bloßen Verfassungsvollzug, wäre das prekäre Gleichgewicht der Gewalten, das den demokratischen Verfassungsstaat ausmacht, gestört. Es wäre insbesondere, mindestens auf längere Sicht, auch die Autorität der Verfassungsgerichtsbarkeit überfordert, deren Legitimationsbasis so weit nicht trägt.

V. Bewahrung politischer Handlungsspielräume: aus der Sicht des Gesetzgebers

Sowohl die Staatsleitung als auch die Verfassungsgerichtsbarkeit verfügen über geeignete Mittel – es ließe sich von Strategien sprechen –, dieses Gleichgewicht zu erhalten. Wenden wir uns zunächst der Staatsleitung, insbesondere dem Gesetzgeber, zu.

1. Der Gesetzgeber ist an sich durchaus in der Lage, durch Verfassungsänderung die Zuständigkeiten einer zu mächtig werdenden Verfassungsgerichtsbarkeit zu beschneiden. Dahin zielende Bestrebungen werden sich jedoch, ist die Verfassungsgerichtsbarkeit einmal etabliert, in aller Regel als politisch nur schwer durchsetzbar erweisen. Eine substantielle Verkürzung der Wirkungsmöglichkeiten des Verfassungsgerichts geriete in der Bundesrepublik Deutschland wohl auch in Konflikt mit der dem demokratischen Verfassungsstaat durch Art. 79 Abs. 3 GG verliehenen Bestandsgarantie. Hingegen vermag der Gesetzgeber Parlament und Regierung politischen Handlungsspielraum dadurch zu bewahren, daß er auf die Anreicherung des Verfassungsrechts mit politischen Zielvorgaben verzichtet. Jede zusätzliche Staatszielbestimmung im Verfassungsrang verlagert ein Stück Verantwortung von der Politik auf die Rechtsprechung. Dieser Effekt läßt sich allenfalls dann vermeiden, wenn es sich um Zielvorgaben hoch abstrakter Art handelt wie im Falle des Art. 109 Abs. 2 GG.

2. Der Gesetzgeber ist aber auch in der Lage, Handlungsspielräume zurückzugewinnen, die ihm die verfassungsgerichtliche Judikatur verstellt. Dazu bieten sich zwei Wege. Der eine ist der einer Änderung der verfassungsrechtlichen Maßstabsnormen. Er böte sich etwa an, um die Gesetzgebung – wie auch die Träger dieses Grundrechts – aus dem Korsett der verfassungsgerichtlichen Rechtsprechung zur Rundfunkfreiheit zu befreien. Das Beispiel läßt freilich auch erkennen, wie groß die politischen Widerstände sind, auf die ein solches Unternehmen alsbald stieße. Es läßt zudem auf das Phänomen aufmerksam werden, daß die Politik im Verfassungsstaat nicht selten der Versuchung erliegt, sich in der Obhut verfassungsrechtlicher Umgarnung wohlig

einzurichten, also politische Verantwortung auf die Verfassungsgerichtsbarkeit abzubürden, die sich dagegen nur unzureichend zu schützen vermag. Hier ist political self-confidence[13] anzumahnen und – im Unterschied zum judicial self-restraint – auch möglich.

Der andere der beiden Wege zur Rückgewinnung politischer Handlungsfreiheit wird bei näherer Betrachtung der Bindungswirkung verfassungsgerichtlicher Entscheidungen sichtbar. Das Bundesverfassungsgericht selbst hat 1987 in einem nicht nur beifällig aufgenommenen Judikat[14] die Bindungswirkung normverwerfender Entscheidungen deutlich relativiert. Sie verwehre es dem Gesetzgeber nicht, seiner Gestaltungsfreiheit und Gestaltungsverantwortung durch Verabschiedung einer inhaltsgleichen Neuregelung nachzukommen, wenn er sie für erforderlich halte; den Gesetzgeber treffe die Verantwortung für die Anpassung der Rechtsordnung an »wechselnde soziale Anforderungen und veränderte Ordnungsvorstellungen«. Damit kann nicht gemeint sein, daß der Gesetzgeber auf eine normverwerfende Entscheidung mit einem trotzigen Dennoch reagieren, die für verfassungswidrig befundene Norm also sogleich erneut erlassen dürfte – er verstieße damit gegen die Regeln, die für den Umgang von Verfassungsorganen miteinander gelten. Ebensowenig dürfte gemeint sein, daß sich die verfassungsgerichtliche Auslegung des Verfassungsrechts in »fließender Geltungsfortbildung«[15] ohne weiteres »wechselnden sozialen Anforderungen und veränderten Ordnungsvorstellungen« des Gesetzgebers anzupassen habe. Die Entscheidung macht indessen deutlich, daß verfassungsgerichtliche Verfassungsauslegung nicht in dem Sinne als authentische Interpretation verstanden werden darf, daß verfassungsgerichtliche Präjudizien und die ihnen zugrundeliegenden Auslegungsergebnisse (»tragende Gründe«) selbst in den Rang von Verfassungsrecht erwachsen. Der konkrete Streit- und Entscheidungsgegenstand – bei Normenkontrollentscheidungen also die zu prüfende Norm – begrenzt die durch § 31 Abs. 1 BVerfGG statuierte Bindungswirkung[16]. Nicht aus dieser gesetzlichen Vorschrift sondern aus den Grundsätzen der »Verfassungsorgantreue«[17] folgt die Pflicht des Gesetzgebers – wie aller Staatsorgane –, »die Rechtsprechung des Bundesverfassungsgerichts zu beachten und nur dann von ihr abzuweichen, wenn neue Tatsachen, ein grundlegender Wandel der Lebensverhältnisse oder auch der allgemeinen Rechtsauffassung erwarten lassen, daß das Bundesver-

---

[13] *Ch. Landfried*, Bundesverfassungsgericht und Gesetzgeber, 1984, S. 175.

[14] BVerfGE 77, 84 (103 f.). – Zur Kritik etwa: *M. Sachs*, Der Fortbestand der Fristenlösung für die DDR und das Abtreibungsurteil des Bundesverfassungsgerichts, DtZ 1990, 193 (198), *E. Klein*, in: Benda/Klein, Lehrbuch des Verfassungsgprozeßrechts, 1991, RN 1250 ff.; zustimmend etwa: *K. Rennert* in: Umbach/Clemens, BVerfGG, 1992, § 31 RN 67.

[15] *R. Smend*, Verfassung und Verfassungsrecht, 1928, S. 79.

[16] Ebenso *Rennert* (Fn. 14), RN 54.

[17] Vgl. die gleichnamige Schrift von *W. R. Schenke*, 1977. – Das Bundesverfassungsgericht hat die Pflicht zur Organtreue eingefordert in BVerfGE 36, 1 (15).

fassungsgericht von seiner bisherigen Ansicht abweichen wird«[18]. Sind diese
Voraussetzungen gegeben, wird das Bundesverfassungsgericht selbst eine mit
der früher als verfassungswidrig verworfenen inhaltsgleiche Norm unbefan-
gen zu prüfen haben, den neuen Staatsakt also nicht schon deshalb für verfassungswidrig erklären dürfen, weil er den gleichen Inhalt hat wie der frühere. Nur mit dieser Maßgabe ist auch das anschauliche Diktum zutreffend, in
dem Verhältnis zwischen Gesetzgeber und Verfassungsgericht habe jener die
Vorhand, dieses aber den Vorrang[19]. Das gilt nur für den entschiedenen Streit-
gegenstand. Hat das Bundesverfassungsgericht aber entschieden, ist die Antwort auf die rechtserhebliche Verfassungsfrage grundsätzlich erneut offen.
»Denn nach langer Beratung ist doch ein jeder Entschluß nur Werk des Mo-
ments«[20].

VI. Bewahrung politischer Handlungsspielräume: aus der Sicht der Verfassungsgerichtsbarkeit

Die dem Bundesverfassungsgericht zur Verfügung stehenden Möglichkeiten,
unbeschadet seiner Pflicht zu uneingeschränkter Anwendung des Verfassungsrechts die Entscheidungskompetenz anderer Staatsorgane zu achten,
sind von subtilerer Art und können deshalb hier auch nur andeutungsweise
erörtert werden. Sie lassen sich indessen in einen Grundgedanken zusammenfassen: Das Bundesverfassungsgericht muß bei der Auslegung der Verfassungsnormen besondere Aufmerksamkeit der Frage widmen, in welchem
Umfang bestimmte Entscheidungen nach dem Willen der Verfassung gerade
nicht vom Verfassungsgericht sondern von anderen Organen, insbesondere
von den zur Staatsleitung berufenen, also von Parlament und Regierung, aber
etwa auch von der Fachgerichtsbarkeit, getroffen werden sollen. Verfassungsauslegung verlangt – aus Gründen des demokratischen Prinzips wie der Gewaltenteilung – »immer ein Doppeltes, nämlich Aussagen über das Festgelegte
und über das Offene«[21]. »Interpretative restraint« fordert den Verzicht auf die
Maximierung des Verfassungsinhalts sowohl zum Zwecke der Erhaltung der
Entscheidungsspielräume der anderen Staatsorgane wie zur Schonung der
Autorität von Verfassung und Verfassungsgerichtsbarkeit. Diese Erwägungen
sind jenen verwandt, die die normative Eröffnung durch die Fachgerichtsbarkeit nicht überprüfbarer Gestaltungs-, Ermessens- und Beurteilungsspielräu-
me unbeschadet der Rechtsschutzgarantie des Art. 19 Abs. 4 GG grundsätzlich verfassungsrechtlich zulässig erscheinen lassen[22].

---

[18] *H. H. Klein,* Probleme der Bindung des »einfachen Richters« an Entscheidungen des
Bundesverfassungsgerichts, NJW 1977, S. 697 (700).
[19] *Böckenförde* (Fn. 12), S. 61.
[20] *J. W. v. Goethe,* Hermann und Dorothea V Vers 59 f.
[21] *R. Wahl,* Der Vorrang der Verfassung, Der Staat 20 (1981), S. 485 (507).
[22] Vgl. BVerfGE 61, 82 (111); 84, 34 (50); 88, 40 (56).

1. Da, wie ausgeführt, im demokratischen Verfassungsstaat die Funktion aktiver politischer Gestaltung prinzipiell der Staatsleitung obliegt, bleibt es dabei grundsätzlich auch dann, wenn das Verfassungsrecht sie dazu in bestimmter Weise verpflichtet. Das Bundesverfassungsgericht wird also den Gestaltungsauftrag, insbesondere im Blick auf das von der Verfassung vorgegebene Ziel, definieren, seine Ausführung – deren Zeitpunkt (da ja unter Umständen Dringlichkeiten gegeneinander abgewogen werden müssen) und die Wahl der Mittel – aber regelmäßig dem zum Handeln verpflichteten Staatsorgan überlassen. Allerdings ist dabei ein Doppeltes zu beachten:

Zum einen kann es sich als erforderlich erweisen, daß das Bundesverfassungsgericht, zumal wenn es eine Norm für mit der Verfassung unvereinbar befindet, den Zeitraum bis zur Neuregelung des Gegenstandes durch den Gesetzgeber durch eine eigene Regelung überbrückt, wobei es sich um die Anordnung der unter Umständen modifizierten Fortgeltung der beanstandeten Norm für eine Übergangzeit handeln kann[23] oder um die Inkraftsetzung einer anderen[24]; die Rechtsgrundlage dafür stellt § 35 BVerfGG bereit[25].

Zum anderen sind verfassungsrechtliche Handlungsanweisungen von unterschiedlicher Bestimmtheit[26]; der sachliche Zusammenhang, in dem sie wirksam werden, ist normativ auf sehr verschiedene Weise vorgeprägt. Deshalb ist es unter dem Gesichtspunkt der Ermittlung dessen, was die Verfassung zu tun gebietet, nicht das gleiche, ob die Verfassung Bund und Länder verpflichtet, bei ihrer Haushaltswirtschaft den Erfordernissen des gesamtwirtschaftlichen Gleichgewichts Rechnung zu tragen (Art. 109 Abs. 2 GG), dem Bundesgesetzgeber aufgibt sicherzustellen, daß die unterschiedliche Finanzkraft der Länder – unter Berücksichtigung von Finanzkraft und Finanzbedarf der Gemeinden (Gemeindeverbände) – angemessen ausgeglichen wird (Art. 107 Abs. 2 Satz 1 GG), den besonderen Schutz des Staates für Ehe und Familie sowie den

---

[23] BVerfGe 87, 153 (154 f., 177 ff.) – steuerliches Existenzminimum.

[24] BVerfGE 39, 1 (2 f., 68) – § 218; 84, 9 (10, 21 ff.) – Ehenamen.

[25] Vgl. *E. Klein* (Fn. 14), RN 1261 ff. – Das Problem läßt sich allerdings auch auf eine für den Gesetzgeber wie für die Verfassungsgerichtsbarkeit schonendere Weise bewältigen, als es deutscher Rechtstradition entspricht: So kennt das österreichische Recht grundsätzlich keine Rückwirkung eines normaufhebenden Erkenntnisses des Verfassungsgerichtshofs, ja diesem ist es sogar möglich, für das Außerkrafttreten eines für verfassungswidrig erkannten Gesetzes eine Frist bis zu einem Jahr zu bestimmen (Art. 140 Abs. 5 und 7 B.-VG); dazu *K. Korinek*, Die Verfassungsgerichtsbarkeit im Gefüge der Staatsfunktionen, VVDStRL 39 (1981), S. 7 (37 ff.); *ders.*, Die Verfassungsgerichtsbarkeit in Österreich in: Chr. Starck/A. Weber, Verfassungsgerichtsbarkeit in Westeuropa, Teilband I: Berichte, 1986, S. 149 (166). Das Bundesverfassungsgericht sucht bekanntlich dieser Problemlage nicht zuletzt durch seine Unterscheidung zwischen Nichtig- und bloßer Unvereinbarkeitserklärung der verfassungswidrigen Norm Herr zu werden; dazu *E. Klein* (Fn. 14), RN 1181 ff.; *K. Schlaich*, Das Bundesverfassungsgericht, 2. Aufl. 1991, RN 359 ff.

[26] Zu den sog. Staatszielbestimmungen vgl. *H. H. Klein*, Staatsziele im Verfassungsgesetz, DVBl. 1991, 729 (734).

Schutz und die Fürsorge der Gemeinschaft für jede Mutter einfordert (Art. 6 Abs. 1 und 4 GG) oder ob sie den Staat verpflichtet, sich schützend und fördernd vor das ungeborene menschliche Leben zu stellen (Art. 2 Abs. 2 i. V. m. Art. 1 Abs. 1 Satz 2 GG). Nicht umsonst hat das Bundesverfassungsgericht zur Eingrenzung des Einschätzungsspielraums des Gesetzgebers – anders gewendet: zur Beschreibung des Ausmaßes, in dem sich die aus einer Verfassungsnorm ableitbaren Pflichten des Gesetzgebers zu einem Tun oder Unterlassen mit den Mitteln der Interpretation bestimmen lassen – immer wieder auf die Eigenart des in Rede stehenden Sachbereichs, die Möglichkeiten, sich ein hinreichend sicheres Urteil zu bilden, und die Bedeutung der auf dem Spiele stehenden Rechtsgüter verwiesen[99]. Diese Kriterien, meist unter dem Gesichtspunkt der dem Bundesverfassungsgericht zukommenden »Kontrolldichte« angeführt, bezeichnen in Wahrheit Umfang und Grenzen der Möglichkeit, mit den Methoden der juristischen Interpretation den Inhalt der Verfassungsnormen zu bestimmen. Nur soweit diese Möglichkeit besteht und zur näheren Bestimmung des Verfassungsinhalts führt, darf – und muß dann allerdings auch – die Rechtsprechung den Staat zum Handeln verpflichten[28]. Für die Verfassungsgerichtsbarkeit kommt es also darauf an, den Inhalt der verfassungsrechtlichen Maßstabsnorm zu ermitteln. Von ihm hängt die verfassungsgerichtliche »Kontrolldichte« ab. Für diese dürfte es übrigens wenig verschlagen, ob sich die einer – verfassungsgerichtlicher Prüfung zugänglich gemachten – Norm zugrundeliegende Einschätzung des Gesetzgebers auf Tatsachen, Prognosen über künftige Entwicklungen des sozialen Geschehens oder die Wirkungen bezieht, die die Norm in Bezug auf dieses Geschehen entfalten soll oder entfalten wird. Die Grundlagen, auf denen eine solche Einschätzung beruht, sind verfassungsgerichtlicher Beurteilung nicht entzogen, die ihrerseits wiederum von den genannten Faktoren abhängt[29]. Der Sache nach zieht die Rechtsprechung des Bundesverfassungsgerichts diese Kriterien übrigens auch heran, wenn es um die Abgrenzung der Zuständigkeiten zwischen Parlament und Regierung geht, also ebenfalls um ein Problem rechtsstaatlicher Gewaltenteilung[30].

2. Über die »richtige« Methode der Verfassungsinterpretation besteht freilich kein Konsens[31]. Die Verfassungsgerichtsbarkeit, soweit die Verfassung sie

---

[27] Vgl. nur BVerfGE 50, 290 (333) – Mitbestimmung; 77, 170 (215) – C-Waffen; 88, 203 (262 f.) – SFHG.

[28] Zu Recht bemerkt *Schlaich* (Fn. 25), RN 491: »Nicht das Gericht, sondern die Verfassung als Prüfungsmaßstab des Gerichts ist entweder zurückhaltend oder deutlich greifend«; ebenda auch w. N.

[29] Vgl. BVerfGE 50, 290 (332 f.) – Mitbestimmung; s. a. *Schlaich* (Fn. 25), RN 501.

[30] Vgl. BVerfGE 68, 1 (86 f.) – Raketenstationierung.

[31] Grundlegend: *E.-W. Böckenförde*, Die Methoden der Verfassungsinterpretation – Bestandsaufnahme und Kritik in: *ders.*, Staat, Verfassung, Demokratie, 1991, S. 53 ff.; s. a. *R. Dreier*, Zur Problematik und Situation der Verfassungsinterpretation in: ders./F. Schwegmann (Hrg.), Probleme der Verfassungsinterpretation, 1976, S. 13.

nicht selbst beschränkt, ist in der Wahl ihrer Auslegungsmethoden – in den Grenzen des Vertretbaren – frei. Dabei liegt es auf der Hand, daß das Maß verfassungsgerichtlicher Teilhabe am politischen Prozeß durch die Methodenwahl entscheidend bestimmt wird. Ob der Inhalt der Verfassung als ein durch deren Normen der Verfassungsgerichtsbarkeit Vorgegebenes oder als ein ihr zur vernünftigen – einer sich wandelnden sozialen Wirklichkeit angepaßten – (Mit)-Steuerung des politischen Prozesses Aufgegebenes betrachtet wird, ist eine wichtige – bei allen Schwierigkeiten der Abgrenzung im einzelnen[32] tendenziell überaus bedeutsame – Weichenstellung für die Struktur des demokratischen Verfassungsstaats. Wenn es richtig ist, daß das demokratische Prinzip die politische Gestaltung primär der Staatsleitung zuweist, dann wird sich die Verfassungsgerichtsbarkeit nicht als »politische Gegenmacht«[33] verstehen dürfen und mithin methodisch in die erstgenannte Richtung zu orientieren haben.

Eindeutige Wegweisungen sind damit indessen nicht gewonnen: So gewiß die Inanspruchnahme einer eigenständigen, an Zweckmäßigkeitserwägungen ausgerichteten (verfassungs-)politischen Gestaltungsmacht mit der Funktion der Verfassungsgerichtsbarkeit unverträglich wäre, so schwierig erweist es sich im Einzelfall, etwa bei der Ermittlung dessen, was ein verfassungsrechtlicher Handlungsauftrag vom Gesetzgeber verlangt, bei der teleologischen Interpretation der Norm also, von solchen Erwägungen abzusehen. Denn der Verfassungsinterpret ist gehalten, bei der Erschließung des Normprogramms, dem eben diese Erwägungen zugrundeliegen, die Gedanken des Normgebers nach- und fortzudenken. Gewiß auch bleibt die Verfassungsänderung dem verfassungsändernden Gesetzgeber vorbehalten. Erweist sich dieser jedoch als unfähig, auf geänderte Verhältnisse mit einer Änderung des Verfassungstextes zu reagieren, oder ist der Verfassungstext von vornherein durch besondere Erschwernis seiner Abänderbarkeit in hohem Maß rigide, wird man dem in der Unausweichlichkeit verantwortlichen Handelns stehenden Normanwender – hier geht es nicht nur um die Verfassungsgerichtsbarkeit, wenngleich um sie in letzter Linie – die Befugnis zur »Fortbildung« auch des Verfassungsrechts nicht ausnahmslos versagen können; die Grenzen aber zwischen interpretativer Verfassungsfortbildung und verfassungsänderndem Verfassungswandel verschwimmen[34].

Am Ende bleibt nicht viel mehr als das – infolge von Zuspruch und Widerspruch vor allem der wissenschaftlichen Öffentlichkeit allerdings nicht

---

[32] Einen Versuch der Abgrenzung von Verfassungsinterpretation und Verfassungswandel unternimmt *E.-W. Böckenförde,* Anmerkungen zum Begriff Verfassungswandel in: P. Badura/R. Scholz, Wege und Verfahren des Verfassungslebens, Festschrift für P. Lerche zum 65. Geburtstag, 1993, S. 3 ff.

[33] Ausdruck bei *Böckenförde* (Fn. 31), S. 88.

[34] Den Unterschied versucht *Böckenförde* (Fn. 31), S. 9 ff., zu greifen.

wirkungslose – Postulat, verfassungsgerichtliche Entscheidungen, unter Be-
dachtnahme auf die Verantwortung der zu aktivem politischem Handeln befugten Staatsorgane und die spezifische Sachkompetenz der Fachgerichtsbarkeit mit den Mitteln der argumentativen Logik, also in einer rational nachvollziehbaren Weise und unter Beachtung der – soweit möglich gesicherten –
Methoden der juristischen Hermeneutik zu begründen und kritischen Äußerungen dazu bei der nächsten sich bietenden Gelegenheit aufgeschlossen zu
begegnen.

3. Immer wieder sieht sich das Bundesverfassungsgericht gemahnt, über die
zur Begründung seiner Erkenntnisse unerläßlichen Darlegungen hinausgehende, von der ratio decidendi nicht geforderte Ausführungen zu unterlassen. Die
Mahnung ist berechtigt, weil die – oft nicht leicht zu treffende[35] – Unterscheidung zwischen tragenden und nicht tragenden Gründen einer Entscheidung für die (Selbst-)Bestimmung des Handlungsrahmens der an sie gebundenen Staatsorgane nur eine ganz untergeordnete Rolle spielt. Aus der Sicht
des Gesetzgebers nämlich oder der ihm ratenden Ministerialverwaltung ist es
für die Beantwortung der Frage, ob ein beabsichtigtes Gesetz voraussichtlich
verfassungsgerichtlicher Prüfung standhalten werde, von geringer Bedeutung,
ob die dafür erheblichen Darlegungen des Gerichts einen tragenden Grund
bilden oder ob es sich um eine zwar beiläufige, aber unter Umständen wohl-
bedachte Bemerkung handelt.

Besteht die Erinnerung an die Tugend richterlicher Zurückhaltung in diesem Punkt also grundsätzlich zu Recht, so bleibt doch folgendes zu bedenken:
Zumal in Verfahren, an denen die Öffentlichkeit ein großes Interesse nimmt,
wird ein verfassungsrechtliches Verdikt über den zur Prüfung gestellten
Staatsakt regelmäßig als eine Niederlage des Staatsorgans gewertet, welches
ihn erlassen hat; eine Einbuße seiner Autorität geht damit oft einher. Sie wäre
doppelt schmerzlich, scheiterte ein neuer Anlauf zur Regelung des fraglichen
Gegenstandes in einem weiteren Verfahren aus einem anderen Grund. Ist der-
lei aber absehbar, befindet sich das Verfassungsgericht in einem Dilemma: Soll
es den Adressaten seiner Entscheidung »in die Falle laufen« lassen oder ihm
bedeuten, wie eine verfassungsgemäße Regelung aussehen könnte? In aller
Regel, zumal in einem Normenkontrollverfahren, wird das Gericht den zweiten Weg beschreiten – nicht weil ihm an lehrbuchartigen Ausführungen gelegen wäre, auch nicht aus arbeitsökonomischen Gründen, sondern weil die
für den demokratischen Verfassungsstaat konstituierende Funktionenteilung
die unbeschädigte Autorität aller und besonders der obersten Staatsorgane
voraussetzt, das Verfassungsgericht auf deren Schonung also Bedacht zu nehmen hat.

---

[35] Vgl. etwa *Schlaich* (Fn. 25), RN 451 ff.; *E. Klein* (Fn. 14), RN 1237 ff.

4. Im Dienste dieses Ziels steht auch eine andere Überlegung: Zwar sind Verfassungsbegriffe stets Rechtsbegriffe und alle Verfassungsnormen von gleicher Verbindlichkeit[36]. Verfassungsnormen weisen jedoch wegen der Eigenart der von ihnen geregelten Sachverhalte oft einen sehr hohen Grad an Allgemeinheit auf, »der der Konkretisierung bedarf, noch ehe die Norm auf Einzelfälle anwendungsfähig wird. ...Die Befugnis zu solcher Konkretisierung obliegt für das Bundesverfassungsrecht nicht allein dem Bundesverfassungsgericht, sondern auch anderen obersten Verfassungsorganen«[37]. Unbeschadet seiner Letztentscheidungskompetenz hat das Verfassungsgericht im eigenen Prozeß der Rechtsgewinnung also dasjenige Verständnis der zu interpretierenden Verfassungsnorm zu beachten, das der Verfassungspraxis der übrigen Verfassungsorgane zugrundeliegt. Daß das Normverständnis anderer Verfassungsorgane für das Verfassungsgericht allerdings niemals verbindliche Maßgabe sein kann, liegt darin begründet, daß die Verfassung für jene im Unterschied zu diesem nicht den alleinigen Maßstab ihres Handelns bildet, daß für die Staatsleitung die Beachtung des Verfassungsrechts nicht Ziel um seiner selbst willen ist, die Verfassung vielmehr »nur« den Rahmen für die Verfolgung politischer Zielvorstellungen und den Einsatz der dafür geeignet erscheinenden Mittel abgibt, während sie für das Verfassungsgericht die einzige Richtschnur seines Erkenntnisprozesses darstellt.

VII. Der Verfassungsstaat und das demokratische Prinzip

Das Bundesverfassungsgericht habe sich, bemerkt sein früherer Präsident *Ernst Benda,* in seiner bisherigen Tätigkeit zu einem bedeutenden Faktor auch des politischen Lebens entwickelt[38]. Das ist eine nicht nur in tatsächlicher Hinsicht richtige Feststellung; es ist vielmehr so und nicht anders verfassungsrechtlich gewollt. Die Verfassungsgerichtsbarkeit nimmt – in nach Art und Zahl ihrer Zuständigkeiten unterschiedlich bemessenem Umfang – an der Staatsleitung teil[39]. Die Koexistenz von politischer Staatsleitung und Verfassungsgerichtsbarkeit konstituiert den Verfassungsstaat. Der Geltungsvorrang der Verfassung begründet im Streitfall und auf ihn begrenzt den – antragsabhängigen und verfahrensgebundenen – Entscheidungsvorrang des Verfassungsgerichts, die alle Staatsorgane bindende Wirkung seiner Erkenntnisse. Dieser Befund ist systemimmanenter Kritik nicht zugänglich; er beruht auf

---

[36] Gegen die Deutung der Finanzverfassung als Recht von minderer Geltungskraft (soft law) wendet sich BVerfGE 72, 330 (388 f.) – Länderfinanzausgleich.

[37] BVerfGE 62, 1 (39) – Bundestagsauflösung.

[38] In: *Benda/Klein* (Fn. 14), RN 9.

[39] Vgl. *A. Weber,* Generalbericht: Verfassungsgerichtsbarkeit in Westeuropa in: Starck/Weber (Fn. 25), S. 41 (118).

der Entscheidung des Verfassunggebers. Wohl hingegen läßt sich ihm, soweit
es um das richterliche Prüfungsrecht gegenüber Gesetzen geht, aus radikal-
demokratischer Sicht mit dem Einwand begegnen, es gehe nicht an, daß sich
ein Gericht dem Mehrheitswillen des vom Volke gewählten, also im Unterschied zum Gericht unmittelbar demokratisch legitimierten Parlaments in den
Weg stelle[40]. Die Behauptung der Parlamentssouveränität leugnet indes den
Geltungsvorrang der Verfassung, sie stellt ihren Inhalt – unter Vernachlässigung des für den demokratischen Rechtsstaat essentiellen Schutzes der Rechte
der Minderheit – letztlich der politischen Einschätzung der jeweiligen parlamentarischen Mehrheit anheim und setzt sich damit ihrerseits einem aus dem
demokratischen Prinzip folgenden Gegeneinwand aus. Denn im demokratischen Staat ist auch die Verfassung das Ergebnis einer demokratischen Entscheidung, Ausdruck des Volkswillens. Ihr gegenüber dem Parlamentsgesetz
höherer Rang ergibt sich aus den – im einzelnen unterschiedlichen – besonderen Bedingungen ihrer Entstehung und dem sie tragenden – parlamentarische Mehrheit und Minderheit umgreifenden – Konsens. Den Inhalt der Verfassung zur Disposition der jeweiligen Mehrheit zu stellen, hieße also, das
demokratische Prinzip gerade dort preiszugeben, wo es seinen Ursprung
hat[41].

Die neuere Verfassungsentwicklung hat denn auch – unter frühem Voran-
tritt der Vereinigten Staaten von Amerika – radikaldemokratische Positionen
auf breiter Front hinter sich gelassen. Die moderne Demokratie ist verfassungsrechtlich gebändigte Demokratie. Für das Gelingen demokratischer
Verfassungsstaatlichkeit ist allerdings das funktionsorientierte Kräftegleichgewicht der Verfassungsorgane unerläßlich. Es beruht auf dem demokratie-
staatlich begründeten prinzipiellen Vorrang der politischen Entscheidungskompetenz von Parlament und Regierung auf der einen und der verfassungs-
staatlich begründeten, streitgegenständlich begrenzten, antragsabhängigen
Letztentscheidungskompetenz des Verfassungsgerichts in Fragen der Verfassungsauslegung auf der anderen Seite. Dieses Gleichgewicht in der Balance zu
halten, ist keine leichte Aufgabe. Die Art der Wahl, die Bestimmung von
Amtszeit und Status und die Anforderungen an die Qualifikation der Mitglieder des Verfassungsgerichts bilden Ansatzpunkte für die Beeinflussung seiner Position im politischen Prozeß[42]. Normative Vorkehrungen können in-

---

[40] Der Einwand gewinnt noch an Gewicht, soweit auch vom Volk selbst beschlossene
Gesetze gerichtlicher Kontrolle unterworfen werden.

[41] So zutreffend *K. Korinek* (Fn. 25), S. 45 – s.a. S. 46: »Die Aufgabe, die Einhaltung der
verfassungsgesetzlichen Normierung durch den einfachen Gesetzgeber zu überwachen, ist
daher eine demokratische Funktion des Verfassungsgerichts, nämlich die Funktion der Überwachung geringer demokratisch legitimierter Akte auf ihre Entsprechung gegenüber den höher demokratisch legitimierten Akten«.

[42] Überblick bei *Weber* (Fn. 39), S. 49 ff., 54 ff.

dessen nur bis zu einem gewissen Grade die Stellung des Verfassungsgerichts –
wie der anderen obersten Staatsorgane – in diesem Prozeß bestimmen. Das
anzustrebende Kräftegleichgewicht läßt sich nicht justieren; es bleibt ein dynamisches. Unwägbarkeiten wie Charakter und Durchsetzungsvermögen von
Personen, Stärken und Schwächen der in das politische Geschehen verwik-
kelten Parteien, Verbände und Gruppen, der Wechsel der innen- und außen-
politischen Lagen, mit denen sie sich auseinanderzusetzen haben – all dies
beeinflußt das Gewicht, das die verschiedenen Faktoren des Verfassungslebens je und je auf die Waage bringen. Solange diese Waage keine extremen
Ausschläge kennt, ihr Zeiger vielmehr um die Mitte pendelt, ist die Struktur
des demokratischen Verfassungsstaats ungefährdet.

2. Gedanken zur Verfassungsgerichtsbarkeit

I. Einführung

Im zweiten Band seines monumentalen Werkes über »Das Staatsrecht der Bundesrepublik Deutschland« – erschienen im Jahre 1980 – widmet sich *Klaus Stern* in zwei Abschnitten (§§ 32, 44) der Verfassungsgerichtsbarkeit des Bundes. Der erste dieser beiden Abschnitte behandelt das Bundesverfassungsgericht als eines der obersten Staatsorgane des Bundes in der Reihe der Verfassungsorgane. Diese werden als Organe beschrieben, »die von der Verfassung nicht bloß erwähnt, sondern von ihr in Existenz, Status und wesentlichen Kompetenzen konstituiert werden, indem sie dem Staat durch Existenz und Funktion seine spezifische Gestalt verleihen und durch ihre Tätigkeit an der obersten Staatsleitung Anteil haben. Im Sinne der Integrationslehre muß es sich um Organe handeln, die den Staat integrieren«.[1]

Weder aus dieser oder ähnlichen Begriffsbestimmungen noch daraus, daß auch der Gesetzgeber, wenngleich nur indirekt, das Bundesverfassungsgericht als Verfassungsorgan bezeichnet hat (vgl. § 1 Abs. 1 BVerfGG), lassen sich, wie wohl unstreitig, Zuständigkeiten des Gerichts ableiten, die sich nicht aus Verfassung und Gesetz ergeben. Dennoch handelt es sich, wie *Ernst Benda*[2] gegenüber *Klaus Schlaich*[3] zu Recht hervorhebt, bei der Frage, ob das Bundesverfassungsgericht ein Verfassungsorgan sei, nicht nur darum, ob sich dieser »Gerichtshof des Bundes« (§ 1 Abs. 1 BVerfGG) mit einem solchen »Ehrentitel« schmücken darf. Vielmehr geht es um eine auf den Begriff gebrachte Beschreibung der Funktion, die sich aus den dem Bundesverfassungsgericht zugewiesenen Aufgaben und Befugnissen ergibt, die ihm jedoch in den bisher viereinhalb Jahrzehnten seiner Wirksamkeit auch – in einem so nicht vorhergesehenen und wohl auch nicht vorhersehbaren Maß – zugewachsen ist. Sie wird im letzten Satz von *Sterns* oben wiedergegebener Definition des Begriffes »Verfassungsorgan« mit derjenigen Präzision erfaßt, mit der das Phänomen greifbar ist, eben als ein solches der Integration des Gemeinwesens zur politischen Einheit des Staates.

---

[1] § 32 II 2 b (S. 344); s.a. *K. Stern*, Bonner Kommentar, Art. 93 Rdn. 21 ff.
[2] In: E. Benda/E. Klein, Lehrbuch des Verfassungsprozeßrechts, 1991, Rdn. 57.
[3] Das Bundesverfassungsgericht, 2. Aufl. 1991, Rdn. 31. – In der 3. Aufl.(1994) steht nunmehr: »Titel«.

So nachhaltig *Schlaich* darin zuzustimmen ist, daß die Integrationskraft des
Bundesverfassungsgerichts für den staatlich-politischen Prozeß gerade aus seiner Eigenschaft als Gericht, aus seiner rechtsprechenden Tätigkeit, erwächst –
und nicht etwa auf zielgerichtet gestaltender Teilhabe an diesem Prozeß beruhen darf –, so problematisch ist seine daneben stehende Aussage, das Bundesverfassungsgericht stehe »als Gericht« außerhalb des staatlichen Willensbildungsprozesses.[4] *Kein* Gericht steht außerhalb dieses Prozesses: jedes
nimmt vielmehr teil an der inhaltlichen Ausformung des geltenden Rechts und
erfüllt damit eine politische Funktion. Verfassungsgerichtsbarkeit, die kraft
ihrer Zuständigkeiten vornehmlich die Verfassung auszulegen hat, also teilhat
an *deren* inhaltlicher Ausformung, kann es schon gar nicht vermeiden, eine
solche Funktion wahrzunehmen.[5] Deshalb besteht die Feststellung zu Recht –
um es zu wiederholen: nicht im Sinne einer Kompetenzzuweisung sondern im
Sinne einer Funktionsbeschreibung –, daß das Bundesverfassungsgericht »einen – begrenzten – Anteil an der obersten Staatsleitung hat«.[6]

II. Schwerpunkte der Rechtsprechungskritik

In Deutschland, dessen rechtsstaatliche Tradition älter – und wohl auch tiefer
verwurzelt – ist als seine demokratische Prägung, wo – bedingt durch eine
zweifache, im einen Falle freiwillige, im anderen aufgezwungene totalitäre
Verirrung – das Vertrauen in »die Politik« eher gering entwickelt, das in die
unabhängige Justiz (oder allgemeiner: in die scheinbar politikferne Kompetenz nicht in politische Machtkämpfe verstrickter Sachverständiger) herkömmlich umso ausgeprägter ist, hatte eine Institution wie das Bundesverfassungsgericht von vornherein eine große Chance, hohe Autorität zu erlangen.
Das Gericht hat diese Chance, wie ihm im Inland und ebenso im Ausland
immer wieder bestätigt wird, genutzt und ist dadurch zu einer Identität und
politische Kultur des demokratischen Verfassungsstaates Bundesrepublik
Deutschland entscheidend prägenden Institution geworden: zu einem wesentlichen Faktor seiner politischen Stabilität.

---

[4] Das Bundesverfassungsgericht, 3. Aufl. 1994, Rdn. 35.
[5] Dazu *H. H. Klein*, Verfassungsgerichtsbarkeit und Verfassungsstruktur, in: Festschrift f.
Franz Klein, 1994, S. 511 ff. (512 ff.).
[6] *K. Hesse*, Grundzüge des Verfassungsrechts der Bundesrepublik Deutschland, 20. Aufl.
1995, Rdn. 669; *Benda* (Fn. 2), Rdn. 63; s. auch *H. H. Klein* (Fn. 5), S. 515: »wichtiger Steuerungsfaktor im politischen Geschehen«.

1. Grundsatzkritik

Vor diesem Hintergrund muß mit Aufmerksamkeit zur Kenntnis genommen werden, daß die Kritik am Bundesverfassungsgericht in jüngster Zeit wächst und sich auch in der Form von den bisher gewohnten Auseinandersetzungen zu unterscheiden beginnt. Diese Kritik ist nicht Kritik an der Verfassungsgerichtsbarkeit überhaupt – Infragestellung ihrer Möglichkeit als Rechtsprechung –, wie sie zur Weimarer Zeit vor allem von *Carl Schmitt*[7] geübt worden ist; sie hat, wie *Stern*[8] zutreffend bemerkt, in der Nachkriegszeit kaum mehr Nachfolge gefunden. *Ernst Forsthoffs* sehr grundsätzliche Sorge freilich um »Die Umbildung des Verfassungsgesetzes«,[9] die von ihm beschworene »Gefahr einer Abdankung der juristischen Methode zugunsten irgendwelcher geisteswissenschaftlicher Arten der Deutung«,[10] begegnet – wie die anderer Autoren, die ihre wissenschaftliche Prägung in der Republik von Weimar erfahren haben[11] – erneut, wenn auch mit ganz anderer Akzentuierung, bei *Ernst-Wolfgang Böckenförde*.[12] Vor allem in dem Verständnis der Grundrechte als Grundsatznormen, wie es sich unter breiter Zustimmung des Schrifttums insbesondere durch die Entfaltung der objektivrechtlichen Gehalte der Grundrechte[13] entwickelt hat, sieht *Böckenförde* neben der fortschreitenden verfassungsrechtlichen Überlagerung der Eigenständigkeit der einzelnen Rechtsgebiete »die Gefahr einer Veränderung in der Zuordnung der Gewalten und eine Verlagerung der Schwerpunkte zwischen ihnen«. Es vollziehe sich, meint er, ein gleitender Übergang vom parlamentarischen Gesetzgebungsstaat zum verfassungsgerichtlichen Jurisdiktionsstaat.[14]

2. Einzelkritik (Beispiele)

Neben dieser bei der Methode der Verfassungsinterpretation ansetzenden Kritik (deren augenscheinliche Schwäche wie schon derjenigen *Forsthoffs* allerdings in dem Fehlen eines verbindlichen Kanons der juristischen Methodik begründet liegt) stehen Äußerungen, die der verfassungsgerichtlichen Rechtsprechung vorwerfen, sich auf bestimmten Gebieten zu weit vorgewagt oder eine grundsätzlich falsche Richtung eingeschlagen zu haben. Insofern lassen sich drei Schwerpunkte nennen:

---

[7] Das Reichsgericht als Hüter der Verfassung (1929), in: Verfassungsrechtliche Aufsätze, 1958, S. 63 ff.; Der Hüter der Verfassung, 1931, S. 36 ff.
[8] (Fn. 1), § 44 I 3 c (S. 941).
[9] In: Rechtsstaat im Wandel, 2. Aufl. 1976, S. 130 ff.
[10] Ebenda, S. 135; s.a. *E. Forsthoff*, Der Staat der Industriegesellschaft, 1971, S. 126 ff., 147 ff.
[11] Vgl. die Hinw. bei *Stern* (wie Fn. 8).
[12] Grundrechte als Grundsatznormen. Zur gegenwärtigen Lage der Grundrechtsdogmatik, in: Staat, Verfassung, Demokratie, 1991, S. 159 ff.
[13] Dazu *H. H. Klein*, Die grundrechtliche Schutzpflicht, DVBl. 1994, 489 ff.
[14] Zur Lage der Grundrechtsdogmatik nach 40 Jahren Grundgesetz, o. J. (1989), S. 61 f.

a) Verfassungskonforme Auslegung

Eher verhalten ist die Kritik an der mitunter kühn gehandhabten Praxis der verfassungskonformen Auslegung.[15] Das dürfte darauf zurückzuführen sein, daß das ihr zugrundeliegende Prinzip der Normerhaltung wegen seiner die Autorität des Gesetzgebers schonenden Wirkung allgemeine Zustimmung findet,[16] aber auch darauf, daß sowohl der Wortlaut des auszulegenden Gesetzes als auch der Wille des Gesetzgebers – beides immer wieder nachhaltig betonte Schranken für die Zulässigkeit der verfassungskonformen Auslegung – in vielen Fällen keineswegs eine klare Grenze bezeichnen.[17] Gewiß: das Institut der verfassungskonformen Auslegung ist nicht unproblematisch,[18] weil es die Gefahr in sich birgt, daß die generelle Schonung in eine Bevormundung der Legislative[19] umschlägt, bei welcher sich das Bundesverfassungsgericht die Rolle des Gesetzgebers anmaßt. Indes: die bei einer etwaigen Funktionsüberschreitung eintretende Beeinträchtigung der Legislativfunktion wiegt nicht besonders schwer, weil eine verfassungskonforme Auslegung dem Gesetzgeber in der Regel[20] die Möglichkeit der Korrektur offenhält. Keineswegs wird

---

[15] Beispiele solcher Kühnheit: BVerfGE 70, 35 (57 ff.) – Rechtsschutz gegen Hamburger Bebauungspläne – mit abweichender Meinung des Richters *Steinberger*, S. 59 (62 ff.); 86, 288 (320 ff.) – Aussetzung einer lebenslangen Freiheitsstrafe – mit abweichenden Meinungen der Richter Vizepräsident *Mahrenholz*, S. 340 (348 ff.), und *Winter*, S. 355. – Kritische Stimmen aus jüngerer Zeit: *Hesse* (Fn. 6), Rdn. 79 ff.; *Schlaich* (Fn. 4), Rdn. 414 ff. mit weiteren Beispielen; *V. Krey*, Das Bundesverfassungsgericht in Karlsruhe – ein Gericht läuft aus dem Ruder, JR 1995, 221 (222 f.).

[16] Nicht nur in der Rechtsprechung des Bundesverfassungsgerichts – worauf *Stern*, Das Staatsrecht der Bundesrepublik Deutschland, Bd. 1, 2. Aufl. 1984, § 4 III 8 d (S. 136), zutreffend aufmerksam macht; s. a. 2. Bd. § 44 II 3 a (S. 958 f.) m. Nachw. Vgl. ferner die Darlegungen des Richters *Brandeis* in seiner dissenting vote zu der Entscheidung des U. S. Supreme Court Ashwander v. Tennessee Valley Authority, 297 U. S., 341 ff. (354 f.). Für den EuGH: *R. Streinz*, Europarecht, 2. Aufl. 1995, Rdn. 499. Siehe auch Art. 35 Abs. 2 der Übergangsverfassung der Republik Südafrika, der lautet: »Kein die in diesem Kapitel gewährleisteten Grundrechte begrenzendes Gesetz soll allein deshalb als verfassungswidrig gelten, weil sein Wortlaut dem ersten Anschein nach die in diesem Kapitel festgelegten Grenzen überschreitet, wenn das Gesetz vernünftigerweise einer einschränkenden Auslegung zugänglich ist, die die Grenzen einhält; in diesem Fall ist das Gesetz so anzusehen, als hätte es den Inhalt, der mit der besagten einschränkenden Auslegung vereinbar ist.« Dazu: *J. de Waal*, A Comparative Analysis of the Provisions of German Origin in the Interim Bill of Rights, South African Journal on Human Rights 11 (1995), 1 (17). – Siehe im übrigen *Hesse* (Fn. 6), Rdn. 83.

[17] Vgl. *O. Depenheuer*, Der Wortlaut als Grenze, 1988.

[18] *Stern* (Fn. 16), S. 137.

[19] Darauf, daß mit der verfassungskonformen Auslegung stets auch ein Eingriff in die Kompetenz der zuständigen Fachgerichtsbarkeit verbunden ist, weist *Hesse* (Fn. 6), Rdn. 84, mit Recht hin. Eingriffe dieser Art sind indes – wie das Zur-Geltung-Bringen der »Ausstrahlungswirkung« der Grundrechte, die sog. verfassungsorientierte Auslegung (vgl. *Schlaich* [Fn. 4], Rdn. 413) – im System einer Verfassungsgerichtsbarkeit, die mit der Zuständigkeit zur Normenkontrolle ausgestattet ist, notwendig angelegt.

[20] Die Ausnahme bildet der Fall, daß a) auf eine gesetzliche Regelung nicht verzichtet werden kann, und daß es b) nur eine Möglichkeit verfassungskonformer Regelung gibt.

durch eine verfassungskonforme Auslegung dem Gesetzgeber die Möglichkeit genommen, »zwischen Verzicht auf eine Regelung einerseits und verfassungskonformer Neugestaltung jener Regelung andererseits« zu wählen:[21] wie jedes andere, so steht auch das verfassungskonform ausgelegte Gesetz unter dem Vorbehalt seiner Änderung oder Aufhebung durch eine lex posterior. Die Kritik mündet aus diesen Gründen denn auch meist in die Ermahnung, das Instrument der verfassungskonformen Auslegung zurückhaltend zu handhaben und, wie *Stern*[22] formuliert, »eher zu einer (partiellen) Nichtigkeit des Gesetzes zu gelangen, als gekünstelt eine Norm aufrechtzuerhalten«.

Dem ist grundsätzlich zuzustimmen. Das Bundesverfassungsgericht wird allerdings stets zu bedenken haben, wie sich die Rechtslage in der Folge einer Nichtigkeits- oder Unvereinbarkeits-(Unanwendbarkeits-)Erklärung darstellt. Diese Betrachtung wird nicht selten zu einer Vollstreckungsanordnung nach § 35 BVerfGG nötigen, durch die das Gericht erst recht in die Rolle des Gesetzgebers gerät. Daraus folgt: Verfassungskonforme Auslegung einerseits und Nichtigkeits-/Unvereinbarkeitserklärung in der Kombination mit einer Vollstreckungsanordnung andererseits lassen sich durchaus als funktionsäquivalente Alternativen bei der Behebung verfassungsrechtlicher Mängel einer Norm betrachten!

b) Verfassungs- und Fachgerichtsbarkeit
Wachsende Schärfe zeigt die (aus den Kreisen der betroffenen Richterschaft gelegentlich mit verhaltenem Zorn artikulierte) Kritik an der Rechtsprechung des Bundesverfassungsgerichts auf einem Felde, das sich seit je als eines der schwierigsten erwiesen hat: Umfang und Grenze verfassungsgerichtlicher Kontrolldichte bei der Urteilsverfassungsbeschwerde.[23] Das Gericht hat sich hier von je mit einer gewissen Unsicherheit bewegt,[24] die ihm freilich bewußt ist und der man auch bestimmte Vorzüge nicht absprechen kann.

Schon in der Entscheidung, in der die berühmte *Heck'sche* Formel entwickelt wurde,[25] heißt es zutreffend, die Grenzen der Eingriffsmöglichkeiten des Bundesverfassungsgerichts ließen sich nicht immer klar abstecken, dem richterlichen Ermessen müsse, um dem Einzelfall gerecht werden zu können, ein gewisser Spielraum bleiben. *Ernst-Wolfgang Böckenförde* ist nicht zu widersprechen, wenn er meint, die Beschränkung auf die Frage nach einer Verletzung von »spezifischem Verfassungsrecht« umschreibe nurmehr ein Arkanum des Gerichts.[26] Ungeachtet gewisser Weiterentwicklungen, die die *Heck'sche*

---

[21] *Krey* (Fn. 15), S. 222, der hier deutlich über das Ziel hinausschießt.
[22] Wie Fn. 18.
[23] *Stern* (Fn. 1), § 44 II 3 f, S. 962 ff., bezeichnet die verfassungsgerichtliche Kontrolle der Fachgerichte als »insgesamt zurückhaltend«.
[24] *Stern* wie Fn. 23: »bisweilen wenig konsequent« (S. 964 Fn. 138 m. Nachw.).
[25] BVerfGE 18, 85 (92 f.); s. a. BVerfGE 32, 311 (316); 89, 214 (230); st. Rspr.
[26] (Fn. 12), S. 169.

Formel erfahren hat[27] – sie haben in der Regel die Tendenz zu einer Verdichtung der verfassungsgerichtlichen Kontrolle –, ist es dabei geblieben, daß die Trennschärfe der die Eingriffsbefugnisse des Bundesverfassungsgerichts begrenzenden Kriterien zu wünschen übrig läßt.

Daran wird sich grundsätzlich auch nichts ändern lassen. Denn die verfahrensrechtliche Unsicherheit hat ihre benennbare Ursache im materiellen Recht,[28] und zwar in der seit dem Lüth-Urteil[29] anerkannten sog. Ausstrahlungswirkung der Grundrechte auf alle Bereiche des Rechts, die auf den Arbeiten *Günter Dürigs* zur mittelbaren Drittwirkung der Grundrechte beruht. Daraus folgt mit einer gewissen Unausweichlichkeit die von *Großfeld* angeprangerte »Überflutung mit Verfassungsrecht«,[30] der freilich auch die Meinung gegenübersteht, es habe nachhaltiger Anstrengungen des Bundesverfassungsgerichts bedurft, die Durchdringung des sog. einfachen Rechts mit Verfassungsrecht in der fachgerichtlichen Praxis zur Geltung zu bringen.[31] Nimmt man die Auswirkungen des Grundsatzes der Verhältnismäßigkeit hinzu – *Eberhard Schmidt* hat einmal von dessen »Gewaltherrschaft« gesprochen[32] – und bedenkt, daß nach der Rechtsprechung die verfassungsgerichtliche Nachprüfung desto weitergehend sein soll, je nachhaltiger die angegriffene Entscheidung in die Grundrechtssphäre des Beschwerdeführers eingreift (»je-desto-Formel«),[33] so ist offenkundig der Weg für eine Kontrolle des Auslegungsergebnisses im konkreten Einzelfall frei, ohne daß freilich stets vorhersehbar wäre, ob er auch begangen werden wird. Insbesondere in den Bereichen der Meinungs- und Kunstfreiheit, bei der Anwendung von Präklusionsnormen, im Asylrecht und im Strafrecht (hier wegen des hohen Rangs des Freiheitsgrundrechts) läßt sich eine »intensivierte Inhaltskontrolle« fachgerichtlicher Entscheidungen beobachten.

Die Versuche, die Kompetenzgrenze zwischen Verfassungs- und Fachgerichtsbarkeit schärfer zu markieren, sind zahlreich.[34] Ihre Darstellung im Schrifttum ende zumeist, meint *Ernst Benda*, mit der Feststellung, daß sich kaum ein Patentrezept im Sinne einer dogmatisch sauberen Lösung werde finden lassen.[35] Der gleiche Autor deutet die verfassungsgerichtliche Praxis als

---

[27] Dazu *R. Herzog*, Das Bundesverfassungsgericht und die Anwendung einfachen Gesetzesrechts, in: H. Maurer u. a. (Hrsg.), Das akzeptierte Grundgesetz, Festschrift f. G. Dürig zum 70. Geb., 1990, S. 431 ff.; s. a. die sorgfältige Aufbereitung bei *Schlaich* (Fn. 4), Rdn. 271 ff.

[28] Sehr klar: *G. Roellecke*, in: J. Isensee/P. Kirchhof (Hrsg.), Handbuch des Staatsrechts, Bd. II, 1987, § 54 Rdn. 25.

[29] BVerfGE 7, 98.

[30] Götterdämmerung?, NJW 1995, 1719 ff. (1722).

[31] Vgl. die sehr polemische Darstellung von *H. Wrobel*, in: M. Pfeiffer (Hrsg.), Auftrag Grundgesetz, 1989, S. 17 ff.

[32] Zit. nach *Krey* (Fn. 15), S. 227.

[33] Vgl. BVerfGE 42, 143 (148 f.).

[34] Instruktiver Überblick bei *Schlaich* (Fn. 4), Rdn. 301 ff.

[35] (Fn. 2), Rdn. 591.

richterrechtliche Annäherung an das aus dem amerikanischen Recht geläufige certiorari-Verfahren; die Frage, ob eine Verfassungsbeschwerde anzunehmen sei oder nicht, sei »not a matter of right, but of sound judicial discretion«.[36] Das wäre dann keine schlechte Lösung, wenn das Bundesverfassungsgericht sich konsequent und generell darauf beschränkte, nur dann einzugreifen, wenn die fachgerichtliche Auslegung und Anwendung eines Gesetzes, das mit dem Grundgesetz vereinbar ist, entweder in dem Gesetz keinerlei Stütze mehr findet – das ist der Fall objektiver richterlicher Willkür – oder wenn sie das betroffene Grundrecht in Bedeutung und Tragweite grundlegend verkennt und das Ergebnis der Entscheidung auf diesem Fehler beruht.[37] Reicherte man darüber hinaus das Kriterium grundlegender Verkennung von Bedeutung und Tragweite des Grundrechts noch um das Merkmal der Evidenz an, schritte man zur verfassungsrechtlichen Beanstandung der fachgerichtlichen Entscheidung also nur, wenn sich ihr verfassungrechtlicher Fehler dem Verfassungsgericht aufdrängt,[38] wäre eine sinnvolle Arbeitsteilung zwischen Fach- und Verfassungsgerichtsbarkeit wohl erreicht.

c) Meinungsfreiheit und Ehrenschutz

Auf nahezu vollständiges Unverständnis stößt die Rechtsprechung des Bundesverfassungsgerichts zum Verhältnis zwischen Meinungs- und Kunstfreiheit einerseits und dem Schutz der persönlichen Ehre andererseits.[39] Krey[40] nennt sie »das schlimmste, weil für die Rechtskultur in unserem Staat folgenschwerste Beispiel von Rechtsfortbildung contra legem in der Judikatur des Bundesverfassungsgerichts«, Stürner spricht von der »verlorenen Ehre des Bundesbürgers«.[41] Dieser Rechtsprechung wird nicht nur – immer häufiger mit dem Unterton ohnmächtiger Erbitterung – vorgeworfen, sie verkenne bei Anwendung der »Wechselwirkungstheorie«, daß Art. 5 Abs. 2 GG (u. a.) auch

---

[36] Ebenda, Rdn. 330, 592.
[37] Vgl. die abweichende Meinung der Richter Grimm, Dieterich und Kühling zu BVerfGE 81, 29 (35), dort allerdings nur für die Prüfung einer Verletzung von Art. 14 Abs. 1 GG.
[38] Vgl. Benda (Fn. 2), Rdn. 601; s.a. BVerfGE 42, 64 (74) zu Art. 3 Abs. 1 GG. Zu einem ähnlichen Ergebnis gelangt St. Oeter, »Drittwirkung« der Grundrechte und Autonomie des Privatrechts, AöR 119 (1994), 529 (560).
[39] Zusammenstellung der jüngeren Literatur bei F. Ossenbühl, Medien zwischen Macht und Recht, JZ 1995, 633 (Fn. 3) – die eigene Kritik S. 638 ff.; ergänzend sei angefügt H. Tröndle, in: Dreher/Tröndle, Strafgesetzbuch, 47. Aufl. 1995, § 193 Rdn. 14 b bis 14 g, 23 b m. w. Nachw.; R. Stark, Die Rechtsprechung des Bundesverfassungsgerichts zum Spannungsverhältnis von Meinungsfreiheit und Ehrenschutz – BVerfG, NJW 1994, 2943, JuS 1995, 689 ff. Aus dem schon etwas älteren Schrifttum sei verwiesen auf G. von der Decken, Meinungsäußerungsfreiheit und Ehrenschutz in der politischen Auseinandersetzung, Diss. Göttingen 1980. Auch Stern hat sich zum Problem geäußert: Ehrenschutz und Beweislast, in: Festschrift f. Oehler, 1985, S. 473 ff.
[40] Krey (Fn. 15), S. 224.
[41] Die verlorene Ehre des Bundesbürgers – Bessere Spielregeln für die öffentliche Meinungsbildung?, JZ 1994, S. 865 ff.

dem Schutz der persönlichen Ehre Verfassungsrang zuerkannt habe (in anderen Zusammenhängen unterstreicht das Gericht nachdrücklich den hohen Rang des Persönlichkeitsrechts, die Notwendigkeit der »Erhaltung ihrer Grundbedingungen«, zu denen auch die persönliche Ehre gezählt wird).[42] Es wird beobachtet, daß bei der Überprüfung fachgerichtlicher Entscheidungen auf eine mögliche Verletzung der Meinungs-, Presse- und Kunstfreiheit, aber auch der Versammlungsfreiheit, »fast jeder (erg.: vermeintliche) Fehler bei der Anwendung des einfachen Rechts zur Grundrechtsverletzung« gerät.[43] Zumal der »Soldaten-sind-Mörder«-Beschluß einer Kammer des Ersten Senats vom 25. August 1994[44] hat – unbeschadet gewisser den Reaktionen zugrundeliegender Mißverständnisse[45] – verbreitete Empörung hervorgerufen.[46] Die Heftigkeit der Reaktionen mußte allerdings all diejenigen überraschen, die die einschlägige Rechtsprechung des Ersten Senats über die Jahrzehnte hinweg verfolgt hatten. Denn wenn sich auch von daher das Ergebnis im konkreten Fall nicht gerade zwingend ergab, so lag es doch auf der Linie dieser Judikatur. Vor allem hätte auch schon der »Krüppel«-Beschluß vom 25. März 1992[47] die Öffentlichkeit alarmieren können und müssen; damals hatte das Gericht die Bezeichnung eines Behinderten, der bei der Bundeswehr eine Reserveübung ableisten wollte, als »geb. Mörder« als »satirisch« beurteilt – das Fachgericht, dessen Entscheidung insoweit als grundrechtsverletzend angesehen wurde, hatte darin eine Schmähkritik erblickt.

Die Rechtsprechung zu den Schranken der Meinungsäußerungsfreiheit, insbesondere zu der dem Grundrecht des Art. 5 Abs. 1 GG von der Verfassung selbst unübersehbar vorgeordneten Schranke des Rechts der persönlichen Ehre (Art. 5 Abs. 2 GG), aber etwa auch die sog. Kruzifix-Entscheidung vom 16. Mai 1995,[48] zeigen ein Abgehen von der Linie an, die das Bundesverfassungsgericht[49] mit seiner Beschreibung des »Menschenbilds des Grundgeset-

---

[42] Vgl. z.B. BVerfGE 54, 148 (153 f.) – Eppler; BVerfGE 72, 155 (170) – §§ 1629 Abs. 1, 1643 Abs. 1 BGB; BVerfGE 79, 256 (268) – Ehelichkeitsanfechtung durch volljähriges Kind.

[43] E. Klein, Preferred-Freedoms-Doktrin und deutsches Verfassungsrecht, in: ders. u. a. (Hrsg.), Grundrechte, soziale Ordnung und Verfassungsgerichtsbarkeit, Festschrift f. E. Benda zum 70. Geb., 1994, S. 135 (146 m. Nachw.).

[44] BVerfG NJW 1994, 2943. Der Erste Senat hat die Rechtsprechung der Kammer durch seinen Beschluß vom 10. 10. 1995, EuGRZ 1995, 43 ff., bestätigt.

[45] Dazu die – nachgereichte – Presseerklärung des Gerichts Nr. 38/94 vom 23. 9. 1994.

[46] Es dürfte einmalig in der Geschichte der Bundesrepublik Deutschland sein, daß am 21. 9. 1994 sich der Bundestag in einer speziell diesem Gegenstand gewidmeten, emotionsgeladenen Debatte mit einer Entscheidung des Bundesverfassungsgerichts befaßte; vgl. Sten. Ber., 12. Wahlperiode, 243. Sitzung, S. 21635 ff.

[47] BVerfGE 86, 1.

[48] BVerfGE 93, 1. – Dokumentation der Reaktionen aus Politik und Presse, in: Kirche und Staat. Der »Kruzifix-Beschluß« des Bundesverfassungsgerichts im Widerstreit der Meinungen, Konrad-Adenauer-Stiftung, 1995.

[49] BVerfGE 4, 7 (15 f.).

zes« früh schon vorgezeichnet und lange beibehalten hat: die Lösung der »Spannung Individuum-Gemeinschaft im Sinne der Gemeinschaftsbezogenheit und Gemeinschaftsgebundenheit der Person ..., ohne dabei deren Eigenwert anzutasten«. Die Einschätzung, daß der Grundrechtsteil des Grundgesetzes den Menschen in seiner individuellen und sozialen Dimension[50] im Blick habe, scheint punktuell einem emanzipatorischen Grundrechtsverständnis zu weichen, das die Belange der Gemeinschaft, aber auch der »Rechte anderer« (Art. 2 Abs. 1 GG), über Gebühr vernachlässigt. Diese Rechtsprechung fügt sich in einen zeitgeschichtlichen Trend zu narzißtischer Ichbezogenheit eines in erster Linie auf Selbstverwirklichung bedachten Individuums, der seine Nähe zur kritisch-emanzipatorischen Pädagogik der frühen siebziger Jahre nicht verleugnen kann.[51]

Ein Gericht – zumal das Bundesverfassungsgericht – darf sich von den Aufgeregtheiten der öffentlichen Meinung weder beeinflussen noch gar unter Druck setzen lassen. Wenn sich allerdings zur Verteidigung seiner Rechtsprechung (fast) nur noch die beteiligten Richter selbst bereitfinden,[52] wenn diese Rechtsprechung sowohl in der Bevölkerung als auch im fachkundigen Schrifttum auf nahezu geschlossene Ablehnung stößt, dann dürfte das Ansehen des Gerichts insgesamt berührt und neue Nachdenklichkeit darüber angezeigt sein, ob die Prämissen, von denen die Rechtsprechung bisher ausgegangen ist, einer Überprüfung bedürfen. Zuletzt hat *Fritz Ossenbühl*[53] die »neuralgischen Stellen der Anwendung des Art. 5 GG« deutlich beschrieben.

III. Institutionelle Kritik

1. Verschärfung der Tonlage

Nachdenklichkeit muß es beim Bundesverfassungsgericht[54] auch auslösen, daß über Einzel- und Grundsatzkritik hinaus deren Tonlage ein wachsendes Unbehagen an den von ihm eingeschlagenen Wegen und »gesunkene

---

[50] *Stern*, Das Staatsrecht der Bundesrepublik Deutschland, Bd. III/1, 1988, § 58 II 7 a (S. 32).

[51] Dazu *Th. Würtenberger*, Zeitgeist und Recht, 1987, S. 125 ff.

[52] *D. Grimm*, Die Meinungsfreiheit in der Rechtsprechung des Bundesverfassungsgerichts, NJW 1995, 1697 ff.

[53] Wie Fn. 39.

[54] Der Bereich der Landesverfassungsgerichtsbarkeit bleibt hier ausgeklammert. Die Vermehrung der Staatsgerichtshöfe der Länder und die Erweiterung ihrer Zuständigkeiten – auch zur Entlastung des Bundesverfassungsgerichts erwünscht – könnte allerdings zu Problemen führen. Der Honecker-Beschluß des Berliner Verfassungsgerichtshofs vom 12. 1. 1993, NJW 1993, S. 515, mag einen Vorgeschmack gegeben haben; die zahlreichen Äußerungen dazu lassen neues Interesse an der Verfassungsgerichtsbarkeit der Länder erkennen. Vgl. – mit umfangreichen Literaturangaben – *K. G. Zierlein*, Prüfungs- und Entscheidungskompetenzen der Landesverfassungsgerichte ..., AöR 120 (1995), 205 (212 Fn. 46).

Akzeptanz in juristischen Fachkreisen«[55] erkennen läßt. Dafür einige Kost-proben:

»Götterdämmerung?« betitelt *Bernhard Großfeld*[56] einen Aufsatz, den er unter das Wagnersche Motto stellt:»Denn der Götter Ende dämmert nun auf. So werf ich den Brand in Walhalls prangende Burg«! *Volker Krey*[57] sieht das Bundesverfassungsgericht»aus dem Ruder laufen« und wirft ihm »zahlreiche Fälle verfassungswidriger Kompetenzanmaßung« und ein »Judizieren hart am Zeitgeist« vor;[58] in bezug auf den Beschluß vom 10.Januar 1995[59] rügt er eine fast schon manipulativ wirkende Wortwahl, eine nicht mehr tolerable Un-schärfe der Formulierung.[60] *Bernd Schünemann*[61] sprach schon vor Jahren vom »heimlichen Verfassungswandel von einer Bonner Demokratie zu einer Karlsruher Aristokratie«, was an *Jefferson* erinnert, der von einem Gerichts-hof zur Entscheidung von Verfassungsfragen die Gefahr der »Despotie einer Oligarchie« befürchtete.[62] »Machtkonzentration ohne Kontrolle« beklagt *Großfeld*[63] und wirft mit diesem Angriff auf die richterliche Unabhängigkeit – im emotionalen Überschwang – tatsächlich einen Brandsatz in das Gebäude des Verfassungsstaats.

Soweit dem Mißverständnisse über das Verhältnis von Recht und Politik im Verfassungsstaat zugrundeliegen – die freilich fragen lassen, ob mancher Au-tor die darüber seit über 200 Jahren geführte Diskussion jemals auch nur bruchstückweise zur Kenntnis genommen hat –, lohnt es kaum, sie zurück-zuweisen. Insoweit genügt es, *Sterns* Hinweis zu wiederholen, daß von einem prinzipiell falschen Ansatz ausgeht, wer Recht und Politik als zwei unter-schiedliche Kategorien versteht.[64] Zur Ergänzung sei nur gefragt, ob die Kri-tiker ernstlich meinen, die von ihnen beanstandete Aufhebung der Trennung von Recht und Politik finde in der Fachgerichtsbarkeit nicht statt – eine Auf-fassung, die nur als realitätsblind bezeichnet werden könnte, und zwar umso mehr, als ja auch den Fachgerichten die Auslegung und Anwendung des Ver-fassungsrechts obliegt.

---

[55] *V.Krey*, Kritische Anmerkungen anläßlich des Sitz-Blockaden-Beschlusses des Ersten Senats vom 10.1.1995, S.265ff. (272).

[56] NJW 1995, 1719ff.

[57] Fn.15.

[58] *Krey* (Fn.55), S.272.

[59] BVerfGE 92, 1.

[60] *Krey* (Fn.55), S.268, 269.

[61] Festschrift f. *U.Klug*, 1983, 1. Bd., S.169 (174). – Nachw. weiterer kritischer Stimmen bei *Stern* (Fn.1), § 44 II 2 b (S.956 Fn.98).

[62] Zit. nach *Stern* (Fn.1), § 44 I 3 a, S.939.

[63] *Großfeld* (Fn.56), S.1719; s.a. *Krey* (Fn.15), S.221; *ders.* (Fn.55), S.272.

[64] *Stern* (Fn.1), § 44 II 2 b (S.957 m.Nachw. in Fn.100).

2. Vorschläge zur Abhilfe

Der gefühlsbetonte Überhang der zitierten Kritik darf nicht dazu verleiten, sie achtlos beiseitezuschieben. Zu fragen ist vielmehr, welche Art der Abhilfe die Kritiker empfehlen. Dabei gilt die Aufmerksamkeit nachfolgend nicht den Vorschlägen dazu, wie die Rechtsprechung in dieser oder jener, mehr oder weniger grundsätzlichen, Frage zu ändern sei (dazu ist unter II. einiges bemerkt worden). Vielmehr sollen einige die Organisation und das Verfahren des Bundesverfassungsgerichts betreffende Punkte behandelt werden.

Der Einfallsreichtum der jüngst hervorgetretenen Kritik ist insoweit allerdings nicht groß. Die Bestellung der Richter müsse sich in der Öffentlichkeit abspielen, ihre Voten seien stets offenzulegen (weil sich Verfassungsrichter wie andere politische Machtträger dem Volk gegenüber zu verantworten hätten),[65] die Stellung des Bundesverfassungsgerichts als Verfassungsorgan sei neu zu diskutieren, seine Geschäftsordnung habe der Bundestag zu erlassen, eine »Engführung« der seinen Entscheidungen nach § 31 Abs. 2 BVerfGG zukommenden Gesetzeskraft sei geboten – so der Forderungskatalog *Großfelds*.[66] *Wilhelm K. Geck*[67] hat schon vor einem Jahrzehnt eine Verlängerung der Amtszeit der Bundesverfassungsrichter gefordert, wovon er sich eine größere Unabhängigkeit der Richter und eine Verstetigung der Rechtsprechung verspricht – der Beifall derer, die die »unkontrollierte Macht« der Bundesverfassungsrichter fürchten, wird ihm dabei nicht zuteil werden! Die Forderung öffentlicher Anhörungen der zur Wahl vorgeschlagenen Kandidaten wird dem (nachahmenswerten?) Vorbild der USA folgend vornehmlich aus dem politischen Raum erhoben – schwerlich in der Absicht, den (partei-)politischen Einfluß auf die Auswahl der Richter zu mindern, was aber das erklärte Ziel anderer Vorschläge ist.[68] *Luetjohann*[69] sieht – im Blick auf das von ihm behandelte Thema der »nicht-normativen Wirkungen« der Rechtsprechung des

---

[65] Soll das auch für die Fachgerichte gelten, die *Großfeld* (Fn. 56), S. 1723, auffordert, das Verfassungsrecht selbst stärker in die Hand zu nehmen und zu nutzen? – Was das Bundesverfassungsgericht angeht, werden mit dieser Forderung im übrigen ziemlich weit offenstehende Türen eingerannt, vgl. § 30 Abs. 2 BVerfGG. Siehe im übrigen *Th. Ritterspach*, Gedanken zum Sondervotum, in: W. Fürst u. a. (Hrsg.), Festschrift f. Wolfgang Zeidler, 1987, 2. Bd., S. 1379 ff.; *H.-J. Faller*, Beratungsgeheimnis und »dissenting vote«, DVBl. 1995, 985 (988 ff.) m. zahlr. Nachw., S. 988 Fn. 28.

[66] *Großfeld* (Fn. 56), S. 1723.

[67] Wahl und Amtsrecht der Bundesverfassungsrichter, 1986, S. 48 ff.

[68] Vgl. z. B. *W. Billing*, Das Problem der Richterwahl zum Bundesverfassungsgericht – Ein Beitrag zum Thema »Politik und Verfassungsgerichtsbarkeit«, 1969; *K. Kröger*, Richterwahl, in: Chr. Starck u. a. (Hrsg.), Bundesverfassungsgericht und Grundgesetz, Bd. I, 1976, S. 76 (98 ff.); *K. A. Bettermann*, Opposition und Verfassungsrichterwahl, in: Festschrift f. K. Zweigert, 1981, S. 723 ff.; weitere Nachweise bei *Schlaich* (Fn. 4), Rdn. 41 (Fn. 49), – die eigene sehr zurückhaltende Meinung Rdn. 45.

[69] Nicht-normative Wirkungen des Bundesverfassungsgerichts. Ein Beitrag zur Rechtsprechungslehre, 1991, S. 145 f.

Bundesverfassungsgerichts (worunter etwa der vorauseilende Gehorsam des Gesetzgebers, die Überschätzung und extensive Auslegung der Entscheidungsbegründungen sowie die zu unkritische Rezeption derselben in Rechtsprechung und Schrifttum zu verstehen sind) – Änderungsbedarf weniger beim Bundesverfassungsgericht selbst als bei den Akteuren, bei denen jene Wirkungen eintreten, »hinsichtlich ihrer Handlungsweise, ihrer Haltung gegenüber dem Gericht, ihrer Arbeitsweise im Hinblick auf die Ausübung ihrer Funktionen und ihres Stils«. *Krey*[70] schlägt vor, durch Verfassungsänderung zu regeln, daß ein verfassungsänderndes Gesetz nur mit einer Zweidrittelmehrheit im Senat (also mit sechs statt fünf Stimmen!) oder im Plenum wegen eines Verstoßes gegen Art. 79 Abs. 3 GG für verfassungswidrig erklärt werden kann; weiterhin sei § 93 c BVerfGG dahin zu ändern, daß die Aufhebung von Revisionsurteilen oberster Bundesgerichte auf Verfassungsbeschwerde hin den Senaten vorbehalten bleibt.[71]

3. Judicial activism

Die immer häufiger zu beobachtende Anmahnung von Kompetenzüberschreitungen – sei es gegenüber der Legislative, sei es im Verhältnis zur Fachgerichtsbarkeit – muß das Bundesverfassungsgericht veranlassen, sich in jedem Einzelfall sorgfältiger noch als bisher über die ihm gezogenen Schranken Rechenschaft zu geben. Wenn das rechtspolitische Engagement von Richtern des Bundesverfassungsgerichts in ihren Entscheidungen spürbar wird,[72] ist Vorsicht geboten. Politisch motivierter »judicial activism« ist im Rechtsstaat nicht hinnehmbar. Insofern ist der Ruf nach »judicial restraint« berechtigt. Das Bundesverfassungsgericht darf sich nicht als Motor einer (nach seiner Einschätzung) stagnierenden Politik und ebensowenig umgekehrt als Bremser einer (seiner Meinung nach zu) fortschrittlichen Politik mißverstehen. Entsprechendes gilt im Verhältnis zur Fachgerichtsbarkeit. Die verfassungsgerichtliche Rechtsprechung wird vielmehr gut daran tun, nach methodisch unbedenklichen Wegen zu suchen, um sowohl dem Gesetzgeber als auch der Fachgerichtsbarkeit zu lassen, was ihnen das Grundgesetz an Kompetenzen zuweist. Gegenüber der Fachgerichtsbarkeit stünde dem Bundesverfassungsgericht Zurückhaltung umso besser an, als die Folgen der verfassungsgerichtlichen Korrektur eines fachgerichtlichen Erkenntnisses – also einer fachgerichtlichen Auslegung sog. einfachen Rechts in einem Einzelfall – wegen der Komplexität der Rechtslage oft kaum überschaubar sind. Das gilt besonders,

---

[70] *Krey* (Fn. 55), S. 273.
[71] Der letztgenannte Vorschlag ist durchaus erwägenswert, aber – gerade auch im Blick auf die von *Krey* geübte scharfe Kritik – nicht eben von großer praktischer Bedeutung. Zum erstgenannten Vorschlag richtig *E. Benda*, ZRP-Rechtsgespräch, ZRP 1995, 427 (427 f.).
[72] *Krey* (Fn. 55), S. 272.

wenn es im Senat oder in der zuständigen Kammer an professionellen Sachkennern fehlt. Das Bundesverfassungsgericht sollte es vermeiden, seinen Ruf als höchstes Laiengericht der Republik zu festigen.

4. Gefahren der Kammerrechtsprechung

Besondere Gefahren liegen insoweit in der Kammerrechtsprechung. Nach der derzeit geltenden Regelung entscheiden grundsätzlich die Kammern über die Annahme einer Verfassungsbeschwerde zur Entscheidung oder über deren Ablehnung (§ 93 b BVerfGG). Unter welchen Voraussetzungen die Verfassungsbeschwerde zur Entscheidung angenommen werden muß, sagt das Gesetz in § 93 a Abs. 2 unter Verwendung einer Mehrzahl unbestimmter Rechtsbegriffe. Wird die Verfassungsbeschwerde nicht zur Entscheidung angenommen, so bedarf dies keiner Begründung (§ 93 d Abs. 1 Satz 3). Zu begründen hingegen ist die Entscheidung dann, wenn die Kammer einer Verfassungsbeschwerde stattgibt, weil sie sie für offensichtlich begründet hält. Dies ist allerdings nur zulässig, wenn zum einen die Annahme der Verfassungsbeschwerde zur Durchsetzung der rügefähigen verfassungsmäßigen Rechte des Beschwerdeführers angezeigt ist und zum anderen die für die Beurteilung der Verfassungsbeschwerde maßgebliche verfassungsrechtliche Frage durch »das Bundesverfassungsgericht«, also die Senate,[73] bereits entschieden ist (§ 93 c Abs. 1 Satz 1).

Diese Vorschriften sind, wie man weiß, aus der Not der über das Gericht hereingebrochenen Flut von Verfassungsbeschwerden[74] geboren. Aber sie bergen Gefahren. Bei stattgebenden Kammerentscheidungen handelt es sich nach dem insoweit eindeutigen Willen des Gesetzes notwendig um »abgeleitete, in diesem Sinne unselbständige Rechtsprechung«.[75] Indessen wird eine »maßgebliche verfassungsrechtliche Frage« stets im Blick auf eine konkrete Fallgestaltung entschieden. Es ist keineswegs immer sicher, daß der Senat die gleiche Frage im Blick auf einen anderen Sachverhalt wiederum so, wie zuvor geschehen, entscheiden würde. Gelegentlich ist durchaus festzustellen, daß eine Kammer die Senatsrechtsprechung »weiterdenkt«. Gewiß stehen die Richter unter dem Druck einer großen Arbeitslast; auch erfüllt sie das löbliche Bestreben, die Verfahrensdauer in Grenzen zu halten. Dennoch ist hier Zurück-

---

[73] *Clemens/Umbach*, in: dies. (Hrsg.), BVerfGG, 1992, § 93 b Rdn. 54 (zur früheren Fassung).

[74] Im Jahr 1994 gingen beim BVerfG 5.194 Verfassungsbeschwerden ein; im Jahr 1984 waren es 3.382.

[75] *E. Mahrenholz*, Kammerbeschlüsse – Nichtannahmegebühren – Neue Institute im Verfassungsbeschwerdeverfahren, in: Festschrift f. W. Zeidler (Fn. 65), S. 1361 ff. (1364); zust. *Schmidt-Bleibtreu/Winter*, in: Maunz/Schmidt-Bleibtreu/Klein/Ulsamer, BVerfGG, § 93 c Rdn. 2 (S. 5).

haltung anzumahnen. Es ist ein dringendes Desiderat, die stattgebende Kammerrechtsprechung daraufhin zu überprüfen, wie weit sie dem Gesetz entspricht.

Nicht weniger problematisch ist es oft, wenn Nichtannahmeentscheidungen begründet werden. Soweit dies zu dem Zweck geschieht, den Beschwerdeführer auf eigene Versäumnisse oder solche seines Bevollmächtigten hinzuweisen oder ihm, wo die Annahme der Verfassungsbeschwerde an deren Subsidiarität scheitert, zu zeigen, wie er seine Anliegen vor den Fachgerichten noch weiter verfolgen kann, mag dies des davon erhofften Befriedungseffektes wegen positiv zu beurteilen sein. Nicht selten wird die Möglichkeit, eine Nichtannahmeentscheidung zu begründen, jedoch genutzt, um die Fachgerichte auf aus der Sicht der Kammer verfassungsrechtlich bedenkliche Tendenzen ihrer Rechtsprechung aufmerksam zu machen, obgleich diese im konkreten Fall gerade nicht zu einem verfassungswidrigen Ergebnis geführt haben (da sonst – jedenfalls häufig – eine Annahme der Verfassungsbeschwerde zur Entscheidung »angezeigt« gewesen wäre). In vielen dieser Verfahren ist es auch alles andere als gewiß, daß der Senat, würde er damit befaßt, zu dem gleichen Ergebnis käme. Hier ist ein Tummelplatz für das rechtspolitische Engagement der Richter eröffnet, den es zu schließen gilt: Die Begründung von Nichtannahmeentscheidungen sollte trotz der damit regelmäßig verfolgten guten Absichten vom Gesetzgeber verboten werden.

Aus entsprechenden Gründen ist einer Ausweitung des durch die Novelle vom 2. August 1993 (BGBL. I S. 1442) in das Gesetz aufgenommenen § 81 a BVerfGG dahin, daß neben unzulässigen auch offensichtlich unbegründete Vorlagen (mit Ausnahme derjenigen der obersten Bundesgerichte und eines Landesverfassungsgerichts) von den Kammern zurückgewiesen werden können, zu widerraten. Die Kontrolle der Senate über die Rechtsprechung würde dadurch in gefährlicher Weise durchlöchert.[76]

5. Verfassungsgerichtliche Folgeprobleme einer Einschränkung des fachgerichtlichen Rechtsschutzes

Zur verfassungsgerichtlichen Kontrolle der Fachgerichte hat *Klaus Stern* früh die Beobachtung beigesteuert, diese Kontrolle werde dann zunehmen müssen, wenn in der Fachgerichtsbarkeit die Tendenz zur Einschränkung der Rechts-

---

[76] Ich verkenne nicht, daß die geltende Rechtslage auch nicht unproblematisch ist. Sie verführt nämlich dazu, mit erheblichem Müheaufwand Vorlagen, deren offensichtliche Unbegründetheit leicht darzulegen wäre, als unzulässig zu erweisen, um den zeitraubenden Weg über den Senat zu vermeiden. Eine Alternative böte die Beschränkung der Vorlagebefugnis auf dasjenige Gericht, dessen Entscheidung mit Rechtsmitteln nicht mehr angegriffen werden kann. – Zu früheren Versuchen, das Problem zu lösen, vgl. *Ulsamer*, in: *Maunz/Schmidt-Bleibtreu/Klein Ulsamer* (Fn. 75), § 80 Rdn. 1 ff.

mittel wachse und statt kollegialer Spruchkörper Einzelrichter tätig würden.[77] Dabei geht es nicht um die Frage, ob dies von Verfassungs wegen so sein muß. Da das Bundesverfassungsgericht nicht Teil des Rechtswegs ist, bleiben die Maßstäbe verfassungsgerichtlicher Kontrolle im Verfassungsbeschwerdeverfahren von etwaigen Einschränkungen des Rechtswegs rechtlich unberührt. Dennoch ist *Sterns* Beobachtung richtig. Denn aus leicht ersichtlichen Gründen führt eine solche Entwicklung einerseits zu einer häufigeren Anrufung des Bundesverfassungsgerichts, andererseits wächst die Neigung eines Richters, in ein Verfahren einzugreifen, mit der Häufigkeit fachgerichtlicher Fehlleistungen, die ihm unter die Augen kommen. Diese wiederum sind umso wahrscheinlicher, je stärker die Kontrolle innerhalb des fachgerichtlichen Rechtszugs zurücktritt und je mehr der Fachrichter im übrigen gezwungen ist, seine Entscheidung unter äußerstem Zeitdruck zu treffen. So ist derzeit die Lage vor allem im Asylverfahrensrecht. Ein gangbarer Ausweg aus diesem höchst unerfreulichen Dilemma ist derzeit allerdings nicht in Sicht,[78] dem Gesetzgeber muß aber bei allfälligen Maßnahmen im Bereich des Verfahrensrechts der Fachgerichtsbarkeit stets vor Augen stehen, welche Folgen im Bereich der Verfassungsgerichtsbarkeit er damit auslöst.[79]

---

[77] *Stern* (Fn.1), §44 II 3 f (S. 964).

[78] Im Bereich des Asylrechts hülfe wohl nicht einmal die Ersetzung des Grundrechts durch eine Einrichtungsgarantie wesentlich weiter, da über Art. 2 Abs. 1 GG sowohl deren Verletzung als auch – möglicherweise – die der völkervertragsrechtlichen Gewährleistungen des Flüchtlingsstatus mit der Verfassungsbeschwerde gerügt werden könnten. Interessant die Meinung von *A. Voßkuhle*, Rechtsschutz gegen den Richter, 1993, S.231, der dem BVerfG vorwirft, an dieser Lage selbst schuld zu sein. Es habe versäumt, »eine verfassungsrechtlich fundierte Rechtsmitteldogmatik zu entwerfen«. Damit ist gemeint, aus Art. 19 Abs. 4 GG hätte der Anspruch auf eine Rechtsmittelinstanz bei erheblichen rechtsstaatlichen Defiziten der Entscheidung der ersten Instanz abgeleitet werden müssen. Eine solche Rechtsprechung hätte es dem BVerfG erspart, die Fachgerichte praeter legem zur Entwicklung außerordentlicher Rechtsbehelfe bei greifbaren Gesetzwidrigkeiten anzuhalten, und überdies zu seiner eigenen Entlastung beigetragen.

[79] In eine besonders unangenehme Lage gerät das Bundesverfassungsgericht, wenn ein Verfassungsbeschwerdeführer sich gegen Entscheidungen der Fachgerichte wendet, die im Verfahren des vorläufigen Rechtsschutzes ergangen sind, sofern danach alsbald Vollstreckung droht und mit dieser nicht mehr rückgängig zu machende Folgen einzutreten drohen. Das geschieht besonders oft im Bereich des Ausländer- und Asylrechts: dem Beschwerdeführer droht die Abschiebung, nicht selten binnen weniger Stunden nach Ergehen des fachgerichtlichen Erkenntnisses. Die Verfassungsbeschwerde hat keine aufschiebende Wirkung. Nur durch eine einstweilige Anordnung könnte das Bundesverfassungsgericht dem Ablauf des Geschehens Einhalt gebieten. Abgesehen von der Zeitknappheit, die die gebotene sorgfältige Prüfung nicht erlaubt, ist (zumal für Abschiebungen mitunter das Wochenende gewählt wird) die erforderliche Anzahl von Richtern häufig nicht erreichbar, vor allem aber liegt vielfach noch nicht einmal die Begründung der angegriffenen fachgerichtlichen Entscheidung vor (vgl. etwa §36 Abs. 3 Satz 9 AsylVfG). Wenn in solcher Lage sich der Eindruck aufdrängt, an der Sache könnte »etwas dransein« (bei der Beurteilung, ob dies der Fall ist, sind die Maßstäbe von Richterdezernat zu Richterdezernat sehr verschieden!), greift ein Richter oder auch ein wissenschaftlicher Mitarbeiter (die sog. Stallwache) gelegentlich zum Telefonhörer und bittet

6. Die Verfassungsbeschwerde

Das Hauptproblem der Verfassungsgerichtsbarkeit ist indes die unaufhaltsame, schon im Blick auf das noch unausgeschöpfte Potential der mitteldeutschen Bundesländer bisher keineswegs an ihr Ende gelangte Zunahme der Verfassungsbeschwerdeverfahren. *Eckart Klein*[80] stellt mit Recht fest, eine Patentlösung zeichne sich nicht ab: eine Abschaffung der Verfassungsbeschwerde komme ernstlich ebensowenig in Betracht wie eine Erhöhung der Richterzahl. Die Einführung eines freien Annahmeverfahrens, welches die Entscheidung über die Annahme der Verfassungsbeschwerde in das freie, rechtlich nicht gebundene Ermessen der Richter stellt,[81] böte Erleichterung nur, wenn nicht etwa alle Richter des zuständigen Senats an der Annahmeentscheidung zu beteiligen wären (wie dies beim U.S.Supreme Court der Fall ist); zu Recht weist *Klein* im übrigen darauf hin, daß das Bild der Verfassungsgerichtsbarkeit, wie es sich den Bürgern der Bundesrepublik eingeprägt hat und einen wesentlichen Bestandteil deutscher Rechtsstaatlichkeit ausmacht, dadurch eine deutliche Trübung erführe.[82] Die allgemeine Einführung einer Anhörungsrüge nach dem Vorbild des § 33 a StPO ist bislang am Widerstand der Justiz gescheitert. Das Bundesverfassungsgericht hat hier zur Selbsthilfe gegriffen: Gestützt auf den Grundsatz der Subsidiarität der Verfassungsbeschwerde verlangt das Gericht von einem Beschwerdeführer, daß er alle Möglichkeiten nutzt, die vermeintliche Beschwer zu beseitigen, die ihm das Verfahrensrecht der Fachgerichte bietet (einschließlich formloser Rechtsbehelfe), ehe das Bundesverfassungsgericht in zulässiger Weise angerufen werden kann.[83]

---

die zuständige Behörde um Aufschub (vgl. OLG Düsseldorf, NStZ 1994, 549 [550]). Daß dieses Verfahren keine gesetzliche Grundlage hat, liegt auf der Hand. Ebenso ist klar, daß die angesprochene Behörde nicht verpflichtet ist, der Bitte um Aufschub zu entsprechen. Das ist freilich bisher meist geschehen: die Autorität des Bundesverfassungsgerichts ist offenbar so groß, daß sie den Empfänger eines solchen Anrufs regelmäßig in Respekt erstarren läßt, eine verständliche Reaktion vor allem bei Sachverhalten, an denen die Öffentlichkeit Interesse nimmt oder nehmen könnte. Verständlich, aber nicht billigenswert! Denn contra oder doch zumindest praeter legem wird durch diese Praxis der außerordentliche Rechtsbehelf der Verfassungsbeschwerde einem Rechtsmittel anverwandelt, dessen bloßer Einlegung durch einen Mitarbeiter (seltener: einen Richter) des Gerichts per Telefon ein Suspensiveffekt verschafft wird. Weit mehr als durch gelegentliche Korrekturen im Normenkontrollverfahren wird durch solche Verfahrensweisen die Autorität des Gesetzgebers in Frage gestellt. – Vgl. dazu jetzt BVerfG, Urteil des 2.Senats vom 14.5.1996 – 2 BvR 1516/93 –, Umdruck S.64 ff., sowie das Sondervotum der Richterin *Limbach* und der Richter *Böckenförde* und *Sommer*, ebenda.
[80] Die Zukunft der Verfassungsbeschwerde, in: M.Piazolo (Hrsg.), Das Bundesverfassungsgericht. Ein Gericht im Schnittpunkt von Recht und Politik, 1995, S.227 (236 ff.).
[81] Ob es dazu einer Verfassungsänderung bedürfte, wie auch ich meine, ist streitig. Nachweise zum Streitstand bei *Klein*, ebenda, S.238 Fn.46.
[82] Wieweit dies schon durch die derzeit geltende Regelung bewirkt wird, wird erst nach geraumer Zeit beurteilt werden können.
[83] Vgl. *Kley*, in: Umbach/Clemens (Fn.73), § 90 Rdn.90 ff.

7. Nichtigkeit oder Vernichtbarkeit verfassungswidriger Gesetze

Die Lehre von der ex-tunc-Nichtigkeit verfassungswidriger Gesetze, gegen die de constitutione lata durchgreifende Bedenken nicht bestehen,[84] hat zur Entwicklung einer Reihe von Entscheidungsvarianten geführt, die die Verlegenheiten vermeiden sollen, zu welchen eine auf den Entstehungszeitpunkt des verfassungswidrigen Gesetzes zurückwirkende Nichtigkeit führt.[85] In ihrer Folge ist freilich eine weitgehende Unsicherheit über die Wirkungen verfassungsgerichtlicher Erkenntnisse in Normenkontrollverfahren eingetreten, die vielfach nur dadurch behoben werden kann, daß das Gericht zu einem anderen – seinerseits durchaus nicht unproblematischen – Instrument greift und die Wirkungen seiner Entscheidungen im Wege einer Vollstreckungsanordnung nach §35 BVerfGG selber regelt.[86] Hier könnte der Übergang zur österreichischen Lösung zu größerer Rechtssicherheit beitragen. Nach Art. 140 Abs. 7 B-VG ist ein vom österreichischen Verfassungsgerichtshof für verfassungswidrig befundenes Gesetz auf die vor der Entscheidung verwirklichten Tatbestände mit Ausnahme des Anlaßfalles weiterhin anzuwenden. Der Gerichtshof kann freilich etwas anderes bestimmen, und er kann auch eine – auf höchstens ein Jahr bemessene – Frist für das Außerkrafttreten des Gesetzes festlegen (Art. 140 Abs. 5 B-VG), mit der Folge, daß das Gesetz auf alle bis zum Ablauf der Frist verwirklichten Tatbestände – wiederum mit Ausnahme des Anlaßfalles – anwendbar bleibt. Diese Lösung stellt einen Kompromiß dar zwischen dem Prinzip der Rechtsrichtigkeit und dem der Rechtssicherheit, bei dem dieser der Vorzug gegeben wird.[87] Dafür spricht jedoch vieles. Freilich bedürfte es dazu wohl einer Änderung des Grundgesetzes, da die These von der bloßen Vernichtbarkeit verfassungswidriger Gesetze jedenfalls grundsätzlich mit dem geltenden Verfassungsrecht nicht vereinbar sein dürfte.

8. »Zwillingsgericht«

Daß die Konstruktion des Bundesverfassungsgerichts als »Zwillingsgericht« nicht glücklich ist, dürfte unstreitig sein.[88] Aus guten Gründen ist weltweit kein anderes Verfassungsgericht nach diesem Vorbild errichtet worden. Der

---

[84] Dazu *Stern* (Fn. 1), §44 V 3 g (S. 1039).

[85] Bes. instruktiv die Darstellung bei *Schlaich* (Fn. 4), Rdn. 343 f.

[86] Die Vorschrift hat eine geradezu kometenhafte (allerdings gelegentlich verschleierte) Karriere gemacht, die auch von mir, obgleich ich ihr stets große Bedeutung beigemessen habe, so nicht vorausgesehen worden ist; vgl. Bundesverfassungsgericht und Staatsraison, 1968, S. 33 ff.

[87] So *Ludwig K. Adamovich/B.-Chr. Funk*, Österreichisches Verfassungsrecht, 3. Aufl. 1985, S. 339. – Vgl. auch Art. 136 Abs. 1 Satz 1 der Verfassung Italiens.

[88] Vgl. *Stern* (Fn. 1), §32 III 1 c, S. 349 f.

Plenarvorbehalt des § 16 Abs. 1 BVerfGG hat sich als ungeeignet erwiesen, die Einheitlichkeit der Rechtsprechung zu sichern. Zwar sind kaum Entscheidungen zu finden, in denen ein Senat von der in einer Entscheidung des anderen Senats vertretenen Rechtsauffassung stricto sensu abgewichen ist.[89] Das ist jedoch nur die halbe Wahrheit: daß die Rechtsprechung beider Senate in vielerlei Hinsicht seit langem eine unterschiedliche Richtung nimmt, weiß jeder Sachkenner – woran immer es liegen mag. Angesichts der Belastung des Gerichts ist indes an die Schaffung eines Einheitsgerichts nicht zu denken.[90] Aber es erscheint möglich, eine Regelung zu treffen, nach der Zuständigkeiten, die während zehn Jahren unverändert bei einem Senat gelegen haben, zwingend auf den jeweils anderen übergehen. Dies würde vermutlich wirksamer, als es die Vorschrift des § 16 Abs. 1 BVerfGG (die darum nicht etwa entbehrlich würde) je vermocht hat, zur Vereinheitlichung der Rechtsprechung und mithin dazu beitragen, daß sich beide Senate »als Teile des höchsten Gerichts verstehen, dem insgesamt die Verfassungsrechtsprechung anvertraut ist«.[91] Auch wären gewisse in die gleiche Richtung zielende »Vorwirkungen« auf die Richterauswahl zu erwarten!

9. Wahl und Auswahl der Richter und Senatsvorsitzenden

Damit ist ein Dauerthema angesprochen, das auch hier nicht unerörtert bleiben kann.[92] Das Verfahren der Richterauswahl kann sinnvoll nur behandelt werden, wenn Klarheit darüber besteht, über welche Eigenschaften die Richter jedenfalls in ihrer Gesamtheit – da sie kaum je alle bei einem einzelnen anzutreffen sein werden – verfügen sollten. Sie wiederum lassen sich nicht

---

[89] Insoweit stimme ich *Bendas* Bewertung zu: s. *Benda* (Fn. 2), Rdn. 106.

[90] Diese Belastung ließe sich auch nur um den Preis einer Abschaffung der Verfassungsbeschwerde so wirksam reduzieren, daß eine Verringerung der Richterzahl (als notwendige Folge der Schaffung eines Einheitsgerichts) in Erwägung gezogen werden könnte. Sie kommt aus den schon genannten Gründen nicht in Betracht. Eine andere Entlastungsmöglichkeit sollte allerdings ernsthaft bedacht werden. Verfahren, die einen großen investigativen Aufwand erfordern wie diejenigen nach Art. 18 und 21 Abs. 2 GG (im KPD-Verbotsverfahren hat das Bundesverfassungsgericht an 51 Tagen mündlich verhandelt!), würden heute zu einer weitgehenden Lähmung des zuständigen Senats, unter Umständen sogar beider Senate (vgl. §§ 38 Abs. 2 Satz 2, 47 BVerfGG), führen. Es kommt hinzu, daß zumindest nicht alle Richter des Bundesverfassungsgerichts über die für die Durchführung von Ermittlungen, wie sie in solchen Verfahren erforderlich sind, notwendigen Erfahrungen verfügen, was den Lähmungseffekt verstärkt. Viel geeigneter wäre für Verfahren dieser Art ein Staatsgerichtshof, der mit – nebenamtlich tätigen und in ihrer Funktion für eine vorübergehende Zeit leichter ersetzbaren – hochrangigen Richtern vor allem aus der ordentlichen und der Verwaltungsgerichtsbarkeit besetzt werden könnte.

[91] *Benda*, wie Fn. 89.

[92] Dabei bin ich mir der Meinung von *W. K. Geck* (Fn. 67), S. 34, bewußt, daß man weder von den Wählern noch von den Gewählten (ich habe zu beiden gehört) billigerweise eine objektive Stellungnahme zur Wahlpraxis erwarten kann.

bestimmen, ohne Funktion und Stellung des Bundesverfassungsgerichts in den Blick zu nehmen.

Was den letztgenannten Gedankenschritt betrifft, kann und muß es hier bei dem Hinweis auf *Klaus Sterns* mustergültige Analyse sein Bewenden haben.[93] Als notwendige oder doch wünschenswerte Eigenschaften eines Bundesverfassungsrichters erscheinen danach:

- fachliche Qualifikation;[94]
- allgemeine Lebenserfahrung;[95]
- Erfahrung im öffentlichen Leben einschließlich des politischen Raumes;[96]
- berufsrichterliche Erfahrung;[97]
- wissenschaftliche Qualifikation;[98]
- die Fähigkeit zu Ausgleich und Kompromiß und zu kritischer Distanz gegenüber im bisherigen Berufsleben eingegangenen Bindungen, Loyalitäten und gewonnenen Einsichten.

Die Wahlorgane sollten darauf Bedacht nehmen, zumindest im Zeitablauf Juristen aller beruflichen Ausrichtungen in das Bundesverfassungsgericht zu berufen. Auf einen umfassenden (tunlichst nicht nur juristischen) Bildungshorizont ist dabei mehr zu achten als auf Spezialkenntnisse, so erwünscht auch diese sind.

Für eine Änderung des Wahlverfahrens spricht wenig. Im Blick auf entsprechende Regelungen im Ausland hat *Geck*[99] zutreffend festgestellt: »Die Wahl in ein Gericht mit den weiten Zuständigkeiten des Bundesverfassungsgerichts und den politischen Auswirkungen mancher seiner Urteile wird nach menschlichem Ermessen stets eine politische Entscheidung bleiben, wie immer man das Verfahren ausgestaltet.« Der gleiche Autor hat freilich auch empfohlen,[100] bei der Auswahl der Kandidaten für ein Richteramt auf Parteimitgliedschaft und Parteinähe weniger Wert zu legen, als dies bisher der Fall war.

---

[93] Insbesondere: *Stern* (Fn. 1), § 44 II, S. 951 ff.

[94] Die Mindestanforderung formuliert § 3 Abs. 2 BVerfGG: Befähigung zum Richteramt. – Bei der Ergänzung, die diese Vorschrift durch den Einigungsvertrag erfahren hat (vgl. Anlage I Kapitel III Sachgebiet F Abschnitt III) – sie besagt, daß auch Diplomjuristen der DDR diese Befähigung haben – wurde bedauerlicherweise übersehen, daß es in der ehemaligen DDR neben der staatlichen auch eine kirchliche Juristenausbildung gegeben hat.

[95] Auch hierzu hat das Gesetz eine Mindestvorkehrung getroffen: § 3 Abs. 1 BVerfGG sagt, daß die Richter das 40. Lebensjahr vollendet haben müssen.

[96] Dies verlangte auch § 3 Abs. 1 BVerfGG in seiner ersten Fassung; zu deren Änderung – bedauernd – *W. Rupp-v. Brünneck*, Darf das Bundesverfassungsgericht an den Gesetzgeber appellieren?, in: Festschrift f. Gebhard Müller, 1970, S. 355 ff. (377 f.).

[97] Sie wird durch § 2 Abs. 3 BVerfGG sichergestellt. Allerdings sollten die Wahlorgane auf eine angemessene Berücksichtigung aller obersten Bundesgerichte Bedacht nehmen.

[98] Universitätsprofessoren – nicht nur solche des öffentlichen Rechts – sind deshalb von Anfang an immer wieder im Kreis der Richter vertreten.

[99] *Geck* (Fn. 67), S. 43.

[100] *Geck* (Fn. 67), S. 44 f.

Dem mag man in gewissem Umfang folgen. Mitgliedschaft in einer Partei und das dadurch regelmäßig bewiesene besondere (nicht immer risikofreie) Engagement für das Gemeinwesen darf indes auch nicht diskriminierend wirken. Die Demokratie leistete sich damit einen Bärendienst. Im übrigen ist es eine schlichte Tatsache, daß mit der Akzeptanz verfassungsgerichtlicher Entscheidungen im politischen Raum, in den sie oft tief hineinwirken, auf Dauer nur gerechnet werden kann, wenn die dort handelnden Akteure den Richtern des Bundesverfassungsgerichts eine gewisse Grundkenntnis dieses Raumes zutrauen können.

Daß die Kandidatensuche sich meist ohne Beteiligung der Öffentlichkeit vollzieht, entspricht dem bei der Besetzung aller wichtigen Ämter im Staat zu beobachtenden Verfahren. Ist ein Kandidat gefunden, bleibt sein Name in aller Regel nicht geheim: öffentliche Erörterung kann stattfinden – daß sich nur wenige daran beteiligen, ist nicht dem Verfahren zur Last zu legen. Wenig ist von einem Anhörungsverfahren zu halten. Die in den USA gemachten Erfahrungen schrecken ab. Was sollte Gegenstand der Anhörung sein? Die Darlegung ihrer Meinung zu umstrittenen Rechtsfragen, vor allem solcher, auf die es bei demnächst zu treffenden Entscheidungen ankommen könnte, müßten die Kandidaten ablehnen, um sich ihre Unparteilichkeit und Unabhängigkeit zu erhalten. Aber gerade dies würde die »Verhörspersonen« interessieren.

In einem Punkte immerhin halte ich eine Änderung für ratsam. Das geltende Recht (§ 9 BVerfGG) weist auch die Wahl der Senatsvorsitzenden den für die Richterwahl zuständigen Wahlorganen zu. Zumal dem Präsidentenamt ist im Laufe der Zeit ein stetig zunehmender (partei-)politischer Prestigewert zugewachsen, der zudem in der Öffentlichkeit die irrige Meinung hat entstehen lassen, der Präsident spiele auch in seiner Eigenschaft als Richter eine besondere Rolle; seinen öffentlichen Äußerungen wird ähnliches Gewicht beigelegt wie denjenigen führender Politiker. Für den Vizepräsidenten gilt in etwas vermindertem Ausmaß Gleiches. Dem ließe sich leicht begegnen, wenn dem Beispiel etwa Italiens, Spaniens und Portugals gefolgt würde. In diesen Ländern wird der Vorsitzende (Präsident) von den Richtern aus ihrer Mitte für eine zwei- bis dreijährige Amtszeit gewählt; eine Wiederwahl bräuchte nicht ausgeschlossen zu werden. Darüber, welcher der beiden Vorsitzenden das Amt des Präsidenten und welcher das des Vizepräsidenten ausübt, könnte das Plenum entscheiden; auch ein regelmäßiger Wechsel dieser Ämter zwischen den Senaten könnte gesetzlich vorgeschrieben werden.

3. Verfassungsgerichtsbarkeit und Gesetzgebung

Man könnte versucht sein, angesichts jüngster politischer Entwicklungen den Veranstaltern unseres Symposions vorzuhalten, sie hätten das Thema des Tages verfehlt. Wäre nicht die Fragestellung »Der Gesetzgeber und der deutsche Föderalismus« oder »Der Bundesrat in der Krise« sehr viel zeitgemäßer? Diese Überlegung zeigt indes – ganz im Gegenteil – nur, daß die Strukturprinzipien unserer verfassungsmäßigen Ordnung, ihre Legitimationsgrundlagen, sämtlich je und je erneuter Vergewisserung bedürfen. Deshalb ist es richtig, nach dem Abklingen aktualitätsbezogener Aufgeregtheiten – so gewiß sie eines Tages wieder aufkommen werden – das Verhältnis zwischen dem Gesetzgeber und einer Verfassungsgerichtsbarkeit in den Blick zu nehmen, die mit beachtlichem – ihr vielleicht nicht von Beginn an zugetrautem – Selbstbewußtsein gerade auch die Aufgabe wahrgenommen hat, den Vorrang der Verfassung gegenüber dem Gesetz und also auch gegenüber dem Gesetzgeber durchzusetzen.

In einem ersten Teil werde ich Ihnen einige Überlegungen zum Thema vortragen, wie sie konventioneller nach all den tiefschürfenden Betrachtungen, die ihm seit über zweihundert Jahren gewidmet worden sind, kaum gedacht werden können. In einem zweiten Abschnitt möchte ich der Frage nachgehen, warum es mit dem Verhältnis von Gesetzgeber und Verfassungsgericht gerade so, wie es vom Grundgesetz eingerichtet worden ist, seine Richtigkeit hat, warum, um es anders zu wenden, die richterliche Kontrolle der politischen Gewalt (denn unser Verhandlungsgegenstand ist ja nur ein Ausschnitt aus dieser weiter gespannten Thematik) in dem sich weltweit entwickelnden gestuften System politischer Ordnungen als ein immer bedeutsamer werdender Faktor der Legitimität dieser Ordnungen erkennbar ist.

I. Gesetzgebung und Verfassungsgerichtsbarkeit

Das Grundgesetz hat von Anfang an ernst gemacht mit dem normativen Geltungspruch der Verfassung:[1] konkrete und abstrakte Normenkontrolle waren dem Bundesverfassungsgericht schon in seiner ursprünglichen Fassung zuge-

---

[1] *Depenheuer,* Auf dem Weg in die Unfehlbarkeit? Das Verfassungsbewußtsein der Bürger

wiesen, die Normenkontrolle auf Verfassungsbeschwerde Bestandteil schon
des Gesetzes über das Bundesverfassungsgericht vom 12. März 1951. Mit großer Entschlossenheit haben Verfassungs- und Gesetzgeber die Kontroversen
der Weimarer Zeit über den »Hüter der Verfassung« hinter sich gelassen und
diese Funktion – auf der Bundesebene – dem Bundesverfassungsgericht übertragen. Der »Verfassungsstaat«[2] war etabliert. Deutschland hatte sich auf den
Weg begeben, den mehr als anderthalb Jahrhunderte vor ihm bereits die Vereinigten Staaten von Amerika mit der Errichtung des Supreme Court beschritten hatten, nicht ohne heftige Auseinandersetzungen übrigens, in denen
sich nahezu alle Argumente wiederfinden, die im Streit um die Funktion der
Verfassungsgerichtsbarkeit und ihre Grenzen bis auf den heutigen Tag begegnen.

1. Das Beispiel der USA

a) Alexander Hamiltons Plädoyer für die verfassungsgerichtliche Normenkontrolle

Obschon die Lehre von den Gerichten und insbesondere von einem zu letzt-
verbindlichen Aussagen befugten Verfassungsgericht als der berufenen Interpreten des Verfassungsrechts in der Theorie der Gewaltenteilung ursprünglich
nicht enthalten war, haben sich ihre Befürworter, so vor allem *Alexander
Hamilton* im 78. Artikel der Federalist Papers,[3] doch zur Durchsetzung ihrer
Vorstellungen mit Erfolg auf sie berufen.[4] Die heute wie damals ausschlaggebende Frage, ob die Mehrheit des Parlaments oder ein Gericht befugt sein
solle, die Verfassung letzt-verbindlich auszulegen, beantwortete *Hamilton* zugunsten des Gerichts, weil dieses in Ermangelung sonstiger Machtbefugnisse
der allgemeinen Freiheit des Volkes selbst im Falle von Fehlentscheidungen
nicht wirklich gefährlich werden könne – ganz anders als die Legislative. *Hamilton* wandte sich auch gegen die in Äußerungen aus jüngster Zeit erneut
aufgestellte Behauptung, die Zuständigkeit der Gerichte zur Prüfung der Verfassungsmäßigkeit von Gesetzen begründe eine Überlegenheit der Judikative
über die Legislative. Belasse man nämlich das Letztentscheidungsrecht über
die Vereinbarkeit der Gesetze mit der Verfassung bei der Legislative, stelle
man den Beauftragten höher als den Auftraggeber, den Mandatar über den

---

als Schranke der Verfassungsgerichtsbarkeit in: B. Ziemske u. a. (Hrsg.), Staatsphilosophie und
Rechtspolitik, Festschrift für Kriele, 1997, S. 485 (488); *H. H. Klein*, Verfassungsgerichtsbarkeit und Verfassungsstruktur in: P. Kirchhof u. a. (Hrsg.), Steuerrecht, Verfassungsrecht, Finanzpolitik, Festschrift für F. Klein, 1994, S. 511 (514).

[2] Zum Begriff s. *H. H. Klein* wie Fn. 1.

[3] Die Federalist Papers, übersetzt, eingeleitet und mit Anmerkungen versehen von *Zehnpfennig*, 1993, S. 454 ff.

[4] *Friedrich*, Der Verfassungsstaat der Neuzeit, 1953, S. 255.

Mandanten, oder, wie wir heute zu sagen pflegen, den pouvoir constitué über den pouvoir constituant. Das richterliche Prüfungsrecht stelle die Judikative nicht über die Legislative, sondern unterwerfe beide der Autorität der Verfassung, die ein Gesetz sei wie andere auch. Deshalb seien die Richter als diejenigen, die in der Auslegung der Gesetze geübt seien, auch zur Auslegung der Verfassung qualifiziert – jedenfalls besser als die Politiker! Vor den Risiken einer mit so weitreichenden Zuständigkeiten ausgestatteten Verfassungsgerichtsbarkeit hat Hamilton seine Augen nicht verschlossen.[5] In der Nachfolge Sir Edward Coke's, der der Monarchie entgegenhielt, die Magna Charta sei ein Ding, das keinen Souverän haben wolle,[6] hielt Hamilton die Vorherrschaft des Rechts auch gegenüber dem nunmehr demokratisch legitimierten Gesetzgeber dann für gefährdet, wenn diesem neben der politischen Entscheidungsgewalt auch das Recht zur Disposition über den Inhalt der Verfassung zufiele. Ihn und seine konservativen Mitstreiter schreckte in der Frühzeit der USA anders als die Federalists, die späteren Demokraten, die Vorstellung einer Tyrannei der Mehrheit mehr als die Chimäre des Regiments einer Richteraristokratie.

b) Der U.S. Supreme Court in stürmischer See – Parallelen zum Streit um das Bundesverfassungsgericht

Daß sich die Argumente wiederholen, ist angesichts so manchen über dem Bundesverfassungsgericht in letzter Zeit niedergegangenen Hagelwetters ebenso eine Mahnung zur Gelassenheit wie die Stürme, die wie das Bundesverfassungsgericht so auch der U.S. Supreme Court in seiner nun schon über zweihundertjährigen Geschichte zu bestehen hatte.[7] Das oberste Gericht der Vereinigten Staaten von Amerika ist aus ihnen regelmäßig gestärkt hervorgegangen. Seit der Vertrauenskrise, die das Verhältnis zwischen der im Dezember 1800 neu ins Amt gelangten Jefferson-Administration und dem Supreme Court längere Zeit belastete, ist den Amerikanern bewußt, daß der Supreme Court einen »potent effect upon the political development of the Nation« hat.[8] Im Verlauf dieses Streits kam es zu dem bisher einzigen – der Höhe des erforderlichen Quorums im Senat wegen erfolglos gebliebenen – Impeachment-Verfahren gegen das Mitglied des Supreme Court *Samuel Chase.* Auch in den folgenden Jahrzehnten geriet der Supreme Court häufiger in das Schußfeld heftigster politischer Kritik bis hin zu dem am 6. März 1857 ergangenen Urteil in Sachen Dred Scott v. Sanford, in dem das Gericht entschied, daß ein Neger niemals Bürger der Vereinigten Staaten sein könne und daß es

---

[5] Federalist Papers (Fn. 3), Artikel 81, S. 471 ff.
[6] Zitiert nach *Friedrich* (Fn. 4), S. 255; s.a. *Kriele,* Einführung in die Staatslehre, 4. Aufl. 1990, S. 111 ff.
[7] *Warren,* The Supreme Court in United States History, 2 Bde, 2. Aufl. 1926.
[8] Ebenda, Band I, S. VII – zum Verlauf der Auseinandersetzung S. 169 ff.

außerhalb der Kompetenz der Union liege, in einem Staat die Sklaverei auszuschließen.[9] Das Urteil trug dem Supreme Court nicht nur den Vorwurf ein,
den Sezessionskrieg ausgelöst zu haben. Eine Zeitung, der New York Inde-
pendant, schrieb: »If the people obey this decision, they disobey God«. Und
die New York Evening Post meinte, »the moral of authority and consequent
usefulness of that tribunal ... is seriously impaired, if not destroyed«. Der
Kruzifix-Beschluß des Ersten Senats[10] hat ähnliche Reaktionen ausgelöst.

Über Jahrzehnte hinweg, bis 1954, als der Warren-Court[11] schließlich im
gegenteiligen Sinne entschied (Brown v. Board of Education), spaltete die
vom Supreme Court in der in den neunziger Jahren des letzten Jahrhunderts
ergangenen Entscheidung Plessy v. Ferguson aufgestellte »separate-but-
equal«-Doktrin die Nation, und ebenso stand der Gerichtshof zwischen 1918
und 1941 im Kreuzfeuer scharfer Kritik, als er es unter Berufung auf die
interstate-commerce-clause der Union verwehrte, durch Gesetz dem Handel
mit Produkten entgegenzutreten, die in Kinderarbeit hergestellt worden waren. Befürworter einer Verfassungsänderung mit dem Ziel, die Kinderarbeit zu
verbieten, argumentierten in jenen Tagen mit dem Hinweis: »The vote of one
member of the Supreme Court may exceed the collective power of 435 Representatives and 96 Senators, or even of 100 000 000 people«[12] – wir erinnern
uns des die Gemüter bewegenden Streits darüber, ob fünf oder sechs Verfassungsrichter ein Gesetz für mit dem Grundgesetz nicht vereinbar erklären
dürfen!

Als ein letztes Beispiel sei die Auseinandersetzung des Präsidenten *Franklin
D. Roosevelt* mit dem Supreme Court um dessen New-Deal-Rechtsprechung
erwähnt, die Amerika in den dreißiger Jahren in Atem hielt. Roosevelts Versuch des »court-packing« scheiterte am Widerstand der Öffentlichkeit. »In
one of the Court's greatest crises, the people chose to sustain its power and
dignity«.[13] Auch bei uns begann sich die öffentliche Meinung hinter dem Bundesverfassungsgericht zu formieren, als Kritiker seine Autorität als solche gefährden zu wollen schienen. Noch eine andere Lehre hält der Ausgang des
Streits um den New Deal bereit: Noch bevor neuernannte Richter – zwischen
1937 und 1941 traten sieben von Roosevelt berufene Richter ihr Amt an – der
Rechtsprechung des Gerichts eine neue Wendung geben konnten, hatte es in
zwei Entscheidungen New-Deal-Gesetze für verfassungsgemäß befunden, deren eines Minimallöhne vorschrieb, während das andere die Rechte der Gewerkschaften stärkte, und so den Streit entschärfte. Auch dem Bundesverfassungsgericht ist Gelegenheit dazu gegeben.

---

[9] Ebenda, Band II, S. 300 f.; die im Text folgenden Zitate S. 307.
[10] BVerfGE 93, 1.
[11] *Earl Warren* war Chief Justice von 1953 bis 1969.
[12] *Harrel/Anderson*, Equal Justice under Law, The Supreme Court in American Life, 1982,
S. 65.
[13] Ebenda, S. 83.

c) Das Verfassungsgericht als politischer Machtfaktor

In den USA war von vornherein die Einsicht vorhanden, daß ein Gerichtshof mit der Befugnis zur Normenkontrolle einen politischen Machtfaktor darstellt. Als *Robert A. Jackson,* der von 1941 bis 1954 Richter des Supreme Court war, noch das Amt des Attorney General bekleidete, umschrieb er die Aufgabe des Gerichts so: Es »wahrt die fundamentalsten Gleichgewichte unserer Gesellschaft, wie dasjenige zwischen den Zentral- und den Lokalbehörden, zwischen Freiheit und Autorität und zwischen Stabilität und Fortschritt«[14] – wahrlich die Beschreibung einer politischen Funktion! Hierzulande zeigt sich noch immer sogar mancher Zunftgenosse – von den Politikern nicht zu reden – erstaunt und irritiert ob der politischen Wirkungen verfassungsgerichtlicher Erkenntnisse. Zu der Wirklichkeitsnähe, mit der in den USA die politische Funktion des obersten Gerichts stets in Rechnung gestellt worden ist, gehört allerdings auch die Unbefangenheit, mit der es öffentlich attackiert wird. Auch heftige Angriffe von politischen Amtsträgern gelten nicht als Majestätsbeleidigung. Präsident *Theodore Roosevelt* wurde es nicht verübelt, als er bekannte, er verstehe vielleicht nicht viel vom Recht, aber er wisse, daß man den Richtern Gottesfurcht beibringen könne[15] – die Äußerung war immerhin stilvoller als manche, die aus dem Munde deutscher Politiker bekannt geworden ist.

2. Die Gerichtsqualität des Bundesverfassungsgerichts:
Grundlage seiner Autorität

Die sich mühsam genug auch in Deutschland allmählich durchsetzende Einsicht, daß das Bundesverfassungsgericht »einen – begrenzten – Anteil an der obersten Staatsleitung hat«[16] – mein unvergessener Lehrer *Ernst Forsthoff*

---

[14] The Struggle for Judicial Supremacy, 1940, S. 312 f. (zitiert nach *Friedrich* [Fn. 4], S. 260).

[15] Zitiert nach *Friedrich* (Fn. 4), S. 262. Auseinandersetzungen zwischen dem Supreme Court und verschiedenen Präsidenten der Vereinigten Staaten waren nicht selten. Jackson weist in seinem soeben erwähnten Buch außer auf die im Text behandelten (mit Jefferson und Roosevelt) darauf hin, der Court habe sich mit den »most dynamic and popular Presidents of our history« in »angry collision« befunden – er nennt noch die Präsidenten Jackson, Lincoln und Wilson. Daran habe sich, so Jackson, der Court auch nicht dadurch gehindert gesehen, daß seine Richter ihre Ämter der Gunst des Präsidenten und des Senats verdanken und daß sie unterworfen seien »to an undefined, unlimited, and unreviewable Congressional power of impeachment« (zitiert nach *Harrel/Anderson* [Fn. 12], S. 12).

[16] *Hesse,* Grundzüge des Verfassungsrechts der Bundesrepublik Deutschland, 20. Aufl. 1995, Rn. 69; ähnlich *Benda,* in: ders./E. Klein, Lehrbuch des Verfassungsprozeßrechts, 1991, RN 63; *Limbach,* Die Akzeptanz verfassungsgerichtlicher Entscheidungen, 1997, S. 14; s. a. *H. H. Klein* (Fn. 1), S. 515: »wichtiger Steuerungsfaktor im politischen Geschehen«. Das positive Recht enthielt bis zum Inkrafttreten des Zwei-plus-Vier-Vertrages am 15. März 1991 (BGBl. 1991 II 587) einen ebenso häufig übersehenen wie unmißverständlichen Hinweis auf diesen Umstand: In dem Genehmigungsschreiben der Militärgouverneure der drei Westalliierten zum Grundgesetz hieß es bekanntlich, Berlin »may not be governed by the Federation«.

schreibt in seiner »Verfassungsgeschichte der Neuzeit« zwar im Zusammen-
hang mit der Darstellung des aufgeklärten Absolutismus, aber im Präsens:
»Denn die Rechtspflege zählt nicht zu den Machtfaktoren der politischen
Welt«![17] –, darf natürlich nicht vergessen lassen, daß es seine Aufgaben als
Gericht wahrzunehmen hat. Darin eben liegt die spezifische Begrenztheit die-
ses Anteils. Als Gericht unterliegt das Bundesverfassungsgericht einer strikten
Verfahrensbindung, ist es auf die penible Beachtung der ihm zugewiesenen
Zuständigkeit verwiesen – Fesseln, die die Richter (in der Regel nicht etwa aus
verwerflichen Motiven, wie unziemlichem Machtgelüst, aber dennoch unzu-
lässigerweise) mitunter zu lockern geneigt sind.[18]

Daß es sich bei der für die verfassungsgerichtliche Prüfung der Gesetze
zuständigen Einrichtung um ein Gericht handelt, war, wie erwähnt, für *Hamilton* das ausschlaggebende Argument gegenüber der Befürchtung, eine mit
dieser Befugnis ausgestattete Judikative könne sich als der Legislative überlegen erweisen. Dabei verließ er sich darauf, daß der Richter das Gesetz, in
diesem Falle das Verfassungsgesetz, nach den Regeln seiner von ihm erlernten
Kunst auszulegen verstehe. Dies werde etwaigen Bestrebungen der Richter,
sich als politische Macht zu verselbständigen, Zügel anlegen. Wenn *Hamilton*
in diesem Zusammenhang zur Beruhigung von Bedenkenträgern das berühmte Wort von *Montesquieu* zitierte, die richterliche Gewalt sei »en quelque
façon nulle«,[19] so gewiß nicht in der naiven Meinung, von verfassungsgerichtlichen Erkenntnissen gingen keine politischen Wirkungen aus, sondern um zu
begründen, daß die Bindung des Richters an das Gesetz, die von ihm zu
fordernde Vorurteilslosigkeit und Sachlichkeit, einen autonomen Machtanspruch ausschließe oder doch in Grenzen halten werde.

Daß hier schwierige Probleme begründet liegen, mag von der ausgefeilten
Methodenkritik unserer Tage einer genaueren Analyse zugeführt werden können, als dies vor zweihundert Jahren möglich war. Daß aber der Richter die
Worte des Gesetzes nicht nur nachspricht, sondern verstehen und gegebenenfalls auch weiterdenken muß, war eine auch zu *Hamiltons* Zeit längst verbreitete Einsicht, zumal wenn es sich um die Auslegung der Verfassung handelte. Chief Justice *John Marshal* warnte: »We must never forget that it is a
constitution we are expounding ...intended to endure for ages to come, and
consequently, to be adapted to the various crises of human affairs«,[20] Das

---

Und unstreitig wurde das Bundesverfassungsgericht als ein Teil des Government der Republik
betrachtet, weshalb »Berliner Sachen« seiner Jurisdiktion entzogen blieben; vgl. statt aller:
E. Klein in: Benda/Klein, a. a. O., RN 741 ff.

[17] Deutsche Verfassungsgeschichte der Neuzeit, 2. Aufl. 1961, S. 56.

[18] Kritische Hinweise finden sich hierzu bei *Haas*, Bundesverfassungsgericht und Fachgerichte, in: Verfassung als Verantwortung und Verpflichtung. Festschrift zum 50–jährigen
Bestehen des Bayerischen Verfassungsgerichtshofs, 1997, S. 27 ff.

[19] Federalist Papers (Fn. 3), S. 456.

[20] Zitiert nach *Harrel/Anderson* (Fn. 12), S. 11.

berühmte Wort eines seiner Nachfolger, Chief Justice *Charles Evans Hughes,* »we are under a Constitution, but the Constitution is, what the judges say it is«, findet sich hier – in zurückhaltenderer Form – vorweggenommen. *Marshal* wie *Hughes* lag es allerdings gleichermaßen fern, für einen willkürlichen Umgang des Verfassungsrichters mit dem Verfassungsgesetz einzutreten oder dessen Unerheblichkeit für den Rechtsanwender zu behaupten. Gewiß enthält die zu Recht stets auch ergebnisorientierte richterliche Entscheidungsfindung eine Fülle subjektiver Elemente – *Horst Sendler* hat erst kürzlich wieder in aller wünschenswerten Offenheit darauf hingewiesen,[21] dennoch bleibt richtig, daß, wie allgemein das Gesetz für den Richter, so auch das Verfassungsgesetz für den Verfassungsrichter ein wirksames Steuerungsmittel ist, wo es sich nicht gerade selbst einer Entscheidung enthält.[22] Wäre es anders, genösse der richterliche Spruch keine Autorität. Würde etwa das Bundesverfassungsgericht (um das vielzitierte Verdikt des Maastricht-Urteils[23] abzuwandeln) das Grundgesetz in einer Weise handhaben oder fortbilden, die von seinem Wortlaut und Sinn nicht mehr gedeckt wäre, so wären die daraus hervorgehenden Entscheidungen für die deutschen Staatsorgane nicht verbindlich.

In einer interessanten Abhandlung hat *Otto Depenheuer*[24] vor kurzem das Letztentscheidungsrecht des Bundesverfassungsgerichts in Fragen der Verfassungsauslegung mit der Unfehlbarkeit des päpstlichen Lehramts in Glaubensdingen verglichen, und am Beispiel Luthers, der sich gegenüber einer vom autoritätsvermittelnden Text nicht mehr nachvollziehbar gestützten Lehre mit Erfolg auf das Schriftprinzip (sola scriptura) berief, das einem solchen Letztentscheidungsrecht stets innewohnende Risiko hervorgehoben. Die Kluft zwischen Text und Auslegung dürfe nicht zu groß werden, die Interpretation müsse im Erwartungshorizont des (Kirchen-)Volkes bleiben, sie dürfe den sensus fidelium sive civium, das Sinnverständnis des gemeinen Mannes, nicht überfordern. Hier wird dann allerdings auch die begrenzte Tragfähigkeit der Parallele zu jener Aussage des Bundesverfassungsgerichts im Maastricht-Urteil deutlich: Während es im Falle eines Ausbruchs zwischenstaatlicher Einrichtungen aus dem ihnen durch Vertrag und staatsgesetzlichen Rechtsanwendungsbefehl gezogenen Kompetenzrahmen den zuständigen Staatsorga-

---

[21] Die Methoden der Verfassungsinterpretation – Rationalisierung der Entscheidungsfindung oder Camouflage der Decision, in: Festschrift für Kriele (Fn. 1), S. 457; s.a. *H. H. Klein* (Fn. 1), S. 512 ff.

[22] Vgl. etwa *Hofmann,* Legitimität und Rechtsgeltung, 1977, S. 84. – *Esser,* Vorverständnis und Methodenwahl in der Rechtsfindung, 1970, S. 198 f., allerdings meint, die Auslegung des Verfassungsgesetzes sei etwas anderes als die Auslegung anderer Gesetze: hier handele es sich um die Interpretation gegebener Ordnungsmodelle, dort um Gestaltungsentscheidungen. Eine solche Entgegensetzung ist wenig überzeugend.

[23] BVerfGE 89, 155 (188).

[24] Wie Fn. 1. S. auch *Limbach* (Fn. 16), S. 10 ff., unter Berufung auf ähnliche Äußerungen von *Benda* und *Zippelius.*

nen obliegt, eine entsprechende Feststellung zu treffen und auf die daran geknüpften Rechtsfolgen verbindlich zu erkennen, gibt es kein Organ, welches autorisiert wäre, einer Entscheidung des Bundesverfassungsgerichts ihre bindende Kraft abzuerkennen, wie weit auch immer sie sich von der Verfassung entfernt haben mag. Das »kritische Potential« des Verfassungstextes bringt sich gegenüber einem Letztinterpreten auf eine viel gefährlichere Weise zur Geltung als das des Vertragstextes gegenüber den Organen zwischenstaatlicher Einrichtungen: Während hier eine einzelne Entscheidung ohne Anspruch auf Rechtsgehorsam bleibt, werden dort Legitimation und Akzeptanz einer Institution als solcher, eines Verfassungsorgans, untergraben.[25]

Die aus dieser Einsicht zu ziehende Schlußfolgerung – sie ist für die wirksame Erfüllung der dem Gericht zugewiesenen Aufgaben von schlechthin elementarer Wichtigkeit – kann nur lauten, daß das Bundesverfassungsgericht größte Sorgfalt daran zu wenden hat, die unsichtbare und auf keine Weise sichtbar zu machende Grenze nicht zu überschreiten, jenseits deren es den Boden der Verfassung unter den Füßen verliert.[26] Es liegt in der Natur der Sache, daß solche Grenzüberschreitungen nicht an objektiven Kriterien festzumachen sind und deshalb außerhalb wie innerhalb des Gerichts stets umstritten sein werden. Ein Beispiel: In seinem Sondervotum zu der Entscheidung über den Einheitswert im Steuerrecht hat der Richter *Böckenförde* den Senat der Kompetenzüberschreitung geziehen und ihm vorgehalten, sich gegenüber dem Gesetzgeber als »autoritativer Praezeptor« etabliert zu haben.[27] Im Streit um die Strafbarkeit der DDR-Spione hielt es der gleiche Richter für gerechtfertigt, ein vom Gesetzgeber erklärtermaßen nicht gewolltes Verfolgungshindernis aus der Verfassung abzuleiten, was in diesem Falle die Richter *Klein, Kirchhof* und *Winter,* in jenem anderen Fall zur Mehrheit gehörend, zum Anlaß für den Vorhalt nahmen, insoweit verfehle die Entscheidung des Senats die Grenzen zwischen gestaltender Gesetzgebung und kontrollierender Rechtsprechung.[28]

3. Bundesverfassungsgericht und Gesetzgeber: Einzelfragen

a) Zum Normwiederholungsverbot

Dem Bundesverfassungsgericht ist also mit Rücksicht auf die Wächterfunktion des – von *Depenheuer*[29] in Anlehnung an den von Luther beschworenen

---

[25] *Depenheuer* (Fn. 1), S. 500.
[26] S. a. *Friedrich* (Fn. 4), S. 271: »Ein klug geführtes Gericht mit einer gesunden Tradition wird danach streben, das mögliche Schwinden seines öffentlichen Ansehens dadurch aufzuhalten, daß es vermeidet, in den umstrittensten Fragen scharfe Positionen zu beziehen« – der Autor fügt hinzu: »was natürlich nicht immer möglich ist«.
[27] BVerfGE 93, 121 (150, 152).
[28] BVerfGE 92, 277 (341).
[29] (Fn. 1), S. 498, 501, 503.

»ein-feltigsten synn« der Heiligen Schrift so bezeichneten – »einfältigen Verfassungsverständnisses« des Volkes bei seinen Entscheidungen allgemein und im Umgang mit dem Gesetzgeber »höchste Sensibilität« anzuraten. Umgekehrt braucht der Gesetzgeber nicht in Ehrfurcht vor dem Bundesverfassungsgericht zu erstarren. Zwar hat erst jüngst wieder *Michael Sachs* an dem das Normwiederholungsverbot lockernden Beschluß des Ersten Senats vom 6. Oktober 1987[30] harte Kritik geübt.[31] Sein Ergebnis weicht von dem, das die Entscheidung selbst im Auge gehabt haben dürfte,[32] jedoch kaum ab. Am prinzipiellen Wiederholungsverbot hält er zwar, unter Berufung auf die Verfassungsorgantreue, fest; zugleich werden aber dem Gesetzgeber bei Vorliegen »relevanter Veränderungen« (die als solche im ersten Zugriff kein anderer als eben der Gesetzgeber selbst festzustellen hat) »hinreichende Spielräume« vindiziert. Beifällig wird *Martin Kriele*[33] zitiert: »Der Gesetzgeber darf testen, ob die Zeit zum ›overruling‹ reif ist«.[34] Erst recht darf er Varianten der vom Bundesverfassungsgericht verworfenen Lösung ins Werk setzen, wenn er Gründe für die Annahme zu haben meint, sie könnten der verfassungsrechtlichen Prüfung standhalten. Deshalb verdient der Gesetzgeber des Freistaats Bayern Lob für seine Reaktion auf den Kruzifix-Beschluß, und zwar selbst dann, wenn das Bundesverfassungsgericht wiederum ein Haar in der Suppe finden sollte,[35] während der verfassungsändernde Bundesgesetzgeber, vor allem der Bundesrat, ein jammervolles Schauspiel bot, als er vor der beabsichtigten Änderung des Artikels 48 Absatz 3 GG, der Korrektur also der durchaus kritikwürdigen und für ein »overruling«[36] reifen Diäten-Entscheidung des Bundesverfassungsgerichts aus dem Jahr 1975,[37] zurückscheute. Die Entscheidungen des Bundesverfassungsgerichts sind nicht sakrosankt und die Auslegung von Verfassungsnormen durch das Verfassungsgericht setzt – entgegen *Carl Schmitt*[38] – kein Verfassungsrecht.[39]

---

[30] BVerfGE 77, 84; vgl. neuerdings ganz im Sinne des Folgenden BVerfG v. 15. Juli 1997, EuGRZ 1997, 594.

[31] Zur Verbindlichkeit bundesverfassungsgerichtlicher Entscheidungen, in: Festschrift für Kriele (Fn. 1), S. 431 – Nachweise von Äußerungen zu der Entscheidung finden sich in Fn. 6 der Abhandlung (S. 433).

[32] Dazu *H. H. Klein* (Fn. 1), S. 518 f.

[33] § 218 nach dem Urteil des BVerfG, ZRP 1975, 73 (74 Fn. 4); s. a. ders. in: Isensee, Kirchhof (Hrsg.), Handbuch des Staatsrechts (HStR), Band V, 1992, § 110 RN 35 f.

[34] *Sachs* (Fn. 31), S. 444, 454 f.

[35] Zu dem Gesetz vom 23. Dezember 1995 (GVBl. S. 850) s. BayVerfGH vom 1. August 1997, EuGRZ 1997, 447.

[36] Vgl. schon BVerfGE 76, 256 (LS 5 b, 341 ff.).

[37] BVerfGE 40, 296.

[38] Der Hüter der Verfassung, 1931, S. 45.

[39] Statt vieler: *Schlaich,* Das Bundesverfassungsgericht, 4. Aufl. 1997, RN 111 mit Fn. 153 bis 156.

b) Kontinuität verfassungsgerichtlicher Rechtsprechung
Die Entscheidungen des Bundesverfassungsgerichts sind, wie allgemein anerkannt, nicht bindend für es selbst.[40] Sie stehen allerdings auch nicht zu seiner
beliebigen Disposition: Da die Rechtsprechung des Gerichts nicht zuletzt die
Funktion hat, für alle anderen Staatsorgane und die Bürger verläßliche Ent-
scheidungs- und Verhaltensgrundlagen bereitzustellen und dadurch dem
Staatsleben Stetigkeit zu geben, bedarf jede Abweichung von der bisherigen
Judikatur triftiger Gründe.[41] Die Neubesetzung des Richterkollegiums ist kein
triftiger Grund. Äußerste Zurückhaltung sollte das Gericht auch walten lassen, wenn es darum geht, eine über Jahrzehnte von der Wissenschaft ganz
oder nahezu unbeanstandet gebliebene Praxis anderer Staatsorgane, etwa auch
hoher Gerichte, auf den Prüfstand des Verfassungsrechts zu stellen.[42] Zu bedenken ist, daß dem Bundesverfassungsgericht bei der Verfassungsauslegung
wohl das letzte Wort, aber kein Monopol zusteht.[43] Es macht deshalb einen
Unterschied, ob das Bundesverfassungsgericht nach langer und gründlicher
wissenschaftlicher Auseinandersetzung eine verfassungsrechtliche Klärung des
Streits um das »besondere Gewaltverhältnis« bewirkt[44] oder das eingeführte
Verständnis des Merkmals der »Gewalt« im Tatbestand der Nötigung (§ 240
StGB) abweichend von zwei früheren, noch kein Jahrzehnt zurückliegenden
Entscheidungen,[45] für verfassungswidrig befindet,[46] obwohl neue Argumente
für die eine oder andere Meinung in der Zwischenzeit nicht vorgebracht wor-
den waren.[47] Flinke Attacken nach dem Beispiel des Husarengenerals Joachim
Hans von Zieten[48] sollte das Bundesverfassungsgericht nicht reiten.

---

[40] Etwa: *Kriele,* HStR V, § 110 RN 32; Sachs (Fn. 31), S. 443.
[41] Ähnlich *Kriele* wie Fn. 40.
[42] Wie *Ress,* Menschenrechte, Europäisches Gemeinschaftsrecht und nationales Verfassungsrecht in: Haller u. a. (Hrsg.), Staat und Recht. Festschrift für G. Winkler, 1997, S. 897
(898 f.), berichtet, hat die britische Regierung in einer Demarche vom 26. Februar 1996 im
Anschluß an das Urteil des Europäischen Gerichtshofs für Menschenrechte vom 27. September 1995 *(McCann),* sér. A 324, u. a. vorgeschlagen, daß von den Straßburger Konventions-
organen »long-standing laws and practices should be respected, except when they are manis-
festly contrary to the convention«. Das ist ein durchaus verallgemeinerungsfähiger, für jede
Art von Verfassungsgerichtsbarkeit gültiger Grundsatz
[43] Vgl. BVerfGE 62, 1 (LS 4, 38 f.).
[44] BVerfGE 33, 1.
[45] BVerfGE 73, 206; 76, 211.
[46] BVerfGE 92, 1.
[47] Daß die Entscheidung vom 10. Januar 1995 (BVerfGE 92, 1 [14]) – wie allerdings auch
schon der Beschluß vom 14. Juli 1987 (BVerfGE 76, 211 [217]) – von der falschen Prämisse
ausgeht, eine 4:4–Konstellation im Senat lasse die zu entscheidende verfassungsrechtliche Frage unbeantwortet, sei am Rande vermerkt. Keineswegs führt die Stimmengleichheit im Senat
zu einem »non liquet« – so zutreffend *Zierlein,* in: Umbach/Clemens, BVerfGG, 1992, § 15
RN 48; *E. Klein* in: Benda/Klein (Fn. 16), RN 248; s. a. *Starck,* Die Begründung mit Stimmengleichheit erlassener Entscheidungen des BVerfG in: Fielder/Ress (Hrsg.), Verfassungsrecht
und Völkerrecht, Gedächtnisschrift für W. K. Geck, 1989, S. 789 (799 ff.); auf S. 796 nennt
Starck den Sprachgebrauch in BVerfGE 76, 211 (217) »(prozeß-)rechtlich nicht richtig und
geradezu laienhaft wirkend«. Die Frage ist allerdings nicht gänzlich unstreitig, vgl. die Nach-

4. Kein gesetzgeberischer Handlungsbedarf

Im Blick auf das Verhältnis des Bundesverfassungsgerichts zum Gesetzgeber sehe ich keinen Bedarf für eine Änderung des geltenden Rechts.

a) Die abstrakte Normenkontrolle

Von der Abschaffung der abstrakten Normenkontrolle rate ich ab. Was *Mahrenholz*[49] gegen sie anführt – es handele sich um die Fortsetzung von Politik mit anderen Mitteln –, spricht entscheidend für sie: Verzichtete man auf die abstrakte Normenkontrolle, würde nicht nur die Opposition des wirkungsvollsten Instrumentes zur Erfüllung ihrer Aufgabe beraubt, die Mehrheit auch auf die Verfassungsmäßigkeit ihres Handelns hin zu kontrollieren.[50] Auch wegen des Leerlaufs der Bundesaufsicht (Artikel 28 Absatz 3, 37 GG) gegenüber verfassungswidriger Landesgesetzgebung kommt der abstrakten Normenkontrolle eine bedeutsame Ersatzfunktion zu.[51] Die Abschaffung der abstrakten Normenkontrolle würde – wie die der Verfassungsbeschwerde[52] – ein »Baugesetz«[53] des deutschen Verfassungsstaats außer Kraft setzen.

---

weise bei *Zierlein,* a. a. O. – Die Praxis beider Senate des BVerfG, bei 4:4–Entscheidungen die tragende wie die nichttragende Auffassung im Entscheidungstext selbst wiederzugeben, statt die letzte in das Sondervotum zu verweisen, mag zu diesem Irrtum beigetragen haben. *Starck,* a. a. O., S. 802, zufolge verstößt diese Praxis gegen § 30 Abs. 2 BVerfGG.

[48] Preußischer Reitergeneral (1699–1786). Über ihn Fontanes Gedicht »Der alte Zieten«.

[49] Zur Funktionsfähigkeit des BVerfG, ZRP 1997, 129 (132). – Zur Problematik gibt einen Überblick *Stuth,* in: Umbach/Clemens (Fn. 47), vor §§ 76 ff., RN 13 ff.; *E. Klein* in: Benda/Klein (Fn. 16), RN 645 f.

[50] Ähnlich *H.-P. Schneider,* Der Schuster und seine Leisten – Brauchen wir ein »Fachgericht für Verfassungsrecht«? NJW 1997, 2030 (2032).

[51] Beispiele: BVerfGE 83, 37 u. 60 (Wahlrecht für Ausländer) – Antragsteller in diesen gegen Landesgesetze Schleswigs-Holsteins und Hamburgs gerichteten Verfahren waren jeweils Abgeordnete des Deutschen Bundestages sowie – im ersten Verfahren – die Bayerische Staatsregierung; BVerfGE 93, 32 (Mitbestimmung der Personalvertretungen in Schleswig-Holstein) – hier traten wiederum Abgeordnete des Deutschen Bundestages als Antragsteller auf; BVerfGE 20, 56 (Parteifinanzierung) – hier wandte sich die Regierung des Landes Hessen gegen ein Bundesgesetz: die von einer Landesregierung gegen ein Bundesgesetz betriebene abstrakte Normenkontrolle zeigt, daß die Verfassungskontrolle der parlamentarischen Mehrheit auch dann funktionieren kann, wenn, etwa bei einer sogenannten großen Koalition, die Zahl der oppositonellen Abgeordneten das nach Artikel 93 Absatz 1 Nr. 2 GG, § 76 BVerfGG erforderliche Quorum nicht erreicht.

[52] Dazu *Albers,* Freieres Annahmeverfahren für das BVerfG? ZRP 1997, 198.

[53] Der Ausdruck begegnet bei *Pernthaler,* Die neue Doppelverfassung Österreichs in: Festschrift für G. Winkler, (Fn. 42), S. 773 (774).

b) Die Besetzung der Richterbank

Fatal wäre es m. E., wollte man, den Sirenengesängen mancher Theoretiker folgend, den Einfluß der gesetzgebenden Körperschaften auf die Besetzung der Richterbank schmälern. Es ist unbestreitbar, daß das bestehende Verfahren der Richterwahl zu einem gewissen Näheverhältnis zwischen den politischen Akteuren und der Richterbank führt. Indessen: gerade sie ist unabdingbar. Ein Gericht, dessen Zuständigkeiten so umfassend sind, daß seine Entscheidungen den politischen Prozeß tiefgreifend beeinflussen, ja grundlegend verändern können, muß vom Vertrauen der maßgeblichen politischen Kräfte getragen sein, die seine Entscheidungen zu akzeptieren haben.[54] Daß eine solche Art der Abhängigkeit die Richter in der Unabhängigkeit ihres Denkens und Urteilens in aller Regel nicht beeinträchtigt, haben sowohl der U.S. Supreme Court als auch das Bundesverfassungsgericht vielfach bewiesen – ganz abgesehen davon, daß andere Auswahlverfahren andere Erwartungshaltungen gegenüber den Richtern erzeugen. Letztlich bleibt es in Ansehung eines jeden einflußreichen Amtes eine Frage der Persönlichkeit seines Inhabers, in welchem Umfang er sich solcher Bindungen zu entledigen und damit dem repräsentativen Anspruch des Amtes Genüge tun kann. Normen allein können die gebotene Selbstvergütung des Amtsträgers nicht bewirken.[55] Die Demokratie, genauer: der repräsentative demokratische Verfassungsstaat verlangt von allen seinen Amtsträgern »ein gewisses Maß an moralischer Anstrengung und Selbstüberwindung«: »Es bedarf des lebendigen Amtsethos, damit der Übergang aus grundrechtlich legitimierter Privatheit und Parteiloyalität zum Dienst für die Republik gelingt«.[56] Bei alledem gilt es allerdings auch zu berücksichtigen, daß von den Richtern eines Verfassungsgerichts weder verlangt werden kann noch darf, daß sie sich mit ihrem Amtsantritt aller geistigen Prägungen und Erfahrungen entledigen, die ihnen zuvor zuteil geworden sind. Denn gerade dieser sie auszeichnenden Eigenschaften wegen wird jedenfalls auch die Wahl auf sie gefallen sein, sie sollen sie in den Prozeß der Entscheidungsfindung einbringen – nicht im Sinne platter Parteilichkeit, wie sich versteht, sondern um eine gewisse Pluralität der Meinungen und damit die notwendige Dynamik in jenem letztlich allerdings immer auf Konsensfindung angelegten Prozeß zu gewährleisten. Eine Ansammlung politischer Neutren – solche existieren in den als Richter in Betracht kommenden Kreisen sowieso nur in der Phantasie naiver Idealisten: Neutralität ist schon ihrem Begriffe nach nichts weniger als unpolitisch – vermöchte die nicht zuletzt schiedsrich-

---

[54] Vgl. auch *Limbach* (Fn. 16), S. 24 f.; *H. H. Klein,* Gedanken zur Verfassungsgerichtsbarkeit, in: Burmeister u.a. (Hrsg.), Verfassungsstaatlichkeit, Festschrift für K. Stern, 1997, S. 1135 (1151 ff.).

[55] *Krüger,* Allgemeine Staatslehre, 1966, S. 270.

[56] *Isensee,* Grundrechte und Demokratie – Die polare Demokratie im grundgesetzlichen Gemeinwesen, 1981, S. 26.

terlichen Aufgaben der Verfassungsgerichtsbarkeit nicht zu erfüllen. Ein pouvoir neutre **kann** nicht absolut neutral sein, und wäre er es, so besäße er nicht die zur Wahrnehmung seiner Funktionen erforderliche Macht.[57]

II. Zur Legitimität demokratisch verfaßter politischer Systeme unter den Bedingungen der Gegenwart

Zu Beginn ein *These:*

Stabilität und Akzeptanz, also Legitimität, erlangen die auf der Basis der Staaten aufruhenden, nach dem »vitalen Prinzip der Subsidiarität«[58] gebauten, dynamisch sich entwickelnden, teils pyramidal geschichteten, teils netzförmig miteinander verflochtenen politischen Ordnungen unserer Zeit durch eine Mehrzahl sich ergänzender Legitimationsfaktoren. Mit wachsender Distanz zum staatlichen Fundament wird die demokratische Luft – trotz möglicher und erwünschter Strategien zur Milderung dieses Ergebnisses[59] – unvermeidlich dünner. Umso größere Bedeutung gewinnen rechtsstaatliche Verläßlichkeit einschließlich vor allem der Wahrung der Menschenrechte, eine effiziente, zuverlässig sachorientierte und sachverständige Erfüllung der sich stellenden Aufgaben sowie die kommunikative Vermittlung von Entscheidungsverfahren und Problemlösungen an die Öffentlichkeit. Die richterliche Normenkontrolle ist ein notwendiges Element dieses komplexen Prozesses der Legitimation moderner politischer Systeme.

Aber lassen Sie mich Schritt für Schritt vorgehen!

1. Rechtsstaatliche und demokratische Wurzeln richterlicher Normenkontrolle

Die Frage, worin die Einrichtung einer mit der Befugnis zur Normenkontrolle ausgestatteten Verfassungsgerichtsbarkeit ihre Rechtfertigung findet, führt zurück zu der Frage nach den Grundlagen der Legitimität des demokratischen Verfassungsstaates. Er ruht auf den Prinzipien der Volkssouveränität und der durch eine unabhängige Justiz gesicherten individuellen Freiheit – der demokratischen und der grundrechtlichen Freiheitsidee.[60] Legitimität

---

[57] Vgl. *Friedrich* (Fn. 4), S. 214 f.

[58] *Winkler,* Ansprache des Dekans der Rechts- und Wirtschaftswissenschaftlichen Fakultät der Universität Wien in: Menschenrechte im Staatsrecht und im Völkerrecht, 1967, S. 8 (9).

[59] Zum Thema: *Evers,* Auf dem Wege zum postmoderenen Imperium?, FAZ Nr. 232 v. 7. Oktober 1997, S. 12. – Es ließe sich an die Ausstattung internationaler Organisationen mit parlamentarischen Versammlungen, etwa nach dem Beispiel der Versammlung des Europarates denken. S.a. den Vorschlag *Köchlers,* Democracy and the International Rule of Law, 1995, S. 57, neben die Generalversammlung der Vereinten Nationen eine zweite Kammer direkt gewählter Mandatsträger zu stellen.

[60] *Starck,* HStR II, 1987, § 29 RN 2.

fließt dem demokratischen Verfassungsstaat »aus zwei Quellen (zu): aus der Freiheit des einzelnen Menschen und aus dem Willen des Volkes«.[61]

Lassen wir für jetzt offen, ob die Legitimitätsgrundlage des demokratischen Verfassungsstaates mit dieser Bipolarität schon erschöpfend bezeichnet ist. Offensichtlich wird mit der Idee rechtlich gesicherter Freiheit – ungeachtet vielfältiger Unterschiede – an ältere Vorstellungen einer Rechtsbindung der Staatsgewalt[62] angeknüpft, die in der Neuzeit angesichts der vordringlichen Notwendigkeit, den Staat als Schutz- und Friedensordnung zu festigen, mitunter in Vergessenheit geraten oder doch in den Hintergrund getreten waren. Das Neue am »Verfassungsstaat der Neuzeit« – im Vergleich zu jenen älteren Vorstellungen – waren allerdings vor allem drei Einsichten:

– daß es sich bei dem (meist als vorstaatlich gedachten) Recht, welches alle Staatsgewalt bindet, um eine Reihe die Würde des Menschen als Person wahrender individueller Rechte handele;

– daß der Schutz dieser Rechte einer unabhängigen Gerichtsbarkeit anzuvertrauen sei und

– daß dieser Schutz auch gegenüber dem Gesetzgeber durchzusetzen sei, weil auch ein demokratisch gewähltes Parlament nicht von vornherein davor gefeit ist, jene Rechte zu verletzen.[63]

Daraus erwächst die Rechtfertigung verfassungsgerichtlicher Normenkontrolle.

Sie hat allerdings, schon *Hamilton* hat darauf aufmerksam gemacht,[64] auch eine demokratische Wurzel. Treten in der rechtsstaatlich verfaßten Demokratie das Volk als Begründer der Staatsgewalt, eben als Souverän, der allein als pouvoir constituant zur Erscheinung kommt, und die einzelnen Gliederungen der verfaßten Staatsgewalt, einschließlich des staatsorganschaftlich handelnden Volkes,[65] auseinander,[66] weil sich der Souverän durch den Akt der

---

[61] *Isensee* (Fn. 56), S. 9.

[62] *Scheuner*, Die Legitimationsgrundlage des modernen Staates in: Achterberg/Krawietz, Legitimation des modernen Staates, 1981, S. 1 (10 f.).

[63] Die in die vom Volk gewählten Parlamente als Inhaber der gesetzgebenden und der Besteuerungsgewalt gesetzten Erwartungen wurden in beiderlei Hinsicht enttäuscht: Weder erfüllte sich die Hoffnung, die Repräsentanz der Bürgerschaft werde als Inhaberin des Budgetrechts bestrebt sein, eine möglichst große Menge des von ihnen verdienten Geldes in den Taschen der Bürger zu belassen, noch die, sie werde sich mit einem Minimum an Eingriffen in deren Freiheit begnügen. In letztgenannter Hinsicht erwies sich die Verfassungpolitik der USA von Anfang an als weitsichtiger als die europäische. Hinsichtlich des erstgenannten Problems ist gegen die hemmungslose Verschuldungspolitik demokratischer politischer Systeme ein probates Mittel noch nicht gefunden oder doch jedenfalls bisher nicht zur Anwendung gelangt (von dem selten anzutreffenden Mut politischer Machthaber – Beispiel: Norwegen – einmal abgesehen). S. dazu die von *H. H. Klein*, Die mehrspurige Demokratie in: Letzgus u. a. (Hrsg.), Für Recht und Staat, Festschrift für H. Helmrich, 1994, S. 255 (266 f.), in Anlehnung an *Burkhard Wehner* entwickelten Überlegungen.

[64] Vgl. oben zu I. 1.

[65] Vgl. BVerfGE 8, 104 (114): »Volk als Verfassungsorgan«.

[66] *Oeter*, Souveränität und Demokratie als Probleme in der »Verfassungsentwicklung« der Europäischen Union, ZaöR 55 (1995), 659 (675).

Verfassungsgebung selbst an die Verfassung gebunden hat,[67] so folgt daraus der Vorrang der Verfassung vor dem Gesetz. Zu dessen Durchsetzung bedarf es mithin auch aus diesem Grunde einer gegenüber dem Gesetzgeber unabhängigen Einrichtung, eben eines Verfassungsgerichts.[68]

2. Das demokratische Defizit der Verfassungsgerichtsbarkeit: irresponsible government

Andererseits erscheint Verfassungsgerichtsbarkeit aus demokratischer Sicht defizitär. Denn zu den wichtigsten Grundsätzen demokratischer Staatlichkeit gehört das Prinzip der verantwortlichen Regierung. Vermöge dieses Prinzips, bezogen auf die Regierung im institutionellen Sinne, hat bekanntlich in der konstitutionellen Monarchie des 19. Jahrhunderts die demokratische Komponente dieses Verfassungstyps zunehmendes Gewicht neben der monarchischen gewinnen können. Die Rechtsakte aller Organe der Staatsgewalt »müssen sich auf den Willen des Volkes zurückführen lassen und ihm gegenüber verantwortet werden«.[69] Das ist umso mehr der Fall, je weittragender die Folgen der von einem Staatsorgan getroffenen Entscheidungen für die Allgemeinheit sind. Das Spannungsverhältnis zwischen dem demokratischen Prinzip verantwortlicher Entscheidung und der Unabhängigkeit der Verfassungsgerichtsbarkeit ergibt sich aus der eminent politischen Qualität ihrer Erkenntnisse. Zwar scheint mir die Schlußfolgerung, das Verfassungsgericht ermangele einer demokratischen Legitimation, weil die Richter für die von ihnen getroffenen Entscheidungen nicht verantwortlich seien,[70] überzogen. Legt man die in Rechtsprechung und Schrifttum anerkannten Formen der institutionellen, funktionellen, sachlich-inhaltlichen und personellen Legitimation zugrunde, die Bedeutung nicht je für sich, sondern nur in ihrem Zusammenwirken haben,[71] so finden sie sich beim Bundesverfassungsgericht ausnahmslos verwirklicht, freilich ohne das in den Bereichen der Legislative und der Exekutive unabdingbare, mit Begriff und Wesen der Rechtsprechung aber schlechterdings unvereinbare Element der politischen Verantwortlichkeit.[72] Es bleibt

---

[67] *Isensee* (Fn. 55), S. 11.

[68] *H. H. Klein* (Fn. 1), S. 524 ff. S. a. *Zacher*, Freiheitliche Demokratie, 1969, S. 32: Das Bundesverfassungsgericht »aktiviert die Verfassung als die Summe der Grundentscheidungen, die außer Streit gestellt sein und bleiben sollen.«

[69] BVerfGE 93, 37 (66). – Vgl. aber auch BVerfGE 88, 155 (182), wo vor dem Wort »verantwortlich« das Wort »grundsätzlich« steht!

[70] *Doehring*, Zur Erstreckung gerichtlicher Kontrolle des Gesetzgebers und der Regierung in: Festschrift für Stern (Fn. 54), S. 1059 (1067), stellt fest, das Gericht trage zwar Verantwortung, sei aber nicht verantwortlich, und folgert daraus, es ermangele der demokratischen Legitimation. Demokratische Legitimation ohne Verantwortlichkeit sei eine contradictio in adiecto.

[71] BVerfGE 93, 37 (66 f.); s. a. *Böckenförde*, in: Isensee/Kirchhof (Hrsg.), Handbuch des Staatsrechts, Band I, 1987, § 22 RN 15 ff.

[72] Davon zu unterscheiden (und hier ohne Interesse) ist die rechtliche Verantwortung der

also bei dem für den demokratischen Verfassungsstaat kennzeichnenden, insbesondere hinsichtlich der Verfassungsgerichtsbarkeit rechtfertigungsbedürftigen Befund, daß das Prinzip des responsible government für einen auch politisch gewichtigen staatsorganschaftlichen Bereich keine Geltung hat.

3. Die Legitimationskraft der gemischten Verfassung

Der Blick für die legitimatorische Tragkraft dieser Verfassungsstruktur, die ja gerade deshalb, weil sie nicht einlinig dem demokratischen Prinzip verhaftet ist, eine gemischte heißt, wird geschärft, wenn man ihn über die Grenzen des Staates hinaus ins Weite lenkt. Dabei wird von einem ganz unprätentiösen Begriff von Legitimation und Legitimität ausgegangen.[73] Ein politisches System besitzt Legitimität in dem Maße, in dem es gute Gründe dafür gibt, daß die von diesem System hervorgebrachten Entscheidungen von denen respektiert[74] werden, für die sie gelten sollen.[75]

a) Die Korrektur des demokratischen Prinzips durch das föderalistische Prinzip im Bundesstaat

Verweilen wir noch für einen Augenblick im Binnenraum des Staates, so stellen wir fest, daß zur Legitimität föderativ gegliederter Staaten die Dezentralisation der Zuständigkeiten ebenso entscheidend beiträgt wie die Mitwirkung der Gliedstaaten auf der Ebene des Gesamtstaats – solange jedenfalls, als dadurch die Handlungs- und Entscheidungsfähigkeit des Gemeinwesens insgesamt nicht erheblichen Schaden nimmt. Dies geschieht durchaus um den Preis einer gewissen Beeinträchtigung des demokratischen Prinzips – im Bundesstaat Bundesrepublik Deutschland gleich auf doppelte Weise: einerseits nämlich durch die dem Grundsatz der Gleichheit der Wahl nicht entsprechende Stimmgewichtung der Länder im Bundesrat,[76] andererseits durch dessen Zu-

---

Richter, auch der Richter des Bundesverfassungsgerichts (vgl. Artikel 98 GG, § 105 BVerfGG).

[73] *Isensee*, Das Volk als Grund der Verfassung, 1995, S. 75, definiert Legitimation als Prozeß, Legitimität als das Resultat des erfolgreichen Verlaufs dieses Prozesses. Diesem Sprachgebrauch schließe ich mich an.

[74] Vom Ministerpräsidenten des Freistaats Bayern, Dr. Edmund Stoiber, ist berichtet worden, er habe sich zu dem Kruzifix-Beschluß des Bundesverfassungsgerichts (BVerfGE 93, 1) dahin geäußert, er werde ihn respektieren, könne ihn aber nicht akzeptieren, womit er meinte, er halte ihn inhaltlich nicht für richtig. Darauf kommt es in der Tat – jedenfalls grundsätzlich – nicht an. Nicht daß die Rechtsunterworfenen die Entscheidungen der Staatsorgane für richtig halten, begründet ihre Legitimität, sondern daß sie ihnen gerade auch dann zu folgen bereit sind, sie also respektieren, wenn sie sie inhaltlich für falsch halten. Dieses darf allerdings weder in Bezug auf die Entscheidungen des politischen Gemeinwesens insgesamt noch in Bezug auf ein bestimmtes Organ desselben für eine Mehrheit zur Regel werden.

[75] Vgl. *Alexy*, Diskussionsbeitrag in: Achterberg/Krawietz (Fn. 62), S. 105.

[76] Im US-Senat, in dem jeder der 50 Gliedstaaten mit zwei Senatoren, und im Ständerat der

sammensetzung aus Mitgliedern der Landesregierungen, die diesen eine parlamentarisch kaum zu kontrollierende Macht zuspielt. Das ist im Blick auf die Legitimität des Gemeinwesens nicht nur hinnehmbar, es ist ihr vielmehr sogar in aller Regel förderlich und gereicht ihr nur dann zum Nachteil, wenn die grundsätzlich nicht illegitime parteipolitische Instrumentalisierung der Länderkammer, sei es im Dienste der parlamentarischen Mehrheit, sei es im Dienste der parlamentarischen Opposition allzu penetrant in die Erscheinung tritt,[77] wenn also der Bundesrat aus dem Erwartungshorizont der Bevölkerung ausbricht und dadurch den sensus civium enttäuscht.

b) Von der Globalisierung des wirtschaftlichen Wettbewerbs zur Standortkonkurrenz der nationalen Volkswirtschaften
Die europäische Integration war gewiß zunächst von einem politischen Motiv getragen, und sie ist es noch immer: Als gleichberechtigte Glieder in einem vereinten Europa dem Frieden dieses Kontinents und dem der Welt zu dienen, war und bleibt das wichtigste Ziel der europäischen Einigungspolitik. Die Integration der Wirtschaftsräume der Mitgliedstaaten zum europäischen Binnenmarkt ist Mittel zu diesem Zweck. Nicht erst die Zeitenwende von 1989/90, sondern zuvor schon die sich in der westlichen, die fernöstliche zunehmend einbeziehenden Hemisphäre einstellende Interdependenz der nationalen Ökonomien hat aber unabhängig davon die Notwendigkeit sichtbar werden lassen, die Kräfte der europäischen Staaten zusammenzufassen, um im globalen Wettbewerb zu bestehen. Auf den grenzüberschreitenden, längst nicht mehr in die staatlichen Grenzen zu bannenden Märkten sind die Staaten als einzelne zunehmend machtlos. Die Zahl der privaten Wirtschaftssubjekte, die keine marktordnende nationale Hoheitsgewalt zu erreichen vermag[78] (global players), wächst unaufhaltsam, es sei denn man zerschlüge sie zum eigenen Schaden mit roher Gewalt. Die veränderten Transport- und Kommunikationsbedingungen lassen Mobilität und Flexibilität der wirtschaftlichen Akteure sprunghaft ansteigen.[79] Die angesichts der technischen Möglichkeiten wie auch mit Rücksicht auf die weltweit verbindlichen menschenrechtlichen Gewährleistungen nur in Grenzen einschränkbare Wanderungsfreiheit von Personen, Gütern, Dienstleistungen und Kapital[80] zwingt die Staaten zu supra- und in-

---

Schweiz, in dem jeder Kanton mit zwei Abgeordneten, die geteilten Kantone mit je einem Abgeordneten vertreten sind, jeweils unabhängig von der Größe ihrer Bevölkerung, wird dies noch deutlicher.

[77] Ein grundsätzlicher Unterschied zum Bundestag besteht nicht. Auch er verfehlt seine legitimatorische Funktion, wenn sich Mehrheit und Minderheit aus durchsichtigen taktischen Gründen um parteipolitischer Vorteile willen nurmehr beharken und belauern und darüber ihre Gemeinwohlverantwortung aus der Sicht der Wähler vernachlässigen.

[78] *Leisner,* Marktoffenes Verfassungsrecht, in: Festschrift für Kriele (Fn.1), S.253 (256).

[79] *Brok,* Wirtschaft und Staat im Zeitalter der Globalisierung in: Aus Politik und Zeitgeschichte B 33–34/97, S.12 (15).

[80] *Lübkemeier,* Woran es noch fehlt. Die Europäische Union muß eine Weltmacht werden, FAZ Nr.172 vom 28.Juli 1997, S.9.

ternationaler Kooperation: die offene Staatlichkeit, im Ursprung politisch begründet, wird auch zur unabdingbaren Voraussetzung des Überlebens der nationalen Volkswirtschaften. Auf Europa gewendet: die wirtschaftliche Integration verliert ihren bloß instrumentalen Charakter, sie wird, ohne diesen
einzubüßen, zu einem Zweck an sich selbst.

Wollen die europäischen Staaten sich nicht auf für entwickelte Volkswirtschaften selbstmörderische Abschottungsversuche einlassen oder in einen rui-
nösen Standortwettbewerb untereinander eintreten, bleibt ihnen nur die Op-
tion engen Zusammenwirkens, »um sich im Innern nicht gegeneinander aus-
zuspielen und in der globalen Konkurrenz besser mitspielen zu können, und
zwar sowohl als Konkurrent (Wirtschaftsstandort Europa) wie auch als politischer Partner zur Gestaltung globaler Handels- und Wirtschaftsbedingungen«.[81] Der »geschlossene Handelsstaat« im Sinne *Johann Gottlieb Fichtes* ist
keine brauchbare Alternative.

c) Exkurs: Internationale ökonomische Vernetzung und Sozialstaatlichkeit
Den Befürchtungen, die sich im Blick auf ihre Folgen für das »europäische
Gesellschaftsmodell, eine spezifisch europäische Kombination von wirtschaftlicher Produktivität und sozialer Solidarität«[82] an die Globalisierung knüpfen,
kann hier ebensowenig nachgegangen werden wie der Besorgnis, die Präpon-
deranz der wirtschaftlichen Perspektive innerhalb der Europäischen Union,
ihre »Emanzipation von der *Sozialen* Marktwirtschaft« könne Europa als politisches Projekt zum Stranden bringen.[83] Ganz unbegründet sind sie keineswegs.[84] Nur soviel sei gesagt: Die in der Nachkriegszeit getroffenen und nach
dem Ende der Ost-West-Konfrontation weltweit zur Anerkennung gelangten
wirtschaftspolitischen Grundentscheidungen beruhen auf der Überzeugung,
»daß dem Wohlstand aller Länder am besten gedient ist, wenn Freihandel
herrscht und die Produktionsfaktoren in ihre jeweils produktivsten Verwen-
dungen wandern können«.[85] Daß auch Deutschland von der weltweiten Öff-
nung der Märkte profitiert hat, liegt am Tage. Die Globalisierung führt auch

---

[81] Ebenda; s.a. *Schroeder*, Das Kapital flieht, Die Politische Meinung 1997, Nr. 334, S. 15
(19).
[82] *Lübkemeier* (wie Fn. 80).
[83] *Böckenförde*, Welchen Weg geht Europa?, 1997, S. 24.
[84] *Scharpf*, Politische Optionen im vollendeten Binnenmarkt in: Jachtenfuchs/Kohler-Koch
(Hrsg.), Europäische Integration, 1996, S. 109 ff. zeigt schlüssig, warum ungeachtet der Tatsache, daß die Europäischen Gemeinschaften seit der Einheitlichen Europäischen Akte erhebliche Aktivitäten auf den Gebieten des Gesundheits- und Arbeits-, des Umwelt- und des
Verbraucherschutzes entfalten, die Harmonisierung produktions- und standortbezogener Regelungen (zu denen auch die sozialen Standards gehören) so schwer vorankommt, während
die zur Herstellung des freien Binnenmarktes notwendige Beseitigung nationaler Handels-
hindernisse und Wettbewerbsbedingungen auf weit geringere Schwierigkeiten stößt.
[85] *Mayer*, Globalisierung und wohlfahrtsstaatliche Aufgaben in: Aus Politik und Zeitgeschichte, B 33–34/97, S. 29 (33).

weder zwingend zu hoher Arbeitslosigkeit[86] noch notwendig zu einem Abbau sozialstaatlicher Errungenschaften. Will ein Land im internationalen Standort-wettbewerb Schritt halten – die Chancen dafür dürften proportional zur Grö-ße des Binnenmarktes wachsen (was grundsätzlich für die Erweiterung der Europäischen Union und wohl auch für die europäische Währungseinheit spricht, denn: einheitliche Finanzmärkte verlangen nach einer einheitlichen Geldpolitik) –, müssen seine Produkte konkurrenzfähig und seine Produk-tionsbedingungen so beschaffen sein, daß die sogenannte Exit-Option der Ka-pitalanleger[87] nicht realisiert wird, das Kapital also nicht in andere Standorte abwandert. Bei (im Vergleich zur Standortkonkurrenz) zu hohen Arbeitsko-sten läßt sich dies nur um den Preis entweder einer Reduzierung der verfüg-baren Einkommen bei Aufrechterhaltung des sozialen Leistungsniveaus oder von dessen Absenkung unter Beibehaltung oder gar Steigerung des Umfangs der verfügbaren Einkommen erreichen.[88] Diese Alternative ist unausweichlich. Dem Land, das sich vor ihr drückt, drohen Wachstumsschwäche und Arbeits-losigkeit, in deren Folge der Sozialstaat keine Überlebenschance hat. *Leisner* hat daraus die Forderung abgeleitet, der Staat müsse, wozu ihm auch im Zeit-alter weltweiter ökonomischer Vernetzungen Möglichkeiten bleiben, den Markt fördern, statt ihn als Objekt seiner Gestaltung zu betrachten.[89]

Das ist die eine Seite der Sache. Ihre Kehrseite allerdings ist die, daß die Globalisierung der Märkte es dem Kapital ermöglicht hat, sich seiner sozialen Verantwortung zu entziehen. Den Staaten stellt sich deshalb die gemeinsame und nur im – gleichfalls globalen oder doch möglichst weiträumigen – Zusam-menwirken zu bewältigende Aufgabe, den Kapitalismus (wie schon einmal, jetzt aber unter ganz anderen Bedingungen) zu zivilisieren.[90]

d) Das demokratische Dilemma inter- und supranationaler Zusammenschlüsse: Effektivität gegen Partizipation (R. A. Dahl)

Kehren wir nach diesem Exkurs zu der zuvor gewonnenen Einsicht zurück, daß die Staaten durch internationale Zusammenarbeit, die europäischen Staa-ten im Verbund der Europäischen Union größere Chancen haben, sich im globalen Standortwettbewerb zu behaupten oder diesen gar durch die Setzung von Rahmenbedingungen zu disziplinieren, so folgt daraus, daß ihnen im Maße, in dem sie mit diesen Bemühungen Erfolg haben, Legitimität und damit

---

[86] Vgl. etwa *Hank,* Kapitalismus ohne Arbeit, FAZ Nr. 195 vom 23. August 1997, S. 9; s. a. *Bofinger,* Der Euro vor der Einführung, Aus Politik und Zeitgeschichte, B 47/97, S. 11 (15 f.), der darauf hinweist, daß mit der Einführung des Euro das Standortrisiko erheblicher DM-Aufwertungen entfällt, soweit es um die Währungen anderer EU-Mitgliedstaaten geht.

[87] *Scharpf* (Fn. 84), S. 134.

[88] Vgl. das Gutachten des Sachverständigenrates zur Begutachtung der gesamtwirtschaftli-chen Entwicklung vom 18. November 1996, BTDrs. 13/6200, S. 180.

[89] (Fn. 78), S. 263 ff.; zu ähnlichen Schlußfolgerungen gelangt *Scharpf* (Fn. 84), S. 134 ff.

[90] Vgl. etwa. *Gräfin Dönhoff,* Zivilisiert den Kapitalismus, 1997.

Stabilität zuwachsen. Das gälte umso mehr, wenn es auf diesem Wege gelänge, sei es in gemeinschaftlicher Verantwortung, sei es durch geeignete Maßnahmen auf mitgliedstaatlicher Ebene die soziale Komponente jenes – allerdings in vielerlei Variationen bestehenden –»europäischen Gesellschaftsmodells« zu erhalten.

Wenn es, wie damit unterstellt, zutrifft, daß zur Legitimität eines politischen Gemeinwesens dessen Erfolg in der Bewältigung seiner Aufgaben, oder besser: in der Erfüllung der Erwartungen der Bürger, wesentlich beiträgt, dann müssen die Strukturen politischer Entscheidungsfindung so beschaffen sein, daß wenn schon nicht die Gewähr, so doch jedenfalls eine gute Chance besteht, diesen Erwartungen zu entsprechen.

Daraus wiederum folgt, daß die Staaten[91] in dem Maße, in dem sie sich auf ihren – nicht zuletzt durch die Erwartungen ihrer Bürger begründeten – Aufgabenfeldern Einflüssen von außen ausgesetzt sehen, die sich ihrer Kontrolle entziehen, im Maße also, in dem sie eigene Problemlösungskompetenz einbüßen, zu einem Zusammengehen mit anderen Staaten genötigt sind. Neben der theoretischen Möglichkeit eines Zusammenschlusses zu einem neuen Staat unter Preisgabe der eigenen Staatlichkeit besteht die – aus mancherlei Gründen vorzugswürdige – praktische Möglichkeit der Kooperation in den dafür verfügbaren Formen, angefangen von der völkervertraglich koordinierten Aktion bis hin zum supranationalen Verbund. Alle diese Formen internationaler Kooperation führen in das von *Robert A. Dahl*[92] anschaulich so bezeichnete demokratische Dilemma: Um der Erhaltung der Effektivität des politischen Systems willen (die eine wichtige Komponente seiner Legitimität ist) – *Udo Di Fabio* sieht das »Sachgerechtigkeits- und Effektivitätsgebot« im Rechtsstaatsprinzip verwurzelt[93] – müssen Entscheidungskompetenzen auf außer-

---

[91] Ausnahmen mögen für einige wenige in archaischen Zuständen verharrende Gemeinwesen für eine gewisse Zeit noch Bestand haben.

[92] A Democratic Dilemma: System Effectiveness versus Citizen Participation, Political Science Quaterly 109 (1994), S. 23; dazu auch *Evers* (Fn. 59).

[93] Verwaltungsentscheidung durch externen Sachverstand, VerwArch 81 (1990), 193 (211). Es ist hier nicht nur auf die grundlegende, gegenüber der »Effizienz als Rechtsprinzip« freilich betont zurückhaltende Studie *Leisners* aus dem Jahr 1971 zu verweisen, sondern auch auf zwei jüngere, gleichermaßen bemerkenswerte verfassungsgerichtliche Erkenntnisse. Das Bundesverfassungsgericht (BVerfGE 93, 37 [66 f.] – Mitbestimmungsgesetz Schleswig-Holstein) hat unter Rückgriff auf die frühe Entscheidung zum Bremischen Personalvertretungsgesetz (BVerfGE 9, 268 [281 f.]) erneut betont, daß der Grundsatz der Volkssouveränität einen *effektiven* Einfluß des Volkes auf die Ausübung der Staatsgewalt durch die staatlichen Organe erfordere; das Grundgesetz verlange die *Effektivität* demokratischer Legitimation allen staatlichen Handelns und als Voraussetzung dafür eine Organisation der Exekutive, die die Regierung in die Lage setze, »die Sachverantwortung gegenüber Volk und Parlament zu übernehmen«. – Der BayVerfGH hat in seiner Entscheidung vom 29. August 1996 betreffend das Gesetz zur Einführung des kommunalen Bürgerentscheids vom 27. Oktober 1995 (GVBl. S. 730) hervorgehoben, die *Funktionsfähigkeit* der verfassungsmäßigen Organe von Gemeinden und Landkreisen gehört zu deren in Artikel 10 Abs. 1 und 11 Abs. 2 Satz 2 BV gewähr-

halb des Staates gelegene, ihm in gewissen Umfang übergeordnete Ebenen verlagert werden.[94] Deren Funktionsträger werden in aller Regel – das Europäische Parlament bildet insofern eine Ausnahme als seine Mitglieder direkt von den Völkern der Mitgliedstaaten gewählt werde – weder unmittelbar vom Volk gewählt, noch sind sie einer unmittelbar wirksamen politischen Kontrolle vom Volk gewählter Repräsentanten unterworfen. Selbst wenn es gelänge, das »demokratische Defizit« der supranationalen europäischen Entscheidungsverfahen zu verringern, durch eine im Vertrag von Amsterdam ins Auge gefaßte Stärkung der Mitentscheidungsbefugnisse des Europäischen Parlaments etwa (die manche allerdings dafür a priori für ungeeignet halten[95]) oder eine verbesserte Einbindung der nationalen Parlamente (ein Weg, den Artikel 23 und Artikel 45 GG zu gehen trachten),[96] oder den Mitgliedstaaten in strikter Beachtung des Subsidiaritätsprinzips[97] nennenswerte Handlungs- und Entscheidungsspielräume zu erhalten, so ist doch offensichtlich: die repräsentative Demokratie befindet sich in einem Zustand weitreichender Transformation. Aus der Sicht des nationalen Verfassungsrechts sagt *Konrad Hesse*: »Die Entwicklung des Staates vom überkommenen souveränen, in sich geschlossenen Nationalstaat zum heutigen international verflochtenen und supranational eingebundenen Staat findet ihre Entsprechung in dem Verlust der Suprematie und der bisherigen Reichweite seiner Verfassung«.[98] Anders ausgedrückt: Wie die im Bundesstaat zu beobachtenden, von einer Ausweitung der Machtbefugnisse der Landesexekutiven begleiteten zentripetalen Entwicklungen das demokratische Prinzip verantwortlicher Regierung im Bund wie in den Ländern deutlich in Mitleidenschaft gezogen haben, »so geht auch in der europäischen Politikverflechtung die zwischen den Regierungen (und ihren Bürokratien) ausgehandelte Politik an den gliedstaatlichen Parlamenten vorbei«.[99] Die erwähnten neuen Vorschriften des Grundgesetzes werden daran

---

leistetem Selbstverwertungsrecht; unter Funktionsfähigkeit wird verstanden, daß diese Organe in der Lage bleiben müssen, »eigenständig und selbstverantwortlich über die Angelegenheiten der Gemeinde« und des Landkreises »zu entscheiden«. – Zur Ambivalenz des Effizienzprinzips bei der Aufgabenverteilung zwischen den verschiedenen kommunalen Ebenen s. aber auch BVerfGE 79, 127 (153) – Abfallbeseitigung. – Vgl. auch unten zu und in Fn. 108.

[94] Die Logik der europäischen Integration ist, wie *Kohler-Koch*, Die Europäisierung nationaler Demokratien: Verschleiß eines europäischen Kulturerbes? in: M. T. Greven (Hrsg.), Demokratie – eine Kultur des Westens?, 1998, 1 (12), zutreffend feststellt, auf Handlungsfähigkeit und internationale Wettbewerbsfähigkeit aufgebaut.

[95] Dagegen wendet sich *Oeter* (Fn. 66).

[96] S. dazu das Protokoll über die Rolle der einzelstaatlichen Parlamente in der Europäischen Union, das Bestandteil des Vertrages von Amsterdam ist. *Kohler-Koch* (Fn. 94), S. 11, sieht die nationalen Parlamente in diesem Protokoll »stiefmütterlich« behandelt.

[97] Dazu das Protokoll über die Anwendung der Grundsätze der Subsidiarität und der Verhältnismäßigkeit, das ebenfalls Bestandteil des Vertrags von Amsterdam bildet.

[98] Verfassung und Verfassungsrecht in: Benda/Maihofer/Vogel (Hrsg.), Handbuch des Verfassungsrechts, 2. Aufl. 1994, § 1 RN 36; s. a. *Pernthaler* (Fn. 53), S. 796.

[99] *Scharpf* (Fn. 84), S. 122 Fn. 14.

schon deshalb wenig ändern, weil der Verhandlungsspielraum der Minister im Rat vom Bundestag nicht soweit eingeschränkt werden darf, »daß die Entscheidungsfindung auf europäischer Ebene erstarrt«.[100]

e) Die Legitimationsfunktion der »neutralen« Expertise im Konzept des demokratischen Gemeinwesens

Sieht sich wie im Staat so auch im europäischen Staatenverbund die Wirksamkeit des demokratischen Prinzips – unbeschadet möglicher und wünschbarer Revitalisierungsmaßnahmen auf nationaler wie supranationaler Ebene – unwiderruflich geschwächt, so müssen andere Legitimationsfaktoren an Bedeutung gewinnen. Das gilt vor allem für die Bindung aller öffentlichen Gewalt an das Recht und deren lückenlose Kontrolle durch die Gerichtsbarkeit. Auch von daher wird sichtbar, daß die Justiz – und das gilt namentlich für die Verfassungsgerichtsbarkeit – als ein Teil des politischen Verantwortungssystems zu begreifen ist.[101] Die Europäischen Gemeinschaften sind bewußt als Rechtsgemeinschaften ins Leben getreten. Ihre »exekutivische Struktur«[102] wurde von vornherein durch eine weitgespannte »justizielle Struktur« ergänzt (die des Ausbaus fähig und bedürftig ist und hinter fortschreitenden Vergemeinschaftungsprozessen nicht zurückbleiben darf), die ganz selbstverständlich die Kontrolle der Normen des Sekundärrechts am Maßstab des vorrangigen primären Gemeinschaftsrechts einschließlich der Gemeinschaftsgrundrechte umfaßt. Dem Bundesverfassungsgericht fällt in »Kooperation« mit dem Europäischen Gerichtshof die Aufgabe zu, ein Handeln der Gemeinschaften ultra vires zu verhindern.[103]

Die gerichtlich sanktionierte Rechtsbindung aller öffentlichen Gewalt gewinnt durch die Ausdünnung demokratischer Partizipation an legitimatorischer Bedeutung. Das gilt nicht nur für sie. Eine bei allen Unterschieden vergleichbare Legitimationsfunktion kommt – zumindest konzeptionell – dem Berufsbeamtentum zu. Weisungsgebunden zwar gegenüber der politisch verantwortlichen Regierung, durch »hergebrachte Grundsätze« jedoch in ihrem persönlichen Status gesichert, sollen die Beamten ihr Fachwissen in den Dienst des Gemeinwohls stellen, unparteiisch dem Ganzen und nicht Teilen desselben (Parteien) verpflichtet: Hier vor allem erweist sich das »Amt« als die zentrale Kategorie moderner Staatlichkeit[104] – und nicht nur der Staatlichkeit,

---

[100] So zutr. *Rack* u.a., Demokratische Rechtserzeugung im gemeinsamen Europa, in: Festschrift für Winkler (Fn. 42), S. 855 (877).

[101] *Haltern*, Demokratische Verantwortlichkeit und Verfassungsgerichtsbarkeit, Der Staat 35 (1996), 551 (565).

[102] *Böckenförde* (Fn. 83).

[103] BVerfGE 89, 155 (175). Dazu *Ress* (Fn. 42), S. 930; *Streinz*, Das »Kooperationsverhältnis« zwischen Bundesverfassungsgericht und Europäischem Gerichtshof nach dem Maastricht-Urteil, in: Ipsen u.a. (Hrsg.), Verfassungsrecht im Wandel, 1995, S. 663.

[104] Wegweisend: *Hennis*, Amtsgedanke und Demokratiebegriff in: *ders.*, Politik als praktische Wissenschaft, 1968, S. 48; *Isensee*, HStR I, 1987, § 13 RN 107 m.w.N.

sondern auch der sie zunehmend überwölbenden Strukturen der Weltgesellschaft! In den gleichen Zusammenhang gehört die Einrichtung einer unabhängigen Zentralbank zu dem vorrangigen Zweck der Sicherung der Währungsstabilität, zunehmend (das deutschen Vorbild folgend) auf der nationalen, mit der Heraufkunft der Europäischen Wirtschafts- und Währungsunion auch auf der europäischen Ebene. Schließlich läßt sich ganz allgemein feststellen, daß die institutionelle Innenwelt des Staates wie der inter- und supranationalen Organisationen in wachsenden Umfang von Experten und dem bei ihnen vermuteten Wissen durchdrungen wird.[105]

Das diesen Erscheinungen Gemeinsame ist zum einen die ihnen zugrunde liegende Erkenntnis, daß eine Vielzahl der Aufgaben, die sich der Politik herstellen, einen zu hohen Komplexitätsgrad aufweisen, als daß sie sich mit den überkommen politischen Meinungs- und Willensbildungsverfahren noch bewältigen ließen: die Politik ist zur Erhaltung ihrer Handlungsfähigkeit auf das Expertenwissen zunehmend angewiesen. Sie sieht sich – aus einer Reihe von Gründen, der soeben erhobene, in den objektiven Verhältnissen begründete Befund ist nur einer von ihnen – mit dem schwindenden Zutrauen der Menschen – ihre Problemlösungskompetenz konfrontiert: sie aktiviert das Expertenwissen zur Legitimation der von ihr zu treffenden Entscheidungen. In einigen Bereichen – ergänzend zu den zuvor genannten wären die Universitäten zu nennen – wie zum anderen politische Entscheidungsmacht auf von der (Partei-) Politik weitgehend unabhängig gestellte Einrichtungen übertragen, deren Autorität auf ihren professionellen Standards (im Falle der Justiz auf der spezifischen Fähigkeit, mit dem »autoritätsvermittelnden Text« lege artis umzugehen), auf der Fähigkeit zu effizientem Handeln und auf der verpflichtenden Kraft des öffentliches Amtes beruht: Legitimität des politischen Handlungs- und Entscheidungssystems ist in diesen abgegrenzten Bereichen nur dadurch zu bewirken, daß die Befugnis, verbindliche Entscheidungen zu treffen, in die öffentliche Ämterordnung eingegliederten, mehr oder weniger unabhängigen Experten übertragen wird.

Hierbei geht es nicht um die Verwirklichung des Ideals einer unpolitischen Herrschaft von Sachverständigen,[106] nicht um die – auch nur teilweise – Errichtung eines Königtums der Philosophen.[107] Experten sind nicht unpolitisch. Aufgegeben ist ihnen und den ihnen anvertrauten Institutionen, das größtmögliche Maß an Fachwissen und Sachlichkeit in den politischen Entscheidungsprozeß einzubringen. Dazu bedürfen sie einer – je nach der ihnen übertragenen Funktion unterschiedlich zu bemessenden – allerdings nicht frei schwebenden, sondern durch die Einbindung in das Ämtersystem diszipli-

---

[105] *B. Wehner*, Die Katastrophen der Demokratie, 1992, S. 106 f.
[106] So zu Recht *Limbach* (Fn. 16), S. 24.
[107] Vgl. *Zippelius*, Allgemeine Staatslehre, 12. Aufl. 1994, § 25 I.

nierten Unabhängigkeit. Dazu bedarf es bis zu einem gewissen Grad objektivierbarer Maßstäbe für die von ihnen zu treffenden Entscheidungen. Dazu bedarf es weiter ihrer personellen Legitimation: sie sind vom Wähler unmittelbar, vom Parlament oder der ihm verantwortlichen Regierung, gegebenenfalls auf Zeit, in ihre Ämter zu berufen. Und all dies bedarf schließlich der Grundlegung in der Verfassung. Nur so fügt sich unser Phänomen in einer die Legitimität des politischen Systems stärkenden Weise in das demokratische Konzept.[108] Dieses ist wohl Gegenstand einer tiefgreifenden Veränderung. Um eine Preisgabe des Prinzips, daß alle Staatsgewalt vom Volke auszugehen habe, handelt es sich jedoch nicht.

Versteht man mit *Robert von Mohl*[109] Repräsentation als »diejenige Einrichtung ...,vermöge welcher der einem Teil oder der Gesamtheit der Untertanen zustehende Einfluß auf Staatsgeschäfte durch eine kleinere Anzahl aus der Mitte der Beteiligten, in ihrem Namen und verpflichtend für sie besorgt wird«, so ist es offensichtlich, daß repräsentativer Charakter nicht nur den Inhabern sogenannter politischer Ämter zukommt, die als Parlamentsabgeordnete dem Wähler oder als Regierungsmitglieder dem Parlament Rechenschaft zu legen haben, also verantwortlich sind. Ein repräsentativer Status kommt jedem Inhaber eines öffentlichen Amtes zu, der die ihm unmittelbar oder mittelbar vom Volk anvertraute Aufgabe sachgemäß, d. h. unvoreingenommen nach den ihm vorgegebenen Regeln, versieht. Solange dies der Fall ist, bestehen gute Gründe, dem politischen System Vertrauen entgegenzubringen und sich in seine Entscheidungen zu fügen.

III. Schluß: Plurale Grundlagen der Legitimität moderner politischer Systeme

»Democracy cannot be justified merely as a system for translating the raw, uninformed will of a popular majority into public policy«, heißt es bei *Robert Dahl*.[110] Auf der gleichen Linie liegt *Wilhelm Hennis'* Diktum, der zentrale Begriff der repräsentativen Demokratie sei nicht die Volkssouveränität, nicht der Wille, sondern das Amt.[111] Der Staat oder, wie es im Blick auf die Einfügung der Mitgliedstaaten der Europäischen Union in ein supranationales

---

[108] Man könnte das vielleicht mit *M. Kaufmann,* Europäische Integration und Demokratieprinzip, 1997, S.477f., dahin formulieren, daß Sachverstand und effektive Sachwaltung keine originären Verfassungswerte sind, aber eine legitimitätsstützende Wirkung entfalten können. S.a. *Jestaedt,* Demokratieprinzip und Kondominialverwaltung, 1993, S.590ff. Vgl. auch meine Schlußbemerkung in: Die Funktion des Parlaments im politischen Prozeß, ZG 1997, 209 (231f.).
[109] Staatsrecht, Völkerrecht und Politik, 1860, Band I, S.8f.
[110] (Fn.92), S.30.
[111] (Fn.104), S.50f.

Gemeinwesen, das (nach *Peter Pernthaler*)[112] »bereits deutliche Züge einer
überstaatlichen ›rule of law‹ sowie eines multinational-föderalen europäisch-
demokratischen Systems zeigt«, genauer zu formulieren ist, das – auf mehrere
Ebenen verteilte – politische System bezieht seine Legitimität aus einer Pluralität sich miteinander verschränkender Legitimationsfaktoren, die sich zu
dem Ziel vereinigen, ihm Effizienz und seinen Entscheidungen die Akzeptanz
der Bürger zu sichern.

Deshalb heißt es im Maastricht-Urteil des Bundesverfassungsgerichts, es
gehöre zu dem nach Artikel 79 Absatz 3 GG nicht antastbaren Gehalt des
Demokratieprinzips, »daß die Wahrnehmung staatlicher Aufgaben und die
Ausübung staatlicher Befugnisse sich auf das Staatsvolk zurückführen lassen
und *grundsätzlich* ihm gegenüber verantwortet werden« (Hervorhebung von
mir); deswegen wird dort wenig später ausgeführt, die Verselbständigung der
meisten Aufgaben der Währungspolitik bei einer unabhängigen Zentralbank
löse staatliche Hoheitsgewalt aus unmittelbarer staatlicher oder supranationaler parlamentarischer Verantwortlichkeit, um das Währungswesen dem Zugriff von Interessentengruppen und der an einer Wiederwahl interessierten
politischen Mandatsträger zu entziehen, was jedoch als eine in der Verfassung
selbst vorgesehen (Artikel 88 Satz 2 GG) Modifikation des Demokratieprinzips mit Artikel 79 Absatz 3 GG vereinbar sei.[113] In Bezug auf die Europäische Zentralbank wird an den normativen Maßstab erinnert, also an den »autoritätsvermittelnden Text«, die »strengen Kriterien des Maastrichter Vertrages und der Satzung des Europäischen Systems der Zentralbanken hinsichtlich
der Unabhängigkeit der Zentralbank und der Priorität der Geldwertstabili-
tät«.[114] Auch in anderer Hinsicht verschließt sich die Verfassung nicht notwendigen Modifikationen des Demokratieprinzips. Die Struktursicherungs-
klausel des Artikels 23 Absatz 1 Satz 1 GG verlangt für die Baustatik der
Europäischen Union nicht Homogenität mit den vom Grundgesetz an die
Bundesrepublik Deutschland gerichteten Vorgaben, sondern – wie *Rudolf
Streinz*[115] es nennt – eine »strukturangepaßte Grundsatzkongruenz«.

---

[112] (Fn. 53), S. 796.

[113] BVerfGE 89, 155 (182, 208).

[114] Ebenda, S. 208. Ebenda, S. 209, heißt es allerdings auch, die Verselbständigung der Währungspolitik lasse sich auf andere Politikbereiche nicht übertragen. Zust. *Kirchhof* in: Isen-
see/Kirchhof, HStR IX, 1997, § 221 RN 38, allerdings mit dem Hinzufügen, die Verlagerung
von Entscheidungen aus dem Parlament heraus auf Sachverständigengremien sei jeweils (sic!)
rechtfertigungsbedürftig gegenüber dem demokratischen Prinzip. D. h. aber: sie ist nicht a
priori ausgeschlossen. Das gilt umso mehr, als das demokratische Prinzip des Artikels 20
Abs. 2 GG nicht notwendig danach verlangt, daß das Parlament das einzige unmittelbar vom
Volk gewählte Staatsorgan oder auch nur Gesetzgebungsorgan ist.

[115] In: Sachs (Hrsg.), Grundgesetz. Kommentar, 1996, Artikel 23 RN 22; s. etwa auch *Baldus*, Europol und Demokratieprinzip, ZRP 1997, 286 (287) m. N.

Die Legitimitätsstruktur moderner politischer Systeme ist multipolar. Der Prozeß ihrer Legitimation speist sich aus unterschiedlichen Quellen: demokratischer Bestellung der Amtsträger, deren Amtsführung unter den Augen einer dafür hinreichend informierten Öffentlichkeit und in freier Kommunikation mit ihr, effizienter Entscheidungsfindung in differenziert ausgestalteten Verfahren sowie in – je nach den von ihnen wahrzunehmenden Aufgaben und den für ihre sachgemäße Erfüllung maßgeblichen Regeln – unterschiedlich zu bemessender Unabhängigkeit und Verantwortlichkeit. Die Gerichtsbarkeit fügt sich nahtlos in diesen Mechanismus: als eine auf den Willen des Volkes (der Rechtsunterworfenen) zurückführbare, gleichwohl in hinreichender Distanz zu den in Volksvertretung und Regierung dominanten politischen Parteien angesiedelte Einrichtung, deren Autorität aus den ihre Entscheidungen steuernden Texten sowie der Professionalität und der Untadeligkeit der Amtsführung der Richter erwächst. Das gilt in Sonderheit für die Verfassungsgerichte, einschließlich ihrer Zuständigkeit zur Normenkontrolle, solange sie sich des »Risikos ihres Letztentscheidungsrechts«[116] bewußt und in ihrem Entscheidungsverhalten im Horizont der verfassungsgestützten »Gerechtigkeitserwartungen und Wertvorstellungen der Gesellschaft«[117] bleiben. Die Legitimität des modernen politischen Gemeinwesens hat in der Verfassungsgerichtsbarkeit (einschließlich der europäischen und der internationalen Menschenrechts-Gerichtsbarkeit) einen ihrer tragenden Pfeiler.

---

[116] *Depenheuer* (Fn. 1), S. 495.
[117] *Limbach* (Fn. 16), S. 10.

4. Bundesverfassungsgericht und Begründungszwang

Helmut Steinberger, dem dieser Beitrag gewidmet ist, hat als Richter des Bundesverfassungsgerichts dem (Verfassungs-) Prozeßrecht stets große Aufmerksamkeit gewidmet. Seinen »Rosenberg« hatte er im Kopf, und nicht selten führte er ihn auch im Munde. Deshalb mögen die nachfolgend angestellten Überlegungen zu einer verfassungsprozeßrechtlichen Frage dem Anlaß, den diese Festschrift würdigt, angemessen sein. Diese Frage ist bisher kaum erörtert worden, auch nicht, soweit erkennbar, innerhalb des Bundesverfassungsgerichts, und dies auch nicht in der Zeit, in der der Jubilar und der Verfasser, über fast vier Jahre gemeinsam, dem Zweiten Senat des Gerichts angehört haben.

I. Einführung

So lapidar wie kategorisch bestimmt die Geschäftsordnung des Bundesverfassungsgerichts in § 46 Satz 2: »Sie werden nicht begründet.« Sie – das sind die Beschlüsse des Ausschusses, der nach § 14 Abs. 5 BVerfGG entscheidet, wenn zweifelhaft ist, welcher Senat für ein Verfahren zuständig ist.

Unter dem Eindruck krass ungleicher Belastung der beiden Senate des Bundesverfassungsgerichts, wie sie sich auf der Grundlage der ursprünglichen Fassung des § 14 BVerfGG ergeben hatte[1], erhielt die Vorschrift durch die beiden ersten Änderungsgesetze zum BVerfGG[2] die Fassung, die – mit einer Ausnahme[3] – die noch immer geltende ist.

Die Änderungen waren von erheblicher Bedeutung – nicht nur im Blick auf eine ausgewogene Belastung der beiden wichtigsten Spruchkörper des Bundesverfassungsgerichts. Nach der ersten Fassung des § 14 BVerfGG[4] bestimm-

---

[1] Angaben z.B. bei: *D. C. Umbach* in: Umbach/Clemens (Hrsg.), BVerfGG, 1992, § 14 Rdnr. 3 mit Anm. 13.

[2] Erstes Gesetz zur Änderung des Gesetzes über das Bundesverfassungsgericht vom 21.07.1956, BGBl. I, 662; Zweites Gesetz zur Änderung des Gesetzes über das Bundesverfassungsgericht vom 26.06.1959, BGBl. I, 297.

[3] In § 14 Abs. 2 wurde durch das Gesetz zur Änderung des Gesetzes über das Bundesverfassungsgericht und des Gesetzes über das Amtsgehalt der Mitglieder des Bundesverfassungsgerichts vom 16.07.1998 (BGBl. I, 1823) die Nummer 7 durch die Nummer 6a ersetzt.

[4] Abgedruckt bei *A. Sattler*, Die Zuständigkeit der Senate und die Sicherung der Einheit-

te sich die Senatszuständigkeit ausschließlich nach dem Kriterium der Verfahrensart. In Zweifelsfällen war die Entscheidung dem Plenum des Gerichts übertragen (§ 16 Abs. 3 BVerfGG[5]). Die Neufassung beließ es zwar im Grundsatz bei der bisherigen Verteilung nach Verfahrensarten, gestaltete die Zuständigkeitsverteilung aber zugleich flexibel, indem sie in § 14 Abs. 4 BVerfGG dem Plenum des Bundesverfassungsgerichts die Befugnis zuwies, mit Wirkung zum Beginn des Geschäftsjahrs die Zuständigkeit der Senate abweichend von den Absätzen 1 bis 3 zu regeln, wenn dies infolge einer nicht nur vorübergehenden Überlastung eines Senats unabweisbar geworden ist. Zugleich wurde die bisher dem Plenum zustehende Kompetenz zur Entscheidung von Zweifelsfragen auf den nunmehr nach § 14 Abs. 5 BVerfGG zu bildenden sog. Sechser-Ausschuß übertragen.

Erstmals mit Plenarbeschluß vom 13. 10. 1959, dann erneut mit den Beschlüssen vom 17. 12. 1970, 09. 12. 1976, 23. 11. 1977, 06. 12. 1978, 15. 12. 1989[6] und – zuletzt – vom 15. 11. 1993[7] hat das Bundesverfassungsgericht von der ihm in § 14 Abs. 5 BVerfGG eingeräumten Befugnis Gebrauch gemacht. Danach ist der Zweite Senat des Bundesverfassungsgerichts abweichend von § 14 Abs. 1 bis 3 BVerfGG unter bestimmten Voraussetzungen auch für (abstrakte und konkrete) Normenkontrollverfahren gem. Art. 93 Abs. 1 Nr. 2, 100 Abs. 1 GG, § 13 Nrn. 6 und 11 BVerfGG sowie für Verfassungsbeschwerden zuständig. Die Zuständigkeitsverteilung erfolgt dabei zum einen nach Maßgabe des Rechtsbereichs, aus dem die Verfahren herrühren, und zum anderen danach, ob bestimmte grundrechtliche oder andere verfassungsrechtliche Fragen in dem betreffenden Verfahren »überwiegen«. Diese Regelung gibt nicht ganz selten nur zu Zweifeln an der Senatszuständigkeit Anlaß, zumal es der Antragsteller, das vorlegende Gericht und der Verfassungsbeschwerdeführer bis zu einem gewissen Grade in der Hand haben, durch die Begründung ihres Antrags Schwerpunkte zu setzen und dadurch die Zuständigkeit eines bestimmten Senats zu begründen[8].

Zur Anrufung des Sechser-Ausschusses kommt es gleichwohl nicht oft. Soweit ersichtlich, sind in den Jahren 1957 bis 1999 insgesamt 45 Beschlüsse des Ausschusses erlassen worden[9]. Das hat im wesentlichen die folgenden

---

lichkeit der Rechtsprechung (§§ 14, 16 BVerfGG) in: Starck (Hrsg.), Bundesverfassungsgericht und Grundgesetz I, 1976, 104 ff. (107), und *G. Ulsamer* in: Maunz/Schmidt-Bleibtreu/Klein/Ulsamer, BVerfGG, Stand: Februar 1999, § 14 vor Rdnr. 1.

[5] *Sattler* (Anm. 4), 120; *Ulsamer* (Anm. 4).

[6] Nachweise bei *Umbach* (Anm. 1), Rdnr. 10.

[7] BGBl. I 2492; abgedr. bei *Ulsamer* (Anm. 4).

[8] Das muß das Bundesverfassungsgericht bis zur Grenze des Mißbrauchs hinnehmen: BVerfGE 2, 79 (94 f.).

[9] Bis 1992 wurde der Beschluß des Ausschusses in einem lediglich vom Vorsitzenden (vgl. § 43 Satz 2 GOBVerfG) unterschriebenen Aktenvermerk festgehalten (vgl. § 46 Satz 1 GOBVerfG). Erstmals im Beschluß des Ausschusses vom 17. 12. 1992 wird die Bezeichnung »Ak-

Gründe: Die Kriterien, aus denen sich die Zuständigkeit des einen oder des anderen der beiden Senate ergibt, sind bestimmt genug, um in aller Regel eine eindeutige Entscheidung zu ermöglichen[10]. Sie wird auf Vorschlag der Präsidialräte (vgl. § 12 GOBVerfG), die die Vorsitzenden beider Senate von allen verfahrenseinleitenden Anträgen zu unterrichten und dabei auf Zweifel, die die Senatszuständigkeit betreffen, hinzuweisen haben, von den Senatsvorsitzenden getroffen (§ 44 Abs. 1 Sätze 1 und 2 GOBVerfG), die zugleich den Berichterstatter feststellen (vgl. § 20 GOBVerfG). Hegt der Vorsitzende selbst Zweifel, kann er entweder eine Erörterung in seinem Senat herbeiführen oder aber die Angelegenheit mit demjenigen Mitglied seines Senats besprechen, das bei gegebener Zuständigkeit des Senats Berichterstatter wäre. Läßt sich auf dem letztgenannten Wege keine Klarheit erzielen, tritt der Vorsitzende an den Vorsitzenden des anderen Senats heran, der den potentiellen Berichterstatter seines Senats hinzuzieht. Wird in diesem Kreise Einigkeit erzielt, verbleibt das Verfahren entweder in der Zuständigkeit desjenigen Senats, dem es zunächst zugedacht war, oder es wird »kurzerhand« durch eine »Verfügung« des Vorsitzenden[11] an den anderen Senat abgegeben (§ 44 Abs. 2 GOBVerfG). In die-

---

tenvermerk« vermieden. Der Beschluß hat seither die folgende Form: »Der gemäß § 14 Abs. 5 BVerfGG gebildete Ausschuß hat unter Mitwirkung« – es folgen die Namen der beteiligten Richter (vgl. § 14 Abs. 5 Satz 1 BVerfGG, § 43 GOBVerfG) – »am ... beschlossen: In dem Verfahren ... AR ... ist der ... Senat zuständig«; er wird von allen Richtern unterzeichnet, die an dem Beschluß mitgewirkt haben.

[10] In Ansehung der Bestimmtheit der gesetzlichen sowohl als auch der durch die älteren Plenarbeschlüsse getroffenen Zuständigkeitsabgrenzung hat schon *Sattler* (Anm. 4), 118 f., verfassungsrechtliche Bedenken zurückgewiesen.

[11] Vgl. BVerfGE 23, 85 (89 f.). – Kritik an dieser Entscheidung: *Chr. Böckenförde*, Der »gesetzliche Richter« beim Bundesverfassungsgericht, DÖV 1968, 566 f. Die von Böckenförde vertretene Meinung, ein förmlicher Verweisungsbeschluß des abgebenden Senats sei erforderlich, wenn ein Verfahren erst einmal bei ihm anhängig geworden sei (und nicht der Weg über den Sechser-Ausschuß begangen wird), hat sich in der Praxis des Gerichts zu Recht nicht durchgesetzt. Zutreffend hat nämlich schon *Sattler* (Anm. 4), 125 Anm. 37, darauf hingewiesen, daß bis zum Eintritt in die Beratung zur Sache, bis zu dem Zeitpunkt also, nach dem eine Anrufung des Ausschusses nach § 14 Abs. 5 BVerfGG nicht mehr erfolgen kann, das Verfahren bei dem bis dahin befaßten Senat nur vorläufig »anhängig« ist, es also eine definitiv begründete Zuständigkeit noch gar nicht gibt. – Der Fall zeigt im übrigen, daß Zweifel an der Zuständigkeit des Senats erst geraume Zeit nach der Feststellung des Berichterstatters durch den Vorsitzenden auftreten können, sei es daß der Berichterstatter erst nach gründlicherer Beschäftigung mit der Sache zu erkennen meint, daß gewisse Momente auf die Zuständigkeit des anderen Senats hindeuten, sei es daß erst im Senat nach Vorlage des Votums des Berichterstatters dieser Eindruck entsteht. Tauchen Zweifel an der Zuständigkeit erst auf, nachdem der Senat – auf der Grundlage ausdrücklicher oder stillschweigender Annahme der eigenen Zuständigkeit – mit der Beratung der Sache begonnen hat, hat es bei der Zuständigkeit des Senats sein Bewenden, auch wenn er auf Grund späterer Einsicht zu der Überzeugung gelangt, daß richtigerweise der andere Senat zuständig gewesen wäre; so *Sattler* (Anm. 4), 125; *E. Benda* in: Benda/E. Klein, Lehrbuch des Verfassungsprozeßrechts, 1991, Rdnr. 101. A. M., aber vielleicht mißverständlich, *Ulsamer* (Anm. 4), § 14 Rdnr. 36: Hier wird der Fall geschildert, daß »im Verlauf der Sachberatung« Zuständigkeitszweifel auftauchen. Der Senat müsse dann über seine Zuständigkeit entscheiden. Halte er sich mehrheitlich für

sem Falle bewendet es bei der getroffenen Entscheidung, es sei denn ein Richter des einen oder des anderen Senats nimmt an ihr Anstoß und ruft den Sechser-Ausschuß an (§ 44 Abs. 3 Satz 1 GOBVerfG). Das kann er – allein oder mit anderen zusammen – allerdings nur bis zu dem Zeitpunkt tun, zu dem der Senat mit der Beratung in der Sache begonnen hat (§ 44 Abs. 4 GOBVerfG).

Wird der Sechser-Ausschuß angerufen, so ist er unverzüglich, in der Regel mit einer Ladungsfrist von 14 Tagen, einzuberufen. Der Präsident bestellt aus den Mitgliedern des Ausschusses[12] je einen Berichterstatter aus jedem Senat; die beiden Berichterstatter können gemeinsam oder getrennt ein schriftliches Votum zur Zuständigkeitsfrage abgeben (§ 45 GOBVerfG). Nach Beratung im Ausschuß wird Beschluß gefaßt. Dieser begründet endgültig die Zuständigkeit des für zuständig erkannten Senats, auch wenn die Entscheidung objektiv falsch ist[13]. Er wird allen Richtern mitgeteilt und zu den Verfahrensakten gebracht (§ 46 Satz 3 GOBVerfG), begründet wird er, wie eingangs bemerkt, nicht. Der Beschluß des Ausschusses bindet auch die Verfahrensbeteiligten. Sie erfahren von der Durchführung des Verfahrens nach § 14 Abs. 5 BVerfGG jedenfalls aus der Entscheidung des Senats, in die ein entsprechender Hinweis aufzunehmen ist (§ 47 GOBVerfG), unter Umständen allerdings auch schon früher, beispielsweise dadurch, daß ein Verfahren, das zunächst unter dem Aktenzeichen des einen Senats geführt worden ist, das Aktenzeichen des anderen Senats erhält, wenn dieser durch den Ausschuß für zuständig erklärt worden ist. Über die Gründe, die den Sechser-Ausschuß zu seiner Entscheidung bewogen haben, erfahren sie nichts.

---

unzuständig, beschließe er eine Anfrage an den anderen Senat, ob er die Sache zuständigkeitshalber zu übernehmen bereit sei. Bejahendenfalls werde sie durch Übernahmeverfügung des Vorsitzenden (des anderen Senats) übernommen. Anderenfalls beschließe der Senat, bei dem die Sache anhängig ist, die Anrufung des Sechser-Ausschusses, vorausgesetzt natürlich, daß er sich von den Überlegungen des anderen Senats nicht doch noch von seinen Zweifeln abbringen läßt. Das hier beschriebene Verfahren kommt in der Tat vor. Es darf aber nur stattfinden, bevor der Senat in die Sachberatung eingetreten ist. Denn mit dem Eintritt in die Sachberatung ist die ihr notwendig vorausgehende Entscheidung über die Senatszuständigkeit – implizit oder explizit – bereits gefallen. Diese Sicht ist im Blick sowohl auf die Verfahrensdauer als auch auf die Belastung des Gerichts gerechtfertigt; s. dazu die Überlegungen bei *Benda*, wie oben, Rdnr. 101, der zu Recht vor einer »überspitzten« Behandlung der Zuständigkeitsfrage warnt.

[12] Mitglieder des Ausschusses sind von Amts wegen der Präsident und der Vizepräsident (§ 14 Abs. 5 Satz 1 BVerfGG). Jeder Senat wählt aus seinen Reihen je zwei weitere Mitglieder und deren Stellvertreter für die Dauer eines Geschäftsjahres (§ 43 Satz 1 GOBVerfG). Es hat sich die Übung eingebürgert, die jeweils dienstältesten Richter zu Mitgliedern, die im Dienstalter auf sie folgenden zu stellvertretenden Mitgliedern zu wählen. Die jeweilige Zusammensetzung des Ausschusses wird wie die Geschäftsverteilung im Bundesanzeiger bekannt gegeben. Sowohl der hier zu Ehrende als auch der Verfasser haben dem Ausschuß – zu verschiedenen Zeiten – angehört.

[13] *Ulsamer* (Anm. 4), § 14 Rdnr. 38. – Eine Änderung der Zuständigkeit ist nach der Entscheidung des Ausschusses nur durch eine Änderung der Geschäftsverteilung möglich, die auch die bereits anhängigen Verfahren ergreift (§ 14 Abs. 4 BVerfGG).

II. Die Bedeutung der Entscheidung über die Senatszuständigkeit

Das Gebot des gesetzlichen Richters (Art. 101 Abs. 1 Satz 2 GG) gilt auch für das BVerfG – das hat der Zweite Senat in seinem Beschluß (Zwischenentscheidung) vom 03. 12. 1975[14], der ersten Senatsentscheidung, an welcher der am 7. November zum Richter des BVerfG ernannte Jubilar als Richter mitgewirkt hat, unmißverständlich festgestellt. »Gesetzlicher Richter« im Sinne von Art. 101 Abs. 1 Satz 2 GG sind sowohl der jeweilige Spruchkörper als auch jeder zur Mitwirkung an der gerichtlichen Entscheidung berufene Richter[15]. Der Grundsatz des gesetzlichen Richters verpflichtet jedes Gericht, also jeden Spruchkörper, soweit Anlaß zu Zweifeln besteht, »seine sachliche, örtliche, funktionelle und geschäftsplanmäßige Zuständigkeit … von Amts wegen zu prüfen«[16]. Er gebietet, bezogen auf das Bundesverfassungsgericht als Zwillingsgericht, die Bereitstellung klarer Kriterien für die Verteilung der Zuständigkeiten zwischen den beiden Senaten, um Zuständigkeitsmanipulationen, sei es durch die Verfahrensbeteiligten, sei es durch die Richter selbst, nach Möglichkeit auszuschließen[17]. Er verlangt aber auch die strikte Beachtung der für die Bestimmung des zuständigen Gerichts bestehenden Regelungen, auf welcher Ebene im Stufenbau der Rechtsordnung – im Falle des Bundesverfassungsgerichts also im Gesetz, in dem Beschluß des Plenums nach § 14 Abs. 4 BVerfGG und im Geschäftsverteilungsplan gem. § 20 Abs. 1 Satz 1 GOB-VerfG – sie auch angesiedelt sein mögen[18]. Der Grundsatz enthält, soweit er nicht den Gesetzgeber oder andere zur (abstrakten) Regelung der Zuständigkeit befugte Organe – im Falle des Bundesverfassungsgerichts also das Plenum und die für die Aufstellung der Geschäftsverteilungspläne zuständigen Senate – zu Adressaten hat, »das Verbot, von Regelungen, die der Bestimmung des gesetzlichen Richters dienen, abzuweichen«[19].

---

[14] BVerfGE 40, 356 (361).

[15] In der zuvor genannten Entscheidung ging es um die ordnungsgemäße Besetzung der Richterbank. Es waren Zweifel an der Gesetzmäßigkeit der Wahl des Vizepräsidenten Dr. Zeidler laut geworden, der gleichzeitig mit Steinberger zum Richter des Zweiten Senats und zugleich zu dessen Vorsitzendem (also zum Vizepräsidenten) ernannt worden war. – Siehe auch E. Träger, Der gesetzliche Richter in: W. Fürst u. a. (Hrsg.), Festschrift für W. Zeidler, Band 1, 1987, 123 (127).

[16] BVerfGE 40, 356 (361).

[17] BVerfGE 40, 356 (360 f.) m. Nachw. Die Schutzfunktion des Grundsatzes des gesetzlichen Richters erstreckt sich nämlich »auch darauf, daß niemand durch Maßnahmen innerhalb der Gerichtsorganisation dem in seiner Sache zuständigen Richter entzogen werde«: BVerfGE 4, 412 (416); 82, 286 (298). – Zur Bedeutung des Art. 101 Abs. 1 Satz 2 GG s. jetzt auch den Beschluß des Plenums des Bundesverfassungsgerichts vom 08. 04. 1997, BVerfGE 95, 322 (327 ff.).

[18] Vgl. BVerfGE 21, 139 (145).

[19] BVerfGE 95, 322 (327).

Das Bundesverfassungsgericht hat deshalb zu Recht schon früh entschieden, daß es sich bei der Zuständigkeit eines Senats um die Zulässigkeit eines bestimmten Rechtsweges (Gerichtsweges) handelt[20]. Jeder Senat – das Bundesverfassungsgericht in beiderlei Gestalt[21] – kann nur entscheiden, wenn alle Voraussetzungen für seine Zuständigkeit vorliegen, nur dann ist er »gesetzlicher Richter«. Die Entscheidung über die eigene Zuständigkeit liegt mithin jeder Entscheidung der Senate zur Sache notwendig voraus, sie bildet einen wesentlichen Bestandteil jedes Judikats, mit dem über die Zulässigkeit oder die Begründetheit eines Antrags, also zur Sache, entschieden wird[22]. Ist dem aber so, erstreckt sich die Pflicht des Bundesverfassungsgerichts, seine Entscheidungen zu begründen (§ 30 Abs. 1 Satz 2 BVerfGG[23]) auch auf die Annahme der eigenen Zuständigkeit[24]. Allgemein, also für jeden Fall der Entscheidungsbegründung, gilt freilich, daß Selbstverständlichkeiten keiner Erwähnung bedürfen. Steht die Zuständigkeit des erkennenden Senats außer Zweifel, bedarf ihre Bejahung keiner Begründung. Mit formelhaften Hinweisen auf gesetzliche Vorschriften oder den Plenarbeschluß nach § 14 Abs. 4 BVerfGG ist niemandem gedient. Sind aber Zweifel entstanden, ist – zumindest auf den ersten Blick – nicht zu erkennen, warum für die Zuständigkeitsfrage der Begründungszwang keine Geltung haben sollte.

Von Fall zu Fall, obzwar nicht oft, geht das Bundesverfassungsgericht in den Gründen seiner Entscheidung auf die Frage der Senatszuständigkeit ein. Die Geschäftsordnung (§ 46 Satz 2) verwehrt ihm dies allerdings gerade dann, wenn die Senatszuständigkeit betreffende Zweifel ein solches Gewicht hatten, daß es zur Anrufung des Sechser-Ausschusses kam. Nicht nur durch die Geschäftsordnung, die dem erkennenden Senat aufgibt, auf den seine Zuständigkeit begründenden Beschluß des Ausschusses hinzuweisen, ist er gehindert, mehr als dies zur eigenen Zuständigkeit zu sagen, er könnte es auch gar nicht, weil ihm selbst die Gründe verborgen bleiben, die den Ausschuß zur Annahme seiner Zuständigkeit bewogen haben – etwaige (allerdings wohl dem Beratungsgeheimnis unterliegende) Auskünfte derjenigen Richter, die an der Entscheidung des Sechser-Ausschusses mitgewirkt haben, wären jedenfalls nicht authentisch.

---

[20] BVerfGE 2, 143 (150).

[21] Jeder Senat ist wie auch das Plenum im Verfahren nach § 16 BVerfGG »das Bundesverfassungsgericht«: BVerfGE 1, 14 (29); 7, 17 (18); 19, 88 (90).

[22] *Sattler* (Anm. 4), 128.

[23] Vgl. auch §§ 57, 59 Abs. 4 BVerfGG.

[24] Ebenso *Sattler* (Anm. 4), 128, unter Bezugnahme auf W. *Geiger*, Gesetz über das Bundesverfassungsgericht, Anm. 6 zu § 16, wo es heißt: Im Hinblick auf die Tragweite der Plenarentscheidungen nach § 16 Abs. 3 BVerfGG sei es »besonders wichtig, daß sie begründet werden«. Geiger fordert auch die Veröffentlichung dieser Entscheidungen, »um den Verdacht von ›Manipulationen‹ zu entkräften«. Demgegenüber meinen *H. Lechner/R. Zuck*, Bundesverfassungsgerichtsgesetz, 4. Aufl. 1996, § 30 Rdnr. 9, prozessuale Entscheidungen bedürften einer Begründung nur nach ausdrücklicher Vorschrift des Gesetzes oder nach richterlichem Ermessen.

III. Begründungszwang und Verfassungsrecht

1. In einer sorgfältigen Studie mit dem hier als Abschnittsüberschrift gewählten Titel hat Jörg Lücke[25] die verfassungsrechtlichen Gesichtspunkte zusammengestellt, aus denen sich die grundsätzliche Pflicht der Gerichte ergibt, ihre Entscheidungen gegenüber den Verfahrensbeteiligten und der Öffentlichkeit zu begründen[26]. Die wichtigsten seien hier in gebotener Kürze vorgestellt:

Im Vordergrund steht die Rechtsschutzfunktion der Begründung. Sie ergibt sich einerseits aus Art. 19 Abs. 4 Satz 1 GG, andererseits, wo eine mögliche Verletzung von Grundrechten in Rede steht, aus diesen selbst, soweit sie Maßstäbe setzen »für eine den Grundrechtsschutz effektuierende Organisations- und Verfahrensgestaltung«[27]. Aus beiden Gesichtspunkten[28] folgt das Gebot eines effektiven Rechtsschutzes. Wirksamer Rechtsschutz aber setzt voraus, daß die Verfahrensbeteiligten die Gründe kennen, die zu einer für sie nachteiligen Entscheidung geführt haben; denn nur dann vermögen sie die Erfolgsaussichten etwaiger Maßnahmen zu deren Abwehr einzuschätzen. Zwar wird die Erstreckung der Rechtsschutzgarantie des Art. 19 Abs. 4 Satz 1 GG auf richterliche Entscheidungen, Dürigs[29] bekanntem Diktum (Rechtsschutz durch, nicht gegen den Richter) folgend, überwiegend[30], nicht zuletzt vom Bundesverfassungsgericht[31], verneint, das Bundesverfassungsgericht hat jedoch auch darauf bestanden, daß, wo mehrere Instanzen offenstehen, der Zugang zu ihnen nicht unzumutbar erschwert werden dürfe, vielmehr die Effektivität gerichtlicher Kontrolle in allen bestehenden Instanzen geboten sei[32].

In engem Zusammenhang mit der Rechtsschutzfunktion der Entscheidungsbegründung steht ihre Richtigkeitsfunktion. Der Zwang, gegenüber den Verfahrensbeteiligten, damit aber auch gegenüber der Öffentlichkeit, die getroffene Entscheidung zu begründen, erhöht die Gewähr für ihre Richtigkeit. Das liegt am Tage. Die verfassungsrechtliche Basis der Richtigkeitsfunktion der Begründung bilden wiederum die Grundrechte: wirksamer Grundrechts-

---

[25] Begründungszwang und Verfassungsrecht, 1987; siehe auch *F.-O. Kopp/W. R. Schenke*, Verwaltungsgerichtsordnung, 11. Aufl. 1998, § 108 Rdnrn. 30 f.

[26] Lückes Untersuchung gilt weiter ausholend der Begründungsbedürftigkeit staatlicher Entscheidungen schlechthin.

[27] BVerfGE 69, 315 (355).

[28] *Lücke* (Anm. 25), 68 ff., hält die Abstützung auf die Grundrechte für nur begrenzt verwendbar.

[29] *Maunz/Dürig*, Grundgesetz, Art. 19 Abs. 4 Rdnr. 17 (Kommentierung von 1958).

[30] Kritik außer bei *Lücke* (Anm. 25), 58 ff., etwa bei *P. M. Huber* in: von Mangoldt/Klein/Starck (Hrsg.), GG. Bonner Grundgesetz, Band 1, 4. Aufl. 1999, Art. 19 Rdnr. 444 ff.; *W. Krebs* in: von Münch/Kunig (Hrsg.), Grundgesetz-Kommentar, Band 1, 5. Aufl. 2000, Art. 19 Rdnr. 57; *H. Schulze-Fielitz* in: Dreier (Hrsg.), Grundgesetz Kommentar, Band I, 1996, Art. 19 Abs. 4 Rdnr. 35 – jew. m. w. Nachw.

[31] BVerfGE 15, 275 (280); st. Rspr., zuletzt etwa BVerfGE 76, 93 (98); 81, 97 (106).

[32] Vgl. z. B. BVerfGE 40, 272 (274 f.); 54, 94 (96 f.); 78, 88 (98 f.).

schutz verlangt die »richtige« Anwendung der Grundrechte; nur sie führt zu
materiell richtigen, also den von der Verfassung gewollten Entscheidungen[33].

Auch die sich aus dem grundrechtsgleichen Recht auf Gewährung rechtlichen Gehörs vor Gericht (Art. 103 Abs. 1 GG), dem »prozessualen Urrecht
des Menschen«[34], ergebende Pflicht der Gerichte, wesentliches Parteivorbrin-
gen zu berücksichtigen und sich mit ihm auseinander zu setzen[35], führt zu
einer Begründungspflicht: die wesentlichen der Rechtsverteidigung und
Rechtsverfolgung dienenden Tatsachen müssen in den Entscheidungsgründen
verarbeitet werden[36]. Zu beachten ist insoweit allerdings, daß von einer Verletzung des Art. 103 Abs. 1 GG nur auszugehen ist, wenn sich im Einzelfall
klar ergibt, daß ein Gericht dieser Berücksichtigungspflicht nicht nachgekommen ist[37].

Die Notwendigkeit, richterliche Entscheidungen zu begründen, hat eine
ihrer verfassungsrechtlichen Wurzeln des weiteren auch im Rechtsstaatsprinzip, insofern es Rechtssicherheit verbürgt[38]. Staatliches Handeln muß bere-
chenbar, klar und nachvollziehbar sein, der Betroffene muß wissen, woran er
ist.

Aus dem verfassungsrechtlichen Gebot, die menschliche Würde zu achten
und zu schützen (Art. 1 Abs. 1 Satz 2 GG), ergibt sich, daß der Betroffene
erfahren können muß, warum eine (jedenfalls eine ihn belastende) Entscheidung so und nicht anders ausgefallen ist. Entscheidungen staatlicher Organe
einschließlich der Gerichte wirken befriedend nur, wenn sich aus ihnen für
den Betroffenen ersehen läßt, daß er mit seinem Vorbringen ernst genommen
wurde, das Gericht es also zur Kenntnis genommen und erwogen hat. Soll er
nicht den Eindruck gewinnen, nur als Objekt behandelt zu werden, schuldet
ihm der Staat – bei belastenden Entscheidungen – eine Begründung[39]. Die
Befriedungsfunktion gerichtlicher Entscheidungen folgt freilich nicht nur aus
dem verfassungsrechtlich gebotenen Schutz der Menschenwürde. Sie ist vielmehr auch eine zwingende Folge des staatlichen Gewaltmonopols, das der
Rechtsstaat vorrangig in der Weise zu behaupten verpflichtet ist, daß er die

---

[33] Zutreffend verweist *Lücke* (Anm. 25), 47 f. mit Anm. 15, auf BVerfGE 65, 76 (99 f.), wo
der Erste Senat die Begründung einer Asylentscheidung durch das Verwaltungsgericht im
Blick auf das Asyl-Grundrecht (damals Art. 16 Abs. 2 Satz 2 GG) für unzureichend befunden
hat.

[34] BVerfGE 55, 1 (6); 70, 180 (188).

[35] BVerfGE 11, 218 (220); st. Rspr., zuletzt BVerfGE 96, 205 (216).

[36] Vgl. *Chr. Degenhart* in: Sachs (Hrsg.), Grundgesetz Kommentar, 2. Aufl. 2000, Art. 103
Rdnr. 42 a m. Nachw.

[37] Vgl. BVerfGE 25, 137 (140); st. Rspr., zuletzt BVerfGE 85, 386 (404). Siehe auch *Degenhart* (Anm. 36), Rdnr. 31.

[38] *Lücke* (Anm. 25), 92 ff. m. zahlr. Nachw.

[39] *Lücke* (Anm. 25), 72 ff.

Bürger von der »Richtigkeit« seiner Entscheidungen überzeugt. Das gilt vor allem dann, wenn er Rechtsstreitigkeiten autoritativ entscheidet.

Ein letzter Aspekt kommt hinzu. Richter sind unabhängig und nur dem Gesetz unterworfen (Art. 97 GG). Das heißt indessen nicht, daß sie keiner Verantwortung unterlägen. Zwar ist die Verantwortlichkeit des Richters keine politische; denn politische Entscheidungen hat er nicht zu treffen. Er hat aber für seine Entscheidungen »geradezustehen«, da er ja kein »Subsumtionsautomat« ist, seine Entscheidungen sich nicht mit mathematischer Gewißheit aus den ihn bindenden Rechtsnormen ableiten lassen. Ergreift der Richter eine der in der Regel mehreren Möglichkeiten, eine entscheidungserhebliche Norm auszulegen, so folgt daraus die Notwendigkeit, sich dem kritischen Diskurs zu stellen. Der Modus, in dem sich richterliche Verantwortlichkeit realisiert, ist, sieht man von dem äußersten Fall der Begehung eines Dienstvergehens und den dafür vorgesehenen disziplinarrechtlichen Sanktionen ab (vgl. etwa Art. 97 Abs. 2 Satz 1, 98 Abs. 2 und 5 GG; §§ 61 ff. DRiG), regelmäßig und vor allem die Öffentlichkeit des Verfahrens einschließlich der Verkündung der Entscheidung (§§ 169, 173 Abs. 1 GVG, 17 BVerfGG) und die Begründung der Entscheidung, ohne die sie der Kritik weder der Verfahrensbeteiligten noch der (Fach-)Öffentlichkeit zugänglich wäre[40]. »Publizität ist das Element der Demokratie«[41], die Offenlegung der Entscheidungsgründe das Korrelat der richterlichen Unabhängigkeit[42].

2. Der verfassungsrechtliche Begründungszwang besteht für richterliche Erkenntnisse nicht ausnahmslos. So hat das Bundesverfassungsgericht gelegentlich die Auffassung vertreten, mit Rechtsmitteln nicht mehr angreifbare Entscheidungen unterlägen keiner Begründungspflicht[43]. Dies gilt aber keineswegs uneingeschränkt. In einem späteren Judikat[44] wird vielmehr bemerkt, die verfassungsrechtliche Begründungspflicht gehe bei Gerichtsentscheidungen, die mit ordentlichen Rechtsmitteln nicht mehr angreifbar sind, »weniger weit«. Im Blick auf das Willkürverbot (Art. 3 Abs. 1 GG) und die Gebundenheit des Richters an Recht und Gesetz (Art. 20 Abs. 3 GG) hielt der Zweite Senat eine Begründung letztinstanzlicher Entscheidungen »jedenfalls dann und insoweit« für geboten, »als von dem eindeutigen Wortlaut einer Rechtsnorm abgewichen werden soll und der Grund hierfür sich nicht schon eindeutig aus den den Beteiligten bekannten oder für sie ohne weiteres erkennbaren Besonderheiten des Falles ergibt«. Auch in der schon erwähnten Asyl-

---

[40] Siehe auch *R. Zippelius*, Allgemeine Staatslehre, 13. Aufl. 1999, § 23 II 7 a (193), § 30 I 2 (301 f.), und im Anschluß daran *H. Kroitzsch*, Wegfall der Begründungspflicht – Wandel der Staatsform der Bundesrepublik, NJW 1994, 1032 (1032 f.).
[41] *E. Kaufmann*, Grundtatsachen und Grundbegriffe der Demokratie, 1950, 24.
[42] Ähnlich *Kopp/Schenke*, VwGO, § 108 Rdnr. 30.
[43] BVerfGE 50, 287 (289 f.). Kritik dieser Entscheidung bei *Lücke* (Anm. 25), 60.
[44] BVerfGE 71, 122 (135 f.).

rechtsentscheidung[45] hat das Bundesverfassungsgericht (Erster Senat) auf einer aussagekräftigen Begründung des angegriffenen Urteils des Verwaltungsgerichts bestanden, obgleich es sich um eine mit Berufung und Revision, also mit ordentlichen Rechtsmitteln, nicht mehr anfechtbare Entscheidung handelte. Auch für letztinstanzliche Entscheidungen der Gerichte wird man entgegen dem ersten Anschein anzunehmen haben, daß sie dem verfassungsrechtlichen Begründungszwang grundsätzlich unterworfen sind, insbesondere dann, wenn der Rechtsweg nur eine Instanz umfaßt[46].

Ausnahmen von der verfassungsrechtlichen Begründungspflicht sind statthaft, wenn sie durch gegenläufige Gesichtspunkte von Verfassungsrang gerechtfertigt werden können[47]. Dazu gehört insbesondere das Prinzip der Effizienz. Es erlaubt ein Absehen von der Begründung einer richterlichen Entscheidung etwa dann, wenn der damit verbundene Arbeitsaufwand unverhältnismäßig hoch oder der Erkenntnisgewinn auf Seiten der Verfahrensbeteiligten gering wäre[48]. Bei der Aufhebung oder Lockerung des Begründungszwangs für richterliche Entscheidungen bedarf es also stets einer Abwägung im Sinne der Herbeiführung eines schonenden Ausgleichs[49] zwischen den die Begründungspflicht stützenden und den Ausnahmen vom Begründungszwang möglicherweise rechtfertigenden verfassungsrechtlichen Gesichtspunkten.

IV. Begründungszwang im verfassungsgerichtlichen Verfahren

Von dem in § 30 Abs. 1 Satz 2 BVerfGG angeordneten Zwang zur Begründung verfassungsgerichtlicher Entscheidungen sind im Gesetz zwei Ausnahmen ausdrücklich vorgesehen. Verwirft das Bundesverfassungsgericht einstimmig einen Antrag als unzulässig oder offensichtlich unbegründet durch Beschluß, so bedarf dieser keiner weiteren Begründung[50], wenn der Antragsteller vorher – durch ein Belehrungsschreiben des Berichterstatters[51] – auf die Bedenken gegen die Zulässigkeit oder die Begründetheit seines Antrags hingewiesen

---

[45] BVerfGE 65, 76.

[46] In dem BVerfGE 50, 287, zugrunde liegenden Fall ging es um die Entscheidung über die Nichtannahme der Revision im Zivilprozeß (§ 554 b ZPO).

[47] Eingehend *Lücke* (Anm. 25), 101 ff., 149 ff.

[48] Beispiele: §§ 117 Abs. 5, 130 b, 144 Abs. 7 VwGO; §§ 543 Abs. 1, 565 a ZPO; §§ 153 Abs. 2, 170 Abs. 3 SGG.

[49] Dazu *P. Lerche*, Übermaß und Verfassungsrecht, 2. Aufl. 1999, Bemerkungen zur Wiederauflage unter II. 4. b).

[50] Was auch meint, daß eine Begründung, wenn der Senat sie für erforderlich hält, gegeben werden darf. Tatsächlich enthalten die meisten Entscheidungen, die nach § 24 BVerfGG ergehen, Gründe.

[51] Vgl. *F. Klein*, in: Maunz/Schmidt-Bleibtreu/Klein/Ulsamer, BVerfGG, § 24 Rdnr. 3.

worden ist (§ 24 BVerfGG). Auch die Ablehnung der Annahme der Verfassungsbeschwerde zur Entscheidung durch die Kammer oder den Senat[52] bedarf keiner Begründung (§ 93d Abs. 1 Satz 3 BVerfGG).

1. Ein nicht begründeter Beschluß nach § 24 BVerfGG läßt den Antragsteller nicht in Unkenntnis der Gründe. Sie sind ihm vielmehr vorab mitgeteilt
worden. Wählt der Senat allerdings eine andere Begründung für seine Entscheidung als diejenige, die in den dem Antragsteller vom Berichterstatter
mitgeteilten »Bedenken« zum Ausdruck kommt, wird man ihn für verpflichtet halten müssen, seine Entscheidung zu begründen[53]. In dieser Auslegung
gestattet die Vorschrift des § 24 BVerfGG genau genommen also kein Absehen
von der Begründung der Entscheidung, sondern lediglich eine implizite Bezugnahme des Gerichts auf die von einem seiner Mitglieder bereits gegebene
Begründung. Daß der Senat sich diese Begründung zu eigen gemacht hat,
vermag der Antragsteller dem Rubrum der Entscheidung zu entnehmen[54].
Wenn in dieser Verfahrensmodalität überhaupt eine Verkürzung des verfassungsrechtlichen Begründungszwangs zu erblicken sein sollte, so ist sie jedenfalls durch den auf diese Weise erreichten Entlastungseffekt oder Effektivitäts-
gewinn ohne weiteres zu rechtfertigen[55].

2. Hingegen ist die Regelung des § 93d Abs. 1 Satz 3 BVerfGG – wie schon
die Vorgängerregelung in §§ 93b Abs. 3 Satz 2, 93c Satz 3 BVerfGG a. F.[56] – im
Schrifttum teilweise auf heftige Kritik gestoßen. Begnügt sich Eckart Klein[57]
noch mit der Bemerkung, es sei »höchst ungut, wenn in einer gerichtlichen
Entscheidung nicht einmal mehr die Richtung des richterlichen Denkens erkennbar« werde, so hält Rüdiger Zuck[58] die Vorschrift für unvereinbar mit
dem Rechtsstaatsprinzip. Dem hat Klaus Winter[59] entgegengehalten, der
Nichtannahmebeschluß enthalte keine Sachentscheidung; die gesetzlichen
Kriterien, nach denen über die Annahme entschieden werde, seien bekannt
(§ 93a Abs. 2 BVerfGG) und würden überdies, entsprechend einem Beschluß
des Plenums des Bundesverfassungsgerichts, jedem Beschwerdeführer mit der
Eingangsbestätigung durch die Geschäftsstelle im Rahmen eines Merkblatts
mitgeteilt. Eine formelhafte Begründung, etwa der Hinweis auf die Heck'sche
Formel (BVerfGE 18, 85 92 f.), trage zur Befriedung wenig bei. Das Gericht
mache außerdem von der Möglichkeit, die Nichtannahmeentscheidung zu begründen, nicht selten Gebrauch[60]. Das Bundesverfassungsgericht selbst hält

---

[52] Vgl. *E. Klein*, Konzentration durch Entlastung?, NJW 1993, 2073 (2075 unter 3b).

[53] Richtig: *Lücke* (Anm. 25), 182 f.

[54] »Beschluß des … Senats … vom … gemäß § 24 BVerfGG«; vgl. z. B. BVerfGE 95, 1.

[55] Ebenso im Erg. *Lücke* (wie Anm. 53).

[56] Dazu *Lücke* (Anm. 25), 201 ff.; *Benda* (Anm. 11), Rdnr. 352.

[57] NJW 1993, 2073 (2075 unter 3. a) a. E.).

[58] Der Zugang zum Bundesverfassungsgericht, NJW 1993, 2641 (2646 r. Sp.); siehe auch
Lechner/Zuck (Anm. 24), § 93d Rdnr. 7; *Kroitzsch*, NJW 1994, 1032 (1035).

[59] In: Maunz/Schmidt-Bleibtreu/Klein/Ulsamer, BVerfGG, § 93d Rdnr. 4.

[60] *Benda* (Anm. 56) verzeichnet für die alte Regelung eine steigende Tendenz, Nichtannahmebeschlüsse zu begründen.

§ 93d Abs. 1 Satz 3 BVerfGG ersichtlich für mit dem Grundgesetz vereinbar; viele Nichtannahmebeschlüsse ergehen ohne Begründung.

Die verfassungsrechtlichen Gründe, die die Annahme einer grundsätzlichen Verpflichtung zur Begründung gerichtlicher Entscheidungen tragen, sind auf den vorliegenden Fall nicht uneingeschränkt übertragbar. Die Nichtannahmeentscheidung ist, wie Winter zu Recht hervorhebt, keine Entscheidung zur Sache. Diese wird dem Beschwerdeführer gerade versagt[61]. Es ist daher eher bedenklich als wünschenswert, wenn Nichtannahmebeschlüsse mit einer auf die »Sache« eingehenden Begründung versehen werden, wie es freilich oft genug in der nachvollziehbaren und wohlmeinenden Absicht geschieht, dem Beschwerdeführer zu erklären, warum seine Verfassungsbeschwerde nicht zur Entscheidung angenommen wurde. Erklärungsversuche können allerdings die Kammern dazu verleiten, verfassungsrechtliche Fragen aufzugreifen und zu beantworten, über die nur im Falle einer Annahme der Verfassungsbeschwerde nach Beratung zur Sache hätte entschieden werden dürfen[62]. Das Äußerste mithin, was eine Nichtannahmeentscheidung an Begründung verträgt, ist bei folgerichtiger Betrachtung das, was die frühere Fassung des Gesetzes dem Gericht nahelegte (wenngleich nicht gebot): den Hinweis auf den für die Ablehnung der Annahme der Verfassungsbeschwerde maßgeblichen rechtlichen Gesichtspunkt (heute: § 93a Abs. 2 BVerfGG)[63]. Dieser Gesichtspunkt – keine Sachentscheidung außerhalb eines auf eine solche Entscheidung ausgerichteten gerichtlichen Verfahrens – ist jedenfalls hinreichend, eine gesetzliche Regelung zu rechtfertigen, die es dem Bundesverfassungsgericht erlaubt (!), die Nichtannahme der Verfassungsbeschwerde zur Entscheidung nicht zu begründen. Zwar ist auch die Entscheidung über die Nichtannahme der Verfassungsbeschwerde eine richterliche Entscheidung. Sie steht aber nur an der Schwelle zur Durchführung des Verfahrens der Verfassungsbeschwerde, welches der Gesetzgeber auf der Grundlage der ihm in Art. 94 Abs. 2 Satz 2 GG erteilten Ermächtigung als ein außerordentliches Rechtsbehelfsverfahren ausgestaltet hat, das nicht den gleichen verfassungsrechtlichen Maßgaben folgt wie ein ordentliches Rechtsmittelverfahren[64]. Die für die Begründungsbedürftigkeit

---

[61] So mit großem Nachdruck *K. Schlaich/S. Korioth*, Das Bundesverfassungsgericht, 5. Aufl. 2001, Rdnr. 260.

[62] Der Verfasser gesteht, beiden Versuchungen in seiner Amtszeit als Mitglied des Zweiten Senats, der Übung des Gerichts folgend, häufig erlegen zu sein.

[63] Einen Schritt weiter gehen *Schlaich/Korioth* (Anm. 61), die zu erwägen geben, ob der Gesetzgeber dem Bundesverfassungsgericht die Begründung von Nichtannahmebeschlüssen unmöglich machen sollte. – Zutreffend hat allerdings schon *Lücke* (Anm. 25), 202, darauf aufmerksam gemacht, daß der nach früherem Recht vorgesehene Hinweis auf den für die Nichtannahme maßgeblichen rechtlichen Gesichtspunkt keine »Begründung« im Sinne dessen war, was der verfassungsrechtliche Begründungszwang meint.

[64] Dazu BVerfGE 94, 166 (211 ff.), siehe auch die abw. Meinung der Präsidentin *Limbach* sowie der Richter *Böckenförde* und *Sommer*, 223 ff. – Auf, wie *E. Klein* anmerkt (NJW 1993, 2073 [⟨2075 Anm. 25⟩]), recht barsche Weise, aber in der Sache zutreffend, hat auch die Bun-

richterlicher Sachentscheidungen sprechenden verfassungsrechtlichen Gründe sind in diesem Zusammenhang deshalb, wenn überhaupt stichhaltig, von deutlich geringerem Gewicht.

3. Von ganz anderer Qualität ist die Entscheidung über die Senatszuständigkeit. Mit ihr wird, wie gezeigt, der gesetzliche Richter bestimmt, dem es obliegt, zur Sache zu entscheiden. Folgerichtig kennt das Gesetz für diesen Fall keine Ausnahme von dem allgemein geltenden Begründungszwang (§ 30 Abs. 1 Satz 2 BVerfGG). Richtigerweise nimmt denn auch das Bundesverfassungsgericht in anderen Fällen, in denen es um die Bestimmung des gesetzlichen Richters geht, nicht für sich in Anspruch, auf eine Begründung verzichten zu dürfen. Geht es etwa, wie im Falle des Beschlusses vom 03.12.1975[65], um die Frage, ob die Wahl eines Richters den gesetzlichen Vorschriften entsprach, oder darum, ob ein Richter nach §§ 18, 19 BVerfGG an der Mitwirkung in einem Verfahren gehindert ist, wird die darüber zu treffende Entscheidung selbstverständlich begründet[66]. Es ist nicht zu erkennen, wie die Vorschrift des § 46 Satz 2 GOBVerfG mit § 30 Abs. 1 Satz 2 BVerfGG in Übereinstimmung zu bringen ist. Möchte es noch angehen, daß der Ausschuß nach § 14 Abs. 5 BVerfGG seine Entscheidung nicht verkündet, sondern nur dem für zuständig erklärten Senat zugänglich macht, um ihm die Aufnahme der Begründung in die Entscheidungsgründe zu ermöglichen, so ist es doch nicht mehr zu rechtfertigen, daß der erkennende Senat weder die Gründe erfährt, die zu der ihn bindenden Entscheidung über seine Zuständigkeit geführt haben, noch – eben dadurch – in der Lage ist, den Verfahrensbeteiligten diese Gründe im Rahmen seiner Entscheidung mitzuteilen. Die Verfahrensbeteiligten werden dadurch außer Stand gesetzt, Kenntnis darüber zu erlangen, warum in ihrer Sache der eine und nicht der andere Spruchkörper zuständig, also der eine und nicht der andere Rechtsweg (Gerichtsweg) gegeben ist.

---

desregierung in ihrer Gegenäußerung zur Stellungnahme des Bundesrats zur 5. BVerfGG-Novelle (BTDrs. 12/3628, 18) auf diesen besonderen Charakter des Verfassungsbeschwerdeverfahrens hingewiesen.

[65] Anm. 14.

[66] Die Begründung erfolgt allerdings nicht immer im Rahmen einer selbständigen Zwischenentscheidung. Sie wird auch in der Entscheidung der Hauptsache nicht immer wiedergegeben, wie der Fall zeigt, in dem der Verfasser zu Beginn der mündlichen Verhandlung wegen der Besorgnis der Befangenheit abgelehnt worden war: BVerfGE 73, 40 (64). Die Begründung der Entscheidung des Senats wurde vom Vorsitzenden in der mündlichen Verhandlung vorgetragen und ist in der (auch schon vor der Einführung des § 25a BVerfGG durch das 5. Änderungsgesetz zum Gesetz über das Bundesverfassungsgericht vom 02.08.1993, BGBl. I 1442, vorgenommenen) Tonbandaufnahme der mündlichen Verhandlung festgehalten. Diese steht dem Gericht und den Verfahrensbeteiligten zum Abhören im Gericht zur Verfügung. Verfahrensbeteiligte, u. U. auch Dritte, können bei Vorliegen eines berechtigten Interesses Abschriften erhalten (§§ 24 Abs. 3 und 4, 35 Abs. 2 und 3 GOBVerfG). Siehe zu diesem Verfahren auch *Zuck*, MDR 1986, 894 (895).

Läßt man die Gründe Revue passieren, die aus verfassungsrechtlicher Sicht für die Pflicht zur Begründung richterlicher Entscheidungen sprechen, so ergibt sich:

Die Rechtsschutz- und Kontrollfunktion der Begründung, wie sie sich für mit Rechtsmitteln angreifbare gerichtliche Entscheidungen insbesondere aus Art. 19 Abs. 4 Satz 1 GG ergibt, trägt das Begründungserfordernis gegenüber verfassungsgerichtlichen Entscheidungen nicht; sie sind unanfechtbar.

Die Richtigkeitsfunktion der Begründung greift hingegen in Ansehung der Entscheidung über das zuständige Gericht uneingeschränkt. Der Grundsatz des gesetzlichen Richters, das grundrechtsgleiche subjektive Recht aus Art. 101 Abs. 1 Satz 2 GG, verbürgen dem Antragsteller im verfassungsgerichtlichen Verfahren (wie auch den anderen Verfahrensbeteiligten) den Anspruch darauf, daß seine Sache von demjenigen Senat entschieden wird, der für sie zuständig ist. Treten Zweifel an der Senatszuständigkeit auf, bieten begründende Ausführungen zur Zuständigkeit des erkennenden Senats eine wesentliche Gewähr dafür, daß diese Entscheidung mit der gebotenen Sorgfalt und also »richtig« getroffen wird. In die gleiche Richtung weist der Grundsatz der Rechtssicherheit[67].

Keine Bedeutung dürfte hingegen dem Recht auf rechtliches Gehör (Art. 103 Abs. 1 GG) im vorliegenden Zusammenhang beizumessen sein. Der Antragsteller hat im Rahmen der Begründung seines Antrags die Gesichtspunkte vorgetragen, auf Grund deren über die Senatszuständigkeit zu entscheiden ist. Die dem Antragsteller durch Art. 103 Abs. 1 GG gewährleistete Möglichkeit, auf die Entscheidung Einfluß zu nehmen[68], wird von ihm genutzt, indem er im Rahmen seines Antrags dem Gericht diejenigen Tatsachen und Rechtsgründe unterbreitet, auf deren Grundlage es über die Zuständigkeit zu befinden hat. Davon, daß sein Vorbringen vom erkennenden Senat und im Falle seiner Einschaltung vom Sechser-Ausschuß berücksichtigt wird, ist bis zum Beweis des Gegenteils auszugehen. Ein Anspruch darauf, zu den im Bundesverfassungsgericht entstandenen Zweifeln an der von ihm möglicherweise für gegeben erachteten, vielleicht sogar beabsichtigten Senatszuständigkeit (erneut!) gehört zu werden, ergibt sich für den Antragsteller aus Art. 103 Abs. 1 GG nicht. Denn wenn das Gericht auf Grund des Vortrags des Antragstellers über die Senatszuständigkeit anders entscheidet, als es seinen Erwartungen entspricht, so handelt es sich dabei keineswegs um eine Überraschungsentscheidung, da Verfahrensbeteiligte nicht davor geschützt sind, daß das Gericht ihre Ausführungen anders bewertet oder aus ihnen andere

---

[67] Auf Art. 101 Abs. 2 Satz 1 GG wird entscheidend abgehoben von *E. Haas*, Bundesverfassungsgericht und Fachgerichte, in: *Bayerischer Verfassungsgerichtshof* (Hrsg.), Verfassung als Verantwortung und Verpflichtung. Festschrift zum 50–jährigen Bestehen des Bayerischen Verfassungsgerichtshofs, 1997, 27 (34).

[68] Vgl. etwa BVerfGE 63, 45 (59); 89, 28 (35); st. Rspr.

Schlußfolgerungen zieht, als sie es sich erhoffen. Darauf vor der Entscheidung hinzuweisen wie überhaupt zur Führung eines Rechtsgesprächs ist das Gericht grundsätzlich nicht, vielmehr nur ausnahmsweise dann verpflichtet, wenn es um einen rechtlichen Gesichtspunkt geht, mit dem auch ein gewissenhafter und kundiger Prozeßbeteiligter selbst unter Berücksichtigung der Vielfalt vertretbarer Rechtsauffassungen nicht zu rechnen brauchte[69]. Diese Möglichkeit ist im hier gegebenen Zusammenhang kaum denkbar.

Der Befriedungsfunktion der Begründung kommt gerade bei auf dem Rechtsweg nicht mehr angreifbaren Entscheidungen größte Bedeutung zu[70]. Zumal die Autorität des Bundesverfassungsgerichts lebt von der Überzeugungskraft der Gründe, die es seinen Entscheidungen beigibt. Diese Autorität wird beschädigt, wenn das Gericht sich weigert, die Gründe zu offenbaren, von denen es sich bei der (nicht unzweifelhaften) Bestimmung des gesetzlichen Richters hat leiten lassen. Seiner Verantwortung gegenüber den Prozeßbeteiligten wie gegenüber der Öffentlichkeit wird es dadurch nicht gerecht.

Gründe, die es unter verfassungsrechtlichen Gesichtspunkten gerechtfertigt erscheinen lassen könnten, von einer Begründung der Entscheidung über die Senatszuständigkeit abzusehen, sind nicht ersichtlich. Das Effizienzprinzip scheidet aus. Da Zweifel, welche die Senatszuständigkeit betreffen, selten auftreten und noch seltener zu einer Anrufung des Sechser-Ausschusses führen, fällt die zusätzliche Belastung nicht ins Gewicht, die mit einer Begründung seiner Entscheidung – die den Verfahrensbeteiligten in der Entscheidung des erkennenden Senats mitzuteilen wäre – einherginge, zumal dabei in aller Regel auf die Voten der Berichterstatter zurückgegriffen werden könnte. Ebensowenig kommt eine nennenswerte Verfahrensverzögerung in Betracht.

V. Fazit

Das Ergebnis der vorstehenden Überlegungen lautet: § 46 Satz 2 GOBVerfG ist unvereinbar mit § 30 Abs. 1 Satz 2 BVerfGG. Eine gesetzliche Regelung, welche der bisher in der Geschäftsordnung enthaltenen Vorschrift entspräche, wäre, wie auch diese, verfassungswidrig.

---

[69] Vgl. BVerfGE 86, 133 (144 f.).
[70] *Lücke* (Anm. 25), 73, 76 f.

VI. Verfassungsgeschichte

1. Französische Revolution

I. Geschichte.

Die F.R. leitete eine neue Epoche der europ. Gesch. ein. Das Jahr 1789 markiert den Beginn der Auflösung der alten Feudalgesellschaft und ihren Übergang in die bürgerl. →Gesellschaft. Der gesellschaftl. Entwicklung parallel verlief die des →Staates: an die Stelle des absoluten Königtums (→Absolutismus) trat – in Frankreich nach einem republikanischen Zwischenspiel und der Diktatur *Napoleons* – die konstitutionelle Monarchie (→Konstitutionalismus).

A. Voraussetzungen.

Am Vorabend der Revolution gliederte sich die Gesellschaft in Frankreich wie im übrigen Europa in drei Stände. Der Adel war im Besitz aller wichtigen Ämter in Verwaltung und Heer. Seine Angehörigen lebten am Hofe und bezogen ihren Unterhalt teils von ihren Landgütern, teils in Form von königl. Gnadengehältern, die aus Steuermitteln aufgebracht wurden. Neben dem Adel stand der Klerus. Die Gemeinsamkeit der Interessen beider Stände erwuchs zum einen aus den mannigfachen verwandschaftl. Beziehungen zwischen Adel und hoher Geistlichkeit, zum anderen daraus, daß, während beide von staatl. Abgaben nahezu völlig freigestellt waren, der Grund und Boden des Landes sich zum größten Teil in ihrer Hand befand. Die ganze Steuerlast ruhte fast ausschließl. auf dem dritten Stand, dem – vorerst noch ungeschieden – Kaufleute, Gewerbetreibende, Arbeiter, Bauern, kurz alle angehörten, die weder zum Adel noch zur Geistlichkeit rechneten. Der dritte Stand umfaßte somit die überwältigende Mehrheit der Bevölkerung, hatte jedoch keinerlei Anteil an der Regierung.

Die durch diese sozialen Mißstände hervorgerufene Unzufriedenheit erhielt durch die katastrophale Entwicklung der Staatsfinanzen weitere Nahrung. Die Versuche der Finanzminister *Ludwigs XVI.* (1774 bis 1792) – *Turgot, Necker, Calonne* –, dieses Übelstandes Herr zu werden, gerieten über Anfänge nicht hinaus. Sie alle endeten bei dem Vorschlag, die Privilegien des Adels und der Geistlichkeit aufzuheben und die Grundsteuer auf *allen* Grundbesitz zu verteilen. Der König, zu schwach, sich über den Widerstand der bevorrechtigten

Stände hinwegzusetzen, versagte jedesmal seine Unterstützung. Damit hat es das absolute Königtum in Frankreich versäumt, selbst die notwendigen Reformen in die Wege zu leiten; statt dessen machte es sich zum Verteidiger der bestehenden, aber unhaltbar gewordenen Ordnung. Die Verschwendung und Mißwirtschaft am königl. Hofe taten ein übriges, die um sich greifende Mißstimmung zu steigern.

Inzwischen waren der Revolution aber auch die geistigen Wegbereiter erwachsen. *Voltaires* Spott führte zur Kritik an allem Hergebrachten; die Enzyklopädisten verbreiteten die Ideen der Aufklärung; die Physiokraten forderten die Freiheit von Handel und Gewerbe (Laisser-faire, laisser-aller), insbes. die Förderung der Landwirtschaft, was sich unter den gegebenen Umständen notwendig gegen die Privilegien von Adel und Klerus richtete; *Montesquieu* formulierte den Gedanken der gewaltenteilenden Verf. zum Zwecke einer dauerhaften Gewährleistung individueller Freiheit. *Rousseau* beantwortete die Preisfrage nach dem Ursprung der Ungleichheit unter den Menschen mit dem Hinweis auf die Ungleichheit der Bedingungen ihrer Entwicklung und forderte zu deren Beseitigung die Schaffung der rechtl. Gleichheit. In seinem Contrat social (1762) begründete er die Idee der *Volkssouveränität* im modernen Sinne. Damit war die bestehende staatl. Ordnung ebenso wie die der Gesellschaft in der Wurzel angegriffen. Hinzu kam schließl, die Wirkung des Freiheitskampfes der amerik. Kolonien, mit denen Frankreich seit 1776 gegen die brit. Kolonialmacht im Bunde stand.

Der drohende Staatsbankrott veranlaßte 1787 die Einberufung der Notabelnversammlung, einer alten Einrichtung, die sich zwar aus Angehörigen aller Stände zusammensetzte, in der die Vertreter des dritten Standes sich jedoch in der Minderheit befanden. Der Versuch, die Notabeln zu einer Zustimmung zu den notwendigen ReformG. en – Entlastung des dritten Standes von einigen bes. drückenden Steuern, Ausweitung der Grundsteuerpflicht auf den Grundbesitz von Adel und Klerus – zu bewegen, schlug fehl. *Lafayette* forderte die Einberufung der Generalstände. *Necker* – inzwischen wieder zum Finanzminister berufen – verlangte eine Verdoppelung der Stimmen des dritten Standes. Die erneut einberufene Versammlung der Notabeln verweigerte sie (1788). Am 1. Jan. 1789 verfügte der König die Einberufung der Etats généraux und ordnete »in Erwägung des Gutachtens der Minorität der Notabeln« an, daß der dritte Stand eine gleiche Zahl von Vertretern wie die beiden anderen Stände zusammen stellen sollte.

B. Die Generalstände und die konstituierende Nationalversammlung (1789–1791).

Die États généraux traten am 5. Mai 1789 zusammen. Sie waren aus Wahlen hervorgegangen und bestanden aus je 300 Vertretern des Adels und der Geistlichkeit sowie 600 Vertretern des dritten Standes. Sogleich bei der Legitimation der Mandate erhob sich ein sechs Wochen während Streit darüber, ob die Abstimmung nach Ständen oder nach Köpfen erfolgen sollte. Jenes hätte der Tradition entsprochen, aber den privilegierten Ständen wiederum wie in den Notabelnversammlungen die Mehrheit verschafft. Schließl. obsiegte der dritte Stand, zu dem nach und nach zahlreiche Geistliche und auch mehrere Mitglieder des Adels übergingen. Damit war Entscheidendes geschehen: Das Prinzip der feudalen Gesellschaft in der Volksvertretung war vernichtet, der dritte Stand hatte sich mit der →Nation identifiziert. Es war folgerichtig, daß sich die Versammlung hinfort nicht mehr als eine ständische begriff und sich am 17. Juni nach dem Vorschlag von *Sieyès* als Assemblée nationale konstituierte. Gleichzeitig nahm sie für sich das ausschließl. Steuerbewilligungsrecht in Anspruch. Der Versuch, die Versammlung an weiteren Beratungen zu hindern, scheiterte. Ihre dem dritten Stand angehörenden Mitglieder begaben sich in den Ballhaussaal und schworen, nicht auseinanderzugehen, bis sie Frankreich eine Verf. gegeben hätten (20. Juni). Am 23. Juni erklärte der König die Beschlüsse vom 17. Juni für illegal. Gleichwohl schlossen sich immer mehr Geistliche und Adelige dem Vorgehen des dritten Standes an. Am 6. Juli wurde ein Verf. ausschuß gebildet, am 9. Juli nahm die Assemblée nationale den Namen einer konstituierenden *Nationalversammlung* an.

Die Zusammenziehung von Truppen rund um Paris erregte die Volkswut. Erstmals floß Blut (12. Juli). Die Masse erstürmte die Bastille (14. Juli). Die Armee hatte sich in den Wirren dieser Tage als unzuverlässig erwiesen. Zur Aufrechterhaltung der Ordnung schuf die Nationalversammlung die Nationalgarde, eine Pariser Bürgerwehr, zu deren Oberbefehlshaber *Lafayette* ernannt wurde. Der Besuch des Königs in der Hauptstadt am 17. Juli sanktionierte diese Vorgänge.

Mit der Durchsetzung der Stimmengleichheit in der Nationalversammlung war nur eine Folgeerscheinung der Feudalgesellschaft beseitigt, diese selbst nicht getroffen. Den endgültigen Umschwung brachten die Nacht des 4. Aug. und ihr Niederschlag in der Déclaration des Droits de l'Homme et du Citoyen vom 26. Aug. 1789. →Gleichheit vor dem G. (Art. 1), gleicher Zugang zu den Ämtern (Art. 6), persönl. →Freiheit (Art. 7), Volkssouveränität (Art. 3 und 6), Gewährleistung des →Eigentums (Art. 17) waren ihre wichtigsten Prinzipien (s. a. Grundrechte I). Die Privilegien der höheren Stände waren damit gefallen. Ein Dekret vom 15. März 1790 hob die Leibeigenschaft auf; die unablösbaren Lehnsabgaben waren schon am 11. Aug. 1789 in der Ablösung unterliegende einfache Grundabgaben umgewandelt worden. Am 8. Apr. 1791 wurde die Primogeniturerbfolge für den adeligen Grundbesitz verboten. Damit war unter Wahrung der in der Déclaration des Droits verbürgten Rechte einem allmähl. Wandel der Besitzstruktur der Weg geebnet. Diesem Ziel diente auch der alsbald zur Deckung der Staatsschuld einsetzende Verkauf der Staatsdomänen (Assignaten).

Gleichzeitig wurde der Verwaltungsaufbau umgestaltet (Einteilung in Départements, Arrondissements und Kantone, Schaffung von Gemeinden mit weitgehender Selbstverwaltung) und die Gerichtsverf. reformiert (Zivilgerichtsordnung vom 16. Aug. 1790, Kriminalgerichtsordnung vom 16.[26.]Sept. 1790).

Schon 1789 waren die Kirchengüter eingezogen worden. Am 12. Juli 1790 nahm die Nationalversammlung die sog. Zivilkonstitution der Kirche an. Sie enthielt eine neue Sprengeleinteilung (Angleichung der Bistümer an die Départements) und machte die Geistlichen zu wählbaren Staatsbeamten (Näheres s. u. II). Der Klerus als Stand war damit aufgehoben. Während die Stellungnahme des Papstes auf sich warten ließ, wurde die neue Ordnung vom König sanktioniert. Der Beschl. vom 27. Nov. 1790, von den Geistlichen den Eid auf die Verf. zu verlangen, stellte diese vor die Wahl zwischen Rom und der Revolution. Er führte zur Spaltung der Kirche in einen konstitutionellen (*Talleyrand*) und einen romtreuen, eidverweigernden Flügel. Der König, durch zwei päpstl. Breven vom 10. März und vom 13. Apr. 1791 wie der ganze verfassungstreue Teil der Kirche mit der Exkommunikation bedroht, stellte sich aus Gewissensgründen mit der Mehrheit der hohen, aus dem Adel stammenden Geistlichkeit auf die Seite der Kurie und damit abermals gegen die Nation.

Die am 3. Sept. 1791 beschlossene Verf. ließ die Monarchie trotz des am 21. Juni 1791 unternommenen Fluchtversuchs der königl. Familie, deren Einverständnis mit den auswärtigen Feinden Frankreichs damit offenkundig geworden war, unangetastet. Freilich wurden die Rechte des Königs entsprechend der streng durchgeführten Teilung der Gewalten (→Gewaltenteilung) auf die Ausführung der G. e und ein suspensives Veto gegen die G. beschlüsse der Legislative beschränkt. Bei dieser lag die gesetzgebende Gewalt (Einkammersystem). Die Verf. bekräftigte die Souveränität der Nation, Legislative und König waren ihre Repräsentanten. Die gesetzgebende Versammlung wurde in indirekter Wahl gewählt. Aktives und passives Wahlrecht besaßen jedoch nur die Citoyens actifs, das waren die volljährigen, ansässigen und beeidigten Bürger, die irgendwo im Königreich eine direkte Steuer, die dem Wert dreier Arbeitstage entspricht, bezahlten (Zensus). Damit war eine neue Klassenherrschaft etabliert, die der Besitzenden über die Nichtbesitzenden: der Widerspruch zur Erklärung der Menschenrechte (Art. 1: »Les hommes naissent et demeurent libres et égaux en droits«) war deutl., der Zündstoff für die weitere Entwicklung lag bereit.

C. Die Legislative (1791–1792).

Die auf Grund der am 14. Sept. vom König beschworenen Verf. gewählte gesetzgebende Versammlung trat am 1. Okt. 1791 zusammen. Die Rechte war zusammengeschmolzen, die Linke zwar in der Mehrheit, aber gespalten in die gemäßigten Girondisten und die radikalen Montagnards. Beide gehörten dem Klub der *Jacobiner* an, der schon nach der Flucht des Königs dessen Absetzung verlangt und die Masse zur Demonstration auf dem Marsfeld veranlaßt hatte, die von der Bürgerwehr unter *Lafayette* unter Anwendung von Gewalt aufgelöst worden war (Massacre du Champs de Mars am 17. Juli 1791).

Die Legislative beschloß sogleich scharfe Maßnahmen gegen die Emigranten. Nach dem Dekret vom 9. Nov. 1791 verfielen die Güter der bis zum 1. Jan. 1792 nicht zurückgekehrten Adeligen der Konfiskation. Am 29. Nov. beschloß die Versammlung, den eidverweigernden Geistlichen das Gehalt zu entziehen und sie der Aufsicht der Behörden zu unterstellen. Der König machte von seinem Vetorecht Gebrauch und versäumte so die letzte Möglichkeit einer Versöhnung mit der Revolution.

Inzwischen formierten sich die auswärtigen Gegner. Kaiser *Leopold II.*, der Schwager *Ludwigs XVI.*, und *Friedrich Wilhelm II.* von Preußen hatten sich in der Pillnitzer Deklaration vom 27. Aug. 1791 in Anwesenheit der Brüder des franz. Königs dessen Befreiung und die Einführung einer gemäßigten Verf. in Frankreich zum Ziel gesetzt. Österreich und Preußen rüsteten, jedoch kam ihnen die girondistische Regierung mit ihrer Kriegserklärung am 20. Apr. 1792 zuvor. Der Krieg verlief zunächst für die franz. Truppen ungünstig. Das im Juli vom preuß. Oberbefehlshaber, dem Herzog von Braunschweig, erlassene Manifest bedrohte Paris mit der Zerstörung. Die Menge vermutete das Einverständnis des Königs. Am 10. Aug. 1792 erstürmte sie die Tuilerien und richtete unter den Wachmannschaften, denen der König Widerstand untersagt hatte, ein furchtbares Blutbad an. Die königl. Familie hatte sich in die gesetzgebende Versammlung geflüchtet und unter ihren Schutz begeben. Auch dort drang die Masse ein und verlangte die Absetzung des Königs. Die Versammlung beschloß auf Antrag *Vergniauds*, eines Führers der Gironde, der schon am 3. Juli in der Nationalversammlung den König scharf angegriffen hatte, dessen Suspension und die Einberufung einer neuen Assemblée nationale. Das Königtum war gestürzt, Frankreich eine Republik.

Jetzt wurden die bislang durch das Veto des Königs blockierten Dekrete gegen die Emigranten und Priester durchgeführt. Das Dekret vom 18. Aug. 1792 löste die noch vorhandenen Orden und kirchl. Gemeinschaften auf. Die königl. Familie wurde vom 13. Aug. an im Temple gefangen gehalten. In den Gefängnissen wurden zahlreiche Adelige umgebracht (Septembermorde). Im Zuge der Vorbereitung der Wahl der neuen Nationalversammlung wurde der Zensus beseitigt. Die Wahl erfolgte nach demokratischen Prinzipien. Die Convention nationale konstituierte sich am 20. Sept. 1792.

D. Der Konvent.

Die Gesch. des Konvents hat drei Abschnitte: auf den Sturz des Königtums und der Gironde folgte die Schreckensherrschaft des Wohlfahrtsausschusses, die ihrerseits vom Direktorium abgelöst wurde. Sämtl. Ereignisse im Innern Frankreichs standen in Wechselwirkung mit dem Geschehen an den Fronten. Innerhalb des Konvents besaß die Gironde, die Vertretung des Bürgertums, noch immer die Mehrheit. Die Montagnards aber konnten sich auf die vom Hunger bedrohte, radikale Pariser Bevölkerung stützen und so ihrem Willen Nachdruck verschaffen. Zunächst wurde die Abschaffung des Königtums und die Erhebung der Anklage gegen den König beschlossen (21. Sept. 1792). Der Prozeß begann am 5. Dez. und endete am 17. Jan. 1793 mit dem mit einer Stimme Mehrheit beschlossenen Todesurteil, das am 21. Jan. vollstreckt wurde. Die Girondisten hatten sich gegen das Urt. gewandt. Am 5. Okt. 1792 wurde als weiteres Zeichen des Bruchs mit jeder Tradition ein neuer Kalender eingeführt, der die Wochen durch Dekaden ersetzte und die Monatsnamen auf die Jahreszeiten abstimmte.

Das Kriegsglück hatte sich mit der Kanonade von Valmy am Tage des Zusammentritts des Konvents, dem 20. Sept. 1792, gewendet. Trotz des unentschiedenen Ausgangs traten die preuß. Truppen den Rückzug an. Die franz. Armee unter *Custine* besetzte Speyer und Mainz, *Dumouriez* besiegte im Nov. die Österreicher in den Niederlanden und nahm Brüssel. In Italien wurde Savoyen annektiert. Die Hinrichtung *Ludwigs XVI.* gab den Anstoß zur Erweiterung der Koalition. England, Holland, Spanien und das Dt. Reich traten dem gegen Frankreich gerichteten österr.-preuß. Bündnis bei. Im Frühjahr 1793 wurde *Dumouriez* von den Österreichern bei Neerwinden geschlagen, Mainz von den Preußen zurückerobert. Gleichzeitig erhob sich die königstreue Vendée.

Die Bedrohlichkeit der Lage führte zur weiteren Radikalisierung der Massen in Paris. Die Bergpartei gewann die Oberhand, die gemäßigten Girondisten wurden am 31. Mai und 2. Juni 1793 aus der Regierungsverantwortung verdrängt, die Mehrzahl ihrer Führer verhaftet und im Okt. hingerichtet.

Am 24. Juni 1793 wurde eine neue Verf. verkündet. Sie ist die erste konsequent durchdachte demokratische Verf. der europ. Gesch. Allein deshalb beansprucht sie Interesse. Denn in Erkenntnis dessen, daß sie unter den gegebenen Umständen der Praktikabilität ermangelte, wurde sie sogleich suspendiert. Alle Gewalt ruhte bei dem am 6. Apr. eingesetzten Wohlfahrtsausschuß (Comité du salut public). Nach der neuen Verf. besaß jeder volljährige Franzose das aktive Wahlrecht; alle Bürger sollten teilhaben an der Souveränität des Volkes. Dieses wählte seine Deputierten unmittelbar, sofern es sich zu Versammlungen von 39000 bis 41000 Seelen vereinigte; sonst wählten je 200 bis 600 Bürger einen bis drei électeurs. Der corps législatif schlug die G. e nur vor; über den Vorschlag stimmten dann die Gemeinden der Republik ab; erhielt er eine Mehrheit, wurde er G. Jährl. sollten 12 der insgesamt 24 Mitglieder des Conseil exécutif von den Wahlversammlungen nominiert und vom Corps législatif gewählt werden. Auch dieser Verf. war wie derjenigen von 1791 eine Erklärung der Menschenrechte vorangestellt. Die Unterschiede sind jedoch charakteristisch. Art. 1 der Déclaration von 1789 hatte gelautet: »Les hommes naissent et demeurent libres et égaux en droits. Les distinctions sociales ne peuvent être fondées que sur l'utilité commune.« Im Jahre 1793 hieß es: »Le but de la société est le bonheur commun« (Art. 1) und »Tous les hommes sont égaux par la nature et devant la loi« (Art. 3). Den beiden Formulierungen lagen weit voneinander abweichende Auffassungen vom Wesen der Gesellschaft und von den Aufgaben des Staates ihr gegenüber zugrunde. Dachte man 1791 nur an die Herstellung der rechtl. Gleichheit, die Beseitigung der Privilegien, so war das Ziel 1793 die Beförderung der tatsächl. Gleichheit, die sofortige Neuverteilung des Besitzes. Die nach jener Konzeption vorausgesetzte natürl. Ungleichheit wurde jetzt geleugnet und ledigl. als Folge der äußeren Umstände gedeutet. In merkwürdigem Widerspruch dazu wurde aber auch jetzt das Eigentum als »droit naturel et imprescriptible« (Art. 1 und 2) anerkannt. Diese Vorstellung in die Tat umzusetzen, die Gesellschaft der Verf. anzupassen und gleichzeitig der militärischen Bedrohung Herr zu werden, war die Aufgabe des Wohlfahrtsausschusses. Das einzig mögl. Mittel, dieses Ziel zu erreichen, bildete der Terror. Die Guillotine begann ihr Werk. Der aus 12 Männern bestehende Wohlfahrtsausschuß zunächst von *Danton*, seit Juli von *Robespierre* allein beherrscht, und seine Vollzugsorgane, die Revolutionstribunale, vernichteten nicht nur die zurückgebliebenen Adeligen, sondern jedermann, der verdächtig schien, die Revolution und ihre Ziele abzulehnen. Ein Sicherheitsausschuß und weitere zahlreiche über das ganze Land verbreitete Ausschüsse übten die Funktionen einer Staatspolizei aus.

Nur allmähl. gelang es, der Unruhen im Lande Herr zu werden. Im Okt. endete die Königin *Marie Antoinette* auf dem Schafott, im Apr. 1794 *Danton*. Gleichzeitig besserte sich auf Grund der Siege der neuen, von *Carnot* auf der Basis der allg. Wehrpflicht (seit Aug. 1793) organisierten Volksheere (levée en masse) allenthalben die militärische Lage. Im Dez. 1793 eroberte *Napoleon Bonaparte* das zu den Engländern abgefallene Toulon. Am 26. Juni 1794 wurden bei Fleurus in der Nähe von Namur die Österreicher geschlagen, wodurch ganz Belgien und die Rheinlande gewonnen wurden.

Mit der Stabilisierung der Verhältnisse nach außen und innen sah der Konvent die Aufgabe des Wohlfahrtsausschusses als erfüllt an. Er leistete deshalb *Robespierre*, als er es unternahm, ihn zugunsten der Ausschüsse zu entmachten, entschlossenen Widerstand. Schon zuvor hatte dessen Versuch, einen Kult des Höchsten Wesens einzuführen, weithin Verstimmung ausgelöst und zum Überdruß an seiner Herrschaft geführt. Am 9. Thermidor (27. Juli 1794) wurde *Robespierre* verhaftet und am folgenden Tage mit vielen seiner Anhänger guillotiniert. Bes. die wirtschaftl. Lage, kritischer denn je, machte das Ende der Schreckensherrschaft unvermeidl.; denn nur bei Wiederherstellung einer gewissen Rechtssicherheit konnten Handel und Gewerbe, vor allem aber die Landwirtschaft auf den neu verteilten Gütern den erhofften Aufschwung nehmen und in der Folge die anhaltende Finanznot des Staates behoben werden.

Mit dem Sturz der Schreckensherrschaft hatte die Revolution ihren Höhepunkt überschritten; die gemäßigten Kräfte kamen wieder an die Macht, zunächst vor allem auf dem Lande. Im Nov. 1794 wurde der Klub der Jacobiner geschlossen, am 20. Mai 1795 ein Aufstand der Sansculottes, der Vertreter der reinen Demokratie, unterdrückt und am 13. Vendémiaire (5. Okt.) mit der Unterstützung Generals *Bonaparte* eine von royalistischen Kreisen angezettelte Empörung der Sektionen niedergeschlagen. Am 31. Juli 1795 wurden die Revolutionstribunale abgeschafft.

Die militärischen Operationen verliefen weiterhin günstig. Im Winter eroberte *Pichegru* Holland, das in die »Batavische Republik« umgewandelt wurde. Preußen und Österreicher wurden vom linken Rheinufer verdrängt, nur Mainz blieb in preuß. Hand. Am 5. Apr. 1795 schloß Preußen, des Krieges müde, den Frieden von Basel, der Frankreich im Besitz des linken Rheinufers beließ; am 22. Juli folgte der Friedensschluß mit Spanien. Auf dem Kontinent blieb als einziger Gegner Österreich übrig.

Die neue Verf. vom 5. Fructidor des Jahres III (22. Aug. 1795) atmete den bürgerl.-liberalen Geist von 1789. An ihrem Zustandekommen hatte *Sieyès* maßgebl. Anteil. Das Prinzip der →Gewaltenteilung, nach welchem die Vollziehung einem fünf Mitglieder umfassenden Direktorium, die G. gebung dem Corps législatif, die Rspr. unabhängigen Richtern vorbehalten war, bestimmte ihre Struktur. Die Herbeiführung größerer Bedachtsamkeit beim Erlaß der G. e bezweckte die Teilung des Corps législatif in einen Rat der Alten und einen Rat der Fünfhundert. Jener hatte ein absolutes Vetorecht. Für die (mittelbare!) Wahl wurde der Zensus wieder eingeführt. Jährl. schied ein Drittel der Mitglieder des Corps législatif aus und wurde neu gewählt. Die Mitglieder des Direktoriums wurden vom Rat der Alten aus einer Vorschlagsliste gewählt, die vom Rat der Fünfhundert aufzustellen war. Jährl. war ein Mitglied auszutauschen, die Wiederwahl nur nach einem Intervall von fünf Jahren zulässig.

E. Das Direktorium.

Das Direktorium bemühte sich überall um eine Beruhigung der Lage. Es konnte aber nicht hindern, daß radikale und vor allem reaktionäre Kräfte (weißer Schrecken!) wieder an Einfluß zu gewinnen suchten. Die wirtschaftl. Notlage der Bevölkerung begünstigte die Entstehung frühkommunistischer

Ideen (*Babeuf*); eine von Gedanken dieser Art getragene Verschwörung wurde am 10. Mai 1796 aufgedeckt, ihr Haupt *Babeuf* hingerichtet.

Das Hauptaugenmerk des Direktoriums konzentrierte sich jedoch zunächst auf die Kriegsschauplätze. Das Jahr 1796 brachte die glänzenden Siege *Bonapartes* in Italien, die zur Gründung der Lombardischen und der Cispadanischen Republik führten. Letztere ging 1797 nach der Einnahme Mantuas in der Cisalpinischen Republik auf, zu der noch die Ligurische Republik (Genua) hinzukam. Der Friede von Campo Formio (17. Okt. 1797) sicherte Frankreich den Besitz der österr. Niederlande, während es Venedig, Istrien und Dalmatien Österreich überließ. Der Kaiser anerkannte die Cisalpinische Republik als selbständige Macht und willigte in die Abtretung des linken Rheinufers.

Weitaus gefährlicher für den Bestand der Republik als die kommunistische Verschwörung waren die Umsturzversuche der königstreuen Reaktion, denen das Direktorium mit dem Staatsstreich vom 18. Fructidor des Jahres V (4. Sept. 1797) begegnete. Die Royalisten hatten nach der Machtübernahme des Direktoriums eine rege Propagandatätigkeit entfaltet, die nicht ohne Erfolg blieb, zumal ihnen die finanzielle Unterstützung vieler erst neuerdings reichgewordener Spekulanten zuteil wurde. Auch das die begüterten Kreise begünstigende Wahlrecht wirkte sich zu ihren Gunsten aus. Nach den Wahlen des Jahres 1797 besaßen sie zusammen mit den gemäßigten Republikanern die Mehrheit in den gesetzgebenden Körperschaften. Zwei der Direktoren, *Barthélémy* und *Carnot*, zählten zu ihren Vertrauensleuten; der Präsident des Rates der Fünfhundert, *Pichegru*, war Monarchist. Die Gefahr einer legalen Machtübernahme durch die Monarchisten wurde sichtbar. *Bonaparte*, an dessen Verhalten in Italien die Royalisten Kritik geübt hatten, riet dem Direktorium zum Staatsstreich und entsandte zu diesem Zweck den General *Augereau* nach Paris. Am 18. Fructidor umstellten seine Soldaten die Tuilerien und das Palais de Luxembourg; die Führer der Royalisten wurden ohne Blutvergießen verhaftet und großenteils deportiert. Die G. e gegen die Emigranten wurden erneuert, Adelige und Priester unter Androhung der Todesstrafe verbannt. Aus den gesetzgebenden Körperschaften wurden 198 Abgeordnete ausgestoßen, die Wahlen in 49 Départements annulliert. Damit war die Kraft der royalistischen Bewegung in Frankreich gebrochen. Sie stellte fortan keine innere Bedrohung mehr dar. Die Verf. blieb zwar formell unangetastet, indessen war klar geworden, daß sie den praktischen Anforderungen nicht entsprach.

F. Das Konsulat.

Der Versuch der Royalisten, an die Macht zu gelangen, hatte erneut Unruhe in die Bevölkerung getragen, die von einer Restauration der Monarchie die Revision der neuen Besitzverhältnisse befürchtete, also auch um die materiellen

Früchte der Revolution bangen mußte. Die Schwäche des Direktoriums, das der im Lande herrschenden chaotischen Zustände nicht Herr wurde, wie seine Willkür (nach den Wahlen des Jahres 1798, die einen Sieg der Jacobiner gebracht hatten, wurden erneut 89 Abgeordnete ausgestoßen) machten zusätzl. spürbar, daß es zur Bewahrung des Errungenen einer starken Staatsgewalt bedurfte. Einerseits erfochten zwar die franz. Truppen weitere Siege, die 1798 zur Gefangennahme des Papstes und zur Gründung der Röm. und Helvetischen Republik führten. Andererseits begannen sich die Gegner, diesmal unter Führung Rußlands, neu zu formieren. Es kam zur Bildung einer zweiten Koalition gegen Frankreich, an der neben Rußland England, Österreich, die Türkei, Portugal und Neapel beteiligt waren. Die Folge waren empfindl. Rückschläge im Felde; im Laufe des Jahres 1799 gingen Italien und Süddtschld. verloren.

Der General *Napoleon Bonaparte* kehrte am 9. Okt. von seinem Ägyptischen Feldzug zurück, dessen militärisches Ziel, England in seinen Kolonien zu treffen, zwar nicht erreicht worden war, der aber *Napoleon* neuen Ruhm eingetragen hatte. Bei seinem Eintreffen in Paris stieß er allenthalben auf Unentschlossenheit und Verwirrung. Am 18. Brumaire des Jahres VII (10. Nov. 1799) zwang er die Direktoren zur Abdankung und trieb den Rat der Fünfhundert mit seinen Grenadieren auseinander. Die Verf. vom 13. Dez. 1799, die als erste auf einen Katalog der Menschenrechte verzichtete, befestigte die Macht *Bonapartes* auf die Dauer von zehn Jahren. Noch blieb der Schein der Gewaltentrennung gewahrt: die G. gebung oblag einem Tribunat von 100 Mitgliedern, der über die G. vorschläge der Regierung debattierte, ohne abzustimmen, und einem 300 Mitglieder umfassenden gesetzgebenden Körper, der sie annahm oder ablehnte, ohne in eine Debatte darüber einzutreten. Die Zusammensetzung beider Organe bestimmte ein Sénat conservateur, der aus 80 lebenslängl. Senatoren bestand. Die G. initiative und die vollziehende Gewalt oblagen den drei Konsuln, die die Verf. namentl. benannte (*Bonaparte, Cambacérès, Lebrun*). Unangetastet blieb die Unabhängigkeit der Gerichte. Das Sénatus-consulte organique vom 4. Aug. 1802 machte das Konsulat lebenslängl., überantwortete die Ernennung der Senatoren dem Ersten Konsul, verlieh dem Senat die Befugnis zur G. gebung, reduzierte die Zahl der Mitglieder des Tribunats um die Hälfte und bestimmte, daß die Kantons- und Departementsversammlungen sich nur mit den ihnen von der Regierung vorgelegten Angelegenheiten befassen durften.

Die militärischen Erfolge brachten die für Frankreich günstigen, wenngleich nicht dauerhaften Friedensschlüsse von Lunéville (1801) und Amiens (1802). Die Befriedung im Inneren schritt gleichermaßen fort. Durch G. vom 2. März 1800 erfolgte die Zentralisierung der Provinzialverwaltung (Einteilung in Departements, Arrondissements und Municipalités). Durch eine Reorganisation der Gerichtsverf., die Verständigung mit der kath. Kirche (Konkordat vom 15. Juli 1801) und die Schaffung eines neuen, auf der Gleichheit der Persönlichkeit beruhenden Privatrechts im Code civil (1802) schuf *Napoleon* die Bedingungen für eine fruchtbare Entfaltung der wirtschaftl. Fähigkeiten Frankreichs auf der Grundlage der während der Revolution erfolgten Neuverteilung des Besitzes. Alle Energien des an der Ausübung der Staatsgewalt nicht länger beteiligten Volkes wandten sich, soweit es die kriegerischen Ereignisse zuließen, nunmehr dieser Aufgabe zu.

G. Wirkungen.

Die Ereignisse der F. R. bewiesen der Welt die Realisierbarkeit der Ideen der Aufklärung. Ihre tragenden Gedanken, Beseitigung der ständischen Gesellschaft durch Gleichheit vor dem G., Einführung der Menschenrechte, nationale Einheit und Volkssouveränität, wurden in ganz Europa aufgenommen und zu den politischen Parolen des 19. Jh. Der konstitutionelle Staat löste den →Absolutismus ab.

Zunächst waren es die Feldzüge *Napoleons*, die bes. in Dtschld. zu einer völligen Umgestaltung der staatl. Verhältnisse führten. In der Reformbewegung wie vor allem auch in den nach dem Wiener Kongreß erlassenen Verf. en der dt. Staaten (→Dt. Reich III) kamen jene Gedanken jedoch zu nachhaltiger Wirkung. Die Menschen lehnten es hinfort ab, ledigl. Objekte staatl. Funktionen zu sein. Freilich verlief die Entwicklung außerhalb Frankreichs weniger stürmisch, was in der Hauptsache daran lag, daß sich die Monarchie hier, vor allem in Österreich und Preußen, in weit geringerem Maße mit den höheren Ständen verbunden und selbst schon vor der Revolution zielbewußt auf Reformen hingearbeitet hatte.

Innerhalb des einen Jahrzehnts von 1789 – 1799 – und darin liegen Größe und Bedeutung der F. R. begründet – wurden in Frankreich alle wesentl. politischen und wirtschaftl. Probleme erörtert, konsequent durchdacht und praktisch zu lösen versucht, die während des folgenden Jh. und darüber hinaus im europ. Staatenbereich auftraten und zu bewältigen waren.

Hans H. Klein

2. Betrachtungen auf der Hambacher Burg

I.

Als am 27. Mai 1832 das Hambacher Fest begangen wurde, nach Theodor Heuß die »erste politische Massenversammlung der deutschen Geschichte«, war Goethe gerade zwei Monate tot. Die Exzellenz hatte sich zeitlebens skeptisch gezeigt gegenüber den Bestrebungen, die sich hier so öffentlichkeitswirksam zur Geltung brachten. Er sprach vom »Unfug der Pressefreiheit« (zu Eckermann am 27. März 1831) und spottete:

> Kommt, laßt uns alles drucken
> und walten für und für;
> nur sollte keiner mucken,
> der nicht so denkt wie wir!

Die Zensur – er muß eine eher milde vor Augen gehabt haben – zwinge, so meinte er, die Opposition, geistreich zu sein, auf angenehme Art das zu sagen, was sonst grob und platt gerate. Aus der Idee der persönlichen Freiheit sei die Reformation hervorgegangen wie die Burschenverschwörung auf der Wartburg, »Gescheites wie Dummes, ... viel Treffliches ..., aber auch viel Absurdes« (zu Eckermann am 6. April 1829). »Nichts ist widerwärtiger als die Majorität; denn sie besteht aus wenigen kräftigen Vorgängern, aus Scheimen, die sich akkomodieren, aus Schwachen, die sich assimilieren, und der Masse, die nachtrollt, ohne nur im mindesten zu wissen, was sie will« (Maximen und Reflexionen). Da war er sich mit Schiller einig, der, wie Goethe sagte, das »merkwürdige Glück (hatte), als besonderer Freund des Volkes zu gelten« (zu Eckermann am 4. Januar 1824): »Die Mehrheit? Was ist die Mehrheit? Mehrheit ist der Unsinn; Verstand ist stets bei wen gen nur gewesen ... Man soll die Stimmen wägen und nicht zählen ...« (Demetrius, I. Aufzug). Und Goethe bemerkte: »In Zeitungen und Enzyklopädien, auf Schulen und Universitäten, überall ist der Irrtum obenauf, und es ist ihm wohl und behaglich, im Gefühl der Majorität, die auf seiner Seite ist« (zu Eckermann am 16. Dezember 1828).

Aber der ganze Goethe ist das nicht. Gewiß, er war – nach dem Zeugnis seines getreuen Eckermann – ein »milder Aristokrat« (so in der Aufzeichnung des Gesprächs am 9. Juli 1827), nach eigener Aussage ein Royalist (zu Eckermann am 25. April 1824), denn: »unter vielen ist zu vielerlei Meinung« (eben-

da): »Nicht das macht uns frei«, befand er – bezogen auf die ständische Gliederung der Gesellschaft –, »daß wir nichts über uns anerkennen wollen, sondern daß wir etwas verehren, das über uns ist« (zu Eckermann am 21. Januar
1827). In der Pädagogischen Provinz von Wilhelm Meisters Wanderjahren
wird ganz ebenso die Ehrfurcht vor dem gelehrt, was über uns ist. Indes: die
freie Verfassung Englands hat er bewundert; Amerika hatte es in seinen Augen
»besser als unser Kontinent, der alte …«; und Faust, in seinem letzten Augenblick zugleich den höchsten noch genießend, träumt davon, auf freiem
Grund mit freiem Volk zu stehen. Als Goethe starb, dürfte sein Bangen um
die Zukunft sein Hoffen wohl überwogen haben.

II.

Von der Hoffnung auf eine Zukunft begeistert, der alle Bedrückungen der
Gegenwart fremd sein würden, waren hingegen jene, die sich im Frühjahr
1832 daran machten, das Hambacher Fest als eine machtvolle Demonstration
zu organisieren. Es waren vor allem die führenden Mitglieder des im Januar in
Zweibrücken gegründeten Preß- und Vaterlandsvereins, die Siebenpfeiffer und
Wirth, Schüler, Savoye und Geib, Publizisten mit juristischer Ausbildung, die
die notwendige Vorarbeit leisteten. Der Charakter als Fest war Camouflage –
notgedrungenermaßen, denn politische Versammlungen waren verboten. Der
bayerischen Obrigkeit – die Rheinpfalz, von 1798 bis zum Ende der napoleonischen Herrschaft Frankreich angegliedert, danach dem Königreich Bayern –
entging das nicht. Ein Versuch, das Fest zu verbieten, scheiterte. Und so
strömten denn zwischen 20.000 und 30.000 Menschen auf dem Schlosse zusammen, um unter den schwarz-rot-goldenen Fahnen der Burschenschaft, die
zum geschichtsmächtigen Symbol für Einigkeit und Recht und Freiheit geworden waren, den Forderungen Ausdruck zu verleihen, die so viele bewegten: Pressefreiheit, Volkssouveränität, Beseitigung der Standesvorrechte, Gewährleistung gesetzlicher Freiheit, nationale Einheit.

Sie waren kraftvoll hereingedrungen über die Grenzen der 36 Mitglieds-
staaten des auf dem Wiener Kongreß aus der Taufe gehobenen Deutschen
Bundes. Hier gaben Österreich und Preußen den Ton an, die sich auf verfas-
sungspolitischem Gebiet allen modernen Entwicklungen entgegenstemmten.
Die Pariser Juli-Revolution von 1830 – sie fegte den jüngsten Bruder des 1792
hingerichteten Louis XVI., Karl X., vom Thron und ersetze ihn durch den
»Bürgerkönig« Louis Philippe, den Sohn eben jenes Philippe Egalité, der mit
seiner Stimme das Todesurteil gegen Ludwig XVI. ermöglicht hatte; die durch
die Oper »Die Stumme von Portici« ausgelöste Brüsseler Revolution vom
August 1830, die zur Loslösung Belgiens vom Königreich der Niederlande
und zu einer neuen Verfassungsform führte, der parlamentarischen Monar-

chie, in der das monarchische Prinzip durch das Prinzip der Volkssouveränität
ersetzt wurde: alle Staatsgewalt ging vom Volke aus; der im November 1830
ausgebrochene und sich weit in das nächste Jahr hinziehende Aufstand im von
Rußland annektierten Teil Polens, nach dessen Ende polnische Emigranten
durch Deutschland zogen – Polenbegeisterung ergänzte die lebhafte Sympa-
thie, mit der der Freiheitskampf der Griechen über ein Jahrzehnt hinweg
begleitet worden war –, kurz: die europäische Szene war in Bewegung geraten
und alle diese Ereignisse lösten die Kräfte aus und beflügelten sie, die sich für
eine Veränderung der Lage in Deutschland einsetzten. Hierhatte zunächst nu-
rim süddeutschen Raum – in Bayern, Württemberg, Baden und im Großherzogtum Hessen-Darmstadt – der Konstitutionalismus Wurzel geschlagen, ein
Verfassungskompromiß zwischen Monarchie und Demokratie, in dem die
ständische Gesellschaft erhalten blieb, die Fülle der Staatsgewalt beim Monarchen ruhte – er blieb der inhaber der präsenten Macht des Staates, die sich in
Heer und Beamtentum verkörperte – und das aus zwei Kammern bestehende
Parlament ein Mitbestimmungsrecht beim Staatshaushalt und bei der Gesetzgebung erhielt. Der liberalen verfassungstreuen Opposition, wie sie sich im
Großherzogtum Baden vor allem um die Freiburger Professoren Carl v. Rotteck und Karl Theodor Welcker scharte, war durchaus ein gewisser Spielraum
belassen, Pressefreiheit in bemessenem Umfang gewährt – selbst die Bundesakte tat ihrer in programmatischer Absicht Erwähnung (Art. 18).

Dennoch: Die Neuordnung Deutschlands auf dem Wiener Kongreß war
für viele eine bittere Enttäuschung. Der nationale Aufbruch der Befreiungs-
kriege hatte das erhoffte Ziel nicht erreicht. Wilhelm v. Humboldt hatte dafür
eine Erklärung, die wir heute wohl besser verstehen, als dies seinen Zeitgenossen möglich war: »Man muß auf keine Weise den wahren und eigentlichen
Zweck des Deutschen Bundes vergessen, insofern er mit der europäischen
Politik zusammenhängt. Sein Zweck ist Sicherung der Ruhe; das ganze Dasein
des Bundes ist mithin auf Erhaltung des Gleichgewichts durch innewohnende
Schwerkraft berechnet ...«. Ein national geeintes Deutschland könne niemand
hindern, auch ein erobernder Staat zu werden, »was kein guter Deutscher
wollen kann«.

Es war sicher auch diese Mäßigung der Deutschen, die – sieht man von den
Einigungskriegen von 1864, 1866 und 1870/71 ab – Europa einen fast hun-
derjährigen Frieden bescherte. Aber damals, im Jahrhundert des National-
staats und des weltumspannenden Imperialismus zumal Großbritanniens, aber
auch Frankreichs, war sie den meisten unverständlich. Sie fühlten sich um die
Frucht ihrer Anstrengung gebracht und durch die Fürsten getäuscht, die, wie
Friedrich Wilhelm III. von Preußen, ihre Verfassungsversprechen brachen.
Hatte noch Hardenberg, der preußische Staatskanzler, »demokratische
Grundsätze in einer monarchischen Regierung« für den angemessenen Aus-
druck des Zeitgeistes gehalten, geblieben war davon, nach Wien, nicht viel.

Die Reaktion auf die Entgleisungen auf der Wartburg, auf den dort wie in den Kreisen des Turnvaters Jahn gepflegten »beschränkten Teutomanismus« (H. Heine), und auf die Ermordung des der Spitzelei für den Zaren verdächtigen Dichters Kotzebue durch den Theologie-Studenten Sand ließ von dem wenigen noch weniger übrig. Mit harten Maßnahmen wurde auf der Grundlage der Karlsbader Beschlüsse auf Metternichs Drängen gegen Universitäten und Presse eingeschritten, wurden die sog. Demagogenverfolgungen ins Werk gesetzt, von den einzelnen Staaten allerdings mit unterschiedlicher Schärfe exekutiert.

Licht und Schatten lassen sich im Blick auf jene Jahre nicht einseitig verteilen. Im Franzosenhaß der Jahn und Görres – aus dem sich das deutsche Nationalbewußtsein weiter Kreise speiste –, in der martialischen Teutschtümelei der Burschenschaften und in der Verachtung, die manch einer den süddeutschen Verfassungen als deutschem Wesen fremden Nachahmungen westlichen Gedankenguts entgegenbrachte, und nicht nur in der vielgeschmähten Heiligen Allianz liegen manche Wurzeln jenes deutschen Sonderweges, der in die europäischen Katastrophen des 20. Jahrhunderts mündete. Es war eine ungeordnete Fülle mystisch erfühlter, eben romantischer Ideen, die in Deutschland der hellen Rationalität des in der französischen und in der amerikanischen Revolution ausgeformten Verfassungsideals entgegenwirkten. Andererseits: der Despotismus jener Jahre – wenn er vor dem Hintergrund zeitgenössischer Erfahrungen einer genannt zu werden verdient – war jedenfalls frei von jeglichem totalitären Anspruch. Es war eine Zeit weltanschaulicher Toleranz, die Zeit der Suche nach einer gemäßigten Staatsform, die sich gegen die Gefahren absolutistischer Willkür als ebenso immun erweisen sollte wie gegen die der entfesselten Souveränität der Nation; die sich jedem Dogma wie etwa dem des nationalen Einheitsstaates widersetzte und sich im Kampf gegen ihn in die Ausweglosigkeit polizeistaatlicher Unterdrückung von Geist und Freiheit verirrte; eine Zeit, die die Möglichkeit des technischen und industriellen Fortschritts begierig ergriff, ihm rechtlich und politisch Bahn schuf, aber gegenüber der geistigen Bewegung, deren Teil er war und die im Bereich des Staates auf Liberalität und bürgerliche Beteiligung drängte, in starrer Unbeweglichkeit verharrte.

III.

In dieser Lage traf man sich in Hambach. Man unterhielt sich bei zahlreichen Reden, in denen nicht nur die schon erwähnten Hauptforderungen immer wieder erhoben wurden, in die sich vielmehr – besonders bei dem evangelischen Pfarrer Hochdörfer und dem Juristen Pistor – auch sozialrevolutionäre Töne mischten Die übermäßige Steuerbelastung des Volkes, die Privilegien des

Adels, das Wohlleben der Fürsten auf Kosten der Armen wurden wortmächtig gegeißelt. Pistor etwa soll nach einem offiziellen Bericht ausgeführt haben, »wie aus dem Schweiße der Armen die ungeheuren Kosten für italienische Kastraten und südliche Tänzerinnen bestritten werden mußten; wie die letzte Habe in Anspruch genommen würde, um durch südliche Dirnen die Bäder Italiens zu bereiten, weil die deutschen Quellen nicht mehr heiß genug seien, den entnervten Körper der Wollüstlinge rein zu waschen«. Siebenpfeiffer schwelgte in Visionen anderer Art: »Es wird kommen der Tag«, rief er aus, »wo das deutsche Weib, nicht mehr die dienstpflichtige Magd des herrschenden Mannes, sondern die freie Genossin des freien Bürgers, unseren Söhnen und Töchtern schon als stammelnden Säuglingen die Freiheit einflößt, und im Samen des erziehenden Wortes den Sinn echten Bürgertums nährt, und wo die deutsche Jungfrau den Jüngling als den würdigsten erkennt, der am reinsten für das Vaterland erglüht ...«.

Es verbargen sich hinter diesem unseren Ohren kaum mehr erträglichen Pathos in der Tat massive soziale Mißstände. Der Unmut, der hier zum Ausdruck kam, war verständlich, die erhobenen Forderungen waren meist gerechtfertigt. Mehr noch galt dies für das Hauptanliegen: bürgerliche und politische Freiheit. Aber zur Aktion fand man nicht. »Tatenarm und gedankenvoll« hat Hölderlin damals die Deutschen genannt. Der am Ende des Festes unternommene Versuch, einen Ausschuß zu wählen, der sich als provisorische Nationalregierung konstituieren sollte, scheiterte an dem Einwand, die Hambacher Versammlung ermangele der »Kompetenz«, »Repräsentanten der Nation« zu wählen. Heine höhnte: »Was war es aber, was die Männer von Hambach abhielt, die Revolution zu beginnen? ... Die Entscheidung lautete: Man sei nicht kompetent« (nach E. R. Huber, Deutsche Verfassungsgeschichte seit 1789, 2. Bd. 1960, S. 146). In Wahrheit war die Zeit trotz wachsender allgemeiner Unzufriedenheit mit den bestehenden Verhältnissen in Deutschland für die Revolution nicht reif. Die Lage Deutschlands war anders als diejenige Frankreichs vor der Revolution. Der aufgeklärte Absolutismus vieler deutscher Fürsten hatte die lange nachwirkende Anerkennung der Monarchie als Staatsform begründet. Preußen allen anderen voran hatte nach seiner Niederlage gegen Napoleon die Zeichen der Zeit verstanden und weitreichende gesellschaftliche Reformen vorgenommen: die mit dem Namen des Freiherrn von Stein verbundene Einführung einer modernen Stadtverwaltung, der Freiheit des Grundstücksverkehrs und der Gewerbefreiheit, die Entlassung der Bauern aus der Erbuntertänigkeit, die Umwandlung ihrer Nutzungsrechte an der Hofstelle in freies Eigentum, Judenemanzipation, Steuerreform und eine Reform der staatlichen Verwaltung an Haupt und Gliedern machten Preußen zum ersten modernen Staat, der lediglich auf dem Gebiet der Verfassung im engeren Sinne rückständig blieb. Die soziale Unzufriedenheit hatte also im größeren Teil Deutschlands bei weitem nicht jenen Grad erreicht, bei dem sie in revolutionäre Gewalt hätte umschlagen können.

Noch einmal behaupteten also Biedermeier und »juste milieu« das Feld. Das Bürgertum, auch soweit es politisch engagiert war wie die Vertreter des Kammer- oder Geheimratsliberalismus um Rotteck und Welcker, Heinrich von Gagern und Jacob Grimm, hielt Distanz zum Aktionismus der unverfaßten, nach manchen Äußerungen auch zur Gewalt geneigten Massen.

Die Reaktion der Fürsten fiel diesmal deutlich härter aus als in den Jahren nach Karlsbad Über die Rheinpfalz wurde der Belagerungszustand verhängt; »Strafbayern« legte man den Bürgemins Quartier, die revolutionärer Umtriebe verdächtig schienen Den Organisatoren und Rednern von Hambach wurde der Prozeß gemacht, soweit man ihrer habhaft wurde. Gegen »Dr. Wirth und Consorten«, darunter Siebenpfeiffer, wurde Anklage vor dem Landauer Assisen-(Geschworenen-)gericht erhoben. In großen Verteidigungsreden, deren Wortlaut uns durch die Mitschrift Franz Xaver Gabelsbergers, der hier seine Erfindung der Kurzschrift erstmals erprobte, überliefert ist, legten sie ihre politischen Vorstellungen umfassend dar. Siebenpfeiffer wandte sich gegen den Vorwurf des Anarchismus: »Sittlichkeit, im höheren Sinne, besteht, wie man weiß, nicht ohne Staat, Staat nicht ohne Sittlichkeit, beide sind wesentlich eins«, und er bekannte sich zur Republik: »... ich halte die repräsentative Republik für die einzige Staatsform, die einem großen Volke ... geziemt ... Sie allein kann freies Denken, freies Handeln geben, somit den Zweck der Völkerbewegung erfüllen«.

Aber Republik und Volkssouveränität – sie bedeuteten in den Augen der Machthaber nichts anderes als Anarchie. »Mit Volksrepräsentationen im modernen Sinne, mit der Preß-Freiheit und politischen Vereinen, muß jeder Staat zugrundegehen«, schrieb Metternich am 6. Juni 1832 in einem Brief. Und der Deutsche Bund verschärfte die Zensur, traf Maßnahmen, die Regierungen gegenüber den gesetzgebenden Versammlungen zu stärken, verbot rigoros alle politischen Vereine, stellte außerordentliche Versammlungen und Feste unter Erlaubnisvorbehalt, untersagte den Gebrauch nicht autorisierter Fahnen und die Errichtung von Freiheitsbäumen, verschärfte das Universitätsgesetz und bildete nach dem Frankfurter Wachensturm von 1833 eine Untersuchungskommission, die den Auftrag hatte, Material gegen die Urheber des Komplotts und ihre Sympathisanten zu sammein und ihre strafrechtliche Verfolgung vorzubereiten. Die demokratische Bewegung wurde in den Untergrund gedrängt, ihr revolutionäres Potential dadurch wesentlich gestärkt.

Es wäre reizvoll, den weiteren Lebensgang der Hambacher Akteure im einzelnen zu verfolgen. Einige gingen ins Exil und kehrten, wie Siebenpfeiffer und Schüler, nicht zurück. Andere kamen wieder: so Wirth 1848 – er starb wenig später als Mitglied der Nationalversammlung in der Paulskirche; ebenso der Journalist Franz Stromeyer im Jahre 1846 – er starb ein Jahr darauf als Redakteur des »Tagesherold« in Konstanz. Andere söhnten sich mit den Verhältnissen aus: so der aus Preußen stammende Jurastudent und Burschenschafter Karl Heinrich Brüggemann, der, 1836 vom Kammergericht in Berlin zum Tode verurteilt und später begnadigt, sich zu einem Anhänger der Führungsrolle Preußens in Deutschland entwickelte. Bei diesen Andeutungen aber muß es bewenden.

IV.

Stattdessen sei gefragt, was Hambach für Deutschlands weitere Geschichte bedeutet. Karl Buchheim mißt ihm eine »epochemachende Bedeutung« zu: »Die Demokratie war nun ihrer selbst bewußt geworden«. Obgleich vieles von dem, was in Hambach getan und gesprochen wurde, nach dem Urteil Veit Valentins »unreif, töricht, geschmacklos« war, wird man doch sagen können, daß in dem international gestimmten radikalen Liberalismus der Festreden etwas sichtbar wurde von dem lichten Zauber der Rationalität, die das politische Denken der westlichen Verfassungstheorie beherrschte, des Barons de la Brède et de Montesquieu, des Abbé Sièyes, eines Alexander Hamilton und eines Thomas Jefferson, der Konstrukteure einer freiheitlichen Staats- und Gesellschaftsordnung, der sich Deutschland in den folgenden Jahrzehnten nur zögernd öffnete. Für einen kurzen Augenblick schien es möglich, daß sich französischer und deutscher Liberalismus verbänden, ehe der Nationalismus der einen wie der anderen sich des Rheins als Symbol bemächtigte, sei es, daß sie ihn zu ihrer »natürlichen« Grenze erklärten, sei es, indem sie sangen: »Sie sollen ihn nicht haben, den freien deutschen Rhein«, ihn, »Deutschlands Strom, nicht Grenze«. Heine, hellsichtig wie er war, hat die Franzosen vor dem deutschen Nationalismus gewarnt: er »ist anders als der französische ... nicht weltoffen, weltbrüderlich und missionsbegeistert, sondern verneinend, feindlich und aggressiv ...«

In den Kräften der Beharrung wie in deren des Fortschritts wurzelt – wir sagten es schon – das künftige Verhängnis, waren die Mächte der Zerstörung am Werk. Aber es vollzog sich auch Zukunftsweisendes, hier wie da. Die Phase der politischen Repression lief in den 40er Jahren aus und mündete in die der Revolution, aus der – ungeachtet ihres äußeren Scheiterns – Monarchie und Bürgertum miteinander versöhnt hervorgingen. Denn im Sinne vieler, die in Hambach demonstriert und geredet, zumal auch aller derer, die die liberale Opposition in den süddeutschen Parlamenten unterstützt hatten, war es, daß die Revolution ihr Ziel verfehlte, die Monarchie durch die demokratische Republik zu ersetzen und etwa das allgemeine und gleiche Wahlrecht einzuführen. Dem Bürgertum war an guter Ordnung gelegen, an Rechtssicherheit, Schutz des Eigentums, auch an einem durchaus beachtlichen Maß politischer Freiheit und Teilhabe, wie es nun beispielhaft die preußische Verfassung von 1850 vorsah. Alles dessen versah man sich von denen nicht, deren radikale

Forderungen auf die Herstellung sozialer Gleichheit und damit mehr auf den gesellschaftlichen Umsturz als auf die politische Neuordnung des Staates zielten. In der Trennung von Staat und Gesellschaft sah das liberale Besitzbürgertum die Gewähr seiner Freiheit. Diese war in erster Linie private, personale Freiheit: Freiheit der Religion, der Meinung und Rede, des Eigentums und des Wirtschaftens; die politische Freiheit stand im Dienst der privaten – Selbstzweck war sie nur wenigen. Der im Kommunistischen Manifest propagierten Diktatur des Proletariats, dem dort in Aussicht gestellten Sturz der Bourgeoisie vermochten die Liberalen nichts abzugewinnen, und sie fürchteten, daß unheilvolle Ideen dieser Art desto mehr um sich greifen würden, je länger die Revolution andauerte. So schlossen sie mit den fürstlichen Souveränen den Verfassungskompromiß der konstitutionellen Monarchie, in dem die Fürsten sich zur Teilung der Gewalten und zur Gewähr der liberalen Grund- und Menschenrechte bereit fanden und das Bürgertum die Forderung der nationalen Einheit dahingab. Als diese sich dann auf anderem Wege, wenn auch unter Ausschluß Österreichs und um den Preis der Demütigung Frankreichs, einstellte, schien den meisten das wesentliche dessen erfüllt, was man sich in und seit Hambach erhofft hatte. Schlie Blich nahm sich die Monarchie sogar noch der sozialen Reform an. Mag auch die Bekämpfung der Sozialdemokratie und nicht die Idee des sozialen Königtums, wie sie Lorenz v. Stein entwickelt hatte, das ausschlaggebende Motiv gewesen sein: Bismarcks Sozialversicherungsgesetze zogen erste Folgerungen aus den von der Industrialisierung ausgelösten gesellschaftlichen Umbrüchen und begründeten bis auf unsere Tage Deutschlands Führungsrolle in der Entwicklung des modernen Sozialstaats. In alledem war und blieb der Geist von Hambach wirksam.

Noch ein anderes nahm von Hambach seinen Ausgang. Von der lastenden Autorität des Weimarer Dichterfürsten befreit, tritt – in den Worten Heines – die Revolution in die Literatur. Die Publizistik ersetzte die Poesie. Die Lyrik selbst wurde politisch: Ludwig Uhland, schwäbischer Dichter, Gelehrter und Politiker schrieb:

> Das neue Märchen:
> Einmal atmen möcht ich wieder
> in dem goldnen Märchenreich,
> doch ein strenger Geist der Lieder
> fällt mir in die Saiten gleich.
>
> Freiheit heißt nun meine Fee,
> und mein Ritter heißet Recht.
> Auf denn Ritter, und besteh
> kühn der Drachen wild Geschlecht!

Adalbert von Chamisso, ein guter Preuße französischer Herkunft, schließt sein Gedicht über die Weiber des belagerten Weinsberg, denen der König das Versprechen gegeben hatte, unter Mitnahme dessen, was ihnen das Liebste sei, frei abziehen zu dürfen, und die dann ihre Männer hinwegtrugen:

> Da hat, wie er's vernommen; der fromme Herr gelacht:
> »Und war es nicht die Meinung, sie haben's gut gemacht;
> gesprochen ist gesprochen, das Königswort besteht,
> und zwar von keinem Kanzler zerdeutet und zerdreht«.
>
> So war das Gold der Krone wohl rein und unentweiht.
> Die Sage schallt herüber aus halbvergeßner Zeit.
> Im Jahr elfhundertvierzig, wie ich's verzeichnet fand,
> galt Königswort noch heilig im deutschen Vaterland.

Heinrich Heine lieh seine Sprachgewalt den schlesischen Webern zum dreifachen Fluch auf Gott, König und Vaterland:

> Das Schiffchen fliegt, der Webstuhl kracht,
> wir weben emsig Tag und Nacht –
> Altdeutschland, wir weben dein Leichentuch,
> wir weben hinein den dreifachen Fluch –
> wir weben, wir weben!

Zu dieser Agitationslyrik gesellte sich die politische Prosa des Jungen Deutschlands, einer Gruppe junger Schriftsteller, die die Ziele der national-demokratischen Bewegung unterstützte, insbesondere den Sturz der Monarchie betrieb und die Beseitigung der Klassenunterschiede forderte. Georg Büchners 1834 erschienene illegale Flugschrift »Der Hessische Landbote« erging sich in einer Orgie von Haß und Schmähungen. In der Tonlage des biblischen Predigers verkündete er »Friede den Hütten! Krieg den Palästen!«. »Das Leben der Vornehmen ist ein langer Sonntag, sie wohnen in schönen Häusern, sie tragen zierliche Kleider, sie haben feiste Gesichter und reden eine eigene Sprache; das Volk aber liegt vor ihnen wie Dünger auf dem Acker«. »Die Justiz ist in Deutschland seit Jahrhunderten die Hure der deutschen Fürsten«. »Aus Verrat und Meineid und nicht aus der Wahl des Volkes ist die Gewalt der deutschen Fürsten hervorgegangen, und darum ist ihr Wesen und Tun von Gott verflucht; ihre Weisheit ist Trug, ihre Gerechtigkeit ist Schinderei«. »Doch das Reich der Finsternis neigt sich zum Ende. Über ein kleines und Deutschland, das jetzt die Fürsten schinden, wird als ein Freistaat mit einer vom Volk gewählten Obrigkeit wieder auferstehen«. »Ihr wühltet ein langes Leben die Erde auf, dann wühlt ihr euren Tyrannen ein Grab. Ihr bautet die Zwingburgen, dann stürzt ihr sie und baut der Freiheit Haus. Dann könnt ihr eure Kinder frei taufen mit dem Wasser des Lebens. Und bis der

Herr euch ruft durch seine Boten und Zeichen, wacht und rüstet euch im Geiste und betet ihr selbst und lehrt eure Kinder beten: »Herr, zerbrich den Stecken unserer Treiber, und laß dein Reich zu uns kommen, das Reich der Gerechtigkeit. Amen«.

Vor dem Hintergrund solcher Exzesse werden die Motive der Reaktion um einiges verständlicher und die Sorge des ewigen Skeptikers Heine vor der Unberechenbarkeit der damit eingeleiteten Entwicklungen nachvollziehbar:

> Andre Zeiten, andre Vögel!
> Andre Vögel, andre Lieder!
> Sie gefielen mir vielleicht,
> wenn ich andre Ohren hätte!

V.

Das Hambacher Fest war – im Sinne Hegels – ein Fortschritt im Bewußtsein der Freiheit. In seiner welteren Folge ergriff – zeitweise jedenfalls – das Politische von der Masse des Volkes Besitz. Anders wäre es nicht zur Revolution von 1848 gekommen, aus der zwar nicht die Demokratie, wohl aber der Verfassungsstaat hervorgegangen ist: der Staat, der seine Macht und die aller seiner Organe der Bindung an das Recht unterwirft. Wenn in der Bundesrepublik Deutschland die Verfassung, das Grundgesetz und das Bundesverfassungsgericht als die Institution, die über ihre Bewahrung wacht, in so einem Ansehen stehen, daß von Verfassungspatriotismus mit Fug die Rede ist, dann hat dies seinen Grund <u>auch</u> darin, daß deutsches Verfassungsdenken – ausgerichtet an den im 19. Jahrhundert geschaffenen Texten – früh einen hohen Rang erreicht und internationale Anerkennung gefunden hat.

Die Entwicklung zur Demokratie allerdings brach 1849 ab. Thomas Mann hat in selnem im Goethejahr 1949 in Oxford gehaltenen Vortrag über »Goethe und die Demokratie« beklagt, daß sich in Deutschland Macht und Demokratie lange – zu lange – nicht mitelnander verbinden wollten. Er mußte es wissen: In seinen »Betrachtungen eines Unpolitischen« hatte er gut 30 Jahre früher seine Überzeugung bekannt, »daß das deutsche Volk die politische Demokratie niemals wird lieben können, aus dem einfachen Grunde, weil es die Politik selbst nicht lieben kann …« Daran ist leider noch immer etwas Wahres. Zum unseligen Teil des auf uns überkommenen Erbes von Idealismus und Romantik gehört die schweifende Suche nach Synthese und Harmonie, nach Ästhetik statt Politik. Hier haben das Unverständnis und der Widerwille ihre Wurzel, mit denen viele dem Streit der Parteien begegnen, der zum Wesen demokratischer Politik gehört. Hier lauert Gefahri Jener demokratische Pragmatismus, die praktische Vernunft, die schon Goethe zu Recht in England

beispielhaft am Werke sah, ist in Deutschland Mangelware. Die Deutschen
ziehen es vor, sieht man von ihrem technischen Genius einmal ab, sich eher in
den ätherischen Höhen der Theorie als auf dem harten Boden der Wirklichkeit zu bewegen. Die Politik, die es mit dieser zu tun hat, gilt ihnen als ein
schmutziges Geschäft. Auch dies hat Thomas Mann – zu dieser Zeit längst ein
überzeugter und kämpferischer Demokrat – in seiner Rede »Von deutscher
Republik« (1926) glänzend formuliert:

> »Abendländische Romantik als ästhetisches Phänomen bedeutet immer eine Gefährdung un-
> geheurer Errungenschaften, die Gefahr überschwemmenden und vernichtenden Einbruchs
> musikalischer Mächte der Auflösung in die Welt der Ordnung und des Lichts, das Reich der
> Plastik, – und es heißt den deutschen Charakter nicht verunglimpfen, es heißt viel eher, ihm
> eine besondere Schicksalsfähigkeit und religiöse Berufung zuzuschreiben, wenn man ihm eine
> tiefe und mehr oder weniger eingestandene Neigung zu den Mächten des Unbewußten und
> des vorkosmisch-lebensträchtigen Dunkels nachsagt; eine Tendenz zum Abgrunde, zur Ur-
> form, zum Chaos, die uns Deutsche zu rechten Sorgenkindern des Lebens macht«.

Clemenceau hat es schonungsloser gesagt. »Die Deutschen lieben den Tod.
Sehen Sie nur ihre Literatur an! Sie lieben im Grunde nur ihn«.

Ist die heute weit verbreitete Fixierung unseres Geschichtsbildes auf den Nationalsozialismus nicht auch Ausdruck dieser Einstellung? Aber es ist falsch,
alles, was vor 1933 und zumal vor 1918 in Deutschland geschehen ist, gewissermaßen unter Faschismusverdacht zu stellen, als sei die deutsche Geschichte
mit innerer Zwangsläufigkeit auf Hitler zugelaufen. Es widerspricht der gesicherten Methode der historischen Wissenschaft, die Vergangenheit anders als
in der Perspektive ihrer Zeit zu betrachten. Für die Gegenwart sind stets nur
die jeweils Lebenden verantwortlich, nicht die Toten. Mag es ein Einstehen-
müssen der Nachgeborenen für das Tun und Lassen ihrer Eltern und Vorel-
tern geben – das Umgekehrte gilt nicht. Jede Epoche ist, wie Leopold von
Ranke gesagt hat, unmittelbar zu Gott.

Deshalb lautet die Forderung des Tages – um der Bewahrung unserer *heutigen* Verfassungsordnung willen! –, das Augenmerk nicht nur auf die schuld-
beladene jüngste Epoche deutscher Geschichte und ihre in der ferneren Vergangenheit gelegenen Ursachen zu lenken, sondern auch jene Kontinuitäten in
den Blick zu nehmen, die auf das Jahr 1949 und *nicht* auf das Jahr 1933
hinführen. Hier hat die Rückbesinnung auf Hambach Ihren Ort; auf Hambach als das Symbol der – allen Widerständen zum Trotz – engen Verwandtschaft zwischen der deutschen politischen Kultur und derjenigen des Westens.
Lassen wir uns nicht einreden, der deutsche Beitrag zur Zivilisation des
Abendlandes habe nur in Werken der Kunst, im besonderen der Musik, Ar-
chitektur und Malerei, bestanden, am Ende auch denen der modernen Technik, oder die Aufklärung habe nur in Frankreich stattgefunden! Der soziale
Rechtsstaat der Gegenwart hat in Deutschland eigenständige Wurzein – zu
den schon genannten Namen seien nur zwei noch hinzugefügt – nicht zufällig

handelt es sich um die Namen zweier großer Preußen: Immanuel Kant und Friedrich der Große.

Kant hat die Idee des Rechtsstaates, so alt sie in ihren vielfältigen Bestand-teilen ist, umfassend gedacht und formuliert, indem er – in seinem Essay »über den Gemeinspruch: Das mag in der Theorie richtig sein, taugt aber nicht für die Praxis« – persönliche und politische Freiheit sowie staatsbürger-liche Gleichheit als seine Grundlagen erkannte und die Würde des Menschen als sittlicher Person zum eigentlichen Zweck des Staates erhob. Mit seiner Apotheose der Pflicht verwies er auf jenen einzigen Umstand – das moralische Gesetz in mir –, der menschlichen Existenz einen über sich selbst hinauswei-senden, »ins Unendliche« gehenden Wert verleiht und gleichermaßen unent-behrlich ist für ein Zusammenleben von Menschen unter Rechtsgesetzen, d. h. im Staat.

Friedrich der Große hat sich in seinen Politischen Testamenten von 1752 und 1768 unter dem Einfluß der Gewaltenteilungslehre Montesquieus nach-drücklich zur Unabhängigkeit der Gerichte – einem Eckstein moderner Rechtsstaatlichkeit – bekannt. Und als er – durchaus in Übereinstimmung mit damals geltendem Recht, wenn auch unter Verstoß gegen den noch nicht zum Bestand dieses Rechts gewordenen Grundsatz der richterlichen Unabhängig-keit – durch einen sog. Machtspruch in das Verfahren des dadurch berühmt gewordenen Müllers Arnold eingriff, das in Abweichung von den Weisungen des Königs gegen den Müller ergangene Urteil des Kammergerichts kassierte und zu dessen Gunsten änderte, da geschah dies zum Zwecke der Durchset-zung der sozialen Bindung des Eigentums, einer nicht minder fortschrittlichen Idee vom gerechten Recht: Denn es ging ja um die Frage, ob der Oberlieger eines Wasserlaufs kraft seines Eigentums am Ufergrundstück das Gewässer ohne Rücksicht auf die Berechtigung der Unterlieger nutzen dürfe.

Hambach zeigt beispielhaft, daß es für die Deutschen trotz Hitler keinen »Abschied von der bisherigen Geschichte« (Alfred Weber) zu geben braucht. Der demokratische Rechtsstaat, den in der Bundesrepublik Deutschland er-richtet und gefestigt zu haben das Verdienst der gleichen Generation ist, die die Republik von Weimar verspielte, ist nicht nur ein Produkt des Erschrek-kens vor dem Tier aus dem Abgrund, dem totalitären Leviathan, und alliierter Reeducation. Er ist vielmehr auch – und nur darauf wird sich sein Bestand auf die Dauer gründen lassen – das Ergebnis aller derjenigen Traditionen deut-scher Geschichte, die auf den Menschen als das Maß und die Mitte der poli-tischen Organisation des Gemeinwesens zielen.

3. Theophanu Coimperatrix[1]

I.

Unter dem 1. April 990 stellte die kaiserliche Kanzlei in Ravenna eine einzigartige Urkunde aus, durch die dem Kloster Farfa eine ihm widerrechtlich entzogene Kirche zurückerstattet wurde. Die Einmaligkeit des Vorgangs besteht darin, daß die beurkundete Verfügung im Namen von »Theophanius gratia divina imperator augustus« erging, von dem in der Datierung gesagt wird, daß es sich um das 18. Jahr seiner Regierung handele (»anno vero imperii domini Theophanii imperatoris XVIII.«). »Theophanius imperatur augustus« aber war niemand anders als Kaiser Ottos II. Gemahlin Theophanu, die am 14. April 972 in Rom zur Kaiserin gekrönt worden war und nach dem Tode ihres Gatten am 7. Dezember 983 bis zu ihrem eigenen frühen Ableben am 15. Juni 991 die Regentschaft für ihren unmündigen Sohn, König Otto III. (geboren im Juli 980), geführt hat. Schon wenige Wochen zuvor, am 2. Januar 990, hatte Theophanu in Rom unter der Intitulatio »Theophania divina gratia imperatrix augusta« – hier erfolgte die Datierung dem Brauch entsprechend nach den Regierungsjahren Ottos III. – dem Kloster S. Vincenzo am Volturno den Besitz einer Kirche bestätigt[2].

Die ungewöhnliche Form dieser Beurkundungen – in Deutschland ergingen Regierungsakte stets im Namen des Königs, Theophanu erschien, wie schon zu Lebzeiten Ottos II., in den Urkunden lediglich, allein oder, zusammen mit anderen, als Intervenientin (solche Interventionen sind allerdings regelmäßig als Zeichen politischen Einflusses zu werten) – bezeugt nicht nur die objektiv überragende Machtstellung, die die Byzantinerin Theophanu zu jener Zeit als Regentin des Reiches eingenommen hat; sie ist auch beredter Ausdruck des Selbstbewußtseins einer Frau, die – obwohl sie schon mit 31 Jahren starb – durchaus zu Recht als die wohl bedeutendste unter den deutschen Herrscherinnen gewürdigt worden ist[3]. In seiner im zweiten Jahrzehnt des

---

[1] Meinem Bruder, Prof. Dr. Eckart Klein, zu seinem 50. Geburtstag am 6. April 1993 gewidmet.

[2] Zu beiden Urkunden vgl. *M. Uhlirz,* Zu dem Mitkaisertum der Ottonen; Byzant. Ztschr. 50 (1957), S. 383 ff.; *dies.,* Jahrbücher des Deutschen Reiches unter Otto II. und Otto III., 2. Bd., 1954, S. 119, 121; *H. Fußbroich,* Theophanu. Die Griechin auf dem deutschen Kaiserthron 972–991, 1991, S. 99.

[3] Vgl. *H. Löwe* in: Gebhardt (Hrsg.), Handbuch der deutschen Geschichte, 9. Aufl., 1. Bd., 1970, S. 281; *Uhlirz,* Jahrbücher (FN 2), S. 139.

11. Jh., also gut 20 Jahre nach Theophanus Tod, entstandenen Chronik hat Bischof *Thietmar von Merseburg,* der ihr persönlich nie begegnet war, von ihr geurteilt:

> »Wohl war sie vom schwachen Geschlecht, doch eigneten ihr Zucht und Festigkeit und ein trefflicher Lebenswandel, was in Griechenland selten ist; so wahrte sie ihres Sohnes Herrschaft mit männlicher Wachsamkeit in ständiger Freundlichkeit gegenüber Rechtschaffenen, in furchtgebietender Überlegenheit gegenüber Aufsässigen[4].«

»In den sieben Jahren ihres Wirkens[5]« hat das deutsche Reich eine gewaltige Steigerung seines Ansehens erfahren«, stellt *Mathilde Uhlirz*[6] zutreffend fest. Die Autorität des ottonischen Kaisertums, dessen Idee sie sich vollständig zu eigen machte[7], hat sie in vollem Umfang zu erhalten gewußt. Auf ihrer Lebensleistung gründet der von Otto III. so erfolgversprechend begonnene, infolge seines frühen Todes am 24. Januar 1002 – im Alter von 21 Jahren – gescheiterte Versuch einer Renovatio Imperii Romanorum[8].

Die Führung – gar des männlichen – Kaisertitels durch eine Frau, zumal »ausländischer« Herkunft, im frühen Mittelalter wirft (auch) verfassungsrechtliche Fragen auf, denen hier vor allem nachgegangen werden soll. Angesichts der für die fragliche Zeit kennzeichnenden Einbettung des Rechts, insbesondere des »Verfassungs«-Rechts, in den konkreten Ablauf des historischen Geschehens, des Mangels also an normativer Abstraktion, ist es für die Beantwortung jener Fragen geboten, dieses Geschehen in den Blick zu nehmen. Unsere Aufmerksamkeit wird deshalb zunächst der karolingischen Tradition, namentlich dem Kaisertum Karls des Großen, und ihrer Wiederaufnahme durch den ersten Sachsenkaiser, Otto den Großen, zu gelten haben (II.), um sich sodann dem von Otto angestrebten politischen Arrangement mit Byzanz zuzuwenden, als dessen wesentlicher Bestandteil die Heirat seines Sohnes mit Theophanu und beider Mitkaisertum zu betrachten ist (III., IV.). Weiterhin ist die Übernahme der Regentschaft durch Theophanu darzustellen (V.) und ein Ausblick zu geben auf deren Ausübung und das von ihren politischen Konzeptionen sichtbar beeinflußte Wirken ihres Sohnes, Kaiser Ottos III. (VI.)[9].

---

[4] Thietmari Merseburgensis Episcopi Chronicon IV, 10 (hier zit. nach der Übersetzung von *W. Trillmich* in der Freiherr vom Stein-Gedächtnisausgabe, Bd. IX, 6. Aufl. 1957).

[5] Gemeint ist: ihrer unangefochtenen Regentschaft (vgl. dazu unter V.).

[6] Jahrbücher (FN 2), S. 140.

[7] Vgl. *W. Ohnsorge,* Die Heirat Kaiser Ottos II. mit der Byzantinerin Theophanu (972): Braunschweig. Jb. 54 (1973), S. 24 ff. (56).

[8] Dazu *P. E. Schramm,* Kaiser, Rom und Renovatio (1929), Nachdruck 1992, besonders S. 116 ff., s. auch unten VI. 3.

[9] Es versteht sich, daß dies alles nur in knappster Form geschehen kann und weitestgehend auf die zahlreichen Einzeluntersuchungen zu den behandelten Themen verwiesen werden muß. Eine Biographie Theophanus existiert bisher – sieht man von der verdienstvollen Skizze *Fußbroichs* (FN 2) ab – nicht. Auf den mit großer Einfühlsamkeit geschriebenen Roman

II.

1. Die früher weit verbreitete, auf seinen Zeitgenossen und ersten Biographen *Einhard* zurückgehende Ansicht, Karl der Große sei durch die päpstliche Krönung am 25. September 800 in der Peterskirche zu Rom überrascht worden, ja er habe die Kaiserwürde wider seinen Willen empfangen, kann heute als widerlegt gelten[10]. So sicher es ist, daß die Päpste in der zweiten Hälfte des 8. Jh. aus kirchen- wie aus machtpolitischen Gründen des Rückhalts an dem Reich der Franken bedurften und insbesondere Papst Leo. III. (795–816) um die Jahrhundertwende sich in einer Lage befand, in der er auf Karls Unterstützung angewiesen war[11], so unwahrscheinlich ist es doch, daß das amtierende Oberhaupt der Kirche glauben konnte, diese Unterstützung durch Überrumpelung des künftigen Kaisers zu gewinnen. Nicht erst nach Karls Empfang in Rom mit kaiserlichen Ehren und nicht erst nach der Forderung, Karl die Kaiserwürde zu übertragen[12], die auf dem in Rom auf Karls Geheiß zusammengetretenen Konzil den Lorscher Annalen zufolge am 23. Dezember 800 erhoben worden war, mußte Karl dessen gegenwärtig sein, was sich zwei Tage später ereignete. Vieles spricht vielmehr dafür, daß die Annahme des Kaisertitels Gegenstand von Verabredungen war, die zwischen König Karl und Papst Leo III. bei ihrer Zusammenkunft in Paderborn im Spätsommer des Jahres 799 getroffen worden waren. Das diese Begegnung besingende sogenannte Paderborner Epos nennt Karl *Augustus* und bezeichnet Aachen als *Roma secunda*[13].

2. Unbeschadet der Frage, ob der Papst mit der Kaiserkrönung Karls tatsächlich die Absicht verbunden hat, das römische Kaisertum, einst von Konstantin dem Großen an den Bosporus verlegt, nach Rom zurückzuholen[14], war jedenfalls die Lage um die Jahrhundertwende dem Plan, ein – möglicherweise

---

»Theophanu« von *Henry Benrath* (A. H. Rausch) sei freilich mit Nachdruck hingewiesen. Wichtige Grundlegungen finden sich vor allem in den Abhandlungen *G. Wolfs*, die in dem von ihm herausgegebenen Band »Kaiserin Theophanu. Prinzessin aus der Fremde – des Westreichs Große Kaiserin«, 1991, vereinigt sind. S. auch *E. von Euw/P. Schreiner*, Kaiserin Theophanu. Begegnung des Ostens und des Westens um die Wende des ersten Jahrtausends, Gedenkschrift des Kölner Schnütgen-Museums zum 1000. Todestag der Kaiserin, 2 Bde., 1991.

[10] Vgl. etwa *H. Beumann*, Nomen imperatoris. Studien zur Kaiseridee Karls d. Gr., in: G. Wolf (Hrsg.), Zum Kaisertum Karls d. Gr., 1972, S. 174 ff. (175 f.); *A. Borst*, Kaisertum und Namentheorie im Jahre 800, ebd., S. 216 ff. (235); *J. Deér*, Die Vorrechte des Kaisers in Rom (772–800), ebd., S. 30 ff. (81 ff.); *P. Classen*, Karl d. Gr., das Papsttum und Byzanz. Die Begründung des karolingischen Kaisertums, 2. Aufl. 1988, besonders S. 47 ff., 57 ff., 74 ff.; *E. Ewig*, in: H. Jedin (Hrsg.), Handbuch der Kirchengeschichte, Bd. III, 1. Halbbd., 1966, S. 107 f.

[11] Vgl. etwa *Ewig* (FN 10), S. 62 ff.; *J. Haller*, Das Papsttum, 2. Bd., 1962, S. 1 ff., besonders S. 17 ff.

[12] *Ewig* (FN 10), S. 107.

[13] Vgl. etwa *Beumann* (FN 10), S. 180 f.

[14] So etwa *W. Ohnsorge*, Abendland und Byzanz, 1958, S. 16 f.

zweites – westliches Kaisertum zu begründen, günstig wie nie zuvor. In Byzanz regierte Eirene, die Witwe Kaiser Leons IV. (775–780) und Mutter Konstantins VI., dem einst Karls des Großen Tochter Rotrud zugedacht gewesen war[15]; sie hatte ihren Sohn im Jahre 797 blenden lassen, wodurch er regierungsunfähig geworden war, und regierte seither im eigenen Namen[16]. Die staatsrechtliche Grundlage dieses Frauenregiments war zweifelhaft. Der Standpunkt, das Kaisertum – das damals für die meisten, nicht bloß nach der amtlichen Auffassung der oströmischen Regierung, nur als einziges zu denken war – sei derzeit vakant, hatte nicht nur im Westen, hier wohl besonders in päpstlichen Kreisen, seine Anhänger[17]. Karl indes dürften solche Überlegungen, eine universale Kaiseridee, ferngelegen haben. Ihm war es schon 781, bei seinem ersten Bündnis mit Eirene, darum zu tun gewesen, die Anerkennung der Gleichrangigkeit seines fränkischen Königtums durch Ostrom zu erhalten[18]. In den darauffolgenden zwei Jahrzehnten waren Macht und Ansehen Karls beständig gewachsen. Aus seiner Sicht und der seiner Berater war die rechte Ordnung dadurch gestört, daß in Karls Herrschaftsgebiet zwar die traditionellen sedes des Kaisertums (Rom, Ravenna, Trier, Mailand, Arles) gelegen waren und daß der fränkische Herrscher de facto über die kaiserliche potestas verfügte, das nomen imperatoris ihm aber bisher vorenthalten geblieben war[19].

3. Die auf Ausgleich mit Byzanz gerichtete Politik Karls des Großen konnte, soweit es sich um das Kaisertum handelte, in Ostrom auf keinerlei Verständnis rechnen: »Byzanz kannte keinen ideellen Kompromiß in der Frage des Weltkaisertums«[20], in seinen Augen war Karl ein Usurpator[21]. Spannungen zwischen Byzanz und dem neuen Kaiserreich der Franken, die auch die Kirche nicht unberührt ließen, waren die notwendige Folge. »Die Ökumene zerbrach in zwei sprachlich, kulturell, politisch und religiös getrennte Teile[22].«

---

[15] Dazu etwa *W. Ohnsorge,* Das Zweikaiserproblem im früheren Mittelalter, 1947, S. 18; *Classen* (FN 10), S. 30; *G. Wolf,* Die byzantinisch-abendländischen Heirats- und Verlobungspläne zwischen 750 und 1250: Arch. f. Dipl. 37 (1991), S. 15 ff. (16 f.).

[16] *W. Ohnsorge,* Das Kaisertum der Eirene und das Kaisertum Karls d. Gr., in: *ders.,* Konstantinopel und der Okzident, 1966, S. 49 ff.; *G. Ostrogorsky,* Geschichte des byzantinischen Staates, 1965, S. 144 ff.

[17] Vgl. etwa *Classen* (FN 10), S. 60 f.; *Ohnsorge,* in: *ders.,* Konstantinopel (FN 16), S. 69 f.

[18] *Ohnsorge,* Zweikaiserproblem (FN 15), S. 18.

[19] Dazu besonders *Beumann* (FN 10), S. 191 ff., der darauf hinweist, daß die Nomen-Theorie einen festen Bestandteil des fränkischen Staatsdenkens bildete, seit Pippins Königsfrage an den Papst 751 dahin beantwortet worden war, es sei besser, daß derjenige, der über die Macht verfüge, auch die Königswürde innehabe, »ut non conturbaretur ordo« (S. 191); s. auch *Classen* (FN 10), S. 70 f.

[20] *Ohnsorge,* Abendland (FN 14), S. 18.

[21] *Ohnsorge,* in: *ders.,* Konstantinopel (FN 16), S. 68 f.; *Classen* (FN 10), S. 80, 82 ff.; *Ewig* (FN 10), S. 114.

[22] *Ostrogorsky* (FN 16), S. 150.

Erste Kontaktnahmen zwischen dem nach dem Sturz Eirenes zur Macht gelangten Kaiser Nikephoros I. (802–811) und Karl scheiterten, da dieser auf der
Anerkennung seines Kaisertums bestand. Erst nach dem Tod Nikephoros'
und unter dem Druck der Bulgarengefahr fand sich Byzanz zu einem Arrangement bereit, das im Vertrag von Aachen (812) niedergelegt wurde. Der
Frankenherrscher verzichtete auf Venedig und das dalmatinische Küstenland,
Byzanz wurde im Besitz seiner süditalienischen Territorien belassen. Ebenso
leistete Karl auf die römische Qualifikation seines Kaisertums Verzicht: Er
und sein Nachfolger begnügten sich hinfort mit der Bezeichnung *imperator
augustus*[23]. Byzanz andererseits gestand Karl die Führung des Kaisertitels zu,
deutete das fränkische Kaisertum aber als bloße Rangerhöhung eines viele
gentes beherrschenden Königs[24], gab dem eigenen Kaiser also nach wie vor das
Ansehen eines Oberhauptes der familia regum[25] und verlieh diesem Standpunkt dadurch Ausdruck, daß der oströmische Kaiser fortan den Titel *Basileus ton Romaion* führte. Parität wurde Karl also von Konstantinopel nicht
zugestanden; *das* römische, also das Weltkaisertum blieb in seinen Händen,
sein universaler Anspruch blieb bestehen[26]. Daß Karl der Große diesen kaum
verborgenen Dissens erkannt hat, ist anzunehmen. Ihm ist es jedenfalls in der
letzten Phase seiner Regierungszeit um die Begründung eines nichtuniversalen
fränkisch-christlichen Kaisertums gegangen, in dem sich vor allem Ideen eines
fränkischen Großkönigtums und die eines alttestamentarisch geprägten imperium Christianum miteinander verbanden[27]. Die päpstliche Krönung hat
Karl für seine Person hingenommen; konstitutive Bedeutung hat er ihr indessen nicht zugemessen, wie sich darin zeigt, daß er kurz vor seinem Tod, darin
byzantinischem Vorbild folgend, seinen Sohn Ludwig den Frommen selbst
zum Mitkaiser erhob und krönte: »Karl allein gibt das Kaisertum weiter[28].«
Man erkennt hierin, wie *Percy Ernst Schramm* bemerkt, »was er unter dem
Kaisertum verstanden wissen wollte: eine Würde, die sich aus sich selbst erneuerte und keiner Bindung an Rom, keiner Weihe durch den Papst bedurfte«[29].

---

[23] Bis dahin hatte er sich meist des folgenden Titels bedient: Karolus serenissimus augustus
a Deo coronatus magnus pacificus imperator, Romanum gubernans imperium, qui et per
misericordiam Dei rex Francorum et Langobardorum; dazu etwa *Ohnsorge,* Zweikaiserproblem (FN 15), S. 24; *Beumann* (FN 10), S. 204; *Classen* (FN 10), S. 71 ff., 94 f.; *ders.,* Romanum
gubernans Imperium, in: Wolf (FN 10), S. 4 ff.; *H. Mitteis/H. Lieberich,* Deutsche Rechtsgeschichte, 18. Aufl. 1988, S. 104 f.

[24] *Classen,* Karl d. Gr. (FN 10), S. 94.

[25] Grundlegend *Dölger,* Die »Familie der Könige« im Mittelalter: Hist. Jb. 60 (1940),
S. 397 ff.; ferner *Ohnsorge,* Abendland (FN 14), S. 13; *Classen,* Karl d. Gr. (FN 10), S. 2.

[26] Vgl. etwa *Ohnsorge,* in: *ders.,* Konstantinopel (FN 16), S. 88; *ders.,* Abendland (FN 14),
S. 26 f.; *Schramm* (FN 8), S. 10.

[27] *Classen,* Karl d. Gr. (FN 10), S. 50, 102; *Schramm* (FN 8), S. 14.

[28] *Classen,* Karl d. Gr. (FN 10), S. 100.

[29] (FN 8), S. 15. Karls Formel dafür war die »Renovatio regni Francorum« – dazu *Schramm*

4. Eben hierin hatte Karls Kaiseridee keinen Bestand. Der Gedanke eines »romfreien« westlichen Kaisertums vermochte sich nicht durchzusetzen, die »kuriale« Kaiseridee obsiegte insoweit, als sich die Krönung durch den Papst schon im 9. Jh. und auf Dauer als eine notwendige Voraussetzung für den Erwerb der Kaiserwürde erwies – bei freilich wechselndem Einfluß des Papstes auf die Person des zu Krönenden! Schon Ludwig der Fromme ließ sich 816 vom Papst in Reims nachträglich zum Kaiser krönen und – was neu war – salben. Indessen erhob Ludwig im Jahre 817 seinen Sohn Lothar I. wiederum aus eigener Machtvollkommenheit – freilich im Konsens mit den Großen des Reiches – zum Mitkaiser. Aber auch Lothar I. erhielt einige Jahre später (823) die päpstliche Krönung und Salbung. Seinen eigenen Sohn, Ludwig II., krönte er nicht selbst, sondern entsandte ihn zur Krönung nach Rom, was einer bloßen Designation gleichkam. Die Ohnmacht seines Kaisertums nötigte schließlich Ludwig II., gegenüber Byzanz den eigenen Vorrang mit der päpstlichen Krönung und Salbung zu begründen und sich selbst als *imperator Romanorum* zu titulieren, was dem Basileus ebenso anmaßend wie abwegig erschien und ihn veranlaßte, die Anerkennung des westlichen Kaisertums zurückzunehmen[30]. Der Urenkel Karls des Großen war damit auf die päpstliche Linie eingeschwenkt, wie sie im sogenannten Constitutum Constantini[31] vorgezeichnet war: Es war der Papst, der das Recht hatte, die Kaiserwürde zu vergeben[32]. An die Stelle der Vorstellung Karls des Großen von der Gleichrangigkeit von imperium occidentale und orientale trat die beiderseits behauptete Prävalenz. In den folgenden Jahrhunderten verfielen dann allerdings sowohl das Papst- wie das westliche Kaisertum; dieses war seit der Ermordung Kaiser Berengars II. (924) vakant.

5. Otto der Große hat bei der Erneuerung des Kaisertums bewußt an karolingische Traditionen angeknüpft[33]. Der Gedanke eines universalen Kaisertums lag ihm fern. Sieht man von in weltanschaulichen Tiefschichten gelegenen Gründen ab, verband Otto wie seinerzeit Karl mit der Annahme des Kaisertitels die Erwartung der Anerkennung seiner Gleichrangigkeit mit dem Kaiser des Ostens. Nach der Festigung seiner Stellung in Deutschland, dem

---

(FN 8), S. 14; *Ohnsorge*, Zweikaiserproblem (FN 15), S. 24 f.; *ders.*, in: Konstantinopel (FN 16), S. 86 f.; *ders.*, Abendland (FN 14), S. 111 ff.

[30] *Ohnsorge*, Abendland (FN 14), S. 29 f.; *ders.*, Das Mitkaisertum in der abendländischen Geschichte des früheren Mittelalters: ZRG GA 67 (1950), S. 309 ff. (312); *ders.*, Zweikaiserproblem (FN 15), S. 42 f.; *Wolf* (FN 15), S. 18.

[31] Über die Entstehungszeit der die Konstantinische Schenkung betreffenden Fälschung besteht keine volle Einigkeit. Während *Ohnsorge*, Abendland (FN 14), S. 79 ff., sie Leo III. zuschreibt und auf 804/805 datiert, wird überwiegend an einem früheren Entstehungszeitpunkt (Mitte des 8. Jh.) festgehalten: *Classen*, Karl d. Gr. (FN 10), S. 8 f.; *Ewig* (FN 10), S. 69 f. Zur Benutzung der Donatio Constantini in der päpstlichen Politik s. *Schramm* (FN 8), passim.

[32] Zusammenfassend *H. Conrad*, Deutsche Rechtsgeschichte I, 2. Aufl. 1962, S. 233.

[33] So nachdrücklich *Ohnsorge*, Abendland (FN 14), S. 236 f. m. N.

Erwerb der lombardischen Königskrone durch die Heirat mit Adelheid, der Witwe des 950 verstorbenen Königs Lothar und Nachfahrin Karls des Gro-ßen[34], und dem Sieg über die Ungarn bei Augsburg (955) – nach dem er von seinen Truppen bereits zum Kaiser ausgerufen worden war[35] – war Otto, wie-derum der Lage Karls im Jahre 800 vergleichbar, tatsächlich schon Inhaber einer kaiserlichen Machtstellung[36]. Nur das nomen imperatoris stand noch aus; denn daß es zu dessen Erwerb der Krönung durch den Papst bedürfe, hat Otto nicht mehr bezweifelt, wenngleich es nicht zuletzt seiner Politik zuzu-schreiben ist, daß die Anwartschaft des deutschen Königs auf die Kaiserkrone bis in die Zeit der Salier unbestritten blieb[37]: »Reichsvolk« waren die Deut-schen[38]. Auch darin schließlich glich die Lage, in der sich Otto nach Rom begab, um am 2. Februar 962 die Kaiserkrone zu empfangen, derjenigen Karls – der 774 auf den Hilferuf des Papstes gegen den ihn bedrängenden Lango-bardenkönig Desiderius nach Rom gezogen war und im Jahre 800 Papst Leo III. vor seinen römischen Opponenten in Schutz nehmen mußte[39] –, daß Papst Johannes XII. (955–964) sich von Berengar II., den Otto mit dem Königreich Italien belehnt hatte, bedroht fühlte und den deutschen König um Unterstüt-zung bat[40].

III.

1. Angesichts der im Grundsatz unveränderten Position Ostroms in der Kai-serfrage war es unvermeidlich, daß auch Otto der Große mit ihr in Konflikt geriet. Zwar waren die Beziehungen zwischen dem Basileus und dem deut-schen König seit der Übernahme der Regierung durch Konstantin VII. Por-phyrogennetos (945) freundlich; es gab sogar den Plan, Ottos Nichte Hadwig,

---

[34] Dazu detailliert *G. Wolf*, Nochmals zur Frage nach dem rex Francorum et Langobar-dorum und dem regnum Italiae 951: Arch. f. Dipl. 35 (1989), S. 171 ff. – Die bereits auf diesem ersten Italienzug Ottos ins Auge gefaßte Kaiserkrönung scheiterte am Widerstand des rö-mischen Stadtherrn Alberich, dem sich der Papst fügen mußte. Zur staatlichen Ordnung Roms in der Mitte des 10. Jh. vgl. *Haller* (FN 11), S. 203 f.
[35] So berichtet es *Widukind von Corvey* in seinen Res Gestae Saxonicae (III, 49): »[...] ab exercitu pater imperatoris appellatus est«.
[36] So etwa *G. Waitz*, Deutsche Verfassungsgeschichte, 5. Bd., 1874, S. 67.
[37] *F. Kempf*, in: Handbuch der Kirchengeschichte (FN 10), S. 236.
[38] Ebd. Aus dem seit 774 üblichen Titel »rex Francorum et Langobardorum« schließt *Wolf*, in: Arch. f. Dipl. 35 (1989) (FN 34), S. 194, daß die Langobarden das zweite Staatsvolk bil-deten: Jedenfalls waren es nach den von Otto I. rezipierten Vorstellungen Karls d. Gr. nicht die Römer. Dazu auch *Ohnsorge*, Abendland (FN 14), S. 38; *ders.*, Mitkaisertum (FN 30), S. 333.
[39] *Ewig* (FN 10), S. 66 ff., 105 ff.
[40] *Haller* (FN 11), S. 204 ff.; ebd., S. 212 ff., Näheres zur Erstarkung der Stellung des Kaisers gegenüber dem Papst unter den Ottonen; hierzu auch *R. Holtzmann*, Geschichte der sächsi-schen Kaiserzeit (900–1024), 1941, S. 198 ff.

die Tochter seines Bruders Heinrich, des Bayernherzogs, mit Konstantins Sohn und späterem Nachfolger, Romanos II., zu verheiraten[41]. Auch war Otto nicht darauf bedacht, den territorialen Besitzstand Konstantinopels in Italien zu schmälern. Aber der Umstand allein, daß er die Hand nach der Kaiserkrone ausstreckte, mußte ihn in Gegensatz zu der Politik Ostroms bringen, zumal die Gegner der deutschen Italienpolitik mit diesem Verbindung aufnahmen. Auf Bitten der Großfürstin Olga von Kiew begann im Jahre 961 der von Otto nachhaltig unterstützte Versuch einer Missionierung des Reiches der Rus[42], wodurch Byzanz seine Interessensphäre als verletzt ansehen mußte. Romanos II. (959–963) erneuerte zudem bei seinem Regierungsantritt den universalen Anspruch des oströmischen Kaisertums. Ebensowenig wie sein Nachfolger, der vom obersten Feldherrn zum Kaiser aufgestiegene Nikephoros Phokas (963–969), hat er Ottos Kaisertum anerkannt. Immerhin war Romanos offenbar bereit, Ottos Kaisertitel im gleichen Sinne hinzunehmen, wie dies aus oströmischer Sicht im Vertrag von Aachen 812 geschehen war. Um diesem Zustand Dauer zu verleihen, scheint Otto alsbald nach seiner Kaiserkrönung den Plan gefaßt zu haben, in Byzanz für seinen gleichnamigen Sohn um die Hand einer Porphyrogenneta[43], einer *in aula regali nata,* also einer kaiserlichen Prinzessin, zu werben; gedacht war an die 963 geborene Anna, die Tochter Romanos' II. und Schwester der beiden noch im Kindesalter stehenden Mitkaiser Nikephoros', Basileios II. und Konstantin VIII. Zumal vor dem Hintergrund kriegerischer Verstrickungen beider Mächte in Süditalien erfuhr dieser Vorschlag eines Friedensschlusses jene höhnische Zurückweisung, von der Bischof *Liutprand von Cremona,* der Leiter von Ottos Gesandtschaft nach Byzanz, so lebhaft berichtet hat[44]. Indessen änderte sich die Lage, als Nikephoros im Dezember 969 ermordet wurde und Johannes Tzimiskes (969–976), sein Mörder, die Nachfolge antrat. Tzimiskes, nach dem Urteil *Ostrogorskys* ein Feldherr von schlechthin genialen Fähigkeiten und bedeutender Staatsmann[45], suchte unter dem Druck innen- und außenpolitischer Gefährdungen seiner Herrschaft den Ausgleich mit dem Kaiser des Westens, anerkannte seinen Titel und verzichtete auf die Oberhoheit über die langobardischen Fürstentümer Capua und Benevent. Otto seinerseits beendete die Kämpfe in Süditalien und begnügte sich mit Theophanu, der angeheirateten Nichte des Tzimiskes, als der künftigen Gattin seines Sohnes[46].

---

[41] Vgl. *Ohnsorge,* Abendland (FN 14), S. 234 ff.; *ders.,* Zweikaiserproblem (FN 15), S. 50 f.; *Wolf,* in: Arch. f. Dipl. 37 (1991) (FN 15), S. 21.

[42] Vgl. *Kempf* (FN 37), S. 276 f.

[43] Porphyrogennetos = der im kaiserlichen Palast, der Porphyra, geborene (wo die Kaiserinnen ihre Kinder zur Welt brachten); vgl. *Liutprand von Cremona,* Antapodosis I 6, III 30 (Quellen zur Geschichte der sächsischen Kaiserzeit, Freiherr vom Stein-Gedächtnisausgabe, Bd. VIII, 2. Aufl. 1977).

[44] Liutprandi Legatio ad Imperatorem Constantinopolitanum Nikephorum Phokam (ebd.).

[45] (FN 16), S. 247.

[46] *Holtzmann* (FN 40), S. 220 f.; *Schramm,* Kaiser, Basileus und Papst in der Zeit der Ottonen: HZ 129 (1924), S. 424 ff. (428 ff.); *Ohnsorge,* Braunschweig. Jb. 54 (1973) (FN 7), S. 35 ff.

2. Theophanu[47], die, als sie Ende März/Anfang April 972 in Begleitung des Erzbischofs Gero von Köln italienischen Boden betrat[48], nur wenig älter als zwölf Jahre gewesen sein dürfte[49], war – was nach langem Rätseln aufgrund der Forschungen *Gunter Wolfs*[50] jetzt als geklärt gelten darf – eine Tochter des Konstantin Skleros, eines hohen kaiserlichen Würdenträgers, und der Sophia Phokaina. Beide Familien gehörten dem byzantinischen Hochadel an. Theophanus Großvater mütterlicherseits, Leon Phokas, war ein Bruder, ihr Urgroßvater, Bardas Phokas d. Ä., der Vater und Mitkaiser des Kaisers Nikephoros Phokas, Tzimiskes' Vorgänger. Tzimiskes selbst war in erster Ehe mit Maria Skleraina verheiratet, einer Schwester von Theophanus Vater, die schon vor der Thronbesteigung ihres Gatten verstorben war. Zu Beginn der Regierung des Tzimiskes hatte sich Bardas Phokas d. J., ein Onkel Theophanus und Neffe des ermordeten Nikephoros, zum Gegenkaiser ausrufen lassen, war aber vom Bruder ihres Vaters, Bardas Skleros, der als Schwager des Tzimiskes zu diesem hielt, besiegt und in einem Kloster gefangengesetzt worden. Theophanus Großvater Leon Phokas scheint gar nach einer weiteren mißlungenen Empörung geblendet worden zu sein[51].

Theophanu, obschon von hoher Abkunft, offenbar guter Erziehung und – ihrem fast noch kindlichen Alter entsprechender – Bildung, war also nicht die an sich erbetene Kaisertochter[52], weshalb es am ottonischen Hof Stimmen gab, die verlangten, die unerwünschte Braut zurückzusenden. Otto der Große aber hörte nicht auf sie und gab sie »mit Zustimmung aller Fürsten Italiens und Deutschlands« seinem Sohn zur Gemahlin[53].

---

[47] Zur Namensform s. *G. St. Heinrich,* in: v. Euw/Schreiner (FN 9), Bd. II, S. 89 ff.

[48] Vgl. das Itinerar der Theophanu von *Wolf,* Kaiserin Theophanu (FN 9), S. 5 ff.

[49] *Widukind* (FN 35) nennt sie zweimal »puella« (III, 71 und 73).

[50] Kaiserin Theophanu (FN 9), S. 59 ff.; s. auch *O. Kresten,* in: v. Euw/Schreiner (FN 9), Bd. II, S. 403 ff.

[51] Bardas Phokas und Bardas Skleros sind auch später wieder aneinandergeraten. Nach dem Tod des Tzimiskes ließ sich Bardas Skleros zum Kaiser ausrufen, wurde jedoch 979 von Bardas Phokas geschlagen. Dieser schwang sich im Jahre 987 zum Gegenkaiser auf, unterlag aber alsbald und starb 988, nachdem er sich mit Bardas Skleros ausgesöhnt hatte. Bardas Skleros und sein Bruder Konstantin, Theophanus Vater, starben beide, wie Theophanu selbst, 991. – S. auch *F. Tinnefeld,* in: *Wolf,* Kaiserin Theophanu (FN 9), S. 247 ff. (259 f.).

[52] Möglicherweise hat es der Usurpator Tzimiskes nicht gewagt, der nur äußerst selten durchbrochenen (s. *Wolf,* Arch. f. Dipl. 37 [1991] [FN 15], S. 19, über die 901 geschlossene Ehe Kaiser Ludwigs III. mit Anna, der Tochter des Basileus Leon VI.) byzantinischen Tradition zuwider die purpurgeborene, von den Ottonen eigentlich gewünschte Prinzessin Anna, die Schwester seiner jugendlichen Mitkaiser, in den Westen zu senden. Anna wurde 989 mit Wladimir von Kiew verheiratet – vgl. *Wolf,* Kaiserin Theophanu (FN 9), S. 63 FN 34, und unten VI. 3. Denkbar ist aber auch, daß Tzimiskes die Verbindung der der Makedonendynastie, der er als Thronräuber erscheinen mußte, angehörenden Prinzessin mit dem Westkaiser ablehnte, weil er dann dessen Unterstützung für deren Brüder hätte befürchten müssen; so *Kresten,* in: v. Euw/Schreiner (FN 9), Bd. II, S. 410.

[53] *Thietmar* (FN 4), II 15.

IV.

1. Die Ehe wurde am 14. April 972 in Rom geschlossen, Theophanu zugleich vom Papst zur Kaiserin gekrönt und gesalbt und in das – bisher aus Otto d. Gr., seinem Sohn Otto II. und der Kaiserin Adelheid bestehende – *consortium imperii* aufgenommen[54]. Diese außerordentliche Rangerhöhung – die freilich mit der Zuerkennung von Herrschaftsbefugnissen nicht verbunden war – dürfte ebenso wie der die Ausstattung der Braut durch Brautvater und Bräutigam (donatio ante nuptias) regelnde Ehevertrag, der in der im niedersächsischen Staatsarchiv aufbewahrten prachtvollen Heiratsurkunde seinen Niederschlag gefunden hat, Gegenstand der Verhandlungen gewesen sein, die im Herbst 970 in Apulien zwischen Beauftragten der beiden Kaiser stattfanden.

2. Otto II. war als Kind (geboren 955) am 25. Mai 961 – kurz bevor sich seine Eltern auf den Weg nach Rom gemacht hatten – in Aachen zum deutschen König gewählt und gekrönt worden, was über die bisher von den Sachsenkönigen geübte Praxis, die lediglich die Designation gekannt hatte, deutlich hinausging[55] und darauf hindeutet, daß das auf spätantike Beispiele zurückgehende[56] byzantinische Vorbild der Bestimmung des Nachfolgers durch Erhebung zum Mitkaiser in Deutschland Schuld machte[57]. Bei Gelegenheit des dritten, längsten und letzten Romzuges Ottos d. Gr. wurde Otto II. schließlich am Weihnachtstage 967 in Rom auch zum Kaiser gekrönt – der letzte Fall eines westlichen Doppelkaisertums[58]. Der Grund für die Erhebung Ottos II. zum (Mit-)Kaiser ist wohl die ins Auge gefaßte Werbung um die byzantinische Kaisertochter Anna gewesen; der Bräutigam sollte ihr im Range von vornherein ebenbürtig sein[59]. Um die Sicherung der sächsischen Dynastie

---

[54] *W. Deeters*, Zur Heiratsurkunde der Theophanu: Braunschweig. Jb. 54 (1973), S. 9 ff. (18); *E. Ennen*, Frauen im Mittelalter, 4. Aufl. 1991, S. 63; *Ohnsorge*, in: Braunschweig. Jb. 54 (1973) (FN 7), S. 42; *Uhlirz*, Mitkaisertum (FN 2), S. 386. In der Narratio der Dotalurkunde heißt es: »[...] ego Otto [...] Theophanu [...] copulam legitimi matrimonii *consortiamque imperii* despondere ac [...] aconiugem decrevi assumere«. Eingehend zu dieser Urkunde etwa *N. Gussone*, in: v. Euw/Schreiner (FN 9), Bd. II, S. 161 ff. (Abb. S. 163).

[55] *Liutprand*, Liber de Ottone Rege c. 2: »[...] rex (Otto I.) [...] filium suum [...] *contra morem* puerilibus in annis regem constituen […]«.

[56] Vgl. etwa *K. Christ*, Geschichte der Römischen Kaiserzeit, 1988, S. 287 f., 702 ff.; *A. Heuß*, Römische Geschichte, 1976, S. 436 ff.; *Th. Mommsen*, Römisches Staatsrecht, 2. Bd., 2. Teil, 4. Aufl. 1952, S. 1145 ff., 1166 ff.

[57] Vgl. *Ohnsorge*, Mitkaisertum (FN 30), S. 319; *ders.*, Die Idee der Mitregentschaft bei den Sachsenherrschern (Mitt. des österr. Staatsarchivs 25 [1972]), in: FS H. L. Mikoletzky, S. 539 ff. – Zur Staatspraxis in Byzanz vgl. *St. Runciman*, Byzanz. Von der Gründung bis zum Fall, Kindlers Kulturgeschichte Europas, 8. Bd., 1983, S. 84.

[58] Vgl. *K. Uhlirz*, Jahrbücher des Deutschen Reiches unter Otto II. und Otto III., 1. Bd.: Otto II., 973–983, 1902, S. 9. Das Ansinnen Barbarossas gut 200 Jahre später, seinen Sohn, Heinrich VI., schon zu seinen Lebzeiten zum Kaiser zu krönen, wies der Papst zurück: *Ohnsorge*, Mitkaisertum (FN 30), S. 328 f., 332.

[59] *M. Uhlirz*, Mitkaisertum (FN 2), S. 384; *H. Beumann*, Die Ottonen, 2. Aufl. 1991, S. 108.

dürfte es dagegen ebensowenig – oder doch nur in zweiter Linie – gegangen sein wie um die der Nachfolge Ottos II. im Falle des Todes seines Vaters; beide waren zu dieser Zeit nicht (mehr) gefährdet.

Die Erhebung zum Mitkaiser oder – wie im Falle Ottos II. zunächst – zum Mitkönig bedeutete nicht, daß der regierende (Haupt-)Kaiser seine Macht mit der seines Mitherrschers zu teilen gewillt war[60]. Anders als bei Diokletians Reichsreform[61] gab es keinen Kondominat – weder war dies zwischen den beiden Ottonen (von denen der jüngere im Jahre 967 allerdings auch erst zwölf Jahre alt war), noch war es (jedenfalls seit dem 8. Jh.) bei den byzantinischen Kaisern der Fall, deren Intitulatio diesen Sachverhalt seit dem 10. Jh. dadurch zum Ausdruck brachte, daß sich der Hauptkaiser *Autokrator* nannte, während dem als Thronfolger ausersehenen Mitkaiser der Titel Basileus (lat.: rex) verblieb[62]. Ottos II. Unzufriedenheit mit der Unselbständigkeit, in der er trotz seines hohen Ranges von seinem Vater gehalten wurde, ist in der von *Ekkehard von st. Gallen* sinngemäß wohl zutreffend überlieferten Äußerung bezeugt, die gefallen sein soll, als Otto I. bei seinem Besuch in dem genannten Kloster auf der Rückreise von Italien (972) der Stab entfiel. Der Sohn verwunderte sich darüber, da der Vater doch die Herrschaft so fest in seinen Händen halte und ihm, dem Sohn, auch nicht ein Teilchen davon abgegeben habe[63,64].

Soweit es sich um Herrschaftsrechte handelte, dürfte es sich wie mit dem Titel *coimperator,* den Otto II. seit 968 führte – bemerkenswerterweise hat er in einigen Urkunden aus dem Jahr 972 seinen Vater auch seinerseits so bezeichnet[65] –, auch mit dem Titel *consors* (consors regni, regnorum, imperii)

---

[60] Dies gilt unbeschadet der Tatsache, daß die Kind-Könige (Ludwig das Kind, Otto II., Otto III.) im eigenen Namen urkundeten, Gericht hielten usw. *Beumann,* Ottonen (FN 59), S. 127, spricht von einer »rechtserheblichen Fiktion«.

[61] Zur Tetrarchie Diokletians vgl. das in FN 56 angegebene Schrifttum.

[62] Vgl. besonders *Ohnsorge,* Mitkaisertum (FN 30), S. 315, 325 f.; *ders.,* in: Braunschweig. Jb. 54 (1973) (FN 7), S. 46.

[63] *K. Uhlirz* (FN 58), S. 10; s. auch *Conrad* (FN 32), S. 225; *Ohnsorge,* in: Braunschweig. Jb. 54 (1973) (FN 7), S. 47.

[64] Erläuternd sei an dieser Stelle bemerkt, daß der Kaisertitel keine Herrschaftsrechte vermittelte, die nicht schon dem König eigneten, dem die kaiserliche Würde zuteil wurde – sieht man einmal von der Rechtsstellung des Kaisers als defensor ecclesiae Romanae, also der römischen Ortskirche und ihres Oberhauptes, nicht der Kirche insgesamt, ab; vgl. *D. Willoweit,* Deutsche Verfassungsgeschichte, 2. Aufl. 1992, S. 48 f. Insbesondere kann von einer Oberherrschaft des Kaisers über die übrigen Herrscher Europas keine Rede sein (so m. N. *Conrad* [FN 32], S. 230 f.). Der Kaisertitel verschaffte seinem Träger also »nur« die auctoritas imperialis (*Conrad,* ebd.), eine höhere dignitas (*K. Reindel,* in: Th. Schieder [Hrsg.], Handbuch der Europäischen Geschichte I, 1976, S. 691; *Ohnsorge,* in: FS Mikoletzky [FN 57], S. 543). Dies freilich bedeutete mittelalterlichem Denken nicht wenig, wie sich nicht zuletzt aus dem unbeirrbaren Festhalten Ostroms an seiner universalen Kaiseridee und den Auseinandersetzungen darüber mit dem Papsttum ergibt.

[65] *M. Uhlirz,* Mitkaisertum (FN 2), S. 384; *Ohnsorge,* in: Braunschweig. Jb. 54 (1973) (FN 6), S. 47, meint daraus ableiten zu können, daß Otto d. Gr. seinem Sohn zu dieser Zeit eine

verhalten haben[66]. Auch er hat seinen Ursprung im römischen Staatsrecht[67], findet Verwendung für Ludwig den Frommen und Otto II.[68] Kaiser Ludwigs II. Ehefrau Angilberga und Kaiser Karls III. Gemahlin Richarda haben ihn ebenso geführt[69] wie die Kaiserin Adelheid, die schon in ihrer ersten Ehe mit König Lothar von Italien so genannt worden war, nach der Kaiserkrönung von 962[70]. Gewiß hatte diese Bezeichnung »Gewicht«[71]; aber sie verlieh wohl kaum amtliche Befugnisse, sondern umschrieb eine Würde, die allerdings – je nach der Kraft der Persönlichkeit ihrer Trägerinnen und Träger – zur Grundlage erheblichen politischen Einflusses werden konnte oder solchem Einfluß Ausdruck gab[72]. Ein wesentlicher Unterschied zwischen consors und coimperator allerdings besteht: Während der consors-Titel, jedenfalls soweit ihn die Gattin des Herrschers führt, mit dessen Tod erlischt, ist mit dem Titel coimperator das Recht auf die Nachfolge verbunden.

3. Vor diesem Hintergrund verdient es höchste Beachtung, daß es Theophanu alsbald nach dem Tod ihres Schwiegervaters am 7. Mai 973 durchsetzte, als *coimperatrix* bezeichnet zu werden. Der Titel taucht erstmals 974 in einer Urkunde auf, in der sie »coimperatrix augusta nec non imperii regnorumque consors« genannt wird[73], dann wieder 979 in verschiedenen Urkunden. Mathilde Uhlirz hat auf die darin im Vergleich zur consors-Formel liegende Steigerung des Rechtsgehaltes hingewiesen, und *Werner Ohnsorge* hat darauf aufmerksam gemacht, daß Otto II. bis 979 den Titel *coimperator,* obwohl seit Ottos I. Tod Hauptkaiser, wahlweise neben *imperator* gebraucht hat, und zwar »bezeichnenderweise meist gerade (in den) Urkunden, in welchen der Titel coimperatrix auftaucht«[74]. Diesen Titel hat Theophanu als einzige deutsche Herrscherin geführt. Es kann also kaum einem Zweifel unterliegen, daß es ihr unter dem Einfluß ihrer byzantinischen Anschauungen gelungen ist, sich – auch staatsrechtlich – eine herausgehobene Stellung zu verschaffen, die spätestens zu dem Zeitpunkt auch praktische Bedeutung erlangt haben dürfte, als es nach dem frühen Tod Ottos II. um die Frage ging, wer für den dreijährigen Otto III. die Regentschaft zu übernehmen haben werde. Daß für Theo-

---

größere Selbständigkeit einzuräumen begonnen habe. S. auch *Erkens,* in: v. Euw/Schreiner (FN 9), Bd. II, S. 252.

[66] Grundlegend *Th. Vorgelsang,* Die Frau als Herrscherin im hohen Mittelalter. Studien zur »consors-regni«-Formel, 1954; vgl. aber die kritische Besprechung von *M. L. Bulst,* HZ 182 (1956), S. 100 ff.; ferner *J. Fleckenstein,* in: v. Euw/Schreiner (FN 9), Bd. II, S. 306.

[67] Vgl. *Mommsen* (FN 56), S. 1148; *Ohnsorge,* Mitkaisertum (FN 30), S. 323.

[68] *Ohnsorge,* ebd.

[69] *M. Uhlirz,* Mitkaisertum (FN 2), S. 385; *Ohnsorge,* Mitkaisertum (FN 30), S. 323.

[70] *M. Uhlirz,* ebd., S. 385 f.; *Erkens* (FN 65), S. 248 f.

[71] *Wolf,* in: Arch. f. Dipl. 35 (1989) (FN 34), S. 182.

[72] *Erkens* (FN 65), S. 249 f.

[73] *M. Uhlirz,* Mitkaisertum (FN 2), S. 386; *Ohnsorge,* in: Braunschweig. Jb. 54 (1973) (FN 7), S. 47.

[74] Ebd.

phanu – unbeschadet der Frage ihres tatsächlichen Einflusses auf die Reichspolitik – schon zu Lebzeiten Ottos II. mit diesem Titel besondere Rechte
verbunden gewesen seien, läßt sich dagegen nicht feststellen[75], jedenfalls hat sie
– anders als Otto II., während er selbst Mitkaiser war – in dieser Zeit nicht
selbst geurkundet, wenngleich sie als Intervenientin oft in Erscheinung trat.
Das entsprach auch der Rechtslage in Byzanz: *Stefan Maslev* faßt das Ergebnis
seiner Untersuchung der Rechtsstellung der byzantinischen Kaiserinnen dahin
zusammen, daß sie, solange ihre Gatten am Leben waren, rechtlich von der
Regierung ausgeschlossen waren, es sei denn, die Kaiser hätten ihnen bestimmte Befugnisse eingeräumt[76].

Allerdings hatte die Gattin des Herrschers im Hause, also in der Hofhal-
tung, schon in karolingischer Zeit eine starke Stellung[77]. Ob und in welchem
Grade sie diese Stellung nutzen konnte, um Einfluß auf das politische Geschehen zu nehmen, insbesondere auf die Entscheidungen ihres Gemahls, hing
naturgemäß stark von der Persönlichkeit beider Gatten und der Art ihrer
Beziehung zueinander ab. Theophanus Einfluß auf Otto II. war von Beginn
an erkennbar kein geringer, was schon die Tatsache beweist, daß sie ihre Anerkennung als coimperatrix durchzusetzen wußte. Ebenso gestand ihr Otto II.
alsbald nach dem Tod seines Vaters das uneingeschränkte Verfügungsrecht
über die ihr als *dos ante nuptias*[78] überschriebenen Güter zu, das nach der
Dotalurkunde nicht eindeutig gewährleistet war[79]. Mit den Jahren ist Theophanus Einfluß offenbar gewachsen, was auf die zunehmende Vertrautheit der
Gatten, deren Ehe seit 977 durch die Geburt von fünf Kindern gesegnet wurde[80], auf die Entfremdung zwischen Otto und seiner Mutter Adelheid[81], aber

---

[75] Insoweit erscheint mir gegenüber der Meinung von *M. Uhlirz*, Mitkaisertum (FN 2),
S. 388, Skepsis geboten.
[76] Die staatsrechtliche Stellung der byzantinischen Kaiserinnen: Byzantinoslavica XXVII
(1966), S. 308 ff. (311). S. auch *Erkens* (FN 65), S. 251 f. m. w. N. – Ganz eindeutig scheint sich
die Frage, auch für die römische Kaiserzeit, nicht klären zu lassen (vgl. *Mommsen* [FN 56],
S. 788 Anm. 4). Zu Theodora, der Gattin Justinians, die zweifellos eine der bedeutendsten und
auch einflußreichsten Kaiserinnen war, s. *Maslev* (diese FN), S. 312 ff. m. N.
[77] *Erkens* (FN 65), S. 245 f.
[78] Vgl. *Ennen* (FN 54), S. 33.
[79] *Ohnsorge*, in: Braunschweig. Jb. 54 (1973) (FN 7), S. 44 ff., schließt dies m. E. überzeugend aus den Abweichungen der Dotalurkunde der Theophanu von derjenigen Adelheids, an
deren Vorbild sie sich weitgehend anlehnt. Eine Synopse beider Urkunden bei *Deeters*
(FN 54), S. 11 ff. (die hier maßgebliche Stelle S. 13 am Ende der Dispositio). Zur Urkunde s.
ferner *W. Georgi*, in: v. Euw/Schreiner (FN 9), Bd. II, S. 135 ff., sowie *Fleckenstein*, ebd.,
S. 305 f.
[80] Adelheid (geb. 977, gest. 1043), seit 999 Äbtissin von Quedlinburg; Sophia (978–1039),
seit 1002 Äbtissin des ottonischen Hausklosters Gandersheim, später auch von Essen; Mathilde (979–1025), verheiratet mit dem Pfalzgrafen Ezzo vom Niederrhein, mit dem sie zehn
Kinder hatte; Otto (980–1002), seit 983 deutscher König, 996 Kaiser, und dessen alsbald nach
der Geburt verstorbene Zwillingsschwester unbekannten Namens. Zum Ganzen: *Wolf*, Kaiserin Theophanu (FN 9), S. 72 ff., 168 ff., 180 ff. S. auch *Ennen* (FN 54), S. 80 f., 83.
[81] *Wolf*, ebd., S. 79 ff.

auch auf die herausragende und durch die Erfahrung gereifte politische Intelligenz der jungen Kaiserin zurückgeführt werden muß. Die Umstände lassen es wahrscheinlich erscheinen, daß Theophanu an einer Reihe von Personalentscheidungen Ottos II. beteiligt war, die sich in der Folge als besonders geglückt erweisen sollten: die Belehnung Ottos, des Sohnes Liudolfs von Schwaben, eines Stiefbruders Ottos II. aus Ottos d. Gr. erster Ehe, der schon seit 973 Herzog von Schwaben war, mit dem Herzogtum Bayern im Jahre 976 nach dem gescheiterten Aufstand des Bayernherzogs Heinrichs, des Zänkers, des Sohnes von Ottos I. Bruder Heinrich; die Ernennung des Karolingers Karl, eines Bruders des ihm feindlich gesonnenen französischen Königs Lothar, der wiederum mit einer Tochter Adelheids aus deren erster Ehe verheiratet war, zum Herzog von Niederlothringen im Jahr 977[82]. Umstritten ist, ob Theophanu Ottos II. gegen Byzanz und die Sarazenen gerichtete Unternehmung, die mit der verheerenden Niederlage von Cotrone am 13. Juli 982 endete, befürwortet oder aber ihr widerraten hat. Der äußere Anschein – die seit 976 in Byzanz regierenden Kaiser Basileios II. und Konstantin VIII. lagen mit Theophanus Familie im Streit[83] – ist in der Literatur bisher meist als ausreichender Beleg für die erste Auffassung angesehen worden[84]. Bei genauerem Hinsehen überzeugt es wenig, der klugen Kaiserin kurzsichtigen Rachedurst zu unterstellen. Sie kann kaum übersehen haben, daß es wenig erfolgversprechend war, Sarazenen und Byzantiner gleichzeitig herauszufordern. Auch wird berichtet, Theophanu habe gegen Otto nach verlorener Schlacht (und kaum gerettetem Leben!) heftige Vorwürfe erhoben, was, hätte sie selbst zum Krieg geraten, wiederum höchst unklug gewesen wäre – die schlechten Ratgeber dürften andere, der Griechin Theophanu nicht günstig gesonnene Personen gewesen sein[85].

---

[82] *Wolf*, ebd., S. 82 ff., 98; *Beumann*, Ottonen (FN 59), S. 116; *B. Schneidmüller*, in: v. Euw/Schreiner (FN 9), Bd. II, S. 353.

[83] s. oben zu und in FN 51.

[84] s. etwa *Holtzmann* (FN 40), S. 280; *Beumann*, Ottonen (FN 59), S. 120.

[85] Vgl. *Wolf*, Kaiserin Theophanu (FN 9), S. 66, 86, 99, 158 ff. Als Kriegstreiber nennt *Wolf* in erster Linie den intriganten Bischof Dietrich von Metz, erwähnt aber auch die unter starkem Einfluß kirchlicher Kräfte (Abt Maiolus von Cluny) stehende Kaiserin Adelheid. Auch der Papst (Benedikt VIII.) darf nicht übersehen werden. Dem Papsttum konnte an einer dauerhaft freundschaftlichen Beziehung zwischen Byzanz und den Herrschern des Westreichs nicht gelegen sein; dazu *G. Wolf*, Fränkisch- byzantinische Gesandtschaften vom 5. bis 8. Jahrhundert und die Rolle des Papsttums im 8. Jahrhundert: Arch. f. Dipl. 37 (1991), S. 1 ff. (12 f.).

V.

1. Am 7. Dezember 983 starb Otto II. in Rom im Alter von 28 Jahren. Im Juni des gleichen Jahres war der noch nicht dreijährige Sohn des Kaisers auf dem Reichstag von Verona zum deutschen und italienischen König gewählt worden. Anschließend reiste er in Begleitung des Erzkanzlers, Erzbischof Willigis von Mainz, nach Deutschland. In Aachen wurde er am 25. Dezember von den Erzbischöfen Willigis von Mainz und Johannes von Ravenna zum *rex Francorum et Langobardorum* gekrönt[86]. Kaum waren die Feierlichkeiten der Krönung beendet, traf in Aachen die Nachricht vom Tod des Kaisers ein[87]. Im Anschluß an seine Krönung wurde Otto III. in die Obhut des Erzbischofs Warin von Köln gegeben. Schon im Januar 984 kam Herzog Heinrich II. von Bayern, der Zänker, der sich seit der »Erhebung der drei Heinriche« (977)[88] im Gewahrsam des Bischofs Folkmar von Utrecht befand, auf freien Fuß. Es gelang ihm, sich der Person des kleinen Königs zu bemächtigen, den er bis zum 29. Juni in seiner Gewalt behielt[89]. Wohl schon zu Ende des Jahres 983 hatte sich Theophanu an den Hof von Pavia begeben, wo sie mit ihrer Schwiegermutter Adelheid zusammentraf. Von dort traten im April die beiden Kaiserinnen gemeinsam in Begleitung der hoch angesehenen Äbtissin Mathilde von Quedlinburg, der Schwester Ottos II., die Reise nach Deutschland an; Mitte Juni ist ihre Anwesenheit in Mainz bei Erzbischof Willigis bezeugt[90].

2. Bei Kaiser Ottos II. Tod war nicht nur die politische Lage des Reiches labil[91]; auch die Rechtslage war ungeklärt. Zwar war Otto III. – zumindest soweit es sich um den deutschen Teil des Imperiums handelte – in rechtsgültiger Form zum König gewählt und gekrönt[92]. Aber er war um die Jahreswende 983/84 kaum dreieinhalb Jahre alt, der Zeitpunkt seiner Mündigkeit stand in weiter Ferne. Schon Ottos II. Krönung im Alter von knapp 7 Jahren war als ungewöhnlich empfunden worden[93]. Immerhin war er, als er die

---

[86] Zur Deutung des Krönungsvorgangs *Beumann,* Ottonen (FN 59), S. 122 f.

[87] Zum Geschehensablauf vgl. *K. Uhlirz* (FN 58), S. 157 f., 205 ff.; *M. Uhlirz,* Jahrbücher (FN 2), S. 8 f.; *Holtzmann* (FN 40), S. 286 f.; *Thietmar* (FN 4), III 26.

[88] *J. Fleckenstein,* in: Handbuch der Deutschen Geschichte (FN 3), S. 260; *Thietmar* (FN 4), III 7; *Beumann,* Ottonen (FN 59), S. 115.

[89] *Fleckenstein,* in: Hdb. d. Deutschen Geschichte (FN 3), S. 265; *Holtzmann* (FN 40), S. 294 ff.; *Reindel* (FN 64), S. 701; *M. Uhlirz,* Jahrbücher (FN 2), S. 12; *Thietmar* (FN 4), III 26.

[90] Vgl. *Wolf,* Kaiserin Theophanu (FN 9), S. 7, 88 f.

[91] Die Niederlage von Cotrone hatte das Ansehen des Kaisers weit über den Kriegsschauplatz hinaus erschüttert; vgl. *Beumann,* Ottonen (FN 59), S. 121.

[92] Zu den Formen der Königswahl, den sie bestimmenden Momenten (Designation, Geblüts- und Erbrecht, Wahl, Thronsetzung, Krönung und Salbung, Übergabe der Insignien, Umritt) und ihrer – wechselnden – Bedeutung s. zusammenfassend *Willoweit* (FN 64), S. 42 f.; ferner grundlegend: *H. Mitteis,* Die Krise des deutschen Königswahlrechts, in: E. Hlawitschka (Hrsg.), Königswahl und Thronfolge in ottonisch-frühdeutscher Zeit, 1971, S. 216 ff. (besonders S. 287).

[93] s. oben IV. 2.

Nachfolge seines Vaters antrat, etwa 18 Jahre alt und also längst volljährig. Otto III., bei dessen Krönung und Salbung sein Vater schon nicht mehr am Leben war, war zu diesem Zeitpunkt, wie gesagt, ein kleines Kind. Sein Recht auf die Thronfolge war also keine Selbstverständlichkeit. Ein Institut der Regentschaft kannte das deutsche Recht nicht; sie konnte sich aus der Vormundschaft ergeben[94]. Diese stand nach fränkischem Recht dem nächsten Schwertmagen, also dem nächsten und ältesten männlichen Verwandten väterlicherseits, zu[95]. Das war Heinrich der Zänker, der Brudersohn Ottos I. und Vetter Ottos II. Sein Anspruch auf die Vormundschaft über Otto III. und das daraus abgeleitete Recht auf die Regentschaft bis zu dessen Volljährigkeit standen also keineswegs auf schwachen Füßen – Thietmar[96] spricht von ihm als dem *patronus legalis* des jungen Königs –, so verwerflich die Mittel waren, deren er sich zu ihrer Durchsetzung bediente[97]. Auch König Lothar von Frankreich, als Sohn einer Schwester Ottos d. Gr. (Gerberga) Otto III. ebenso nahe verwandt wie der Zänker, scheint sich Hoffnungen auf die Vormundschaft gemacht zu haben. Jedenfalls hat Heinrich zunächst versucht, ihn durch gewisse Zusagen in Bezug auf Lothringen für seine eigenen Pläne zu gewinnen.

Allerdings war, wie schon bemerkt, die Rechtslage keineswegs zweifelsfrei; daß die Regentschaft[98] der Theophanu, die sich schließlich durchsetzte, dem damals geltenden Recht widersprochen habe, wie *Hermann Conrad* meint[99], läßt sich so eindeutig nicht feststellen. Nicht nur in dem – den fränkischen Großen mittlerweile durchaus geläufigen – römischen und in dem in dessen Tradition stehenden byzantinischen Staatsrecht war das Recht der Kaiserinwitwe auf die Regentschaft für ihre unmündigen Söhne anerkannt und vielfach praktiziert[100]. Ebenso war es im fränkischen Rechtskreis sowohl zur

---

[94] *Conrad* (FN 32), S. 225.

[95] *Conrad* (FN 32), S. 158 f.; so noch der Sachsenspiegel, Landrecht I 23 § 1: »Wenn die Söhne noch nicht zu ihren Jahren gekommen sind, so nimmt der älteste ebenbürtige Verwandte von Vaterseite die Heeresausrüstung allein und ist der Vormund der Kinder daran.«

[96] (FN 4), IV 1.

[97] Vgl. etwa *Holtzmann* (FN 40), S. 295 f.; *M. Uhlirz*, Jahrbücher (FN 2), S. 12 ff.; *Beumann*, Ottonen (FN 59), S. 128 f. Zur Rechtsstellung Heinrichs auch *J. Laudage*, in: v. Euw/Schreiner (FN 9), Bd. II, S. 261 ff.

[98] Gleiches gilt nicht ohne weiteres für die Vormundschaft, die die Frau nach germanischen Rechtsvorstellungen nicht ausüben konnte, weil sie der Geschäfts- und Prozeßfähigkeit ermangelte und deshalb selbst, um nach außen rechtswirksam handeln zu können, eines Vormunds bedurfte. Erst allmählich – je weniger die Handlungsfähigkeit im Rechtssinne als mit der Waffenfähigkeit notwendig verknüpft angesehen wurde – erlangte die Frau eine größere Selbständigkeit im Rechtsverkehr. Vgl. zur Relevanz dieser Frage im vorliegenden Zusammenhang *Laudage*, ebd., S. 270 f. Allerdings wird man nicht übersehen dürfen, daß adelige Frauen schon früh auch rechtlich selbständig waren. An der Verfügungsbefugnis etwa Adelheids oder Theophanus über den ihnen – etwa als dos – übertragenen Eigenbesitz war aus »privat«-rechtlicher Sicht nicht zu zweifeln.

[99] (FN 32), S. 225.

[100] Zusammenfassende Darstellung bei *Maslev* (FN 76), S. 319 ff. Die bekanntesten Fälle

Zeit der Merowinger wie zu der der Karolinger nicht eben selten vorgekommen, daß Königinnenwitwen für ihre unmündigen Söhne und Enkel die Regierung führten, wie Gunter Wolf in einer eingehenden Untersuchung nachgewiesen hat[101]. *Hermann Jakobs*[102] hat zudem darauf hingewiesen, daß beim Tode Ottos II. zwei Rechtsbereiche miteinander in Konflikt gerieten: Nach Sippenrecht konnte Heinrich die Vormundschaft beanspruchen, nach Hausrecht aber war die Hausherrin befähigt, die Hausherrschaft fortzuführen, solange ein unmündiger Sohn vorhanden und das Haus damit regenerationsfähig war. Schließlich liegt die Annahme nicht fern – wenn es auch bisher nicht gelungen ist, dafür einen schlüssigen Beweis zu erbringen[103] –, daß Theophanus Rechtsstellung als coimperatrix ihr eine wirksame Handhabe für die Durchsetzung ihrer Ansprüche verlieh. Der Wille ihres verstorbenen Gemahls, ihr eine bedeutende Funktion im Reichsregiment einzuräumen, kam darin zum klaren Ausdruck und konnte auch mit Rücksicht auf die dem Verstorbenen geschuldete Treuepflicht kaum ohne Wirkung bleiben. Theophanu selbst war überdies eine zu willensstarke Persönlichkeit und zu tief von der Bedeutung des ihr zu treuen Händen anvertrauten Kaisertums überzeugt, als daß sie auf ihrem Rang und den daraus zumindest aus ihrer Sicht abzuleitenden Ansprüchen nicht mit größtem Nachdruck bestanden hätte[104].

3. Der Thronstreit um die Nachfolge Ottos II. wurde freilich nicht als Rechtsstreit ausgetragen – obgleich rechtliche Argumente in ihm durchaus eine Rolle spielten –, sondern machtpolitisch entschieden. Heinrich der Zänker war allem Anschein nach – im Gegensatz zu Theophanu – keine gewinnende Persönlichkeit, kein geschickter Diplomat. Zwar vermochte er zunächst eine stattliche Anzahl von Verbündeten zu gewinnen, insbesondere unter den deutschen Bischöfen, die sich in ihrer Mehrzahl auf seine Seite schlugen, unter ihnen auch der zwielichtige[105] Erzbischof Giseler von Magdeburg, der nicht

---

sind aus spätrömischer Zeit die Regentschaft der Kaiserin Galla Placidia für ihren Sohn Valentinian III. (425–455) und aus byzantinischer Zeit die der Kaiserin Eirene für Konstantin VI. (hier im Text unter II. 2.).

[101] Kaiserin Theophanu (FN 9), S. 39 ff.; *Erkens* (FN 65), S. 254.

[102] Zum Thronfolgerecht der Ottonen, in: Hlawitschka (FN 92), S. 509 ff. (525). S. auch *Laudage* (FN 97), S. 268, 270.

[103] *M. Uhlirz'* Darlegungen dazu (Mitkaisertum [FN 2], S. 387) sind von eher spekulativer Art – wie auch die im Text folgenden; s. dazu *Laudage* (FN 97), S. 271.

[104] Daß die Kaiserin Adelheid nach Theophanus Tod offenbar problemlos die Regentschaft übernehmen konnte, obgleich sie den Titel (co-)imperatrix nie geführt hat, spricht nicht zwingend gegen die im Text angestellte Überlegung: Im Jahr 991 war die Regentschaftsfrage geklärt, Heinrich von Bayern hatte verzichtet und Otto III. im Jahre 985 gehuldigt. Dieser selbst hatte mittlerweile das Alter von 11 Jahren erreicht. Vor allem aber hatte sich das Reichsregiment als erfolgreich erwiesen, eine derjenigen der Jahre 983/984 vergleichbare Krisensituation bestand nicht.

[105] Vgl. *Thietmar* (FN 4), IV 11 bis 14: Giseler verstand es, sich um den Preis einer Aufhebung des Bistums Merseburg, dessen Bischof er bis dahin gewesen war, als Bewerber um das verwaiste Erzbistum Magdeburg durchzusetzen. Nicht zuletzt deshalb zürnte ihm Thiet-

zuletzt Theophanu seine Stellung zu verdanken hatte. Als jedoch deutlich
wurde, daß Heinrich über die Vormund- und Regentschaft hinaus die Königswürde für sich selbst erstrebte und daß er für seine Pläne auch die Unterstützung der slawischen Grenzvölker und der Abodriten unter ihrem Fürsten
Mistui, die 983 Hamburg verwüstet hatten[106], zu gewinnen suchte, wandten
sich die meisten seiner Anhänger von ihm ab. Nach vorbereitenden Verhandlungen »in pascuis ad Bisinstidi« – auf den Wiesen bei Bürstadt[107], die Willigis
von Mainz für die beiden Kaiserinnen überaus erfolgreich geführt hatte, unterwarf sich Heinrich. Auf dem Reichstag zu Rohr bei Meiningen am 29. Juni
984 erstattete er der Mutter ihren Sohn zurück[108].

Daß Theophanu sich wohl schon bei dieser Gelegenheit, jedenfalls aber in
den darauf folgenden Monaten auch gegenüber der Kaiserin Adelheid als die
erste im Regiment durchgesetzt hat, war keine Selbstverständlichkeit. Adelheid genoß uneingeschränktes Ansehen. Als unangefochtene Erbin des regnum Italiae war sie für den Zusammenhalt des Reichsverbandes von großer
Wichtigkeit. Manch einer hätte ihr wohl gerne gegenüber der Griechin Theophanu den Vorzug eingeräumt. Andererseits war die zwischen ihr und dem
Kaiserpaar eingetretene Entfremdung[109] nicht unbekannt geblieben. Theophanu hatte sich in diesen Auseinandersetzungen als die stärkere erwiesen und
dabei die Unterstützung der Äbtissin Mathilde gefunden, die wohl auch jetzt
auf ihrer Seite gestanden haben dürfte. Schon bald, nachdem beide Kaiserinnen den Kampf um das Thronrecht ihres Sohnes und Enkels gemeinsam
durchgefochten hatten, scheint es zu neuen Meinungsverschiedenheiten zwischen ihnen gekommen zu sein. Ihr Gegenstand war diesmal die Frage der
Verfügbarkeit des Reichsguts, insbesondere des Adelheid zustehenden Wit-
tums, über welches sie in großzügiger Weise, insbesondere zugunsten der Kirche, zu disponieren pflegte. Theophanus, von Willigis, aber auch von Mathilde unterstütztes, Bestreben hingegen ging dahin, dem König diese Güter zu
erhalten[110]. In dieser Einstellung lassen sich nicht nur erste Anzeichen einer
Unterscheidung zwischen »Staats-« und Privatvermögen erkennen[111]. Es
spricht – erinnert man sich der sensationellen Urkunde Ottos III. aus dem
Jahre 1001, in der erstmals die Konstantinische Schenkung, lange vor dem erst

---

mar, Bischof des unter Otto III. wiederhergestellten Bistums Merseburg, und nannte ihn
»nicht Hirt sondern Krämer« (non pastor sed mercenarius).

[106] Vgl. *Thietmar* (FN 4), III 18; *Beumann,* Ottonen (FN 59), S. 123.

[107] *Thietmar* (FN 4), IV 4.

[108] Zu alledem *Thietmar* (FN 4), IV 1 bis 4; *M. Uhlirz,* Jahrbücher (FN 2), S. 10 bis 33;
Holtzmann (FN 40), S. 294 bis 299; *Reindel* (FN 64), S. 701.

[109] Vgl. oben IV. 3.

[110] *M. Uhlirz,* Jahrbücher (FN 2), S. 42, 105, 142; *dies.,* Die rechtliche Stellung der Kaiserinwitwe Adelheid im Deutschen und im Italienischen Reich: ZRG GA 74 (1957), S. 85 ff.

[111] *Wolf,* Kaiserin Theophanu (FN 9), S. 89, spricht von der privatistischen Auffassung
Adelheids und der regalen Theophanus.

im 15. Jh. erbrachten Beweis, als Fälschung bezeichnet worden ist[112] – auch vieles dafür, daß hier die Kritik an der Unersättlichkeit der Kirche in bezug auf materiellen Besitz erste Auswirkungen zeitigte[113]. Adelheid, die in diesem neuerlichen Streit unterlag – ihre Dotationspolitik aber in der Zeit ihrer Regentschaft nach Theophanus Tod wieder aufgenommen hat[114] –, scheint sich danach aus den Staatsgeschäften zurückgezogen und deren Führung Theophanu, Willigis[115] und dem seit 977 amtierenden Leiter der deutschen Kanzlei – gewissermaßen der für das regnum Francorum zuständigen Regierungsbehörde –, Hildibald, seit 979 auch Bischof von Worms, überlassen zu haben.

Nicht selten ist Theophanus kritische Einstellung gegenüber ihrer Schwiegermutter Adelheid – insbesondere deren lobrednerischer Biograph Abt *Odilo von Cluny* (gestorben 1048) weiß darüber Unfreundliches zu berichten[116] – auf ihren unstillbaren Ehrgeiz zurückgeführt worden[117]. Daß Theophanu – auch politischen – Ehrgeiz besaß, braucht man um so weniger in Abrede zu stellen, als Ehrgeiz eine notwendige Voraussetzung politisch erfolgreichen Handelns ist, sofern es sich nicht um bloße Eitelkeit oder persönliche Ambitionen handelt. Von dieser Art waren Theophanus Wille und Fähigkeit, sich mit ihren politischen Auffassungen durchzusetzen, allerdings nicht. Es ist deshalb auch wenig wahrscheinlich, daß sie, wie Werner Ohnsorge aus ihrem Auftreten in Italien zu Beginn des Jahres 990[118] schließen zu können meint[119], versucht hat, »wie einst Irene von Byzanz auf dem Wege

---

[112] Zu dieser Urkunde vgl. *Schramm,* Kaiser (FN 8), S. 161 ff.; *M. Uhlirz,* Jahrbücher (FN 2), S. 355 ff.; *Beumann,* Ottonen (FN 59), S. 152.

[113] Aus diesen Vorgängen läßt sich keineswegs folgern, daß es Theophanu an Frömmigkeit gebrach. Das Gegenteil ist erwiesen; vgl. *P. von Steinitz,* Die Kaiserin Theophanu – Versuch eines geistlichen Porträts, in: *Wolf,* Kaiserin theophanu (FN 9), S. 279. In seinem Nachruf auf Theophanu bemerkt *Thietmar* (FN 4), IV 10, abschließend: »Von ihres Leibes Frucht brachte sie Gott ihre Töchter als Zehnten dar« – nur die dritte Tochter, Mathilde, heiratete und hatte ihrerseits zehn Kinder, von denen wiederum sieben in den geistlichen Stand traten. Die älteste Tochter Mathildes, Richeza, heiratete den Polenherzog Mieszko II., der jüngste ihrer drei Söhne, Otto, wurde einer der Stammväter von Staufern und Welfen (über weibliche Nachkommen). Zur Genealogie vgl. *Wolf,* Kaiserin Theophanu (FN 9), S. 76, 168 ff., 180 ff. Die immer wieder einmal aufgestellte These, daß die Verehrung des heiligen Nikolaus in Deutschland wesentlich auf Theophanu zurückzuführen sei, ist durch Untersuchungen G. *Wolfs* neuerdings erhärtet worden; vgl. ebd., S. 27 ff.

[114] *M. Uhlirz,* Jahrbücher (FN 2), S. 142.

[115] Vgl. *H. Büttner,* Erzbischof Willigis von Mainz, in: *ders.,* Zur mittelalterlichen Rechtsgeschichte an Rhein, Main und Neckar, 1975, S. 301 ff.; s. auch *M. Uhlirz,* Jahrbücher (FN 2), S. 37; *Wolf,* Kaiserin Theophanu (FN 9), S. 90.

[116] *M. Uhlirz,* Jahrbücher (FN 2), S. 141 f. Nach dem triumphalen Reichstag zu Quedlinburg im April 991 habe Theophanu, berichtet Odilo, geäußert: »Wenn ich noch ein volles Jahr lebe, wird man die Herrschaft Adelheids mit der flachen Hand umspannen können.« Was Odilo seinerseits voller Genugtuung feststellen läßt: »Ante quatuor ebdomadas Graeca imperatrix ab hac luce discessit; augusta Adelheida superstes felixque remansit.«

[117] Dagegen *M. Uhlirz,* ebd.; *Wolf,* Kaiserin Theophanu (FN 9), S. 79 ff.

[118] s. oben unter I.

[119] In: Braunschweig. Jb. 54 (1973) (FN 7), S. 60.

über die Regentschaft für ihren unmündigen Sohn ein weibliches Hauptkai-
sertum im Abendland einzuführen«. Irenes Beispiel[120] wirkte abschreckend,
sowohl in bezug auf ihre persönlichen Eigenschaften, denen diejenigen Theophanus nach allem, was wir wissen, in keiner Weise ähnlich waren, als auch in
bezug auf ihren politischen Erfolg, der ihrem Experiment letztlich versagt
blieb. Auch hatte Theophanu den Fall Heinrichs von Bayern vor Augen, dessen Versuch, sich der Regentschaft zu bemächtigen, nicht zuletzt daran gescheitert war, daß er sich selbst zum Herrscher hatte erheben wollen. Auch
war Theophanu sich der prekären Rechtslage wohl bewußt, die sich aus der
Tatsache ergab, daß sie zwar zur Regentschaft befugt, nicht aber befähigt war,
für ihren Sohn die Vormundschaft auszuüben. Nach außen also galt es, zumal
in Deutschland (in dem byzantinischer Tradition so eng verbundenen Ravenna dürfte das Verhalten Theophanus dagegen keinen Anstoß erregt haben) den
Schein zu wahren, daß der König selbst handelte[121]. Vor allem aber war Theophanu ihrem Sohn, Otto III., in wahrer mütterlicher Liebe zugetan; ihn seiner
Rechte zu berauben, muß ihr gänzlich ferngelegen haben. *Sein* Kaisertum, *sein*
Reich *ihm* zu bewahren, war ihr ganzes Streben. Dagegen spricht nicht, daß
sie ihrem politischen Werk Dauer zu geben bemüht war, glaubte sie doch,
eben dadurch dem Interesse des Reichs und damit auch dem des Sohnes zu
entsprechen[122].

VI.

1. Einen ersten Beweis ihrer politischen Fähigkeiten als Regentin erbrachte
Theophanu dadurch, daß es ihr innerhalb eines Jahres nach seiner Unterwer-
fung auf dem Reichstag von Rohr gelang, einen dauerhaften Ausgleich mit
Heinrich dem Zänker zu finden. Er erhielt das Herzogtum Bayern zurück.
Heinrich d.J., der 983 auf dem Reichstag von Verona nach dem Tode des Otto
II. und Theophanu eng verbundenen Herzogs Otto von Schwaben und Bay-
ern mit diesem Herzogtum belehnt worden war[123], verzichtete darauf und
erhielt das von ihm schon früher innegehabte, wesentlich kleinere Herzogtum
Kärnten einschließlich der damit verbundenen italienischen Marken zurück.
Mit dem Herzogtum Kärnten war indes 978 Otto, der Sohn Herzog Konrads

---

[120] s. oben unter II. 2.
[121] Abgesehen von den beiden eingangs genannten Beispielen gibt es deshalb keinen Fall
einer im Rechtssinne selbständigen Herrschaftsausübung Theophanus. *Laudage* (FN 97),
S. 272, erklärt die beiden italischen Urkunden damit, daß Theophanu, während sich Otto III.
in Deutschland aufhielt, gleichwohl Entscheidungen zu treffen hatte, also zu einem Notbehelf
griff, um Rechtssicherheit zu schaffen.
[122] So nachdrücklich auch *Fleckenstein*, in: v. Euw/Schreiner (FN 9), Bd. II, S. 310; skeptisch gegenüber der Ansicht *Ohnesorges* auch *Erkens*, ebd., S. 256 f.
[123] *Thietmar* (FN 4), III 24.

des Roten und der Tochter Ottos I. aus erster Ehe, Liutgard, beliehen worden. Daß es gelang, ihn zum Verzicht auf die Herzogswürde zu veranlassen und sich mit einer Entschädigung im rheinfränkischen Raum zu begnügen[124], ist diesem treuen Gefolgsmann des ottonischen Hauses hoch anzurechnen und legt Zeugnis ab von dem diplomatischen Geschick Theophanus und ihrer Berater. Eine Festkrönung Ottos III. an Ostern 986 in Quedlinburg, bei der auch Theophanu anwesend war, besiegelte den Friedensschluß. Beim Festmahl dienten – wie bei der Krönung Ottos I. 936 in Aachen – vier Herzöge: Heinrich von Bayern als Truchseß, Konrad von Schwaben als Kämmerer, Heinrich von Kärnten als Schenk und Bernhard von Sachsen als Marschall[125]. Der Jahrzehnte während Konflikt zwischen den Stämmen Ottos I. und seines Bruders Heinrich war damit ausgeräumt. Heinrich des Zänkers Sohn wurde als heinrich II. Ottos III. Nachfolger, der letzte deutsche König aus dem Geschlecht der Liudolfinger[126].

2. Während Theophanus Regentschaft blieben das Reich der Deutschen und Ostrom, je mit anderen Aufgaben beschäftigt, auf Distanz[127]. Im Norden und Osten war es seit dem letzten Regierungsjahr Ottos II. zu Angriffen von seiten der Dänen und elbslawen gekommen. Die Grenze blieb auch in den nächsten Jahren unruhig. Hier erwies es sich als äußerst hilfreich, daß es Theophanu gelang, den Herzog Mieszko von Polen an das Reich zu binden und Beziehungen zu seinem Schwiegersohn, dem Schwedenkönig Erich VII. dem Siegreichen, aufzunehmen, der seinerseits die Dänen bedrängte. Die Böhmen, die 984 Meißen in Besitz genommen hatten, bis der von Theophanu eingesetzte Markgraf Ekkehard von Meißen, eine bedeutende Persönlichkeit, sie ein Jahr später wieder vertrieb, blieben ein Element der Unruhe[128]. Im Königreich Italien scheint die 985 nach Pavia zurückgekehrte Kaiserin Adelheid die Interessen ihres Enkels einigermaßen gewahrt zu haben. Indessen erschien es Theophanu im Jahre 988, zu einem Zeitpunkt, zu dem sich Adelheid im Elsaß oder in Burgund aufhielt[129], geboten, eine eigene italienische Kanzlei einzurichten, die in den Theophanu verbleibenden Jahren eine rege

---

[124] *M. Uhlirz*, Jahrbücher (FN 2), S. 42 f.

[125] *Thietmar* (FN 4), IV 9. Als Heinrich d. J. 989 starb, wurde dem Bayernherzog auch das Herzogtum Kärnten übertragen.

[126] Nach dem ersten sicher bezeugten Vorfahren des sächsischen Hauses, Herzog Liudolf (gest. 866), dem Großvater König Heinrichs I.

[127] *Schramm*, in: HZ 129 (1924) (FN 46), S. 440 f. Der Versuch Ostroms, über den nach Konstantinopel geflohenen und 984 nach Rom zurückgekehrten Gegenpapst Bonifatius VII. dort erneut Einfluß zu gewinnen, scheiterte; vgl. *Holtzmann* (FN 40), S. 304; in dem sonst regen Gesandtschaftsverkehr zwischen Byzanz und den Sachsenherrschern scheint es zwischen 976 und 995 eine Pause gegeben zu haben, vgl. *Wolf*, in: Arch. f. Dipl. 37 (1991) (FN 14), S. 22.

[128] Zu alledem *Holtzmann* (FN 40), S. 305 ff.; *Wolf*, Kaiserin Theophanu (FN 9), S. 101, 141 ff.; *J. Fried*, in: v. Euw/Schreiner (FN 9), Bd. II, S. 361 ff.

[129] *Wolf*, ebd., S. 91.

Tätigkeit entfaltete[130]. Von November 989 bis Mai 990 hat sich Theophanu
dann selbst in Italien aufgehalten. Der Umstand, daß sie ohne ins Gewicht
fallende militärische Bedeckung reiste und ihre Rechte als Kaiserin und Regentin tatkräftig wahrnehmen konnte, wovon die eingangs erwähnten Urkunden zeugen, belegt zur Genüge die Unangefochtenheit ihrer Herrschaft zu
diesem Zeitpunkt. Das gilt selbst für Rom, wo sich das Papsttum mit der neu
etablierten Stadtherrschaft der Creszentier[131] stritt. Diesem Streit ein Ende zu
machen, war Theophanu zwar nicht möglich; ihre eigene Autorität blieb davon jedoch unberührt.

Von großer Bedeutung war, daß es Theophanu gelang, in dieser Zeit der
europäischen Nationsbildung die durch Otto den Großen erworbene Vormachtstellung Deutschlands gegenüber Frankreich zu sichern. Sie hing seit
der Teilung des Reichs unter die Söhne Ludwigs des Frommen davon ab, wer
in dem zwischen dem West- und dem Ostreich gelegenen Raum, in Lothringen also, das Übergewicht hatte. Das war seit Heinrich I. wieder das Ostreich.
Die Bemühungen König Lothars von Frankreich, der mit einer Tochter Adelheids verheiratet war, Lothringen zurückzugewinnen, scheiterten. Ein
Schachzug Ottos II. und Theophanus in diesem Ringen war die bereits erwähnte Belehnung Karls, der mit seinem Bruder Lothar verfeindet war, mit
Niederlothringen (977)[132]. Als jedoch König Lothar 986 und sein kinderloser
Sohn Ludwig ein Jahr später verstarben und Karl sich anschickte, aufgrund
wohlbegründeter Erbansprüche die Krone des Westreichs zu erwerben, droh-
te dessen Vereinigung mit Lothringen in karolingischer Hand. In dieser Lage
unterstützte Theophanu die schließlich erfolgreiche Thronkandidatur Hugo
Capets, des Herzogs von Franzien, wobei sie sich der Hilfe des Erzbischofs
Adalbero von Reims und seines Ratgebers Gerbert von Aurillac sowie der
Herzogin Beatrix von Oberlothringen, einer Schwester Hugos, bediente. Die
Beziehungen zu Hugo Capet, der sich in der Folgezeit, wenn auch vergeblich,
um eine byzantinische Prinzessin für seinen Sohn bemühte und dadurch bewies, daß er sich vom deutschen Einfluß zu emanzipieren trachtete und im-
periale Gleichrangigkeit mit dem westlichen Kaisertum bei gleichzeitiger Anerkennung der Einzigkeit des römischen Kaisertums von Byzanz erstrebte,
blieben nicht spannungsfrei. Der Thronprätendent Karl von Niederlothringen
gab ebenfalls keine Ruhe und bedrohte König Hugo ernsthaft, bis er durch
Verrat am 30. März 991, wenige Monate vor Theophanus Tod, in dessen Hände fiel. In der Gefangenschaft ist er 992 gestorben. Sein Sohn Otto, der dem
sächsischen Kaiserhaus die Treue hielt, wurde als sein Nachfolger mit dem
Herzogtum Niederlothringen belehnt[133].

---

[130] *M. Uhlirz*, Jahrbücher (FN 2), S. 105.

[131] *Beumann*, Ottonen (FN 59), S. 117.

[132] Seit 959 war Lothringen in die beiden Herzogtümer Ober- und Niederlothringen geteilt; vgl. *K. Uhlirz* (FN 58), S. 41 ff.; *Schneidmüller*, in: v. Euw/Schreiner (FN 9), Bd. II,
S. 345 ff.

[133] Vgl. *Holtzmann* (FN 40), S. 309 ff.; *Beumann*, Ottonen (FN 59), S. 132 f.

3. Besonderes Interesse kommt naturgemäß der – allerdings nur schwer beantwortbaren – Frage zu, welchen Einfluß Theophanu auf die spätere Politik ihres Sohnes gehabt hat. Otto III. hat in den wenigen Jahren seiner Herrschaft bekanntlich den hochfliegenden Plan einer »renovatio imperii Romani« verfolgt, dem die Vorstellung einer Verbindung der römischen mit der karolingisch-ottonischen Kaiseridee zugrunde lag und der eine Neuordnung des Verhältnisses von Kaiser und Papst wohl nach dem Vorbild des Verhältnisses von Basileus und Patriarch in Konstantinopel, mithin die Beschränkung des Papsttums auf seinen geistlichen Auftrag, einschloß[134]. Ein wesentliches Element dieser Politik war »die christlich-imperiale Anbindung der östlichen Reiche« – also Polens und Ungarns, Böhmens und des Kiewer Reiches der Rus, aber auch Venedigs[135] – »an das Imperium […] mit dem Mittelpunkt Rom unter weitestgehender Souveränität der betreffenden Reiche im Osten«[136]. Dieses Ideengut fand seinen Ausdruck einmal in Ottos III. Wallfahrt nach Gnesen, wo er den Polenherzog Boleslaw im Jahre 1000 nach zeitgenössischen Quellen mit der eigenen Krone bekrönt, ihm eine heilige Lanze überreicht und ihn zum *amicus populi Romani* erklärt haben soll[137]. Ähnlich verliefen die Dinge hinsichtlich Ungarns: Dessen seit 997 amtierender Herzog Stephan (der am 26. Dezember 996 in Anwesenheit Ottos III. in Köln auf diesen Namen getauft worden sein soll), ein Schwiegersohn Heinrichs des Zänkers, wurde im August 1001 im Einvernehmen mit Kaiser und Papst in des letzteren Auftrag von Erzbischof Anastasius zum König gekrönt[138]. In beiden Fällen war dem politischen Akt ein kirchlicher Organisationsakt vorausgegangen: die Errichtung von Erzbistümern in Gnesen und Gran, also die Einrichtung auf die weltlichen Herrschaftsgrenzen abgestimmter Kirchenprovinzen. Hier wie da zeigt sich, um was es Otto III. und dem von ihm eingesetzten Papst Sylvester II., seinem langjährigen Berater Gerbert von Aurillac, zu tun war: die Einung des Reichs im christlichen, rom- (nicht: byzanz-)orientierten Glauben bei gleichzeitiger Begründung in der Gemeinsamkeit dieses Glaubens wurzelnder,

---

[134] Die veränderte Einstellung Ottos III. zum Verhältnis zwischen Kaiser und Papst, die auch seiner Mutter nicht fremd gewesen sein dürfte, erhellte schon bei seinem ersten Italienzug die Weigerung, das pactum Ottonianum zu bestätigen, mit dem Otto I. 962 im Nachvollzug der Pippinischen Schenkung die territorialen Rechte des Papstes anerkannt hatte; vgl. *Beumann*, ebd., S. 93, 142.

[135] Ebd., S. 153 f.

[136] *Wolf*, Kaiserin Theophanu (FN 9), S. 150; zu Ottos III. Kaisertum grundlegend *Schramm*, Kaiser (FN 8), S. 87 ff.; *Reindel* (FN 64), S. 703 ff.; *Fleckenstein*, in: Hdb. d. Deutschen Geschichte (FN 3), S. 274 ff.; *Beumann*, Ottonen (FN 59), S. 140 f., 143 ff., 148 f., der darauf hinweist, daß Ottos III. Titulatur die Römer als das erste Reichsvolk benennt.

[137] Neueste Interpretation der Vorgänge bei *Wolf*, Kaiserin Theophanu (FN 9), S. 112 ff.; s. auch *M. Uhlirz*, Jahrbücher (FN 2), S. 320 ff., 549 ff.; *Beumann*, Ottonen (FN 59), S. 150 f., 205 f.

[138] *Wolf*, Kaiserin Theophanu (FN 9), S. 117 ff.; *M. Uhlirz*, Jahrbücher (FN 2), S. 371 ff., 572 ff.; *Beumann*, Ottonen (FN 59), S. 153.

politische Stabilität sichernder Loyalitäts- (nicht: Abhängigkeits-)verhältnisse. Die ins Auge gefaßte Ehe mit einer Tochter Kaiser Konstantins VIII.[139] sollte schließlich auch das Ostreich in die von Otto durchaus byzantinisch gedachte *familia regum* einbeziehen[140].

Zumindest an zwei Vorgängen läßt sich zeigen, daß Otto III. sich mit seinen – nicht in jeder Hinsicht bloß phantastischen – politischen Ideen in gedanklichen Bahnen bewegte, die Theophanu nicht fremd waren – ganz abgesehen davon, daß der persönliche Umgang mit der Mutter, die Vertrautheit mit ihren Anschauungen bei dem frühreifen und intelligenten Knaben gewiß bleibende Eindrücke hinterlassen hat: Anläßlich ihres Aufenthaltes in Rom im Winter 989/990 führte Theophanu lange und eingehende Gespräche mit Bischof Adalbert von Prag, ihres und schon ihres Gatten »carus amicus«, demselben, der Jahre später zu Ottos III. wohl vertrautestem Freund und bis zu seinem Tod (997) auch zu einem seiner einflußreichen Berater geworden ist[141] und zu dessen Märtyrergrab in Gnesen sich Otto im Jahre 1000 auf Pilgerfahrt begab[142]. Es ist mehr als nur wahrscheinlich, daß in diesen römischen Gesprächen mit dem der Heidenmission verpflichteten Bischof jene sowohl von christlichen wie auch politischen Motiven getragene Konzeption – zumindest in Ansätzen – entwickelt worden ist, die in Ottos III. Kaisertum konkrete Gestalt gewann[143]. Um die gleiche Zeit reagierte Theophanu durch Entsendung einer Gesandtschaft nach Kiew auf die Entwicklung, die sich im Reiche der Rus vollzogen hatte. Großfürst Wladimir hatte Kaiser Basileos II.

---

[139] Zur Frage, um welche der beiden in Frage kommenden Kaisertöchter es sich handelte, Zoe oder Theodora, s. *Wolf*, Kaiserin Theophanu (FN 9), S. 212 ff. Ottos Werbung hatte – beim zweiten Anlauf – Erfolg. Als die Braut jedoch um die Jahreswende 1001/1002 in Italien eintraf, starb der Kaiser; s. *M. Uhlirz*, Jahrbücher (FN 2), S. 391 f. mit FN 10.

[140] Allerdings schwerlich mit dem Ziel einer Vereinigung der beiden Kaiserreiche – sehr wohl mag jedoch an die Herstellung einer brüderlichen, d.h. gleichrangigen, Beziehung gedacht gewesen sein, der sich entgegenzustellen zu diesem Zeitpunkt der Papst (Sylvester II., des ottonischen Hauses Freund und Berater Gerbert von Aurillac) weder die Kraft noch den Willen hatte; vgl. *Wolf*, Kaiserin Theophanu (FN 9), S. 104; *ders.*, in: Arch. f. Dipl. 37 (1991) (FN 15), S. 29 f.

[141] Später hat sich Otto vor allem des Rates Gerberts (vgl. *Beumann*, Ottonen [FN 59], S. 118, sowie *G. Althoff*, in: v. Euw/Schreiner [FN 9], Bd. II, S. 286 ff., sowie *U. Lindgren*, ebd., S. 291 ff.) und Leos, zunächst Hofkapellan, dann Bischof von Vercelli, eines Deutschen, bedient (zu ihm etwa: *Schramm*, Kaiser [FN 8], S. 119 ff., 161 ff.; *M. Uhlirz*, Jahrbücher [FN 2], S. 269 ff.). Großen Einfluß hatte ferner der Kanzler des regnum Italiae, Heribert, der nach dem Tod des Leiters der deutschen Kanzlei, des Bischofs Hildibald von Worms (998), auch dieses Amt übernahm und, als er 999 zum Erzbischof von Köln erhoben wurde, beide Funktionen beibehielt (*M. Uhlirz*, ebd., S. 282, 302 f.; *H. Müller*, in: v. Euw/Schreiner [FN 9], Bd. II, S. 25 ff., 47 ff.). Über Ottos Lehrer vor Eintritt seiner Mündigkeit s. *Althoff* (diese FN), S. 277 ff.

[142] Zu Adalbert, einem böhmischen Adeligen, vgl. *K. Uhlirz* (FN 58), S. 187 f.; *M. Uhlirz*, Jahrbücher (FN 2), S. 118 f., 212 ff., 225 ff., 241 ff.; *Wolf*, Kaiserin Theophanu (FN 9), S. 112, 149 f.; *von Steinitz*, in: ebd., S. 287; *Thietmar* (FN 4), IV 28.

[143] Vgl. *J. Fried*, in: v. Euw/Schreiner (FN 9), Bd. II, S. 370.

im Kampf gegen die Usurpatoren Bardas Skleros und Bardas Phokas – beide
Theophanus Onkel – militärische Hilfe geleistet, sich taufen lassen und war
dafür mit der Hand Annas, der Schwester des Kaisers, belohnt worden, jener
Porphyrogenneta, um die sich einst Otto der Große für seinen Sohn bewor-
ben hatte. Ihr überbrachte Theophanus Gesandtschaft die Reliquien eines
Heiligen als Geschenk. Augenscheinlich lag diesem Unternehmen das Bemühen zugrunde, dem so unübersehbar gewachsenen Einfluß Konstantinopels auf das russische Reich zu begegnen, ein Beweggrund, der auch für Ottos
III. Politik bestimmend geblieben ist[144]. An der Tatsache allerdings, daß Fürst
Wladimirs Entscheidung Rußland der griechisch-orthodoxen Kirche öffnete,
war nichts mehr zu ändern.

Das Handeln Theophanus läßt allerdings nicht erkennen, daß jene gewissen
Verstiegenheiten, die der Politik ihres Sohnes eigen waren, der Verlust an
Bodenständigkeit und Wirklichkeitsnähe etwa, der sich in der Abwendung
von seinen deutschen Ursprüngen und in seiner – am Ende enttäuschten –
Liebe zu Rom und den Römern zeigte, ihm von seiner Mutter eingegeben
wurden. Vielmehr bezeugt der Umstand, daß sie sich während der ganzen Zeit
ihrer Regentschaft vor allem auf den Rat des Erzbischofs von Mainz, Willigis,
und Hildibalds, des Bischofs von Worms, stützte, die schon zu Ottos II.
Zeiten die Ämter des Erzkanzlers und des Vorstehers der deutschen Kanzlei
innegehabt hatten, deren politische Erfahrung mithin unbezweifelbar und deren Treue vielfach erprobt war, wie sehr sich Theophanu der Tatsache bewußt
war, daß ihre und ihres Sohnes Macht auf der Unangefochtenheit ihrer Stellung im deutschen regnum beruhte. Ihr wäre es kaum in den Sinn gekommen,
»Ausländern« wie Adalbert von Prag und Gerbert von Reims – obgleich auch
sie das Gespräch mit beiden gesucht und sich des vielgewandten Gerbert in
den Auseinandersetzungen um die Krone Frankreichs auch bedient hat – einen so weitgehenden Einfluß auf ihre Politik einzuräumen, wie dies bei Otto
III. zum Ärger vieler sich zurückgesetzt fühlender deutscher Fürsten der Fall
war, oder gar den Sitz der Regierung auf Dauer in das ferne und so ganz und
gar unzuverlässige Rom zu verlegen. Ihrer griechisch geprägten Geistigkeit,
ihrer Frömmigkeit, ihrer Liebe zur Kunst und ihres Schönheitssinnes unerachtet, war Theophanu eine Realpolitikerin von hohen Graden, die, hätte sie
länger gelebt, wohl auch ihrem erhabenen Ideen nachstrebenden Sohn ein
größeres Maß an Wirklichkeitssinn nahegebracht haben würde, als er später
an den Tag legte. Theophanus früher Tod, der sie am 15. Juni 991 auf dem
Valkhof in Nimwegen ereilte, reiht sich ein in die Unglücksfälle, die das ot-
tonische Haus mit dem jeweils in jungen Jahren erfolgten Hinscheiden ihres
Gatten und ihres Sohnes betrafen.

---

[144] Zur Gesandtschaft nach Kiew s. *Wolf*, Kaiserin Theophanu (FN 9), S. 102, 148 f.

4. Die Reorganisation des Herzogtums Sachsen-Weimar und Eisenach durch die Konstitution vom 26. September 1809

I. Auf des Messers Schneide

Wenig nur hat gefehlt, daß *Carl August von Sachsen-Weimar und Eisenach* nach der Katastrophe von Jena und Auerstedt (14. Oktober 1806) seines Herzogtums verlustig gegangen wäre. Seit 1788 preußischer Offizier, hatte *Carl August*[1] »aus soldatischem Pflichtgefühl«[2] am Krieg Preußens gegen Frankreich teilgenommen. Er war als General der Kavallerie Kommandeur eines an der Schlacht nicht unmittelbar beteiligten Truppenteils, und er hatte als Landesherr der preußischen Armee ein Bataillon gestellt[3]. Als *Napoleon* am Tage nach der Schlacht in Weimar erschien[4], traf er nicht den Herzog an – über

---

[1] 1757–1828; Sohn des Herzogs *Ernst August Constantin* von Sachsen-Weimar und Eisenach (1737–1758) und seiner Gemahlin *Anna Amalia* (1739–1807), Tochter Herzog Karls I. von Braunschweig-Wolfenbüttel und seiner Gemahlin *Philippine Charlotte*, einer Schwester *Friedrichs II. von Preußen*; Regentin des Herzogtums von 1759–1775; Begründerin des Weimarer Musenhofs.

[2] *Hans Tümmler*, Carl August von Weimar, Goethes Freund, 1978, S. 158.

[3] Ebenda, S. 159; s.a. *Friedrich Facius*, Zwischen Souveränität und Mediatisierung. Das Existenzproblem der thüringischen Kleinstaaten von 1806–1813 in: P. Berglar (Hrsg.), Staat und Gesellschaft im Zeitalter Goethes. Festschrift für Hans Tümmler, 1977, S. 163 (167).

[4] Weimar war von französischen Truppen besetzt. »Um 1/2 6 Einzug der Chasseurs«, verzeichnet *Goethes* Tagebuch am 14. Oktober. Auch sein Haus blieb von Einquartierung nicht verschont. Zunächst kam Marschall *Ney*, dann Marschall *Lannes*. Nach dessen Abgang am 16. Oktober war es Marschall *Augerau*, der bei *Goethe* Einzug hielt. Es war in der Nacht vom 14. auf den 15. Oktober – *Goethe* war in größter Sorge um seine Papiere: »Denn die Plünderer sind in anderen Häusern sehr übel damit umgegangen und haben alles wo nicht zerrissen, doch umhergestreut« (Brief an *Johann Friedrich Cotta* vom 24. Oktober 1806, Goethes Briefe [Hamburger Ausgabe], Band III 1805–1821, 3. Aufl. 1988, S. 39) –, als (nach *Friedrich Wilhelm Riemers* Bericht) zwei »Marodeurs« dem Hausherrn aufs Zimmer rückten und sein Leben bedrohten, seine Lebensgefährtin *Johanna Christiane Sophie Vulpius* (1765–1816) sie aber wieder hinausjagte (Goethes Gespräche, Biedermannsche Ausgabe, Band 2, 1805–1817, dtv-Ausgabe 1998, S. 143). Der Vorfall war bekanntlich der Anlaß für *Goethes* Heirat mit *Christiane* am 19. Oktober 1806. *Charlotte von Stein* kommentierte bissig: »Während der Plünderung hat er sich mit seiner Mätresse öffentlich in der Kirche trauen lassen« (Brief an ihren Sohn *Fritz* am 24. Oktober 1807, ebenda, S. 146).

dessen Verbleib man zu dieser Zeit in der Residenzstadt ohne Nachricht war –, sondern dessen Gemahlin, die Herzogin *Luise*, deren Auftreten ihn beeindruckt hat[5]. Die Rücksicht auf die nahe Verwandtschaft der herzoglichen Familie mit dem Zarenhof – Erbprinz *Carl Friedrich*[6] hatte im Sommer 1804 die Großfürstin *Maria Pawlowna* (1786–1859) geehelicht[7], die Schwester Zar *Alexanders I.* und seines Nachfolgers auf dem Zarenthron *Nikolaus I.*, Enkelin der großen *Katharina* – dürfte der maßgebliche Grund *Napoleons* dafür gewesen sein, ungeachtet seines Unmuts gegenüber der Weimarer Dynastie[8] von deren Depossedierung schließlich doch Abstand zu nehmen. *Carl August* hatte freilich mit sofortiger Wirkung aus dem preußischen Militärdienst auszuscheiden und mit den weimarischen Truppen in sein Herzogtum zurückzukehren[9]. Auch sonst durfte er auf die Nachsicht des Kaisers nicht rechnen.

In den folgenden Wochen war es vor allem Aufgabe des in diesen Tagen zum Geheimen Regierungsrat beförderten und im Januar 1807 in den (weimarischen) Adelsstand erhobenen (späteren Kanzlers) *Friedrich Theodor Adam Heinrich (von) Müller*[10], die Sache Weimars beim Kaiser der Franzosen

---

[5] Schon Wochen vor der Katastrophe von Jena und Auerstedt, am 22. August 1806, hatte *Luise* in einem Brief an ihren Bruder, den Prinzen *Christian von Hessen-Darmstadt* die Lage Weimars als »très-problématique« und »des plus critique« bezeichnet (zit. nach *Friedrich Facius* [Fn. 3], S. 164; ebenda, S. 171 f., 200 f., wird über die Legende und deren Widerlegung berichtet, die Herzogin habe durch ihr unbestritten mutiges Verhalten gegenüber *Napoleon* die staatliche Existenz Sachsen-Weimars gerettet). »Ihr verdanken wir einige Hoffnung des Heils für künftig«, schrieb *Goethe* am 20. Oktober 1806 an den in Minden lebenden Arzt *Dr. Nicolaus Meyer* (1775–1855), ein Hausfreund und langjähriger Briefpartner des Dichters (Goethes Briefe [Fn. 4], S. 29). Vgl. auch den Auszug eines vom 27. Oktober 1806 datierenden Briefes eines unbekannten Absenders an *Karoline Herder*, eine Tochter *Johann Gottfried Herders*, wiedergegeben bei *Wolfgang Gresky*, Weimar in den Oktobertagen 1806. Aus ungedruckten Briefen an Karoline Herder in: Festschrift Tümmler (Fn. 3), S. 309 (315), in dem es heißt: »Sans elle (i. e. Herzogin *Luise*) ni le Château, ni Weimar existeroit plus!« – Ausführlich *Fritz Hartung*, Das Großherzogtum Sachsen unter der Regierung Carl Augusts 1775–1828, 1923, S. 212 f.

[6] 1783–1853, als Nachfolger seines Vaters seit 1828 Großherzog von Sachsen-Weimar-Eisenach.

[7] *Schiller* widmete dem erbprinzlichen Paar zu seinem Einzug in Weimar im November 1804 seine letzte vollendete Dichtung, »Die Huldigung der Künste. Ein lyrisches Spiel«.

[8] Deren Lage wurde naturgemäß auch dadurch nicht gerade erleichtert, daß der Bruder der Herzoginwitwe *Anna Amalia* eben jener Herzog *Carl Wilhelm Ferdinand von Braunschweig* (1735–1806) war, der während des ersten Koalitionskrieges die österreichisch-preußische Armee kommandierte und im Jahre 1806 *Napoleon* als Oberbefehlshaber des preußischen Heeres gegenüberstand. Er starb (am 10. November 1806) an den bei Jena und Auerstedt erlittenen Verletzungen.

[9] *Tümmler* (Fn. 2), S. 160 f.

[10] 1779–1849; Jurist, in der Napoleon-Zeit zunächst in diplomatischen Diensten, später im inneren Dienst verwendet, 1815 als Kanzler an der Spitze der Weimarer Justizverwaltung (Justizminister), 1826 Geheimrat, 1843 Wirklicher Geheimerat mit dem Titel Exzellenz, 1835 Abgeordneter des Landtags; ein Vertrauter *Goethes* (posthum erschienen seine »Unterhaltungen mit Goethe«).

zu vertreten. *Goethe* hat, in seiner Eigenschaft als Mitglied des Geheimen Consiliums, ihm dabei den Rücken gestärkt. Der Erbprinz hatte ihn nämlich um eine schriftliche Stellungnahme ersucht, ob er einer Empfehlung *Müllers* entsprechen und sich zu *Napoleon* nach Berlin begeben solle, um diesen dem weimarischen Fürstenhaus geneigt zu stimmen, es war ja, wie gesagt, der Prinz der Schwager des Zaren, und so durfte man ihm einen gewissen Einfluß zutrauen. *Goethe* riet zu[11], womit er sich dem Votum anschloß, welches vor ihm schon der Präsident des Conseil, *Christian Gottlob von Voigt*[12], erstattet hatte. In dieser Frage wie meist auch sonst in der Beurteilung der Lage des Herzogtums in der Zeit des Rheinbundes waren *Goethe* und *Voigt* sich einig[13], was in den kommenden Jahren nicht selten zu Meinungsverschiedenheiten mit dem Herzog und seinem ehemaligen Kriegskameraden und zeitweiligen politischen Berater, dem preußischen Offizier *Friedrich Carl Ferdinand Freiherr von Müffling*[14], führen sollte.

Am 15. Dezember 1806 unterzeichnete Müller im Namen seines Fürsten den Friedensvertrag von Posen. Am gleichen Tage trat das Herzogtum Sachsen-Weimar und Eisenach, zusammen mit den übrigen sächsischen Herzogtümern (Sachsen-Gotha und Altenburg, Sachsen-Coburg-Saalfeld, Sachsen-Hildburghausen, Sachsen-Meiningen) dem (zweiten) Rheinbund[15] bei, dem alsbald 39 deutsche Staaten angehörten[16].

Der Friede von Posen hatte ein Ende der französischen Besatzung zur Folge; die Regierung des Herzogtums trat wieder in Funktion. Sachsen-Weimar mußte sich jedoch zu hohen Kontributionsleistungen an den Sieger, es handelte sich um die für das kleine, gerade einmal 110.000 Einwohner zählende Herzogtum gewaltige Summe von 2.220.000 Franken (rund 550.000 Reichstaler), und zur Stellung eines Truppenkontingents von 800 Mann In-

---

[11] Vgl. Goethes Amtliche Schriften, hrsg. von Willy Flach und Helma Dahl, 2. Band, 2. Halbband, 1970, S. 738.

[12] 1743–1819; Jurist, seit 1791 Mitglied des Geheimen Consiliums, zuvor und danach in mancherlei Kommissionen *Goethes* Mitarbeiter und Kollege, seit 1816 bis zu seinem Tode Präsident des Staatsministeriums. *Goethe* bezeichnet ihn in seinen Tag- und Jahresheften (zum Jahr 1806) einmal als seinen »treuen und ewig unvergeßlichen Geschäftsfreund«: Goethes Werke (Hamburger Ausgabe), Band X, S. 495.

[13] Dazu: *Wilhelm Mommsen*, Die politischen Anschauungen Goethes, 1948, S. 142.

[14] 1775–1851; auf Empfehlung des *Freiherrn vom Stein* von König *Friedrich Wilhelm III.* beurlaubt und von 1808–1813 in weimarischen Diensten. Zu seinem Einfluß auf Herzog *Carl August s. Tümmler* (Fn. 2), S. 200 f. Vgl. weiter *Hartung* (Fn. 5), S. 228 ff.

[15] Zum ersten Rheinbund s. *Roman Schnur*, Der Rheinbund von 1658 in der deutschen Verfassungsgeschichte, 1955. Zu möglichen Verbindungslinien s. *Rainer Wohlfeil*, Diskussionsbeitrag in: W. von Groote (Hrsg.), Napoleon I. und die Staatenwelt seiner Zeit, 1969, S. 57.

[16] *Ernst Rudolf Huber*, Deutsche Verfassungsgeschichte seit 1789, Band I: Reform und Restauration 1789–1830, 1957, S. 76. – Der Vertrag über den Beitritt ist abgedruckt im Corpus Iuris Confoederationis Germanicae oder Staatsakten für Geschichte und öffentliches Recht des Deutschen Bundes, hrsg. von Ph. A. G. von Meyer, ergänzt und fortgeführt von Dr. H. Zoepfl, Erster Theil: Staatsverträge, 3. Aufl. 1858, S. 90.

fanterie innerhalb des Regiments »Herzöge von Sachsen« verpflichten[17], das fortan auf den Schlachtfeldern *Napoleons* zum Einsatz kam. Territorialen Gewinn zog das Herzogtum aus den Umbrüchen der Zeit einstweilen nicht. Des Gesandten *von Müller* Bemühungen um das ehedem kurmainzische, dann kurzfristig preußische Erfurt und die ebenfalls preußisch gewesene Herrschaft Blankenhain bei der Pariser »Länderbörse«[18] blieben erfolglos – Erfurt wurde im Frieden von Tilsit (9. Juli 1807) von Preußen an Frankreich abgetreten und als Fürstentum dem Staatsgebiet Frankreichs einverleibt[19]. Auch eine Rangerhöhung, wie sie anderen zuteil wurde[20], blieb *Carl August* versagt. Immerhin gestattete Artikel 25 der Rheinbundakte[21] den Mitgliedern des Bundes, ihre Souveränität auf innerhalb ihres Gebiets belegene, ihrer Gebietshoheit bisher nicht unterworfene, also auf die früher reichsunmittelbaren Besitzungen zu erstrecken[22]. Auch Sachsen-Weimar machte von dieser Ermächtigung Gebrauch[23].

---

[17] Vgl. Art. 5 des Beitrittsvertrages; *Hartung* (Fn. 5), S. 213. Zum Vergleich: *Goethes* Jahresgehalt, eines der höchsten im Herzogtum, stieg im Laufe seiner Dienstzeit von 1.200 auf 3.100 Taler.

[18] Vgl. *Tümmler* (Fn. 2), S. 174 ff. – Nach *Carl Heinrich Ludwig Pölitz*, Der Rheinbund historisch und statistisch dargestellt, 1811, S. 304, umfaßte das Fürstentum Erfurt mit Blankenhain 16 Meilen² mit 51.000 Einwohnern. Seinen Ertrag veranschlagte *Pölitz* auf 300.000 Gulden p.a.

[19] *Huber* (Fn. 16), S. 113.

[20] Baden etwa wurde Großherzogtum, Bayern, Sachsen und Württemberg wurden von *Napoleon* zu Königreichen gemacht (Artikel 7 des Friedensvertrages von Preßburg vom 26. Dezember 1805; s.a. Artikel 4 und 5 der Rheinbundakte (vgl. die folgende Fn.). Die neuen Großherzöge legten sich die Anrede »Königliche Hoheit« selber zu, vgl. *Johann Ludwig Klüber*, Staatsrecht des Rheinbundes, 1808, S. 109.

[21] Abgedruckt bei *Ernst Rudolf Huber*, Dokumente zur deutschen Verfassungsgeschichte, Band 1, 3. Aufl. 1978, S. 26. Deutscher Text: *G. Dürig/W. Rudolf*, Texte zur deutschen Verfassungsgeschichte, 3. Aufl. 1996, S. 1.

[22] Artikel 26 der Rheinbundakte beschrieb die auf die Mitglieder des Bundes übergehenden Souveränitätsrechte: die Befugnis zur Gesetzgebung, die oberste Gerichtsbarkeit, die hohe Polizei, das Konskriptions- und das Steuererhebungsrecht. Alle sonstigen privaten und patrimonialen Rechte sowie »tout les droits seigneuriaux et féodaux nonessentiellement inhéreus à la souveraineté«, die niedere Gerichtsbarkeit in Zivil- und Kriminalsachen und eine Reihe weiterer Rechte sollten den Mediatisierten erhalten bleiben, die der Vertragstext als »Princes ou Comtes actuellement regnans«, also als »regierende« Fürsten, bezeichnete (Artikel 27). Daraus erwuchsen in der Folge mannigfache Streitigkeiten, in denen die Souveräne sich alsbald als die Stärkeren erwiesen. – Ausführliche Kommentierung der Artikel 25 ff. der Rheinbundakte bei *Johann Niklas Friedrich Brauer*, Beyträge zu einem allgemeinen Staatsrecht der Rheinischen Bundes-Staaten in Fünfzig Sätzen, 1807. *Brauer* war Großherzoglicher Badischer Geheimer Rat und maßgeblich an der (modifizierten) Übernahme des Code Civil in das Badische Allgemeine Landrecht beteiligt; dazu *Elisabeth Fehrenbach*, Traditionale Gesellschaft und revolutionäres Recht. Die Einführung des Code Napoléon in den Rheinbundstaaten, 1974, S. 104 ff. S.a. *Klüber* (Fn. 20), S. 128 ff.

[23] Vgl. *Tümmler* (Fn. 2), S. 166. – Auf der Grundlage eines am 27. April 1808 zwischen Sachsen-Weimar und Sachsen-Meiningen abgeschlossenen Vertrages kam es zu einem Gebietstausch in Bezug auf die ehemals reichsritterschaftlichen Ortschaften Roßdorf und

II. Rheinbund

Der Gründung des Rheinbundes am 12. Juli 1806[24] lag ein Bündel unterschiedlicher politischer Interessen und Ziele zugrunde. Im Vordergrund stand einerseits das sicherheitspolitische Bestreben Frankreichs, welches darauf gerichtet war, neben den beiden deutschen Großmächten, dem Königreich Preußen[25] und dem Kaiserreich Österreich[26], ein drittes mit Frankreich alliiertes Deutschland zu schaffen. Andererseits waren die durch die territorialen Umwälzungen im Reichsgebiet in ihrem Gebietsbestand tiefgreifend veränderten deutschen Monarchien nachhaltig daran interessiert, sich des französischen Schutzes zu vergewissern. Nicht zufällig scheint denn auch die Idee zur Gründung eines Bundes der deutschen Klein- und Mittelstaaten von einem derselben, von dem Kurfürstentum Hessen, ausgegangen zu sein, das zu den durch den Reichsdeputationshauptschluß vom 25. Februar 1803 Begünstigten gehörte[27].

Der zwischen Frankreich und (zunächst) 16 deutschen Staaten[28] geschlossene Vertrag, die Rheinbundakte, dem sich in den beiden folgenden Jahren weitere 23 Staaten anschlossen[29], war aus diesen Gründen in seinem Kern eine militärische Allianz. Ihr Zweck war, wie es in der Präambel des Vertrages hieß und wie es auch in der Note der Reichstagsgesandten der Mitglieder des Rheinbundes an die Bevollmächtigten der anderen Reichsstände vom 1. August 1806[30] zum Ausdruck kam, die Sicherung des inneren und äußeren Friedens in der Mitte Deutschlands. Die Bestimmung des Artikels 35 der Rheinbundakte ging allerdings über das in einem bloß auf die Verteidigung gerich-

---

Aschenhausen: Roßdorf ging an Meiningen, Aschenhausen an Weimar; zum Ausgleich des Größenunterschiedes erhielt Weimar von Meiningen 12.000 Gulden: nach *Pölitz* (Fn. 18), S. 319.

[24] Zur Entstehungsgeschichte vgl. *Karl Beck*, Zur Verfassungsgeschichte des Rheinbunds, 1890, S. 3 ff. Das Datum 12. Juli 1806 ist danach zweifelhaft, weil erst in der Nacht vom 16. zum 17. Juli in Paris die letzten Unterschriften unter den Vertragstext gesetzt wurden (a. a. O., S. 6). Zusammenfassende Darstellung: *Klaus Stern*, Das Staatsrecht der Bundesrepublik Deutschland, Band V: Die geschichtlichen Grundlagen des Deutschen Staatsrechts, 1999, § 126 I (S. 176 ff. m. zahlr. Nachw.).

[25] Preußens Großmachtstellung fand allerdings mit dem Frieden von Tilsit (9. Juli 1807) ein vorläufiges Ende: es verlor mehr als die Hälfte seines Staatsgebiets und seiner Einwohner – die genauen Zahlenangaben variieren – vgl. etwa *Huber* (Fn. 16), S. 114; *Pölitz* (Fn. 18), S. 273 ff.

[26] Mit Zustimmung des Kaisers der Franzosen *Napoleon*, der sich am 18. Mai 1804 diese Würde zugelegt hatte, nahm Kaiser *Franz II.* am 10. August des gleichen Jahres den Titel eines Kaisers von Österreich an, den er bis zur Niederlegung der deutschen Kaiserkrone am 6. August 1806 neben demjenigen eines Kaisers des Heiligen Römischen Reiches Deutscher Nation führte; vgl. *Huber* (Fn. 16), S. 63.

[27] Vgl. *Beck* (Fn. 24), S. 4.

[28] Vgl. *Huber* (Fn. 16), S. 68.

[29] Ebenda, S. 76.

[30] Abgedruckt bei *Huber* (Fn. 21), S. 32.

teten Bündnis Übliche deutlich hinaus: Zwischen dem Empire Français (welches nicht nur aus Frankreich bestand) und dem Rheinbund sowohl als auch allen seinen Mitgliedern bestand danach die Verpflichtung, jeden Krieg auf dem Festland, in den einer der vertragschließenden Teile verwickelt wurde, unmittelbar zur eigenen Sache zu machen. Die nachfolgenden Vorschriften regelten im einzelnen, ergänzt durch die späteren Beitrittsverträge, welche Leistungen die Bundesgenossen dabei zu erbringen hatten. Der Rheinbund war daher zuvörderst sowohl eine Defensiv- wie eine Offensivallianz. Politisch wie militärisch war er »von Anfang an die Organisationsform des napoleonischen Hegemonialsystems für Deutschland«[31].

Die Rheinbundakte war indessen auch ein (völkerrechtlicher) Verfassungsvertrag[32], durch den ein neues staatsrechtliches[33] Gebilde, »une confédération particulière sous le nom d'Etats confédérés du Rhin« (Artikel 1), ins Leben gerufen wurde, ein Staatenbund mithin[34], dem die deutschen Vertragsparteien, nicht aber das Empire, als Mitglieder angehörten. Die weitere Entwicklung der Konföderation blieb, politisch bedingt, in der Schwebe. Äußerte *Klüber*[35] noch 1808 nicht ohne einen Beiklang von Skepsis die Erwartung, »daß, bei der Fortdauer des Rheinbundes, dessen Staatsrecht durch angestrengte und nicht seltene Bemühungen teutscher Staatsrechtsgelehrten, durch akademischen Lehrvortrag, und selbst durch Bestimmungen der Machthaber und Gesetzgeber, einen hohen Grad von literarischer Cultur erreichen werde«, so zeigte sich bald, daß eben dies die Machtverhältnisse nicht zuließen. Der Staatenbund gelangte nicht zur Entfaltung, aber die ihm zugrunde liegende bündische Konzeption sollte sich als zukunftsträchtig erweisen.

Es hätte nachhaltiger Anstrengung bedurft, die rudimentären Vorkehrungen, welche die Rheinbundakte für die Entwicklung einer staatenbündischen Struktur getroffen hatte, politische Wirklichkeit werden zu lassen. Vorgesehen war als wichtigstes Bundesorgan der Bundestag mit Sitz in Frankfurt, der nicht unähnlich dem Regensburger Reichstag aus zwei Kollegien, dem Kollegium der Könige und dem der Fürsten, bestehen sollte (Artikel 6). Das Präsidium des Bundestages übertrug Artikel 10 dem Fürstprimas *Karl Theodor Anton Maria Reichsfreiherr von Dalberg*[36]. Ihm kam nach Artikel 11 die

[31] *Huber* (Fn. 16), S. 75.

[32] Ebenda, S. 79.

[33] *Klüber* (Fn. 20), S. 7 f., spricht vom »Völkerrecht des Rheinbundes«, vom »Bundes-Völkerrecht im engeren Sinne«, das auch »Bundesstaatsrecht im engern Sinne« genannt werde.

[34] So etwa: *Günther Heinrich von Berg*, Abhandlungen zur Erläuterung der rheinischen Bundesacte, 1808, S. 7, 283.

[35] (Fn. 20), S. 19.

[36] 1744–1817; von 1779–1802 Statthalter des damals kurmainzischen Erfurt; 1784–1788 Rektor der Universität Würzburg; 1787 Koadjutor des Erzbistums Mainz; von 1800 bis zu seinem Tod Fürstbischof von Konstanz; 1802 Erzbischof und Kurfürst von Mainz, Kurerzkanzler (die linksrheinischen Gebiete des Erzbistums gehörten zu dieser Zeit bereits zu der

Aufgabe zu, binnen eines Monats ein sogenanntes Fundamentalstatut (statut fondamental) zu entwerfen, in dem zu regeln waren: die Zeit des Zusammentritts des Bundestages und seiner Kollegien, die Art ihrer Einberufung, die ihrer Beratschlagung zu unterwerfenden Gegenstände, die Weise ihrer Beschlußfassung, deren Vollziehung und der Rang der Mitglieder des Fürstenkollegiums. Dem Bundestag oblag auch die Funktion eines Bundesgerichts mit der Zuständigkeit, alle Streitigkeiten zwischen den Bundesfürsten zu entscheiden (Artikel 9).

Die Beschlußfassung über ein Fundamentalstatut hätte wohl die Gelegenheit bieten können, dem Rheinbund eine – über die in Artikel 11 der Akte genannten Regelungsgegenstände hinausreichende – Verfassung zu geben. Der Fürstprimas, von *Napoleon* zunächst hoch geschätzt, später seines Reichspatriotismus[37] wegen für einen Träumer gehalten, entwickelte auch einen gewissen Ehrgeiz, der ihm gestellten Aufgabe nachzukommen. Sein Staatsminister *Joseph Carl Theodor Freiherr von Eberstein*[38] arbeitete im Auftrag seines Dienstherrn bis in die ersten Monate des Jahres 1808 an Entwürfen für das Fundamentalstatut, in denen dieses durchaus als Verfassung konzipiert war. Die Entwürfe enthielten Bestimmungen etwa über die Rechtsstellung der Mediatisierten (in Ausführung der Artikel 25 ff. der Akte), in denen der Bundestag als Streitentscheidungsorgan zwischen ihnen und den Souveränen vorgesehen war. Dem Bundestag sollten gewisse Gesetzgebungskompetenzen eingeräumt werden (Münzrecht, Maß und Gewichte, Chausseegelder, Zölle, Briefporto, Handwerk, Niederlegung von Handelshemmnissen zwischen den Bundesgliedern, Religionsparität), wobei allerdings seine Gesetzesbeschlüsse entgegen anfänglichen Bestrebungen nur die Bedeutung von Empfehlungen an die Mitgliedstaaten haben sollten. Die Entwürfe behandelten auch die Errichtung eines gegenüber dem Bundestag verselbständigten Bundesgerichts und die Arbeitsweise des Bundestages. Sie enthielten schließlich (auf Verlangen

---

neugegründeten Diözese Mainz); 1803 Erzbischof des durch den Reichsdeputationshauptschluß neu geschaffenen Erzbistums Regensburg-Aschaffenburg, auf welches die Kurwürde, die des Primas von Deutschland und die des Reichserzkanzlers übergingen; 1806 Fürstprimas des Rheinbundes; 1810 Abtretung des Fürstentums Regensburg an das Königreich Bayern, Erhebung zum Großherzog von Frankfurt; 1813 Abdankung als Großherzog von Frankfurt; 1814 Rückkehr nach Regensburg als Erzbischof und Bistumsadministrator. Zu *Dalberg*: K. M. Färber, A. Klose, H. Reidel (Hrsg.), Carl von Dalberg. Erzbischof und Staatsmann (1744–1817), 1994.

[37] Dieser »Reichspatriotismus« fand in der zwischen 1806 und 1813 in 67 Heften erschienenen Zeitschrift »Der Rheinische Bund« besonderen Ausdruck. Ihr Herausgeber, *P. A. Winkopp*, stand *Dalberg* nahe. Dazu: *Kurt von Raumer* in: Handbuch der deutschen Geschichte, neu herausgegeben von Leo Just, Band 3/I a, 1980, S. 340 ff.

[38] 1761–1833; von *Dalberg* am 1. Oktober 1806 zum Direktorial-Gesandten beim Bundestag ernannt. In dieser Eigenschaft hielt sich *Eberstein* von August 1807 bis März 1808 in Paris auf, wo er sich zusammen mit *Dalberg* bei der kaiserlichen Regierung um die Unterstützung seines Verfassungsplans bemühte; dazu im einzelnen *Beck* (Fn. 24), S. 23 ff.

Napoleons) eine Regelung, die der Konföderation ein eigenes Gesandtschafts-recht vorenthielt, ihr aber immerhin auftrug, mit auswärtigen Mächten gute Beziehungen zu unterhalten[39].

Indessen war den gemeinsamen Bemühungen *Dalbergs* und *Ebersteins* in Paris kein Erfolg beschieden. Welche Pläne Napoleon mit dem Rheinbund ursprünglich auch verfolgt haben mag, er erkannte bald, daß militärische Not-wendigkeiten ihm die entschiedene Rücksichtnahme auf die Empfindlichkei-ten der größeren Mitgliedstaaten des Rheinbundes, zumal Bayerns und Würt-tembergs, geboten[40], die ihm eine größere Zahl von Soldaten zu stellen hatten (Bayern 30.000, Württemberg 12.000 Mann; vgl. Artikel 38 der Akte). Die geringe Neigung vor allem der süddeutschen Mittelstaaten, ihre kaum gewon-nene Souveränität sogleich wieder, und sei es auch nur zu einem geringen Teil, Einschränkungen durch die neue Bundesorganisation und damit der Mitent-scheidung durch die anderen Bundesfürsten zu unterwerfen[41], erfreute sich mithin der Unterstützung des Imperators, der je länger je mehr die Nützlich-keit seiner Beziehungen zum Dritten Deutschland und der ihm angehörenden Staaten nach deren Brauchbarkeit als Lieferanten von Hilfstruppen bemaß[42]. Einer Äußerung von *Talleyrands* Nachfolger im Außenministerium, *Cham-pagny*[43], zufolge soll der Kaiser einem deutschen Diplomaten gegenüber ge-äußert haben: »La confédération rhénane n'est pas un arrangement; c'est une mésure«[44]. Und *Eberstein* berichtet: »Der Fürst Primas reisete am Aschermitt-woch (2. März 1808) nach einem siebenmonatlichen, fruchtlosen Ausharren wieder von Paris ab.«[45] Der Gedanke einer Rheinbunds-Verfassung war damit erledigt, und ebenso war die Chance vertan, die Konföderation zu einer ei-genständigen politischen Größe zu entwickeln[46].

---

[39] Dazu: *Beck* (Fn. 24), S. 31 ff.

[40] Skeptisch *Huber* (Fn. 16), S. 85 f.; dazu *Rainer Wohlfeil*, Napoleonische Modellstaaten in: Napoleon I. und die Staatenwelt seiner Zeit (Fn. 15), S. 33 (39); s. a. *von Raumer* (Fn. 37), S. 271 ff. *Hermann Conrad*, Rheinbund und Norddeutscher Reichsbund. Eine Episode der deutschen Verfassungsgeschichte des 19. Jahrhunderts?, in: H. Conrad u. a. (Hrsg.), Gedächt-nisschrift für H. Peters, 1967, S. 50 ff. (58, 61).

[41] *Pölitz* (Fn. 18), S. 324, meinte: »Die ganze politische Tendenz der größern Staaten des Rheinischen Bundes geht dahin, und muß dahin gehen, sich als selbständige Staaten zu iso-lieren.«

[42] Nochmals: *Wohlfeil* (Fn. 40), S. 39. Zum Ganzen: *Eberhard Weis*, Der Durchbruch des Bürgertums 1776–1847, Propyläen Geschichte Europas, Band 4, 1982, S. 255 f.; *Konrad M. Färber*, Der Rheinbund und Dalbergs Pläne für eine Rheinbundverfassung in: Carl von Dal-berg (Fn. 36), S. 146 ff.

[43] *Jean Baptiste Nompère de Champagny*, Herzog von Cadore (1756–1834), war franzö-sischer Außenminister von 1807 bis 1811.

[44] Zit. nach *Beck* (Fn. 24), S. 30.

[45] Ebenda, S. 29.

[46] *Fritz Hartung*, Deutsche Verfassungsgeschichte, 8. Aufl. 1964, S. 168, drückt dies dahin aus, der Rheinbund als Ganzes habe keine Geschichte.

Ein wesentlicher Zweck des Rheinbundes war – zumindest vorgeblich – die Herstellung und Erhaltung der Souveränität seiner Mitglieder[47]. *Napoleon*, nach Artikel 12 der Akte Protektor des Bundes, dem vertraglich lediglich die Befugnis zuerkannt war, den Nachfolger des Fürst-Primas zu ernennen, ließ es an diesbezüglichen Beteuerungen nicht fehlen. In einem Schreiben an *Dalberg* vom 11. September 1806 formulierte er: »Wir denken uns in nichts den Anteil an der Souveränität anzumaßen, welche der deutsche Kaiser als Oberlandesherr (Suzerain) ausübte ... die inneren Angelegenheiten jedes Staates gehen uns nichts an. Die Fürsten des rheinischen Bundes sind Souveräne ohne Oberlandesherrn ... Es sind keine Verhältnisse der Oberlandesherrlichkeit, welche uns mit der rheinischen Konföderation verbinden, sondern Verhältnisse des bloßen Schutzes. Mächtiger als die verbündeten Fürsten, wollen Wir Unsere Überlegenheit an Macht nicht gebrauchen, um ihre Souveränitätsrechte einzuschränken, sondern um ihnen deren volle Ausübung zu verbürgen«[48].

Die Wirklichkeit sah freilich anders aus. Die Souveränität der Rheinbundstaaten war, zumal in Angelegenheiten der äußeren Politik, eine nur scheinbare. Sie unterlag schon mit Rücksicht darauf massiven Einschränkungen, daß, wie gezeigt, die Akte die »Bundesgenossen«[49] vorbehaltlos verpflichtete, sich an jedem Krieg zu beteiligen, den das Empire führte: In einem Kontinentalkrieg Frankreichs war ihnen Neutralität nicht verstattet[50]. Fremden, d.h. anderen als konföderierten und französischen Truppen, durften sie das Recht des Durchmarsches durch ihr Gebiet nicht einräumen[51]. Weder waren sie Herren über Krieg und Frieden[52] noch waren sie in der Lage, gegen den Willen des Protektors von ihrem ius foederis Gebrauch zu machen. Artikel 7 der Akte versagte ihnen das Recht, in fremde Dienste zu treten, also etwa dem Beispiel *Carl Augusts* von Weimar zu folgen, der preußischer General gewesen war. Wie es um die Souveränität der Rheinbundstaaten bestellt war, zeigt ferner der Umstand, daß es der Protektor war, der über die Aufnahme neuer Mitglieder in die Konföderation entschied. Vertragsparteien der sogenannten Akzessionsverträge waren Frankreich und die beitretenden Staaten, aber weder der Rheinbund noch dessen Mitglieder[53]. Im Jahre 1810 annektierte Frankreich

---

[47] *Klüber* (Fn. 20), S. 5, 102; *v. Berg* (Fn. 34), S. 117 ff.

[48] Zit. nach *Beck* (Fn. 24), S. 12; s.a. *Klüber* (Fn. 20), S. 97; *Pölitz* (Fn. 18), S. 267 ff.; *Huber* (Fn. 12), S. 6.

[49] S. *Klüber* (Fn. 20), S. 99.

[50] Ebenda, S. 157.

[51] Ebenda.

[52] Ebenda, S. 158 f.; *Pölitz* (Fn. 18), S. 325; *Huber* (Fn. 16), S. 81.

[53] Artikel 37 der Akte hielt die Aufnahme anderer Staaten in den Bund offen, wenn dies als im gemeinsamen Interesse liegend befunden wurde. Ob ein solches Interesse vorlag, entschied der Kaiser der Franzosen. Im §3 des Ebersteinschen Entwurfs war vorgesehen, daß neue Mitglieder im Einvernehmen zwischen allen Bundesgliedern und dem Protektor aufgenommen werden können.

weite Gebiete Norddeutschlands, von Staaten also, die Mitglieder des Bundes waren[54]. Auch sonst zögerte *Napoleon* nicht, in die inneren Angelegenheiten der Rheinbundstaaten einzugreifen, wenn ihm dies als seinen Interessen dienlich erschien[55].

War also die Unterwerfung der Bundesglieder unter die französische Hegemonie in Angelegenheiten der auswärtigen Politik eine vollständige, so besaßen sie, einmal abgesehen von denjenigen, die in einem engeren Sinne als Vasallenstaaten[56] Frankreichs zu gelten haben (Königreich Westfalen[57], Großherzogtum Berg[58] und wohl auch das Großherzogtum Frankfurt[59]), in Fragen der Innenpolitik einen größer bemessenen, wenngleich keineswegs, wie noch *Treitschke* meinte[60], unbeschränkten[61] Handlungsspielraum. Dieser ergab sich allerdings, jedenfalls in einem gewissen Umfang, aus einer partiellen Übereinstimmung der Interessen, aus der – nicht zuletzt unter dem Eindruck des Triumphs der französischen Waffen – wachsenden Einsicht in die Notwendigkeit einer Rationalisierung von Regierung und Verwaltung (sie war für die aus den heterogensten Gebietsteilen zusammengestückelten deutschen Mittel-

---

[54] *Huber* (Fn. 16), S. 78.

[55] Ebenda, S. 82 f. S. a. *von Raumer* (Fn. 37), S. 270, *Conrad* (Fn. 40), S. 61, spricht in Bezug auf die Souveränität der Rheinbundstaaten von einem politischen Trugbild.

[56] Sie waren von *Napoleon* allerdings auch als Modellstaaten konzipiert, durch deren Vorbild auf die Neugestaltung der inneren Ordnung der übrigen Rheinbundstaaten Einfluß genommen werden sollte; dazu *Wohlfeil* (Fn. 40), passim.

[57] Das nach dem Tilsiter Frieden geschaffene Königreich Westfalen (dazu *Wohlfeil* [Fn. 40], S. 47 ff.; *von Raumer* [Fn. 37], S. 314 ff.) unter Napoleons jüngstem Bruder Jérôme (1784–1860) erhielt durch kaiserlichen Machtspruch Ende 1807 eine dem Modell der französischen Konsulatsverfassung nachgebildete Konstitution, die Reformen in den Bereichen der Verwaltung, der Justiz und der Wirtschaft orientierten sich ebenfalls am Vorbild Frankreichs. Französisches Verwaltungspersonal übte großen Einfluß aus.

[58] Näher: *Wohlfeil* (Fn. 40), S. 41 ff; *von Raumer* (Fn. 37), S. 330 ff. Seit 1806 war *Napoleons* Schwager *Joachim Murat* (1767–1815) Großherzog von Berg mit der Hauptstadt Düsseldorf. Nachdem er 1808 zum König von Neapel avanciert war, wurde das Land formal im Namen seines Neffen, des ältesten Sohnes seines Bruders *Louis*, für kurze Zeit König von Holland, vom Kaiser selbst verwaltet.

[59] Zur Geschichte des Großherzogtums Frankfurt vgl. *Karl Heinrich Ludwig Pölitz*, Handbuch der Geschichte der souverainen Staaten des Rheinbundes, 2. Band, 1811, S. 1 ff.; *von Raumer* (Fn. 37), S. 337 f. Durch Staatsvertrag vom 16./19. Februar 1810 trat Fürstprimas *Dalberg* als Großherzog an die Spitze des neugebildeten Staates, zu dem (mit Ausnahme Regensburgs, das an Bayern kam) die bisherigen Besitzungen des Fürstprimas, Fulda und Hanau gehörten. Zum Nachfolger des Großherzogs wurde im Vertrag *Eugène Beauharnais* bestimmt, *Napoleons* Adoptivsohn und zu dieser Zeit Vizekönig von Italien. – Zu Berg, Westfalen und Frankfurt s. a. *Franz-Ludwig Knemeyer*, Regierungs- und Verwaltungsreformen in Deutschland zu Beginn des 19. Jahrhunderts, 1970, S. 47 ff., 61 ff., 75 ff.; *ders.* in: K. Jeserich u. a. (Hrsg.), Deutsche Verwaltungsgeschichte, Band II, 1983, S. 334 ff.

[60] *Heinrich von Treitschke*, Deutsche Geschichte im Neunzehnten Jahrhundert, 1. Band, 4. Aufl. 1886, S. 232.

[61] Zu Verletzungen der inneren Souveränität seiner Allianzpartner durch Napoleon s. *Huber* (Fn. 16), S. 82 f.

staaten zudem ein Gebot der Selbsterhaltung), einer Effektuierung der Hee-
resverfassung ebenso wie (unter dem Druck der von *Napoleon* erhobenen
Forderungen) einer auch den Fiskus begünstigenden Liberalisierung von
Handel und Wirtschaft. Die Ideen der großen Revolution lagen ja in der Luft
und waren, »obrigkeitlich gezähmt«[62], auch im Kaiserreich *Napoleons* wirksam geblieben, soweit sie seinem Herrschaftsanspruch nicht in die Quere zu
kommen drohten. »Staatsbürgerliche Gleichheit und liberale Ideen« sollte
König *Jérôme* in Westfalen auf Geheiß *Napoleons* durchsetzen[63]. In Deutschland konnten diese Ideen freilich schon deshalb nicht ohne weiteres übernommen werden, weil zum einen die feudalständische Gesellschaftsstruktur hier
nicht wie in Frankreich durch einen revolutionären Umbruch zum Einsturz
gebracht worden und die vor allem dem Adel entstammende hohe Beamtenschaft auf längere Sicht noch unersetzlich waren und weil es zum anderen
hierzulande – mit Ausnahme der großen Städte – ein wirtschaftlich potentes,
auch zu politischem Bewußtsein erwachtes Bürgertum, eine Gesellschaft von
Eigentümern, noch nicht gab[64]. *Schiller* bemerkte einmal, man müsse erst Bürger erschaffen, ehe man den Bürgern eine Verfassung gebe[65]. Dennoch, und
obgleich die von *Napoleon* geförderten[66] Bemühungen um seine Einführung
weithin scheiterten oder diese nach dem Ende der Napoleonzeit wieder rückgängig gemacht wurde, hat etwa »auch in der deutschen Privatrechtsgeschichte der Code civil Epoche gemacht«[67], indem durch seine Geltung das südwest-
deutsche Rechts- und Staatsgefühl wesentlich beeinflußt und sein bürgerlicher
Freiheits- und Unabhängigkeitssinn gekräftigt wurde[68]. Das Sozialmodell des
Code Civil – nach *Anselm von Feuerbach* die Freiheit und Gleichheit aller
Untertanen, die Freiheit des Eigentums und die Unabhängigkeit des Staates
von der Kirche in bürgerlichen Dingen[69] – war in Deutschland zu Beginn des

---

[62] *Thomas Nipperdey*, Deutsche Geschichte 1800–1866: Bürgerwelt und starker Staat,
2. Aufl. 1984, S. 70.

[63] Zit. nach *Wohlfeil* (Fn. 40), S. 49. Zu staatsrechtlichen Fragen im Zusammenhang mit der
Einführung des Code Civil s. *Carl Salomo Zachariä*, Das Staatsrecht der rheinischen Bundesstaaten und das Rheinische Bundesrecht, 1810, S. 43 ff., besonders S. 79 ff., wo dargelegt
wird, daß die beiden Grundprinzipien der deutschen Territorialverfassung, die auf Privilegien
und Grundeigentum beruhe, mit dem den Code Civil zugrunde liegenden Ideen der bürgerlichen Freiheit und Gleichheit nicht vereinbar sind (S. 93 f.).

[64] Vgl. *Franz Schnabel*, Deutsche Geschichte im 19. Jahrhundert, 2. Band: Monarchie und
Volkssouveränität, 2. Aufl. 1949, S. 8 f.

[65] In einem Brief an den Erbprinzen *Friedrich Christian von Schleswig-Holstein-Augusten-
burg* vom 17. Juli 1793 (zit. nach *Peter Merseburger*, Mythos Weimar, 4. Aufl. 1998, S. 109 f.).

[66] Dazu *Willy Andreas*, Das Zeitalter Napoleons und die Erhebung der Völker, 1955,
S. 283.

[67] *Franz Wieacker*, Privatrechtsgeschichte der Neuzeit, 2. unveränderter Nachdruck der
2. Aufl. von 1967, 1996, S. 345. – Den Adlern seien die Codes gefolgt, soll der englische
Historiker *Herbert Fisher* bemerkt haben (nach *Hölzle*, Diskussionsbeitrag in: Napoleon I.
und die Staatenwelt seiner Zeit [Fn. 15], S. 55).

[68] *Wieacker* (Fn. 67), S. 346.

[69] Nach *Dietmar Willoweit*, Deutsche Verfassungsgeschichte. Vom Frankenreich bis zur

19. Jahrhunderts nicht durchsetzbar (und übrigens auch in Frankreich vielerlei Einschränkungen unterworfen), aber es setzte Maßstäbe für die Folgezeit, und es beförderte die Erkenntnis, daß die Reform der Gesellschaftsverfassung die der Staatsverfassung wennschon nicht zur Voraussetzung, so doch zur Folge haben müsse.

In die Zeit des Rheinbunds fällt denn auch die Entstehung der ersten deutschen Verfassungen. Westfalen ging auf Napoleons Anordnung voran, Bayern erhielt als einziger der süddeutschen Staaten eine Verfassung, die von König *Maximilian I. Josef* am 25. Mai 1808 erlassen wurde und am 1. Oktober des Jahres in Kraft trat. Ihr Zweck war die Herstellung der Staatseinheit, d. h. die Begründung des modernen Flächenstaates, vor allem durch eine rationalen Grundsätzen verpflichtete, transparente Neuorganisation von Regierung, Verwaltung und Justiz. Die in den Staaten des Rheinbundes in Gang gesetzten Reformen trugen weithin, darin den preußischen Reformen nicht unähnlich, den Stempel einer von der Einsicht in die Unzulänglichkeiten der überkommenen Staats- und Gesellschaftsstruktur und in die Erneuerungsbedürftigkeit des Rechtssystems geprägten Beamtenschaft, die es, gedeckt durch eine gewisse »aufgeklärte« Modernisierungsbereitschaft der Monarchien, unternahm, ohne revolutionäre Gewaltsamkeit (Übergriffe gegen die Kirchen und die ehemaligen reichsunmittelbaren Stände, die durchaus als gewaltsam angesehen werden können, einmal beiseite gelassen) Staat und Gesellschaft in eine den Aufgaben von Gegenwart und Zukunft gewachsene Form zu bringen. Auch wenn die Früchte dieser Bemühungen, unter mancherlei Rückschlägen, nicht selten erst Jahre oder gar Jahrzehnte später zur Reife gediehen[70], so war die Saat doch ausgebracht. Die frühkonstitutionellen Repräsentativverfassungen aus der ersten Zeit des Deutschen Bundes etwa sind ohne die in der Rheinbundzeit geleistete gedankliche, legislatorische und organisatorische Vorarbeit nur schwer vorstellbar. Die Übergänge[71] waren fließend[72], und, wennschon in von Staat zu Staat sehr unterschiedlicher Weise, läßt sich doch für die Mitglieder des Rheinbundes feststellen, daß hier aufgeklärter Despotismus und

---

Wiedervereinigung Deutschlands, 4. Aufl. 2001, § 28 III 2 (S. 238); s.a. *Fehrenbach* (Fn. 22), besonders S. 133 ff.

[70] Über die Verwirklichung der Reformpläne *Knemeyer*, Regierungs- und Verwaltungsreformen (Fn. 59), S. 247 ff.

[71] Etwa: vom Kabinettssystem zur verantwortlichen Regierung (Gegenzeichnung), vom Kollegial- zum monokratischen Prinzip in der Behördenleitung, von der Territorial- zur fachlich gegliederten Ressortverwaltung, von der Feudalgesellschaft zum Verband rechtsgleicher Untertanen, von ständischer Beteiligung zu repräsentaiven Versammlungen, vom (durch Toleranz gemilderten) Grundsatz cuius regio eius religio zur Gleichberechtigung der Konfessionen, vom Steuerprivilegienwesen zur Besteuerung nach Leistungsfähigkeit, vom System der binnenstaatlichen Zollschranken zur wirtschaftlichen Einheit des Staatsgebiets.

[72] *Willoweit* (Fn. 69), § 29 I 1 (S. 218).

bürgergesellschaftliche Liberalität auf Zeit in eine durchaus fruchtbare, weit in die Zukunft wirkende Verbindung traten[73].

Die Rheinbundzeit war nicht oder doch jedenfalls nicht nur eine Zeit der nationalen Schmach, als welche sie vorzüglich während des 19. Jahrhunderts in Deutschland empfunden und dargestellt wurde. Ihre Bedeutung erschöpft sich auch nicht darin, daß sie in verhängnisvoller Weise der Selbstdefinition des damals erwachenden deutschen Nationalbewußtseins ein kräftiges gegen das französische Nachbarvolk, gegen alles Welsche, wie man damals sagte, gerichtetes nationalistisches Element beimengte. Sie hat nicht nur – die Deutschen haben dem Feldherrngenie *Napoleons* vieles abgeschaut – die im 19. Jahrhundert über Preußen hinaus das ganze Deutschland erfassende Militarisierung ausgelöst, sondern auch in anderen Bezügen teils aktiv, teils reaktiv den »Einstrom französischen Staats- und Gesellschaftsdenkens«[74] nach Deutschland befördert. Gegenüber dem französischen Zentralismus setzten sich in Deutschland die Ideen der Selbstverwaltung und des Föderalismus durch. Die Einebnung von Standesunterschieden, die Freisetzung bürgerlichen Erwerbsstrebens, die Niederlegung von Zoll- und Handelsschranken, die Reorganisation der Staatsverwaltung, kurz: die nach ihrem telos liberale, wenn auch überwiegend in autokratischen Formen daherkommende Reform der Staats- und Gesellschaftsverfassung, wie sie mit der Gründung des Rheinbundes 1806 allenthalben in deutschen Landen einsetzte und über ein Jahrhundert fortwirkte, ist ohne die napoleonische Hegemonialpolitik, die ihre revolutionären Ursprünge nie ganz verleugnet hat, nicht zu denken. Der langjährige leitende Minister des Großherzogtums Hessen-Darmstadt, der hochkonservative *Karl Wilhelm Heinrich du Bos du Thil* (1777–1859), schrieb in seinen Memoiren: »Ich … verlege in das Jahr 1806 den entschiedenen Wendepunkt, nicht bloß in der politischen, sondern auch in der Kulturgeschichte des gesamten Deutschland«[75].

---

[73] Farbig schildert *Golo Mann*, Deutsche Geschichte des 19. und 20. Jahrhunderts, 1958, S. 69, die Entwicklung in Süddeutschland: »Nichts unterblieb, was der Austilgung des geschichtlich Gewordenen dienen konnte; Schulen wurden verstaatlicht, Kirchen der Kontrolle des Staates unterworfen und zur Nationalkirche nach dem Muster der französischen aufgebaut, Klassenprivilegien abgeschafft, die unlängst gewonnenen Gebiete unter geflissentlicher Verachtung ihrer Wünsche zu Regierungsbezirken oder Kreisen im Stil der französischen Departements zusammengewürfelt, Rechtssysteme vereinfacht und, wenn nicht direkt vom Code Napoleon kopiert, doch in seinem zugleich abolutistischen und bürgerlichen Geist revidiert, Fachministerien mit ihren Beamtenhierarchien an die Stelle verzopfter Kollegien gesetzt, Universitäten im kulturellen Wetteifer reorganisiert oder neu gegründet und erzkatholische Bevölkerungen durch den Zustrom protestantischer Gelehrter geärgert – kurz, mit Gründlichkeit ausgemerzt, was vom alten Reich noch übrig war und die neuen ›Reiche‹ in ihrer Souveränität hätte beeinträchtigen können«.

[74] *von Raumer* (Fn. 37), S. 349.

[75] Zitiert nach *von Raumer* (Fn. 37), S. 350.

III. Das Herzogtum Sachsen-Weimar und Eisenach[76]

Die Rheinbundzeit war auch und gerade in den Mitgliedstaaten der Konföderation keine Phase der innenpolitischen Stagnation. Die mittel- und norddeutschen Kleinstaaten, unter ihnen die sächsischen Herzogtümer, deren territorialer Besitzstand keine wesentlichen Änderungen erfahren hatte, standen nicht in gleicher Weise wie die wesentlich vergrößerten süddeutschen Staaten oder die napoleonischen Modellstaaten (aus freilich unterschiedlichen Gründen) unter dem Zwang rascher und durchgreifender Veränderungen.

Auch das Herzogtum Sachsen-Weimar und Eisenach war, was seine inneren Verhältnisse anging, hartem politischen Druck des Protektors nicht ausgesetzt, soweit es nicht um die ihm auferlegten finanziellen und militärischen Leistungen ging, und dies ungeachtet des durchaus begründeten[77] Mißtrauens, mit dem *Napoleon* den Landesherrn stets betrachtet hat[78]. Bei den von *Carl August* in der Zeit der Franzosenherrschaft vorgenommenen, im Verfassungswerk von 1809 gipfelnden Reformen konnte daher mit einiger Gelassenheit vorgegangen und auch an frühere Bemühungen angeknüpft werden.

Zu diesen früheren, mit Erfolg betriebenen Reformen gehörte auch und vor allem die in den achtziger Jahren des 18. Jahrhunderts, vor *Goethes* Italienischer Reise, erfolgte Sanierung der weimarischen Staatsfinanzen. Deren Voraussetzung wiederum war eine drastische Verringerung des Militäretats. Der Herzog berief *Goethe*, schon seit Juni 1776 Mitglied des Geheimen Consili-

---

[76] Das Herzogtum Sachsen-Weimar und Eisenach bestand in der Form, die es beim Regierungsantritt *Carl Augusts* am 3. September 1775 besaß, seit 1741. In diesem Jahr erlosch die Eisenachische Linie des Ernestinischen Hauses, deren Besitzungen damit an die Regenten von Sachsen-Weimar fielen, nachdem infolge des Aussterbens der Jenaischen Linie (1691) deren Lande schon früher an Sachsen-Weimar gelangt waren. Herzog *Ernst August* (1688–1748, regierender Herr seit 1707), *Carl Augusts* Großvater (Genealogie des Hauses Sachsen Ernestinischer Linie bei *Pölitz* [Fn. 59], im Anhang), sicherte für seine Territorien nach vielerlei Landesteilungen in der Vergangenheit (dazu: *Thomas Klein* in: Deutsche Verwaltungsgeschichte [Fn. 59], Band I, 1983, S. 851 ff.) die Primogeniturnachfolge durch eine letztwillige Verordnung vom 29. August 1721, die von Kaiser *Karl VI.* als Hausgesetz bestätigt wurde. Dazu: *Christian Wilhelm Schweitzer*, Öffentliches Recht des Großherzogthumes Sachsen-Weimar-Eisenach, 1. Teil, 1825, S. 15 f., 37 f. mit Fn. 72.

[77] *Hans Tümmler*, Einleitung in: Politischer Briefwechsel des Herzogs und Großherzogs Carl August von Weimar, Band 3: Von der Rheinbundzeit bis zum Ende der Regierung 1808–1828, bearbeitet und herausgegeben von Hans Tümmler, S. 5; s. a. ebenda, S. 758.

[78] Zu beflissenen good-will-Bekundungen sah sich das weimarische Fürstenhaus gleichwohl mitunter veranlaßt. Ein Beispiel schildert *Hans Tümmler*, Gevatter Napoleon in: *ders.*, Das klassische Weimar und das große Zeitgeschehen, 1975, S. 55: Als dem Erbprinzen *Carl Friedrich* und seiner Gemahlin, der Großfürstin *Maria Pawlowna*, am 3. Februar 1808 die Tochter *Marie Luise Alexandrine* geboren wurde, bat *Carl August* neben dem Zaren auch *Napoleon*, die Patenschaft zu übernehmen. Der Kaiser ist der Bitte nach längeren Verhandlungen mit einem huldvollen Schreiben vom 25. März 1808 nachgekommen. – Weitere Beispiele bei *Tümmler* (Fn. 2), S. 201. Zu *Carl Augusts* persönlicher Einstellung gegenüber *Napoleon* mit plastischen Beispielen *von Raumer* (Fn. 37), S. 327 f.

ums[79], am 5. Januar 1779 zum Mitglied der Kriegskommission. In den folgenden Jahren ist es *Goethe* gelungen, die Ausgaben für das Militär von 63.400 auf 30.000 Taler jährlich, also um mehr als die Hälfte, zu verringern. Auf dieser Grundlage nun erwies es sich als möglich, den Staatshaushalt insgesamt ins Lot zu bringen. Nach der Absetzung des Kammerpräsidenten *Johann August Alexander von Kalb auf Kalbsrieth*[80] am 7. Juni 1782 hatte *Carl August Goethe* mit der kommissarischen Leitung der Kammergeschäfte beauftragt[81]. Binnen zweier Jahre konnte in eingehenden Verhandlungen mit den Landständen, die auf Regierungsseite von *Goethe* geführt wurden, eine Lösung der Haushaltsprobleme gefunden werden. Die Landstände erklärten sich zur Übernahme der Staatsschulden in Höhe von 130.000 Talern bereit, vor allem deshalb, weil durch die Erfolge *Goethes* in seiner Funktion als Kriegskommissar die jährlichen Bewilligungen für das Militär so drastisch gesenkt werden konnten[82].

Mancher Reformvorschlag, mit dem *Carl August* in der Rheinbundzeit von seinen Räten konfrontiert wurde, wurde nicht verwirklicht. So verscherzte sich etwa *Friedrich von Müller*, zu dieser Zeit weimarischer Gesandter am Hofe *Napoleons*, die Gunst seines Dienstherrn, als er die Einführung des Code Civil im Herzogtum in Vorschlag brachte[83]. Gnädigere Aufnahme fand eine Anregung *von Müllers*, mit der er eine schon früher vom Herzog selbst entwickelte Idee[84] aufgriff: die Errichtung eines gemeinsamen Obergerichts für die sächsischen Herzogtümer. Aber erst nachdem in Artikel XII der Deutschen Bundesakte vom 8. Juni 1815 die Unterzeichnerstaaten die Verpflichtung eingegangen waren, daß diejenigen unter ihnen, »deren Besitzungen nicht eine Volkszahl von 300.000 Seelen erreichen, ... sich mit den ihnen verwandten Häusern oder anderen Bundesgliedern, mit welchen sie wenigstens eine solche Volkszahl ausmachen, zu Bildung eines gemeinschaftlichen

---

[79] Vgl. das Handschreiben von Herzog *Carl August* an den Präsidenten des Conseil, den Freiherrn *Jakob Friedrich von Fritsch* (1731–1814) in: *Goethe*, Amtliche Schriften I (Band 26 der im Verlag Deutscher Klassiker erscheinenden Sämtlichen Werke), 1998, S. 11.

[80] 1747–1814; *Kalb* war es, der *Goethe* im November 1775 nach Weimar brachte; im herzoglichen Dienst machte er rasch Karriere und war seit 1776 als Kammerpräsident Chef der fürstlichen Finanzbehörde. Wegen finanzieller Unregelmäßigkeiten wurde er schließlich entlassen; vgl. *Effi Biedrzynski*, Goethes Weimar, 2. Aufl. 1993, S. 222 f. An *Carl Ludwig von Knebel* (1744–1834), seinen Urfreund, schrieb *Goethe* am 27. Juli 1782: »Als Geschäftsmann hat er sich mittelmäsig, als politischer Mensch schlecht, und als Mensch abscheulich aufgeführt« (Goethes Briefe, Hamburger Ausgabe, Band 1: 1764–1786, 4. Aufl. 1988, S. 400).

[81] *Robert Steiger*, Goethes Leben von Tag zu Tag, Band II: 1776–1788, 1983, S. 374.

[82] Die Verhandlungen *Goethes* mit den Ständen sind dokumentiert in: *Goethe*, Amtliche Schriften I (Fn. 79), S. 218–239.

[83] *Tümmler* (Fn. 2), S. 179.

[84] Ebenda, S. 147; vgl. die an den Zaren gerichtete Denkschrift *Carl Augusts* vom 28. August 1806, in: Politischer Briefwechsel (Fn. 77), Band 2: Vom Beginn der Revolutionskriege bis in die Rheinbundzeit 1791–1807, 1958, Nr. 410.

obersten Gerichts vereinigen« werden, konnte im Jahre 1817 das Oberappel-
lationsgericht in Jena seine Tätigkeit aufnehmen[85]. Schon seit der 1804 für
Weimar, 1806 für Eisenach in Kraft getretenen Konsistorialordnung bestand
in jedem der beiden Landesteile ein Oberkonsistorium, welchem u. a. die Angelegenheiten des dem Landesherrn in der protestantischen Kirche vorbehaltenen Kirchenregiments und das Schulwesen, die Dispensation von Ehehin-
dernissen und Sühneversuche bei Irrungen zwischen Eheleuten sowie Eltern
und ihren Kindern oblagen[86]. Für die katholische Kirche bestand allerdings
erst seit 1813 die mit entsprechenden Aufgaben betraute Immediatkommissi-
on für das katholische Kirchen- und Schulwesen, deren Zuständigkeit sich auf
das gesamte Herzogtum erstreckte[87]. Durch ein Regulativ vom 24. Juni 1809
wurden die beiden bis dahin bestehenden Kammerkollegien zu Weimar und
Eisenach zu einem verbunden, das für die Verwaltung des gesamten Kammer-
vermögens sowie der herzoglichen Domänen und Regalien zuständig war[88].

Als auf seiner Reise von Nassau nach Berlin (zum Zwecke der Übernahme
des ihm von König *Friedrich Wilhelm III.* angetragenen Ministeriums) der
Freiherr vom Stein im September 1807 in Weimar Station machte, seine »Nas-
sauer Denkschrift« im Gepäck, hat er mit *Carl August* eine Reihe politischer
Gespräche geführt[89]. Auch auf die bei dieser Gelegenheit erhaltenen Anregun-
gen mag es zurückzuführen sein, daß der Herzog durch Rescript vom 23. Juli
1809 die Bildung einer Kommission verfügte, die eine Reform der Stadtverfassung vorzubereiten beauftragt wurde. In den folgenden Jahren erhielten,
beginnend mit Jena und Weimar 1810, eine Reihe von Städten Stadtordnun-
gen, die sich inhaltlich stark an das Vorbild der Städteordnung für die Preußischen Staaten vom 19. November 1808 anlehnten[90]. An der Ausarbeitung der
Entwürfe war einmal mehr der Geheimrat *Friedrich von Müller* intensiv beteiligt. Eine für das ganze Land einheitlich geltende Kommunalverfassung
kam indessen nicht zustande[91].

Lassen schon die bisherigen Hinweise erkennen, daß Rationalisierung der
Verwaltung das im Vordergrund stehende Ziel der in der Rheinbundzeit, teilweise aber auch schon früher in Gang gesetzten Reformen gewesen ist, so tritt

---

[85] Dazu *Gerhard Lingelbach*, Vom Schöppenstuhl zum Oberlandesgericht in:
H. J. Bauer/O. Werner (Hrsg.), Festschrift zur Wiedererrichtung des Oberlandesgerichts in
Jena, 1994, S. 3 (24); *Schweitzer* (Fn. 76), S. 123 ff.
[86] *Schweitzer* (Fn. 76), S. 132 ff.
[87] Ebenda, S. 136 f.
[88] Ebenda, S. 138 f.
[89] *Tümmler* (Fn. 2), S. 178 f. – *Goethe* notierte am 17. September in seinem Tagebuch:
»Abends bey der regierenden Herzogin zum Thee, wo Minister von Stein war, der nach
Preußen zurückging«.
[90] Zu dieser *Huber* (Fn. 16), S. 174 ff. – Zum Vorigen *Hartung* (Fn. 5), S. 236 ff.
[91] *Schweitzer* (Fn. 76), S. 72 f. mit Fn. 70. Zur überkommenen Stadtverfassung *Hartung*
(Fn. 5), S. 234 ff.

dieses Bestreben erst recht in der Absicht hervor, dem Herzogtum eine einheitliche Verfassung zu geben. Im Herzogtum Sachsen-Weimar und Eisenach hatten die Landstände die Zeit des Absolutismus überdauert. In einem Landtagsabschied von 1750 wurde u. a. bestimmt, daß alle fünf Jahre ein Landtag, aber jährlich ein Ausschußtag zusammentreten soll; daß öffentliche Lasten nicht ohne Bewilligung der Landstände beschlossen werden dürfen und daß vor Erlaß wichtiger Landesgesetze und bei der Bewilligung von Steuerfreiheiten der Beirat und das Gutachten der Landstände einzuholen ist. Ein Selbstversammlungsrecht der Landstände bestand nicht. Landstände bestanden jeweils für die Gebietsteile Weimar, Eisenach und Jena – *Goethe* hatte, wie gezeigt, anläßlich seiner Bemühungen um die Sanierung der Staatsfinanzen mit den drei Einrichtungen je gesondert zu verhandeln. Die Landstandschaft, d. i. das Recht zur Teilnahme an den Sitzungen der Landtage, besaßen die adligen Besitzer im Lande belegener Rittergüter (die Ritterschaft), eine Reihe von Städten sowie die Universät Jena. Praktische Bedeutung besaßen vor allem die Ausschüsse oder Deputationen[92].

Die mit dem Beitritt zum Rheinbund erlangte Souveränität nutzte Herzog *Carl August* nicht zur Aufhebung, wohl aber zu einer gründlichen Umgestaltung der landständischen Verfassung, die er bei seinem Regierungsantritt vorgefunden hatte. In voller Übereinstimmung mit Geheimrat *von Voigt*[93] ergriff *Carl August* selbst die Initiative[94] zur Erneuerung der Landstandschaft. Die Reform wurde am Ende im Einvernehmen mit den Ständen vorgenommen, die am 9. Januar 1809 in Weimar zusammengetreten waren. Ihnen unterbreitete der Herzog »zu unbefangener Deliberation« eine »Proposition«[95], in der er die Aufrechterhaltung der landständischen Verfassung zusicherte, aber mit Nachdruck darauf bestand, »mehrere Einfachheit in die Landesverfassung zu bringen«. Nach eingehenden Beratungen und Verhandlungen erließ der Herzog am 20. September 1809 die »Constitution der vereinigten Landschaft der herzoglich Weimar- und Eisenachischen Lande, mit Einschluß der Jenaischen Landesportion, jedoch mit Ausschluß des Amtes Ilmenau«[96]. Sie war

---

[92] Zum Vorigen: *Hermann Ortloff*, Die Verfassungsentwickelung im Großherzogtum Sachsen-Weimar-Eisenach, 1907, S. 7 ff.; *Schweitzer* (Fn. 76), S. 23 ff. Allgemein zu den Landständen auch: *Klüber* (Fn. 20), S. 222 ff.; zu ihrer Bedeutung als praktisch wirksame Beschränkung der fürstlichen Hoheitsrechte: *Hartung* (Fn. 5), S. 89 ff.

[93] Vgl. *Hartung* (Fn. 5), S. 215 f.

[94] Vgl. *Carl Augusts* »Bemerkungen über Neuorganisation der Landstandschaft« und die dazu gehörige Niederschrift *Christian Gottlob von Voigts* d. J. (Sohn des Conseil-Präsidenten) vom April 1808 in: Politischer Briefwechsel (Fn. 77), Band 3 Nr. 26–28; dazu *Hartung* (Fn. 5), S. 217 ff.

[95] Politischer Briefwechsel (Fn. 77), Band 3 Nr. 63.

[96] Die Sonderstellung des Amtes Ilmenau, das als Teil des Nachlasses der Grafen *von Henneberg* an das Herzogtum Weimar gekommen war, erklärt sich daraus, daß es sich dabei nicht um sächsisches Territorium handelte, und daß es deshalb nicht wie die anderen unter der Herrschaft *Carl Augusts* vereinigten Landesteile dem obersächsischen, sondern dem fränki-

mithin, wie es der bestehenden Rechtslage entsprach, ein paktiertes Gesetz[97].

Die neue Konstitution bewirkte eine Verfassungs- und eine Verwaltungsreform. Sie diente der Vereinheitlichung des Staatsgebiets, indem sie die bestehende Mehrzahl fürstlicher Herrschaften, die bisherigen drei Landschaften also, zu einer einzigen verschmolz, die folgerichtig auch nurmehr von einer »landschaftlichen Deputation« gegenüber dem Landesherrn vertreten wurde. An ihrer Spitze stand ein auf Lebenszeit bestellter Generallandschaftdirektor[98]. Die Deputation bestand weiter aus zwölf Deputierten, sechs aus dem weimarischen, drei aus dem eisenachischen und zwei aus dem jenaischen Kreise sowie einem von der Universität Jena[99]. Die Deputierten wurden von den Ständen, die sie zu repräsentieren hatten – Rittergutsbesitzern, Stadträten, Universität Jena – in einem komplizierten Verfahren auf sechs Jahre gewählt. Sie sollten sich alljährlich, ohne besondere Einberufung, einmal versammeln. Vollversammlungen der Stände fanden hinfort nicht mehr statt[100]. Die Deputierten hatten repräsentative Funktion. Der Deputation oblag die Rechnungsprüfung, die – unter Vorbehalt der Letztentscheidung des Landesherrn – Bewilligung und Etatisierung von Einnahmen und Ausgaben, die Erstattung eines »unvorgreiflichen Gutachtens« zu geplanten neuen Gesetzen sowie zu sonstigen das Wohl des ganzen Landes betreffenden Gegenständen, im letztgenannten Fall auf besonderes Ersuchen des Landesherrn. An sie herangetragene Vorschläge »zur Beförderung des allgemeinen Besten« hatte die Deputation schriftlich – man darf annehmen: nach Deliberation und Stellungnahme – an den Landesherrn gelangen zu lassen.

---

schen Reichskreis angehörte, dessen Rechtsverhältnisse, nachdem er im Zuge der Auflösung des Reiches seine Erledigung gefunden hatte, im Jahre 1809 noch nicht geklärt waren; so *Hartung* (Fn. 5), S. 220; s. a. ebenda, S. 3 f., sowie *Willy Andreas*, Carl August von Weimar. Ein Leben mit Goethe, 1953, S. 16.

[97] Das entsprach altem Herkommen. Vor allem in Steuerangelegenheiten, der vielfach angestrebten »Paketlösungen« wegen aber oft auch darüber hinaus, standen sich Fürst und Stände als »Paciszenten« gegenüber; vgl. *Ortloff* (Fn. 92), S. 6; *Hartung* (Fn. 5), S. 88 f. – Andererseits war es nichts weniger als selbstverständlich, daß eine ständische Versammlung jener Zeit Reformen zustimmte, durch die sie selbst nichts gewann; dazu *Knemeyer*, Regierungs- und Verwaltungsreformen (Fn. 59), S. 286.

[98] Nach § 27 der Konstitution behielt diesen Posten der zu Jahresbeginn 1809 von den Deputierten mit Genehmigung des Landesherrn gewählte *August Friedrich Karl Freiherr von Ziegesar* (1746–1813); er bekleidete später auch das Amt des Kurators der Universität Jena. Mit seiner Tochter *Sylvia* (Silvie), 1785 – 1855, verband *Goethe* »in den Karlsbader und Franzensbader Sommermonaten 1808 eine leidenschaftliche Zuneigung« (*Bodo Morawe*, in: Goethes Briefe [Hamburger Ausgabe], Band III 1805–1821, 3. Aufl. 1988, S. 553). In einem in jenen Tagen entstandenen Gedicht feiert er sie als »Tochter, Freundin, Liebchen« (Goethes Gedichte in zeitlicher Folge, 1982, S. 580).

[99] Die Landstandschaft der Universität war auf deren Bitte entgegen ursprünglichen Vorstellungen *Carl Augusts* aufrechterhalten worden; vgl. Politischer Briefwechsel (Fn. 77), Band 3 Nrn. 26, 27, 62.

[100] *Hartung* (Fn. 5), S. 222.

Die Verwaltungsebene betrafen die Bildung eines Landschaftskollegiums mit Sitz in Weimar, welches die bisherigen drei verschiedenen »zur Verwaltung der Steuergeschäfte verordnet gewesenen Behörden« ersetzte (§§ 30 ff.), sowie die Landräte, die an die Spitze der sechs Bezirke traten, in welche »die sämmtlichen herzoglichen Lande mit alleiniger Ausnahme des Amtes Ilmenau« fortan einzuteilen waren (§§ 46 ff.). Dem Landschaftskollegium oblagen neben der Steuerverwaltung die bisher von der Kriegskommission wahrgenommenen Aufgaben, das Brandversicherungswesen, der Straßen- und Wasserbau, die Oberaufsicht über die Landeskultur[101] und das Vermessungswesen. Das Landschaftskollegium war eine Kollegialbehörde, bestehend aus zwei Präsidenten, einem Vizepräsidenten[102], sechs herzoglichen Räten, einem Landschaftsdeputierten und den sechs Landräten[103]. Diese waren von der landständischen Deputation aus der Reihe der Rittergutsbesitzer »adeligen oder nichtadeligen Standes« zu wählen und vom Landesherrn zu bestätigen (§ 55). Die Landräte besaßen demzufolge das Vertrauen der Stände, waren aber landesherrliche Beamte[104]. Ihre Aufgabe bestand in erster Linie darin, in ihren Bezirken über alle zur Zuständigkeit des Landeskollegiums gehörenden Angelegenheiten die Aufsicht zu führen und dessen Entscheidungen zu vollziehen[105].

Bei *Pölitz*[106] findet sich die Behauptung, die Constitution von 1809 sei »ebensowenig als die bayerische vom Jahre 1808« in die Wirklichkeit eingetreten. Dem ist indessen zu widersprechen. Die Deputation ist verschiedentlich zu Beratungen zusammengetreten, ihr Einfluß auf das Handeln der Regierung blieb freilich begrenzt[107]. Vereinheitlichung und Straffung der Verwaltung des Herzogtums, die Beseitigung konkurrierender Oberbehörden zur Vermeidung kräftezehrender Kompetenzkonflikte, die allmähliche Abkehr vom Provinzialprinzip[108] – das waren die Ziele der gleichwohl unter möglichster Schonung bestehender Strukturen erfolgten Reform. Die Gewaltsamkeit des »rigorosen Etatismus und Zentralismus«[109], die für das Vorgehen des *Grafen von Montgelas*[110] im Königreich Bayern charakteristisch war, blieb *Carl*

---

[101] Diese Kompetenzzuweisung wurde alsbald wieder rückgängig gemacht; *Hartung* (Fn. 5), S. 223.

[102] Dieses Amt, mit dem die eigentliche Leitung der Geschäfte verbunden war, bekleidete bis 1813 *von Müffling* (s. o. Fn. 14). Dazu *Hartung* (Fn. 5), S. 227 f.

[103] Näher: *Schweitzer* (Fn. 76), S. 139 ff.

[104] *Hartung* (Fn. 5), S. 233.

[105] Ebenda, S. 123 f.

[106] *Karl Heinrich Ludwig Pölitz*, Die Verfassungen des teutschen Staatenbunds, 2. Band, 3. Aufl. 1847, S. 732.

[107] *Hartung* (Fn. 5), 223 f.

[108] Vgl. *Knemeyer* in: Deutsche Verwaltungsgeschichte (Fn. 59), S. 136, 140 f.

[109] *Huber* (Fn. 16), S. 319.

[110] *Maximilian Graf von Montgelas* (1759–1838) war von 1799 bis 1817 der leitende Minister des Kurfürstentums und (späteren) Königreichs.

August und seinen Räten fremd, allerdings bestand auch keine Notwendigkeit dafür. In einem Schreiben an den Generallandschaftsdirektor *von Ziegesar* vom 30. November 1809[111] zeigte sich *Carl August* von der Bedeutung seines Verfassungswerks überzeugt: »Die Einführung der neuen landschaftlichen Konstitution ist eine Epoche für uns und unsere Nachkommen ...«.

Von der weimarischen Constitution unberührt blieb die Regierungsebene: weder vom Herzog als dem Oberhaupt des Staats noch von der eigentlichen Regierungsbehörde, dem Geheimen Consilium[112], war darin die Rede. Das Geheime Consilium, hervorgegangen aus dem 1702 unter Herzog *Wilhelm Ernst* eingerichteten Geheimeraths-Kollegium[113], bestand seit 1756[114]. Der Conseil hatte formal lediglich beratende Funktionen; ein verantwortliches, zur Gegenzeichnung von Rechtsakten des Landesherrn befugtes Ministerium war er nicht. Faktisch bestand der Conseil, da *Goethe* sich von dessen Alltagsgeschäften seit der Rückkehr aus Italien fast gänzlich freihielt und *Wolzogen* lange schon durch Krankheit an ihrer Wahrnehmung gehindert war, ehe er am 17. Dezember 1809 verstarb, allein aus *Voigt*, was ihn etwa *Goethe* gegenüber klagen ließ, er sei »mit den landschaftlichen und anderen Sachen grausamlich überladen«[115]. Ungeachtet des großen Einflusses, über den *Voigt* ohne Zweifel gebot, blieb *Carl Augusts* Regierung in der Zeit des Rheinbundes dem System der Kabinettsregierung verhaftet: alle wichtigen Entscheidungen wurden von ihm getroffen – nach Anhörung seiner Räte[116]. Alle anderen Behörden des Landes waren der Aufsicht des Consiliums unterstellt, welches ferner für diejenigen Angelegenheiten zuständig war, die der Entscheidung des Landesherrn vorbehalten waren, wie z. B. die auswärtige Politik[117]. Auf diese Ebene der Regierung griff erst die Verfassungsreform des Jahres 1816 über, welche die landständisch beschränkte, aufgeklärt despotische Regierungsform durch eine zumindest in Ansätzen konstitutionelle Monarchie ersetzte.

---

[111] Politischer Briefwechsel (Fn. 77), Band 3, Nr. 88.

[112] Mitglied des Geheimen Consiliums war zu dieser Zeit neben dessen Präsidenten *Voigt* und *Goethe Wilhelm Ernst Friedrich Franz August Freiherr von Wolzogen* (1762–1809), seit 1797 in weimarischen Diensten. Sein Verdienst war es zu einem großen Teil, daß die für Sachsen-Weimar so überaus wichtige Heirat des Erbprinzen mit der Schwester des Zaren zustande kam. *Wolzogen* war mit der Schwester *Charlotte von Schillers geb. von Lengefeld, Friederike Sophie Karoline Auguste* (1763–1847), verheiratet.

[113] *Schweitzer* (Fn. 76), S. 129 f.

[114] *Klein* (Fn. 76), S. 823 f. S. a. *Ulrich Heß*, Geheimer Rat und Kabinett in den ernestinischen Staaten Thüringens. Organisation, Geschäftsgang und Personalgeschichte der obersten Regierungssphäre im Zeitalter des Absolutismus, 1962, S. 181.

[115] Goethes Briefwechsel mit Christian Gottlob Voigt, Band III, unter Mitwirkung von Wolfgang Huschke bearbeitet und herausgegeben von Hans Tümmler, 1955, Nr. 244. – Zur tatsächlichen Entwicklung des Geheimen Consiliums in den folgenden Jahren s. *Hartung* (Fn. 5), S. 226 f.

[116] Über *Carl Augusts* Regierungsweise s. *Hartung* (Fn. 5), S. 14 ff.

[117] Näheres bei *Reinhard Kluge* in: Goethes Amtliche Schriften I (Fn. 79), S. 821 ff.

IV. Goethe

In der Zeit der napoleonischen Vorherrschaft über Deutschland im allgemeinen und die rheinbündische Staatenwelt im besonderen war es *Goethe* vor allem darum zu tun, das »bis jetzt noch unangetastete Palladium unserer Literatur auf das eifersüchtigste zu bewahren«[118]. Zwar ist es immer *Goethes* Art gewesen, sich angesichts bedrängender äußerer Verhältnisse auf sein Dichtertum zurückzuziehen, aber in der konkreten Lage, in der sich das Herzogtum Sachsen-Weimar und Eisenach zu dieser Zeit befand, gab es dafür auch gute, gerade auch politische Gründe. Denn es war bekanntlich auch Weimars literarischer Ruhm, der, wie sich nicht zuletzt in seinen Begegnungen und Gesprächen mit *Goethe* und *Wieland*[119] zeigte, *Napoleon* veranlaßt hat, die geistige Welt Weimars nicht durch die Depossedierung seines Fürstenhauses zu zerstören[120]. Ganz in diesem Sinne schrieb *Goethe* an seinen Verleger *Cotta*[121] am 7. Oktober 1807: »Wir sind niemals politisch bedeutend gewesen. Unsere ganze Bedeutung bestand in einer gegen unsere Kräfte disproportionierten Beförderung der Künste und Wissenschaften. Von anderen Seiten sind wir jetzt so wenig und weniger als sonst. Solange also der Zustand von ganz Deutschland sich nicht näher entscheidet, haben alle, besonders die kleineren Staaten, Ursache zu wünschen, daß man sie ignoriere ...«[122]. Und zwei Jahre später meinte er gegenüber dem gleichen Adressaten, »daß es die Zeit nicht sey, sich in öffentliche Angelegenheiten zu mischen, und daß man nur wohl lebe, indem man verborgen lebt«[123]. Den Kopf einziehen und den Sturm vorüberziehen lassen – es war in jenen Tagen keine üble Devise für das kleine Land, in dem er Verantwortung trug.

So zeigte sich *Goethe*, um zu seinem Teil Ruf und Rang Weimars zu befestigen, gerade im Jahre 1809, in dem Weimars neue Konstitution entstand, entschlossen, seine »Geistesproduktionen zu fördern«[124]. Mit großer Energie

---

[118] So hat sich *Goethe* nach *Carl Ludwig Fernows* Bericht (vgl. seinen Brief an den Weimarer Gymnasialdirektor *Karl August Böttiger*, 1760–1835, vom 7. Januar 1807, Goethes Gespräche [Fn. 4], S. 162 [163]) ihm gegenüber geäußert. Zu dieser Briefstelle *Mommsen* (Fn. 13), S. 128 f. Fn. 7. Über *Fernow* s. Goethes Weimar (Fn. 80), S. 87 f.

[119] *Christoph Martin Wieland* (1733–1813) war 1772 als Prinzenerzieher nach Weimar gekommen, wo er als Staatspensionär in »angenehmer retraite« bis zu seinem Tode lebte. *Napoleon* begegnete *Wieland* während des Erfurter Fürstenkongresses (27. September – 14. Oktober 1808) am 6. Oktober anläßlich eines Balles im Weimarer Schloß.

[120] Vgl. *Hans Tümmler*, Goethe als Staatsmann, 1976, S. 73 f.

[121] *Johann Friedrich Cotta* (1764–1832).

[122] Goethes Briefe (Hamburger Ausgabe, Band 3, 3. Aufl. 1988), S. 56.

[123] Brief an *Cotta* vom 1. Oktober 1809, ebenda, S. 110. In dem berühmten Gespräch, das er im Dezember 1813 mit dem Jenaer Historiker *Heinrich Luden* führte, äußerte *Goethe* ebenfalls seine Abneigung, sich »in die Zwiste der Könige zu mischen, in welchen doch niemals auf Ihre und meine Stimme gehört werden wird« (Goethes Gespräche II [Fn. 4], Nr. 3827, S. 864).

[124] Tag- und Jahreshefte 1809, Goethes Werke (Hamburger Ausgabe), Band 10, S. 265.

widmete er sich seinen schriftstellerischen Arbeiten, vor allem der »Farben-
lehre« und den »Wahlverwandtschaften«, die er im Oktober abschloß. Mit den
Vorarbeiten zu »Dichtung und Wahrheit« wird begonnen. Es entsteht das
Gedicht »Johanna Sebus« zum »Andenken der 17-jährigen Schönen Guten ...,
die am 13. Januar 1809 bei dem Eisgange des Rheins ... Hilfe reichend unter-
ging«.

    Insofern *Goethe* in amtlichen Verhältnissen tätig war, beschäftigte ihn vor-
züglich das Theater, dessen künstlerische Leitung ihm oblag. Es »ging, nach
überstandenen leichten Stürmen, ruhig seinen Gang«[125], nahm aber viel Zeit in
Anspruch. Häufig verzeichnet das Tagebuch Sitzungen der Theaterkommis-
sion[126]. Aufreibend war auch die Aufsicht über die unmittelbaren Anstalten
für Wissenschaft und Kunst, die *Goethe*, zumeist gemeinsam mit *Voigt*, seit
seiner Rückkehr aus Italien führte: die Freie Zeichenschule, die herzoglichen
Bibliotheken in Jena und Weimar, das Botanische Institut, das chemische und
naturwissenschaftliche Institut, das anatomische Kabinett, die Sternwarte, die
Tierarzneischule – alle in Jena. Ungeachtet einer gewissen Vereinheitlichung
des Rechnungswesens für alle diese Einrichtungen gelang es erst im Zuge der
Verfassungsreform von 1815, sie »völlig in Eins«, d. h. in einer Oberbehörde,
der sogenannten »Oberaufsicht«, zusammenzufassen, wie es *Goethe* schon
1809 empfohlen hatte[127].

---

[125] Tag- und Jahreshefte 1809 in: Goethe's sämmtliche Werke in vierzig Bänden. 27. Band,
1840, S. 270. So leicht war die Krise freilich nicht, in die das Theater in den letzten Wochen
des Jahres 1808 geraten war. Meinungsverschiedenheiten mit *Caroline Jagemann*, der Lebensgefährtin *Carl Augusts*, brachten *Goethe* schon damals an den Rand der Resignation. Am
10. November 1808 hatte Goethe den Herzog gebeten, ihn »von einem Geschäft (gemeint war
die Theaterdirektion) zu entbinden das meinen sonst so wünschenswerthen und danckens-
werthen Zustand zur Hölle macht« (Goethe von Tag zu Tag [Fn. 81], S. 257). *Voigt* mußte
vermitteln, auch *Riemer* und andere schalteten sich ein. Erst als der Herzog sich bereit fand,
Goethe in den Angelegenheiten des Theaters freie Hand zu lassen, soweit es das »Kunstfach«
betraf (vgl. Goethe von Tag zu Tag [Fn. 81], S. 269), zeigte dieser sich zufrieden, und *Christiane* konnte dem in Heidelberg studierenden Sohn *August* melden: »Mit dem Theater hat es
sich wieder so gut gemacht, da der Herzog Deinem Vater ein Reskript zugeschickt hat, daß er
eigenmächtig machen kann, was er will; und ich sitze nicht mehr auf meiner alten Bank ..., ich
sitze in der Loge neben der Schopenhauern« (Goethe in vertraulichen Briefen seiner Zeitgenossen, zuammengestellt von *Wilhelm Bode*, Band II, 1794 – 1816, 1982, S. 418). – *Johanna
Henriette Schopenhauer* (1766 – 1838), seit 1806 in Weimar ansässig, war die Mutter des
Philosophen *Arthur Schopenhauer* (1788–1860), zu dem sie ein gespanntes Verhältnis hatte,
und der *Louise Adelaide Lavinia* (genannt *Adele*) *Schopenhauer* (1797–1849), einer engen
Freundin von *Goethes* späterer Schwiegertochter *Ottilie Wilhelmine Ernestine Henriette* geb.
von Pogwisch (1796–1872); *Adele* war eine fruchtbare und erfolgreiche Schriftstellerin.
[126] Zur Hoftheater-Direktionskommission, wie sie seit 1809 hieß, gehörten außer *Goethe*
selbst *Franz Kirms* (1750–1826) und *Friedrich Leopold Kruse* (1766–1850).
[127] Dazu *Irmtraut* und *Gerhard Schmid* in: Goethe, Amtliche Schriften II (Band 27) der im
Verlag Deutscher Klassiker erscheinenden Sämtlichen Werke), 1999, S. 1096 f. Das Zitat ent-
stammt einem Brief *Goethes* an *Voigt* vom 22. Juli 1809, Briefwechsel III (Fn. 115), Nr. 343
(S. 247).

Indessen: weder blieb *Goethe* von den Ereignissen der »großen« Politik unberührt, noch war er an ihnen nicht interessiert[128]. So schrieb er am 2. Mai 1809 an seine Frau aus Jena: »Die gegenwärtigen Zustände[129] geben viel zu sprechen, und wenn ich auch nicht viel zu sagen habe, so habe ich doch viel zu hören«[130]. Die französische Revolution hat *Goethe*, wie durch eigene Äußerungen und solche Dritter vielfach bezeugt ist, auf das Tiefste bewegt. Die, wie er früher als andere erkannte, irreversible Erschütterung aller überkommenen Ordnungen, nicht nur in der Gestalt einiger ihrer Repräsentanten, sondern in ihrer Substanz, die die Revolution mit sich brachte, hat er zu Recht als die Verwandlung seiner Welt empfunden. Er suchte Abstand und inneres Gleichgewicht. Aber er war zu nahe am Geschehen, als daß er nicht Kenntnis und bis zu einem gewissen Grade auch aktiven Anteil hätte nehmen müssen. Auch das ist belegt.

Die Malerin *Karoline Luise Seidler* (1786–1866) etwa, die *Goethe* am 29. Mai 1809 bei einer Gesellichkeit in Weimar traf, notierte in einem Brief an *Pauline Gotter* (1786–1854), die 1812 den Philosophen *Friedrich Wilhelm Joseph von Schelling* (1775–1854) heiratete, *Goethe* sei »tief in der Politik mit *Ziegesar* wieder verwickelt« gewesen[131]. In den zahllosen Gesprächen, die er bei Empfängen, Spaziergängen, Besuchen etwa mit Mitgliedern der fürstlichen Familie führte, kann es kaum anders gewesen sein[132]. In einem Brief an *Voigt* vom 25. September 1809 bekundete er Skepsis, ob es gelingen werde, durch die in Vorbereitung befindliche neue Stadtordnung für Jena die dortigen Mißstände zu beheben[133] – die Stadt war hoch verschuldet, da sie zunächst sämtliche finanziellen Lasten zu tragen hatte, die sich als Folge der Schlacht von 1806 ergeben hatten[134]. Am 25. Februar 1809 scheint *Goethe* in seiner Eigenschaft als dienstältestes Mitglied des Geheimen Consiliums auf Bitte von *Voigt*[135] vor den in Weimar zur Beratung der Verfassung versammelten Ständen aufgetreten und deren Antwort auf die »Proposition« des Herzogs[136] entgegengenommen zu haben[137], ohne freilich inhaltlich auf sie einzugehen.

---

[128] Schon seine beständige Bewunderung für die Persönlichkeit und das Genie *Napoleons* sind dafür ein hinreichender Beleg; dazu *Mommsen* (Fn. 13), S. 129 ff.

[129] Gemeint ist der Krieg Österreichs gegen Frankreich, in dessen Verlauf *Andreas Hofer* und der Major *von Schill* ihr Leben verloren. Das Herzogtum Weimar als Rheinbundstaat focht an der Seite des verbündeten Frankreich.

[130] Goethe von Tag zu Tag (Fn. 81), S. 306.

[131] Goethe in vertraulichen Briefen (Fn. 125), Band II 1794–1816, 1982, Nr. 1546.

[132] S. a. *Tümmler*, Goethe als Staatsmann (Fn. 120), S. 75.

[133] Briefwechsel III (Fn. 115), Nr. 354 (S. 259).

[134] Vgl. dazu *Hartung* (Fn. 5), S. 215.

[135] Vgl. dessen vermutlich auf den 24. Februar 1809 zu datierenden Brief in: Briefwechsel III (Fn. 115), Nr. 307. Und dazu die Anmerkung des Herausgebers S. 469 f. sowie *Hartung* (Fn. 5), S. 220 ff.

[136] Vgl. zu und in Fn. 95.

[137] *Goethe* selbst hat diesen Akt in seinem Tagebuch nicht vermerkt; er kann deshalb nicht als verbürgt gelten.

So läßt sich sagen, daß *Goethe* an den bedeutenderen innenpolitischen Veränderungen im Herzogtum Sachsen-Weimar und Eisenach in der Rheinbundzeit kaum aktiv beteiligt war, die Ereignisse im großen wie im kleinen aber
mit großer Aufmerksamkeit und steter Sorge verfolgt hat. Als »Staatsmann«
war er in dieser Zeit verstummt[138], aus »schmerzlicher Resignation«, wie
Heinrich Luden[139] meinte[140], »zu welcher er sich in seiner Stellung und bei
seiner genauen Kenntnis von den Menschen und von den Dingen wohl ent-
schließen mußte«.

Goethe hat das System des Rheinbundes nicht abgelehnt. Das Problem der
»Fremdherrschaft« habe ihn nicht berührt, hat *Wilhelm Mommsen* wohl zutreffend festgestellt[141]. Diese Einstellung war folgerichtig, wenn man bedenkt,
daß *Goethe* wie nicht wenige seiner Zeitgenossen sich vom Protektorat *Napoleons* die dauerhafte Beendigung der revolutionären Wirren und damit die
Herstellung der äußeren Bedingungen versprach, unter denen, wie er glaubte,
Kunst und Wissenschaft allein gedeihen konnten. Der Rheinbund konnte
Goethe auch, mindestens vorübergehend, als Gewährträger für den in einen
größeren Ordnungszusammenhang eingefügten, ihm seit seiner Beschäftigung
mit *Justus Möser* (1720–1794) erwünschten Fortbestand »einer Menge kleiner
Staaten« erscheinen, in denen die »Ausbreitung der Kultur im einzelnen, nach
den Bedürfnissen, welche aus der Lage und Beschaffenheit der verschiedensten Provinzen hervorgehn«, gesichert war[142]. Der Pflege der Kultur hat er
sich deshalb in den Zeiten des Rheinbundes wie vorher und auch nachher
vorzüglich verpflichtet gewußt: der Förderung des eigenen Werks, der Thea-
terintendanz, der ihm anvertrauten Aufsicht über die staatsunmittelbaren wissenschaftlichen und künstlerischen Einrichtungen des Herzogtums. Gegenüber dem heraufziehenden Zeitalter der Einebnung gewachsener Ordnungen
blieb er skeptisch.

---

[138] So *Tümmler*, Goethe als Staatsmann (Fn. 120), S. 75.
[139] 1780–1847; seit 1806 Professor der Geschichte in Jena.
[140] Wie Fn. 123, S. 869.
[141] (Fn. 13), S. 143.
[142] Zitat: Dichtung und Wahrheit, 15. Buch, Goethes Werke (Hamburger Ausgabe), Band
10, S. 52. Es sollte bedacht werden, daß das 15. Buch von *Goethes* Autobiographie im Jahre
1812 entstand, als *Napoleon* zum Krieg gegen Rußland rüstete. Zu *Goethes* Verhältnis zu
Möser s. *H. H. Klein*, Staat, Verfassung, Volk und Freiheit in Goethes »Egmont« in B. Becker
u. a. (Hrsg.), Festschrift für Werner Thieme, 1993, S. 71 (78 ff. m. N.). S. a. *Theodor Schieder*,
Der junge Goethe im alten Reich in: Festschrift Tümmler (Fn. 3), S. 131 (139 f.).

5. Gerhard Leibholz (1901–1982).
Theoretiker der Parteiendemokratie
und politischer Denker –
ein Leben zwischen den Zeiten

Vor unserem geistigen Auge steht Gerhard Leibholz' ragende, im Alter leicht gebeugte und zunehmend hagere Gestalt, das eindrucksvolle Gelehrtenhaupt, der gütige Blick unter den buschigen Brauen, der den ihm Begegnenden sorgsam abschätzte. Ihm eigneten eine aus der Erfahrung des Leides gewachsene, unübersehbare Melancholie wie die Weisheit einer daraus gereift hervorgegangenen Persönlichkeit, Bescheidenheit, Würde und Autorität. Leibholz war im besten Sinne des Wortes ein Herr, ein Grandseigneur bürgerlichen Zuschnitts. Im Gespräch strahlte er Wärme aus. Schnell erwarb und schenkte er Vertrauen. Die unglückliche Geschichte unseres Vaterlandes im 20. Jahrhundert war in ihm spürbar gegenwärtig. Aber sie hatte »weder seine Vitalität noch seinen Glauben an die Humanitas« gebrochen, um es mit den Worten zu sagen, die er selbst zum Gedenken an den ersten Vorsitzenden des Zweiten Senats des Bundesverfassungsgerichts, den Vizepräsidenten Rudolf Katz, gesprochen hat, der während des Dritten Reiches ein dem seinen ähnliches Schicksal erlitten hatte[1]. Über den Wechsel der Epochen hinweg repräsentierte Gerhard Leibholz die große Tradition der deutschen Staatsrechtslehre.

I. Leben

Der äußere Hergang seines Lebens deutet an, was es ihm auferlegte. Aus einer Industriellenfamilie stammend, widmete sich Leibholz nach dem Ende der Schulzeit zunächst dem Studium der Philosophie, das er schon im Alter von 19 Jahren mit der Promotion zum Dr. phil. abschloß. Das Thema seiner von Richard Thoma in Heidelberg betreuten Dissertation »Fichte und der demokratische Gedanke« verwies schon auf den eigentlichen Gegenstand seines lebenslangen Interesses: den demokratischen Staat. Das anschließende Studium der Jurisprudenz wurde in wenigen Jahren abgeschlossen, schon 1925

---

[1] JZ 1961, 643 (644).

promovierte Leibholz bei Heinrich Triepel in Berlin mit seiner berühmten
Schrift über »Die Gleichheit vor dem Gesetz«[2].

In diesen Jahren wurde die Beziehung zur Familie Bonhoeffer geknüpft, die
Leibholz' Leben maßgeblich geprägt hat. Nach kurzer richterlicher Tätigkeit
treffen wir Leibholz als Referent am Kaiser-Wilhelm-Institut für Ausländisches Öffentliches Recht und Völkerrecht, für das ihn Viktor Bruns gewinnen
konnte. 1928 habilitierte er sich mit einer wiederum aufsehenerregenden
Schrift über »Das Wesen der Repräsentation ...«[3] an der Berliner Universität.
1929 folgte Leibholz einem Ruf nach Greifswald. Die nach zwei Jahren folgende Berufung auf das Ordinariat für Staatsrecht an der Universität Göttingen ließ, so schreibt Sabine Leibholz[4], schon keine rechte Freude mehr aufkommen. Man ahnte, daß die so glänzend begonnene akademische Karriere,
daß das Glück der Familie, das Leibholz stets so viel gegolten hat, bald einen
grausamen Bruch, eine schwere Trübung erleiden könne.

Wie eine Reihe seiner Verwandten vor ihm verlor auch Leibholz bald sein
Amt – unter entwürdigenden Begleitumständen. Einige Tage tat er Dienst an
der Universitätsbibliothek wie etwa 100 Jahre früher – aus immerhin vergleichbarem Anlaß – einer der Brüder Grimm. Was damals vielfach an deutschen Hochschulen geschah und auch Gerhard Leibholz widerfuhr, bleibt zu
unserer dauernden Beschämung als Schande am deutschen Namen haften; es
befleckt auch die Ehre unserer Universität.

Spät, erst im September 1938, verließ Leibholz mit seiner Familie die Heimat. Die damals elfjährige Tochter beschreibt im Rückblick das überwältigende Gefühl der Befreiung beim Grenzübertritt in die Schweiz[5]. Der bittere Weg
des Exils führte nach England. Finanzielle Beengtheiten; die Suche nach einer
angemessenen Beschäftigung; die allmähliche Eingewöhnung in einem fremden Land, das mit dem eigenen Krieg führte; eine mehrere Monate während
Internierung als »feindlicher Ausländer« nach Kriegsausbruch; die ständige
Sorge um die Zurückgebliebenen; schließlich die Sicherung des Lebensunter-
halts durch eine Gastdozentur in Oxford – Stationen eines Flüchtlingsschick-
sals, dessen innerer Werdegang vom Betrachter, zumal dem in gesicherter
Freiheit lebenden, nicht nachempfunden werden kann.

Im England jener Tage fand Gerhard Leibholz einen Wirkungskreis als
politischer Publizist und vor allem in der Rolle eines Beraters des Bischofs

---

[2] In zweiter, durch eine Reihe ergänzender Beiträge erweiterter Auflage erschienen 1959.
[3] Das Wesen der Repräsentation unter besonderer Berücksichtigung des Repräsentativsy-
stems. Ein Beitrag zur Allgemeinen Staats- und Verfassungslehre, 1929; 3., erweiterte Auflage
unter dem Titel: Das Wesen der Repräsentation und der Gestaltwandel der Demokratie im
20. Jahrhundert, 1966. Nach dieser Ausgabe wird im folgenden zitiert.
[4] Vergangen, erlebt, überwunden. Schicksale der Familie Bonhoeffer, berichtet von *Sabine
Leibholz-Bonhoeffer*, 2. Aufl. 1968, S. 92.
[5] Ebenda, S. 116.

von Chichester, George Bell. Hier konnte er seine spezifische Begabung, das politische Geschehen zu analysieren und auf den Begriff zu bringen, auf eine neue Art erproben. Er war ein kundiger Interpret der sich in Deutschland vollziehenden Entwicklung, er, der aus dem Land seiner Väter Getriebene, ein beredter und unermüdlicher Botschafter seines Volkes. Wie wenige andere war er berufen, sich über das Gedanken zu machen, was aus Deutschland und Europa nach dem Kriege werden sollte. Teil unserer nationalen Geschichte ist das Schicksal, das die in der Heimat zurückgebliebenen Mitglieder der Familien Leibholz/Bonhoeffer in dieser Zeit erlitten. Im Blick darauf hat Leibholz einmal gesagt, man habe eigentlich kein Recht, zu den Überlebenden zu gehören[6]. Der Einsatz der dahingegangenen Weggefährten für die Freiheit und die Würde des Menschen war ihm zeit seines Lebens Verpflichtung.

Nach dem Kriege hat Leibholz sehr bald wieder Kontakte zu seiner Göttinger Fakultät geknüpft. Hier hielt er Gastvorlesungen in den Sommersemestern 1947 bis 1949 und erhielt 1951 den Auftrag, das Fach »Politische Wissenschaften« an dieser Fakultät zu vertreten. Im Jahre 1958 übernahm er hier den neugeschaffenen Lehrstuhl für Politische Wissenschaften und Allgemeine Staatslehre. Rufe nach New York und Köln hat er abgelehnt. Schon seit 1951 amtierte Leibholz als Mitglied des Zweiten Senats des Bundesverfassungsgerichts, aus dem er – nach mehrfacher Wiederwahl – erst zwanzig Jahre später, nun schon über siebzig Jahre alt, wieder ausgeschieden ist. Die Bundesrepublik Deutschland hat ihm mit der Übertragung dieses Amtes ein ihm gemäßes Feld der Betätigung eröffnet, sich aber auch selbst der Mitwirkung eines Mannes versichert, der wie nur wenige geeignet war, dieser für ihr staatliches Leben so bedeutsam gewordenen Institution zu Rang und Ansehen zu verhelfen. Diese Hoffnung hat sich erfüllt: Gerhard Leibholz hat das Bild des Richters des Bundesverfassungsgerichts in der Öffentlichkeit geprägt. Er ist zu einer der großen Richterpersönlichkeiten Deutschlands geworden, obwohl – oder besser weil – er neben seinem Richteramt auf vielfältige Weise wissenschaftlich wirkte und dadurch – national wie international – der deutschen Staatsrechtslehre zu neuer Autorität verhalf. Gerhard Leibholz, der Theoretiker der Parteiendemokratie, hat in den Jahren nach seiner Rückkehr aus dem Exil, in denen er mit allen Kräften für den Wiederaufbau des demokratischen Rechtsstaats in Deutschland arbeitete und im In- und Ausland für ihn um Vertrauen warb, in einem eminenten Sinne politisch gewirkt, ohne sich je dem Verdacht der Parteinahme auszusetzen. Als Gerhard Leibholz am 19. Februar 1982 in Göttingen, wohin er nach seinem Ausscheiden aus dem Bundesverfassungsgericht noch einmal zurückgekehrt war, starb, verlor die deutsche Staatsrechtswissenschaft einen der Bedeutendsten ihre Zunft, einen der letzten derjenigen, deren Leben, wie Rudolf Smend es zu Leibholz' 65.

---

[6] *Chr. Link*, (Hg.), Der Gleichheitssatz im modernen Verfassungsstaat, 1982, S. 28.

Geburtstag ausdrückte, »irgendwie zwischen die Zeiten gefallen« war, einen, der ein großes Leben lang, um es mit den Worten seines Schülers Henning Zwirner zu sagen, das liberale Erbe der bürgerlichen Tradition in der egalitären Demokratie zu bewahren bemüht war. Sein Vorbild verpflichtet.

II. Werk

Ich möchte versuchen, Gerhard Leibholz' wissenschaftliches und politisches Wirken in einem Dreischritt zu würdigen, wie er durch die Zäsur des Exils vorgegeben ist: die Grundlegung (1), das politische Denken (2), Ausbau und Wirkung (3).

1. Grundlegung

Gleichheitssatz

Schon mit seiner Dissertation über den Gleichheitssatz des Art. 109 Abs. 1 WRV setzte Leibholz einen wichtigen Akzent in dem damals die Vertreter der deutschen Staatsrechtslehre spaltenden Methodenstreit. Auf die Befürworter eines strengen Gesetzespositivismus mußte es herausfordernd wirken, wenn Leibholz zu Beginn seiner Abhandlung die These aufstellte, in der parlamentarischen Demokratie sei die Funktion der Grundrechte eine grundsätzlich andere als etwa in der konstitutionellen Monarchie und, um sie zu entwickeln, gelte es, alle zulässigen Mittel der Interpretation zu erschöpfen und die auszulegende Norm von der Zufälligkeit ihrer Entstehungsgeschichte zu lösen[7]. Noch Hermann Jahrreiß' Auslegung des Art. 109 im Handbuch des Deutschen Staatsrechts[8] läßt die Bitterkeit dieser Auseinandersetzung ahnen, wenn er Leibholz – und anderen – entgegenhält, der Gleichheitssatz der Reichsverfassung registriere nurmehr die bisher ganz selbstverständlich geübte Praxis der Gesetzmäßigkeit jeder staatlichen Singulärentscheidung; insoweit sei gar kein Raum für Auslegung. Offen proklamierte Leibholz demgegenüber einen durch die Änderung der verfassungsrechtlichen Grundlagen bewirkten Bedeutungswandel der Norm[9]. Beim Gleichheitssatz zeige sich deutlich, daß eine rein normativ-dogmatische Betrachtung niemals ein wirklich erschöpfendes Bild der zum Rechte gehörenden, im Rechte lebenden und wirkenden Kräfte werde geben können, eben weil das positive Recht auch auf die außerhalb seines unmittelbaren Bereiches stehenden Mächte Bezug nehmen müsse, um

---

[7] Die Gleichheit vor dem Gesetz, S. 13 f.
[8] Die staatsbürgerliche Gleichheit in: *G. Anschütz/R. Thoma*, Handbuch des Deutschen Staatsrechts, 2. Bd., 1932, S. 624 ff., 628 f.
[9] Die Gleichheit vor dem Gesetz, S. 15.

sich selbst elastisch und zugkräftig zu erhalten[10]. Dies war die Kernthese der neuen »geisteswissenschaftlichen« Richtung der deutschen Staatsrechtswissenschaft. Indem er sie vertrat, reihte sich Leibholz von Anbeginn und unüberhörbar ein in die von Smend im Rückblick so beschriebene »Kampfgemeinschaft« gegen den »bis dahin vorherrschenden formalistischen Positivismus«[11].

Die zentrale These, die Leibholz in seiner Schrift mit so durchschlagendem Erfolg verfocht, lautete bekanntlich, daß sich der Gleichheitssatz nicht auf die Verbürgung der Rechtsanwendungsgleichheit beschränke, sich vielmehr unmittelbar auch an die Adresse des Gesetzgebers wende. Er war nicht der erste, der diese These vertrat – Julius Hatschek, Erich Kaufmann, Hans Nawiasky, sein Lehrer Triepel waren ihm darin vorausgegangen[12] –, aber er hat sie (neben Aldag) als erster umfassend begründet. Bei der schwierigen Bestimmung des materialen Inhalts des Gleichheitssatzes scheidet Leibholz zunächst dessen Deutung als mechanische oder mathematische Gleichheit aus. Vielmehr enthalte der Satz von der Gleichheit vor dem Gesetz das Verbot willkürlicher Normsetzung: Wesentlich Gleiches sei gleich, aber auch wesentlich Ungleiches ungleich zu behandeln[13]. Dieses Verbot der Willkür bedeute nichts anderes als die Bindung der Verfassung an die Rechtsidee und damit die Einführung eines nicht formalen Elementes in den so erst zu Ende gedachten Rechtsstaatsgedanken. Willkür bedeute die radikale, absolute Verneinung von Gerechtigkeit. Der mit dem Willkürbegriff (wie mit dem der Gerechtigkeit) sich verbindende Inhalt sei wandelbar – hier hat Leibholz seine Position später im Lichte seiner Erfahrungen mit dem nationalsozialistischen Unrechtsstaat verdeutlicht, indem er auf bestimmte fundamentale Prinzipien und überstaatliche Normen verwies, die jeder Rechtsordnung, die diesen Namen verdient, notwendig immanent sind und den Willkürbegriff zu einem mit einem bestimmten Inhalt begabten materiellen Rechtsbegriff machen[14].

In mehreren vor 1933 erschienenen Untersuchungen, die in die zweite Auflage seiner Dissertation aufgenommen worden sind, hat Leibholz seine Position vertieft und gegen Angriffe und Mißverständnisse verteidigt[15]. So setzte er sich etwa mit dem Einwand auseinander, die postulierte Bindung auch des Gesetzgebers an den Gleichheitssatz und die sie garantierende richterliche Normenkontrolle – bekanntlich eines der umstrittensten Themen der Wei-

---

[10] A. a. O., S. 74; s. a. S. 163 ff.

[11] Festschrift für U. Scheuner, 1973, S. 575 ff., 578, 585.

[12] Vgl. die Nachweise in: Die Gleichheit vor dem Gesetz, S. 34.

[13] A. a. O., S. 220, 237.

[14] A. a. O., S. 251 f.; bei *Link*, a. a. O., S. 88; s. a. *G. Leibholz*, Politics and Law, 1965, S. 253, 263 f.

[15] Nachweise zum Meinungsstreit über den Inhalt des Gleichheitssatzes bei *E. R. Huber*, Deutsche Verfassungsgeschichte seit 1789, 6. Bd., 1981, S. 105.

marer Staatsrechtslehre – führe zu einer Verschiebung des Gewaltensystems der Reichsverfassung. Verstehe man das Prinzip der Gewaltenteilung als das Gebot einer (freiheitsgewährleistenden) Gewaltenbalance, füge sich die neue Deutung des Gleichheitssatzes diesem Ziele nahtlos ein. Die Beschränkung der Gleichheitsforderung auf das Gebot der Willkür – im Unterschied zu bloßer »Unrichtigkeit« der getroffenen Entscheidung – belasse dem Gesetzgeber den ihm zustehenden Entscheidungsspielraum. Von einer Usurpation der Gesetzgebung durch die Justiz könne keine Rede sein[16].

Schon 1929 konnte Leibholz feststellen, daß die von ihm vertretene Meinung inzwischen zur herrschenden geworden war[17]. Nach 1945 wurde sie kaum noch in Frage gestellt. Das Grundgesetz stellte die Bindung auch des Gesetzgebers an die Grundrechte außerhalb jeden Zweifels (Art. 1 Abs. 3 GG) und rezipierte umfassend die richterliche Normenkontrollkompetenz (Art. 93 Abs. 1 Nr. 2, 100 GG). Dem Verfassungsrichter Leibholz wurde die Genugtuung zuteil, daß der Zweite Senat des Bundesverfassungsgerichts, dem er angehörte, in seiner ersten großen Entscheidung, dem sog. Südweststaat-Urteil vom 23. Oktober 1951, seine Lehre fast uneingeschränkt und wenig später[18] vollständig[19] – übernahm: Das Gesetz sei verletzt, wenn sich ein vernünftiger, sich aus der Natur der Sache ergebender oder sonstwie sachlich einleuchtender Grund für die gesetzliche Differenzierung oder Gleichbehandlung nicht finden lasse, kurzum, wenn die Bestimmung als willkürlich bezeichnet werden müsse[20]. An diesen Grundlagen halten Rechtsprechung und Lehre bis heute fest. Es handelt sich um Einsichten, um Stationen wissenschaftlicher Erkenntnis, hinter die es – wie auch die Rechsvergleichung zeigt[21] – kein Zurück mehr geben kann. Übrig bleibt die nähere Strukturierung des Gleichheitssatzes und die Erarbeitung von Techniken zur zuverlässigeren Ermittlung von Verletzungen des Willkürverbots[22].

Repräsentation und Parteiendemokratie

Das zweite Leitthema von Leibholz' wissenschaftlichem Werk war seine Deutung des Wesens der modernen Parteiendemokratie. Ihm war seine wiederum aufsehenerregende Habilitationsschrift gewidmet. Auch für diese Untersuchung ist der »phänomenologische«[23] Ansatz kennzeichnend: die Hereinnah-

---

[16] Die Gleichheit vor dem Gesetz, S. 181 ff.; vgl. auch S. 222 ff.

[17] In der Besprechung der Abhandlung von *Rümelin*, Die Gleichheit vor dem Gesetz, 1928, jetzt in: Die Gleichheit vor dem Gesetz, S. 194 ff., 195.

[18] BVerfGE 4, 144 (155).

[19] Dazu: Die Gleichheit vor dem Gesetz, S. 2.

[20] BVerfGE 1, 14 (52).

[21] Vgl. etwa EuGH, U. v. 19. 10. 1977, Slg. 1977, S. 1753 f.; weitere Nachweise bei *M. Hilf*, EuGRZ 1985, 343 (345), 647 (648).

[22] Anmerkung entfällt.

[23] So *Leibholz*, Das Wesen der Repräsentation, S. 18 ff.

me der politischen Wirklichkeit in die Auslegung des positiven Verfassungsrechts, die es allein vermeidet, dessen Institutionen an einem vorgegebenen
(idealen) Sinnprinzip zu messen und dann folgerichtig im Vergleich mit der
Wirklichkeit ihren Verfall zu registrieren[24]. Allerdings steht diese Methode
auch in der Gefahr, den normativen Gehalt des positiven Rechts einer ihm
entgleitenden »Verfassungswirklichkeit« anzupassen[25]. – Leibholz' umfassende
Darstellung von Begriff, Wesen, Legitimation und Funktion der Repräsentation kann hier nicht wiedergegeben werden. Ich beschränke mich auf die Erörterung desjenigen Teils seiner Untersuchungen, der in der Folge – bis in die
Gegenwart hinein – zu lebhaften Diskussionen und Kontroversen geführt hat.

Erst Repräsentation, also die Vergegenwärtigung des Volkes durch seine
Repräsentanten, ermöglicht die Willensbildung in der Volksgemeinschaft.
Ohne sie bliebe der Volkswille richtungs- und wirkungslos, denn nur durch
sie kann »die vielspältige Menge der individuellen Willen zu einem individua-
lisierten Gemeinschaftswillen einheitlich zusammengeschlossen werden«[26].
Repräsentation ist funktionelle Integration des Staates[27]. Das Repräsentationsprinzip, so Leibholz, habe seine Stoßkraft aus der Verbindung mit dem Liberalismus empfangen[28]: Das Parlament schützt die individuelle Freiheit vor
exekutiver Willkür, es garantiert zugleich Freiheit und Gleichheit[29]. Der Repräsentant muß selbst frei sein von Weisungen Dritter, nur als Träger eigener
Würde und Autorität, als ein »Herr« im eigentlichen Sinne des Wortes, vermag er zu repräsentieren[30]. Der Gedanke des imperativen Mandats wider-
streitet deshalb dem Wesen der Repräsentation[31], und zwar schon darum, weil
die Weisung niemals vom Repräsentierten, dem Volk, sondern nur von Teilen
desselben ausgehen könnte[32]. An diesem Punkt stieß Leibholz naturgemäß auf
die Wirklichkeit des Parteienstaates, in der das Stimmverhalten der Abgeordneten maßgeblich unter dem Einfluß der Parteien steht, das Votum des

---

[24] Dieses Konzept verfolgte etwa *Carl Schmitt* mit seiner Kritik am Parlamentarismus;
vgl. dazu *H. H. Klein*, Am Ideal gemessen, versagt die Wirklichkeit in: Frankfurter Rundschau
vom 2. Oktober 1984.

[25] S. a. *Leibholz*, Das Wesen der Repräsentation, S. 106, 249 ff.

[26] A. a. O., S. 58.

[27] A. a. O., S. 60.

[28] Kritisch *U. Scheuner*, Das repräsentative Prinzip in der modernen Demokratie in:
H. Rausch (Hg.), Zur Theorie und Geschichte der Repräsentation und Repräsentativverfassung, 1968, S. 386 ff., 391 f.: Nach ihm ist die Idee der Repräsentation unabhängig von der des
Liberalismus und beruht historisch auf der Vorstellung der Begründung aller staatlichen Leitung auf der Zustimmung des Volkes.

[29] Das Wesen der Repräsentation, S. 70.

[30] Kritik im Blick auf einen von ihm angenommenen repräsentativen Status der Beamten
bei *A. Köttgen*, Besprechung von *G. Leibholz*, Das Wesen der Repräsentation in: *Rausch*,
a. a. O., S. 74 ff., 84.

[31] Das Wesen der Repräsentation, S. 73, 82 ff.

[32] A. a. O., S. 74 f.

Wählers vorrangig diesen und nicht der Person des Repräsentanten gilt[33]. Sie indiziert für ihn eine Krise des Repräsentationssystems wie des Parlamentarismus.

Die nach seiner Ansicht bestehende Antinomie zwischen Verfassungsrecht und Verfassungswirklichkeit hat Leibholz damals hingenommen, ihre Auflösung behielt er dem (verfassungsändernden) Gesetzgeber vor[34]. Später, zur Zeit der Geltung des Bonner Grundgesetzes, glaubte er sich demgegenüber im Blick auf die in Art. 21 erfolgte verfassungsrechtliche Anerkennung der Parteien zu einer eher restriktiven Auslegung des die Freiheit des Mandats verbürgenden Art. 38 GG berechtigt: ihm komme nurmehr die Funktion zu, gewisse äußerste Konsequenzen des Parteienstaates abzuwehren[35]. Seine Ansicht, der moderne Parteienstaat sei eine rationalisierte Erscheinungsform der plebiszitären Demokratie[36], sah Leibholz durch das positive Verfassungsrecht weitgehend rezipiert. Im Parlament erblickte er den Ort, an dem sich gebundene Parteibeauftragte treffen, um anderweitig, vor allem in Parteigremien, getroffene Entscheidungen registrieren zu lassen. Imperatives Mandat, Fraktionszwang, Mandatsverlust bei Parteiwechsel, Parteiausschluß und Parteiverbot schienen ihm bei verfassungssystematischer Betrachtung in der Konsequenz dieser Entwicklung zu liegen, wenn er auch in den meisten der genannten Fälle nach wie vor davor zurückscheute, die entsprechenden positivrechtlichen Folgerungen zu ziehen[37]. In seiner Habilitationsschrift hat Leibholz freilich auch hervorgehoben, das Festhalten der modernen Verfassungen am Repräsentationsprinzip und die damit einhergehende Absage an den Parteienstaat entspringe der Besorgnis, damit einer Entwicklung Raum zu geben, von der man nicht wisse, ob sie sich demokratisch-staatserhaltend bewähren werde[38].

Leibholz' Theorie des demokratischen Parteienstaates hat das unbestreitbare Verdienst, die konstitutive Funktion der politischen Parteien in der modernen Demokratie ein- für allemal geklärt zu haben. Vor allem ihm[39] ist die Einsicht zu danken, daß es allererst die Parteien sind, die das Volk – und nicht nur einzelne Interessengruppen – organisieren und politisch handlungsfähig machen[40]. Das Bundesverfassungsgericht ist ihm in dieser Einschätzung früh-

---

[33] A. a. O., S. 98 ff.

[34] A. a. O., S. 107.

[35] Der Strukturwandel der modernen Demokratie in: Strukturprobleme der modernen Demokratie, 3. Aufl. 1967, S. 78 ff., 117.

[36] Das Wesen der Repräsentation, S. 118; Der Strukturwandel der Demokratie, a. a. O., S. 93 f.

[37] Der Strukturwandel der modernen Demokratie, a. a. O., S. 96 ff., 114 ff.

[38] Das Wesen der Repräsentation, S. 122 ff.

[39] Andere wie H. Nawlasky, H. Triepel u. G. Radbruch hatten schon den Weg geebnet; vgl. die Nachweise bei K. Stern, Das Staatsrecht der Bundesrepublik Deutschland, 1. Bd., 2. Aufl. 1984, S. 438.

[40] Vgl. etwa: Der Strukturwandel der modernen Demokratie, a. a. O., S. 89 f., 120 ff.

zeitig gefolgt[41]. Nicht die Parteien mediatisieren das Volk, wie auch ein gerade heute wieder zu hörender Vorwurf lautet, umgekehrt wird es vielmehr erst durch sie, zumal auf der staatlichen Ebene, zur Artikulation seines Willens befähigt. Das Schicksal der Demokratie ist daher heute mit dem (Mehr)Parteiensystem unauflöslich verknüpft. Vor. dem Hintergrund langlebiger und zumal in Deutschland traditionell gepflegter Ressentiments gegenüber den Parteien[42], war und ist die in Art. 21 GG vollzogene Konstitutionalisierung der Parteien daher ein Akt kaum zu überschätzender politischer Weisheit. Zu Recht konnte Leibholz im Blick darauf davon sprechen, daß es sich hier um einen vom Normativen her gesehen revolutionären Schritt gehandelt habe[43] – auf einem Weg, den er gewiesen hat.

Auf Kritik ist Leibholz dagegen immer wieder mit seiner These von der Unvereinbarkeit der modernen parteienstaatlichen Demokratie mit der liberalen parlamentarisch-repräsentativen Demokratie gestoßen[44]. Diese These zwang ihn – auch unter dem Grundgesetz – zu der Annahme eines fortbestehenden Widerspruchs zwischen der von ihm diagnostizierten Wirklichkeit des Verfassungslebens und der positiven Verfassungsnorm, den er nicht zur Synthese zu führen vermochte. *Methodisch* beruhte, wie schon Arnold Köttgen gezeigt hat[45], die Unauflöslichkeit dieser Antinomie auf einer Verwechslung des Wesens der Repräsentation mit einer ihrer zeitgebundenen Erscheinungsformen und auf einer Verkennung der Freiheit des Gesetzgebers, sich von dem Repräsentationsbegriff des liberalen Zeitalters zu lösen. Im übrigen besteht unverkennbar auch in der Parteiendemokratie der Unterschied von verantwortlichen Regierenden und kontrollierenden Regierten fort, der maßgeblich das repräsentative vom identitär-plebiszitären System trennt. *Empirisch* hat Leibholz wohl vorschnell die politische Willensbildung in den Parteien einerseits und in den Institutionen von Parlament und Regierung andererseits in eins gesetzt. So sicher es richtig ist, daß die Wahl plebiszitäre Elemente enthält – allerdings mindestens ebensosehr personal- wie realplebiszitäre –, so haben sich doch auch Regierung und Parlament ein nicht unbeträchtliches Maß an Selbständigkeit gegenüber den Parteien bewahrt. Auch unterschätzt Leibholz die Rolle des kraft der Freiheit seines Mandats unabhängigen Abgeordneten im Willensbildungsprozeß seiner Fraktion und also

---

[41] BVerfGE 1, 208 (223 f.).

[42] Sie haben heute freilich einen anderen Akzent als in der Zeit von Weimar; hierzu *U. Scheuner*, 50 Jahre Deutsche Staatsrechtswissenschaft im Spiegel der Verhandlungen der Vereinigung der Deutschen Staatsrechtslehrer, AÖR 97 (1972), S. 349 ff., 355.

[43] Volk und Partei im neuen deutschen Verfassungsrecht in: Strukturprobleme der modernen Demokratie, S. 71 ff., 73.

[44] Vgl. etwa die bündige Formulierung der These bei *Leibholz*, Parteienstaat und repräsentative Demokratie. Eine Betrachtung zu Art. 21 und 38 des Bonner Grundgesetzes in: *Rausch*, a. a. O., S. 235 ff., 236.

[45] A. a. O., S. 87.

des Parlaments, die auch durch die fortschreitende Arbeitsteilung und das wachsende Gewicht fachspezifischer Kenntnisse an Bedeutung gewinnt[46]. Es darf schließlich nicht übersehen werden, daß die weitgehende Einbindung des Abgeordneten in die Organisation seiner Fraktion – ohne die er, wie das Schicksal fraktionsloser Abgeordneter zeigt, politisch nur wenig auszurichten vermöchte – seine Unabhängigkeit von partikularen Interessen und in diesem Sinne seinen repräsentativen Status stärkt[47]. Größere Probleme erwachsen diesem Status wie überhaupt dem System der repräsentativen Demokratie derzeit aus dem Verlust an Öffentlichkeit, den der politische Prozeß vor allem durch die wachsende Komplexität der zu entscheidenden Sachfragen erleidet, sowie aus den Schwierigkeiten einer Repräsentation erst ermöglichenden, d. h. dem Handeln der Repräsentanten über die rein rechtliche hinaus auch innere Verpflichtungskraft verleihenden Rückkopplung an das politische Wollen der Repräsentierten, einfacher gesagt: aus dem spürbaren Rückgang des für eine repräsentative Beziehung unerläßlichen Vertrauens der Repräsentierten zu den Repräsentanten – der freilich sehr vielschichtige Ursachen hat[48]!

2. Das politische Denken

In den mannigfachen Nöten der Jahre nach 1933 stockte naturgemäß der weitere Ausbau des rechtswissenschaftlichen Werks. Jedoch boten sich Leibholz andere Möglichkeiten, die er entschlossen ergriff und denen in seinem Gesamtwerk kein geringerer Stellenwert zukommt. Von seinem politischen Denken in der Zeit des Exils zeugen neben den in dem Buche »Politics and Law« gesammelten Abhandlungen vor allem die Briefe, die er mit dem Bischof von Chichester gewechselt hat. Dieser war mit Leibholz' Schwager Dietrich Bonhoeffer persönlich befreundet und durch ihn über die Lage in Deutschland weitaus besser im Bilde als die meisten seiner Landsleute. Gleichermaßen mit politischer Klugheit begabt wie von christlichem Ethos getragen hatte er als hoher kirchlicher Würdenträger wie als Mitglied des House of Lords mancherlei Gelegenheit, seine differenzierte Sicht der deutschen Dinge zur Geltung zu bringen – freilich mit bescheidenem Erfolg. Chichester suchte Leibholz' Rat, sandte ihm die Entwürfe seiner Parlamentsreden zur Durchsicht, erbat und erhielt Formulierungshilfen und sachliche Hinweise.

---

[46] Wie hier vor allem *U. Scheuner*, Das repräsentative Prinzip in der modernen Demokratie, a. a. O., S. 408 ff. S. auch *H. Hofmann*, Parlamentarische Repräsentation in der parteienstaatlichen Demokratie in: *ders.*, Recht – Politik – Verfassung, 1986, S. 249 ff.

[47] Vgl. dazu den Bericht von *S. C. Patterson/G. A. Caldeira*, Abstimmungskohäsion (Party-Voting) im amerikanischen Kongreß, ZParl 17 (1986), S. 200 ff.

[48] Vgl. dazu etwa den Bericht der Enquete-Kommission Verfassungsreform des Deutschen Bundestages, BTDrucks. 7/5924, S. 11 f.; *Scheuner*, a. a. O., S. 411 f.; *E.-W. Böckenförde*, Demokratie und Repräsentation, 1983, S. 18 ff.

Immer wieder hat Gerhard Leibholz in jenen Jahren versucht, seine englischen Gesprächspartner und Leser davon zu überzeugen, daß Deutschland und das Regime des Nationalsozialismus einander nicht gleichgesetzt werden dürften und daß die Denkweise, die im Nationalsozialismus das folgerichtige Ergebnis der deutschen Geschichte, in Hitler den legitimen Erben Friedrichs des Großen und Bismarcks erblickte, ein Irrweg mit absehbar verhängnisvollen weltpolitischen Folgen sei. Er machte darauf aufmerksam, daß die Identifikation von Preußentum und Nationalsozialismus die Möglichkeiten des innerdeutschen Widerstandes schwäche und der NS-Propaganda direkt in die Hände arbeite. Leibholz versuchte zu zeigen, daß der Nationalsozialismus vielmehr eine Perversion aller positiven geistigen Kräfte Deutschlands darstelle, des preußischen Konservatismus ebenso wie des deutschen Idealismus und Sozialismus. Er bemerkte (gegenüber einem verbreiteten Mißverständnis), daß der Nationalsozialismus den Staat, in offenbarem Gegensatz zur preußischen Tradition, als ein Instrument der Partei betrachtete und seine neutrale, friedenstiftende, selbständige und durch Dienst und Pflicht gezügelte Autorität leugnete. Sein Hinweis, Stalin unterscheide in seinen Äußerungen sorgfältig zwischen dem Hitlerregime und dem deutschen Volk, von George Bell im Rahmen einer Anfrage in die parlamentarische Debatte eingeführt, veranlaßte die britische Regierung zwar zu einer zufriedenstellenden Antwort – »We agree with Premier Stalin, first, that the Hitlerite State should be destroyed, and secondly, that the whole German people is not thereby doomed to destruction« –, aber nicht zu einer Änderung ihrer Politik.

Deren grundsätzlichen Fehler erblickte Leibholz darin, daß sie den Krieg, je länger er andauerte, desto entschiedener als einen nationalen Konflikt betrachtete, während es sich nach seiner eigenen begründeten Überzeugung um einen im Kern ideologischen Konflikt handelte. Nach der in Casablanca erhobenen Forderung nach unconditional surrender verschärfte Leibholz seine Kritik an denjenigen, die den Unterschied zwischen dem nationalsozialistischen Regime und dem deutschen Volk nicht sehen wollten[49]. Er warf ihnen vor, den Kräften des Widerstands in Deutschland nur die Wahl zwischen der Unterstützung des Regimes und der Hinwendung zum Kommunismus zu lassen. Sie gingen in ihrer Verblendung soweit, diese Sorge als »Bolshevic bogey« abzutun und die Existenz einer kommunistischen Gefahr in Zentraleuropa nach 1918 zu leugnen. Es zeugt von großer Klarsicht, wenn Leibholz angesichts des Eifers, mit dem der Westen den preußisch-deutschen Militarismus auszurotten bestrebt war, meinte, es könne kaum eine bessere Grundlage für dessen Wiederauferstehung gefunden werden als ein kommunistisch beherrschtes Zentraleuropa[50]. Sein Bestreben, den Westmächten eine Politik na-

---

[49] Ideology in the Post-War Policy of Russia and the Western Powers in: Politics and Law, S. 182 ff.
[50] A. a. O., S. 192.

hezulegen, die nach dem Kriege auch den Frieden zu gewinnen imstande sei, war so intensiv wie erfolglos – bis es fast zu spät dafür war.

Am 2. September 1941 schrieb Leibholz an George Bell:

Wenn Nazi-Deutschland jedoch mit Hilfe Rußlands besiegt wird, dann wird dessen Macht in Europa und vor allem in Mitteleuropa ungeheuer anschwellen, und ich sehe nicht, wieso in diesem Fall der Sieger auf dem Kontinent seine Ideologie zu revidieren brauchte.

Leibholz' Grundthese, daß der Konflikt ein ideologischer sei, machte ihn hellsichtig für die Konsequenzen, die sich daraus für die internationale Ordnung ergeben mußten: etwa, daß der Primat der Außenpolitik, der für das Zeitalter der Nationalstaaten gegolten habe, umgekehrt sei dahin, daß nunmehr die Innenpolitik die Außenpolitik bestimme; oder daß das völkerrechtliche Interventionsverbot im Blick auf totalitäre Regime aus der Sicht der demokratischen Staaten einer Revision unterzogen werden müsse; oder daß Neutralität im Zeitalter weltweiter ideologischer Auseinandersetzung einen anderen, nurmehr taktischen Charakter habe[51]. Bemerkenswert offene Kritik hat er in diesem Zusammenhange damals an Anthony Eden geübt.

Im Januar 1942 hielt Leibholz am Oxforder Christ Church College Vorlesungen über »Christianity, Politics und Power«, in denen er sich – offensichtlich unter dem starken Eindruck der politisch denkenden Kirchenmänner Dietrich Bonhoeffer und George Bell stehend – über die Rolle der Kirche in einer ideologisch zerrissenen Welt Gedanken machte. Seine damaligen Überlegungen sind von ungebrochener Aktualität. Die Welt, so führt er aus, könne mit den Regeln der Bergpredigt nicht regiert werden. Aber sie seien moralische Prinzipien, die uns im praktischen Leben verpflichten. Leibholz leitet daraus die Pflicht des Christen ab, einer Tyrannei zu widerstehen: Ihr sollt Gott mehr gehorchen als den Menschen! Und ebenso folgert er daraus die Aufgabe der Kirche, auf die Beachtung der Prinzipien des Christentums im politischen Leben hinzuwirken. Daß damit nicht kirchliche Parteinahme in der tagespolitischen Auseinandersetzung im Rahmen einer rechtsstaatlichen Ordnung gemeint sein konnte, ergibt sich allein schon aus der Lage, in der und in die hinein Leibholz im Jahre 1942 sprach.

The political task of the Church consists in influeneing the specific substance and the concrete existence which define the whole character and the very soul of the State[52].

Und:

It is not the business of the Church to look after all kind of State affairs[53].

---

[51] Germany, the West and the Possibility of a New International Order in: Politics and Law, S. 154 ff., 167 f., 175.
[52] Christianity, Politics and Power in: Politics and Law, S. 91 ff., 96.
[53] A. a. O., S. 105.

Leibholz' Kritik richtete sich gegen jene Spielart des Luthertums, die den Christen ganz auf das Reich Gottes verweist, weil die Welt und also auch der Staat unrettbar dem Bösen verfallen seien, eine Ansicht, die im – vielfach abfälligen – Denken der Deutschen über Politik tiefe und verhängnisvolle Spuren hinterlassen hat.

Leibholz' Appell an die politische Verantwortung des Christen und seiner Kirche geschieht im Blick auf den modernen säkularen Totalitarismus – ob faschistischer, nationalsozialistischer oder kommunistischer Provenienz – und die politische Ordnung der Zeit nach dem Kriege, von der er seine Überwindung erhoffte. Mit scharfem Blick und in gestochenen Sätzen analysierte er den umfassenden Zugriff der von einer totalitären Ideologie beherrschten Staatsmacht auf Moral und Recht, auf Seele und Intellekt, auf Individuum und Gemeinschaft: Der einzelne als bloßes Produkt des Kollektivs hat diesem gegenüber kein Recht[54]! Auch für Christentum und Kirche bleibt da kein Raum:

all compromises made by a totalitarian State are only tactical moves[55].

Der radikalen Feindschaft, mit der der totalitäre Staat dem Christentum begegnet, stellt Leibholz – alles andere als blind gegenüber ihren Schwächen – die westliche Zivilisation gegenüber, die – trotz Säkularisation und Aufklärung – in den Ideen des Fortschritts, der Freiheit und der Demokratie ursprünglich christliche Werte bewahrt:

Christianity and modern Western civilisation hold common ground today[56].

Keinen Zweifel ließ Leibholz, daß Nationalsozialismus und Bolschewismus weit mehr verband als die westlichen Alliierten und die UdSSR. Die weitverbreitete Tendenz, diesen Umstand zu übersehen, ändere nichts an den Tatsachen – ein Satz von kaum zu überbietender Aktualität! Er sprach vom Moskauer Antichrist und seiner Rebellion gegen Gott[57], und er warnte vor der Anfälligkeit einer des christlichen Glaubens verlustig gegangenen, nach neuer geistiger und geistlicher Orientierung suchenden Masse für die Verführungskünste totalitärer Ideologien[58]. Leibholz wußte um die Gefährdung liberaler Freiheit, die in ihrer Übersteigerung liegt: in ihrem rücksichtslosen Sichausleben auf politischem und ökonomischem Gebiet, wenn vergessen wird, daß Freiheit hier wie da nur als gehegte, verantwortete, geordnete Freiheit Dauer hat[59]. Seine Erkenntnis war, daß nur die Rückbesinnung auf die fundamentalen Werte und kreativen Kräfte des Christentums die Nöte der Zeit zu über-

---

[54] A. a. O., S. 112.
[55] Ebenda.
[56] A. a. O., S. 116.
[57] A. a. O., S. 119.
[58] A. a. O., S. 122.
[59] A. a. O., S. 124.

winden und eine währende humane Ordnung der Welt nach dem Kriege zu
schaffen vermöge[60]. Den Liberalen ruft er ins Gedächtnis:

Without the Christian faith liberal belief in reason looses its ground[61].

Gerechtigkeit, so an anderer Stelle[62], sei gegründet auf Vernunft und Moral; sie
beruhe auf der Unterscheidung von Gut und Böse. Diese wiederum sei nur
möglich auf der Grundlage gemeinsamer ethischer Standards. Deren Desin-
tegration in der Welt des 20. Jahrhunderts führt Leibholz auf den Verlust re-
ligiöser Sinngebung zurück. Nur von der Wiederbegründung der Moralität im
christlichen Bekenntnis – von der Wiedergewinnung eines im christlichen
Glauben wurzelnden, zumindest seine christliche Basis nicht leugnenden Na-
turrechts – verspricht er sich Besserung[63].

Schwer hat Leibholz die ignorante Reaktion der britischen Öffentlichkeit
einschließlich der regierenden Kreise auf das Attentat vom 20. Juli 1944 be-
drückt. Man neigte dazu, es als einen Konflikt zwischen Hitler und mit seiner
Kriegsführung, nicht aber mit seiner Politik, unzufriedenen Militaristen abzutun. Erst im Oktober 1944 konnte sich Leibholz in einer englischen Wochenschrift dazu äußern, was ihm eine scharfe Zurechtweisung durch Lord
Vansittart eintrug. Mit wachsender Sorge registrierte Leibholz bei den Westmächten das Fehlen einer politischen Konzeption für die Zeit nach dem militärischen Sieg, die hätte geeignet sein können, Deutschland, Zentraleuropa
dem Westen zu erhalten. Die Spaltung Europas hat er vorausgesehen.

Worauf es Leibholz bei all seinen Bemühungen ankam, sei hier mit den
Worten gesagt, die er am 20. Dezember 1943 an den Bischof schrieb:

daß wir in erster Linie an Europa als Ganzes denken müssen; daß wir (Großbritannien und
die USA) für eine liberale und christliche Ordnung in Europa eintreten; und daß dies Freiheit
bedeutet und Raum für den Menschen, sich voll zu entwickeln; und daß wir ein Europa
erstreben, in dem ein gesundes Deutschland eine Rolle spielt[64].

3. Ausbau und Wirkung

Auf ganz anderer Ebene hat Leibholz nach seiner Rückkehr aus dem Exil
wiederum politisch gewirkt. Das Bundesverfassungsgericht, dessen Mitglied
er wurde und dessen Rechtsprechung mannigfache Spuren seines Einflusses
zeigt[65], ist, obzwar Gericht, eine eminent politische Institution, Bestandteil des

---

[60] A. a. O., S. 127.

[61] A. a. O., S. 129.

[62] The Foundation of Justice and Law in the Light of the Present European Crisis in:
Politics and Law, S. 253 ff., 254.

[63] A. a. O., S. 255.

[64] E. Bethge, R. C. D. Jasper (Hg.), An der Schwelle zum gespaltenen Europa. Der Briefwechsel zwischen George Bell und Gerhard Leibholz (1939–1951), 1974, S. 132.

[65] Sie im einzelnen aufzuarbeiten, ist hier nicht der Raum.

government wie in den USA neben Präsident und Kongreß der Supreme
Court. Wo die Verfassung den Rahmen des politischen Handelns bestimmt
und eine Verfassungsgerichtsbarkeit diesen Rahmen für Legislative und Exe-
kutive verbindlich festlegt – wenn auch fallbezogen –, ist das sie ausübende
Organ, wie Leibholz selbst bemerkt hat[66], aufgerufen, »in einem nicht uner-
heblichen Ausmaß« als Gericht am Prozeß der staatlichen Willensbildung und
Integration, oder wie man auch gesagt hat, an der Ausübung der obersten
Staatsgewalt teilzunehmen[67].

Diese heute kaum noch bestrittene Einschätzung der Verfassungsgerichtsbarkeit war, als das Bundesverfassungsgericht seine Tätigkeit aufnahm, nichts
weniger als selbstverständlich. Vor dem Hintergrund aus der Weimarer Zeit
nachwirkender Meinungsverschiedenheiten über Funktion und Grenzen der
Staatsgerichtsbarkeit, insbesondere über ihr Verhältnis zur Politik[68], sowie kritischer Äußerungen von Politikern über das Bundesverfassungsgericht im Zusammenhang mit anhängigen Verfahren[69] war klar, daß sich die Autorität des
Gerichts erst werde durchsetzen müssen. Vordergründig ging es um Fragen
wie die Rechtsstellung der Richter, des Dienstwegs vom Bundesverfassungsgericht zu den übrigen obersten Staatsorganen oder darum, ob der Etat des
Bundesverfassungsgerichts im Bundeshaushaltsplan als ein Untertitel im Etat
des Bundesministers der Justiz zu erscheinen habe oder selbständig wie der
der übrigen Verfassungsorgane. Das Plenum des Bundesverfassungsgerichts
hat zu diesen Fragen dem Bundespräsidenten, dem Bundestag, dem Bundesrat
und der Bundesregierung im Juni 1952 eine Denkschrift unterbreitet, der der
sog. Status-Bericht des Bundesverfassungsrichters Leibholz zugrundelag. Hier
hat Leibholz – an einem für die konstitutionelle Entwicklung der Bundesrepublik Deutschland entscheidenden Wendepunkt – die Stellung des Bundesverfassungsgerichts gültig formuliert. Im Jahre 1975 verzeichnete er bündig,
Anstände seien gegen die Denkschrift von den Obersten Bundesorganen nicht
erhoben worden; sie sei zur Magna Charta des Bundesverfassungsgerichts geworden[70].

In seinem Status-Bericht hatte er als die wesentliche Besonderheit der Verfassungsgerichtsbarkeit hervorgehoben, daß sie es mit politischen Rechtsstreitigkeiten zu tun habe. Denn im Verfassungsrecht, welches ihren Maßstab

---

[66] JZ 1961, 644.

[67] Vgl. dazu auch *G. Leibholz*, The Federal Constitutional Court in the Constitutional
System of the Federal Republic of Germany in: Politics and Law, S. 271 ff.; ferner etwa statt
vieler – *P. Häberle*, Grundprobleme der Verfassungsgerichtsbarkeit in: *Ders.*, (Hg.), Verfassungsgerichtsbarkeit, 1976, S. 1 ff., 4.

[68] Vgl. dazu die Berichte von *H. Triepel* und *H. Kelsen* über Wesen und Entwicklung der
Staatsgerichtsbarkeit, VVDStRL 5 (1929), S. 2 ff., 30 ff.

[69] *H. Laufer*, Verfassungsgerichtsbarkeit und politischer Prozeß, 1968, S. 467 ff.

[70] So die Schlußbemerkung zur Veröffentlichung des Statusberichts in: Verfassungsgerichtsbarkeit, S. 224 ff., 253.

bilde, sei das Politische selbst der Gegenstand rechtlicher Normierung, das Materiale des Verfassungsrechts; durch die Verfassungsgerichtsbarkeit werde es richterlicher Kontrolle unterworfen. Ausgehend von einem in der idealtypischen Struktur bestehenden inneren Widerspruch zwischen dem Wesen des Politischen und dem Wesen des Rechts, stellt er fest:

> Dieser läßt sich darauf zurückführen, daß das Politische seinem Wesen nach immer etwas Dynamisch-Irrationales ist ..., während umgekehrt das Recht seiner grundsätzlichen Wesensstruktur nach immer etwas Statisch-Rationales ist, das die vitalen politischen Kräfte zu bändigen sucht. Es ist dieser latente Konflikt zwischen dem in ständiger Bewegung befindlichen Politischen und dem vorzugsweise in Ruhe verharrenden Recht, oder anders ausgedrückt, der Konflikt zwischen Existentialität und Normativität, oder in einem weiteren philosophischen Sinn, der Konflikt zwischen Natur und sittlicher Vernunft, der dem Verfassungsrecht wie der Verfassungsgerichtsbarkeit ihr wesensmäßiges Gepräge gibt[71].

Und er zieht daraus die Konsequenz:

> Dabei wird der Verfassungsrichter, wenn er bei Zweifelsfragen und Meinungsverschiedenheiten diese Begriffe und Formeln (scil.: des Verfassungsrechts) auszulegen hat, dem besonderen Charakter des Verfassungsrechts Rechnung tragen und eine Entscheidung suchen müssen, die dem objektiven politischen Sinngehalt der Verfassung gerecht wird ... Er wird also den Satz des Staatsgerichtshofs für das Deutsche Reich, nach dem der Gerichtshof »die Ergebnisse, zu denen er auf Grund des von ihm angewendeten objektiven Rechts gelangt, auszusprechen hat, ohne die politischen Folgen seines Spruches in Betracht zu ziehen«, nicht unbesehen übernehmen können. Denn es gehört gerade zu den Pflichten des Richters eines solchen Gerichtshofes, die politischen Folgen und Wirkungen seiner Entscheidungen in den Bereich seiner Gesamterwägungen einzubeziehen[72].

Leibholz folgte mit diesen Überlegungen seinem Lehrer Heinrich Triepel, der schon 25 Jahre früher – zu diesem Zeitpunkt allerdings gegen vielfachen Widerspruch – die Meinung vertreten hatte, daß der politische Charakter einer Auseinandersetzung die Beurteilung am Maßstab des Rechts durch den Richter nicht ausschließe[73]. Allerdings hat Leibholz auch keinen Zweifel daran gelassen, wo die Kompetenz des Verfassungsrichters endet, dort nämlich, wo es an einer justiablen Norm zur Entscheidung des Konfliktes fehlt. Diese Grenze zwischen der Wahrnehmung der Funktion eines Hüters der Verfassung und dem Bereich normativ nicht determinierten Handelns der Politik zu bestimmen, ist indessen letztlich Sache des Bundesverfassungsgerichts selbst, eine Aufgabe, die ihm mit Takt und Zurückhaltung zu erfüllen obliegt. Nicht die politische Weisheit einer Entscheidung, sondern allein ihre verfassungsrechtliche Unbedenklichkeit unterliegt seiner Beurteilung[74].

---

[71] A. a. O., S. 227 f.

[72] A. a. O., S. 228. Zur Frage der Einbeziehung der politischen Folgen vgl. *E. Friesenhahn*, Die Funktion der Verfassungsgerichtsbarkeit im Gesamtgefüge der Verfassung in: Verfassungsgerichtsbarkeit, S. 355 ff., 361 f.

[73] Vgl. etwa: Staatsrecht und Politik, 1927; VVDStRL 5 (1929) S. 8, 16; aber auch schon: Die Reichsaufsicht, 1917, S. 393 ff.; Streitigkeiten zwischen Reich und Ländern, in: Festgabe für W. Kahl, 1923, S. 15 ff.; vgl. ferner *M. Simons* in: *Lammers/Simons*, Die Rechtsprechung des Staatsgerichtshofs für das Deutsche Reich, 2. Bd., 1930, S. 9; zu den Auseinandersetzungen in der Weimarer Zeit vgl. *Scheuner*, AÖR 97 (1972), S. 359 ff.

[74] Vgl. etwa auch *Friesenhahn*, a. a. O., S. 363.

Mit dieser Funktionsbestimmung hat Leibholz den Status des Bundesverfassungsgerichts zutreffend beschrieben und dadurch seinen im Kreis der übrigen Verfassungsorgane gleichen Rang befestigt[75]. Die Staatspraxis ist ihm gefolgt, zum Nutzen des Ganzen, wie schon Rudolf Smend in seiner Festansprache zum 10-jährigen Bestehen des Bundesverfassungsgerichts am 26. Januar 1962[76] feststellen konnte. Nicht zuletzt Leibholz hat durch seine richterliche Tätigkeit Entscheidendes dazu beigetragen, daß die inhaltliche Qualität der Rechtsprechung des Bundesverfassungsgerichts und die ihm daraus zugewachsene Autorität diesen äußeren Anspruch rechtfertigen.

Während wie nach seiner Amtszeit als Richter des Bundesverfassungsgerichts hat Leibholz eine umfangreiche publizistische Tätigkeit entfaltet. Zu aktuellen, im politischen Raum umstrittenen Verfassungsrechtsfragen hat er sich vielfach geäußert: zu Fragen des Wahlrechts etwa oder der Parteifinanzierung, zur Sozialgebundenheit des Grundeigentums und zur Streitbarkeit der Demokratie, zum Vermächtnis des 20. Juli 1944, zum Fraktionswechsel von Abgeordneten und zur Diätenfrage, zum Arzneimittelgesetz, zur Rechtsaufsicht über den Rundfunk und zu den Rundfunkgebühren und zu manch anderem[77] – ein »friedfertiger Kämpfer«, wie ihn Friedrich Karl Fromme in der Frankfurter Allgemeinen Zeitung[78], ein »königlicher Jurist«, wie ihn die Deutsche Zeitung/Christ und Welt[79] genannt haben.

III. Schluß

An Gerhard Leibholz bewundern wir die ordnende Kraft des Gedankens; den klärenden Zugriff des abstrahierenden Intellekts auf die Wirklichkeit, die uns umgibt; den Adel eines umfassende Geistes; Demut und menschliche Größe, die Geschehenes nicht vergaß, aber Vergangenes um der Zukunft willen überwand. Er selbst und sein Werk waren nicht frei von Fehlern. Indes: Das Fehlerlose schützt nur vor Tadel, das Große aber erzwingt Bewunderung. Karl Jaspers schrieb:

Größe ist da, wo wir in Ehrfurcht und Hellsicht spüren, wodurch wir selber besser werden. Von den großen Menschen geht die Kraft aus, die uns wachsen läßt durch unsere eigene Freiheit …[80]

Die Wirkung solcher Kraft hat wohl jeder empfunden, der das Glück hatte, Gerhard Leibholz zu begegnen.

---

[75] *Leibholz*, Statusbericht in: Verfassungsgerichtsbarkeit, S. 238. – Das vom Bundesminister der Justiz damals in Auftrag gegebene Gutachten *R. Thomas*, JÖR N. F. 6 (1957), S. 161 ff., hat keine Wirkungen entfaltet.

[76] Verfassungsgerichtsbarkeit, S. 329 ff.

[77] Vgl. die Nachweise bei *F. Schneider*, Bibliographie *Gerhard Leibholz'*, 2. Aufl. 1981.

[78] Vom 15. November 1976.

[79] Nr. 47 vom 19. November 1971.

[80] Die Großen Philosophen, 1959, S. 31.

6. Zum Gedenken an Ernst Rudolf Huber (1903 bis 1990)

I.

Mit *Ernst Rudolf Huber* hat die deutsche Staatsrechtswissenschaft einen ihrer Größten verloren. Sein wissenschaftliches Arbeitsfeld erstreckte sich, über die Jahrzehnte eine bemerkenswerte thematische Kontinuität bewahrend, vor allem auf das Staatskirchenrecht, das Wirtschaftsverfassungs- und -verwaltungsrecht und die Verfassungsgeschichte. Wann und wo immer allerdings Huber sich seinen Themen zugewendet hat, geschah dies – unter ständigem Rückgriff auf die Quellen, denen er vorbildliche Editionen gewidmet hat[1] – in einer Tiefe und Breite, die nicht nur das gesamte öffentliche Recht sondern weite Teile der deutschen Geistes- und Sozialgeschichte miteinbezog. Seine beispiellose Arbeitsdisziplin und bis in die letzte Zeit erhalten gebliebene enorme Schaffenskraft, gepaart mit einer großen Darstellungskunst und der Fähigkeit, die Fülle des Materials mit dem Blick für das Wesentliche überschaubar zu ordnen, haben ein Werk entstehen lassen, dessen das Jahrhundert überdauernder Rang außer Zweifel steht. Sein Umfang ist – nicht nur im quantitativen Sinne – unter den Fachgenossen der Gegenwart unerreicht.

Das Leben *Ernst Rudolf Hubers*, das am 8. Juni 1903 in Idar-Oberstein begann und sich am 28. Oktober 1990 in Freiburg vollendete, umspannt vier Epochen deutscher Geschichte. Das Kaiserreich hat er noch bewußt erlebt, in der Weimarer Republik seine wissenschaftliche Ausbildung erfahren und erste Publikationen vorgelegt, im Großdeutschen Reich Hitlers in rascher Folge akademische Lehrämter in Kiel, Leipzig und Straßburg bekleidet, um nach schwierigen Jahren seine Lehrtätigkeit zunächst seit 1957 an der Hochschule für Sozialwissenschaften in Wilhelmshaven, dann von 1962 ab an der Juristischen Fakultät der Universität Göttingen fortzusetzen; zum Ende des Sommersemesters 1968 ließ sich *Huber* hier emeritieren. Nach 22 Jahren eines ebenso zurückgezogenen wie aktiven »Ruhestandes« war es Huber noch beschieden, Deutschlands Einheit in Freiheit wieder erstehen zu sehen.

---

[1] Dokumente zur deutschen Verfassungsgeschichte, derzeit drei, demnächst vier Bände; Staat und Kirche im 19. und 20. Jahrhundert, vier Bände (dazu auch *E.-W. Böckenförde*, Der Staat [1990], S. 441 ff.).

In seinen Bonner Studienjahren gehörte Huber zum Kreis der Schüler *Carl Schmitts*. Bei ihm hat er 1926 promoviert, auf seine Empfehlung trat er 1928 eine Assistentenstelle bei dem Bonner Wirtschaftsrechtler *Heinrich Göppert* an, bei dem er sich 1931 habilitierte. Die Verbindung zu Schmitt war nach dessen Wechsel zur Berliner Handelshochschule (1928) nicht abgerissen. Das Verhältnis war ein so enges, daß *Carl Schmitt*, der damals auf dem Höhepunkt seines politischen Wirkens stand, den Privatdozenten *Huber* vom Juli 1932 an zu jenen Beratungen hinzuzog, die innerhalb der Präsidialkabinette von Papen und von Schleicher über einen Staatsnotstandsplan gepflogen wurden, durch den die Republik vor ihren Feinden von der extremen Rechten und Linken gerettet werden sollte. Ernst Rudolf Huber hat Idee, Entwicklung und Scheitern dieses Plans in Band VII seiner Verfassungsgeschichte[2] mit der für seinen Stil so charakteristischen kühlen Sachlichkeit und doch nicht ohne spürbare innere Beteiligung geschildert und an anderer Stelle in sehr persönlicher Weise darüber gesprochen[3].

II.

In einem »Kreis volks- und jungkonservativer und christlich-sozialer Prägung«[4] hat *Ernst Rudolf Huber* sich zu Beginn der 30er Jahre politisch engagiert[5]. Diese national gesonnenen Jungkonservativen[6] fühlten sich abgestoßen von dem – damals ungewohnten – demokratischen Pluralismus teils dem staatlichen Bereich zugeordneter, teils privater, wirtschaftlicher und konfessioneller Machtträger, von dem man glaubte – und die Geschichte der Weimarer Republik bot dafür einige Belege –, daß mit ihm ein Staat nicht zu machen sei. Für das, was zu verwerfen war, stand die »liberale Demokratie«, die Verbindung zweier als gegensätzlich (übrigens wohl auch als deutschem Wesen fremd) empfundener Elemente[7] – an ihrer Stelle wünschte man sich eine Ordnung, die ihren Namen dadurch verdiente, daß sie dem schrankenlosen Egoismus der konkurrierenden Machtgruppen entgegentrat und ihre Kräfte auf ein gemeinsames Ziel hin bündelte. Nicht den – mühsamen und oft wenig ansehnlichen – Kompromiß divergierender Interessen, sondern – mit

---

[2] Vgl. §§ 69 II, 75 II, 81 III, 83 I.

[3] *Carl Schmitt* in der Reichskrise der Weimarer Endzeit in: Complexio Oppositorum (hrg. von *Helmut Quaritsch*), 1988, S. 33 ff.

[4] So *Hubers* eigene Charakterisierung, Fn. 3, S. 37.

[5] Vgl. dazu die in der Bibliographie der Festschrift für Ernst Rudolf Huber, 1973, S. 385 ff., verzeichneten zahlreichen Aufsätze in den Zeitschriften Der Ring und Deutsches Volkstum.

[6] Zu ihnen *A. Mohler*, Die konservative Revolution in Deutschland 1918 bis 1932, 2. Aufl., 1972, S. 138 ff.; zu Huber als einem ihrer Autoren ebenda S. 429.

[7] Vgl. *Huber*, »Positionen und Begriffe« – eine Auseinandersetzung mit Carl Schmitt, ZGesStW 101 (1940/41) S. 1 ff., 11 ff.

Ernst Rudolf Huber[8] – das »objektive Grundgesetz des völkischen Seins«, also ein auf mystische Weise zu findendes Gemeinwohl, hatte der Staat zu verwirklichen. Dazu bedurfte er politischer »Führung«; vielen, auch *Huber*, schien sie der nationalsozialistische Führerstaat zu gewährleisten. Darin lag seine zumindest anfängliche Faszination für diejenigen begründet, die den Zerfall der staatlichen Autorität (und das, was sie darunter verstanden) zumal in der Spätphase der Weimarer Republik schmerzlich erfahren und ihm aktiv zu begegnen versucht hatten. Sie konnten sich dabei mit einer großen Mehrheit des Volkes in allen seinen Schichten in Übereinstimmung wissen.

Zur staatstheoretischen und staatsrechtlichen Durchformung des nationalsozialistischen Systems hat *Ernst Rudolf Huber* nicht wenige Beiträge geleistet, vor allem durch sein »Verfassungsrecht des Großdeutschen Reiches«[9]. Die Problematik solchen Unterfangens kann auch damals niemandem verborgen gewesen sein, am wenigsten wohl dem Autor selbst. Das Staatsrecht hört auf, wo die Willkür herrscht. Auf *Carl Schmitt* gemünzt war, was *Ernst Forsthoff* 1958 über die »Tragik des Juristen in der Situation des Bürgerkrieges« schrieb: »In die Notwendigkeit versetzt, für die Ordnung Partei zu ergreifen (ohne welche die Unterscheidung von Recht und Unrecht überhaupt nicht möglich ist), ... kann er dem Engagement nicht entgehen und wird damit zum prädestinierten Opfer wechselnder Konstellationen.« Hubers Veröffentlichungen in den 30er Jahren lassen das Bemühen spüren, für die Ordnung Partei zu ergreifen, die Recht und Unrecht nach allgemeinen Regeln zu unterscheiden erlaubt. Er war bestrebt, den »Führer« und seine »Bewegung« für den Staat in Pflicht zu nehmen, ihrer beliebigen Verfügung über den Staat zu wehren. Damit mußte er – wie andere – scheitern. Über das »Verfassungsrecht« schrieb die Frankfurter Zeitung, deren Autoren in der Kunst, zwischen den Zeilen mehr zu sagen als durch das gedruckte Wort, eine besondere Fertigkeit besaßen: »Die Ausdeutung, die *Huber* den Vorgängen der letzten vier Jahre gibt, ist wohl der aufschlußreichste Kommentar zur Zeitgeschichte, der dem Schreiber dieser Zeilen begegnet ist. Seite für Seite füllt sich mit Entwicklungen, deren Zeugen wir sind und die sich in der Darstellung des Verfassers zu einem klar übersichtlichen Gesamtbild ordnen«[10].

Am 23. Januar 1944 hat *Huber* in Straßburg einen Vortrag gehalten über das Thema »*Goethe* und der Staat«[11]. Goethe wird hier dargestellt als Vertreter des

---

[8] DJZ 1934, S. 950 ff., 953.

[9] 2. Aufl., 1939.

[10] Ich entnehme dieses Zitat der Verlagsanzeige in: *E. R. Huber*, Heer und Staat, 2. Aufl., 1943.

[11] Zunächst als Manuskript gedruckt, sodann veröffentlicht in: Das Innere Reich. Zeitschrift für Dichtung, Kunst und deutsches Leben, 11 (1944/45), S. 1 ff. Mit geringfügigen Korrekturen wieder abgedruckt in: *E. R. Huber*, Nationalstaat und Verfassungsstaat, 1965, S. 11 ff.

monarchisch-aristokratischen Staats, durch den allein »das Volk zu seinem Wesen und zur Form gebildet werden« kann[12]. Solches freilich vermag die führende Schicht nur zu leisten, wenn sie sich an das Recht gebunden hält, »das als heilige, unantastbare Norm über den Interessen der Herrschenden« steht »und ihrem Handeln unübersteigbare Grenzen« setzt[13]. Man muß sich vergegenwärtigen, was es zu jener Zeit bedeutete, aus der »Natürlichen Tochter« – unübersehbar zustimmend – die Worte Eugenies zu zitieren, in denen sie die frühere mit der gegenwärtigen Herrschaft vergleicht:

> Was nun übrig bleibt,
> ist ein Gespenst, das mit
> vergebnem Streben
> verlorenen Besitz zu greifen wähnt.

III.

Vor und neben solcher auf die aktuelle Lage bezogener Literatur hatte sich längst zu entwickeln begonnen, was *Hubers* Wirken seinen zeitüberdauernden Rang verleiht.

Sein wissenschaftliches Interesse galt zunächst dem Staatskirchenrecht. Ihm widmete er sich in seiner Dissertation[14], einer Untersuchung zu dem auch einen Bestandteil des Bonner Grundgesetzes bildenden Art. 138 Abs. 1 und 2 WRV. Mit seiner 1930 erschienenen Schrift über »Verträge zwischen Staat und Kirche im Deutschen Reich« führte *Huber* seine Forschungen weiter. Ganz im Sinne der nach dem Zweiten Weltkrieg herrschend gewordenen Doktrin qualifizierte er die Kirchenverträge als Verträge koordinationsrechtlicher Art, indem er von der Eigenständigkeit und Unabhängigkeit der Kirchen und ihres Rechts im Staate ausging, unbeschadet dessen, daß die Kirchen auch dem Staat und seiner Rechtsordnung eingeordnete Verbände seien. Daraus ergab sich für ihn auch die Lösung der drei Jahrzehnte später so heftig umstrittenen Frage der Bindung des staatlichen Gesetzgebers an kirchenvertraglich eingegangene Verpflichtungen: Gültigkeit der lex posterior bei fortbestehender vertraglicher Bindung. Auch später blieb *Huber* dem Thema treu. In seiner Verfassungsgeschichte fand es vielfache Berücksichtigung. Auf die Darstellungen des preußischen Staatskirchenrechts im Vormärz – begonnen wird mit einer Typologie des Staatskirchenrechts, der Schwerpunkt liegt auf dem Kölner Kirchenstreit –[15], des Kulturkampfes[16], des Staatskirchenrechts der Weimarer Reichsverfassung[17] sei nur beispielhaft hingewiesen.

---

[12] a. a. O., S. 17.
[13] a. a. O., S. 18.
[14] Die Garantie der kirchlichen Vermögensrechte in der Weimarer Verfassung. Zwei Abhandlungen zum Problem der Auseinandersetzung von Staat und Kirche, 1927.
[15] Verfassungsgeschichte II §§ 16 bis 23.
[16] Verfassungsgeschichte IV §§ 39 bis 52.
[17] Verfassungsgeschichte VI §§ 58 bis 61.

Daneben hat *Huber*, zusammen mit seinem Sohn, dem Heidelberger Theologen *Wolfgang Huber*, in vier Bänden, den Zeitraum von 1801 bis 1933 umfassend, Dokumente zur Geschichte des deutschen Staatskirchenrechts herausgegeben. Die in jeder Hinsicht beispielhafte Edition ist, dem Vorbild der »Dokumente zur deutschen Verfassungsgeschichte« folgend, Abschnitt für Abschnitt mit Erläuterungen versehen, die zusammengenommen ihrerseits eine die genannte Zeitspanne umgreifende prägnante Geschichte des Staatskirchenrechts enthalten.

IV.

Einen zweiten Schwerpunkt seiner Arbeit setzte *Huber* im Wirtschaftsverwaltungsrecht. In seiner Bonner Habilitationsschrift[18] hat er es als erster unternommen, das Wirtschaftsverwaltungsrecht in großem Stil neben dem Wirtschaftsprivatrecht als selbständiges Rechtsgebiet zu etablieren. Im Mittelpunkt der Darstellung stehen zum einen die Rechtsformen staatlicher Gestaltung des Wirtschaftsgeschehens, zum anderen der – wegen des damals noch mangelhaften Ausbaus der Verwaltungsgerichtsbarkeit defizitäre – Rechtsschutz im Wirtschaftsverwaltungsrecht, dessen Ausbau im Sinne der »Ausbildung einer durchgängigen und umfassenden Verwaltungsgerichtsbarkeit« Huber forderte. Wirtschaftsverfassungsrechtlichen Grundfragen war dann die am 22. Juli 1931 gehaltene Antrittsvorlesung gewidmet[19].

In einer 1934 erschienenen Abhandlung »Die Gestalt des deutschen Sozialismus« hat *Huber* versucht, den Ort der Wirtschaft im totalen Staat des Nationalsozialismus zu bestimmen. Ausgehend von der Feststellung, daß sich im liberalen Staat eine Polykratie von Konzernen, Trusts, Kartellen und Berufsverbänden gebildet habe, definiert der Autor das Verhältnis des nationalsozialistischen Staates zur Wirtschaft als eine Lösung, die zwischen der kapitalistischen und der marxistischen »Interessenwirtschaft« die Mitte hält. Dem Kapitalismus wirft er mangelnde soziale Verantwortung vor, das Ziel des Marxismus sei es, die Interessenwirtschaft der Besitzenden, eben den Kapitalismus, durch eine Interessenwirtschaft der Nichtbesitzenden zu ersetzen. Beide entbehrten gleichermaßen der Verpflichtung auf ein die partikularen Interessen überwölbendes Ganzes. Eben dies, die Orientierung auf die Gemeinschaft des Volkes, zu leisten, sei das Ziel des »deutschen Sozialismus« – die Umwandlung der Interessen- in eine Gemeinwirtschaft, in der sich die auf das Eigentum gegründete wirtschaftliche Initiative des Einzelnen mit staatlicher

---

[18] Wirtschaftsverwaltungsrecht. Institutionen des öffentlichen Arbeits- und Unternehmensrechts, 1932.
[19] Das Deutsche Reich als Wirtschaftsstaat, 1931.

Steuerung des ökonomischen Prozesses insgesamt verbindet. Die körperschaftliche Selbstverwaltung der Wirtschaft, die staatliche Verwaltung der Arbeit, der Einbau der Kartelle in die staatliche Ordnung, die ständische Selbstverwaltung und schließlich die Staatswirtschaft werden als Instrumente des staatlichen Zugriffs auf die Wirtschaft beschrieben. – Die Schrift, die teilweise vor der nationalsozialistischen Machtübernahme entstanden ist, ist jenem national-konservativen Gedankengut verpflichtet, dem *Huber* damals anhing. Zwar nimmt sie die bis zu ihrem Erscheinen von den Nationalsozialisten ergriffenen Maßnahmen positiv auf, steht ihrem totalitären Anspruch jedoch fern, ebenso fern allerdings auch der in der Nachkriegszeit so erfolgreichen Theorie der sozialen Marktwirtschaft, die um die gleiche Zeit vor allem in den Köpfen und Schriften *W. Euckens, W. Röpkes* und *L. Erhards* Gestalt anzunehmen begonnen hat.

Mit der auf zwei Bände angeschwollenen, 1953/54 erschienenen zweiten Auflage seines Wirtschaftsverwaltungsrechts war aus dem ersten Versuch die handbuchartige Darstellung des Wirtschaftsverfassungs- und -verwaltungsrechts einschließlich des kollektiven Arbeitsrechts, der betrieblichen Mitbestimmung und des Kartellrechts erwachsen. Ihre spezifische Bedeutung bestand darin, vor dem Hintergrund eines umfassend ausgebreiteten Rechtstatsachenmaterials das Wirtschaftsverwaltungsrecht in die allgemeine Dogmatik des Verwaltungsrechts einzubetten und ihm damit dessen rechtsstaatliche Strukturen zu vermitteln. So wurde das »Wirtschaftsverwaltungsrecht« – gewissermaßen nebenbei – auch zu einem Lehrbuch des allgemeinen Verwaltungsrechts und großer Teile des – damals noch neuen – Verfassungsrechts der Bundesrepublik Deutschland. Im Jahr 1956 hat *Huber* mit einer in vier Teilen in der Zeitschrift »Die Öffentliche Verwaltung« veröffentlichten Aufsatzreihe klärend in den »Streit um das Wirtschaftsverfassungsrecht« eingegriffen[20]. Später äußerte er sich etwa noch zur Mitbestimmung der Arbeitnehmer im Unternehmen[21]. Auch im Rahmen der »Verfassungsgeschichte« hat er sich dem Thema Staat und Wirtschaft immer wieder gewidmet[22].

---

[20] DÖV 1956, S. 97 ff., 135 ff., 172 ff., 200 ff.; wieder abgedruckt in: *E. R. Huber*, Bewahrung und Wandlung, 1975, S. 215 ff.

[21] Grundgesetz und wirtschaftliche Mitbestimmung, 1970.

[22] Vgl. zum Beispiel Verfassungsgeschichte I, §§ 14 und 15 zu den Wirtschaftsreformen in Preußen, ebenda §§ 46 bis 48 zum Zollverein; Verfassungsgeschichte III §§ 44 und 45 zu dessen Entwicklung im Vorfeld der Reichsgründung; Verfassungsgeschichte IV §§ 63 bis 71 zur Wirtschafts-, §§ 72, 73, 77 bis 82 zur Sozialverfassung des Kaiserreichs; Verfassungsgeschichte VI §§ 67 bis 76 zur Wirtschafts- und Sozialverfassung der Weimarer Republik.

V.

Vor allem aber als Verfassungshistoriker wird *Ernst Rudolf Huber* der Nachwelt gegenwärtig bleiben. Der Verfassungsgeschichte hat er sich Mitte der 30er Jahre mit jener Entschiedenheit zugewandt, die damals weder ein Zufall noch ein Einzelfall war. *Ernst Forsthoff* etwa veröffentlichte die erste Auflage seiner »Verfassungsgeschichte der Neuzeit« im Jahre 1940. *Hubers* Thema war damals vor allem das Verhältnis von »Heer und Staat in der deutschen Geschichte«[23]. Vom germanischen Volksheer bis zur Parlamentarisierung der militärischen Kommandogewalt durch das die Reichsverfassung von 1871 ändernde Gesetz vom 28. Oktober 1918 beschreibt er die Wechselwirkung von Wehrordnung und Staatsverfassung. Wesentliche Teile der »Verfassungsgeschichte« sind hier vorgeformt.

Über ein volles halbes Jahrhundert hinweg hat *Ernst Rudolf Huber* den Plan seiner »Deutschen Verfassungsgeschichte seit 1789« verfolgt, den mit der Vorlage des – mit der Machtergreifung *Hitlers* abschließenden – siebten Bandes im Jahre 1984 zu vollenden ihm durch die Gnade seines langen, schöpferischen Lebens vergönnt war. Auf den ungeheuren Umfang von 7717 Seiten ist das zunächst auf vier[24], dann auf sechs[25] Bände konzipierte Werk schließlich gewachsen[26], und dennoch blieb, wie *W. Conze* schon dem zweiten Band nachrühmte, »die Disziplin der Begrenzung gewahrt«. Das verdient um so mehr Bewunderung, als der dieser Verfassungsgeschichte zugrundeliegende »substantielle Verfassungsbegriff«[27] durchaus die Gefahr in sich hätte bergen können, sich im Uferlosen zu verlieren. Dank seiner überragenden Fähigkeit zu systematisierender Betrachtung und Zusammenfassung einer überbordenden Fülle des Stoffs ist es *Huber* gelungen, dieser Gefahr zu entgehen. Seine eigentliche Leistung ist es, dem eigenen Programm gerecht geworden zu sein, die Verfassung in den behandelten einhalb Jahrhunderten nicht darzustellen als ein »bloßes System des Staatsrechts« oder als eine »Erscheinung in der Welt des bloßen Rechts« sondern vielmehr als »ein Gesamtgefüge geistiger Bewegungen, sozialer Auseinandersetzungen und politischer Ordnungselemente – ein Inbegriff von Ideen, Interessen und Institutionen, die sich im Kampf, im Ausgleich und in wechselseitiger Durchdringung jeweils zum Ganzen der Verfassungswirklichkeit einer Epoche verbinden«[28]. *Huber* zielt,

---

[23] Das gleichnamige Werk erschien 1938 in erster, 1943 in zweiter erweiterter Auflage; dem Schreiber dieser Zeilen liegt das Exemplar der zweiten Auflage vor, das *Huber Richard Thoma* zu Silvester 1943 dediziert hat; es befindet sich heute in der Bibliothek des Bundesverfassungsgerichts.
[24] Vorwort zur Verfassungsgeschichte II, S. VIII.
[25] Vorwort zur Verfassungsgeschichte V, S. VII.
[26] Der langersehnte Registerband steht vor dem Erscheinen.
[27] Verfassungsgeschichte II, S. VII.
[28] ebenda; s. a. Verfassungsgeschichte I, S. VII.

wie *M. Stürmer*[29] bemerkte, »mit diesem Ansatz auf einen Verfassungsbegriff, der zwar von den Normen und Institutionen ausgeht, aber erst im Gesamtzusammenhang der politischen Kultur ... sich erfüllt.«

So hat *Hubers* Verfassungsgeschichte die Selbstverwirklichung der deutschen Nation als Rechtsstaat, Machtstaat, Kultur-, Industrie- und Sozialstaat[30], zunächst in der konstitutionellen Monarchie, dann in der Demokratie, zum Gegenstand. »Welch ein Fortschritt an Gesichtspunkten, Zusammenhängen und auch Faktenkenntnis in dem einen Menschenalter, seitdem mein Lehrer *Fritz Hartung* erstmals moderne Verfassungsgeschichte betrieben hat«, schreibt *W. Treue* in einer Rezension des vierten Bandes[31]. *Huber* hat eine Darstellung der deutschen Geschichte der neuesten Zeit geschrieben, die bisher von keinem anderen Autor in dieser Breite und Tiefe, in der Fülle der Details und der Deutung der Zusammenhänge erreicht worden ist. Er hat sich damit als ein Historiker von außerordentlichem Rang erwiesen. Dennoch: der Staatsrechtslehrer bleibt in jeder Zeile des Werkes gegenwärtig. Das gilt nicht nur im Blick auf die brillanten, monographischen Charakter tragenden, systematischen Abhandlungen etwa des Staatsrechts des Deutschen Bundes, des Kaiserreichs und der Republik von Weimar, deren Aktualität auch für das geltende Staatsrecht dem Leser immer wieder vor Augen tritt, sondern vor allem hinsichtlich des die Gesamtdarstellung tragenden Prinzips, der Methode, der sie folgt. So sehr es *Huber* um die Erfassung der Wirklichkeit des staatlichen Lebens, der auf sie einwirkenden geistigen und sozialen Mächte und des Einflusses der handelnden Personen zu tun ist, so sehr geht es ihm letztlich doch stets um deren Rückbezug auf die Normen und Institutionen des jeweils geltenden Verfassungsrechts, dieses freilich nicht als starre Ordnung, sondern als »Spiegel und Maßstab des Verfassungsgeschehens«[32] verstanden. Den gelernten Historiker mag diese Methode nicht durchweg befriedigen. Er fragt, so *Stürmer*[33], »nach der dialektischen Struktur der Wirklichkeit«, er bleibt dem Fluß der Ereignisse verpflichtet; die ordnende, haltende Kraft der Verfassungsnorm, ihre Funktion als Beurteilungsmaßstab geschichtlicher Abläufe ist seinem Blick oft fern. So liegt die fundamentale Bedeutung von *Hubers* Werk, so sehr die gewählte Methode ihm auch eine – selbstauferlegte – Grenze zieht, nicht zuletzt darin, in bisher nicht dagewesener Weise der geschichtlichen Betrachtung eine zusätzliche kritische Dimension erschlossen zu haben.

Man hat bemerkt, *Hubers* besondere Neigung habe dem Staat der konstitutionellen Monarchie gegolten. Dafür spricht manches. Nicht zuletzt die Fe-

---

[29] Der Staat 18 (1979), S. 437.
[30] Verfassungsgeschichte IV, S. VIII.
[31] Der Staat 10 (1971), S. 85 ff., 99.
[32] Verfassungsgeschichte I, S. VII.
[33] a. a. O. (Fn. 29).

stigkeit, mit der er – Einwänden auch von staatsrechtlicher Seite[34] begegnend – seine in Auseinandersetzung mit *C. Schmitt*[35] entwickelte Deutung des Konstitutionalismus als einer eigenständigen Verfassungsform[36] behauptet hat. *Huber* hat diese These in seinem Beitrag zum Handbuch des Staatsrechts[37] noch einmal eindrucksvoll verteidigt. Indessen: so gewiß *Huber* zumal der Verfassungsentwicklung Preußens, das in der Verfassung von 1850 die Staatsform der deutschen konstitutionellen Monarchie am konsequentesten verwirklicht hat, seine – unbestreitbar sympathisierende – besondere Aufmerksamkeit zugewendet hat, so offenkundig ist doch auch die positive Anteilnahme, mit der der Verfassungshistoriker *Huber* – wenn schon vielleicht nicht der Zeitgenosse – das die spätere Tragödie schon in sich tragende Werden und das schließliche Scheitern des ersten demokratischen Rechtsstaats auf deutschem Boden, der Weimarer Republik, geschildert hat. Die abgewogenen, den siebten Band der Verfassungsgeschichte abschließenden Betrachtungen über die Verantwortung für den Untergang des deutschen Verfassungsstaats, den *Huber* mit der Ernennung *Hitlers* zum Reichskanzler am 30. Januar 1933 als besiegelt ansieht, kann man gerade wegen der sie auszeichnenden nüchternen Sachlichkeit nicht ohne Bewegung lesen.

VI.

Eine Würdigung *Ernst Rudolf Hubers* bliebe unvollständig, gedächte sie nicht des Anteils, den seine Familie, allen voran seine Gattin, an seinem Werke hat. Frau *Tula Huber-Simons* hat den Weg ihres Mannes von Anfang an, in guten und in schweren Tagen, begleitet[38], als sorgende Gefährtin und Mutter der fünf Söhne, als zeitweilige Ernährerin der Familie, vor allern aber als wissenschaftliche Weggenossin. Widmungen[39] und Vorworte legen davon immer wieder Zeugnis ab. Auch Söhne und selbst Schwiegertöchter haben ihren Anteil am opus commune. »Wissenschaft macht viel Arbeit«, schreibt *Lothar Gall*[40] in Anlehnung an *Karl Valentins* gleichlautendes Dictum über die Kunst.

---

[34] Vgl. *E.-W. Böckenförde*, Der Verfassungstyp der deutschen konstitutionellen Monarchie im 19. Jahrhundert, und *R. Wahl*, Der preußische Verfassungskonflikt und das konstitutionelle System des Kaiserreichs, beide in: *E.-W. Böckenförde* (Hrsg.), Moderne deutsche Verfassungsgeschichte (1815 bis 1918), 1972, S. 146 ff. und 171 ff.; *Huber* zustimmend jedoch *K. S. Bader*, JZ 1965, S. 231 ff., und – verhaltener – *W. Conze*, NJW 1965, S. 2145 f.

[35] Staatsgefüge und Zusammenbruch des zweiten Reiches 1934, S. 10 ff.

[36] Vgl. vor allem Verfassungsgeschichte III § 1.

[37] Hrg. von *J. Isensee* und *P. Kirchhof*, 1. Band, 1987, § 2, Rdnrn. 52 ff.

[38] Verfassungsgeschichte VII, S. VIII.

[39] Vgl. etwa: Heer und Staat in der deutschen Geschichte, 2. Aufl., 1943; Nationalstaat und Verfassungsstaat, 1965; Bewahrung und Wandlung, 1975; Deutsche Verfassungsgeschichte seit 1789, 7. Band, 1984.

[40] Bürgertum in Deutschland, o. J. (1989), S. 508.

Viel Arbeit gab es in *Ernst Rudolf Hubers* Leben; die Familie hat sie redlich mit ihm geteilt.

In schwankender Zeit war *Ernst Rudolf Huber* nie schwankend gesinnt. Er hat immer – im Leben wie in seinen Schriften – Position bezogen und sie auf klare Begriffe gebracht. Dabei hat er mitunter geirrt. Stets aber strebte er nach Ordnung und Gesetz, nach der gefugten Ordnung des Staats als geprägter Form, die lebend sich entwickelt, und nach dem Gesetz, das allein uns Freiheit geben kann. Die »Verfassungsgeschichte« läßt sich auch lesen als die Darstellung der Versuche der deutschen Nation, auf freiem Grund als freies Volk zu stehen, ihres meist nur halben Gelingens und ihres mehrfachen Scheiterns.

7. Forsthoff

August Wilhelm Heinrich *Ernst* F., Staats- und Verwaltungsrechtslehrer, geb. 13. 9. 1902 in Duisburg, gest. 13. 8. 1974 in Heidelberg. Nach der Promotion 1925 und der Habilitation 1930 erhielt F. 1933 seinen ersten Lehrstuhl in Frankfurt a. M., es folgten Berufungen nach Hamburg (1935), Königsberg (1936), Wien (1941) und Heidelberg (1943). F. war 1960–63 Präsident des Supreme Constitutional Court der Republik Zypern.

F. s wissenschaftliches Denken kreiste um die Veränderungen, die der moderne Staat und sein Recht, v. a. das Staats- und Verwaltungsrecht, durch die sich ständig beschleunigenden Entwicklungen in der Gesellschaft erfuhren. Sein Bemühen galt der Erhaltung der politischen Handlungsfähigkeit des Staates. Daraus erwuchs schon der mit der Schrift »Der totale Staat« 1933 unternommene (gescheiterte) Versuch, den totalitären Machtanspruch der NSDAP an die Rationalität staatlich-institutioneller Ordnung zu binden. F. hat sich danach sehr schnell vom Nationalsozialismus abgewandt, war 1936–41 Rechtsberater des Oberkirchenrats der Altpreußischen Union in Berlin, wodurch er sich den Unwillen der NS-Machthaber zuzog, die ihm 1941 den Antritt des Wiener Lehramtes verboten. 1946 auf Befehl der amerikanischen Besatzungsmacht entlassen, kehrte er 1952 auf seinen Heidelberger Lehrstuhl zurück.

Die rechtsstaatliche Durchdringung der leistenden Verwaltung (Daseinsvorsorge), durch die der Staat der Industriegesellschaft über den einzelnen zusätzliche Macht gewinnt, war das Ziel der 1938 erschienenen Schrift »Die Verwaltung als Leistungsträger«. F. hat damit dem Verwaltungsrecht die sozialstaatliche Dimension unter voller Wahrung seiner rechtsstaatlichen Strukturen erschlossen, wovon sein 1950 in 1. Aufl. erschienenes »Lehrbuch des Verwaltungsrechts«, das schnell in den Rang einer klassischen Darstellung erwuchs, Zeugnis gibt.

Kritisch wandte sich F. in der Folgezeit gegen eine »Entformalisierung der Verfassung«, gegen einen nach nicht erkennbaren Regeln sich vollziehenden ständigen Wechsel der maßgeblichen Auslegungsgesichtspunkte (den er etwa in der Rspr. des BVerfG zu den Grundrechten feststellen zu können meinte). Die Interpretation der Grundrechte als »Wertsystem« lehnte er ebenso ab wie die Verschmelzung von Rechtsstaat und Sozialstaat auf der Ebene der Verfassung. Er fürchtete die »Auflösung klarer Begrifflichkeit im Gerede«, die Gefahr des Dezisionismus und den unkontrollierbaren Einbruch ideologisch oder tagespolitisch bedingter Wunschvorstellungen in das Verfassungsrecht. So hielt er am Charakter der Grundrechte als Ausgrenzungen rechtlicher Freiheit des einzelnen und an der überkommenen juristischen (im Gegensatz zur sog. geisteswissenschaftlichen) Auslegungsmethode auch in bezug auf das Verfassungsgesetz fest. F. war nichts weniger als ein Gegner des Sozialstaats. Aber er war der Meinung, daß dieser primär durch Gesetzgebung und Verwaltung und nur unter strikter Beachtung der rechtsstaatlichen Gewährleistungen der Verfassung zu verwirklichen sei.

F. gehörte zu den skeptischen Beobachtern der vom GG in eine neue Dimension erhobenen Verfassungsgerichtsbarkeit. Er verwies auf die für die Rechtssicherheit problematischen Folgen der Bindung auch des Gesetzgebers an den Gleichheitssatz, der Ansiedlung des Übermaßverbots auf der Ebene des Verfassungsrechts sowie des verfassungsgerichtlichen Kontrollvorbehalts für die Auswirkung von Gesetzen – kurz: der Anwendung im Verwaltungsrecht ausgebildeter Rechtsfiguren auf den Gesetzgeber. Sein Thema war die Veränderung der Qualität, die die Rspr. durch die Ausweitung der Grenzen der Justitiabilität, d.h. die Zuweisung herkömmlich vom Gesetzgeber wahrgenommener Funktionen, erfahren hat.

Fasziniert zeigte sich F. von dem veränderten Verhältnis des Staates zu Wirtschaft und Gesellschaft. Soziale und technische Realisation brächten einerseits die Gefahr einer pluralistischen Auflösung der Staatsgewalt, erforderten aber andererseits deren Durchsetzungsfähigkeit sowohl im Interesse der Freiheit des einzelnen wie des gemeinen Wohls. So plädierte F. für die Kontinuität des Staates auch jenseits seiner jeweils geltenden Verfassung (und wandte sich damit gegen das Aufgehen der Staatsrechts- in bloßer »Rechtsstaats« wissenschaft); nicht weil er glaubte, die Verfassung des demokratischen Rechtsstaats sei eine beliebig auswechselbare Form staatlichen Seins, sondern weil er davon überzeugt war, daß, wo das Konkret-Allgemeine keine Instanz mehr hat, die seine Sache wirksam vertritt, auch die beste Verfassung ihr Fundament verliert. Die politische Stabilität des Staates der Bundesrepublik Deutschland ist nach F. von der Industriegesellschaft entlehnt. Seine Belastbarkeit durch politische Krisen beurteilte F. skeptisch. Aber der in seiner reduzierten politischen Potenz begründeten Schwäche entspreche die aus der vitalen Angewiesenheit des einzelnen auf das Funktionieren des Systems der Umverteilung folgende Stärke dieses Staates.

F. war ein universal gebildeter Jurist. Diesem Umstand, seiner Fähigkeit zur Zusammenschau vielfältiger Erscheinungen und der Faszinationskraft seiner Sprache ist die anhaltende Aktualität seiner Gedanken zuzuschreiben.

Literatur

Werke:
Dt. Verfassungsgeschichte der Neuzeit. Berlin 1940, Stuttgart ³1967.
Recht und Sprache. Prolegomena zu einer richterlichen Hermeneutik. Halle 1940, Neudr. Darmstadt 1964.
Lb. des Verwaltungsrechts. 1. Bd.: Allgemeiner Teil. München 1950, ¹⁰1973.
Rechtsfragen der leistenden Verwaltung. Stuttgart 1959.
Der Staat der Industriegesellschaft. München 1971.
Rechtsstaat im Wandel. Verfassungsrechtliche Abhandlungen 1954 bis 1973. Hg. K. Frey. München ²1976.
Bibliographie: Vollständiges Werkverzeichnis von W. Blümel, H. H. Klein, U. Storost, in: FS E. F. zum 70. Geburtstag Hg. R. Schnur. München 1972, ²1974.

E. Kaufmann, Carl Schmitt und seine Schule. Offener Brief an E. F., in: E. Kaufmann, Ges. Schr. Bd. 3. Göttingen 1960, 375 ff.
A. Hollerbach, Auflösung der rechtsstaatlichen Verfassung? Zu E. F.s Abhandlung »Die Umbildung des Verfassungsgesetzes« in der FS für Carl Schmitt, in: AöR 85 (1960) 241 ff.
W. Skuhr, Die Stellung zur Demokratie in der dt. Nachkriegsdiskussion über den »Demokratischen und Sozialen Rechtsstaat«, dargestellt unter besonderer Berücksichtigung der Beiträge E. F.s. Berlin 1961.
P. Römer, Vom totalen Staat zur totalen bürgerlichen Gesellschaft. Einige Erwägungen anhand neuerer Analysen der Carl-Schmitt-Schule, in: Das Argument 12 (1970) 322 ff.
H. Grebing, Konservative gegen die Demokratie. Konservative Kritik an der Demokratie in der Bundesrepublik nach 1945. Frankfurt/M. 1971.
W. v. Simson, Der Staat der Industriegesellschaft, in: Der Staat 11 (1972) 51 ff.
K. Vogel, E. F. Ansprache des Dekans des Fachbereichs Rechtswissenschaft für E. F. am 16. 8. 1974 in Heidelberg-Schlierbach, in: Die Verw. 1975, 1 ff.
P. Häberle, Zum Staatsdenken E. F. s, in: ZSchwR N. F. 95 (1976) 477 ff.
U. Storost, Staat und Verfassung bei E. F. Frankfurt/M. 1979.
R. Mußgnug, F., in: Badische Biographien. Hg. B. Ottnad. Bd. 1. Stuttgart 1982, 121 f.

8. »Der totale Staat«

Betrachtungen zu Ernst Forsthoffs gleichnamiger Schrift von 1933

> Wir werden ein wenig zu wild geboren und heilen
> die gärenden Fieber durch Tränke von bitterer Art.
> *Ernst Jünger,* Afrikanische Spiele, Nr. 29

> Nur das feurige Roß, das mutige, stürzt auf der Rennbahn,
> mit bedächtigem Paß schreitet der Esel daher.
> *Johann Wolfgang von Goethe,* Die Sicherheit

I. Vorfeld

Eine protofaschistische Staatsrechtslehre hat es in Deutschland nicht gegeben[1]. Aber überwiegend konnte die Staatsrechtswissenschaft der Weimarer Zeit kein positives Verhältnis gewinnen zur demokratischen Republik und ihrer Verfassung. Sie blieb auf der Suche nach der über den Parteiungen der Gesellschaft anzusiedelnden Einheit des Staates und beklagte den Verlust des ›Dualismus von Staat und Gesellschaft‹[2]. Eine gewisse Prädisposition für eine die plurale Struktur der Gesellschaft und ihren durch Parteien und Verbände vermittelten Einfluss auf den Staat hinter sich lassende Form der Regierung war gegeben. Der Staat, so lautete der auf breite Zustimmung stoßende Vorwurf *Carl Schmitts,* sei zur »Selbstorganisation der Gesellschaft« geworden[3]. Der Staat, so hat *Ernst Forsthoff* diese Äußerung *Schmitts* interpretiert, »wurde grenzenlos, es vollzog sich die Wendung zum totalen Staat und damit bekam jedes gesellschaftliche Geschehen politische Qualität«[4]. Der hier von *Forsthoff*[5], soweit ersichtlich, erstmals verwendete Begriff des totalen Staates

---

[1] *H. Dreier,* Die deutsche Staatsrechtslehre in der Zeit des Nationalsozialismus, VVDStRL 60 (2001), S. 9 (14); s.a. *M. Stolleis,* Geschichte des öffentlichen Rechts in Deutschland, 3. Band: 1914 bis 1945, 1999, S. 202.

[2] Vgl. die »Schlußbemerkungen« in *E. Forsthoffs* 1931 veröffentlichter Habilitationsschrift »Die öffentliche Körperschaft im Bundesstaat«, S. 180 ff.

[3] Der Hüter der Verfassung, 1931, S. 78.

[4] Wie Fn. 2, S. 182; ausführlich: *Schmitt,* wie Fn. 3, S. 79.

[5] Zu *Forsthoff* vgl. v.a.: *K. Doehring,* Ernst Forsthoff. Leben und Werk, in: Semper apertus. Sechshundert Jahre Ruprecht-Karls-Universität Heidelberg 1386 bis 1986, Band III (1985), S. 437; *ders.,* Ernst Forsthoff, in: Juristen im Portrait. Verlag und Autoren in 4 Jahrzehnten.

beschreibt die – in Anlehnung an *Johannes Popitz* und *Carl Schmitt* – »po-
lykratisch« oder »pluralistisch« genannte Herrschaftsstruktur des Weimarer
Staates, der seine Neutralität gegenüber der Gesellschaft aufgibt und sich mit
ihr identifiziert. Der Begriff war also kritisch gemeint, denn er kennzeichnete
einen Staat, der seiner Autorität über die Gesellschaft und damit der Fähigkeit
verlustig gegangen war, den Bürgerkrieg, der sie stets latent und in den frühen
dreißiger Jahren des 20. Jahrhunderts auch sichtbar bedrohte, zu verhindern[6].

Parteienkonkurrenz und Parteienstreit, Verbands- und Gewerkschafts-
macht, die Politisierung der Gesellschaft, damit der Verlust des staatlichen
Monopols auf das Politische und folgeweise auch die liberalen Freiheitsrechte,
unter deren Schutz diese Erscheinungen standen, galten nicht nur den Extremen von rechts und links, sondern auch konservativen Theoretikern als die
eigentlichen Ursachen der augenfälligen Schwäche, die das politische System
von Weimar zumal seit der Weltwirtschaftskrise beutelte. Ihm wurde zudem,
wie bekannt, die Schmach des Friedens von Versailles zur Last gelegt. Bestimmend war nicht die Einsicht, dass die »Einheit« des Staates, sofern sie nicht
erzwungene Uniformität sein soll, nur aus einem dialektischen Prozess streitiger Auseinandersetzung frei konkurrierender Ideen und Interessen hervorgehen kann, sondern die Vorstellung einer im Staat auf »organische« Weise zu
verwirklichenden politischen Einheit des Volkes, der »Gemeinschaft« im Unterschied zur parzellierten »Gesellschaft«[7].

Zu Beginn der dreißiger Jahre war das Vertrauen in die Fähigkeit der Institutionen des demokratischen Rechtsstaats – Gewaltenteilung, Parlamentarismus, Grundrechte –, die Krise zu bewältigen, zerbrochen[8]. Auf festen Bei-
nen hatte es ohnehin nie gestanden. Auf der Suche nach Auswegen und in
dem Bestreben, die von Kommunisten und Nationalsozialisten angebotenen
Radikallösungen zu vermeiden, wurden Pläne zur Reichsreform geschmiedet
und das Projekt eines »präsidialautoritativen Staates«, einer »Regierung über
den Parteien«, entwickelt[9]. Die »dritte Antwort auf die Frage nach dem Staate
des 20. Jahrhunderts«, wie sie *Heinz O. Ziegler* in seiner viel gelesenen Schrift

---

Festschrift zum 225–jährigen Jubiläum des Verlages C. H. Beck, 1988, S. 341; *ders.,* Widmung
in: Festgabe für Ernst Forsthoff zum 65. Geburtstag, 1967, S. 1; *K. Frey,* Vorwort, in: Ernst
Forsthoff, Rechtsstaat im Wandel, 2. Aufl., 1976, S. IX; *P. Häberle,* Zum Staatsdenken Ernst
Forsthoffs, ZSchweizR N.F. 95 (1976), 1. Halbb., S. 477; *K. Vogel,* Ernst Forsthoff†, Die
Verwaltung 8 (1975), S. 1; *R. Mußgnug,* Ernst Forsthoff, Badische Biographien I, 1982, S. 121;
H. H. Klein, Forsthoff, Staatslexikon, Band 2/1986, Sp. 649. – S. a. die Nachweise in weiteren
Fußnoten.

    [6] Dazu: *U. Storost,* Die Verwaltungsrechtslehre Ernst Forsthoffs als Ausdruck eines poli-
tischen Verfassungsmodells, in: E. V. Heyen (Hrsg.), Wissenschaft und Recht der Verwaltung
seit dem Ancien Régime, 1984, S. 163 (164).

    [7] *H. H. Klein* in: Maunz/Dürig, Grundgesetz, Art. 21 Rdnr. 77. Vgl. auch *D. Willoweit,*
Deutsche Verfassungsgeschichte, 4. Aufl., 2001, § 38 IV (S. 337 ff.).

    [8] *Stolleis* (Fn. 1), S. 200.

    [9] *Willoweit* (Fn. 7), § 38 V 2 (S. 341).

»Autoritärer oder totaler Staat?« (1932) zu geben versuchte, zielte auf die »Sicherung einer Herrschaftsmöglichkeit überhaupt«, »auf den Staat als Regierung, wobei als notwendige Ergänzung die Frage nach der Gliederung des Volkskörpers auftaucht«[10]. *Ziegler* wandte sich gegen die Demokratie, denn sie hebe »grundsätzlich die Selbständigkeit und über der politischen Parteiung stehende Autonomie des politischen Bereichs auf«; sie ermangele einer Instanz, die fähig wäre, den gesellschaftlichen Antagonismus »autoritär zu ordnen«, und führe zur »Mediatisierung der Regierung«[11]. Demgegenüber beruhe der autoritäre Staat auf »Personalität, Unabhängigkeit, Autorität und Eigenverantwortlichkeit der Regierung«[12]. So stellte sich denn auch für *Forsthoff* im Jahr 1931 »für die Gegenwart ... die Aufgabe, ein allerorts durchlöchertes und verschwommen gewordenes System durch eine Ordnung zu ersetzen, die sich durch Übersichtlichkeit und klar verteilte Verantwortlichkeit auszeichnet«[13].

Ziegler war einer der Wortführer der »Konservativen Revolution«[14], welcher auch die so genannten Jungkonservativen zugerechnet werden, eine (nach *Mohler*) zwischen »Völkischen« und »Nationalrevolutionären« einzuordnende Gruppe[15]. Als einer der Ihren gilt auch *Ernst Forsthoff*. In ihren Zeitschriften, dem »Ring« insbesondere und dem »Deutschen Volkstum«, hat er unter verschiedenen Pseudonymen in den Jahren 1930 bis 1935 vielfach publiziert[16]. Was die Vertreter dieser Richtung eint, ist die Gegnerschaft gegen »die gesamte kontinentale Herrschaftsentwicklung seit der französischen Revolution«[17]: Volkssouveränität, Parlamentarismus und Liberalismus. Nicht dass sie Reaktionäre gewesen wären! Zurück zur Monarchie wollten sie nicht. Mit *Moeller van den Bruck*[18] verstanden sie »das Konservative nicht als ein Hängen an dem, was gestern war, sondern als ein Leben aus dem, was immer gilt«[19]. Die gesellschaftlichen Gegensätze sollten im Hegelschen Sinne aufgehoben werden[20]. Ein »Staat des Volkes« sollte entstehen, »eine organische Einheit von Führung und Geführten, handlungsfähig und von einem einheitlichen Willen beseelt«[21]. Von der Annahme ausgehend, dass die Menschen ein-

---

[10] Op.cit., S.8.
[11] Ebenda, S.22, 26.
[12] Ebenda, S.29.
[13] Wie Fn.2, S.186.
[14] *A. Mohler,* Die konservative Revolution in Deutschland 1918 bis 1932, 5.Aufl. 1999; kritisch: *S. Breuer,* Anatomie der konservativen Revolution, 1993, der von einem »Konstrukt« spricht (S.5).
[15] Wie Fn.14, S.138ff.
[16] Vgl. die Bibliographie in: R.Schnur (Hrsg.), Festschrift für Ernst Forsthoff zum 65. Geburtstag, 2.Aufl. 1974, S.495 (501f., 536f.).
[17] *H. O. Ziegler,* Autoritärer oder totaler Staat?, 1932, S.8.
[18] Zu ihm: *Mohler* (Fn.14), S.401ff.
[19] Zit. nach *Mohler* (Fn.14), S.116.
[20] *Stolleis* (Fn.1), S.320.
[21] Ebenda, S.321.

ander nicht gleich sondern ungleich seien, zeigten sich die Jungkonservativen fasziniert von dem »Bild einer gegliederten Gestalt«[22] des Volkes. Abgestoßen von dem die Völker trennenden und einen »egalitären Kollektivismus«[23] im Innern befördernden Konzept der Nationaldemokratie, versuchten sie eine Wiederbelebung des Reichsgedankens in gewandelter Form. Sie dachten weder in den Kategorien des Klassenkampfes noch des Rassismus oder des Imperialismus, sahen aber die Deutschen durchaus in einer die gewollte neue Ordnung Europas tragenden Rolle. Eine gewisse Nähe zum italienischen Faschismus ist unverkennbar: der faschistische Staat sei interessant als der Versuch, auf die drängenden Fragen der Gegenwart eine Antwort zu geben, denn er kenne keine Volkssouveränität mehr, sondern setze den Staat selbst als Herrschaftsstaat souverän[24]. Bedauernd vermerkt im Rückblick auf den »Staat von Weimar« auch *Forsthoff*, dass sich auf der Grundlage des Art. 165 WRV »unschwer … ein stato corporativo im Sinne der Carta del Lavoro oder ein deutscher Ständestaat hätte aufbauen lassen«[25].

Ungleich schwerer als mit der Bestimmung dessen, was es zu beseitigen galt, taten sich die Jungkonservativen mit Aussagen darüber, wie der »autoritäre Staat« der Zukunft beschaffen sein sollte. *Ziegler* etwa stellte sich die Repräsentation des nationalen Willens durch eine Elite vor, die konsequente Monopolisierung des Politischen bei einer staatstragenden Schicht und folgeweise die Entpolitisierung der Gesellschaft[26]. Staat und Gesellschaft sollten erneut getrennt, die »Souveränität des Staates über die der antagonistischen Wirtschaftsgesellschaft gesetzt« werden. *Mohler* verweist auf eine 1927 gehaltene Rede *Hugo von Hofmannsthals*; der Dichter sieht hier die konservative Revolution durch zwei Vorgänge charakterisiert: das Suchen nach Bindung, welches das Suchen nach Freiheit ablöst, und das Suchen nach Ganzheit, Einheit, welches von allen Zweiteilungen oder Spaltungen wegstrebt[27]. Das Einheitsdenken verlangte folgerichtig nach Ausgrenzungen, es war für die Rassenideologie des Nationalsozialismus anfällig.

Für den heutigen Betrachter ist das wabernde Gebräu solch mythisch verklärter Irrationalismen augenfällig. Aus seinen Verschwommenheiten resultierte die politische Kraftlosigkeit des autoritären Staatskonzepts[28]. Sie erklärt

---

[22] *Mohler* (Fn. 14), S. 139.

[23] *Ziegler* (Fn. 17), S. 21.

[24] Ebenda, S. 37.

[25] Der totale Staat, 1933 (im Folgenden: I), S. 19 f., 43 f.; 2. Aufl. 1934 (im Folgenden: II), S. 22 f.

[26] Wie Fn. 17, S. 39.

[27] Wie Fn. 14, S. 10.

[28] Die Unklarheiten dieses Konzepts spiegeln sich auch in den diversen Verfassungsplänen, wie sie in Kreisen der Widerstandsbewegung erwogen wurden. Überblick bei *J. Fest*, Staatsstreich. Der lange Weg zum 20. Juli, 1994, S. 140 ff.; *Willoweit* (Fn. 7), § 40 IV (S. 360 f.), macht darauf aufmerksam, dass es dem deutschen Widerstand vor allem um die Wiederherstellung

seine Unterlegenheit gegenüber dem brutalen Machtwillen der nationalsozialistischen »Bewegung« und der Entschlossenheit, mit der sich ihre Führung des Staates bemächtigte. Der Konturenlosigkeit dieses konservativen Denkens ist es auch zuzuschreiben, dass nicht wenige seiner literarischen Verfechter sich nach dem 30. Januar 1933 schnell der Illusion ergaben, ein durch die ration status gebändigter Nationalsozialismus könne tatsächlich die Not von Volk und Reich – wie es im Titel des Ermächtigungsgesetzes vom 24. März 1933 hieß – in geordneten Formen beheben, ohne zu bemerken oder bemerken zu wollen, dass sie ihre Idee des überparteilichen Staates damit aufgaben. Zudem gab es manche Gemeinsamkeiten: »die Romantik des Realismus, den Kult der Wirklichkeit, der Gemeinschaft und des Blutes«[29]. Wenn sie den Nationalsozialisten eher zur propagandistischen Verbrämung ihrer wahren Zwecke dienten, die Konservativen meinten es ernst damit. Der Zynismus, mit dem die »Bewegung« und ihr »Führer« die gewonnene Macht zur Verfolgung ihrer verbrecherischen Ziele zu nutzen entschlossen waren, lag jedenfalls zu Beginn außerhalb bürgerlicher Vorstellungswelten.

II. Aussagen

1. Schon in einem 1932 erschienenen Aufsatz hatte *Forsthoff* den »Rechtsstaat in der Krise« gesehen[30]. Der Glaube an die Möglichkeit einer prinzipiell unbegrenzten Freiheit, der dem rechtsstaatlichen Verteilungsprinzip zugrunde liege, sei erloschen. Diese These wird am Beispiel einer ihren Zielen nach revolutionären Partei erläutert, die die vom Staat verliehenen Freiheiten gegen den Staat selber wende. Der liberale Rechtsstaat wird aufgerufen, eine sehr konkrete Freund-Feind-Unterscheidung vorzunehmen und dadurch die Fähigkeit zur Politik zurückzugewinnen. Die von *Carl Schmitt* zu dieser Zeit in den Reichspräsidenten gesetzten Hoffnungen hält *Forsthoff* nicht für gerechtfertigt.

2. Die im Mai 1933[31] auf Herrenchiemsee im Auftrag einer konservativen Partei, die nicht die NSDAP war[32], entstandene Schrift »Der totale Staat« darf

des Rechts ging, nicht der parlamentarischen (Parteien-)Demokratie. Auch in den Kreisen des Widerstands verfolgte man den Gedanken eines gestuften Staatsaufbaus. S. ferner: *G. Ritter*, Carl Goerdeler und die deutsche Widerstandsbewegung, 1984, S. 286 ff., 569 ff.; *H. Rothfels*, Deutsche Opposition gegen Hitler, 1969, S. 206 ff.; *U. Karpen/A. Schott* (Hrsg.), Der Kreisauer Kreis, 1996.

[29] Zitat: *P. Bahners*, Frankfurter Allgemeine Zeitung vom 22. September 2001.

[30] *Friedrich Grüter*, Der Rechtsstaat in der Krise, Deutsches Volkstum 1932, S. 260 ff. Es handelt sich um eine Rezension der 1930 erschienenen Schrift *F. Darmstaedters*, Die Grenzen der Wirksamkeit des Rechtsstaats.

[31] II, 7.

[32] Mitteilung von Herrn Dr. *Martin Forsthoff*.

als der ambitionierte Versuch gelten, auf die zu dieser Zeit in vollem Gange
befindliche nationalsozialistische Neuordnung Einfluss zu nehmen. Die im
Sommer 1934 erschienene 2. Auflage hat demgegenüber eher den – erkennbar
resignativen – Charakter einer Deutung.

a) Die Stoßrichtung ist klar. Der – nunmehr ins Positive gewendete[33] –
»totale Staat« wird als das Gegenteil des liberalen Staates vorgestellt. Es ist der
Staat mit umfassender inhaltlicher Fülle im Unterschied zum inhaltlich ent-
leerten, durch Autonomisierungen, d. h. juristische Sicherungen vorausgesetz-
ter Eigengesetzlichkeiten minimalisierten und nihilisierten liberalen Staat (I, 7;
II, 9). Der Liberalismus habe »den Staat in den luftleeren Raum des Begriffs«
erhoben (I, 9; II, 12); er verlege »alle bewegende Kraft ... in ... das Individuum« (I, 10 f.; II, 13 f.) und rechtfertige die Staatsorganisation nurmehr »als
eine Versicherung auf größtmögliche Ungestörtheit in der privaten Existenz,
die man Freiheit nannte« (I, 11; II, 14). Gegeißelt wird die Verdrängung der
Persönlichkeit durch die Institution des Amtes (I, 11; II, 14). Der Rechtsstaat
sei ein »Staat ohne Gehalte«, der »Prototyp einer Gemeinschaft ohne Ehre
und Würde« (I, 13; II, 16), und deshalb außer Stande, »sachliche Unterscheidungen (zu treffen) wie wahrunwahr, gerecht-ungerecht, gut-böse, sittlich-
unsittlich« (I, 13 f.; II, 16 f.). Die Weimarer Reichsverfassung, restaurativ in
ihren die parlamentarische Demokratie und die Grundrechte gewährleisten-
den Bestimmungen, habe nicht eine Ordnung umschrieben, »sondern ein Verfahren ..., nach dem jeweilige Parteimehrheiten ihren jeweiligen Parteikoali-
tionswillen durchsetzen konnten« (I, 20; II, 23). Jeder Staat habe »eine Substanz, die er nicht schafft, sondern voraussetzt, aus der er seine Kraft bezieht
... Die Weimarer Verfassung ... bedeutete den Versuch zum Staat ohne Substanz« (ebenda). Die Kombination von »Demokratismus« und nach dem
Wegfall der Monarchie funktionslos gewordenen liberalen Gegengewichten
habe den »Ansatz zu einem spezifisch deutschen Staat (verfehlt), der sich
dadurch auszeichnen muß, dass er aus dem Reichtum und aus der Fülle deutschen Wesens erwächst« (I, 24; II, 27).

b) *Forsthoff* unternimmt es, »das Ziel der nationalsozialistischen Revolution
in dem totalen Staat zu fixieren« (I, 29). Als Ziel schwebt ihm eine um der
Autorität des Staates willen von der »Volksordnung« zu unterscheidende,
wenn auch nicht getrennte »Herrschaftsordnung« vor, die eigenen Rang be-
sitze, welchen das Volk anzuerkennen, aber nicht zu verleihen habe (I, 30).
Das persönliche Führer-Gefolgschaftsverhältnis sei nicht geeignet, solchen
Rang zu begründen. Indem *Hitler* der Führer des Reiches wurde, sei er unter
ein neues Gesetz getreten. »Die Bewegung kann aufgehen in der Person des
Führers. Der Staat kann es nicht ... Der Staat ist gebunden an Tradition,
Gesetz und Ordnung« (I, 31)[34]. Das wird in der 2. Auflage so nicht wiederholt.

---

[33] Vgl. *J. Meinck*, Weimarer Staatslehre und Nationalsozialismus, 1978, S. 33.
[34] Deshalb erschien *Forsthoff* im Rückblick (Der Staat der Industriegesellschaft, 1971,

Hier erscheint *Hitler* als »Walter des Jahrtausende alten deutschen Staatstums«, die Bewegung (von der es in der 1. Auflage noch geheißen hatte, sie sei mit dem Staat nicht identifizierbar) wird nun »zur eigentlichen Trägerin des deutschen Staatstums« (II, 35). Der Staat, so *Forsthoff* 1933, bedürfe zu seiner Legitimation einer ihm zugeordneten Weltanschauung, die er freilich nicht oktroyieren dürfe, die aber vorgelebt werden müsse (I, 32). *Ziegler* folgend nimmt *Forsthoff* die Aufgabe der Regierung für eine nach eigenen Gesetzen lebende, besonderen geschichtlichen Verantwortlichkeiten unterworfene, rassisch und geistig überragende Schicht in Anspruch, aus dem Volke in einem aristokratischen Sinne herausgehoben, aber nicht von ihm getrennt (I, 33). Innerhalb dieses »Führerstandes« dürfe es keine Gleichheit geben, denn das auszeichnende Merkmal einer autoritären Ordnung sei die Befehlsförmigkeit ihrer Gliederung (I, 34). Den »Apparaturstaat« gelte es abzubauen, aber einer Bürokratie könne auch der autoritäre Staat angesichts der Versorgungsansprüche weitester Kreise nicht entraten (I, 35, 37). Neben die bürokratische, vom Berufsbeamtentum geprägte Verwaltung trete der Kommissar, der politisch, d. h. nach dem Willen der Führung, entscheide (I, 36). Das Reichsstatthaltergesetz (Zweites Gesetz zur Gleichschaltung der Länder mit dem Reich) vom 7. April 1933 (RGBl. I S. 173) wird als vorbildlich bezeichnet (I, 37). Es wird also ein »dual state« gefordert[35], der einerseits berechenbar-bürokratisch bleibe, andererseits aber »in den Formen einer persönlichen Herrschaft organisiert werden« müsse (I, 38).

c) Es fällt auf, dass hier von der dominierenden Rolle der nationalsozialistischen Bewegung nicht die Rede ist. Das ändert sich in der 2. Auflage unter dem Einfluss der Kritik, die *Alfred Rosenberg*[36] und *Roland Freisler*[37] an dem von *Forsthoff* vorgelegten Konzept eines totalen Staates geübt hatten, allerdings ohne seinen Namen zu nennen[38]. *Freisler* hatte die Gefahr erkannt, dass der Staat wieder als Selbstzweck angesehen werden könne, und verlangte deshalb, den neuen Staat als einen nationalsozialistischen zu bezeichnen, weil es die nationalsozialistische Bewegung sei, die sein Werden und Leben bestimme. Auch *Carl Schmitt* hatte in seinem Pamphlet »Staat, Bewegung, Volk«[39] die Befürchtung geäußert, liberales Denken könne die Bewegung erst in den Staat drängen und dann über den Rechtsstaat wieder zurück in das liberale System

---

S. 53 f.) »die Formel vom totalen Staat ... schief, wenn nicht falsch«. Denn der Totalitarismus sei »mit dem Wesen des Staates als eines Garanten von Recht und Ordnung unvereinbar«. Dieser »auf Missbrauch beruhende(n) Entartung des Staates« versuchte er entgegenzutreten.

[35] *E. Fränkel*, Der Doppelstaat, engl. 1940, dt. 1974.

[36] Völkischer Beobachter vom 9. Januar 1934, S. 1 f.

[37] Deutsche Justiz 1934, S. 43 ff. – *Freisler* war damals Staatssekretär im Preußischen Justizministerium.

[38] Dazu: *W. Pauly*, Die deutsche Staatsrechtslehre in der Zeit des Nationalsozialismus, VVDStRL 60 (2001), S. 73 (80 f.). Vgl. auch *Storost* (Fn. 6), S. 55 f.

[39] 3. Aufl. 1933.

des 19. Jahrhunderts[40]. *Forsthoff* hielt zwar an seinem Titel fest, nahm jedoch schon einleitend den Begriff des »nationalsozialistischen Staates« auf (II, 9), hob hervor, dass der Rang der neuen Herrschaftsordnung »aus den elementarischen Voraussetzungen des Blutes und der Rasse« erwachse (II, 34), und betonte die Einheit von Staat und Partei – immerhin in dieser Reihenfolge (II, 36). Er unterstrich die Einheit von Führer und Gefolgschaft[41], die nicht logisch begreifbar sondern nur erfahrbar sei, unter der Vorbedingung existenzieller Gleichartigkeit stehe und vom totalen äußeren und inneren Einsatz der Gefolgschaft geprägt sei (II, 37, 39). Wird in der 1. Auflage, wie es dem Konzept des autoritären Staates entsprach, in Abgrenzung zur »demokratischen Identitätslehre« auf die Unterscheidung von Regierenden und Regierten großer Wert gelegt (I, 33), so sieht die 2. Auflage »das Neue und Entscheidende der Führerverfassung« darin, »daß sie die demokratische Unterscheidung zwischen Regierenden und Regierten in einer Einheit überwindet, zu der Führer und Gefolgschaft verschmolzen sind« (II, 37).

d) Zur Volksordnung wird bemerkt, Volk sei eine auf einer seins- und artmäßigen Gleichartigkeit beruhende Gemeinschaft. Die Gleichheit wird, allerdings nicht ausschließlich, rassisch verstanden, auszugrenzen ist der Jude (I, 38 f.; II, 42). Artverschiedenheit begründe die Verschiedenheit der Völker, bedeute aber darum noch nicht Feindschaft. Der Jude sei nur darum zum Feind geworden, weil er das Volkstum, den geistigen Lebensraum der Deutschen angetastet habe (I, 39; II, 43). Andererseits könnten auch wie im Falle der Kommunisten eine gewisse Toleranzgrenze überschreitende Meinungsverschiedenheiten zur Auflösung der seinsmäßigen Bindung an das deutsche Volk führen (I, 39; etwas verändert II, 43). Es gelte eben, die »Verschiedenheit des Meinens und Wollens von der Feindschaft« zu erkennen, nur dann könne die von der Regierung Hitler eingeleitete Säuberungsaktion erfolgreich sein – die dabei zugunsten der jüdischen Frontkämpfer (zunächst) gemachte Ausnahme wird ausdrücklich als sinnvoll bezeichnet (I, 40). In der 2. Auflage ist diese Aussage getilgt, es wird im Gegenteil gerügt, die Gesetzgebung des Jahres 1933 habe eine allgemeine Regelung zum Schutz der deutschen Rasse nicht gebracht (II, 44).

Wieder stößt man auf die Spuren *Zieglers,* wenn *Forsthoff* der Demokratie vorwirft, sie habe das Volk, indem sie es als Masse zur Macht führen wollte, in Wahrheit entmachtet. Denn es sei nicht Masse, sondern gegliederte Gemein-

---

[40] S. 33.

[41] »Die Gefolgschaft stellt eine Kameradschaft dar, deren höchstes Ziel die Mannentreue gegenüber dem Führer ist« – *H. Planitz*, Deutsche Rechtsgeschichte, 1950, S. 10. Unter Verdrängung der Tatsache, dass Gefolgschaftstreue nach germanischer Anschauung ein Herr und Gefolgsmann wechselseitig verpflichtendes Rechtsverhältnis war, knüpfte das NS-Regime bewußt an diese Vorstellung an. Dazu *K. Kroeschell,* Rechtsgeschichte Deutschlands im 20. Jahrhundert, 1992, S. 102 f.

schaft (I, 41). Gliederung des Volkes heiße Auswägung von Freiheit und Gebundenheit. Freiheit dürfe aber nicht als individuelle Freiheit missverstanden
werden, diese sei »ein Postulat menschheitlichen Denkens« und gehöre der
Geschichte an. Aber »Freiheit im Sinne eines persönlichen Handlungsspielraums« sei »unzerstörbar und unverzichtbar« (I, 41 f.; II, 45). *Forsthoff* scheint
hier freilich nur zu meinen, dass der einzelne, um für sein Handeln verantwortlich gemacht werden zu können, nicht in einen engen Kokon verbindlicher Befehle – »der überhand nehmenden Normierungen und Mechanisierun-
gen des sozialen Lebens« (I, 41; II, 45) – eingesponnen werden dürfe. Denn
(so lautet der wohl meistzitierte Satz): »Der totale Staat ... stellt die totale
Inpflichtnahme jedes einzelnen für die Nation dar. Diese Inpflichtnahme hebt
den privaten Charakter der Einzelexistenz auf« (I, 42; II, 46). Dafür bedürfe es
zum einen einer neuen Staatsgesinnung und zum anderen der – indessen nicht
wie in der Vergangenheit an partikularen Interessen, sondern berufsständisch
orientierten – organisatorischen Erfassung des gesellschaftlichen Lebens (I,
43 ff.; II, 46 ff.: die Bedeutung der berufsständischen Gliederung tritt hier zugunsten »konkreter Ordnungen« zurück). Der totale Staat – in der 2. Auflage
heißt es »der deutsche Staat« und es fehlt der Bezug auf den zu dieser Zeit
bereits in Ungnade gefallenen *Ernst Jünger* – sei ein totaler Arbeitsstaat (I, 47;
II, 48). Man liest in der 2. Auflage die erstaunlichen Sätze: »Seine (d. i. des
Staates) geistige Struktur ist bestimmt durch den deutschen Sozialismus.
Deutscher Sozialismus ist die Bereitschaft zum Arbeitseinsatz für die Nation
und Wertung des einzelnen Volksgenossen nach Maßgabe seiner Leistung für
die Nation« (II, 48)[42].

III. Versuch einer Deutung

1. *Ernst Forsthoff* ist wie so viele anfänglich dem »Zauber Hitlers«[43] erlegen.
Fasziniert war er von der Idee eines starken – »autoritären« – Staates, der von
den partikularen gesellschaftlichen Interessen unabhängig zu agieren und sie
zu beherrschen vermag. Dem bürgerlichen Rechtsstaat bescheinigte er zwar
»eine achtunggebietende Tradition von hohem geistigen Rang«[44], aber er hielt

---

[42] Dazu: *Stolleis* (Fn. 1), S. 368, unter Hinweis auf *E. R. Hubers* 1934 publizierte Schrift
»Die Gestalt des deutschen Sozialismus«.
[43] *Fest* (Fn. 28), S. 141. – In einem mir von Herrn Prof. Dr. Alexander Hollerbach freund-
licherweise zugänglich gemachten Brief an *Erik Wolf* vom 8. November 1945 schreibt *Forsthoff* unter Bezugnahme auf seine Anhörung vor einem Ausschuss des Akademischen Senats
der Universität Heidelberg: »Ich habe in dieser Verhandlung geltend gemacht, dass ich in der
Tat zunächst auf den Nationalsozialismus große Hoffnungen gesetzt habe und ihm positiv
gegenüberstand, dass ich aber im Jahre 1935 meinen Irrtum eingesehen und aus einem Anhänger zu einem entschiedenen Gegner geworden bin und mich als solcher auch betätigt
habe.«
[44] Wie Fn. 30, S. 262.

diese Tradition für überholt. Zu dieser Erkenntnis war er nicht nur unter dem weit verbreiteten Eindruck des Versagens der Weimarer Republik und ihrer Verfassung gelangt, sondern auch im Blick auf die freilich erst zu einem späteren Zeitpunkt deutlicher artikulierte existenzielle Abhängigkeit der Menschen von staatlicher »Daseinsvorsorge«. *Forsthoff* teilte die Sorge, dass das auf Vernunft gegründete, zweckrationale Konstrukt des liberalen Rechtsstaats[45] der Masse des Volkes sinnentleert erscheine. Auch der Gegenwart ist die Frage nicht fremd, ob es in der säkularisierten Welt nicht mindestens auch die Sache des Staates sei, mitzuwirken an sinnstiftender Wegweisung[46]. Damals mochten sich nur wenige mit jenem »großen Wagnis« abfinden, das der freiheitliche Staat eingehen muß: von Voraussetzungen zu leben, die er selbst nicht garantieren kann[47]. Die Skepsis gegenüber Parlamentarismus und Demokratie war zu Beginn der dreißiger Jahre weit über Deutschland hinaus verbreitet[48]. Sie beruht auf der gerade auch in der Weimarer Staatsrechtslehre vielfach geteilten Illusion, es könne eine über den Parteien angesiedelte, von gesellschaftlichen Interessen unbeeinflußte Staatsführung geben[49].

Zuflucht zu bieten schien die Idee einer im Staat geeinten Nation, einer wie immer beschaffenen Volksgemeinschaft[50]. Aber während sich die Theoretiker

---

[45] Der totale Staat I, 11; II, 14. – Schon *H. Herrfahrdt,* der sich – nach *Stolleis* (Fn. 1), S. 287 – selbst »wenn auch nicht ganz linientreu, für den Nationalsozialismus« profilierte, hat *Forsthoff* in seiner Besprechung des »Totalen Staates« vorgeworfen, in seiner Deutung des Rechtsstaats sowohl die Wirklichkeit des 19. Jahrhunderts als auch die liberale Idee verfälscht zu haben: Politische Verfassungslehre, ARSP XXX (1935/36), S. 104 (107).

[46] Dazu die unter dem Titel »Grundwerte und Staat« in den siebziger Jahren des 20. Jahrhunderts geführte Diskussion – s. die Nachweise bei *H. H. Klein,* Verfassungstreue und Schutz der Verfassung, VVDStRL 37 (1979), S. 53 (104 f.).

[47] Vgl. *E.-W. Böckenförde,* Die Entstehung des Staates als Vorgang der Säkularisation, in: Ebracher Studien. Ernst Forsthoff zum 65. Geburtstag, 1967, S. 75 (93); auch in: *ders.,* Recht, Staat, Freiheit, 1991, S. 92 ff.

[48] Dazu: *Dreier* (Fn. 1), S. 144.

[49] Diese Illusion lebt auch heute fort in dem Widerwillen gegen das »Gezänk« zwischen und – beispielsweise – in den Parteien und in den über die Bekämpfung einzelner Mißstände hinausgehenden Angriffen *H. H. von Arnims* auf »Das System« (so der Titel einer 2001 in Buchform erschienenen Polemik). »System« und »Systemparteien« waren bekanntlich auf die Diskriminierung des demokratischen Rechtsstaats zielende Begriffe im »Kampf gegen Weimar, Genf, Versailles«. Ihre Wiederbelebung ist mindestens instinktlos.

[50] Nicht erst die nationalsozialistische Staatsrechtslehre suchte den der liberalen Demokratie vorgeworfenen »antithetischen Zerreißungen« (vgl. *C. Schmitt,* Staat, Bewegung, Volk, 3. Aufl. 1933, S. 16, 22 f.; aber auch schon *ders.,* Der Hüter der Verfassung, 1931, S. 79) eine Theorie der Einheit entgegenzusetzen. Sie schloss auch für *Forsthoff* einen politischen Geltungsanspruch aller partikularen gesellschaftlichen Kräfte einschließlich der Kirchen aus. Auch sie könnten keine »selbständigen Gebilde innerhalb des Staates und neben dem Staate« sein (*Friedrich Grüter,* Gegen ein evangelisches Konkordat, Deutsches Volkstum 1933, S. 788). *Forsthoff* hatte dabei (1933) allerdings nicht die Herstellung von Einheit durch das Diktat der nationalsozialistischen Weltanschauung im Sinn, sondern seine Idee eines das Politische monopolisierenden, gegenüber der Gesellschaft »souveränen« Staates (vgl. auch: Die öffentliche Körperschaft im Bundesstaat, 1931, S. 183).

des »autoritären« Staates meist in blutleeren Vorstellungen über neue »Ord-
nungen der Ungleichheit«[51] ergingen, wartete der Nationalsozialismus mit sei-
ner von »Blut und Boden« bestimmten »völkischen« Ideologie auf, die das
Bewußtsein großer Teile des Volkes auf einer emotionalen, »metaphysischen«
Ebene durchdrang[52]. Konservativen Bestrebungen zur Rückgewinnung einer
von der Gesellschaft emanzipierten Staatlichkeit eignete Klarheit nur in der
Negation. Der bewußt auf die Irrationalität ihrer Vorstellungen setzenden
Propaganda der Nationalsozialisten hatten sie nichts entgegenzusetzen.

Forsthoff befand sich bei der Niederschrift des »Totalen Staates« in der
Verlegenheit, sein Staatsmodell auf die durch die nationalsozialistische Revolution entstandene Wirklichkeit zuzuschneiden, eine Wirklichkeit, der er Gestalt zu geben versuchte. An der Anerkennung des Führerstaates kam er dabei
nicht mehr vorbei, und er wollte es wohl auch nicht, denn er teilte mit vielen
die Hoffnung, es ließen sich mit ihm die beklagten Mißstände beseitigen. So
hat er es 1933 unternommen, namentlich durch den Appell an die Verantwortlichkeit einer – freilich imaginären – führenden Schicht, dem rein per-
sonalistisch verstandenen Führerprinzip der nationalsozialistischen Bewegung
eine dem Prinzip der Gesetzlichkeit und Berechenbarkeit verpflichtete Konstruktion entgegen zu stellen: *Forsthoffs* Schrift war, wie *Stolleis*[53] schreibt,
»antibürgerlich, antiformalistisch und darum tendenziell freiheitsvernich-
tend«, aber der schieren Willkür suchte sie Grenzen aufzuzeigen.

Es war ein Versuch am untauglichen Objekt mit untauglichen Mitteln. Der
nationalsozialistische Bewegungsstaat – Bewegungsstaat nicht nur in dem Sinne, dass er zum Instrument der NSDAP denaturierte[54], sondern auch in der
Bedeutung des unablässig von seinen revolutionären Ursprüngen angetriebe-
nen, der vulkanistischen Knallkraft äolischer Dünste[55] ausgelieferten Staates –
entzog sich jedem Versuch normativer Disziplinierung. Die stürmisch lebendige Flut des Zeitgeschehens zu bändigen, überstieg des Verständigen
Kraft[56]. Was galt, war nurmehr der Wille des Führers[57]. Mit der Machtergreifung *Hitlers* fiel der Staat als Gegenstand normativer Betrachtung aus[58], der
Ausnahmezustand erwuchs in Permanenz.

---

[51] Dies der Titel eines 2001 erschienenen Buches von *S. Breuer*.
[52] Vgl. *Dreier* (Fn. 1), S. 35 m. N.
[53] Wie Fn. 1, S. 333.
[54] Vgl. *E. R. Huber*, Verfassungsrecht des Großdeutschen Reiches, 1939, S. 222 f., 289 ff.
[55] Vgl. *J. W. von Goethe*, Faust. Zweiter Teil, Vers 7866.
[56] Vgl. *J. W. von Goethe*, Pandora, Verse 183 ff.
[57] *Dreier* (Fn. 1), S. 59; auch zum Dynamismus und Daueraktivismus des NS-Regimes – es
handelt sich um ein allgemeines Merkmal totalitärer Systeme. S. a. *Pauly* (Fn. 36), S. 79, der
vom »Strukturnihilismus des zunehmend polykratischen Führerstaats« spricht und damit darauf aufmerksam macht, dass subalterne Machthaber in ihrem Zuständigkeitsbereich durchaus
nach eigener Willkür zu handeln im Stande waren – solange sie dabei dem »Führer« nicht in
die Quere kamen.
[58] *Dreier*, ebenda.

Zwar eröffnet *Forsthoff* die im Sommer 1934 erschienene 2. Auflage seiner Schrift mit der Feststellung, der nationalsozialistische Staat bedeute die Rückkehr des deutschen Volkes zur staatlichen Form (II, 9). Dennoch spricht alles dafür, dass er mittlerweile klar erkannt hatte, dass der Nationalsozialismus vielmehr auf die Auflösung aller Form gerichtet war[59]. Indem er »die Verbindlichkeit der nationalsozialistischen Weltanschauung und Programmatik für den Staat in allen seinen Daseinsäußerungen« (II, 36) akzeptierte, gab *Forsthoff* jedenfalls den Versuch auf, dem NS-Staat eine seinen Dezisionismus bändigende Struktur zu verleihen. *Forsthoffs* Beharren darauf, auch der nationalsozialistische Staat bedürfe, wo es auf die Berechenbarkeit und Präzision seines Handelns ankomme, der bürokratischen, nach festen Regeln verfahrenden Verwaltung – die Versorgung der Arbeitslosen, die Steuer- und bemerkenswerterweise auch die Polizeiverwaltung werden beispielhaft genannt (II, 40 f.) – zeigt immerhin an, dass er sich auf der Suche nach einem verbliebenen Gegenstand rechtswissenschaftlichen Bemühens befand. Denn die Verfassungsfrage, so schrieb er wenig später – wie *Dreier* anmerkt: so einsilbig wie doppeldeutig –, habe mit der Errichtung des Führerstaates ihre Erledigung gefunden[60].

2. Ein Stein des Anstoßes sind die in der Schrift über den totalen Staat enthaltenen, später nicht wiederholten[61], antisemitischen Äußerungen. *Thomas Nipperdey* hat davor gewarnt, die Geschichte des deutschen Antisemitismus »nur vom Ergebnis her«, also im Blick auf Auschwitz, zu schreiben[62]. Zwar dürfen wir diese Perspektive nicht unbeachtet lassen, aber auch nicht übersehen, dass jenes »Ergebnis« im Jahre 1933 nicht einmal denkbar gewesen ist. Schon in der Frühzeit des zweiten Kaiserreichs war die Neigung verbreitet, für Liberalismus, Kapitalismus, Sozialismus und Internationalismus »dem Judentum« die Schuld zu geben, für alles mithin, was den im weitesten Sinne konservativen Kreisen des Adels und des Bürgertums, aber auch der Landwirte und der Arbeiterschaft aus den unterschiedlichsten Gründen zuwider war. Im ausgehenden 19. und im beginnenden 20. Jahrhundert gewann die in pseudowissenschaftlichem Gewand daher kommende völkische Rassenideologie – keineswegs nur in Deutschland – an Boden, zumal sie mit dem Natio-

---

[59] Vgl. seinen Aufsatz »Der Formalismus im öffentlichen Recht«, DR 1934, S 347, in dem er ausführte, der Formalismus im öffentlichen Rechte stehe im Dienste des liberal-humanitären politischen Gestaltungswillens, weshalb es die vornehmlichste Aufgabe nationalsozialistischer Rechtserneuerung sei, ihn zu überwinden.

[60] Das neue Gesicht der Verwaltung und die Verwaltungsrechtswissenschaft, DR 1935, S. 331 (331).

[61] Im Jahre 1936 gab eine antijüdische Hetzrede *Carl Schmitts Forsthoff* Anlass, die Kontakte zu seinem akademischen Lehrer für mehrere Jahre abzubrechen – s. *Dreier* (Fn. 1), S. 17 Fn. 39, 31 Fn. 106 m. N.

[62] Deutsche Geschichte 1866 bis 1918, 2. Band: Machtstaat vor der Demokratie, 3. Aufl. 1995, S. 289 f.

nalismus eine unheilschwangere Verbindung einging. Schon vor 1914 sprach *Friedrich Naumann* von einer »antisemitischen Gesamtstimmung«[63]. Sie steigerte sich nach 1918[64]. *Hitler* mit seiner Intuition, »sich zum Lautsprecher der geheimsten Wünsche, der häufig unbekennbaren Instinkte … eines Volkes zu machen«[65], fiel es leicht, seine abscheuliche Saat auf gedüngtem Boden auszubringen. Ein Opfer dieser »Gesamtstimmung« war – vorübergehend – auch *Ernst Forsthoff*[66].

IV. Ausblick

Die Sorge um den Staat und die Verarbeitung seiner Wirklichkeit[67] haben *Forsthoff* bis zuletzt beschäftigt. Darin liegt die Kontinuität seines wissenschaftlichen Werkes – trotz der Brüche, die es aufweist[68], Brüche, die der Generation seiner Schüler erspart geblieben sind. »Jugend! ach! Ist dem Alter so nah, durchs Leben verbunden, / wie ein beweglicher Traum Gestern und Heute verband«, dichtete *Goethe* 1797 auf seiner dritten Reise in die Schweiz, die ihn eigentlich nach Italien hätte führen sollen[69].

Forsthoffs Sorge um die deutsche Staatlichkeit, mag sie auch in seinen späteren Jahren von einer nicht durchweg gerechtfertigten Skepsis getragen gewesen sein, erscheint auch heute nicht unbegründet. Die Vorstellung des Staates »als eines den sozialen Gruppen übergeordneten, sie beherrschenden und ihren Wirkungskreis umgrenzenden Hoheitsverbandes«, die er 1932 formulierte[70], ist nicht an das Konzept des »autoritären« oder »totalen« Staates gebunden, sie beschreibt, obschon nicht vollständig, auch ein Problem des demokratischen Verfassungsstaates mit seiner zunehmend nach innen wie nach außen »verantwortungsdiversifizierten Gemeinwohlkonkretisierung«[71]. Wenn

---

[63] Ebenda, S. 309.

[64] An den Mord an *Walter Rathenau* und die ihn begleitenden antisemitischen Hassausbrüche sei erinnert, auch wenn das wichtigste Motiv der Täter ein anderes gewesen sein dürfte; vgl. *E. R. Huber,* Deutsche Verfassungsgeschichte seit 1789, 7. Band, 1984, S. 250 ff.; *H. A. Winkler,* Weimar 1918 bis 1933, 2. Aufl. 1994, S. 173 f.

[65] *Otto Strasser,* zit. nach *G. A. Craig,* Deutsche Geschichte 1866 bis 1945, 3. Aufl. 1981, S. 479.

[66] Vgl. auch *Doehring* in: Semper apertus (Fn. 5), S. 441 f.

[67] Vgl. *Häberle* (Fn. 5), S. 478, 480.

[68] Ähnlich *Doehring* in: Juristen im Portrait (Fn. 5), S. 342.

[69] Schweizeralpe in: Goethes Gedichte in zeitlicher Folge, 1982, S. 475.

[70] Um die kommunale Selbstverwaltung, ZPol 1932, S. 248 (260). An gleicher Stelle (S. 261) ist auch die »Ausdehnung der Garantiefunktion der Grundrechte« kritisch angesprochen (mit dem heute nicht mehr akzeptablen Hinzufügen, dies sei »Ausdruck einer Haltung, die die absolute Überwertigkeit des Staates gegenüber dem Individuum und den sozialen Gruppen nicht mehr anerkennt«), die die Gegenwartsliteratur nicht zuletzt im Blick auf die mit ihr einhergehende Ausweitung der Macht der Gerichte lebhaft beschäftigt. Dazu etwa auch: *E. Forsthoff,* Der Staat der Industriegesellschaft, 1971, S. 126 ff., 147 ff.

[71] *W. Höfling,* Primär- und Sekundärrechtsschutz im öffentlichen Recht, VVDStRL 61

der Staat, so die zutreffende Feststellung von *Udo Di Fabio* – *Forsthoff* hätte ihr zugestimmt –, »bei allem Wandel der entscheidende Garant für die Freiheit, Sicherheit und die Möglichkeit von Wohlstand« bleibt[72], dann muß er auch die Autorität[73], d. i. die Fähigkeit zur Erfüllung dieser Aufgaben besitzen – in »pragmatischer Kooperation mit den gesellschaftlichen Kräften«[74] und, heute weit mehr als früher, im vielfach geschichteten Zusammenwirken mit anderen Staaten. Das Unbehagen freilich, das *Forsthoff* gegenüber der nüchternen Zweckrationalität des demokratischen Rechtsstaats empfand, ist auch gegenüber jenem intransparenten und in tausendfältige Netzwerke der Kooperation verstrickten Mehrebenensystem verbreitet, in welchem sich Politik in der Gegenwart vollzieht, besser vielleicht: verliert[75], und nicht einmal mehr Verfassungspatriotismus zur Einheit verbindet. Man könnte, in Anlehnung an *Forsthoff,* versucht sein, von einer gemeinschaftsideologischen Unterbilanz[76] zu sprechen, wäre der Ideologiebegriff nicht so negativ besetzt. Mag es auch nicht die Aufgabe der deutschen Staatsrechtslehre sein, die Frage zu beantworten, was Europa im Innersten zusammenhält, so steht sie doch ein weiteres Mal, wie *Ernst Forsthoff* es mehrfach – mit wechselndem Erfolg – vorgemacht hat, vor der Notwendigkeit, neue Wirklichkeiten zu verarbeiten.

Dem »Totalen Staat« hat *Forsthoff* ein martialisches Zitat aus *Goethes* Festspiel »Pandora« vorangestellt[77]: »Nur Waffen schafft! Geschaffen habt Ihr alles dann, auch derbster Söhne übermäßigen Vollgenuß.« Lassen Sie mich schließen mit einem anderen Zitat aus dem gleichen Stück (Vers 27):

Doch Menschenpfade, zu erhellen sind sie nicht.

(2002), S. 260 (298). Zum Problem: *U. Di Fabio,* Der Verfassungsstaat in der Weltgesellschaft, 2001, S. 100 ff.

[72] Wie Fn. 71, S. 99. – Die von *Thomas Hobbes,* De cive, 13. Kapitel, dem Herrscher zugeschriebenen Pflichten sind die des Staates: »1. ut ab hostibus externis defendantur, 2. ut pax interna conservetur, 3. ut quantum cum securitate publica consistere potest, locupletuntur, 4. ut libertate innoxia perfruantur.« S. a. *R. Herzog* in: J. Isensee/P. Kirchhof (Hrsg.), Handbuch des Staatsrechts, 3. Band, 1988, § 58 Rdnrn. 24 ff. – Dass die Möglichkeiten des Sich-Bereicherns am Staat (locupletari) das sich ausdehnende System staatlicher Umverteilungen, den Sozialstaat auf eine harte Probe stellen würden, wenn die Grenze der Leistungsfähigkeit der Solidargemeinschaft erreicht ist, hat *Forsthoff* wiederholt hervorgehoben – zu Recht, wie die seit Jahren anhaltenden Bemühungen um eine Reform der Systeme der sozialen Sicherung belegen.

[73] *E. Forsthoff,* Das politische Problem der Autorität in: ders., Rechtsstaat im Wandel (Fn. 5), S. 14 ff. S. a. *K. Doehring,* Der Autoritätsverlust des Rechts in: R. Schnur (Hrsg.), Festschrift für Ernst Forsthoff zum 70. Geburtstag, 2. Aufl. 1974, S. 103 ff.

[74] *Di Fabio* (Fn. 71), S. 109.

[75] Auch dazu: *Di Fabio* (Fn. 71), S. 126 f.

[76] Vgl. das Kapitel »Rechtsstaat mit ›staatsideologischer Unterbilanz‹« in: *Forsthoff,* Rechtsstaat im Wandel (Fn. 5), S. 14 ff.

[77] Goethes Werke, Hamburger Ausgabe, Band V, 1952, S. 332 (Vers 308 f.). – Das Fragment gebliebene Stück behandelt das Thema von Trennung und Einheit, die Zwischenzeit zwischen Pandoras erstem Erscheinen und ihrer Wiederkunft, eine Zeit des Leidens, in der es Waffen zu schmieden gilt.

Veröffentlichungsnachweis

I. Grundlagen des demokratischen Verfassungsstaats

1. Demokratie und Selbstverwaltung
Schnur, R. (Hrsg.), Festschrift für Ernst Forsthoff zum 70. Geburtstag, München 1972, S. 165–185.

2. Legitimität gegen Legalität?
Börner, B. u. a. (Hrsg.), Einigkeit und Recht und Freiheit. Festschrift für K. Carstens zum 70. Geburtstag, Band 2, Köln-Berlin-Bonn-München 1984, S. 645–660.

3. Ziviler Ungehorsam im demokratischen Rechtsstaat?
Rüthers, B. u. a. (Hrsg.), Freiheit und Verantwortung im Verfassungsstaat. Festgabe zum zehnjährigen Jubiläum der Gesellschaft für Rechtspolitik, München 1984, S. 177–197.

4. Der demokratische Grundrechtsstaat
Bitburger Gespräche, Jahrbuch 1995/I. Gesellschaft für Rechtspolitik Trier, München 1995, S. 81–96.

5. Die parlamentarisch-repräsentative Demokratie des Grundgesetzes. Wie übt das Volk seine Macht aus?
Rüther, G. (Hrsg.), Repräsentative oder plebiszitäre Demokratie – eine Alternative. Konrad-Adenauer-Stiftung, Grundlagen der politischen Bildung, Band 3, 1996, S. 33–55.

6. Staat und Bürger. Zum 50. Jahrestag des Grundgesetzes.
Bundesministerium des Innern (Hrsg.), Bewährung und Herausforderung. Die Verfassung vor der Zukunft, Opladen 1999, S. 134–141.

II. Grundrechte und Grundpflichten

1. Über Grundpflichten
Der Staat 14 (1975), S. 153–168.

2. Das Jedermannsrecht auf Zugang zu Kommunikationsmitteln
Archiv für Presserecht 1979, S. 232–233.

3. Rundfunkrecht und Rundfunkfreiheit
Der Staat 20 (1981), S. 177–200.

4. Gewissensfreiheit und Rechtsgehorsam
Hailbronner, K u. a. (Hrsg.) Staat und Völkerrechtsordnung. Festschrift für K. Doehring, Berlin-Heidelber-New York-London-Paris-Tokyo-Hong Kong 1989, S. 479–502.

5. Die grundrechtliche Schutzpflicht
DVBl 1994, S. 489–497.

III. Bundestag

1. Stellung und Aufgaben des Bundestages
Isensee, J./Kirchhof, P. (Hrsg.), Handbuch des Staatsrechts, Band 3, 3. Auflage, 2004, § 50, S. 712–740.

2. Status des Abgeordneten
Isensee, J./Kirchhof, P. (Hrsg.), Handbuch des Staatsrechts, Band 3, 3. Auflage, 2004, § 51, S. 742–767.

3. Indemnität und Immunität
Schneider, H.-P./Zeh, W. (Hrsg.), Parlamentsrecht und Parlamentspraxis in der Bundesrepublik Deutschland, 1989, § 17 S. 555–592.

4. Die Funktion des Parlaments im politischen Prozess
ZG 12 (1997), S. 209–232.

IV. Bundesrat

1. Parteipolitik im Bundesrat?
DÖV 1971, S. 325–330.

2. Der Bundesrat der Bundesrepublik Deutschland – die »Zweite Kammer«
AöR 108 (1983), S. 329–370.

3. Der Bundesrat im Regierungssystem der Bundesrepublik Deutschland
ZG 17 (2002), S. 297–315.

V. Verfassungsgerichtsbarkeit

1. Verfassungsgerichtsbarkeit und Verfassungsstruktur. Vom Rechtsstaat zum Verfassungsstaat,
Kirchhof, P u. a. (Hrsg.), Steuerrecht, Verfassungsrecht, Finanzpolitik. Festschrift für F. Klein, Köln 1994, S. 511–526.

2. Gedanken zur Verfassungsgerichtsbarkeit
Burmeister, J. u. a. (Hrsg.), Verfassungsstaatlichkeit. Festschrift für K. Stern zum 65. Geburtstag, München 1997, S. 1135–1153/9

3. Verfassungsgerichtsbarkeit und Gesetzgebung
Symposion aus Anlass des 70. Geburtstages von P. Lerche, 1998, S. 49–74.

4. Bundesverfassungsgericht und Begründungszwang
Cremer, H.-J. u. a. (Hrsg.), Tradition und Weltoffenheit des Rechts, Festschrift für H. Steinberger, Berlin-Heidelberg-New York-Barcelona-Hong Kong-Mailand-Paris-Tokyo 2002, S. 505–523.

VI. Verfassungsgeschichte

1. Französische Revolution I
Herzog, R. u. a. (Hrsg.), Evangelisches Staatslexikon, 3. Auflage, 1987, Band 1, Sp. 924–935.

2. Betrachtungen auf der Hambacher Burg 1988
Festvortrag 20 Jahre Rotary Club Karlsruhe / Schloss 1968–1988 S. 9–18 (Privatdruck).

3. Theophanu Coimperatrix
Der Staat 32 (1993), S. 219–244.

4. Die Reorganisation des Herzogtums Sachsen-Weimar und Eisenach durch die Konstitution vom 26. September 1809
Juristische Studiengesellschaft Karlsruhe Schriftenreihe Heft 248, Heidelberg 2001, S. 1–35.

5. Gerhard Leibholz (1901–1982). Theoretiker der Parteiendemokratie und politischer Denker – ein Leben zwischen den Zeiten, in: Loos, F. (Hrsg.), Rechtswissenschaft in Göttingen. Göttinger Juristen aus 250 Jahren, Göttingen 1987, S. 528–547.

6. Zum Gedenken an Ernst Rudolf Huber (1903–1990)
AöR 116 (1991), S. 112–119.

7. Forsthoff
Görres-Gesellschaft (Hrsg.), Staatslexikon, Band 2, 7. Auflage, 1986, Sp. 649–651.

8. »Der totale Staat« – Betrachtungen zu Ernst Forsthoffs gleichnamiger Schrift von 1933
Blümel, W. (Hrsg.), Ernst Forsthoff. Kolloquium aus Anlaß des 100. Geburtstags von Prof. Dr. Dr. h. c. Ernst Forsthoff, Berlin 2003, S. 21–30.

Stichwortverzeichnis